五百種楚辭著作提要

周建忠 著　施仲貞 補

圖書在版編目(CIP)數據

五百種楚辭著作提要/周建忠著.—南京:江蘇教育出版社,2011.12

ISBN 978-7-5499-1828-7

Ⅰ.①五… Ⅱ.①周… Ⅲ.①楚辭研究—著作—内容提要 Ⅳ.①Z89:I207.22

中國版本圖書館CIP數據核字(2012)第094370號

前言

楚辭的出現，是中國文化史上的特殊現象。

作爲楚辭的創立者和代表作家，作爲中國文學史上的第一位大詩人，屈原是一座跨越時空的豐碑，也是一個豐富、複雜的"模式"載體。他是一位失敗的政治家，卻是一位成功的政治型詩人。屈原追求的忠君愛國、獨立不遷、上下求索、好修爲常的人格境界，漢代的劉安就認爲"可與日月争光"。屈原影響於後人的，主要是他的愛國行爲與品行操守。可以説，屈原的偉大之處與悲劇之源，就是對故鄉、故國的過分眷戀，對人格美的過分珍惜。屈原至死没有離開楚國，用生命殉祭了自己的理想，用畢生追求爲自己建立了一座非人工的紀念碑，從而對民族傳統、倫理意識産生了巨大的作用。因此，屈原成爲歷代愛國志士的"楷模"、仁人志士的"崇拜對象"，而屈原精神也成爲我們中華民族優良傳統的重要組成部分。

在文學史上，屈原也佔有獨一無二的地位。王國維云："天才者，或數十年而一出，或數百年而一出，而又須濟之以學問，帥之以德性，始能産真正之大文學，此屈子、淵明、子美、子瞻等所以曠世而不一遇也。"梁啓超云："吾以爲凡爲中國人者，須獲有欣賞《楚辭》之能力，乃爲不虚生此國。"郭沫若云："由楚所産生出的屈原，由屈原所産生出的《楚辭》，無形之中在精神上是把中國統一着的。"歷史是無情的，也是公平的。一個當時不被人們重視、理解的歷史人物，特殊的遭遇與歸宿，使他獨"享"一個節日（端午節）；獨具個性的創作，使他獨"成"一門學科（楚辭學）——這就是屈原、屈原模式、屈原現象所獨有的永恒魅力！

漫長的楚辭學史是在賈誼、劉安、司馬遷三者的糾葛中逐步奠基、形成的。自此之後，古代楚辭學史可以分爲三個階段：第一階段，以章句訓釋爲特徵的漢唐階段，代表著作爲王逸《楚辭章句》；第二階段，以義理探求爲特徵的宋元階段，代表著作爲洪興祖《楚辭補注》、朱熹《楚辭集注》；第三階段，以各逞新説爲特徵的明清階段，代表著作爲汪瑗《楚辭集解》、王夫之《楚辭通釋》、蔣驥《山帶閣注楚辭》、戴震《屈原賦注》。審視二十世紀的楚辭研究，我們亦可以看到脈絡分明的四大階段、四個高潮：第一階段，世紀初至二十年代末期，以胡適、陸侃如、梁啓超等展開學術討論爲標誌；第二階段，抗日戰爭時期，以確定端午爲詩人節、郭沫若創作話劇《屈原》並在重慶上演爲標誌；第三階段，1950—1965年，以屈原被確定爲世界文化名人爲標誌；第四階段，1966年至當下，以"中國屈原學會"成立爲標誌。

在研究方法上，我率先提出了"楚辭研究"與"楚辭學研究"同步進行説，長期關注"楚辭學史"的研究，也置身於這方面的微觀研究。對於《楚辭學史》的撰寫，早在1992年我就提出："編纂《中國古代楚辭學史》的作者，除了勇氣、膽量之外，還應具備以下條件：熟悉屈原與楚辭的研究歷史與現狀，對楚辭本身有比較深入的研究，對楚辭學史中許多疑難問題與'空白點'都有了實在、扎實的研究，有平和而穩重的理論框架。"（《當代楚辭學漫議》，《中州學刊》1992年第3期）同時，也明確意識到，"楚辭學史"的建構，必須建立在基礎研究之上。而"楚辭學史"的基礎研究，主要表現爲兩個層面：1. 微觀層面，包括楚辭學者研究、楚辭要籍研究、特殊現象研究（如屈原其人有無的争論、《通鑒》不載屈原事、元代散曲嘲諷屈原等）、楚辭對後代作家的影響研究；2. 宏觀層面，包括作品研究史、專題（熱點）研究史、斷代研究史、"楚辭學"内涵與外延的界定。

因此，本人非常重視基礎研究，首先從微觀層面入手，致力於"楚辭要籍研究"。

一、歷史回顧

（一）清代《四庫全書》沿用《隋書·經籍志》的分類方法，於"集部"之首，立"楚辭"一類，理由是"《隋志》'集部'以楚辭别爲一門，歷代因之。蓋漢魏以下，賦體既變，無全集皆作此體者，他集不與楚辭類，楚辭亦不與他集類。體例既異，理不得不分著也"（《四庫全書總目提要》）。

《四庫全書總目提要》"集部"楚辭類，凡23種。其中著録6種：漢代1種，王逸《楚辭章句》；宋代3種，即洪興祖《楚辭補注》、朱熹《楚辭集注》、吳仁傑《離騷草木疏》；清代2種，即四庫館奉敕補繪《欽定補繪蕭雲從離騷全圖》、蔣驥《山帶閣注楚辭》。存目17種：宋代1種，即楊萬里《天問天對解》（又著録於《誠齋集》）；明代5種，即汪瑗《楚辭集解》、屠本畯《離騷草木疏補》、屠本畯《楚騷協韻》、黄文焕《楚辭聽直》、沈雲翔《楚辭評林》；清代11種，即毛奇齡《天問補注》、林雲銘《楚辭燈》、李光地《離騷經注附九歌注》、方楘如《離騷經解略》、顧成天《離騷解》、顧成天《楚詞九歌解》、顧成天《讀騷列論》、林仲懿《離騷中正》、夏大霖《屈騷心印》、屈復《楚辭新注》、劉夢鵬《楚辭章句》。

《四庫全書總目提要》除"集部"楚辭類收《楚辭》著作23種外，另有："經部"小學類著録1部，即明代陳第《屈宋古音義》；"子部"類書類存目2部，即明代黄省曾《騷苑》、張之象《楚騷綺語》;“子部”雜書類存目 1 部,即清代錢澄之《莊屈合詁》;“集部”總集類存目 1 部,即明代郭惟賢《三忠集・屈原》;“集部”别集類存目 1 部,即宋代高似孫《騷略》;“集部”詩文評類存目 1 部,即明代張之象《楚範》。

綜上所述,《四庫全書總目提要》收《楚辭》著作 30 種,其中著録 7 種,存目 23 種。該書體例爲:論其著述之大旨、源流,列作者之爵里以知人論世,考本書之得失,權衆説之異同,辨訂文字之增删、篇帙之分合。郭伯恭《四庫全書纂修考》(上海書店 1992 年版)云:“自有典籍以來,無如斯之博且精矣。”基此,《四庫全書總目提要》關於《楚辭》著作的論述,則是楚辭著作研究的濫觴之作。

(二) 香港著名學者、國學大師饒宗頤著《楚辭書録》(香港蘇記書莊 1956 年版),爲最早出版的《楚辭》書録專著,分《書録》、《别録》、外編《楚辭拾補》三大部分。其《書録》包括:知見《楚辭書目》、元以前《楚辭佚著》、擬騷、圖像、譯書。《别録》包括:近人《楚辭》著述略、《楚辭》論文要目。《楚辭拾補》包括:晉郭璞《楚辭》遺説摭佚、隋僧道騫《楚辭音》殘卷校箋、唐鈔《文選集注・離騷》殘卷校記、唐陸善經《文選・離騷》注輯要、唐宋本揚雄《反離騷》合校等。

該書對版本和館藏情況著録較詳,如王逸《楚辭章句》録 13 種版本,朱熹《楚辭集注》録 27 種版本。唐代陸善經《文選・離騷》注文,録自日本所藏唐寫本,而游國恩《離騷纂義》所引陸善經語則出自該書。另,還著録了臺灣、香港和國外部分專著與館藏情況。

(三) 著名楚辭研究專家、國學大師姜亮夫著《楚辭書目五種》(中華書局上海編輯所 1961 年版;又,上海古籍出版社 1993 年版),是反映自漢以來歷代學者從事於輯集、注釋、考訂、評議、辨論、圖繪或紹述《楚辭》成就的一部目録學著作。内容共分五部分。一、《楚辭書目提要》,内分輯注、音義、論評、考證四類,著録書籍 228 種。體例仿朱彝尊《經義考》和謝啓昆《小學考》,詳載原書序跋,以明著述宗旨;另增版本敘録一項,是爲創格。大致以刊行時序羅列版本,兼及書刻情況。二、《楚辭圖譜提要》,凡 47 種,内分法書、畫圖、地圖、雜項四類。三、《紹騷隅録》,著録歷代摹擬《離騷》著作的篇名和彙輯的書名,著録書籍 19 種、篇章 192 題。四、《楚辭札記目録》,著録趙宋以來各家讀書札記中考論《楚辭》文字的條目,共收 802 題,又書籍 1 種。五、《楚辭論文目録》,著録重點爲“五四”以來有關楚辭及其作者的論文目録,前此的單篇論著亦附收,共著録 447 題。姜氏積數十年之功,辛勤搜集編撰,爲《楚辭》研究提供了一部很有價值的工具書,並在敘述之中,時加評議,指陳得失,褒貶中肯,體現姜氏的楚辭學成就。該書 1961 年中華書局上海編輯所出版。1993 年 2 月上海古籍出版社重印,由姜氏弟子崔富章“作了若干修訂”,原《序》之前增加了上海古籍出版社的“重印説明”,正文、附録基本上保持原貌,個别地方作了相應更動。

（四）洪湛侯主編《楚辭要籍解題》（湖北人民出版社 1984 年版）,該書爲馬茂元主編的《楚辭研究集成》第二編,馬茂元《總序》云:“擇選歷代學術價值較高、影響較大的《楚辭》專著,寫出提要。選目方面,注意詳今略古和有裨實用。主要内容爲作者生平、成書經過、基本内容、學術評價、版本與館藏情況等。”本書分《楚辭要籍解題》和《楚辭專著目録》兩部分。

《解題》部分,原則上一位學者有多種著作,選入最有代表性的一種,另有重要者以“附”出之。如收入俞樾《讀楚辭》,另附《楚辭人名考》;收入游國恩《楚辭概論》,另附《讀騷論微初集》、《楚辭論文集》;收入姜亮夫《屈原賦校注》,另附《楚辭書目五種》。這樣,《解題》部分正文收録專著 62 種,附録收入專著 11 種,共收入 73 種。所選著作、作者有一定的代表性,如近代以來選入梁啓超、劉師培、陸侃如、李翹、支偉成、游國恩、衛仲璠、謝無量、聞一多、郭沫若、饒宗頤、林庚、王泗原、姜亮夫、詹安泰、馬茂元、沈祖綿、劉永濟、朱季海、聶石樵、王力等。當然,限於當時的社會政治氛圍,一些有争議但又有特色的著作未能入選,是爲遺憾。

《目録》部分,所收楚辭研究專著,以 1982 年前（含 1982 年）出版的爲限。舉凡注釋、評論、考證以及闡明音義諸作,均在收録之列。入録諸書,列書名、卷數、作者、版本諸項。清代以前,按作者時代排列;現代著作按出版時間爲序。共收入先秦至當代楚辭專著 235 種。

該書在版本、目録方面的錯訛較多,崔富章撰有《〈楚辭〉版本源流考索——兼及〈楚辭要籍解題〉之訛誤》（《浙江學刊》1987 年第 1 期）,指出《楚辭專著目録》部分版本著録的種種訛誤。

（五）崔富章著《楚辭書目五種續編》（上海古籍出版社 1993 年版）,該書是姜亮夫《楚辭書目五種》的“續編”,體例一仍其舊。崔氏編寫的原則是:“原編已著録的圖書,增補版本和版本叙録;原編未著録的圖書,則依次著録書名、卷數、著者、提要、版本（叙録）、序跋諸項。”首爲姜亮夫《序》。次爲著者《編寫説明》。正文亦分爲五部分:第一部《楚辭書目提要》,分輯注、音義、論評、考證四類,著録書籍 252 種（新增 141 種）,440 個版本;第二部《楚辭圖譜提要》,分法書、畫圖、地圖、雜項四類,著録圖籍 44 種（新增 27 種）,58 個版本;第三部《紹騷隅録》,分辭賦、戲曲、故事、琴曲四類,著録圖書 42 種（新增 40 種）、44 個版本;第四部《楚辭札記目録》,著録書籍 11 種;第五部《楚辭論文目録》,著録書籍論文 1 600 餘篇,收録下限爲 1987 年初。

該書致力於版本補充，如王逸《楚辭章句》十七卷，崔氏增補明版本15個，清、近現代8個，序跋5篇；其中"輯注類"新增107種，包括大陸（1940—1987年）52種、港臺19種、國外36種。崔氏作爲姜氏之嫡傳弟子，對姜氏著述第一次作了全面收録、評述。

（六）另有一些學術著作提要，如章培恒主編《中國學術著作名著提要·文學卷》（商代至1949年）（復旦大學出版社1999年版），在《出版説明》中稱，"使之成爲類似於《四庫全書總目提要》的大型工具書"。但著録《楚辭》著作僅4種：王逸《楚辭章句》、洪興祖《楚辭補注》、朱熹《楚辭集注》、蔣驥《山帶閣注楚辭》。

以上大致回顧了從四庫館臣到當代學者關於《楚辭》著作研究的演進之跡：《四庫全書總目提要》著録和存目30種（漢代至清代乾隆時期）；《楚辭書目五種》著録和存目228種（漢代至1961年）；《楚辭要籍解題》著録73種，存目235種（漢代至1982年）；《楚辭書目五種續編》著録和存目252種（漢代至1985年）。

二、學術基礎與專題研究

本人從事楚辭研究30餘年，堅持楚辭研究與楚辭研究之研究"同步進行"的方法，在學術界自成一家。1990年破格晉升副教授，1994年破格晉升教授。2001年南京師範大學聘爲碩士生導師，2004年南京師範大學聘爲博士生導師。2006年蘇州大學聘爲博士生導師。1998年起，連續當選國家一級學會——中國屈原學會副會長，10次擔任國際楚辭研討會的學術主持人。爲《中國大百科全書·中國文學》"楚辭"專題撰稿人（2003）、國務院全國古籍整理出版規劃領導小組《中國古籍善本書目》"楚辭"著作特約主審（2006）。

江蘇高校哲學社會科學首批重點研究基地培育點——"楚辭研究中心"主任。

江蘇省有突出貢獻的中青年專家。

江蘇省教學名師。

江蘇省政府重點建設學科"中國古代文學"學科首席帶頭人。

江蘇省普通高校優秀學科帶頭人。

國家特色專業建設點——漢語言文學專業負責人。

江蘇省普通高校品牌專業——漢語言文學專業負責人。

江蘇省普通高校精品課程——《中國古代文學》課程負責人。

江蘇省普通高校精品教材——《中國古代文學》主編。

江蘇省普通高校精品教材——《大學語文》主編。

（一）主要著作

1.《當代楚辭研究論綱》，專著，44 萬字，湖北教育出版社，1992 年 8 月版。

2.《楚辭論稿》，專著，26 萬字，中州古籍出版社，1994 年 6 月版。

3.《楚辭評介》，專著，12 萬字，中國青年出版社，2000 年 1 月版。

4.《楚辭與楚辭學》，專著，19.6 萬字，吉林人民出版社，2000 年 6 月版。

5.《蘭文化》，專著，20 萬字，中國農業出版社，2001 年 6 月版。

6.《楚辭考論》，專著，22 萬字，商務印書館，2003 年 12 月版。

7.《楚辭學通典》（《楚辭學文庫》之四），97 萬字，本人執筆撰稿 48 萬字，主編，湖北教育出版社，2003 年 5 月版。

8.《楚辭講演録》，專著，45 萬字，廣西師範大學出版社，2007 年 7 月版。

9.《楚辭》（《歷代名著精選》叢書本），注評，21.6 萬字，與弟子賈捷合作，鳳凰出版社，2009 年 6 月版。

（二）主要論文

1.《出土文獻・傳統文獻・學術史——論楚辭研究與楚文化研究的關係與出路》，《文學評論》2006 年第 5 期；中國人民大學《中國古代近代文學研究》2007 年第 2 期全文複印；收入《南通評論選》（《南通當代文學》叢書本），作家出版社，2007 年 1 月版。

2.《屈原仕履考》，《文學評論》2005 年第 2 期；中國人民大學《中國古代近代文學研究》2005 年第 7 期全文複印。

3.《朝華已披　夕秀方振——楚辭學的形成因由和發展態勢》（與弟子施仲貞合作），《文學評論》2009 年第 5 期。

4.《荆門郭店一號楚墓墓主考論——兼論屈原生平研究的困惑》，《歷史研究》2000 年第 5 期；《中國史研究動態》2001 年第 10 期摘録。

5.《屈原"流放江南"考》，《文學遺産》2007 年第 4 期。

6.《〈楚辭・天問〉"顧兔"考》（與弟子賈捷合作），《文學遺産》2009 年第 6 期。

7.《出土文獻與屈原研究》，《光明日報》2004 年 11 月 24 日 B2 版"文學遺産"欄目。

8.《"三閭"淵源考》，《江漢論壇》2005 年第 2 期。

9.《屈原考古研究的時代内涵與實證基礎》，《河北師範大學學報》2004 年第 6 期；中國人民大學《中國古代近代文學研究》2005 年第 3 期轉摘。

10.《屈原"自沉"的可靠性及其意義》，《貴州社會科學》2003 年第 5 期；《高等學校文科學術文摘》2003 年第 6 期轉摘。

11.《〈楚辭〉黄昏意象原型發微》，《雲夢學刊》1995 年第 2 期；收入《楚俗研究》第二集，湖北美術出版社，1995 年 12 月版。

12.《大阪大學藏"楚辭百種"考論》，《職大學報》2008 年第 1 期。

13.《〈國殤〉祀主辨》，《四川師院學報》1983 年第 2 期。

14.《猗猗九畹易消歇　奕奕百畝多淹留——蘭花栽種歷史考述兼釋〈楚辭〉之"蘭"》，《東南文化》2000 年第 9 期。

15.《"蘭意象"原型研究——兼釋〈楚辭〉用蘭意象》，《東南文化》1999 年第 1 期；收入《楚俗研究》第三集，湖北美術出版社，1999 年 11 月版；收入《文藝民俗學論文集》，上海文化出版社，2009 年 7 月版。

16.《楚辭與楚辭學》，《雲夢學刊》2004 年第 1 期；《高等學校文科學術文摘》2004 年第 2 期全文轉載。

17.《屈陶比較論》，[臺]《中國文化月刊》第 295 期，2005 年 7 月。

18.《〈離騷〉層次結構探索》，《江蘇社會科學》2005 年第 1 期。

19.《曹植對屈賦繼承與創新的動態過程》，《江西社會科學》1989 年第 4 期；中國人民大學《中國古代近代文學研究》1989 年第 12 期全文複印。

20.《元代散曲"嘲諷屈原"通論》，《中州學刊》1989 年第 3 期；《文學遺產》1989 年第 5 期轉摘；《楚辭評論集覽》全文收録，湖北教育出版社，2003 年 5 月版。

21.《白雨齋論詞的楚辭尺度》，《學術交流》1989 年第 5 期；《楚辭評論集覽》摘録，湖北教育出版社，2003 年 5 月版。

22.《關於"楚辭"的傳播與"楚辭學"的分類——撰寫〈楚辭學史〉的思考與探索》，《中州學刊》2006 年第 2 期。

23.《關於楚辭研究的對象審視與歷史回顧——楚辭研究一百年》，《貴州社會科學》1997 年第 5 期；中國人民大學《中國古代近代文學研究》1997 年第 12 期全文複印。

24.《二十世紀楚辭研究的第一個高潮》，《中州學刊》1997 年第 5 期。

25.《論二十世紀楚辭研究的第二個高潮——抗日戰爭時期的楚辭研究》，《中國文化研究》1999 年第 2 期；收入胡經之編《論藝術創造》，第 318—344 頁，中國社會科學出版社，2001 年 12 月版。

26.《宋代楚辭要籍題解》，《古籍整理研究學刊》2002 年第 6 期。

27.《明代楚辭要籍題解》，[臺]《書目季刊》2003 年第 2 期。

28.《〈離騷〉題意解説類覽及反思》，《文史哲》1990 年第 6 期；中國人民大學《中國古代近代文學研究》1991 年第 3 期全文複印；《山東社會科學情報》1991 年第 1 期全文轉載。

29.《〈離騷〉"求女"研究平議》，《東南文化》2001 年第 11 期；中國人民大學《中國古代近代文學研究》2002 年第 4 期全文複印。

30.《屈原“愛國主義”研究的歷史審視》,《中國文學研究》2002 年第 4 期;收入《中國楚辭學》第 1 輯,學苑出版社 2002 年 7 月版。

31.《屈原與中國傳統文化研究鳥瞰》,《天津社會科學》1992 年第 1 期。

32.《〈九歌〉要籍解題》,《東南文化》2002 年第 7 期。

33.《〈天問〉要籍解題》,《南通師範學院學報》2001 年第 1 期。

34.《當代楚辭學漫議》,《中州學刊》1992 年第 3 期;中國人民大學《中國古代近代文學研究》1992 年第 8 期全文複印;收入《楚辭研究》,北京文津出版社,1992 年 9 月版。

35.《〈哀郢〉作意研究史略》,《中州學刊》2001 年第 1 期。

36.《2000 年楚辭要籍題解》,《河北師範大學學報》2003 年第 5 期。

37.《當代楚辭著作評論平議》,《江西社會科學》1992 年第 2 期;中國人民大學《中國古代近代文學研究》1993 年第 4 期全文複印。

38.《一九九一年國内楚辭研究平議》,《山西師大學報》1993 年第 1 期;中國人民大學《中國古代近代文學研究》1993 年第 5 期全文複印。

39.《楚辭研究熱點透視》,《河北師院學報》1994 年第 2 期;中國人民大學《中國古代近代文學研究》1994 年第 6 期全文複印。

40.《楚辭研究五題回顧及反思》,《求索》1993 年第 3 期;中國人民大學《中國古代近代文學研究》1993 年第 3 期全文複印。

(三) 主要獲獎

1. 專著《楚辭學文庫》(任總編委兼第四卷《楚辭學通典》主編)獲浙江省第十一届哲學社會科學優秀成果著作類一等獎(2003)。

2. 專著《楚辭論稿》獲江蘇省政府哲學社會科學優秀成果二等獎(1997)。

3. 專著《當代楚辭研究論綱》獲江蘇省政府哲學社會科學優秀成果三等獎(1994)。

4. 專著《楚辭學通典》獲江蘇省第八次哲學社會科學優秀成果三等獎(2003)。

5. 專著《楚辭考論》獲江蘇省高校第五届哲學社會科學研究優秀成果二等獎(2006)。

6. 論文《出土文獻・傳統文獻・學術史——論楚辭研究與楚文化研究的關係與出路》(《文學評論》2006 年第 5 期)獲江蘇省高校第六届哲學社會科學研究優秀成果一等獎(2008)。

7.《以課程爲橋樑,構建“楚辭學”人才培養與學術傳承一體化工程》,獲國家級優秀教學成果二等獎(2009)。

8.《楚辭研究》(選修課),獲江蘇省高等教育教學成果一等獎(2007)。

（四）課題研究

1. 編有“楚辭著作總目”

1.1 《二十世紀中國楚辭研究著作總目》，《雲夢學刊》2001 年第 6 期；中國人民大學《中國古代近代文學研究》2002 年第 5 期全文複印。

1.2 潘嘯龍、毛慶主編《楚辭著作提要》（《楚辭學文庫》之三），湖北教育出版社 2003 年版，收録本人撰寫《楚辭書目》（第 700—714 頁）。

1.3 劉毓慶主編《詩騷分類選講》，高等教育出版社 2007 年版，收録本人撰寫《楚辭參考文獻》（第 401—407 頁）。

2. 編有“楚辭論文總目”

李誠主編《楚辭評論集覽》（《楚辭學文庫》之二），湖北教育出版社 2003 年版，收録本人執筆編纂《1900—1994 年楚辭研究論文總目》，凡 22.2 萬字。

3. 著作研究

3.1 本人專著《當代楚辭研究論綱》，設有“專著論”專章，凡 5 萬字。

3.2 霍松林主編《辭賦大辭典》，江蘇古籍出版社 1996 年版，任編委，負責“楚辭”一門的選目、約稿、撰稿、審稿事務，收入楚辭著作 198 種。

3.3 潘嘯龍、毛慶主編《楚辭著作提要》（《楚辭學文庫》之三），湖北教育出版社 2003 年版，本人執筆撰寫 12 萬字。

3.4 本人主編《楚辭學通典》，湖北教育出版社 2003 年版，收録“楚辭典籍”453 種，全部由本人執筆。

3.5 劉毓慶主編《詩騷分類選講》，高等教育出版社 2007 年版，收録本人撰寫《楚辭名著導讀》（第 377—394 頁）。

3.6 楚辭著作研究論文：

3.6.1 《宋代楚辭要籍題解》，《古籍整理研究學刊》2002 年第 6 期。

3.6.2 《明代楚辭要籍題解》，[臺]《書目季刊》2003 年第 2 期。

3.6.3 《〈九歌〉要籍解題》，《東南文化》2002 年第 7 期。

3.6.4 《〈天問〉要籍解題》，《南通師範學院學報》2001 年第 1 期。

3.6.5 《大阪大學藏“楚辭百種”考論》，《職大學報》2008 年第 1 期。

3.6.6 《2000 年楚辭要籍題解》，《河北師範大學學報》2003 年第 5 期。

3.6.7 《當代楚辭著作評論平議》，《江西社會科學》1992 年第 2 期；中國人民大學《中國古代近代文學研究》1993 年第 4 期全文複印。

（五）課題立項

1.《五百種楚辭著作提要》，江蘇省委“333 工程”研究項目（編號：20086）（2001）。

2.《五百種楚辭著作提要》，江蘇省哲學社會科學研究“十五”規劃基金項目（J3—031）（2001）。

3.《五百種楚辭著作提要》，國家社會科學基金項目（批准號：02BZW037）(2002)。

三、體例與目標

（一）著作體例

楚辭著作從漢代纍積至今，已達到1 200餘種。《五百種楚辭著作提要》選擇有代表性的著作500種，力圖從廣闊的學術視野、較高的理論層次、豐碩的研究成果等方面重新構建新一代的工具書框架，對兩漢至今二千餘年的楚辭學史及楚辭學文獻進行全面清理，原始要終，甄别優劣，選擇精粹，考鏡源流，界定價值，會通、融通兩千年來楚辭與楚辭學的發生、發展全貌，既補前賢之未備，又集楚辭著作之大成。“時空範圍”是西漢至2004年。其體例仿《四庫全書總目提要》之框架，亦考慮時代特色與學術進展，主要包括：1. 作者，即姓名字號、生卒籍貫、生平履歷、思想學術、主要著述、作品史料等；2. 内容，即寫作緣由、成書經過、成書年代、序跋體例、章節篇目、學術貢獻等；3. 影響，即學術地位、引用評述、獲奬情況等；4. 版本，即版本源流、出版年月、再版重印等；5. 研究論文，即在相關楚辭著作的末尾，收録歷代學者（主要是20世紀）著作研究或評述的專題論文（包括碩博士畢業論文）目録，收録下限爲2008年。另設“附録”兩項：一是《非楚辭著作中的楚辭成果目録》，突破“楚辭著作”體例上的局限，介紹一些楚辭大家或非專治“楚辭”的專家的楚辭研究成果“目録”，既無遺珠之憾，又便於學界使用，近3萬字；二是《楚辭楚文化著作總目》，近4萬字。兩個“附録”與“提要”部分，互爲補充，遥相呼應，點面結合，縱横交錯，揭示全貌，强化其“全面性”與“工具性”。這樣，一册在手，“楚辭”一門的著述盡收眼底，可以作爲教學之參考、入門之階梯、研究之基礎、前沿之窗口。

（二）撰寫目標

1.“全”，具有信息性。搜羅宏富，超越前賢，注重對英國、美國、日本、韓國等國家及香港、澳門、臺灣等地區研究信息的全面把握；注重將考古發掘與文獻記載之雙重論據相結合，既最大限度地挖掘與使用新材料，又不忽略對舊材料的新闡釋；不僅是著作介紹，更是學者研究、著作研究、某種文學研究現象研究。

2.“實”，具有文獻性。引用原始資料，儘可能做到“手批目驗”，言而有徵；選擇客觀語言表述，儘可能全面反映學術進展。

3.“精”，具有實用性。甄别優劣，選擇精粹，儘可能吸收古今中外學者有價值、能自圓其説的“一家之言”；斟酌字句，力求精煉，務去陳言，儘可能做到句有實義，字無虚設。

4. 在三個目標中，又有所側重，即在“實”與“精”的基礎上求“全”。

四、資料收集

搜羅宏富，超越前賢，力爭“海内無二”，是我長期而不懈追求的目標。事實上，我的這一目標已基本實現，不僅收藏了大量的楚辭著作，而且也爲本課題的選擇提供了極大的空間。

（一）國外訪書

1. 2000年，訪問澳大利亞，到麥覺理大學、墨爾本大學、昆士蘭州圖書館、新南威爾士州圖書館查閲楚辭版本收藏與異同等情况。

2. 2003年，訪問美國，到夏威夷大學、馬里蘭大學、賓夕法尼亞大學、斯坦福大學、哥倫比亞大學、舊金山州立大學查閲楚辭版本收藏與異同等情况，在夏威夷大學收穫頗豐。

3. 2005年，訪問日本，在桃山學院大學、大阪大學、愛知大學查閲楚辭版本收藏與異同等情况。在大阪大學附屬圖書館“懷德堂文庫”查閲西村時彦收藏的“楚辭百種”，並重新複印了四個國内没有的孤本，與日本學者討論了“楚辭版本流傳與收藏的現狀與研究”。

4. 2008年，訪問英國，在牛津大學、貝德福特大學查閲楚辭版本收藏與異同等情况。

5. 2007年，弟子陳亮在英國倫敦大學做高級訪問學者，幫我查閲楚辭版本收藏與異同等情况，並帶回兩個内地没有的楚辭版本。

6. 2009年，出訪韓國，考察首爾大學、高麗大學、延世大學、江陵大學、啓明大學；並應邀在高麗大學、延世大學講學，收集到楚辭流傳韓國之後的一些珍貴版本。

（二）香港、臺灣收集

鑒於兩岸三地歷史原因，内地對港臺楚辭研究、出版情况，不僅瞭解不够，而且缺乏溝通，甚至有一些誤解。爲本課題研究之需，我首先全力購買、複印港臺出版的楚辭著作。

1. 直接採購。本人三次赴香港，在有關書店直接購買楚辭楚文化研究著作42種。

2. 學者聯繫。先後與香港中文大學講座教授吳宏一、高雄師範大學史墨卿教授、臺灣師範大學高秋鳳教授、淡江大學教務長傅錫壬教授、佛光大學黄維樑教授、佛光大學助理教授陳煒舜、静宜大學魯瑞菁教授、輔仁大學廖棟樑博士等取得聯繫，收藏或求購他們的著作以及生平材料。史墨卿教授、高秋鳳教授、傅錫壬教授均寄來他們自己的多種著作，提供了詳盡可靠的生平資料。

3. 委託購買。成功大學陳怡良教授，乃蘇雪林弟子，古道熱腸，不厭其煩，爲我徵集、代購、複印了大量的港臺出版的楚辭著作，包括最新出版的著作，臺灣楚辭方面的碩士論文、博士論文。

這樣就使港臺楚辭著作大大增加，本人現有港臺出版的楚辭著作（原件或複印件）200 餘種。

（三）收集著作與收集生平資料“同步進行”

1. 老專家或已經去世的專家的著作資料。千方百計與這些專家的弟子或子女、家屬聯繫，取得可靠資料。

聞一多先生，由其弟子鄭臨川教授（南充師範學院教授）提供資料。

游國恩先生，由其女游寶諒（新華社高級記者）提供資料，寄贈著作，並多次研討。

孫作雲先生，由其子孫心一（河南大學教授、原《歷史月刊》主編）提供照片、手跡、資料。

李嘉言先生，由其子李之禹（鄭州鐵路職業技術學院教師）提供生平研究及歷史材料。

孫常叙先生，由其子孫屏（東北醫學院教授）提供生平、著述、學術特點等資料。

胡小石先生，由其弟子郭維森（南京大學教授）提供資料。

姜亮夫先生，由其女姜昆武（浙江省社會科學院研究員）提供資料，其關門弟子江林昌（煙臺大學教授、副校長）撰寫傳記。

馬茂元先生，由其弟子及助手王從仁（上海師範大學教授）提供資料。

陳子展先生，由其弟子徐志嘯（復旦大學教授）提供資料。

林庚先生，由其弟子徐志嘯撰寫傳記，林先生親自寄來近照。

王泗原先生，由廣西師範大學王志瑛教授提供信息，找到王先生的聯繫地址，其女王禮荔寄贈王先生專著《楚辭校釋》。

朱東潤先生，由其弟子及助手陳尚君（復旦大學教授、唐代文學學會會長）提供資料。

何劍熏先生，由其弟子、助手吳賢哲（西南民族大學教授）提供資料。

程嘉哲先生，程氏撰有《天問新注》、《九歌新譯》、《屈原吟踪漫記》（與劉深女士合著）等，論文有《屈原生年之謎》。生平不詳，且與楚辭學界少有交往，詢問多人，均不識其人。我通過《北京社會科學》一篇程氏遺作的“作者單位”，多方輾轉，方與其夫人劉深女士取得聯繫。她不僅寄來程氏的全部著作，還幫助我整理、彙集程先生的生平資料，得以在《五百種楚辭著作提要》中首次披露。

徐昂先生，南通人，著名語言學家，著有《楚辭音》，通過其侄子獲得第一手生平資料。

2. 一些著名專家,盡量徵集一手資料。

湯炳正先生,乃章太炎先生弟子及助手、中國屈原學會首任會長。湯炳正先生生前爲我親筆撰寫的"自傳",成爲彌足珍貴的第一手資料。

朱季海先生,乃章太炎先生弟子及助手,個性特殊,不與學界來往。我曾先後兩次去函,三次奉寄材料,方得先生回信,"您要我的自傳,其實没有什麽好寫的。洪湛侯《楚辭要籍解題》收了我的書,見 P. 429,除了生年有一字之差外(實一九一六年生,'六'誤作'五'),其他還不錯。協修當作'簡任協修',這僅僅是級别問題不算大錯"。

路百占先生,路氏撰有《楚辭發微》上卷。1944 年嘗石印三百部,贈全國各大學圖書館。北平圖書館《圖書季刊》新六卷一、二期合刊,評該書"言人未言,發人不發,新穎異常"。姜亮夫《楚辭書目五種》著録,並轉録了《自序》,且云"復旦大學圖書館藏排印本"。然路氏至 1990 年仍云未見過排印本,亦不知何處翻印。我通過多方聯繫,找到已在許昌師專離休的路先生,獲得了路先生的生平資料、學術要點以及 1978 年後完成的《楚辭發微》中、下卷。

張嘯虎先生,曾任中國屈原學會副會長兼秘書長,在重病期間,接到我的徵稿,由他口述、夫人執筆完成了他的學術自傳,可以説是"絶筆"。

其他已仙逝的專家,生前徵得傳記資料的還有:姜書閣、吴孟復、張正明、李世剛、劉操南、温廣義、褚斌杰、吴鬱芳、祝恩發、張葉蘆、張德育、丁冰、蔡守湘、鄭文、廖序東、鄭臨川、金開誠、廖化津、朱碧蓮、曹大中等先生。

3. 一些仍然健在且比較活躍的學者,尤其是大部分中青年學者,則採用直接聯繫方法,亦得到這些專家的大力支持。如袁梅、周勛初、聶石樵、蕭兵、李金錫、郭維森、崔富章、趙逵夫、毛慶、潘嘯龍、李大明、李誠、湯漳平、黄靈庚、戴志鈞、黄中模、殷光熹、林河、龔維英、何光岳、趙沛霖、徐志嘯、劉毓慶、王延海、李炳海、董楚平、方銘、蔡靖泉、畢庶春、熊良智、曲德來、郭傑、浦士培、郝志達、梅桐生、錢誦甘、江立中、翟振業、張崇琛、金榮權、周秉高、蔣南華、雷慶翼、趙輝、張永鑫、黄士吉、孫大雨、張元勛、鄭在瀛、張中一、李中華、朱炳祥、吴廣平、張來芳、黄震雲、郭建勛、張慶利、羅義群、過常寶、陳桐生、黄鳳顯、王培元、黄崇浩、范正聲、熊任望、吕培成、吳中、冀凡、錢玉趾、尚永亮、顔翔林、羅敏中、陸天華、金式武等先生,均極其認真而慷慨地提供了生平傳記與有關原始資料。

五、强化學者研究

在歷代研究或者傳統研究中,最缺乏的就是學者研究。這不僅僅是一個“全”的問題，在某種意義上是填補“空白”的工作。我在《當代楚辭研究論綱》中對此作了嘗試，寫有《新潮　方法　個性——當代楚辭研究學者論》專章；設《中國當代屈學點將録》，共收入170人；下編《學者專論》，選擇1977—1990年作出突出貢獻的各具個性的中青年學者（年齡在45至60歲之間），作學者研究專評，凡十六人：蕭兵、戴志鈞、潘嘯龍、龔維英、湯漳平、趙逵夫、毛慶、殷光熹、郝志達、金開誠、郭維森、曹大中、何光岳、黄中模、林河、徐志嘯。對著名的老專家，我也有專門評價，撰有《當代楚辭學者簡論》一文（《雲夢學刊》1994年第2期），對姜亮夫、湯炳正、林庚、陸侃如、詹安泰、劉永濟、陳子展、馬茂元、孫作雲、蔣天樞等十位名家作了專評。但這方面的工作，與學術界的繁榮景象，是極不相稱的，也是長期得不到重視的“弱項”。所以，我們在編纂《五百種楚辭著作提要》中强化“學者”研究的内容，全面彙集楚辭學者的研究資料，儘可能做到旁搜遠紹，並作出相應的學術評價。

（一）條目調整

增加“學者”研究内容，介紹生平事跡，突出學術評判，以彌補傳統研究的不足。内容包括：時代、姓名、字號、生卒年（或出生年月）、籍貫、生平事跡（含入學、入仕、任職等，知名者介紹其主要政治主張、學術思想）、主要著述、傳記資料（含傳記、年譜等）、楚辭研究方面主要學術觀點及其評價。以“著作”爲載體，注重對學者的介紹、評論、評判，豐富“著作”條目的内容，增加《五百種楚辭著作提要》的分量。

遇到的困難是一些著名學者在楚辭研究方面發表過比較有影響的觀點或見解，在學術史上有一席之地，或者成爲無法回避的熱點問題，但這些學者並没有楚辭研究方面的專著，如果不負責任，完全可以放棄，估計亦無人計較。但學術責任感促使我思考：如果放棄了這方面的内容，將會造成學術史的“單薄”與“缺憾”。於是，採用了“通融”的做法，對這種特殊情況設置相應的條目，如“論文”有陳瑒《屈子生卒年月考》、朱東潤《楚辭探故》；“其他著作”有魯迅《漢文學史綱要》、錢鍾書《管錐編》（二）、楊公驥《中國文學》（一）、龔維英《女神的失落》；“論文集”有胡小石《胡小石論文集》、胡適《胡適古典文學研究論集》、張汝舟《二毋室論學雜著選》、文崇一《中國古文化》、郭在貽《郭在貽語言文學論稿》等。

（二）條目處理

對於古代、近代的學者，盡量增加“年譜”或“評傳”的種類及出處，爲進一步研究提供可靠的資料來源。如，錢澄之《屈詁》條目，除介紹“事跡見《清史列傳》卷六十八《儒林傳（下）》、《清史稿》卷五百七《遺逸（一）》”外，還增加：“其少子錢撝禄纂輯《先公田間府君年譜》，止於康熙十一年（1672），載《國粹學報》1911年第7本第75—79期，華東師範大學圖書館藏；另，該《年譜》末有蕭穆所作《附録》,將譜主後二十年之經歷大致列出。”

王夫之《楚辭通釋》條目增加:“其年譜、年表甚多,主要有清代劉毓崧編《王船山先生年譜》,清光緒十二年(1886)江南書局刊板,華東師大圖書館藏;清代王之春編《王船山公年譜》,清光緒十九年(1893)鄂藩使署刊本,載1935年9月至1937年3月《船山學報》第4—13期;張西堂編《王船山學譜》1938年長沙商務印書館出版;劉志盛編《王夫之著作年表》,載《西北大學學報》1982年第4期,該表考定王氏67歲時撰《楚辭通釋》。”

劉獻廷《離騷經講録》條目增加:“生平事跡有王勤堉撰《劉繼莊先生年譜初稿》,載1935年《浙江圖書館館刊》第四卷第四、五號,華東師範大學圖書館藏。”

李光地《離騷經九歌解義》條目增加:“清代李清植(李光地之孫)纂輯《文貞公年譜》(李氏卒謚文貞),道光五年(1825)二酉堂刻本,《榕村叢書》本,收入臺灣文海出版社《近代中國史料叢刊》。”

方苞《離騷正義》條目增加:“清蘇惇元輯《望溪先生年譜》,清咸豐重刊本《方望溪全集》附,1934年中華圖書館鉛印本《望溪全集》附,收入《四部叢刊》、《四部備要》、臺灣文海出版社《近代中國史料叢刊》、臺灣商務印書館《新編中國名人年譜集成》。”

戴震《屈原賦注》條目增加:“有段玉裁編《戴東原先生年譜》,記叙戴氏一生從事學術研究之跡及成就,乾隆道光間金壇段氏刊《經韻樓叢書·戴東原集》附,上海圖書館藏;清宣統二年(1910)渭南嚴氏孝義家塾成都重刊本,華東師範大學圖書館藏,另收入1936年《安徽叢書》第六期《戴東原先生全書》、1971年崇文書店出版《中國近三百年學術思想論集》(二編)。又,魏建功編《戴東原年譜》(上),載1925年12月北京大學《國學季刊》第2卷第1號,記述戴氏三十歲前在徽州一帶的生平,可參。”

王闓運《楚辭釋》條目增加:“王氏長子王代功,於其父既卒三年,撰《湘綺府君年譜》六卷,凡六萬九千字,1923年長沙刊本《王湘綺先生全集》附,收入臺北商務印書館《新編中國名人年譜集成》第六輯。”

至於現當代學者,由於“厚古薄今”的影響,往往不爲學界所重,生平事跡屢被忽略,以至於給學術史的研究造成了很大的遺憾。《五百種楚辭著作提要》則努力開風氣之先,大大增加了這方面的内容。約略言之,增加生平事跡、學術評價的學者有:徐昂、湯炳正、郭在貽、廖序東、吳孟復、黄壽祺、鄭文、廖平、路百占、饒宗頤、朱季海、詹安泰、孫作雲、林庚、袁梅、楊公驥、馬茂元、劉永濟、張汝舟、陳子展、蔣天樞、王泗原、程嘉哲、周勛初、鄭臨川、劉操南、何劍熏、聶石樵、張正明、金開誠、胡念貽、蕭兵、李金錫、張嘯虎、褚斌傑、郭維森、崔富章、趙逵夫、毛慶、潘嘯龍、李大明、李誠、湯漳平、黄靈庚、朱碧蓮、戴志鈞、黄中模、殷光熹、林河、龔維英、趙沛霖、徐志嘯、劉毓慶、王延海、李炳海、董楚平、蔡靖泉、畢庶春、熊良智、龔克昌、曲德來、郭傑、浦士培、郝志達、江立中、翟振業、張崇琛、金榮權、周秉高、蔣南華、雷慶翼、趙輝、張永鑫、黄士吉、孫大雨、張元勛、鄭在瀛、曹大中、張中一、李中華、朱炳祥、吴廣平、張來芳、黄震雲、郭建勛、羅義群、過常寶、陳桐生、黄鳳顯、楊義、張葉蘆、王培元、黄崇浩、楊仲義、金式武、范正聲、熊任望、吕培成、錢玉趾、張煒、杜月村、劉樹勝、孟修祥、王德華等,另有港臺學者蘇雪林、饒宗頤、繆天華、張壽平、彭毅、吕正惠、翁世華、于宇飛、史墨卿、陳怡良、吳宏一、王世昭、陳炳良、李曰剛、文崇一、張正體、高秋鳳、黄碧璉、邱宜文、潘富俊等,日本學者岡村繁、大宫真人、美國學者施奈德(中文譯本)等。

六、突出學術評判

明代陸時雍《楚辭疏》提出,對《離騷》等作品的評論,“抑一言之當,九泉知己;片言之誤,千載口實”。我想,在學術史研究中,同樣必須面對這一難題。

(一) 糾正訛錯

如,對洪湛侯主編《楚辭要籍解題》,給予高度評價之後,重點分析其存在問題:

> 限於當時的政治社會氛圍,一些有争議但又有特色的著作未能入選,是爲遺憾。如以 1980 年爲下限,則應選入路百占、文懷沙、譚介甫、魏炯若等學者的著作;如以該書實際下限(1982 年)爲界,至少還應選入程嘉哲《九歌新注》、蔣天樞《楚辭論文集》。再從選本來説,既然選入聶石樵《楚辭新注》,就應選入金開誠《楚辭選注》,這兩種選本,應該是各有千秋,可以互讀。

該書在版本、目録方面的錯訛是非常明顯的。如,第 25 頁介紹《楚辭後語》云:“《楚辭後語》則是一個未完成的本子,只注釋了前十七篇,以後三十五篇無注。”而實際情況是:朱熹《楚辭後語》據晁補之《續楚辭》、《變離騷》而編定,共五十二篇;各篇皆有小序冠於其首,其中三十三篇爲朱熹作;又因此書乃朱熹晚年所定,猶未及成而卒,故其中十九篇無“叙”;其子朱在於刊刻時以晁氏原序對十九篇作了增補,並以“晁氏曰”領起,以别於他篇朱序;全書無注,《楚辭要籍題解》一書關於“前十七篇有注”之誤,真不知從何而來。又如,第 216 頁介紹魯筆《楚辭達》云:“全書一卷,共有《離騷》注文三十七條。”又云:“另有《見南齋讀騷指略》,分總論……等十九項。”按,《楚辭達》僅注《離騷》一篇，每四句一節，先注字音，後注字義，繼章句大義，末節意；注文詳盡，遠非三十七條可數；在《離騷》注文前，有《見南齋讀〈離騷〉指略》，凡十九項，三十七條；《楚辭要籍解題》將《指略》三十七條，誤爲《離騷》注文數目。

又如，錢航注《楚辭選》(上海書店 1993 年版)，曾受到陳禮榮《不忍卒讀的"白話文今譯"》(《中華讀書報》1996 年 5 月 25 日)嚴厲的批評，以爲此書"注釋與譯文中望文生義處頗多，有的句子居然和原文的本來意思風馬牛不相及"，並舉了該書將《招魂》"晉制犀比"解釋爲"晉國出產的賭具犀比"的例子，以爲完全是"信口雌黄"。又説"古往今來，治《楚辭》者代有傳人，還從不見有人提出過關於'犀比'爲'晉國生産的賭具'之類的説法"。《五百種楚辭著作提要》則對此作了反批評：

> 令人遺憾的是，這位批評家連王逸的《楚辭章句》也没有讀過，連學術界對"犀比"的三種解釋都不了解，就出言不遜，大話訓人。平心而論，本書在衆多的楚辭普及選本中，還是比較持重且有特色的一種。其特色爲：在一般選本"注釋"、"今譯"、"鑒賞"的基礎上，增設"作意"、"作法"兩項，在幫助讀者理解作品的内在結構及義理闡釋方面，作了一個很好的嘗試。"作意"，相當於"主題"或寫作背景，但比較靈活；"作法"側重於段落層次的分析，重點字詞内在意藴的發掘，引導讀者去思考、比較。

又如，《古詩源：白話楚辭卷》(哈爾濱出版社 1995 年版)，託"古詩源"之盛名，而行抄襲、拼湊之實。作者署名爲："東昌、慶豐主編、高興副主編"，顯係筆名。《五百種楚辭著作提要》則予以揭露：

> 《楚辭論》，凡五題：一、《楚辭的産生及其代表人物》；二、《楚辭主要作品簡介》；三、《楚辭的演變及其歷史地位》；四、《學習閲讀楚辭應注意的問題》；五、《〈楚辭〉主要作品作者及創作時間表》。該書對屈作與非屈作的劃分、以及各篇之作地作年，均採用、或抄用譚介甫《屈賦新編》一書。又，附卷一：《〈楚辭〉研究中的幾個問題》，凡五題：《楚辭》《屈賦》的演變；《屈賦》的"兮"字作法；略論懷、襄二朝的派别組織；屈原的前後遭遇；屈原的荏弱表現。作者注明"摘自《屈賦新編》上集"。該書作者對《楚辭》本體及其研究歷史，並不熟悉，總體上採用譚介甫説，且校對粗疏，錯誤較多，是爲缺憾。

又如，對張元勛《九歌十辨》(中國廣播電視出版社 1991 年版；又，中華書

局2006年版),《五百種楚辭著作提要》評曰:

> 全書與古今學者駁難商榷之處頗多,尤其對何新"九天十神"説作了痛快淋漓的批駁,但張氏在駁難中亦提出了不少新奇之説。如以《易·繫辭上》鄭注"地八成木於東與天三並"、揚雄《太玄·玄圖篇》"三與八同道而居乎東"解《九歌》十一篇之謎,認爲"地八"即地神八個,"天三"即"天神"三個。這樣對《九歌》名"九"而十一篇的矛盾解決,也同樣顯得比較牽强、湊合。而張氏對屈原的整體認識更令人瞠目結舌,他認爲屈原既甘心以色事君,又以男人的身份調情後宫、誘通王妃,是一個好色善淫的性變態者。屈原所有詩篇中或述或喻的就是他那個官場加情場的生活。這一結論設想太過,缺乏依據。

又如,對吕晴飛《屈原詩歌評賞》(中國婦女出版社1991年版),《五百種楚辭著作提要》評曰:"全書詳於《離騷》、《九歌》、《九章》,而略於《天問》、《招魂》。此書中出現一些常識性錯誤,是爲缺憾。"

又如,對何新《〈九歌〉諸神的重新研究》(黑龍江教育出版社1993年版),《五百種楚辭著作提要》評曰:"何氏對《九歌》的新解,受到學術界的尖鋭批評,認爲何氏宏觀構架牽强,治學粗疏,學風不正,在論述過程中隨意通轉,自相矛盾,因此得出的結論難以爲學術界所接受。"

又如,明代賀貽孫《騷筏》評解《楚辭》作品僅限於屈、宋之作,其篇次爲:屈原《離騷經》、《天問》、《九歌》、《九章》、《遠遊》、《卜居》、《漁父》,宋玉《九辯》、《招魂》、《大招》。其選録範圍大致反映了部分明代學者對"楚辭"内涵的界定,如屠本畯《楚騷協韻》、林兆珂《楚辭述注》、張京元《删注楚辭》,亦收入屈原作品二十五篇,宋玉三篇。姜亮夫《楚辭書目五種》以爲"三十六篇"(將《九辯》作爲九篇),顯然不妥;而洪湛侯《楚辭要籍解題》又誤爲"二十六篇",則令人費解。

(二)追踪前沿

如,對《宋玉集》,既介紹傳統説法:劉節《廣文選》收入《高唐對》、《微咏賦》、《郢中對》三篇。又介紹吳廣平的新説:《微咏賦》見於南宋陳仁子所編《文選補遺》;《高唐對》、《郢中對》最早見於明人所輯《宋玉集》(《宋玉集》,岳麓書社2001年版)。

關於王逸《楚辭章句》的版本問題,則介紹楚辭文獻專家李大明的研究成果:

> 此書之版本頗多,有明代翻刻本,其底本來自北宋。明正德戊寅

(1518)高第刊黄省曾本《楚辭章句》爲明刻本中最早的，黄氏所藏，或爲靖康時刻本。明隆慶辛未(1571)豫章夫容館重雕宋本，爲明刻本中的善本。經比較，明翻宋本《楚辭章句》當出於同一傳本系統，不同於洪興祖所用《楚辭章句》傳本系統(《漢楚辭學史》，電子科技大學出版社 1994 年版；又，《宋本〈楚辭章句〉考證》，載《楚辭文獻學史論考》，巴蜀書社 1997 年版)。

關於今本《楚辭補注》的閱讀、引用，則介紹郭在貽的中肯建議：

一、洪氏《考異》一書，原附在古文《釋文》之後，今本《考異》和《釋文》則分散在《補注》的各句之下，已非原書本來面目；二、今本"補曰"字以上並非全爲王逸注文，還攙雜了《文選》李善及五臣注，此乃後人增補；三、補注本中有校語，在王注後、補注前，蓋六朝唐以來諸家舊校，而洪氏輯存之，若以爲王校，則大謬。(《楚辭要籍述評》，《杭州大學學報》1988 年 12 月增刊)

鑒於《楚辭補注》版本較多，重點介紹崔富章先生的考證：

《楚辭補注》宋元刊本不見，明清刊本源於宋本者兩種：一、明嘉靖間翻刻宋本，南京圖書館、浙江圖書館並藏之，民國間，涵芬樓據以影印入《四部叢刊》中；二、清康熙元年毛氏汲古閣重刊宋本，汲古閣本則有日本寬延二年(清乾隆十四年)柳美啓重校刊本、同治十一年金陵書局重刊本、中華書局《四部備要》本。諸版本中以同治金陵書局重刊汲古閣本爲佳，因其"校讎精審，多處糾正原刻訛誤，後出轉精，堪爲善本"，現有上海圖書館藏本、浙江圖書館藏本等多種。(《四庫提要補正》，杭州大學出版社 1990 年版；又，《〈楚辭〉版本源流考索》，《浙江學刊》1987 年第 1 期；又，《楚辭校勘文獻概論》，《南通師範學院學報》2001 年第 1 期)

(三) 揭示傳承

學術史的意義，往往體現在兩個方面：一是某種學術觀點的提出，二是後來者的不斷修訂、完善。因此，學術史的研究，則應該努力揭示出某種觀點的最早提出者，同時盡量勾畫出這一觀點的發展與演變。《五百種楚辭著作提要》在這方面做了一些嘗試。

如，關於明代汪瑗《楚辭集解》的學術影響，列出以下幾點：

汪氏以《九歌·禮魂》爲"前十篇之亂辭",以"二湘"爲湘水配偶神,《湘君》"託爲湘夫人以思湘君之詞",均爲閔齊華、王夫之所承。又,定《哀郢》作於頃襄王二十一年秦拔郢都之時,故知屈原見廢在頃襄王十三年。"此郢乃指江陵之郢",亦爲王夫之、陸時雍所承。另,汪氏訓《離騷》"恐皇輿之敗績"之"敗績"爲"車之覆敗,以喻君國之傾危也",訓《離騷》"昔三后之純粹兮"之"三后"爲"楚之先君",二説均爲戴震所承。曹耀湘、俞樾訓釋"彭咸"亦與汪氏重複或偶合。

再如,關於"楚辭"内涵的認定,黄文焕《楚辭聽直》開其端:將《二招》的著作權歸屈原;加之傳統認爲屈原所作《離騷》、《天問》、《九歌》、《九章》、《遠遊》、《卜居》、《漁父》,凡九題二十五篇(實爲二十七篇,因黄氏併《山鬼》、《國殤》、《禮魂》爲一篇,另加《二招》兩篇)。實際上非"楚辭"總集之内涵,而是屈原一人作品之彙集(别集)。而這一内涵的確定,直接影響、制約了後代學者對屈原作品的界定與選目的限定,如林雲銘《楚辭燈》、吴世尚《楚辭疏》、高秋月、曹同春《楚辭約注》、蔣驥《山帶閣注楚辭》、胡文英《屈騷指掌》、姚培謙《楚辭節注》、夏大霖《屈騷心印》、許清奇《楚辭訂注》、陳本禮《屈辭精義》乃至姜亮夫《屈原賦校注》、《二招疏證》,皆以《二招》爲屈原作品,其選目亦同《聽直》。

又如,清代劉夢鵬《屈子章句》對屈原作品的認定與篇次的調整,頗爲前人所詬病。《四庫全書總目提要》云:"篇章次第,竄亂尤多","以意爲之"。姜亮夫《楚辭書目五種》云:"强古書以就己意,變亂常規,非謹厚之學矣"、"師心自用,羌無故實"。然劉氏調整篇次決非一無是處,如將《東君》移至《九歌》第二,即爲姜亮夫所採,其《屈原賦校注》云:"今本《東君》一篇,在《少司命》之後,恐非原舊本,疑本在《雲中君》前。"又列舉四例,力證"《九歌》原本,亦必《東君》前於《雲中君》無疑"。聞一多以爲東君、雲中君爲配偶神,亦提出篇次提前相配的問題(《〈九歌〉的結構》,《中國社會科學》1980 年第 4 期)。

(四) 調查争端

學術乃天下之公器,允許發表不同意見,允許争鳴討論。但在争鳴中出現了一些暫時無法鑒别的情況。

一是就著作權發生争執,尤其雙方都是名家,都已去世。面對這樣情況,《五百種楚辭著作提要》不予回避,盡量客觀介紹争執内容,供學術界進一步研究之用。如,張葉蘆曾經提出,姜亮夫先生曾肯定、採用張氏《屈原見到郢都淪陷辨惑》之説,而且"後來亮夫先生把我在《辨惑》中考明的《屈原放逐行踪示意圖》一再轉載於其所著《楚辭通故》(齊魯書社 1985 年版)和《楚辭學論文集》(上海古籍出版社 1984 年版)中。轉載時改題爲《屈子遊踪圖》,鄙意仍用原題爲優,因爲屈原確是被放逐在外,而不是出外遊覽"。(《屈賦辨惑稿》,錢塘詩社 1998 年版;又,學苑出版社 2005 年版。)《五百種楚辭著作提要》對此作了調查、比較、分析:

今查張氏《屈原見到郢都淪陷辨惑——兼辨屈原之放、之死》原刊《浙江師院學報》1979 年第 1 期,落款時間爲"1963 年 3 月初稿,1978 年 3 月修訂"。姜亮夫《楚辭學論文集》(上海古籍出版社,1984 年 12 月版)書首第 4 頁有《屈子遊踪圖》,其框架、路綫與張氏"示意圖"同,其中用屈原詩句表示遊踪綫路相同者有:"方仲春而東遷"、"過夏首而西浮"、"今逍遥而來東"、"淼南渡之焉如"、"乘鄂渚而反顧"。則 5 條綫路與張氏"示意圖"完全相同。不同的是,張氏標出的屈子放逐行踪路綫凡 9 條,姜氏相同 5 條之外,另加屈原詩句兩句:"去故都而就遠,遵江夏以流亡"、"上洞庭而下江",只是標在大致的方位,而没有標明具體的路綫。兩相比較,張、姜二圖對《哀郢》、《涉江》之屈子放逐遊踪路綫之理解,是相同的。姜氏此圖是否採用張氏"示意圖",姜氏並没有交代。

二是一些歷史疑點,一時難以作出定論,《五百種楚辭著作提要》則盡量闡述争論的由來、背景以及各家的主要理由。如汪瑗《楚辭集解》之《天問注補》的作者是汪瑗還是汪瑗之侄汪仲弘的争執,《五百種楚辭著作提要》予以介紹、分析:

汪瑗《楚辭集解》刻本,有明萬曆四十三年汪文英(汪瑗之子)刻本:《楚辭集解》十五卷、《天問初解》一卷、《楚辭蒙引》二卷、《考異》一卷、《大序》一卷、《小序》一卷。其《天問》卷,二節版,下節爲朱熹《楚辭集注》之"天問"部分原文,上節鐫汪瑗眉批 20 條,汪文英《跋》云:"《天問》之注,爲近屬輩藏匿","謹將初解之書,微有字句在於朱注之旁,今梓之,使讀者因一斑而窺全豹耳"。另,《蒙引》僅《離騷》一篇,計 123 條,爲名物字句、辨證文義之屬;《考異》亦爲《離騷》異文考校,凡 112 條;《楚辭大序》收入班固、王逸、洪興祖、朱熹、劉勰、何喬新、王鏊諸家序論 12 篇;《楚辭小序》録王、洪、朱諸家序屈子 25 篇之文。

又,明萬曆四十六年汪仲弘補刻本:《楚辭集解》十五卷、《蒙引》二卷、《考異》一卷、《大序》一卷、《小序》一卷、《天問注補》二卷。汪仲弘爲汪瑗之侄,此刻本删原刻《天問初解》,補《天問注補》二卷,有汪仲弘《楚辭集解補紀由》、《天問注補引》。

姜亮夫《楚辭書目五種》嘗發其覆,認爲汪仲弘即藏匿汪瑗《天問》全注之"近屬輩",崔富章則通過《天問初解》《天問注補》之比較,證明二書乃一脈相承,與《集解》各卷渾然一體,是汪仲弘確見汪瑗《天問》全注者也(《四庫提要補正》,杭州大學出版社1990年版;又,《明汪瑗〈楚辭集解〉書録解題》,《屈原研究論集》,長江文藝出版社1984年版)。

而董洪利點校本,則以日本上野圖書館藏本(萬曆四十六年本)爲底本,參校北京圖書館藏萬曆四十六年刊本。董氏認爲汪仲弘《天問注補》二卷,"體例和風格與汪瑗《集解》均不同,内容也與汪瑗《天問》眉批不合,不宜載在汪瑗《集解》中,因此抽出"。另從萬曆四十三年本中録出汪瑗的《天問》眉批,删去朱熹的《天問》注,又依《楚辭集解》之例將汪瑗眉批分録至《天問》原文的各句之下,總稱認爲《天問注(輯録)》,附於書末。董氏這一處理於版本體例有點不倫不類,若以《天問注補》爲汪仲弘作,則應以萬曆四十三年本爲底本,而將《天問注補》作"附録",供讀者比較選擇。但是,董氏亦有同道,如熊良智就認爲,《天問注補》並非《楚辭集解》天問卷,作者也並非汪瑗,而是汪仲弘(《〈楚辭集解〉刻本的幾個問題》,《四川師範大學學報》1994年第4期)。

三是對有明顯缺憾的著作,除了批評其不足外,也不"全盤否定",對其有價值的方面亦予肯定。如譚介甫《屈賦新編》(中華書局1978年版)在方法論上存在明顯的問題:譚氏據洪補"椒桂,木類;蕙茝,草類"之分,謂楚王朝有"木派"與"草派"之争,"木派"(偏旁從木),如熊槐、熊横、子椒(木根);"草派"(草字頭),如蘭(子蘭)、蕙(靳尚)、茝(屈原)。靳尚和屈原争寵,心害其能,引"草派"投歸"木派",故茝爲杜茝、蘅爲杜蘅、若爲杜若、子蘭改稱木蘭。這種以自己編造的"歷史"來解説屈賦的方法,頗遭學界訾議,僅專題批評的論文就有4篇。儘管如此,《五百種楚辭著作提要》還是介紹了郭在貽的評價:"通觀全書,中多奇詭之説、鑿空之論","然其書亦不無新穎可喜之見,如謂《橘頌》'行比伯夷'句,謂此乃指堯時伯夷,王逸注爲孤竹君之子之伯夷,大誤。又謂《哀郢》非爲白起拔郢而作,而爲莊蹻暴郢而作,等等,雖未足爲定論,要不失爲一説"。(《近六十年來的楚辭研究》,《古典文學論叢》第3輯,陝西人民出版社1982年版)

(五)突出熱點

近一個世紀以來的"屈原否定論"之争,是現當代楚辭研究史上比較集中的熱點問題。由於先秦典籍不載屈原行跡,加之司馬遷《史記》記叙的簡略與矛盾,從廖季平《楚辭講義》懷疑屈原其人以後,又有胡適、許篤仁、何天行、衛聚賢、丁迪豪以及朱東潤等學者追隨其説,因而曾在二十世紀二十年代、五十年代引起過兩次關於“屈原有無其人”的争鳴。六十年代以後，一些日本學者又在廖氏等懷疑的基礎上繼續否定屈原其人，如鈴木修次、三澤玲爾、白川静、岡村繁等，從八十年代初期開始，又有一批學者探討這一問題，黄中模編有《中日學者屈原問題論争集》(山東教育出版社 1990 年版；又，《與日本學者討論屈原問題》，華中理工大學出版社 1990 年版)，日本學者稻畑耕一郎還作過研究史的梳理(《屈原否定論系譜》，早稻田大學中國文學會《中國文學研究》第 3 期，1977 年 12 月；另，譯文刊《重慶師院學報》1983 年第 4 期)。《五百種楚辭著作提要》對此特地設置了兩個條目，一是《胡適古典文學研究論集》，對胡適的楚辭學觀點進行評議：

> 胡適關於楚辭研究，僅一篇《讀楚辭》，但由於全面否定屈原，影響極大，許多著作、論文均對此而發。此文是 1921 年 6 月一個“讀書會”請作者作的講演，發表於《努力周報》增刊《讀書雜志》第 1 期(1922 年 9 月)，後收入《胡適文存》二集(1924 年 11 月亞東圖書館出版)。此文分爲四部分：屈原是誰？《楚辭》是什麽？《楚辭》的注家，《楚辭》的文學價值。胡氏認爲“《史記》本來不很可靠，而《屈原賈生列傳》尤其不可靠”，並列舉了此傳的七大可疑之處，認爲“屈原是一種複合物，是一種‘箭垜式’的人物，與黄帝、周公同類，與希臘的荷馬同類”，“‘屈原’明明是一個理想的忠臣，但這種忠臣在漢以前是不會發生的，因爲戰國時代不會有這種奇怪的君臣觀念”。而認爲《九歌》是“最古的南方民族文學”，謂“《天問》文理不通，見解卑陋，全無文學價值，我們可以斷定此篇爲後人雜湊起來的”。可以看出，胡適對從“王逸直到洪興祖”注釋楚辭中出現的迂腐、比附、説教之不滿、否定，是正確的；但是他犯了矯枉過正、欲罷不能的“慣性”錯誤，本意是否定王逸、五臣、洪興祖的牽强比附，卻把注釋的“本體”給否定了。
>
> 平心而論，以研究、考證古典小説見長的胡適，插足楚辭研究，純屬在隔岸觀火時，偶然興起，湊一熱鬧而已，畢其一生，此後再未提起或涉及。恐胡氏始所未料及的是，他的觀點被作爲“屈原否定論”的代表，在 20 世紀中屢遭批判、批駁，長期受到楚辭學界的詬病乃至於不齒。就連日本學者稻畑耕一郎亦爲之抱不平，他在《屈原否定論系譜》中説，“在屈原‘否定論’中，大概胡適的‘否定論’最爲知名”，“胡適雖然被看做是‘否定論’的領袖，其實他並未全面否定屈原的存在”，“他的見解，與廖季平、何天行、衛聚賢等人的主張有差異。嚴格説來，甚至可以説胡適不是‘否定論’者”。在 20 世紀 80、90 年代楚辭學界批判“屈原否定論”的“高潮”中，胡氏此文屢受批評。唯江立中《胡適〈讀楚辭〉的積極意

義》(《雲夢學刊》1996 年第 3 期),能够探討該文的"正負兩個方面的影響",並强調其"正面價值"是"思想性"的。

第二個條目是朱東潤撰"楚辭探故"系列論文。首先,《五百種楚辭著作提要》介紹了這組論文的寫作緣起、發表過程(本寄葉聖陶先生"看看",而葉聖陶即交《光明日報》發表了)以及郭沫若等學者的嚴厲批判。其次,用朱氏自己的回憶概述其觀點,對於《楚辭》的作者,漢代本來有兩種不同的説法(一是王逸,他認定是屈原的,這是大衆接受的意見;一是荀悦,他認定是劉安做的,是極少數人的意見),"我没有斷定是誰做的,也拿不出可靠的證據,但是我認爲荀悦的説法不會無因而至,因此提出一些可以申述的理由"(《和青年朋友談治學》,《文史知識》1981 年第 2 期)。再次,引用日本學者的分析,日本學者稻畑耕一郎認爲,"朱東潤在這些論文中並未直接否定屈原這個人物的存在,反之,他認爲有存在的可能性。不過,他筆下的屈原卻是一個與現在流傳的作品和傳説都毫無關係而存在的'屈原',所以實質上屬於'否定論'的一種"。最後,對這場討論予以評價:可惜二十世紀五十年代初期學術争鳴還不够平等、活躍,使朱氏失去了申辯、進一步討論的機會,使這一辯論、論争變成"單向"的教訓、批評。朱氏於古典文學研究成果卓卓,對《楚辭》僅有《楚辭探故》一組論文,但發表後卻被視爲持"屈原否定論"的一個代表,在二十世紀五十年代、八十年代,作爲廖平、胡適的"陪綁"不斷受到批評,恐怕也是朱氏始所未料及的。

隨着楊公驥、曹大中爲代表的"屈原愛國主義否定論、局限論"的不斷出現以及近四十年的商榷、批駁,這一議題常常成爲楚辭研究中學術争鳴的一個熱點。《五百種楚辭著作提要》對此也有專題綜述與評論,專設"《中國文學》(第一册)"條目,具體介紹、分析、評判楊氏之説:

> 《中國文學》(第一分册)没有"屈原與楚辭"專章,楊氏在全書開頭的《説明》中説,"由於老病的關係,我没有能按期將第四編的第五章(楚辭)改寫出來。由於出版日期不能再拖延,只好將它移印在第二分册"。事實上,第二分册始終没有出版。楊氏在第一分册中似乎没有寫到屈原,只是在《戰國的社會情況和文化》一章中涉及到秦、楚之争的性質,他説,"秦的政治、經濟制度具有着歷史的進步性,體現着當時社會發展的趨勢","秦國是代表七國地主勢力和要求的國家","秦的統一中國,在我國歷史上具有劃時代進步意義的","有人將秦説成是侵略國家,將楚,趙六國看作是被侵略國家,將秦統一中國看作是不幸的偶然事件,是罪惡的産物。這是極端錯誤的反歷史主義的説法,是狹隘的國家主

義觀點在歷史學上的運用。戰國時代,民族並未形成,所謂列國並峙只不過是我國内部一定歷史階段的封建領主的割據狀態而已”。總之,楊氏於楚辭、屈原研究成果甚少,然而提出的不同觀點,卻使之成爲數十年來楚辭學界的一個“熱點”人物。該書 1957 年 12 月由吉林人民出版社。按,該書 1980 年 5 月重版,作者在“新版致語”中説,“本書在一九五七年出版時,由於病的緣故,未能將第四編第五章(楚辭和屈原)改寫出來付印。以後,我將這一章的前部分作爲論文發表在《吉林師大學報》(一九五九年第四期)上,名爲《漫談楚的神話、歷史、社會性質和屈原的詩篇》。這次本書重新出版時,便將這篇論文作爲附録贅於書後”。

楊氏之説,爲學界從文學角度研究屈原的社會性、進步性提供了一種新的參照,也是當時(二十世紀五十年代)學界所謂“屈原爲進步的愛國主義詩人”大合唱中的一個不協和音,受到學術界長期以來直接或間接的批評、爭辯。而有些學者又進一步發揮了楊氏之説,並提供了一些新的證據、材料,否定屈原爲愛國詩人,或否定屈原愛國主義的進步性。而維護屈原愛國説、强調其進步性的學者,在討論商榷之中,總要追溯到楊氏之説,並對楊氏此書進行一番品評和駁斥。這樣,就從學術史的角度弄清了楊氏之説的由來、内涵以及爭鳴的癥結,爲學術界客觀公正的看待楊氏之説,提供了真實可靠的平臺。

七、學術價值

1. 糾正版本訛誤或著録、轉摘錯誤。由於歷史條件的限制,有些著名的楚辭版本,就連饒宗頤、姜亮夫、湯炳正等先生亦未見過,在版本著録、介紹時難免有訛錯;現有的幾種楚辭著作研究或介紹的書,錯誤甚多,容易貽誤學界。本課題基本採用一手資料,盡量減少訛錯,保證其準確性、科學性。

2. 弘揚嚴謹學風。至今,“楚辭學史”著作已有 4 種,但從學術史的角度來説,寫作“楚辭學史”的條件並不具備,因爲學術史的基礎工作還没有落實,這樣寫出來的學術史,往往空泛、粗疏。本課題通過實實在在的具體工作,總結“楚辭學史”研究中的一些難點、熱點的研究情況,既能糾正一些錯訛誤説,又是對空疏學風、架空論述的一種反撥。

3. 推進學術進展。楚辭學界新論迭出、人言言殊,主要原因就是不了解學術進展,導致重複研究、徘徊不前的現象。許多看法前人早就論述過,但不少學者囿於所見,還作爲“新論”提出,浪費時力。本課題在求“實”與求“精”的基礎上求“全”,實證辨析,信息量大且準確,從而對楚辭某些專題研究史進行了縱向勾勒和横向剖視。

八、結語

綜上所述，本課題基礎研究始於1990年，專題研究始於2000年，歷經世事浮沉、社會變遷、觀念更新、體制改革、工作調整、學術走低等，均能“我行我素”，心無旁騖；專心致志，一心一意；堅信“慢工出細活”，無怨無悔，“沉吟至今”，從責任感到自豪感，從使命感到成就感，常常有意外之喜，也常有難解之苦，一路走來，歷盡艱辛，如今終於完成，倍感慶幸。

1992年，我在縣裏掛職，往往秉筆夜作，完成了第二本專著《楚辭論稿》的修改工作。在該書《後記》裏，我寫道：

> 屈原，已從遥遠的往世走到我的面前、我的周圍、我的心中、我的夢裏。
>
> 漫漫長夜，有屈原相伴；
> 茫茫人海，有屈原同行。
> 我從長江走來，
> 我走向雲夢大澤。
> 我忘不了長江的賜予，
> 我將沿着我的路，
> 繼續走下去！

——這仍然是我今天的心境。

《五百種楚辭著作提要》雖然可以告一段落，但這一課題旺盛的生命力仍然存在。我準備在這一基礎上完成横貫中西、包容古今的《楚辭總目提要》。

2008年11月於南通枇杷居

附注：

2008年11月，向江蘇省哲學社會科學規劃辦公室申請結題，省規劃辦又爲我邀請了徐興無（南京大學文學院副院長、教授、博士生導師）、許結（南京大學文學院古代文學教研室主任、教授、博士生導師）兩位專家審稿，給了很多鼓勵，也提出了不少熱情中肯的修改意見。根據他們的美意，又反思前行，趁熱打鐵，做了全面修改，大大提高了成果的質量。

經過省規劃辦、國家規劃辦的嚴格審查，終於2009年10月批准結題（證書號：20090903），並獲得良好等級。

2009年12月31日又及

目録

附　　録

正文

楚　辭

總集名。漢代劉安、劉向輯。劉安(約前179—前122),漢文帝弟淮南王劉長子。《史記》、《漢書》有傳。漢文帝八年(前172),封阜陵侯。十六年(前164)爲淮南王。劉安爲人好書,善鼓琴,曾招致賓客及方術之士,主持編著《淮南子》,《漢書·藝文志》著録"淮南王賦八十二篇",惜今已散佚無多,唯《屏風賦》見存。《漢書·淮南王傳》云:"時武帝方好藝文,以安屬爲諸父,辯博善爲文辭,甚尊重之。每爲報書及賜,常召司馬相如等視草乃遣。初,安入朝,獻所作《内篇》,新出,上愛祕之。使爲《離騷傳》,旦受詔,日食時上。"章太炎《訄書》云:"《楚辭》傳本非一,然淮南王安爲《離騷傳》,則知定本出於淮南。"姜亮夫《洪慶善楚辭補注所引釋文考》(《楚辭論文集》,上海古籍出版社1984年版)據《楚辭釋文》篇次(前九篇爲《離騷》、《九辯》、《九歌》、《天問》、《九章》、《遠遊》、《卜居》、《漁父》、《招隱士》)而論,以爲"《釋文》本於《卜居》、《漁父》後列《招隱士》,大小山之所傳也……則安輯屈宋之文,而以己作附之……則自《離騷》至《招隱》爲書,必劉安之所爲。而以《騷》爲經,《辯》以後爲傳,正劉安依時代風習而定者"。

劉向(前79—前8),字子政,漢高祖弟楚元王劉交玄孫。祖、父皆歷官二千石,封侯。《漢書·楚元王傳附劉向傳》云,向"年七十二卒,卒後十三歲而王氏代漢"。葉德輝、王先謙等據此推斷向生於元鳳四年(前77),卒於建平元年(前6)。然《資治通鑒》記劉向卒年爲綏和元年(前8),由此逆推其生年爲元鳳二年(前79);又,錢穆考證結果與此同。此處從《資治通鑒》説。劉向12歲任爲輦郎,20歲遷諫大夫,後任散騎諫大夫給事中、宗正,因上疏談灾異、刺時弊而兩度入獄,於永光四年(前40)黜官家居。成帝即位後,復出任中郎,纍遷至光禄大夫、中壘校尉,受詔校書。後雖偶涉政事,但其心力傾注於學術。今有《列女傳》、《新序》、《説苑》等行世,所撰《别録》乃目録學之傑作。據《漢書·藝文志》著録,有辭賦三十三篇,惜多散佚,今僅存《九歎》九篇(載《楚辭章句》)、《請雨華山賦》(載《古文苑》,文多脱誤)。

王逸《楚辭章句·離騷叙》云:"至於孝武帝,恢廓道訓,使淮南王安作《離騷經章句》,則大義粲然。後世雄俊,莫不瞻慕,舒肆妙慮,纘述其詞。逮至劉向,典校經書,分爲十六卷。"宋代晁公武《郡齋讀書志》云:"平自傷忠而被謗,乃作《離騷經》以諷,不見省納。及襄王立,又放之江南,復作《九歌》、

《天問》、《九章》、《遠遊》、《卜居》、《漁父》、《大招》,自沉汨羅以死。其後楚宋玉作《九辯》、《招魂》,漢賈誼作《惜誓》,淮南小山作《招隱士》,東方朔作《七諫》,嚴忌作《哀時命》,王褒作《九懷》,劉向作《九歎》,皆擬其文,而哀平之死於忠……劉向典校經書,分爲十六卷。"《四庫全書總目提要》云:"裒屈、宋諸賦,定名楚辭,自劉向始也","及向所作《九歎》共爲《楚辭》十六篇,是爲總集之祖。"又,湯炳正《楚辭編纂者及其成書年代的探索》以爲,《楚辭》一書,既非出於一人之手,也不出於一個時代,它是不同的時代和不同的人們逐漸纂輯增補而成的。據《楚辭釋文》篇次,第一至第二篇,纂輯者可能是宋玉;第一至第九篇,增輯者爲淮南王賓客淮南小山,或即爲淮南王劉安本人,是劉向以前的《楚辭》通行本;第一至第十三篇,增輯者爲劉向;第一至第十六篇,增輯者不可考,爲王逸以前的十六卷本。其説與姜氏稍異,然突出劉安、劉向二人之功,則亦相近。

此書之版本,姜亮夫《楚辭書目五種》云:"今其書已亡。而後世或自王逸十七卷中録出爲書,或即題王逸本爲劉向集,蓋名實多亂矣。"崔富章《楚辭書目五種續編》云:"《楚辭》一書,乃由戰國至東漢陸續纂輯增補而成。劉安奠其基,劉向繼其後,其本不傳。後世輯刻白文本,多從王逸《章句》録出;或卷帙分合,或篇目增減,率綴於此,名從其朔云。"

迄今,對是書作過評述的論文主要有王雲渠《〈楚辭〉十六卷是劉向所校集的麽?》(《北平晨報學園》1931 年 10 月 24 日、26 日、27 日)、王雲渠《〈楚辭〉非劉向所集一個新證據》(《北平晨報學園》1932 年 1 月 12 日、14 日、15 日、18 日)、陸侃如等《漢人論〈楚辭〉》(《山東大學學報》1963 年第 2 期)、林維純《劉向編集〈楚辭〉初探》(《暨南學報》1984 年第 3 期)、陳廣忠《論〈楚辭〉與劉安、〈淮南子〉之關係》(《甘肅社會科學》1984 年第 4 期)、金開誠《論漢人對屈原及其製作的認識和研究》(《文史》總第 25 輯,1985 年)、張來芳《漢代楚辭學述略——〈楚辭學史〉之一》(《江西大學學報》1989 年第 2 期)、王德亞《總集乎? 别集乎? ——論劉向所編〈楚辭〉一書的屬性及其他》(《中國韻文學刊》1990 年第 1 期)、孫克强《劉安評屈騷辨——兼對〈史記〉引劉安語的認識》(《信陽師範學院學報》1997 年第 1 期)、范軍《〈楚辭〉編輯論略(上篇)》(《湖北電大學刊》1997 年第 2 期)、陳廣忠《論〈楚辭〉與劉安、〈淮南子〉》(《中國文化研究》2000 年第 4 期)、董靈超《從歷史角度重新審定劉安、班固對屈原的評價》(《柳州師專學報》2006 年第 1 期)、周遠斌《〈九歌〉爲劉安及其門客所撰考》(《雲夢學刊》2006 年第 5 期)、張繼海《淮南王作〈離騷傳〉考》(《古籍整理研究學刊》2006 年第 6 期)、漆子揚《今本〈楚辭〉與劉安的關係及其版本源流新探》(《淮南師範學院學報》2008 年第 1 期)。

屈原賦

漢代劉歆輯。劉歆(?—前23),字子駿,劉向少子。初參與其父校書工作十多年,向卒後,受詔領導校書,卒成父業。《七略》由劉向肇其始、劉歆總其成,爲我國歷史上首部綜合性圖書分類目録。

《七略》第三大類《詩賦略》第一種爲“屈原賦之屬”。《七略》於唐末或宋代亡佚,清人雖廣輯其佚文,但所得不過是一鱗半爪,全書之貌已難窺識。惟幸班固編撰《漢書》時,將《七略》作了減縮,編成《藝文志》,方能見其梗概。據《漢書・楚元王傳附劉歆傳》云:“歆集六藝群書,種別爲《七略》。”又,《漢書・藝文志・詩賦略》載:“屈原賦二十五篇。”注云:“楚懷王大夫,有列傳。”姜亮夫《楚辭書目五種》云:“屈原賦下註‘有列傳’三字,必是歆原文。所謂有列傳者,指《史記・屈原傳》。使此文爲班固所爲,則《漢書》不載原傳,註文必不如此。此亦歆原文之一證。歆承父向之業,向爲《楚辭》十六卷,採宋玉以下合輯之,則屈賦固在向輯之中。而別集之立,本亦始向,則歆乃承襲父業。《七略》義主辨章學術,故冠之詩賦之首。劉向義在專門,故相類而輯,合爲一書。取義不同,兹形式兩別。吾人建類歸宗,考鏡源流,固當以《七略》之義爲歸。循名責實,故題曰子駿輯也。”

迄今,對是書作過評述的論文主要有王晉卿《劉歆〈七略〉與傳統文化》(《湘潭大學社會科學學報》1987年第2期)、范軍《〈楚辭〉編輯論略(上篇)》(《湖北電大學刊》1997年第2期)。

宋玉集

別集名。《漢書・藝文志・詩賦略》云:“宋玉賦十六篇。”今傳爲宋玉所作的:王逸《楚辭章句》收《九辯》、《招魂》二篇;蕭統《文選》收《九辯》、《招魂》、《風賦》、《高唐賦》、《神女賦》、《登徒子好色賦》、《對楚王問》七篇;《古文苑》收《笛賦》、《大言賦》、《小言賦》、《諷賦》、《釣賦》、《舞賦》六篇;劉節《廣文選》收《高唐對》、《微咏賦》、《郢中對》三篇。據吳廣平《宋玉集》(岳麓書社2001年版)考,《微咏賦》載南宋陳仁子所編《文選補遺》;《高唐對》、《郢中對》最早載明人所輯《宋玉集》。明後有輯而單刻之者,今存《宋玉集》清抄本,二卷,一册,丁氏八千卷樓舊藏,南京圖書館藏。另,《全上古三代秦漢三國六朝文》本,嚴可均校輯,收《風賦》、《大言賦》、《小言賦》、《諷賦》、《高唐賦》、《神女賦》、《登徒子好色賦》、《釣賦》、《笛賦》、《九辯》、《招魂》、《對楚王問》、《高唐對》,又附《宋玉集序》。

迄今,對是書作過評述的論文主要有陳子展《〈九辯〉作者是誰》(《學術月刊》1979 年第 6 期)、曹明綱《宋玉賦真僞辨》(《上海師範大學學報》1984 年第 2 期)、鄭良樹《論〈宋玉集〉》(《文獻》1995 年第 4 期)、湯漳平《宋玉作品真僞辨》(《文學評論》1991 年第 5 期)、辛保平《漢賦與宋玉賦的淵源關係——兼論漢賦的分類及宋玉賦的真僞》(《北京大學學報》2001 年增刊第 1 期)、吳廣平《20 世紀宋玉研究述評》(《中州學刊》2002 年第 1 期)、劉剛《南京圖書館館藏〈宋玉集〉綜考》(《鞍山師範學院學報》2003 年第 1 期)、吳廣平《明代宋玉研究述評》(《淮陰師範學院學報》2003 年第 1 期)、吳廣平《〈宋玉集序〉〈報友人書〉綜考》(《鞍山師範學院學報》2003 年第 1 期)、吳廣平《宋玉著述辨》(《文獻》2003 年第 3 期)、吳廣平《宋玉著述續辨》(《長江大學學報》2005 年第 5 期)、周聖弘等《宋玉作品真僞辨析——〈歷代襄陽名作家研究〉系列論文之一》(《湖北廣播電視大學學報》2007 年第 3 期)。

楚辭章句

楚辭研究專著。漢代王逸撰。王逸,字叔師,南郡宜城(今湖北宜城)人。漢安帝元初(約 117),王逸作爲南郡所舉之上計吏進京奏事,留京拜校書郎,入東觀校書。後又遷校書郎中,參修《東觀漢紀》。《後漢書·文苑列傳·王逸傳》云:"順帝時爲侍中。著《楚辭章句》行於世。其賦、誄、書、論及雜文,凡二十一篇。又作《漢詩》百二十三篇。"

敦煌寫本《文選集注·離騷》殘卷録陸善經云:"逸,字叔師,南郡宜城人,後[漢]校書郎中,注《楚調[詞]》,後爲豫章太守也。"王逸《九思·自叙》云:"逸,南陽人,博雅多覽,讀《楚辭》而傷愍屈原,故爲之作解。又以自屈原終没之後,忠臣介士遊覽學者讀《離騷》、《九章》之文,莫不愴然,心爲悲感,高其節行,妙其麗雅。至劉向、王褒之徒,咸嘉其義,作賦騁辭,以讚其志。則皆列於譜録,世世相傳。逸與屈原同土共國,悼傷之情與凡有異。竊慕向、褒之風,作頌一篇,號曰《九思》,以裨其辭。"又,《四庫全書總目提要》云:"《楚辭章句》十七卷,漢王逸撰。……陳振孫《書録解題》載有《古文楚辭釋文》一卷,其篇第首《離騷》,次《九辨》、《九歌》、《天問》、《九章》、《遠遊》、《卜居》、《漁父》、《招隱士》、《招魂》、《九懷》、《七諫》、《九歎》、《哀時命》、《惜誓》、《大招》、《九思》，迥與今本不同。興祖據逸《九章》注中稱'皆解於《九辨》中'，知古本《九辨》在前，《九章》在後。振孫又引朱子之言，據天聖十年陳説之《序》謂'舊本篇第混併，乃考其人之先後，重定其篇第'，知今本爲説之所改。則自宋以來，已非逸之舊本。又黄伯思《東觀餘論》謂逸注《楚辭》，序皆在後，如《法言》舊本之例，不知何人移於前。則不但篇第非舊，併其序亦非舊矣。"

後，劉永濟《屈賦通箋》以爲，《楚辭章句》於《九歌》、《九章》叙文中皆不釋"九"之義，而在《九辯》叙文中則曰："九者，陽之數，道之綱紀也。"故知王逸《楚辭章句》原始篇次，《九辯》不僅在《九章》之前，而且在《九歌》之前，與《楚辭釋文》篇次相同。另，據王逸《九思・叙》自稱"博雅多覽"，"未有解説，故聊叙訓誼"，可知《九思》篇非王逸自叙、自注。

該書訓解體例爲，首各篇題解，次每句訓詁，且多以二句爲義，在第二句訓詁後串講釋義。其訓解比較簡明，且詳於前而略於後，以求要約，多能避免重複。又，於《九辯》及《九章・哀郢》"上洞庭而下江"句以下用韻句釋義之體，包括了訓解文字和串講句義。雖其訓詁有時未能明確落實，但多能通解文句之義，且無"浮辭繁長"之失。其於文字訓解上亦頗具優點，約言之有二：一、其訓釋多有所本，或本於經書故訓，或本於方言楚語；二、其訓解前後貫通，尤明於義存乎聲，故頗能得《楚辭》文義之正解。然其不足也有數端，或因誤本而誤、或因不通名物而誤、或因不審文義而誤，尤以增字解經和發揮微言大義爲其甚者。

此書之版本頗多，有明代翻刻本，其底本來自北宋。明正德戊寅(1518)高第刊黄省曾本《楚辭章句》爲明刻本中最早的，黄氏所藏，或爲靖康時刻本。明隆慶辛未(1571)豫章夫容館重雕宋本，爲明刻本中的善本。經比較，明翻宋本《楚辭章句》當出於同一傳本系統，不同於洪興祖所用《楚辭章句》傳本系統(參李大明《漢楚辭學史》第五章《王逸及其〈楚辭章句〉》、《楚辭文獻學史論考・宋本〈楚辭章句〉考證》)。另，2008 年廣陵書社《楚辭文獻集成》影印本。

迄今，對是書作過評述的論文主要有駱鴻凱《〈楚辭章句〉徵引楚語考》(《師大國學叢刊》第 1 卷第 2 期，1931 年 5 月)、劉永濟《王逸〈楚辭章句〉的解釋》(《武大文哲季刊》第 2 卷第 3、4 期，1932 年)、劉永濟《王逸〈楚辭章句〉識誤》(《武大文哲季刊》第 2 卷第 3、4 期，1932—1933 年)、陸侃如等《漢人論〈楚辭〉》(《山東大學學報》1963 年第 2 期)、韓兆琦《〈楚辭章句〉與〈楚辭補注〉》《自修大學(文史哲經)》1983 年第 3 期、劉永耕《淺論〈離騷〉王注與洪補的異同》(《新疆大學學報》1984 年第 1 期)、董洪利、常振國《幾種各具特色的

〈楚辭〉古注》(《文史知識》1983 年第 5 期)、温洪隆《王逸没有給〈楚辭〉篇名作注》(《光明日報》1985 年 1 月 29 日)、劉鋒晉《"楚辭"與"楚辭章句"——"賦的起源與流變"之三》(《温州師專學報》1985 年 1 期)、李大明《論王逸對評價屈原不正確觀點的批評》(《四川師範大學學報》1985 年第 4 期)、金開誠《論漢人對屈原及其製作的認識和研究》(《文史》總第 25 輯,1985 年)、林維純《試論〈楚辭章句〉"序文"的作者問題》(《暨南學報》1986 年第 2 期)、向一尊《楚辭功臣——王逸》(《荆州師專學報》1988 年第 3 期)、吴志勇《從王逸〈離騒經章句〉看儒化的屈子形象的形成》(《杭州大學學報》1988 年第 18 卷增刊)、劉利《讀王逸〈楚辭章句〉》(《徐州師範學院學報》1987 年第 3 期)、楊鋼《讀王逸〈楚辭章句〉》(《四川師範大學學報》1988 年第 1 期)、張來芳《漢代楚辭學述略——〈楚辭學史〉之一》(《江西大學學報》1989 年第 2 期)、許結《論王逸楚辭學的時代新義》(《江漢論壇》1991 年第 3 期)、陳元鋒《漢代經學演化與屈原評價之紛争》(《山東師大學報》1993 年第 3 期)、李大明《洪興祖〈楚辭考異〉所引〈楚辭章句〉六朝"古本"考》(《四川師範大學學報》1994 年第 2 期)、李大明《宋本〈楚辭章句〉考證》(《四川師範大學學報》1995 年第 1 期)、王齊洲《論王逸和他的〈楚辭章句〉》(《文學遺産》1995 年第 2 期)、田宜弘《〈楚辭〉和〈楚辭章句〉纂意拾遺》(《鄭州師專學報》1996 年第 1 期)、朱碧蓮《〈楚辭〉要籍述略》(《古典文學知識》1996 年第 1 期)、朱舫《王逸〈楚辭章句〉中的雙音詞》(《四川大學學報》1999 年增刊)、張宏《〈楚辭章句〉的屈子形象和遊仙模式》(《社會科學輯刊》1996 年第 6 期)、力之《〈楚辭章句〉"序文"的作者問題辨——兼與林維純先生商榷》(《欽州學刊》1998 年第 1 期)、鄒雲湖《"依託五經"與"以義裁之"——論〈楚辭章句〉與〈楚辭集注〉的漢宋之别》(《語文學刊》2000 年第 1 期)、王德華《試論王逸〈楚辭章句〉"經學"闡釋的思想文化特徵》(《中州學刊》2000 年第 3 期)、力之《〈文選〉騒類李善注引〈楚辭章句〉小序均非原貌辨——兼與王德華先生商榷》(《河南師範大學學報》2000 年第 3 期)、力之《〈楚辭章句〉前十五卷的前序劉向作駁議》(《黄岡師範學院學報》2000 年第 4 期)、張中一《〈楚辭章句・九歌第一篇〉評析》(《雲夢學刊》2001 年第 2 期)、馬駿鷹《王逸〈楚辭章句・漁父〉校記》(《浙江師範大學學報》2002 年第 3 期)、黄松毅《論〈楚辭章句〉中的漢代擬騒作品》(《廣西民族學院學報》2002 年第 3 期)、張中一《〈楚辭章句〉評析》(《岳陽職業高等專科學校學報》2003 年第 1 期)、鄧聲國《〈楚辭章句〉重言詞訓釋要例闡微》(《古籍整理研究學刊》2003 年第 1 期)、陳松青《王逸注解〈楚辭〉的文學視角——〈楚辭章句〉之"八字注"探析》(《中國文學研究》2003 年第 1 期)、黄靈庚《關於王逸〈楚辭章句〉的校理》(《中國文化研究》2003 年夏之卷)、張中一《〈楚辭章句・九歌・湘君〉評析》(《岳陽職業技術學院學報》2004 年第 1

期)、龔敏《以〈詩〉釋〈騷〉——論王逸〈楚辭章句〉注釋方式》(《船山學刊》2004年第4期)、田海鳳《淺論王逸對〈楚辭〉的儒家詮釋》(《連雲港職業技術學院學報》2005年第4期)、常貴梅《王逸〈楚辭章句〉的訓詁内容》(《三峽大學學報》2005年7月增刊)、王寶利《〈楚辭章句〉聲訓研究》(《雲夢學刊》2006年第2期)、常貴梅《王逸〈楚辭章句〉詞語札記》(《唐山師範學院學報》2006年第3期)、史建橋《王逸〈楚辭章句·天問〉的闡釋特點》(《河北師範大學學報》2006年第6期)、鄧聲國《試論王逸〈楚辭章句〉的文學闡釋》(《江西社會科學》2007年第1期)、黄靈庚《唐宋類書與〈楚辭章句〉校理》(《職大學報》2007年第1期)、周聖弘、孟祥榮《王逸〈楚辭章句〉述評——〈歷代襄陽名作家研究〉系列論文之二》(《湖北廣播電視大學學報》2007年第4期)、葛文傑《試談王逸〈楚辭章句〉的訓釋有據》(《現代語文》2007年第5期)、葛文傑《王逸〈楚辭章句〉的訓詁術語》(《樂山師範學院學報》2007年第8期)、雷炳鋒《王逸及其〈楚辭章句〉中的諷諫思想》(《消費導刊》2007年第12期)、葛文傑《淺析〈楚辭章句〉對一般詞語的注釋》(《語文學刊》2008年第2期)、查屏球《文學的闡釋與闡釋的文學——關於王逸〈楚辭章句〉韻體注文的考論》(《文學評論》2008年第2期)、鄧聲國《〈楚辭章句〉流傳及版本考》(《蘭臺世界》2008年第8期)、馬駿鷹《王逸〈楚辭章句〉文獻研究》(浙江師範大學,2002年碩士畢業)、葛文傑《王逸〈楚辭章句〉訓詁研究》(南京師範大學,2005年碩士畢業)、吴宇飛《王逸〈楚辭章句〉研究》(中央民族大學,2006年碩士畢業)、張麗萍《〈楚辭章句〉和〈楚辭補注〉訓詁比較》(蘭州大學,2007年碩士畢業)、趙曉東《王逸以〈詩〉注〈楚辭〉研究》(廣西師範大學,2008年碩士畢業)、孫光《漢宋楚辭研究的歷史轉型——〈章句〉、〈補注〉、〈集注〉比較研究》(河北大學,2006年博士畢業)。

楚辭音

楚辭研究專著。隋代釋智騫(一作道騫)撰。《隋書·經籍志》云:"《楚辭音》一卷,釋道騫撰。"其"楚辭類"小序云:"隋時有釋道騫,善讀之。能爲楚聲,音韻清切。至今傳《楚辭》者,皆祖騫公之《音》。"六朝時《楚辭》始有音義之作,晉代徐邈發其端。《隋書·經籍志》著録《楚辭》音義之作五種:《楚辭音》一卷,徐邈撰;《楚辭音》一卷,宋處士諸葛氏撰;《楚辭音》一卷,孟奥撰;《楚辭音》一卷;《楚辭音》一卷,釋道騫撰。前四種皆亡。道騫《楚辭音》除兩唐《志》著録,滕原佐世《日本國見在書目録》著録"楚辭音義,釋智騫撰”，而該目録編成於日本寬平三年(891)，值唐末，故實在兩唐《志》之先。明代王圻《續文獻通考》卷一百八十八、楊慎《轉注古音略》卷首《聞見字書目録》等皆有録，但不知見原書否？朱熹《楚辭集注・序》云：“及隋、唐間，爲訓解者尚五六家，又有僧道騫者，能爲楚聲之讀，今亦漫不復存，無以考其説之得失。”然敦煌石室藏有寫本，後爲法國人伯希和所得，現藏於巴黎國民圖書館。二十世紀三十年代王重民於巴黎得見，引起了學者們的極大關注。王重民、聞一多、周祖謨、姜亮夫等皆有長篇考釋文字，其結論有：第一，殘卷“茲”字(《離騷》“望崦嵫而未迫”句，道騫本“嵫”作“茲”下有“騫按：弇茲之神居此山，因以名焉，而加山旁”之語，由此推定此殘卷即《隋志》著録的道騫《楚辭音》(殘卷作“騫”，《隋志》作“騫”，當爲異體字)。第二，道騫殆即道宣《續高僧傳》卷四十《雜科・聲德》所附《隋東都内慧日道場釋智果傳》中“智騫”。“江表人也，偏洞字源，精閑通俗。晚以所學，追入道場，自祕書正字讐校著作，言義不通，皆諮騫決，即爲定其今古，出其人世，變體詁訓，明若面焉”。據此可知，智騫當爲精於文字六書之小學名家，且智騫爲慧日道場(今浙江餘杭博陸)高僧，若以“晚以所學，退入道場”而推，《楚辭音》當成於其出家之前。

殘卷存八十四行，起於“乘”字之上字注音“××反”之“反”字(當爲《離騷》“駟玉虬以乘鷖”句)，止於“瑶，或作璠”之“璠”字(當爲《離騷》“雜瑶象以爲車”句)。殘卷共列《離騷》正文和王逸注文凡291字，其中正文194字，注文97字；又採王逸注14條，郭璞注4條。其注音用反切，切語用字多不與《廣韻》同，兼用直音，所注音讀280餘條，一本漢儒舊例，淵源有自；又有“協韻作某音”者5條，如“下，協韻作户音”(注《離騷》“斑陸離其上下”之“下”字)；“行，協胡剛反”(注《離騷》“歷吉日乎吾將行”之“行”字)，此亦沿梁、陳以來沈重、陸德明“協句”、“協韻”之舊例，特就上下文求其調遂而已(參姜亮夫《敦煌寫本隋釋智騫楚辭音跋》，載《楚辭學論文集》，上海古籍出版社1984年版)。

此書之版本，有1930年崑山趙氏、吴縣王氏合輯《庚辰叢編》本、臺灣大學圖書館《敦煌秘籍留真》本。此兩本皆欠清晰。另，1994年上海書店《叢書集成續編》影印《庚辰叢編》本。又，1996年12月杭州大學出版社《敦煌音義匯考》據姜亮夫先生攝片影印本，甚佳。另，2008年燕山出版社《楚辭要籍選刊》影印《庚辰叢編》本。

迄今，對是書作過評述的論文主要有胡光煒《〈楚辭〉郭注義征》(《圖書月刊》第1卷第7、8期，1941年；又，《胡小石論文集》，上海古籍出版社1982年版)、王重民《巴黎敦煌殘卷叙録》(北平圖書館1936、1941年版)、聞一多《敦煌舊抄〈楚辭音〉殘卷跋》(《天津大公報圖書副刊》第124期，1936年4月；又，2008年廣陵書社《楚辭文獻集成》影印本)、周祖謨《騫公〈楚辭音〉殘卷之協韻説與楚音》(《圖書月刊》第2卷第5期,1942年;又,載《問學集》,中華書局1966年版)、周法高《讀〈騫公楚辭音之協韻與楚音〉》(《圖書月刊》第3卷第5、6期,1945年)、饒宗頤《晉郭璞楚辭遺説摭遺》(《楚辭書録》,香港蘇記書莊1948年版)、姜亮夫《智騫〈楚辭音〉跋》(《中國社會科學》1980年第1期)、湯志鈞《對〈智騫楚辭音跋〉引文的校正》(《中國社會科學》1980年第2期)、翁志鵬《關於〈智騫楚辭音跋〉的補正》(《中國社會科學》1980年第4期)、范軍《〈楚辭〉編輯論略(中篇)》(《湖北電大學刊》1997年第3期)、李大明《敦煌寫本〈楚辭音〉釋讀商兑》(《西南民族學院學報》1999年第3期)、黄耀堃、黄海卓《道騫與〈楚辭音〉殘卷的作者新考》(浙江大學漢語史研究中心、浙江大學古籍研究所編《姜亮夫、蔣禮鴻、郭在貽先生紀念文集》,《漢語史學報專輯》第3輯,上海教育出版社2003年版)。

重編楚辭

楚辭研究專著。宋代晁補之輯。晁補之(1053—1110),字无咎,自號歸來子,濟州鉅野(今屬山東)人。十七歲時隨其父晁端友拜謁蘇軾,蘇軾"稱其文博辯雋偉,絶人遠甚,必顯於世"(《宋史》本傳)。神宗時舉進士。元祐初任秘書省正字、秘閣校理。紹聖間,被列入元祐黨籍,屢遭貶謫。後知泗州,卒於官。今有《濟北晁先生鷄肋集》、《晁无咎詞》(又名《晁氏琴趣外篇》)行世。事跡載《宋史》卷四百四十四《列傳》第二百三。

《四庫全書總目提要》卷一百五十四《鷄肋集》提要云:"今觀其集,古文波瀾壯闊,與蘇氏父子相馳驟,諸體詩俱風骨高騫,一往俊邁,並駕於張、秦之間,亦未知孰爲先後。"張耒《晁无咎墓誌銘》云:"自少爲文,即能追考左氏、《戰國策》、太史公、班固、揚雄、劉向、屈原、宋玉、韓愈、柳宗元之作……其凌厲奇卓,出於天才。"晁氏"才氣飄逸,嗜學不知倦","尤精楚詞",編有《重編楚辭》、《續離騷》、《變離騷》三種。

該書凡十六卷,依其對屈原作品和先秦兩漢文人擬作之探究,重編世傳《楚辭》專書之篇次,分爲上八卷、下八卷。上八卷爲屈原作品,即《離騷》、《遠遊》、《九章》、《九歌》、《天問》、《卜居》、《漁父》、《大招》,統稱之爲"離騷",且冠以"經"稱之;下八卷爲先秦西漢文人擬作,即《九辯》、《招魂》、《惜誓》、《七諫》、《哀時命》、《招隱士》、《九懷》、《九歎》,統稱之爲"楚辭"。本書删《楚辭章句》本中王逸《九思》,以其非西漢前之文者,故爲十六卷,復劉向之舊録。晁氏云"蓋《詩》之流,至楚而爲《離騷》,至漢而爲賦",又云"《詩》雖亡,至原而不亡矣”、“《詩》亡而後《離騷》之辭作”。晁氏以爲，屈原作品繼承“詩教”之傳統，“蓋《詩》之所嗟歎，極傷人倫之廢，哀刑政之苛。而人倫之廢、刑政之苛，孰甚於屈原時邪？國無人，原以忠放。欲返，幸君之一悟、俗之一改也。一篇之中，三致意焉”，且屈原之“忠”亦符合儒學之“禮義”。另，肯定司馬遷、王逸之説，而痛批班固、劉勰之論，如論屈原作品之文辭，云：“至言澆、羿、姚、娀，與經傳錯繆，則原之辭甚者稱開天門、駕飛龍，驅雲役神，周流乎天而來下，其誕如此。正爾託譎詭以喻志，使世俗不得以其淺議己，如莊周寓言者，可以‘經’責之哉？”

關於此書，前人頗多微辭。朱熹《楚辭辯證》云：“晁書新序（案：《鷄肋集》卷三十六之《離騷新序》），多爲義例辯説，紛挐而無所發於義理，殊不足以爲此書之輕重。且復自謂嘗爲史官，古文國書，職當損益。不惟其學而論其官，固已可笑，況其所謂筆削者，又徒能移易其篇次，而於其文字之同異得失，猶不能有所正也。”陳振孫《直齋書録解題》云：“其去取之際，或有不可盡曉者。”案，晁公武《郡齋讀書志》、尤袤《遂初堂書目》皆有著録，有清道光十年晁貽端刻《晁氏叢書》，凡二册，北京圖書館藏。

迄今，對是書作過評述的論文主要有丁冰《宋代楚辭學概觀》（《古籍整理研究學刊》1985 年第 2 期）、劉焕陽《晁補之著述考略》（《煙臺師範學院學報》1990 年第 3 期）、李大明《晁補之〈重編楚辭〉三種目録論考》（《四川師範大學學報》1996 年第 3 期）、范軍《〈楚辭〉編輯論略（下篇）》（《湖北電大學刊》1997 年第 4 期）、周建忠《宋代楚辭要籍解題》（《古籍整理研究學刊》2002 年第 6 期）、郭建勛、楊賽《晁補之的辭賦學論略》（《中國文學研究》2004 年第 3 期）、譚德興《論宋代楚辭觀的新發展》（《衡陽師範學院學報》2004 年第 5 期）、踪凡《朱熹論兩漢詩賦——兼與晁補之比較》（《遼東學院學報》2007 年第 6 期）。

楚辭補注

楚辭研究專著。宋代洪興祖撰。洪興祖（1090—1155），字慶善，丹陽（今屬江蘇）人。宋徽宗政和（1111—1117）中登上舍第，南渡後歷任秘書省正字、太常博士等職，後出知真州、饒州，興學闢荒，有政績。因忤秦檜而編管昭州，卒。今有《老莊本旨》、《周易通議》、《繫辭要旨》、《古文孝經序贊》行世。事跡載《宋史》卷四百三十三《列傳》第一百九十二。

該書先列王逸原注，次補注於後，逐條疏通辨析，並以“補曰”二字别之，或闡發字詞大義，或注明古籍引用出處，或考辨諸説是非。陳振孫《直齋書録解題》曾述其撰述過程，“興祖少時，從柳展如得東坡手校楚辭十卷，凡諸本異同，皆兩出之。後又得洪玉父而下本十四五家參校，遂爲定本，始補王逸《章句》之未備者。書成，又得姚廷輝本，作《考異》，附古本《釋文》之後，其末又得歐陽永叔、孫莘老、蘇子容本於關子東、葉少協，校正以補《考異》之遺。洪於是書用力亦以勤矣”。姜亮夫《楚辭書目五種》云：“洪書蓋補王逸《章句》之未詳者，故謂之《補注》，重點在補義。然於《章句》後，先雜引異本，以正是文字，蓋即陳氏所謂歐陽、東坡、莘老、廷輝諸家之校文。則宋所傳異本，已多入洪氏書中矣。朱熹《集注》蓋多取之。其補義以申王爲主；或引書以證其事跡古義，或辨解以明其要……章明句顯，既發王義之幽微，亦抒個人之見解，爲後代研習者之所宗尚。”而游國恩《楚辭講録》曾將《補注》中所引《楚辭釋文》各條，一一輯出，共得 77 條(《文史》總第 1 輯，1962 年)。

另，班固、顔之推以爲屈原“露才揚己，顯暴君過”，洪氏則痛批此説，《〈離騷〉後序》云：“自古忠臣義士，慨然發憤，不顧其死，特立獨行，自信而不回者，其英烈之氣，豈與身俱亡哉！”“《離騷》二十五篇，多憂世之語。”其釋《懷沙》云：“知死之不可讓，則捨生而取義可也。所惡有甚於死者，豈復愛七尺之軀哉！”朱熹盛贊其説，《楚辭辯證》云：“其言偉然可立懦夫之氣，此所以忤檜相而卒貶死也，可悲也哉！”《四庫全書總目提要》亦云：“於楚辭諸注之中，特爲善本。”

郭在貽《楚辭要籍述評》(《杭州大學學報》1988 年增刊)以爲，今人閱讀、引用今本《楚辭補注》時尤當注意三點：一、洪氏《考異》一書，原附在古文《釋文》之後，今本《考異》和《釋文》則分散在《補注》各句之下，已非原書本來面目；二、今本“補曰”字以上並非全爲王逸注文，還攙雜了《文選》李善及五臣注，此乃後人增補；三、補注本中有校語，在王注後、補注前，蓋六朝唐以來諸家舊校，而洪氏輯存之，若以爲王校，則大謬。

此書之版本較多。據崔富章考，《楚辭補注》宋元刊本不見，明清刊本源於宋本者兩種：一、明嘉靖間翻刻宋本，南京圖書館、浙江圖書館並藏之，民國間，涵芬樓據以影印入《四部叢刊》中；二、清康熙元年毛氏汲古閣重刊宋本，汲古閣本則有日本寬延二年(清乾隆十四年)柳美啓重校刊本、同治十一年金陵書局重刊本、中華書局《四部備要》本。諸版本中以同治金陵書局重刊汲古閣本爲佳，因其“校讎精審，多處糾正原刻訛誤，後出轉精，堪爲善本”，現有上海圖書館藏本、浙江圖書館藏本等多種(《〈四庫提要〉補正》，杭州大學出版社 1990 年版；又，《〈楚辭〉版本源流考索》，《浙江學刊》1987 年第 1 期)。另，1983 年 3 月中華書局排印標點本行世，由白化文、許德楠、李如鸞、方進校點。該本“用汲古閣刊本，據《四部叢刊》影印明翻宋本及《文選》

李善注等作了一些必要的校正,並採用了程金造同志的一部分校勘成果,附注於當句之下",2002年10月中華書局《楚辭補注》重印修訂本。又,1999年9月吉林人民出版社據中華書局排印標點本,出版橫排簡體字本,但删中華書局本"出版説明",易題爲《楚辭章句補注》,作者署爲"[漢]王逸注,[宋]洪興祖補注",乃"中國古代詩詞珍本"叢書之一。另,2008年廣陵書社《楚辭文獻集成》影印本。

迄今,對是書作過評述的論文主要有姜亮夫《洪慶善〈楚辭補注〉所引釋文考(上)》(《南開學報》1980年第3期)、姜亮夫《洪慶善〈楚辭補注〉所引釋文考(下)》(《南開學報》1980年第4期)、韓兆琦《〈楚辭章句〉與〈楚辭補注〉》(《自修大學(文史哲經)》1983年第3期)、董洪利、常振國《幾種各具特色的〈楚辭〉古注》(《文史知識》1983年第5期)、劉永耕《淺論〈離騷〉王注與洪補的異同》(《新疆大學學報》1984年第1期)、俞明芳《對〈楚辭補注〉點校本的一些意見》(《上海師範大學學報》1985年第1期)、丁冰《宋代楚辭學概觀》(《古籍整理研究學刊》1985年第2期)、朱碧蓮《略評幾種有影響的〈楚辭〉舊注本》(《湖北大學學報》1985年第5期)、林瑞娥《讀〈離騷〉篇王逸〈章句〉和洪興祖〈補注〉》(《臨沂師專學報》1988年第1期)、李大明《洪興祖生平事跡及著述考》(《四川師範大學學報》1989年第2期)、馬建智《洪興祖評價屈原思想的卓識》(《西南民族學院學報》1991年第6期)、李大明《洪興祖〈楚辭考異〉所引〈楚辭章句〉六朝"古本"考》(《四川師範大學學報》1994年第2期)、張來芳《洪興祖對楚辭研究的貢獻》(《南昌大學學報》1995年第4期)、朱碧蓮《〈楚辭〉要籍述略》(《古典文學知識》1996年第1期)、周俊勛《試論〈楚辭補注〉中的"五臣注"》(《阿壩師範高等專科學校學報》1999年第1期)、周建忠《宋代楚辭要籍解題》(《古籍整理研究學刊》2002年第6期)、黄建榮《王逸、洪興祖的方言訓釋比較及其影響》(《雲夢學刊》2003年第5期)、譚德興《論宋代楚辭觀的新發展》(《衡陽師範學院學報》2004年第5期)、岳書法《洪興祖〈楚辭補注〉體例説略》(《西南交通大學學報》2004年第6期)、閔豐《〈楚辭補注〉校點舉證》(《古籍整理研究學刊》2007年第2期)、侯體健《重印修訂標點〈楚辭補注〉錯訛舉隅》(《古籍整理研究學刊》2007年第4期)、尹戴忠《〈楚辭〉洪興祖直音研究》(《邵陽學院學報》2007年第4期)、孫光、徐文武《簡論王逸、洪興祖、朱熹楚辭注釋的文獻徵引》(《内蒙古民族大學學報》2007年第6期)、張麗萍《王逸、洪興祖重言詞訓釋比較》(《樂山師範學院學報》2008年第3期)、田吉《重印點校本〈楚辭補注〉錯訛訂補》(《上海高校圖書情報工作研究》2008年第3期)、劉洪波《近20年〈楚辭補注〉研究綜述》(《東北師大學報》2008年第3期)、蔣駿《宋代屈學研究》(揚州大學,2004年碩士畢業)、張麗萍《〈楚辭章句〉和〈楚辭補注〉訓詁比較》(蘭州大學,2007年碩士畢業)、孫光《漢宋楚辭研究的歷史轉型——〈章句〉、〈補注〉、〈集注〉比較研究》(河北大學,2006年博士畢業)。

天問天對解

楚辭研究專著。宋代楊萬里撰。楊萬里(1127—1206),字廷秀,吉州吉水(今屬江西)人。紹興二十四年(1154)進士。任永州零陵丞時,曾拜謁謫居永州之名將張浚,張氏以正心誠意之學勉之,故楊氏命其書房爲"誠齋",並以自號。後歷任國子博士和侍講、知漳州、常州、提舉廣東常平茶鹽公事、秘書監兼實録院檢討官等。楊氏與陸游、范成大、尤袤齊名,並稱爲"中興四大詩人"。今有《誠齋集》(凡一百三十三卷,前四十二卷爲其自編九種詩集,餘爲文集)、《誠齋〈易〉傳》行世。事跡載《宋史》卷四百三十三《列傳》第一百九十二。

該書之著述緣由,楊氏《引》云:"予讀柳文,每病於《天對》之難讀。……因取《離騷》、《天問》及二家舊注釋文,而酌以予之意以解之,庶以易其難云。"此書每節首爲"問曰"、"對曰",次分列屈原《天問》原文、柳宗元《天對》原文,後又各於《天問》原文、《天對》原文下,酌取前人注釋而附以己意,既從屈原《天問》的角度解釋柳宗元《天對》的句義,又從《天對》的角度闡發屈原《天問》的旨意,以"柳"釋"屈",互有詮釋。黄伯思《新校楚辭・序》云:"《天問》之章,辭嚴義密,最爲難誦。柳柳州於千祀後獨能作《天對》以應之,深宏傑異,析理精博,而近世文家,亦難遽曉。"可見,此書因順應學界需要而産生,爲第一個《天問》注本,在《天問》研究史上具有重要的學科意義。《四庫全書總目提要》云:"是書取屈原《天問》、柳宗元《天對》,比附貫綴,各爲之解。……訓詁頗爲淺易,其間有所辨證者,如《天問》'雄虺九首,儵忽焉在',引《莊子》'南方之帝曰儵,北方之帝曰忽',證王逸注'電光'之誤,特因《天對》'儵忽之居,帝南北海'而爲之説。又如《天問》'鯪魚何所,鬿堆焉處',獨謂'堆'當爲'雀','鬿雀'在北號山,如鷄、虎爪、食人,證王逸注'奇獸'之誤,亦因《天對》'鬿雀在北號,惟人是食'而爲之説,未嘗别有新義也。"

此書原刊《誠齋集》,明始有單行本。有明崇禎十年古香齋刻本,二册,清華大學圖書館藏;明崇禎十年毛升、林學本刻本,一册,南京圖書館藏;民國六年刊《豫章叢書》本,一册,北京圖書館藏。另,有1994年上海書店《叢書集成續編》影印《庚辰叢編》本、2008年廣陵書社《楚辭文獻集成》影印本、2008年燕山出版社《楚辭要籍選刊》影印本。

迄今，對是書作過評述的論文主要有丁冰《宋代楚辭學概觀》(《古籍整理研究學刊》1985年第2期)、周建忠《〈天問〉要籍解題》(《南通師範學院學報》2001年第1期)。

楚辭集注

楚辭研究專著。南宋朱熹撰。朱熹(1130—1200)，字元晦，一字仲晦，號晦庵，晚號晦翁、遁翁、滄州病叟，别號紫陽。祖籍徽州婺源(今屬江西)，生於南劍州尤溪(今屬福建)，後徙居建陽(今屬福建)考亭。紹興十八年(1148)進士。授泉州同安主簿。任滿罷歸，長期賦閒。孝宗淳熙中差知南康軍，改提舉浙東常平茶鹽公事。光宗紹熙初知漳州，除秘閣修撰。紹熙末知潭州，兼荆湖南路安撫使。莅任甫二月，寧宗即位，召爲焕章閣待制兼侍講。晚年罹慶元黨禁之禍，罷官出朝。朱氏生平爲官，自筮仕至謝世號稱五十年，但其間"仕於外者僅九考，立於朝者四十日"，纍計不足十年，其餘四十年則重在講學與著述。師事李侗，爲二程(顥、頤)四傳弟子。朱氏集理學之大成，直接發展了二程"理氣"學説，構建了一個完整的客觀唯心主義理學體系，世稱程朱學派，明清時被推爲"儒學正宗"。一生博覽群書，廣注典籍，著述多達百餘種。著有《四書章句集注》、《詩集傳》、《周易本義》、《儀禮經傳通解》、《資治通鑒綱目》、《八朝名臣言行録》、《韓文考異》等。事跡載《宋史·道學傳》、《宋元學案·晦翁學案》、王懋竑《朱子年譜》。

該書之著述緣由，《四庫全書總目提要》云："周密《齊東野語》記紹熙内禪事曰：'趙汝愚永州安置，至衡州而卒，朱熹爲之注《離騷》以寄意焉'。然則是書大旨在以靈均寓放逐宗臣之感，以宋玉招魂抒故舊之悲耳。固不必於箋釋音叶之間，規規争其得失矣。"而姜亮夫《楚辭書目五種》則云："熹一生注儒家經典幾遍，更不爲他説所亂，獨注《楚辭》，似與平生專一之業相遠。"

此書以王逸《章句》爲底本，删《七諫》、《九懷》、《九歎》、《九思》四篇，增賈誼《弔屈原》、《服賦》二篇；且以屈原作品二十五篇(卷一至卷五)爲《離騷》，《九辯》以下十六篇(卷六至卷八)爲《續離騷》。其於王、洪二書多有指摘，《序》云："顧王書之所取舍，與其題號離合之間，多可議者，而洪皆不能有所是正。至其大義，則又皆未嘗沈潜反復、嗟嘆咏歌，以尋其文詞指意之所出，而遽欲取喻立説，旁引曲證，以强附於其事之已然，是以或以迂滯而遠於性情，或以迫切而害於義理，使原之所爲壹鬱而不得申於當年者，又晦昧而不見白於後世。”朱氏以爲王、洪二書失於詳訓詁而略義理，故其於訓詁之外多重義理，大抵以儒家正統觀念爲圭臬，於屈子思想毁譽参半，而强調其“忠君愛國”。《楚辭集注·序》云：“原之爲人，其志行雖或過於中庸而不可以爲法，然皆出於忠君愛國之誠心；原之爲書，其辭旨雖或流於跌宕怪神，怨懟激發而不可以爲訓，然皆生於繾綣惻怛、不能自已之至意，雖其不知學於北方，以求周公、仲尼之道，而獨馳騁於變《風》變《雅》之末流，以故醇儒莊士或羞稱之。然使世之放臣、屏子、怨妻、去婦，抆淚謳唫於下，而所天者幸而聽之，則於彼此之間、天性民彝之善，豈不足以交有所發，而增夫三綱五典之重：此予之所以每有味於其言，而不敢直以‘詞人之賦’視之也。”此書注釋體例悉從朱氏《詩集傳》體例，多以四句爲一章（亦有六句、八句不等），每章各繫以賦、比、興字樣；注釋有簡潔明快之長，而無詰詘苛碎之病；先“求其本義”，“究其底蘊”，繼“尋其綱領”，整體把握，終“尋其文詞指意之所出”，將微觀分析與宏觀把握相結合，故於訓詁名物、考據校勘、旨意大義、情感意象、風格韻味多方面進行探索，有集大成之功。

《集注》八卷外，有《楚辭辯證》二卷。《楚辭辯證·序》云：“余既集王、洪《騷》注，顧其訓詁文義之外，猶有不可不知者。然慮文字之太繁，覽者或没溺而失其要也，别記於後，以備参考。”其考證楚辭中若干問題，或駁正舊説，或引申闡發，或創立新解，頗具功力。如《離騷經》條下，凡駁正王逸之説二十九事，駁正洪興祖之説九事，駁正五臣説者二事。另，提出研究楚辭之方法論，云：“凡説詩者，固當句爲之釋，然亦但能見其句中之訓故字義而已，至於一章之内，上下相承，首尾相應之大指，自當通全章而論之，乃得其意。”如論王逸注《離騷》下半篇，云：“‘兩美必合’，此亦託於男女而言之。《注》直以君臣爲説，則得其意而失其辭也。下章‘孰求美而釋女’，亦然。”其於《離騷》前、後兩部分之關係，云：“此篇所言陳詞於舜，及上款帝閽，歷訪神妃，與夫鸞鳳飛騰，鴆鳩爲媒等語，其大意所比，固皆有謂。”

此書之版本，崔富章《楚辭書目五種續編》、《四庫提要補正》考之甚詳。宋刻本五種：宋端平二年朱鑒刻本（1953 年人民文學出版社影印本、1963 年中華書局重印本）；宋嘉定六年章貢郡齋刻本；北京圖書館藏兩宋本，其中一本完整無缺；宋咸淳三年向文龍湘陰刻本。另，元刊本十三種，明刊本十八種，清初刊、寫本兩種。其中，黎庶昌《古逸叢書》本據元至正二十三年高日新刊本覆刻，凡二册。1962 年江蘇人民出版社補刻重印《古逸叢書》本，凡四册。1980 年揚州廣陵古籍刻印社重印本，1990 年廣陵古籍刻印社影印本，均據《古逸叢書》本。1979 年上海古籍出版社排印標點本，據 1953 年人民文學出版社影印宋端平本標點，以黎庶昌影印元至正二十三年本、掃葉山房影印元至正二年本、清光緒三年崇文書局本参校。又，1996 年中國人事出版社出版"文白對照本"，李忠實譯，未明言版本源流，末用鄭振鐸"跋"，可知爲1953年8月人民文學出版社影印宋端平二年朱鑒刻本。另，2001年12月上海古籍出版社、安徽教育出版社聯合出版校點本，蔣立甫校點，以1953年人民文學出版社影印端平本爲底本，同時對校元、明、清諸本。又，有2008年廣陵書社《楚辭文獻集成》影印本、2008年燕山出版社《楚辭要籍選刊》影印本。

迄今，對是書作過評述的論文主要有林維純《略論朱熹注〈楚辭〉》（《文學遺産》1982年第2期）、莫礪鋒《朱熹〈楚辭〉學略説》（《求索》1983年第3期）、董洪利、常振國《幾種各具特色的〈楚辭〉古注》（《文史知識》1983年第5期）、楊震方《〈楚辭集注〉〈文選〉和其他》（《文科月刊》1984年第4期）、丁冰《宋代楚辭學概觀》（《古籍整理研究學刊》1985年第2期）、韓鍾文《朱熹論屈原與〈楚辭〉（一）：朱熹撰注〈楚辭集注〉意旨發微》（《上饒師專學報》1986年第3期增刊）、石文英《朱熹論風騷》（《厦門大學學報》1989年第2期）、戴志鈞《論朱熹楚辭學説得失根由》（《北方論叢》1989年第3期）、盧平忠《理學的困惑——〈楚辭集注〉思想初探》（《四川師範大學學報》1989年第5期）、戴志鈞《朱熹在楚辭研究中的開拓性貢獻》（《文史哲》1990年第3期）、黄建榮《王逸、朱熹、蔣驥三家〈楚辭〉訓釋原因初探》（《撫州師專學報》1992年第2期）、汪大白《戴震〈屈原賦注〉對朱熹〈楚辭集注〉的借鑒與超越——兼評余嘉錫的"攘取"説》（《阜陽師院學報》1993年第3期）、石雲孫《朱熹集注釋例》（《安慶師範學院學報》1995年第1期）、朴永焕《朱熹的文學觀和他注釋〈楚辭〉的態度》（《天府新論》1995年第4期）、朱碧蓮《〈楚辭〉要籍述略》（《古典文學知識》1996年第1期）、范軍《〈楚辭〉編輯論略（下篇）》（《湖北電大學刊》1997年第4期）、鄒雲湖《"依託五經"與"以義裁之"——論〈楚辭章句〉與〈楚辭集注〉的漢宋之别》（《語文學刊》2000年第1期）、羅敏中《以儒批儒撥儒於屈——論朱熹的尊屈傾向之二》（《求索》2001年第5期）、羅敏中《以儒注儒融屈於儒——論朱熹的尊屈傾向之一》（《湖南師範大學學報》2001年第6期）、劉曉南《朱熹詩經楚辭叶音中的閩音聲母》（《方言》2002年第4期）、周建忠《宋代楚辭要籍解題》（《古籍整理研究學刊》2002年第6期）、周秉高《朱熹反王逸功過論》（《職大學報》2003年第1期）、劉曉南《論朱熹詩騷叶音的語音根據及其價值》（《古漢語研究》2003年第4期）、陳尚敏《〈楚辭集注〉成書概述》（《甘肅高師學報》2004年第4期）、易健賢《從〈反離騷〉到〈劇秦美新〉——〈楚辭集注〉的兩個誤區》（《貴州教育學院學報》2006年第3期）、楊曦《屈原的"忠"與"過"——談朱熹眼中的屈原》（《成都大學學報》2007年第2期）、朱麗霞《從文化還原到"理學"形成——以朱熹〈詩經〉解爲例》（《東南大學學報》2007年第3期）、汪業全、李清桓《〈楚辭集注〉叶音古韻分部考》（《廣西師範大學學報》2007年第6期）、孫光、徐文武《簡論王逸、洪興祖、朱熹楚辭注釋的文獻徵引》(《内蒙古民族大學學報》2007 年第 6 期)、踪凡《朱熹論兩漢詩賦——兼與晁補之比較》(《遼東學院學報》2007 年第 6 期)、李永明《朱熹〈楚辭集注〉成書考論》(《西南交通大學學報》2008 年第 2 期)、楊曦《〈楚辭集注〉校勘補零》(《成都大學學報》2008 年第 5 期)、陳尚敏《〈楚辭集注〉研究》(西北師範大學,2003 年碩士畢業)、蔣駿《宋代屈學研究》(揚州大學,2004 年碩士畢業)、舒擁軍《朱熹〈集注〉、〈集傳〉訓詁研究》(華中師範大學,2007 年碩士畢業)、孫光《漢宋楚辭研究的歷史轉型——〈章句〉、〈補注〉、〈集注〉比較研究》(河北大學,2006 年博士畢業)。

楚辭後語

選集名。南宋朱熹輯。該書凡六卷五十二篇。《自序》云:"以晁氏所集録《續》、《變》二書刊補定著,凡五十二篇。晁氏之爲此書,固主於辭,而亦不得不兼於義。今因其舊,則其考於辭也宜益精,而擇於義也當益嚴矣。"晁補之《續離騷》凡二十卷六十篇、《變離騷》凡二十卷九十六篇,朱氏"删爲六卷,去取特嚴"(《四庫全書總目提要》)。全書選録標準,《自序》云:"蓋屈子者,窮而呼天,疾痛而呼父母之詞也。故今所欲取而使繼之者,必其出於幽憂窮蹙、怨慕凄涼之意,乃爲得其餘韻。"其收録範圍上自戰國荀況《成相》,下至宋代吕大臨《擬招》。據其子朱在《記》,朱熹"晚歲草定此編",而"未嘗以示人",故知該書爲未成型本。

此書體例爲,"每章之首,皆略叙其述作之由,而因以著其是非得失之跡",但《思玄賦》、《悲憤詩》、《復志賦》、《憫己賦》、《别知賦》、《訟風伯》、《弔田横文》、《享羅池》、《琴操》、《招海賈文》、《懲咎賦》、《憫生賦》、《夢歸賦》、《弔屈原文》、《弔萇弘文》、《弔樂毅文》、《乞巧文》、《憎王孫文》、《幽懷賦》等十九篇"未及有所論述",蓋"於此十九章之叙,皆因晁氏之舊而書之"(朱在《記》)。此書於朱熹死後由其子朱在刊刻,使之與《楚辭集注》並行於世。後其孫朱鑒又合《集注》、《辨證》、《後語》爲一本,且於《集注》删已載《後語》之《反離騷》,於《後語》删已載《集注》之《弔屈原賦》、《服賦》,使之"若相爲用,不可偏廢"。

此書之版本,有宋理宗端平乙未(1235)刊本,北京圖書館藏。另,有 1953 年人民文學出版社影印本、1979 年 10 月上海古籍出版社校點本、2001 年 12 月上海古籍出版社、安徽教育出版社聯合出版校點本。

離騷集傳

楚辭研究專著。宋代錢杲之撰。錢杲之，晉陵（今屬江蘇武進）人。據《宋史·藝文志》所録，該書列於朱熹《楚辭集注》後，可知錢杲之大抵與朱熹同時代。另，史容《山谷外集詩注》附“嘉定元年十二月乙酉晉陵錢文子《序》”，而“錢文子”於嘉定元年尚存，其籍貫“晉陵”正與錢杲之同。又，陳仁子《〈文選〉補遺》卷二十八《九章》題注引錢文子《〈離騷〉集傳序》，此序所言與錢杲之觀點相合。

該書凡一卷。卷首有畫蘭一幀，畫旁載孫延《跋》，於跋後列兩行字“宣統庚戌正月邵松年假景一通，元宵前三日記”、“光緒辛丑正月武進費念慈借觀景副校臧，八月十九日記”。卷末附黄丕烈《跋》，題“辛酉十月記”，云：“此錢杲之《〈離騷〉集傳》，宋版之精絶者。余檢《汲古閣珍藏秘本書目·集部》云：‘錢杲之注《離騷》一本，宋板景鈔。此書世間絶無。’”錢杲之自記云：“右《離騷賦》凡十四節，三百七十三句。蓋古詩有節有章，賦有節無章。今約《離騷》一篇大節十有四：其一‘高陽’二十四句，其二‘三后’二十四句，其三‘滋蘭’八句，其四‘競進’二十八句，其五‘靈脩’十二句，其六‘鷙鳥’三十二句，其七‘女嬃’十二句，其八‘前聖’四十句，其九‘上征’七十六句，其十‘靈氛’二十句，其十一‘巫咸’三十六句，其十二‘以蘭’二十句，其十三‘將行’三十六句，其十四‘亂’五句。而大節之中，或有小節，學者當自得之。”

錢曾《讀書敏求記》云：“解《離騷》而名爲集傳者，不敢同王叔師之注也。然其旨一禀於叔師。旁採《爾雅》、《山海經》、《本草》、《淮南子》諸書，而分《離騷》三百七十三句爲十四節。”此書釋義雖秉承於王逸，但仍不乏新見，如“嬋媛，淑美貌”，“飲蘭露，餐菊英，蓋處窮約，自清潔”，“虙妃，虙羲氏之女，溺洛水而死，遂爲河神，喻隱士清潔，人所難見”，“從彭咸之所居，猶言相從古人於地下耳。舊説謂彭咸投江，原沈汨淵爲從彭咸所居。案，原作《離騷》於懷王時，至頃襄王遷原江南始投汨羅，不當預言投江事也”，等等。另，瞿子雍《離騷集傳·跋》云：“此書惟見錢氏《敏求記》”，“與别本字有異同多少者，一一注明。”

此書之版本，有宋刻本，一册，北京圖書館藏。《汲古閣珍藏秘本書目·集部》云：“錢杲之注《離騷》一本，宋板景鈔。此書世間絶無。”其後重刊本甚多，有清乾隆五十一年鮑廷博輯刻《知不足齋叢書》本（底本爲影宋抄本，又借汲古閣藏宋刊本再校）、清光緒二十七年鐵琴銅劍樓影宋抄本、商務印書館《叢書集成》本、1988 年江蘇古籍出版社據阮元輯刊影印本、2002 年上海古籍出版社《續修四庫全書》影印本、2008 年廣陵書社《楚辭文獻集成》影印本、2008 年燕山出版社《楚辭要籍選刊》影印本。

迄今，對是書作過評述的論文主要有丁冰《宋代楚辭學概觀》(《古籍整理研究學刊》1985 年第 2 期)、周建忠《宋代楚辭要籍解題》(《古籍整理研究學刊》2002 年第 6 期)。

離騷草木疏

楚辭研究專著。宋代吴仁傑撰。吴仁傑，字斗南，一字南英，崑山(今屬江蘇)人。淳熙五年(1178)進士。歷任羅田令、國子學録。好古博洽，尤精於經史，著述宏富。著有《古周易論》、《周易圖書》、《兩漢刊誤補遺》等。事跡載康熙間《江南通志》卷一百六十三《人物志》。

該書成於宋寧宗慶元丁巳(1197)，據鮑廷博《吴仁傑〈離騷草木疏〉跋》可知，其時代背景爲"寧皇初政，韓侂胄方專擁戴功，與趙汝愚相軋，既而斥汝愚，罷朱子，嚴僞學之禁，從而得罪者五十九人。先生官止國録，未敢誦言。迺祖述《離騷》，譬諸草木，按《神農本草》諸書，爲之別流品，辨異同。薰蕕既判，忠佞斯呈。用補劉杳舊疏之亡，因以暢其流芳遺臭之旨"。其注騷之微言大義，吴氏《後序》亦言之甚明，"仁傑少喜讀《離騷》文，今老矣，猶時時手之，不但覽其昌辭。正以其竭忠盡節，凜然有國士之風。每正冠斂衽，如見其人"，"《離騷》以薌(同'香')草爲忠正，蕕草爲小人。蓀、芙蓉以下凡四十有四種，猶青史忠義獨行之有全傳也。薋、菉、葹之類十一種，傅著卷末，猶佞幸姦臣傳也。彼既不能流芳後世，姑使之遺臭萬載云"。吴氏此番寫作意旨，不僅體現在體例編排上，亦在具體徵引、分析上有所表現，如"菊"條，引沈括"菊性喜寒，惟寒則開早"，白居易"禁宇寒氣遲，孟冬菊方拆"，蘇軾"菊黄中之色，香味和正"等語，而推言道："菊性介烈，不與百卉盛衰，須霜降乃發……其天性高潔如此，宜其通仙靈也。"然其過分强調"美人香草"之寄託，亦不免穿鑿附會之陋。

此書正文凡四卷。其書名之由來，《後序》云："獨取諸二十篇之文，故命曰《離騷草木疏》。"前三卷凡 44 種，爲芳草嘉木：第一卷 14 種，蓀(荃)、芙蓉、菊、芝、蘭、石蘭、蕙、芷(芳)、茞(藥)、杜蘅、蘼蕪(江離)、杜若、芰、�；第二卷 20 種，荼、薜荔、女蘿、菌、茹、紫、華、菰、菮、蘋、蒿、苴、蔓、蕆、胡、繩、芭、蕢茅、揭車、留夷；第三卷 10 種，橘、桂、椒、松、柏、辛夷、木蘭、莽草、楸、黄棘。

第一、二卷爲草木植物，第三卷爲木本植物。第四卷凡11種，爲惡草：薋、菉、葹、艾、茅、蕭、葛、萹、薺、椴、篁。每列一草木名，皆先引《屈賦》原文，次引王逸、洪興祖、沈括、郭璞、陸璣、《爾雅》等各家之言，繼加“仁傑按”，雜引《山海經》、《爾雅》、《神農本經》、《説文》、《抱朴子》等以申己見，所引亦達數十家之多。《四庫全書總目提要》云：“以其徵引宏富，考辨典核，實能補王逸訓詁所未及，以視陸璣之疏《毛詩》，羅願之翼《爾雅》，可以方軌並駕，争騖後先，故博物者恒資焉。迹其賅洽，固亦考證之林也。”

又，吳氏《後序》云：“《離騷》之文，多怪怪奇奇，亦非鑿空置辭，實本之《山經》。”書中引用，每以《山海經》爲斷，故其具體考釋亦有附會穿鑿之病。《四庫全書總目提要》云：“然騷人寄興，義不一端，瓊枝若木之屬，固有寓言；澧蘭沅芷之類，亦多即目。必舉其隨時抒望，觸物興懷，悉引之於大荒之外；使靈均所賦，悉出伯益所書。是澤畔行吟，主於侈其博贍，非以寫其哀怨，是亦好奇之過矣。”

此書之版本，有宋慶元六年羅田方氏原刊本，北京圖書館藏。另，有清乾隆四十四年海昌祝氏刊本、清乾隆四十五年鮑氏《知不足齋叢書》本、清乾隆五十九年石門馬俊良輯刻《龍威秘書》本、文瀾閣《四庫全書》本、商務印書館《國學基本叢書》、《叢書集成》本、中華書局重排《叢書集成初編》本、1979年3月臺灣商務印書館排印本、1987年4月中華書局影印本、2004年6月北京圖書館出版社排印本、2008年廣陵書社《楚辭文獻集成》影印本、2008年燕山出版社《楚辭要籍選刊》影印本。

迄今，對是書作過評述的論文主要有丁冰《宋代楚辭學概觀》(《古籍整理研究學刊》1985年第2期)、周建忠《宋代楚辭要籍題解》(《古籍整理研究學刊》2002年第6期)、張勤瑩《“以史入騷”與草木世界——吳仁傑〈離騷草木疏〉之研究》(臺灣佛光人文社會學院，2005年碩士畢業)。

楚辭芳草譜

楚辭研究專著。宋代謝翱撰。謝翱，字皋羽，長溪(今屬福建)人。事跡載乾隆間《浙江通志》卷一百九十五、《福建通志》卷四十八、《新元史·隱逸傳》。

姜亮夫《楚辭書目五種》評云：“凡譜芳草江蘺、薰草、菌、蘭、蕙、杜若、茝、蘼蕪、卷施、菉、菊、荃、薜荔、款冬、艾、蔓、莎、匏、蓼、茨、蔆、蘋、萍等二十三品。每品爲一條，略如吳仁傑《草木疏》方式。而爲文極簡。

大要以當時通名以訂之，偶引故説但極少。即《楚辭》本文，亦少見引。且有但申其用爲喻義而無所考訂辨説者。列楚芳亦有未盡，恐爲謝氏未竟之業云。"

此書之版本，有明刊《説郛》本(第104卷)，浙江圖書館藏。另，有清順治重刊《説郛》本、民國《香艷叢書》本、1984年臺北新興書局有限公司《筆記小説大觀》影印本、2008年廣陵書社《楚辭文獻集成》影印本、2008年燕山出版社《楚辭要籍選刊》影印本。

迄今，對是書作過評述的論文主要有周建忠《宋代楚辭要籍題解》(《古籍整理研究學刊》2002年第6期)。

楚詞注略

楚辭研究專著。明代周用撰。周用，字行之，吴江(今江蘇吴江)人。弘治間進士，仕至吏部尚書，端亮有節概，卒謚恭肅。著有《周恭肅集》、《讀易日記》等。事跡載《明史》卷二百二《列傳》第九十。

據閔□生《序》可知，"公在嘉靖間稱名公卿，其勛策彪炳，載在彝鼎，固非屈原所望。而潛精翰藻，卓然成家，若《困知》、《讀易》二書，尤深詣理覺，非僅僅騷人之辭賦已也"。周氏《自序》述其撰述緣由："人生相知之難，豈直君臣者。又其諸篇之辭，前後意義，往往多自相發明者，讀者能比類而觀之，亦可以得其大略。余因讀朱子《楚辭集注》，自惟固陋，於其間之什一，或大義已陳，而尚不得領其要；或舊説相仿，而終不能祛其疑。遂録鄙見爲注略，以俟取正云。"該書注釋屈原賦二十五篇，然《東皇太一》、《雲中君》、《禮魂》、《橘頌》、《漁父》諸篇無注(僅列篇題)。每篇有全篇總論及章句大意。另《九歌》有釋題。周氏注意從屈原遭遇、心志去分析其作品，以爲"屈子《離騷》，既放而追叙之辭也。其心忠，故終始以貞信自許，而不敢少忘其君；其情哀，故每作則糾纏鬱塞，往復再四，而不可離；其志窮，故周旋迫切而無所容其身。蓋以義無所逃於天地之間，亦卒命而已矣。又其學本博極，故汗漫橫肆，足以明其心，宣其哀，而達其志。必如是而後已，非以文辭也"。有周氏裔孫周之彝刊本，上海圖書館藏。

迄今，對是書作過評述的論文主要有陳煒舜《周用〈楚詞注略〉探析》(《東海中文學報》2005年第17期)、陳煒舜《明代楚辭學研究》(香港中文大學，2003年博士畢業)。

騷　苑

楚辭輯本。明代黄省曾輯,張所敬補。黄省曾,字勉之,吴縣(今屬江蘇)人。嘉靖間舉人。著有《擬詩外傳》、《五嶽山人集》等。事跡載《明史》卷二百八十七附《文徵明傳》後、乾隆間《浙江通志》卷一百九十五。張所敬,字長輿,自署曰清河。

該書凡四卷。卷一至卷三爲黄氏輯,卷四爲張氏補。卷首有張所敬《刻〈騷苑〉序》。次潘雲獻《〈騷苑〉序》。其體例爲,首録各篇中字句,次列相關注釋,其篇題列於各篇末曰"以上見於某某",其注大多採用王逸、洪興祖説。前三卷篇次爲:卷一《離騷》、《九歌》;卷二《天問》、《九章》、《遠遊》、《卜居》、《九辯》;卷三《招魂》、《大招》、《惜誓》、《招隱士》、《七諫》、《哀時命》、《九懷》、《九歎》、《九思》。卷四首補劉勰《辨騷》中字句,只引原句而未加注釋;次補上述諸篇,然未補《惜誓》、《招隱士》。明代趙定宇《趙用賢書目》著録。此書被收入《四庫全書》"存目",其《提要》云:"是編摘《楚辭》字句,以供剽剟之用,亦劉攽《文選雙字》之類,而並泯其篇題,則尤簡略。所敬所續,乃並劉勰《辨騷》篇亦摭入之,蓋以《楚詞》刊本附載此篇也。亦可謂隨手捃拾,不核端末矣。"崔富章《楚辭書目五種續編》云:"實無所發明也。類辭典,然不得編排之法。"

此書之版本,有明萬曆二十六年潘雲獻刻本,四册,清華大學圖書館、南京圖書館藏。另,有 1997 年齊魯書社《四庫全書存目叢書》影印本、2008 年廣陵書社《楚辭文獻集成》影印本。

迄今,對是書作過評述的論文主要有陳煒舜《明代楚辭學研究》(香港中文大學,2003 年博士畢業)。

楚　範

楚辭研究專著。明代張之象撰。張之象,字月鹿,又字玄超,華亭(今上海松江)人。事跡載《明史》卷二百八十七附《文徵明傳》後;另,楊開第修、姚光發等纂《重修華亭縣志》可參。

該書凡六卷十二編。其篇次爲:卷之一辨體第一、解題第二、發端第三;

卷之二造句第四、麗辭第五；卷之三協韻第六；卷之四用韻第七；卷之五更韻第八、連文第九、叠字第十；卷之六助語第十一、餘音第十二。此書之撰述緣由，茅坤《〈楚範〉序》云："《楚範》者，君亦自悲以才廢，當其數手《天問》、《卜居》、《漁父》、《九歌》諸什而讀，讀而欷歔嗚咽不自已，遂以纍箋簡端，爲之論次者。若此，亦賈誼出長沙所爲投書以弔湘水，而因以見其微者也。"此書被收入《四庫全書》"存目"，其《提要》云："是編割裂《楚詞》之文，分標格目，以爲擬作之法。分十二編，曰辨體、曰解題、曰發端、曰造句、曰麗詞、曰叶韻、曰用韻、曰更韻、曰連文、曰叠字、曰助語、曰餘音。屈、宋所作，上接風人之遺，而下開百代之詞賦。性情所造，音律自生，所謂文成而法立者也。之象乃摘其某章某句，多立門類，限爲定法，如詞曲家之有工尺。以是擬《騷》，寧止相去九牛毛乎！"姜亮夫《楚辭書目五種》云："蓋專論《楚辭》修辭書，以爲擬作法式者也。"有明高濂校刊本，饒宗頤《楚辭書録》云"前北京人文科學研究所藏"，現藏於中國科學院國家科學圖書館。

迄今，對是書作過評述的論文主要有陳煒舜《張之象〈楚範〉題解》(《文獻》2006 年第 2 期)、陳煒舜《明代楚辭學研究》(香港中文大學，2003 年博士畢業)。

楚騷綺語

楚辭研究專著。明代張之象撰。該書卷首有凌迪知《〈楚騷綺語〉序》。次《目録》。凌氏《序》述其重訂該書之緣由云："余少讀《楚騷》，苦其聱牙。先大夫藻泉君，受以大父練溪翁所藏批本，展卷間，群疑稍融。而尤拳拳於綺麗之語，間嘗採而輯之。適雲間張君玄超，持所摘《騷語印證》，余重訂之，梓布海内。"故知該書又名爲《騷語印證》，或今書名爲凌氏所改。

此書凡六卷。其篇次爲：卷一，録"斡維"、"皇天"、"冲天"、"寥廓"、"下土"、"接徑"、"峻高"、"祲氛"、"遂古"、"代序"十篇；卷二，録"前聖"、"皇義"、"登立"、"國家"、"法度"、"聖明"、"思君"、"感時"、"謬愚"九目；卷三，録"曼著"、"誹俊"、"不耦"、"中情"、"罹殃"、"軫懷"、"思慮"七目；卷四，録"臨睨"、"樂康"、"瑞圖"、"吉占"、"問師"、"索合"、"美容"、"情質"、"雕題"、"天禄"、"上帝"、"天道"、"帝宫"、"修幕"、"承雲"十五目；卷五，録"桂舟"、"水車"、"雲旌"、"伐器"、"鉅寶"、"帝服"、"肴羞"、"草木"八目；卷六，録"鳳凰"、"麒麟"、"蛟龍"、"靈龜"、"蟲豸"、"龍舉"、"翱翔"、"慕予"、"自修"、"相和"、"是繼"、"一見"、"日娭"、"難當"、"考之"、"所在"、"願進"、"有芷"、"無私"、"固然”、“未形”、“莫遺”、“何爲”、“不阿”、“若日”二十五目。各篇下摘楚辭若干字詞，篇題以開頭字詞爲名，各字詞之間或意義相近，或字詞相似；且於各字詞下列楚辭原句，然未明説出自何篇，亦不加注釋。此書被收入《四庫全書》“存目”，其《提要》云：“是書摘《楚辭》字句，以供撏撦，已爲剽剟之學；又參差雜録於二十五賦，不復著出自何篇，亦與黄省曾《騷苑》同一紕陋。”

此書之版本，有明萬曆五年凌迪知《文林綺綉》本，浙江圖書館、上海圖書館、遼寧大學圖書館藏。另，有清光緒六年八杉齋巾箱本、光緒十三年《融經館叢書》本、光緒二十二年上海鴻寶齋《文林綺繡》石印本、1997 年齊魯書社《四庫全書存目叢書》影印本、2008 年廣陵書社《楚辭文獻集成》影印本、2008 年燕山出版社《楚辭要籍選刊》影印本。

迄今，對是書作過評述的論文主要有陳煒舜《明代楚辭學研究》（香港中文大學，2003 年博士畢業）。

玉 虛 子

選集名。明代歸有光輯。歸有光（1057—1571），字熙甫，崑山（今屬江蘇）人。師事魏校。嘉靖間進士，授長興知縣。隆慶間，官至南京太僕丞。與王慎中、唐順之、茅坤等被稱爲“唐宋派”。著有《震川先生集》。事跡載《明史》卷二百八十七。

歸氏輯先秦至宋各家文爲《諸子彙函》，文震孟參訂。其中有《玉虛子》一卷，録《屈賦》十一篇，即《天問》、《惜誦》、《涉江》、《哀郢》、《抽思》、《懷沙》、《思美人》、《惜往日》、《橘頌》、《悲回風》、《卜居》。題注云：“楚歸州有玉虛洞，可容千人，石壁異文成龍虎草木之狀。平嘗讀書於此，故名。”此即《玉虛子》之命名緣由。其注則節録朱熹《楚辭集注》與洪興祖《楚辭補注》爲之，亦偶有增益。輯名家之論爲眉語，篇末多載一、二家之言，以爲總評。其眉語、總評採輯時人説凡五十七人。

《諸子彙函》被收入《四庫全書》“存目”，其《提要》云：“舊本題明歸有光編。有光有《易經淵旨》已著録。是編以自周至明子書每人採録數條，多有本；非子書而摘録他書數語稱以子書者，且改易名目，詭怪不經。如，屈原謂之玉虛子，宋玉謂之鹿谿子……。皆荒唐鄙誕，莫可究詰。有光亦何至於是也？”四庫館臣疑《諸子彙函》非歸氏所著。姜亮夫《楚辭書目五種》云：“明人輯評之七十二家、八十四家，固已多見於此書，亦有爲他家所不及見者。”

此書之版本，有明天啓五年（1625）《諸子彙函》本，浙江圖書館藏。另，明天啓六年(1626)《諸子彙函》本，北京圖書館藏。又，有 2008 年廣陵書社《楚辭文獻集成》影印本、2008 年燕山出版社《楚辭要籍選刊》影印本。

迄今，對是書作過評述的論文主要有陳煒舜《題歸有光編〈玉虚子〉辨僞》(《漢學研究》2006 年第 2 期)、羅劍波《關於〈諸子彙函〉所收〈楚辭〉作品的評點問題》(《齊魯學刊》2008 年第 2 期)。

鹿溪子

選集名。明代歸有光輯。歸氏輯先秦至宋各家文爲《諸子彙函》，文震孟参訂。其中有《鹿溪子》一卷，録宋玉文十篇:《九辯》九首、《對楚王問》一首。先録宋玉賦原文，本洪興祖、朱熹二家之説分節注解，偶有發明。另，有眉語、篇末總評，皆採時人之説爲之，凡二十餘家，在辭賦理論史上可佔一席之地。

此書之版本，有明天啓五年《諸子彙函》本，浙江圖書館藏。另，2008 年廣陵書社《楚辭文獻集成》影印本。

迄今，對是書作過評述的論文主要有羅劍波《關於〈諸子彙函〉所收〈楚辭〉作品的評點問題》(《齊魯學刊》2008 年第 2 期)。

楚辭集解

楚辭研究專著。明代汪瑗撰。汪瑗(? —1564)，字玉卿，歙縣(今屬安徽)人。邑諸生。博雅工詩，與王世貞、李攀龍相友善。生活於正德、嘉靖間。早年嘗與其弟珂(字鳴卿)從歸有光學，水鄉浩渺，若涉蒼溟，永夜嚴更，篝燈達旦，三吴有“雙丁二陸”(丁儀、丁廙或陸機、陸雲)之稱。歸有光《楚辭集解・序》云:“新安汪玉卿者，平生博雅，攻古文辭，恬淡自修，不慕浮艷，優遊自適，無意功名，以著述爲心”，“玉卿丰姿奇俊，迥異尋常，超然有塵世想。幼厭青雲事，游庠三年，飄然謝去，杜門卻牖，不與物接，志存著述。”著有《巽麓草堂詩集》，及“莊子”注、“李、杜詩”注、“楚辭”注，又以《楚辭集解》爲著。事跡載康熙間《徽州府志》卷十五《人物志》四《隱逸傳附風雅傳》。

該書凡十五卷。其篇次大抵依王逸本，首《楚辭集解離騷卷》(分《離騷上》、《離騷下》)，次《楚辭天問》，次《楚辭集解九歌卷》，次《楚辭集解九章卷》

(九篇各自起卷),次《楚辭集解遠遊卷》,次《楚辭集解卜居卷》,次《楚辭集解漁父卷》。此書之撰作緣由,汪氏《自序》云:"余昔聞邪正消長之説,每慨正者之不能勝邪。今讀《離騷》,而益致感焉。屈原被讒,千古同恨。閲其辭,會其意,想其當日憂傷之情,令人涕泗霑襟、掩卷太息而莫能已者","瑗獨不能忘情於《騷》者,非獨以原可悲也,亦惟悲夫《騷》不及一遇尼山耳","瑗今妄意抒辭,尊經而遺傳,豈敢確爲定論,又豈敢與王、朱等注衡哉?其間有洞而無疑者,則從而遵之;有隱而未耀者,則從而闡之;有諸家之論互爲異同者,俾余弟珂博爲搜採,余以己意斷之。寧爲詳,毋爲簡;寧蕪而未剪,毋缺而未周。務令昭然無晦,卓然有征,以無失扶抑邪正之意,庶可以得原之情於萬一乎"。

此書注《楚辭》,唯注屈辭二十五篇。宋玉、景差以下諸篇不録。其注字釋句,串講文義,庶幾落實,不留難點;採集多家之説,但不受諸名家束縛,對王逸、洪興祖、朱熹諸名家均敢於駁正,後往往斷以己意,不含糊其辭。歸有光《序》云:"發人之所未發,悟人之所未悟。發以辯理,悟以證心,千載隱衷,借玉卿一朝而昭著。猗歟盛美,人誰得而間之?至於《天問》亂絲攢錦,綸緒分之,一目而領其概,再目而得其詳,讀之令人一唱三嘆。"焦竑《序》云:"余竊觀其書,殆有意錯綜諸家而折衷之,非苟然者。今讀之,有同於昔談者,非理同也,理自不得異也。有異乎前論者,非好異也,理自不可同也。"其論頗多創見,閔齊華《文選瀹注》"楚辭"部分多採用汪説。汪氏以《九歌·禮魂》爲"前十篇之亂辭",以"二湘"爲湘水配偶神,《湘君》"託爲湘夫人以思湘君之詞",均爲閔齊華、王夫之所承。又,定《哀郢》作於頃襄王二十一年秦拔郢都之時,故知屈原見廢於頃襄王十三年;"此郢乃指江陵之郢",亦爲王夫之、陸時雍所承。另,汪氏訓《離騷》"恐皇輿之敗績"之"敗績"爲"車之覆敗,以喻君國之傾危也",訓《離騷》"昔三后之純粹兮"之"三后"爲"楚之先君",二説均爲戴震所承。曹耀湘、俞樾釋"彭咸"亦與汪氏重複或偶合。

此書不足之處,約略言之有二:其一,累於師心,臆爲己見,如以"何必懷故都"句爲《離騷》之綱領,謂實有去楚之志,而深闢洪興祖等謂原惓惓宗國之非;又謂"原爲聖人之徒,必不肯自沉於水",而痛斥司馬遷以下諸家言死於汨羅之誣,蓋掇拾王安石《聞吕望之解舟詩》李壁注中語也,此均爲"疑所不當疑、信所不當信矣"(《四庫全書總目提要》);其二,擅自改動《離騷》原文,學風不嚴,如汪氏另撰《楚辭考異》一卷,於王、洪、朱三家"擇其文從字順、意義明暢者而從之,餘皆删去","顧特己意所安,亦未敢必以爲盡是,故效朱子《韓文考異》,並録附於篇末,且間以鄙意而是非之",或單用王、洪、朱三家之一者,亦有參互三家、擇善而從者,亦有汪氏另作校勘者,然其《考異》與《集解》中,《離騷》原文字句亦多有出入(李大明《楚辭文獻學史論考》之專文《論汪瑗校〈離騷〉》)。

此書之版本,崔富章列四家所録:《明史·藝文志》,録汪瑗《楚辭集解》十五卷;《千頃堂書目》,録汪瑗《楚辭集解》十五卷又《楚辭蒙引》二卷;《四庫全書總目》,録《楚辭集解》八卷《蒙引》二卷《考異》一卷;美國國會圖書館《中國善本書録》,録《楚辭集解》八卷首一卷《蒙引》二卷《考異》一卷《天問注補》二卷。有明萬曆四十三年汪文英(汪瑗之子)刻本,上海圖書館藏:《楚辭集解》十五卷、《天問初解》一卷、《楚辭蒙引》二卷、《考異》一卷、《大序》一卷、《小序》一卷。其《天問》卷,二節版,下節爲朱熹《楚辭集注》之"天問"部分原文,上節鎸汪瑗眉批二十條,汪文英《跋》云:"《天問》之注,爲近屬輩藏匿","謹將初解之書,微有字句在於朱注之旁,今梓之,使讀者因一斑而窺全豹耳"。另,《蒙引》僅《離騷》一篇,計一百二十三條,爲名物字句、辨證文義之屬;《考異》亦爲《離騷》異文考校,凡一百十二條;《楚辭大序》收入班固、王逸、洪興祖、朱熹、劉勰、何喬新、王鏊諸家序論十二篇;《楚辭小序》録王逸、洪興祖、朱熹、吳訥諸家序屈子二十五篇之文。又,明萬曆四十六年汪仲弘補刻本:《楚辭集解》十五卷、《蒙引》二卷、《考異》一卷、《大序》一卷、《小序》一卷、《天問注補》二卷。汪仲弘爲汪瑗之侄,此刻本删原刻《天問初解》,補《天問注補》二卷,有汪仲弘《楚辭集解補紀由》、《天問注補引》。姜亮夫《楚辭書目五種》嘗發其覆,以爲汪仲弘即藏匿汪瑗《天問》全注之"近屬輩"。崔富章《明汪瑗〈楚辭集解〉書録解題》則通過《天問初解》《天問注補》之比較,以證二書乃一脈相承,與《集解》各卷渾然一體,故知汪仲弘確見汪瑗《天問》全注者。另,1994 年北京古籍出版社董洪利點校本,以日本上野圖書館藏本(萬曆四十六年本)爲底本,參校北京圖書館藏萬曆四十六年刊本。董氏以爲汪仲弘《天問注補》二卷,"體例和風格與汪瑗《集解》均不同,内容也與汪瑗《天問》眉批不合,不宜載在汪瑗《集解》中,因此抽出";另,從萬曆四十三年本中録出汪瑗《天問》眉批,删朱熹《天問》注,又依《楚辭集解》之例將汪瑗眉批分録至《天問》原文各句之下,總稱《天問注(輯録)》附於書末。其版本體例有點不倫不類,若以《天問注補》爲汪仲弘作,則應以萬曆四十三年本爲底本,而將《天問注補》作"附録",供讀者比較選擇。然董氏亦有同道,如熊良智《〈楚辭集解〉刻本的幾個問題》(《四川師範大學學報》1994 年第 4 期)以爲,《天問注補》並非《楚辭集解》天問卷,作者也並非汪瑗,而是汪仲弘。又,有 1997 年齊魯書社《四庫全書存目叢書》影印本、2002 年上海古籍出版社《續修四庫全書》影印本、2008 年廣陵書社《楚辭文獻集成》影印本。

迄今,對是書作過評述的論文主要有金開誠、葛兆光《汪瑗和他的〈楚辭集解〉》(《文史》總第 19 輯,1983 年)、熊良智《明人汪瑗在楚辭研究中的貢獻》(《四川師範大學學報》1993 年第 3 期)、熊良智《〈楚辭集解〉刻本的幾個問題》(《四川師範大學學報》1994年第4期)、种亞丹、陳全明《試論汪瑗的〈楚辭集解〉》(《貴陽金筑大學學報》2002年第4期)、黄建榮《漢至明的〈楚辭〉注本概説》(《九江師專學報》2004年第1期)、羅建新《〈楚辭集解〉訓詁考據的成就》(《古籍整理研究學刊》2005年第6期)、劉偉生《汪瑗解騷論略》(《中國韻文學刊》2006年第2期)、劉偉生、胡旭暉《從〈楚辭集解〉看汪瑗的生死觀》(《中南林業科技大學學報》2007年第4期)、于東新《明代楚辭"論評類"典籍述略》(《集寧師專學報》2008年第3期)、陳煒舜《明代楚辭學研究》(香港中文大學,2003年博士畢業)、羅建新《汪瑗〈楚辭集解〉研究》(安徽師範大學,2004年碩士畢業)。

屈宋古音義

楚辭研究專著。明代陳第撰。陳第(1541—1617),字季立,號一齋,連江(今屬福建)人。萬曆間諸子,曾遊五嶽兩粤。歷蘇、鎮遊擊將軍。在鎮十年,致仕歸。著有《一齋詩集》、《毛詩古音考》、《讀詩拙言》等。事跡載乾隆間《福建通志》卷四十三、《大清一統志》卷三百二十六、金雲銘《陳第年譜》。

陳氏於古音學多所發明,其主要貢獻在於證古今音之不同,大破叶音之説,於後世音韻研究有較大影響。"叶韻"(叶音)説始於南北朝。由於當時人們發現《詩經》有些韻脚以當時語音讀來頗不和諧,徐邈、沈重等人便以爲古無定音,竟臨時改讀某字爲某音,以求和諧,此謂之"叶韻"。至宋代,"叶韻"説登峰造極,朱熹《詩集傳》、《楚辭集注》即採此説。後人雖有懷疑,卻未能提出解決辦法。吴棫作《韻補》一書,企圖以某字古聲相通某字來修正"叶韻";楊慎《古音叢目》則以轉注解釋"叶韻"由來,都不過是"依違於叶音可否之間,又未曾會稡秦漢之先,究極上古必然之韻,故其稽援雖博,終未能頓革舊習"(《屈宋古音義・跋》)。唯陳第獨創一格,考察大量上古語音材料,縝密地將其排比歸納,以爲"《左》、《國》、《易象》、《離騷》、《楚辭》、秦碑、漢賦以至上古歌、謡、箴、銘、頌、贊,往往韻與《詩》合,實古音之證也"(《毛詩古音考・自序》),提出"時有古今,地有南北,字有更革,音有轉移,亦勢所必至"之劃時代命題,也由此否定"古無定音"之"叶韻"前提。《四庫全書總目提要》論陳氏《毛詩古音考》之貢獻,云:"國朝顧炎武作《詩本音》,江永作《古韻標準》,以經證經,始廓清妄論。而開除先路,則此書實爲首功。"

陳氏《讀詩拙言》以爲"古人之書亦皆有韻,不特《詩》也","故通《詩》之間,以讀《易》,得十之六;讀《離騷》,得十之五;讀《易林》、《急就》、《參同》、

《太玄》諸書與古歌謡，皆開卷而得其概，庶幾不至於齟齬矣”。該書之撰述緣由，蓋一爲糾古人之誤讀，二爲證《毛詩古音考》而作，陳氏《屈宋古音義·原序》云：“余獨慨夫注屈、宋者，率不論其音，故聲韻不諧；間有論音者，又率以叶韻概之，何其不思之甚也？……竊念少好《楚辭》，《楚辭》之中尤好屈、宋，一一以古音讀之，聲韻頗諧。故復集此一編，公之同好噫！豈惟屈宋，是爲將以羽翼夫《毛詩》，使天下後世篤信古音而不疑，是區區論者之夙心也已。”

此書凡三卷。第一卷，考屈宋辭賦三十八篇之用韻字，與今殊音者計二百三十四字，列爲古音目録。音與《毛詩》同者八十餘字，注明見《毛詩古音考》；其《毛詩》所無者一百五十餘字，則旁引周、秦、漢以來歌謡辭賦，及見於經傳者證之。每字下列本證旁證，與《毛詩古音考》相互發明。第二、三卷，實爲《屈宋古義》，第二卷收屈原賦二十四篇（《離騷》、《九歌》、《九章》、《遠遊》、《卜居》、《漁父》），不録《天問》，第三卷收宋玉賦十四篇（《九辯》、《招魂》、《高唐賦》、《神女賦》、《風賦》、《登徒子好色賦》）。其楚辭字句惟取王逸《楚辭章句》、朱熹《楚辭集注》參校之，又依《集注》者居多。每篇題下有“解題”，多採舊説；而其篇末有“題辭”一篇（唯《九辯》後有“題辭”兩篇），多發己見，乃全篇之通論也。復删潤舊注，申以己意。屈、宋原文以韻分章，其注多取王逸、洪興祖、朱熹三家而删潤之，間附己意，均分見諸句之下；而在箋注前，仍於各韻下注明古音，《四庫全書總目提要》云：“蓋以參考古音，因及訓詁，遂附録其後，兼以音義爲名。”焦竑《序》云：“得季立之書，奥篇奇字，曲暢旁通，高下抑揚，自中律度。”張海鵬《跋》云：“援稽賅博，曲暢旁通，洵足以見上古之音，依咏諧聲，自然合於律度而無可疑云。”

此書評楚辭之總貌云：“夫《楚辭》莫妙於屈、宋也。屈原之作，變動無常，淜沛不滯，體既獨造文亦赴之，蓋千古之絶唱也。宋玉之作，纖麗而新，悲痛而婉，體制頗沿於其師，風諫有補於其國，亦屈原之流亞也。”陳氏以爲“注《離騷》者多矣，率搜索於句字而忽略其大體”，惟有弄清《離騷》結構方能“究其託興寓言之指歸”，故將離騷分爲七節、“亂”。自“帝高陽之苗裔”至“余不忍爲此態也”爲第一節，言己之不得於君也；自“鷙鳥之不群”至“豈余心之可懲”爲第二節，言己之不遇而不改其素也；自“女嬃之嬋媛”至“霑余襟之浪浪”爲第三節，蓋託敷詞於重華，言己於善敗之跡嘗三復於王所也；自“跪敷衽以陳詞”至“高丘之無女”爲第四節，言欲輕舉遠去，忽哀故國之無人也；自“溘吾遊此春宮”至“焉能忍與此終古”爲第五節，言黨人衆多，賢人不可見，難與之久處也；自“索瓊茅以筳篿”至“吾將遠逝以自疏”爲第六節，言卜筮皆勉其遠遁，將從之以遠適四方也；自“邅吾道夫崑崙兮”至“蜷局顧而不行”爲第七節，言逍遥娱樂，庶幾藉以自遣，然睠顧楚國，終不能忘而自離也;亂,則總結前意,謂義無可往,惟以死自誓而已矣。於《九歌》,陳氏以爲《東皇太乙》、《東君》"頗似享神","其餘絶不見祭祀之意",其因由爲"安有祭祀之歌而通篇言神之不至耶吁",故大多"借題託興,以發其惓勤懇惻之懷";且比較而言,"《九章》、《卜居》、《漁父》,其言實;《離騷》、《遠遊》,則虚實半;《九歌》,純乎虚者也"。而《九章》"未始有出於《離騷》之外也","《離騷》括其全,《九章》條其理"。至《遠遊》、《卜居》,乃屈原"猶以爲未盡"於《離騷》而作。又,《九辯》第二篇"題辭"引焦竑語,對《九辯》爲宋玉所作之舊説存疑,云:"《九辯》非宋玉作也。反復九首之中,並無哀師之一言可見矣。夫自悲與悲人語,自逈别不可誣也。"於《招魂》,以爲"此篇之作,悲其師之不用,痛其國之將亡而託之'招魂'","意謂外有怪誕,内有荒淫。怪誕,暗指張儀輩之變詐吞噬;荒淫,則楚之所以亂也"。另,《高唐賦》"蓋《楚辭》之變體,漢賦之權輿也,《子虚》、《上林》實踵此而發揮暢大之耳"。

此書之版本,有萬曆四十二年焦竑校刊《一齋著書》本,上海圖書館藏。另,有清乾隆三十二年徐時作重訂本,上海圖書館、蘇州大學圖書館藏;清嘉慶十年虞山張氏《學津討源》本(第 4 集第 10 册),浙江圖書館藏;清道光二十八年刊《明儒陳一齋先生全集》本,浙江圖書館藏;清同治二年長沙余氏刊《明辨齋叢書》本(僅録《屈宋古音考》一卷),上海圖書館藏;清光緒六年武昌張氏刻本,上海圖書館藏。又,有民國二十六(1937)年上海商務印書館《叢書集成初編》本、1985 年中華書局重印《叢書集成初編》本、1966 年 1 月廣文書局排印本、2008 年 6 月中華書局排印本、2008 年燕山出版社《楚辭要籍選刊》影印本。

迄今,對是書作過評述的論文主要有朱碧蓮《〈楚辭〉要籍述略》(《古典文學知識》1996 年第 1 期)、陳煒舜《明代楚辭學研究》(香港中文大學,2003 年博士畢業)。

批點本楚辭集評

楚辭研究專著。明代陳深撰輯。陳深,字子淵,長興人(今屬浙江)。嘉靖間舉人,官至雷州府推官。著有《周禮訓雋》、《十三經解詁》、《諸子品節》等。事跡載邵同珩、孫德祖《長興縣志》。

該書據王逸《楚辭章句》舊本卷次,輯歷代評《楚辭》者四十四家,即王逸、蕭統、沈約、劉勰、鍾嶸、劉知幾、賈島、宋祁、洪興祖、蘇軾、蘇轍、朱熹、祝堯、嚴羽、李塗、王應麟、沈括、吕向、姚寬、張鋭、洪邁、樓昉、何孟春、劉次莊、馮覲、李夢陽、何景明、陳沂、王鏊、茅坤、楊慎、柯維驥、唐順之、王世貞、黄省曾、劉鳳、汪道昆、王慎中、余有丁、郭正域、吳國倫、張之象、楊起元、王維楨。内中多佚書遺説，堪爲明代評點《楚辭》之集大成之作。陳深於輯諸家之基礎上，亦逐篇批點，往往側重於讀《楚辭》後之内心體驗，且於《楚辭》作品篇章結構、藝術風格多有闡發。如評《離騷》之結構，云："《離騷》，變風之遺也。興、比、賦錯出成章，驟讀似未易瞭，細玩井然有理。"又如評《九歌》之原型與屈原之改作，云："沅、湘之間，其俗尚鬼，祭祀則令巫覡作樂，諧舞歌吹爲容，其事陋矣。自原爲之，緣之以幽渺，涵之以清深，琅然笙匏，遂可於俎豆。"論《天問》之創作問題，云："《天問》發難，至千五百言。書契以來，未有此體，原創爲之。先儒謂其'文義不次，乃原雜書於壁而楚人輯之'。今讀其文，章句之短長，聲勢之佶崛，皆有法度。似作也，非輯也。"然陳氏評點，亦有明人空疏之跡。

此書之版本，有明萬曆二十八年(1600)凌毓枬刻朱墨套印本，中國科學院國家科學圖書館、浙江圖書館、嘉興市圖書館藏。另，明萬曆四十八年(1620)閔刻朱墨套印本，中國科學院國家科學圖書館藏。又，2008年廣陵書社《楚辭文獻集成》影印本。

迄今，對是書作過評述的論文主要有陳煒舜《明代楚辭學研究》(香港中文大學，2003年博士畢業)、羅劍波《明代〈楚辭〉評點研究》(復旦大學，2008年博士畢業)、陳煒舜《陳深楚辭學著作考叙》(學苑出版社《江南文化研究》，2009年第3輯)。

楚辭句解評林

楚辭研究專著。明代馮紹祖輯。馮紹祖，字繩武，武林(今屬浙江)人。該書之輯録緣由，馮氏《凡例》云："《楚辭》評，先輩鮮成集，即抽緒論，亦咸散漫。兹悉發家乘，若張氏《楚範》、陳氏《楚辭》、洪氏《隨筆》、楊氏《丹鉛》、王氏《卮言》等集，一一搜載。而先王小海公(馮覲)間有手澤，隨列之。要以佐《章句》及洪、朱二氏所不逮。"其篇次依王逸《楚辭章句》，逐卷輯録，先録王逸《章句》，繼集諸家之説。卷首有《史記・屈原傳》。次《楚辭書目》。次《總評》，總録歷代評楚辭語一卷，凡二十四家：揚雄、魏文帝、沈約、庾信、劉勰、劉知幾、皮日休、蘇轍、葛立方、洪興祖、朱熹、祝堯、高似孫、汪彦章、陳傅良、李塗、葉盛、何孟春、姜南、張時徹、唐樞、茅坤、王世貞、劉鳳。其論每篇，則録鍾嶸、賈島、宋祁、蘇軾、嚴羽、王應麟、姚寬、張銳、洪邁、樓昉、沈括、吕向、劉次莊、馮覲、楊慎、張鳳翼、張之象、吕延濟、陳深諸家。姜亮夫《楚辭書目五種》云:“惟眉間雜引各家論説章節大義,或行文脈絡。亦載韻字叶音,大體用朱熹所録之説。篇末更録各家評語。”陳希音《馮夢龍質疑兩則》(《讀書》1982年第9期)駁斥繆咏禾《馮夢龍和三言》、董康《書舶庸譚》將該書歸爲馮夢龍所作,以爲只是評校者也姓馮而已。

此書之版本,有明萬曆丙戌(1586)、丁亥(1587)刻本:丙戌刻本,題《楚辭》,蘇州大學圖書館藏;至丁亥刻本,方用“句解評林”之名,日本内閣文庫藏。另,明萬曆二十五年(1597)武林鬱文瑞刊巾箱本《楚辭》八卷,姜亮夫《楚辭書目五種》云:“按此刻即馮紹祖刊本之重鐫,而剔去舊名,易以新名。”又,1970年藝文印書館據萬曆丙戌(1586)觀妙齋本影印,1974年再版。

迄今,對是書作過評述的論文主要有陳煒舜《明代楚辭學研究》(香港中文大學,2003年博士畢業)、羅劍波《明代〈楚辭〉評點研究》(復旦大學,2008年博士畢業)。

讀楚辭語

楚辭研究專著。明代馮夢禎撰。馮夢禎(1548—1605),字開之,秀水(今屬浙江嘉興)人。萬曆會試第一,選庶吉士除編修。著有《快雪堂集》、《快雪堂漫録》、《歷代貢舉志》等。事跡載乾隆間《浙江通志》卷一百七十九。

該書凡一卷五篇。其篇次爲:《離騷》、《九歌》、《天問》、《九辯》、《招隱士》。姜亮夫《楚辭書目五種》云:“其言恍惚迷離。蓋明時舉子業評文之陋習”,“空疏不實,了無意義”。有明萬曆刊本朱熹《楚辭集注》八卷、《辨證》二卷、《後語》六卷本後附刻本,上海圖書館藏。

另,馮氏著有《讀本楚辭集評》,所集有劉安、王逸、劉知幾、賈島、宋祁、洪興祖、蘇軾、朱熹、祝堯、高似孫、李塗、王應麟、姚寬、洪邁、樓昉、馮覲、李夢陽、何景明、楊慎、王世貞、劉鳳、焦竑、陳深、汪瑗等二十四家。

迄今,對是書作過評述的論文主要有陳煒舜《明代楚辭學研究》(香港中文大學,2003年博士畢業)。

離騷草木疏補

楚辭研究專著。明代屠本畯撰。屠本畯,初名畯,字田叔,鄞縣(今屬浙江寧波)人。以門蔭入仕,官福建鹽運司同知。著有《茗笈》、《閩中海錯疏》等。事跡載乾隆間《福建通志》卷二十九。

該書凡四卷。卷首有屠隆《序》。次屠氏《自序》。次黎民表《序》。次吳仁傑《序》。次《目録》,卷一、卷二爲“香草部”,卷三爲“嘉木部”,卷四爲“惡草惡木部”。此書之撰述過程,屠氏《自序》云:“黎先生(民表)既授余《草木疏》,復爲余作序。會余陳情,黎亦歸老。今距甲戌之歲,凡二十年。予從南繕部郎中,出爲兩淮都轉運鹽丞。榷鹽之暇,因讀《楚詞》而感於厥衷,重爲考訂疏補”,“余乃尊斯部區(指吳仁傑《疏》),芟彼蔓衍,每篇冠以《離騷》,若《毛詩》之有小序。然後標釋物名,不至委瑣。復録疏麻、秬、黍、稻、粱、粢、麥、薇、藻、梧、楓十品附之,毋令淹没無傳。”關於此書,屠隆《序》云:“既叶《騷》韻,更補吳氏《草木疏》。其考古也博,其取採也約,其標名也顯,其核實也精。”黎氏《序》云:“田叔好奇多愛,嘗輯陸機(璣)之疏以附經,採才老(吳棫)之韻以叶楚。修墜補亡,乃其所長;昌歜之嗜,宜其同之。……《草木補》之於《騷》,比之《毛詩》,若鄭司農之《箋疏》也。”

此書被收入《四庫全書》“存目”,其《提要》云:“是書以宋吳仁傑《離騷草木疏》多有未備,特於香草類增入麻、秬、黍、薇、藻、稻、粢、麥、粱八種,於嘉木類增入楓、梧二種。其餘於仁傑《疏》多所删汰,自謂明簡過之,而實則反失之疏略。又每類冠以《離騷》本文,及王逸《注》,擬於《詩》之《小序》,亦無關宏旨,徒事更張”,且以“宿莽”之釋爲例,推知屠氏“自相刺謬,尤失於考證”,云:“仁傑謂‘宿莽’非‘卷葹’,斥王逸注及郭璞《爾雅注》之誤。本畯是書引羅願《爾雅翼》以明之。不知其引《南越志》‘寧鄉草’名‘卷葹’,江淮間謂之‘宿莽’者,正主郭之説。”即以今日之眼光視之,以“稻”、“粢”、“麥”、“粱”、“黍”等糧食類作物入“香草”,在分類、用義方面,亦難合屈子之本意。

此書之版本,有明萬曆二十一年刻本,北京大學圖書館藏。另,1997年齊魯書社《四庫全書存目叢書》影印本。

迄今,對是書作過評述的論文主要有陳煒舜《明代楚辭學研究》(香港中文大學,2003年博士畢業)。

楚騷協韻

楚辭研究專著。明代屠本畯撰。該書凡十卷。卷首有沈九疇《叙》。次黄姬水《叙》。次屠氏《讀騷大旨》,凡一卷六篇(《録篇》、《原協》、《正字》、《明鈔》、《示志》、《解嘲》),意在述其撰述過程、纂寫體例和著作缘由。沈氏《序》

稱此書"博取韻書,裁衷經訓,務求諧暢"。黄氏《序》云:"如英央之𤇾則通之以古韻,亥豕之訛則訂之以古文;復炎漢篆隸之舊,黜江左聲病之拘。"該書凡十卷。其篇次爲:《離騷》、《九歌》、《天問》、《九章》、《遠遊》、《卜居》、《漁父》、《大招》、《九辯》、《招魂》。

此書被收入《四庫全書》"存目",其《提要》云:"此本惟題曰屠畯,蓋未改名以前刻也。本畯以朱子《楚辭集注》韻爲未備,故廣爲此書,然所增實未盡當。古無韻書,各以方音取讀,方音南北互殊,不免大同而小異。如《離騷》'朕皇考曰伯庸','維庚寅吾以降','降'讀户工切。'又重之以修能','紉秋蘭以爲佩','能'讀奴來切。皆古音也。至'肇錫予以嘉名','字余曰靈均',則方音矣。江以南真庚互叶,今世尚然。本畯必讀'名'彌延反,'均'居員反,殊爲牽合。本畯又好取《説文》,字體改今楷法,以爲《楚騷》文字在小篆未變之前,寫《楚辭》宜用小篆分草。今刊本雖用隸書,然宜以六書善本正其差訛。夫隸體與分草之興,初不相遠。且意取簡易,與篆固殊。若盡依《説文》,改變形體,以爲能守六書之義,轉爲煩重。則但作篆可耳,奚以隸爲?是亦好奇過也。"

此書之版本,有明刊本,天一閣藏。另,明隆慶六年刻本,上海圖書館藏。另,1997年齊魯書社《四庫全書存目叢書》影印本。又,2008年廣陵書社《楚辭文獻集成》影印屠氏《讀騷大旨》本。

迄今,對是書作過評述的論文主要有陳煒舜《明代楚辭學研究》(香港中文大學,2003年博士畢業)。

離騷經訂注

楚辭研究專著。明代趙南星撰。趙南星(1550—1627),字夢白,號儕鶴,高邑(今屬河北元氏)人。萬曆二年(1574)進士,官至吏部尚書,遣戍大同。卒年七十八。謚忠毅。著有《學庸正説》、《史韻》等。事跡載《明史》卷二百四十三。

該書乃屈原《離騷》與《史記·屈原列傳》合刻本。卷首有趙氏《自序》。次《屈原傳》(附《正義》、《索隱》)。卷末附趙氏《自跋》。此書之撰述緣由,《自序》云:"使學者能讀萬過,令不思而誦於口,寤寐而悦於心,爲文不模擬而得其似,則亦可以動有司、取青紫矣。"其注爲分句加注,大體本王逸注而稍加刪改,故名之曰"訂注"。趙氏評屈原之爲人,《自跋》云:"屈原以同姓之臣,坐視宗國之敗亡,不得出一言,雖沈江不亦可乎?且非獨此也,天下之勢,已將一於秦,虎狼統人群,此魯連所以蹈海也。屈子之沉江,其即魯連之志乎?”故批評班固“露才揚己”之責難。於“求女”之意亦力駁舊説而抒己見,《自跋》云:“屈原患鄭袖之蠱,亦託爲遠遊,求古聖帝之妃,以配懷王,而高丘無女,宓妃緯繣,鴆與雄鳩,不可爲媒,終不能得,無可以慰心者。此屈子之意也。而論者以爲譎怪虚無,非法度之正。過矣!王逸之解,又以爲屈子欲得賢知,與之事君。夫人君而令媒妁求母後,以比於共事君者,豈不悖哉!”另,論屈原作品之藝術,《自序》云:“屈子以神妙殊絶之才,處鬱邑無聊之極,肆爲文章,以騁志蕩懷,出入古今,翱翔雲霧,恍惚杳茫,變化無端,匪常情之攸測。”

此書之版本,有明萬曆四十一年(1613)原刊本,浙江圖書館、天一閣、安徽博物館、上海辭書出版社、北京大學圖書館藏。另,明末趙悦學重刊本,清華大學圖書館、天津圖書館藏。又,2008 年燕山出版社《楚辭要籍選刊》影印本。

迄今,對是書作過評述的論文主要有陳煒舜《趙南星及其〈離騷經訂注〉》(《中正大學中文學術年刊》2006 年第 8 期)、陳煒舜《明代楚辭學研究》(香港中文人學,2003 年博士畢業)。

楚　辭

楚辭研究專著。明代郭惟賢編。郭惟賢,字哲卿,晉江(今屬福建泉州)人。萬曆間進士。自清江知縣拜南京御史,後官至左副都御史。以憂歸,起户部右侍郎,未上而卒。事跡載《明史》卷二百二十七。

該書有郭氏編《三忠集》本,被收入《四庫全書》“存目”,其《提要》云:“是集乃惟賢官湖廣巡抚時所編,前有萬曆甲午《自序》,謂屈原秭歸人,孔明南陽人,岳忠武雖起家湯陰而封鄂王,苗裔迄今猶在武、黄間。均以‘楚’稱,故合爲一編。於《離騷》取朱子注,編爲七卷。……於三賢事狀文章,俱無可證核。惟賢一代名臣,此編則未爲精善,蓋一時書帕本也。”有明萬曆二十二年刊本,日本内閣文庫藏。

楚辭述注

楚辭研究專著。明代林兆珂撰。林兆珂,字孟鳴,莆田(今屬福建)人。

萬曆間進士。官至安慶府知府。著有《毛詩多識編》、《檀弓述注》、《選詩約注》、《李詩鈔述注》、《杜詩鈔述注》等。事跡載乾隆間《福建通志》卷五十一《文苑》。

該書凡十卷。其篇次依王逸《楚辭章句》，然只録前十卷：《離騷經》第一、《九歌》第二、《天問》第三、《九章》第四、《遠遊》第五、《卜居》第六、《漁父》第七、《九辯》第八、《招魂》第九、《大招》第十。卷首有方承章《序》。次黄侣鳳《序》。次《目録》。次林氏《凡例》。卷末附林氏《書楚辭述注後》。《凡例》凡八則：一、《録篇》，言作品選録"《騷經》外，斷至《大招》而止。而長沙以下，别爲一編"；二、《點序》，言作品篇次依今本，因"叔師自以爲南陽人，與原同里，編當不謬。況朱子不因晁而因王"；三、《分章》，言"依其義分《騷經》爲十八段，諸篇亦隨長短分之"；四、《詮故》，言"王宏深魁偉，洪援據精博，朱擬議正、義理明。笙簧迭奏，總裨鈞天。兹並採之，而附以近世諸公所論著者"；五、《譯響》，言"音釋叶韻，一以朱氏爲主"；六、《訂訛》，詩詞異文采朱元晦説；七、《印字》，言"鈔本互異"之字；八、《核評》，言"揭其有關章旨與指示文法者，列於上方"，即"眉批"，用沈括、柳宗元、王應麟、洪興祖、朱熹、洪邁、祝堯、馮覲、高似孫、陳深、王世貞、劉知幾、胡應麟、徐師曾、姚寬、劉次莊、何孟春、楊慎諸家評語。其《書楚辭述注後》，似有身世寄託，然朦朧難繹，云："今讀《離騷經》及《九歌》諸篇，真啼猩嘯鬼，喜可佐歌，悲可當哭者。……惟是擊節，吾伊聊以澆胸中之壘塊。"其注酌取前賢，尤以王逸、朱熹兩家爲多；且間發己意，頗有識斷。方氏《序》云："其法當，其詞核，其引援切而其辯鞠詳，其訓釋精而其發明廣。"姜亮夫《楚辭書目五種》則云："大抵訂王、朱兩家之説，而以時文義例説古書，明人舉子業也。"

此書之版本，有明萬曆三十九年(1611)刻本，北京師範大學圖書館藏。另，有1986年臺北新文豐出版公司《楚辭彙編》影印本、2008年廣陵書社《楚辭文獻集成》影印本、2008年燕山出版社《楚辭要籍選刊》影印本。

離騷經纂注

楚辭研究專著。明代劉永澄撰。劉永澄(1576—1612)，字静之，號練江，寶應(今屬江蘇揚州)人。學者私謚貞修先生。萬曆二十九年(1601)進士，授順天儒學教授，遷國子監學正，補兵部職方司主事。著有《劉練江先生集》。事迹載《明史稿》本傳、《揚州府志》本傳、《寶應府志》本傳；另，黄宗羲

《明儒學案》卷六十《東林學案》三、華希閔《東林書院志》、其五世孫劉穎《劉職方公年譜》可參。

該書凡一卷。僅注《離騷》一篇。據劉穎《劉職方公年譜》，知劉氏三十六歲入京作《離騷經纂注》，"蕭然邸中注《離騷》以見志"。又，據姚氏《序》可知，劉氏卒後，其友文起(震孟)"既詮次其遺事，又檢録遺笥，得其《離騷注》一卷，手自點定"。刊刻時又讓其侄甥姚希孟撰《序》，《寶應縣志》云："所注《離騷》，多散佚，震孟搜葺行世。"此書以爲《離騷》乃屈原被疏時所作，"上述唐、虞、三后之制，下序桀、紂、羿、澆之敗，冀君覺悟反於正道而還己也"。其注多採王逸、洪興祖、朱熹之説，獨創之見甚少，且有前後失照扞格處，如以"求女"爲例，云"自駟玉虬以後，總'上下求索'一言盡之。朱子注求索賢君。余玩鷺皇、鳳鳥、帝閽、下女、豐隆、蹇修、鴆鳩等，喻似是求通於君者"，然又云"欲遊春宫，求虙妃，見佚女，留二姚，皆求賢君之意也"。另，於結構章法也有所論，詳於前而略於後，然有重叠、失調之陋。卷末附《離騷》總論，可參可酌，云："讀'鷙鳥不群'一語，知落落難合者之未必非；讀'苟列衆芳'一語，知容容多福者之未足艶。篇中稱'蘭'者十，稱'江蘺'者二，稱'芷'者三，'申椒'二，'菌桂'二，'蕙茝'分見七，'揭車'二，'瓊枝'二，'衆芳草'二，'鳳皇'三，'好修'四，'蔽美'二，'靈修'三。信讒齌怒，窮於君也；謡諑善淫，窮於友也；申申詈予，窮於家也。内外窮矣！計無復之，不得已而陳詞重華，不得已而上下求索也，以寫其憤懣，抒其延結耳。乃孔雀東南十里回首，至靈氛既告而猶豫，陞皇既陟而懷睨舊鄉，則無解之情終天罔極矣。"王邦《離騷九歌輯評》屢引該書。

此書之版本，有明興讓堂刻本，華東師範大學圖書館、清華大學圖書館、上海圖書館藏。另，有《四庫全書》録《劉練江先生集》本附、2008 年廣陵書社《楚辭文獻集成》影印本。

迄今，對是書作過評述的論文主要有陳煒舜《劉永澄及其〈離騷經纂注〉》(高雄師大《國文學報》第 6 期，2007 年)、陳煒舜《明代楚辭學研究》(香港中文大學，2003 年博士畢業)。

楚辭述注

楚辭研究專著。明代來欽之注。來欽之，字聖源，又字風季，蕭山(今屬浙江)人。該書凡五卷。卷首有來氏《楚詞序》。次陳洪綬《九歌》十一圖、《屈子行唫》一圖。次《目録》。來氏《自序》云："詳體乎屈原之言之志，則朱子之所爲予之奪之者，可類推也"，"朱子之《集注》，其補裨於後人者多矣。欽之伏而誦之，間或哀多益寡，此固欽之述注之本意也。"其篇次依朱熹《楚辭集注》，然僅"著屈原之所爲文"，"自《離騷》以至《漁父》二十五篇"，即卷一《離騷》，卷二《九歌》，卷三《天問》，卷四《九章》，卷五《遠遊》、《卜居》、《漁父》。凡朱熹所謂《續離騷》以下三卷及《後語》全部，皆删而不録。又採班孟堅、陳章侯、陶岸生、鍾伯敬諸家之語，載之眉邊。

其注大抵節録朱熹《集注》而成，然偶添王逸《章句》和己注。另，於"眉批"中録諸家之語，依其出現先後，凡有班孟堅、顔之推、洪興祖、王予安、孟子塞、來聖源、來伯方、沈素先、來旦卿、祁止祥、來與京、王子嶼、王子樹、來石含、祁匪熊、章羽侯、王芳侯、黄儀甫、來元成、來子升、陶岸生、來正侯、鍾伯敬、陳辟生、王子宜、來子問、陳眉公、陸時雍、祁季超、章有四、胡應麟、張鳳翼、來有虔、王弇州、劉辰翁、來式如、朱士服、王海觀、來爾極、來元起、王逸、司馬遷、來子畏等四十三家。姜亮夫《楚辭書目五種》云："實無所發明。明人陋習極好名，來氏此刊，可爲代表。列來氏子姓之説至四五家，則以屈子書作顯揚宗親之用矣！"

此書之版本，有明崇禎十一年（1638）戊寅原刊本，上海圖書館藏。另，有清順治刊本，北京圖書館藏；清康熙三十年重刻本，上海圖書館藏。又，有2000年北京出版社《四庫未收書輯刊》影印本、2008年廣陵書社《楚辭文獻集成》影印本。

迄今，對是書作過評述的論文主要有郭立暄《〈楚辭述注〉與來聖源之世家》（《圖書館雜志》2005年第2期）、陳煒舜《明代楚辭學研究》（香港中文大學，2003年博士畢業）、羅劍波《明代〈楚辭〉評點研究》（復旦大學，2008年博士畢業）。

屈　子

楚辭研究專著。明代戈汕、毛晉合撰。戈汕，字莊樂；毛晉，原名鳳苞，字子晉，皆常熟（今屬江蘇）人。毛氏家富圖籍，世所傳影宋精本多所藏收。著有《毛詩陸疏廣要》、《明詩紀事》等。事跡載《清史列傳》卷七十一。

該書卷首有王逸《楚辭章句敘》。卷端題"屈子"，載《離騷》、《九歌》、《天問》、《九章》、《遠遊》、《卜居》、《漁父》七篇白文暨王逸小序，戈汕、毛晉參定。"參定"者，字斟句酌，比勘、校定也，自許"無一點一畫之失"。

此書附載《評》、《楚譯》、《參疑》各一卷。《評》，毛晉輯，爲楚辭研究史上之早期輯評本。先總評，凡十七家：沈約、庾信、劉勰、劉知幾、蘇轍、洪興祖、朱熹、汪彦章、祝堯、高似孫、陳傅良、李塗、葉盛、姜南、茅坤、王世貞、劉鳳。次章評（篇評），輯有賈島、宋祁、嚴羽、張鋭、姚寬、洪邁、樓昉、蔣之翰、馮覲、楊慎、張之象、吕延濟、陳深、陳第等若干家。次《楚譯》一卷，戈汕、毛晉參定。分"譯韻上"、"譯字下"。"譯韻"即審定《屈子》韻脚字音，計《離騷》轉八十四韻。《九歌》之《東皇太一》一韻，《雲中君》轉一韻，《湘君》、《湘夫人》、《大司命》並轉六韻，《少司命》轉五韻，《東君》、《河伯》並轉四韻，《山鬼》轉七韻，《國殤》轉五韻，《禮魂》一韻。《天問》共轉九十一韻。《九章》之《惜誦》轉二十韻，《涉江》轉十四韻，《哀郢》轉十五韻，《抽思》轉十九韻，《懷沙》轉十八韻，《思美人》轉十四韻，《惜往日》轉六韻，《橘頌》轉八韻，《悲回風》轉十六韻。《遠遊》轉三十三韻，《卜居》轉九韻。"譯字"，則審定《屈子》韻脚之外部分字音，計《離騷》六十六字，《九歌》百字，《天問》五十八字，《九章》百三十九字，《遠遊》六十九字，《卜居》十二字，《漁父》三字。大抵皆直音，反切爲少。次《參疑》一卷，戈汕、毛晉參定。相當於今日之"校記"，兼及音義。《楚譯》、《參疑》，當被視爲繼陳第《屈宋古音義》後之重要研究成果。卷末附司馬遷《屈原傳》及《凡例》六則，應置卷前。有明萬曆四十六年（1618）毛氏緑君亭《屈陶合刻》本，北京圖書館、浙江大學圖書館藏。

迄今，對是書作過評述的論文主要有毛浦先《論楚辭校勘學産生與發展的幾個歷史階段》（《雲夢學刊》2000 年第 3 期）。

删注楚辭

楚辭研究專著。明代張京元撰。張京元，字無始，泰興（今屬江蘇）人。成化二十年（1484）進士。該書卷首有焦竑《序》。次張氏《删注楚辭引首》。次《目録》。卷末附《屈原傳》、"舊本楚辭目"（王逸本《楚辭目》）、"朱子刊定楚辭目録"。焦竑"萬曆戊午夏日"所作《序》首段文字，與焦竑《序汪瑗〈楚辭蒙引〉》前段雷同。姜亮夫由此懷疑此《序》非焦竑所作，以爲明人"援名流以自重"惡習之表現。

此書收屈原作品二十五篇（《離騷》、《九歌》、《天問》、《九章》、《遠遊》、《卜居》、《漁父》）外，又録《九辯》、《招魂》、《大招》三篇。《離騷》删王、朱二注文，後有批語二則。《九歌》、《天問》、《九章》、《遠遊》、《漁父》諸篇，前有小序。張氏《引首》云："夫《離騷》寫怨，已盡淋漓，《九歌》則瀟湘如畫，誦《九辯》則魂斷秋空，驚採絶艷，信哉罕儔。至於《天問》之雜沓，《九章》、《遠遊》之重複，《卜居》、《漁父》，意淺語膚，即非魚目，寧屬夜光。”故知其評判眼光，自與衆不同。云：《九歌》“沅湘之間信鬼而好祀，原見其祝辭鄙俚，爲作《九歌》，亦文人遊戲，聊散懷耳。篇中皆求神語，與時事絶不相涉”；《天問》“雜憶往古，隨筆詰問，似涉遇怪，實關至言”，故否定呵壁之説，“舊謂其見宗廟圖畫而問焉，恐壁間未必畫此種種也”；《九章》“語義重複，亦《離騷》之蛇足耳”；《遠遊》託志冲舉，亦不過因《離騷》“復廣而申之”；《卜居》、《漁父》“語義太膚，疑是僞作”；《招魂》“原初死時，玉所爲招辭也”。姜亮夫《楚辭書目五種》云：“勇於自信，亦勇於疑古。掩陋可商者至多。”顯然評價不高。然該書亦有可參之處。有明萬曆四十六年(1618)刊本，浙江圖書館藏。

騷　筏

楚辭研究專著。明代賀貽孫撰。賀貽孫，字子翼，永新(今屬江西)人。明末諸生。九歲能文，稱爲神童。時江右社事方盛，與陳宏緒、徐世溥等結社豫章。明亡不仕，抗志入山，惟以著作自娱，云：“吾逃世而不能逃名，名之累人實甚！”據龍霖《賀貽孫略考》(《吉安師專學報》1984年第1期)云：孫氏生於明萬曆三十三年(1605)，卒年不詳，但知卒於清康熙二十五年(1686)以後。著有《詩觸》、《詩筏》、《激書》、《水田居士文集》等。事跡載《清史列傳》卷七十。

其族孫賀繼升《跋》云：“先生生明季，當國變時，奉母隱於山谷深處，飢寒流離，莫可言狀。猶日以著書立説，闢諸家之藩籬，抒一己之才識，自爲排遣。是天之困抑之者，正所以玉成先生著作之功也。”關於書名，賀氏《詩筏・自序》云：“君其涉於江而浮於海，望之而不見所極，送君者自涯而返，君自此遠矣，是爲用筏耶？爲舍筏也？爲不用之用不舍之舍邪？”而賀繼升則於此另有别論，《跋》云：“二書(案：指賀氏《詩》《騷》二“筏”)之論，發前人所未發，不啻舉作者之經營慘淡，揭以示人。故其命名直以渡迷之寶筏自許也。”

該書(時與《詩筏》合刊)卷首有賀氏《自序》。次道光丙午五世孫賀珏《跋》。次康熙甲子族弟賀雲黻《詩騷二筏・序》。次族孫賀繼升《跋》。《騷筏》卷前有《小序》云：“東坡教人作詩云：‘熟讀《毛詩・國風》與《離騷》，曲折盡在是矣。’此語甚妙。但《國風》曲折，深於《三百篇》者能言之，而《離騷》則鮮有疏其曲折者。余故將《離騷》及諸楚辭一並指出，倘由吾言以學詩，則知屈、宋與漢唐詩人相去不遠也。”此書僅注屈、宋之作，其篇次爲：屈原《離騷經》、《天問》、《九歌》、《九章》、《遠遊》、《卜居》、《漁父》，宋玉《九辯》、《招魂》、《大招》。其選録範圍大致反映了部分明代學者對“楚辭”内涵的界定，如屠本畯《楚騷協韻》、林兆珂《楚辭述注》、張京元《删注楚辭》，亦收入屈原作品二十五篇，宋玉三篇。姜亮夫《楚辭書目五種》以爲“三十六篇”（將《九辯》視爲九篇），顯然不妥；而洪湛侯《楚辭要籍解題》又誤爲“二十六篇”，則令人費解。

此書重在闡發作品大義及章法結構、藝術特點，故對《楚辭》不録全文，有時僅摘引部分原文，而《天問》則未引原文，亦無注釋訓解，而是依託詩文，詮解發揮，推求旨意。如云：“《遠遊》亦憤世語，非真有仙可學也。”又如云：“此（《卜居》）與《漁父》二篇，憑空設端，實爲《客難》、《解嘲》濫觴，不獨唐、宋小賦之鼻祖也。通篇答處即在問處，蓋屈子所從者在‘寧’字，所去者在‘將’字。”分《離騷》爲十節，分别拈出要點，闡述作意。有時又分“總評”、“章評”數種方式，《九歌》凡十四則，《九章》凡十一則，《遠遊》、《卜居》、《漁父》各一則，宋玉《九辯》十一則，《大招》、《招魂》並爲四則。卷末附全書《總評》一則，云：“學者分詩與騷、賦爲三，不知詩有比、興、賦，則賦乃詩中一體。若騷則本風人悱惻之意，而沈痛言之耳。……《離騷》，猶言‘罹於憂’也，即《招魂》所謂‘舍君之樂，而離此不祥’也。屈、宋當日，未嘗分爲兩種名目，騷即宋子作賦之心，賦即屈子作騷之事。意其與風人之詩，雖有異名，其本於至性，可歌可咏，則一也。”姜亮夫《楚辭書目五種》云：“每篇依次摘舉原文，而以意發恢之。曲暢旁通，頗有會心。於芳草美人之喻，黨人險佞之狀，尤能鈎稽比勘，得全文全書旨意，可謂善用心者。於文章脈絡，尤能明指而出之。如謂世叙數語，是《離騷》一篇本領。變與不變，是通篇柱子。……皆能從字裏行間，體會作者心情，發人所未發”，“其論宋玉各文，以屈賦爲衡，比量言之，亦頗多親切之處。”

此書之版本，有咸豐敕書樓刻《水田居全集》本，上海圖書館藏。另，有清道光二十六年敕書樓重刊本、2000年北京出版社《四庫未收書輯刊》影印本、2008年廣陵書社《楚辭文獻集成》影印本。

迄今，對是書作過評述的論文主要有盧善慶、徐强、翁向紅《〈詩筏〉〈騷筏〉中美學思想初探》（《吉安師專學報》1984年第1期）、許又方《賀貽孫〈騷筏〉述評》（《東華漢學》2004年第2期）、金淵洙《清代前期楚辭學研究》（蘇州大學，1997年博士畢業）、陳煒舜《明代楚辭學研究》（香港中文大學，2003年博士畢業）。

楚辭疏

楚辭研究專著。明代陸時雍撰。陸時雍，字昭仲，桐鄉(今屬浙江)人。明崇禎六年癸酉貢生。據趙逵夫《陸時雍與〈楚辭疏〉》考，陸氏生於萬曆中期(約 1590)，卒於崇禎末年(1639—1644)。著有《古詩鏡》、《唐詩鏡》等。事跡載康熙間《桐鄉縣志》卷五周拱辰《陸徵君仲昭先生傳》、光緒間《桐鄉縣志》卷十三《人物志》、《嘉興府志》卷六十一《文苑》。

該書十九卷。卷首有唐世濟《序》。次陸氏《自序》。次周拱辰《序》。次張煒如《序》。次《讀楚辭語》一卷。次《楚辭條例》。次"注評楚辭姓氏"：[注]王逸、洪興祖、朱熹，[疏]陸時雍，[别注]周拱辰，[評]孫鑛、張煒如、李挺、李思誌、張焕如，[榷]唐元竑、張存心，[訂]陸元瑜、張煒如、張寄瀛。次目録。卷末附《屈原傳》、《楚辭雜論》一卷、李思誌《跋》。其篇次與諸本頗異，於王逸《章句》本補《反離騷》、《弔屈原賦》兩篇，於朱熹《集注》本增《弔屈原賦》、《鵩鳥賦》而删《七諫》、《九懷》、《九歎》、《九思》。杜松柏《楚辭彙編》按語中"篇目則全從洪氏補注"説當誤。卷一《離騷經》至卷十《大招》，每篇有小序，有舊詁，有新注，新注冠以"陸時雍曰"四字。《天問》卷用周拱辰注，但《小序》係陸氏自撰，注文中亦間有陸氏疏語。卷十一《反離騷》目下注"序注俱輯舊本"，"揚雄《反騷》一篇，與《騷》切近，故即綴之《騷》後。《惜誓》以下，情節相去遠矣"。《惜誓》目下注："此篇《小序》及《招隱士》俱存朱熹本。"《弔屈原賦》目下無注，節録《賈誼傳》爲《小序》。《七諫》目下注："自此至末《小序》俱存王逸本。"又自卷十二《惜誓》至卷十九《九思》，皆有文無注。故陸氏所"疏"及《序》僅限於前十卷，即認定屈原作品二十五篇：《離騷》、《九章》、《遠遊》、《天問》、《九歌》、《卜居》、《漁父》；宋玉作品兩篇：《九辯》、《招魂》；景差一篇：《大招》。陸氏以爲，對《離騷》等作品，寓目會心，代有評論，然亦不可輕視，"抑一言之當，九泉知己；片言之誤，千載口實"。

《自序》於"離騷"題義有所闡發。或問："《離騷》曷離爾？"曰："義取諸夫婦也。""曷君臣而夫婦之？""屈原深被寵眷，諸臣莫與比肩。上官大夫、靳尚之徒，心害其能，而讒間構之，王懵不寤，賜之遠去，其離窮矣。《辨》之言'重無怨而生離'，此《離騷》所以作也。""然則曷騷也？"曰："衷不平也。室家既造，拮據以之。蛾眉不揚，而嫫母替以自代。其衷騷騷之憤作，故不平也。"

《讀楚辭語》論屈原及作品之思想多有發掘，如云屈原"踵武前王，取鑒堯舜，何其貞也；九天爲正，重華陳詞，何其亮也；顑頷何傷，九死未悔，何其忠也；鷙鳥不群，忍尤攘詬，何其卓也。靈脩美人，抑何親也；聰既塞矣，猶稱哲王，又何厚也"。又云《離騷》"厲言類規，窾言類諷，窾言類訴，狂言類號，聆其音，均可當浪浪之致焉。要一發於忠愛，雖激昂憤懣，世莫得而訾也"。其評藝術亦要言不煩，如云"《九歌》體物撰情，雅與事稱，簡節短奏，觸響有琳琅之聲"。其比較屈、宋之論，亦爲後人所引，如云"宋玉所不及屈原者三：婉轉深至，情弗及也；嬋娟嫵媚，致弗及也；古則彝鼎，秀則芙蓉，色弗及也。所及者亦三：氣清、骨峻、語渾。清則寒潭千尺，峻則華岳削成，渾則和璧在函，雙南出範"。姜亮夫《楚辭書目五種》云："其序論大義，大抵自出心裁爲多。於王、朱二家亦偶有採擇。而訓詁名物，則本之舊說爲多。"

《楚辭條例》詳述其撰述之體例與特色。先定作品篇次，"首《離騷》，次《九章》，次《遠遊》，次《天問》，次《九歌》，次《卜居》，次《漁父》，次《九辨》，次《招魂》，次《大招》"，因"《九章》即《離騷》之疏，而《遠遊》者，自《離騷》中倚閶闔登扶桑一意逗下，至《天問》、《九歌》、《卜居》、《漁父》，則原所雜著也"，如此編次"則脈絡相承，使觀者一覽而自得也"。又破《離騷》"經"與"傳"之藩籬，而將屈原作品二十五篇"概題以《楚辭》"，因"自屈原感憤陳情，而沅、湘之音，創爲特體。其人楚，其情楚，而其音復楚，謂之《楚辭》，雅稱也"。姜亮夫《楚辭書目五種》云："其去《離騷》之經名，破自來之固障，頗爲有識。"又，其闡發大義常能抉隱通微，云："朱晦翁句解字釋，大便後學。然騷人用意幽深，寄情微眇，覺朱注於訓詁有餘，而發明未足。余爲之抉隱通微，使讀者了知其意，世無懵衷，亦余心之大快耳！"另，録魏文帝、沈約、劉勰、洪興祖、朱熹、葉盛、王世貞、陳深、周拱辰九家論楚辭之言。

此書之版本，有明末緝柳齋刻本，浙江圖書館、上海圖書館、中央黨校、武漢圖書館、上海辭書出版社、福建圖書館、復旦大學圖書館藏。另，有緝柳齋原刻學山堂重印本、緝柳齋原刻天章閣重刻本、緝柳齋原刻清康熙四十四年有文堂重印本、1986 年臺北新文豐出版公司《楚辭彙編》影印本、2008 年廣陵書社《楚辭文獻集成》影印本。

迄今，對是書作過評述的論文主要有趙逵夫《陸時雍與〈楚辭疏〉》(《文獻》2002 年第 3 期)、崔富章《陸時雍〈楚辭疏〉引"晁无咎曰"辨證》(《北方論叢》2004 年第 1 期)、于東新《明代楚辭"論評類"典籍述略》(《集寧師專學報》2008 年第 3 期)、沈雲《談明遺民對屈原及〈楚辭〉的接受》(《語文學刊》2008 年第 9 期)、陳煒舜《明代楚辭學研究》(香港中文大學，2003 年博士畢業)、羅劍波《明代〈楚辭〉評點研究》(復旦大學，2008 年博士畢業)。

楚辭榷

楚辭研究專著。明代陸時雍序疏、金兆清參評。該書凡八卷。卷首有陸氏《序》。次金氏《楚辭榷條例》,大抵爲陸氏《楚辭條例》之改編。次司馬遷《屈原傳》。卷末附陸氏《讀楚辭語》一卷。其篇次爲:卷一《離騷經》,卷二《九歌》,卷三《天問》,卷四《九章》,卷五《遠遊》、《卜居》、《漁父》,卷六《九辯》、《招魂》、《大招》,卷七《招隱士》、《反離騷》、《短招》。金氏《條例》對選目、篇次作了説明,云:"《楚辭》次序無定,今從朱晦翁本。首《離騷》,次《九歌》,次《天問》,次《九章》,次《遠遊》,次《卜居》,次《漁父》。以《九辯》、《招魂》、《大招》,則宋玉、景差所作,而綴之於後。《離騷》續集,無甚深情,止録淮南之《招隱士》、子雄之《反離騷》,偕我昭仲(陸時雍)之《短招》,所謂華而不墜其實、怨而不罹於怒者。"該書實乃《楚辭疏》之節録,前七卷全録於《楚辭疏》,金氏"參評"並無多大發明。有明天啓間刊本,中國科學院國家科學圖書館、陝西師範大學圖書館藏。

迄今,對是書作過評述的論文主要有羅劍波《明代〈楚辭〉評點研究》(復旦大學,2008年博士畢業)。

七十二家評楚辭

楚辭研究專著。明代蔣之翹撰輯。蔣之翹,字楚穉,秀水(今屬浙江)人。家貧,好讀書,愛藏書,爲明末著名學者和藏書家。著有《晉書别傳》、《檇李詩乘》、《輯注韓昌黎集》、《輯注柳州集》等。事跡載光緒間《嘉興府志》、朱彝尊《静志居詩話》、徐鼎《小腆紀年》卷五十八。

該書卷首有蔣氏《自序》。次黄汝亨《序》。次《評論楚辭姓氏》。次録與屈原、楚辭有關之詩、論、傳、文、賦,其中含蔣氏《哀屈原文》,云:"先生固不幸,蔣生尤大不幸於先生也。"次《楚辭總評》,收司馬遷以下至蔣之翹諸家品評之語。次《楚辭目録》。卷末附《楚辭附覽》二卷,録朱熹所删《七諫》、《九懷》、《九歎》、《九思》四篇,云:"漢本《楚辭》載《諫》、《懷》、《歎》、《思》四篇,朱子删之,謂其無病呻吟。是矣。奈讀者罔聞其説,猶抱遺珠之痛。予聊附之篇外,以備覽。"蔣氏酷愛屈原及其作品,年輕時曾對屈原遺跡及其行踪作過實地考察。黄汝亨《序》云："陟衡岳，浮洞庭，探雲夢、九疑、三湘、七澤之勝。已而謁三閭故廟，咨嗟慨慕，詩以弔焉。"《自序》述其讀騷之陶醉感，云："予酷嗜騷，未嘗一日肯釋手。每值明月下，必掃地焚香，坐石上，痛飲酒，熟讀之，如有凄風苦雨，颯颯從四壁間至，聞者莫不愴然，悲心生焉。"此書之編撰緣由，蔣氏《自序》云："奈之何世乏佳刻，殊晦厥意。王逸、洪興祖二家訓詁僅詳，會意處不無遺譏。惟紫陽朱子注甚得所解。原其始意，似亦欲與六經諸書並垂不朽。惜其明晦相半，故余敢參古今名家評，暨家傳李長吉、桑民懌未刻本，裁以臆説，謀諸剞劂氏"，"庶貽兹來世，以見予與原爲千古同調，獨有感於斯文"。故知此書乃朱熹《集注》之評校本。

此書篇次依朱熹《楚辭集注》，包括《楚辭集注》八卷、《辨證》二卷、《後語》八卷（按，朱熹《楚辭後語》原六卷，蔣氏輯録明人騷賦爲七、八卷）。其評點楚辭，凡有司馬遷、班固、劉向、揚雄、王逸、曹丕、顔之推、顔延之、蕭統、沈約、江淹、庾信、劉勰、鍾嶸、李白、韓愈、李賀、柳宗元、杜牧、顔籀、劉知幾、賈島、皮日休、洪興祖、蘇軾、朱熹、祝堯、高似孫、汪彦章、陳傅良、劉辰翁、嚴羽、黄伯思、李塗、王應麟、姚寬、張鋭、洪邁、樓昉、蔣暈、桑悦、何孟春、馮覲、胡應麟、朱應麒、李夢陽、何景明、徐禎卿、王廷相、茅坤、楊慎、葉盛、王世貞、劉鳳、張鳳翼、李贄、孫鑛、李廷機、馮夢禎、黄汝亨、焦竑、陳深、張鼐、陳繼儒、鍾惺、黄道周、蔣之華、蔣之翹、陸鈿、宋瑛、陳仁錫、陸時雍等七十二家之語。該書除卷首附《楚辭總評》外，分章逐節，大抵以"眉批"、"旁批"、"各篇末總評"之法，輯録各家評語。姜亮夫《楚辭書目五種》云："輯其論《楚辭》之説。明人輯論，以此爲最全。"

又，蔣氏對屈原作品之創作心理及藝術特點，亦頗有會心，《總評》云："予讀《楚辭》，觀其悲壯處，似高漸離擊築，荆卿和歌於市，相樂也，已而相泣，旁若無人者；凄惋處，似窮旅相思，當西風夜雨之際，哀蛩叫濕，殘燈照愁；幽奇處，似入山徑無人，但聞猩啼蛇嘯，木魅山鬼習人語來向人拜；艷逸處，似美人走馬，玉鞭朱勒，披錦綉，佩琳琅，對春風唱一曲《楊白華》；仙韻處，似王子晉騎白鶴，駐緱山最高峰，吹玉笙，作鳳鳴，揮手謝時人，人皆可望不可到。"

此書之版本，有明天啓六年(1626)蔣之翹楚稡刻本，上海圖書館、遼寧圖書館、中國科學院國家科學圖書館、南開大學圖書館、北京師範大學圖書館、山東大學圖書館、蘇州大學圖書館藏。另，2008 年廣陵書社《楚辭文獻集成》影印本。

迄今，對是書作過評述的論文主要有陳煒舜《明代楚辭學研究》(香港中文大學，2003 年博士畢業)、羅劍波《明代〈楚辭〉評點研究》(復旦大學，2008 年博士畢業)。

楚辭聽直

楚辭研究專著。明代黄文焕撰。黄文焕,字維章,永福(今屬福建)人。明天啓五年(1625)進士。崇禎召試擢翰林院編修時,黄道周以論楊嗣昌、陳新甲逮問,詞連文焕,遂與道周同下詔獄。後獲釋,乞身歸里。著有《陶詩析義》、《詩經考》、《赭留集》等。事跡載李清馥《閩中理學淵源考》卷四十八、乾隆間《福建通志》卷四十三《人物》。

該書凡八卷。卷首有《聽直·自序》。次《聽直·凡例》。次《目録》。卷末附《合論·自序》、《合論》一卷。關於書名,《四庫全書總目提要》云:"崇禎中,文焕坐黄道周黨下獄,因在獄中著此書,蓋借屈原以寓感。其曰'聽直',即取原《惜誦》篇中'臯陶聽直'語也。"而其著述緣由,《凡例》云:"朱子因受僞學之斥,始注《離騒》;余因鈎黨之禍,爲鎮撫司所羅織,亦坐以平日與黄石齋前輩講學立僞,下獄經年,始了《騒》注。屈子二千餘年中,得兩僞學,爲之洗發,機緣固自奇異。而余抱病獄中,憔悴枯槁,有倍於行吟澤畔者。著書自貽,用等'招魂'之法。其懼國運之將替,則實與原同痛矣。惟痛同病倍,故於《騒》中探之必求其深入,洗之必求其顯出。"此書之成書過程,《合論·自序》云:"是書之成,蓋閲稔十有七矣。"始於辛巳(崇禎十四年),刻於癸未(崇禎十六年),刊刻地爲"淮上"(淮安)。次年,"闖變遽聞,携板歸閩"。其後,"復携至白下"(今江蘇南京),"憔悴紆結,視屈百倍","抱疴瀕危,幸而重蘇",至丁酉(順治十四年),於"流離瑣尾,節食典衣"下方成《合論》一卷,合刻之,云:"畢吾《合論》,以全乎其爲《騒》學。"

其篇次與諸本頗異,僅收屈原作品:卷一《離騒》,卷二《遠遊》,卷三《天問》,卷四《九歌》,卷五《漁父》,卷六《卜居》,卷七《九章》,卷八《大招》、《招魂》。其《九歌》中《山鬼》、《國殤》、《禮魂》,"雖三仍一",故合爲一篇。如此,其總篇數正合《漢書·藝文志》所載"屈原賦二十五篇"。《楚辭合論》一卷,既是《聽直》之概論,亦是《聽直》之補充,凡"十九聽":《聽直合論》、《聽忠》、《聽學》、《聽年》、《聽次》、《聽複》、《聽芳》、《聽玉》、《聽路》、《聽女》、《聽體》、《聽離騒》、《聽遠遊》、《聽天問》、《聽九歌》、《聽卜居、漁父》、《聽九章》、《聽二招》。約言之,此書於後世之影響,主要有四點:

第一,定屈原作品之篇目。主要差别在《二招》。《大招》,王逸有"屈原"、"景差"二説,歷來歸"景差"者居多,惟晁補之以爲"詞義高古,非原莫能及",黄文焕則申論之,"本領深厚,更非原莫能及"。《招魂》,儘管司馬遷、王逸見解不同，但王逸所謂“《招魂》者，宋玉之所作”説始終佔統治地位，而黄氏則取司馬遷説，歸之於屈原。另，傳統以爲屈原所作《離騷》、《天問》、《九歌》、《九章》、《遠遊》、《卜居》、《漁父》凡九題二十五篇（實爲二十七篇，因黄氏併《山鬼》、《國殤》、《禮魂》爲一篇，另加《二招》兩篇），實際上非“楚辭”總集之内涵，而是屈原一人作品之彙集（别集）。而這一内涵的確定，直接影響、制約了後代學者對屈原作品之界定與選目之限定，如林雲銘《楚辭燈》、吴世尚《楚辭疏》、高秋月、曹同春《楚辭約注》、蔣驥《山帶閣注楚辭》、胡文英《屈騷指掌》、姚培謙《楚辭節注》、夏大霖《屈騷心印》、許清奇《楚辭訂注》、陳本禮《屈辭精義》乃至姜亮夫《屈原賦校注》、《二招疏證》，皆以《二招》爲屈原作品，其選目亦同《聽直》。崔富章《四庫提要補正》以爲此一發展綫索乃“楚辭學史上值得研究之現象”。

第二，考屈原作品之作年與篇次。黄氏以爲，《離騷》作於懷王時，其餘均作於頃襄王時，其順序如篇目所排：《離騷》、《遠遊》（作於懷王在秦而未死時，屈原不爲頃襄所用，但未被放逐）、《天問》（作於懷王初死時）、《九歌》、《漁父》、《卜居》、《九章》、《人招》、《招魂》。其《九章》篇次，亦與諸本不盡相同：《惜誦》（頃襄王初年或次年初放之年冬）、《思美人》、《抽思》、《涉江》、《橘頌》、《悲回風》、《哀郢》（頃襄王九年）、《惜往日》、《懷沙》（頃襄王十年）。屈原在懷王時僅被“疏”，不復在左徒之位，頃襄王時始被放逐。諸説多爲林雲銘、蔣驥所採用（或發揮，或調整），開以史證屈、探索屈原放逐行踪之風。

第三，還屈原作品之原貌。由於受經學之影響，“離騷”下舊有“經”字，王逸本、朱子本皆然；《遠遊》以及《天問》、《九歌》、《卜居》、《漁父》、《九章》，王逸本俱繫“傳”字於每題之下，朱子本無“傳”字，而加“離騷”二字於每題之上。黄氏《聽直》則將舊注篇題下“經”、“傳”、“離騷”全删，“還其爲屈子之初”，徹底擺脱了經學之束縛與影響。

第四，創注評並行之詮釋模式。因不滿歷來“評《楚辭》者不注，注《楚辭》者不評”，黄氏則力求於體例有所創新。《凡例》云：“於評稱品，於注稱箋，合發之。以非合不足盡《楚辭》之奥也。品括大概，使人易於醒眼；箋按曲折，使人詳於回腸。”其實，前人注中亦有評，只不突出而已。而黄氏則重點抽繹“屈子深旨與其作法之所在”，而“字義訓詁，每多從略”，故亦有矯枉過正、牽强附會之處。《四庫全書總目提要》云：“詞氣傲睨恣肆，亦不出明末佻薄之習也。”用語雖苛，且帶偏見，然亦點出其風格與特徵。

此書之版本，有明崇禎十六年原刻清順治十四年補刻本，復旦大學圖書館、山東大學圖書館、浙江圖書館藏。另，有 1986 年臺北新文豐出版公司《楚辭彙編》影印本、1997 年齊魯書社《四庫全書存目叢書》影印本、2008 年廣陵書社《楚辭文獻集成》影印本。

迄今,對是書作過評述的論文主要有黄建榮《論黄文焕〈楚辭聽直〉的注釋特色》(《撫州師專學報》2002 年第 3 期)、于東新《明代楚辭"論評類"典籍述略》(《集寧師專學報》2008 年第 3 期)、陳煒舜《明代楚辭學研究》(香港中文大學,2003 年博士畢業)、王帝《黄文焕〈楚辭聽直〉研究》(貴州大學,2007 年碩士畢業)。

楚詞箋注

楚辭研究專著。明代李陳玉撰。李陳玉,字謙庵,吉水(今屬江西)人。崇禎甲戌進士。授嘉善令。尋拜侍御史,直言正色,傾動一時。後因季父李邦華爲都御史,以回避例歸里。明亡後,棄家入山,往來楚、粵間,窮愁著書,終身岩穴。著有《進思堂集》、《三易大傳》等。事迹載雍正間《江西通志》卷七十九、乾隆間《浙江通志》卷一百五十。

該書凡四卷。卷首有李氏《自敘》。次陳子觀《後序》。次錢繼章《後序》。次魏學渠《序》。次魏學渠《附記》。正文分《楚詞箋注上》(卷一、卷二)、《楚辭箋注下》(卷三、卷四)。李氏以爲,詮釋古籍之法分箋、疏、傳、注四家,《自敘》云:"箋之爲言綫也,不多之謂也。讀者之悟,與作者之意相遇於幽玄恍惚之地,一綫孤引,竟欲忘言","注則句櫛字比,求先故,推義類,入泥入水,現學究身説法"。四者之中,箋爲"上上人語",注爲"下下人語",疏爲"中人語",傳爲"包上中下人而爲語者也","是故注繁而箋簡,傳至繁,疏居繁簡之間"。此書之著述緣由,《自敘》云:"癸巳(1653)復過雲陽,門人執《楚詞》爲問,因取而觀之,爲注家塗污極矣,《天問》一篇,雲霧尤甚。乃拊几嘆曰:屈子千古奇才,加以純忠至孝之言,出於性情者,非尋常可及,而以訓詁之見地通之,宜其蔽也;且夫《騷》本詩類,詩人之意鏡花水月,豈可作實事實解會?惟應以微言導之,則四家之中,箋所宜有事也。"錢氏《後序》以爲,李氏隱居期間,"手注《詩》、《書》、《三易大傳》成,間以其餘爲《楚詞箋注》"。

其篇次大抵從王逸本,卷一《離騷》,卷二《天問》,卷三《九歌》、《九章》、《遠遊》、《卜居》、《漁父》,卷四《九辯》、《招魂》、《大招》。置《天問》於《九歌》之上,與諸本篇次不同,以《離騷》、《天問》"俱爲屈子集中大篇,若鳥雙翼,若車二輪,使讀者先觀其大,則屈子之至性與屈子之奇情,觸目如有見,觸耳如有聞"。此書有箋有注,以箋爲主,然各篇又略異:《離騷》有箋而復有注,《天問》則有注無箋,《九歌》、《九章》、《遠遊》、《卜居》、《漁父》、《九辯》箋詳而注略,《招魂》、《大招》則箋略而注詳。其箋注以通大義,委曲以詳作者情思爲主;先爲小序,後分段言之;且每段皆先注明旨意,再加箋注句義;但《九歌》至《九辯》之間各篇,不分章節。又,其明音讀,則於當句之下雙行夾注之。姜亮夫《楚辭書目五種》云:"其箋注屈、宋,涉憂患,寓哀感,别有會於屈子之意。故體驗實有過人之處,因亦有過量處","明季注騷,立義闡幽,此書爲多别解"。如謂"騷,乃文章之名,自是風之一種。故風、騷嘗合言之。風與騷,譬古詩之與樂府也","乃若離之爲解,有隔離、離别、與時乖離三義";且以爲女嬃非王逸所言"屈原姊"説,乃"美人"使唤之"下輩",郭沫若發揮之而釋爲屈原侍女。又,謂巫覡之事有大小,《招魂》用"些","些"楚人土音,故相呼;《大招》韻用"只","只"本古韻,大索於四方上下,楚方言不可概通,故用中原古韻;故《招魂》爲小招也。另,分《天問》爲天上事、地上事、人間事三大段。又,《懷沙》之"沙",歷代解爲"沙石",李氏釋爲"長沙"地名,蔣驥亦持此説而反復申説之。

此書之版本,有清康熙十一年魏學渠刻本,復旦大學圖書館藏。另,有2002年上海古籍出版社《續修四庫全書》影印本、2008年廣陵書社《楚辭文獻集成》影印本。

迄今,對是書作過評述的論文主要有金淵洙《清代前期楚辭學研究》(蘇州大學,1997年博士畢業)、陳煒舜《明代楚辭學研究》(香港中文大學,2003年博士畢業)。

楚辭評林

楚辭研究專著。明代沈雲翔編。沈雲翔,字千仞,慶城(今屬甘肅)人。該書或題爲《楚辭集注評林》,又題爲《八十四家評楚辭》。全書卷首有沈氏《楚辭引》。次《楚辭目序》(朱熹《集注》本)。次沈亞之《屈原外傳》,末附朱熹、徐禎卿、金蟠(沈氏之署名)等三家語。次司馬遷《屈原列傳》,"眉批"録楊慎、金蟠、唐順之、王鏊、許國等諸家語,末附董份、余有丁、金蟠等三家語。次《批評楚辭姓氏目録》,凡有司馬遷、王逸、蕭統、劉勰、李賀、劉知幾、蘇軾、高似孫、嚴羽、姚寬、蔣翚、胡應麟、何景明、楊慎、王慎中、李贄、馮夢禎、班固、曹丕、沈約、鍾嶸、柳宗元、賈島、蘇轍、汪彦章、葉盛、張鋭、桑悦、姜南、徐禎卿、許國、劉鳳、孫鑛、焦竑、劉向、顔之推、江淹、李白、杜牧、皮日休、朱熹、陳傅良、李塗、洪邁、何孟春、朱應麒、王廷相、王世貞、余有丁、李廷機、黄汝亭、揚雄、顔延之、庾信、韓愈、顔籀、洪興祖、祝堯、劉辰翁、王應麟、樓昉、馮覲、李夢陽、茅坤、汪道昆、郭正域、陳深、張鳳翼、鍾惺、黄道周、陸時雍、葛立方、陳繼儒、陳仁錫、金蟠、吳國倫、張之象、蔣之華、宋瑛、張鼒、吕延濟、蔣之翹、陸鈿等八十四家，末附沈氏《題識》。次《楚辭總評》，從以上八十四家中録四十八家總論《楚辭》之語，比蔣之翹録四十五家多三家。

沈氏《題識》云："《楚辭》行世者，向惟《七十二家評》本稱善，然尚有未盡，如宋蘇子由，國朝汪南溟、王遵岩、余同麓等十餘家，在所遺漏，兹復輯入，彙成八十四家。搜羅校訂，自謂騷壇無憾也。"故知此書乃朱熹《楚辭集注》之八十四家評點本，由蔣之翹《七十二家評楚辭》本增輯而成。所增十二家爲：蘇轍、汪道昆、王慎中、余有丁、姜南、董份、郭正域、葛立方、吳國倫、張之象、吕延濟、金蟠（沈雲翔）。其中"姜南"已載蔣之翹輯本《楚辭總評》，故沈氏實增輯十一家。其篇次全依朱熹《楚辭集注》，録《離騷》至《招隱士》諸篇。除卷首附《楚辭總評》外，分章逐節，大抵以"眉批"、"旁批"、"各篇末總評"之法，輯録各家評語。而以上八十四家之語，皆録於正文之"眉批"。此書被收入《四庫全書》"存目"，其《提要》云："是書成於崇禎丁丑，因朱子《集注》，雜採諸家之説，標識簡端，冗碎殊甚。蓋坊賈射利之本也。"而崔富章則以爲此書有可取之處，不可全然抹殺其功，其《四庫提要補正》云："集腋成裘，亦頗可觀，《提要》謂'冗碎殊甚'，非公論也。"

此書之版本，有明崇禎十年吳郡八咏樓刊本，末有"古與堂訂輯"五字，故又名明末古與堂刊本，浙江圖書館、上海圖書館藏。另，清初秀水曹溶聽雨齋重刊二色套印本，浙江大學圖書館藏。又，1997 年齊魯書社《四庫全書存目叢書》影印本、2008 年廣陵書社《楚辭文獻集成》影印本。

迄今，對是書作過評述的論文主要有陳煒舜《明代楚辭學研究》（香港中文大學，2003 年博士畢業）、羅劍波《明代〈楚辭〉評點研究》（復旦大學，2008 年博士畢業）。

釋騷

楚辭研究專著。明代何喬遠撰。何喬遠（1558—1632），字穉孝，號匪我，晉江（今屬福建）人。萬曆十四年（1586）進士。除刑部主事，歷禮部儀制郎中。坐累謫廣西布政使經歷，以事歸。嘗里居二十餘年，博覽好著書。著有《名山藏》、《閩書》等。事跡載《明史》卷二百四十二附《洪文衡傳》後。

該書凡一卷。僅注《離騷》一篇，無序跋，末附《考異》。全書精於詞章、義理，鮮有考據。何氏注《騷》明志，時出新意。然牽拘於黨争而有臆斷之嫌。如釋"不撫壯而棄穢兮，何不改乎此度"二句，云："吾不撫此壯年，棄厥穢行，何能不改吾平日之所行之非乎？”又如釋“曰黄昏以爲期兮，羌中道而改路”二句，云：“二句王逸不解，洪氏疑爲後人所增。看其文勢以六句爲一段，亦可；且以路協故，應前起後，自不必拘。”再如釋“長太息以掩涕兮，哀民生之多艱”二句，云：“吾太息掩涕，而哀吾生之多艱。民生多艱，如《詩》‘鮮民之生’，皆自謂也。”有清咸豐間楊浚冠悔堂鈔本，福建圖書館、北京圖書館藏。

迄今，對是書作過評述的論文主要有陳煒舜《何喬遠及其〈釋騷〉》（中國屈原學會編《中國楚辭學》第 9 輯）、陳煒舜《明代楚辭學研究》（香港中文大學，2003 年博士畢業）。

屈　子

楚辭研究專著。明代潘三槐注。潘三槐，字西黄，明末錢塘（今屬杭州）人。該書凡六卷。卷首有晁无咎《屈子序》。次《屈子目録》：卷一《離騷經》，卷二《九歌》，卷三《天問》，卷四《九章》，卷五《遠遊》，卷六《卜居》、《漁父》。以“眉批”刻諸家之語，凡有孫鑛、朱熹、馮覲、郭正域、潘三槐、陳深、陳仁錫、王慎中、李夢陽、洪興祖、姚寬、吕延濟、王逸、陸時雍、唐順之、周拱辰、祝堯、潘三槐等十八家。卷末附《離騷注》（凡 26 條）、《離騷經音釋》。其餘各卷皆先白文，次注，次音釋。崔富章《楚辭書目五種續編》云：“其注屈原賦二十五篇，大抵綜王、洪、朱之説，簡明扼要，頗便誦讀。”有明末刻寫本，中國科學院國家科學圖書館藏。

迄今，對是書作過評述的論文主要有羅劍波《明代〈楚辭〉評點研究》（復旦大學，2008 年博士畢業）。

屈　詁

楚辭研究專著。清代錢澄之撰。錢澄之（1612—1693），初名秉鐙，字飲光，號田間，桐城（今屬安徽）人。萬曆間諸生，弱冠時以抵閹黨聞名。崇禎朝以明經貢京師，屢次上書言時政得失。曾仕於南明福王、唐王、桂王。桂王稱帝時，授庶吉士，官至編修、知制誥。桂林被清軍攻佔後，一度削髮爲僧，名西頑。後歸鄉課耕以自給，結廬先人墓旁，環廬皆田，故自號曰“田間"。著有《田間詩集》、《田間文集》、《田間易學》、《田間詩學》、《莊屈合詁》、《所知録》等。事跡載《清史列傳》卷六十八《儒林傳》、《清史稿》卷五百七《遺逸》;另,其少子錢撝禄纂輯《先公田間府君年譜》(《國粹學報》1911 年第 7 本第 75—79 期,華東師範大學圖書館藏)可参,止於康熙十一年(1672),且此譜末載蕭穆《附録》,將譜主後二十年之經歷大致列出。

該書一名《屈子詁》,原名《楚辭屈詁》,與《莊子詁》合爲一書,題曰《莊屈合詁》。二書合詁之緣由,《莊屈合詁・自序》:"以《莊》繼《易》,以《屈》繼《詩》,從而詁之,於二經之宗旨,庶益足以轉相發揮","天下非至性之人,不可以悟道;非見道之人,亦不可以死節也。吾謂《易》困乎時,《詩》本乎性情。凡莊子、屈子之所爲,一處其潜,一處其亢,皆時爲之也。莊子之性情,於君父之間,非不深至,特無所感發耳。詩也者,感之爲也。若屈子則感之至極者矣。合詁之,使學者知莊、屈無二道,則益知吾之《易學》、《詩學》無二義也。"此書被收入《四庫全書總目》"雜家類存目",其《提要》云:"蓋澄之丁明末造,發憤著書,以《離騷》寓其幽憂,而以《莊子》寓其解脱,不欲明言,託於翼經焉耳。"《提要》云"寓其幽憂",頗得其微旨;而云"寓其解脱",則有悖於錢氏作意。錢氏《自序》云:"吾嘗謂莊子深於《易》,《易》有潜有亢,唯其時也。當潜不宜有亢之事,猶當亢不宜存潜之心。而世以潜時'明哲保身'之道,用之於亢時,爲全軀保妻子之謀,皆莊子之罪人也","(莊子)使爲世用,吾知其必有致命遂志之忠。"而《屈詁》,既有"幽憂",亦有憤世激切之詞,云:"勢不能容,唯有一死。既以去彼礙眼之物,亦以了吾尚友之願。"

此書凡四卷。卷首有唐甄《莊屈合詁・序》。次錢氏《莊屈合詁・自序》。次錢氏《楚辭屈詁・自引》。又,《自序》云:"謂之詁者,吾於《莊》不欲高談玄遠,以更增其謬悠;於《屈》不敢强事穿鑿,以曲求其悲憤。惟是依文釋義,使學者章句分明,以進窺其大旨之所在","吾蓋深惡夫牽强穿鑿,以探求其前後之貫通,故以詁名。"另,錢氏極爲推崇朱熹《集注》,《自引》云:"《集注》之善,在遵王逸之《章句》,逐句解釋,不爲通篇貫串,以失於牽强也。"因屈原"發而有言,不自知其爲文",故其作品顯得"重複顛倒,錯亂無次",若"以後世文章開合承接之法"而尋其脈絡、求其旨意,豈不大謬?如《九歌》,"本楚南祀神之樂章,從而改正之。雖其忠愛之思,時有發見,而謂篇篇皆託興以喻己志者,鑿矣"。又如《天問》,"楚先王之廟及公卿祠堂壁上所圖畫古蹟及諸怪異之事,原一一訶而問之,以發攄其胸中所多不可解之憤懣;而必求其義對之,以解其所不解,豈非愚乎"。再如《九章》,"《九章》之義,且於命題,按題以詁,太略可見,正不俟牽强穿鑿以爲之也"。

此書體例爲,每篇先録《集注》"小序",後"詁曰"叙篇旨(《離騷》一篇末有"總詁");分節過録原文其注後,首引《集注》,次引汪瑗、張鳳翼、黄文煥、李陳玉、王慎中，楊慎、焦竑、祝堯諸家説，繼“詁曰”述己見。如《離騷》“已矣哉”六句一節，先節引《集注》“已矣，絶望之詞。無人，謂無賢人也。故都，楚國也。言時君不足與共行美政”，“將自沉以從彭咸之所居也”；次錢氏“詁曰”，云：“上文不言懷，而借僕馬爲言，蓋深於言己懷矣。至此復痛自割絶，言國之無人，莫我之知，歷思其失，以決故都之不足懷，而終不能已於懷，原固無如原何也。靈氛所云‘爾何懷乎故宇’，勉詞也；原云‘又何懷乎故宇’，憤辭也。莫足與爲政，以此自斷其係戀也。返不可返，去無所去；遠逝何之？惟有一死而已。”此書之詮釋，平和中肯，章句分明，切合旨意。

此書所詁僅限於屈原作品，其篇次仍朱熹《集注》之舊，即《離騷》、《九歌》、《天問》、《九章》、《遠遊》、《卜居》、《漁父》。所詁以演繹朱注爲主，亦兼述己意，如訓“離騷”題義，云：“離爲遭，騷爲擾動。擾者，屈原以忠被讒，志不忘君，心煩意亂，去住不寧，故曰騷也。”然《九歌》何以“名爲九，實十一章”？錢氏以爲，“楚祀不經，如‘河’非楚所及，‘山鬼’涉於妖邪，皆不宜祀。屈原仍其名，改爲之詞，而黜其祀，故無贊神之語、歌舞之事，則祀神之歌，正得九章”。姜亮夫《楚辭書目五種》云：“舊説居其半，新義居其半。”

此書之版本，有清康熙間刻本《田間遺書》中《莊屈合詁》本，北京圖書館、浙江圖書館、華東師範大學圖書館藏。另，有清同治三年刊《飲光先生全書》本、1972年4月臺北廣文書局《五家楚辭注合編》影印臺灣“中央”圖書館藏《屈詁》本、1997年齊魯書社《四庫全書存目叢書》影印本、1998年8月黄山書社《錢澄之全集》之三《莊屈合詁》殷呈祥校點本、2008年廣陵書社《楚辭文獻集成》影印本。

迄今，對是書作過評述的論文主要有陸永品《論莊、騷並稱的文化現象》(《河北大學學報》1994年第3期)、沈雲《談明遺民對屈原及〈楚辭〉的接受》(《語文學刊》2008年第9期)、金淵洙《清代前期楚辭學研究》(蘇州大學，1997年博士畢業)、陳煒舜《明代楚辭學研究》(香港中文大學，2003年博士畢業)。

楚辭通釋

楚辭研究專著。清代王夫之撰。王夫之(1619—1692)，字而農，號薑齋，衡陽(今屬湖南)人。崇禎十五年(1642)舉人。明亡，於衡山舉兵阻擊清軍，敗後退肇慶，任南明桂王政府行人司行人。尋至桂林依瞿式耜。後隱伏深山，勤懇著述。晚年築“敗葉廬”和“湘西草堂”，嘗於石船山自題“明遺臣王夫之墓”墓碣。作對聯“六經責我開生面，七尺從天乞活埋”以明志，今人陳子展《詩經直解》(復旦大學出版社 1983 年版)扉頁題王氏“六經”二句以自勉。著有《周易外傳》、《莊子通》、《尚書引義》、《讀四書大全説》、《張子正蒙注》、《思問録内外篇》、《黄書》、《噩夢》、《讀通鑒論》、《詩廣傳》等，後人編爲《船山遺書》。事跡載《碑傳集》卷五百三十、《清史列傳》卷六十六、《清史稿》卷四百八十七。另，一些年譜、年表可參：劉毓崧《王船山先生年譜》，清光緒十二年(1886)江南書局刊板，華東師範大學圖書館藏；王之春《王船山公年譜》，清光緒十九年(1893)鄂藩使署刊本(又載《船山學報》1935 年 9 月至 1937 年 3 月第 4 期至 13 期)；張西堂《王船山學譜》，長沙商務印書館 1938 年版；劉志盛《王夫之著作年表》(《西北大學學報》1982 年第 4 期)，考定王氏 67 歲時撰《楚辭通釋》。

該書凡十四卷。卷首有張仕可《序》。次王氏《序例》。次《史記·屈原列傳》。次《目録》。卷末附王氏《九昭》一卷。《序例》云：“復綴《九昭》於卷末，匪曰能賢，時地相疑，孤心尚相仿佛。”其篇次悉從王逸《楚辭章句》而删《七諫》以下五篇，另補江淹《山中楚辭》四篇、《愛遠山》一篇：卷一《離騷經》、卷二《九歌》、卷三《天問》、卷四《九章》、卷五《遠遊》、卷六《卜居》、卷七《漁父》、卷八《九辯》九篇(宋玉)、卷九《招魂》(宋玉)、卷十《大招》(景差)、卷十一《惜誓》(賈生)、卷十二《招隱士》(淮南小山)、卷十三《山中楚辭》四篇(江文通)、卷十四《愛遠山》(江文通)。至删《七諫》以下五篇，而增江淹之作，王氏《山中楚辭·序》云：“小山《招隱》而後，騷體中絶，有如《七諫》、《哀時命》、《九歎》、《九懷》、《九思》諸篇，俱不足附屈宋之清塵。論之詳矣。梁江淹工於擬似，與劉謝之徒，自謂學古制今，觸類而廣之，作《山中楚辭》，其用意幼眇，言有緒而不靡，特足紹嗣餘風。余故删漢人無病呻吟之剿説，而登江作。”

此書體例爲，各篇前有小序，或考釋屈子生平，或闡發微言大義；繼分段立釋，既釋字詞，又講文意，頗稱簡要。其注長於探賾文心，燭照微指，亦頗富文采，如釋《九辯》，篇首云：“因時而發嘆也。人之有秋心，天之有秋氣，物之有秋容，三合而懷人之情淒愴不容已矣。故爲屈子重悲焉。蕭瑟，蕭條而索盡也；憭栗，不忍其摇落之情也。草枯木脱，變蒼翠爲萎黄。登山臨水，見其辭枝而孤飛，隨風飄墜。若臨歧送遠，行者邁而居者獨也。”篇末又云：“此章以秋容狀逐臣之心，清孑相若也，寂寞相若也，慘栗相若，遲暮相若也。《九辯》之哀，此章爲最，不待詳言所以怨，而怨自深矣。”其謂屈原之作或爲懷王時作，或爲頃襄王時作，時異事異，漢北、沅湘之地異，皆用意尤喜。郭在貽《郭在貽語言文學論稿》云：“注與詩相映發，聲情並茂，燦然可觀。”惟其間亦不免累於師心自用，以道家煉丹養氣之説臆解詩人富於想象之詩句，尤爲牽强附會。如釋《離騷》"朝發軔於天津兮"句,云:"天津,析木之津,在箕門之間,東北之隅,真鉛之所生,氣之海也。"又如釋《遠遊》,云:"取後世言玄者鉛汞、龍虎、煉己、鑄劍、三花、五炁之説以詮之","無不吻合"。姜亮夫《楚辭書目五種》云:"其釋以《九歌》之禮魂爲送神之曲,前十祀之所通用,《九辯》之辯,爲編,一闋謂之一編,皆具别解。然《遠遊》採方士鉛汞之説,學人稍稍病之。"另,該書尚有文字、聲韻、訓詁之失,于省吾《澤螺居楚辭新證·序言》云:"王氏《通釋》雖號稱名著,但疏於文字、聲韻、訓詁之學。"

明清之際,注楚辭者甚多,大都借注釋屈賦,以寄託其故國之思。尤以《楚辭通釋》最負盛名。王氏《九昭·序》云:"有明王夫之,生於屈子之鄉,而遘閔戢志,有過於屈者",故作《九昭》"以旌三閭之志"。如釋《離騷》"忽反顧以遊目"以下八句,云:"忠貞之士,處無可如何之世,置心澹定,以隱伏自處。而一念忽從中起,思古悲今,孤憤不能自已。"釋《離騷》"欲從靈氛之吉占兮,心猶豫而狐疑"兩句,云:"原不忍背宗國,且嘗受王之寵任,尤不忍絶君臣之義,故靈氛告以他適而不欲從。"又如釋《天問》作意,云:"原以造化變遷,人事得失,莫非天理之昭著,故舉天之不測不爽者,以問憯不畏明之庸主具臣,是爲天問,而非問天。篇内言雖旁薄,而要歸之旨,則以有道而興,無道則喪,黷武忌諫,耽樂淫色,疑賢信姦,爲廢興存亡之本。原諷諫楚王之心,於此而至。"釋《天問》"湯謀易旅,何以厚之?覆舟斟尋,何道取之"四句,云:"夏后爲羿所滅,少康依於斟尋,此有夏覆舟之前鑒。使桀能以爲戒,則湯將何道取之乎?所謂殷鑒不遠,國必自亡而後人亡之也。"抑或此書頗具"政治性",故於楚辭學史有特殊影響,如中國内地1964—1977年,凡十四年,僅出"楚辭"著作兩種:《天問天對注》、《楚辭通釋》。1975年6月上海人民出版社點校本,印數凡六萬册,甚爲驚人。

此書之版本,有清康熙四十八年(1709)王敔刻本,湖南圖書館、湖南社會科學院圖書館藏。另,有清道光二十八年(1848)戊申桂東郭孔嵐補刊本,見孫殿起《販書偶記》録;清同治四年(1865)湘鄉曾氏金陵節署刻《船山遺書》本,浙江圖書館、中國科學院國家科學圖書館、蘇州大學圖書館藏。又,有民國間影印《船山遺書》本、民國二十二年(1933)上海太平洋書店排印本、1959年中華書局上海編輯所《船山遺書》排印本、1972年臺北宏業書局排印本、1975年上海人民出版社重印中華書局本、1979年臺北廣文書局排印本、1996年岳麓書社《船山全書》本、1999年北京出版社《船山遺書》點校本、2002年上海古籍出版社《續修四庫全書》影印本、2008年廣陵書社《楚辭文獻集成》影印本。

迄今,對是書作過評述的論文主要有潘嘯龍《王夫之、郭沫若的〈哀郢〉之説不能成立》(《江淮論壇》1981年第1期)、吴冠君《〈楚辭通釋〉考正與補注》(《湖南師院學報》1983年第2期)、劉文英《評王夫之〈楚辭通釋·天問篇〉》(《江漢論壇》1983年第5期)、劉文英《從〈楚辭通釋·天問篇〉看王夫之的哲學》(《江漢論壇》1983年第6期)、王咨生《王船山〈九昭〉試論》(《船山學刊》1984年第2期)、葉幼明《王夫之〈楚辭通釋〉的版本和標點刍議——〈楚辭通釋〉校點後記》(《船山學刊》1985年第2期)、朱碧蓮《略評幾種有影響的〈楚辭〉舊注本》(《湖北大學學報》1985年第5期)、章自福《王船山論屈原》(《船山學刊》1988年增刊1期)、劉志盛《王船山〈楚辭通釋〉考》(《船山學刊》1988年增刊1期)、翟振業《評〈楚辭通釋〉的憂患意識》(《懷化學院學報》1992年第1期)、羅錫冬《王夫之與楚文化》(《衡陽師範學院學報》1992年第5期)、胡漸逵《船山全書·楚辭通釋》(《船山學刊》1993年第2期)、朱碧蓮《〈楚辭〉要籍述略》(《古典文學知識》1996年第1期)、曾也魯《王船山與〈離騷〉》(《衡陽師範學院學報》2000年第5期)、林潤宣《論王夫之的〈楚辭通釋〉》(《荆州師範學院學報》2002年第6期)、孫宗曉《論王夫子的〈九歌〉研究及其得失》(《職大學報》2003年第1期)、黄建榮《略論王夫之〈楚辭通釋〉的字詞注釋特色》(《衡陽師範學院學報》2004年第1期)、周建忠《王夫之〈楚辭通釋〉及研究》(《船山學刊》2004年第4期)、于東新《明代楚辭"論評類"典籍述略》(《集寧師專學報》2008年第3期)、金淵洙《清代前期楚辭學研究》(蘇州大學,1997年博士畢業)、陳煒舜《明代楚辭學研究》(香港中文大學,2003年博士畢業)、林姗《王船山〈楚辭通釋〉研究》(福建師範大學,2007年碩士畢業)。

離騷草木史

楚辭研究專著。清代周拱辰撰。周拱辰,字孟侯,桐鄉(今屬浙江)人。清順治明經,順治三年丙戌(1646)歲貢。自謂生不逢時,鬱鬱不自得。著有《南華真經影史》、《公羊墨史》、《聖雨齋詩文集》、《問魚篇》等。事跡載顧有孝撰《周孟侯先生傳》(載《周孟侯先生全書》卷首)。

該書凡十卷。卷首有李際期《叙》。次周氏《自叙》。次《目録》。卷末附《拾細》一卷,凡四十六則:《離騷》九則,《九歌》六則,《天問》十一則,《九章》九則,《遠遊》二則,《漁父》一則,《九辯》一則,《招魂》二則,後爲《離騷補》一則,《天問補》四則。其説亦多發明,可與《草木史》互參、互補,故附之。周氏《拾細·小序》云:"予撰《離騷草木史》訖。吟咏數四,復多觸發,間有剩義,不忍棄也。聊筆之以備嗜騷耽僻者漫拾云爾。"另,卷九《招魂》之末,又有《論韻》一節,概論《楚辭》用韻及其讀法。其篇次悉從朱氏《集注》,首《離騷經》，次《九歌》，次《天問》，次《九章》，次《遠遊》，次《卜居》，次《漁父》，次《九辨》，次《招魂》，次《大招》。各篇先列原文，次繼集注，後加己注；又於每篇之前各附小序，以推求其大旨；所詁亦非限於草木。原文上有眉批，除己説外，亦採馮開之、洪興祖、陳深諸家説。然引他人之語，有時不注明出處，如《九歌·東皇太一》眉批云："《九歌》、《九章》，俱以《騷》例讀，語更覺其幻妙"，"《九歌》貌情寫色，拂水成珠，種種鬼舞神歌之況"，乃張煥如所言。

關於書名，周氏《自叙》云："草木之中，有君子焉，有小人焉。一一比其類而暴其情，使蕭艾、菉葹知所顧忌而不敢進，而與蘭、芷、江蘺競德，凛凛乎衮鉞旨也。以治草木而還以治草木者治人，是所望於靈修者摯焉爾。"其著述緣由，《自叙》云："予生不逢時，沉幽伲傺。加之嚴慈繼背，風木爲慘。又草莽孤臣，請纓無路，不勝血灑何地之感。寒讀之當紉蘭結茝，饑讀之當瓊靡菊英，放棄哀怨讀之當申徒之石、江魚之贊。竊睹《騷》中山川人物草木禽魚，一名一物，皆三閭之碧血枯泪，附物而著其靈。而漢王叔師、宋洪慶善、朱元晦三家，雖遞有注疏，未爲詳榷。陸仲昭《新疏》，仍涉訓詁習氣，於典故復多掛漏。予向輯《天問别注》一卷，附刻陸氏《新疏》中，行世已久，而余注未及。苫塊之餘，廣爲搜訂，其中山川人物草木禽魚，多所弋獲。"姜亮夫《楚辭書目五種》以爲：周氏《天問》注先成，陸氏採入《新疏》；陸氏所採，以周氏别解之説義理者爲主；而《草木史》乃就陸本原稿而加深，修飾潤色以成之者也。另，論楚辭之旨意與影響，與諸説有異，《自叙》云："《離騷》者，楚補亡之詩也。侘恒致痛，鬱伊貢憤。疾君親而無他，指蒼天以爲正。哭歌愾嘆，一冀靈脩之悟而後已。孤孽投兔之傷，窮嫠兩髦之戚，何以加焉"，"千載而下，揚雄、淮南得《騷》之膚，賈誼得《騷》之骨，漢高、漢宣、漢武得《騷》之神與《騷》之用。"

五代劉杳撰《離騷草木疏》，但其書久亡。宋代吴仁傑、明代屠本畯遞有注疏，然皆未如此書徵引宏富，考辨典核。該書以爲："女嬃"，非屈原姊，乃女巫之稱，與靈氛同類；"蹇脩"，猶亡是公、烏有先生之類。其釋文義，亦有圓通獨到之處，如釋《少司命》"悲莫悲兮生别離，樂莫樂兮新相知"二句，云："悲樂二語，側重别離而言，然二語合看，才見言情之苦。以爲已别離矣，而昨日之相知尚新；以爲相知伊始耳，而生離隨繼，夫相知而别離，不如不相知之愈也，而況新相知乎？一日之内，忽新忽故，忽聚忽散，無限啼笑無憑之感，所謂'今宵剩把銀釭照，猶恐相逢是夢中'也。含情寫恨，嘆聲壓雲。"洪湛侯《楚辭要籍解題》云："把悲莫悲、樂莫樂二句聯繫起來解釋，將迎神、送神之際恍惚惆悵的情態，闡發得淋漓盡致，細致入微。"然全書亦有刻意求深、穿鑿附會之處；且不能顧名思義，易令人誤以爲此書乃考辨"草木"類之作。

此書之版本，有清初桐鄉聖雨齋原刻本，浙江圖書館藏。另，有清初聖雨齋刻、嘉慶八年重印本，上海圖書館、浙江圖書館藏；清道光二十六年《周孟侯先生全書》本，浙江圖書館藏。又，有商務印書館《叢書集成》本、2002年上海古籍出版社《續修四庫全書》影印本、2008年廣陵書社《楚辭文獻集成》影印本。

迄今，對是書作過評述的論文主要有黄建榮《漢至明代的〈楚辭〉注本概説》(《九江師專學報》2004年第1期)、金淵洙《清代前期楚辭學研究》(蘇州大學，1997年博士畢業)、陳煒舜《明代楚辭學研究》(香港中文大學，2003年博士畢業)。

天問補注

楚辭研究專著。清代毛奇齡撰。毛奇齡(1623—1716)，本名甡，字初晴，後改名奇齡，字大可，號西河，蕭山(今屬浙江)人。康熙十八年(1679)以廪監生薦舉博學鴻儒科，授翰林院檢討、明史館纂修官。二十四年充會試同考官，旋以病乞歸鄉里，專心從事著述。與毛先舒、毛際可齊名，時稱"浙中三毛，文中三豪"。晚年自撰墓誌銘，曰："不冠，不履，不沐浴，不易衣服，不接受弔客。"著有《四書改錯》、《古文尚書冤詞》、《西河詩話》、《竟山樂録》、《西河詞話》等，後人編爲《西河合集》。事跡載《清史列傳》、《碑傳集》、《清史稿》卷四百八十一。

該書凡一卷。卷首有《目録》。次毛氏《總論》。其著述緣由，《總論》云："漢王逸注《楚辭》，唯《天問》一篇不經。據宋洪興祖補之，又龐淺，無所取正，此朱子《集注》之所爲作也。特屈子哀懣，呵詰無倫，故往多難明，而朱子縝慎拘檢，必不敢以遲回猶豫之胸罔所未信，一篇之中，三疑闕焉。予不揣猥陋，取凡朱子之所爲未詳者，概依文索義，求所解會，且從而證據之，因爲《補注》。"其體例爲，各篇先過録《天問》原文，再列朱熹《集注》，後加之補注。故書名"補注"者，乃對朱熹《集注》而言也。《補注》凡三十四則，即"顧菟"、"鴟龜曳銜"、"石林"、"龍虬負熊"、"靡蓱九衢，枲華安居"、"玄趾"、"胡爲(維)嗜不同味，而快朝飽"、"射鞠"、"阻窮西征，岩何越焉"、"咸播秬黍，莆雚是營"、"釋舟陵行"、"登立爲帝"、"厥身不危敗"、"吴獲迄古，南岳是止"、"胡終弊於有扈"、"平脅曼膚"、"擊牀先出"、"焉得夫朴牛"、"何繁鳥萃棘，負子肆情"、"其位安施"、"逢彼白雉"、"妖夫曳衒"、"何馮弓挾矢"、"載尸"、"伯林雉經"、"彭鏗斟雉，帝何饗"、"中央共牧，后何怒"、"驚女采薇，鹿何佑"、"薄暮雷電”、“荆勳作師”、“悟過改更”、“何環穿自閭社丘陵，爰出子文”、“吾告堵敖以不長”、“何試上自予”。

此書被收入《四庫全書》“存目”，其《提要》云：“是編以朱子《楚辭集注》於《天問》一篇，多所闕疑。又謂世或牽引《天問》造飾䙡積，因以爲説。而淺陋者更且牽引而注之。奇齡喜摭朱子之失，故爲之補注。……亦間有所疏證，然語本恍惚，事多奇詭，終屬臆測之詞，不能一一確證也。”此論顯帶偏見，有失公允。實則，該書有些考據頗爲有據，如釋“厥利維何，而顧菟在腹”句，《章句》釋“顧”爲“顧望”，朱熹以下諸家皆無異説，“惟毛奇齡以顧兔爲月中兔名，庶幾無閡於文義”（聞一多《天問釋天》）。

此書之版本，有清康熙刻《西河全集》本，首都圖書館藏。另，有 1997 年齊魯書社《四庫全書存目叢書》影印本、2002 年上海古籍出版社《續修四庫全書》影印本、2008 年廣陵書社《楚辭文獻集成》影印本。

迄今，對是書作過評述的論文主要有周建忠《〈天問〉要籍解題》（《南通師範學院學報》2001 年第 1 期）、毛慶《〈天問〉研究四百年綜論》（《文藝研究》2004 年第 3 期）、金淵洙《清代前期楚辭學研究》（蘇州大學，1997 年博士畢業）。

離騷經講録

楚辭研究專著。清代劉獻廷講，門人黄曰瑚録。劉獻廷（1648—1695），字繼莊，一字君賢，别號廣陽子，直隸大興（今屬北京）人。十九歲南遊，隱居蘇州洞庭山。其學以經世爲主，以爲人苟不能利濟天下，徒爲身家之謀，則不能謂之人。曾受徐乾學聘，入館編修《明史》、《一統志》。著有《新韻譜》、《廣陽雜記》、《廣陽詩集》等。事跡載王勤堉《劉繼莊先生年譜初稿》（1935 年《浙江圖書館館刊》第 4 卷第 4、5 號，華東師範大學圖書館藏）。

該書卷首有劉獻廷《總論》。其體例爲，先分章節，次加注文，各注長短不一，多則十餘頁，少則一二頁，乃至一二句。劉氏以爲，“《離騷》一經，以忠孝爲宗也”。又云：“當屈子立志之日，豈爲獨善一身，只完一己之事而已哉？直欲使香澤遍薰天下，與天下之人共處於芝蘭之室也”，“身爲忠臣，豈有舍棄宗國、遠適他邦之理？況當懷王之時，國亂宗危，非特無遠適之理，抑且除死之外，更無第二路矣。”云《天問》“在其分中，不過一時寄託不得於君之衷，一一書而問之，遂成千古萬古至奇之作。遂將千聖萬聖之傳心秘密藏，盡情寫出面目”。

此書於朱子《集注》甚爲不滿，力矯明代以來過分推崇朱子《集注》之風，云："《離騷》注釋，不下數十家。獨王逸爲稍勝之。注釋名物，尚有可依據之者。若考亭本處處以賦比興配之，每四句爲一截，遂使氣脈斷絶，死板呆腐，令人愈讀愈惑。故《離騷》之旨意一隱而不復再顯者，自考亭始也。"姜亮夫《楚辭書目五種》云："大體以《離騷》爲屈子教忠教孝之作，憑虚立言，未根情實，説雖至繁夥，而義則益遠矣。"有民國間抄本，北京圖書館藏、浙江圖書館藏。

迄今，對是書作過評述的論文主要有金淵洙《清代前期楚辭學研究》（蘇州大學，1997 年博士畢業）。

離騷箋釋

楚辭研究專著。清代賀寬撰。賀寬，字瞻度，號柘庵，丹陽（今屬江蘇）人。順治九年進士。官至大理寺評事。後以丁憂歸。閉門讀書，掃俗務，不與顯者通。著有《響册齋集》、《萬姓考》、《左國史漢序合鈔》等。

該書或題爲《飲騷》，又題爲《山響齋别集》。卷首有王弘《序》。次倪會宜《序》。次賀氏《自序》。次《飲騷之目》。次沈亞之《屈原外傳》、楚三閭大夫半身像。次《飲騷原始》。次司馬遷《屈原列傳》。次《諸家品騭》。賀氏《自序》述其箋釋因由，其兄生庵棄家爲僧，而好《易》、《春秋》，又託其弟注《離騷》，"及讀朱《注》，惟詳於音叶，名物事義，其大意略具而已"，"復以閩中黄維章先生《聽直》見授……意致都不相似"，"忽自奮發，除日涉筆，至采蘭之辰，共成十篇"。故此書分節不依朱子《集注》"每四句一章"，而從黄文焕《聽直》分注；而其注則在朱、黄之間，"朱子之説近於略，黄子之説過於纖，折衷其間，如吾意而止"。關於書名，《自序》云："私箋既成，名曰《飲騷》，自有其飲者在，而非'痛飲讀《離騷》'之説，余飲不能滿焦葉也。"

此書篇次爲：《離騷》第一、《九歌》第二、《天問》第三、《九章》第四、《遠遊》第五、《卜居》第六、《漁父》第七、《大招》、《招魂》第八、第九、《九辯》第十。其體例爲：一曰音，二曰釋，三曰箋，四曰評。取王注與朱注損益之，並附以諸家説。《自序》云："《楚辭》多叶韻，與《詩經》相似，故首列'音'"，"《楚辭》所引故實，往往出《五經》之外，故次列'釋'"，"二者多從朱子，黄釋有不同者，亦間附見"，"朱子注，以大意逐節分解，文意不甚連屬。黄注連屬矣，而支離附會者亦不少。余從黄處多。而有不敢附和者，予之私箋也，故次列'箋'"，"古人意見不同，有一字一句，足令人思者，不敢忽也。若雷同贊美，何用彼鋪張爲？則略之。故次列‘評’。”

此書之版本，有清康熙間華天章刻本，四册，北京大學圖書館藏。另，清刊本，題爲《山響齋别集》，二册，北京圖書館藏本。又，有1961年揚州古舊書店《山響齋别集飲騷》抄本、2008年燕山出版社《楚辭要籍選刊》影印本。

迄今，對是書作過評述的論文主要有金淵洙《清代前期楚辭學研究》（蘇州大學，1997年博士畢業）。

楚辭評注

楚辭研究專著。清代王萌撰。王萌，字遜直，竟陵（今湖北天門）人。童年時曾受譚元春賞識，晚年貧困窘迫。事跡載章鑣《天門縣志》。

該書康熙間刻本扉頁鎸“朱可亭先生評選”、“王遜直先生注訂”、“艫香居（姚培謙别號）讀本”，而乾隆三十五刻本扉頁署“高安朱可亭竟陵王遜直兩先生注訂”。此書凡十卷。卷首有王氏《自序》。次《楚辭評注目録》，署“竟陵王萌校定”，末附王氏《按語》。其篇次爲：卷一《離騷》、卷二《九歌》、卷三《天問》、卷四《九章》、卷五《遠遊》、卷六《招魂》、卷七《卜居》、《漁父》，以上凡八題二十六篇，爲屈原作；卷八《九辯》（宋玉）、卷九《大招》（景差）、卷十《惜誓》（闕名）、《弔屈原》、《服賦》（賈誼）、《招隱士》，以上凡六題十四篇。大抵依朱熹《集注》而略有調整，如去《離騷》“經”名，以《招魂》爲屈原作，《惜誓》作者爲闕名，删《哀時命》。王氏《按語》云：“按《離騷》下，《釋文》及《史記》俱無‘經’字，當仍之。《九章》、《遠遊》，或謂辭人所擬，非是。《招魂》，王逸諸本俱謂宋玉作，遷《史》以爲原作，劉勰論亦同，玩其氣調良是，今以繫之屈原。《九辯》、《大招》或謂俱原作，非是。《惜誓》，王逸以來謂賈誼作，亦無明據。……又按莊忌《哀時命》，填寫成語太多，余亦删去。”正文各卷下署“竟陵王萌遜直評注”、“侄遠帶存考音”，故知其侄王遠（字帶存）負責注音及考釋工作。

該書於各卷校訂人氏，亦詳署其名：卷一、卷二爲高安朱軾（字可亭）；卷三爲荆門胡克寬（字檢庵）；卷四爲族子價修（字子向）；卷五爲雲間朱琦（字柯亭）；卷六爲同里後學唐建中（字作人）；卷七爲武林王元墀（字孝升）；卷八、卷九爲後學譚一豫（字崇叙）；卷十爲繡水高宗濂（字築堂）。各篇有“小序”，或王萌所爲，或節王逸、朱熹舊説；分段爲注，《離騷》多爲四句一注，《九歌》則分若干大段爲注。先注音，後釋義。王遠除注音外，亦釋字義、文義，皆加“遠按”别之。朱軾、胡克寬等人亦有按語，分别冠以“可亭曰”、“檢庵曰”，尤以王遠、朱軾按語爲多。

王氏《自序》敘其撰述過程云：“窮老讀《騷》，終日不厭。一切注疏，束而不觀。反覆吟詠，偶有所通，即筆之於下，不敢以鑿説戾之，不敢以迂解滯之，雖未知於屈子之意何如，大約二者諒亦湘纍之所許也。已而取柳子《天對》與《天問》並讀，時有發明。又取叔師、晦翁及洪氏注，録其安穩確然不可易者，時綴於各篇之下。”又，《自序》以爲，屈原“宗臣，而值夏屋之將丘，已又爲讒臣壅蔽，以至於放逐，不得復見，寧能碌碌默默，而苟以爲厚道也。然則甘視宗國之亡，不思一言以寤主乎？讒臣謂己不忠矣。忠孝無可假人之理，又能甘自居於不忠，以長没乎”，故“鬱爲幽思，抒爲真怨者之不可以已”。其論屈原作品之寫作年代，謂《離騷》爲見疏懷王而作，《九歌》以下七篇，則爲頃襄王時放逐後所作。其注評亦多發掘屈原等作家之創作意圖，且注意疏通篇與篇之間或一篇之内相關章句之文意，力求切合原貌。如釋《離騷》“駟玉虬以乘鷖兮，溘埃風余上征”二句，云：“駟虬乘鷖等説，皆假託之詞，不必云上與天道無所間隔云云，反覺呆迂也。本不欲去，自此以下，卻爲多方遠去之詞。又託於靈氛、巫咸，教以遠去，上下周流，無境不歷，而卒歸於懷其故都。文字詰曲盤旋，馳驟往復，真曠世驚才也。《遠遊》及《九辯》末章，皆如此命意。”又如釋《離騷》“曰黄昏以爲期兮，羌中道而改路”二句，云：“詳其文氣，當有此二語。此下定脱二句。”再如，釋《哀郢》“發郢都而去閭兮，怊荒忽其焉極？楫齊揚以容與兮，哀見君而不再得”四句，云：“言鼓棹者亦不欲去也。自己踟躕，卻説鼓楫容與，亦僕悲馬懷之意。”

此書之版本，有清康熙間刻本，四册，北京圖書館藏；二册，湖南圖書館藏。另，清乾隆三十五年刻本，復旦大學圖書館、湖北秭歸圖書館藏。又，有2000年北京出版社《四庫未收書輯刊》影印本、2008年廣陵書社《楚辭文獻集成》影印本。

迄今，對是書作過評述的論文主要有陳煒舜《從〈楚辭評注〉看明末清初的學風轉變》（香港中文大學《中國文化研究所學報》第46期，2006年）、金淵洙《清代前期楚辭學研究》（蘇州大學，1997年博士畢業）。

離騷經九歌解義

楚辭研究專著。清代李光地撰。李光地（1642—1718），字晉卿，號厚庵，又號榕村，安溪（今屬福建）人。康熙九年（1670）進士。改庶吉士，授編修。以省親乞歸，適遇耿精忠起兵，鄭經亦乘機從臺灣進軍福建。李氏遣使帶蠟丸進京，獻用兵之計。歷任侍讀學士、通政使、直隸巡撫、吏部尚書、文淵閣大學士。謚文貞。著有《周易觀象》、《朱子禮纂》、《榕村全集》等。事跡載《清史稿》卷二百六十九、《清史列傳》卷十、《碑傳集》卷十三；另，其孫李清植《文貞公年譜》可參，道光五年(1825)二酉堂《榕村叢書》刻本(又載臺灣文海出版社《近代中國史料叢刊》)。

該書與《參同契解義》、《陰符經解義》合稱《安溪李文貞公解義三種》，其合刊之緣由，李氏《離騷·後叙》云："嘗謂秦漢古辭，無如屈、魏《離騷》、《參同》之奇奥，欲創通章句，聯成一編。"而汪灝《解義三種·序》則云："學辭章者必祖屈騷，而《參同》、《陰符》蓋道家、兵家者流也。然子朱子於三書皆嘗有注，豈徒以其採之壯，義之奥哉？夫亦爲其近於道爾。屈子幽噎悱惻，風人之遺也，《參同》歌叙大易，在黄老丹經之首，而《陰符》窺見天地之機。儒者能弋獲而精擇之，足以啓發而贊助者多矣。"

該書凡二卷。卷首有汪灝《解義三種·序》。次李氏《解義三種目録》。其篇次爲：首《離騷經注》，末附《後叙》、《附記》；次《九歌注》，末附《後叙》。此書以爲《九歌》僅爲九篇，不録《國殤》、《禮魂》二篇。其論楚辭作品之結構層次與特點，尤爲卓識。如分《離騷》爲兩部分，前半篇"直述己事"而"詞顯"，後半篇"託意寓言"而"詞微"，《離騷·附記》云："前半篇，自皇考命名，以至女嬃訓誡，直述己事。後半篇，自陳辭重華，以至問占遠逝，託意寓言。直述己事者，身之已經而傷其時，道其志行，以攄其憂鬱。託意寓言者，意之未已，而決其時之無可爲，斷之以志行之所不屑爲者，以矢其堅貞，書之大致也。前之詞顯，故議者以爲譏小人之太過。後之詞微，故談者以爲荒幻而不經。"又如《離騷》"依前聖以節中兮，喟憑心而歷兹"至"攬茹蕙以掩涕兮，霑余襟之浪浪"一節，陳第《屈宋古音義》云："自啓《九辯》至此，皆就重華所陳之辭。"然李氏以爲，"啓《九辯》與《九歌》兮，夏康娱以自縱"至"不量鑿而正枘兮，固前修以菹醢"爲向重華所陳之詞；而末四句("曾歔欷余鬱邑兮"四句)則爲陳詞後之感慨，云："言其陳詞之時，欷歔鬱邑，自悲不遇，涕出霑襟，不能自止也。"洪湛侯《楚辭要籍解題》云："破陳第舊説，受到後世注家的贊同。"

此書被收入《四庫全書總目》"存目"，題爲"《離騷經注》一卷，《九歌注》一卷"，其《提要》云："《史記》但稱屈原著《離騷》，至王逸注本，始於《離騷》加'經'字。而《九歌》、《九章》加'傳'字。此稱《離騷經》，從逸本也。所注皆推尋文意，以疏通其旨，亦頗簡要。然《楚辭》實詩賦之流，未可説以詁經之法。至《國殤》、《禮魂》二篇，向在《九歌》之末。古人以九紀數，實其大凡之名。猶《雅》、《頌》之稱什，數篇十有一，仍題曰九。光地謂當止於九篇，竟不附載，則未免拘泥矣。"李光廷《跋》云："《離騷》一家，注疏遼遼。是篇文簡而明，尚爲可取。”亦批評其不足之處，如稱《離騷經》，陸時雍《楚辭疏》已去“經”、“傳”之分，“概題以《楚辭》”，以爲“《離騷》名經，後人尊之也”。故陸氏去《離騷》之“經”名，理由充分，頗有説服力。而李氏之書仍沿襲“經”名，顯然無視學術研究之進展。又如論《九歌》，《九歌·後叙》云：“《九歌》則《離騷》之外篇”，“自《太乙》以下，皆以事神之恭，況己事君之敬。以神人之接之闊，喻君臣之交之難。惟《山鬼》一章，乃以鬼自比，而人則君也。以此義讀之，大意則得矣。”諸説皆不免牽强附會。

此書之版本，有清康熙五十八年《安溪李文貞公解義三種》本，北京圖書館藏。另，有清道光間李維迪刻《榕村全書》本，北京圖書館、浙江圖書館、中國科學院國家科學圖書館藏；清光緒四年李光廷刻《榕園叢書》本，北京圖書館藏。又，有1997年齊魯書社《四庫全書存目叢書》影印本、2008年廣陵書社《楚辭文獻集成》影印本。

迄今，對是書作過評述的論文主要有金淵洙《清代前期楚辭學研究》（蘇州大學，1997年博士畢業）。

屈子章句

楚辭研究專著。清代劉夢鵬撰。劉夢鵬，字雲翼，蘄水（今屬湖北）人。清乾隆十六年（1751）進士。官直隸饒陽縣知縣。後以丁艱歸，尋卒。著有《春秋解義》。事跡載《清史列傳》卷六十六、《湖北通志》、《蘄水縣志》。

該書被收入《四庫全書總目》“存目”，題爲《楚辭章句》，與王逸《楚辭章句》相混，顯誤。又，務本源刊本扉頁題《楚辭燈章句》，乃書坊無識。該書卷首有劉氏《屈子序》。次謝錫位《序》。次《目録》。次《屈子紀略》，爲劉氏考證屈子生平之作。以屈姓從屈瑕受姓開始，歷二百餘年而至伯庸。屈原生於楚宣王四年（前366），年二十，得事宣王，四十餘歲爲左徒，五十歲時張儀來相，六十餘歲作《離騷》，六十四歲懷王客死武關，七十六歲被放逐，作《九歌》。後三年，作《卜居》、《天問》。又經九年，即頃襄王二十一年（前278），二月秦拔郢，作《招魂》、《哀郢九章》。四月，賦《懷沙》，五月五日自沉於汨羅江，時年八十有五。其謂屈原年壽八十五，出諸家之意外。當代學者蔣天樞論屈原年七十八，迄今尚無人呼應。然劉氏所定屈原卒年，則爲畢大琛《離騷九歌釋》、郭沫若《屈原研究》所採。關於撰述過程與緣由，《自序》云：“予於是書，反復紬繹，晦明風雨，性情相深，歌泣與俱，匪一朝一夕之故。……是書各本異同頗多，而序次亦反復凌亂無紀。竊不自揣，考其沿誤，討其編次，務求其安。”又，其於屈原生平遭遇、思想感情及創作特徵，亦有所闡發，《自序》云：“‘孤子吟而抆泪’，‘放子出而不還’，屈子蓋萬不得已於中，聊寄託以起興，每反覆而抒情。”

該書凡七卷。第一卷《離騷》。第二卷《九歌》，將《湘君》、《湘夫人》二篇爲《湘君前後篇》，删除“湘夫人”之名；將《大司命》、《少司命》二篇合爲《司命前後篇》，而删除“少司命”之名；又以《東君》與《東皇太一》大旨略同，移爲第二。第三卷《卜居》。第四卷《天問》。第五卷《招魂》。第六卷，將《九章》中《懷沙》調出，而併入《遠遊》，依次爲《哀郢》、《抽思》、《橘頌》、《思美人》、《悲回風》、《涉江》、《惜往日》、《惜誦》、《遠遊》。《九章・序》云：“《九章》皆哀郢之詞也”，“白起一烽，南郡焦土，時原已老”，“於是哀郢而作《九章》”，“惜乎篇次凌亂，僅以《九章》之一當《哀郢》，又入《懷沙》而出《遠遊》。”故調整篇次，併題爲《哀郢》；且删各篇篇名，而以“第一章”至“第九章”標目。第七卷，合《漁父》、《懷沙》爲一篇，删漁父歌而依《史記・屈原列傳》增“乃作《懷沙》之賦，其辭曰”九字及《懷沙》全文，題曰《懷沙》，《四庫全書總目提要》云：“誤以《史記》敍事之文爲屈平之語。”又以《大招》與《離騷》諸篇全不相似，必非屈原手筆，删而不録。基此，劉氏關於屈原作品之認定與篇次之調整，頗爲前人所詬病。《四庫全書總目提要》云：“篇章次第，竄亂尤多”，“以意爲之。”姜亮夫《楚辭書目五種》云：“强古書以就己意，變亂常規，非謹厚之學矣”，“師心自用，羌無故實。”然劉氏調整篇次决非一無是處，如將《東君》移至《九歌》第二，即爲姜亮夫所採，其《屈原賦校注》云：“今本《東君》一篇，在《少司命》之後，恐非原舊本，疑本在《雲中君》前。”又列舉四例，力證“《九歌》原本，亦必《東君》前於《雲中君》無疑”。聞一多《〈九歌〉的結構》（《中國社會科學》1980年第4期）以爲東君、雲中君乃配偶神，其篇次應提前相配。

此書每篇先總論，後分段注釋；校文釋音，在各段原文後。合若干段爲一節，章有章旨，節有節義。脈絡清晰，詞氣暢達。其字詞詮釋，簡明扼要，擇善而從，不乏新解。如釋《離騷》“靈脩”爲“善脩”。又如釋“不撫壯而棄穢兮”爲“‘撫’之言愛也，護也。‘壯’，則猶未零落者，即下“余飾方壯”之‘壯’。穢，亂芳者”，聞一多《離騷解詁》辨“壯”字之義即本乎此。另，其闡釋屈原思想與作品内涵，亦有可觀之處，云：“彭咸所居，豈赴清泠之謂哉”，“屈子前後稱彭咸者六，志行之符，非小諒之效”，“國既無人，又莫知己，悲懷無益，惟有遂初練要，求仁得仁，以從彭咸之所處而已。”此説，宋代錢杲之已啓疑端，而劉氏詳論之後，又有陳遠新、俞樾、曹耀湘承其緒而復證之。又，其考訂史實亦有卓異之處，如釋《天問》“該秉季德，厥父是臧。胡終弊於有扈，牧夫牛羊”四句，據《左傳》、《竹書》、《山海經》考，以爲“該”即殷先公之“王亥”，“有扈”爲“有易”之訛，“弊於有扈，牧夫牛羊”即王亥敗於有易，有易“困辱之，使爲牧豎”。一百多年後，王國維據甲骨卜辭又進一步證成其説。

此書之版本，有清乾隆二十五年（1760）藜青堂刊本，北京師範大學圖書館藏；清乾隆二十五年（1760）務本源藏版，題爲“楚辭燈章句”，中國科學院國家科學圖書館藏。另，有清乾隆乙酉年（1765）刻本，中國科學院國家科學圖書館藏；清乾隆五十四年藜青堂刊本（1789），中國科學院國家科學圖書館、北京圖書館、清華大學圖書館藏；清嘉慶五年（1800）藜青堂刊本，浙江圖書館藏。又，有1986年臺北新文豐出版公司《楚辭彙編》影印本、1997年齊魯書社《四庫全書存目叢書》影印本、2008年廣陵書社《楚辭文獻集成》影印本。

迄今，對是書作過評述的論文主要有容肇祖《〈楚辭·天問〉“該秉季德”段劉夢鵬解》（《考古》1937年第1期）、張崇琛《一個值得重視的〈楚辭〉注本——讀劉夢鵬〈屈子章句〉》（《文獻》1982年第2期）。

楚辭燈

楚辭研究專著。清代林雲銘撰。林雲銘（1628—1697），字道昭，號西仲，侯官（今屬福建福州）人。幼刻苦學習，每探索精思，終日不食。暑月，家僮具湯請浴，或和衣入盆。里人皆呼爲“書痴”。順治十五年（1658）進士。授徽州府通判。在徽九載，去復者三，教誨才士，視如子弟。康熙十三年（1674），耿精忠之變，雲銘不願附之，被囚十八月。清兵破閩，始得釋。後寓居杭州，以賣文爲活，與仇兆鰲、毛際可輩友善。著有《莊子因》、《挹奎樓集》、《評選古文析義》、《損齋焚餘》、《吳山鷇音》等。事跡載王晫《今世説》、《國朝賢媛類征初編》卷二《林雲銘妻子蔡氏》、《福建通志》補文苑傳；另，民國三年重印乾隆刻本《諫江林氏家譜》、金淵洙《〈楚辭燈〉作者林雲銘生卒考及行年疏證》（《蘇州大學學報》1997年第1期）可參。

該書凡四卷。卷首有林氏《序》。次《凡例》。次《楚辭燈目次》。次司馬遷《屈原列傳》。次《楚懷襄二王在位事蹟考》。林氏雖勤政職守，治事精敏，然仕途困窘，頗多苦惱。林氏《序》云：“余少癡妄，不達時宜，私謂用世得行其志，及筮仕後所見所聞，皆非素習，以故動罹譴訶。”故他極易從屈原作品中引起共鳴，常有“異代知音”之感。林氏《序》又云：“每當讀《騷》，輒廢書痛哭，失聲僕地”，“悶極而洩，乃天之道。余雖乏騷才，然老憊異域，貧窶不能自存。且以四海之大，無一人能知余之爲人者。而畢生不逾跬步之志，九死不悔，在屈子未必不引以爲類。”故其對屈原生平、思想、人格推求頗多，尤注意發揮屈原愛國氣節、忠誠、操守及爲人，《凡例》云："讀《楚辭》要先曉得屈子位置。以宗國而爲世卿，義無可去，緣被放之後，不能行其志，念念都是憂國憂民。故太史公將楚見滅於秦，繫在本傳之末。以其身之死生，關係於國之存亡也。"

林氏注釋《楚辭》之初稿"悉没於閩變烽火中"，遷寓杭州後復稿未就而"又毁於回禄（火灾）"，"因於丙子（1696）良月，杜門追記，並補未注諸篇"，翌年（康熙丁丑年）孟春始成全書，題爲《楚辭燈》。關於書名，《自序》云："治騷者，向稱七十二家評本，大約惑於舊詁之傳訛，隨聲附和。而好奇之士，又往往憑臆穿鑿，削趾適履。甚至有胸中感憤，借題抒泄，造出棘句鉤章，武斷賣弄。懵然不知本題之層折，行文之步驟，反謂莊騷兩家，無首無尾，無端無緒，將千古奇忠所爲日月争光奇文，謬加千層霧障，幻成迷陣。其所由來久矣……二千年中讀騷者悉困於舊詁迷陣。如長夜坐暗室，茫無所睹……萬駁千翻，止求其大旨吻合，脈絡分明，使讀者洞如觀火，還他一部有首有尾、有端有緒之文……顔之曰'燈'，庶屈子之文，可以燭照無遺，即其志亦可以昭垂勿替。"而浙江圖書館藏清康熙三十六年西泠挹奎樓刊本扉頁有"挹奎樓主人"題辭，亦詮釋了"燈"之意涵，云："三閭楚辭爲千古詞賦之祖。每篇中各有意義，各有脈絡。向被諸家評注穿鑿附會，塵上加灰，以致紛如亂絲，汩没殆盡。兹先生研精四十年，痛掃從前謬誤，逐字分析，逐句融會，使每篇中意義、脈絡，無不躍躍眼前。誠二千餘年以來暗室孤燈，而作者之真面目可以一照畢現，不勞探索矣。"

此書篇次爲：第一卷《離騷》，第二卷《九歌》、《天問》，第三卷《九章》，第四卷《遠遊》、《卜居》、《漁父》、《招魂》、《大招》，實乃屈原作品之專集。每篇皆旁加圈點，逐句詮釋，分段疏解，篇末有議論，條分縷析，眉目清楚。故此書曾盛行一時，乾嘉間，一些書坊將其他楚辭注本亦冠之以"楚辭燈"刊刻，如劉夢鵬《屈子章句》易爲《楚辭燈章句》，屈復《楚辭新注》被易爲《楚辭燈新注》。民國六年（1917），北京石印本《楚辭燈》竟易題爲《楚辭易讀》。另，《楚辭燈》還遠播海外。故林氏於楚辭之普及實有功焉。

其書在學術上還起着承上啓下之作用。如黄文焕《楚辭聽直》，對林氏有着直接影響，如以"二招"皆爲屈原所作，合《九歌》中《山鬼》、《國殤》、《禮魂》爲一篇而"共得九"，定《九章》篇次爲《惜誦》、《思美人》、《抽思》、《涉江》、《橘頌》、《悲回風》、《惜往日》、《哀郢》、《懷沙》。凡此三説，皆本之黄文焕。其字句注釋，亦多採王逸、洪興祖、朱熹三家。其影響於後來者，主要爲林氏《楚懷襄二王在位事蹟考》，以"知人論世"之法，將屈原事蹟和屈原作品放到當時歷史背景下加以考察，列出屈原生平簡表，以爲屈原於懷、襄二世兩次被逐。屈復《楚辭新注》則全文録載林氏之屈子"事蹟考"。對屈原作品之創作時間，林氏依次考訂爲：懷王十七年作《惜誦》，二十五年作《思美人》，二十六年作《抽思》；頃襄王二年作《涉江》、《招魂》，三年作《大招》，四年作《卜居》，七年作《悲回風》，十年作《哀郢》，十一年作《漁父》、《懷沙》。又，本書將《離騷》分爲十三段，至今已爲許多楚辭選本採用，如游國恩《離騷纂義》就採用《楚辭燈》達五十多條。

此書被收入《四庫全書》"存目"，其《提要》云："觀所注諸書，實未能深造。是編取楚辭之文，逐句詮釋。又每篇爲總論。詞旨淺近，蓋鄉塾課蒙之本。江寧朱冀嘗作《離騷辨》一卷，攻雲銘之説甚力。然二人均以時文之法解古書，亦同浴而譏裸裎也。"四庫館臣語含譏刺，然無意間點出此書之特色，即處處爲初學者着想，務求使讀者易讀易懂。至現當代，學者評騭此書較爲中肯，陸侃如《楚辭概論・序》云："自從屈宋到現在，已二千餘年了。然而真能懂得楚辭的，真能對楚辭盡相當的義務的，可説沒有。第一部差强人意的書，要算林雲銘的《楚辭燈》。此書雖陋，然砂石中未嘗没有純金，只看讀者有没有披砂揀金的能力。如清代蔣驥、戴震們，便是從他得到暗示的。"姜亮夫《楚辭今繹講録》云："林完全以文章次序做基礎來搞'楚辭'。因此讀别人的注讀不懂，讀他的《楚辭燈》就可以讀懂。他的注文從字順。但也有缺點，他對音韻訓詁不太通，有時注得隨便。他對歷史也不太管，他就是把文章講通就行了。拿文學的眼光看，他的注是好的。"

此書之版本，有清康熙三十六年(1697)挹奎樓刊本，三册，浙江圖書館、遼寧圖書館藏。另，有清康熙後據挹奎樓刊本重刻本，浙江圖書館、福建圖書館、福建師範大學圖書館、福建厦門圖書館藏；日本寬政十年(1798)大阪池内八兵衛刊本；日本文政四年(1821)江户鶴屋金輔重刊寬政十年本；日本天保十三年(1842)刻本；清同治十二年(1873)孔氏岳雪樓抄本，南京圖書館藏；民國六年(1917)中華圖書館石印本，易題爲《楚辭易讀》，上海圖書館藏。另，有臺北廣文書局 1971 年鄧元煊點校本、1997 年齊魯書社《四庫全書存目叢書》影印本、2008 年廣陵書社《楚辭文獻集成》影印本、2008 年燕山出版社《楚辭要籍選刊》影印本。

迄今，對是書作過評述的論文主要有官桂銓《林雲銘的生卒年》(《學術研究》1981 年第 1 期)、李星《一本有益的楚辭教科書——林雲銘〈楚辭燈〉校注餘論》(《陝西理工學院學報》1985 年第 1 期)、栗凰《重評林雲銘〈楚辭燈〉》(《青海師範大學學報》1994 年第 2 期)、鄧元煊《林雲銘及其〈楚辭燈〉》(《四川師範大學學報》1995 年第 2 期)、陳煒舜《〈楚辭燈〉"知人論世"探析》(《中國文學研究》，江西教育出版社 2002 年版)、金淵洙《清代前期楚辭學研究》(蘇州大學，1997 年博士畢業)。

離騷正義

楚辭研究專著。清代方苞撰。方苞(1667—1749),字鳳九,一字靈皋,號望溪,桐城(今屬安徽)人。康熙四十五年(1706)進士。曾因戴名世《南山集》案牽連入獄,後得赦。歷任侍講、侍講學士、内閣學士、禮部侍郎、《大清一統志》館總裁。擅古文,爲桐城派創始人。著有《望溪全集》。事跡載《碑傳集》二十五、《清史稿》卷二百九十、《清史列傳》卷十九。另,蘇惇元《望溪先生年譜》可參,清咸豐重刊本《方望溪全集》附,又載 1934 年中華圖書館鉛印本《望溪全集》、《四部叢刊》、《四部備要》、臺灣文海出版社《近代中國史料叢刊》、臺灣商務印書館《新編中國名人年譜集成》。

該書又題爲《離騷經正義》。僅録《離騷》一篇。其體例爲,先分段摘録原文,次列己説,發揮義理,以明辭旨。其説頗能融鑄前賢之疏注,幽意隱諷,時有抉發,然多不注出處,僅於開頭處引清溪李氏語。如釋"不撫壯而棄穢兮"句,云:"'穢',謂群小","曰糞壤充幃,曰椴充佩幃,則以'穢'比群小。可知原目君爲'美人',爲'靈脩',爲'哲王',無斥指其穢行之義"。又如釋"制芰荷以爲衣兮,集芙蓉以爲裳"句,云:"芰荷、芙蓉,則不可以爲衣裳。蓋以喻隱者之野服也。孔稚圭《北山移文》'焚制而列荷衣',六朝人已有是解。"再如釋"下女",云:"以'衆女'比讒邪,則'下女'乃喻親臣重臣,能爲己解於君者。"另,該書常通貫上下文句,爬疏前後照應。如釋"雖不周於今之人兮,願依彭咸之遺則"句,云:"自首至此皆正言己意,以後則言之不足而長言之,長言之不足而嗟嘆之也。"釋"閨中既以邃遠兮,哲王又不寤。懷朕情而不發兮,余焉能忍與此"句,云:"四句總結上文。"

姜亮夫《楚辭書目五種》介紹此書較爲簡略,云:"引正文一段,然後低一格另行爲注。注皆陳本節大義,而不及名物、訓詁。引他家説極少(案:僅第一段引安溪李氏一條)。其有申義或别論章旨及術語關鍵等,則别加小圈以間之,然多就各節推闡,而極少涉及全篇脈絡。既異於明以來以時文義例説《騷》之弊;亦少桐城批點之惡氣。望溪學有根柢,非泛泛以文章爲宗主之桐城他家可比。其所發明大義,以屈子成忠即所以成孝,則頗近劉獻廷氏之説云。"

此書之版本,有康熙中刊《抗希堂全書九種》本,北京圖書館藏。另,有乾隆十一年方氏家刻《望溪全集》本,北京圖書館藏;光緒二十四年娜嬛閣重刻本,北京圖書館藏。又,有 1986 年臺北新文豐出版公司《楚辭彙編》影印本、2008 年廣陵書社《楚辭文獻集成》影印本、2008 年燕山出版社《楚辭要籍選刊》影印本。

迄今,對是書作過評述的論文主要有金淵洙《清代前期楚辭學研究》(蘇州大學,1997年博士畢業)。

離騷論文

楚辭研究專著。清代鄭武撰。鄭武,字友杜,東莞(今屬廣東)人。該書凡十卷。卷首有《屈子離騷論文序》,實乃"卷之一《大序》"。次《寄夢堂屈子離騷論文目録》:卷之一《大序》,卷之二《讀法》,卷之三《史記·屈原列傳》,卷之四《離騷》第一,卷之五《九歌》第二,卷之六《天問》第三,卷之七《九章》第四,卷之八《遠遊》第五,卷之九《卜居》第六,卷之十《漁父》第七。卷末附《大招》、《招魂》、《九辯》,合爲一卷。書名《離騷》者,實乃屈原、宋玉作品之評論集。

關於書名,《大序》云:"夫《離騷》者,屈子之書之總名也,不特首篇《離騷》得名爲《離騷》,即《九歌》、《天問》、《九章》、《遠遊》、《卜居》、《漁父》諸篇,亦得名爲《離騷》也","此一篇之義實該全書之義也","《九歌》即首篇《離騷》之外傳也,《天問》、《九章》即首篇《離騷》之内傳也,《遠遊》、《卜居》、《漁父》即首篇《離騷》之義疏也,逸騷《大招》、《招魂》、《九辯》亦首篇《離騷》之別解也。"鄭氏所謂"夫屈子著書既成,而即以其第一篇《離騷》題名爲其一部書之總名",則顯然强古人就己意,有悖於楚辭常識。又,《大序》云:"《離騷》一書,真爲詩文之總,持而題之曰'論文'者,以文可以該詩。"而曰"論文"者,實集評諸家而以"眉批"出之,故扉頁鎸"東莞鄭友杜集評《離騷》論文"。此書之撰述過程,《大序》云:"歲庚午長夏,泊舟菰蒲中,四窗通明,茗碗爐香,展讀數翻,口齒清涼,魂魄幽冷。諷覽之餘,妄自評論,唐突西子,知所不免。"庚午,即康熙二十九年(1690),而《序》作於康熙三十四年(1695)夏五月五日,則此書完稿於五年後。

鄭氏以爲,讀《騷》之法,當窮經、讀史、評子、辯集,云:"夫《騷》必合經、史、子、集,方能讀之。則《騷》之爲《騷》,必有大過人者。"詳言之,"不讀經,則無以考屈子之學,無以明屈子之心";"不讀史,則無以論世,無以考見得失,又烏能知屈子之迂、之窮、之苦";不讀集"則無以識其人之詩文,亦無以識其人之邪正"。其論諸子,頗有説服力,且開啓了近現代以諸子研探屈子思想歸屬、以屈子與諸子比較研究之風,云:"子書者,戰國之時,群言雜亂,各有馳騁其説以取悦時君世主,雖有所蔽,亦各有所長,正屈子之時之風氣也”,“若不能評斷諸子之純駁,則無以知屈子之學之精,屈子之心之正、屈子之行之端,决非申韓蘇張輩之所能項背。”此論尤爲值得注意。有清康熙三十四年寄夢堂刻本,一册,江西吉安圖書館藏。

騷屑

楚辭研究專著。清代沈无咎撰。沈无咎,字子慕,烏程(今屬浙江)人。著有《亦有生齋集》,載其逸事。該書由沈无咎纂輯,王夢彪(字在山)删定,沈望之(字雲瞻)音釋。

此書凡九卷。卷首有王夢彪《序》。此書之纂輯過程與題名緣由,王氏《序》云:“苕溪沈子慕氏秉樸野之性,極鳶魚之致;雖億兆其形,而得此一目一動以逐其往;雖千里其聲,而惟此一耳之静以會其來;久之而耳目之所受,日藏於胸膈;久之而胸膈之所積,日發於手指;久之又久之,而手指之所運,日貯於簡編;至將以一人所知者使人無不知,而因以遣其無聊之碎思,乃名之曰《騷屑》。”崔富章《楚辭書目五種續編》云:“是書多奇聞怪談,蘊含不平之氣。”有清康熙三十八年(1699)香緑園刻本,上海圖書館、四川圖書館、北京圖書館藏。

楚辭約注

楚辭研究專著。清代高秋月、曹同春合撰。高秋月,字素蟾,金壇(今屬江蘇)人。順治四年(1647)補弟子員,康熙十五年(1676)恩貢。宿遷令曾延請其主書院,諸生多有成就。年七十一卒。著有《莊子釋意》。曹同春,字孟序,亦金壇人。康熙間例貢。

該書由“金壇秋月素蟾删定,曹同春孟序纂述”。卷首有曹氏《序》。次《目録》。其撰述過程,曹氏《序》云:“素蟾高先生篤嗜古學,嘗遍讀《楚辭》評注。獨取王逸、朱晦翁、黄坤五三子之書,删其繁蕪,去其穿穴,依文立解,使觀者一覽而其意曉然。不與世之摭陳言、駕浮説,以徒矜淹博者同。予伏讀而善之,因悉取其舊本,辨其音義,以成編,名曰《約注》云耳。”故知此書乃曹氏依高氏舊著,辨其音義而成。

高、曹二氏極推崇黄文焕《楚辭聽直》,曹氏《序》云:“晦翁注後,更四百三十餘年，而有明黄坤五先生出，復作《楚辭聽直》。發明《天問》之意，以推屈子之死靡悔之隱衷。且據《史記・屈原傳》，更定其篇次。與夫《大招》、《招魂》之爲原自作。其言確而可信，信乎古人之心，固有待白於數千載之後者。雖晦翁見之，亦當爲之心折也。”故在選目、篇次、作時、作者方面，如以《大招》、《招魂》爲屈原創作；定《九章》篇次爲《惜誦》、《思美人》、《抽思》、《涉江》、《橘頌》、《悲回風》、《哀郢》、《惜往日》、《懷沙》；名爲《楚辭約注》而僅録屈原作品，即《離騷》、《遠遊》、《九歌》、《天問》、《漁父》、《卜居》、《九章》、《大招》、《招魂》。諸説皆承繼黄氏。而稍有不同者，黄氏正文分爲八卷，而《約注》不分卷；黄氏列《天問》第三、《九歌》第四，而《約注》列《九歌》第三、《天問》第四。儘管二書皆列《遠遊》爲第二，但在《九歌》、《天問》二者之間次序上，《約注》則棄黄氏之説，而仍採王逸、朱熹之説。

此書於《天問》用力甚多，尤有識見，姜亮夫《楚辭書目五種》云：“《天問》爲各家所不能言。學有根底，非泛泛著筆者可比。”如分《天問》爲三大段，以爲“首溯天地之開闢，一也；中列夏商之治亂，二也；末乃歸於楚事，結之以‘何試上自予，忠名彌彰’，顯言己罪，三也”，此説較爲中肯貼切。

此書之版本，有清康熙二十八年《莊騷合刻》本，上海圖書館藏。另，2008年燕山出版社《楚辭要籍選刊》影印本。

迄今，對是書作過評述的論文主要有金淵洙《清代前期楚辭學研究》(蘇州大學，1997年博士畢業)。

屈子貫

楚辭研究專著。清代張詩撰。張詩，字原雅，嘉定(今屬上海)人。該書凡五卷。卷首有張大受《序》。次張大琦《序》。次張氏《自序》。次《參訂、校閲姓氏》。次《凡例》。次《目録》。此書之撰述過程，張氏《自序》云：“歲辛巳，長夏無事，偶讀屈子，有會於心。因取王氏、洪氏、考亭夫子之《集注》，損益去取，參以已見，聯綴其詞，以貫穿其意而已。”《凡例》又云：“是編雖屬稿於辛巳夏，而斟酌纖微，融貫始末，則歷三年，六脱稿始成，知吾者諒其苦心。”而張大琦《序》則云：“原雅以六載之精思力索，守鈔丹勘，箋注成書。”關於書名，張氏《自序》云：“余於屈子，恐其逝也，故姑就一人之解，與一時之解存之，而名之曰‘貫’。未知貫否也?”而張大受《序》則云：“取屈子二十五章，一一會其大意，蟬聯而注解之，名曰《屈子貫》。”

張氏有感於屈原及其作品之難解，《自序》云：“盲之文吾能知其葩，腐之文吾能知其憤，莊之文吾能知其幻，班之文吾能知其密。《戰國策》之文吾能知其譎，得其解，則終解矣，故可以無解。若屈子，吾不知其翩飄乎從何而來，從何而往也？此必天半雲霞，卷舒於空濛有無之中，或濃或澹，或斜或整，或聚或散，倏忽變化，不可思議，不可摹捉。故今日讀之謂然，明日讀之又可不謂然；一人讀之謂然，他人讀之又可不謂然。而無以解之，則亦終無從以解之矣。”此書注釋屈原作品二十五篇，即《離騷》、《九歌》、《天問》、《九章》、《遠遊》，各爲一卷。而《卜居》、《漁父》“家誦户習”，僅以圈斷句，無注釋及音注，附於卷五《遠遊》之末。其體例爲，分節作釋，先大意，後訓詁，次音注；各篇皆有“題解”，而《九歌》則各篇有之。於山川、草木、鬼神、都邑之類，則不深究，一概從略。重在闡發、發掘屈子思想、人格及作品結構。

此書之版本，有清康熙四十年刊本，上海圖書館藏。另，清嘉慶三年畮城萬春堂重刊本，浙江圖書館藏。又，2000 年北京出版社《四庫未收書輯刊》影印本。

迄今，對是書作過評述的論文主要有金淵洙《清代前期楚辭學研究》(蘇州大學，1997 年博士畢業)。

屈辭洗髓

楚辭研究專著。清代徐焕龍撰。徐焕龍，字友雲，宜興(今屬江蘇)人。康熙五年(1666)舉人。後屢試進士不第，“困公車三十餘年”。其同學、好友儲欣《序》於其生平略有所述，云：“友雲好讀書，悟性超拔”，“丙午(1666)鄉薦，屢挫春官。益讀書。或以禄仕勸，弗應。年逾五十，杜門南郭。注《周易》，二年而成。注《詩》，一年成。又以其餘，成《屈辭注》。”然因“家貧無力梓行”，得儲欣之助，先刻《屈辭》注。

該書凡五卷。卷首有儲欣《序》。次《目録》。次徐瑶《音釋》，以屈原作品二十篇舊次爲序，每篇均摘出若干字詞，加以音注。卷末附徐瑶《跋》。此書之補注過程與題名緣由，其侄徐瑶(字天碧)《跋》云：“家叔父注《屈辭》成，顏曰《洗髓》，將授梓，命瑶補注音釋，且綴一言，附簡末”，“《洗髓》之爲言，明乎今日之注，極深研幾，探討靡剩義，與作者精神相貫徹，非得其皮毛而已也。”

此書依王逸《楚辭章句》舊次，收屈原作品二十五篇，而删“經”、“傳”等字。其篇次爲：第一卷《離騷》，第二卷《九歌》，第三卷《天問》，第四卷《九章》，第五卷《遠遊》、《卜居》、《漁父》。其體例爲，雙行夾注，訓詁爲主；眉語甚多，大體以文義爲主，亦論章法；且逐節詳疏，融貫一篇之旨。此書之評注特色，徐氏《跋》亦有概括，云："夫奇情奥旨，原古人文字中所自有，特在好學者精思而自得之。勿爲陳説所牢籠，則叔父之志也夫。"如釋《九歌》作意與"諷諫"之説，云："《九歌》非《離騷》諸篇比，諸篇自寫憂思，無所不可寓言者。《九歌》神將聽之，而專以鳴其不平，是即慢神，三閭未必出此。但忠愛血腸，遭此放廢，出口便成哀怨，似言言寓慨耳。不然，《東皇》、《雲中》篇何又絶無感慨耶。"此説似比王逸、朱熹之論更爲中肯客觀。又如釋《卜居》，云："卜其所以居身之術，非真自疑，聊寄感慨耳。鄭詹尹或猶《離騷》篇中所謂'靈氛'、'巫咸'，而未必當時果有是人。"再如釋《漁父》，云："亦或無此事，猶東方《客難》之意耳。"凡此，皆能啓人心智，高人一籌。有清康熙三十七年無悶堂刻本，上海圖書館、中國科學院國家科學圖書館藏。

迄今，對是書作過評述的論文主要有金淵洙《清代前期楚辭學研究》（蘇州大學，1997年博士畢業）。

離　騷　辯

楚辭研究專著。清代朱冀撰。朱冀，字天閑，又字悔广，號悔庵，又號秦餘山樵，吴縣（今屬江蘇）人。該書不分卷。正文首有朱氏《離騷辯序》。次《小引》。次《凡例》。次《管窺總論》。次《林西仲總評》。次《辯前賢論騷二則》。正文末附《山鬼》注，附《山鬼》注"跋"。

朱氏《自序》詳述此書之撰述過程，頗具特點，"余初讀《離騷》，閲諸家評釋，類龐雜無倫"，後得朱熹《集注》，而"訝其無所翦裁，龐雜如故。每力辯此注決非紫陽所集"；又，初於林雲銘《楚辭燈》"膾炙久矣"，後覺"疑義益多"，"以爲大夫當日命意立言，未必爾爾"；"懷是想者積有歲時，卒無由遽形之楮墨也。適歲在丙午，秋冬之交，忽疽發於腰膂間，足不能窺户者兩閲月。每借讀《騷》以自遣。往往於吟唱之餘，爲大夫設身處地，沉思默想，至忘寢食"；且於下元之夕，夢中"與一老人互相辯證"，既寤則興會所至，别有洞天，而"隨得隨書"。此書之題名緣由，《凡例》云："《楚辭》全帙，均屬三閭絶唱，曷爲乎止辯《離騷》？蓋《楚辭》中最難讀者莫如《離騷》一篇。大夫畢生忠孝，全副精神，俱萃於此。……至其餘諸篇，縱有異同，所争者小，不敢多累筆墨。惟《九歌》中《山鬼》一章，鄙見與舊説全别，特附篇末，並求高明者之教正。"另，朱氏還叙其撰述緣由，《小引》云："非故爲吹毛索瘢，而取罪前輩也；亦非務爲詭譎怪誕，翻案求新，而好與陳編作敵也。特以舊注之背謬，林子業已摘之於前；而林説之背謬，不減於舊注者，計其最甚，蓋有二端。予又焉能人云亦云，而不辯正之於後乎？”朱氏出於舍我其誰之學術責任感，追根究底之探尋勇氣，著成此書，然又不勝感慨，《自序》云：“後之見是編者，其指余摘余”，“猶余今日之指摘前人”，“而猶欲存之，蓋不忍忘病時之苦志”，“爲指爲摘，又奚恤焉？”

此書之體例，大致以四句一解，引用林雲銘、朱熹兩家之注，而加“愚謂”、“愚按”、“又按”以申之、駁之。朱氏對林雲銘有高度讚揚之處，《自序》云：“果能自出新裁，不襲舊説。其痛闢‘求君’處，尤爲先得我心，如遇知己。”又，《凡例》云：“舊本《離騷》下添一‘經’字，《九歌》以下諸作皆添一‘傳’字，林子一以史遷本傳爲據，掃除廓清，最爲允當。予敬從之。”但對林氏駁斥亦多，《凡例》云：“予讀騷管見，與舊説同者十一，異者十九，其異同無關輕重者，舊説或節而録之，其謬説已經林子闢過者，時或存林而去舊。若余自抒己見，力反前人，則是非無中立之勢。”

朱氏尤爲强調讀《騷》之法，云：“讀《離騷》須分段看，又須通長看。不分段看，則章法不清。不通長看，則血脉不貫”，“讀《騷》須要活潑潑地”，“讀《離騷》如滿案散錢，必須用索貫串。”據此法，朱氏以爲“守死善道”四字，“可作全篇骨子，可貫前後血脈”；而卒章“與爲美政”四字，“則又文中之眼目，大夫項下之驪珠也”，“‘爲美政’乃一生心事，‘法彭咸’爲守死之依歸”。另，朱氏以爲，“求女”即“設想神遊，欲遍訪境内名山大川，冀得一二高人達士，以折中此身之去就，庶幾將伯之助予”，而《山鬼》亦“爲求折中也。夫欲求折中，必待隱處之奇士，故意在乎招隱也”，實則與《離騷》之“求女”立言異而寄託同。

因朱氏對作品整體把握有所失誤，故學界對此書評價不高，乃至非議不斷。王邦采《離騷彙訂》云：“林氏西仲，自謂可燭照無遺，而讀之如聞夢囈。天閑氏力闢之，皆當。惜其拘牽臆鑿諸病，更甚于前人。而才情横溢，又足以文其背謬，迷人心目。其詒誤後學，尤非淺淺。”姜亮夫《楚辭書目五種》云：“其攻朱説，固已多紕繆。其攻林説，亦夾以時文義例（如説邅江離二句）。同爲明季以來陋習。其襲舊説，既多訛傳。其創新義，又多失當”，“純以文章組織説之。雖時有善言，而支離破碎，全失爲文主旨。”

此書之版本，有清康熙四十五年（1706）緑筠堂精刊本，北京圖書館、上海圖書館、中國科學院國家科學圖書館、復旦大學圖書館、南京大學圖書館藏。另，有 1986 年臺北新文豐出版公司《楚辭彙編》影印本、2008 年廣陵書社《楚辭文獻集成》影印本、2008 年燕山出版社《楚辭要籍選刊》影印本。

迄今，對是書作過評述的論文主要有金淵洙《清代前期楚辭學研究》（蘇州大學，1997 年博士畢業）。

離騷解

楚辭研究專著。清代謝濟世撰。謝濟世(1689—1755),字石霖,號梅莊,全州(今屬廣西)人。康熙間進士。官浙江道監察御使,直聲振天下。乾隆時官湖南糧儲道。一生四次被誣,三次坐牢,兩次丟官,一次陪斬,一次充軍,歷盡坎坷,極富傳奇色彩。著有《大學注》、《經義評》、《西北域記》等。事跡載《清史列傳》七十五、《碑傳集》五十七、《清史稿》卷二百九十三。

該書凡一卷。僅録《離騷》一篇。篇末附謝氏《自跋》。此書之撰述過程,《自跋》云:"《離騷》一篇,幼讀之不解,長讀之終不甚解","旋因乞食,外轉湖南","又得溯汨羅之江,弔靈均之墓。自此方舟督運,冬去夏歸,每泊湘陰,輒酹酒朗讀竟夕。光陰徂謝,三載於兹。覺一篇十四章血脈流貫,爿片分明,語誕而情真,詞複而義别,無不可解也。"

此書先分段摘録原文,各段長短不一,次列己意;不重訓詁字句、名物考辨,而好義理闡發、文章分析,且時加"眉批"以疏通全文。姜亮夫《楚辭書目五種》云:"以《離騷》爲忠孝之書,思理與劉獻廷、方苞皆近。"如"眉批",云:"第一句便見無去國之義。前半篇政因讒害欲依彭咸,不果依;後半篇人莫我知欲去故都,不果去;而卒歸於依彭咸。篇中除重華無言、天帝未見、淑女難得外,其有交關者,靈修、黨人、女嬃、靈氛、巫咸五人而已。"

此書之版本,有清乾隆六年《梅莊雜著》刻本,北京圖書館藏。另,有清道光五年(1825)《梅莊雜著》刻本,北京圖書館、首都圖書館藏;清同治十一年(1872)徐維益等重刻《梅莊雜著》本,北京圖書館藏;有清光緒十年(1884)長沙梁家鈺刊《謝梅莊先生遺集》本,北京圖書館、中國科學院國家圖書館藏;清光緒三十四年(1908)《謝梅莊先生遺集》鉛印本,中國科學院國家科學圖書館、浙江圖書館藏。又,有 2001 年廣西人民出版社《梅莊雜著》黄南津校注本、2005 年北京出版社《四庫禁毁叢刊補編》影印本、2008 年廣陵書社《楚辭文獻集成》影印本、2008 年燕山出版社《楚辭要籍選刊》影印本。

離騷中正

楚辭研究專著。清代林仲懿撰。林仲懿,字山甫,號謙齋,棲霞(今屬山東)人。康熙辛卯(1711)舉人。官銅陵知縣。著有《南華本義》。事跡載乾隆間《栖霞縣志》卷七《人物志》。

該書不分卷,僅録《離騷》一篇。篇首有林氏《讀離騷管見》。關於書名,《讀離騷管見》云:"此屈子之大旨也。特爲拈出。知此,而《離騷》之大義,便可迎刃而解。"此書之撰述緣由,《讀離騷管見》云:"作者全副精神,實畢注於《離騷》,以下諸篇,則其支脈餘意,隨時抒情而爲言者也。余故釋《離騷》而他未之及也。"其體例爲,先分段摘録原文,次題"注"以詮釋字句,繼列"評"以疏通句段、闡發大意;其注評多熔鑄前人觀點,而不直接引用他説,雖有結構分析然重在義理推衍。

此書被收入《四庫全書》"存目",其《提要》云:"是編首載《讀離騷管見》數則,謂屈原之賦'以執中爲宗派,主敬爲根柢。自叙學問本領,陳述帝王心法,與《四子書》相表裏',其説甚迂,故所釋類多穿鑿。如釋'名余曰正則,字余曰靈均',謂屈子竊取子思之道,所言'正則'、'靈均'均與《中庸》天命之性、率性之道相合,是果騷人之本意乎?"此論雖較爲苛刻,然亦不無道理。《管見》云:"屈子爲聖人之徒,《離騷》爲明道之書","論道理,《離騷》則孔孟家言,尤須理會,不得止作文章觀。"基此,林氏對朱冀《離騷辯》甚爲肯定,云:"吴門朱悔广所著,以'守死善道'四字作通篇骨子,此語未易多得。"另,林氏以八股文法解讀《離騷》章法,亦迂腐可笑。

此書之版本,有清乾隆十年世錦堂課本,山東大學圖書館藏。另,有1997年齊魯書社《四庫全書存目叢書》影印本、2008年廣陵書社《楚辭文獻集成》影印本。

迄今,對是書作過評述的論文主要有程遠芬《〈四庫總目·離騷中正〉書後》(《中國典籍與文化》2006年第2期)。

離騷節解

楚辭研究專著。清代張德純撰。張德純,字能一,號松南,長洲(今江蘇蘇州)人。康熙三十九年(1700)進士。曾與何義門、朱竹垞諸名流結詩酒之社,執牛耳盟。後任常山令,十年解組,遂縱遊天下。著有《左綉》、《易緒》、《孔門易緒》等。

該書凡一卷,僅録《離騷》一篇。卷首有張德純《自序》。次《離騷節指》一卷。次《離騷本韻》一卷,凡九十一則。次《離騷正音》一卷,凡一百四十六則。乾隆刊本卷末有張松孫《跋重鎸離騷節解》。此書之纂輯過程與撰述緣由，張氏《自序》述之較詳，體現其學術家傳之家族特色，云："生太平之時，竊禄以仕，又平生寡所怨惡於鄉國之間。於《離騷》之情事，了不相涉"，"徒以小在懷抱，時值先君子晚歲幽屏，於古人文章，特嗜此篇。坐諷行吟，曾不蹔舍。不肖爾時便能上口。逮識字後，先子復時有所指授"，"及年漸長，出遊文場，見諸名流每有偁引，與曩時所聞不甚契合。徧求自漢以來，各家疏注錯綜，觀之亦離合相半"，"歲乙酉，薄遊鄂城，劉君嵩齡，相從受經。次及《楚辭》，就洪興祖舊本，隨手點定。意所欲言，便旁著數語，於舊解小有異同，大抵小時所聞於先子者"；"自扺官常山，益牽於吏事。今歲（案：康熙五十三年甲午，即作序之年）夏旱，輟訟齋居。偶檢篋中文字，得顥兒（張氏之子張之顥）録存小本。見大體麤具，棄之可惜"，"故復爲詮次，手鈔一通"（使亡父之學術得以），"存其大都"。故知此書之成，已凝聚張氏三代人之心血。及至此書刊刻梓行七十一年（1785）後，其孫張松孫"擢守潼川，以蜀道險遠，向有書籍及先人遺稿，多不能攜。公餘檢視行笥，得先王父《離騷節解》一册，尚係松孫幼時讀本，兒輩收拾篋中。因念屈子《離騷》，爲士子必讀之書，詢蜀中坊肆，絶無僅有。爰録原本，重加校梓，並依所藏套板《文選》，增入何批（何焯所批），俾讀者更易領略"。1785 年刊行，松孫之子張智瑩、張仁瑞、張勇瑮又參與"校字"。又知此書之撰作、流播，乃張氏五代人延續而成。

此書體例爲，其注大抵依朱熹《集注》，以四句爲一解；或以一解爲一節，或以若干解爲一節；每節先訓詁字句，次疏通章義；凡十三節九十三解，每解、每節各有其旨。正文題"屈子"於篇名前，云："以《楚辭》名篇，舊矣"，"獨囿靈均以南音，竊所未安也。"篇名下有"題解"，引司馬遷之説後，云："遭罹憂患與離騷而懷憂，兼有二義。"張氏善於把握行文脈絡，云："自此（"紛吾既有此内美兮，又重之以修能"句）至終篇，凡言好修者五，前修姱修者再，而特發端於此。此一篇之指要也。"

此書之版本，有清康熙五十三年（1714）讀書松桂林精刊本，中國科學院國家科學圖書館藏。另，有清乾隆五十年（1785）梓州郡署重刊朱墨套印本，浙江圖書館藏；1979 年揚州古舊書店重印《離騷四種》本，二册，北京圖書館藏。又，有 2000 年北京出版社《四庫未收書輯刊》影印本、2008 年廣陵書社《楚辭文獻集成》影印本。

離騷經解略

楚辭研究專著。清代方楘如撰。方楘如，字若文，一字文輈，號樸山，淳安(今屬浙江)人。康熙四十五年(1706)進士。官豐潤縣知縣。著有《集虚齋學古文》。事跡載《清史列傳》卷七十一。

該書分《離騷》爲上半篇、下半篇,“亂曰”乃全篇之總結,“國無人莫我知兮”句爲“收上半篇”,“又何懷乎故都”句爲“收下半篇”,“既莫足與美政兮,吾將從彭咸之所居”爲“歸宿”。但具體而言,又分全文爲六段:自首至“遲暮”爲第一段,自“不撫壯”至“遺則”爲第二段,自“長太息”至“可懲”爲第三段,自“女嬃”至“嫉妬”爲第四段,自“朝吾”至“稱惡”爲第五段,自“閨中”至“媮樂”(漏末四句,當至“顧而不行”句)爲第六段。此書被收入《四庫全書》“存目”,題名爲《離騷經解》,其《提要》云:“是編所解甚略,無所考證發明。原附刻《集虚齋學古文》後,今析出別著録焉。”姜亮夫《楚辭書目五種》云:“大體在串釋《離騷》大義,辨明《騷》旨之所指喻。亦用行文脈絡批注之法……略有訓詁音義,皆極簡括,符於解略之義。楘如與望溪同時,學有根柢,注雖簡略,而平實雅正,固以少許勝人者也。”

此書之版本,有方楘如侄孫方升手録《集虚齋學古文》本,浙江圖書館藏(案:《集虚齋學古文》,凡十二卷。《離騷經解略》附十二卷之末《汪孝子傳》後。卷十二本爲傳志,而《解略》不見目録中,僅爲末尾六頁)。另,有清乾隆甲戌方氏佩古堂刊《集虚齋學古文》附刻本,北京圖書館、中國社會科學院近代史研究所、浙江大學圖書館、遂昌縣文化館藏;清光緒十年淳安縣署重刊《集虚齋學古文》本,中國科學院國家科學圖書館藏。又,有1997年齊魯書社《四庫全書存目叢書》影印本、2008年廣陵書社《楚辭文獻集成》影印本。

迄今,對是書作過評述的論文主要有金淵洙《清代前期楚辭學研究》(蘇州大學,1997年博士畢業)。

楚三閭大夫賦

楚辭研究專著。清代王邦采撰。王邦采,字貽六,無錫(今屬江蘇)人。康熙間諸生。中歲棄舉子業,覃精經史,好爲詩、古文辭,尤工於畫。著有《徐節孝先生集箋》、《吳淵潁先生集箋》等。事跡載清光緒間《無錫金匱縣志》卷二十二《文苑》。

該書扉頁題“楚三閭大夫賦”,下有《題辭》。王氏撰《離騷彙訂》、《屈子雜文箋略》,而合名爲《楚三閭大夫賦》。此書之題名緣由,扉頁《題辭》云:“此屈子之書也,不稱屈子,而稱三閭大夫者何?昭其職也。職爲貴戚之卿,誼矢靡他,故繫之以楚也。然則曷爲不以《楚詞》名?《楚詞》者,統宋玉、景差而言之，非屈子之專書也。此爲屈子之專書，例不得統言也。若夫不曰‘詞’而曰‘賦’者，從《漢志》也。”

全書凡六帙。第一帙首有王氏《離騷彙訂序》。次《屈子總目》，末附《按語》。次《離騷彙訂姓氏》，末附《按語》。次《屈原像》。次《屈原贊》。次司馬遷《屈原列傳》。次沈亞之《屈原外傳》。次賈誼《弔屈原辭》。次《離騷讀本》，僅録原文，分爲三段。次《書離騷後》。次《讀離騷絶句二首》。第二、三、四帙爲《離騷彙訂》一、二、三，每段一帙。第五、第六帙爲《屈子雜文箋略》正文，其中第五帙録《九歌》、《天問》兩篇，第六帙録《九章》、《遠遊》、《卜居》、《漁父》四篇。《屈子雜文箋略》正文前有《屈子雜文序》。全書末附《總跋》。比較而言，王氏詳於《離騷彙訂》而略於《屈子雜文箋略》。

《離騷彙訂序》謂其讀《離騷》嘗歷“如聽古樂”、“如啜佳茗”、“如飲醇醪”三種境界，云：“曩予少時，嘗讀屈子《離騷》矣。字多奇，聲多楚，義多奥，如聽古樂然。讀未數行，輒昏昏欲睡。稍長，卒讀之，漸覺有回味，如啜佳茗焉。因反覆讀之，又如飲醇醪，令人醉心也。”然取諸家評注而探索後，覺得“如墮入迷霧”，云：“若諸家評注其於三閭大夫，意指所在尚多紕謬弗安，吾未見其能讀也。”於是，“取而訂之，羅諸解於前，附鄙見於後。凡三閱月而竣”。儘管《九歌》以下諸篇（《屈子雜文箋略》）皆“莫能出《離騷》範圍”，然“搜奇羅異，珍碎金而不遺；守缺保殘，見完璧而生慕”，“遂即所採諸家，重加芟録而卒業焉”。

王氏以爲，屈子之辭難讀，而《離騷》最難讀，學者若能於此篇有所神會，則《遠遊》、《天問》諸篇自可迎刃而解，云：“洋洋焉灑灑焉，其最難讀者，莫如《離騷》一篇。而《離騷》之尤難讀者，在中間見帝、求女兩段。必得其解，方不失之背謬侮褻，不流於奇幻，不入於淫靡。”另，王氏以爲古來讀《離騷》者多犯“七病”，《離騷彙訂序》云：“屈子之自命高，以庸俗求之則陋。措詞婉，以粗鄙求之則悖。取徑曲，以艱深求之則晦。頭緒繁，以拘牽求之則亂。採用博，以臆鑿求之則舛。罕譬多，以色相求之則誣。意言雋，以塵腐求之則固。”於是，王氏提出讀《離騷》之法，《離騷彙訂序》云：“非徒誦習其詞章聲調已也。必審其結構焉，必尋其脉絡焉，必考其性情焉。結構定而後段落清，脉絡通而後詞義貫，性情得而後心氣平。”

《離騷彙訂姓氏》列出六家姓氏，即王逸、洪興祖、朱熹、徐焕龍、林雲銘、朱冀，並點評六家注釋及其他重要楚辭著作。《按語》云：“朱子《集注》，大半本之王、洪兩家，間有改竄，未見精融”，“《文選》之六臣注，非專解，且多紕謬。即近世《瀹注》、《纂注》等書，亦無甚發明。若黄維章氏之《聽直》，有激而言之，非注書之正體。至槜李陸昭仲氏，甚爲疏陋。餘子瑣瑣，益不足道矣，皆不録。”顯然，“彙訂六家”之外，還批評了《文選》六臣注、閔齊華《文選淪注》、張鳳翼《文選纂注》、黄文焕《楚辭聽直》、陸時雍《楚辭疏》等。

王氏以爲，屈原作品，不必硬湊“二十五篇”之數，當爲二十三篇：《離騷》(2 477 字)、《九歌》(1 553 字，爲九篇，“二湘”爲一篇，“二司命”爲一篇)、《天問》(1 559 字)、《九章》(3 987 字)、《遠遊》(1 137 字)、《卜居》(320 字)、《漁父》(211 字)。合計二十三篇，11 244 字。而“二招”(《招魂》、《大招》)定非屈原所作，云：“使屈子自招招君，必有一種忠愛激楚之意溢於筆墨之外，而不徒侈陳飲食宴樂之豐，妖冶歌舞之盛，堂室苑囿之娱，爲此勸百諷一，如揚子雲之所譏也。”另，將“二湘”、“二司命”皆合爲一，定《九歌》爲九篇，亦非王氏獨創，前有明代周用，清代基本同時有吴世尚、顧成天。

此書之體例，《離騷彙訂》“羅諸解於前，附鄙見於後”，先間採王逸等六家之説，後加“按語”以示己見；除疏通文義外，對諸家之言，尤其是林、朱二家，多所駁正。而《屈子雜文箋略》(《九歌》以下諸篇)，注釋力求簡略，熔鑄王逸諸家之意，然不直接引用其語，亦不加按語。綜觀全書，王氏善於探求章次與闡發文義，如將《離騷》分爲三大段，自首句至“豈余心之可懲”，爲第一大段；自“女嬃之嬋媛兮”至“余焉能忍與此終古”，爲第二大段；自“索藑茅以筳篿兮”至篇末，爲第三大段。此種分段法，迄今爲大部分選本、注本、讀本所採。又如釋《離騷》“路曼曼其修遠兮，吾將上下而求索”之“求索”，云：“求索，求天帝之所在也。天帝廣莫，冲居無朕，以喻君門萬里，欲叩無由。”然其不足亦在義理推求上，如謂《天問》乃楚人哀原，從頹垣斷壁間彙餘編次，故其中不無遺漏，後人卻强爲聯絡照應；又如謂《遠遊》不及南方，爲屈子所不忍。似皆臆測之詞。

此書之版本，有清康熙六十一年(1722)原刊本，中國科學院國家科學圖書館、清華大學圖書館藏。另，有清乾隆九年(1744)刊本，遼寧大學圖書館藏；清光緒二十六年(1900)《廣雅叢書》本，中國科學院國家科學圖書館、北京圖書館藏。又，有 1994 年上海書店《叢書集成續編》影印本、2000 年北京出版社《四庫未收書輯刊》影印本、2008 年廣陵書社《楚辭文獻集成》影印本、2008 年燕山出版社《楚辭要籍選刊》影印本。

迄今，對是書作過評述的論文主要有郝志達《“上下求索”淺論——讀〈騷〉偶記》(《天津社會科學》1982 年第 2 期)、王錫三《王邦采“三段説”質疑——談〈離騷〉的構思》(《天津師範大學學報》1985 年第 2 期)、江林昌《〈離騷〉“反顧”新解》(《江漢論壇》1990 年第 4 期)、江林昌《試論〈離騷〉句群及其運用》(《中州學刊》1990 年第 3 期)、趙沛霖《〈離騷〉求女的寓意及其觀念基礎》(《河北學刊》1991 年第 1 期)、周建忠《〈離騷〉層次結構探索》(《江蘇社會科學》2005 年第 1 期)、顧農《〈離騷〉的總體結構》(《阜陽師範學院學報》2005 年第 1 期)。

楚辭疏

楚辭研究專著。清代吳世尚撰。吳世尚,字六書,貴池(今屬安徽)人。著有《易經注解》、《春秋義疏》、《老子宗指》、《莊子解》等。該書凡八卷。卷首有吳氏《楚辭疏序》。次《目録》。次《叙目》。次《凡例》。此書之撰述緣由,吳氏《序》云:"世所傳《楚辭》注,王逸、洪興祖逐句而晰,大義未明;朱子提挈綱維,開示藴奥,而於波瀾意度處,尚多略而未暢;近世林雲銘辨白《二招》,頗得之,餘亦尠所搗。今歲(1727)大饑,余貧且病,愁悴無聊,聊復疏此本,從'朱'篇末各附以'論',蓋或以補前賢所未備。"另,《叙目》云:"右《楚辭》八卷,其去取皆遵朱子所論定,其篇次唯六、七卷,今從林説,略一移置。"即"二招"從林雲銘説,以《招魂》爲屈原自招,以《大招》爲屈原招楚懷王之作。此書篇次爲:卷一《離騷》,卷二《九歌》,卷三《天問》,卷四《九章》,卷五《遠遊》、《卜居》、《漁父》,卷六《招魂》、《大招》(屈原),卷七《九辯》(宋玉),卷八《惜誓》、《弔屈原》、《鵩賦》(賈誼)、《哀時命》(莊忌)、《招隱士》(淮南小山)。其體例爲,先摘録原文,逐句注釋;每節之後,有章節大義;每篇末均有"論曰"一段,爲全文總結。吳氏自述其注疏目的與重點,《叙目》云:"先逐句悉其詁訓,乃逐節清其義理。上下有接續,前後有貫通。初學開卷,不至蒙於五里霧中也。"此説雖針對《離騷》而言,然可代表全書注疏之特色。

吳氏《凡例》尤值得稱道,因其一脱傳統介紹體例、版本、方法的藩籬,而成一段段精闢而有文采之作品"總論",讀之令人賞心悦目,美不勝收。如謂《離騷》"用意精深,立體高渾";"前半後半"之間"跪敷衽以陳辭"至"索藑茅以筳篿兮"一大段,"實徑路絶而風雲通";"《離騷》反覆千餘言,原不過止自明其本心之所在耳。原之心乎楚,存歿以之。所謂天不變此心亦不變也"。其謂《九歌》"情致縹緲,既見其情性功效之所在,又使人有仿佛不可爲像之意,可謂善言鬼神之情狀者矣",故索解《九歌》,既不能"止屬在巫保身上",又不必"處處闌入懷王與屈原"。於《天問》,吳氏以爲"最有次第",且"非楚人從先廟祠堂圖畫壁上各處抄羅,因共論述者也"。又謂《九章》,"《九章》體裁,與《騷》一也,而各因其時,各紀其事","唯《悲回風》篇,則急鼓繁弦,深巷短兵時矣"。另,評其它諸篇亦甚有可觀,云:"《遠遊》雖屈原閒居無聊之極思,而實不過以暢《離騷》中後兩段未竟之意也";"《卜居》、《漁父》兩篇,《卜居》作於初放之時,《漁父》則去沉淵不遠矣。故一則猶有悵望之情,一則盡屬決烈之語";"《招魂》之前半篇,以驚嚇爲闌截,後半篇以引誘爲繫縛,此最是'招'字中説不出的神理";"《九辯》比興居多,最得風人之致";"賈得《騷》之精,莊得《騷》之氣。《招隱士》絶不與《騷》似,而小山獨得《騷》之神"。凡此,往往爲近現代學者所採。有清雍正五年(1727)尚友堂刊本,北京圖書館、上海圖書館、中國科學院國家科學圖書館、清華大學圖書館、北京大學圖書館藏。

迄今,對是書作過評述的論文主要有翟振業《論〈離騷〉的自我與夢》(《湖北民族學院學報》1991 年第 4 期)、毛慶《吴世尚與弗洛依德關於"白日夢"理論之比較》(《職大學報》2007 年第 3 期)、金淵洙《清代前期楚辭學研究》(蘇州大學,1997 年博士畢業)。

山帶閣注楚辭

楚辭研究專著。清代蔣驥撰。蔣驥,字涑塍,室號山帶閣,武進(今屬江蘇)人。康熙間諸生。事跡載蔣汾功《从弟叔塍制舉業序》、光緒間《武進陽湖縣志》卷二十三、洪亮吉《外家紀聞》、張惟驤《清代毗陵名人小傳稿》卷三。另,金淵洙《蔣驥家世與生平考略》(《蘇州大學學報》1998 年第 3 期)可參。

據金淵洙考,蔣氏約生於康熙十三年(1674),約卒於乾隆六年(1741)。有二兄一弟,長兄蔣芳洲,次兄蔣文元,其弟蔣敳淳。另,有兩位堂兄,一爲三叔蔣鎬子蔣汾功,一爲四叔蔣金式子蔣鴻翮。其兄弟皆聰敏穎悟,而蔣氏少時尤有才名,邑人云:"里中五蔣,後來居上。"所謂"後來"者指蔣驥,其他四人指其兩位兄長與兩位堂兄。又,蔣汾功《从弟叔塍制舉業序》云:"每讀叔塍弟文,輒爲心折,默而自慚。環視同輩中,亦無能出其右者。"然蔣氏科場不利,二十歲爲諸生,後屢試,竟未能中舉。胞兄芳洲、文元與堂兄汾功皆進士及第,胞弟敳淳、堂兄鴻翮亦中舉從政。洪亮吉《外家紀聞》云:"(蔣驥)尤篤學嗜古,然二兄一弟皆連翩直上,而先生僅以貢籍終。"蔣驥《後序》亦云:"余老於諸生逾三十年,場屋之苦,下第之牢愁,殆與身相終始。年二十三,得頭目之疾,畢生不痊,畏風若刀鋸。凡春花秋月、人世嬉遊之事,概不得與。目力久乏,又不能縱情書史。此身塊然如贅疣。自念少時讀書課文,每爲時輩所推嘆,及老猶不廢學,亦雅知自好,不敢有負聖賢,不識何所獲戾而至斯也!"蓋因其場屋困頓,終生多病,且又懷才不遇,悲憤滿懷,蔣氏才痴迷楚辭,"獨於《離騷》,功力頗深"。

該書始作於康熙四十七年戊子(1708),蔣氏《自序》云:"予於戊子夏,始發憤論述其書。顧以束於制舉,困於疾病憂患,貧賤奔走,時作時輟,六閱年始成。”《自序》作於康熙五十二年癸巳(1713)七月之望,自戊子夏至此,正好六年。另,蔣氏《餘論》云:“庚子以後,復見相國安溪李公《離騷解義》、吳郡朱天閑《離騷辨》、無錫王貽六《離騷彙訂》三種。朱氏最好議論,紕繆尤多。其餘或襲舊以傳訛,或創新而失當,往往而有。”又,蔣氏《後序》云:“訂詁之外,益以《餘論》、《説韻》若干卷。今雖訖事已久,然偶觀他書有與《騷》相發明者,未嘗不筆而存之。”《後序》作於雍正五年丁未(1727)。故知此書自開始撰述,至定稿刊刻,歷二十年乃成,爲蔣氏一生心血之結晶。

此書分爲卷首、《注》六卷、《餘論》二卷、《説韻》一卷。卷首有蔣氏《序》。次蔣氏《後序》。次《採摭書目》。次司馬遷《屈原列傳》。次沈亞之《屈原外傳》。次《楚世家節略》。次《考正地圖》。《四庫全書總目提要》云:“冠以《史記·屈原列傳》、沈亞之《屈原外傳》、《楚世家節略》,以考原事蹟之本末;次以《楚辭地理》,列爲五圖,以考原涉歷之後先。”《採摭書目》,凡四百零一種。《楚世家節略》有《小序》云:“漢史傳原,既多略而不詳。余倣林西仲本,復輯《楚世家》懷、襄二王事蹟著於篇。因兼採諸書,附以所見。將使讀屈子之文者,有所參考。又以知楚之治亂存亡,繫於屈子一人,而爲萬世逆忠遠德者大戒也。”《考正地圖》亦有《小序》云:“余所考訂楚辭地理,與屈子兩朝遷謫行踪,既散著於諸篇,猶恐覽者之未察其詳也,次爲圖如左。”凡五圖,即《楚辭地理總圖》、《抽思思美人路圖》、《哀郢路圖》、《涉江路圖》、《漁父懷沙路圖》。《餘論》凡二卷,上卷總論《楚辭》及分論《離騷》、《九歌》、《天問》諸篇,下卷分論《九章》、《遠遊》、《卜居》、《漁父》、《招魂》、《大招》諸篇。郭在貽《郭在貽語言文學論稿》云:“《楚辭餘論》糾彈舊注之謬誤,考辨名物之異同,時有精邃之言。”又,《説韻》凡一卷,意在研討楚辭聲韻,分以字母,通以方音,每部列“通韻”、“叶韻”、“同母叶韻”之例,《四庫全書總目提要》云:“非通論,以其引證浩博,中亦間有可採者。”

正文爲《注》,凡六卷。首有《楚辭篇目》。蔣氏於《楚辭篇目》“附論”中,以意推之,定屈子作品創作時地與次第,“初失位,志在潔身,作《惜誦》;已而決計爲彭咸,作《離騷》;十八年後,放居漢北,秋,作《抽思》;逾年春,作《思美人》;其三年,作《卜居》,此皆懷王時也。懷王末年,召還郢。頃襄即位,自郢放陵陽;三年,懷王歸葬,作《大招》;居陵陽九年,作《哀郢》;已而自陵陽入辰、溆,作《涉江》;又自辰、溆出武陵,作《漁父》;適長沙,作《懷沙》、《招魂》;其秋,作《悲回風》;逾年五月,沈湘,作《惜往日》”,“若《九歌》、《天問》、《橘頌》、《遠遊》,文辭渾然,莫可推詰,固弗敢强爲之説云”。姜亮夫《楚辭書目五種》以爲,此次第、時地之推定,“雖不無可商,而明快爲舊説所無”。此書僅取屈原作品,其篇次爲:卷一《離騷》,卷二《九歌》,卷三《天問》,卷四《九章》,卷五《遠遊》、《卜居》、《漁父》,卷六《招魂》、《大招》。《餘論》云:“原賦二十五篇，情文相生，古今無偶；《九辨》以下，徒成效顰。”故删而不録。從黄文焕、林雲銘説，以“二招”爲屈原作。又謂《九歌》中“二湘”、“二司命”爲一篇，以《九歌》爲九篇。屈原作品凡二十五篇，以合《漢書·藝文志》所載之數。

蔣氏治騷，强調整體性，《餘論》云：“凡注書者，必融會全書方得古人命意所在。”《自序》又云：“融全書以定其篇，審全篇以推其節次句字之義。故雖文之漫衍俶詭，而未始不秩然可尋。”如謂《離騷》“蓋通篇以好修爲綱領，以從彭咸爲結穴”，又謂“閨中邃遠句，收反顧遊目以下半篇；哲王又不悟，回顧怨靈修之浩蕩以前半篇。用筆一俯一仰，真有旋轉乾坤之力”。又如其評判《九歌》“諷諫”説，亦頗中肯，云：“《九歌》之託意君臣，在隱躍即離之際，蓋屬目無形者。或見其意之所存，況睹其形之似者乎。有觸而發，固其理也。必欲句櫛字比以求合之，則刓方爲圓矣。”

蔣氏此書，曾受到學術界高度評價，《四庫全書總目提要》云：“所注即據事蹟之年月，道里之遠近，以定所作之時地。雖穿鑿附會，所不能無而征實之談，終勝懸斷。”姜亮夫《楚辭書目五種》云：“採摭群書，都六百四十餘種，以《楚辭》一書而論，自王氏《章句》以外，取晁、洪、朱、黄、毛、陸、周，以逮清初丨餘家，非率爾苟且之作矣。”郭在貽《楚辭要籍述評》云：“在《九章》各篇的注釋中，對年月道里諸問題考辨特詳，用力之勤，徵引之博，在從來屈注中罕有其匹。”

此書之版本，有清雍正五年（1727）自刻本，福建圖書館、蘭州大學圖書館藏。另，有民國二十二年（1931）北平來熏閣影印本、1958年9月中華書局上海編輯所排印本、1972年臺北宏業書局影印中華書局聚珍本、1979年臺北廣文書局影印本、1984年10月上海古籍出版社據1958年中華書局版重印本、1984年臺北長安出版社排印本、2008年廣陵書社《楚辭文獻集成》影印本、2008年燕山出版社《楚辭要籍選刊》影印本。

迄今，對是書作過評述的論文主要有朱碧蓮《略評幾種有影響的〈楚辭〉舊注本》（《湖北大學學報》1985年第5期）、柯倫《簡論〈山帶閣注楚辭〉》（《湖北師範學院學報》1987年第3期）、潘嘯龍《駁蔣驥“屈原遷於陵陽”説》（《中州學刊》1988年第3期）、黄建榮《王逸、朱熹、蔣驥三家〈楚辭〉訓示原因初探——王、朱、蔣三家〈楚辭〉注本比較研究之一》（《撫州師專學報》1992年第2期）、張葉蘆《屈原放逐行踪續考》（《浙江師範大學學報》1992年第2期）、郭新和《蔣驥〈山帶閣注楚辭〉的治學方法》（《河南師範大學學報》1996年第1期）、趙逵夫《屈原卒年新考》（《貴州社會科學》1996年第2期）、朱碧蓮《〈楚辭〉要籍述略》（《古典文學知識》1996年第1期）、謝紀鋒《蔣驥對古韻研究的貢獻》（《南都學壇》1996年第5期）、陸天鶴、陸天華《探〈涉江〉〈哀郢〉之作時、作地與作因——兼論〈懷沙〉和〈悲回風〉》（《貴州社會科學》1996年第6期）、黄建榮《三家〈楚辭〉注本的訓釋篇目與體例》（《雲夢學刊》1997年第1

期)、金淵洙《蔣驥家世與生平考略》(《蘇州大學學報》1998 年第 3 期)、林潤宣《論〈山帶閣注楚辭〉》(《遼寧大學學報》1998 年第 6 期)、毛慶《略論明清之際屈學研究思想之嬗變與發展》(《武漢水利電力大學學報》1999 年第 9 期)、楊秀英《〈山帶閣注楚辭〉兩副地圖糾誤》(《圖書館雜志》2002 年第 9 期)、肖志强《蔣驥〈山帶閣注楚辭〉知人論世探析》(《貴州文史論叢》2007 年第 1 期)、金淵洙《清代前期楚辭學研究》(蘇州大學,1997 年博士畢業)、肖志强《〈山帶閣注楚辭〉探析》(貴州大學,2007 年碩士畢業)。

離 騷 解

楚辭研究專著。清代顧成天撰。顧成天,字良哉,號小厓,婁縣(今上海松江)人。康熙間舉人。雍正八年(1730)賜進士。授編修。官至少詹事、翰林院侍講。著有《金管集》、《花語山房詩文小鈔》、《南匯縣志分目原稿》等。

該書被收入《四庫全書》"存目",其《提要》云:"是編成於乾隆辛酉。大旨深闢王逸以來'求女'譬求君之説,持論甚正。然詞賦之體,與敘事不同,寄託之言,與莊語不同。往往恍惚汗漫,翕張反覆,迴出於蹊徑之外,而曲終乃歸於本意。疏以訓詁,核以事實,則刻舟而求劍矣。《離騷》之末曰:'陟升皇之赫戲兮,忽臨睨夫舊鄉。僕夫悲余馬懷兮,蜷蜷局顧而不行。'即終之以'亂曰'云云。大意顯然,以前皆文章之波瀾也。不通觀其全篇,而句句字字必求其人以實之,反詆古人之疎舛。是亦蘇軾所謂'作詩必此詩'也。"

此書之版本,《四庫全書》載"江蘇巡撫採進本";姜亮夫《楚辭書目五種》載《花語山房八種》本,上海圖書館藏;崔富章《楚辭書目五種續編》載清乾隆六年(1741)刻本,《離騷解》、《楚詞九歌解》、《讀騷列論》三本合刻,上海圖書館藏。另,有 1997 年齊魯書社《四庫全書存目叢書》影印本、2008 年廣陵書社《楚辭文獻集成》影印本。

迄今,對是書作過評述的論文主要有金淵洙《清代前期楚辭學研究》(蘇州大學,1997 年博士畢業)。

楚 詞 九 歌 解

楚辭研究專著。清代顧成天撰。該書被收入《四庫全書》"存目",其《提要》云："其説以《湘君》、《湘夫人》爲一篇，《大司命》、《少司命》爲一篇。並十一篇爲九，以合九歌之數説尚可通。至於每篇所解，大抵以林雲銘《楚辭燈》爲藍本，而加以穿鑿附會。如《河伯》篇云：九河，屬韓、魏之境，而崑崙在秦之墟，韓、魏不能蔽秦，而東諸侯始無寧日。'與女游兮九河'，武關之要盟也。'衝風起兮横波'，伏兵之劫行也。'登崑崙兮四望'，留秦而不返也。'靈何爲兮水中'，朝章臺如藩臣不與抗禮也。'與女游兮河渚，流澌紛兮來下'，冬卒而春歸其喪也。則全歸之於懷王。又，《山鬼》篇云：'楚襄王游雲夢，夢一婦人，名曰瑶姬。通篇詞意，似指此事。'則又歸之於巫山神女。屈原本旨，豈其然乎！"

此書之版本，《四庫全書》載"江蘇巡撫採進本"；姜亮夫《楚辭書目五種》載夏承燾所藏鈔本；崔富章《楚辭書目五種續編》載清乾隆六年（1741）刻本，《離騷解》、《楚詞九歌解》、《讀騷列論》三本合刻，上海圖書館藏。另，有1997年齊魯書社《四庫全書存目叢書》影印本、2008年廣陵書社《楚辭文獻集成》影印本。

迄今，對是書作過評述的論文主要有龔維英《〈九歌・山鬼〉探幽》（《中州學刊》1987年第3期）、羅義群《苗族巫鬼文化與〈山鬼〉》（《黔東南民族師專學報》2000年第1期）、劉不朽《女媧・山鬼・巫山》（《中國三峽建設》1999年第8期）、劉毓慶《〈山鬼〉考》（《山西大學學報》2002年第4期）、金淵洙《清代前期楚辭學研究》（蘇州大學，1997年博士畢業）。

讀騷列論

楚辭研究專著。清代顧成天撰。該書被收入《四庫全書》"存目"，其《提要》云："此書又舉《九章》以下諸篇未及作解者，一一評其大意。謂《離騷》之作，在頃襄王之世。屈原之死，乃身殉懷王。力闢《史記》記事之謬。謂《九章》'惜誦'、'惜往日'二篇爲僞託，定爲河洛間人所作。謂《卜居》亦爲僞託，定爲戰國人所作。謂漁父即莊周。謂《招魂》、《大招》皆招懷王。其説皆不免武斷。至《思美人》篇'託元鳥而致詞'句，謂因張儀生出鳥字，因商於生出元鳥字。其説尤不可解矣。"姜亮夫《楚辭書目五種》云："大體皆一時承興而發，未加深考，故其言多不經。始以附之顧氏諸解後云。"又，此書或題爲《讀騷別論》，齊魯書社《四庫全書存目叢書》作《讀騷列論》，姜亮夫藏本作《讀騷附論》，崔富章《楚辭書目五種續編》作《讀騷列論》。

此書之版本，《四庫全書》載"江蘇巡撫採進本"；姜亮夫《楚辭書目五種》載夏承燾所藏鈔本;崔富章《楚辭書目五種續編》載清乾隆六年(1741)刻本,《離騷解》、《楚詞九歌解》、《讀騷列論》三本合刻,上海圖書館藏。另,有1997年齊魯書社《四庫全書存目叢書》影印本、2008年廣陵書社《楚辭文獻集成》影印本。

迄今,對是書作過評述的論文主要有金渊洙《清代前期楚辭學研究》(蘇州大學,1997年博士畢業)。

屈子正音

楚辭研究專著。清代方績撰。方績,字展卿,桐城(今屬安徽)人。博學工詩文。一生坎坷貧困,抱志以終。其子方東樹,爲桐城派重要代表人物。著有《經史札記》、《牧青詩鈔》、《古文辭》、《鶴鳴集》等。事跡載方宗城《方展卿先生傳》。

管同《因寄軒集·屈子正音序》云:"先生是書,作於乾隆壬寅。"故知該書成於乾隆四十七年(1782)。又,鄧廷楨《序》云:"余不敏,於形聲訓詁之學,嘗涉獵而未精。喜先生是書,是爲屈子音讀善本。爰爲雕板,以傳於世。而間附鄙説於後,則以墨圈今按云云,以識别之。"鄧氏此序作於道光七年(1827),故此刻本有鄧廷楨及方績之子方東樹"訂補"。

該書凡三卷。卷首有鄧廷楨《屈子正音序》。次方氏《自叙》。次《目録》。其篇次爲:上卷《離騷》、《九歌》;中卷《天問》、《九章》;下卷《遠遊》、《卜居》、《漁父》、《招魂》。方氏《自叙》云:"此以《廣韻》爲主。其《廣韻》之謬者,以古音正之。吴才老《韻補》,朱子依以讀經,固愈於《禮部韻》,然其中誤者亦不少,今悉正之。"姜亮夫《楚辭書目五種》云:"將屈賦原文,依换韻分章,用夾注雙行小字説明韻字。先注音切,大抵用《廣韻》反語,於古書各韻字,則曰'古音某某反'。然後引《詩》、《易》、《禮記》,下至吴棫《韻補》以明之。其術語有曰'通',曰'轉'。偶亦引顧亭林説而駁之。其所議所駁,或有未審,誠如鄧廷楨序中所論,不能無失。廷楨於此等處,多據江、戴、段、孔之書以定之。廷楨所説,則加小圈以别之。子東樹,又據各家説,或幹父之蠱,或正鄧氏之缺誤。然博而寡要。徒見枝蔓矣。"

此書之版本,有清道光七年(1827)江寧鄧廷楨精刊本,中國科學院國家科學圖書館、浙江大學圖書館藏。另,有清光緒六年(1880)網舊聞齋刊本,北京圖書館、浙江圖書館、中國科學院國家科學圖書館、浙江大學圖書館、北京師範大學圖書館藏;清光緒十年(1884)名德堂刻本,中國科學院國家科學圖書館。又,有2000年北京出版社《四庫未收書輯刊》影印本、2008年廣陵書社《楚辭文獻集成》影印本。

楚辭韻解

楚辭研究專著。清代邱仰文撰。邱仰文(1696—1777),字襄周,號省齋,滋陽(今山東兖州)人。雍正間進士。官四川定遠縣知縣。著有《省齋自存草》。事跡載《碑傳集》卷一〇九。

該書凡八卷。卷首有邱氏《自序》。次《凡例》,凡十六條。次《古韻表》。次《楚辭韻解總目》,各篇題下注有字數,末附《按語》,云:"右字共一萬六千,有奇資鈍者,日以三百計,兩月可以讀完,三月可以熟復。不過少讀時文數篇,即可收之胸中。世傳《莊》、《騷》,《莊》實不如《騷》。"卷末附《去入兩合明義》。此書約成於乾隆三十五年(1770),《自序》云:"頃歲,余《讀易記》成,間披《易韻》,通諸《楚辭》,則見文公注本有不必叶而叶者,如三聲是也;有應叶無叶者,如三聲犯入聲是也;有闕其義以爲未詳者,如有入無入不相通是也;有叶而不得其説者,如兩合犯三聲是也。竊自喜爲格物之一端,於是紀以終卷。"此書之題名緣由,《自序》云:"《楚辭韻解》者,就《楚辭》紀韻也。"另,邱氏提出讀《楚辭》之法,《自序》云:"不曉通韻,故不可讀古人之書;盡廢叶音,通不一類,亦終口吃","通韻以部分,叶音以類更","通猶族也,叶則其支分也。"又,邱氏《去入兩合明義》亦云:"蓋毛氏《通韻》,實韻之括例;而顧氏《韻正》,原原本本,持之嗛嗛,言之有故,則韻之細别也。吾故是《通韻》,而又取《韻正》焉。"故陸耀《切問齋集·楚辭韻解序》稱贊此書云:"進退出入,無不就範","信乎毛氏之功臣,而韻學之符契矣。"

其篇次爲:卷一《離騷經》,卷二《九歌》,卷三《天問》,卷四《九章》,卷五《遠遊》、《卜居》、《漁父》,卷六《九辯》,卷七《招魂》、《大招》,卷八《弔屈原》、《服賦》、《招隱士》。《凡例》云:"是編原爲取解韻,訓義止撮大意而止,所録不過王逸叔師《章句》、洪興祖慶善《補注》及朱晦翁《集注》,近世則林西仲雲銘《楚辭燈》、毛西河《天問補注》、方靈皋《離騷經解》、王貽六邦采《三閭賦》(内載朱天閑冀《楚辭辨》,專闢西仲繆説;又載徐友雲焕龍《洗髓》,時抽妙緒;係未板行書)。但據所見,隨手錯綴,每一二語,括其全旨,意取簡該,難遍列名,觀者當自得之。間附蠡測,既無可以獨標,譬萃千狐,亦不嫌于攘取云爾。"

此書之版本,有清乾隆三十七年(1772)碩松堂刊本,上海圖書館藏。另,2000年北京出版社《四庫未收書輯刊》影印本。

楚辭新注

楚辭研究專著。清代屈復撰。屈復,字見心,號悔翁,蒲城(今屬陝西)人。年十九試童子第一,忽棄去。乾隆初吏部尚書楊超曾舉應鴻博科,不赴。著有《弱水草堂詩集》、《南華通》等。事跡載《清史列傳》卷七十一。

該書凡八卷。或題爲《楚辭新集注》。卷首有屈氏《自序》。次《史記·屈原列傳》。次《目録》。次林雲銘《楚懷、襄二王在位事蹟考》。次《凡例》。次沈亞之《屈原外傳》。卷末附班孟堅《離騷贊序》、王逸《叙》、洪興祖《叙》、劉勰《辨騷》。屈氏於《自序》中叙其著述緣由,蓋言之有三:其一,對楚辭地域文化之情感,"余幼好《楚辭》,多不解。稍長,讀諸家所注,愈不解。然往往一吟其可解者,則回風雨雪,身置湘沅。夫吾家自漢遷關中,至今已忘乎爲楚人矣";其二,對人生際遇之感喟,"四十五年之奔走,蓋亦出於跋涉艱辛、窮愁迫厄之餘者也";其三,對楚辭文本之新解,"略諸所共解者,而詳予向所愈不解者,欲令吾黨同解焉"。此書之成書過程,《自序》云:"始戊午正月,三月而畢。"所謂"戊午"者,爲乾隆三年(1738)。又,《凡例》亦云:"況七十餘年,兩月成書,粗疏何言。"

其篇次雖自稱"依王本,存古",但正文中卻移《九辯》於《卜居》、《漁父》之前,其它均同,即卷一《離騷經》,卷二《九歌》,卷三《天問》,卷四《九章》,卷五《遠遊》,卷六《九辯》、《卜居》、《漁父》,卷七《招魂》,卷八《大招》。屈氏以《九辯》爲宋玉作,用王序,置於卷六;"二招"爲屈原作,用王序,置於卷七、八。宋聯奎於民國二十五年(1936)《跋》云:"至悔翁指《招魂》、《大招》胥屈子著,與王叔師舊解不同,且不取朱子《大招》爲景差作之説。讀書得間,别具會心。"然據《凡例》所列參考書目,此一觀點顯然從林雲銘説,而林氏又從黄文焕説;另,以"二招"爲屈原所作者,還有吴世尚、蔣驥。

屈氏治楚辭,較謙和、嚴謹,且能從容對待、客觀分析楚辭學界之争端。第一,高度肯定王逸注,"天下事創始難,繼者差易。《離騷》有注,自王叔師始。後諸家論著,即有詳細處,要自王氏發之"。第二,指出注釋採自各家,"典故字釋,多採諸家舊注","於中斟酌,會成條貫",且"仍録姓名於首,不敢掠美"。第三,辯證看待舊注之正誤,"舊注是者,固能發作者之精微;其非者,亦足開後賢之思路",故反對"痛詆他人,以申己説",强調"往者可欺,來者難誣"。第四,説明注音根據,"惟《古今通韻》(毛奇齡著),獨有根據;今之所音,悉本此書"。第五,介紹此書特色,"篇章意義,斷自愚衷",如以爲"《楚詞》惟《離騷經》最難解,句有同者,意自各别”,“《離騷經》難解在大義”,故將《離騷》分爲五段,自篇首至“字余曰靈均”爲第一段,自“紛吾既有此内美兮”至“夫何惸獨而不予聽”爲第二段,自“依前聖以節中兮”至“余焉能忍而與此終古”爲第三段,自“索藑茅以筳篿兮”至“蜷局顧而不行”爲第四段,“亂曰”爲第五段。

屈氏以爲,《天問》“難解在故典”,故又作《天問校正》附於《天問》注後。後曾有單刊本行世,如《昭代叢書》本。姜亮夫《楚辭書目五種》云:“復以《天問》錯簡甚多,别爲更定一通,使其文就史事。分全文爲九段,以日月星辰之問爲第一段,問鯀禹治水事爲第二段,問地事爲第三段,問山川人物奇怪之類爲第四段,問上古事爲第五段,問夏事爲第六段,問商事爲第七段,問周事爲第八段,自‘中央共牧’以下問楚事爲第九段。而又以自‘厥萌在初’以下爲問虞夏商周歷代之興廢,則又分全文爲兩大截。前問天象怪異,後問人世興廢也。古今釋《天問》,能條理事象,尋其俞脈者,屈氏爲最有見。惜所考論(就注本言),多爲時限。尚不能超越王、洪範圍。故雖工苦,而少成就。然其意圖,則卓越前修矣。”

此書被收入《四庫全書》“存目”,其《提要》云:“是編採合《楚辭》舊注,而自以新意疏解之。復頗工詩,故能求騷人言外之意,與拘言詮、涉理路者有殊。”然又批評此書“果於師心,亦往往臆爲變亂”,“以意爲之,無所依據”,並舉三例以證其説:其一,“《離騷》‘曰黄昏以爲期兮’二句,指爲衍文”(案:洪興祖《補注》謂“疑此二句,後人所增耳”,姜亮夫《屈原賦校注》又以《離騷》用韻規律而證此二句爲衍文,基本上爲當今學界所接受);其二,“《天問》一篇隨意移置其前後,謂之錯簡”;其三,“《九歌》末《禮魂》一章,欲改爲《禮成》,以爲《九歌》之亂詞”。

此書之版本,有清乾隆三年(1738)原刊本,北京圖書館、厦門大學圖書館藏。另,有清乾隆三年刻弱水草堂印本,清華大學圖書館藏;乾隆三年居易堂印本,浙江圖書館藏;清屈來泰抄本《新録楚辭全集》八卷,南京圖書館藏;清道光十五年(1835)朝邑劉氏刊《青照堂叢書》本,浙江圖書館藏;清道光十七年(1837)弱水草堂刻本,南京圖書館藏;民國二十五年(1936)陝西通志館排印《關中叢書》本,浙江圖書館藏。又,有 1994 年上海書店《叢書集成續編》影印本、1995 年三秦出版社姚慶瑞點校《楚辭新注》竪排繁體本、1997 年齊魯書社《四庫全書存目叢書》影印本、2002 年上海古籍出版社《續修四庫全書》影印本、2008 年廣陵書社《楚辭文獻集成》影印本、2008 年燕山出版社《楚辭要籍選刊》影印本。

迄今,對是書作過評述的論文主要有姚慶瑞、王魁田《校點〈楚辭新注〉記》(《唐都學刊》1986 年第 3 期)、毛慶《〈天問〉研究四百年綜論》(《文藝研究》2004 年第 3 期)。

楚辭節注

楚辭研究專著。清代姚培謙撰。姚培謙(1693—1766),字平山,别號鱸香居士,華亭(今上海松江)人。諸生,雍正間保舉,以居喪不赴。紀昀雅稱其爲"好事之士"。平生喜好交遊天下,致力史學,名滿江左。亦擅詩文,作品頗豐。著有《文心雕龍箋注》、《李義山詩集箋注》、《朱子年譜》、《松桂讀書堂集》等。事跡載嘉慶間《松江府志》、光緒間《華亭縣志》。

該書凡八卷。僅録屈原作品。卷首有張奕樞《序》。次《例言》,凡八則。次《楚辭目録》。卷末附劉維謙《叶音》一卷。張氏《序》略述姚氏注此書之特色,云:"於《楚辭》,獨宗《集注》。嘗爲余言:'《南華》最奇恣,《楚辭》最幽峭,二者原不可偏廢。讀《南華》者期於開拓心胸,讀《楚辭》者宜於打掃心地。我於《楚辭》,上節取訓詁,不尚議論,正欲使讀者空所依傍,熟讀深思,庶人人得真面目耳。'"此書之撰寫,實爲家塾教授之用,《例言》云:"玆悉用朱子元(原)文,節繁舉要,以爲家塾課本。"

此書體例爲,大抵依朱熹《集注》,因其"章條明晰,意趨通貫,無復可以擬議";節取訓詁,不尚議論,且偶採他説以比附,"開釋童蒙,不爲無助"。其篇次爲:卷一《離騷經》,卷二《九歌》,卷三《天問》,卷四《九章》,卷五《遠遊》、《卜居》、《漁父》,卷六《招魂》、《大招》。姚氏以爲,"二招"乃屈原所作,《例言》云:"明代黄維章始取《二招》並歸之屈原,近林西仲又謂《招魂》自招、《大招》招懷王。間取兩篇細讀之,信然。今以殿二十五篇之後。"

另,姚氏於劉氏《叶音》卷末附《小序》,説明此書爲何收録劉氏《叶音》,云:"韻學素未究心,同學劉君友萍研討最精,著有《楚辭叶音》一卷,附刻以便讀者。"姜亮夫《楚辭書目五種》云:"劉氏將《楚辭》各篇韻讀之不合後世音韻者二百四十二字,各别摘出,加以音注反切,或聲調同異。分《離騷經》、《九歌》、《天問》、《九章》、《遠遊》、《卜居》、《漁父》、《招魂》、《大招》九目。略本朱熹,間採寧人。徒調音叶,殊無發明。"

此書之版本,有清乾隆六年(1741)鱸香居刻本,天津圖書館、浙江圖書館、福建圖書館、中國科學院國家科學圖書館、清華大學圖書館、北京師範大學圖書館、西南大學圖書館、四川師範大學圖書館、山西大學圖書館、遼寧大學圖書館、廣西師範學院圖書館藏。另,清乾隆五十七年(1792)上洋博斯堂刻"鱸香居士讀本",揚州大學圖書館藏。又,有2008年廣陵書社《楚辭文獻集成》影印本、2008年燕山出版社《楚辭要籍選刊》影印本。

屈騷心印

楚辭研究專著。清代夏大霖撰。夏大霖,字用雨,號梅皋,衢州西安(今屬浙江)人。該書凡五卷。扉頁題“屈騷心印”,右署“太末夏大霖用雨氏疏注”,左列《心印總約》七言韻語一章,蓋言屈騷各篇之大旨,云:“《離騷》求女意歸着,祀神《九歌》俱比託。《天問》錯陳治亂原,神行意貫通連絡。《九章》分寫寄幽憂,《漁父》和光悲世濁。邪正相形繪《卜居》,《遠遊》正氣高磅礴。《招魂》自憫刺奢淫,《大招》王極明居約。目極湘江一片心,千年獨寋汀洲若。”全書前有毛雲孫(字謨遠)《屈騷心印序》。次《自述》。次《注屈騷書後》。次《參閲評論》。次《發凡》。次《屈子離騷心印書目》。末附其子夏景頤《跋》。

正文分卷首、卷一、卷二、卷三、卷四、卷五。卷首,首《史記·屈原列傳》(有夏氏評注),並附《楚襄王世家》;次《戰國輿圖》,附夏氏《七國圖説》,“一以觀縱横之形勢”,“一以考秦、楚構兵之地,流放江南之區”。此書僅收取屈原作品,其篇次爲:卷一《離騷》,卷二《九歌》,卷三《天問》,卷四《九章》,卷五《漁父》、《卜居》、《遠遊》、《招魂》、《大招》。姜亮夫《楚辭書目五種》評其體例云:“古今著書繁瑣如是者尚少見。”

此書之作,亦爲授徒之需,先解“二湘”,繼注《九歌》十一篇,“與學徒解之”;後受毛雲孫之擊賞,以爲“非以心印心而心相印者,烏能有此”,故力請夏氏“畢業全《騷》”,“因題其書曰‘心印’”。於是,夏氏又注《離騷》、《天問》、《九章》、《漁父》、《卜居》、《遠遊》、《招魂》、《大招》。夏氏《自述》云:“山陬陋士,見聞不廣。聞從前治騷者七十二家,書未經見,僅於讀林《燈》外,見朱注《離騷》《九歌》二篇,又來欽之本、黄維章本而已。”

夏氏評屈原作品,採“主題擴散”法,《發凡》云:“屈原既放,其言不得直致於君,因著《騷》篇流播,庶幾飛鳥貽音,望或致其君耳。是以篇篇不離一意。皆用全副精神,十分筆力,所謂三致意者,此也”,“愚細看到‘皇天集命’、‘悟過改更’(《天問》)句,知其志意所歸。就他講帝王的正道,推尋入去,卻好是一篇道德廣崇、治亂條貫的平正文字。”另,夏氏釋《九歌》十一篇,以爲“乃一意轉折貫串,未可分篇,故仍朱子舊本,先文後題”。其論《九章》篇次,“林因黄,予因林也”,“外《漁父》、《卜居》亦章也,收而合之,數與《九歌》相符,各十一篇”。

夏氏考定屈原作品創作時地,《發凡》云:“《九章》之《惜誦》篇,獨訟讒人,不及國事,乃上官行讒,王怒見疏之始作;《卜居》言事婦人,則靳尚黨成,乃懷王十八年作;《思美人》作於漢北無疑,應是二十四年倍齊合秦,言事觸怒,見放於漢北乃作;《抽思》篇有'所陳耿著,豈今庸亡'之語,明争倍齊合秦事,乃繼《思美人》作;《天問》篇言'爰出子文',乃頃襄初立,以子蘭爲令尹作;《涉江》、《遠遊》,作於始遷江南之時,辭氣俱壯;《橘誦》作於初至江南之秋,自負正多;《離騷》濟沅湘、就重華,乃至衡州謁舜廟作;《九歌》繼作;《漁父》又繼作;頃襄三年,懷王歸葬,其繫心者絶望矣,出全副抱負而作《大招》;其年秦、楚絶,原心所幸,《大招》之意,實寄后王。六年謀與秦平,七年迎婦於秦,此之謂'回風',謂之'施黄棘枉策',哀聲慘發於行間,不欲生矣;乃相繼作《惜往日》、作《哀郢》、作《招魂》,以《懷沙》終焉。"

此書被收入《四庫全書》"存目",其《提要》云:"是編成於乾隆甲子,因林雲銘《楚辭燈》而改訂之。據其《自述》,自林本以外,所見惟朱子、來欽之、黄維章三家本。其論韻稱沈約爲晉人,所引據者,亦不過李漁《笠翁詩韻》、蔡方炳《廣輿記》諸書。前有毛以陽評,謂朱子未暇注《楚辭》,今本出後人之附會,尤不知何據也。"姜亮夫《楚辭書目五種》云:"本書於音釋文義爲詳。考定各篇寫作時代,亦略有可採(見《發凡》中)。至論《九章》應合《漁父》、《卜居》,數共十一,與《九歌》相符,膚受附會,不足觀矣。"

此書之版本,有清雍正十二年(1734)刊本,北京圖書館藏。另,清乾隆九年(1744)一本堂刻本,中國科學院國家科學圖書館藏;清乾隆三十九年(1774)一本堂刊本,湖南圖書館、清華大學圖書館、北京師範大學圖書館藏。又,有1997年齊魯書社《四庫全書存目叢書》影印本、2008年廣陵書社《楚辭文獻集成》影印本。

迄今,對是書作過評述的論文主要有金淵洙《清代前期楚辭學研究》(蘇州大學,1997年博士畢業)。

楚辭詳解

楚辭研究專著。清代奚禄詒撰。奚禄詒,字蘇嶺,一字克生,黄州(今屬湖北)人。順治十六年(1659)進士。官常州府同知。著有《黄州府志》、《知津堂集》等。

該書凡五卷。卷首有梁機《序》。次王士瀚《序》。次奚氏《自序》。次《目録》。卷末附奚氏《跋》。奚氏注騷,原因有二。其一,奚氏"三閭之鄉人,感先賢之忠正"(梁氏《序》),以爲"屈大夫非辭人也,王佐之才也。不幸生衰楚,不忍見其宗社之狐祥,自沉於汨。心比干之心,而道周公之道也"(奚氏

《自序》)。其二,不滿舊注,以爲"揚雄、班固、顔之推數人者,自滅己性,恕己而量人",然矯枉過正,謂屈原"二十五篇,其要旨歸,六經之義遺焉",故"濬源必本於經"。可見奚氏治騷,亦屬"主題擴散"型,且"主題"當合於聖賢經學之旨。然其闡發屈賦文義,亦時有新見。

此書注解僅限於屈原作品,即傳統所謂"二十五篇",其篇次爲:卷一《離騷》,卷二《九歌》,卷三《天問》,卷四《九章》,卷五《遠遊》、《卜居》、《漁父》。其《九章》、《九歌》篇次,一仍王逸之舊。其體例爲,分章作注,先舊注,以王逸注爲主,亦間採洪興祖、張鳳翼説,後加"蘇嶺曰",爲奚氏詳解。梁機《序》云:"騷之取類博而用物宏,王、洪二家舊注,其大略也。先生引用,不及什之一二。分章别句,疏名紀數,一裁於心匠;精考詳核,使其義昭然若揭,無少滲漏,於後學深有裨益焉。"有清乾隆九年(1744)知津堂精刊本,北京圖書館、清華大學圖書館藏。

迄今,對是書作過評述的論文主要有金淵洙《清代前期楚辭學研究》(蘇州大學,1997年博士畢業)。

楚 辭 音 韻

楚辭研究專著。清代高鐘撰,丁繁滋補。高鐘,字海樵,仁和(今浙江杭州)人。丁繁滋,字耘莊,松江(今屬上海)人。該書卷首有朱棟《序》。次高氏《自序》。次丁氏《凡例》,凡十五條。次沈亞之《屈原外傳》。此書由高鐘撰,乾隆四十年(1775)書成。高氏《自序》云:"不揣固陋,爰宗西河毛氏《韻學要指》之説,繼《詩經音韻》,而復訂是編。本朱子《集注》所定節次,注明古韻,考正切音,期於不失廬山真面目耳!"又,據丁氏《凡例》可知,至嘉慶間,此書"年久首尾斷缺,且多繕寫之訛,僅存十六七"。於是,丁繁滋"惜其不全也,師其意而缺者補之,訛者正之","竭兩年心力,而成完書"。丁氏除了釋韻考音外,"集諸家之説而箋釋之",且"間亦竊附己意",以期"釋名物,明大指"。此書所訂,爲《離騷》、《九歌》、《天問》、《九章》四卷。有清嘉慶五年(1800)春暉閣刻本。

屈 原 賦 注

楚辭研究專著。清代戴震撰。戴震(1723—1777),字東原,休寧(今屬安徽）人。問學於婺源（今屬江西）江永。乾隆間舉人。乾隆三十八年（1773）任《四庫全書》纂修官，四十年（1775）赴殿試賜同進士出身，改翰林院庶吉士。博聞强記，於天文、數學、歷史、地理均有成就。尤精於文字訓詁、典章名物之學，其治學恪守樸學家法，被學界譽爲"思想家"、"乾嘉考據學派的巨擘"。著有《原善》、《原象》、《孟子字義疏證》、《聲韻考》、《聲類表》、《方言疏證》等，後人編爲《戴氏遺書》。事跡載《清史稿》卷四百八十八《儒林傳》、《清史列傳》卷六十八；另，段玉裁《戴東原先生年譜》（乾隆道光間金壇段氏刊《經韻樓叢書·戴東原集》附，上海圖書館藏；宣統二年渭南嚴氏孝義家塾成都重刊本，華東師範大學圖書館藏；1936年《安徽叢書》第六期《戴東原先生全書》載；1971年崇文書店《中國近三百年學術思想論集（二編）》載）、魏建功《戴東原年譜（上）》（1925年12月北京大學《國學季刊》第2卷第1號）可參。

該書凡七卷。卷首有盧文弨《序》。次戴氏《序》。次《目録》。卷末附《通釋》兩卷、《音義》三卷。此書之撰述、刊刻情況，段玉裁《戴東原先生年譜》述之較詳，云："乾隆十七年壬申三十歲，是年注《屈原賦》成。先生嘗語玉裁云：'其年家中乏食，與面鋪相約，日取面爲饔飧。閉户成《屈原賦注》。'蓋先生之處困而亨如此……二十五年庚辰，三十八歲，是冬《屈原賦注》刻成。"然《音義》三卷之作者問題，素爲一大疑案。汪梧鳳《音義跋》云："右據戴君注本爲《音義》三卷。自乾隆壬申秋得《屈原賦戴氏注》九卷，讀之，常置案頭……惜陳氏於切韻之學殊疏，未可承用。兹一一考訂，積時録之，記在上端，越今九載矣。爰就上端抄出，删其繁碎，次成《音義》，本例略擬陸德明《經典釋文》也。"（汪梧鳳，字在湘，新安人。貢生。乾隆三十八年卒。事跡載汪中《述學·故貢生汪君墓誌銘》。）然段玉裁《年譜》則云："此書《音義》三卷，亦先生所自爲，假名汪君。"另，盧弼《跋鈔本戴注屈原賦》云："戴東原注《屈原賦》九卷，汪梧鳳爲《音義》三卷，乾隆庚辰自刊本，傳本頗少。廣雅書局重雕本誤以《音義》爲戴氏所撰，又將《序》文、《通釋》之《音義》及汪《跋》均删去，致汪氏苦心著述全淹没。"又云："東原極貧，汪爲歙鉅族，嫁名於彼，刻書以傳，或亦意中事。抱經（按，盧文弨，字召弓，號抱經）《序》亦言'有爲之梓行者'，當係指汪氏而言。嚴鐵橋之稿多託名他人，事亦相類。但廣雅翻本全抹殺，未免無識耳。"盧弼之見，較爲平和、客觀。

此書但爲屈原賦二十五篇作注，而宋玉、景差以下諸篇皆弗與，故名曰屈原賦。其篇次爲：卷一《離騷》，卷二《九歌》，卷三《天問》，卷四《九章》，卷五《遠遊》，卷六《卜居》，卷七《漁父》。盧文弨《序》稱此書"微言奥指，具見疏抉"，"指博而辭約，義創而理確"，並例舉以證之，云："其釋'三后純粹'，謂指楚之先君。'夏康娱以自縱'，謂'康娱'連文，篇中凡三見，不應以爲夏太康……《九章》無次第，不盡作於頃襄王時。《懷沙》一篇，則以《史記》之文相參定。‘薜荔拍兮蕙綢’，王逸釋‘拍’爲搏壁，近代多不知此爲何物。乃引《釋名》搏壁以席搏着壁，增成其義。”又，郭在貽《楚辭要籍述評》則舉《離騷》“恐皇輿之敗績”爲例，舊訓“績”爲“功績”，戴氏則引《禮記·檀弓》“馬驚敗績”及《春秋傳》“敗績厭覆是懼”，證“車覆曰敗績”。雖汪瑗已有類似之説，然戴氏能引先秦文獻以證成其説，故比汪説進了一步。他如謂《九歌》諸篇，皆就當時祀典賦之而非祠神所歌，其説亦足備一解。姜亮夫《楚辭書目五種》云：“本書以大義貫文旨，以訓詁明大義，不爲空疏皮傅破碎逃難之説……過明、清諸家遠矣。洪、朱而後，謹嚴篤實博雅精約無過此書者。”

此書之版本，有清乾隆二十五年(1760)歙汪氏不疏園刻本，北京圖書館、湖南圖書館、中國科學院國家科學圖書館藏。另，有清光緒十七年(1891)廣雅書局刻本，浙江圖書館藏；民國十二年(1923)沔陽盧氏編印《湖北先正遺書》本，浙江圖書館藏；民國十三年(1924)建德周氏刊本，北京圖書館藏；民國二十五年(1936)編印《安徽叢書》本，浙江圖書館藏。又，有民國間商務印書館排印《國學基本叢書》本、1970年臺北世界書局排印本、1972年臺北大孚書局排印本、1992年臺北華正書局排印本、1994年黄山書社《戴震全書》蔣立甫點校本、1999年中華書局《屈原賦注》褚斌傑、吴賢哲點校本、2008年廣陵書社《楚辭文獻集成》影印本。概言之，該書有兩個版本系統，一爲通行本，一爲民國二十五年《安徽叢書》本(凡三卷，至《天問》止，附許承堯《跋》，述其版本異同)。

迄今，對是書作過評述的論文主要有湯炳正《關於楚辭學史上的一起疑案——論〈屈賦音義〉的撰者問題》(《楚辭類稿》，巴蜀書社1988年版)、汪大白《戴震〈屈原賦注〉對朱熹〈楚辭集注〉的借鑒與超越——兼評余嘉錫的“攘取”説》(《阜陽師範學院學報》1993年第3期)、蔣立甫《關於〈屈原賦注〉的三個問題》(《古籍整理研究學刊》1994年第1期)、孫漢萍《〈屈賦·哀郢〉章句古微》(《中國文學研究》1994年第4期)、陸忠發《屈賦音義考——兼以此就正於湯炳正先生》(《荆州師範學院學報》1995年第4期)、汪大白《屈原精神與戴震哲學》(《安徽教育學院學報》1996年第1期)、陸忠發《〈屈原賦注初稿〉考辨——與陳勝長先生商榷》(《古籍整理研究學刊》1996年第5期)、林潤宜《論戴震注〈騷〉的原則與特點》(《遼寧大學學報》1999年第5期)、洪湛侯《〈戴震全集〉的學術價值》(《黄山學院學報》2001年第1期)、郭全芝《戴震的〈屈原賦注〉》(《江淮論壇》2001年第3期)、徐道彬《戴震〈屈原賦注·音義〉析疑》(《文獻》2001年第3期)、黄建榮《王逸、洪興祖的方言訓釋比較及其影響》(《雲夢學刊》2003年第5期)、黄建榮《戴震〈屈原賦注〉的字詞注釋特色》(《東華理工學院學報》2004年第1期)、徐道彬《戴震〈屈原賦注〉小學成就述論》(《湖南大學學報》2006 年第 2 期)、徐道彬《〈屈原賦注〉的唯物主義思想——兼論戴震早年對朱熹理學的批判和對屈原唯物思想的弘揚》(《湖南大學學報》2006 年第 2 期)、徐道彬《戴震早期哲學思想再認識——以〈屈原賦注〉爲中心的考察》(《安徽大學學報》2007 年第 2 期)、徐道彬《論戴震〈屈原賦注〉的文學觀點》(《雲夢學刊》2008 年第 4 期)。

楚辭訂注

楚辭研究專著。清代許清奇撰。許清奇,字賞夫,漳州(今屬福建)人。姜亮夫《楚辭書目五種》云:"本書大抵本於黄、林,故所收起《離騷》而迄'二招'。分《離騷》不計亂辭爲十七段。論《九歌》則謂'二湘'當合,《國殤》、《禮魂》當合,以求合於九數。見於文前《述旨》。其論《九章》則更定篇次,全依黄、林之説。外此則無他新解矣。"有清乾隆二十年(1755)刊本,北京圖書館藏。

屈子説志

楚辭研究專著。清代陳遠新撰。陳遠新,字日又,高安(今屬江西)人。清諸生。該書凡六卷。全書前有吳興沈瀾《序》。次陳氏《自序》。次《凡例》,叙其注釋之體例、方法及作品篇次等。次《目録》。末附宋玉《九辯》、賈誼《弔屈原文》、《鵩鳥賦》、《校閲姓氏》、《跋》,合爲一卷。此書之撰述過程,陳氏《自序》叙之較詳,謂"讀騷於今三十餘年",其間作了大量批注,且從乾隆十三年(1748)秋起,耗時近一年,"參合古詁時解,舍其所害,取其所得",終成此書。

正文分爲卷首、卷一、卷二、卷三、卷四、卷五、卷六。卷首,收《史記・屈原列傳》、班固論、王逸序(總序一、散序十七)、劉勰《辯騷》。其篇次爲:卷一《離騷》,卷二《九歌》(以《東皇太一》至《山鬼》爲九篇,《國殤》、《禮魂》爲《九歌》附),卷三《天問》,卷四《卜居》、《惜誦》、《思美人》、《惜往日》、《抽思》,卷五《橘頌》、《悲回風》、《遠遊》、《招魂》,卷六《涉江》、《哀郢》、《漁父辭》、《懷沙》(附景差《大招》)。陳氏以爲,劉向所集,已非其舊,於是"竊以太史説及古注時本,參合各章詞意,别爲次序",云:"《卜居》自叙竭智盡忠而障蔽於讒,是《九章》提綱,故以冠《九章》之首。《惜誦》通篇發忠蔽於讒,末云重著自明,又是及下各章冒子,故次之。《思美人》著明其不得於君之故。《惜往日》著其先信後疏之實。《抽思》是四章結尾,因《惜往日》'不畢辭以赴淵'二句而反復著明之也,合爲一章(卷)。《橘頌》著明己之内美,借物以自況。《悲回風》著明'依彭咸之遺則','從彭咸之所居',此二篇始終《離騷》之義,應爲一卷,而卷帙甚少,益以《遠遊》、《招魂》,然後與太史公讀本相符,合爲一卷。《涉江》叙遷江南之事,《哀郢》申《涉江》未盡之旨。《漁父》自明沉流之故,《懷沙》則畢辭以赴淵也。附以《大招》,合爲一卷。"姜亮夫《楚辭書目五種》云:"《九章》分裂,與《遠遊》、《招魂》、《漁父》等雜厠,他家無是例。陳氏蓋以撰作時代先後爲次,證《九章》爲可分,爲識遠矣。每篇各分若干章,如《惜誦》分十章,《思美人》分六章,《惜往日》分五章,《抽思》分五章,《橘頌》分三章,《悲回風》分六章,《遠遊》分三章,《招魂》分三章,《涉江》分三章,《哀郢》分五章,《懷沙》分九章等。章有章旨,爲陳氏最用心處。篇首有大義,及創作時代,如王逸、朱熹之所爲,然不蹈襲一語,皆出心裁。篇末有結語,多陳各文相關合,或文體要義。正文分句爲説,或説當句之義,或發明與《離騷》相涉之義,或發明全書旨義,言簡而義明。亦有訓詁、音義,皆極簡明。然韻字亦多言叶。其書雖不無掩陋之處,而用心極細極深,固亦善讀屈賦者也。"洪湛侯《楚辭要籍解題》云:"並不將《九章》看成是一個固定的、有機的整體,見解是比較高明的,也符合作品原意。"

陳氏云:"此時子蘭未嘗聞,頃襄未嘗遷,初無懷石汨羅之想。乃王氏因篇中二言彭咸,遂謂咸諫君投水而死。是作《騷》時早以死自命,不待懷沙作賦矣。竊不敢以爲定論","大抵咸是處有爲、出不苟、才節兼優、三閭心悦誠服之人。"洪湛侯《楚辭要籍解題》云:"較早地提出'依彭咸之遺則',並不一定是仿傚其死法,不爲無見。"游國恩《離騷纂義》"按語"云:"王逸以彭咸爲殷賢大夫,諫君不聽而自沉,其説無據,故陳遠新劉夢鵬俞樾曹耀湘等並謂依彭咸之遺則者,非必效其死法也。此蓋本之錢氏《集傳》,而非創説。"

此書之版本,有清乾隆十四年(1749)慎餘堂刊本,北京圖書館藏。另,2008年燕山出版社《楚辭要籍選刊》影印本。

屈辭精義

楚辭研究專著。清代陳本禮撰。陳本禮(1739—1818),字嘉會,號素村,江都(今屬江蘇)人。乾隆間監生。幼即喜典籍,致仕後,築"瓠室"爲藏書樓。著有《瓠室四種》(《漢樂府三歌注》、《協律鈎元》、《急就探奇》與《屈辭精義》)、《焦氏易林考正》、《揚雄太元靈曜》等。

該書凡六卷。卷首有陳氏《自序》,附張曾《江上讀騷圖歌》。次《離騷精義目録》。次《屈辭精義略例》。次《參引諸家》,凡列劉安、王逸、劉勰、劉知幾、《文選》六臣注、柳宗元、洪興祖、朱熹、吴仁傑、錢杲之、陸時雍、閔齊華、周拱辰、陳深、來欽之、黄文焕、沈雲翔、李光地、毛奇齡、林雲銘、方苞、何焯、徐文焕、張德純、王萌、方榕川、奚禄詒、朱冀、王邦采、屈復、蔣驥、姚培謙、高秋月、方人傑、陳鋃、余簫客、夏大霖等三十七家。次《史記·屈原列傳》。次沈亞之《屈原外傳》。卷末附陳氏《自識》(附四首七絶)、《自跋》。此書之著述緣由,《自序》云:"予幼即嗜《騷》,苦無善本,曾寫《江上讀騷》小影……邇來四十四年矣,今春雪窗呵硯,不憚眼昏筆拙,復檢舊讀,研其精義,正其訛誤,探頤索隱,雖不敢自命注《騷》,然於《騷》之命脈,竊有窺於一管。不揣固陋,略爲詮釋。"而其成書過程,《自識》云:"是書草創於春夏,裁汰於秋冬,稿凡五易。實掃盡前人一切卮言蔓語,獨開生面,差以自喜。然冰硯雪窗,黎明即起,篝燈而止。擁爐自寫,指爲之腫,目爲之眩。所賴以禦寒者,晨惟苦茗數碗,薑葅一片而已。"《自跋》亦云:"奮志斯役,潛心一載。今正復加訂正,由春迄夏,不惜午夜篝燈,探賾索隱,務期大暢厥旨。"

此書篇次不依洪氏、朱子之舊,而依《史記》,即:卷一《離騷》,卷二《天問》,卷三《招魂》、《大招》,卷四《九章》,卷五《九歌》,卷六《遠遊》、《卜居》、《漁父》。《略例》云:"自劉向裒集《離騷》、《九歌》、《天問》、《九章》、《遠遊》、《卜居》、《漁父》外,列入《九辯》、《惜誓》、《招隱士》、《七諫》、《哀時命》、《九懷》、《九歎》共十六篇,爲總集之祖。唐、宋以來,未之有易。至明黄文焕始專取屈子二十五篇之文,益以《招魂》、《大招》,爲屈子一家言。迨後林西仲、蔣涑塍皆祖其説。然於篇目前後移易,則各成其是。余惟漢儒去古未遠,當以太史公所讀古本爲定。太史曰:'余讀《離騷》、《天問》、《招魂》、《哀郢》,悲其志。'蓋《離騷》乃《騷》之總名,自應首列。《天問》次之,《二招》又次之,《哀郢》乃《九章》篇名,則《九章》宜繼《二招》後。《九歌》爲巫覡祀神之樂章,《遠遊》則莊生世外逍遥語,皆《騷》之逸響。而以《卜居》、《漁父》終焉者,《騷》之變體也。"又云:"《九章》之文應分懷、襄兩世之作。《惜誦》、《抽思》、《思美人》,作於懷王時;《哀郢》以下,則頃襄時作也。《橘頌》乃三閭早年咏物之什,以橘自喻,且體涉於'頌',與《九章》之文不類,應附於末。"

此書體例爲,各篇題下,或爲"發明",或爲"箋",均爲各篇之總評;繼引諸家之説,惟《大招》、《九章》僅有"發明"而未引他説;各篇皆分段注釋,先陳己説,以"箋"標之,後引各家之説,或於其下設"正誤"一目,以校勘文字;各卷皆有夾注,多釋字義、文義或注音;且卷一至卷三又有"眉批",内容多涉及文法、章法等。全書重在"闡揚奥義","發明言外之義者",切中肯綮,可資參讀。如注《離騷》,云:"《騷》有賦序。自'帝高陽'起至'故也'止,乃《騷》之賦序。漢人《三都》、《兩京》賦序之祖。"又如箋《湘君》,云:"讀屈子所賦,殆湘水之神,楚俗之所祀者。然二篇亦皆自喻不得於其君之詞,非真咏二妃也","以上皆鑿空幻想,其實湘君何曾留、何曾吹、何曾駕飛龍而揚靈耶?作者一肚皮幽憤無以發泄,特假此自寫其縹緲之思,以見求君之難耳。其寫神之不測處,真得鬼神之情狀矣。"其評屈賦之藝術特色,亦形象得體,精彩獨到,《略例》云:"烹詞吐屬之妙,天籟生成。其淒其處如哀猿夜叫,醲鬱處如旃檀香焚,鮮艷處如琪花綻蕊,蒼勁處如古柏參天;其繪聲繪色處,如吳道子畫諸天,無美弗備;其經營慘淡處,如神斧鬼工,巧妙入微。然又皆從至性中流出,非斤斤以篇章字句矜奇炫巧也。"《自跋》亦云:"文自六經外,惟莊屈兩家,夙稱大宗。莊文灝瀚,屈詞奇險。莊可以御空而行,隨其意之所至,以自稱結構;屈自抒悲憤,其措語之難有甚於莊……洋洋纚纚,滔滔汩汩,無義不搜,無典不舉,而起伏照應,頓挫迴環,極文人之能事,故能與漆園並驅千古。"

另,此書收録、保存了一位女學者的著述。《略例》云:"古今從無閨秀註《騷》者,康熙庚寅,有練湖女子姓陳名銀者,注《楚辭發蒙》五卷。'自序垂髫,口授《楚辭》二十五篇,曾遍閱漢、唐以下三十一家評本,而嫌其重複拖沓,荒淫鄙瑣,可憎可厭',其言切中諸家之弊,可謂讀《騷》有識者矣。然惜其仍落前人窠臼,未能拔乎其萃。特有一二可異者,'美人遲暮'句注云'至此方入題',又《招魂》'遺視矊些'句注云'此所謂臨去秋波那一轉也'。二語恰與予同,大奇。此書無刊本,識此以存其人。"惟此書多疏於考證,往往恍惚汗漫,臆爲變亂,故聊備一解可矣。

此書之版本,有清嘉慶十七年(1812)裛露軒刊本,北京圖書館、中國科學院國家科學圖書館、華東師範大學圖書館藏。另,有陳氏讀騷樓刊《陳氏叢書·瓠室四種》本、民國十三年(1924)上海掃葉山房影印裛露軒本、1955年上海出版公司影印《離騷精義原稿留真》、1986年臺北新文豐出版公司《楚辭彙編》影印本、2002年上海古籍出版社《續修四庫全書》影印本、2008年廣陵書社《楚辭文獻集成》影印本、2008年燕山出版社《楚辭要籍選刊》影印本。而1955年上海出版公司影印《離騷精義原稿留真》,係陳氏稿本,僅存《離騷》及其注文,由姜亮夫、陶秋英整理審定,姜氏《跋》定爲第三稿稿本,且詳細比較與最後定本之異同,以爲初稿較重訓詁字音,修改而後,則不在章句訓詁,而專重文脈大義。

迄今,對是書作過評述的論文主要有姜亮夫《屈辭精義》(《中州學刊》1990年第3期)、朱碧蓮《〈楚辭〉要籍述略》(《古典文學知識》1996年第1期)、林潤宣《論陳本禮的〈屈辭精義〉》(《遼寧大學學報》2000年第6期)。

離騷草木疏辨證

楚辭研究專著。清代祝德麟撰。祝德麟(1742—1798),字趾堂,號芷塘,海寧(今屬浙江)人。乾隆二十八年(1763)進士。歷任翰林院庶吉士、編修、湖廣道御史等職。乾隆五十五年(1790)乞歸,主講雲間書院。著有《悦親樓集》、《别集》、《外集》、《賡雲集》等。另,《晚晴簃詩彙》卷九十一收其《悦親樓詩集》。事跡載民國《海寧州志稿》卷十四、二十九。

該書凡四卷。卷首有《目録》。卷末附祝氏《跋》。據《跋》文可知,祝氏任編修時,正值開四庫館,詔求天下遺書。兩淮鹽政李質穎購得宋本書十五種,裝潢進呈,上命發館收貯。德麟備員襄事,因得窺吴仁傑《離騷草木疏》影宋鈔本,但"亥豕盈目,甚或不可句讀。既竊録副本,因取《永樂大典》中所載,逐條對勘","復取《爾雅》、《山海經》、《淮南子》、《齊民要術》,及各種《本草》詳校,字剔句搜,凡改正四百五十字有奇,增損二百五十字有奇。其説與他書異同者,時亦出其螢爝之明,附注條下,以備參考。並錯採《説文》、《玉篇》、《廣韻》、《集韻》等書,訓釋音義,雖不敢云有所闡發,較之舊本,或加詳焉"。另,錢泰吉《甘泉鄉人稿·離騷草木疏辨證跋》云:"今見此册,始知《辨證》詳審,定爲斗南功臣。"有清乾隆四十四年(1779)祝氏悦親樓刊本,上海圖書館、浙江圖書館藏。

楚辭辨韻

楚辭研究專著。清代陳昌齊撰。陳昌齊(1743—1820),字賓臣,號觀樓,海康(今廣東雷州)人。二十七歲中舉,次年中進士。官翰林院,與修《四庫全書》。著有《歷代音韻流變考》、《經典釋文附録》、《吕氏春秋正誤》、《地理書鈔》、《天學纂要》等。事跡載《清史列傳》卷七十二、《清史稿》卷三百六十二。

該書不分卷。又題爲《楚詞辨韻》,或題爲《楚辭音義》。卷末附伍崇曜《跋》。伍氏《跋》云:"《雁山文集》稱先生博極群書,嘗取《漢書》、《史記》、《十二經注疏》,凡陸德明《經典釋文》所未備者,録之,爲《經典釋文附録》。又著有《歷代音韻流變考》。鄰舍不戒於火,並所藏書俱燼……曾勉士廣文謂:'是書原爲音韻流變而作,記於《楚辭》篇中,未立《楚辭音義》之名。先生殁後，吳石華（字蘭修）廣文從《楚辭》簡端録出，刻之，名曰《楚辭音義》。其實，是書當名《辨韻》，不當明音義也。'今從之，特改題付梓焉。"此書分條辨析，《離騷》，録十一條；《九歌》，録《湘君》一條，《大司命》一條，《少司命》一條，《東君》二條，《河伯》一條；《天問》，録六條；《九章》，録《惜誦》一條，《哀郢》一條，《抽思》一條，《懷沙》二條，《思美人》一條，《橘頌》一條，《悲回風》一條；《遠遊》，録一條。其體例爲，先引楚辭原文一段，然後以"按"字起説之。姜亮夫《楚辭書目五種》云："辨證音讀用韻，引《六經》及《漢書》、《文心雕龍》、《大戴記》、《逸周書》以明某字古在某部，而某書始合於某部。其中證驗未具，僅曰某字古在某部者，爲多。"

此書之版本，有清道光三十年（1850）刊《嶺南遺書》本，北京圖書館藏。另，有清同治二年（1863）刊《嶺南遺書》本，北京圖書館藏；清嘉慶五年（1880）嘉應吳蘭修校刊《賜書堂集》本，北京圖書館藏；餐菊軒鉛印本（題爲《楚辭音義》），北京圖書館藏。又，有商務印書館《叢書集成》本（附周春學《十三經音略》本後）、2008 年燕山出版社《楚辭要籍選刊》影印本。

楚辭讀本

楚辭研究專著。清代方人傑撰，錢樹本參定。方人傑，字星渡，新安（今屬河南）人。錢樹本，字根堂，金山（今屬上海）人。饒宗頤《楚辭書録》云："《楚辭讀本》，清方人傑撰"，"乾隆三十七年刊《莊騷讀本》本（《楚辭》四册，西村碩園藏）"。姜亮夫《楚辭書目五種》云："《評輯楚辭讀本》一卷，方人傑撰。人傑，字星渡，新安人。錢樹本參定，樹本，字根堂，金山人"，"[板本]清乾隆三十七年世春堂《莊騷讀本》合刊本"。崔富章《楚辭書目五種續編》云："《評輯楚辭讀本》一卷，方人傑撰，錢樹本參定"，"[版本]日本大阪大學藏本（懷德堂文庫舊藏）"。然據本人實地考察大阪大學附屬圖書館"懷德堂文庫"藏書室，手批目驗，乃知方人傑評輯楚辭之書名爲《楚辭讀本》。姜亮夫《楚辭書目五種》、崔富章《楚辭書目五種續編》稱爲《評輯楚辭讀本》，誤，當糾正。饒宗頤《楚辭書録》稱爲《楚辭讀本》，準確。

該書封面題爲《楚辭》，扉頁題爲《楚辭讀本》，落款爲：新安方人傑星渡評輯、金山錢樹本根堂參訂。蓋有[大阪大學所藏圖書印][懷德堂圖書記][大阪大學圖書][碩園所藏楚辭百種][碩園紀念文庫][天囚書室][漢杜草堂]等，另有兩印模糊難辨。全書没有目録、體例、説明、序跋之類，僅爲一個讀本，而無意於論述。評輯作品有《離騷》、《惜誦》、《涉江》、《哀郢》、《抽思》、

《懷沙》、《思美人》、《招魂》(宋玉,下同)、《惜往日》、《橘誦》、《悲回風》、《遠遊》、《天問》、《九歌》(《東皇太一》、《雲中君》、《湘君》、《湘夫人》、《大司命》、《少司命》、《東君》、《河伯》、《山鬼》、《國殤》、《禮魂》)、《卜居》、《漁父》、《大招》、《九辯》、《風賦》、《高唐》、《神女》、《惜誓》(賈誼,下同)、《弔屈原》、《服賦》、《哀時命》(莊忌)、《招隱士》(劉安)。此書於楚辭作者,僅僅羅列,而不作考述。凡屈原作品,没有直接注出;而列在宋玉名下作品,又似乎過多。有些指定還有矛盾,如《九歌》總評云:“讀屈子之全文,曰騷曰游曰問曰卜,蓋其無可奈何之意,真有莫知其然而然者,觸事興懷,雖木石猶將扣(和)之,而況洞洞漆漆視聽於無形聲者乎?豈借題之謂哉!”似乎又以《離騷》、《遠遊》、《天問》、《卜居》等爲屈原作品。

各篇評輯體例爲,過録原詩,句右點評、眉批(或注或評,注釋包括注音注字,但均簡略),詩末先酌選各家之説,然後自己評述。以《湘君》爲例,篇首眉批云“此篇蓋爲男主事陰神之辭,故其情意曲折尤多,皆以寓忠愛於君之意”,篇末眉批云“下女,以不敢指言湘君,託辭侍女”。夾注,意在評述寫法與藝術特色,於“君不行兮夷猶”兩句云“惝怳高超,文中神境”,於“令沅湘兮無波”句云“寫得濃至”,於“望夫君兮未來”句云“望君”,於“揚靈兮未極”句云“筆筆有凌空躡景之奇,而又曲折沉著”,於“隱思君兮悱惻”句云“思君”,於“採薜荔兮水中”句云“工陗”,於“心不同兮媒勞,恩不甚兮輕絶”二句云“不得留君”,於“交不忠兮怨長,期不信兮告余”二句云“觸緒紛來前,節節虚境,皆實而仍不實”,於“捐余玦兮江中”二句云“幽情密意,字字撩人”,於“將以遺兮下女”兩句云“又無以遺君,一句結,爽然鬱然”。

篇末總評,大抵反映方氏於楚辭之認識與體會。如《離騷》篇末,先輯李長吉、蘇和仲、嚴滄浪、孫文融、陸昭仲、張泰先諸家之説,後加己評云:“詩言志,歌永言。讀《離騷》須知其志之所在,淵源世系,於君則親也,於國則家也。休慼何如關切也。況又委摯圖君,更非泛泛者比。不能格君心之非、正君身之瞻聽,又不能驅除黨比以振興國祚,即主臣相得,猶未保其盡善,乃放廢乎。忠不一聞,佞倖滿室,闇者愈闇,危者愈危,此原之志萬難萬難,莫可如何者也。此而欲吐其情,直是一字不可著乎?此而欲達而意,即至萬言亦有難盡。今觀運想之深、攬取之博、筆墨之横溢、音節之琳琅,所哀者,哀己之生之遇合之遭逢,所望者,望君之悟之悔之挽回之振作,未嘗有一字怨懟也,其實處皆空,空處又實,讀之不見其文,但見有一屈子;並不見有屈子,但見只有一我在其間萬難萬難而莫可如何者也。此入人爲何如,豈僅永言言志已乎。”《惜誦》總評云:“所欲愛吾之言以致其憂思也,豈忍發吾之憤以抒其情悃哉。讀首二句,知命題意已含有無數曲折,至發憤誓言,豈得已也。篇中言及君身,便字字憾及讒小;及言至讒小,又字字怨及己身。曰指天曰夢天曰登天，悲憫之衷，真有知我惟天之意。此固非不合則去之臣之流所能知也。”《涉江》總評云：“此初放江南而涉江之辭也，文最激直而復清朗。”《哀郢》總評云：“文如獨繭抽思，一意千回百折，寫身之所歷，皆是寫心之所至。傷悼之念，皆從君身蠱惑處曲曲傳出，絶不見怨天尤人之意。文境清幽淡折，無聲無臭之中，令人一見心傷。不待辭畢，固知感人處不在聲華色相也。”

篇末總評，往往側重於挖掘楚辭藝術特色，指導楚辭讀法。如《懷沙》總評云：“節短、勢險、氣壯、情高，絶非詹詹細響，非得讀書養氣之功，不易語此。”宋玉《招魂》總評云：“招魂之禮本於死者，荆楚或以施之生人。此招魂賦，前人迄無定説，總之宋玉憫其師無罪放逐，恐其魂魄離散，故假此辭以招之，致其誠愛之意也。故其篇中零碎怪罔藻麗敷衍處，皆極有悲悵隱痛之致，氣渾成而無斷續之跡，筆圓轉而無沉滯之病。如此作手，固宜俎豆不祧。”《惜往日》總評云：“文氣縱佚窅渺，有不可一世之概。實叙中有虚致，直言中有婉致，回環往復，一氣凝結，揮刀不斷，千載如生，只一𢈪字寫得鏤心刻骨，而惜字精神，便已透露百倍。”《橘頌》總評云：“楚辭咏物之作，不多概見，《橘頌》一篇，已爲後世作者之祖。今讀其辭，有比喻，有寄託，有發揮，有感慨，短音隋節之中，腴而不枯，宕而不實，後人窮工極巧，妙處亦不能出其範圍。”《卜居》總評云：“中間正文，卻是波瀾；前後波瀾，卻是正文。前一段理不應如此，今事已是如此；後一段事不必定如此，而理卻往往如此。世事茫茫不可憑，一至此乎？詹尹一聲叫破，陰陽龜策黯然無色。”《九辯》總評云：“《離騷》是自言其情，故寄託隱約之意多。全副精神，須在歷亂粉碎之中見之。《九辯》是爲師辯陳其情，故激直而感慨，反反復復，天人理事之間，其明切透快不待言。而字字皆有指點開示怨憾告訴無盡無已之意，此則風人之文，深得《離騷》之旨，而非後人之所能仿佛者也。”《神女》總評云：“此玉之寓言也，何有於楚王，更何有於神女，只爲此明窗淨几，佳筆妙墨，更遇此閒情逸興，自不奈下此一篇妙文耳。讀前章起，兩昔者字，曰雲曰神曰夢，空中設色，指點多少，今不求其意志所在，徒以淫辭麗句目之，不特辜負作者，亦無以盡文家之極致。雖無與於楚騷，然在騷每篇據意攤辭，各有意境，正不必其比而同之也，何況於玉，更何況於玉以後哉。朱子於蘭臺似苛，其去《七諫》、《九懷》、《九歎》、《九思》以爲無病呻吟也，何快如之。”《惜誓》總評云：“議論精微，意氣悲壯，其勞安悼痛之意，俱從精義至理中曲曲寫出，兼有風人學人之致。”《弔屈原》總評云：“清朗俊逸之文，多傷於氣，而蒼茫渾厚，不見際涯，則其意深也。”《哀時命》總評云：“層次轉折，渾灝鍊淨，有蕭瑟之氣，又有幽艷之光，自具雅人深致。”《招隱士》總評云：“《招隱士》，卻言山中不可留，其間有曲折，豈得草草卒業也。昔人謂與屈原無與，夫與屈子無與何過哉？然何以道得，如許凄愴歷落，感憤痛惜，與《大招》、《小招》悲慘之意無異也，安得謂非招屈子者哉！一氣蟠析而又欲鋒利若此，斷不易得。”

方氏評輯之風格爲，簡潔、要言不煩，不糾纏於歷史争端，深入淺出，重在發掘藝術技巧，重在指導閱讀理解，重在幫助讀者從整體上風格上把握屈原、理解楚辭。據此推測，方氏可能爲一個盡心盡職的教書先生，而《楚辭讀本》乃其教授弟子之專用教材。有清乾隆三十七年（1772）世春堂《莊騷讀本》合刊本，日本大阪大學附屬圖書館“懷德堂文庫”藏書室藏。

離騷經章句義疏

楚辭研究專著。清代張象津撰。張象津，字漢渡，號莪石，别號雪嵐，新城（今屬山東）人。乾隆四十五年（1780）舉人。官濟寧學正。著有《白雲山房集》。該書凡一卷。卷首有張氏《離騷經章句義疏自序》。次朱熹《小序》。據張氏《自序》，此書之撰述前後歷五十年，分爲四個階段：第一階段，“幼好是書，覽王氏洪氏之注，名物訓詁極爲詳博，至其釋詞之所寓，則疑其本旨有不然者，因以己意疏之，録爲《離騷疏》一卷”；第二階段，十年之後讀到朱熹《集注》，“則舊之所疑，朱子亦多有辨證，亦間有與朱子不侔者，遂取所録毁之”；第三階段，嘉慶十九年（1814）内人病殁，次年（1815）次女殀折，讀屈復《楚辭新注》，“覽竟其書，覺其所謂獨得者，於心更有不安。因憶舊所見者，逐節書於其注之上方，無詮次也”；第四階段，嘉慶二十二年（1817），“長孫繩武相從讀書於外，因略爲頓整，使仍録出爲一卷”。

另，張氏《自序》以爲“此書注解，言人人殊”，而《離騷》作爲《三百篇》之變體，“言雖比其正，意必有所指；詞有託其本，意必有所存；正學者所當以意逆志也”。崔富章《楚辭書目五種續編》云：“大抵本朱子之説，與屈復相左。注極簡，重在章節大義。全篇分爲十九節，三大段。第一段至‘豈余心之可懲’，第二段至‘余焉能忍與此終古’，第三段至‘蜷局顧而不行’，‘亂曰’自爲一節，通篇之總結也。”有清道光十六年（1836）補刻《白雲山房集》附刻三種之一，北京圖書館、中國科學院國家科學圖書館藏。

楚　辭　貫

楚辭研究專著。清代董國英撰。董國英，字逸倫，博川（今屬山東）

人。善詩文，以諸生終。著該書時，年七十二。該書凡一卷。雖題爲《楚辭貫》，然僅録《離騷》一篇。卷首有羅以智《序》。次余蓮《序》。次《史記·屈原列傳》，附"眉批"，多通釋《列傳》與《離騷》相關旨意。次《凡例》。何以"貫"名其書？董氏《凡例》云："是編以魯雁門《楚辭達》爲藍本，蓋治騷者向稱七十二家，西仲林氏已言之。自是而後，又不知增添許多家數。大抵重複繁雜，惟林氏《楚辭燈》頗有端緒可尋"，"迨至《楚辭達》而大暢厥詞，逐字分析，一洗蒙翳，疏通證明，時見脈絡，卓然爲治《騷》家別開生面。惜乎刻意搜尋，不免附會，按之當日事情，殊多迂闊，而於三致意處，亦未能按其部位，歷歷分其層次，欲其全體透徹，豁然貫通，尚嫌一間未達。今一折衷於《列傳》之註脚，辨論而訂證之。又自爲融會而條晰之。覺首尾迴顧，如緡錢之綰結於兩端，兩柱相承，如珠串一一之連綴於其中，標之曰'貫'，庶幾別於舊時之重雜。"羅氏《序》亦云："逸倫董先生病治騷者附會重複，多不得其旨，取舊説之疏通證明者，間以己意貫之，謂篇中大旨，終始不離'修己'、'取人'兩端。"

董氏以爲，司馬遷《屈原列傳》爲讀《離騷》之門徑，《凡例》云："二子世相近，而皆不得志於時，心術才情，復一一相當。馬遷自是屈子知己。《列傳》大率爲《離騷》注脚。後千百載，欲舍此而讀《離騷》，何啻濟川者之先自棄其舟楫也。爰按注脚之所在，一一標之上方，且以明乎今此論釋之所本也。"此書將《離騷》分爲前半篇、後半篇，凡十一段。自開端至"心之可懲"分五段，爲前半篇；自"依前聖"至終篇，分六段，爲後半篇。前半按實言情，後半憑空結撰。另，以女嬃三章承上啓下，爲過文作一大紐。姜亮夫《楚辭書目五種》云："《離騷》正文，以下逐章逐節加注。董氏在《凡例》中，自稱是編以魯雁門《楚辭達》爲藍本，又服膺林西仲《楚辭燈》，故注釋中多引林氏、魯氏之言。眉間批註文章脈絡。行間批語，更及用字之法。蓋仍猶明人結習也。又本書雖名《楚辭貫》，實僅《離騷》一篇。"

此書之版本，有清道光二十五年(1845)博川正誼齋刊本，北京師範大學圖書館藏。另，2008年燕山出版社《楚辭要籍選刊》影印本。

楚 辭 輯 解

楚辭研究專著。清代丁元正撰。丁元正，字少微，號湘亭，清泉(今屬湖南)人。雍正七年(1730)拔貢，以知縣用。歷任如皋(今屬江蘇)等縣。年七十卒。事跡載光緒間《湖南通志》卷一八三。

丁氏嘗適長沙、涉洞庭，訪汨羅故處，《自序》云：“（屈原）以宗室之誼爲左徒，畹蘭樹蕙，欲率其徒屬以奔走後先，踵武前王，而卒困於讒，疏遠不已，至於放逐。原知生之終無益於國，而國必不能以圖存，於是以纏綿悱惻之意，形爲憂愁幽思之言，直欲千載之下咸知楚之尚有人，而其人之心乎楚，則其詞存而不没，其人死而不死，即楚亡而不亡，皆騷之爲也。”丁氏《屈原大夫年譜》考定屈原生於楚宣王二十七年（前 343）正月初八庚寅，止於頃襄王十一年（前 289），凡五十五歲。此書之撰述緣由，《自序》略及之，云：“余幼讀其書，初不求甚解。兒侄輩時索解於予，往復甚辨，乃不自量，取萃各家註釋，擇其言無支離者，纂輯成編，名曰《楚辭輯解》。”

此書凡二十二卷。正編六卷，收屈原作品二十五篇；外編二卷，輯解宋玉、賈誼、莊忌、淮南小山之作；後語六卷，輯解晁氏所集録《變離騷》、《續離騷》五十二篇；附録六卷，採漢唐以來諸家擬作；卷首二卷，包括《凡例》、《屈子列傳》、外傳、《離騷贊序》、屈子遺像年譜、朱子《辨正》摘録等。據丁氏十三代裔孫丁鵬翥《楚辭輯解編校記》云：“鵬翥所得者，卷上係刊印，餘皆鈔本”，“今僅存《卷首》（上）及《正編》六卷，亦即屈子之作部分完整，宋、賈以下各篇皆不存。”崔富章《楚辭書目五種續編》云：“先解題，大體採王逸小序，而自加注，摘宋景文公數語以結之。次正文，輯解。《九歌》、《九章》每篇皆有釋題。”有 1954 年仲夏丁鵬翥油印本，一册，北京圖書館、浙江圖書館藏。

屈騷指掌

楚辭研究專著。清代胡文英撰。胡文英，字質餘，號繩崖，武進（今屬江蘇）人。博覽群書，尤精於毛詩，爲乾隆間考據學家。著有《詩經逢源》、《毛詩通義》、《詩疏補遺》、《詩疑義釋》、《吳下方言考》、《莊子獨見》等。

該書凡四卷。卷首有王鳴盛《序》。次胡氏《自序》。次《凡例》，凡十二則。次司馬遷《屈原列傳》。次沈亞之《屈原外傳》。次《目録》。據胡氏《自序》，乾隆二十六年（1761）夏，晤王鳴盛於京師，王氏“擊節嘆賞”而爲該書作序，云：“從來屈注，當以此爲第一家。”然至乾隆五十一年（1786），方校定刊行此書，《凡例》云：“余于此書讀時甚多，解時甚少，記誦更絶不繫心，是以與古詩樂府互爲流環沈鬱，俯仰吟嘯，迄今二十餘年。”此書僅收屈原作品，其篇次“概依王逸本先後次序”，卷一《離騷》，卷二《九歌》（《湘君》、《湘夫人》合一歌，《大司命》、《少司命》合一歌，凡九篇）、《天問》，卷三《九章》，卷四《遠遊》、《卜居》、《漁父》、《招魂》、《大招》，以合《漢書·藝文志》屈賦“二十五篇”之數。視“二招”爲屈原作品，實承黄文焕説，而黄説已爲林雲銘、吴世尚、蔣驥、屈復、姚培謙、夏大霖、許清奇、陳本禮等學者先後採用；合“二湘”、“二司命”以爲《九歌》九篇説，則承周用之説，王邦采、吴世尚、顧成天等學者亦持是説。

胡氏《凡例》先總結古來注《騷》之弊，詳叙治騷應備之法，即“學”、“問”、“思”、“辨”四字，云：“《屈騷》之注，一壞於穿鑿，再壞於詭隨，總于學、問、思、辨四字，有義襲躐等諸弊。蓋穿鑿緣心躁，詭隨緣心浮。古人博學不遺于俗諺，審問不棄于刍蕘，慎思不入于元渺，明辨不執夫固我。”其次，胡氏述其獨立思考、研探之路，云：“余注屈時，不看諸解，惟求其理之是、神之順，情之曲摯無所不到，而銖黍不失乎正。其有不得者，沈日夜設身處地求之。求之不得，而後檢諸解之是非”，“其有是者，無論前賢時彦，必表其名，不肯竊美”，“即不知者，亦當闕疑，以俟天下後世廣搜博識，以得其真。則傳疑，猶傳信也。”另，胡氏注釋訓故時必稽求往籍，言而有據，且强調實地考察，云：“兩涉楚南，三留楚北，詢之耆宿，按之衆圖，繹屈子之書，仿佛之所涉。”郭在貽《楚辭要籍述評》云：“王鳴盛序其書曰：‘余讀其書，於地理名物考索最精，不爲空言疏釋而騷人之旨趣自出。’可謂確論。如《離騷》中的江離、木蘭、菌桂、杜衡、菉葹、蕢茅、茝、芷，此書均對其性狀、産地、功用、名稱等，詳加考釋。對於楚辭中的山川地理，亦考辨詳審，這從《九章》各篇的題解及注中可以概見。”

各篇先解題，闡發題旨，或交代寫作時地，如《九歌》解題，述《九歌》爲九篇後，云：“内惟《東皇太一》、《國殤》、《禮魂》三篇無寓意；《雲中君》、《東君》二篇正説祭祀，略有寓意；餘六篇則借祭神而寫其離合之思、期望之意。”各篇分注時，或四句爲節，或兩句爲節；且釋文簡約明確，不涉繁瑣。如注《離騷》“紛吾既有此内美兮，又重之以脩能”二句，云：“内美，本質也；脩能，學力也”，“羲和，日御；崦嵫，日所入之山”，“望舒，月御；飛廉，風神”。又如釋《湘夫人》“驟得”，云：“湘君歌‘不可再得’是絶望之意，此云‘不可驟得’是徐俟之意。”可謂細微處見情調之别。再如注《雲中君》“雲神”、“羲和”爲“日御”，“望舒”爲“月御”，“飛廉”爲“風神”，不涉繁瑣。姜亮夫《楚辭今繹講録》云：“此書的注簡單，訓詁和義理也如此，但非常明確。他可能參考過許多書，在這些書中找出最重要、最好的、最簡單明了的來作注。”

此書之版本，有清乾隆五十一年(1786)富芝堂刊《武進胡氏所著書》本，北京圖書館、上海圖書館、清華大學圖書館、北京大學圖書館藏；另，有 1979 年 10 月北京古籍出版社影印本、1986 年臺北新文豐出版公司《楚辭彙編》影印本、2008 年廣陵書社《楚辭文獻集成》影印本。

迄今，對是書作過評述的論文主要有蔣寅《胡文英〈屈騷指掌〉述評》

(《中國古典文學論叢(第6輯)》,人民文學出版社1987年版)。

楚 辭 翼

楚辭研究專著。清代董鷗洲撰。董鷗洲,北越人。饒宗頤《楚辭書録·跋》云:"既東渡日本,於彼邦所藏舊槧秘笈,耳目所及,輒爲迻録。已故西村碩園氏,嗜騷成癖,平生庋藏《楚辭》書籍,爲數近百,余從京都大學吉川幸次郎教授假其藏目,亦多稀覯之本,間爲補記,即本編所著碩園藏者也","日本内閣文庫所藏明刊本諸書,承京都大學水野清一教授遠道影賜。"可見,大阪大學藏西村時彦(碩園先生)所編《讀騷廬叢書》,饒氏未能直接閲讀,僅根據京都大學吉川幸次郎教授藏目録入。饒宗頤《楚辭書録》云:"《楚辭翼》,清北越董甌州撰,日本西村碩園藏手稿本。"姜亮夫《楚辭書目五種》云:"《楚辭翼》,清董鷗洲撰,見饒氏引日本西村時彦輯本。"崔富章《楚辭書目五種續編》云:"《楚辭翼》,清董鷗洲撰。[版本]鈔本(日本西村時彦輯《讀騷廬叢書》本,大阪大學藏)。"按,崔富章將董鷗洲《楚辭翼》,列入《讀騷廬叢書》,誤。此書屬西村時彦所藏"楚辭百種"之一。2002年12月崔氏到大阪大學"懷德堂文庫"藏書室查閲"楚辭"著作,後撰有《大阪大學楚辭類稿本、稀見本經眼録》(《文獻》2004年第2期),介紹了董鷗洲《王注楚辭翼》三卷内容,但既未糾《讀騷廬叢書》之誤,亦未明確指出此書爲西村時彦所藏"楚辭百種"之一。2005年4月,本人到了日本,實地考察大阪大學附屬圖書館"懷德堂文庫"藏書室,手批目驗"讀騷廬叢書"、"楚辭百種",並帶回"讀騷廬叢書"、"楚辭百種"兩種目録與版本信息,還複印了一些稀見楚辭版本。據本人研究,所得事實爲:西村時彦收集《楚辭》各種注釋書,於大正七年(1918)完成。西村時彦歿後,其夫人將西村時彦全部藏書六千八百册捐給懷德堂。大正十四年(1925)九月七日,懷德堂舉行已故西村博士紀念會,將西村藏書命名爲"碩園紀念文庫"來保存。昭和二十四年(1949)十二月,懷德堂把藏書三萬六千册作爲"懷德堂文庫"全部捐給大阪大學,其中即含西村時彦"碩園紀念文庫",且將"碩園紀念文庫"中《楚辭》典籍,總稱爲"懷德堂文庫"之"楚辭百種",而"讀騷廬叢書"二十一種則爲"楚辭百種"一部分(周建忠《大阪大學藏"楚辭百種"考論》,《職大學報》2008年第1期)。

該書書背毛筆竪寫[楚辭翼][碩園先生蒐集][楚辭百種之内],全一函四本。封面爲竪寫[楚辭翼](全)。首頁自左鈐有:[大阪大學所藏圖書印][懷德堂圖書記][大阪大學圖書][碩園紀念文庫][碩園所藏楚辭百種]等,另有兩印模糊不清。卷端題"王注楚辭翼　北越董鷗洲著"。王注楚辭翼者,王逸《楚辭章句》之羽翼也。如《離騷》"朕皇考曰伯庸",王注:"皇,美也。父死稱考。《詩》曰:既右烈考。"董氏《翼》云:"《詩經・周頌・雝篇》:既右烈考,亦右文母。毛傳云:考,武王也。文母,太擬也。鄭氏箋云:烈,光也。子孫所以得考壽與多福者,乃以見右助於光明之考與文德之母,歸美焉。"《離騷》"恐修名之不立",王注:"《論語》曰:君子疾没世而名不稱焉。"董氏《翼》云:"《論語・衛靈公篇》:子曰:君子疾没世而名不稱。何晏曰:疾猶病也。春臺先生(當爲著者熟知之學者)曰:《禮記》云,此以没世不忘也。没世,義同謂死也。"《七諫・沈江》"秋毫微哉而變容",王注:"鋭毛爲毫,夏落秋生。"董氏《翼》云:"鋭音兑,細小也。"《七諫・怨世》"西施媞媞而不得見兮",王注:"媞媞,好貌也。《詩》曰:'好人媞媞'也。"董氏《翼》云:"《詩經・衛風・葛屨篇》(案:誤,應爲《詩經・魏風・葛屨篇》)'好人媞媞,宛然左辟,佩其象揥',毛公傳曰:媞媞,安諦也。"依上下文意,"提提(媞媞同),安諦也"之注,不僅可羽翼王注,實則更爲貼切。《七諫・怨世》"募母勃屑而日侍",王注:"勃屑,猶媻姍,膝行貌。"董氏《翼》云:"媻,音盤,姍音珊。媻姍,行貌。"

董氏《王注楚辭翼》凡三卷:卷一《離騷》、《九歌》、《天問》,卷二《九章》、《遠遊》、《卜居》、《漁父》、《九辯》、《招魂》、《大招》、《惜誓》,卷三《招隱士》、《七諫》,以下各篇缺。此書爲西村時彦舊藏,鈐"天囚藏書"、"碩園收藏楚辭百種"、"碩園紀念文庫"、"大阪大學圖書"、"昭和 26・9・10 受入阪大 32861 圖"諸印記。饒宗頤《楚辭書録》云:"楚辭翼,清北越董甌州撰,日本西村碩園藏手稿本。"即此本。然全稿無序跋題識,亦未見作者印記。惟卷中時有涂乙增删,或添加於書眉之上,如《大招》"青春受謝",王注:"青春,東方春位,其色青也。"董氏引《淮南・天文訓》以翼王注,又於眉端增寫"卷十"字樣。董氏《翼》只有三卷,則"卷十"乃指王逸《楚辭章句》卷十《大招》篇首"青春受謝"之章句也。封面題"楚辭翼全",而《七諫・怨世》"驥躊躇於弊輂兮"以下全缺。或董氏當年作《翼》至此而結束歟? 疑莫能明。觀其筆跡貫氣流暢,似非傳鈔者之所爲也。

迄今,對是書作過評述的論文主要有崔富章《大阪大學楚辭類稿本、稀見本經眼録》(《文獻》2004 年第 2 期)、崔富章、石川三佐男《西村時彦對楚辭學的貢獻》(《浙江大學學報》2003 年第 5 期)、周建忠《大阪大學藏"楚辭百種"考論》(《職大學報》2008 年第 1 期)等。

離騷箋

楚辭研究專著。清代龔景瀚撰。龔景瀚(1747—1802),字海峰,閩中(今福建福州)人。乾隆間進士。嘉慶時官合州知州,後又任蘭州知府,兩年後送部引見。卒於京師。工古文辭。著有《澹静齋文鈔》。事跡載《清史稿》卷四百七十八、《清史列傳》卷七十四。

該書凡二卷。僅録《離騷》一篇。卷一,自篇首至"霑余襟之浪浪";卷二,自"跪敷衽以陳辭兮"至篇末。卷首有龔氏《離騷箋自叙》。卷末附《離騷》一篇之《通論》。此書之撰述緣由,龔氏《自叙》略及之,以爲王逸、洪興祖、朱熹三家"皆隨文訓詁,未能貫通其意義",故重點"箋其大義脈絡",以達到"井然如絲聯而繩貫"之境界。然此書用於教授"方學詩賦"之兒輩,又"集三家之注,名物音訓詳焉"。其體例爲,每句下引三家注,亦别引邵瑸、吳仁傑諸家語,時加按語;且每章有章旨,每節有節義。龔氏分《離騷》爲三大節,第一大節自篇首至"霑余襟之浪浪",以爲用"賦"之法,爲"正言";第二大節自"跪敷衽以陳辭兮"至"余焉能忍與此終古",以爲用"比"之法,爲"放言";第三大節,自"索藑茅以筳篿兮"至篇末,以爲用"興"之法,爲"假言"。又謂"通篇大旨,《亂》之數語盡之,亦猶《詩》之小序也"。儘管其劃分段落、層次頗爲細密(每大節中又分爲若干小節),但過於拘泥於《詩經》賦、比、興之法,故於在結構分析方面突破有限。其稱《離騷》作於懷王未返、頃襄王未立之時,姜亮夫《楚辭書目五種》云:"與陳第語近","與余説頗類"。姜亮夫《楚辭今繹講録》云:"此書是從漢儒和宋儒兩方面的道理來講《離騷》的。其中心是雜亂的,没有多大價值,他想調合漢、宋儒者的矛盾。"然此書於楚辭義理、結構之探求,頗有參考價值。

此書之版本,有清乾隆五十九年(1794)澹静齋刻本,清華大學圖書館藏。另,有清刻本,福建圖書館藏;清道光六年(1826)《澹静齋全集》本,北京圖書館藏;清同治八年(1869)恩錫堂《澹静齋全集》刻本,中國科學院國家科學圖書館藏;清光緒元年(1875)崇文書局《三十三種叢書》本,北京圖書館、北京師範大學圖書館藏;清光緒三年(1877)崇文書局開雕本,北京圖書館、北京師範大學圖書館藏;民國元年(1912)鄂官書處重刊本,北京圖書館、上海圖書館藏。又,有 2008 年廣陵書社《楚辭文獻集成》影印本、2008 年燕山出版社《楚辭要籍選刊》影印本。

楚辭達

楚辭研究專著。清代魯筆撰。魯筆，字雁門，號蘸青，一號榆谷，雷州（今屬廣東）人。於學無所不窺，弱冠即名籍江邦，好遊歷佳山水間。但"屢躓舉場"，便閉户著述，窮年矻矻。約卒於乾隆十二年（1747）。著有《見南齋詩集》。

該書凡一卷。僅注《離騷》一篇。或題爲《楚詞達》。卷首有《楚詞達序》，凡兩篇，依次爲金華山樵師範荔扉、錢塘梁同書所撰。次《見南齋讀〈離騷〉指略》，分《總論》、《篇章》、《段落》、《氣脈》、《神吻》、《章法》、《筆法》、《句法》、《字法》、《骨法》、《辭法》、《補法》、《過文法》、《倒掉法》、《隔類相照法》、《移步换形法》、《兮字法》、《虚字法》、《從古韻》等十九科。關於書名，《見南齋讀〈離騷〉指略》末刻書者附識云："《離騷》一篇，包舉《楚辭》全部，全義全神，最是難看，看透此一篇，以後各篇，自可迎刃而解。則一達，無不畢達者矣，故直以《楚辭達》標之。"梁同書《序》亦云："其注騷也，取舊時影響附會之解，辨論而訂正之，又自爲融貫而條析之，命之曰《楚辭達》。"

其體例爲，每四句一章，先注字音，後注字義，次談章句大義，末論章旨。全篇分爲十二段，皆有段落大旨。眉間、行間多小字評語，如首二句云："起句立通篇之本，是所以作《離騷》之根"，"起法高遠，與《生民》詩同體勢。"《指略·總論》各條，語頗精警清奇，如"看《離騷》，須如鏡花水月看之，可象而不可著，若着象以求，無有是處"，"看《離騷》，須如天上風雲看之，頃刻變幻萬狀，初無定形，若執定法以求，無有是處"。崔富章《楚辭書目五種續編》以爲，這些論述"今人言之，即形象思維、浪漫主義也"。

此書之版本，有清乾隆三十一年（1766）方城刻本，清華大學圖書館藏。另，清嘉慶九年（1804）小停雲館刻《二餘堂叢書》本，北京圖書館藏。又，2008年廣陵書社《楚辭文獻集成》影印本。

迄今，對是書作過評述的論文主要有金淵洙《清代前期楚辭學研究》（蘇州大學，1997年博士畢業）。

毛詩群經楚辭古韻譜

古代音韻學著作，清代王念孫撰。王念孫（1744—1832），字懷祖，號石臞，高郵（今屬江蘇）人。八歲能屬文，十歲讀十三經畢，旁涉史鑒。曾受學於休寧戴震。學識淵博，於小學訓詁有集大成之譽。乾隆四十年（1775）中進士。官至永定河道，因河水暴漲罷官。後以著書自娱。著有《讀書雜志》、《廣雅疏證》、《群經字類》等。事跡載《清史列傳》卷六十八《儒林傳》；另，閔爾昌《王石臞先生年譜》（1927 年江都閔氏刊本，上海圖書館藏，收入 1934 年刊本《高郵王氏父子年譜》）、劉盼遂《高郵王氏父子年譜》（1930 年《北平女師大學刊》第 1 卷第 3 期）。

該書對古韻分部，多所發明。王氏分古音爲二十一部，即一東、二蒸、三侵、四談、五陽、六耕、七真、八諄、九元、十歌、十一支、十二至、十三脂、十四祭、十五盍、十六緝、十七之、十八魚、十九侯、二十幽、二十一宵。進而將二十一部分爲兩類，自東至歌十部爲一類，都有平上去聲而無入聲；自支至宵十一部爲一類，或四聲皆備，或有去入聲而無平上聲，或有入聲而無平上去聲。後十一部都有入聲，而前十部皆無。王氏在考定二十一部之前，惟見過顧炎武《音學五書》（分爲十部）、江永《古韻標準》（分爲十三部），之後才見到段玉裁《六書音均表》（分爲十七部）。其實，王氏將支、脂、之分爲三，真諄分爲二，幽、侯分爲二，正與段氏不約而同。而其分至、祭、盍、緝爲四部，則爲段書所不及。黄侃分古韻爲二十八部，其中曷部即爲王念孫所立。

此書將《詩經》、《楚辭》各篇用韻，及群經（《易》、《書》、《禮》、《論語》等書）有韻之文，分别摘出韻字，歸諸二十一部。其中，《楚辭》入録篇目爲《離騷》、《九歌》、《天問》、《九章》、《遠遊》、《卜居》、《漁父》、《九辯》、《招魂》、《大招》。姜亮夫《楚辭書目五種》云："蓋亦以屈、宋用韻，與《詩》及群經相近，所以證成其爲'三古'舊音也。取材較歷來諸家爲嚴，故結論亦較諸家爲周。"

此書之版本，有民國十四年（1925）上虞羅振玉輯《高郵王氏遺書》排印本，第四種，浙江圖書館、四川大學圖書館藏。另，有 1967 年臺北文海出版社《高郵王氏遺書》本、2000 年江蘇古籍出版社羅振玉輯《高郵王氏遺書》排印本。

楚辭述芳

楚辭研究專著。清代牟庭撰。牟庭（1759—1823），初名庭相，字陌人，號默人，栖霞（今屬山東）人。乾隆六十年（1795）邑優貢生。任觀城縣訓導。著有《雪泥屋文集》、《詩集》、《詩切》等。事跡載牟氏稿本《同文尚書》末附《牟庭傳》（浙江圖書館藏）。

該書凡兩卷。僅收屈原作品。卷首有武億《序》。次《總目》。次《目録》。次《圖詩》。次《小序》。卷末附《讀楚辭雜記》。其撰述過程,《讀楚辭雜記》云:“歲在丁未,余始讀《楚辭》。審知王逸之疏謬也,欲購善本,而書坊率無異書。有林西仲者解《楚辭》,自名曰‘燈’。以百錢買得,開卷悶絶……甲寅冬月成第三稿,名曰《楚辭述芳》。”可見,此書成於乾隆甲寅(1794)年,其注釋主要針對王逸、林雲銘二本之不足而發。據武億《序》,牟氏“偉然一代經師,注《騷》其餘事耳”。

此書篇次與諸家不同,卷上爲《離騷》、《九辯》、《天問》、《卜居》、《遠遊》、《招魂》;卷下爲《大招》、《九歌》、《漁父》、《懷沙》九章。以爲懷王時作於郢都的,依次爲《離騷》、《九辯》、《天問》、《卜居》、《遠遊》、《招魂》、《大招》、《九歌》,而《漁父》爲“頃襄王世漢北作也”,《懷沙》九章乃“遭逐以來十餘年流浪南北所爲作也”。另,其論《九章》次序,亦與衆不同,依次爲《懷沙》、《惜誦》、《涉江》、《哀郢》、《抽思》、《思美人》、《惜往日》、《橘頌》、《悲回風》。崔富章《楚辭書目五種續編》云:“先解題,次分節加注,時出己見”,“分《離騷》爲十七節,注極簡,側重章旨大義。”

此書之版本,有清乾隆六十年(1795)牟氏俗園刻《雪泥全書》本,北京圖書館、清華大學圖書館、中國社會科學院文學所藏。另,清鈔本,北京圖書館藏。

楚辭韻讀

楚辭研究專著。清代江有誥撰。江有誥,字晉三,歙縣(今屬安徽)人。卒於咸豐元年(1851)。著有《音學十書》。事跡載《清史稿》卷四八一《儒林》;另,葛其仁《江晉三先生傳》(民國影印王國維校嘉慶二十四年《音學十書》刻本附)可參。

在古音學上,江氏主要成就,在其分古韻爲二十一部;反復紬繹古音,斷定“古人實有四聲,特古人所讀之聲與後人不同”(《再寄王石臞先生書》)。該書收入《離騷》、《九歌》、《天問》、《九章》、《遠遊》、《漁父》、《卜居》、《九辯》、《招魂》、《大招》十篇。後有《楚辭韻讀古音釋》,將《楚辭》各篇的韻字,歸入相關的韻部,得十八部。另附宋玉賦九篇,即《風賦》、《高唐賦》、《神女賦》、《登徒子好色賦》,《大言賦》、《小言賦》、《釣賦》(無韻者不録)、《笛賦》、《舞賦》。姜亮夫《楚辭書目五種》云:“江氏分古音爲二十一部,説與王念孫最近。本書蓋其二十一部之具體證驗材料也。録《離騷》以下至《大招》原文,於用韻之字，外加圈墨，分別注音，而有古音、叶韻、通韻、借韻諸例，與《詩經韻讀》、《群經韻讀》體例全同。而《楚辭》用韻分部之大齊，亦與《詩》、《易》近，可以確證《楚辭》時代，可以袪時流輩疑《楚辭》時代不在戰國者之妄。”

此書之版本，有清嘉慶二十四年（1819）《音學十書》本，北京圖書館、浙江圖書館藏。另，有民國十七年（1928）影印王國維校《音學十書》本、民國二十三年（1934）渭南嚴氏《音韻學叢書》本、1957 年四川人民出版社渭南嚴氏原版影印本、1993 年中華書局《音學十書》本、2002 年上海古籍出版社《續修四庫全書》影印本。

離騷經解

楚辭研究專著。清代梅冲撰。梅冲，字抱荪，又字抱村，宣城（今屬安徽）人。著有《莊子本義》。該書卷首有彭兆荪《離騷經解題辭》。次梅氏《離騷經解自叙》。此書之撰述緣由，梅氏《自叙》述之較詳，以爲王逸、洪興祖二注，正如朱熹所謂“其於訓詁名物則詳，皆未能尋其文詞旨意之所出”；然朱子所定，“似亦難免於朱子之譏”；朱子以來，説者益多，“明以前大約皆如王世貞所云‘總雜重複，興寄不一，不暇致銓，故亂其緒，以不可解解之而已’”；直至本朝方苞《離騷正義》、張德純《離騷節解》，“爲能得其大意。張氏更詳，而逐節平衍，亦未能會其神明，揭其奥藴”；可見，“《離騷》之作，至今二千一百年矣，知者蓋無人焉”，“屈子之真，仍未得也”；故“兹爲明劃段落，曲批窽會，詞不厭煩，並不避俗，期文之明以明屈子之心，而得人子人臣之道焉”。

此書體例，正如梅氏《自叙》所謂“明劃段落，曲批窽會，詞不厭煩，並不避俗”。管同《因寄軒集二編·與梅孝廉論〈離騷〉書》云：“及見尊《解》，則首能分其節次。節次既分，則言辭不雜；言辭不雜，則意旨隨之而皆明。”另，梅氏《自叙》以爲，屈子“其爲道，則在本孝作忠，先自治而後治人”，“其修己事君，正己正人，天下無道，以身殉道，則孔孟之學也。一篇之中，反復參究，除捨生殺身而外，無可自安也”，“所以不可他去，不能退隱者，則以國之宗族，恩深義重，世同休慼。己又曾柄用，忍見國之破，君之亡，同草野未仕之臣，蕭然高蹈哉！篇之初終，重明斯旨，著義之萬無可逃也”。梅氏所謂屈子之“志”即“不去”、“不退”，及以身殉道之原因，頗能成立。有清嘉慶二十年（1815）刊本，上海圖書館藏。

楚辭新注求確

楚辭研究專著。清代胡濬源撰。胡濬源，號乙燈，分寧（今江西修水）人。全書凡十卷。卷首有胡氏《楚辭新注求確》。次《楚辭新注求確目録》。次王遜直《舊目録序》。次《求確凡例》，凡七條。該書針對王萌《楚辭評注》而作，胡氏《自序》云："家塾課暇，注《韓集五百家注旁參》，後見兒輩案頭，又有近時王遜直同侄帶存所注《楚辭評注》十卷，因取閲之。隨閲隨批，不覺竟其卷，爰書於額云。"儘管"隨閲隨批"，亦非草率粗疏之作，因胡氏還參閲過"漢以來各家説《楚辭》本"，如王逸、蘇軾、洪炎、洪興祖、朱子、吴仁傑，及清朝蔣驥、蕭雲從、林雲銘等，涉獵甚廣，亦有評述，以爲各家"雖多執滯，亦間有所長。諸家詳賅，已無微不搜矣"。

胡氏對歷代學者注釋方法、效果不甚滿意，"或專疏其辭，或渾括其指，或牽於古而曲爲之説。遂致有纍複扞格，齟齬不合，揆之情理，不安不確者"。於是，胡氏提出治騷之門徑，《自序》云："求《楚辭》於注家，不若求之於史傳；求之於史傳，不若求之於本辭爲確也。"

另，胡氏以爲，《漢志·屈原賦》二十五篇，"有《招魂》則無《遠遊》，有《遠遊》則無《招魂》，必去一篇，其數乃合"，因《史記》有《招魂》而無《遠遊》，故《遠遊》爲辭人所擬，《凡例》云："屈子一書，雖及周流四荒，乘雲上天，皆設想寓言，並無一句説神仙事。雖《天問》博引荒唐，亦不少及之。'白蜺嬰茀'，後人雖援《列仙傳》以注，於本文實不明確何？《遠遊》一篇，雜引王喬、赤松，且及秦始皇時之方士韓衆，則明係漢人所作。"胡氏此一懷疑、否定，引發楚辭學史一大熱點，即《遠遊》是否爲屈原所作。迄今，仍爲楚辭學界争論未定之難題。

該書篇次爲：卷一《離騷》第一，卷二《九歌》第二，卷二《天問》第三，卷四《九章》第四，卷五《招魂》第五，卷六《卜居》第六、《漁父》第七，卷七《九辯》第八，卷八《大招》第九，卷九《遠遊》第十，卷十《惜誓》第十一、《弔屈原》第十二、《鵩賦》第十三、《招隱士》第十四。其中，卷一至卷六，凡七題二十五篇，爲屈原作品；卷七至卷十，凡七題十五篇，爲宋玉、景差輩及漢諸人之辭。每篇首爲解題，以下分章節加注。先舊注，後"濬按"。有時僅有舊注而無"濬按"，亦有只"濬按"而無舊注。"舊注"即王萌《楚辭評注》。卷一、二、三，各篇末有胡氏之子雲會或雲從"按語"。姜亮夫《楚辭書目五種》云："按之書中，則指陳文章脈絡者多，仍不能外時文制義習氣"，"篇末多篇載子雲從、雲會兄弟附案，言極淺近，然尋派盡源，亦頗有苦心。"

此書之版本，有清嘉慶二十五年(1820)長沙務本堂刊本，北京圖書館藏。另，有 1986 年臺北新文豐出版公司《楚辭彙編》影印本、2000 年北京出版社《四庫未收書輯刊》影印本、2008 年廣陵書社《楚辭文獻集成》影印本。

離騷賦補注

楚辭研究專著。清代朱駿聲撰。朱駿聲(1788—1858)，字豐芑，號允倩，小名慶元，晚號石隱山人，吳縣(今屬江蘇)人。清代文字訓詁學家，嘉慶二十三年(1818)舉於鄉，後屢應進士考，皆不第。道光時任安徽黟縣訓導。著有《説文通訓定聲》、《古今韻準》、《春秋平談》、《小學識余》、《天算瑣記》等。事跡載《清史稿》卷四百八十一、《清史列傳》卷六十九；另，朱駿聲《石隱山人自訂年譜》(爲朱氏六十七歲時編，六十七至七十一歲諸事由其弟子程朝儀補，1918 年朱氏之孫朱師轍又對全譜加以補注)可參。

該書凡一卷。僅録《離騷》一篇。卷首有朱氏《自序》。此書爲朱氏晚年蟄居養病之作，《自序》云："道光丁未十月，養疴居内，日卧誦屈賦，間起讀王叔師《注》，有不溉於心者，忘其弇陋，輒爲補訂如左。"按"道光丁未"，即道光二十七年(1847)，朱氏時爲五十九歲。朱氏仿洪興祖《楚辭補注》體例，列王逸注於前，補注於後，皆以"補曰"二字别之。

朱氏對《離騷》句式作了分析與分類，《自序》詳引例子，有複句，如"紛總總其離合"、"心猶豫而狐疑"、"世溷濁而不分兮，好蔽賢而嫉妒"、"世溷濁而嫉賢兮，好蔽美而稱惡"等；有複調，如"願竢時乎吾將刈"、"延佇乎吾將反"、"歷吉日乎吾將行"等；有複字，如"朝"、"夕"凡六見，"靈脩"凡三見，"好脩"五見，"前脩"兩見、"脩遠"三見、"衆芳"二見、"媮樂"二見、"保厥美"、"委厥美"三見、"吾令"六見、"上下"四見，"佩"字八見，"謇"字四見等；有長句，如"苟余情其信姱以練要兮"等。

朱氏利用《説文》與訓詁之研究，以解決《離騷》之訓釋問題。如"衆皆競進以貪婪兮，憑不厭乎求索"句，王逸注云："愛財曰貪，愛食曰婪。"朱氏據《説文》"婪，貪也；从女，林聲"，而訓爲"愛色曰婪"。又，"屈心而抑志兮，忍尤而攘詬"句，王逸注云："攘，除也。"朱氏云："攘讀爲嚢。"以"攘"爲"嚢"之假借，"攘詬狀包羞"。俞樾《讀楚辭》訓"攘"爲"藏"，則與"忍"字句法相合。另，朱氏還指出，《離騷》中有雙聲連語，如"鬱邑"、"陸離"、"猶豫"、"委移"、"赫戲"、"蜷局"；有叠韻連語，如"嬋媛"、"偃蹇"、"逍遥"。

姜亮夫《楚辭今繹講録》云："如果用語言文字的眼光來看，這書是好書。

他把屈賦中每個字都説出其本字，如這個字不是本字，則指是怎麽引申的。他用聲音和文字引申的方法來講楚辭，給我們用語言文字來講‘楚辭’的方法，很有用。他的注比戴震的注進一步。”

此書之版本，有清道光間刊本，北京圖書館藏。另，清光緒八年(1882)臨嘯閣刊《朱氏群書》本，北京圖書館藏。又，1986 年臺北新文豐出版公司《楚辭彙編》影印本、2008 年廣陵書社《楚辭文獻集成》影印本、2008 年燕山出版社《楚辭要籍選刊》影印本。

離騷經參解

楚辭研究專著。清代林有席撰。林有席(1713—1804)，字儒珍，號平園，分宜(今屬江西)人。讀書别有會心，尤工經史，爲督學金德瑛所賞識。清乾隆十七年(1753)中進士。授東湖縣(今湖北宜昌)知縣。終年九十一歲。著有《四書文》、《古文雅正續選》、《清古文雅正》、《古今體詩》、《題明詩綜合二百首》、《江西諸水源流考》、《高林詩抄》等。

該書《自序》叙其撰述緣由，乃館塾授徒之需。又標明“參解”之義者，因“求衆説之可通，姑爲綴屬而隱括之”。林氏主要參考王逸、朱熹、林雲銘、朱冀、方苞等，《自序》云：“於王逸古注外，參之朱氏者，得五六；參之方氏者，得三四；參之他氏者，又得二三；庶幾近於是而鮮大謬矣夫!”有道光六年(1826)刻《平園全集》本。

三益齋離騷注

楚辭研究專著。清代賀性靈撰。賀氏有感於楚辭注本甚多，但“靈均秘鑰，終古塵封，是原不見諒於當時，復不見知於後世”，而方苞《離騷正義》“意雖正大，然其中以‘春宫’爲萬物皆春，‘西極’爲日落西溟，亦涉穿鑿”。賀氏以爲，屈原作品“其情哀，其意幽，其詞幻，其理奇。看是疑鬼疑神，實是如怨如慕。貌似詞重意複，神實語長心重。千載孤臣孽子，往往有窮愁之苦志，呼吁之極思，寄託於尋常意計之外”，故凡讀《離騷》者須先“齋戒沐浴，黎明兀坐，焚香漱口，滌慮洗心”，而後方可展卷細咏。

該書之特點與不足，姜亮夫《楚辭書目五種》云：“訓詁大義，多擷王、洪、朱三家注，亦時有新義，而直音爲最陋。雜糅各家之説，自爲折衷，其實於古音無所知，但求協而已。然頗便初學。”有清咸豐九年(1859)吳門刊本。

楚辭天問箋

楚辭研究專著。清代丁晏撰。丁晏(1794—1877)，字儉卿，號拓唐、拓堂，晚號石亭居士，山陽(今屬江蘇)人。早年治經，篤好“鄭學”。道光元年(1821)舉人。曾講學於文津、麗正等書院。後以承辦地方事務，爲内閣中書，加三品銜。著有《尚書餘論》、《周易述傳》、《頤志齋曲譜》等。事跡載《清史稿》卷四百八十二、《清史列傳》卷六十九、《續碑傳集》卷七十四；另，丁壽恒、丁壽炳《丁儉卿年譜》、丁一《頤志老人歷年紀略》可參。

該書凡一卷，僅録《天問》一篇。卷首有丁氏《自叙》，卷末附丁氏《小叙》。此書之撰述緣由，丁氏《小叙》云：“屈原所作，凡二十五篇。世相教傳，而莫能説。《天問》以文義不次，又多奇怪之事。自太史公口論道之，多所不逮，至於劉向、揚雄，援引傳記以解説之，亦不能詳悉。所悶者衆多，無聞焉。既有解説，乃復多連蹇其文，蒙澒其説，故厥義不昭，微旨不晳。自遊覽者靡不苦之，而不能照也。今則稽之舊章，合之經傳，以相發明，爲之符驗，章決句斷，事事可曉，俾後學者庶無疑焉。”此書箋注之體例、類型，《自叙》云：“仿鄭《箋》申毛之例，因《章句》而爲《箋》。叔師義有隱滯，箋以表明。亦有不依《章句》者，如鄭《箋》與毛異義，是其例也。”另，《自叙》還簡述成書之過程，云：“創始於嘉慶丁丑(1817)，屬草粗定，藏於篋中。迄今三十有七年(咸豐甲寅，1854)，復加審定，繕寫成書。”

丁氏亦持宗廟祠堂壁畫説，屈原“呵壁之所作也”。爲此，丁氏還提供了漢代“壁之有畫”例證，《自叙》云：“漢魯殿石壁，及文翁《禮殿圖》，皆有先賢畫像。武梁祠堂有伏戲、祝誦、夏桀諸人之像。《漢書・成帝紀》甲觀畫堂，畫九子母。《霍光傳》有周公負成王圖。叙傳有紂醉踞妲己圖。《後漢書・宋弘傳》有屏風畫列女圖。《王景傳》有《山海經》、《禹貢》圖。古畫皆征諸實事。故屈子之辭指事設難，隨所見而出之，故其文不次也。”

此書之版本，有清光緒廣雅書局刊本，北京圖書館、浙江圖書館、中國科學院國家科學圖書館藏。另，有民國九年(1920)《廣雅叢書》徐紹棨彙編本、1972年臺北廣雅書局影印本、1994年上海書店《叢書集成續編》影印本、2008年廣陵書社《楚辭文獻集成》影印本、2008年燕山出版社《楚辭要籍選刊》影印本。

迄今，對是書作過評述的論文主要有周建忠《〈天問〉要籍解題》(《南通師範學院學報》2001 年第 1 期)、毛慶《〈天問〉研究四百年綜論》(《文藝研究》2004 年第 3 期)。

離　騷　注

楚辭研究專著。清代梁夔譜撰。梁夔譜,順德(今屬廣東)人。梁氏訂注《離騷》、《哀江南》二賦,名曰《古賦首選》。有清同治八年(1869)鏡古堂原刻《古賦首選》本,北京圖書館、北京師範大學圖書館、中國科學院國家科學圖書館藏。

楚辭初學讀本審音

楚辭研究專著。清代强望泰撰。强望泰,字萼圃,韓城(今屬陝西)人。該書凡十卷。卷首有湯成彦《序》。次《刊楚辭初學讀本審音竣誡子書並詩》。次司馬遷《屈原列傳》。次《目録》。湯氏《序》嘗述注騷之難,云:"注《騷》之家,由來衆矣。朱藍成采,錯雜之變無窮;宫商爲音,靡曼之然無極。參羣籍而修改無定,糾謬誤而考鏡滋多。義夥則例繁,例繁則費解。或致棼亂,貽譏治絲。"

此書篇次爲:卷之一《離騷經》,卷之二《九歌》,卷之三《天問》,卷之四《九章》,卷之五《遠遊》、《卜居》、《漁父》,卷之六《九辯》(宋玉),卷之七《招魂》、《大招》,卷之八《惜誓》、《弔屈原》、《鵩賦》、《招隱士》、《七諫》,卷之九《哀時命》、《九懷》,卷之十《九歎》、《反離騷》、《九思》。崔富章《楚辭書目五種續編》云:"是書不取反切,直注本音,所謂音定而字亦定也;但録本文,不採諸注,所謂以簡御繁也。"有清同治五年(1866)韓城强氏刻本,北京圖書館、四川大學圖書館藏。

離騷分段約説

楚辭研究專著。清代黄恩彤撰。黄恩彤(1801—1883),原名丕範,字綺江，號石琴，别號南雪，寧陽（今屬山東）人。十五歲獲縣試第一，道光二年（1822）中舉，道光六年（1826）中進士。先後任刑部主事、刑部郎中、順天府鄉試同考官、廣西鄉試正考官、江南鹽法道道員、江蘇按察使。在鴉片戰争期間和戰後，黄氏在投降派中充當要角，參與簽訂一系列不平等條約。著有《知止堂集》、《餘霞集》、《秋聲詞》、《飛鴻集文》、《鑒評别録》、《寧陽金石志》等。事跡載《清史稿》卷三百七十八附《祁𡊮傳》後。

該書不分卷，僅録《離騷》一篇。卷首有黄氏《自序》，卷末附黄氏《自識》。黄氏以爲，讀《騷》之法不應以字句訓詁求，當先分段落，得其大意。《自序》云："讀《離騷》，當先分段落，得其大意；一切舊解，勿深論也。三閭憔悴行吟，有惓惓不能自已之情，又有耿耿不欲明言之隱。原不容以字句訓詁求之，諸家紛紛臆説，愈説愈晦，遂致千古妙文至文，幾於語無倫次，亦可悲也。孟子説詩，曰：'不以文害辭，不以辭害志，以意逆志，是爲得之。'至矣哉！説《騷》者，何獨不然乎？間嘗就其本文，細加紬繹，始知其脈絡，原自分明，語意亦甚清晰，並無難解、費解之處。"該書之撰述過程，《自識》云："自少時嗜讀《離騷》，第喜其清辭妙句，於大義不求甚解，所謂童蒙拾其香草者也。迨通籍二十餘年，遂以吏事輟業。歸養後，未忘夙好，仍時時温習之。於諸家注解未能遍觀盡識，就所及見者，參互考訂，往往未愜於心……因思以注説解《離騷》，不若以《離騷》解《離騷》。乃就本文反覆紬繹，數年以來，似有所得，不揣固陋，輒以己意約爲之説。"

此書體例爲，先分段，凡一十七段，後加己説；且時雜"眉批"，引用諸家之説，凡班固、五臣、王逸、柳子厚、孫月峰、朱熹、黄恩彤、何義門、汪瑗、林西仲、李安溪等十餘家。《自識》"眉批"云："凡篇中用聯圈者，是其精采處；用聯點者，是其眉目筋節處。"

此書之版本，有清光緒間刊寧陽《黄氏所著書》本，北京師範大學圖書館藏。另，民國初《知止堂全集》本，北京圖書館藏。又，2008 年燕山出版社《楚辭要籍選刊》影印本。

離騷啓蒙

楚辭研究專著。清代端木埰撰。端木埰，字子疇，江寧（今江蘇南京）人。回族人。道光四年（1824），丁父憂，母以養以教。十七年，補博士弟子員。二十六年，以優行貢録用知縣，未謁選。祁雋藻疏薦賢才，其名列榜首，遂擢内閣中書。不久丁母憂，歸里治喪。同治元年（1862），以所薦《經史粹言》進呈。光緒十二年(1886),又獻《讀史法戒録》,被留覽。尋充會典館總纂,升侍讀。以疾開缺,未及歸,卒。著有《賦源》、《有不爲齋集》、《經史粹言》、《讀史法戒録》、《端木侍讀傳》等。事跡載李金堂《清代金陵學人傳略(二)——端木埰傳》、朱德慈《端木埰行年考》(《南陽師範學院學報》2003年第1期)、朱德慈《端木埰生卒年歲新考》(《江海學刊》2004年第5期)。

此書附録於黎陽端木埰刊巾箱《楚辭》本,意在求《離騷》篇章旨意,云:"首言同姓之親,次述命名之義,次言修能有素,次言善敗所由。於是傷靈修,哀衆芳,願依彭咸之遺則,以清白死直,自反而無悔。而女嬃戒之,乃爲之稱述成敗,上下千古,終不悔死,且欲一陳於王前。又以嫉妒蔽賢,一再阻遏,王又不寤,不得已求卜決巫,毅然遠逝。愈去愈遠,而忽睨舊鄉,終以身殉。蓋處萬難合之時,而有不忍離之誼。無輕其生之心,而有不容不死之勢。事迹釐然,心迹昭然。"姜亮夫《楚辭書目五種》云:"大抵明以來通説爲多。"有清光緒二年(1876)黎陽端木埰刊巾箱本,中國科學院國家科學圖書館藏。

屈子生卒年月考

楚辭研究專文。清代陳瑒撰。陳瑒,字子瑨,江寧(今江蘇南京)人。此文附録於清光緒二年(1876)黎陽端木埰刊巾箱《楚辭》本。據《離騷》"攝提貞於孟陬兮,惟庚寅吾以降"二句,以甄鸞《五經算術》所載《周曆法》推定宣王二十七年戊寅建寅之月(正月)己巳朔庚寅,爲月之二十二日,屈子殆以是年生,年五十五,以頃襄王九年而投汨羅。文中考屈原仕履,以三閭大夫爲始仕之官,懷王六至十六年,擢爲左徒,至張儀詐楚而絀。《離騷》即作於絀後。至十八年復用。三十年諫入秦不聽。頃襄王時,上官大夫爲子蘭所使,遂放於江南。《九歌》、《天問》、《九章》、《遠遊》、《卜居》、《漁父》,皆作於此年之後。據《哀郢》"至今九年而不復",則定《九章》作於頃襄王九年,陳氏進而考證屈姓人士及五月競渡。姜亮夫《楚辭書目五種》云:"全文謹嚴,不爲支曼之詞。爲清人考屈子生卒者最爲有據之作","而推算生年以夏曆,頗近儀徵劉先生説。"按,陳氏定屈原生於公元前343年正月二十二日,與鄒漢勛之説相近(鄒氏定爲正月二十一日,僅一日之差),爲研究屈子生年之重要觀點。有清光緒二年(1876)黎陽端木埰刊巾箱本,中國科學院國家科學圖書館藏。

離騷釋韻

楚辭研究專著。清代蔣曰豫撰。蔣曰豫(1830—1875),字侑石,陽湖(今屬江蘇常州)人。曾任直隸候補知縣。事跡載《清史列傳》卷七十三、《碑傳集補》卷五十一。

該書凡五卷。卷首有蔣氏《自叙》。其撰述緣由與特點,蔣氏《自叙》云:“祁生謂陸文作《離騷釋韻詩》,取秦、漢子書詞賦條晰著之。然屈氏生楚懷王時,用韻未必與後人合……鄙意《風》居屈子前,如諸《經》、《老》、《墨》,皆可引而傳之,共得若干條。有未見者,闕以待補。”此書凡三十二條,釋降、能、莽、隘、舍、他、化、畝、索、英、服、艱、替、懲、野、巷、家、差、正、屬、下、夜、馬、佩、近、調、媒、茅、離、待、行、邈三十二字音讀。姜亮夫《楚辭書目五種》云:“以屈氏以前諸經、《老》、《墨》用韻之文,以證屈子音讀。有引證之文,無按斷之言。斷即存於證也。”

此書之版本,有清光緒三年(1877)蓮池書院刊《蔣侑石遺書》本,北京圖書館藏。另,民國間餐菊軒鉛印本,北京圖書館藏。又,2008年燕山出版社《楚辭要籍選刊》影印本。

楚辭考辨

楚辭研究專著。清代鄭知同撰。鄭知同,字伯更,遵義(今屬貴州)人。鄭珍之子。民國三年(1914)花近樓校刊《遵義鄭征君遺著》附刻《屈廬》四卷,華陽王秉恩《跋》云:“伯更譔(撰)述甚富,僅廣雅書局刻《説文本經答問》,蜀刻《説文淺説》二種。未刊者以《姚氏補説文考異》爲巨帙。餘如《説文商義》、《楚辭通釋解詁》各種手稿,擬爲編次彙刊,爲鄭氏一家之學。”

該書或題爲《楚辭總辨》、或題爲《楚辭解詁通義》、或題爲《楚辭集注通釋》。卷首有《彙楚辭注家》。次《黎庶昌〈後識〉》。次《目次考》。次《屈原傳注》。次《屈原外傳》。次《離騷注叙》。卷末附《知同手稿卷末文字》。此書篇目,從胡濬源説,以《遠遊》非屈原作。其篇次爲:《離騷》一篇,《九歌》十一篇,《天問》一篇,《九章》九篇,《招魂》一篇,《卜居》一篇,《漁父》一篇(以上屈原作品二十五篇);《九辯》十一篇,《大招》一篇,《遠遊》一篇,《弔屈原》一篇,

《鵩賦》一篇,《惜誓》一篇,《哀時命》一篇,《招隱士》一篇(以上諸家擬作十八篇)。與黄文焕、林雲銘諸家相較,則以《大招》爲景差作、《遠遊》作者闕名。黎氏《後識》云:"惟《遠遊》一篇,余意終以朱子定爲屈氏文者爲當。何者?《遠遊》文辭瑰放,氣象超舉,計非宋、景以下諸家所能爲。後人擬騷之文,莫高於《惜誓》。然試取與《遠遊》合讀,其興象高下厚薄固自不侔,他可無論。且《遠遊》語句,頗與《離騷》出入。宋玉之賦《高唐》,賈生之賦《服鳥》,司馬相如之賦《大人》,又多竊擬其辭,是即可爲原文之左(佐)證。"

《楚辭考辨》之不足爲,解讀作品所用體例不一,對屈作《離騷》、《天問》、《招魂》、《漁父》、《卜居》及其擬作基本不作注釋,個别觀點缺乏前後照應。崔富章《楚辭書目五種續編》云:"是書就《楚辭》各篇之作者、來源和内容加以辨證。其注釋則多採舊説,實未完稿也。"現存手稿本,貴州博物館藏。另,2004年5月貴州人民出版社《鄭知同楚辭考辨手稿校注》排印本,蔣南華等校注、整理。

讀 楚 辭

楚辭研究專著。清代俞樾撰。俞樾(1821—1907),字蔭甫,晚號曲園居士,德清(今屬浙江)人。道光三十年(1850)進士,歷任編修、河南學政。三十七歲時被參試題割裂,免官。歸里後研究學術,主講杭州詁經精舍。治經、子、小學,宗法王念孫父子,大要在正句讀、審字義、通古文假借,並分析其特殊文法和修辭。著有《群經平議》、《諸子平議》、《古書疑義舉例》等,總稱《春在堂全書》。事跡載《吴縣志》、《清史·儒林傳》、《碑傳集》;另,俞樾《曲園自述詩》、周雲青《俞曲園先生年譜》、徐澂《俞曲園先生年譜》、鄭振模《清俞曲園先生樾年譜》可參。

俞氏《春在堂全書》凡二百五十卷。其中《俞樓雜纂》較多涉及《楚辭》考辨與研究。《讀楚辭》爲《俞樓雜纂》卷二十四,主要是以讀書札記形式,對《楚辭》中有關名物、制度、史實等進行考辨,對一些字句重加詮釋,包括屈原、宋玉、景差作品及漢人擬騷之作,凡四十一條。如《離騷》"僕夫悲余馬懷兮",王逸注云"懷,思也",俞氏以爲,"懷",當讀爲"瘣",《説文·疒部》:"瘣,病也。"又如《湘夫人》"葺之兮荷蓋",俞氏以爲當作"芷葺兮荷蓋"。又,《楚辭人名考》一卷,爲《俞樓雜纂》卷三十。考辨屈原、宋玉、景差作品及漢人擬騷之作中人物鬼神名,計所録:古帝王二十條,古諸侯二十四條,古人六十七條,古婦人十九條,神四十六條。

另,《湖樓筆談》卷六論及《離騷》稱“經”問題,《楚辭》中《離騷》爲賦體問題;《賓萌集》中有屈原論、釋荆楚二篇。又,俞氏於楚辭研究方面還撰有《百大家評點王注楚辭》(凡十七卷,民國六年中華圖書館石印本)、《楚辭平議補録》(凡一卷,民國十一年雙流李氏刻本)。

此書之版本,有清光緒二十五年刻《春在堂全書》本,北京圖書館、蘇州大學圖書館藏。另,有 2008 年廣陵書社《楚辭文獻集成》影印本、2008 年燕山出版社《楚辭要籍選刊》影印本。

屈大夫文

楚辭研究專著。清代夏獻雲輯。夏獻雲(1824—1888),字芝岑,新建(今屬江西)人。道光二十九年(1849)拔貢。官至湖南提刑按察使。工詩。著有《清嘯閣詩集》、《嶽遊草》等。

該書凡八卷。扉頁題“屈賈文合編”。卷首有《屈原像》,附楊彝珍《贊》。次《賈大夫像》。次王闓運《叙》。次閻正衡《屈賈文合編序》。次司馬遷《屈原傳》。次沈亞之《外傳》。次《凡例》。次《目録》。此書之撰述過程,王氏《叙》云:“光緒二年(1876),新建夏司使按察湖南,興修漢長沙王傅賈生祠”,“既成,征太傅書”,“乃訪求善本,將刊置祠中,以備文獻。復以賈祠舊合祀屈子,載在祀典,今仍奉屈子於忠雅樓,因並刻《楚詞》,爲《屈賈文合編》。”夏氏《屈賈文合編・凡例》云:“《楚辭》以朱子《集注》爲詳,謹遵朱《注》。今於文内,將原注分别列入,見紫陽尚論之意。”以屈原二十五篇爲正,並附以《九辯》、《招魂》、《大招》、《哀時命》、《招隱士》各篇。有清光緒三年(1877)長沙刊本,北京圖書館、武漢大學圖書館藏。

楚辭釋

楚辭研究專著。清代王闓運撰。王闓運(1833—1916),字紉秋,一字壬秋,五十歲後改名壬甫,號湘綺,湘潭(今屬湖南)人。清代著名學者、文學家。咸豐七年(1857)舉人。太平軍起義時,曾入曾國藩幕。後講學四川、湖南、江西等地,歷掌成都之尊經書院、長沙之思賢講舍及衡州之船山書院。清末,授翰林院檢討,加侍講銜。辛亥革命後任清史館館長。經學治《詩》、

《禮》、《春秋》，宗法公羊。詩文形式上模擬漢魏六朝，爲晚清擬古派所推崇。著有《湘軍志》、《湘綺樓日記》、《湘綺樓詩集、文集》，並編有《唐七言詩選》、《八代詩選》等，門人輯其著作爲《湘綺樓全書》。事跡載《清史稿》卷四百八十二；另，王氏長子王代功《湘綺府君年譜》（1923 年長沙刊本《王湘綺先生全集》附，被收入臺北商務印書館《新編中國名人年譜集成》第 6 輯）可參。

該書凡十一卷。或題爲《楚詞釋》。僅收先秦楚人作品。其篇次爲：卷一《離騷經》，卷二《九歌》，卷三《天問》，卷四《九章》，卷五《遠遊》，卷六《卜居》，卷七《漁父》，卷八《九辯》（宋玉），卷九《招魂》（宋玉），卷十《大招》（景差），卷十一《高唐賦》（宋玉）。其中卷一至卷十，先引王逸注，後加己注，署曰"王逸章句，王闓運注"；卷十一《高唐賦》先引李善注，再加己説，署曰"李善注，王闓運釋"。

王氏以連綴屈原見放、自沉事跡和考訂懷、襄二王本事之法，對屈原作品之時地、内容、主旨作了大膽推測與闡發。因先有無據之論，繼以史證論、以詩釋論，且"篇篇求與時世相應，句句關切懷襄兩世"，故其説多想象、附會之詞，可謂"標新誣古，妄爲解析"。如云："凡《楚詞》二十五篇，皆作於懷王客秦之後"；"《離騷經》猶《逍遥遊》，以三字爲名"，"託於詩之一義，故自題爲'經'，言此《離騷》乃經義，百代所不變也"；"此《九歌》十一篇，《禮魂》者每篇之亂也，《國殤》舊祀所無，兵興以來新增之，故不在數。皆頃襄元年至四年初放未召時作，與《離騷》同時"；《九章》，"《史記》專謂之《哀郢》，將死述意，各有所主，故有追述，有互見，反復成文，以明己非懟死也"；《遠遊》，"聖人貴捨生而惡自殺，屈原不勝其憤，至於自沈，雖反復叙明其故，猶懼論者謂其窮無復之，智不全身，又嘗受真道可託尸解，略述其術以示知者"；《招魂》爲宋玉作，"因陳頃襄奢惰之狀，託以招原，實勸其死，自潔以遺世不得已之行"；《大招》爲景差作，"冀王之復用原……雖知頃襄之昏，而猶冀其一悟"；《高唐賦》，"首陳齊楚婚姻之交，中述巴蜀出峽之危，末陳還都夔巫之本計"。其詭異、好奇、出新、恣放之論，幾乎未見後世學者認同、採用、引申、發揮。姜亮夫《楚辭書目五種》雖對其批評甚多，但在整體上則予以肯定、推崇，如云："心入綿邈，深體文心，求其比興，以推作意"，"新義蜂出，突破前人"，"清人《楚辭》之作，以戴東原之平允，王闓運之奇邃，獨步當時，突過前人，爲不可多得云。"此類過譽之論，顯爲失當。

此書之版本，有清光緒十二年（1886）成都尊經書院刊本，北京圖書館、浙江圖書館、華東師範大學圖書館藏。另，有清光緒二十一年（1895）儀徵李氏刊《崇惠堂叢書》本，北京圖書館藏；清光緒二十七年（1901）《湘綺樓全書》本，北京圖書館藏。又，有民國六年刊《湘綺樓全書》本、民國十二年（1923）刊《王湘綺先生全集》、1967 年臺北文海出版社《國學集要二編》本、1986 年臺北新文豐出版公司《楚辭彙編》影印本、2002年上海古籍出版社《續修四庫全書》影印本、2008年廣陵書社《楚辭文獻集成》影印本。

迄今,對是書作過評述的論文主要有黄建榮《論王闓運〈楚辭釋〉的注釋特色》(《南昌大學學報》2005年第1期)。

離騷九歌釋

楚辭研究專著。清代畢大琛撰。畢大琛,善化(今屬湖南)人。該書凡一卷,僅録《離騷》、《九歌》二篇。卷末附李篁仙《離騷音韻》、《九歌音韻》,次譚獻《離騷九歌釋叙》。此書以爲,《離騷》、《九歌》皆作於懷王時,然用意有别,云:"《離騷》之意,以己見疏而傷己;《九歌》之意,以懷王見留於秦而傷君。用意各别,實仿變風、變雅而作。"其體例爲,以"眉批"、"夾批"、"節末評"、"篇末評"四種形式,分《離騷》爲十四節,《九歌》十一章。

此書之版本,有清光緒十八年(1892)補學齋刊本,北京圖書館、武漢大學圖書館藏。另,有2000年北京出版社《四庫未收書輯刊》影印本、2008年廣陵書社《楚辭文獻集成》影印本。

楚辭校文

楚辭研究專著。清代毛祥麟撰。毛祥麟,字瑞文,號對山,上海人。監生。官浙江候補監大使。工詩畫。著有《三略類編》、《史乘探珠》、《墨餘録》、《亦可居咏草》、《對山三話》等。

該書凡三卷。卷末附十八頁,録各家論文字字形音義之説,而斷以己意者,考證名物爲多。其篇次爲:上卷《離騷》、《九歌》、《天問》三篇;中卷《九章》、《遠遊》、《卜居》、《漁父》、《九辯》;下卷《招魂》、《大招》、《惜誓》、《招隱士》、《七諫》、《哀時命》、《九懷》、《九歎》、《九思》。

姜亮夫《楚辭書目五種》云:"祥麟通人,書中斷語,皆極精慎,當有所據。其所謂校者,蓋據洪《補》本中逸《章句》,以仿宋本、毛本、惜陰軒本、俞本、馮本、文瀾閣本以校其文字異同,而雜引《隋書·經籍志》、《文選注》、《爾雅翼》、《大戴禮》、《方言》、《北堂書鈔》、《太平御覽》、《類篇》、《集韻》、《韻略》、《玉篇》、《十駕齋養新録》、《韓詩》、局本《楚辭》、朱子《楚辭辨證》、洪頤煊《讀書叢録》、《公羊》、《山海經》、王念孫《讀書雜志》、《淮南子》、蔡沈《書集傳》、段玉裁《説文注》、《廣韻》、《荀子》、《禮部韻略》、洪文惠《隸釋》、《左傳》、《柳集注》、《史記》、《莊子》、《論語》、《孟子》、劉向《新序》、吳棫《韻補》、顧炎武《唐韻正》(以出見先後爲序),以釋王注當否。其例先引正文一句,换行書注文,空一格爲校勘文。其無可校者,則不更書。其所考訂,皆翔實有據,非空疏苟且之作也。"有上海圖書館善本組藏寫本,上海圖書館藏。

屈騷求志

楚辭研究專著。清代顔錫名撰。顔錫名,字子嘉,號艮亭,丹徒(今屬江蘇鎮江)人。著有《古潤顔氏宗譜》、《三傳求歸》、《京江忠義録》、《京江節烈録》、《借一枝軒詞鈔》等。事跡載光緒間《丹徒縣志》。

該書凡五卷。卷首有顔氏《自叙》。次楊履泰《序》。次宋恩綬《序》。次蔡錫齡《序》。次司馬遷《屈原列傳》。次《屈騷求志目次》。據諸《序》可知,該書原名爲《屈騷錯宿》,《自叙》云:"以我解屈,不若以屈注屈之爲得也","以孟子(所謂'不以文害辭,不以辭害志,以意逆志')之説,讀屈子之文,即參考屈子之文,以證屈子之志,有不情冤日明,如列宿之錯置者乎。"此書之撰述緣由,《自叙》云:"今以婞直不容於時,憂讒畏辜,中情忳瞀,蹇蹇煩冤,冀人一悟,讀屈子之文而哀之,且有以知其志之所在,乃篇著其旨,節疏其辭。"此書參考朱熹《楚辭集注》、毛奇齡《天問補注》、林雲銘《楚辭燈》、王萌《楚辭評注》、夏大霖《屈騷心印》而成。蔡氏《序》云:"先生據子朱子……夏氏用雨諸評注,是則輯之,非則薙之,徵其事實,復疏其章節,殆清風之穆如乎?初以'屈騷錯宿'名其編,即寓此意。"

此書篇次爲:卷之一《離騷》第一,卷之二《九歌》第二至十,《國殤·禮魂》第十一,卷之三《天問》第十二,卷之四《九章》第十三至二十一,卷之五《遠遊》第二十二,《卜居》第二十三,《漁父》第二十四,《招魂》第二十五、《大招》附。此書之撰述體例,楊氏《序》有所述及,云:"序《湘君》與《夫人》之後,作意相承;合《禮魂》於《國殤》之篇,賦言從類。《問天》天不語,主圖畫何似主文;《涉江》江已南,《惜往日》依然《惜誦》。《遠遊》有作,言遣悲懷;《卜居》有篇,詞成初放。《漁父》寫懷清之照,《招魂》爲自道之文。"崔富章《楚辭書目五種續編》云:"《九歌》悉爲借景,非以祀神;《湘夫人》移《湘君》之前;《國殤》、《禮魂》别出爲一篇,以《禮魂》爲《國殤》之末節。《天問》以用賢去佞爲宗,歲薄莫雷電數韻爲其主意。《九章》以《惜誦》、《思美人》、《抽思》、《涉江》、《橘頌》、《哀郢》、《悲回風》、《懷沙》、《惜往日》爲次,前三章作於懷王時,後六章作於頃襄放之江南之後,其説略同林、夏。《遠遊》分兩大節,‘高陽邈遠’以上猶賦之序,‘重曰’以下方是正文。《卜居》作於初放漢北之時。《招魂》首尾各爲節,中分二大節。《大招》仍本林説。”有清光緒十五年(1889)鈔本,上海辭書出版社藏。

屈賦微

楚辭研究專著。近人馬其昶著。馬其昶(1855—1930),字通白,一作通伯,晚號抱潤翁,室名抱潤軒,安徽桐城人。學者稱抱潤先生。清末曾任學部主事。辛亥後,歷任省議員、安徽高等學堂監督、參政院參政、清史館總纂等職。清末民初著名古文作家,被譽爲“桐城派”殿軍。著有《抱潤軒文集》、《毛詩學》等。事跡載其門人陳祖壬《桐城馬先生年譜》(附陳三立《馬氏墓誌銘》)可參。

《屈賦微》凡二卷。其篇次不從王逸、朱熹、洪興祖之舊,止分卷上、卷下:卷上《離騷》、《九歌》、《天問》;卷下《九章》、《遠遊》、《卜居》、《漁父》、《招魂》。採黄文焕、林雲銘説,以《招魂》爲屈原作;又採王夫之説,以《禮魂》爲前十篇通用送神曲,以求合於《漢書·藝文志》屈賦“二十五篇”之數。此書詮釋字句遍採諸家之説(達四十餘家),且由博返約,鎚煉熔鑄,後以己意爲折衷。如承汪瑗《離騷》“三后”爲“楚之先君”説者,有王夫之、蔣驥、戴震等,馬氏則承戴震“熊繹、若敖、蚡冒”説。馬氏論屈原,推崇其存君興國之念,贊揚其精神不死,“彼其浩然者自旁礴而長存”。其説《九歌》寫作目的,先引何焯“屈子蓋因事以納忠,故寓諷諫之詞”之語,復修正、發揮云:“懷王既隆祭祀事鬼神,則《九歌》之作必原承懷王命而作也。推其時當在《離騷》前。”此説爲游國恩、孫作雲、孫常叙諸家所承。另,此書按語多爲闡發作品内涵和章次結構,且於緊要處略加點撥,即顯其妙。

李詳《致馬通伯先生書》云:“國朝注屈者,蒲城屈悔翁,休寧戴東原,並此而三。”姜亮夫《楚辭書目五種》云:“凡古今釋屈文之重要可採者,大抵略遍,由博而反之於約。可爲清代説屈賦者之殿。”姜亮夫《楚辭今譯講録》云:“此書想講屈賦的微言大義,他往往以屈原賦同《詩經》作比較,這也是我們研究楚辭的方法之一。”郭在貽《楚辭要籍述評》云:“凡清人説之精覈者,大抵薈萃於此書。至於自立新説,雖爲數不多,卻有獨到之處”,“又該書卷首自序試圖從個人和國家民族的關係方面闡發屈子的思想和精神,認爲‘宗國者，人之祖氣也’，屈原不忍離開楚國，終於一死以明志，乃是‘返其氣於太虛’；太虛不毁，則浩氣長存，因此屈原雖死而精神永存云云。雖語涉玄虚，但較‘忠君愛國’之類的老調似稍新穎。”

此書之版本，有清光緒二十二年(1896)《馬氏家刻集》刻本，北京圖書館藏。另，有清光緒三十一年(1905)中華印刷局刊本，北京圖書館藏；清光緒三十二年(1906)合肥李國松刊《集虚草堂叢書》本，北京圖書館、上海圖書館、浙江圖書館、中國科學院國家科學圖書館藏。又，有1967年4月臺北廣文書局影印本、1986年臺北新文豐出版公司《楚辭彙編》影印本、1989年臺北新文豐出版公司《叢書集成續編》本、2002年上海古籍出版社《續修四庫全書》影印本、2008年廣陵書社《楚辭文獻集成》影印本。

迄今，對是書作過評述的論文主要有黄建榮《論馬其昶〈屈賦微〉“博採衆説”的注評特色》(《東華理工學院學報》2005年第3期)、黄建榮《論馬其昶〈屈賦微〉闡明微言的注評特色》(《雲夢學刊》2006年第2期)。

楚辭叶韻考

楚辭研究專著。近人徐天璋著。徐天璋，字曦伯，江蘇泰州人。該書凡四卷。卷首有徐氏《自序》。次《目録》。卷末附《厘正前韻》。據《自序》，徐氏曾“館廣州府署”，後又館於蕪城；先用十餘年時間，“閉户讀書，從事《三禮》、《三傳》”之箋注；俟“經箋告成”，乃及《楚辭》研究，深感“南北殊聲，古今異叶”；而其研究方法爲，“予非黜古從今，實欲由今溯古。且四聲之譜，實本古韻成也。以《楚辭》之所叶，證古籍之所傳，未嘗非韻學一補助焉”。

此書篇次爲：卷一《離騷經》、《九歌》、《天問》；卷二《九章》、《遠遊》、《卜居》、《漁父》；卷三《九辯》、《招魂》、《大招》、《惜誓》、《招隱士》、《七諫》、《哀時命》；卷四《九懷》、《九歎》、《九思》。徐氏《自序》云：“平聲中一東有通陽侵者，四支有通歌麻者，上聲中四紙有通二十五有者，六語有通二十一馬者，去聲中六御有通二十二禡者，入聲中屋、沃、覺有通藥、陌、錫、職者，化字在屈宋時當叶讀回，後則叶讀訶矣，錯樂在屈宋時當讀去聲，後則讀入聲矣，餘若下古讀户，馬古讀姥，野古讀墅，逐加指屈，更僕難終。按之四聲，無不一致。”崔富章《楚辭書目五種續編》云：“是書於《楚辭》韻字，先引古韻書、字書以證之，間加按語，疏證之，訂正之。”

此書之版本，有1911年蕪城寓館手鈔本，北京圖書館、中國科學院國家科學圖書館藏。另，有2000年北京出版社《四庫未收書輯刊》影印本、2008年廣陵書社《楚辭文獻集成》影印本、2008年燕山出版社《楚辭要籍選刊》影印本。

讀騷論世

楚辭研究專著。近人曹耀湘著。曹耀湘，湖南長沙人。著有《墨子箋》、《道德經注鈔》、《學庸注釋》等。事跡載張舜徽《清儒學記·湖南學記第七》附《周壽昌》後。

該書論《離騷》之"彭咸"云："彭咸，古之忠臣，蓋因君國之難，以死殉君者，不必因投水而死。《騷經》中云'願以彭咸之遺則'；其末云'吾將從彭咸之所居'；《抽思》篇云'指彭咸以爲儀'；《思美人》篇云'思彭咸之故也'；《悲回風》篇云'夫何彭咸之造忠兮，暨志介而不忘'；又云'淩大波而流風兮，託彭咸之所居'。計屈子二十五篇之文，凡六稱彭咸……考古賢臣之死於水者，若申徒狄之負石蹈河，伍員之死而流於江，屈子亦嘗稱引之，果其志在沉水，何不曰從申徒子胥之所居，依申徒子胥之遺則也？且屈子之志，在必死可矣，等死耳，何必於水哉？以此知彭咸投水而死之爲臆説也。"

此書之版本，有民國四年(1915)湖南官書報局排印本，北京圖書館藏。另，日本西村時彦輯《讀騷廬叢書》本鈔本，日本大阪大學附屬圖書館"懷德堂文庫"藏書室藏。又，2008年燕山出版社《楚辭要籍選刊》影印本。

楚詞王注補

楚辭研究專著。近人寧調元著。寧調元(1883—1913)，字仙霞，更名太一，號仙甫，湖南醴陵人。光緒三十一年(1905)留學日本，加入同盟會。光緒三十二年(1906)末，自日本歸國參加萍瀏醴起義。次年初被捕，繫獄三年，其間與高旭等聯繫，積極參與籌創南社。辛亥革命後，任廣東三佛鐵路總辦。1913年到漢口秘密參加討袁活動，事泄被捕，在武昌遇難。一生爲革命奔走吶喊，先後主編過《洞庭波》、《帝國日報》，抨擊時政，宣傳革命，鋒芒畢露，無所顧忌。著有《南幽筆記》、《明夷詩鈔》、《太一叢話》等，經柳亞子輯爲《太一遺書》。

此書之版本，姜亮夫《楚辭書目五種》載"民國四年(1915)乙卯刊《太一遺書》本"；然查北京圖書館、蘇州大學圖書館藏《太一遺書》本，均未收録此書，僅在《目録》中載"楚詞王注補"；另，2008年湖南人民出版社《寧調元集》

亦未收録本書。

離騷逆志

楚辭研究專著。近人魏元曠著。魏元曠，原名焕奎，字斯逸，江西南昌人。光緒進士，官刑部主事。著有《易獨斷》、《春秋通議》、《史記達旨》、《潛園學説》等。有民國九年(1920)刊《潛園二十四種》本，北京圖書館、中國科學院國家科學圖書館藏。

屈原

楚辭研究專著。今人陸侃如著。陸侃如(1903—1978)，字衎廬，原名雪成，江蘇海門人。1926年畢業於北京大學中文系。1927年畢業於清華大學研究院，1927—1932年，任上海中國公學中文系主任和安徽大學教授。1932年考入巴黎大學文學院，1935年獲文學博士學位。回國後繼續從事教育工作，先後任燕京大學中文系主任、中山大學師範學院教務主任、東北大學文學院院長等。1949年後，歷任山東大學圖書館館長、副校長、全國政協委員等。陸侃如研治中國古典文學五十年，素以治楚辭學、中國文學史及《文心雕龍》著稱於世。著有《屈原》、《中古文學繫年》、《中國詩史》(合著)、《中國文學史簡編》(合著)、《文心雕龍選譯》(合著)等。

陸氏楚辭研究成果豐碩，有《讀〈讀楚辭〉》、《屈原評傳》、《漢人論〈楚辭〉》、《屈原與宋玉》、《宋玉評傳》、《楚辭選》等。1922年9月，胡適發表《讀〈楚辭〉》，提出“屈原否定論”。陸侃如最早駁斥此説，以爲“屈原這人是有的”。陸氏以爲屈原生於前343年，卒於前290年，凡五十四歲；屈原作品僅十一篇，其中作於懷王時凡五篇，依次爲《橘頌》、《離騷》、《抽思》、《悲回風》、《惜誦》；作於頃襄王時凡六篇，依次爲《思美人》、《哀郢》、《涉江》、《懷沙》、《惜往日》、《天問》。其餘十六篇非屈原所作，即《九歌》(十一篇)、《遠遊》、《卜居》、《漁父》、《招魂》、《大招》。另，陸氏還以爲漢人論《楚辭》凡三派：第一派，劉安、司馬遷爲代表；第二派，班固爲代表；第三派，王逸爲代表。而揚雄早期屬第二派，晚期屬第三派。由此又涉及文學理論上三個問題：其一，作家的品德素養與政治活動對創作之影響；其二，儒家經典與文學創作之關係;其三,文學批評之方法與標準。此亦爲現代學者中較早、較全面論述古代楚辭學史,並直接引發、產生、形成了“漢代楚辭學史”專題研究。

該書爲陸氏早年之著作。首有陸氏《序例》。次《目次》。次《楚辭地圖》,以楊守敬之圖作根據,更補其所未備。末附《附録》。正文凡三部分,包括《屈原評傳》、《屈原集》、《附録》。《屈原評傳》凡二萬言,包括《任職與去職》、《初放與遇罰》、《再放與自沉》、《餘論》、《屈原年表》五部分。《序例》稱“考證佔十分之七以上”,定屈原生於前343年,《橘頌》作於懷王十年屈原任左徒時,《惜誦》作於懷王二十四年,《離騷》是前315年初次被讒外放時作,《哀郢》、《涉江》作於頃襄王六年再放之後。《屈原集》則對《屈原評傳》考定的十一篇作品分爲二卷,上卷五篇,指作於懷王朝;下卷六篇,指作於頃襄王朝。按次第排列,分行分節寫過,並加標點校勘。《附録》包括《校勘記》(指屈賦十一篇)、《古音録》、《著者可疑的作品》(指非屈作十六篇)。其《古音録》依錢玄同説,補正江有誥《楚辭韻讀》,姜亮夫《楚辭書目提要》云:“陸氏實無所發明也,存此亦所以存錢夏(玄同)。”

此書之版本,有1923年亞東圖書館排印本,北京圖書館、浙江圖書館、北京大學圖書館、復旦大學圖書館、南京大學圖書館藏。另,有1925年亞東圖書館排印本、1930年亞東圖書館排印本、1987年上海古籍出版社《陸侃如古典文學論文集》本(録《屈原評傳》及《附録》“屈原年表”、“屈賦校勘記”、“屈賦古音録”)。又,2008年廣陵書社《楚辭文獻集成》影印本。

迄今,對是書作過評述的論文主要有壽勤澤《四十餘年楚辭研究綜評》(《社會科學輯刊》1993年第5期)、余江《追求進步　嚴謹治學——紀念陸侃如先生》(《文史哲》2002年第2期)、王洲明《陸侃如先生的楚辭研究》(《山東大學學報》2006年第2期)。

楚詞新論

楚辭研究專著。今人謝無量著。謝無量(1884—1964),原名大澄,號無量,自署解庵,四川樂至人。歷任上海中華書局編輯、雲南東陸大學教授、南京東南大學歷史系主任、中國公學文學院院長等。1949年後,歷任四川人大代表、中國人民大學顧問、中央文史館副館長等職。著有《中國大文學史》、《中國婦女文學史》、《中國哲學史》、《駢文指南》、《詩經研究》等。

該書凡六章。第一章“緒論”,述南北文學思想異同,論《楚辭》與《詩經》之異有十個方面之多;又論以孔、孟爲首的儒家者流爲北派,以楚人老子、莊子爲代表的道、法、墨、名及縱橫家巨子爲南派;故研究《楚辭》者,應從我國南北文化發端、淵源關係之不同點上進行比較研究。第二章“屈原歷史的研究”,駁正廖平、胡適無屈原其人之説,且證史遷所叙,事多可信。第三章“《楚詞》的篇目”,以爲劉向分别經傳的方法“最有學識”。第四章“《離騷經》新釋”,分《離騷》爲十七段,加以新釋,簡注訓詁名物,意在矯正過去以北滅南之弊,並定《離騷》爲第二次被放以前所作。第五章“屈原的思想及其影響”,分屈原思想爲二,即一爲愛國思想,二爲超人間思想,頗有爲近人所依傍之言。第六章“楚詞評論家之評論”,略謂古來評論或注釋《楚辭》者,大半與屈子同床異夢,故僅取淮南、班固、王逸、洪興祖、朱熹而已,而於朱熹則推崇尤高;而明、清以下,對“高頭講章式”批評家們大加貶斥,且舉林西仲(雲銘)《楚辭燈》爲例,予以批判,强調愛國思想,强調内容、藝術之整體性。有1923年5月商務印書館“國學小叢書”本,北京圖書館、北京大學圖書館、浙江大學圖書館、中山大學圖書館、蘇州大學圖書館藏。

迄今,對是書作過評述的論文主要有稻畑耕一郎《屈原否定論系譜》(韓基國譯,《重慶師範大學學報》1983年第4期)、方銘《20世紀新楚辭學建立的過程考察》(《淮陰師範學院學報》2000年4期)、劉生良《論謝無量先生的楚辭研究》(《陝西師範大學繼續教育學報》2004年第1期)。

離騷章義

楚辭研究專著。近人傅熊湘著。傅熊湘(1882—1930),字文渠,一字君劍,號鈍安,又别署鈍根,後省爲屯艮,湖南醴陵人。幼隨父就讀。繼入渌江書院、岳麓書院,師事長沙王先謙、同邑吳德襄。後留學日本弘文學院。清光緒三十二年(1906),與寧調元、陳家鼎等創辦《洞庭波》,與胡適、丁洪海等編輯《競業旬報》,鼓吹推翻帝制。後與柳亞子諸人結“南社”。民國間先後主筆《大漢報》、《長沙日報》、《國民日報》。歷任湖南督署、湖南省立中山圖書館館長、第三十五軍參議等職。著有《鈍安文選》、《廢雅樓説詩》、《環中集》、《廢雅樓閒話》等。事跡載劉鵬年《傅鈍安先生年譜》。

該書之撰述緣由,傅氏《自序》云:“比年以來,間取騷賦以教學童,泛濫諸家,斷以己意,爲《離騷章義》一卷。”在注屈過程中,傅氏還與屈原產生了某些人生共鳴,云:“念屈原處衆濁之世,爲哀怨之音,欲一悟君改俗而不可得。然則居今日而欲使朔風變楚、樂操土音者,不尤自傷其惸獨耶?”此書對歷代《離騷》分段、研究作了回顧與評價,以爲朱熹《楚辭集注》“仍不出乎訓詁名物之間。以較王、洪，僅勉强附事實耳；於文字指意，未見其能貫通也”，錢澄之《離騷集傳》“始釋全篇爲十四節，粗示指歸，故多未當”，龔景瀚《離騷箋》“徒繁衍其詞，罕遇其義”，王夫之《楚辭通釋》“孤心仿佛，宜較諸家爲精”，曾國藩《經史百家雜鈔》“於《離騷》分段，本諸姬傳《類纂》而加審”，“所分爲得其大概”。故傅氏分《離騷》爲九章，即“述志”、“傷讒”、“返初”、“解詈”、“旁求”、“解占”、“解巫”、“西逝”、“遂志”。每章又分若干節，每章每節皆論其大義。

此書之版本，有民國十三年(1924)排印本，北京圖書館、浙江圖書館藏。另，2008 年燕山出版社《楚辭要籍選刊》影印本。

屈宋方言考

楚辭研究專著。近人李翹著。李翹，字孟楚，浙江瑞安人。該書凡一卷。卷首有李氏《敘》。卷末附《楚故記》(凡有采菱揚荷、鄭舞、勞商、石林、鬼五則)、《楚方志》(凡有阯、龍門、修門、兩東門、空桑五則)。此書專門訓釋屈原、宋玉賦中楚方言，李氏《敘》云：“屈、宋文辭，非唯驚采絶艷，爲詞賦之宗已也。覽其辨物敷詞，多屬楚語。”王逸《楚辭章句》所釋楚人之語，凡二十一則。李氏在此基礎上，益以佐證，包括宋玉《風賦》、《神女賦》、《登徒子好色賦》、《舞賦》等《楚辭章句》未收作品，依類區分，得四十七則。凡六十八字，釋其名物字三十四字，形容字者十二字，動作字者十五字，狀況字者五字，語詞二字。其體例爲，先標篇題，次引正文，後加按語，再引同類文詞原句。對王逸、洪興祖舊解，或糾謬駁正，或尋覓書證，推闡其義。在方言詞考釋方面，可補各種字書、辭書之所未備。

此書之版本，有民國十四年(1925)芬熏館刊本，北京圖書館、蘇州大學圖書館、温州圖書館藏。另，有民國十九年(1930)瑞安陳氏《湫漻齋叢刊》本、2000 年北京出版社《四庫未收書輯刊》影印本、2008 年廣陵書社《楚辭文獻集成》影印本。

楚辭講義

楚辭研究專著。近人廖平著。廖平(1852—1932)，字季平，初名登廷，字旭陔，又字勖齋，號四益（或作四譯）、五譯，更號六譯，四川井研人。1874年中秀才。1876年參加科試，以優等食廪餼，調尊經書院肄業。1879年應鄉試，中舉人。1886年主講井研來鳳書院。1889年通過會試、殿試，成進士。廖氏《今古學考》由尊經書局刊刻，俞樾稱爲不刊之作，康有爲引爲知己。1897年，尊經書院爲刊《經話》、《古學考》、《群經凡例》、《經學初程》、《王制訂》、《尊經題目》，合前刊諸書，名之曰《四益館經學叢書》。1901年，主講安岳鳳山書院，復兼嘉定九峰書院山長，始以《楚辭》説《詩》。1912年，劉師培任四川國學館館長，廖氏主講經學。1914年，任四川國學校校長，兼任成都高等師範學堂、華西大學教授。1921年，以六變學成，自號"六譯老人"，並自訂新舊諸作爲《六譯館叢書》，由存古書局印行。廖氏作爲清末今文經學派之代表，其學術思想在國内産生過重要影響，在清代維新變法思潮中起過一定作用。事跡載其女廖幼平《廖季平年譜》、其長孫廖次山《廖氏年譜》、其弟子蒙文通等《廖平傳記》、章太炎《廖平墓誌銘》、黄開國《廖平傳記》。

該書凡十課。乃廖氏授徒之作，故用近世教科書體裁爲章節。其篇次爲：第一課《卜居》、《漁父》；第二課《大招》、《招魂》，以爲道家神遊説，與屈子全無涉；第三課《九歌》，乃古書，非新作；第四課《大言》、《小言》賦；第五課《彭咸解》，指爲《山海經》巫彭、巫咸；第六課《九章》，乃九人之作；第七課《離騷》"帝高陽之苗裔兮"是秦始皇自序；第八課釋《楚詞》"真"字；第九課《天問》；第十課《離騷》。廖氏以爲，《楚辭》即秦博士《仙真人詩》，《序》云："《秦本紀》始皇三十六年，使博士爲《仙真人詩》，即《楚詞》也。《楚詞》即《九章》、《遠遊》、《卜居》、《漁父》、《大招》諸篇。著録多人，故詞意重複，工拙不一，知非屈子一人所作。當日始皇有博士七十人，命題之後，各有呈撰，年淹歲遠，遺佚姓氏。"又云："漢初人惡其出於秦，乃以有屈子之名，遂歸之屈。"另，廖氏以爲，《楚辭》乃"道家别一派"，"全與道家同宗旨"；"'離騷'即離絶世俗。'騷'爲逍遥之合音"，都是"言求仙魂遊事"；惟《懷沙》一篇，爲"屈子傳，曾單提之，必此篇别有單行本也"；而《史記·屈原列傳》，"多駁文，不可通，後人删補，非原文"。

此書否定屈原其人，與廖氏《五變記》所述基本一致。《五變記》云：《楚辭》"辭意重複，非一人之著述，乃七十博士爲始皇所作仙真人詩，採風雅之微言，以應時君命"，"史公本《漁父》、《懷沙》二篇爲《屈原列傳》，後人因以《楚辭》歸之屈子，誤矣"。其弟子謝無量《楚辭新論》轉述此書觀點，但誤記爲廖氏《楚辭新解》，並批駁了廖氏所謂"屈原並没有這人"之説。後之學者，如郭沫若、聞一多以及日本學者稻畑耕一郎論及廖氏觀點，均以謝氏《楚辭新論》引文爲據，以爲廖氏《楚辭新解》乃"屈原否定論"之"嚆矢"。然否定屈原本身之存在，則始於廖氏，後之"屈原有無其人"之爭，莫不溯及廖氏之説。

另，廖氏於楚辭研究方面還撰有《高唐賦新釋》（凡一卷，民國間刻四益館雜著本）、《楚辭釋例》（凡一卷，民國間刻四益館雜著本）。

此書之版本，有1925年四川存古書局刊《六譯館叢書》本，北京圖書館、浙江圖書館、湖南圖書館藏。另，2008年廣陵書社《楚辭文獻集成》影印本。

迄今，對是書作過評述的論文主要有黄鶴《廖季平從〈楚辭新解〉到〈楚辭講義〉的變化》（《重慶師範大學學報》1984年第2期）、謝明仁《〈屈原問題考辨〉駁議》（《廣西大學學報》1989年第3期）、黄剛《"屈原否定論"産生原因試探》（《上海師範大學學報》1993年第3期）。

屈原研究

楚辭研究專著。近人梁啓超著。梁啓超（1873—1929），字卓如，號任公，又號飲冰室主人，廣東新會人。中國近代維新派領袖。十二歲中秀才，十六歲中舉人。十七歲拜康有爲爲師。光緒二十一年（1895）赴北京參加會試，追隨康有爲發動"公車上書"。1898年參與百日維新。戊戌政變後逃亡日本。辛亥革命後，出任袁世凱政府司法總長。1916年則策動蔡鍔組織護國軍反袁，後又出任段瑞祺内閣財政總長，三個月後去職，從此結束政治生涯。此後主要從事教育與學術研究，先後在清華大學、南開大學等校任教，爲清華國學研究院"四大導師"之一。著述甚豐，涉及政治、經濟、哲學、歷史、語言、宗教及文化藝術、文字音韻等，合編爲《飲冰室合集》。事跡載梁啓超《三十自述》、鄭振鐸《梁任公先生年表》、丁文江《梁任公先生年譜長編初稿》、丁文江等《梁啓超年譜長編》、李國俊《梁啓超著述繫年》、吳天任《民國梁任公先生啓超年譜》。

在近代，梁氏最早運用資産階級文藝觀點研究與欣賞屈原作品，云："中國文學家的老祖宗，必推屈原"，"欲求表現個性的作品，頭一位就是研究屈原"。《屈原研究》凡七部分。第一部分，考釋屈原之歷史及遊踪。梁氏考察屈原生平，在材料取舍上頗有新見：一、《史記・屈原列傳》"議論太多，事實仍少"；二、"最奇怪的一件事，屈原家庭狀況如何，在本傳和他的作品中，連影子也看不出"；三、"《涉江》一篇，含有紀行的意味"。基此，梁氏以爲，屈原"是西紀前三三八至二八八年間的人，年壽最短亦應在五十上下。和孟子、莊子、趙武靈王、張儀等人同時"，屈原"獨自一人在衡山上過活了好些日子。他的文學，諒來就在這個時代大成的"。第二部分，論述《楚辭》産生背景與屈原作品篇次及旨意。梁氏以爲，戰國時楚國，已從"蠻夷"同化爲"諸夏"，加之齊國稷下學派之影響，故能産生此種偉大之文學。屈原作品，據《漢書·藝文志》“屈原賦二十五篇”之數，梁氏定《招魂》爲屈原作，《大招》爲後人摹仿《招魂》之作；以《懷沙》爲絶命辭，故在篇次上移至《悲回風》之後。梁氏於具體作品之評述，亦以其視角之獨特著稱，如謂《離騷》是“最初的作品”，“好象一篇自傳”，“可算得全部作品的縮影”；《九歌》“是集中最‘浪漫式’的作品”；《九章》九篇，“把作者思想的内容分别表現，是《離騷》的放大”；《遠遊》“是屈原宇宙人生觀的全部表現，是當時南方哲學思想之現於文學者”；《招魂》“是寫懷疑的思想歷程最惱悶最苦痛處”；《卜居》“是説兩種矛盾的人生觀”；《漁父》“是表自己意志的抉擇”。第三部分，分析屈子思想感情。梁氏以爲，屈原有兩種矛盾原素，“一種是極高寒的理想，一種是極熱烈的感情”，進而提出一個著名命題，云：“研究屈原，應該拿他的自殺做出發點。”第四部分，論述屈原政治鬥争。梁氏以爲，“以屈原的才氣，倘肯稍爲遷就社會一下，發展的餘地正多”。第五部分，論述屈原人生選擇。梁氏以爲，由於屈原既不能“丢開楚國”，又不能“丢開現社會”，“他的路於是乎窮了”。第六部分，論述屈原生死觀。梁氏以爲，屈原“末後加上這汨羅一跳，把他的作品添出幾倍權威，成就萬劫不磨的生命，永遠和我們相摩相蕩”。第七部分，論述屈原作品藝術成就。梁氏以爲，屈原作品，“幾千字一篇的韻文，在體格上已經是空前創作。那波瀾壯闊，層叠排奡，完全表現出他氣魄之偉大。有許多話講了又講，正見得纏綿悱惻，一往情深”。

又，梁氏於民國十二年在清華學校主講“有永久價值的古書”，民國十四年(1925)彙集爲《要籍解題及其讀法》，作爲《清華周刊》叢書出版。其中，收“《楚辭》解題及其讀法”一篇，凡四部分：“《楚辭》之編纂及其篇目”、“屈原賦二十五篇”、“屈原之行歷及性格”、“《楚辭》注釋書及其讀法”。梁氏以爲，“劉向、班固所謂二十五篇之屈原賦”，應補入《九辯》、《招魂》，而删去《惜往日》。又謂，屈原之自殺“實其個性最猛烈最純潔之全部表現。非有此奇特之個性不能産此文學，亦惟以最後一死能使其人格與文學永不死也”。尤其值得注意，梁氏將《楚辭》與《詩經》作了比較，從而確立了《楚辭》之地位，云：“我國最古之文學作品，《三百篇》外，即數《楚辭》。《三百篇》爲中原遺聲；《楚辭》則南方新興民族所創之新體。《三百篇》雖亦有激越語，而大端皆主於温柔敦厚；《楚辭》雖亦有含蓄語，而大端在將情感盡情發泄。《三百篇》爲極質正的現實文學，《楚辭》則爲富於想象力之純文學”，“吾以爲凡爲中國人者，須獲有欣賞《楚辭》之能力，乃爲不虚生此國。”

《屈原研究》爲梁啓超 1922 年 11 月 3 日在東南大學文哲會講學時講稿，始載《晨報副刊》與《時事新報》副刊《學燈》，後收入《飲冰室文集》第三十九種，第十四册，民國十五年(1926)中華書局聚珍仿宋部鋟版。另，有 2003 年

8月湖北教育出版社褚斌傑編《楚辭研究》本、2003年12月上海大學出版社《梁啓超經典文存》洪治綱編校本、2008年廣陵書社《楚辭文獻集成》影印本。

迄今,對是書作過評述的論文主要有張來芳《梁啓超對屈原和〈楚辭〉的研究》(《南昌大學學報》1988年第1期)、張來芳《現代楚辭研究鳥瞰——〈楚辭學史〉之五》(《贛南師範學院學報》1988年第4期)、徐志嘯《近代楚辭研究述評》(《思想戰綫》1992年第5期)、肖承罡《論梁啓超評屈原》(《嘉應大學學報》1997年第4期)、方銘《20世紀新楚辭學建立的過程考察》(《淮陰師範學院學報》2000年第4期)、翟振業《楚辭研究新思維概論》(《常熟高專學報》2003年第3期)、林潤宣《論梁啓超的楚辭研究》(《荆州師範學院學報》2003年第3期)、涂育珍《試論梁啓超楚辭研究的成就與特色》(《東華理工學院學報》2005年第4期)。

楚辭概論

楚辭研究專著。今人游國恩著。游國恩(1899—1978),字澤承,江西臨川人。幼承家學,其古文功底深厚。1920年考入北京大學預科,1922年升入中國文學系本科。1926年畢業。先在江西一所中學任教,後受聞一多等人之聘請,先後在武漢大學、青島大學、山東大學、華中大學、西南聯大等學校擔任講師、教授,主講楚辭、中國文學史等課程。1946年後,一直在北京大學從事科研、教學工作。1956年,被高等教育部聘任爲一級教授。1966年開始,由於文革動亂,被迫停止工作達十年之久。1976年恢復工作,1978年因突發肺病,窒息而故,終年七十九歲。著有《屈原》、《讀騷論微初集》、《離騷纂義》、《天問纂義》、《先秦文學》、《中國文學史》、《陸游詩選》等。

該書凡六篇二十三章。第一篇"總論",凡五章,論《楚辭》之名稱,《楚辭》與北方文學、南方文學之關係,《楚辭》與楚國之關係,《楚辭》在文學史上位置;第二篇"《九歌》",凡三章,論《九歌》之歷史與分章、作者與時代、意義與藝術;第三篇"屈原",凡九章,論屈原生平與作品,以爲《九歌》、《漁父》、《卜居》皆非屈作;第四篇"宋玉",凡二章,論宋玉生平、作品及《九辯》;第五篇"楚辭的餘響",凡四章,論後代騷賦作家,自賈誼、淮南小山,止劉向、王逸;第六篇"《楚辭》的注家"。此書爲游氏在北大求學期間所著,出版時游氏僅二十七歲。原爲作者《中國辭賦史》上卷《古代辭賦史》之大部分,恐有篇幅不匀之病,而略爲删定,改名《楚辭概論》刊行。

此書"總論"重在探討《楚辭》産生之原因。游氏以爲,《楚辭》産生主要受北方文學、南方文學和楚地民俗歌舞、山川地理之影響,《老子》乃《楚辭》韻文形式之先驅,《越人歌》等楚地民歌與《楚辭》之關係尤爲密切。陸侃如《序言》極爲稱贊,云:“最大的特點,是把《楚辭》當作一個有機體,不但研究他本身,還研究他的來源和去路。這種歷史的眼光,是前人所没有的。”姜亮夫《楚辭書目五種》云:“分論《楚辭》,極爲全面,雖僞誤異説,驟難董理,而初學得之,亦入門之階梯也。”郭在貽《近六十年來的楚辭研究》云:“這部書雖屬講義性質,卻也並非全是複述前人的研究成果,作者也提出了不少自己獨到的見解”,“在文字訓詁方面,也有所發明(雖然這並非游氏所長)。如謂離騷即勞商之音轉,與後世牢愁、牢騷、懆慅同義;又如釋惜誦之惜爲愛,誦爲諷諫,謂惜誦即好諫之義;又如謂《離騷》中的靈脩與哲王有別,靈脩指懷王,哲王指頃襄王等,都是前人没有説過的。”另,其於“離騷”二字之訓釋,郭沫若《屈原研究》曾予以激賞,云:“‘離騷’兩字的解釋自來異説紛紛,只有近人游國恩講得最好”,“是一大發明”,“這也是再確切不過的。”

此書爲我國學術界首部對楚辭進行系統研究之專著。書中材料豐富,新見迭出,受到歷代學者之好評。沈玉成、高路明《楚辭研究的集大成者游國恩》(載王瑶《中國文學研究現代化進程》)云:“游先生把楚辭作爲一個有機整體,放在歷史的縱向和社會的横向兩個座標上做了前所未有的綜合研究,同時又繼承了傳統的考據、訓詁方法,採用了從王逸、朱熹到林雲銘、蔣驥的成果,體現了敢於探索、敢於創新的時代精神”,“《楚辭概論》是楚辭研究史上傳統觀點和現代方法之間的分水嶺式的著作。魯迅先生《漢文學史綱要》把它列入參考書。”然此書亦有不足之處,主要受胡適一派影響,既敢於疑古,又疑古過甚,如評《天問》,游氏雖不同意胡適所謂雜凑之説,而把著作權還歸屈原,但對其文學價值評價頗低,僅僅肯定了其句法上“錯綜變化,最不單調”之特點。又如評《九歌》,游氏則完全同意胡適意見,以爲與屈原毫無關係,王逸、朱熹之説要根本推翻(案:游氏晚年則易此説)。

此書之版本,有1926年北京述學社本,北京圖書館藏。另,有1928年商務印書館《萬有文庫》本、1933年商務印書館《國學小叢書》本、1939年長沙商務印書館《萬有文庫》本,1968年臺北商務印書館《人人文庫》本、2008年中華書局《游國恩楚辭論著集》本。

迄今,對是書作過評述的論文主要有殷翔《“離騷”就是“勞商”嗎?——關於〈離騷〉的題解》(《淮北煤炭師範學院學報》1983年第3期)、曹大中《〈九歌〉没有託之以諷諫的用意嗎?——論屈原愛情詩與游國恩的有關楚辭研究》(《中國文學研究》1986年第2期)、沈玉成《現代楚辭學的集大成者——游國恩先生》(《中國典籍與文化》1992年第2期)、初人《〈楚辭〉研究方法論的歷史發展》(《求索》1992年第4期)、方銘《20世紀新楚辭學建立的過程考察》(《淮陰師範學院學報》2000 年第 4 期)、褚斌傑《百年屈學》(《文史知識》2000 年第 11 期)、郭建勛、李艷《游國恩的楚辭研究及教育品格述論》(《淮陰師範學院學報》2002 年第 1 期)、翟振業《繼往開來獨樹新幟——游國恩楚辭研究新思維簡論》(《常熟高專學報》2002 年第 5 期)、徐志嘯《游國恩的楚辭研究》(《福建師範大學學報》2003 年第 4 期)、費振剛《游國恩先生學術成就評述》(《江西社會科學》2005 年第 1 期)、方銘《游國恩先生的楚辭研究及其學術史意義》(《甘肅社會科學》2006 年第 1 期)、李小蘭《對游國恩〈楚辭概論〉研究方法的審視》(《鄖陽師範高等專科學校學報》2006 年第 5 期)。

離　騷　注

楚辭研究專著。近人王樹柟著。王樹柟(1852—1936),字晉卿,號陶廬老人,直隸新城(今屬河北)人。清光緒進士,官至新疆布政使。入民國,曾參加編修《清史稿》。著有《陶廬文集》、《焦易説詩》、《學記箋證》、《墨子斠注補正》等。事跡載王樹柟《陶廬老人自訂年譜》、路朝鑾《王晉卿先生八十壽序》。

該書注文,主要逐句詳注,間有二、三句一注者。此書之版本,有清光緒間文莫室排印本,北京圖書館、浙江圖書館、中國科學院國家科學圖書館藏。另,民國十六年(1927)《陶廬叢刻》本,北京圖書館藏。又,有 2008 年廣陵書社《楚辭文獻集成》影印本、2008 年燕山出版社《楚辭要籍選刊》影印本。

屈原與宋玉

楚辭研究專著。今人陸侃如著。該書凡六章。首有《目録》。末附《〈楚辭〉研究參考書目》。其篇次爲:《引論》、《屈原的生平》、《屈原的作品》、《宋玉的生平》、《宋玉的作品》、《餘論》。《餘論》云:“對於只想知道一點《楚辭》常識的讀者,我想已可滿足他的需要了。”姜亮夫《楚辭書目五種》云:“本書大旨,兩言盡之矣。”

此書對屈原作品作了考證,以爲屈原作品惟《離騷》、《涉江》、《哀郢》、《抽思》、《懷沙》五篇,其餘二十篇(《九歌》十一篇、《九章》五篇、《天問》、《遠遊》、《卜居》、《漁父》)皆爲託名屈原之僞作。宋玉作品惟《九辯》、《招魂》二篇可信,其餘均僞作。《餘論》逐篇論證陸氏所認定非屈原、非宋玉之作,被稱爲“不乏新奇之論”。

此書之版本,有民國十九年(1930)上海商務印書館《萬有書庫》本,北京圖書館、北京師範大學圖書館、清華大學圖書館、遼寧大學圖書館、山西大學圖書館、南京大學圖書館、蘇州大學圖書館、復旦大學圖書館、華東師範大學圖書館、上海大學圖書館藏、浙江大學圖書館、厦門大學圖書館、中山大學圖書館、暨南大學圖書館、武漢大學圖書館藏。另,1987年上海古籍出版社《陸侃如古典文學論文集》,收録此書。又,陸氏《屈原》(1923亞東圖書館排印本)、《宋玉》(1923亞東圖書館排印本)、《宋玉評傳》(1927年6月《小説月報》十七卷號外)可參。另,2008年廣陵書社《楚辭文獻集成》影印本。

迄今,對是書作過評述的論文主要有壽勤澤《四十餘年楚辭研究綜評》(《社會科學輯刊》1993年第5期)、余江《追求進步　嚴謹治學——紀念陸侃如先生》(《文史哲》2002年第2期)、王洲明《陸侃如先生的楚辭研究》(《山東大學學報》2006年第2期)。

讀騷大例

楚辭研究專著。近人郭焯瑩著。郭焯瑩(1872—1928),字子燮,號炎生,晚年改名大痴,自號耘桂先生,湖南湘陰人。爲玉池老人(郭嵩燾)之子。曾在湖南高等學堂授諸子學。傳世有《屈子章句古微》二十六卷《叙録》一卷,《屈原内傳》五卷《内傳雜篇》三卷,《屈賦外傳》二十七卷附《屈賦校勘記》一卷《屈子紀年》一卷,稿本存湖南師範大學圖書館。湖南圖書館亦收藏郭焯瑩研究楚辭手稿二十八册,總題爲“郭焯瑩遺著稿”。

據楊樹達《讀騷大例·跋》,郭氏“少承家學,博通百氏”,辛亥革命後,“自以身丁家國之變,發憤注《騷》,精思力索,凡三易草乃成,多前人所未發也”;歿後,日本友人橋川子雍“喜究屈原書”,因“讀先生是篇,服其精詣”而爲之刊行,並邀楊氏作《跋》。該書以爲,讀《騷》當有大例大法,約言之,凡六條:一曰“事據史傳取勘”、一曰“意由聲音證入”、一曰“詮本故訓求通”、一曰“辭兼衆本是正”、一曰“論依經訓節中”、一曰“説参異家互發”。每例先列標題,次評各家之得失、是非,間申己意於其中,着墨無多而精解不少,乃讀《騷》之舟筏也。然此書亦有迂腐之見,如將《騷》中草木、人名與歷史人物一一對應,甚爲可笑!崔富章《楚辭書目五種續編》云:“《大例》計六條:一曰事據史傳校勘,定著《屈賦註商》,依循史遷,爲加校勘,發正班、王之謬妄,祛除洪、朱之蔽滯，庶今古紛紜之説有所取定也；一曰意由聲音證入，定著《屈原章句古微》，謹守先説，以涵泳辭氣，於屈子淵情，恍若有會，推致二十五篇，頗詳究其全章之指；一曰詛本故訓求通，定著《屈賦解故》，疏證名物之類别，綜合詞言之條貫，凡通古讀，兹事尤爲先務，不可得略也；一曰辭兼衆本是正，定著《屈賦異文箋》，主洪校，亦參取《集注》；一曰説參異家互發，定著《屈賦外傳》，盡班所録異家，引賦就《騷》，各附其章，其有溢出，或别次《屈賦旁篇》，兼及《補注》所甄引，《後語》所採摭，下逮船山《通釋》所載入，咸無遺焉；一曰論依經訓節中，定著《屈賦内傳》，墨守史録，針班固之膏肓，起王逸之廢疾，而推闡洪興祖之淵情，紬繹朱子之大誼，以羽翼史氏，鈎校劉勰、黄伯思、晁補之之歧説，以曲盡端末，屈賦指趣，用益昭揭，兹抑千古得失之林也。是六條，實郭氏《楚辭》著述之總綱也。"

此書之版本，有清光緒郭氏易佚堂鉛印本，湖南圖書館藏。另，民國二十年(1931)北平文字同盟社排印本，北京圖書館、湖南圖書館、浙江圖書館藏。又，有1986年臺北新文豐出版公司《楚辭彙編》影印本、2008年廣陵書社《楚辭文獻集成》影印本、2008年燕山出版社《楚辭要籍選刊》影印本。

楚辭拾遺

楚辭研究專著。今人陳直著。陳直(1901—1980)，原名邦直，字進宧，號摹廬，又號弄瓦翁，江蘇鎮江人。20世紀30年代，爲東臺縣立中學國文教師。1950年起，經著名學者、教育部長馬叙倫推薦，由西北大學校長侯外廬邀請，開始執教於西北大學歷史系。60年代，受中華書局委託負責《漢書》標點總校。70年代任西北大學研究生導師。著有《漢書新證》、《史記新證》、《居延漢簡研究》、《兩漢經濟史料論叢》、《摹廬叢著》、《三輔黄圖校正》、《漢晉木簡考略》、《漢封泥考略》、《列國印制》、《周秦諸子述略》、《列國幣考》等。

其父陳培壽爲清末舉人，著有《楚辭大義述》。其受家學影響，26歲時著《楚辭拾遺》一卷。其治學特點别具一格，即融古文字學、古器物學、考古學和古文獻資料於一爐，會通精當。此一特點亦同樣體現在其《楚辭》研究中。該書體例爲，先分條摘録楚辭原文，後雜引典籍，折衷舊説，時加己意；其言皆有據，辨多當理，於所不知蓋付闕如。此書於楚辭之訓釋，凡四十三條。其中，《離騷》凡五條，《九歌》凡二條，《天問》凡三十一條，《九章》凡二條，《大招》凡三條。如《天問》一篇自古難通，陳氏對之特加注視，以爲《天問》後段，如"伯林雉經"、"彭鏗斟雉"、"兄有噬犬"等句，皆説楚事，或與楚國有關之事，充分表現出屈子之愛國思想。又如釋《離騷》“朝搴阰之木蘭兮”之“阰”爲“山比”之借，有《金石萃編》、《弔比乾碑文》爲據；以《小校經閣金文》、《上太山鏡銘》釋《涉江》“食玉英”爲先秦西漢人之習俗語，以長沙仰天湖所出楚簡、信陽長臺關楚墓所出羽觴釋《招魂》“實羽觴些”，等等，均能獨具卓見，新而有據。

此書之版本，有民國二十三年(1934)《摹廬叢著》石印本，北京圖書館藏。另，有民國25年(1936)上海國學整理社《楚辭四種》影印本、民國間大東書局《楚辭四種》影印本、1978年臺北世界書局《楚辭注六種》影印本、1986香港廣智書局《楚辭四種》影印本、1986年臺北新文豐出版公司《楚辭彙編》影印本、1992年臺北華正書局《楚辭四種》影印本、1989年臺北世界書局《楚辭章句補注等8種》影印本、2008年燕山出版社《楚辭要籍選刊》影印本。又，1958年，陳氏復以長沙戰國楚墓所出銅、玉、漆、陶、竹、木各器，壽春所出各銅器，信陽所出漆器、竹簡等楚國新出土文物，證之以金石鏡銘碑文，對《楚辭拾遺》進行整改，易名爲《楚辭解要》(載陳直《文史考古論叢》，天津古籍出版社1988年版)。

迄今，對是書作過評述的論文主要有劉生良《論陳直先生的楚辭研究》(《淮陰師範學院學報》2001年第2期)。

楚辭新解

楚辭研究專著。近人廖平著。該書凡一卷。卷首有廖氏《叙》。次《凡例》。據廖氏《叙》，該書撰於“光緒丙午四月望日”，“時年五十四”。按，“光緒丙午”爲光緒三十二年(1906)。由此可知，此書爲廖氏研究《楚辭》之早期著作，與後之《楚辭講義》、《五變記》等不同。在本書中，廖氏並未否定屈原之存在，而將《楚辭》作者分兩類：一、《漁父》、《卜居》，“乃爲屈子自作”；二、“爲屈子所傳”者，以《離騷》爲經正文，《九章》、《九歌》、《遠遊》、《招魂》等爲經傳記，故稱《卜居》、《漁父》外之楚辭作品爲《離騷》。同時，廖氏亦未否定《史記·屈原列傳》之真實性，惟責怪太史公誤解《離騷》之性質與篇名，《叙》云：“自太史公誤以所傳爲自作，指爲離憂，沈淵而死，後來承誤，《楚辭》遂爲志士失意發憤之代表”，“屈子縱有悲憤沈淵事，與師傅授受之傳記則不相干涉，不能因其私事，附會古之傳記”；“《離騷》者，子屈子之所傳也”，“大約《離騷》爲經正文，以下各篇皆爲傳記。比於《尚書》，《離騷》爲《帝典》，以下各篇亦如《帝典》之傳記”，“《離騷》篇名不可解。蓋如古緯，爲屈子所傳，非其自作”。另，廖氏於《凡例》又加推衍其説，云：“《楚辭》爲孔子天學《詩》之傳記，與道家别爲一派。大約道詳於《易》，《楚辭》詳於《詩》”，“《楚辭》全據《山海經》立説，周遊全爲神遊，夢想爲《周禮》掌夢，皆不在本世界之内”，“《楚辭》以西皇爲歸宿，凡此皆以孔子爲主。以孔爲主，出於《詩》傳，爲屈子所傳”。

此書之版本，有民國二十三年(1934)四川存古書局《六譯館叢書》本，北京圖書館、上海圖書館、浙江圖書館、浙江大學圖書館藏。另，2008年廣陵書社《楚辭文獻集成》影印本。

迄今，對是書作過評述的論文主要有黄鶴《廖季平從〈楚辭新解〉到〈楚辭講義〉的變化》(《重慶師院學報》1984年第2期)、謝明仁《〈屈原問題考辨〉駁議》(《廣西大學學報》1989年第3期)、黄剛《“屈原否定論”産生原因試探》(《上海師範大學學報》1993年第3期)。

讀騷論微初集

楚辭研究專著。今人游國恩著。該書凡九篇。爲游氏1931—1933年所撰論文彙編。據游氏《叙目》，其中《屈賦考源》、《離騷“后辛菹醢”解》、《論九歌山川之神》三篇屬已刊論文；其餘六篇爲篋笥舊稿重加删定者，題爲《論屈原之放死及楚辭地理》、《天問題解》、《天問啓棘賓商九辯九歌何勤子屠母而死分竟地解》、《天問昏微遵迹有狄不寧何繁鳥萃棘負子肆情解》、《天問古史證(二事)》、《楚辭講疏長編序》。

此書之撰述緣由，《叙目》云：“擬俟將來《箋證》成書，仿朱子《楚辭辯證》及蔣驥《楚辭餘論》之例，别爲考證若干卷，附之簡末。”關於書名，《叙目》云：“蓋劉子政云‘興《離騷》之微文，是用竊取’云爾。”此書爲游氏治騷之代表作，對其早年著作《楚辭概論》頗多更易發展之詞，如云“屈賦四大觀念”，即宇宙觀念、神仙觀念、神怪觀念、歷史觀念，且各有源流演變之跡。另，在《論屈原之放死及楚辭地理》附《屈原年表》，末特加説明，云：“曩撰《楚辭概論》一書，於屈子事跡頗爲考證。及今觀之，時多疏略，與此表頗有異同。覽者詳之。”

《論九歌山川之神》分别考論湘君、湘夫人、河伯、山鬼，以民俗學的基本觀點爲主干，證之以豐富的文獻資料，結論多爲前人所未發。如《論湘君、湘夫人》，云：“《楚辭・九歌》有《湘君》、《湘夫人》，爲楚人祠祀湘神之歌。考湘之有神，與河洛等，其有君有夫人也，亦尤河之有河伯，洛之洛妃爾矣。然其神之起，亦不過初民崇拜自然，但泛有一水神意象而已，初未實之以人事也。”又如《離騷后辛菹醢解》，游氏通過《楚辭》内證與古籍古注之記載，證明“紂以人爲菹醢”並非屈原之創説，以駁梁玉繩《史記志疑》以“后辛之菹醢兮”爲武王斬殷紂而刑其尸之觀點。

《天問》四篇論文，亦屬考據文字。如釋“啓棘賓商”四句，以“棘”、“死”爲“急”、“尸”之假借。又如釋“啓代益作后”八句，借《戰國策·燕策》、《韓非子·外儲説》、《吳越春秋·勾踐入臣外傳》、《漢書·律曆志》等材料，以證明《竹書紀年》所載益爲啓所殺爲可信。再如釋“該秉季德”以下四句、“有扈牧豎”以下四句，考證“有扈”非“有易”之訛，以糾正、補充王國維之説。另，《論屈原之放死及楚辭地理》採用蔣驥“陵陽”爲地名説，以“見疏”、“初放”、“再放”爲三件事，不容混淆。

此書之版本，有1937年上海商務印書館排印本，北京圖書館、浙江圖書館、北京大學圖書館、清華大學圖書館、北京師範大學圖書館、南京大學圖書館、蘇州大學圖書館、復旦大學圖書館、華東師範大學圖書館、浙江大學圖書館、中山大學圖書館、華南師範大學圖書館、華中師範大學圖書館、武漢大學圖書館藏。另，有1947年上海商務印書館《新中學文庫》本、1955年上海文藝聯合出版社《楚辭論文集》本、1989年中華書局《游國恩學術論文集》本、2008年中華書局《游國恩楚辭論著集》本。

迄今，對是書作過評述的論文主要有殷翔《“離騷”就是“勞商”嗎？——關於〈離騷〉的題解》（《淮北煤炭師範學院學報》1983年第3期）、曹大中《〈九歌〉没有託之以諷諫的用意嗎？——論屈原愛情詩與游國恩的有關楚辭研究》（《中國文學研究》1986年第2期）、沈玉成《現代楚辭學的集大成者——游國恩先生》（《中國典籍與文化》1992年第2期）、初人《〈楚辭〉研究方法論的歷史發展》（《求索》1992年第4期）、郭建勛、李艷《游國恩的楚辭研究及教育品格述論》（《淮陰師範學院學報》2002年第1期）、翟振業《繼往開來　獨樹新幟——游國恩楚辭研究新思維簡論》（《常熟高專學報》2002年第5期）、徐志嘯《游國恩的楚辭研究》（《福建師範大學學報》2003年第4期）、費振剛《游國恩先生學術成就評述》（《江西社會科學》2005年第1期）、方銘《游國恩先生的楚辭研究及其學術史意義》（《甘肅社會科學》2006年第1期）。

騷 旨 詩 詮

楚辭研究專著。今人余重耀著。余重耀，字鐵山，浙江諸暨人。著有《函雅廬詩文稿》、《陽明先生傳纂》、《大乘起信論詮》、《遁廬文稿》、《函雅廬詩文稿》等。關於書名，余氏《小序》云："隱括《詩》、《騷》於章句中，而冥搜幽旨於言詮之表。"姜亮夫《楚辭書目五種》云："大體每小段略注大義，末引《詩》以比其義，如'帝高陽'四句，引'我生之初尚無爲，我生之後，逢此百罹'。'皇覽'四句，引《詩》'君子有穀詒孫子'。故曰《詩詮》。"

此書之版本，有民國二十五年(1936)《遁廬叢書》排印本，浙江圖書館、浙江大學圖書館藏。另，1936年第2期《中國文學會集刊》收録此書。

屈　原

楚辭研究專著。今人郭沫若著。郭沫若(1892—1978)，原名郭開貞，又名郭鼎堂，改名沫若，四川樂山人。1914年赴日留學，1918年升入九州帝國大學醫學部。"五四"時期，棄醫從文，並與郁達夫、成仿吾等組織"創造社"。1923年回國後編輯《創造周報》。1927年參加北伐戰爭。1928年旅居日本，開始研究中國古代歷史和甲骨文、金文。"七七"事變後回國，從事抗日救亡運動。1949年7月當選爲全國文聯主席。1949年後歷任政務院副總理、中國科學院院長兼哲學社會科學部主任、全國人大常務委員會副委員長。著有《女神》、《屈原》、《甲申三百年祭》、《沫若文集》、《中國古代社會研究》、《甲骨文字研究》、《十批判書》、《青銅時代》等。

在現代，郭氏最早運用唯物史觀研究楚辭，極具"詩人、學者、革命家三位一體"之特點，於楚辭研究具有開拓意義。其一，從認清歷史面貌、時代特色、社會政治條件、階級關係去認識屈原，即：1. 考訂屈原生於前340年正月初七，卒於前278年夏历五月五日，凡六十二歲；2. 以爲屈原爲殉國而死，而非爲失意而死；3. 考辨名物、訓詁文字，亦細密新穎，富有創見，如釋《史記·屈原列傳》"放流"爲"放浪"而非"放逐"，且屈原僅放逐一次，釋"亂曰"爲"辭曰"，讀《九歌》之"九"爲"糾"，謂《離騷》"芳與澤其雜糅"之"澤"爲"污垢"，推想《招魂》"土伯"爲九個人，九重天每一層均有一位土伯掌管等等；4. 完整翻譯屈原賦，既十分自由大膽，又非毫無根據，使之成爲新作；5. 高度評價楚辭之歷史意義及影響，以爲"屈原是古'五四'運動的健將"，"他在古代中國的詩歌創作上卷起了一次大革命，而他的影響在中國文學史中一直作用了兩千多年"。其二，將屈原研究與現實鬥爭結合起來，即：1. 批判孫次舟"屈原爲弄臣"論；2. 批判廖平、胡適、衛聚賢、何天行、朱東潤等"屈原否定論"；3. 把保衛屈原與爭取民族民主鬥爭相結合，身體力行屈原愛國愛民、爲真理鬥爭到底之偉大精神，宣傳"我就是屈原"。其三，把屈原研究同創作密切結合，郭氏創作屈原題材詩歌約五十首，流亡日本時完成詩人評傳《屈原》；1920年寫成詩劇《湘纍》，1942年寫成話劇《屈原》，其中《雷電頌》尤爲特別，備受推崇。其四，把屈原介紹給全世界，即：1952年世界和平理事會作出決議，以紀念屈原、哥白尼、拉伯雷、何塞·馬蒂等四位世界文化名人，1953年9月27日召開紀念大會，郭氏作了題爲《争取世界和平的勝利與人民文化的繁榮》報告，充分論述屈原之偉大與深入學習之價值。

該書寫於1935年"滬難三周年紀念日"，應開明書店之約撰寫。郭氏《創造十年》云："雖然我不曾自比過歌德，但我委實自比過屈原。"後來，郭氏又云："根據我自己現實生活的經歷，我具體地體驗了屈原流放生活的滋味及其熱愛祖國的心情。"（1956年岩波文庫日文版史劇《屈原》"作者的話"）可見，郭氏將研究屈原與現實鬥争結合起來，於嚴謹考證之中寄寓着特殊時代之情感。其書首有郭氏《序》。次《目録》。末附《離騷今言譯》。正文包括《屈原的存在》、《屈原的作品》、《屈原的藝術和思想》三部分。郭氏認定，屈原之死"在楚襄王二十一年"，那時秦將白起已攻陷楚國郢都，並取了洞庭、五湖、江南，屈原面對國破家亡之慘狀才毅然自殺。故郭氏以爲，"屈原的自殺是殉國，並不是殉情"。另，此書還批駁廖平、胡適"屈原否定論"，堅信"屈原的存在"，稱贊屈原"是最偉大的一位革命的白話詩人"、"言行一致的愛國詩人"。又，郭氏分屈原作品創作爲三個時期：一、早期創作，有《橘頌》、《九歌》、《招魂》，作於楚懷王去世之前；二、放逐之作，約五十至六十二歲放逐階段，有《悲回風》、《惜誦》、《抽思》、《思美人》、《天問》；三、臨終之作，六十二歲時二月至五月間作《哀郢》、《涉江》、《離騷》、《懷沙》、《惜往日》等。1935年8月《人世間》第33期發表何其芳《評〈屈原〉》，稱贊《屈原》爲"研究文學中的偉作"。有1935年上海開明書店排印本，北京圖書館、北京大學圖書館藏。

迄今，對是書作過評述的論文主要有潘嘯龍《關於屈原自沉的原因及其年代》（《江漢論壇》1982年第5期）、丁冰《郭沫若同"屈原否定論"的三次論争》（《東北師大學報》1984年第3期）、方谷、空華《"五四"以來的楚辭研究概觀》（《貴州文史叢刊》1986年第2期）、石雲《評郭沫若的屈原研究》（《江漢論壇》1988年第4期）、周建忠《關於楚辭研究的對象審視與歷史回顧——楚辭研究一百年》（《貴州社會科學》1997年第5期）、梅瓊林《郭沫若與楚文化》（《浙江社會科學》1998年第3期）、周建忠《論二十世紀楚辭研究的第二個高潮——抗日戰争時期的楚辭研究》（《中國文化研究》1999年第2期）、魏紅珊《郭沫若與屈原研究》（《郭沫若學刊》1999年第2期）、黄震雲《二十世紀楚辭學研究述評》（《文學評論》2000年第2期）、吴定宇《追慕與疏離——論郭沫若與屈原》（《郭沫若學刊》2001年第3期）。

離騷集釋

楚辭研究專著。今人衛仲璠著。衛仲璠(1899—1990),原名瑜章,以字行,安徽合肥人。少好文字、音韻、訓詁之學,及壯,曾師事陳三立先生。民國間,歷任中央大學涪陵分院文學院講師、安徽大學副教授。1949 年後,歷任合肥師範學院中文系副主任、安徽師範大學副教授、教授。著有《段注説文斠誤》、《國學概論》、《安徽歷代文學家小傳》(主編)、《揚子法言會箋》等。

衛氏於楚辭研究,主要有《離騷集釋》、《〈九歌〉著作權應屬屈原》等。該書首有《自序》。次《例言》。次《目次》。末附《史記·屈原列傳疏記》。次《屈原别傳》。次《離騷韻譜》。次《參考書目》。次《後記》。《例言》概舉《楚辭》研究之五派:訓詁派,如王逸等;義理派,如朱熹、王夫之等;考據派,如吳仁傑、蔣驥等;音韻派,如陳第、江有誥等;詞章派,如姚鼐、梅曾亮等。衛氏以爲,"五者不備,不可以通《楚辭》,不可以讀《離騷》"。另,《例言》還特别説明,聞一多《離騷解詁》創解良多,左右逢源,故"採摭聞説特多"。《後記》復引章太炎、聞一多之新作以補充。可見,衛氏廣見博識、及時汲取之勤。

此書之作,一受馬其昶《屈賦微》之影響;二因日寇侵華,"盱衡關東,永淪異域",故思以屈原"不忍恝置君國以遠循,藹然忠愛"之情,激勵世人。此書以《離騷》分章逐句詮釋爲主體,採集王逸以降五十餘家注釋,"衷群説,發旨趣,章擘其義,句求其詁,要使能通其讀爲歸"。凡遇前人有不同見解者,一般均予介紹,並斷以己意,使讀者得以比較,擇善而從。其書取舍謹嚴,博而不雜,文字簡明,並無冗繁堆砌之感,並於字句訓釋、章義探研,頗多新見。正文網羅衆説,衷於一是,間下己意,以"瑜章按"别之。此書分十章,每章撰有章旨,期望達於"涣然冰釋、怡然理順"之境。1962 年 8 月中華書局《先秦文學史參考資料》,在《離騷》注釋中,曾多次徵引此書有關注文與章義之闡説。洪湛侯《楚辭要籍解題》云:"在三十年代衆多《楚辭》研究著述中,不失爲一部有參考價值的作品。"

此書之版本,有 1936 年商務印書館《國學小叢書》本,浙江圖書館、北京師範大學圖書館藏。另,有 1937 年商務印書館《國學小叢書》增訂本、2008 年廣陵書社《楚辭文獻集成》影印本。

楚辭考異

楚辭研究專著。近人劉師培著。劉師培(1884—1919),字申叔,一字鲁源,號左盦,江蘇儀徵人。其曾祖父劉文淇、祖父劉毓崧、伯父劉壽曾,治學皆恪守乾嘉漢學傳統,且以三世相續共注《春秋左氏傳》而著稱。家傳文字訓詁之學,宗古文經。主張以字音推求字義,用古語明今言,用今言通古語。1901年,中秀才。翌年,中舉人。1903年在上海晤章炳麟,贊成"光復",改名光漢。1907年赴日本,入同盟會。1909年入端方幕。辛亥革命後,加入籌安會,助袁世凱行帝制,任署理參政院參政。1917年,蔡元培任北京大學校長時,被聘爲中國文學門教授。1919年11月,因肺病去世。著有《尚書源流考》、《毛詩劄記》、《禮經舊説》、《文説》、《論文雜記》、《中國中古文學史講義》等,1936年經錢玄同等輯爲《劉申叔先生遺書》。事跡載錢玄同《左盦年表》、萬易《劉師培年表》、經盛鴻《〈劉師培年表〉史事訂正》、蔡元培《劉君申叔事略》、尹炎武《劉師培外傳》、劉富曾《亡姪師培墓誌銘》、陳鍾凡《劉先生行述》。

該書凡十七卷。或題爲《楚詞考異》,爲《劉申叔先生遺書》第三十五種。此書首有《題詞》。次《凡例》。《題詞》既評述歷代版本,又介紹考異方法,云:"今所傳王本,明刊而外,惟日本莊益恭刊本較爲精善。然毛刊洪氏《補注》本,出於宋槧,尤爲近古","今以洪本爲主,凡古籍所引異文,按條分綴,《序》及《章句》,文亦附校。篇各爲卷,名曰《考異》,以補宋人校記之缺"。《凡例》凡五條,主要説明校勘方法,云:"洪本所載舊校,凡足資互證者,夾行引入本文之下","此編之旨,以臚列異文爲主。余惟訂正誤字。章句是非,概弗議及"。其篇次爲:卷一《離騷經》,卷二《九歌》,卷三《天問》,卷四《九章》,卷五《遠遊》,卷六《卜居》,卷七《漁父》,卷八《九辯》,卷九《招魂》,卷十《大招》,卷十一《惜誓》,卷十二《招隱士》,卷十三《七諫》,卷十四《哀時命》,卷十五《九懷》,卷十六《九歎》,卷十七《九思》。

姜亮夫《楚辭書目五種》云:"全書以《楚辭》正文爲主,兼及王叔師《序》及《章句》。凡《序》及《章句》,皆於原文上側注'序''注'等字,以别之。其法先引正文,或於引文下更注'某亦作某',或'某書某作某'等,雙行小字。再提行加案語。語中雜引《文選》、《爾雅》、《玉燭寶典》、《原本玉篇》、《説文繫傳》、慧琳《一切經音義》、《匡謬正俗》、《漢書》、《後漢書》、《御覽》、《史記》等,以證其文字異同,亦間附己意,或加斷語。凡十七篇。叔師舊本舊次也。篇各爲卷,共六百餘則。起王逸《序》'王乃疏屈原'句,止《九思》'實孔鸞之所居'句。諸書異文,略備之矣。"

此書之不足,聞一多《楚辭校補·凡例》云:"劉師培《楚辭考異》,起《離騷》,盡《九章》。采輯宋以前羣書中所引楚辭,條列異同,時附己見。然取材雖廣,而略無精義,不逮劉氏所校他書遠甚,蓋草創之作,本未成書耳。所採各書,亦時有譌奪。"

此書之版本,有民國間寧武南氏《劉申叔文存》鉛印本,北京圖書館藏。另,1936年寧武南氏《劉申叔先生遺書》排印本,北京圖書館、浙江圖書館、湖南圖書館。又,有1970年10月臺北廣文書局出版影印本、1986年臺北新文豐出版公司《楚辭彙編》影印本、1997年中央黨校出版社《劉師培全集》影印本、2008年廣陵書社《楚辭文獻集成》影印本、2008年燕山出版社《楚辭要籍選刊》影印本。

楚辭之研究

楚辭研究專著。近人支偉成著。支偉成(1899—?),字懋祺,江蘇揚州人。曾就讀國立東南大學,師從蔣維喬。1925年任江蘇省立第一圖書館主任。曾在國立第四中山大學中國文學系任助教。著有《清代樸學大師列傳》、《國學用書類述》、《墨子綜釋》、《莊子校釋》等。

該書凡上、下兩篇。或題爲《標點注解楚辭之研究》。首有《目次》。次支氏《自識》。此書之撰述緣由,《自識》云:"屈原爲我國古代文學創作家,秉卓越之天才,遭迍蹇之時會;其作品,表現個性,有極高寒之理想,具極熱烈之感情","讀其遺文,既悲其志,復傷其遇","爰據《史記》,兼採旁證,考其平生;更就《楚辭》,録其遺作,加以標注"。而此書之撰述方法與特點,《自識》云:"蓋以近代人眼光,直接探討文學之生命爲旨。"

此書上篇爲"研究之部",凡列五目:1.《屈原傳略》,本《史記·屈原列傳》而稍稍增損之;2.《屈原文學藝術之評論》,以司馬遷之論爲最得旨;3.《自屈原文學作品中體現之屈原人格》,分少年時代之懷抱、改革社會之根本觀念、失敗之悲哀、獨立不遷、自殺殉志五節,以爲"屈原之自殺,非意志薄弱,非神經錯亂也;乃義務之自殺,殉志之自殺";4.《楚辭篇目考》,疑《禮魂》爲《九歌》每篇末後所公用,《九章》篇次爲《惜誦》、《思美人》、《抽思》、《涉江》、《橘頌》、《悲回風》、《惜往日》、《哀郢》、《懷沙》,依《史記》説録《招魂》,末附《大招》;5.《參考書舉要》,僅列十四家精於校勘訓釋之作,即王逸《楚辭章句》、洪興祖《楚辭補注》、吳仁傑《離騷草木疏》、朱熹《楚詞集注》、林兆珂《楚辭述注》、周拱辰《離騷草木史》、王夫之《楚辭通釋》、屈復《天問校正》、龔景瀚《離騷箋》、陳昌齊《楚詞辨韻》、朱駿聲《離騷補注》、馬其昶《屈賦微》、戴震《屈原賦注校》、俞樾《讀楚辭校》,云:"最近梁啓超在東南大學講演《屈原之研究》,極有見地,尤足取資。"

此書下篇爲"解釋之部",加標點,附注釋,録屈原賦二十五篇,云:《離騷》,"此篇爲屈原最初作品,作於見疏以後,使齊以前。起首叙述家世,而其思想人格大概傳出,可爲全部作品之縮影";《九歌》,"本樂章舊名,屈原所作有十篇,每篇祀一神,最爲'浪漫式'之作品";《天問》,"前半篇關於宇宙開闢之神話起疑問,後半篇關於歷史之神話起疑問";《九章》,"此九篇非一時所作,每篇能將作者之思想内容分别表現,乃《離騷》之放大也";《遠遊》,"此篇乃屈原宇宙觀及人生觀之全部表現,託與神仙遊戲,周歷天地,無所不到;然猶懷念楚國,思慕舊故";《卜居》,"論兩種人生觀之矛盾,託於問卜";《招魂》,"此篇與《遠遊》思想表面相反,其實仍是一貫。論上下四方無一處爲安樂土,寫懷疑思想之歷程最爲苦痛"。此書對梁氏之説借鑒頗多,被學界所詬病。姜亮夫《楚辭書目五種》云:"其書大抵淺近,取便初學而已。"

此書之版本,有民國十四年(1925)上海泰東圖書局鉛印本,北京圖書館、北京師範大學圖書館藏。另,有 1934 年上海泰東圖書局鉛印本,浙江圖書館藏;1939 年泰東圖書局本,北京大學圖書館、清華大學圖書館、華東師範大學圖書館、南京大學圖書館、浙江大學圖書館、中山大學圖書館、厦門大學圖書館、華南師範大學圖書館、武漢大學圖書館藏;1939 年國華書局鉛印本,北京師範大學圖書館藏。又,2008 年廣陵書社《楚辭文獻集成》影印本。

迄今,對是書作過評述的論文主要有黄建榮《新時代理念與舊傳統方法孕育的混血兒——論支偉成〈楚辭之研究〉的評注特色》(《甘肅社會科學》2007 年第 5 期)。

楚詞研究

楚辭研究專著。今人衛聚賢編。衛聚賢(1899—1989),字懷彬,號介山,山西萬泉(今山西萬榮)人。曾爲"吴越史地研究會"會員。抗戰爆發後,從政不遂,據説插足金融界,從事金融資本生意。著有《古史研究》、《中國考古學史》、《十三經概論》等。

該書由衛氏所編,將自己《離騷的作者——屈原與劉安》與何天行《楚詞新考》、丁迪豪《離騷的時代及其他》集合成册,題爲《楚詞研究》,被稱爲廖平、胡適之後“屈原否定論”追隨者之專著。1937年12月，衛氏撰《離騷的作者——屈原與劉安》，支持廖季平、胡適觀點，推翻司馬遷《史記・屈原列傳》可靠性。衛氏以爲，《離騷》乃劉安所作，“賈誼僞造屈原之名”。此文明顯沿襲許篤仁、何天行某些否定屈原其人之論點與證據。該書當時在上海孤島出版，其影響頗小。直至1977年，日本學者稻畑耕一郎《屈原否定論系譜》(《重慶師院學報》1983年第4期)專門介紹此文，引起國内學界之注意，亦受到楚辭學界之批駁。

何天行撰《楚辭新考》，凡上、下兩篇，約十多萬字。1948年，何氏將《楚辭新考》更名爲《楚辭作於漢代考》，由中華書局出版。但何著問世之後，亦未引起學界注意。1951年，郭沫若與朱東潤圍繞《離騷》作者問題進行討論時，郭氏才首次提及何氏，《評“離騷以外的‘屈賦’”》(光明日報1951年5月21日)云：“何天行有《楚辭作於漢代考》，其自序云乃十年前之舊作。朱東潤説多與之相同。”直至1977年，日本學者稻畑耕一郎《屈原否定論系譜》專門介紹何天行，云：“在‘否定論’的諸論文中，最周密、最系統的要算何天行的《楚辭新考》”，“在各種屈原‘否定論’中，也可以説是興味最濃的”。隨即引起學界注意，並有不少專文予以討論。何文以爲，“‘楚辭’是秦漢時代楚地一帶的詩歌”；“斷定《史記・屈原列傳》決不是太史公的作品”，《屈原列傳》爲劉向父子僞作；舉十四例，以證“劉安作《離騷》”；《九歌》爲武帝時司馬相如等人所作；“《天問》一篇本與‘屈原’無關，亦非楚辭文體，大約純粹是東漢時雜湊在《楚辭》裏的疣物”。何氏於《結論》中言明此書之作意，云：“胡適《讀楚辭》説得最好”，“我個人是完全贊同胡適的主張的。不過對於他的意見尚須加以補充之處”。

丁迪豪(？—1937)，畢業於北平師大研究院。1931年4月，丁氏撰《〈離騷〉的時代及其它》，若非日本學者稻畑耕一郎《屈原問題考辨》提及是文，幾乎無人涉及丁文，云：“活躍在上海的《楚辭》研究家丁迪豪”，“進一步發展了廖(季平)、胡(適)二家的觀點”。此文凡七部分。除“導言”與“結論”外，有“《離騷》是什麽”、“《離騷》和司馬遷的關係”、“由歷史上批評《離騷》的産生”、“自《離騷》中證明《離騷》的時代”、“從《離騷》中觀察《離騷》的作者”等五部分。丁氏以爲，《離騷》作者“大約是漢武帝時楚地的人所作，不是戰國時代的楚人，而是武帝時的楚人；不是複合物的屈原，而是一個懷才不遇的無名氏所作”。

此書之版本，有民國二十七年(1938)吳越史地研究會鉛印本，北京大學圖書館、北京師範大學圖書館、山西大學圖書館、南京大學圖書館、山東大學圖書館、復旦大學圖書館、華東師範大學圖書館、中山大學圖書館、厦門大學圖書館、華南師範大學圖書館、浙江大學圖書館、武漢大學圖書館藏。另，

2008年廣陵書社《楚辭文獻集成》影印本。

迄今，對是書作過評述的論文主要有鄭文《駁〈九歌〉作於漢代諸證》（《西北師大學報》1963年第3期）、黄鐘《莫把“劉子”當劉勰——何天行〈楚辭新考〉謬誤一例》（《重慶師範大學學報》1984年第2期）、姚漢榮、姚益心《評〈楚辭新考〉》（《四川師院學報》1984年第3期）、鄧光禮《〈離騷〉確爲屈原所作論——對何天行“内證”的考辨》（《華南師範大學學報》1984年第3期）、黄中模《誰是“劉安作〈離騷〉”論的始作俑者？——評許篤仁的〈楚辭識疑〉》（《中州學刊》1984年第4期）、陸永品《評“屈原否定論”者的研究方法》（《河北學刊》1984年第5期）、李世剛、曲宗瑜、盧文暉《〈離騷新證〉考辨》（《遼寧師範大學學報》1985年第1期）、黄中模《一部錯誤百出的〈楚辭〉研究著作——與日本學者討論何天行的〈楚辭新考〉》（黄中模《與日本學者討論屈原問題》，華中理工大學出版社1990年版）。

漢文學史綱要

文學史著作。近人魯迅著。魯迅（1881—1936），原名周樹人，字豫才，浙江紹興人。1898年入南京江南水師學堂，後又考入礦路學堂。1902年赴日留學，初學醫，後棄醫從文。1909年回國後，先後在杭州、紹興教書。1912年到教育部任僉事。1920年起先後在北京大學、北京師範大學等校任教。1926年離京到厦門大學、中山大學任教。1927年10月到達上海定居，專門從事文學創作。1930年參加“中國左翼作家聯盟”領導工作和各種革命活動。著有學術集《中國小説史略》，《漢文學史綱要》、小説集《吶喊》、《彷徨》、《故事新編》，散文詩集《野草》，散文集《朝花夕拾》，雜文集《熱風》、《墳》、《華蓋集》、《三閑集》、《二心集》、《僞自由書》、《且介亭雜文》等。

魯迅對辭賦研究頗爲突出，主要表現在三方面。一、文學尤其詩歌創作引用、摹仿。如“騷體”《祭書神文》，要“狂誦《離騷》兮爲君娱”。又如《自題小像》、《無題》、《悼丁君》、《湘靈歌》等，並將《離騷》“朝發軔於蒼梧兮，夕余至乎縣圃……路漫漫其脩遠兮，吾將上下而求索”一節文字作爲小説集《彷徨》扉頁題辭，可見其對楚辭體會之深與繼承之跡。二、學術評判。在其學術著作中，大量評價辭賦作家作品，僅先秦兩漢時代，所評作家即有荀子、屈原、宋玉、賈誼、枚乘、司馬相如、蔡邕等。該書原爲其在厦門大學講授中國文學史課程講義，其中第四篇題爲《屈原與宋玉》，專論楚辭，頗多精闢之見，爲學界廣爲引用、申説。魯迅以爲，戰國之世，莊子以文辭陵軼諸子，在韻言則有屈原《離騷》,“逸響偉辭,卓絶一世”;《楚辭》之得名,源於“以原楚産”與後人仿傚;《離騷》作於“在湘沅之間”的九年内,“申紓其心,自明無罪,因以諷諫”;《九章》九篇,皆爲屈原所作;《九歌》在俗歌俚句的基礎上由屈原加工、創作而成;宋玉作《九辯》、《招魂》,謂《九辯》本古辭,玉取其名,創爲新制,雖馳神逞想,不如《離騷》,而悽怨之情,實爲獨絶。另,其於“風騷”之異同,亦有獨見,以爲《楚辭》較之於《詩》,“則其言甚長,憑心而言,不遵矩度”,“實則《離騷》之異於《詩》者,特在形式藻采之間耳”。三、魯迅在少數雜文中也對屈原作過尖鋭批評。《言論自由的界限》將“焦大”比做“賈府的屈原”,《從幫忙到扯淡》説“《離騷》卻只是不得幫忙的不平”。此類諷刺性雜文借古喻今,意在批判現實,並非其對屈原之正式評價,然也包含着其對屈原某一看法。魯迅對於古代偉大的作家,也決不盲目崇拜,故其批評屈原局限性,不僅切合屈原實際情況,也體現其辯證唯物主義態度。總之,魯迅評屈原之語,常常爲學術界所引用與認可。

此書之版本,有 1938 年上海復社《魯迅全集》本,紹興魯迅紀念館藏。另,有 1941 年上海魯迅全集出版社《魯迅三十年集》本、1958 年人民文學出版社《魯迅全集》本、1958 年香港三聯書店排印本、1973 年人民文學出版社《魯迅全集》本、1976 厦門大學中文系《魯迅論中國古典文學》本、1981 年人民文學出版社《魯迅全集》本、1998 年浙江人民出版社《魯迅學術論著》、2005 年中國文史出版社《魯迅選集》本、2005 年人民文學出版社《魯迅全集》本、2008 年江蘇文藝出版社排印本。又,2008 年廣陵書社《楚辭文獻集成》影印《屈原與宋玉》本。

迄今,對是書作過評述的論文主要有陳祥耀《談魯迅的〈漢文學史綱要〉》(《厦門大學學報》1978 年增刊第 1 期)、李萬鈞《文學史領域的革命——讀魯迅的〈漢文學史綱要〉》(《福建師範大學學報》1978 年第 2 期)、吴雲《嶄新的文學史著作——讀魯迅的〈漢文學史綱要〉》(《齊魯學刊》1978 年第 4 期)、吴奔星《試談魯迅〈無題(洞庭木落……)〉一詩的藝術構思——兼談魯迅對〈離騷〉的評述》(《齊魯學刊》1979 年第 5 期)、董治安《重讀〈漢文學史綱要〉》(《文史哲》1981 年第 4 期)、任訪秋《讀魯迅〈漢文學史綱要〉——魯迅先生百周年誕辰紀念》(《人文雜志》1981 年第 5 期)、吴文《魯迅對屈原的研究》(《淮北煤炭師範學院學報》1984 年增刊第 1 期)、張夢新《魯迅和楚辭》(《杭州師範學院學報》1984 年第 3 期)、王永生《魯迅論屈原與宋玉》(《河北學刊》1985 年第 1 期)、胡亞元《魯迅論屈原》(《雲夢學刊》1985 年第 3 期)、李惠貞、林維純《漫議魯迅評屈原》(《魯迅研究月刊》1986 年第 2 期)、林維純、李惠貞《試論魯迅評屈原——兼談世界觀與研究方法之關係》(《暨南學報》1987 年第 4 期)、吴俊《形似斷代短制　實爲專史長編——關於魯迅的〈漢文學史綱要〉》(《學術研究》1992年第5期)、曹毓生《魯迅心目中的屈原其人》(《海南師範學院學報》1993年第1期)、吳光坤《試析"史家之絶唱,無韻之〈離騷〉"》(《安康師專學報》1993年增刊第2期)、段國超《"史家之絶唱,無韻之〈離騷〉"新解》(《遼寧教育行政學院學報》1996年第3期)、潘德延《魯迅論〈楚辭〉》(《魯迅研究月刊》1999年第3期)、陳桐生《魯迅楚辭觀的學術淵源》(《理論月刊》2000年第4期)、李喬《關於"無韻之〈離騷〉"》(《魯迅研究月刊》2003年第12期)、劉剛《魯迅的宋玉批評實踐及其文學史學的思考》(《魯迅研究月刊》2006年第12期)、朱華英《個性主義視野下魯迅的屈騷批評》(《名作欣賞》2006年第12期)、李瑞明《文采、意想與文學史敘述——論魯迅的〈漢文學史綱要〉》(《嘉應學院學報》2008年第2期)。

離騷研究

楚辭研究專著。近人陳適著。陳適,原名陳燮清、陳燮樫,曾用名適一、堇昔,浙江樂清人。早年就讀温州省立第十中學(今温州中學)。後進嚴州(今浙江建德)省立第九中學,師事夏承燾。1929年,入復旦大學中文系讀書。1932年畢業後,在上海、温州等地中學教書。著有《甌海兒歌》、《人間雜記》、《雁宕十月》等。

該書凡五篇。首有《目録》。第一篇"《離騷》的淵源",即:屈原身世之感、楚國山水之助、當時巫風之盛、北方思想之溝通。第二篇"《離騷》的内容",即:1. 事跡,以真實與神話相兼;2. 人物,爲神靈、鳥獸、草木三類;3. 境地,多爲創造的想象;4. 情緒,錯綜合流,而悲苦奔迸以出;5. 官能作用特敏,鋭於嗅覺,知別草木爲芳香與惡臭。第三篇"《離騷》的外形",即:詩變體的自叙抒情詩、花鳥的人格化、女性的性格表現、蕩氣回腸的音律。第四篇"《離騷》的注家",即:1. 注家大别爲訓詁、義理、考據、音韻四派;2. 注家用北方文學的眼光來評判,與用《詩經》六義的精神來解釋,並皆失當;3. 注家見解概觀,以劉安爲最,王逸不脱經生習氣,朱熹不免儒家主觀,並以爲近人陸侃如、游國恩、郭沫若,謝無量、支偉成等"各有獨到的見地"。第五篇"《離騷》的影響",即:1. 象徵作法,流而爲漢代的賦;2. 泛神思想,流而爲魏、晉、六朝的遊仙文學;3. 神話傳説,流而爲漢、魏以降的神仙小説。

此書之版本,有1940年長沙商務印書館《國學小叢書》本,北京圖書館藏。另,有2006年中國民族攝影藝術出版社《陳適文存》本、2008年廣陵書社《楚辭文獻集成》影印本。

楚辭校補

楚辭研究專著。近人聞一多著。聞一多(1899—1946),原名聞家驊,湖北浠水人。1913年考入北京清華學校。1922年赴美留學,學習美術並研讀外國文學。1923年出版第一部詩集《紅燭》。1925年回國後,歷任北京藝術專科學校、武漢大學、青島大學、清華大學等校教授。1928年出版第二部詩集《死水》。抗日戰爭時期,一直在昆明西南聯合大學中文系任教。1946年7月15日在昆明被國民黨特務暗殺。著述甚豐,後經朱自清等編爲《聞一多全集》。事跡載季鎮淮《聞一多年譜》、清華大學出版社《聞朱年譜》、聞黎明等《聞一多年譜長編》。

聞氏對《易經》、《詩經》、《楚辭》、《莊子》、樂府、唐詩、古代神話、古文字學、音韻學、民俗學等都有深切見解和研究,而對《楚辭》研究造詣尤深。其代表作《楚辭校補》曾獲得教育部二等獎金,郭沫若《悼聞一多》以爲"方法的縝密,見解的新穎,收穫的豐富,完全是王念孫父子再來"。另,聞氏還著有《九歌解詁》、《〈天問〉疏證》、《九章解詁》等,以及論文《屈原問題》、《人民的詩人—屈原》、《什麽是九歌》、《怎樣讀九歌》以及《九歌古歌舞劇懸解》等。1978年後,陸續有一些遺著發表,其弟子鄭臨川還整理了《聞一多論〈楚辭〉》、《聞一多論屈原》等。

該書首有《引言》。次《凡例》,凡六條。次《校引書目板本表》。次《目録》。其篇次爲:《離騷》、《九歌》、《天問》、《九章》、《遠遊》、《卜居》、《漁父》、《九辯》、《招魂》、《大招》、《惜誓》、《招隱士》、《七諫》、《哀時命》、《九懷》、《九歎》、《九思》。聞氏在《引言》中,首先指出研究《楚辭》之困難,云:"較古的文學作品所以難讀,大概不出三種原因。(一)先作品而存在的時代背景與作者個人的意識形態,因年代久遠,史料不足,難於瞭解;(二)作品所用的語言文字,尤其那些'約定俗成'的白字(訓詁家所謂'假借字'),最易陷讀者於多歧亡羊的苦境;(三)後作品而産生的傳本的訛誤,往往也誤人不淺。《楚辭》恰巧是這三種困難都具備的一部古書。"其次,提出《楚辭》研究任務,云:"我曾針對着上述諸點,給自己定下了三項課題:(一)説明背景,(二)詮釋詞義,(三)校正文字。"又説明此書具體完成項目,云:"校正文字的工作,先行結束,而儘量將第二項——詮釋詞義的部分容納在這裏,一並提出。"《凡例》則交代,本書以《四部叢刊》洪興祖《楚辭補注》爲底本,參閲、引用王逸《楚辭章句》、洪興祖《輯校》所引諸本、劉師培《楚辭考異》、許維遹《楚辭考異補》、劉永濟《楚辭通箋》;採用古今諸家成説之涉及校正文字者,都二十八家,其中包括近現代學者馬其昶、劉師培、王國維、武延緒、劉盼遂、劉永濟、游國恩、陸侃如、郭沫若;校補内容爲五項,云:"今本誤,可據别本以諟正之者;今本似誤而不誤,當舉證説明者;今本用借字,别本用正字,可據别本以發明今本之義者;各本皆誤,而以文義,語法,韻律諸端推之,可暫改正以待實證者;今本之誤,已經諸家揭出,而論證未詳,尚可補充證例者。"至於其校引書目則達六十五種,可見其治學之精、用力之勤。譬如,《離騷》"女嬃之嬋媛兮,申申其詈予。曰:'鮌婞直以亡身兮,終然夭乎羽之野'"四句的訓釋,王逸訓"女嬃"爲"屈原姊",聞氏則據《開元占經》、《世本》、《漢書·禮樂志》等典籍,推斷女嬃應當和"嬃女四星"的神話傳説有關,認爲"女嬃"即"楚之先妣"——"女嬇",因爲"女嬃爲人名,又爲星名,與下文重華亦星名兼人名同例"。至於"嬋媛",王逸解爲"牽引",朱熹解爲"眷戀牽持之意",聞氏則據《説文》、《方言》、《廣雅·釋詁》校釋爲:"嬋媛當從一本作撣援",撣援即嘽咺,即"喘息","喘息者氣出入頻促,如上下牽引然,故王《注》訓撣援爲牽引,《説文》亦訓歂爲口氣引也","本篇曰'女嬃之嬋媛兮,申申其詈予',此怒而喘息也"。又,王逸訓"亡身"爲身亡、死亡,聞氏據《五百家韓集》和王闓運的解釋,聯繫《楚辭·卜居》中的"危身",主張"亡身"即"忘身","言鮌行婞直,不顧己身之安危也"。下句中"終然殀乎羽之野"之"殀",王逸訓爲"蚤死曰殀",聞氏以爲,"殀當從一本作夭。夭之爲言夭遏也","夭遏雙聲連語,二字同義,此曰'夭乎羽之野',猶《天問》曰'永遏在羽山'矣"。

此書之版本,有1942年國民圖書出版社刻本,浙江圖書館、湖南圖書館、北京師範大學圖書館、南京大學圖書館藏。另,有1948年上海開明書店《聞一多全集》本、1952年北京古籍出版社《古典新義》本、1982年北京三聯書店《聞一多全集》本、1991年上海書店《聞一多全集》本、1993年湖北人民出版社出版《聞一多全集》本、2002年巴蜀書社李定凱編校本。

迄今,對是書作過評述的論文主要有王達津《聞一多先生與〈楚辭〉》(《社會科學戰綫》1980年第1期)、鄭臨川《聞一多先生論〈楚辭〉(上)》(《社會科學輯刊》1981年第1期)、鄭臨川《聞一多先生論〈楚辭〉(下)》(《社會科學輯刊》1981年第2期)、鄭臨川《聞一多先生論屈原》(《晉陽學刊》1982年第2期)、袁謇正《聞一多〈楚辭〉研究的基本層面》(《武漢大學學報》1986年第4期)、費振剛《聞一多先生的〈楚辭〉研究》(《古籍整理研究學刊》1987年第1期)、聞彩兵《〈楚辭校補〉之文字校勘論略》(《湖北大學學報》1997年第1期)、周建忠《20世紀楚辭研究的第一個高潮——〈楚辭研究一百年〉之二》(《中州學刊》1997年第5期)、周建忠《論二十世紀楚辭研究的第二個高潮——抗日戰爭時期的楚辭研究》(《中國文化研究》1999年夏之卷)、黃震雲

《二十世紀楚辭學研究述評》(《文學評論》2000 年第 2 期)、翟振業《聞一多楚辭研究新思維簡論》(《雲夢學刊》2001 年第 6 期)、程凱華《聞一多對屈原和〈楚辭〉研究的重大貢獻》(《邵陽學院學報》2002 年第 1 期)、岳凱華《聞一多與屈原》(《湖南行政學院學報》2002 年第 2 期)、段雙全《論聞一多〈楚辭〉研究中的創見》(《浙江海洋學院學報》2006 年第 3 期)、聞立樹、聞立欣《聞一多與〈楚辭校補〉及其他》(《首都師範大學學報》2008 年第 1 期)。

屈原研究

楚辭研究專著。今人郭沫若著。該書首有《目次》。末附郭氏《跋》。據郭氏《跋》所署時間,可知該書完稿於民國三十一年(1942),云:“這個小册子裏面所收的幾篇東西,並不是一時完成的。第一篇的《屈原身世及其作品》,曾以《屈原》(按,寫於 1935 年)書名由開明書店出版,現在加以删改而成定稿。第二篇《屈原時代》(按,寫於 1936 年),曾收入《沫若近著》,今亦大加改削。第三篇《屈原思想》,是今年寫的(按,寫於 1942 年),在此足以補充前兩篇所論的不足。《離騷》的譯文,雖亦舊業,但也是大大地經過改削的。我對於屈原的整個看法,大抵就包括在這個小册子裏面了。”

正文凡四部分,包括《屈原身世及其作品》、《屈原時代》、《屈原思想》、《離騷今譯》。此書對屈原生平和作品進行了詳盡考辯,進而闡明了屈原思想淵源和藝術特性。《屈原身世及其作品》首先駁斥了廖平、胡適懷疑《史記・屈原列傳》真實性之觀點,云:“《屈原傳》在細節上縱使有疏失和爲後人所竄改的地方,而在大體是不能推翻的。更何況屈原的存在與否和《屈原傳》的可靠與否也没有必然的聯繫”,屈原“生存於戰國時代的後半期,是中國的統一快要完成的時代,也是中國的文化最爲燦爛的時代。他的同時代的學者,比他稍前的有商鞅、申不害、環淵、接輿、尸佼、宋鈃、孟軻、惠施、莊周、田駢、慎到、陳良、許行,比他稍後的有鄒衍、公孫龍、荀況、韓非,整整同時的政治家和他并且有特別的關係的有蘇秦、張儀。他的時代的確是群星麗天的時代,而他在這個時代中尤其是有異彩的一等的明星。因爲其他的人大概都是在理智方面發展的散文家,而他自己雖然也是一位政治家,但同時是在感情方面發展的純粹的詩人”。其次,郭沫若分析和評介了屈原思想與精神,“由楚所産生出的屈原;由屈原所産生出的《楚辭》,無形之中在精神上是把中國統一着的”,“屈原在他的倫理思想上卻很受了儒家的影響,他的實踐上的行爲很是一位現實的人物”,“屈原又根本是一位愛國者”,“屈原一方面在極端的懷疑，一方面又在文字中多採用超現實的資料，這很象是一個矛盾，但這正表示着他是藝術家而非思想家”。《屈原時代》則從時代因素分析屈原政治與文學成就，云：“屈原委實是一個偉大的詩人，時代也真正地玉成了他。但他的資質卻給與了他一個很大的限制。他以貴族的身分能够接受奴隸解放的時代潮流，能够把民衆的歌聲提升到了《清廟》、《生民》之列，但他在詩域以外的現實世界裏卻没有力量來領導時代。”而《屈原思想》則云：“屈原的世界觀是前進的、革命的，而他的方法——作爲詩人在構思與遣詞上的技術——卻不免有些保守的傾向”，“屈原並不是一位純粹的思想家，而是一位卓越的藝術家。他在思想上儘管是北方式的一位現實主義的儒者，而在藝術上卻是一位南方式的浪漫主義的詩人”。另，郭氏還特别指出了屈原心理與身體狀況，謂屈原“似乎是有失眠症的人”、“有心悸亢進的徵候”。此等説法，引起了20世紀80年代學者對屈原進行心理學研究的極大興趣，故被反復引用。

此書之版本，有1943年7月重慶群益出版社排印本。另，有1947年8月上海海燕書店《歷史人物》本、1950年上海群益出版社排印本、1951年7月上海新文藝出版社排印本，1953年4月上海新文藝出版社排印本、1959年人民文學出版社《沫若文集》本、1982年9月人民文學出版社《郭沫若全集》本。

迄今，對是書作過評述的論文主要有潘嘯龍《關於屈原自沉的原因及其年代》（《江漢論壇》1982年第5期）、丁冰《郭沫若同“屈原否定論”的三次論争》（《東北師大學報》1984年第3期）、方谷、空華《“五四”以來的楚辭研究概觀》（《貴州文史叢刊》1986年第2期）、石雲《評郭沫若的屈原研究》（《江漢論壇》1988年第4期）、楊勝寬《“實事求是”與“失事求似”——郭沫若對屈原的研究與塑造》（《郭沫若學刊》1990年第4期）、周建忠《關於楚辭研究的對象審視與歷史回顧——楚辭研究一百年》（《貴州社會科學》1997年第5期）、梅瓊林《郭沫若與楚文化》（《浙江社會科學》1998年第3期）、周建忠《論二十世紀楚辭研究的第二個高潮——抗日戰争時期的楚辭研究》（《中國文化研究》1999年第2期）、魏紅珊《郭沫若與屈原研究》（《郭沫若學刊》1999年第2期）、黄震雲《二十世紀楚辭學研究述評》（《文學評論》2000年第2期）、吴定宇《追慕與疏離——論郭沫若與屈原》（《郭沫若學刊》2001年第3期）、卜慶華《論郭沫若的屈原研究》（《湖南師範大學學報》2003年第5期）。

離騷㠺補注

楚辭研究專著。今人彭澤陶著。彭澤陶（1898—1989），字葛懷，湖南平江人。武昌師範大學中文系畢業。先後任教於湖北江陵八中、湖南省立一中、湖南大學、廣西大學。1953年任廣西師範學院中文系主任、教授。著有《九歌幖補注》、《孟子幖補注》、《〈離騷〉今譯校注與答問》、《中國文字學原理及其應用法》、《匡謬正俗新論》等。

該書首有彭氏《自序》。次《凡例》。末附《史記·屈原列傳》。次《文心雕龍·辨騷》。正文,爲幖、補、注,間有彭氏辨析,冠"澤陶按"以别之。崔富章《楚辭書目五種續編》云:"幖者,語法分析之謂也;補者,原詩字詞間有省略,特爲之拈出也;注者,撮舉諸家之注簡編之謂也。幖流於繁瑣,補溺於凝滯,注亦平平,附注五十四條,稍見功力。"

此書之版本,有民國三十二年(1943)油印本,北京圖書館藏。另,2008年燕山出版社《楚辭要籍選刊》影印本。

楚辭發微

楚辭研究專著。今人路百占著。路百占(1911—1991),字梅村,號黑白樓主,河南長葛人。1939年畢業於河南大學文史系,先後在中學任教。1949年後在河南長葛縣中、許昌一高、許昌師範任教。1958年錯劃右派而勞教。1978年恢復工作,先後在許昌一高、許昌師專中文系任教。1985年離休,享受地市級待遇。

路氏因深感王逸之論,多有紕繆;郭沫若、聞一多之作,亦多附會,乃發奮鑽研,深味詩旨,而成《楚辭發微》上卷。1944年嘗石印三百部,贈全國各大學圖書館。北平圖書館《圖書季刊》新六卷一、二期合刊,評此書"言人未言,發人不發,新穎異常"。姜亮夫《楚辭書目五種》著録此書,並轉録《自序》,云"復旦大學圖書館藏排印本"。然路氏至1990年仍云未見過排印本,亦不知何處翻印。1978年後,陸續完成《楚辭發微》中、下卷。上卷爲《離騷發微》,每題出一句,下加注釋,共五十八條。起"朕皇考"句,止"亂曰"句。除採古賢時人説外,别加"百占按"云。引證載籍,稽之史實,復多用文字形義通假以爲解。以"唯庚寅吾以降"之"降"爲黜(罷官);庚寅日乃兇日,"名余曰正則"之"名"爲獎譽之意;故説寅年寅月寅日,實乃屈原罷官之時,非誕生之日。其"創立新説"之特點,由此可見一斑。

1978年後,路氏發表系列楚辭論文,主要有《莊蹻歷史考辨——兼論屈原詩作和莊蹻的關係(上)》(《許昌學院學報》1982年第1期)、《子蘭陰謀王位及誣陷屈原的史情初探》(《許昌學院學報》1983年第1期)、《屈原〈懷沙〉

題旨新解》(《許昌學院學報》1983 年第 2 期)、《襄初屈原遷地爲江南説質疑》(《許昌學院學報》1984 年第 1 期)、《〈離騷〉"惟庚寅吾以降"中"降"字别解》(《許昌學院學報》1985 年第 2 期)、《伯庸考》(《許昌學院學報》1986 年第 3 期)、《〈哀郢〉中的"陵陽"當即"辰陽"證説》(《許昌學院學報》1986 年第 1 期)、《説"正則""靈均"不是屈原的名和字》(《江漢論壇》1987 年第 10 期)、《〈天問〉發微》(《許昌學院學報》1989 年第 2 期)、《爲〈離騷〉"亂曰"進一解》(《許昌學院學報》1990 年第 1 期)、《〈天問〉發微(二)》(《許昌學院學報》1991 年第 1 期)。與路氏商榷的論文主要有常振國《屈原〈懷沙〉題旨新解質疑——與路百占同志商榷》(《許昌學院學報》1984 年第 1 期)。

楚辭地理考

楚辭研究專著。今人饒宗頤著。饒宗頤(1917—),字固庵,號選堂,廣東潮安人。1917 年生。幼承家學,自學成家。1935—1937 年,任中山大學廣東通志館專任纂修。抗戰之初,中大遷雲南澄江,應聘前往,因病滯留香港。1944—1945 年,任無錫國專(廣西時期)教授。1946 年,聘爲廣東文理學院教授。1947—1948 年,任汕頭大學文史系教授兼系主任、《潮州志》總編纂。1949 年 6 月,遷居香港。1952—1968 年,歷任香港大學中文系講師、高級講師、教授。1962 年,獲法國漢學儒蓮獎。1963 年,任印度班達伽東方研究所研究員。1965—1966 年,任法國國立科學中心研究院研究員。1968—1973 年,爲新加坡國立大學中文系首任講座教授兼系主任。1974—1978 年,任香港中文大學中文系講座教授兼系主任。1978—1979 年,爲法國高等研究院宗教學部客座教授。1980 年,任日本京都大學及人文科學研究所客座教授。現爲香港中文大學中文系榮譽講座教授、藝術系榮譽講座教授、中國文化研究所榮譽講座教授、香港大學中文系榮譽講座教授。在敦煌學、甲骨學、詞學、史學、目録學、楚辭學、考古學、金石學、書畫等領域,均有創獲。著有《清暉集》、《老子想爾注校證》、《詞集考》、《梵學集》、《澄心論萃》等。

饒氏於楚辭研究,成果豐碩,著有《楚辭地理考》、《楚辭書録》、《楚辭與詞曲音樂》等。另,撰有《〈天問〉文體的源流——"發問"文學之探討》(載《選堂集林·史林》上,中華書局香港分局 1982 年版)、《唐勒及其佚文——楚辭新資料》(日本九州大學中國文學會《中國文學論集》1980 年第 9 號),《論楚商、楚辭"勞商"與商角》(載《楚地出土文獻三種研究》,中華書局 1993 年版)

等。1978年，饒氏在《楚辭學及其相關問題》講演稿中，闡發了建立“楚辭學”之意義，云：“中國文學重要總集，如《詩經》與《文選》，都已有人著書成爲專門之學，像詩經學、文選學之類，楚辭尚屬闕如。本人認爲今日治學方法的進步，如果配合新材料和新觀念，楚辭的研究，比較《詩經》更有它的重要性。由於研究領域的開拓，‘楚辭學’的建立，成爲一門獨立的學問，是極其重要而有意義的。”

該書首有饒氏《自序》。次童書業《楚辭地理考序》。次《目次》。末附《附録·楚辭地名索引》。次《楚辭地名討論集》，收錢穆《楚辭地名考》、方授楚《洞庭仍在江南屈原非死江北辨》、錢穆《再論楚辭地名答方君》、陳夢家《論長沙古墓年代》等四篇論文。據饒氏《自序》所署時間，可知該書完稿於民國二十九年(1940)。此書之撰述緣由，《自序》云：“自來言《楚辭》者，多誤以屈原放居漢北，此説倡自王船山，後人信之甚多……由此知彼主屈原放居漢北，本無其事，説者誤解文義，遂別生枝節，不得不而爲辨正者也。”又據童氏《序》可知，饒氏之作，主要針對錢穆《楚辭地名考》而發，云：“錢君賓四，爲學深博，與君持論異，而途轍實同。往嘗讀錢君之書云：‘屈原放居，地在漢北，《楚辭》所歌，洞庭沅、澧諸水，本在江北。’”另，饒氏在《序》中還專門論述研究古代地理之方法云：“一曰辨地名，二曰審地望。前者爲考原之事，所以窮其名稱之由來，與所指範圍也；後者爲究流之事，即求其地之所在與遷徙沿革也”，“辨名者，當知地名種類不一”，“至於審地望，則當留意於其民族遷徙與建制沿革”，“古代地名，多同號而異地，或殊名而同實，其紛紐繁賾，至難索究，然有大例，可資尋考，循是以求，或可得其情實。”

正文凡三部分。卷上，《高唐考》(附《伯庸考》)、《釋阰》、《説滄浪之水》、《涔陽考》、《北姑考》(附《抽思解》)、《三閭辨》、《蒼梧考異》、《方林考》；卷中，《洞庭辨上中下》、《説五渚》、《江南解》、《湘水巫山辨》(附《方淮考》)；卷下，《釋鄢郢》、《釋都附楚昭王墓辨》、《哀郢辨惑》、《楚黔中考》。崔富章《楚辭書目五種續編》云：“言《楚辭》地理者，舊注單篇顆矣，至錢穆《楚辭地名考》始有系統之論述。饒先生書凡三卷二十篇，鉤沉索隱，多所自得，持論每與錢氏異。是書係著者《古地辨》之一種，亦問世《楚辭》地理專著之第一種，爲世所重。先生治古史地學，精思所及，往往能發前人所未發。如《離騷》‘朝搴阰之木蘭兮’，以‘阰’即廬江郡之沘山，斷《離騷》作於頃襄貶原於江南之時；《抽思》‘宿北姑兮’，以‘北姑’即齊都薄姑，斷《抽思》作於第二次使齊之時。則地理之辨，實關宏旨，非可有可無之小技云。”

1978年，饒氏對此項工作作了回顧與分析，《澄心論萃·〈楚辭〉的作者及時代、地理》云：“關於《楚辭》地理方面，過去錢賓四在《先秦諸子繫年》，論過《楚辭》所説洞庭、沅、澧諸水，皆指江北地名；又寫過一篇《楚辭地名考》，根據地名相同，可能由於人民遷徙的緣故，又以爲湘域在兩漢時尚爲蠻陬荒區，豈得先秦之時已有此美妙典則之民歌：基於這兩個理由，因而推論屈原放居宜在漢北，不惜把《楚辭》中所見的江湘等地，北移於漢水流域。當然，長江、漢水兩區域可以有相同的地名，但地名儘管相同，屈原書中所記的'上洞庭而下江'等句，如果放在漢北，是很難解説得通的。四十年前，我在中山大學廣東通志館，利用館藏的地方志寫成《楚辭地理考》一書和錢先生討論。我想如果現在看到安徽六安所得的鄂君啓舟、車兩節，具體地説明楚懷王時楚國通行證經過的路綫，和《九歌》所説完全一致。"

此書之版本，有1946年上海商務印書館排印本，北京大學圖書館、南京大學圖書館、暨南大學圖書館藏。另，1978年臺北九思出版公司重印本。

經典常談

國學研究專著。近人朱自清著。朱自清(1898—1948)，字佩弦，江蘇揚州人。1920年畢業於北京大學哲學系。1925年任清華大學教授。1931年赴英遊學，1932年回國。抗戰時期在西南聯大任教。抗戰勝利後，目睹國民黨反動派發動内戰，殺害民主戰士李公樸、聞一多等，政治態度明顯傾向進步。1948年8月，一身重病，寧願餓死，堅決拒領美帝國主義救濟糧，表現了中國人之骨氣。著有《古詩歌箋釋三種》、《十四家詩鈔》、《宋五家詩鈔》、《詩言志辨》等。

該書首有朱氏《序》。正文凡十三章。朱氏研究屈原與楚辭之見解，主要見於此書《辭賦第十一》。約言之，其觀點有三：第一，屈原乃纏綿悱惻之忠臣，浮遊塵外、清白不污之節士；第二，屈原實爲一"子"，亦爲一家之學，可謂之神仙家，出於巫；第三，屈原受莊學影響極大。

此書之版本，有1942年重慶國民圖書出版社排印本，蘇州大學圖書館藏。另，1946年上海文光書店排印本，南京大學圖書館藏。又，有1959臺北啓明書局排印本、1965年香港太平書局排印本、1979年臺北志文出版社排印本、1980年北京三聯書店排印本、1981年上海古籍出版社《朱自清古典文學論文集》本、1984年臺北黎明文化事業公司排印本、1999年上海古籍出版社排印本、1999年上海文藝出版社排印本、2001年山西古籍出版社排印本、2003年中華書局排印本、2004年復旦大學出版社排印本。

迄今，對是書作過評述的論文主要有葉聖陶《重印〈經典常談〉序》(《讀書》1980年第7期)、曲辰《請讀〈經典常談〉》(《江蘇教育》1983年第6期)、鬱松華《讀朱自清先生的〈經典常談〉》(《南京師範大學文學院學報》2000 年第 3 期)、高雲海《也談"頂真式銜接"——以〈經典常談〉爲例》(《阜陽師範學院學報》2008 年第 3 期)。

楚 辭 音

楚辭研究專著。今人徐昂著。徐昂(1877—1953),初字亦軒,易字益修,號逸休,室名休復齋,江蘇南通人。年輕時曾以第一名秀才入庠,因無意功名,不再應試。後入江陰南菁書院攻讀,與唐蔚芝、丁福保、蔣維喬等同窗切磋。1908 年起,先後任教於通州師範、南通中學、南通女子師範學校。1935 年任杭州之仁大學教授。1939 年任無錫國專教授。1941 年太平洋戰爭爆發,徐氏自滬返通,曾在蘇中四分區南通縣中温橋僑校任教。1949 年後任南通市第一屆各界人民代表會議特邀代表、江蘇省文史館館員。著有《易林勘復》、《京氏易傳箋》、《釋鄭氏爻辰補》、《周易虞氏學》、《周易對象通釋》、《詩經聲韻譜》、《石鼓文音釋》、《説文音釋》、《等韻通轉圖證》、《馬氏文通訂誤》等,後輯爲《徐氏全書》。一生潛心學業,造詣精深,且指導後學,不遺餘力,魏建功、陸侃如、王焕鑣、任銘善、蔣禮鴻、陳從周等著名教授及國畫大師王个簃均爲其入室弟子。事跡載《休復齋自訂年譜》。

徐氏以爲,"不通《周易》,不能窺義理本源;不通古音,不能明經傳訓詁"(《徐氏全書·自述》)。其著述以易爲綱,"由易學、音學旁逮它書"(《徐氏全書·跋》),故《徐氏全書》中,易學著作佔百分之六十,音學著作佔百分之二十。所著音學類著作凡十一種,二十二卷,往往"遠稽訓詁,近推方言,掉唇鼓舌,觸類感籟,曲通於他國文言,旁證於殊方人士"。該書首有《引言》。正文包括《離騷經》、《九歌》、《天問》、《九章》、《遠遊》、《漁父》、《九辯》、《招魂》、《大招》。大體以間隔協韻、聲韻隔韻、聲韻遞協類之。末附雜釋,"訂正"原文以就韻。徐氏以爲,"《詩》無楚風,《騷》辭繼起;流域攸殊,方言亦别;南音所播,時或異調;而韻之和協,仍不越乎《三百篇》之古音"。對協韻相見,或聲韻隔協,皆與《詩經》同例。如《離騷》第十六節"長太息以掩涕兮,哀民生之多艱;余雖好脩姱以鞿羈兮,謇朝誶而夕替",徐氏以爲前二句應爲"哀民生之多艱兮,長太息以掩涕",則"涕"、"替"協韻兼同聲。

此書之版本,有民國三十六年(1947)南通翰墨林書局《徐氏全書》排印本,北京圖書館、浙江圖書館、上海圖書館藏。另,有 2008 年廣陵書社《楚辭文獻集成》影印本、2008 年燕山出版社《楚辭要籍選刊》影印本。

楚辭作於漢代考

楚辭研究專著。今人何天行著。何天行(1913—1986),字摩什,浙江杭州人。其二姐何文如爲一代畫師潘天壽的夫人。十八歲就讀中國公學。1936年發表《杭縣良渚鎮之石器與黑陶》一文,引起蔡元培重視,並予以題寫書名。後曾任浙江大學人類學系古器物教授等職,解放初在上海市文化局工作。

該書凡二篇。原題爲《楚辭新考》,載衛聚賢編《楚詞研究》(吳越史地研究會1938年版)。其篇次爲:上篇《緒論　楚辭的意義及起源》、《楚辭傳説的檢討》、《傳説與史實之對演發展》、《離騷新證》;下篇《略論離騷以下各篇的創作時代》、《九歌》、《九章》、《天問》、《大招》、《結論》。十年後(1948),何氏將《楚辭新考》,更名爲《楚辭作於漢代考》,由中華書局出版,結構、目録調整爲:

(一) 緒論　楚辭的意義及起源

(二) 楚辭傳説的檢討

(三) 傳説與史實之對演發展

(四) 離騷新證

(五) 九歌作於漢代諸證

(六) 九章以下各篇的時代

日本學者稻畑耕一郎在《屈原否定論系譜》對何天行觀點作了概括與介紹,云:"屈原這個人物實際上不存在。前漢時代(被看作是)涉及屈原的文獻(賈誼《惜誓》、《弔屈原賦》,淮南小山《招隱士》,東方朔《七諫》等),均係前漢末之僞託或實際與屈原毫不相關。而作爲最重要資料的《史記·屈原列傳》,又如歷來所指出的那樣,有種種不完備之處;這並不是後人增補生誤,而是表明了《屈原列傳》本身全篇都是後人所寫。《屈原列傳》的作者大有可能是劉向或劉歆,而定名'楚辭'也是從劉向開始的。《離騷》的作者本是淮南王劉安(詳後)。一則因劉向父子憎惡劉安,二則因劉向要發泄自己對現實的不滿,因而虛構了一個理想的忠臣'屈原'爲《離騷》的作者","何天行還認爲《楚辭》中其他作品也都是自秦末至漢代所作。《九歌》爲武帝時司馬相如等宫廷文人之作;《九章》,除《橘頌》(秦漢之作)外,均屬《離騷》以後的僞作;《遠遊》是漢人承襲《離騷》、《九章》等作品;《天問》是秦末作品;《招魂》和《大招》是漢代之作。宋玉、景差等人物的存在也被否定了"。(此文原載日本早稻田大學中國文學會《中國文學研究》第 3 期，1977 年 12 月；韓基國譯爲中文，載黄中模編《中日學者屈原問題論爭集》，山東教育出版社 1990 年版）。有 1948 年中華書局排印本，北京圖書館、中國人民大學圖書館、南京大學圖書館、蘇州大學圖書館藏。

迄今，對是書作過評述的論文主要有鄭文《駁〈九歌〉作於漢代諸證》（《西北師大學報》1963 年第 3 期）、湯炳正《〈離騷〉決不是劉安的作品——再評何天行〈楚辭作於漢代考〉》（《求索》1984 年第 3 期；湯炳正《楚辭類稿》，巴蜀書社 1988 年版）、吳明賢《〈九歌〉爲司馬相如所作辨誤》（《四川師範大學學報》1984 年第 3 期）、鄧光禮《〈離騷〉確爲屈原所作論——對何天行"内證"的考辨》（《華南師範大學學報》1984 年第 3 期）、黄中模《誰是"劉安作〈離騷〉"論的始作俑者？——評許篤仁的〈楚辭識疑〉》（《中州學刊》1984 年第 4 期）、陸永品《評"屈原否定論"者的研究方法》（《河北學刊》1984 年第 5 期）。

屈原九歌今繹

楚辭研究專著。今人文懷沙著。文懷沙（1910—　），名龠，字懷沙，以字行，齋名燕堂，號燕叟，生於北京，祖籍湖南。自十八歲起歷任國立女師、上海劇專教授。解放後曾在北京大學、清華大學、北京師範大學、中央美術學院等國内多所大學任教，擔任教授、客座教授、顧問等。現爲上海大學文學院名譽院長、中國詩書畫研究院名譽院長。著有《魯迅舊詩新詮》、《屈原離騷今繹》、《屈原九章今繹》、《屈原集》、《屈原招魂今繹》、《毛澤東詩詞吟賞》、《中華根與本》、《文懷沙序跋集》等，主編《四部文明》。

該書首有郭沫若《題辭》。次插圖九幅（影印清代門應兆臨摹本）。次《自序》。次《目録》。末附文氏《後記》。次附録一（曹述敬《讀文懷沙先生的〈屈原九歌今繹〉》）。次附録二（周汝昌《從文懷沙先生的〈屈原九歌今繹〉説到〈楚辭〉中的"予"》）。《後記》云："我所以書名標立'今繹'，而不用'譯'字是有原因的，'繹'字的本義有抽繹的意思在，而我自己的解釋，卻主要的寓有尋繹之義。"其體例爲，先解題，次譯文，次原文，次注釋。《後記》云："這裏我把屈原的《九歌》試繹（區别於譯）成語體的詩章。力不從心的地方很多"，"雖然繹得很失敗，'拋磚'的作用總是有的"。崔富章《楚辭書目五種續編》云："本書標'今繹'，寓有尋繹之義，跟'譯'有别。迻譯宗旨、體例及難點，具《自序》和《後記》中。"

1952 年 12 月上海棠棣出版社出版。另，有 1954 年上海文藝聯合出版社《中國古典文學研究叢刊》本、1956 年上海古典文學出版社排印本、1962 年中華書局上海編輯所排印本、2005 年百花文藝出版社排印本。

迄今,對是書作過評述的論文主要有北京大學中文系《評文懷沙對屈原作品的迻譯》(《光明日報》1958 年 12 月 7 日)。另,文氏《屈原九章今繹·後記》云:"《屈原九歌今繹》從在雜志上發表到印成單行本,我前後收到有關批評的文章和信件(有長達萬言的信)約四十多篇。集中起來,總不下十萬言吧。"

屈原九章今繹

楚辭研究專著。今人文懷沙著。該書首有柳亞子《題辭》。次插圖九幅(用涉園依文津閣《四庫全書》印本)。次《目次》。次《自序》。末附林庚《跋》。次王汝弼《跋》。次文氏《後記》。其體例爲,先題解,次繹文,次原文,次注釋。其篇次依王逸《章句》,《自序》云:"我認爲勉强替《九章》排定次序,很容易造成'我們大家都錯,只是錯法不同而已'的結果","我個人對《九章》的看法是,《橘頌》不會是居間的作品,非在極早(早在懷王時第一次被放時,甚或在這以前),即在極後,後於其他任何作品,至少在《哀郢》以後。《橘頌》的存在,更足證《九章》必後人所輯。除《橘頌》以外,關於其他八篇作品的寫作期,我不完全相同卻近似王逸和洪興祖的理解","個人既無意亦無力替《九章》的篇次,根據不易的論據,重加排定。因而在整理《九章》時,其次第也只好仍王逸之舊了"。崔富章《楚辭書目五種續編》云:"是書體例一仍《九歌今繹》之舊,具《自序》和《後記》中。"

1952 年 12 月上海棠棣出版社出版。另,有 1954 年上海文藝聯合出版社《中國古典文學研究叢刊》本、1962 年中華書局上海編輯所排印本、2005 年百花文藝出版社排印本。

迄今,對是書作過評述的論文主要有北京大學中文系《評文懷沙對屈原作品的迻譯》(《光明日報》1958 年 12 月 7 日)。

詩人屈原及其作品研究

楚辭研究專著。今人林庚著。林庚(1910—2006),字静希,福建閩侯人。其父乃前清翰林,工詩文,曾執教於清華大學國學研究院。1928年考入清華大學物理系,兩年後轉入中文系。1933年畢業留校,任朱自清先生助教。1937—1947年任厦門大學中文系講師、副教授、教授。1947年後任燕京大學教授。1952年起任北京大學中文系教授、中國古代文學專業博士生導師,兼任中國屈原學會顧問、中國唐詩學會顧問。早年致力於詩歌創作,四年之内相繼出版《春野與窗》、《夜》、《北平情歌》、《冬眠曲及其它》四本詩集,既有新詩,也有格律詩。後以詩人爲基點轉入古典文學研究,著有《中國文學簡史》、《詩人屈原及其作品研究》、《天問論箋》、《唐詩綜論》、《詩人李白》、《林庚詩選》、《西遊記漫話》等,主編《魏晉南北朝文學史參考資料》、《中國歷代詩歌選》(上編)等。

林氏曾與兩位楚辭名家聞一多、游國恩分别同事,與聞氏同爲兼治楚辭與唐詩,與游氏同治楚辭而方法迥異,學界傳爲佳話。林氏自稱"研究楚辭,注重考證",特别强調對材料應加以去僞存真,應使用最原始資料。林氏以爲,《史記》中"屈原列傳"、"楚世家"、《離騷》、《天問》、《招魂》、《哀郢》、《懷沙》等資料最爲寶貴;而《史記》之後文獻,便略遜一籌。至於劉向《説苑》、《新序》等,本近小説家言,取材極不嚴肅,在研究屈原生平上,其價值又低一等。對於《漢書·司馬遷傳》中所録《報任少卿書》,林氏通過與《史記》中各篇傳記比較,指出其中"屈原放逐,乃賦離騷;左丘失明,厥有國語;孫子臏脚,兵法修列;不韋遷蜀,世傳吕覽;韓非囚秦,説難孤憤"一節並非司馬遷原來文字,乃後人所竄入。由此證明研究屈原,在《史記·屈原列傳》之前没有更早、更可信資料。

該書以爲屈原生於前335年,卒於前296年,享年四十歲。屈原與孔子性格完全相反卻與孟子相投。《離騷》之"民"即"人"。《離騷》、《九歌》體裁來源於先秦諸子散文,楚辭新詩體乃諸子散文迫使詩歌散文化所致。又謂《哀郢》非"破郢",屈原沉江與破郢無關。凡此,皆敢創新説,與衆不同,且持之有故。又,《九歌不源於二南》使用統計法,證明二南中"兮"字遠不如國風多,從而推翻一般人用"兮"字來斷定二南近於楚辭之看法。同時又根據二南之爲雅、而楚聲近於鄭來説明在音樂上也不同源。《楚辭裏"兮"字的性質》將詩經與楚辭相比較,通過仔細辨析二者用"兮"幾種不同形式,指出《詩經》裏"兮"字主要起表情作用,而《楚辭》裏"兮"字純粹爲句逗作用,"它似乎只是一個音符,它因此最有力量能構成詩的節奏"。林氏研究楚辭,嘗以"詩人"之心去體認、把握,頗富哲理,如説"屈原的精神終身都是少年的,那便是一種純潔的向往,一種清醒的信念","楚辭因此永遠帶着年青人的生命成爲詩壇崇高的典式"。可見,林氏在楚辭學界自成一家,獨具風姿。1953年北京隆重舉行屈原被命名爲"世界文化名人"紀念大會,林庚被邀爲唯一學術主講人,作有關屈原的報告。這一殊榮,亦從側面説明了林氏在當代楚辭學史上的特殊地位。

1952年上海棠棣出版社出版,收1937—1951年間所撰論文十四篇。另,1955年上海古典文學出版社出版,增至十九篇;1981年上海古籍出版社出版,增至二十篇。又,收入2006年清華大學出版社出版《林庚楚辭研究兩種》。

迄今,對是書作過評述的論文主要有徐志嘯《林庚先生的楚辭研究》(《上海大學學報》2006年第6期)。

屈原賦今譯

楚辭研究專著。今人郭沫若著。該書首有《目次》。次《屈原簡述》。末附郭氏《後記》。該書譯述屈原作品二十五篇,其篇次爲:《九歌》(十一篇)、《招魂》、《天問》、《離騷》、《九章》(九篇)、《卜居》、《漁父》。所收篇目,與王逸舊本相較,即增《招魂》,删《遠遊》。其篇次大抵以郭氏所考創作先後爲序。郭氏以爲《卜居》、《漁父》非屈原作,然其作者必爲深知屈原生活和思想之人。每篇都附有注釋,其考訂原作文字,與前人解釋有不同者,大抵注出。《九歌》、《天問》、《離騷》、《九章》諸篇皆有"解題",談研究所得、翻譯體會。郭氏作爲傑出詩人,將譯文寫成優美之詩篇,與屈原作品後先輝映。在《九章》"解題"中,謂應該允許譯者有部分自由,可以"統攝原意,另鑄新辭"。在翻譯過程中也"得到了不少前人未得到的發現",對理解屈原作品亦有頗高價值。如釋《離騷》"飲余馬於咸池兮,總余轡乎扶桑",以"玉虬"爲馬,以"鳳凰"爲轡。又如釋《湘夫人》"鳥何萃兮蘋中",以"鳥"爲"山鳥"。再如釋《離騷》"孰云察余之中情",以"余"爲"我們",既爲女嬃自稱,又將屈原包括在内。被學術界稱爲"别裁去取,多見卓識"。在衆多楚辭譯本中,郭本屬精細大膽、聲情並茂之詩作,流佈最廣。

1953年人民文學出版社出版、1957年人民文學出版社《沫若文集》本。另,1981年人民文學出版社出版《屈原賦今譯》與《卷耳集》合刊本、1978年日本雄渾社出版稻畑耕一郎譯本。

迄今,對是書作過評述的論文主要有卜慶華《論郭沫若的屈原研究》(《湖南師範大學學報》2003年第5期)、劉喜軍《〈離騷〉"攝提貞於孟陬兮,惟庚寅吾以降"正解——郭沫若先生〈屈原賦今譯〉中的有關問題》(《貴州教育學院學報》1995年第4期)。

屈原集

楚辭研究專著。今人文懷沙著。該書首有《前言》。此書之撰述緣由，《前言》云:"這本集子的閱讀對象，乃是企圖供給一般文藝愛好者參考的。"正文凡《正篇》、《附篇》兩部分。《正篇》包括屈原最重要作品《離騷》、《九歌》、《九章》，凡二十一篇，皆附"淺近簡單的語體注解"。《附篇》包括《天問》、《招魂》、《遠遊》、《卜居》、《漁父》，凡五篇，並不加注。全書以《四部備要》本作底本，對部分衍文脱字及易被誤解之古字，略加勘定。1953 年 6 月人民文學出版社出版。

屈原

楚辭研究專著。今人游國恩著。該書爲1953年三聯書店排印本，即"中國歷史小叢書"之一。全書凡八篇。首有《屈原像》。次《目次》。正文包括：一、導言；二、詩人的降生；三、那時的國際形勢和楚國外交；四、鬥爭和失敗；五、放逐和自沉；六、詩人的歌唱；七、作品的評價；八、結論。此書雖爲普及讀本，亦概括了游氏評論楚辭之主要見解。

民國三十五年(1946)勝利出版公司《中國歷代名賢故事集》本。另，1963 年中華書局《知識叢書》本。20 世紀 60 年代初，中華書局"知識叢書"編委會指定游氏撰《屈原》，游氏則讓其助手金申熊(開誠)以 1953 年三聯書店《屈原》本爲基礎，參考解放前所寫《屈原》本、1957 年古典文學出版社《楚辭論文集》本以及新發表之有關論文，進行整理加工，寫出初稿；後再由游氏審閱修改，而寫成定稿。末附《楚辭注本十種提要》，簡潔明瞭。金開誠《楚辭選注》(北京出版社 1980 年版)將此"附録"收入《選注》，並在"前言"中説明，1962 年在爲其業師游國恩先生起草《知識叢書・屈原》時，寫了"《楚辭注本十種提要》"，"作爲該書的附録。現略加修改，移置本書"。但曹道衡、沈玉成整理編輯《游國恩學術論文集》(中華書局 1989 年版)，亦收入此篇。崔富章《楚辭書目五種續編》在介紹《屈原》時，注明《楚辭注本十種提要》爲"金開誠撰"。又，1980 年中華書局修訂再版，謂"這次重版前曾經作者作了一些必要的修改"。另，收入 2008 年中華書局《游國恩楚辭論著集》本。

迄今，對是書作過評述的論文主要有曹大中《〈九歌〉没有託之以諷諫的用意嗎？——論屈原愛情詩與游國恩的有關楚辭研究》（《中國文學研究》1986年第2期）、沈玉成《現代楚辭學的集大成者——游國恩先生》（《中國典籍與文化》1992年第2期）、郭建勛、李艷《游國恩的楚辭研究及教育品格述論》（《淮陰師範學院學報》2002年第1期）、翟振業《繼往開來　獨樹新幟——游國恩楚辭研究新思維簡論》（《常熟高專學報》2002年第5期）、徐志嘯《游國恩的楚辭研究》（《福建師範大學學報》2003年第4期）、費振剛《游國恩先生學術成就評述》（《江西社會科學》2005年第1期）、方銘《游國恩先生的楚辭研究及其學術史意義》（《甘肅社會科學》2006年第1期）。

屈原評傳

楚辭研究專著。今人蘇雪林著。蘇雪林（1897—1999），原名梅，字雪林，以字行，生於浙江瑞安，祖籍安徽太平。1914年入安慶省立第一女子師範讀書，1917年畢業並留本校附小任教。1919年入北京女子高等師範國文系。1921年赴法留學，1925年回國，先後任教於蘇州東吴大學、上海滬江大學、省立安徽大學、國立武漢大學。後去臺灣任臺灣師範大學、臺灣成功大學教授。著有《李義山戀愛事跡考》、《唐詩概論》、《遼金元文學》、《1500種近代中國小説與戲劇》、《中國傳統文化與天主古教》、《崑崙之謎》、《中國文學史》、《屈原與九歌》、《天問證簡》、《楚騷新詁》、《屈賦論叢》、《玉溪詩謎正續合編》、《詩經雜俎》等。

蘇氏提出："戰國時代，百家争鳴，文化進步，波瀾壯闊，主要原因是域外學者避亂來華，携其學術思想以同來，中國學術界受此刺激，始呈現諸子百家輝煌燦爛的黄金時代。屈原恰逢其時，便寫出辭采壯麗，想象恢宏，從内容到形式都有别於其前其後的作品，就不難理解了。"蘇氏還强調，中國古文化曾兩度接收域外文化（所謂西亞文化）影響，一爲夏朝，一爲戰國時代。戰國時鄒衍、公孫龍皆爲域外學者，挾西亞文化而來，蘇氏將中國的所有神話都和巴比倫神話聯繫起來，認爲一切神話乃至文化都導源於巴比倫。而屈原曾經使齊，接受新知識，故《天問》、《九歌》盡源自西亞神話。陳慧華等《從比較神話到文學》（臺北東大圖書公司1977年版）、王孝廉《中國的神話與傳説》（臺北聯經出版事業公司1977年版）對蘇氏此説駁之甚詳，頗爲中肯。1954年臺北廣東出版社出版。

迄今，對是書作過評述的論文主要有王慶元《蘇雪林與武漢大學及其屈賦研究述略》(《武漢大學學報》2000年第2期)、毛慶《試論屈賦之域外文化背景——從蘇雪林先生的楚辭研究説起》(《荆州師範學院學報》2000年第4期)、劉石林《蘇雪林屈原學研究綜述》(載戴錫琦、鍾興永《屈原學集成》,中央編譯出版社2007年6月版)。

屈原離騷今繹

楚辭研究專著。今人文懷沙著。該書首有沈尹默《題詞》。次插圖九幅(清門應兆補繪本)。次《目次》。次《祖國的詩人之父——屈原》(代序)。其體例爲,先題解,次繹文,次原文,次注釋,凡八十六條。末附録一《屈原和他的詩篇〈離騷〉》(原載《新觀察》)。次附録二《〈離騷〉韻讀》。次附録三《讀〈騷〉摭拾》。次附録四《偉大的中國愛國詩人》(蘇聯·費德林)。次文氏《後記》。

1954年上海文藝聯合出版社出版、1956年古典文學出版社出版、2005年百花文藝出版社出版。

迄今,對是書作過評述的論文主要有北京大學中文系《評文懷沙對屈原作品的迻譯》(《光明日報》1958年12月7日)。

離騷語文疏解

楚辭研究專著。今人王泗原著。王泗原(1911—1999),名肇墉,字崇壽,曾用崇岫、高以平等筆名,江西安福人。1928年考入南昌一中。初中畢業後,只讀了一年高中,就考取武昌私立中華大學中國文學系。歷任《日新日報》、《前方日報》總編輯。1949年後歷任教育部、出版總署編審、《中國語文教學》雜志主編、廣西師範大學客座教授。其治學篤實、謹嚴,對文字、聲韻、訓詁、語法和金石之學皆有精湛研究,嘗得到葉聖陶的器重和奬掖。著有《古語文例釋》、《離騷例釋》、《楚辭校釋》等。

該書僅録《離騷》一篇。末附王氏《自叙》。次《索引》。據王氏《自叙》,可知此書寫於1944年9月至1946年6月,云:“這本書是《離騷》語文的疏解,没作文學的研究,也没作事實的考證。”王氏從語音學、方言學、語法學、訓詁學、文字學、校勘學等方面入手,來研究《離騷》語文問題。1988年,王氏於《楚辭校釋·自序》中作一回顧,云:“《離騷語文疏解》原着重在古語文的一些大疑難的探究,駁‘反訓’,辨正亂曰,辨正也聲字韻部,篇幅很多。”其體例爲,先疏解《離騷》“篇名”、“體裁”、“語言”和“離騷”一詞的意義,後疏解《離騷》正文。王氏在疏解過程中,往往從語言學角度提出己見,如釋《離騷》“何不改乎此度也”句中“乎”字,有學者以“乎”字爲“兮”字,王氏以《詩經》、《尚書》、《論語》、《孟子》、《史記》、《漢書》中十一個有“乎”字句爲例,説明“乎”字主要充當助詞,表示多種語氣,而“兮”字只表示言語停頓,兩者實有區别。又,王氏釋《離騷》“亂曰”之“亂”字,引《漢書·賈誼傳》“其終篇曰:‘已矣,國亡人,莫我知也’”句,以爲“用‘終篇’一詞代替‘亂’,這是‘亂’的極確極好的解釋。亂即終篇,即結語。所以我説今人叫結語,屈賦裏叫亂”。

郭在貽《近六十年來的楚辭研究》云:“按書中頗多新解,如釋皇考爲祖父;釋‘齊桓聞以該輔’句,謂該是第三人稱代詞,即‘其’,是動詞‘以’的受語,輔又是該的動詞;釋‘九疑繽其並迎’句,闢戴震、郭沫若迎當爲迓之説。謂古無迓字,迎原文當爲逆;又謂羌字的意義有二:一是怎樣,二是爲什麽,等等,可謂新見迭出。但疏謬、穿鑿之處亦所難免,如謂‘蘇糞壤’之蘇爲叔的借字,不知此蘇字當讀爲穌,又如釋墜露爲綴露,亦求之過深。”1954 年 8 月上海文藝聯合出版社出版。

楚辭論文集

楚辭研究專著。今人游國恩著。該書乃游氏數十年《楚辭》研究專題論文集,爲其楚辭研究之代表作。全書凡上、下兩卷。上卷凡九篇,即《讀騷論微初集》(商務印書館 1935 年版),就《楚辭》文體來源、作者身世、文章内容,以及歷來各家注釋,多所闡發和辯證。此次收録又“重加校訂”,並删去《叙目》。下卷凡九篇,爲 1943—1953 年散見於各報刊上新成果。前六篇仍爲專題論文,即《楚辭女性中心説》、《論屈原文學的比興作風》、《楚辭用夏正説》、《説離騷秋菊之落英》、《楚辭九辯的作者的問題》、《讀楚辭隨筆三則》。後三篇均爲紀念屈原逝世 2230 年所作介紹性文章,“論述了詩人所處歷史環境與其作品的思想性和藝術性”,即《紀念祖國偉大的詩人屈原》、《偉大的詩人屈原及其文學》、《屈原作品介紹》。游氏本着不斷求索之精神,在學術觀點上又有變化發展,如關於《九歌》,游氏曾力斥王逸、朱熹二説,以爲《九歌》非屈原作品。但在《屈原作品介紹》中,又認可了朱熹之説,以爲“《九歌》起初本是民間的口頭創作,後來才經過屈原寫定或修改的”。

1955年上海文藝聯合出版社出版、1957年古典文學出版社出版。另，1989年中華書局《游國恩學術論文集》本，其上編爲"楚辭"研究成果，除《紀念祖國偉大的詩人屈原》、《偉大的詩人屈原及其文學》二篇紀念性介紹文章外，《楚辭論文集》中其他十六篇論文全部收録。整理者爲游氏弟子曹道衡、沈玉成，二人稱"按先生生前的意見作了一些技術處理；還有個別論述，考慮到在其他專題論文中已有更詳盡的論證"，也作了少量删節。如《論屈原文學的比興作風》第三節《餘論》，原爲論述"夸飾"和"隱"之表現技巧，此次編輯過程中則略去未收。又，收入2008年中華書局《游國恩楚辭論著集》本。

迄今，對是書作過評述的論文主要有殷翔《"離騷"就是"勞商"嗎？——關於〈離騷〉的題解》(《淮北煤炭師範學院學報》1983年第3期)、曹大中《〈九歌〉没有託之以諷諫的用意嗎？——論屈原愛情詩與游國恩的有關楚辭研究》(《中國文學研究》1986年第2期)、夏太生《論〈離騷〉人物性别的寓意問題——兼評游國恩先生的"楚辭女性中心説"》(《求是學刊》1987年第3期)、沈玉成《現代楚辭學的集大成者——游國恩先生》(《中國典籍與文化》1992年第2期)、廖化津《屈原文學思想管窺——兼評游國恩先生"楚辭女性中心説"及其他》(《南昌大學學報》1993年第4期)、郭建勛、李艷《游國恩的楚辭研究及教育品格述論》(《淮陰師範學院學報》2002年第1期)、翟振業《繼往開來獨樹新幟——游國恩楚辭研究新思維簡論》(《常熟高專學報》2002年第5期)、徐志嘯《游國恩的楚辭研究》(《福建師範大學學報》2003年第4期)、費振剛《游國恩先生學術成就評述》(《江西社會科學》2005年第1期)、方銘《游國恩先生的楚辭研究及其學術史意義》(《甘肅社會科學》2006年第1期)。

楚辭書録

楚辭研究專著。今人饒宗頤著。該書爲最早出版的《楚辭》書録專著。首有圖版二十五幅。次曾克耑《序》。次饒氏《自序》。正文凡《書録》、《别録》、外編《楚辭拾補》三大部分。《書録》包括：1. 知見《楚辭書目》；2. 元以前《楚辭佚著》；3. 擬騷；4. 圖像；5. 譯書。《别録》包括：1. 近人《楚辭》著述略；2.《楚辭》論文要目。《楚辭拾補》包括：1. "離騷"異文亦作"離慅"考；2. 晉郭璞《楚辭》遺説摭佚；3. 隋僧道騫《楚辭音》殘卷校箋；4. 唐抄《文選集注·離騷》殘卷校記；5. 唐陸善經《文選·離騷》注輯要；6. 唐宋本揚雄《反離騷》合校等。

此書對版本和館藏情況著録較詳，如王逸《楚辭章句》録十三種版本，朱熹《楚辭集注》録二十七種版本;還著録了臺灣、香港和國外部分專著與館藏情況。另,此書還輯録了《楚辭》研究資料,如唐代陸善經《文選・離騷》注文,録自日本所藏唐寫本,游國恩《離騷纂義》所引陸善經語,即出自本書。又,此書在《楚辭》研究與文字校勘方面,亦有較高參考價值。1956 年香港蘇記書莊出版。

迄今,對是書作過評述的論文主要有梅瓊林《論饒宗頤楚辭學研究的文化還原模式》(《嶺南文史》1998 年第 1 期)、陳煒舜《香港楚辭學著作舉隅》(《雲夢學刊》2004 年第 4 期)。

楚辭今讀

楚辭研究專著。今人瞿蜕園著。瞿蜕園(1894—1973),原名宣穎,字兑之,湖南善化(今長沙)人。現代史學家、文學家、畫家。出身望族。早年就讀於上海聖約翰大學及復旦大學。曾任北洋政府顧維鈞内閣國務院秘書長、編譯館館長、河北省政府秘書長,並擔任南開大學、燕京大學等教授。1949 年後,長期居住上海,以著作爲業。著有《劉禹錫集箋證》、《漢魏六朝賦選》等。

該書首有《屈原像》(半身)。次祝允明《書離騷文》。次《目録》。次瞿氏《導言》,概述"《楚辭》的來歷及内容"、"屈原的時代及其生平"、"《楚辭》在文學上的地位"、"《楚辭》的研究工作"及"本書體例的説明"。次《史記本傳》,先解題,次分節注釋,末譯文。其篇次爲:《離騷》、《九歌》、《九章》中之《哀郢》、《天問》。其體例爲,每篇先解題,次分節注釋(大抵採王逸説),末譯文。另,此書《九章》"解題"云:"《懷沙》一篇已經載在《史記》的屈原本傳中。"1956 年春明出版社出版。

楚辭選

楚辭研究專著。今人陸侃如、高亨、黄孝紓著。高亨(1900—1986),初名仙翹,字晉生,吉林雙陽縣人。1918 年春,高亨先生考入吉林省立第一師範學校,1922 年冬畢業。1923 年春,入北京弘達學院,補習英語。秋,考入北京師範大學。1924 年秋又考入北京大學。1925 年秋,改名高亨,考入清華大學研究院爲研究生。1926年夏,任吉林省立法政專門學校教授兼第一師範學校教員。1929年任瀋陽東北大學教育學院國文專修科教授。"九一八"事變後,隨東北大學來到北平,歷任河南大學、東北大學、武漢大學、齊魯大學、西北大學和湘輝學院教授等。1953年起任山東大學教授。1957年受中國科學院哲學研究所之聘,兼研究員。1967年以後調至北京,專門從事古代學術研究工作。有《高亨著作集林》,凡十卷,收有《周易古經今注》、《周易大傳今注》、《周易雜論》、《老子正詁》、《老子注譯》、《諸子新箋》(含《墨子新箋》、《莊子新箋》、《荀子新箋》、《韓非子新箋》、《吕氏春秋新箋》、《商君書新箋》六種)、《莊子今箋》、《商君書注譯》、《墨經校詮》、《詩經選注》、《詩經今注》、《楚辭選》、《上古神話》(與董治安先生合寫)、《文字形義學概論》、《文史述林》、《文史述林輯補》等專書或自選論文集。高亨先生的學術著作素以博湛精深著稱。《集林》除把亡佚的《甲骨金石文字通箋》和新近出版的《古字通假會典》作爲存目處理,囊括了高氏其他所有的著作。

該書首有《前言》。次《目録》。《前言》云:"爲了供一般的閲讀,我們選了較早的《九歌》十一篇,屈原的《離騷》一篇,《九章》九篇與《天問》的一部分,宋玉的《九辯》的一部分及《招魂》全篇。"

其體例爲,各篇先小引(解題),次正文,次注釋。此書由三人分工合作而成,即:陸氏撰《前言》及各篇小引;高氏注《湘君》、《湘夫人》、《少司命》、《山鬼》、《國殤》、《離騷》、《涉江》、《哀郢》、《天問》(節録)、《九辯》(節録)、《招魂》;黄孝紓注《東皇太一》、《雲中君》、《大司命》、《東君》、《河伯》、《禮魂》、《惜誦》、《抽思》、《懷沙》、《思美人》、《惜往日》、《橘頌》、《悲回風》。《前言》"脚注"云:"不過最後都經過相互的討論。"崔富章《楚辭書目五種續編》云:"注釋大抵採各家之長,供一般的閲讀。"1956年上海古典文學出版社出版。

楚辭探故

楚辭研究系列論文。今人朱東潤撰。朱東潤(1896—1989),江蘇泰興人。曾任廣西第二中學、南通師範學校外語教師。1929年任武漢大學外語講師,後任武漢大學中文系教授。1949年以後任復旦大學中文系教授。著有《中國文學批評史大綱》、《中國文學批評史論集》、《讀詩四論》、《史記考索》、《詩三百篇探故》、《張居正大傳》、《陸游傳》、《梅堯臣傳》、《陸游研究》、《梅堯臣集編年校注》、《杜甫述論》等。

朱氏於楚辭研究方面有《楚辭探故》。此文本寄葉聖陶"看看",而葉聖陶即交《光明日報》發表。凡四篇:《楚歌及楚辭》(1951 年 3 月 17 日)、《離騷底作者》(1951 年 3 月 31 日)、《淮南王安及其作品》(1951 年 4 月 28 日)、《離騷以外的"屈賦"》(1951 年 5 月 12 日)。後均被收入《楚辭研究論文集》(作家出版社 1957 年版)。朱氏以爲,對於《楚辭》作者,漢代本來有兩種不同説法:一、王逸認定爲屈原所作,乃大衆意見;一是荀悦認定爲劉安所作,乃極少數人意見。"我没有斷定是誰做的,也拿不出可靠的證據,但是我認爲荀悦的説法不會無因而至,因此提出一些可以申述的理由"(《和青年朋友談治學》,《文史知識》1981 年第 2 期)。日本學者稻畑耕一郎云:"朱東潤在這些論文中並未直接否定屈原這個人物的存在,反之,他認爲有存在的可能性。不過,他筆下的屈原卻是一個與現在流傳的作品和傳説都毫無關係而存在的'屈原',所以實質上屬於'否定論'的一種。"(日本早稻田大學《中國文學研究》第 3 期,1977 年 12 月)

朱文發表以後,即遭到郭沫若批判。郭氏撰《評〈離騷底作者〉》、《評〈離騷以外的屈賦〉》二文(均刊《光明日報》1951 年 5 月 26 日),從"淮南王劉安的文章特點"、"《離騷》的思想内容"、"楚族的歷史"、"屈賦的斷年"等方面,肯定《離騷》、《九歌》、《九章》爲屈原作品,並剖析了朱氏產生這種錯誤觀點的思想根源。另,沈知方亦撰《讀楚歌及楚辭》(《光明日報》1951 年 5 月 26 日)、《對於離騷作者的商榷》(《光明日報》1951 年 6 月 9 日)等,對朱氏"否定論"予以批評。可惜 20 世紀 50 年代初期學術争鳴還不够平等、活躍,使朱氏失去了申辯、進一步討論的機會,使這一辯論、論争變成"單向"教訓、批評。朱氏於古典文學研究成果卓卓,對《楚辭》僅有《楚辭探故》一組論文,但發表後卻被視爲持"屈原否定論"的一個代表,在 20 世紀 50 年代、80 年代,作爲廖平、胡適之"陪綁"而不斷受到批評,亦非朱氏始所料及。又,對朱文作過評述的論文主要有何世華《屈原和〈離騷〉研究中的幾個問題——駁"屈原否定論"》(《唐都學刊》1986 年第 3 期)、周勛初《朱東潤先生治學的特色》(《復旦學報》1997 年第 2 期)、高揚《中日"屈原否定論"及其批判》(《天中學刊》1998 年第 1 期)。

屈原與楚辭

楚辭研究專著。今人張縱逸著。該書首有《目次》。末附張氏《後記》。正文凡四章,即:第一章《偉大的愛國詩人——屈原與他的生平》,凡四節;第二章《屈原的思想與政治主張》,凡三節;第三章《屈原的不朽詩篇》,凡《離騷》、《九歌》、《天問》、《九章》四節，第四章《屈原與楚辭》，凡六節。此書作爲"高中文學教學參考書"。《後記》云，此書"是在教學與學習中積纍的一些材料的基礎編纂而成"，"未敢言著，編述而已"。張氏自以爲其學術見解主要表現爲，當時"國内研究楚辭專家大部都認爲屈原的思想，源於儒家或接近儒家"，而"愚意以爲屈原思想接近法家"。1957 年吉林人民出版社出版。

迄今，對是書作過評述的論文主要有劉生良《論張縱逸先生的楚辭研究》(《長春教育學院學報》2000 年 3 期)。

屈原賦校注

楚辭研究專著。今人姜亮夫著。姜亮夫(1902—1995)，原名寅清，以字行，雲南昭通人。1921 年入成都高等師範，求學於林山腴、龔向農、廖季平諸先生。1926 年入北京師範大學國文研究科，後入清華大學研究院，得王國維、梁啓超、陳寅恪諸名師指點。既而南下復問學於章太炎先生。1934—1937 年間，遊學巴黎、倫敦、羅馬、柏林等地，習西洋人文科學。回國後先後任大夏大學、暨南大學、中國公學、復旦大學、東北大學、西北大學、昆明師院及杭州大學等校教授、文學院院長、中文系主任等，後任杭州大學古籍研究所所長、教授、博士生導師，中國屈原學會名譽會長等職。其治學"以語言和歷史爲中心"，致力於古語、古史研究，有著作近百種，内容涉及楚辭學、敦煌學、語言學、歷史學、文獻學諸方面。著有《昭通方言疏證》、《古文字學》、《瀛涯敦煌韻輯》、《敦煌學概論》、《敦煌學論文集》、《歷代名人年里碑傳綜表》、《陸平原年譜》、《張華年譜》、《莫高窟年表》、《瀛涯敦煌卷子考釋》等。雲南人民出版社於 1999 年、2002 年先後出版《姜亮夫著作選本》(凡十一册)、《姜亮夫全集》(凡二十四册)。

姜氏楚辭研究成就尤爲卓著，被譽爲"楚辭學大師"，在現當代楚辭學者中著述最爲豐碩，著有《屈原賦校注》、《詩騷聯綿字考》、《陳本禮楚辭精義原稿留真》、《楚辭書目五種》、《屈原賦今譯》、《楚辭今繹講録》、《二招校注》、《楚辭楚言考》、《屈子自叙疏證》等。該書爲姜氏 1949 年後對屈原全部作品進行精校、詳注之唯一著作，亦爲當代《楚辭》研習的一個重要讀本。此書首爲《屈原像》。次姜氏《序言》。次《凡例》。次《卷首》(《史記屈原傳疏證》)。次《目録》。姜氏在 1928 年整理《詩騷聯綿字考》時，悟出了"個别分析，綜合理解"古籍整理法，始爲《楚辭》作校注，至 1932 年寫定。《序言》云："主旨只想求得一個'近真'的屈子、'近真'的版本、'近真'的解説。"該書正文凡七卷。其篇次爲:卷一《離騷》,卷二《九歌》,卷三《天問》,卷四《九章》,卷五《遠遊》,卷六《卜居》,卷七《漁父》。此書以爲屈賦凡二十五篇,諸篇作文字、音韻、訓詁、校勘研究;其引用古史資料,則“分别地域以求其異”,側重於“南楚諸家對古史傳説的相類似的方向”。姜氏以爲,屈賦之音律、語法,乃至於韻味等,必然有其地方色彩,故從文法上指出屈賦的地方性與個性,從用韻上指出屈子的習慣性,斷定《九歌》爲屈子修潤楚民歌之作,以申朱熹之義。用明翻宋本、明本《章句》、《補注》等十多種,合以諸書所引,細爲校勘,發現了不少可貴材料。又,此書將當時所撰《楚辭釋例》、《楚辭韻例》、《楚語言與歌詩》、《楚方言考》等文,綜合應用到注釋之中。

1957年人民文學出版社出版、1972年臺北文光圖書公司影印人民文學出版社本、1979年臺北世界書局影印人民文學出版社本。另,2002年雲南人民出版社出版《姜亮夫全集》本。又,20世紀60年代前期,姜氏重訂《天問校注》;至80年代初,校注重訂完稿,增加八萬餘字,重點在“明斷是非”與“充實内容”,以解決一些關鍵性問題;1987年3月天津古籍出版社《重訂屈原賦校注》本,首爲《自序》,删原書《序言》、《凡例》、《敘目》、《史記屈原傳疏證》。

迄今,對是書作過評述的論文主要有李延陵《關於“山鬼”——和郭沫若、姜亮夫、馬茂元三位先生商榷》(《文史哲》1962年第5期)、江林昌《個别分析,綜合理解——讀姜亮夫先生〈重訂屈原賦校注〉》(《杭州大學學報》1990年第1期)、壽勤澤《四十餘年楚辭研究綜評》(《社會科學輯刊》1993年第5期)、江林昌《姜亮夫先生楚辭研究簡論》(《雲夢學刊》1996年第2期)、劉躍進、江林昌《姜亮夫先生及其楚辭研究》(《文學遺産》1998年第3期)、張玖青、曹建國《方法與視角:對姜亮夫〈楚辭〉研究的一種審視》(《浙江學刊》2004年第2期)、潘嘯龍《聳立南天的一代宗師——論姜亮夫先生楚辭學研究的貢獻》(《安徽師範大學學報》2007年第4期)。

屈原離騷簡論

楚辭研究專著。今人逯欽立著。逯欽立(1910—1973),字卓亭,筆名祝本,山東鉅野人。1929年考入山東菏澤省立第六中學。1935年考入北京大學哲學系,翌年轉入中文系。1939年考入北大文科研究所。1942年進入中央研究院歷史語言研究所。1948年離開史語所,先後任國立廣西大學中文系副教授、教授。1951年後,任東北師範大學中文系教授、古典文學教研室主任。著有《陶淵明集》、《先秦兩漢魏晉南北朝詩》、《漢魏六朝文學論集》

(吳雲整理)等。

該書簡論屈原及其《離騷》,凡三萬七千言。通過分析《離騷》來瞭解屈原,又通過介紹屈原來加深理解《離騷》。主要討論四個問題,即:第一,"屈原的生活道路和思想見解";第二,"《離騷》所塑造的形象及其典型性";第三,"《離騷》的思想性和藝術特徵";第四,"《離騷》對後代的影響"。逯氏定屈原享年五十五歲,生年取浦江清説(前339年),卒年取蔣驥説(前286年)。逯氏以爲,"屈原的愛國主義思想和他的法制思想是密切地結合着的",屈原乃"一個愛國的和傾向法制的人物"、"一個傾向法制的愛國者";"《離騷》所表現的詩人的複雜思想性格,其中包含愛國思想、法制精神和修士觀點這樣三個主要質素。這三種質素表現在詩人具體行爲上又是互相制約互相補充着的"。同時,逯氏亦以爲"屈原的成就是時代所玉成的",亦由此批駁胡適所持"屈原否定論"。1957年11月遼寧人民出版社出版。

迄今,對是書作過評述的論文主要有劉生良《逯欽立先生〈屈原離騷簡論〉評述》(《陝西師範大學繼續教育學報》2004年增刊第1期)。

楚辭研究論文集

楚辭研究論文集。作家出版社編輯部編。此書爲1949—1957年間國内外楚辭研究重要論文之結集,凡49篇。其中,收入何其芳《屈原和他的作品》,何氏云:"由於材料不足,我們對於屈原的這種政治思想在當時的作用,還難於作出精確的論斷","我們對於古代的文學作品的人民性也必須反對一種狹隘的庸俗的瞭解。這種瞭解以爲只有在作品裏面找到一些描寫人民,同情人民的話才算是有人民性,而不知道古代的作品的人民性常常表現得比較複雜,比較曲折","在屈原的作品裏面,雖然並不是完全找不到描寫人民,同情人民的地方,但這究竟不是它們的主要内容"。在當時學術氛圍中能如此辯證、客觀、冷静地分析,顯得難能可貴。另,收入林庚《詩人屈原的出現》、陸侃如《屈原——愛祖國愛人民的偉大詩人》、詹安泰《論屈原的階級出身、政治地位及其在文學上的作用》、孫作雲《屈原在楚懷王時被放逐的年代》、《在歷史教學中怎樣處置屈原問題》、浦江清《屈原生年月日的推算問題》、張汝舟《談屈原的生卒》、鄭振鐸《屈原作品在中國文學上的影響》、阿英《屈原及其詩篇在美術上的反映》、陳思苓《屈原的愛國主義與浪漫主義》、李嘉言《離騷錯簡説疑》等,亦有不同價值與影響。又,此書還收入朱東潤否定屈原作《離騷》(以爲淮南王劉安所作)4 篇文章以及郭沫若、沈知方、宋雲彬之商榷文章,收入蘇聯漢學家費德林《偉大的中國愛國詩人》,頗能開拓視野,便於瞭解那一特殊時期楚辭研究的某些具體情況。1957 年作家出版社出版。

中國文學(一)

文學史著作。今人楊公驥著。楊公驥(1921—1989),曾用名正午、振華、公忌,河北正定人。祖父爲清末秀才。楊氏從小得到祖父的悉心培養與熏陶。1937 年考入武昌中華大學。1938 年 6 月到陝北延安參加革命。1945 年到宣化市新華煉鋼廠擔任工會工作。1946 年任東北大學教授,1949 年合併爲東北師範大學後,歷任東北師範大學教授、吉林省社會科學院副院長、吉林省"社聯"副主席、"文聯"副主席。1952 年任研究生導師,1977 年後任博士生導師。著有《吉林西團山新石器時代文化遺址發掘報告》、《漢巾舞歌辭句讀及研究》、《中國原始文學》、《周代文學》、《唐代民歌二釋及變文考論》等。

楊氏於楚辭研究方面主要有《中國文學》(第一分册)、《漫談楚的神話、歷史、社會性質和屈原的詩篇》(《吉林師大學報》1959 年第 4 期)、《〈詩經〉、〈楚辭〉對後世文學形式的影響》(《東北師大學報》1986 年第 5 期)等。楊氏强調社會科學研究的理論素養,認爲以屈原的思想水平研究《離騷》,是不可能得出科學認識的。楊氏評價屈原,側重於歷史學、社會發展史的角度,故提出:戰國時所謂"國家",只不過是"封建國家"内部的"封建割據",秦國是代表新興地主階級的利益,在政治、經濟制度上具有歷史的進步性,體現着當時社會發展的趨勢,而屈原生活的楚國則是封建領主制國家大崩潰前夕的骯髒、疲塌、無耻的破落户,屈原的反秦是忠於懷王、擁護湖北的破落地主去攻打陝西的新興地主,從而認定屈原是個逆時代潮流而動的保守人物。楊氏還認爲,如果將屈原説成是反侵略、愛楚民族的愛國主義者,將秦説成是侵略國家,將楚和六國説是被侵略國家,則是"極端錯誤的反歷史主義的説法,是狹隘的國家主義觀點在歷史學上的運用"。楊氏之説,爲學界從文學角度研究屈原的社會性、進步性提供了一種新的參照,也是當時(二十世紀五十年代)學界所謂"屈原爲進步的愛國主義詩人"大合唱中的一個不協和音,受到學術界長期以來直接或間接的批評、争辯。而有些學者又進一步發揮了楊氏之説,並提供了一些新的證據、材料,否定屈原爲愛國詩人,或否定屈原愛國主義的進步性。而維護屈原愛國説、强調其進步性的學者，在討論商榷之中，總要追溯到楊氏之説，並對楊氏本書進行一番品評和駁斥。因此，我們有必要對此作一説明，楊氏《中國文學》（第一分册）没有"屈原與楚辭"專章，楊氏在全書的《説明》中説，"由於老病的關係，我没有能按期將第四編的第五章（楚辭）改寫出來。由於出版日期不能再拖延，只好將它移印在第二分册"。事實上，第二分册始終没有出版。楊氏在第一分册中似乎没有寫到屈原，只是在《戰國的社會情況和文化》一章中涉及到秦、楚之争的性質，云："秦的政治、經濟制度具有着歷史的進步性，體現着當時社會發展的趨勢"，"秦國是代表七國地主勢力和要求的國家"，"秦的統一中國，在我國歷史上是具有劃時代進步意義的"，"有人將秦説成是侵略國家，將楚，趙六國看作是被侵略國家，將秦統一中國看作是不幸的偶然事件，是罪惡的産物。這是極端錯誤的反歷史主義的説法，是狹隘的國家主義觀點在歷史學上的運用。戰國時代，民族並未形成，所謂列國並峙只不過是我國内部一定歷史階段的封建領主的割據狀態而已"。總之，楊氏於楚辭、屈原研究成果甚少，然而他所提出的不同觀點，卻使之成爲數十年來楚辭學界的一個"熱點"人物。

1957年12月吉林人民出版社出版。另，1980年5月吉林人民出版社重版。楊氏在"新版致語"中云："本書在一九五七年出版時，由於病的緣故，未能將第四編第五章（楚辭和屈原）改寫出來付印。以後，我將這一章的前部分作爲論文發表在《吉林師大學報》（一九五九年第四期）上，名爲《漫談楚的神話、歷史、社會性質和屈原的詩篇》。這次本書重新出版時，便將這篇論文作爲附録贅於書後。"

迄今，對是書作過評述的論文主要有孟雙全《怎樣歷史地看待屈原——兼評楊公驥先生的有關論述》（《河北師範大學學報》1988年第4期）、周建忠《屈原"愛國主義"研究的歷史審視》（《中國文學研究》2002年第4期）、趙敏俐《獨具個性　執着求真——楊公驥先生的中國古代文學研究》（《文學遺産》2006年第6期）。

屈　原

楚辭研究專著。今人詹安泰著。詹安泰（1902—1967），曾用筆名祝南、無盦，廣東饒平人。1921年8月考入國立廣東高等師範學校文史部（1924年廣東高等師範學校等校合併成立國立廣東大學，1926年改名爲國立中山大學),1926年國立廣東大學中國文學系畢業。1926年8月,任教於廣東省立第二師範學校(現韓山師範學院前身)。1938年10月,由陳鍾凡教授推薦,聘爲中山大學中文系教授,主講詩詞,曾任中國文學系主任。1949年後,擔任中山大學教授,1952年任中文系古典文學研究室主任,1956年底評爲二級教授。1958年3月被錯劃“右派”,降職使用,爲四級教授。1961年11月,脱去右派分子帽子,但仍爲四級教授。1967年因淋巴癌復發辭世。詹氏長期從事古典文學教學和研究,著述頗豐,有《離騷箋疏》、《花外集箋注》、《碧山詞箋注》、《姜詞箋解》、《宋人題詞集録》、《温詞管窺》、《詞學研究十二論》、《宋詞散論》等。另,吴承學、彭玉平編《詹安泰文集》,一册,中山大學出版社2004年11月版,收入詹氏《論屈原的階級出身、政治地位及其在文學史上的作用》(《中山大學學報》1955年第2期)、《〈離騷〉通論》,附録有《詹安泰先生生平學術簡譜》,可以參看。

詹氏於楚辭研究方面主要有《屈原》、《離騷箋疏》等。此書乃詹氏1955年8月至1956年2月根據“舊編的講義作底稿”撰寫而成。全書凡十章。首有《目録》。末附詹氏《後記》。正文包括:一、偉大的愛國詩人;二、時代;三、家世和出身;四、生平;五、思想;六、輝煌的藝術成就;七、九歌;八、離騷;九、天問、九章及其它;十、崇高的地位和巨大的影響。約略言之,其内容涉及三方面:一、屈原的生平事跡(包括時代、家世、思想);二、《楚辭》的藝術成就;三、《九歌》、《離騷》、《天問》、《九章》單篇分析。姜亮夫《楚辭今繹講録》云:“從歷史的角度去研究屈原的,過去的成績也很不少,我比較欣賞詹安泰寫的《屈原》,他在這方面的研究很細心,而且材料掌握與分析都表現一種客觀的負責的態度。”如關於屈原思想歸屬,云:“如果就整個思想體系看,説屈原完全是屬於某一思想體系的人物,那就很難説。因爲就屈原作品中所表現的思想來考察,他的思想是相當復雜的而且是有矛盾的。它和陰陽家、道家、儒家、法家的思想都有合有不合。”又云:“他的政治思想,照我看,是深受吴起思想的影響的”,“本質上是儒家,而思想具有法家的色彩”。此等評述,顯得實事求是,令人信服。1957年7月上海人民出版社出版。

迄今,對是書作過評述的論文主要有王之江《屈原之死刍論》(《遼寧大學學報》1983年第6期)、廖化津《屈原家庭考——兼評詹安泰先生等的屈原爲貴族或没落貴族説》(《山西大學學報》1993年第1期)、彭玉平、李興文《文學史編纂與文學史觀念——詹安泰〈中國文學史編纂實踐與理論考察〉》(《北京科技大學學報》2004年第4期)、劉生良《論詹安泰先生的屈原與楚辭研究》(《陝西師範大學繼續教育學報》2007年第1期)。

楚 辭 選

楚辭研究專著，今人馬茂元著。馬茂元（1918—1989），字懋園，安徽桐城人。祖父馬其昶爲著名楚辭研究專家，著有《屈賦微》。馬氏從小好學，受祖父教誨和家庭環境熏陶，學業日進。1938 年畢業於無錫國學專修學校，先後於安徽省桐城中學、省立第一中學任教，並擔任過安徽省中小學教材編審會編審。1949 年後在上海師範學院（現上海師範大學前身）任副教授、教授。治學側重於楚辭與唐詩，著有《古詩十九首初探》、《唐詩選》等。

馬氏於楚辭研究方面有《楚辭選》、《楚辭研究集成》二種，《晚照樓論文集》亦收入有關屈學論文。《楚辭選》爲"中國古典文學讀本叢書"之一。該書首有《前言》。次《目録》。馬氏在《前言》中全面闡述自己對楚辭的看法：楚辭是在楚國本身詩歌藝術發展的基礎上同北方文化接觸後醖釀而成的；楚辭的"比興"之義，不僅表現在某些個别事物的比喻上，而往往在於它集合了許多事物，運用了許多神話故事，在詩人形象思維的活動過程構成了一個完整的象徵體系。正文包括：屈原《離騷》、《九歌》、《九章》、《招魂》、《卜居》、《漁父》，宋玉《九辯》，賈誼《弔屈原賦》，淮南小山《招隱士》。各篇前有解題，後有説明，注釋則比較詳細，注文尤重文義的闡發和文氣的貫通，或採用前人或時賢成説而加以大量的闡發和論證，或在融會疏通舊説中，提出自己的某些新見解，並注意以"騷"注"騷"，將《楚辭》各篇作品之間或同一作品前後文句加以互相印證。故此書爲雅俗共賞、流佈頗廣的選本。

"文化大革命"結束後，馬氏出版古典文學研究論文集《晚照樓論文集》（上海古籍出版社 1981 年版），收入其有關屈學論文三篇，即《論〈九歌〉》、《關於〈離騷〉時代問題的商榷》、《從漢代關於屈原的論争到劉勰的〈辨騷〉》，其中以《關於〈離騷〉時代問題的商榷》爲代表。

然馬氏於學界影響最大的，則是主編《楚辭研究集成》，湖北人民出版社於 1984—1986 年間分别出版，凡《楚辭注釋》、《楚辭要籍解題》、《楚辭評論資料選》、《楚辭研究論文選》、《楚辭資料海外編》五編。馬氏爲總主編兼第一編主編，其助手王從仁協助其審閲、修訂全稿。此項工作爲"空前"之作，且二、三、五三編均爲創格，頗爲學界所重。其不足爲《楚辭要籍解題》有版本訛誤、《楚辭評論資料選》文字失校頗多、《楚辭研究論文選》入選論文少且代表性不够。然馬氏經"文革"劫難，身體健康情況極差之時，毅然"出山"主持盛事，於二十世紀後期楚辭研究之繁榮，有承前啓後、推波助瀾之功。

1958年4月人民文學出版社出版竪排繁體本、1980再版。另,1998年8月人民文學出版社出版簡體横排本、2002年1月人民文學出版社重印。

迄今,對是書作過評述的論文主要有江九《關於〈楚辭〉兩個注釋本》(《讀書》1960年第1期)、李延陵《關於“山鬼”——和郭沫若、姜亮夫、馬茂元三位先生商榷》(《文史哲》1962年第5期)、王之江《屈原之死刍論》(《遼寧大學學報》1983年第6期)、睢寬《談〈卜居〉〈漁父〉的創作權問題——與馬茂元先生商榷》(《青海民族學院學報》1986年第4期)。

屈原與楚辭

楚辭研究專著。今人郭維森著。郭維森(1931—2011),安徽亳州人。1953年畢業於南京大學中文系,留校任教。其研究楚辭,得到胡小石、游國恩等名師指導。曾任南京大學中文系主任,兼任中國屈原學會副會長。現爲南京大學中文系教授。著有《司馬遷》、《屈原評傳》、《陶淵明集全譯》(合著)、《中國辭賦發展史》(合著)、《學苑奇峰——文史學家胡小石》等,主編《古代文化知識要覽》、《中國文學史話》等。

該書首有插圖二幅(陳洪綬《屈子行吟圖》、蕭雲從《東君圖》)。正文凡五章,包括:一、詩人的降生和家世;二、詩人的時代;三、悲劇的一生;四、輝煌的詩篇(凡《關於〈楚辭〉》、《離騷》、《九歌》、《天問》、《九章》、《招魂》六節);五、巨大的影響(凡《屈原之後的“楚辭”作品》、《哺育了各個時代的作家》、《研究屈原的著作》、《永久的紀念和學習》四節)。關於屈原思想,郭氏針對“先前較普遍的説法是屬於儒家,後來也有主張屬於法家的”的現象,指出“這兩種説法都有一些根據,但也都不能成立”,因爲“屈原的思想是比較複雜的,對於各家學派,他有所採取也有所摒棄。總的説來,他留給後世的不是政治、學術性的散文,而是感情激蕩的詩篇。所以,恰當的辦法是突出其詩人的地位,而不必勉强判定他屬於何種學派”。另,郭氏還對“屈原是否是愛國詩人”的討論提出了自己的看法,云:“有人認爲秦統一中國既然符合歷史發展的方向,那麽,屈原聯齊抗秦的主張就起了阻礙歷史進步的作用,當然也就談不上什麽愛國主義了。我們認爲如果把複雜的歷史現象歸結爲僵硬的公式,那必然會導致謬誤。”郭氏認爲,應從以下三個方面來認識這個問題:“第一,七國中秦國並非先進生産關係的唯一代表”;“第二、雖然歷史事實是由秦最後完成了統一中國的事業,但是其餘諸國也有這樣做的可能性”;“第三、秦經商鞅變法之後,軍事上取得相對的優勢,繼而採取了分化瓦解、各個擊破的策略，因此，楚、齊等國就有聯合抵抗的必要”，“屈原生活的年代，正是秦國力量開始壯大，楚國力量日趨衰弱的時候，在這緊要關頭，根據形勢的需要，屈原提出聯齊抗秦的主張，完全是必要的”。

1959 年中華書局上海編輯所出版，署名“郭嘉林”。1960 年中華書局出版，易名爲《屈原》，1962 再版。又，1979 年 2 月上海古籍出版社修訂再版，署名易爲“郭維森”。日本學者安藤信雄譯出初版《屈原與楚辭》在日本出版。1986 年由臺北新文豐出版公司出版《楚辭彙編》十册，收入明代以來各種著作二十三種，其中當代學者著作收入五種。郭氏本書初版亦被收入，改題爲《楚辭研究》。

迄今，對是書作過評述的論文主要有王之江《屈原之死刍論》(《遼寧大學學報》1983 年第 6 期)、曹文星《也談屈原與莊周的美學理想——兼與郭維森教授商榷》(《貴州教育學院學報》1990 年第 3 期)、周建忠《郭維森和中國當代楚辭學研究》(《陰山學刊》1993 年第 1 期)。

屈原賦證辨

楚辭研究專著。今人沈祖綿著。沈祖綿(1878—1968)，字念爾，號瓞民，浙江杭縣(今杭州)人。早年執教於杭州求是書院。清光緒二十三年(1897)，與章太炎會於杭州虚白堂，一見如故。1934 年，應邀在章太炎創辦的國學講習會講授《易》學，並爲《制言》撰稿。解放後，曾任職於中國科學院歷史研究所。著有《周易孟氏學》、《素問臆斷》、《素問瑣語》等。

沈氏先因楊純三、邢璞生二人“讀《易》之餘，乃治《楚辭》，郵書下詢”，作《屈原賦答問》一卷，後又校群書，正句讀，定韻言，作《讀屈原賦臆斷》三卷，最終合之曰《屈原賦證辨》。該書首有中華書局上海編輯所《出版説明》。次《自序》。末附録《答楊純三邢璞山兩生書九通》。正文凡上、中、下三卷：上卷爲《離騷》、《九歌》；中卷爲《天問》；下卷爲《九章》、《遠遊》、《卜居》、《漁父》。此書體例爲，先解題，次分篇列出專條；以訓釋字義、研究韻讀爲主，亦發明詞句大義；重校勘文字，注釋、韻讀，時有新見。郭在貽《近六十年來的楚辭研究》云：“細讀全書，實無多勝義，且疏謬之處，亦不能免。”

1960 年中華書局上海編輯所出版。另，1972 年臺北宏業書局影印中華書局上海編輯所出版、1974 年 10 月臺北鼎文書局出版《楚辭新義五種》楊家駱主編本、1986 年臺北新文豐出版公司出版《楚辭彙編》影印本。

楚辭書目五種

楚辭研究專著。今人姜亮夫著。該書是反映自漢以來歷代學者從事於輯集、注釋、考訂、評議、辨論、圖繪或紹述《楚辭》成就的一部目録學著作。全書首有中華書局上海編輯所《出版説明》。次姜氏《序》(寫於 1958 年),後增《補記》(寫於 1960 年)。次《書影》十三幅。次《舊繪〈九歌圖〉》。次《屈原放逐圖》。次《總目》。末附《本書書名篇名著者名綜合索引》。正文凡五部分。一、《楚辭書目提要》,内分輯注、音義、論評、考證四類,著録書籍二百二十八種。體例仿朱彝尊《經義考》和謝啓昆《小學考》,詳載原書序跋,以明著述宗旨;另增版本敘録一項,是爲創格。大致以刊行時序羅列版本,兼及書刻情況。二、《楚辭圖譜提要》,凡四十七種,内分法書、畫圖、地圖、雜項四類。三、《紹騷隅録》,著録歷代摹擬《離騷》著作的篇名和彙輯的書名,著録書籍十九種、篇章一百九十二題。四、《楚辭札記目録》,著録趙宋以來各家讀書札記中考論《楚辭》文字的條目,共收八百零二題,又書籍一種。五、《楚辭論文目録》,著録重點爲"五四"以來有關楚辭及其作者的論文目録,前此的單篇論著亦附收,共著録四百四十七題。姜氏積數十年之功,辛勤搜集編撰此書,爲《楚辭》研究提供了一部很有價值的工具書,並在敘述之中,時加評議,指陳得失,褒貶中肯,體現其楚辭學成就。

1961 年中華書局上海編輯所出版。另,1993 年 2 月上海古籍出版社重印,由姜氏弟子崔富章"作了若干修訂",原《序》之前增加了上海古籍出版社《重印説明》,正文、附録基本上保持原貌,個别地方作了相應更動。

迄今,對是書作過評述的論文主要有崔富章《〈楚辭〉版本源流考索——兼及〈楚辭要籍解題〉之訛誤》(《浙江學刊》1987 年第 1 期)、昝亮《〈楚辭書目五種〉補考五則》(《古籍整理研究學刊》1997 年第 3 期)。

屈 賦 通 箋

楚辭研究專著。今人劉永濟著。劉永濟(1887—1966),字弘度,别號誦帚,湖南新寧人。自幼受祖父、父親熏陶,喜愛文學。及長,問學於近代著名詞人況周頤、朱祖謀,故亦爲著名詞學家。1911 年考入清華學堂。1928 年後歷任東北大學、武漢大學、浙江大學、湖南大學教授。1949年後在武漢大學任教。1951年,因著名楚辭專家游國恩提議,被定爲一級教授。曾任湖北省文聯副主席、《文學評論》編委。對經學、史學、文學、文字音韻、目録校勘等均有深入研究,於《楚辭》和宋代詞學造詣尤深,爲世所稱。著有《十四朝文學要略》、《文學論》、《文心雕龍校釋》、《唐人絶句精華》、《詞論》、《唐五代兩宋詞簡析》、《元人散曲選》、《箋屈餘義》、《屈賦音注詳解》、《屈賦釋詞》等。

劉氏於楚辭研究方面主要有《屈賦通箋》(附《箋屈餘義》)、《屈賦音注詳解》(附《屈賦釋詞》)。該書之主體,即劉氏在《學衡》雜志及《武漢大學文哲季刊》、《武大文科學報》發表之論文。此書凡五卷。卷首有《叙論》,包括正名定義第一、篇章疑信第二、屈子學術第三、屈子時事第四、屈賦論文第五、屈賦讀法第六。末附《屈賦通箋補正》。次《通箋引用書目》(凡二百四十六種)。正文包括:卷一《離騷》、卷二《九辯》、卷三《九歌》、卷四《天問》、卷五《九章》五卷。其通箋體例大致爲,解題第一、正字第二、審音第三、通訓第四、評文第五。此書論定屈原作品爲《離騷》、《九辯》、《九歌》、《天問》、《九章》(前五篇),以《離騷》作於頃襄王初年;《九歌》作於初放江南之時;《九章》前五篇《惜誦》、《涉江》、《哀郢》、《抽思》、《懷沙》皆南遷後作品,《懷沙》爲絶筆;《天問》爲呵壁之作。姜亮夫《楚辭書目五種》云:"諸論大體以舊説爲根基。若無新解,而思力至勤。"

另,此書附《箋屈餘義》一卷。首有《目録》。次《自序》。正文有關總義、有待商榷者凡十九條,主要有《史記·屈原列傳發疑》、《研究屈賦之困難及由此而生之疵病》、《屈子非道家遠遊非屈子所作》、《屈賦體制出於古樂章説》、《哀郢非哀楚遷陳》等,頗有參考價值。

1961年人民文學出版社出版。另,1974年10月臺北鼎文書局出版楊家駱主編《楚辭新義五種》本、2007年中華書局出版《劉永濟集》本。

迄今,對是書作過評述的論文主要有李中華《〈屈賦通箋〉對於楚辭學的繼承與開拓》(《中國韻文學刊》2004年第1期)。

九　歌

楚辭研究專著。今人文驍輯注。文驍(1926—　),原名杜鑫,又名杜維沫,河南滑縣人。1949年畢業於南開大學中文系。曾任人民文學出版社中國古典文學編輯室主任、編審。1987年離休。著有《一瓢詩話箋注》、《歐陽修選集》、《金瓶梅研究集》(合編)等。

此書首有文氏《前言》。次《目録》。正文凡《九歌》十一篇。其體例爲，各篇先原文，次注釋，末説明。各篇之注釋和説明，《前言》云："主要輯自解放後出版的一些楚辭的新注本，有的文字作了改寫，同時也參考了其他有關著作以及一些舊注。各家解説分歧的地方，選擇比較平實易懂的説法，或者將各説一並加以介紹。"文氏認爲，《東皇太一》祭天神，《東君》祭太陽神，《雲中君》祭雲神(雨神)，《湘君》、《湘夫人》祭湘水神(一對配偶)，《大司命》、《少司命》祭主宰壽命之神，《河伯》祭黄河神，《山鬼》祭山神，《國殤》祭爲國犧牲的戰士，《禮魂》爲送神曲。崔富章《楚辭書目五種續編》云："各篇注釋及説明，輯自解放後出版的《楚辭》注本，亦參考舊注，融會貫通，簡潔昭晰。"1963年2月人民文學出版社出版。另，1979年人民文學出版社再版，末增郭沫若《〈九歌〉今譯》。

楚辭解故

楚辭研究專著。今人朱季海著。朱學浩(1916—2011)，字季海，上海三林塘人。其父孔文，字書樓，光緒十八年三林塘鎮秀才，負笈東渡日本，求學於弘文學院、早稻田大學法學系，撰有《江州文鈔》、《讀史隨筆》、《華亭司法紀實》、《法制新論》、《教授法通論》等。朱氏幼年就讀於九江同文學院。1932年淞滬抗戰，舉家遷居蘇州，轉學至蘇州東吴大學附中。自幼背誦詩文，諳熟四書五經，後亦能評述《章氏叢書》。據俞明《痴子》云："朱父書樓系留日學生，與黄興、楊度善，素仰太炎之人品學問，力促其子往投名師。"故朱氏十七歲入章太炎門下，任章氏國學講習會及太炎文學院講師。其間，參與創辦《制言》，任首届編輯主任，並爲"章氏國學講習會徵求會員"的發起人。1947年，擔任"國史館"簡任協修，僅在任兩年。50年代初，分别在蘇州第三中學及東吴大學執教。現爲中國訓詁學會顧問、江蘇復興私塾名譽顧問。

撰有《思柔室涉書小記》(1935年)、《太炎先生逝世三週紀念特刊：曼言》(1939年)、《讀天都烈士歌感賦》(1940年)、《觀劇(演弘光時事)》(1940年)等論文。著有《南齊書校議》、《莊子故言》、《〈韓詩外傳〉校箋》、《〈風俗通義〉校箋》、《〈説苑〉校理》、《〈新序〉校理》等。

該書部分條目曾在《語言研究》第2期(1957年12月)、第4期(1959年9月)及《中華文史論叢》第1輯(1962年8月)、第2輯(1962年11月)、第4輯(1963年10月)發表，待1963年彙編成書時稍作修改。此書首有《楚辭解故叙》。次《楚辭解故總目》。末附朱氏《後記》。次《楚辭解故及續編引用書目略》。正文體例爲,以句爲例,不録全文。朱氏先引原句,次以王逸《楚辭章句》、洪興祖《楚辭補注》補之,兼録其他注疏及相似文詞予以陳言,後出按語。句中字詞注釋則分條記述、校勘。另,編次一仍洪興祖《楚辭補注》中古本《楚辭釋文》之次第。凡重複考證之條目,均用“*”標識,並以後來之考證爲定論。又,疑玄之處附“闕文一事”及“闕文存疑一事”或列“附記一”、“附記二”、“附記三”分别論之。朱氏在《後記》中説明研究楚辭之緣起,云:“予治《楚辭》,歲在甲申,時倭禍方亟,實有哀郢之志。既流觀王逸以來諸家舊義,頗求之楚事楚言,時有未合,乃稍下己意。”故朱氏據荆楚、淮楚間方言、風土、習俗等文獻資料和出土文物,從校勘、訓詁、謠俗、名物、音韻等方面,對《楚辭》作研究,“務使楚事、楚言,一歸諸楚。其有明文者,必徵其始;其無明文者,亦以參伍而知之”。朱氏治學,鍾情王、洪,又兼論各家。挖掘内證,甄别作品。或摭注疏未備,而核楚語、楚事、故書定之,抑或借物理學、天文學、民俗學及考古學等説解各家。案,朱氏對《大招》創作時間及作者的考證,遠在諸家之上。朱氏按楚語、楚事中字詞、音韻及典章制度推測《大招》的創作時間爲西漢時期,可謂追本溯源。故朱氏其書是研究《楚辭》“楚語”的集大成者,後人頗難超越。

1963年12月中華書局上海編輯所出版,包括《楚辭解故》一卷二百則,《楚辭解故續編》一卷五十二則。另,1972年11月臺北宏業書局出版。又,1980年3月上海古籍出版社出版,首增《出版説明》,《續編》後又補《楚辭解故三編》一卷五十七則,合併刊行。另,1986年臺北新文豐出版公司出版《楚辭彙編》影印本(然未收《楚辭解故三編》)。

迄今,未見對是書作過專題研究的論文。多數論文往往在考證《楚辭》語義問題時摘録原文,或在《楚辭》研究綜述中簡要介紹。至於書目評點方面則有四篇,即姜亮夫著《楚辭書目五種》、洪湛侯《楚辭要籍解題》、潘嘯龍等《楚辭著作提要》、周建忠等《楚辭學通典》,含版本源流及内容簡介。

離騷今譯校注與答問

楚辭研究專著。今人彭澤陶著。該書乃彭氏《離騷㠒補注》補充、完善之作。首有彭氏《自叙》。此書之撰述過程與特點,《自叙》云:“早歲作《離騷㠒補注》,粗有所得,而以力薄”,“因復深思力索,綿歷歲年,既廣取證於經籍,又運用文字聲韻訓詁語法修辭邏輯校勘諸規律,疏之瀹之,決之排之”。正文包括：首《離騷今譯》，次《離騷校注》，次《離騷疑義答問》（凡一百三十八條）。另，彭氏在《離騷今譯説明》中指出，《離騷今譯》“完全按照原文的詞義、語義、詞性、語法結構，（遇倒文，則依規律變順）用現代漢語對譯。在這四種限制之下，要求把本句譯得文從字順，而且能和前後文連成一氣，不相齟齬，藉以減少主觀隨意性，增强科學準確性”。1965年廣西師院排印本。

屈原及其作品研究

楚辭研究專著。今人趙昇平著。據吴宏一《從資料的鑒别談當代的楚辭研究》（屈原研究國際研討會論文，2000年5月，香港），此書實乃林庚《詩人屈原及其作品研究》之盗版，云：“林庚此書，曾經幾次修訂改版，初版是1952年由上海棠棣出版社印行，修訂再版本1955年上海古典文學出版社印行，第三次修訂本1981年上海古籍出版社重新排印發行。盤庚出版社的翻印本，根據的是再版修訂本。除了更動著者、書名、略去‘後記’、‘再記’之外，其他悉照原本影印。”吴氏所據版本，爲臺北盤庚出版社印行本，未署出版年月，香港中文大學錢穆圖書館藏本；吴氏考查，認爲“出版於1979年”。其實，趙氏《屈原及其作品研究》一書，早在1968年就由臺北華聯出版社出版。何沛雄曾對本書作過介紹，云：“本書概述屈原的生平、考證屈原的生卒年、討論屈原的人格、簡注和論辨《史記・屈原列傳》，證明司馬遷的記載，是正確可信的。關於屈原的作品，作者討論了《招魂》、《橘頌》、《國殤》、《禮魂》、《湘君》、《湘夫人》等篇的内容或體裁，也討論了《離騷》中竄入的文字、《楚辭》裏‘兮’字的性質、《天問》的注解與整理、《涉江》的斷句和錯簡。全書内容，絶大部分是作者自己的意見，至於引用前賢或今人的研究成果，去取得失，由讀者定奪可也。”（《辭賦大辭典》，江蘇古籍出版社1996年版，第450—451頁）顯然，何氏亦不知此書即林庚《詩人屈原及其作品研究》的臺灣盗印本。

楚 辭 研 究

楚辭研究專著。今人胡子明著。據吴宏一《從資料的鑒别談當代的楚辭研究》(屈原研究國際研討會論文,2000年5月,香港),此書係臺灣書商彙集、拼湊民國初年學者的論文而成,著者“胡子明”根本是子虛烏有,本無其人。該書首有《目録》。凡收楚辭研究論文二十八篇,其中採自林庚《詩人屈原及其作品研究》一書十一篇,即《湘君湘夫人》、《説國殤》、《禮魂解》、《涉江的斷句及錯簡》、《説橘頌》、《天問注解的困難及整理的綫索》、《招魂解》、《招魂地理辯》、《楚圖説》、《彭咸是誰》、《楚辭裏“兮”字的性質》;採自游國恩《楚辭論文集》一書九篇,即《説離騷“秋菊之落英”》、《離騷“后辛菹醢”解》、《楚辭隨筆三則》、《天問題解》、《天問“昏微遵迹有狄不寧何繁鳥萃棘負子肆情”解》、《天問古史證二事》、《屈原放逐時地考略》、《楚辭中沅湘洞庭諸水斷在江南證》、《楚辭辯疑八事》;採自《文學遺産》增刊第1輯(作家出版社,1955年)二篇,即楊柳橋《離騷題解》、徐嘉瑞《楚辭“亂曰”解》;採自《楚辭研究論文集》(作家出版社1957年版)二篇,即鄧國基《離騷“啓九辯與九歌兮夏康娱以自縱不顧難以圖後兮五子用失乎家巷”四句的解釋問題》、李嘉言《離騷錯簡説疑》;採自陸侃如《屈原》(亞東圖書館1923年版)二篇,即《楚辭古音録》、《楚辭校勘記》。而《楚辭韻譜》的作者,則爲清代江有誥(按,江氏原書題爲《楚辭韻讀》)。1968年臺北華聯出版社出版。

屈賦正義

楚辭研究專著。今人于宇飛著。于宇飛(1894—1978),字浣非,黑龍江賓縣人。中學畢業後,考入哈爾濱醫學專門學校。畢業後,回到家鄉創辦縣醫院,自任院長。“九·一八”事變後,于浣非與趙惜夢、闕吉罡等積極從事抗日救國宣傳。哈爾濱淪陷後,他携帶全家遷往北平。1935年由張學良出資在武漢創刊《大光報》,趙惜夢任社長,于浣非任經理。抗戰期間,于浣非在重慶東北抗日救亡總會工作。1949年以後前往臺灣,並離開政界,從事古籍整理工作。1978年在臺中市乘公共汽車時,因遭乘務員(小姐)的辱駡,心臟病發作死亡,終年八十四歲。

該書凡上、下二册。首有《目次》。次蔡運辰《序》。次于氏《自序》。次《三閭大夫像》。次《屈原年譜及屈賦題解編目》。次《例言》。次《屈賦正義編目》。于氏考定,屈原作品凡二十七篇,寫作順序爲:1.《橘頌》;2.《東皇太一》;3.《禮魂》;4.《惜誦》;5.《國殤》;6.《河伯》;7.《大招》;8.《抽思》;9.《卜居》;10.《哀郢》;11.《涉江》;12.《懷沙》;13.《思美人》;14.《招魂》;15.《天問》;16.《雲中君》;17.《湘君》;18.《大司命》;19.《少司命》;

20.《湘夫人》;21.《悲回風》;22.《惜往日》;23.《山鬼》;24.《東君》;25.《漁父》;26.《離騷》;27.《遠遊》。其體例爲,每篇首題解,次原文(四句一節),次語解,次注釋,次節解。作者聲稱,此書"盡屏一切注本,自覓參考書,鈎沉探微",以寫作時間及地點編定篇次。于氏認爲,屈原賦篇,未有安國之計,只寫其悒鬱哀思、憤懣怨恨之情;而屈子爲人,則高傲、乖張、孤癖、夸誕、盛氣凌人、目空一切、不近人情,兼而有之。因此,"二千三百餘年,讀屈賦、知屈原者,惟班固一人而已"。屈原"其所以傳世不朽者","由於文章特創一格,斐然可觀爾"。1969年臺北中華書局出版。

九歌研究

楚辭研究專著。張壽平著。張壽平(1925—),號縵盦,江蘇無錫人。1946年赴臺灣,曾任臺灣國立政治人學文學院教授、私立中國文化大學中國文學系主任。1947年赴西德,任慰慈堡大學漢學研究所客座教授。後任香港樹仁學院及遠東學院文史研究所教授。著有《安縵室詩詞》等。

該書凡五編。第一編《總論》,論"早期之九歌研究"、"近代學者之九歌研究"及"本著之內容"。第二編《九歌之名稱性質時代及其作者》,凡三章,論"九歌名稱與性質"、"九歌之時代與作者"、"九歌所祀之神"。第三編《九歌之體例》,凡二章,論"九歌之體例"與"釋九歌兮字"。第四編《九歌內容之分析》,凡五章,論"九歌中之觀念"、"九歌之神人稱謂"、"九歌中之地名附九歌九神祭祀之地址圖説"、"九歌中之器用服飾居室舟車"、"九歌中之草木鳥獸蟲魚"。第五編《九歌校釋》,稱此書據凌純聲"九歌爲濮獠民族祀神樂舞"之説,闡明其義理。謂《九歌》凡九篇,爲沅湘之間土著濮獠民族祭祀九神所用樂舞歌辭。《國殤》與《禮魂》皆祭人鬼之辭,附於《九歌》,無涉《九歌》命名之義。而《楚辭·九歌》乃戰國時代楚之文學家屈原所作。至於篇次,則以《東皇太一》居首,其他每兩篇一組,篇次依其所祀神鬼之尊卑親疏而定。"東皇太一"即天帝,在天神中最爲尊貴,爲南楚濮獠民族所奉創造神。"東君"爲日神,"雲中君"爲月神,二神同隸天神,又爲其族保護神。"湘君"、"湘夫人"同爲沅湘之神,即其族社神。"大司命"、"少司命"同爲司命之神,主生人壽殀、善惡果報。"河伯"、"山鬼"爲一般山嶽河流之神。"國殤"、"禮魂"皆祀人鬼:《國殤》乃祭梟之遺制,所謂死於國事者,爲異族被獵之人頭;《禮魂》本作"祀魂",爲本族安然去世者。崔富章《楚辭書目五種續編》云:"蓋取凌純聲氏'九歌爲濮獠民族祀神樂舞'之説以釋《九歌》者。除運用比較神話的方法外，尚多史證與内證，並進一步歸納《九歌》中的鬼神觀，乃相當人格化、社會化、理教化、而非甚爲怪誕者。”1970 年 4 月臺北廣文書局出版，1988 年 8 月再版。

楚辭文學的特質

楚辭研究專著。今人吳天任著。吳天任（1916—1992），號荔莊，廣東南海人。1949 年移居香港，曾歷任香港葛量洪師範學院、中文夜學院學海書樓、廣僑書院、經緯書院文史講師。現任香港樹仁學院中文系高級講師。著有《黄公度傳稿》、《清黄公度先生遵憲年譜》、《梁節庵年譜》等。

該書爲吳氏 1955—1956 年間關於楚辭文學研究的講稿。正文凡七部分，主要論述屈原的楚辭作品。首先，論述了楚辭的淵源，認爲楚辭雖然原是本於當時的楚調民歌，但無論從性質上還是從形式上説，都與《詩經》有諸多内在聯繫。其次，從思想内容與形式構造兩方面分析了楚辭文學的特質。關於思想内容，主要論述了屈賦的國族、歷史、德性、宇宙、出世和神怪思想。吳氏根據屈原的世系來歷和國策主張等史料並結合其作品分析，認爲屈作表現出其與國族民生間不可分離的關係，這也是楚辭最重要的思想；根據屈原爲左徒史官説明其天地陰陽歷史興廢的觀點濃厚，認爲其作品中常把古代興亡禍福善惡災祥足爲今世鑒戒的引述以爲諷勸，正表明了這一點；因其德性高潔，故常在作品中以草木芳潔自喻，同時以惡草惡物比讒佞；因其祖先顓頊氏之後的重黎，精通天文，故其天地陰陽的宇宙思想淵源有自，作品中一再提出許多天體與地理問題；廣大而精微的宇宙思想，使屈原更幻想出種種超世的境界，於是作品中體現出出世思想，既有諷喻成分，又不免由於厭倦現實人生而將情感寄託到另一世界去。關於形式構造，吳氏主要從屈賦的用字法、造句法、分章法、協韻法等方面歸納其特點，認爲理解《離騷》要緊緊抓住“怨、死、去”三個字眼。至於《九章》、《卜居》、《漁父》的真僞假託問題，吳氏不同意吳汝綸、胡適之、陸侃如、馬茂元等的疑古，深信上述各篇都是屈原的作品。關於研究方法，游國恩以爲有五，即校其文，明其例，通其訓，考其事，定其音。吳氏以爲，還應益以“論其世”，而出土文物可作佐證。1972 年 7 月臺灣商務印書館出版。

迄今，對是書作過評述的論文主要有劉石林《吳天任屈原學研究綜述》（載戴錫琦、鍾興永《屈原學集成》，中央編譯出版社 2007 年 6 月版）。

屈原與九歌

楚辭研究專著。今人蘇雪林著。該書凡上、下二編。首有蘇氏《自序》。蘇氏在《自序》中提出，詮釋屈賦，必須擴充研究資源，充分利用以下七種：第一，研究比較宗教學、人類學、民俗學等各種宗教知識，尤須研究西亞、埃及、希臘、印度的神話及傳説，以與屈賦内容互相比較，借以追究宗教、神話傳説的真實來源；第二，利用古代神話，如《山海經》、《穆天子傳》、《吕覽》、《莊子》、《淮南子》等漢代所有典籍，戰國秦漢魏晉唐宋以來各種筆記小説、民間傳説的神怪故事及不見經典的宗教祀典，廣泛搜集民間文化中殘存的神話分子；第三，涉獵佛經及印度兩大史詩《摩訶婆羅多》、《羅摩衍那》，韋陀頌歌、道藏、基督、天方經典，此類書籍可與屈賦印證之處，隨處可見；第四，研究古代各文明民族的天文、曆法與地理學説；第五，參考中國正經，如《詩》、《易》、《書》、《禮》、三《傳》、《爾雅》等，參考正史及古代稗史，尤須注意今日地底發現的考古資料，以校正歷史事實之錯誤及補其缺乏者；第六，利用音韻學，以戰國前後之古音，利用文字學，以考證戰國前後之字體，及兩者之變遷流衍，尤宜留意甲骨、銅器等古文字；第七，各家楚辭箋證，皆其一生心血之結晶，取以參考，意識必須明敏冷静，去陳腐之謬説，取明晰之新解，比一己盲目的探索，便利良多。

正文包括上編、下編。上編爲《屈原評傳》，認爲中國古文化曾兩度接收域外文化(所謂西亞文化)影響，一爲夏朝，一爲戰國時代。戰國時鄒衍、公孫龍皆爲域外學者，挾西亞文化而來，蘇氏將中國的所有神話都和巴比倫神話聯繫起來，認爲一切神話乃至文化都導源於巴比倫。而屈原曾經使齊，接受新知識，故《天問》、《九歌》盡源自西亞神話。下編爲《九歌》研究，包括：《九歌》總論、篇一《東皇泰一與木星之神》、篇二《河伯與水主》、篇三《國殤與無頭戰神》、篇四《湘君與湘夫人》、篇五《雲中君與月神》、篇六《東君與日神》、篇七《大司命與死神》、篇八《少司命與生神》、篇九《山鬼與酒神》。蘇氏以《九歌》中所祀的神，爲九重天的主神：日神(太陽)爲東君，月神(太陰)爲雲中君；水星(辰星)之神爲河伯；火星(熒惑)之神爲國殤；木星(歲星)之神爲東皇泰一；金星(太白)之神爲湘夫人；土星(鎮星)之神爲湘君；第八重天天主星爲蝕，其神爲大司命；第九重天天主神爲彗星，其神爲少司命；又以爲山鬼代表地球本身，禮魂爲送神曲。蘇氏强調："上述諸神，各有其主名，亦各有其故事，且均來自西亞，地位均甚尊崇，幾乎每一位神都具有創造主的資格，其祭祀傳遍世界，不但世界所有大神均此九神所衍化，即我們中國所有林林總總之神道，也不出這幾位神的範圍。”

1973年臺北廣東出版社出版、1992臺北文津出版社翻印1973年版。另，2007年武漢大學出版社出版蘇雪林《屈賦新探》本。

迄今，對是書作過評述的論文主要有沈暉《跨文化研究的宏篇巨構——論蘇雪林教授的〈屈賦新探〉》(《安徽大學學報》1999年第4期)、王慶元《蘇雪林與武漢大學及其屈賦研究述略》(《武漢大學學報》2000年第2期)、毛慶《試論屈賦之域外文化背景——從蘇雪林先生的楚辭研究説起》(《荆州師範學院學報》2000年第4期)、劉石林《蘇雪林屈原學研究綜述》(載戴錫琦、鍾興永《屈原學集成》，中央編譯出版社2007年6月版)。

天問天對注

楚辭研究專著。復旦大學中文系訂注。該書首有《前言》。次《目録》。末附《天問》、《天對》原文。正文《天問天對注》，按一問一對的形式編排校注。參加注釋的有王運熙、李慶甲、徐鵬、章培恒、顧易生等，參加校訂的有譚其驤、楊寬、蔣天樞、陳子展等。崔富章《楚辭書目五種續編》云：“《天問》注採用王逸説，部分吸收了洪興祖、朱熹以來的研究成果。《天問》正文，主要根據影印宋端平本及《四部叢刊》影印明翻宋本，參校了其他一些版本。”1973年11月上海人民出版社出版。

迄今，對是書作過評述的論文主要有周建忠《〈天問〉要籍解題》(《南通師範學院學報》2001年第1期)、毛慶《〈天問〉研究四百年綜論》(《文藝研究》2004年第3期)。

天問正簡

楚辭研究專著。今人蘇雪林著。該書凡五編。首有《目録》。次蘇氏《自序》。次《引言》。次《天問原文》。次《天問正簡》。末附蘇氏《由整理〈天問〉而引起屈賦研究的興趣談(代跋)》。次蘇氏《〈天問〉整理之初步》。次楊希牧《蘇雪林先生“天問研究”簡介》。次楊希牧《説古籍編撰的神秘性》。正文凡五編，包括：第一編《天文部分》、第二編《地理部分》、第三編《神話部分》、第四編《歷史部分》、第五編《亂辭部分》。蘇氏認爲,《天問》文理雜亂,地理與歷史混雜,神話與正史交纏,在於有錯簡及脱文;《天問》所寫内容盡爲國人所不知的荒唐悠邈的神話,是屈原深受"域外文化影響"創作的一部奇世珍品,研究者拘泥於在中國典籍中求解,卻不在中國文化系統之外尋找答案,故使《天問》成了文學史上一個難解之謎。鑒此,蘇氏憑藉其豐富的域外文化知識,參考中國神話色彩濃厚的《山海經》、《淮南子》、《穆天子傳》諸書,將《天問》的全文拆散,思索文理、文意,推敲韻脚,再加組合。"蓋其全文一千五六百字,分爲天文、地理、神話、歷史、亂辭五部分。天文、地理、神話各四十四句。歷史分夏、商、周三代,每代各七十二句。亂辭皆屬七言,共二十四句。天文一段最爲完整,無須更動,其他則甚爲雜亂,並有脱簡若干。但所缺並不多,半簡一簡而已。但我們就完整或片段以觀,及揣摩文氣,有絶大理由,可以主張《天問》結構是如此"。

經蘇氏整理後的《天問》,"神話"部分四十四句。蘇氏細心探求,發現其中含有東西方三個神話,後來她據此寫成三篇論文,即《〈天問〉裏的〈舊約·創世紀〉》、《后羿射日神話》、《印度諸天攪海故事》。蘇氏在本書中再次强調:"我固曾屢次聲明,《天問》這篇大文是'域外文化知識的總彙',不但天文、天理、神話來自域外,即歷史和亂辭也摻有不少域外文化分子。"

1974 年臺北廣東出版社出版、1992 年 5 月臺北文津出版社出版。另,2007 年武漢大學出版社出版蘇雪林《屈賦新探》本。

迄今,對是書作過評述的論文主要有鍾志邦《屈原的〈天問〉與〈約伯記〉的"上帝問"(上篇)》(《中國文化研究》1993 年冬之卷總第 2 期)、沈暉《跨文化研究的宏篇巨構——論蘇雪林教授的〈屈賦新探〉》(《安徽大學學報》1999 年第 4 期)、王慶元《蘇雪林與武漢大學及其屈賦研究述略》(《武漢大學學報》2000 年第 2 期)、毛慶《試論屈賦之域外文化背景——從蘇雪林先生的楚辭研究説起》(《荆州師範學院學報》2000 年第 4 期)、周建忠《〈天問〉要籍解題》(《南通師範學院學報》2001 年第 1 期)、毛慶《〈天問〉研究四百年綜論》(《文藝研究》2004 年第 3 期)、劉石林《蘇雪林屈原學研究綜述》(載戴錫琦、鍾興永《屈原學集成》,中央編譯出版社 2007 年 6 月版)。

離騷九歌九章淺釋

楚辭研究專著。今人繆天華著。繆天華(1914—1998),浙江瑞安人。中國公學文學士。曾任臺灣師範大學教授、復興書局特約編輯、國立編譯館編審。

該書首有《凡例》。卷末附《參考書舉要》。次《採引諸家傳略》。次繆氏《跋》。正文凡三卷:卷一《離騷淺釋》、卷二《九歌淺釋》、卷三《九章淺釋》。各篇詮釋均有校勘、注釋、韻讀等,且於每段注釋後,附散文語體譯述。因其書曾先行按篇分册出版,故此書卷一含導言、後記,卷二有後記,卷三附自序。本書之字句、分節、分段、注音、韻讀以参閲朱熹《楚辭集注》、戴震《屈原賦注》爲主。如篇中協韻之字,繆氏既注古音又注方音,之後又附注音符號,其云:“所注古音,大抵依據戴震屈原賦音義”,“凡相協韻的字,依篇中次序排列,每節一行,上加數字,以明韻部不同(起韻或轉韻處)。”據此知繆氏治學頗費心力。另,《九歌》附插圖,採自明人蕭雲從所繪。

繆氏治騷始於1948年,應臺灣師範大學講授楚辭之需,便逢沉悶與閒暇之日伏案著書,其先作《離騷淺釋》、次作《九章淺釋》、後作《九歌淺釋》。在卷一《離騷淺釋》的《導言》中,繆氏集中闡釋了屈原生卒年、楚辭各篇作者及作品創作時地、篇章次序等問題。繆氏認爲“屈原大約活了六十七歲”。繆氏將屈原的作品分爲三個時期:第一期(《九歌》、《橘頌》)“在懷王朝被疏以前”;第二期(《惜誦》、《離騷》、《抽思》、《天問》)“是被疏後至放逐江南以前”;第三期(《思美人》、《悲回風》、《招魂》、《哀郢》、《涉江》、《懷沙》、《惜往日》)“是襄王三年以後放於江南至投汨羅而死”所作。此外,繆氏還强調“關於屈原的生平和放逐的次數、地點等,除掉屈原的作品本身以外,劉向的《新序》所述是非常重要的”。概言之,此書之注釋採擷諸家成説,間下己意,淺明易讀且含學術性,爲“滄海叢刊”之一。1975年5月臺北東大圖書有限公司出版、1978年臺北東大圖書有限公司重版、1984年臺北東大圖書有限公司修訂再版。

迄今,對是書作過評述的論文主要有劉石林《繆天華屈原學研究綜述》(載戴錫琦、鍾興永《屈原學集成》,中央編譯出版社2007年6月版)。

屈賦甄微

楚辭研究專著。今人鄭坦著。該書首有鄭氏《弁言》。次《目録》。鄭氏論定屈賦二十五篇,《弁言》云:“《漢志》謂‘屈原賦共二十五篇。’而諸本所載,不止此數。唐宋以還,無有易之者。明·黄文焕始取《離騷》以下二十五篇之文,益以《招魂》、《大招》兩篇,合輯成書。考其總數,殊與《漢志》不符。今稽考有關資料,咸以‘二招’之文,乃宋玉、景差所作,非出屈子之手。故不編列在内，以全《漢志》之數。”至於各篇篇次，與舊本亦有變動，首《離騷》，次《天問》，次《九章》，次《九歌》。《九章》篇次依寫作之先後爲序，即《惜誦》、《抽思》、《思美人》、《涉江》、《哀郢》、《橘頌》、《悲回風》、《惜往日》、《懷沙》。《九歌》篇次，則以所祀天神地祇神位之尊卑爲序，即《東皇太一》、《東君》、《雲中君》、《大司命》、《少司命》、《湘君》、《湘夫人》、《河伯》、《山鬼》。又，鄭氏以爲，《國殤》、《禩魂》兩篇，非禩神之歌（案：“禩”，即“祀”，《楚辭》各本皆作《禮魂》，而非《禩魂》），不能與《九歌》並論，故與《卜居》、《遠遊》、《漁父》合爲一卷。正文部分，鄭氏“以章節、注釋、語譯、音韻、考證五項並重”，每四句爲一節，若干節爲一章，若干章爲一段。章有大意綜述，段有段解。對時賢舊注，常有評述，如《離騷》“初既與余有成言兮”的“成言”本事，注釋云：“屈子與懷王成言，史、傳俱無明徵。是否指《史記》所稱‘屈平爲楚合齊以擯秦’之事；抑係‘自漢北奉詔還朝時，有所默契’。但亦無確據，二説未悉孰是，不敢妄言之也。”有時亦略述己見，如《離騷》題意，鄭氏云：“離者，仳也，寓有離棄之意。騷者，憂也，謂宗國之憂也。離騷者，乃謂蠲棄宗國之殷憂也。暗示懷、襄二世，禦諫不納，反招誶替，衹有以耿耿赤心，行以尸諫，效彭咸之遺則，而沉江一死矣。”

正文凡六卷：卷一《離騷》，卷二《天問》，卷三《九章》，卷四《九歌》，卷五《國殤》、《禩魂》、《卜居》、《遠遊》、《漁父》，卷六《屈原年表》、《屈原賦撰寫時序表》、《屈原傳》、《屈原外傳》、《援引採摭書目》。鄭氏定屈原生於前 343 年，卒於頃襄王十年（前 289 年）。謂《離騷》、《遠遊》、《漁父》三篇爲屈原抵達汨羅之前，作於湘南，約在頃襄王七年至十年中。又謂《漁父》“是漁父以不入耳之言，來相勸阻。及言其志而漁父亦以爲不然。是屈原自認舉世終無一人可語，雖欲不沉，不可得矣。乃長歌而去，自沉於汨羅”。1976 年 1 月臺灣商務印書館出版。

迄今，對是書作過評述的論文主要有劉石林《鄭坦屈原學研究綜述》（載戴錫琦、鍾興永《屈原學集成》，中央編譯出版社 2007 年 6 月版）。

天問天對譯注

楚辭研究專著。吉林師範大學歷史系等單位譯注。該書首有《目録》。次《前言》。譯注採用一問一對形式編排，先原文，次語譯，次注釋。崔富章《楚辭書目五種續編》云：“考其《前言》和注釋，實一九七三年上海人民出版社出版排印本之翻版，無所發明。語譯是新加的，以其爲普及性質讀物也。”

此書的出版，具有鮮明的时代烙印。1976 年 10 月人民出版社出版。

屈賦新編

楚辭研究專著。今人譚介甫著。譚介甫，即譚戒甫(1887—1974)，原名作民，字介夫，曾用名石奇，湖南漣源人。幼入私塾讀四書五經，1909 年考入上海高等實業學堂，學習電機工程。1914 年以後在湖南省立第一中學、第一師範、妙高峰中學教課。1928 年由於楊樹達的賞愛，被聘爲武漢大學講師，一年後改聘爲教授。1938 年 9 月至 1945 年，先後在西北大學、西北師範學院、貴州大學、貴陽師範學院、之江大學等校任教授，並在西北大學、貴州大學任過中文系主任。1946 年任湖南大學文學院院長兼中文系主任、教授。1953 年高校院系調整，調回武漢大學，任歷史系教授。譚氏學術研究主要治“先秦諸子”、“楚辭”、“西周金文”。著有《墨辯發微》、《公孫龍子形名發微》、《墨經分類譯注》、《莊子天下篇校釋》、《校吕遺誼》等。

1939 年譚氏開始在西北大學教《楚辭》，編印過《楚辭章句校釋》講義，認爲《國殤·禮魂》乃司馬遷讀過的《招魂》。1944 年又發現懷王二十八年的“莊蹻暴郢”，後作《屈原哀郢的研究》，説《哀郢》並不是哀白起所拔之郢而是哀莊蹻所暴之郢(《四川大學學報》1957 年第 2 期)。1967 年開始清理舊稿，撰寫《屈賦新編》，時已八十餘歲，“年邁多病，行動不便，耳目又漸聾盲”，靠放大鏡用毛筆寫作。中華書局編輯部《出版説明》云:“作者博採群書，鈎沉古史，匯集了大量的歷史資料，特别是搜集到一部分楚史資料，對屈原的生平史實、屈作和非屈作的區分、屈作各篇的寫作年代、作品的章節錯簡等方面，都作了考訂。作者在研究工作中，不囿於舊注、舊説，大膽地提出自己的一些新見解。”

該書首有《出版説明》。次《自序》。次《凡例》。正文凡上、下兩集:上集爲“屈作之部”，包括《九辯》(九篇)、《九歌》(九篇)、《橘頌》、《招魂》(即《國殤·禮魂》)、《抽思》、《哀郢》、《涉江》、《離騷》、《懷沙》，凡二十五篇;下集爲“非屈作之部”，包括《天問》、《漁父》、《思美人》、《惜誦》、《惜往日》、《卜居》、《悲回風》、《遠遊》，凡八篇。譚氏認爲，“《天問》爲屈原在懷王時出使齊國，收集稷下學士所提出的複雜問題，構成一篇希世的作品”，“《天問》雖有屈原參加，還不算是屈作”。另，譚氏還提“屈作”與“非屈作”的界限，屈作各篇的題目都是屈原自定，立意包括全篇;而“非屈作”如《思美人》、《惜誦》、《惜往日》、《悲回風》標題見於原詩首句，而《遠遊》見於原詩第二句。又，上集《通論》説楚王朝有“木派”與“草派”之争,有《略論懷・襄二朝的派别組織》專節,譚氏據洪補“椒桯,木類;蕙茝,草類”之分,謂楚王朝有“木派”(偏旁從木),如熊槐、熊横、子椒(木根);“草派”(草字頭),如蘭(子蘭)、蕙(靳尚)、茝(屈原)。後來,靳尚和屈原争寵,心害其能,引“草派”投歸“木派”,故茝爲杜茝、蘅爲杜蘅、若爲杜若、子蘭改稱木蘭。兩大派結成派别組織,右徒派靳尚爲首領,主張合秦拒齊;左徒派屈原爲首領,主張連齊抗秦。又謂,“二湘”寫懷王與鄭袖之離合,而説鄭袖逃亡之中獨往洞庭與屈原相會,“並同舟北入大江”,擬赴齊遊説齊泯王抗秦,但聞齊失淮北,事不果成。二人極感消沉,屈原轉回湘水,而鄭袖也由大江西行,轉回澧浦,投水自盡。而屈原《湘夫人》最後六句意在爲鄭袖“叫屈而吐氣”。這種以自己編造的“歷史”來解説屈賦的方法,頗遭學界訾議。郭在貽《近六十年來的楚辭研究》云:“通觀全書,中多奇詭之説、鑿空之論”,“然其書亦不無新穎可喜之見,如謂《橘頌》‘行比伯夷’句,謂此乃指堯時伯夷,王逸注爲孤竹君之子之伯夷,大誤。又謂《哀郢》非爲白起拔郢而作,而爲莊蹻暴郢而作,等等,雖未足爲定論,要不失爲一説。”1978年3月中華書局出版。

迄今,對是書作過評述的論文主要有黄瑞雲《評〈屈賦新編〉》(《武漢師院漢口分部校刊》1980年第4期)、湯漳平《試評〈屈賦新編〉》(《復旦學報》1980年第5期)、劉兆偉《關於〈國殤〉篇的主人公》(《昭烏達蒙族師專學報》1981年第1期)、熊任望《〈哀郢〉緣何而作?》(《河北大學學報》1981年第3期)、龔維英《〈遠遊〉“人生之長勤”釋》(《社會科學輯刊》1982年第3期)、劉兆偉《〈天問〉的結構與析義》(《渤海大學學報》1983年第1期)、劉心予《〈橘頌〉不是屈原早期作品》(《求索》1983年第3期)、翟振業《〈抽思〉作年考》(《徐州師範大學學報》1984年第2期)、唐慕堯《讀〈屈賦新編・涉江〉談莊蹻入滇路綫》(《貴州文史叢刊》1996年第1期)、吕直《〈遠遊〉選釋》(《現代養生》2000年第8期)。

屈　原

楚辭研究專著。今人王世昭著。王世昭,香港人。著有《中國文人新論》、《中國詩人新論》等。該書末附《屈原年表》。正文先叙屈原先世,次述屈原生平,繼論《楚辭・九歌》。王氏肯定屈原是中國歷史上最偉大的思想家、政治家、詩人,對人類社會很有貢獻。屈氏與楚國歷史很有關係,司馬遷《史記》叙述屈原的生平是可信的。王氏在整理屈原作品後,認爲《遠遊》確是屈原所作,《九歌》與《離騷》及《九章》有其共通的地方,即是皆有儒家思想，也有道家思想。最後，作者推斷屈原死於楚頃襄王二十一年，享年六十六歲。此書叙述屈原生平時，儘量引用屈原作品，使讀者略知作品之寫作年代，惟採摭、論析資料，偏於泥古者也。1979年7月臺北河洛圖書出版社出版，1982年再版。

迄今，對是書作過評述的論文主要有劉石林《王世昭屈原學研究綜述》（載戴錫琦、鍾興永《屈原學集成》，中央編譯出版社2007年6月版）。

管錐編（二）

比較文學論集。今人錢鍾書著。錢鍾書（1910—1998），字默存，號槐聚，筆名中書君，江蘇無錫人。1933年畢業於清華大學外文系。1935年赴英國牛津大學學習，獲 B. Litt.（Oxon）學位。後又至法國巴黎大學研究法國文學。1938年回國後曾任昆明西南聯大外文系教授、國立師範學院英語系主任、上海暨南大學外語系教授、中央圖書館外文部總編纂。1949年後歷任清華大學教授，中國社會科學院文學研究所研究員、哲學社會科學部委員。1977年後又擔任中國社會科學院研究員、副院長、院特邀顧問。爲第七、第八屆全國政協常委。錢氏博學多能，兼通數國語言，長期致力於人文社會科學研究，形成了貫通中西、古今互見的治學方法，並取得多方面的學術成就。文學作品主要有散文集《寫在人生邊上》、短篇小説集《人・獸・鬼》、長篇小説《圍城》。學術著作主要有《談藝録》、《管錐編》，旁征博引，探幽入微，對中西詩論、文論，以及中西文化有深入研究；《宋詩選注》在詩選和注釋上頗多識見，亦有很大影響。另，著有《七綴集》、《槐聚詩存》等。事跡載馬光裕《錢鍾書年表》（載《錢鍾書楊絳研究資料集》，華中師範大學出版社1990年版）、孔慶茂《錢鍾書年譜》（載《錢鍾書傳》，江蘇文藝出版社1992年版）。

《管錐編》爲錢氏代表性著作，曾獲第一屆國家圖書獎。凡四册，第二册有《楚辭洪興祖補注一八則》。謂"離騷"題意類人名之"棄疾"、"去病"或詩題之"遣愁"、"送窮"。"王逸釋'離'爲'别'，是也；釋'離騷'爲以離别而愁，如言'離愁'，則非也"，"蓋'離'者，分闊之謂，欲擺脱憂愁而遁避之，與'愁'告'别'，非因'别'生'愁'"。錢氏詮釋頗注意作品内部的細密聯繫，如《離騷》"謇吾法夫前脩兮，非世俗之所服"二句，錢氏用句法兩解、虚涵兩意之法釋之："'修'字指'遠賢'而非指'修潔'，'服'字謂'服飾'而兼謂'服行'。一字兩意，錯綜貫串，此二句承上啓下。上云：'擥木根以結茝兮，貫薜荔之落蕊，矯菌桂以紉蕙兮，索胡繩之纚纚。'是修飾衣服，'法前修'如言'古衣冠'；

下云：'雖不周於今之人兮，願依彭咸之遺則。''今之人'即'世俗'，'依遺則'即'法前修'，是服行以前賢爲法。承者修潔衣服，而啓者服法前賢，正見二詮一遮一表，亦即亦離。"其釋《九歌》從人稱入手，以爲"《九歌》中之'吾'、'予'、'我'或爲巫之自稱，或爲靈之自稱，要均出於一人之口"。又論《招魂》、《大招》"不問誰作，所招非屈子之魂"，"《招魂》所夸宫室之美、聲色之奢，非國君身分不辦，特未必即屬楚懷王"。另，錢氏指出，《離騷》抒情主人公在性别上不統一，"衆女嫉余之蛾眉兮"之"余"，乃女也；"和調度以自娱兮，聊浮遊以求女"，詞氣則君子之求淑女，乃男也。"後之稱'自'與前之稱'余'，蓋一人耳；撲朔迷離，自違失照。"這一分析、批評，曾引起近十年來的學術争鳴，成爲一個重要的研究熱點。

又，錢氏本書作於人生困厄之"文革"時期，故亦在行文中寄寓自己時光易逝、有志難騁的感慨，如釋《離騷》"惟草木之零落兮，恐美人之遲暮"二句，特别深刻、到位，説《詩·衛風·氓·小序》"花落色衰"，正此二句之表喻；王逸注所謂"年老而功不成"，則其裹意也。進而又舉下文之例，"老冉冉其將至兮，恐修名之不立"；"及榮華之未落兮，相下女之可貽"；"恐鵜鴂之先鳴兮，使百草爲之不芳"；"及余飾之方壯兮，周流觀乎上下"。錢氏評云："言之不足，故重言之。不及壯盛，田光興感；復生髀肉，劉備下涕；生不成名而身已老，杜甫所爲哀歌。後時之悵，志士有同心焉。"

1979 年 8 月中華書局出版、1986 年中華書局出版增訂本。另，1990 臺北書林出版公司出版、2001 年三聯書店補訂出版。

迄今，對是書作過評述的論文主要有陸文虎《應當重視〈管錐編〉》(《福建論壇》1982 年第 4 期)、林家驪、張潤生《論錢鍾書的〈楚辭〉研究——兼論其學術研究之特色》(《殷都學刊》1992 年第 2 期)、梅瓊林《論錢鍾書的楚辭研究方法》(《荆州師範學院學報》1994 年第 6 期)、林祥徵《錢鍾書的〈楚辭〉藝術研究》(《雲夢學刊》1996 年第 1 期)、梅桐生《錢鍾書〈楚辭〉研究的特色》(《貴陽金筑大學學報》1999 年第 1 期)、林祥徵《錢鍾書〈楚辭〉藝術研究述評》(《泰安教育學院學報岱宗學刊》2002 年第 3 期)、翟振業《錢鍾書楚辭研究新思維簡論》(《江南大學學報》2003 年第 2 期)、周秉高《評錢鍾書之楚辭觀》(《職大學報》2006 年第 3 期)。

楚辭韻讀

楚辭研究專著。今人王力著。王力(1900—1986)，字了一，廣西博白人。曾就讀於清華大學國學研究院，師事梁啓超、王國維、趙元任。後留學法國，獲巴黎大學文學博士學位。歷任清華大學、廣西大學、西南聯大、中山大學、嶺南大學、北京大學等學校教授，又任中國文字改革委員會副主任、中國科學院社會科學學部委員、全國政協常委。一生從事漢語教學與研究工作，對漢語語音、語法、詞彙的歷史與現狀研究精深。著有《中國現代語法》、《漢語詩律學》、《漢語音韻學》、《漢語史稿》、《中國語言學史》、《同源字典》、《龍蟲並雕齋瑣語》等，有《王力文集》。

該書凡兩部分。正文包括《韻表》、《韻讀》。《韻表》部分列有《楚辭韻分三十部表》、《上古聲母表》、《楚辭入韻字音表》。《楚辭韻分三十部表》分爲：1. 之部，2. 幽部，3. 宵部，4. 侯部，5. 魚部，6. 支部，7. 脂部，8. 微部，9. 歌部，10. 職部，11. 覺部，12. 藥部，13. 屋部，14. 鐸部，15. 錫部，16. 質部，17. 物部，18. 月部，19. 緝部，20. 盍部，21. 蒸部，22. 冬部，23. 東部，24. 陽部，25. 耕部，26. 真部，27. 文部，28. 元部，29. 侵部，30. 談部。《韻讀》部分，收録《楚辭》中屬於戰國時期的十篇作品，即《離騷》、《九歌》、《天問》、《九章》、《遠遊》、《卜居》、《漁父》、《九辯》、《招魂》、《大招》，漢人作品不録。這十篇作品中入韻的字，均用音標注出古音，明確其所屬的韻部。

關於古音學的分部問題，王氏《詩經韻讀·總論》云："我早年是考古派，把古韻分爲二十三部，(脂微分立，冬侵合併)，後來是審音派，把古韻分爲二十九部。最近我又認爲：《詩經》的韻部應分爲二十九部，但戰國時代古韻應分爲三十部。"又，《凡例》云："《楚辭》的韻分爲三十部，比《詩經》的韻多出一個冬部。這是從侵部分化出來的。時代不同了，韻部也不盡相同了。"對王氏的這一新見，湯炳正《〈楚辭韻讀〉讀後感》認爲，《詩經》時代不僅冬部已經離開侵部而獨立，而且跟東部逐漸靠攏，進而指出：王氏"在代表北語的《詩經韻讀》與代表楚語的《楚辭韻讀》裏所擬定的音值，卻完全一致，這確實是一件不可思議的現象"(《屈賦新探》，齊魯書社 1984 年版)。湯氏之見，值得我們認真思考。1980 年上海古籍出版社出版。

迄今，對是書作過評述的論文主要有湯炳正《〈楚辭韻讀〉讀後感》(《四川師範大學學報》1982 年第 1 期)。

屈賦論叢

楚辭研究專著。今人蘇雪林著。蘇氏有楚辭研究著作四種：《屈原與九歌》、《天問正簡》、《楚騷新詁》、《屈賦論叢》，總題爲《屈賦新探》。前三種爲屈賦疏解，稱正編；正文無法解釋清楚的，提出另論，輯爲《論叢》，稱副編。該書首有蘇氏《自序》。次《目録》。末附《〈屈賦新探〉參考書目》。蘇氏自謂："我這部《屈賦新探》全部建築在域外文化問題上。没有域外文化分子，屈原作品即無法闡釋，我這部書也就寫不成。"又云："(《屈賦新探》今四集出齊，共一百八十萬字)彼此貫通，一綫到底，絶無穿鑿附會、矯揉造作之嫌，可説是世間最自然的考證。"蘇氏力主普世文化同出一源，即巴比倫文化(西亞)，認爲神話與《楚辭》均源於巴比倫文化。學界稱之爲"泛巴比倫學派"。《屈賦論叢》分總論之部、屈傳之部、九歌之部、天問之部、離騷之部、遠遊之部、雜俎之部、專題論文之部。1980 年臺北國立編譯館出版。

迄今，對是書作過評述的論文主要有沈暉《跨文化研究的宏篇巨構——論蘇雪林教授的〈屈賦新探〉》(《安徽大學學報》1999 年第 4 期)、王慶元《蘇雪林與武漢大學及其屈賦研究述略》(《武漢大學學報》2000 年第 2 期)、毛慶《試論屈賦之域外文化背景——從蘇雪林先生的楚辭研究説起》(《荆州師範學院學報》2000 年第 4 期)、劉石林《蘇雪林屈原學研究綜述》(載戴錫琦、鍾興永《屈原學集成》，中央編譯出版社 2007 年 6 月版)。

離騷發微

楚辭研究專著。今人魏炯若著。魏炯若(1907—1991)，四川成都人。1935 年畢業於四川大學國文系。先後在華陽中學、成都樹德中學、成都華英女中、成都市二中、成華大學、四川師範大學等校任教。1987 年退休。退休前爲四川師範大學中國古代文學研究所教授，四川省古籍整理出版規劃小組學術委員會委員。著有《讀風知新記》，其遺稿經其子女整理成《楚辭發微》、《杜庵説詩》等。

該書首有魏氏《前言》。末附魏氏《後記》。魏氏《前言》，論述《〈離騷〉的寫作時間》、《〈離騷〉的内容、寫作動機和效果》、《〈離騷〉的男女主體》、《〈離騷〉的名義》、《〈離騷〉的源和流》、《〈離騷〉的形象思維》、《〈離騷〉的局限》。魏氏以爲，《離騷》的内容有三："第一，屈原向楚懷王解釋他的政治主張和設施的用意；第二，這些政治主張和設施對楚國的關係；第三，控訴讒害他的'黨人'對楚國的危害。"《離騷》的創作動機是："當時他的政治設施還没有被廢棄，他所推薦的人材，也還没有被斥退，還有萬一挽回的希望。”又謂《離騷》的源頭有三：文藝形式來源於楚民歌，内容來源於周詩中談政治的雅詩，而更深一層的源頭，就是楚國的社會。“至於屈原，他首先是一個政治家，其次才是文學家”，“屈原是在政治上碰了壁，然後才想用文學來推進他的政治的。其一，屈原的《離騷》是以政治爲核心的，而歷代評論家卻只看見了他的藝術外殼；其二，《離騷》表現屈原一心爲楚，寧死不離開楚國。‘東方不亮西方亮’，在戰國時代已經成了風俗習慣。可是屈原卻用‘自沉汨羅’來轉變這一習俗”。又説屈原的局限主要是對楚懷王的忠，“其根源在於他的出身”。

魏氏《後記》，首先介紹本書注釋體例，“本書是在王逸《章句》、洪興祖《補注》的基礎上進行探討，凡王洪注已經明確的，就不作注，也不舉出原注；只在對它們有不同意見或需要加以補充時，才下注與舉出原注”；其次，强調《離騷》的政治性，“本書的重點，在探討内容。《離騷》歷時二千多年，注家不少；但大都把它當成辭賦之祖，放在司馬相如和揚雄的上面，因此忽略了它的政治内容。《離騷》誠然是辭賦，但是文學歷史上没有過的政治辭賦”；最後，提出了對《離騷》難點的看法，尤其是對“哀高丘之無女”、“歷吉日乎吾將行”兩節的推測。

此書凡上、下二卷，兩大段，七章。上卷，自開頭至“豈余心之可懲”，爲第一大段，凡三章：第一章至“哀衆芳之蕪穢”，第二章至“固前聖之所厚”，第三章至“豈余心之可懲”。下卷，從“女嬃之嬋媛兮”至末尾爲第二大段，凡四章：第四章至“固前修以菹醢”，第五章至“余焉能忍與此終古”，第六章至“芬至今猶未沫”，第七章至“蜷局顧而不行”。“亂曰”一節總撮其要。魏氏認爲，“屈原不肯離開祖國，應該有兩點原因：一是爲了楚國，二是爲了學術。爲楚國，是想用楚國經營天下；爲所學，是大一統的學説”。關於“哀高丘之無女”一節的推想是，“瓊佩是指的屈原替楚王造作的憲令”，宓妃、佚女、二姚全是古后妃，“可能隱喻楚王親屬中的年輕人”，“屈原希望在這樣的人中間尋求能理解他的政治理想，從而能執行他所造作的憲令的人”。關於“歷吉日乎吾將行”一節的推測是：“屈原在王甚任之的年代，曾經有過奇謀秘計，只懷王一人知道。由於事關軍國機密，不能披露，因此借寫行程來寄託這件事”。實際上魏氏將屈原《離騷》寫“西行”，推測爲一種軍事計劃。顯然，這些推想，都缺乏歷史根據與作品内證。1980 年 1 月四川人民出版社出版。另，2006 年中國社會科學出版社出版《楚辭發微》本，增《九歌發微》、《九辯發微》二文。

迄今，對是書作過評述的論文主要有吴肅森《屈原及其〈離騷〉的政治思想——讀〈離騷發微〉》(《理論導刊》1985 年第 3 期)。

離騷纂義

楚辭研究專著。今人游國恩主編。金開誠補輯，董洪利、高路明參校。該書首頁注明“《楚辭注疏長編》第一編”。首有游氏《總序》。次金開誠《編撰説明》。《總序》言編撰緣起，二十世紀三十年代初期，游氏在山東大學執教，有感於“昔人好説《楚辭》，其書殆不下數十百種，大率習舊安常，淺薄固陋；往復其言，互爲奴主，而多不肯深致其功”。所以專心壹志，網羅衆説，考核群言，鉤稽參校百數十種。區其條理，薈爲成編。採王逸以下衆家之説，先就屈子諸賦逐條而係之，末加按語，以長編的形式輯成講義，“既以爲學子占畢之助，且備他日抉擇之資”。當時完成《離騷》、《天問》兩編的初稿。1949年以後，游氏一直希望對這兩部講義重加補充修訂，並以同樣的形式，續編《九章》、《九歌》、《招魂》三編，作爲他長期研究楚辭的一個總結。1955年起着手進行準備工作。1959年開始集中力量修訂，北大中文系安排金開誠協助，並先後有二十多位教師、同學參加收集資料。1977年初開始由金開誠對《離騷》部分重加校對、編排，游氏細加審訂。1978年6月《離騷纂義》即將完成之時，游氏遽然病逝。後由金開誠補輯，董洪利、高路明參校出版。其編排方式是以《楚辭》原文兩句爲一節，按時代先後羅列各家注釋，最後加上按語。編者“按語”除表明對原文的解釋外，也擇要對舊注略加評論。“按語”既是游氏一生研究的總結、濃縮，又是最新成果的體現，游氏許多觀點在本書“按語”中有所修訂、發展。1980年11月中華書局出版。另，收入2008年中華書局《游國恩楚辭論著集》本。

迄今，對是書作過評述的論文主要有許德楠《平理若衡　照辭如鏡——讀〈離騷纂義〉》（中華書局《學林漫録》第5集，1982年4月）、沈玉成《現代楚辭學的集大成者——游國恩先生》（《中國典籍與文化》1992年第2期）、郭建勛、李艷《游國恩的楚辭研究及教育品格述論》（《淮陰師範學院學報》2002年第1期）、翟振業《繼往開來　獨樹新幟——游國恩楚辭研究新思維簡論》（《常熟高專學報》2002年第5期）、徐志嘯《游國恩的楚辭研究》（《福建師範大學學報》2003年第4期）、費振剛《游國恩先生學術成就評述》（《江西社會科學》2005年第1期）、方銘《游國恩先生的楚辭研究及其學術史意義》（《甘肅社會科學》2006年第1期）。

天問疏證

楚辭研究專著。今人聞一多著。該書以"詮釋詞義"爲研究目的。其遺稿有兩種,一種是全稿,一種是寫定三十七問的殘稿。經比較研究,殘稿似爲最後一稿,所以此書"形式依全稿,《疏證》依最後一稿,自三十八節後接全稿補足之",全書由《聞一多全集》整理編輯工作組季鎮淮、何善周、范寧整理,即據原稿迻寫、校補、標點。正文凡九十五節。前三十七節,每節先簡述大義,次加"案"語,逐字逐句疏證;三十八節後,先引王論,次加"案"語,旁徵博引,功力殊深。1980年12月三聯書店出版、1985年12月上海古籍出版社出版。

迄今,對是書作過評述的論文主要有王達津《聞一多先生與〈楚辭〉》(《社會科學戰綫》1980年第1期)、鄭臨川《聞一多先生論〈楚辭〉(上)》(《社會科學輯刊》1981年第1期)、鄭臨川《聞一多先生論〈楚辭〉(下)》(《社會科學輯刊》1981年第2期)、袁謇正《聞一多〈楚辭〉研究的基本層面》(《武漢大學學報》1986年第4期)、費振剛《聞一多先生的〈楚辭〉研究》(《古籍整理研究學刊》1987年第1期)、鄧喬彬《巫術與宗教的觀照——論聞一多對先秦文學獨特的文化發現》(《華東師範大學學報》1994年第6期)、周建忠《20世紀楚辭研究的第一個高潮——〈楚辭研究一百年〉之二》(《中州學刊》1997年第5期)、梅瓊林《聞一多:文學人類學的探索向度——以其〈詩經〉〈楚辭〉研究爲視域中心》(《黃岡師專學報》1999年第1期)、周建忠《論二十世紀楚辭研究的第二個高潮——抗日戰爭時期的楚辭研究》(《中國文化研究》1999年夏之卷)、黃震雲《二十世紀楚辭學研究述評》(《文學評論》2000年第2期)、邱紫華、閻偉《論聞一多的文化闡釋批評》(《華中師範大學學報》2000年第2期)、周建忠《〈天問〉要籍解題》(《南通師範學院學報》2001年第1期)、翟振業《聞一多楚辭研究新思維簡論》(《雲夢學刊》2001年第6期)、程凱華《聞一多對屈原和〈楚辭〉研究的重大貢獻》(《邵陽學院學報》2002年第1期)、岳凱華《聞一多與屈原》(《湖南行政學院學報》2002年第2期)、毛慶《〈天問〉研究四百年綜論》(《文藝研究》2004年第3期)、段雙全《論聞一多〈楚辭〉研究中的創見》(《浙江海洋學院學報》2006年第3期)。

楚辭選注

楚辭研究專著。今人金開誠著。金開誠(1932—2008),江蘇無錫人。1955年畢業於北京大學中文系,畢業留校任教,先後在中文系的文學、新聞、古典文獻三個專業從事教學與研究工作。1984年8月經特批爲教授、博士生導師。1985年9月獲北京大學教學優秀一等獎。1991年5月任北京大學校務委員會副主任。曾任九三學社中央專職副主席、全國政協常委,兼任北京大學校務委員會副主任、教授、博士生導師,中央社會主義學院、中華文化學院副院長。著有《文藝心理學論稿》、《藝文叢談》、《文藝心理學概論》、《屈原辭研究》、《金開誠學術文化隨筆》、《燕園歲月》等。

金氏云:"處處有學問,要在觀其通","現在從文藝理論、現代文學、楚辭到書法這四方面學問我都涉及,但除了文藝理論爲我所學專業外,其他幾項當初並非自願涉足。現在回想,我認爲'不得不干'是最好的祖師爺"。金氏曾擔任著名楚辭研究專家游國恩先生的助手多年,協助游氏編纂《楚辭注疏長編》,對《楚辭》造詣頗深。該書爲"中國古典文學普及讀物"。首有《前言》,謂"楚辭"有詩體、作品、書名三重含義,並對楚辭、屈原作一個大致的介紹,云:"屈原的詩作所提出並企圖解決的問題是帶有時代性和歷史性的","是從戰國到漢這相當長的時期中的必須解決的重大的歷史課題";並謙稱"本書的注釋極少新意。選注者所做的一點微小工作,只不過是選擇介紹古今學者已經做過的解釋","因此本書的注釋力求詳盡通俗,爭取給讀者少留難點"。

正文凡選《楚辭》十八篇,包括:《離騷》、《九歌》(《湘君》、《湘夫人》、《少司命》、《東君》、《山鬼》、《國殤》)、《天問》、《九章》(《橘頌》、《抽思》、《哀郢》、《涉江》、《惜往日》)、《招魂》、《漁父》、《九辯》、《弔屈原》、《招隱士》。其注釋分爲"題解"、"原文"、"注釋"、"段意"四個部分。"題解"主要包括釋題、内容簡析、藝術提示、文學史意義,有時涉及到作品的成因與創作時地。金氏往往用淺近通俗的語言,介紹基本上爲學術界所接受的學術觀點,深入淺出,平和簡練。有時,金氏也會提出自己的學術觀點,如《國殤》祭主,云:"至於具體的祭祀對象,一般都認爲是'戰士',從實際内容來看,所祭的應是一位主將。但本篇以主將爲中心而寫了整個戰場的情況,因此也就包括了對廣大戰士的歌頌。"又,《九辯》内容,金氏謂宋玉"在大量抒寫的個人失意和悲愁中,也交織着對楚國命運的關心;又因爲他的抒情大致是以實際的遭遇爲基礎,所以顯得情真詞切"。同時,介紹了朱熹分爲九章的方法,在文義上比較恰當，但又提示讀者，“這與‘篇題’之‘九’，並無必然聯繫。”謂“二湘”是“楚人心目中的湘水配偶神”，“是古代人民在想象中把湘水加以人格化的結果”。説《惜往日》篇，“語言特别質直，作者自稱爲‘貞臣’，而直斥頃襄王爲‘壅君’，傾向性非常鮮明，這對於瞭解作者思想感情的變化也是有意義的”。這一提示，開啓了當代學者“對屈原思想”作動態研究的先河。“注釋”基本上每句加注，先注字詞，然後分兩句或四句爲一組，對詩句進行串講，凡用“以上二句説”提示的，則爲直譯；而用“以上二句意思是”提示的，大體是意譯。而直譯、意譯又往往視具體情況而定，如《離騷》主要直譯，偶爾意譯；而象徵性作品《橘頌》，則主要用意譯，間用直譯。在注釋中，凡不能確解的，則用“不詳”標出。末爲《附録》“《楚辭》注本十種提要”。此書通俗易懂，字句皆實，極便初學，爲近年來影響頗大的選本。1980年5月北京出版社出版。

迄今，對是書作過評述的論文主要有周建忠《金開誠的〈楚辭〉研究論析》(《北京大學學報》1992年第5期)、周建忠《金開誠〈屈原辭研究〉〈楚辭選注〉平議》(《欽州師範高等專科學校學報》1999年第1期)。

屈原詩歌新譯

楚辭研究專著。今人宗九奇著。宗九奇(1943—　)，别號豫章散人，江西南昌人。自幼家學，研習古文書法。在高校研讀建築專業，數年畢業。歷任南昌八一公園主任、滕王閣管理處副處長、滕王閣文史室主任等職務。現任中國中華民族文化促進會理事、江西省文史館館員、江西省社會科學院特約研究員、江西古籍整理領導小組成員。著有《莊子新譯》、《陳三立傳略》等。

該書譯注屈原作品。首有《新譯説明》。末附《屈原詩歌中部分歷史人物關係表》。次《戰國時代楚國略圖》。次《史記·屈原列傳》。正文包括:《離騷》、《九歌》、《天問》、《九章》(篇次爲《惜誦》、《抽思》、《思美人》、《哀郢》、《涉江》、《悲回風》、《懷沙》、《惜往日》、《橘頌》)、《招魂》、《卜居》、《漁父》。其體例爲，先解題，次原詩、譯詩對舉，頁下脚爲小字注釋。1980年5月江西人民出版社出版。

楚史參考資料

楚辭研究資料彙編。今人何鵬、何曉履、殷滌非編集。崔富章《楚辭書目五種續編》云:“是書選輯秦漢以前史書、子書中有關楚國經濟、政治、文化、軍事諸方面資料,計:《春秋左傳》一百九十一條,《春秋公羊傳》二十二條,《春秋穀梁傳》十六條,《國語》二十五條,《戰國策》八十一條,《世本》五條,《吳越春秋》十三條,《越絶書》四條,《説苑》六十五條,《新序》三十四條,《史記》十二條,《烈女傳》八條,《韓詩外傳》六條,《論語》七條,《莊子》十二條,《孟子》二條,《荀子》十二條,《韓非子》三十五條,《管子》七條,《吕氏春秋》四十二條,《淮南子》五十條,《新書》七條,《竹書紀年》等十六條,《七國考》十四條,末有《楚國(楚族)大事記》,附録《楚文物著録索引》、姜亮夫《三楚所傳古史與齊魯三晉異同辨》。”有 1980 年安徽考古學會排印本。

楚辭淺論

楚辭研究專著。今人鄭文著。鄭文(1910—2006),四川資中人。1942 年畢業於國立中央大學。曾任西北師範大學中文系教授。主要致力於《楚辭》及八代唐宋文學研究。著有《楚辭我見》、《王充哲學初探》、《漢詩選箋》、《漢詩研究》、《建安詩論》、《李杜論集》、《論衡析詁》、《揚子雲文集箋注》、《揚雄思想研究》等。

該書爲鄭氏 1980 年整理舊稿,收入已刊與未刊論文十篇彙編成集。首有鄭氏《自序》。次《目録》。鄭氏在《自序》中述研究楚辭之緣起,因“少而好賦”,而追溯“詞意所祖,實在靈均”,由是“探篇章之義藴,究屈氏之行藏,詁字句之迷蒙,辯著作之真僞”。正文包括:《讀〈屈原列傳新探〉兼論〈離騷〉的創作時間》、《駁“〈九歌〉作於漢代諸證”》、《駁〈大招〉爲屈原自招説並就正於陳子展先生》、《〈九章章句〉異議》、《讀〈惜誓〉》、《讀〈七諫〉》、《〈楚辭・哀時命〉試論》、《〈楚辭・九懷〉試探》、《〈楚辭・九歎〉意説》、《〈楚辭・九思〉舊注補正》。其中,《讀〈屈原列傳新探〉兼論〈離騷〉的創作時間》對湯炳正“劉安《離騷傳》語羼入説”予以申説、辨正,認爲《離騷》作於頃襄王元、二、三年(前 298 至前 296)之間。《駁“〈九歌〉作於漢代諸證”》是駁斥何天行《〈楚辭〉作於漢代考》的,有一定的影響。此書的特點在於選擇一般楚辭學者不太注意的一般作家作品與漢人楚辭作重點研究,專門論及《大招》、《惜誓》、《七諫》、《哀時命》、《九懷》、《九歎》、《九思》等篇。有 1980 年 8 月西北師範學院中文系排印本。

楚辭新注

楚辭研究專著。今人聶石樵著。聶石樵(1927—),山東蓬萊人。1953年畢業於北京師範大學中文系,同年留校任教。現任北京師範大學中文系教授、博士生導師、中國屈原學會顧問。曾任中國古代文學教研室主任、中國屈原學會副會長。著有《屈原論稿》、《司馬遷論稿》、《先秦兩漢魏晉南北朝文學史》等,合著有《杜甫選集》、《古代小説戲曲論叢》、《古代詩文論叢》、《古代文學論叢》、《玉谿生詩醇》、《魏晉南北朝詩選注》等。

該書選録屈原作品二十三篇:《離騷》、《九歌》(篇次爲《東皇太一》、《東君》、《雲中君》、《湘君》、《湘夫人》、《大司命》、《少司命》、《河伯》、《山鬼》、《國殤》、《禮魂》)、《天問》、《九章》(篇次爲《惜誦》、《涉江》、《哀郢》、《抽思》、《懷沙》、《思美人》、《惜往日》、《橘頌》、《悲回風》)、《招魂》。作者不可考的作品兩篇:《卜居》、《漁父》。宋玉一篇:《九辯》。賈誼一篇:《弔屈原》。聶氏認爲,"收入本書的大多爲思想内容好,藝術形式也有特色,内容和形式統一的作品",而《遠遊》在内容上宣揚道家神仙思想,形式上抄襲司馬相如《大人賦》,而且又不是屈原所作;《大招》在内容和形式上模擬《招魂》,缺少自己的特色,故均不收録。

其注釋一般比較簡略,大部分注文不作串講,也不分段闡述。注重解決文字訓詁和闡明詞句的含義。必要時引證有關資料,以説明自己的觀點。如《涉江》"乘鄂渚而反顧兮,欸秋冬之緒風"兩句,王逸訓"鄂渚"爲地名,洪興祖《補注》以爲"鄂州,武昌縣地是也。隋以鄂渚爲名"。聶氏引《戰國策·燕策》"漢中之甲,乘舟出於巴,乘夏水而下漢,四日而至五渚",又引《〈史記·蘇列傳〉集解》"秦與荆人戰,大破荆,襲郢,取洞庭、五渚",復引《〈史記〉索隱》"五渚,五處洲渚也"。然後得出結論:鄂渚應爲臨近洞庭的五渚之一,並非今日之湖北武昌。1980年8月上海古籍出版社出版。

迄今,對是書作過評述的論文主要有潘嘯龍《"南人"辨》(《社會科學輯刊》1982年第2期)、錢益民、王體芳《"力枯"辨析》(《徐州師範大學學報》1986年第4期)、曹海東《〈楚辭〉語詞别釋三則》(《許昌學院學報》1986年第2期)、張斌榮《聶石樵教授的學術成就及治學方法》(《古典文學知識》1998年第5期)、王德明《行成於思業精於勤——聶石樵、鄧魁英的學術成就》(《清華大學學報》2004年第6期)。

澤畔的悲歌:楚辭

楚辭研究專著。今人吕正惠著。吕正惠(1948—),臺灣嘉義人。臺灣大學中文研究所畢業,東吳大學中文研究所博士班肄業。曾任東吳大學中國文學教授、臺灣清華大學中文系主任。現任中央研究院中國文哲研究所合聘研究員。著有《初唐詩重探》、《詩詞曲格律淺説》、《元白比較研究》、《元和詩人研究》、《小説與社會》等。

該書首有《文物選萃》。次《原著者簡介》。次《編撰者簡介》。次《致讀者書》,云:"楚辭這本書包含了兩種主要的内容。首先,它表現了中國文化一大支流的楚國文化的精神;其次,它包含了楚國文化最了不起的産物之一——詩人屈原的作品。而這也就是本書的兩大重點。本書分成上下兩篇,即是分别介紹楚國文化和詩人屈原。"末附《〈楚辭〉這本書》,介紹《〈楚辭〉的形成》、《歷代學者對〈楚辭〉的注解與研究》、《楚辭對中國文學的影響》,云:"楚辭至少替中國文學輸進了兩種精神(這是詩經比較缺乏的),即個人主義和浪漫主義的精神。"此説亦與内地學者的體悟相合,而提法稍别。

正文凡上、下二篇。上篇《神話的世界》,介紹楚國及《九歌》、《招魂》、《天問》;下篇《澤畔的悲歌》,介紹屈原和他的作品、《心靈的自傳——離騷》、《放逐者的悲歌》(《哀郢》、《涉江》、《懷沙》)、《不朽的形象》(《卜居》、《漁父》)、《宋玉悲秋——九辯》。關於《楚辭》作品與屈原的關係,吕氏認爲,"《離騷》和《九章》的一部分,是屈原最可靠的作品,《九歌》、《天問》、《遠遊》、《卜居》、《漁父》,則恐怕屈原所作的可能性並不大。至於司馬遷提到的《招魂》倒有可能是屈原寫的,但也不能十分確定","《九歌》原是楚國的祭神歌,而現存的作品已經過文人的修改應該是不成問題的,但修改的人未必是屈原罷了。總之,我們現在讀《九歌》,不必再跟屈原的忠君問題扯上關係。除了從文學的觀點來欣賞之外,最主要的,還可以藉以瞭解兩千幾百年前戰國中、末期楚國人特殊的風俗與宗教形態"。基於此,吕氏提出,最能使我們瞭解屈原人格與感情的作品有三組:第一,《離騷》;第二,《九章》;第三,《卜居》、《漁父》。此書正文内容包括原詩、注釋、翻譯、解説等,分上、下兩欄排版,頗便閱讀。總之,該書乃學術性、通俗性兼具的普及讀物,爲"中國歷代經典寶庫"(青少年版)之一。1981 年臺北時報文化出版公司出版,1992 年 10 月中國三環出版社出版。

迄今,對是書作過評述的論文主要有劉石林《吕正惠屈原學研究綜述》

（載戴錫琦、鍾興永《屈原學集成》，中央編譯出版社 2007 年 6 月版）。

楚辭今繹講録

楚辭研究專著。今人姜亮夫著。1979、1980 年之間，姜氏受教育部委託，培訓全國重點大學講師以上的楚辭進修生，前來赴學者凡 12 人。姜氏主講十二篇，由學員記録整理，姜氏之女昆武加注，綜合而成一部通論式的專著——《楚辭今繹講録》。該書首有姜氏《序》。正文包括：1. 怎樣研究《楚辭》；2. 讀書與寫作；3.《楚辭》的源流、系統；4. 研究楚辭的方法；5. 屈原事跡（上、下）；6.《離騷》析疑；7. 論《遠遊》及其它；8.《九章》新論；9.《天問》概説；10.《九歌》通説；11. 關於屈子的思想；12. 楚辭作品的藝術特色。姜氏提出，要綜合研究《楚辭》，要選擇最有生機、最活潑的題目去研究。該書所論精練扼要，頗爲學界所重。如説漢代在很多方面延續着楚文化，漢樂府繼承楚辭傳統演變而來；中國文學史自從有了楚辭，整個中國文學都楚化了；《楚辭》以前的文學是神話、寓言等叙事文學，不把楚辭作爲《詩經》的後繼，而是把《楚辭》與《詩經》並列；《離騷》説到崑崙山等西方，是屈原追念祖先、寄託感情的表現，説明他是保存氏族社會影響很深的人；姜氏認爲，“從楚國的歷史看，向南方開拓是楚國的國策，所以到南方是要找一個安家的地方。向西方則是追念祖先、寄託感情的地方，因爲楚國的發祥地在西方；對北方則没什麽感情，在作品中往往將北方寫得很可怕。高陽氏來自西方，即今之新疆、青海、甘肅一帶，也就是從崑崙山來的”。另，姜氏還認爲，屈原心中苦悶時，之所以要到崑崙去，到南方去找舜訴説，是因爲屈原生活之地在南方，而神遊之地在西方。又，姜氏還提出，與《離騷》有關係的《九章》、《卜居》、《漁父》、《遠遊》四篇，可以用來疏證《離騷》；《離騷》和《遠遊》是從同一個思想根源發生的兩個不同的支流；《九章》是屈子一生事跡的記録。

1981 年 10 月北京出版社出版。另，1983 年北京出版社出版修訂本，末附姜昆武《修訂後記》。又，1999 年 11 月雲南人民出版社出版《姜亮夫著作選本》本、2002 年雲南人民出版社出版《姜亮夫全集》本。

迄今，對是書作過評述的論文主要有壽勤澤《四十餘年楚辭研究綜評》（《社會科學輯刊》1993 年第 5 期）、江林昌《姜亮夫先生楚辭研究簡論》（《雲夢學刊》1996 年第 2 期）、劉躍進、江林昌《姜亮夫先生及其楚辭研究》（《文學遺産》1998 年第 3 期）、張玖青、曹建國《方法與視角：對姜亮夫〈楚辭〉研究的一種審視》（《浙江學刊》2004 年第 2 期）、王省民《從〈楚辭今繹講録〉看姜亮夫的楚辭研究》(《湖北教育學院學報》2006 年第 11 期)、潘嘯龍《聳立南天的一代宗師——論姜亮夫先生楚辭學研究的貢獻》(《安徽師範大學學報》2007 年第 4 期)。

先秦文學論集

先秦文學研究論文集。今人胡念貽著。胡念貽(1924—1982),筆名孟周、江九,湖南長沙人。曾就讀於湖南省立第一中學。抗日戰爭時期,中學遷避安化七星街,曾和同學王儼思、唐稚松、聶鐵珊四人合印過一本舊詩集——《湘漣詩詞選》,具有一定的舊學基礎。1945—1949 年在中央大學(現南京大學前身)就學,畢業後考入北京大學讀研究生。1953 年入中國社會科學院文學研究所,後任副研究員。主治以先秦文學爲主體的古典文學,創獲頗豐。著有《中國古典文學論叢》、《關於文學遺産的批判繼承問題》、《中國古代文學論稿》、《楚辭選注及考證》等。

胡氏治學,受何其芳的影響頗多。何氏關於楚辭的成果雖然不多,但以其中肯、深刻而得到楚辭學界的推崇。嘗與楚辭學大師游國恩專門討論楚辭,深入細緻,工力悉敵,互爲補充,學界以爲美談。胡氏之治騷,嚴謹不苟,皆與何氏指導有關。

該書爲胡氏 1953—1979 年發表的論文結集。首有《目録》。末附胡氏《後記》。正文凡十七篇。其中,論《詩經》五篇,論《左傳》、《戰國策》三篇,論"諸子"四篇,論袁珂《中國古代神話》一篇,論屈原四篇。《屈原作品的真僞問題及其寫作年代》推斷今本《楚辭》的篇目次序爲劉向編定;《惜往日》、《悲回風》、《遠遊》、《卜居》、《漁父》、《招魂》、《大招》可能非屈原作,《橘頌》、《惜誦》、《離騷》、《抽思》、《思美人》、《天問》、《哀郢》、《涉江》、《九歌》(十一篇)、《懷沙》爲屈原作;《離騷》可能寫於懷王二十四年(前 305)至二十七年(前 302)這段時期,此時屈原五十歲左右;《抽思》與《離騷》的寫作時間基本相同;《哀郢》可能作於頃襄王七、八年左右;《懷沙》大約在頃襄王十五、六年或更晚一些、頃襄王二十一年以前。《屈原生年新考》考定屈原生於公元前 353 年。《關於屈原的思想》主要考慮研究古代作家的思想方法論問題,反對片面强調一個作家依附某種哲學流派而不具體分析的看法,但又説"屈原在政治思想、倫理思想方面接受了儒家影響"。《屈原的哲學思想》則把握屈原的懷疑和批判精神,認爲屈原從理性出發,對"天命"等進行懷疑和批判,具有樸素唯物主義的認識論和樸素的藝術辯證法的意義。另，胡氏還撰有《宋玉作品的真僞問題》、《宋玉和他的作品》等（載《中國古典文學論叢》，古典文學出版社 1957 年版）。1981 年 12 月中國社會科學出版社出版。

迄今，對是書作過評述的論文主要有張聞玉《〈屈原生年新考〉志疑》（《重慶師範大學學報》1985 年第 2 期）、龔維英《〈離騷〉究竟著於何時？》（《中州學刊》1985 年第 4 期）、曹大中《〈橘頌〉確是屈原的絶筆》（《貴州文史叢刊》1989 年第 3 期）、壽勤澤《四十餘年楚辭研究綜評》（《社會科學輯刊》1993 年第 5 期）、李嘯霈《試論屈宋之〈招魂〉及相關問題》（《東南文化》2004 年第 2 期）、張建《胡念貽屈原學研究綜述》（載戴錫琦、鍾興永《屈原學集成》，中央編譯出版社 2007 年 6 月版）。

楚辭選譯

楚辭研究專著。今人陸侃如、龔克昌著。該書爲"中國古代文學作品選讀"叢書之一，屬於普及性的讀物。首有《出版説明》。次《前言》。次目次。《前言》介紹楚辭與屈原的一些基本情況，説明選目的範圍與原因，云："本書所選的是：屈原的《九歌》、《離騷》全文和《天問》、《九章》的一部分；宋玉的《九辯》和作者未定的《招魂》的若干段落。"其中，《九章》選四篇：《涉江》、《哀郢》、《懷沙》、《橘頌》。每篇首"説明"（概述本篇内容與藝術特色），次原文，次"解釋"（簡注字詞並注音），次譯文（主要採用意譯）。1981 年 2 月上海古籍出版社出版。

晚照樓論文集

中國古典文學論文集。今人馬茂元著。該書爲馬氏於 20 世紀 50 年代中期至 60 年代中期所作關於古典文學研究的部分論文結集。首有《目録》。末有馬氏《後記》。據馬氏《後記》，可知此書之題名，取自宋祁《玉樓春》詞"爲君持酒勸斜陽，且向花間留晚照"句意。正文凡十八篇。其中，有三篇爲《楚辭》研究論文。《論〈九歌〉》，分别論述："九歌"名稱的來源；《九歌》的原來面目和屈原加工改寫的創作過程（認爲《九歌》是屈原晚年放逐在沅、湘流域的作品）；《九歌》各篇的内容與藝術，以爲"千百年來鞏固起來的人民對於自己地區所獨有的深厚感情，交織着屈原在長期遷謫中眷懷故國的纏綿哀怨，構成了《九歌》思想上和藝術上高度統一的完整内容；而這一總的精神則是通過祭祀中各種不同的對象，採取各種不同的形式，錯綜曲折地把它表現出來的”；謂“二湘”“篇中所寫的是生離死别的心情，不可避免地籠罩着一層憂傷鬱抑的悲劇氣氛，可是就在這憂傷鬱抑的氣氛裏卻滲透着一種愛戀與追求的狂熱，充沛地顯示出一種生命的活力”。《關於〈離騷〉時代問題的商榷》認爲司馬遷《屈原列傳》將屈原一生分爲三個階段：第一階段，屈原爲懷王左徒；第二階段，是“王怒而疏屈平”之後；第三階段，是“頃襄王怒而逐之”之後，因而推斷《離騷》産生的年代，“可能在楚懷王二十八年至三十年之間（前301—299），是屈原三十九歲以後四十一歲以前的作品”。《從漢代關於屈原的論争到劉勰的〈辨騷〉》，分析漢代司馬遷、班固、王逸關於屈原評價的論争，指出王逸宗經論騷的得失。1981年4月上海古籍出版社出版。

迄今，對是書作過評述的論文主要有從海《多年的研究成果》（《讀書》1982年第9期）。

離騷箋疏

楚辭研究專著。今人詹安泰著。該書完稿於1959年。首有《出版説明》。次《目録》。正文凡上、下兩編。上編《〈離騷〉箋疏》彙集從王逸以來歷代名家對《離騷》的注釋，加以爬梳剔抉，從中闡明作者的見解，並對《離騷》文意逐段加以詳細串解。如云“女嬃”和靈氛、巫咸係同一類型的人物，“這一系列的假設人物，都是屈原爲了表明心曲而提出的”；又如釋“悔相道之不察兮”四句，“這是一種假想，並不是事實。我們只能從詩句中體會出他具有多麼深刻的矛盾衝突的心情，不能認爲他是走上了消極逃避的道路”。這樣理解深中肯綮，恰如其分，顯出作者體悟之深。下編《〈離騷〉通論》，總論《離騷》思想、藝術及其在中國文學史上的地位。詹氏認爲，從《離騷》可知，屈原肯定的是舉賢授能，遵守法度，公正無私，樹德愛民，使國家達到統一太平的政治路綫，“這種政治路綫，就是他的法治和德政同時並用的具體表現”。另，詹氏還指出，《離騷》中没有用“興”，而用“比”有其特色，“不能單純看成一種對照”，“更多的是以自然景物的本身來寄寓自己的思想感情”，“説成‘象徵’更恰當些”。其見解足啓後學對“象徵”特色、體系之研究。1981年5月湖北人民出版社出版。另，吴承學、彭玉平編《詹安泰文集》，一册，中山大學出版社2004年11月版，收入詹氏《論屈原的階級出身、政治地位及其在文學史上的作用》（《中山大學學報》1955年第2期）、《〈離騷〉通論》，附録有《詹安泰先生生平學術簡譜》,可以參看。

迄今,對是書作過評述的論文主要有劉生良《論詹安泰先生的屈原與楚辭研究》(《陜西師範大學繼續教育學報》2007年第1期)。

屈原賦譯釋

楚辭研究專著。今人張家英著。張家英(1935—),安徽宿松人。現爲哈爾濱師範學院中文系教授。著有《〈史記〉十二本紀疑詁》等。

該書首有《目録》。次張氏《前言》。《前言》是對屈原及其作品、思想的簡論,云:“屈原的愛國思想,是和忠君思想緊密聯繫在一起的。但這並不奇怪:在屈原那個時代,一個有志之士要推行自己的政治主張,離開國君的授權與支持,是無法辦到的;而‘人民國家’一類的思想,屈原不能也不可能懂得。因此,屈原愛國又忠君,是合乎他所處時代的邏輯的。”張氏在1980年元旦能够提出這樣的看法,可以看作是“文化大革命”後對屈原研究的較早的學術反思,有一定的意義。此書譯釋的範圍是“已有定論的屈原作品十篇”,即《離騷》,《九歌》之《湘君》、《湘夫人》、《山鬼》、《國殤》,《九章》之《涉江》、《哀郢》、《抽思》、《懷沙》、《橘頌》。在體例上,主要有六項:題解、正文、注釋、分段小結、今譯、簡析。題解除解釋題意外,並對各篇寫作年代略加述説。正文文字擇善而從,重要異文於注釋中注出,並將所有繁體字、異體字改寫爲簡化字。注釋以兩句爲一組,先釋詞義,後附散文句譯;解釋詞義時,遇有重要異説,用“一説”形式列出;異説較多時,僅選擇其一種,以免繁瑣。每段注釋後有一小結,分析段落層次,並就本段的思想或藝術略作説明。今譯採用詩的形式,多用意譯,詩句力求整齊;個别地方爲求押韻,將上下句倒置譯出。簡析部分,對全詩的思想與藝術擇要説明,爲全篇的一個小結。張氏《前言》云:“上述諸項,多在古今學者特别是現代學者研究的基礎上進行。”1982年1月黑龍江人民出版社出版。

歷代詩人咏屈原

古代詩歌選注本。今人温廣義輯注。温公翊(1926—1989),字廣義。1953年畢業於北京師範大學中文系。曾任内蒙古師範大學中文系教授。著有《周易校釋》、《唐宋詞常用語釋例》等。

該書首有温氏《前言》。次《目録》。末附録一《文賦》三篇：柳宗元《弔屈原文》、蘇軾《屈原廟賦》、王守仁《弔屈平賦》。次附録二《琴曲歌辭》四篇：《澤畔吟》、《離騷》、《屈原問渡》、《屈原問渡》。温氏《前言》云："到了唐宋時期，詩歌盛行，咏屈之作，日見其多。千載以下人們對這位愛國詩人的志行操守，更是傾服，於是嗟嘆歌咏，反復沉吟，或徑賦其事，或借古抒情，寫出許多優秀篇章。現在，我們把唐宋及其以下幾代詩歌搜集一起，剔除冗易，略加説明，彙編到一起，總爲一百三十首。"

正文凡五部分："唐詩部分"、"宋詩部分"、"元詩部分"、"明詩部分"、"清詩部分"。各篇包括"原文"、"簡介"（包括作者生平、著述、詩歌内容、藝術特色等）、"簡説"（僅限於内容、藝術提示）、"注釋"四項。實際注釋中，"簡介"（介紹作者生平者）、"簡説"往往僅取一項。根據内容需要，有的篇目增加"附記"一項，主要是對詩歌涉及的學術問題進行考述或補充。如元代方回《〈離騷·九歌〉圖》詩之《附記》云："阿英同志在《屈原及其詩篇在美術上的反映》一文中説：'《九歌》的繪畫，可以查考出來的是始於宋代。李公麟（字伯時，又稱龍眠居士）有《九歌圖》三種。一是故宫藏甲本（影本見《故宫週刊》357至377期及單印手卷），今存故宫博物院。二是被日本帝國主義者劫去，曾經爲霍丘裴氏所藏、趙雍書讚的乙本（有文明書局影印本）。還有曹偉書歌詞的一本，没有見到。這是所能知道的《九歌圖》三個最早的繪本。'方回所見，不知是龍眠之作不？又，姜亮夫先生《楚辭書目五種》第二部《楚辭圖譜提要》記宋元人《九歌圖》甚詳，頗便參考。"又如俟克中《讀〈反離騷〉有感》詩之《附記》云："《漢書》揚雄傳記載他曾寫過三篇與《離騷》相關的作品，一曰《廣騷》，一曰《畔牢愁》，一曰《反離騷》。對《反離騷》人們毁譽不一。朱熹《楚辭集注》收入《楚辭後語》卷二，他認爲'揚雄固爲屈原之罪人，而此文乃《離騷》之讒賊矣'。俟克中與朱熹同調。清人方苞，有《書朱注楚辭後》數百字，力辯揚雄此文'言雖反而實痛也'者。理盡委曲，事在或然，爰爲迻録於後，謹供參照：'朱子定《楚辭》，删《九諫》《九懷》《九歎》《九思》，以爲類無疾而呻吟者，卓矣。而極詆《反騷》，則於其詞旨若未詳也。弔屈子之文，無若《反騷》之工者，其隱病幽憤，微獨東方、劉、王不及也，視賈、嚴尤若過焉。今人遘疾罹禍殃，其泛交相慰勞，必曰'此无妄之灾也'。戚屬至，則將咎其平時起居之無節，作事之失中，所謂垂涕泣而道之也。雄之斯文，亦若是而已矣！知《七諫》《九懷》《九歎》《九思》之雖正而不悲，則知雄言雖反而實痛也。然雄之末路譸張苟免，未必非痛屈子之心所伏積而成。文雖工，其所以爲文之意則悖矣。豈朱子惡其爲文之意，於詞指遂忽焉而未暇以詳與？'"1982年10月内蒙古人民出版社出版。

天問纂義

楚辭研究專著。今人游國恩主編,金開誠、董洪利、高路明補輯。該書扉頁注明《楚辭注疏長編》第二編。首有《本編選輯舊説總目》,共輯録東漢到清末的舊注九十家左右。其中除王逸《楚辭章句》全文引用外,其他各家的説法,凡有重複的,原則上只取最早的一家;但後人之説或對前人有所引申補充,或更爲明確,亦酌量選録。最後附加按語,表示編者的看法,以"謹按"别之。《天問》是《楚辭》中最難解的篇章之一,許多問題,久訟不斷。作爲集大成式的彙注本,或選擇説服力較强的一種進行解説;或採用合理的舊説予以補充完善;或折衷各家之言,予以正確的闡釋;或羅列各説,存而不論。所以本書既是一部資料長編,又是編者長期研究楚辭的精華所在,勝義紛紛,不可枚舉。如《天問》解題時説:"蓋天統萬物,凡一切人事之紛紜錯綜,變幻無端者,皆得攝於天道之中,而與夫天體天象天算等,廣大精微,不可思議者,同其問焉,此《天問》之義也。"該書視野宏闊,解釋中肯。1982 年 10 月中華書局出版。另,收入 2008 年 4 月中華書局出版《游國恩楚辭論著集》本。

迄今,對是書作過評述的論文主要有常振國《讀〈天問纂義〉》(《光明日報》1983 年 2 月 15 日)、沈玉成《現代楚辭學的集大成者——游國恩先生》(《中國典籍與文化》1992 年第 2 期)、周建忠《〈天問〉要籍解題》(《南通師範學院學報》2001 年第 1 期)、郭建勋、李艷《游國恩的楚辭研究及教育品格述論》(《淮陰師範學院學報》2002 年第 1 期)、翟振業《繼往開來　獨樹新幟——游國恩楚辭研究新思維簡論》(《常熟高專學報》2002 年第 5 期)、徐志嘯《游國恩的楚辭研究》(《福建師範大學學報》2003 年第 4 期)、毛慶《〈天問〉研究四百年綜論》(《文藝研究》2004 年第 3 期)、費振剛《游國恩先生學術成就評述》(《江西社會科學》2005 年第 1 期)、方銘《游國恩先生的楚辭研究及其學術史意義》(《甘肅社會科學》2006 年第 1 期)。

澤螺居楚辭新證

楚辭研究專著。今人于省吾著。于省吾(1896—1984),字思泊,號雙劍誃主人、澤螺居士,遼寧海城人。1917 年瀋陽高等師範學校畢業。曾先後在萃升書院、輔仁大學、北京大學、燕京大學任教。1949年後，歷任吉林大學教授、中國語言學會顧問兼學術委員會委員、國務院古籍整理規劃小組顧問、九三學社中央委員會顧問等職。致力於古文字學、古器物及古籍整理研究。著有《雙劍誃殷契駢枝》、《甲骨文字釋林》、《尚書疏證》等。

《澤螺居楚辭新證》係與《澤螺居詩經新證》合刊。該書内容曾先後發表於《社會科學戰綫》1979年第3、4期。首有于氏《澤螺居楚辭新證序言》。次《澤螺居楚辭新證目録》。末附《釋修》、《釋矯》、《釋馮》三篇。于氏在《澤螺居楚辭新證序言》中對古代楚辭舊解作了評價，云："傳世《楚辭》舊解，以東漢王逸《楚辭章句》爲最古。宋洪興祖《楚辭補注》，博綜典籍，不愧爲《楚辭》功臣。朱熹《楚辭集注》，主要以王、洪二注爲基礎，貫通義訓，時有見地。清戴震《屈原賦戴氏注》頗爲簡括。至於王夫之《楚辭通釋》、蔣驥《山帶閣注楚辭》，號稱名著，但均疏於文字、聲訓、訓詁之學，所以闡發義藴，不盡可據，我們對之只有披沙揀金而已。"接着，于氏又從研究方法的角度對此書訓釋作了介紹，云："清代學者對於先秦典籍中文字、聲韻、訓詁的研究，基本上以《爾雅》、《説文》、《廣雅》爲主。由於近幾十年來，有關商周時代的文字資料和物質資料的大量出土，我們就應該以清代和清代以前的考證成果爲基礎，進一步結合考古資料，以研究先秦典籍中的義訓癥結問題。換句話説，就是用同一時代或時代相近的地下所發現的文字和文物與典籍相證發"，"本文專爲解釋《楚辭》若干字句上的義訓問題而作，其中多半取證於周代尤其是晚周的文字或文物。我們現在所見到的《楚辭》傳本，曾被後人展轉竄改，遠遠不是它的本來面貌"。

正文凡四十八條：《離騷》十四條、《九歌》二條、《天問》八條、《九章》十條、《遠遊》一條、《九辯》六條、《招魂》二條、《大招》五條。或匡謬正誤，或自出新見，或證成舊説，或綜合貫通。如《離騷》"朕皇考曰伯庸"之"朕"，依據周代金文通例，訓爲第一人稱代詞之含有屬詞者，猶今人言"我的"。又云"忍而不能舍也"之"舍"的讀音，爲"同都切"，音"荼"，與"武"、"怒"、"故"爲韻，古音並屬魚部。又，"哀高丘之無女"之"高丘"，王逸云"楚有高丘之山"，于氏以安徽壽縣發現的楚懷王時的《鄂君啓節》"庚高丘"爲據，推測"高丘"應在今安徽省的西北部或靠近其西北部之河南境内。至於"解佩纕以結言"之"結言"，則依近年來所發現的"封泥"以及學者們對"封泥"用途的考證，加以研索，以爲屈賦中的"結言"，係指緘封信札言之。"解佩纕以結言"兩句意爲，解開所佩的香囊，以盛簡札而緘封之，令蹇修爲使者，以傳遞於宓妃。關於《九章・抽思》"有鳥自南兮，來集漢北"，王夫之始謂"此追述懷王不用時事，時楚尚都郢，在漢南，原不用而去國，退居漢北"。姚鼐《古文辭類纂》注"倡曰"以下至"魂一夕而九逝"一段，云："懷王入秦，渡漢而北，故託言有鳥而悲傷其南望郢而不得反也。”後之學者,如吳汝綸、馬其昶皆從姚注,而近年來學者們則多從王夫之的説法。于氏則從文字、聲訓、義理、文物、地理等方面證明姚説“最爲合理”,云“倡曰”以下“有鳥自南兮,來集漢北”一段文字,係指屈原設想懷王留秦之詞,而非屈原自述被遷的經過。凡此,皆能言之有據。1982年11月中華書局出版、2003年4月中華書局再版。

迄今,對是書作過評述的論文主要有黄錫全、于德偶《于省吾先生及其學術貢獻述略》(《社會科學戰綫》1995年第2期)。

屈原楚辭注

楚辭研究專著。今人劉讓言著。劉讓言(1914—2006),河南濟源人。1943年畢業於西北聯合大學外文系,獲學士學位,留校任教。1946年任西北師範學院英語系講師,1950年調入蘭州大學中文系,先後任副教授、教授,系副主任、系主任。

該書首有劉氏《前言》。次《目録》。《前言》是對屈原與楚辭的總的介紹。謂屈原“是我國古代文學史上第一個出現的偉大詩人”。定屈原作品二十三篇,即《九歌》(十一篇)、《離騷》、《招魂》、《天問》、《九章》(九篇),按寫作順序排列篇次爲《橘頌》、《九歌》(組詩,包括《禮魂》共十篇)、《國殤》、《惜誦》、《抽思》、《離騷》、《招魂》、《思美人》、《涉江》、《天問》、《哀郢》、《懷沙》、《悲回風》、《惜往日》。以爲《九歌》是屈原根據民間的祭神樂曲和神話傳説,爲楚宫廷演唱而創作的一組祭神樂歌;它是屈原的早期作品,可能是他在任左徒期間(前318—前313)受懷王之命而寫作的;《九歌》指《東皇太一》、《東君》、《雲中君》、《湘君》、《湘夫人》、《大司命》、《少司命》、《河伯》、《山鬼》九篇祭神樂章而已,《禮魂》是歌舞的尾聲;編在《九歌》裏的《國殤》,是屈原爲追悼丹、淅之戰楚國陣亡將士,特别爲悼念大將軍屈匄而作,應作於前312年。《離騷》作於詩人流放漢北時期(前305—前300),《招魂》是前296年爲哀悼楚懷王之死而作。《天問》是詩人長期流放江南期間(前296—前277)斷斷續續寫成的。《橘頌》是詩人青年時期的作品,可能作於出任左徒(前318)以前,《惜誦》作於遭讒被疏的初期(約前313),《抽思》作於流放漢北時期,與《離騷》是同時期前後的作品,《思美人》是前296年流放江南的途中所作。其餘五篇都作於流放江南之後。

另,劉氏在《前言》中還對此書選目、注釋體例作了説明,云:“編注本書的目的是想給一般讀者提供一個閲讀屈原作品的完整的通俗讀本。”故收入大家公認或多數人同意的屈原詩作二十三篇，另外三篇《遠遊》、《卜居》、《漁父》作爲《附篇》輯録原文，不作注釋。原文主要依據《四部叢刊》影印的明翻宋本《楚辭補注》，同時參考中華書局影印的宋端平本《楚辭集注》以及其他重要注本。文字如有不同，擇優而從，改動文字，則在有關注釋中説明。各篇注釋分爲題解、原文、注釋三部分，注解力求通俗詳盡，除注解字義、詞義外，並加以串講。作者還聲稱，“注釋大都取自前人著作，亦有當代學者的研究成果，極少的地方也提出自己的一點看法”。崔富章《楚辭書目五種續編》云：“眉目清晰，頗便誦讀。”1982 年 3 月新疆人民出版社出版。

九 歌 新 注

楚辭研究專著。今人程嘉哲著。程嘉哲(1916—1997)，湖南衡陽人。抗日戰争期間，發起組建“衡陽藝術抗敵救亡工作團”，參加“衡陽歌咏隊”，任戲劇部部長。1938 年秋赴革命聖地陝北。1939 年考入廣西大學化學系。1941 年回衡陽，任教於大剛中學、湖南省立一中。1945 年受聘於四川自貢市川中日報副刊主編。1946 年任教於重慶建川中學、市立第一中學，並參加中國民主同盟。1949 年重慶解放後，應邀在重慶文協工作。1950 年受聘於科技出版社，任通聯部部長、辦公室主任。1953 年調入北京市文化局文藝處，任《北京戲曲報》主編。1958 年錯劃右派，下放京郊勞動。1962 年到北京戲曲研究所工作。“文革”時繼續下放勞動。1972 年到北京京劇院創作室工作，後任創作室主任。1985 年離休。著有《天問新注》、《九歌新譯》、《屈原吟踪漫記》(與劉深女士合著)等。

該書首有《目録》。次程氏《一樹永不凋謝的奇花》。末附《九歌異文校訂、古音叶韻表》。程氏研究屈原及其作品，主要出於對屈原的仰慕和對詩詞的愛好。由於有社會科學與自然科學的基礎，又没有學院派的種種束縛，思想是開放的，寫作不是爲了出版或發表，而是從中獲得快樂與享受，故能提出一些與前人不同的見解。程氏認爲，屈原一生經過許多磨難，思想認識不會是一成不變的。如對楚王的態度，在《抽思》中想念楚王是“魂一夕而九逝”，很忠。但到後來，看到楚國的敗象，在《思美人》裏稱楚王南人，説“觀南人之變態”。又以爲屈原作品的寫作順序爲：一、《九歌》(除《國殤》外，均爲整理)；二、《抽思》；三、《卜居》；四、《橘頌》；五、《悲回風》；六、《惜誦》；七、《思美人》；八、《涉江》；九、《懷沙》；十、《離騷》；十一、《天問》；十二、《哀郢》。

關於《九歌》，程氏認爲，古《九歌》是夏代祭歌的總名，楚人將它帶到南方，進一步豐富發展，經屈原整理潤色而成《楚辭・九歌》。《東皇太一》祭祀造物主，《雲中君》祭虹祈雨，《湘君》祭祀洞庭水域女神，《湘夫人》祭舜，《大司命》是儺祭樂歌（《大司命》，“大厲司命”的省稱。大厲，西北風，古人以爲瘟疫流行和西北風有關），《少司命》是郊媒樂歌，《東君》祭太陽神，《河伯》祭黄河水神，《山鬼》禳解祛鬼，《國殤》是追悼戰爭死難者的祭歌，《禮魂》是祭禮告成的樂歌。此書體例爲，先解題，次“注”，次“釋”（按節講解，串講）。崔富章《楚辭書目五種續編》云：“釋頗有特色。”1982 年 5 月四川人民出版社出版。

屈　　原

楚辭研究專著。今人丁冰著。丁冰（1940—　），曾任東北師範大學出版社編審、中國屈原學會常務理事。主編《中國古代十大悲劇故事集》等。

該書爲黑龍江人民出版社《中國古典作家叢書》之一，該叢書“是包括二十幾位作家的普及讀物”，以評價作家生平、思想和創作爲主，重點在於從作家的實際出發，力求反映作家的藝術風格和獨創性。此書首有《出版説明》。次《目録》。末附丁氏《後記》。正文凡六部分：一、在時代潮流中飄摇和沉没的楚國；二、一顆明星的升起和隕落；三、博採英華，獨放幽馨；四、根深葉茂的楚辭，承前啓後的詩篇；五、雄視千古文壇，哺育歷代作家；六、他爲自己建立了一座非人工的紀念碑。丁氏運用廣泛搜集的資料和前人研究成果，結合對作家留傳下來的作品的研究，爲屈原撰寫了這本“評多傳少”的評傳。此書文筆灑脱流暢，可讀性强。另，丁氏於楚辭研究方面還撰有《楚辭淵源試探》（《東北師大學報》1981 年第 4 期）、《從風騷並稱看詩經與楚辭的關係》（《牡丹江師院學報》1981 年第 1 期）、《郭沫若同“屈原否定論”的三次論争》（《東北師大學報》1984 年第 3 期）、《宋代楚辭學概觀》（《古籍整理研究學刊》1985 年第 2 期）、《明代楚辭學概觀》（《蒲峪學刊》1988 年第 3 期）、《君權陰影下的自然神形象——〈楚辭・九歌〉神際關係剖視》（《社會科學戰綫》1992 年第 3 期）等論文。1982 年 5 月黑龍江人民出版社出版。

胡小石論文集

文史研究論文集。今人胡小石著。胡小石（1888—1962），名光煒，字小石，號倩尹，南江先生，又號夏廬（齋名“願夏廬”之省），晚年號子夏，沙公，浙江嘉興人。青年時代入兩江師範學堂，畢業後歷任北京女高師、西北大學、東南大學、中央大學、金陵大學、白沙女師等校教授，曾兼任其中一些學校的中文系主任和文學院院長。1949 年後任南京大學文學院院長及圖書館館長。胡氏治學，能發揚乾嘉學派的優良傳統，重視調查，講究實證，特别以甲骨、鐘鼎、古文字音韻、楚辭、杜詩、書法、古物鑒别見長。著有《甲骨文例》、《江津縣方言志》、《中國文學史》、《杜甫〈北征〉小箋》、《書藝略論》、《願夏廬詩詞鈔》等。事跡載郭維森《學苑奇峰——文史學家胡小石》、曾昭燏《南京大學教授胡先生墓誌》、謝建華《胡小石先生年表》。

關於胡氏楚辭學成就，曾氏《南京大學教授胡先生墓誌》云：“三曰楚辭之學，先生合史學、經學、文學三者以講楚辭。其闡明屈子之心跡，則具史家之卓見；注釋當時之名物，則用清代經師考據之法；遇文辭絶勝處，則往復咏嘆沉思，發其微妙。故其獨到之處，並世莫與之京。”該書首有《胡小石先生遺像》。次胡氏書法四幅。次范存忠《序》。次《目録》。末附胡氏《願夏廬詩詞鈔》。范氏《序》云：“本書共收論文｜四篇，係胡小石先生的部份著作，內容包括神話、楚辭、杜詩、文學史、書法、古文字、古器物考訂等，並將胡先生的《願夏廬詩詞鈔》作附録，一並收入。”其中，收入楚辭論文凡五篇：《屈原與古神話》、《楚辭辨名》、《〈楚辭〉郭注義征》、《〈離騷〉文例》、《〈遠遊〉疏證》。胡氏認爲，屈原所處的楚國社會有可能仍然處於落後的奴隸社會；屈原不是一個神話傳播者，相反是一個神話懷疑者，屈原寫《天問》，不是以感情出發，而是從理智出發的。關於“楚辭”名稱不一，胡氏亦有獨到見解，即名“楚辭”，以聲言；名“騷”，以情言，細膩中肯，頗爲世所重。不過，胡氏最勤的是對已亡佚的《楚辭》郭璞注的發掘整理，其視野亦與王重民、聞一多注重於巴黎敦煌殘卷不同，云：“郭注《楚辭》雖亡，而其所注他書，如《爾雅》、《方言》、《穆天子傳》、《山海經》諸注皆在。其所爲《爾雅》、《山海圖讚》及《三倉》、《子虛》、《上林》諸注，亦往往散見群籍中。”於是，胡氏從郭璞現存諸注中發掘相關材料，對直引《楚辭》原文者，予以條列確認；對“雖未嘗言及《楚辭》，然解説名象，彼之與此，當無大異”者，作爲重要映照、參證；逐條疏理，以意比次，具有考據、方法之雙重價值。此外，對《離騷》三十二種語法文例的分類，對《遠遊》與《離騷》、《九歌》、《天問》、《九章》、《大人賦》、《七諫》、《哀時命》、《山海經》及老、莊、淮南諸書之文句疏證，亦頗詳盡細緻，有助於後來者進一步研究。

另，胡氏曾油印過《楚辭講義》一書，其篇次爲：《楚辭釋名》、《楚辭篇目考》、《史記屈原列傳》、《屈原以前之楚文學》（又附《楚以外者：屈前或後》）、《〈離騷〉文例》（凡三十二條）、《〈離騷〉小箋》、《〈九歌〉小箋》、《王國維〈殷商卜辭所見先公先王考〉》、《〈遠遊〉疏證初稿》。可見,胡氏曾有意專門對楚辭作系統研究。

1982年6月上海古籍出版社出版。另,2008年南京大學出版社出版《胡小石文史論叢》本。

迄今,對是書作過評述的論文主要有朱季海《〈遠遊〉略説——兼評廖胡二家中失》(《鐵道師院學報》1997年第5期)、朱煊《回憶胡小石先生講〈楚辭〉》(《檔案與建設》2002年第9期)、吳新雷《聽胡小石先生講專題課》(《文史知識》2003年第5期)。

楚辭論文集

楚辭研究專著。今人蔣天樞著。蔣天樞(1903—1988),字秉南,江蘇豐縣人。青年時代就讀於無錫國學專修館,師從唐文治。後考入清華大學國學研究院,師從梁啓超、陳寅恪。1929年北京清華學校國學研究院研究生畢業,曾任東北大學教授。1943年起,任復旦大學中文系教授。1985年後轉任復旦大學古籍整理研究所教授。尤爲人稱道的是,蔣氏在晚年放棄了自己在研究方面的發展,轉而全力搜集、整理和編輯恩師陳寅恪的著作。著有《全謝山先生年譜》、《楚辭校釋》、《陳寅恪先生編年事輯》等。

蔣氏"少喜讀《楚辭》,愛之不能釋",嘗試作《擬屈原橘頌》。據蔣氏晚年回憶,"師詢所業,以《楚辭》對。語次,言及温公《通鑒》,師有'温公書不載屈原事'語,實以砭樞也"。然"既陷足泥淖,不能自拔",並"衣帶漸寬終不悔"。該書首有《弁語》。次《引言》。次《目次》。正文凡六篇:《楚辭新注》導論、《楚辭新注》導論二、漢人論述屈原事跡中的一些問題、屈原年表初稿、《後漢書・王逸傳》考釋、論《楚辭章句》。皆爲二十世紀五、六十年代所撰舊稿。在研究方法上,蔣氏强調,需把作品擺到它應該擺的時期裏,才能認識作品中所反映的問題。這是堅持"知人論世"者或側重於治史者的共識。蔣氏所異者,即認爲需從全部作品來研究局部,從與作者時代接近的著作中來研究作者身世,云:"《史記・屈原列傳》所載屈原事跡,其可信部分,多屬屈原早年事,與現存屈文無關。"實際上,即强調以《楚辭》作品爲研究屈原生平事跡的主要依據。於是,蔣氏在研讀過程中,於作品中常發現"本事"、"秘密"、"關節",進而據這些獨特的"發現"去勾勒屈原的生平事跡,故其説總是與衆不同。如蔣氏認爲屈原生於威王元年(前339)正月十四日(取浦江清説),卒於考烈王元年(前262),凡78歲,而頃襄王二十八年(前271)69歲始作《離騷》。又云《抽思》"何回極之浮浮"之"回極"託喻頃襄王流亡之政府;《九辯》"竊獨悲此廩秋"則託喻郢都之淪亡也。還認爲楚在遷陳之後,屈原實有遭讒、被誣、棄逐之一段經過,其間並有楚與秦構和之一段史實。而屈原生平實僅一次放逐,而且是"自請流放",漢北與江南乃南行後之兩階段。而沅湘南既被秦所隔斷,又爲楚兵源所在,故屈原"甘負流放之名,以實現其黜職前未竟之志","且期已爲建立大業之吕望、伊尹也"。而屈子沉江之"故"既非"被讒放逐",亦非"莫我知",乃秦發現屈原在江南之行動,而突然攻佔楚州,"控有江南北岸要隘,或更有捕捉屈原意","屈原多方尋求無復脱身北反之望",乃"自沉汨羅江以死"。凡此諸説,皆爲"屈原至江南"乃頃襄王派遣發動民衆抗秦之説張本,一些學者竟深信不疑。總之,蔣氏對楚辭有獨特見解,曾培養、影響了一批有成就的楚辭學者。1982年7月陝西人民出版社出版。另,1985年4月臺北嵩高書社出版。

迄今,對是書作過評述的論文主要有邵毅平《蔣天樞先生的〈楚辭論文集〉》(《復旦學報》1987年第1期)、高揚《論蔣天樞先生楚辭學的歷史研究向度》(《江漢大學學報》1999年第1期)。

楚辭到漢賦的演變

辭賦研究專著。今人張書文著。張書文,臺灣國立中興大學法商學院教授。該書凡五章。首先介紹了《詩經》與《楚辭》的特點,比較了它們的異同;接着分析了秦代文學的現狀,重點論述荀賦與屈賦的差别以及對漢賦形成的影響;最後歸結到中心,系統研究了漢賦的發展與演變,分析了漢賦興盛的原因,描述了漢賦發展的四個時期及其代表作家作品的特徵。此書脈絡清晰,條理貫通,論據充實。1983年臺北中正出版社出版。

離 騷 引 義

楚辭研究專著。今人史墨卿著。史墨卿(1930—),幼名蘭臺,後以字行,山東青州人。1949年以流亡學生隨國民黨政府遷臺,畢業於臺灣成功大學。現爲臺灣高雄師範大學國文系教授、臺灣"教育部"學術獎、中正文化獎評審委員，曾獲臺灣教育部暨高雄師範大學優良教師、優良導師獎。亦曾短期訪問英國劍橋大學、美國哈佛大學等校。主講“戰國文學研究”、“儒墨比較研究”、“楚辭”、“墨子”、“應用文”、“四書”等課程。著有《岑參研究》、《墨學探微》、《大學應用文》、《青年書簡指引》、《楚辭文藝觀》、《美的傳統與現代》等。

史氏之研究楚辭，主要是1956年在臺灣成功大學選聽蘇雪林主講的《中國文學史》、《楚辭》課程，奠定了研究楚辭的基礎。在完成《岑參研究》一書後，首先撰寫了專著《楚辭文藝觀》，凡六章：首章論楚辭修辭藝術，次章虛字藝術析論，三章探其用韻藝術，四章析其數目名詞，五章概舉其人其書之歷代品評，六章叙其影響。1960年至高雄師範學院（現高雄師範大學前身）任教，開始主講《楚辭》這門選課。1973年任高雄師範學院國文系教授。1980年至中央研究院歷史語言研究所從事“楚辭與楚辭相關問題之研究”，並擔任《中國國學》年刊編輯委員會總編輯（凡十八年，至1998年停刊）。《離騷引義》義在“探求楚辭之外緣與内藴，欣賞楚辭之純愛與精美，也領受着詩人給予我們愛國憂時之精神感召”，“希望令初學之士，循序漸進，由部分理解，走向全面認知，進而邁入佳勝之境”（見史氏《結緣楚辭三部曲》，《中國國學》第26期，1998年；又，史氏《楚辭研究三部曲》，載黄中模等《楚辭研究成功之路——海内外楚辭專家自述》，重慶出版社2000年12月版）。

該書首有史氏《自序》。次《目次》。正文凡四部分。第一部分爲專題論文《離騷題意平議》，先以“前言”導其論，繼以“舊説之介紹”標目，提出古今十六種不同之説。再以“舊説之評價”爲子題，從多種層面評判之。最後“離騷之真義”爲目，分從文字、聲韻、訓詁、文法及離騷和其他篇章之内容去考察，歸結是釋“騷”爲“亂”。第二部分爲《離騷引義》，包括“原文”、“語譯”（串講類譯文）、“注釋”、“引義”（往往四句一節，此項分析節意）。同時分别附《離騷原文》、《離騷語譯》、《離騷英譯》。英譯者爲英國漢學家、牛津大學教授霍克思（David Hawkes）。第三部分爲《中國詩人之勇者——屈原》，説屈原與楚同姓，家國一體；内外兼修，以膺重任；忠愛國家，惟君是力；培養賢才，濟世救民；環境愈劣，志節愈堅；直諫殉國，終乃滅秦。第四部分爲《中國近三十年楚辭論文索引》（附《著譯者索引》）。史氏認爲，“索引是治學的利器，不但可以使論文典籍，易供參閲，盡其大用。亦且可以使文人學者，節省精力，展其所能”，“尚可以使編制者本人，藉以較早瞭解此一類科研究之概況，不致撰述時，在不知不覺中步人後塵，拾人牙慧，徒費心力。進而可能由是得以發現其偏失，以謀補救”。該索引起自民國三十五年（1946），訖於1982年，空間範圍爲臺灣地區。首先在《中國書目季刊》13卷第2期（1979

年9月)發表,後收入《離騷引義》一書(第174—207頁)。

1983年4月臺北華正出版社出版,1984年9月再版,1995年6月增訂再版,於《自序》後增加《楚辭學之研究及其方法》一文,除臚述歷代楚辭學者之研究方法外,以爲時之今日,其研究方法與途徑,也應作調適修正,要有更大的視野,更新的取向,共提出十一個研究方向:1. 從心理學的層面,探討詩人創作之心路歷程與寫作意識等;2. 從語言學的角度,探討詩人使用語言之音樂性、繪畫性等;3. 從修辭學的層面,探討詩人作品修辭之藝術性等;4. 從結構學的角度,探討詩人作品章節藝術之佳妙等;5. 從神話學的層面,探討詩人託意想象、寄興萬端之筆致等;6. 從科學的層面,探討詩人求美求真之相關性與永恒性等;7. 從比較學的角度,探討詩人作品古今或中西之異同等;8. 從博物學的層面,探討詩人作品中之動物或植物世界等;9. 從世界學的角度,宏觀詩人對世界文化之影響,以爲將來世界大同之基石等;10. 從"縱"的認知,探討楚辭學史的當代性與立體性;11. 從"横"的考察,探討各種文化關係間的普及性與專域性。另,於第四部分《中國近三十年楚辭論文索引》後又增加《中國近四丨年楚辭論文索引》(見《離騷引義》第209—258頁),包括:1. 邱曉淳、梁静芳《中國近十年楚辭論文索引》(原刊《中國國學》第20期),分臺灣(1983—1992年)、香港、大陸(1982—1992年)兩部分;2. 林秀珍《中國近十年楚辭論文索引補遺》(原刊《中國國學》第21期),分臺灣、大陸兩部分,但主要側重於大陸方面的研究索引(1980—1992年);3. 邱曉淳《中國近十年楚辭論文索引再補》,分楚辭總論、屈原、離騷、九歌、天問、九章、遠遊、招魂、宋玉九部分,皆爲大陸方面的研究索引(1983—1991年)。

迄今,對是書作過評述的論文主要有劉石林《史墨卿屈原學研究綜述》(載戴錫琦、鍾興永《屈原學集成》,中央編譯出版社2007年6月版)。

詩經比較研究與欣賞——楚辭篇

楚辭研究專著。今人裴普賢著。裴普賢,名溥言,字普賢,山東諸城人。現爲臺灣大學教授。著有《經學概述》等。

該書首有侯健《序》。次《目録》。末附《後記》。正文凡五篇。第一篇,《詩經比較研究——楚辭篇》,包括:前言、楚辭與詩經中四言詩式的比較、楚辭"兮"字與詩經的關係、楚辭句式與詩經的比較、美人香草象徵主義的溯源、楚辭主要篇章與詩經的比較、結語。第二篇,《詩經比較研究——楚辭補充篇》,包括:楚辭用韻的新創與承襲、詩經用韻的特色、楚辭各篇句末相同上一字用韻舉例、詩經時代以前詩歌舉例、詩經與楚辭中間時代詩歌舉例、結語。第三篇,《詩經比較研究——舊約·雅歌篇》。第四篇,《詩經欣賞——從經學到文學》。第五篇,《周宣王中興史詩十二篇欣賞》。崔富章《楚辭書目五種續編》云:"大旨謂:《楚辭》與《詩經》看似南轅北轍,實則脈絡相通,内容與形式的傳承關係是緊密相連的。"1983 年臺灣學生書局出版。

楚國史話

楚史研究專著。今人黄德馨著。黄德馨(1931—2001),湖北武漢人。1956—1960 年,在中國人民大學中國共産黨史系讀書。1979—1991 年,先後任武漢師院、湖北大學歷史系教授。1993 年,被聘任爲湖北省人民政府文史研究館館員。著有《楚爰金研究》等。

該書凡四章:第一章,楚族的起源和商、西周時期的楚國;第二章,春秋時期的楚國;第三章,戰國時期的楚國;第四章,光輝燦爛的楚文化。書中有專節介紹屈原、宋玉,並附《春秋時期的地圖》、《戰國時期的地圖》二幅。崔富章《楚辭書目五種續編》云:"是書係關於楚國全部歷史的第一部專著,旨在以重大歷史事件與重要歷史人物爲中心,闡明楚國歷史發展的基本脈絡。"1983 年 10 月華中工學院出版社出版。

天問論箋

楚辭研究專著。今人林庚著。在屈原的作品中,林氏對《天問》的研究用力頗勤,曾於 1947 年發表過一篇《〈天問〉注解的困難及其整理的綫索》,試圖爲全面解開《天問》之謎作一個初步的探索。在該文中,林先生已提出《天問》中歷史的發問乃是以夏爲中心的遠古南方民族的傳説,並初步勾勒了夏啓源自禹、后羿源自舜及啓、羿相争的歷史。指出啓這一支之後化爲越,與羿相近的兩支爲吴與楚。文章還通過排比對照《天問》和《詩經》中"帝"字的全部用例、及《天問》中稱呼人君的所有用法,指出《天問》中的"帝"應全部釋爲上帝、天帝,從而糾正了王逸《楚辭章句》的解釋。這是理清《天問》裏歷史順序的關鍵。1964 年他又寫了《天問尾章“薄暮雷電歸何憂”以下十句》一文，開始進入更具體的研究。1978 年之後，開始全力以赴地作徹底的研究。1979 年 5 月至 1980 年 2 月，他連續發表了《〈天問〉中有關秦民族的歷史傳説》、《〈天問〉中所見夏王朝的歷史傳説》、《〈天問〉中所見上古各民族争霸中原的面影》三篇論文，並確認《天問》乃是一部問話體的以夏、商、周爲中心（下及吴、楚、秦）的上古各民族争霸中原的興亡史詩。1981 年林先生又寫成了全部的箋釋及今譯，與四篇論文及代序合爲《天問論箋》一書。

該書首有《三讀〈天問〉（代序）》。次《目録》。末附《後記》。正文凡六部分：一、《天問》箋釋；二、《天問》今譯；三、《天問》所見的夏王朝的歷史傳説；四、《天問》中所見上古各民族争霸中原的面影；五、《天問》中有關秦民族的歷史傳説；六、《天問》尾章“薄暮雷電歸何憂”以下十句。林氏研究《天問》方法是：從全詩整體布局和史實的排列順序着眼，與《左傳》、《離騷》、《史記》、《山海經》等最原始的資料進行對勘，謹慎地考慮錯簡和錯字的局部影響，輔之以對關鍵字句的精審考證。他的研究主要解決了以下幾個重要的問題：第一，勾勒出上古關於夏王朝的歷史傳説的輪廓，辨清了《天問》中的故事與正統説法的重大差異。指出在南方民族的傳説中，禹並非夏的開國者，他只是生出了建立夏王朝的啓，把天神的血統傳給了夏民族。啓與后羿進行了長期的鬥争，在后羿一族衰微後才重新復國。關於這段歷史，有兩句向來不得其解：“皆歸射鞠而無害厥躬，何後益作革而禹播降？”林氏從益在傳説中主獸這一點着想，考出“射”指射獵，“鞠”指生養即畜牧。從而解開了歷代注家無從措手的難題。第二，搞清了吴民族的淵源，認爲吴長期居住衡山，由於楚民族在荆蠻扎根，吴民族在遷移北上途中，遇到流亡的太伯兄弟，才一同沿江漢東下，在古句曲山一帶定居。這就是句吴的由來。第三，指出帝舜傳説出於稍後的北方，很可能是從較早的帝俊、顓頊演變過來。舜不但與吴民族有密切關係，而且與秦民族也存在着類似的淵源。第四，利用《史記·秦本紀》與“中央共牧后何怒”以下六句對勘，考出了有關秦民族的歷史傳説。第五，辨明《天問》尾章十句主要寫楚平王、昭王兩朝的歷史，即吴楚之争最激烈的年代。1983 年 6 月人民文學出版社出版，1992 年獲全國高校首届人文社會科學優秀成果著作一等獎。另，收入 2006 年 7 月清華大學出版社《林庚楚辭研究兩種》。

迄今，對是書作過評述的論文主要有葛曉音《林庚先生的古代文學研究》（《文學遺産》2000 年第 1 期）、周建忠《〈天問〉要籍解題》（《南通師範學院學報》2001 年第 1 期）、毛慶《〈天問〉研究四百年綜論》（《文藝研究》2004 年第 3 期）、徐志嘯《林庚先生的楚辭研究》（《上海大學學報》2006 年第 6 期）。

楚辭研究

楚辭研究論文集。《北方論叢》編輯部編。《北方論叢》是哈爾濱師範大學主辦的一本學術刊物。該編輯部從來稿中選擇了十七篇學術性、争鳴性較强的論文,編印成册。該書屬《北方論叢》叢書第3輯,所收論文有:孫常叙《哈雷彗星與楚辭〈九歌〉》、張志岳《試論關於〈楚辭〉的兩個問題》、游壽《楚辭瑣談》、馮克正《評屈原的愛國精神和悲劇結局》、葉幼明《屈原愛國思想的異議》、車承瑞《屈原政治思想淺探》、曲宗瑜、盧文暉《屈原由進步的政治家到偉大人民詩人的轉變——兼論屈原南遷與莊蹻入滇》、張德育《關於〈天問〉詩句次序與作者問題》、蕭兵《論〈楚辭·天問〉與繪畫題銘的關係》、金開誠《〈離騷〉"周遊三日"辨》、劉操南《〈離騷〉騏驥及鷙鳥、鴆鳥説》、戴志鈞《〈離騷〉作於楚懷王晚年説》、《〈離騷〉的組織結構與構思藝術》、傅慶升、孫緑怡《漫談屈原辭賦中的花艸樹木》、張德育《〈橘頌〉藝術的獨創性淺探》、《關於〈遠遊〉的幾個問題》、王延齡《楚辭與宋詞》等。這些論文或涉及新的課題,或有對傳統課題的清算,或宏觀審視,或微觀考釋,都代表了新時期楚辭研究的新面貌,頗得學術界好評。有1983年9月《北方論叢》編輯部排印本。

屈賦音注詳解

楚辭研究專著。今人劉永濟著。該書初稿成於1954年,後經劉氏反復修改補充,1959年定稿。首有《出版説明》。次劉氏《凡例》。次《目録》。末附《較字記》。次劉氏《後記》。劉氏在《凡例》中聲稱,"本書以詳細注解屈賦本文,供初學通讀易於領會爲主","必求其準確與通貫"。正文凡五卷:卷一《離騷》,卷二《九辯》,卷三《九歌》、《國殤》,卷四《天問》,卷五《九章》。其收録範圍以《屈賦通箋》考定的十篇屈原作品爲限,即《離騷》、《九辯》、《九歌》、《國殤》(非《九歌》之一,别出之)、《天問》、《惜誦》、《涉江》、《哀郢》、《抽思》、《懷沙》。每篇先録正文;釋每句、每節、每篇之義者,則分别録於每句、每節、每篇之後;末有"韻讀"、"音義"。注解重在用屈賦證屈賦,次擇取後世注家説,間出己意。

另,該書又附《屈賦釋詞》,原以武漢大學講義印行,其目的是爲初學者解除閲讀過程中的語言障礙。首有《目録》。次《卷首》(收劉氏《序》、《凡例》)。正文凡卷上、卷中、卷下三部分。卷上爲《釋虚詞》,以釋其用法爲主,又以屈賦中使用最多的“之”、“以”、“其”等爲重點;卷中爲《釋詞彙》,單用詞、複用詞(聯綿詞、重叠詞)兩部分;卷下爲《釋句例》,分爲屈賦句例、漢人仿屈句例。劉氏《序》、《凡例》闡明治學態度及全書體例。劉氏治學勤奮、嚴謹,他於《屈賦釋詞·序》中論及“明人之空疏”、“乾嘉諸老治學之精確”以及清末學人基本態度“不及乾嘉諸老,又不免雜以私心”的弊端,從而强調“實事求是”的標準法則。劉氏研究之中亦有充分之體現。如“箘桂不知今是何物”、“杜蘅”概稱爲香草,“不敢强不知以爲知,且留待植物學家來考訂”。又如訓《涉江》“接輿髡首兮”六句爲“接輿髡首兮,桑扈裸行。比干菹醢兮,伍子逢殃。忠不必用兮,賢不必昌”,曾被稱爲“不易之論”,然劉氏後據屈賦句法將“忠不必用兮,賢不必昌”一行改依原次,夾在“行”、“殃”兩行中。再如“湯禹儼而祇敬兮”,初曾據劉勰《辨騷》改爲“禹湯”,後又依原文作“湯禹”,均見其態度謹嚴。

1983年9月上海古籍出版社出版、1985年5月臺北嵩高書社出版,收入2007年中華書局《劉永濟集》本。

迄今,對是書作過評述的論文主要有劉永濟《屈賦釋詞序——從解説古書的詞句看清末以來治學風氣的流變及其原因》(《武漢大學學報》1957年第1期)、梅季《“負左右之耿介”訓釋》(《求索》1989年第6期)。

先秦辭賦原論

辭賦研究專著。今人姜書閣著。姜書閣(1907—2000),字文淵,遼寧鳳城人。滿族人。1930年畢業於清華大學。歷任《北京晨報》主筆、教育部顧問、全國學術審議委員會委員等。1949年後,先任西南軍政委員會財政部參事,後爲青海師範學院、湘潭大學教授等,曾任中國屈原學會副會長。著有《桐城文派評述》、《陳亮龍川詞箋注》、《詩學廣論》、《中國文學史綱要》(二卷)、《漢賦通義》等。

該書首有姜氏《序》。次《目録》。此書之撰作緣由,姜氏《序》云:“始吾之治《楚辭》也,蓋嘗泛覽古今學人之論著注釋矣。雖避處荒陬,得書甚難,必有未及知者,而博訪窮搜,以尚略窺其要。覃思積年,於前人成説,不無疑義,藏諸心而未敢發也”,“既老入湘,弔屈原於江潭,緬懷先哲,心焉向慕,於是讀《騷》誦賦,考事疏義,遂成習好”。正文凡八篇。第一篇,《先秦楚歌叙録》,原因是“先秦辭賦,首稱屈《騷》,而屈子必有因依,故特著《先秦楚歌叙録》,以溯其源";共輯録了《子文歌》、《優孟歌》、《楚人爲諸御己歌》、《越人歌》等十首,並提出:《二南》取自周初楚地民歌,經過改纂加工,遂成定型,而爲基本上是四言詩的形式;而楚地民間歌謡自周初至春秋、戰國,仍舊繼續不斷地發展變化,到戰國後期已七八百年,遂逐漸形成五、六、七言長短錯落的比較更爲自由的形式,而早期楚辭的作者屈原、宋玉等則是直接採用這已發展了的楚歌形式而創制新體的。因此,姜氏認爲"楚辭和楚地民歌是嫡系血親關係,是直接的;它和《詩》三百篇(主要指《二南》)則只是間接的旁系宗族關係罷了"。第二篇,《"上洞庭而下江","濟沅湘以南征"——屈原與江湘》,探討屈原流放江南後在洞庭、沅湘二水之間的活動及創作。第三篇,《人民詩人屈原的愛國主義思想》,推舉屈原爲"愛祖國愛人民的偉大詩人"。第四篇,《屈賦楚語義疏》,對屈原作品中"楚語"作疏證,發掘"楚語"六十四條,而郭沫若《屈原研究》將楚國方言定爲二十四個,游國恩又增補了七個。故姜氏云:"幾經訂補,得六十四條,成三萬餘言。自謂爬羅剔抉,約已略盡。"關於選擇範圍,則據《史記・貨殖列傳》"楚則有三俗:夫自淮北、沛、陳、汝南、南郡,此西楚也;……彭城以東,東海、吴、廣陵,此東楚也;……衡山、九江、江南、豫章、長沙、是南楚也,其俗大類西楚"。姜氏則以戰國、秦漢時代所謂"西楚"、"南楚"爲限,即今湖北、湖南、江西、河南、安徽之大部分地區言,而"東楚"不與焉。第五篇,《宋玉及其辭賦考辨》。第六篇,《宋玉〈高唐〉〈神女〉爲漢賦之祖説》,詳細考訂宋玉生平,以爲宋玉作品之留存至今者,凡四篇,賦體《風賦》、《高唐賦》、《神女賦》三篇,騷體《九辯》一篇。進而論證清・程廷祚的論述"或曰:騷作於屈原矣,賦何始乎?曰:宋玉"是正確的。第七篇,《〈荀子・成相〉通説》。第八篇,《〈荀子・賦篇〉平議》。姜氏指出,荀子辭賦,"固宜與屈、宋遺篇等量齊觀也,然而近人治楚辭者罕及之,治詩史者罕及之,治文學史者亦罕及之;偶或及之,所論又往往膚淺粗率,混雜牴牾,一若未嘗讀竟其全文者然"。鑒於此,而著二文對荀子辭賦之作進行評價,"發凡述要,藉貢一得之愚"。1983 年 9 月齊魯書社出版。

迄今,對是書作過評述的論文主要有吴鬱芳《屈賦方言定位分析》(《雲夢學刊》1990 年第 4 期)、蔣方《姜書閣先生的學術追求與成就》(《文學遺産》2002 年第 4 期)。

楚辭研究

楚辭研究論文集。遼寧省文學學會屈原研究會與遼寧師範大學科研處、中文系合編。1982年4月,遼寧省文學學會屈原研究會於大連成立,1983年8月該研究會主持召開了“遼寧省首届屈原學術討論會”,來自遼寧等十八個省、市、自治區的楚辭學者一百二十餘人與會,提交論文、論著近七十篇。會議從論文中選出三十五篇,編成此書。姜亮夫題籤“楚辭研究”。首有《湘江連雨圖》(秋英先生作)。次張弘《遼寧省文學學會首届屈原學術討論會情況綜述》。次《〈楚辭研究〉目録》。末附韋鳳娟《日本〈楚辭〉研究論文舉要》。次《編後記》。其中,姜亮夫《屈原賦中的北學》、趙浩如《被洪水帶走的藝術——關於中國文學史前史的考索》、趙逵夫《句亶王伯庸與屈氏及三閭之職考辨》、孫常叙《東皇太一新解》、魏炯若《九歌發微》、丁冰《屈原〈九歌〉是楚國社會生活的藝術反映》、祝恩發《從〈楚辭·天問〉看鯀的歷史功績》、張德育《談〈招魂〉的被招者、作者及藝術風格問題》、郭維森《論漢人對屈原的評價》、郭在貽《近六十年來的楚辭研究》、林維純《略論朱熹注〈楚辭〉》等文,均有很高的學術價值,產生過較大的學術影響。有1984年2月遼寧省文學學會屈原研究會、遼寧師範大學科研處、中文系排印本。

古詩别解

古詩研究專著。今人徐仁甫著。徐仁甫(1901—1988),四川大竹人。1919年考入大竹縣立中學。1923年考入成都高等師範學校。1947年任四川大學中文系教授兼文科研究所指導。1949年後任四川師範學院教授。著有《國風集説》、《毛詩例纂》、《毛詩重言下篇補録》、《史記辨證》、《杜詩注解商榷》、《左傳疏證》、《廣釋詞》等。

該書首有徐氏《自序》。次《目録》。此書以訓詁爲務,意在糾正前人對詩的誤解、誤讀,《自序》云:“我之所謂‘别解’,取的是‘别’有‘另’義,乃是對前人於詩之誤解、誤讀,加以糾正,這實際上可叫做‘另解’。”正文凡八卷:卷一《詩經别解》;卷二《楚辭别解》;卷三《古逸詩漢詩别解》;卷四《漢鼓吹鐃歌十八曲别解》;卷五《魏詩别解》;卷六《晉詩别解》;卷七《宋齊梁陳北周隋詩别解》;卷八《唐宋詩别解》。凡二百五十多則。其中,卷二《楚辭别解》凡十七篇,包括:《離騷》十七則;《九歌》十則;《天問》十則;《九章》十九則;《遠遊》四則;《卜居》三則;《漁父》三則;《九辯》五則;《招魂》十一則;《大招》四則;《惜誓》六則;《招隱士》四則;《七諫》二十一則;《哀時命》六則;《九懷》八則;《九歎》二十五則;《九思》十六則。另,附《王逸〈楚辭章句〉之誤》、《〈離騷傳〉若〈毛詩傳〉辨》兩篇。每則“别解”,“或形或音或義,必求其當”,“或脱或衍或倒，必合於律”。如《離騷》題意，舊解遭憂，爲動賓結構；解爲別愁，爲偏正結構；徐氏根據《國語·楚語》“邇者騷離，遠者距違”，“騷離”與“距違”互文，距違複詞義同。則騷離亦複詞義同，爲平列結構。屈原曰“何離心之可同，吾將遠逝以自疏”，離、疏分言，疏、騷雙聲，是離騷即離疏，則《離騷》作於屈原初被疏遠之時。又如，《莊子·人間世》“孔子適楚，楚狂接輿遊其門曰：‘鳳兮鳳兮，何如德之衰也？來世不可待，往世不可追也”，徐氏據此推測楚人的文法，前句的“何……也”表反詰，後句的“也”表感嘆。根據這一規律，來看《離騷》這段文字“不撫壯而棄穢兮，何不改乎此度也？乘騏驥以馳騁兮，來吾導夫先路也”，一本“路”下脱“也”字，於是有人乾脆把“度”下的“也”字也删掉了，這就是不知道前句是反詰句；近人有解前句爲問，後句爲答的，這是誤將反詰作爲問、把感嘆作爲答了。因此，徐氏推論《楚辭》中凡兩用“也”字的前句，句中必有“何”字一類的反詰副詞，進而得知《楚辭》中“余”、“獨”、“羌”、“謇”、“所”、“豈”等字都有“何”義。1984 年 1 月上海古籍出版社出版。

迄今，對是書作過評述的論文主要有劉耀華《〈楚辭〉解難辨證》(《首都師範大學學報》1994 年第 2 期)、袁津琥《讀〈古詩别解〉札記》(《綿陽師範高等專科學校學報》1996 年第 4 期)。

屈原賦譯注

楚辭研究專著。今人袁梅著。袁梅(1924—)，山東沂水人。1953 年畢業於山東師範學院中文系。現爲山東濟南聯合大學中文系教授。著有《宋玉辭賦今讀》、《楚辭詞典》等。

該書是袁氏研究楚辭的主要成果之一。首有莊維石《序》。次袁氏《引言》。次《目録》。袁氏《引言》長達九十五頁，介紹“楚辭”的産生與發展過程，屈原及其作品的思想内容、藝術特色，屈原作品的主要成就及對後世文學的影響。正文選入屈原作品次第爲《離騷》、《九歌》(11 篇)、《九章》(9 篇)、《天問》、《招魂》，附録《卜居》、《漁父》。各篇分“題解”、“譯文”、“原文及注釋”三部分。“題解”：“力求能總攝文意”，介紹背景、作時、内容、藝術特點等。“譯文”：力求忠於原作，表達作品固有的思想感情；以普通話爲基礎，照顧到韻文的特點，以流暢生動的筆調再現原作的情志、風骨與意境。“注釋”：參考古今學者專家之説，適當吸收其科研成果，擇善而從，簡明扼要；既不拘泥成説，也不强作解人，發微索隱，探尋真諦。是將重點放在攻讀原著上，通過對作品的反復琢磨去認識作家本身。1984 年 1 月齊魯書社出版。

另,修訂本收入《屈原宋玉辭賦譯注》,齊魯書社2008年5月版。

迄今,對是書作過評述的論文主要有孔慧雲《讀〈屈原賦譯注〉》(國務院古籍整理出版規劃小組《古籍整理出版情況簡報》第143期,1985年7月20日)。

楚辭拾瀋

楚辭研究專著。今人何劍熏著。何劍熏(1911—1988),四川閬中人。20世紀30年代曾參加左聯活動,受到過魯迅先生的面誨。歷任重慶大學文學系教授兼系主任、西南師範學院中文系教授兼主任、西南民族學院中文科教授兼主任、西南民族學院中文系教授、碩士研究生導師。著有《中國文學史》、《陳子昂詩注》、《切雅》等。

何氏治騷,始於抗日戰爭時期,先後撰寫了《楚辭俗證》四卷、《楚辭校注》十七卷、《王逸楚辭章句校補》十七卷、《讀騷札記》四卷、《屈原論》一篇、《王逸引書考》一卷。其中《楚辭校注》、《讀騷札記》曾油印成册,發給學生。1949年後,撰有《騷札》四册。因"文革"劫難,《騷札》以及其他書稿、文稿均散佚。1979年重返教壇,"而且教的是與《楚辭》有關的課程",於是"舊事重提",根據記憶,參考新注,撰就《楚辭拾瀋》一書。該書首有《出版説明》。次何氏《前言》。次《目録》。何氏治學嚴謹,力求獨抒己見,《前言》云:"凡與别人相同的,即删棄之,不同的,就保存下來,雖已没有許多,但總可以算是一點看法。"按,"拾瀋"一詞,出自《左傳·哀公三年》:"無備而官辦者,猶拾瀋也。"《出版前言》云:"瀋通沈,汁也,隱伏也。以喻事情之難辦。書名借用此詞,意謂歷代對《楚辭》釋而不確或衆説紛紜、莫衷一是之詞,拾而釋之,以探求其隱伏之義。"

此書凡二百三十九條。何氏引證廣博,考釋允洽,對其中一些通假字訓之尤詳,獨具卓識。其體例爲:首列條目,用原詩一句或兩句,或四句;次節引古今名家之説,然後以"劍熏按"領起,展開箋釋解詁。如《天問》"比干何逆,而抑沈之?雷開何順,而賜封之",王逸注云:"比干,聖人,紂王諸父也。諫紂,紂怒,乃殺之剖其心也。雷開,佞人也,阿順於紂,乃賜之金玉而封之也。"本節的疑難是"沈"、"封"不協韻;即使據别本"雷開何順,而賜封金"亦不押韻。何氏首先探索屈賦押韻通例,兩句句尾皆"之"字的句子,則"之"字上一字爲韻;若一句末爲"之"字,一句不爲"之"字,則"之"字諧韻。而從一本"金"、"沈"雖韻,卻違韻例。其次探求王逸注文通例:"即正文之字,於《注》文中必出現之",而王逸於上句不出"抑沈"而出"剖心",於下句出"金"

字,則知原本上句作“剖心”,下句有“金”字。又據王逸注例、屈賦韻例校勘出原文:“比干何逆,而剖之心?雷開何順,而賜之金?”而“心”、“金”古音同在侵韻,故協。又,何氏關於《天問》“惠氣安在”之“惠”爲“彗星”説,爲翟振業《天問研究》所採(南京大學出版社 1993 年版,第 48 頁);關於《九歌·湘夫人》“白薠兮騁望”之“騁望”爲“極望”、“彌望”説,亦爲李大明《九歌論箋》所採(四川大學出版社 1992 年版,第 73 頁)。1984 年 10 月四川人民出版社出版。

迄今,對是書作過評述的論文主要有王發國《對〈離騷解詁〉的幾點意見》(《西南民族學院學報》1981 年第 1 期)、周建忠《精於聲訓　他山攻玉——評何劍熏其人其學其書》(《西南民族學院學報》1999 年第 1 期)。

楚國民族述略

楚史研究專著。今人顧鐵符著。顧鐵符(1908—1990),江蘇無錫人。故宫博物院研究員、中國考古學會常務理事。自幼失學,曾經自習過繪畫、雕塑、生物學、民族學等。20 世紀 40 年代,參加廣東海豐新石器時代遺址調查發掘。1934—1951 年,多次到我國南方瑶族、苗族等少數民族地區做民族調查工作。1950 年從中山大學調出,負責中南大區的文物工作。大區撤銷後,即參加國家文物部門的工作,曾參與 1952 年長沙楚墓的發掘,長期致力於楚史、楚文化的研究。著有《夕陽芻稿——歷史考古述論彙編》、《祖國的文物》等。

該書首有《目録》。次《引言》。末附《結語》。次《附録》(《徐偃王的插曲與江淮平原的歸屬》)。正文凡三部分:《楚人的來歷》、《楚國對境内及周圍各民族的策略》、《楚國各族的文化及與南蠻的文化交流》。顧氏以爲,“楚國的國土,從近代的行政區劃來説,就包括湖北、湖南、安徽、江西、江蘇、浙江六個省的全部,以及陝西、河南、山東、廣東、廣西、貴州等省區的部分地區,總面積近百萬平方公里”,“楚王最初可能是東夷,至遲在少皞、顓頊時,已經進入中原;是祝融集團的主要組成部分”。“三苗”在《尚書》裏凡七見,而《尚書》等書所説的“三苗”是在中國的西部、西陲。另有一支“三苗”居住在長江南北、活動於兩湖等地,即《戰國策·魏策》“昔者三苗之居,左彭蠡之波,右洞庭之水;文山在其南,衡山在其北。恃此險也,爲政不善,而禹放逐之”。《史記·五帝本紀》“三苗在江淮、荆州數爲亂。於是舜歸言於帝……”這兩處的三苗,即南方的三苗,顧氏以爲“應當就是南蠻。他的所以叫三苗,因爲他的組成，是蠻、濮、巴三個民族”。進而提出，《九歌》裏的神，本來是南蠻奉祀的，楚人來了之後，爲了“入境從俗”，亦就逐漸成爲他們與南蠻共同的神；《九歌》原來只有九篇，只有天神、地祇九篇，屈原改寫時，增入《國殤》、《禮魂》兩篇。此書的結論是，楚國對周圍及境内民族所做的工作，主要取得了五個方面的成績：第一，擴大了楚國的疆域，從“土不過同”的小國，擴展到幅員佔周王朝國土的二分之一上下、面積最大的諸侯國，羅致大量蠻夷成爲楚國的庶民；第二，通過與蠻夷文化交流，大大地豐富和發展了楚國的文化，使楚文化在中國文化史上佔有了相當重要的地位；第三，幫助境内各族人民提高生産技術，改變社會生活，使蠻夷較快地擺脱了落後狀態；第四，結束了中國南方大片土地的分散割裂狀態，歸之於統一；第五，在一個多民族的國度裏，怎樣處理、安置種多人衆的民族，摸索出瞭如設縣的建制等比較成熟的經驗。1984 年 10 月湖北人民出版社出版。

迄今，對是書作過評述的論文主要有杜廼松《懷念顧鐵符先生》(《紫禁城》1991 年第 1 期)。

楚史論叢(初集)

楚史研究論文集。張正明主編。張正明(1928—2006)，上海人。1952 年畢業於清華大學社會學系，曾在民族工作部門和民族研究機構供職。自 1980 年起，在湖北省社會科學院從事楚國歷史文化研究工作，曾任湖北省社會科學院副院長、湖北省社會科學院顧問、楚國歷史文化研究所研究員、中國民族史學會副會長、中國屈原學會副會長。著有《契丹史略》、《楚文化史》、《楚史》、《楚文化志》等。

該書首有張正明《序言》。次《目録》。末附《涼山彝語注音字母與國際音標對照表》、《吳師入郢路綫示意圖》。張氏在《序言》提出，“楚史”是一個簡稱，“它既是荆楚國家史，也是荆楚民族史，又是荆楚文化史”；接着，張氏論述楚國在春秋、戰國時期的歷史地位，“楚人立國約八百年，開疆方五千里。在春秋時期的南北角逐中，楚是南方各族之雄；在戰國時期的東西抗争中，楚是東方各國之長”；最後，張氏强調楚史研究的現實意義，“楚人曾創造堪稱當時世界第一流的物質文明和精神文明，對此，由於文獻多所失載，人們必須仰仗於考古發現，只是在近十年間才有了較爲明晰的認識”，而“這本《楚史論叢》選編了近年來楚史研究方面的二十一篇論文，它可以從某些側面反映出當前楚史研究的進度”。正文包括：陳士林《彝楚歷史關係述略——涼山彝族東來説》，王光鎬《荆楚名實綜議》，張正明《楚國社會性質管窺》，張正明、劉玉堂《大冶銅緑山古銅礦的國屬——兼論上古産銅中心的變遷》，李志偉《曾侯乙墓編鐘及尊、尊座鑄造方法新探——兼論先秦青銅鑄造工藝》，喻宗漢《吳師入郢之戰有關問題探討》，張勝琳《吳楚淮域之戰若干相關地名地望略考》，顧久幸《沈縣與沈尹——兼論楚縣的性質》，羅運環《〈史記·楚世家〉懷王十一年史事考證》，李學勤《楚帛書中的古史與宇宙觀》，涂又光《論帛書本〈老子〉的社會學説》、《論屈原的精氣説》，朱俊明《楚向古雲貴開疆史跡鈎沉》，鄧廷良《楚裔入巴王蜀説》，舒之梅、劉彬徽《從近年出土曾器看楚文化對曾的影響》，黄敬剛《隨都辨》，郭德維《從江陵古墓葬看楚制、秦制、漢制的關係》，杜棣生《谷城縣端公舞源流初探》，張正明《楚俗雜考》，夏渌《三楚古文字新釋》，李幹、夏渌《卜辭中南方民族史料偶拾》。1984年10月湖北人民出版社出版。

楚辭選注及考證

楚辭研究專著。今人胡念貽著。該書爲胡氏的一本遺著，初稿完成於1973年，何其芳審閲了全稿。胡氏在病中曾想着手修改，但已力不從心。胡氏去世後，由其遺孀朱殿生整理編輯。此書首有《目録》。次胡氏《前言》。次《屈原小傳》。次《宋玉小傳》。末附朱殿生《後記》。正文凡兩部分：《楚辭選注》、《楚辭考證》。《楚辭選注》選入《離騷》、《九歌》(11篇)、《天問》、《涉江》、《哀郢》、《抽思》、《懷沙》、《橘頌》、《惜往日》、《卜居》、《漁父》、《九辯》、《招魂》。各篇分原詩、簡注、譯意(串講爲散文句式)、簡評四部分，頗利初學。《楚辭考證》仿照朱熹《楚辭辯證》例，側重於考據，分《總論》、《離騷》、《九歌》、《天問》、《涉江》、《哀郢》、《抽思》、《懷沙》、《橘頌》、《惜往日》、《關於〈卜居〉某些字句的解釋》、《關於〈漁父〉某些字句的解釋》、《九辯》、《招魂》十四篇。除總論外，各篇涉及到釋題、真僞、作時、錯簡以及某些字句的訓釋。胡氏關於楚辭的主要見解與根據，均彙於此。胡氏認爲，屈原生於公元前353年，是我國封建社會初期的一位政治詩人，其思想主要是接近儒家，但與儒家也有一些差别，還可能受到法家的一些影響。《遠遊》、《卜居》、《漁父》、《大招》、《招魂》非屈作；《惜誦》、《思美人》、《惜往日》、《悲回風》四篇雖有可疑之點，但説它們是僞託卻缺乏根據。《離騷》作於懷王二十四年(前305)至二十七年(前302)之間，《天問》作於懷王末年。《九辯》與《招魂》爲宋玉所作，《招魂》是宋玉利用民間原始宗教的招魂詞的形式，寫來招楚國某王之魂。胡氏對楚辭的一些具體意見亦有價值,如説用"牢騷"解"離騷",於訓詁無據,内容上也未必恰當;又如關於《天問》錯簡,他既承認有錯簡與訛脱,但又不同意屈復設想的那樣嚴重。可惜胡氏年僅58歲就因病仙逝,許多屈學見解未能系統申説,形成一家之言。1984年11月岳麓書社出版。

迄今,對是書作過評述的論文主要有張聞玉《〈屈原生年新考〉志疑》(《重慶師範大學學報》1985年第2期)、龔維英《〈離騷〉究竟著於何時?》(《中州學刊》1985年第4期)、曹大中《〈橘頌〉確是屈原的絶筆》(《貴州文史叢刊》1989年第3期)、壽勤澤《四十餘年楚辭研究綜評》(《社會科學輯刊》1993年第5期)、李嘯霈《試論屈宋之〈招魂〉及相關問題》(《東南文化》2004年第2期)、張建《胡念貽屈原學研究綜述》(載戴錫琦、鍾興永《屈原學集成》,中央編譯出版社2007年6月版)。

楚辭要籍解題

楚辭研究專著。今人洪湛侯主編,王從仁、馮海榮、曹旭編撰。洪湛侯(1928—),安徽歙縣人。1956年復旦大學中文系畢業。歷任復旦大學、杭州大學、浙江大學助教、副教授、教授,退休後仍兼任杭州市徽州學研究會副會長。著有《中國文獻學》、《文獻學新論》、《中國文獻學要籍解題》、《詩經學史》、《徽派樸學》等。

該書爲馬茂元主編的《楚辭研究集成》第二編。首有馬茂元《總序》。次《凡例》。次《目録》。馬氏《總序》云:"擇選歷代學術價值較高、影響較大的《楚辭》專著,寫出提要。選目方面,注意詳今略古和有裨實用。主要内容爲作者生平、成書經過、基本内容、學術評價、版刻與館藏情況等。"正文凡《楚辭要籍解題》和《楚辭專著目録》兩部分。《解題》部分擇選專著六十二種,力求體現出現代、當代楚辭研究的成果,古今比例:漢代至晚清,佔五分之三弱,現、當代佔五分之二强。一位學者有多種著作,選入最有代表性的一種,另有重要者以"附"出之。如收入俞樾《讀楚辭》,另附《楚辭人名考》;收入游國恩《楚辭概論》,另附《讀騷論微初集》、《楚辭論文集》;收入姜亮夫《屈原賦校注》,另附《楚辭書目五種》。這樣,《解題》部分正文收録專著六十二種,附録收入專著十一種,共收入七十三種。所選著作、作者有一定的代表性,如近代以來選入梁啓超、劉師培、陸侃如、李翹、支偉成、游國恩、衛仲璠、謝無量、聞一多、郭沫若、饒宗頤、林庚、王泗原、姜亮夫、詹安泰、馬茂元、沈祖綿、劉永濟、朱季海、聶石樵、王力。當然,限於當時的政治社會氛圍,一些有争議但又有特色的著作未能入選，是爲遺憾，如以1980年爲下限，則應選入路百占、文懷沙、譚介甫、魏炯若等學者的著作；如以本書實際下限(1982年)爲界，至少還應選入程嘉哲《九歌新注》，蔣天樞《楚辭論文集》。再從選本來説，既然選入聶石樵《楚辭新注》，就應選入金開誠《楚辭選注》，這兩種選本，應該是各有千秋，可以互讀。《目録》部分，所收楚辭研究專著，以1982年前(含1982年)出版的爲限。舉凡注釋、評論、考證以及闡明音義諸作，均在收録之列。入録諸書，列書名、卷數、作者、版本諸項。清代以前，按作者時代排列；現代著作按出版時間爲序。共收入先秦至當代楚辭專著二百三十五種。

坦率地説，《楚辭要籍解題》一書的構思、選目、評述，均有其學術價值。但令人遺憾的是，該書在版本、目録方面的錯訛是非常明顯的。如，第25頁介紹《楚辭後語》，云："《楚辭後語》則是一個未完成的本子，只注釋了前十七篇，以後三十五篇無注。"按，朱熹《自序》云："右《楚辭後語》目録，以晁氏所集録《續》、《變》二書刊補定著。凡五十二篇。"考《楚辭後語》體例，全部無注。朱熹子朱在云："每章之首，皆略叙其述作之由，而因以著其是非得失之跡。"即每篇前有"叙(序)"。朱在又記："獨《思玄》、《悲憤》及《復志賦》以下至於《幽懷》，則僅存其目，而未及有所論述。"考《後語》，則爲張衡《思玄賦》、蔡琰《悲憤詩》、韓愈《復志賦》、《閔己賦》、《别知賦》、《訟風伯》、《弔田横文》、《享羅池》、《琴操》、柳宗元《招海賈文》、《懲咎賦》、《閔生賦》、《夢歸賦》、《弔屈原文》、《弔萇弘文》、《弔樂毅文》、《乞巧文》、《憎王孫文》、李翺《幽懷賦》。以上凡十九篇。"《復志賦》以下至於《幽懷》"，共十七篇，加上《思玄》、《悲憤》，即十九篇。據朱在記："今於此十九章之叙，皆因晁氏之舊而書之。"按，晁補之輯有《續楚辭》二十卷，《變離騷》二十卷，晁氏《郡齋讀書志》云："各爲小序，以冠其首。"綜上可知，朱熹《楚辭後語》據晁補之《續楚辭》、《變離騷》而編定，共五十二篇。各篇皆有小序冠於其首，其中三十三篇爲朱熹作；又因本書乃朱熹晚年所定，猶未及成而卒，故其中十九篇無"叙"；其子朱在於刊刻時以晁氏原序對十九篇作了增補，並以"晁氏曰"領起，以别於他篇朱序。全書無注。此書關於"前十七篇有注"之誤，真不知從何而來。又，本屬第216頁介紹魯筆《楚辭達》，云："全書一卷，共有《離騷》注文三十七條。"又云："另有《見南齋讀騷指略》，分總論……等十九項。"案，《楚辭達》僅注《離騷》一篇，每四句一節，先注字音，後注字義，繼章句大義，末節意。注文詳盡，遠非三十七條可數。在《離騷》注文前，有《見南齋讀〈離騷〉指略》，凡十九項，三十七條。《楚辭要籍解題》將《指略》三十七條，誤爲《離騷》注文數目，頗有點費解。1984年11月湖北人民出版社出版。

迄今，對是書作過評述的論文主要有崔富章《〈楚辭〉版本源流考索——兼及〈楚辭要籍解題〉之訛誤》(《浙江學刊》1987年第1期)、周建忠《當代屈學考信録》(《職大學報》1998 年第 1 期)。

聞一多論古典文學

古典文學研究專著。今人鄭臨川著。鄭臨川(1915—2003),湖南龍山人。早年畢業於西南聯合大學。後曾任四川西華師範大學(原南充師範學院)中文系教授。著有《稼軒詞縱横談》等。

鄭氏在昆明西南聯大中文系三年級的時候,選修了聞一多先生主講的《楚辭》選讀。在做讀書報告時,“聽老同學們説,聞先生的成績考核,愛的是奇談怪論”,“於是我決心大唱反調,把否定屈原存在作爲這篇讀書報告的中心内容”。受到聞先生嚴厲的批評,“書倒念的不少,可惜態度和方法還有問題”,“屈原存在的歷史事實,你能否定得了麼”,“屈原的詩篇爲我們樹立了多麼崇高的愛國文學傳統,鼓舞了幾千年來民族的自豪感情和獻身精神,使我們今天還能生活在祖國的大地上,作自己文化的主人,成爲世界文明古國的奇跡,我們今天的浴血抗戰,也正是屈原精神繼續存在的活見證”。緣此,鄭氏撰有《屈原愛國精神試析》(《南充師院學報》1984 年第 4 期),謂愛國精神“是屈原對楚人强烈自尊自信的民族感情的繼承發揚”,“促使屈原勇於汲取中原文化的先進思想,革新楚國政治”,“鼓舞屈原大力發展楚地的民間文學,開創浪漫詩歌新路”,“彙合南北文化思想爲千古詩人樹立典範”。後來,鄭氏又發表《聞一多論〈楚辭〉(上、下)》(《社會科學輯刊》1981 年第 1 期、第 2 期),内容包括:一、《楚辭》與神仙思想;二、《離騷》與“仙真人詩”;三、《楚辭》中的“兮”字;四、論《九章》;五、論《天問》;六、論《九辯》。鄭氏《附記》云:“這裏記述的八個片段,是經過選擇整理出來的,帶有拾遺補闕的性質。儘管裏面好些論點還可以討論,有的只由先生首次提出而來不及作深入的探索,有的在後期先生的看法已有所改變,但從這吉光片羽中仍可看出先生治學的不走老路,獨闢蹊徑的首創精神。”案,這裏所記的“八個片段”,實際發表只有六個片段。另,鄭氏還撰有《聞一多論屈原》(《晉陽學刊》1982 年第 2 期),此文後有《後記》,云:“這是聞先生四十年代初(1940—1941 年)在西南聯大主講《楚辭》課講演的一個片斷。先生當時對屈原的論述,跟他後來發表的許多文章意見頗有出入,但從中可以看出先生思想前後發展變化的痕跡。在這段論述中,他闡述了中國知識分子在不同歷史時期中社會地位和思想的演變情況,提出他們對封建政權的依附關係,説明歷史上所謂隱士産生的社會原因和他們理想之不切實際,表明作爲一個社會的人要想脱離政治、逃避現實是根本不可能的。因此説屈原之死是舊理想和新現實不能協調的'歷史轉變時期的悲劇'，認爲作爲新時代的人'應該取法屈原剛毅的意志，韓非革新的態度，來努力完成當前抗戰建國的任務。'而在最後提到後漢的士風因受罷黜百家的政治影響，'士氣消沉到極點'，在魏晉時代雖'曾一度提倡思想自由活動，但不久又成了廣陵絶響'，故以'全然銷聲匿跡'作爲講演的結束，對此表示慨嘆惋惜。"

爲迎接"中國聞一多研究會"成立，鄭氏應研究會籌備組的要求，"將近幾年整理發表的筆記全稿彙編成集"，即《聞一多論古典文學》。該書首有《永恒的懷念（代序）》。末附《跋語》。正文包括：《論古代文學》；《論〈楚辭〉》；《説〈唐詩〉》（並附《聞一多先生與唐詩研究》）。《論〈楚辭〉》凡八部分：一、《楚辭》與神仙思想；二、《離騷》與"仙真人詩"；三、《楚辭》中的"兮"字説；四、論《九章》；五、論《天問》；六、論《九辯》；七、談《楚辭》的分類；八、屈原論。末附《聞一多論屈原》一文的《後記》。可見，此書乃"八個片段"的"全本"。其書有助於我們對聞一多"楚辭"學術思想的整體把握，可與《聞一多全集》互讀、比較。1984年11月重慶出版社出版。

楚辭學論文集

楚辭研究專著。今人姜亮夫著。該書屬姜氏"成均樓論文輯"四種之一，另三種爲《敦煌學論文集》、《古史學論文集》、《古漢語論文集》。首有《作者近影》。次《作者手稿》。次《楚辭音殘卷》。次《屈子遊踪圖》。次《成均樓論文輯總目録》。次《成均樓論文輯序》。次《楚辭學論文集序》。末附《遠遊爲屈子作品定疑》。姜氏述其研究楚辭因由，《楚辭學論文集序》云："楚辭爲近時髦士喜爲之學，余以静安先生蹈昆明湖之痛而讀屈賦，因有成書。"姜氏在《遠遊爲屈子作品定疑》中提出，《遠遊》思想與屈子全部作品的統一性，"大可補餘説之不足"。

正文凡二十五篇論文（附一篇）。其内容論及屈原生平、思想與創作實踐，楚辭産生發展的環境、背景與淵源，作品内容、技巧，流傳及研究情況，是姜氏在楚辭學領域全面、系統、深入和多角度研究的結晶。各篇論文皆寫於《屈原賦校注》之後，歷五十餘年。其中《三楚所傳古史與齊魯三晉異同辨》，以民族、民俗學論楚辭，體大思深，《屈子思想簡述》按官能作用、物質性行變化、心理現象、人生觀逐層論述，深入肌理；《九歌解題》汪洋恣肆，經史諸子，均爲徵引，言《九歌》"本之夏俗"、"翻以新詞"，亦重點論述，並以全盤分論諸章，氣勢恢宏；《史記屈原列傳疏證》成於五十年前，時稱精博，然時時增益、補苴、删改，亦精進出新；《敦煌寫本隋釋智騫楚辭音跋》，涉及楚辭學流派，亦頗注目。1984 年 12 月上海古籍出版社出版。另，2002 年雲南人民出版社出版《姜亮夫全集》本。

迄今，對是書作過評述的論文主要有壽勤澤《四十餘年楚辭研究綜評》(《社會科學輯刊》1993 年第 5 期)、江林昌《姜亮夫先生楚辭研究簡論》(《雲夢學刊》1996 年第 2 期)、劉躍進、江林昌《姜亮夫先生及其楚辭研究》(《文學遺産》1998 年第 3 期)、張玖青、曹建國《方法與視角：對姜亮夫〈楚辭〉研究的一種審視》(《浙江學刊》2004 年第 2 期)、潘嘯龍《聳立南天的一代宗師——論姜亮夫先生楚辭學研究的貢獻》(《安徽師範大學學報》2007 年第 4 期)。

楚辭全譯

楚辭研究專著。今人黄壽祺、梅桐生著。黄壽祺(1912—1990)，字之六，號六庵，福建霞浦人。1935 年畢業於北平中國大學國學系，曾執教於中國大學、華北國醫學院、福建師範大學等院校。歷任福建師範大學教授、中文系主任、副校長等職。以精研《易》學，成一家之言。善詩，撰有《六庵詩集》。著有《易學群書平議》、《群經要略》、《六庵論易雜著》、《六庵易話》、《周易譯注》、《周易研究論文集》、《六庵讀禮録》等，主編《中國文學史》、《福建文學史》、《清詩選》等。梅桐生(1947—)，貴州貴陽人。1982 年畢業於福建師範大學中文系，獲碩士學位，師從黄壽祺。現爲貴州大學中文系教授、中國屈原學會理事。著有《楚辭入門》、《春秋公羊傳全譯》、《金元明清絶句五百首》等。

該書爲《中國歷代名著全譯叢書》五十種之一。此書由梅氏注譯，黄氏審閲。全書兼收王逸《楚辭章句》、朱熹《楚辭集注》兩書的篇章，共譯注楚辭作品六十七篇，爲迄今最全的楚辭注譯本。首有《出版説明》。次《前言》，略叙《楚辭》的名稱、淵源、特點及屈原與作品特色等。次《全譯叢書編委會名單》。次《目録》。末附《本書主要參考書目》，凡四十三種。各篇注譯體例爲：首《題解》，次原文與今譯對照排列，次注釋。《題解》主要考釋作品的名義、寫作年代、作品歸屬、内容特色等。譯文部分，“爲了準確，多採用直譯”，大部分篇章用十字句譯出，句式峻整，通俗順暢。注釋“原則上儘量選擇古今學者的合理解釋，努力做到言之有據”，集採衆善，簡明扼要，重在疏解難字難詞的音義。注釋中附以“按語”，以補注釋之不足，主要對前人錯誤有選擇地予以考辨，並分析作品藝術特色，段落大意。湯炳正以爲“此書爲世之讀《楚辭》者，在古語、今語之間搭起了一座方便之橋，是有功於屈學的一部力作”。1984 年 2 月貴州人民出版社出版。

迄今，對是書作過評述的論文主要有鄭君華《〈楚辭全譯〉試評》（《古籍整理研究學刊》1985 年第 4 期）。

屈賦新探

楚辭研究專著。今人湯炳正著。湯炳正（1910—1998），字景麟，山東榮成人。幼承家教，酷嗜典籍，泛覽經史。甫及冠，遊學北京。1935 年大學畢業，旋南下蘇州，考入章太炎創辦的“章氏國學講習會”的研究班，專研文字、聲韻、訓詁之學。在章氏病逝後，乃奉其遺囑及章師母之命，受聘“章氏國學講習會”《聲韻學》、《文字學》教席。抗戰爆發，流離失所，顛沛漂泊於陝黔巴蜀之間，嘗任貴州大學、貴陽師範學院教授、川北大學文學院教授兼中文系主任。1949 年後執教於四川師範大學。曾任四川師範大學中國古代文學研究所教授、中國屈原學會會長、中國訓詁學會學術委員會委員、中國屈原學會集刊《楚辭研究》主編。長期致力於語言文字學、楚辭學研究。著有《語言之起源》、《楚辭類稿》等。事跡載湯氏《劍南憶舊》、其孫湯序波《湯炳正評傳》。

湯氏因抗戰事起，轉徙流浪，身受民族危亡之苦，遂與屈子感情産生共鳴，以《楚辭》教諸生於上庠，由此研習屈賦，長年不輟，卓然有成，被學界公認爲楚辭研究大家。該書收入湯氏於 20 世紀 60—80 年代所撰楚辭研究論文 20 篇。首有湯氏《前言》。次《目録》。末附湯氏《後記》。此書之著述宗旨及過程，載《前言》與《後記》中。正文凡五組，二十篇。第一組，主要談屈原的生平事跡。第二組，主要談《楚辭》的成書與傳本。第三組，主要談屈原的思想與流派。第四組，主要談屈賦裏的神話傳説。第五組，主要談屈賦的語言藝術。其中，《〈屈原列傳〉理惑》原題爲《〈屈原列傳〉新探》（《文史》總第 1 輯，1962 年），認爲“屈傳”中“離騷者猶離憂也……雖與日月争光可也”、“雖放流……豈足福哉”兩段文字，是劉安《離騷傳》前後兩部分，是後人割裂而竄入的。此説曾被海内外學術界多次稱引。另，《〈楚辭〉成書之探索》原題爲《〈楚辭〉編纂者及其成書年代的探索》（《江漢學報》1963 年第 10 期），論述《楚辭》成書結集三階段，深得學界贊同。崔富章在《四庫提要補正》、《楚辭書目五種續編》中詳介其説，以此爲重要論據。此書利用地下出土的資料，解決屈原生平及其作品研究中的有關問題，也顯得非常突出，如論定屈原生於前三四二年夏曆正月二十六日庚寅，"左徒"即"左登徒"之省，屬於大夫的級別。《九章時地管見》探討屈原被放後行踪的考釋等，均是藉助出土文物資料得出的新見。又，《屈賦修辭舉隅》、《屈賦語言的旋律美》二文均具有開拓意義，條分縷析，發凡設例，提出"聯迭"、"重現"、"倒置"三種辭格。1984 年 2 月齊魯書社出版。另，1990 年臺灣貫雅文化事業有限公司出版繁體字本。

迄今，對是書及其内容作過評述的論文主要有鄭文《讀〈屈原列傳新探〉兼論〈離騷〉創作的時間》(《西北師大學報》1962 年第 4 期)、劉瑞明《一部有獨到見解的屈賦專著：〈屈賦新探〉》(《中國社會科學》1986 年第 2 期)、趙逵夫《突破・開拓・治學方法——讀湯炳正先生的〈屈賦新探〉》(《文學遺産》1987 年第 2 期)、序波《湯炳正先生學術成就綜述》(《貴州教育學院學報》1989 年第 3 期)、廖化津《〈屈原列傳〉解惑——續説湯炳正先生〈屈原列傳理惑〉》(《河北師範大學學報》1992 年第 4 期)、力之《從〈楚辭〉成書之體例看其各非屈原作品之旨》(《四川大學學報》2000 年第 2 期)、牟應杭《敬憶先師湯炳正教授》(《貴州文史叢刊》2001 年第 2 期)、董運庭《關於屈原生平事跡的總體廓清——再讀湯炳正先生〈屈原列傳理惑〉》(《重慶師範大學學報》2005 年第 3 期)、湯漳平《湯炳正先生與新時期楚辭研究》(《漳州師範學院學報》2007 年第 1 期)、湯世洪、張世雲《湯炳正學術傳略》(《貴州文史叢刊》2007 年第 2 期)、程海翔《〈離騷〉與屈原之集——以〈楚辭〉成書研究爲中心》(《海南大學學報》2008 年第 1 期)、黄靈庚《〈楚辭〉十七卷成書考辯》(《復旦學報》2008 年第 3 期)。

屈原研究論集

楚辭研究論文集。湖北省社會科學院文學研究所編。1982 年 6 月湖北省社會科學院等單位在湖北秭歸縣舉辦了中國楚辭學史上第一次"屈原學術討論會"，來自全國十八個省市的代表一百二十餘人與會，提交論文八十多篇。編者從會議論文中選出三十四篇編成該書。首有張嘯虎《前言》。次《目録》。末附吴丈蜀《跋》。代表性論文有黄中模《論屈原"發憤以抒情"的美學思想》、毛慶《試論屈原詩歌的象徵手法及其特色》、林河、楊進飛《論侗族民歌與〈九歌〉的關係》、陸永品《莊子與屈原——清人揚莊抑屈簡論》、湯炳正《〈天問〉"顧菟在腹"與南北文化交融》、湯漳平《〈九歌〉人神關係淺論》、熊任望《屈原詩歌〈惜誦〉和〈離騷〉的關係》、郝志達《〈悲回風〉斷析三則》、曹毓英《關於屈原放逐和自沉地點的考辨》、崔富章《明汪瑗〈楚辭集解〉書録解題》等,有各自不同的價值與影響。1984 年 5 月長江文藝出版社出版。

屈原賦選

楚辭研究專著。今人王濤著。該書爲劉逸生主編的《中國歷代詩人選集》叢書之一。首有劉氏《〈中國歷代詩人選集〉編纂説明》。次王氏《前言》。次《漁父圖》。次《目録》。末附《屈原年表》。正文收屈原作品二十二篇:《九歌》(11 篇),《九章》(篇次爲《橘頌》、《惜誦》、《抽思》、《思美人》、《涉江》、《哀郢》、《悲回風》、《懷沙》、《惜往日》),《離騷》,《天問》。《前言》簡述屈原生平,與《屈原年表》大致對應,基本上採郭沫若説。在體例上,作者聲稱是"通俗讀物","注釋力求詳盡,並做了今譯。今譯以直譯爲主,以利讀者理解原作"。各篇注釋,則先題解,簡介該篇作年、内容、藝術或有關背景。分段對原文作注,先注音義,次串講今譯,末段意分析。全書在《九歌》、《九章》部分有一些插圖。此書認爲,《楚辭章句》中《遠遊》、《卜居》、《漁父》三篇"顯然不是屈原的作品",而《招魂》、《九辯》,王逸則視爲宋玉的作品。

1981 年 6 月三聯書店香港分店出版。另,1984 年 8 月廣東人民出版社重版,1988 年臺灣遠流出版社重版,1998 年 6 月由三聯書店(香港)有限公司重版。

天問新注

楚辭研究專著。今人程嘉哲著。此書首有《目録》。次程氏《試論〈天問〉的藝術性和思想性(代序)》。末附《〈天問〉異文校訂、古音叶韻表》。程氏在《試論〈天問〉的藝術性和思想性(代序)》中對《天問》作了簡要解説,云:"它全部由問語組成。詩中將近一百七十個問題,幾乎每問都包藏着一個十分有趣的神話或傳説故事","這是一首用當時最流行的格式和最通行的口語寫成的詩","《天問》是一首最有層次,結構得最好的長詩典範"。程氏認爲,歷代之所以"莫能説《天問》",惟因"他們不理解屈原,尤其不能理解寫《天問》時的屈原的叛逆思想"。

程氏認爲,全詩三百七十四句,就内容可以分爲四章和一個尾聲。首章先問開天闢地神話的來源，接着問天體構造，天上的諸神，以及大禹重建陸地的神話，地上的種種神跡，四方的種種靈異。從“遂古之初”至“列星安陳”爲第一段；從“出自湯谷”至“曜靈安藏”爲第二段；從“不任汩鴻”至“地何故東南傾”爲第三段；從“九州安錯”至“若華何光”爲第四段；從“何所冬暖”至“烏焉解羽”爲第五段。第二章是把問題從天事引向人事的過渡。它由大禹、后羿等降凡的故事以及嫦娥等升天的故事組成。從“禹之力獻功”至“而交吞揆之”爲第六段；從“阻窮西征”至“何以遷之”爲第七段。第三章是全詩的核心，它又分爲兩部分。前一部分借虞、夏、商三代的所謂聖君、賢主，以及吳太白等人的故事，以駁斥統治者是天生的賢人和貴人的說法。從“惟澆在户”至“孰制匠之”爲第八段；從“舜服厥弟”至“女何嘉”爲第九段。後一部分則是一部繪聲繪色的帝王家譜。從“該秉季德”至“而後嗣逢長”爲第十段；從“成湯東巡”至“其罪伊何”爲第十一段；從“争遣伐器”至“卒然身殺”爲第十二段。第四章是作者對君主政治所下的總結。從“彼王紂之躬”至“何逢長之”爲第十三段；從“伯昌號衰”至“又使至代之”爲第十四段；從“初湯臣摯”至“卒無禄”爲第十五段。尾聲（從“薄暮雷電”至“忠名彌彰”）則是屈原申述寫作動機與發抒余感的部分，“在這裏屈原借談楚國歷史故事，説出了自己對行將覆滅的楚王朝的唾棄，放言無憚”。

此書注釋體例爲，分節（凡九十一節）過録原文，先“注”，注音、注字詞，主要援引典故出處；次“釋”，爲節解，串講節意；次“小結”，爲段落分析。崔富章《楚辭書目五種續編》云：“注簡略，釋重大義評點。”1984 年 8 月四川人民出版社出版。

迄今，對是書作過評述的論文主要有周建忠《〈天問〉要籍解題》（《南通師範學院學報》2001 年第 1 期）。

楚辭研究論文選集

楚辭研究專著。佘崇生編。該書首《目録》。次《前言》。正文凡“考據篇”、“論述篇”兩部分。“考據篇”收入：郭鼎堂《屈原考》、林庚《屈原生卒年考》、浦江清《屈原生年月日推算問題》、王熙元《屈原評傳》、湯炳正《屈原列傳新探》、楊胤宗《屈原爲儒家考》、劉維崇《屈原作品真僞考》、蔣天樞《論楚辭章句》、陸侃如《什麽是楚辭》、游國恩《楚辭講録》、臺静農《讀騷析疑》、傅錫壬《楚辭方言考辨》。“論述篇”收入：施淑女《楚辭文學技巧的傳承》、何錡章《離騷之體制與結構》、游國恩《論屈原文學的比興作風》、趙璧光《論屈賦之流變》、馬茂元《論九歌》、李嘉言《九歌之來源及其篇數》、文崇一《九歌中的上帝與自然觀》、方孝岳《關於屈原天問》、佘崇生《天問篇探索》、蘇雪林《論九章》、李豐楙《服飾、服食與巫俗傳説》、蘇雪林《端午與屈原》、David Hawkes《求宓妃之所在》(黃兆傑譯)。1985年臺北學海出版社出版。

神話·禮儀·文學

神話研究論文集。今人陳炳良著。陳炳良,香港大學教授。著有《形式、心理、反應——中國文學新詮》等,編有《香港文學探賞》等。

陳氏爲"新文化史學派"在香港地區的代表人物,主要研究民俗、神話的上古史背景,並通過上古史的背景來研究民俗、神話和《楚辭》,進而又通過《楚辭》、《詩經》等原始資料面目的發現,來推進上古史的工作,又被稱之爲"新還原學派"。該書收其論文十餘篇,從民俗的神話背景研討文學作品之涵義,論證多採比較方法。其中關於《楚辭》的論文六篇:《生民新解——兼論天問中有關周初的史事》、《〈離騷〉的悲劇主題》、《〈楚辭國殤新解〉質疑》、《再談有關國殤和迦尼薩的問題》、《聖與俗——九歌新研》、《九歌的悲劇視像》。《〈離騷〉的悲劇主題》一文利用西方悲劇理論研究《離騷》,認爲屈原是一位悲劇英雄,《離騷》也符合悲劇的概念,以爲詩人的道德標準和個人的人格同君主所代表的社會之間的衝突,構成了悲劇衝突,而詩人不避艱難、知難而進所招致的失敗,是悲劇的結局。1985年臺北聯經出版事業公司出版,1986年增訂再版。

離騷解詁

楚辭研究專著。今人聞一多著。該書是聞氏詮釋《離騷》中疑難章句的著作,最早載於1936年《清華大學學報》第12卷第1期,凡二十條,後被收入《聞一多全集·古典新義》中。首有《徵引諸家名氏》,凡四十六家。末附季鎮淮《後記》。此書據聞氏手稿、謄清稿,以四句爲一條,凡九十三條,首尾完具。其體例爲,分條注釋,先原詩四句,依次訓釋。

1985年12月上海古籍出版社出版。另有1948年上海開明書店出版《聞一多全集》本、1952年北京古籍出版社出版《古典新義》本、1982年北京三聯書店出版《聞一多全集》本、1993 年湖北人民出版社出版《聞一多全集》本。

迄今,對是書作過評述的論文主要有王達津《聞一多先生與〈楚辭〉》(《社會科學戰綫》1980 年第 1 期)、袁謇正《聞一多〈楚辭〉研究的基本層面》(《武漢大學學報》1986 年第 4 期)、費振剛《聞一多先生的〈楚辭〉研究》(《古籍整理研究學刊》1987 年第 1 期)、馬達《〈離騷〉與"仙真人詩"——兼評聞一多論〈離騷〉》(《衡陽師專學報》1989 年第 1 期)、翟振業《聞一多楚辭研究新思維簡論》(《雲夢學刊》2001 年第 6 期)、程凱華《聞一多對屈原和〈楚辭〉研究的重大貢獻》(《邵陽學院學報》2002 年第 1 期)、岳凱華《聞一多與屈原》(《湖南行政學院學報》2002 年第 2 期)、段雙全《論聞一多〈楚辭〉研究中的創見》(《浙江海洋學院學報》2006 年第 3 期)。

楚辭通故

楚辭研究專著。今人姜亮夫著。該書原名爲《楚辭詞典》,應中華書局之約而著,1973 年改題今名。該書首有姜氏《自叙》。次《全書總叙目》。次《目録》。末附其女昆武《校後記》。次附《楚辭通故檢目》。姜氏《自叙》云:"余一生業蹟,能草草結束者,此爲最巨。"正文分四輯、十部、五十六類,凡八十卷,一百八十萬言。第一輯天事、地輿、人事部;第二輯歷史、意識、制度部;第三輯文物、博物、書篇部;第四輯詞部。總計條目 3 570 條,圖譜四百餘幅,凡出土文物與楚辭相關者,囊括無遺。其書以語言和歷史爲根株,以恩格斯、摩爾根等關於古代社會的研究成果爲基本綫索,借助於其它各門學科諸如歷史統計學、社會學、民族學、民俗學、地理學、天文學、古器物學、考古學等,進行綜合研究,既謹慎地提煉兩千年來楚辭研究的精華,集其大成,又深入地探討、破譯屈原作品中的楚文化信息,務求真實。

在楚辭研究史上,無論廣度、深度,還是體例規模,該書都是開拓性的貫通古今的傑作,爲國内楚辭學界最有代表性的一部專著。其表面所顯示出來的是樸學家所用的考據、訓詁方法,而實質上卻是在新的水平面上所走的綜合研究之路。郭在貽《楚辭要籍述評》云:"謂之集大成之巨著,當非過譽。"姜氏曾自述撰寫此書的學術原則:一是窮源盡委,以明其所以然之故;二是整體推斷,不爲割裂分解;三是比較以得真相;四是自矛盾或正反之端綜合以求其實;五是以實證定結論,無證不斷。(詳見《〈楚辭通故〉撰寫經過及其得失》,《文獻》1980 年第 3 期)當然,這五方面原則是綜合運用,所以,每一條目，實際都是一篇多學科相結合的論文，綜合了姜氏研究楚辭的全部資料和最成熟的觀點。

1985 年 10 月齊魯書社據清稿影印出版。另，1999 年 12 月雲南人民出版社出版《姜亮夫著作選本》排印本、2002 年雲南人民出版社出版《姜亮夫全集》本。

迄今，對是書作過評述的論文主要有姜亮夫《〈楚辭通故〉叙録》(《杭州大學學報》1977 年第 3 期)、南雁《從〈楚辭通故〉談社會科學的綜合研究》(《浙江學刊》1985 年第 6 期)、壽勤澤《追本溯源、精審廣博——評姜亮夫教授〈楚辭通故〉》(《杭州大學報》1989 年 11 月 30 日)、壽勤澤《四十餘年楚辭研究綜評》(《社會科學輯刊》1993 年第 5 期)、江林昌《姜亮夫先生楚辭研究簡論》(《雲夢學刊》1996 年第 2 期)、劉躍進、江林昌《姜亮夫先生及其楚辭研究》(《文學遺産》1998 年第 3 期)、張玖青、曹建國《方法與視角：對姜亮夫〈楚辭〉研究的一種審視》(《浙江學刊》2004 年第 2 期)、潘嘯龍《聳立南天的一代宗師——論姜亮夫先生楚辭學研究的貢獻》(《安徽師範大學學報》2007 年第 4 期)。

九歌解詁・九章解詁

楚辭研究專著。今人聞一多著。聞氏爲《楚辭》研究定下三項課題，該書屬第二項課題，即“詮釋詞義”。此書爲《九歌解詁》與《九章解詁》合刊本。末附整理組《附記》。《九歌》部分由范寧整理，《九章》部分由季鎮淮、康倪整理。正文體例大抵與《離騷解詁》相似。

1985 年 12 月上海古籍出版社出版。另有 1948 年上海開明書店出版《聞一多全集》本、1982 年北京三聯書店出版《聞一多全集》本、1993 年湖北人民出版社出版《聞一多全集》本。

迄今，對是書作過評述的論文主要有王達津《聞一多先生與〈楚辭〉》(《社會科學戰綫》1980 年第 1 期)、袁謇正《聞一多〈楚辭〉研究的基本層面》(《武漢大學學報》1986 年第 4 期)、費振剛《聞一多先生的〈楚辭〉研究》(《古籍整理研究學刊》1987 年第 1 期)、蘇志宏《聞一多和〈九歌〉研究》(《北京大學學報》1999 年第 6 期)、翟振業《聞一多楚辭研究新思維簡論》(《雲夢學刊》2001 年第 6 期)、程凱華《聞一多對屈原和〈楚辭〉研究的重大貢獻》(《邵陽學院學報》2002 年第 1 期)、段雙全《論聞一多〈楚辭〉研究中的創見》(《浙江海洋學院學報》2006 年第 3 期)。

屈原:我國最早的大詩人

楚辭研究專著。今人段萬翰著。該書首有《目録》。正文凡十五部分:《誕生》、《咏橘寄志》、《平步青雲》、《降爲三閭大夫》、《又一次打擊》、《"虎狼之國不可信"》、《再次出使齊國》、《憂愁作〈離騷〉》、《國難臨頭》、《最後的勸諫》、《爲故國"招魂"》、《一連串的疑問》、《流落江南》、《自沉》、《與日月争光》。以時間爲序,介紹屈原一生的政治遭遇與文學成就,並附插圖九幅。1985年4月上海人民出版社出版。

楚辭注釋

楚辭研究專著。今人馬茂元主編,楊金鼎、王從仁、劉德重、殷光熹編撰。該書爲馬氏主編的《楚辭研究集成》第一編。首有馬氏《總序》。次《説明》。次《目録》。正文注釋了王逸《楚辭章句》所輯的楚人作品二十八篇,即《離騷》、《九歌》(11篇)、《天問》、《九章》(9篇)、《遠遊》、《卜居》、《漁父》、《招魂》、《大招》、《九辯》。注釋的範圍主要包括:掃除語言障礙,闡述作品意義與作家思想,分析篇章結構和其他藝術手法。對歷史上有影響的説法,擇要予以並存,並提出作者的看法,一般擇善而從,以一説爲主。除《天問》、《遠遊》、《大招》三篇外,其餘二十五篇都是在馬氏《楚辭選》的基礎上編撰而成。其體例與馬氏《楚辭選》相同,包括"注釋"、"解題"、"説明"。崔富章《楚辭書目五種續編》云:"大抵擇善而從,間下己意。"1985年6月湖北人民出版社出版。

屈賦新箋:九章篇

楚辭研究專著。今人楊胤宗著。楊胤宗,字心果,山西太谷人。曾任教於臺灣銘傳商業專科學校。著有《屈賦新箋:離騷篇》等。

關於《九章》箋義,楊氏曾將全書主要部分,分十期發表於香港《人生》雜志。另，楊氏著有《從〈九章〉考證屈原絶筆》(臺灣《大陸》雜志 24 卷第 1、2、3 期連載)，以爲“《惜誦》之詞舒緩，似疏而未放之作。《抽思》乃作於漢北。《思美人》、《涉江》諸篇，含思凄婉，氣度雍容。《哀郢》真情至性，低徊眷戀，寄意於君者再，然無一語及於自沉之事。《懷沙》、《悲回風》，則身已臨汨羅深淵之畔矣，命迫晷刻，故多重複倔强之詞，蓋臨絶之音也，故尤憤懣而極悲凄，使人讀之，太息流涕而不能已也”。

該書首有劉象山《序》。次《本著參徵楚辭諸家》，自淮南王劉安至劉師培、游國恩、劉永濟、沈德鴻、佘雪曼、饒宗頤諸家。次《目録》。末附《賈誼〈弔屈原賦箋評〉》。次《〈洛神賦〉箋評》。次《作者曹植簡介》。劉氏於 1975 年爲此書撰《序》，云：“太谷楊君胤宗，以文學教授上庠，尤邃於楚辭，講貫之餘，撰爲若干卷，博稽而精思，慎求而能斷，審音釋義，不厭其詳，務折中於至當，信乎積學多聞者矣！”正文凡九篇。先出原文，一般四句一節，亦有兩句或一句的。次“辨音”，往往列洪興祖、陳第、戴震、江有誥諸家。次“釋義”，則分列王逸、《文選》五臣注、洪興祖、朱子、王夫之、林雲銘、蔣驥、戴震、陳本禮、錢澄之諸家。次“輯評”，爲輯録諸家評論。次“胤按”，發表自己的意見，如釋《懷沙》“眴兮杳杳，孔静幽默。鬱結紆軫兮，離慜而長鞠。撫情效志兮，冤屈而自抑”，云：“此原獨處深山之中，與麋鹿木石爲侶，而深切自省也。亦孟子以仁存心，以禮存心之義。特詩人之賦，麗以則耳。夫摇眸眺望，何山深而林遠，步幽壑以徙倚，悲芝焚而蕙嘆。空山寂寂，聽響增哀，省情驗志，祇冤屈之莫伸，徒自按抑也。”每節“辨音”、“釋義”頗全，“輯評”、“胤按”則往往間之。每篇有總評，或論其作時作意，如評《悲回風》篇云：“《悲回風》乃繼《懷沙》而作者，其時爲秋暮，故首句即云，悲回風之摇蕙兮，心冤結而内傷。其地爲汨羅，爲其赴死殉國之地，故有登石巒以遠望，上高岩之峭岸，昭彭咸之所聞，託彭咸之所居諸語。篇中多用聯綿字，如穆眇眇，藐曼曼，縹綿綿，愁悄悄，翩冥冥，罔芒芒，軋洋洋，爲他篇所僅見，其音凄惋悲涼，與《懷沙》相伯仲，朱子考證曰臨絶之音，船山謂自沉時永訣之辭，有以夫。”另，此書亦有評述思想内涵者，如評《哀郢》篇云：“此章末節，與《離騷》末章，同爲一篇之結穴，夫遠目流觀亦有人間何世之感，離郢九稔，無日忘返，風塵海内，不無危苦之辭。壅君晦蔽於讒邪，國命危縣於絲髮，郢路茫茫，召書不見，此屈子撫今追昔，血泪竝落者也。嗟乎！鳥倦飛而知還，狐死猶冀丘首，况人乎哉？行文至此，有一慟而絶之意焉。至其繾綣惻怛之情，回環無已，汎瀾掩卷，猶可想見紅葉秋紅之畔，有白髮詩人，策杖行吟於蒼煙暮靄中也。”1985 年 6 月中國友誼出版公司出版。

迄今，對是書作過評述的論文主要有劉石林《楊胤宗屈原學研究綜述》(載戴錫琦、鍾興永《屈原學集成》，中央編譯出版社 2007 年 6 月版)。

屈賦新箋:離騷篇

楚辭研究專著。今人楊胤宗著。該書首有高明《序》。次倪炯聲《序》。次楊氏《自序》。次《例言》。次《本著參徵楚辭諸家》,自淮南王劉安至劉師培、游國恩、劉永濟、沈德鴻、佘雪曼、饒宗頤諸家。據此書高氏《序》可知,楊氏"才華甚茂,擅詩、詞、古文",先"布教於苗栗,與無錫張壽平共講席",後"以二先生沉滯於中學,不能盡其才,乃延攬至於上庠,俾各展其所學。轉瞬間已二十餘年矣,壽平以探研古文物而聞名於時,胤宗則以專治楚辭而卓著聲譽,均能有所樹立"。楊氏《自序》則追溯治《楚辭》之由,"予生七歲,先嚴棄養,昕夕侍先母誦讀《孝經》、《論語》、《孟子》諸書。年稍長,加授《詩三百》、《楚辭集注》,每於燈下講述《蓼莪》、《懷沙》,熱淚盈睫,其情景今尚能仿佛見之。今慈親墓木已拱,而予亦垂垂將老,三十年來,竄身海島,於上庠與諸生説楚辭"。

關於屈原生平及其作品,楊氏《自序》亦有闡述,云:"夫《楚辭》者,衰世之文學也。屈原罹戰國之亂世,逢懷襄之昏主,始被貶於漢北,襄王朝,放逐於陵陽,厥後九年,再逐南荒辰漵。雖有經濟大才而莫之能用,平生精力,盡瘁於楚辭文學,荒江老屋,自寫孤忠,天高地迥,呼號靡聞。瞀亂煩惑之際,猶忍死以畢其辭,冀幸吾君發一猛醒,以挽宗國之阽危也。"楊氏以爲,《遠遊》、《卜居》、《漁父》非屈原作,惟《離騷》、《天問》、《招魂》、《哀郢》、《懷沙》五篇"乃屈賦真確無疑者"。又,楊氏提出,《離騷》"迺作於懷王之世。計二千四百九十言,易韻七十八次(依王念孫,江有誥分韻),篇中蘭十見,江離二見,芷三見,申椒二見,箘桂分見者七,揭車二見,瓊枝二見,鳳皇三見,稱好脩者四,蓋以好脩爲根柢也;稱靈脩者三,念念難忘於君也;稱蔽美者二,痛心姦佞之妬賢也。豐隆、羲和、望舒、飛廉、蹇脩、靈氛、巫咸、胥與之談説,或任其指使。宓妃、有娀佚女、有虞二姚,曾與乞婚言愛,鴆、鳩,胥聽其調遣,虬龍駕車,鳳皇承旂,宇宙萬有,盡縮毫端,如絢麗之晚霞,光輝萬丈,令人目眩神摇,不能凝而望之也"。

正文部分則依"釋義"、"辨音"、"輯評"、"胤按"四個層面箋注。《例言》叙之較詳,云:"爲繹明屈賦義藴,分辨古今音讀,故立'釋義'、'辨音'二欄,並徵引各家評騭精確者,别立'輯評'一欄","《離騷》分十章,九十三節。章旨引用東原《屈原賦注》,依韻分節,則依晦庵。間亦有依己意調整者","訓詁、義理、考據,徵引王逸、洪興祖、朱子、王夫之、林雲銘、蔣驥、戴震、陳本禮、錢澄之諸家之説。音讀採陳第、戴震、江有誥三家之説。其立論雖有同異，間亦有牴牾者，亦兼取並收之，冀後之君子會心涵泳於斯，而有所融會貫通也。後附按語如'胤按'云云，乃著者折中諸家而詮釋審定者。"1985 年 6 月中國友誼出版公司出版。

迄今，對是書作過評述的論文主要有劉石林《楊胤宗屈原學研究綜述》(載戴錫琦、鍾興永《屈原學集成》，中央編譯出版社 2007 年 6 月版)。

楚辭研究論文選

楚辭研究專著。今人楊金鼎主編，王從仁、曹旭編選。楊金鼎(1925—)，浙江紹興人。1949 年畢業於浙江大學。曾任上海師範大學古籍整理研究所副所長、教授。著有《古文觀止全譯》，編有《楚辭評論資料選》等。

該書爲馬茂元主編《楚辭研究集成》第四編。首有馬氏《總序》。次曹旭、王從仁《説明》(編選體例)。次《目録》。末附《楚辭研究論文目録索引》。《索引》分"屈原"、"楚辭與屈賦總論"、"離騷"、"九歌"、"天問"、"九章"、"遠遊、卜居、漁父和二招"、"宋玉、九辯和其他"八個部分，上限爲 20 世紀初，下限爲 1982 年。此書編選楚辭研究論文 44 篇，範圍爲"五四"以後，特别是 1949—1982 年"全國各報刊上發表過的研究楚辭的單篇論文"。收録標準是，"一些材料比較翔實，論證比較嚴密，可自成一説，足資參考的文章，或對某一問題持不同觀點的争鳴之作"。所收論文按文章内容分爲"屈原"、"楚辭與屈賦總論"、"離騷"、"九歌"、"天問"、"九章"、"卜居、漁父、二招、遠遊"、"宋玉及九辯"等八類。各類文章一般按時間先後排列，並注明作者、發表時間、刊物名稱及期、卷數。一些著名楚辭專家如游國恩、陸侃如的論文未收，原因是這些論文大都作爲這些專家的楚辭研究專著結集出版，并且在《楚辭要籍解題》中已作重點介紹。

正文凡八類：第一，"屈原"，收郭沫若《屈原考》、浦江清《屈原生年月日的推算問題》、胡念貽《屈原生年新考》、蕭兵《屈原名字生辰民俗解》、姜亮夫《爲屈原庚寅日生進一解》、章培恒《關於屈原生平的幾個問題》；第二，"楚辭和屈賦總論"，收郭沫若《屈原的藝術與思想》、俞平伯《屈原作品選述》、陳思苓《屈原的愛國主義與浪漫主義》、鄭振鐸《屈原作品在中國文學上的影響》、徐嘉瑞《楚辭亂曰解》、夏承燾《楚辭與宋詞——爲辛棄疾逝世 750 周年紀念作》、馬茂元《從漢代關於屈原的論争到劉勰的〈辨騷〉》、徐嘉瑞《楚辭聲韻與湖北民謡》、聶石樵《屈原賦的歷史意義》、郭在貽《楚辭解詁》;第三,“離騷”,收楊柳橋《〈離騷〉解題》、李嘉言《屈原〈離騷〉的思想和藝術》、王錫榮《離騷的浪漫手法與古代巫術》、孫作雲《從〈離騷〉的寫作年代説到〈離騷〉、〈惜誦〉、〈抽思〉、〈九辯〉的相互關係》、姜亮夫《離騷首八句解——屈原身世參正》、李博《〈離騷〉的思想傾向和創作方法新探》、龔維英《〈離騷〉“詔西皇”抉微》;第四,“九歌”,收趙仲邑《〈九歌〉的人民性和現實主義精神》、孫常叙《〈楚辭·九歌〉十一章的整體關係——〈楚辭九歌通體系解·事解〉》、蕭兵《〈九歌〉諸神的原型和二重性》、陳子展《〈楚辭·九歌〉之全面觀察及其篇義分析》、聞一多《〈九歌〉的結構》;第五,“天問”,收唐蘭《〈天問〉“阻窮西征”新解》、方孝岳《關於屈原〈天問〉》、劉文英《奇特而深邃的哲理詩——關於屈原的〈天問〉》、聶恩彦《〈天問〉的主題和結構》、林庚《〈天問〉中有關秦民族的歷史傳説》;第六,“九章”,收湯炳正《關於〈九章〉後四篇真僞的幾個問題》、王錫榮《〈惜往日〉作者問題駁議》、聞一多《論〈九章〉》、潘嘯龍《王夫之、郭沫若的〈哀郢〉之説不能成立》;第七,“卜居、漁父、二招、遠遊”,收孫作雲《〈大招〉的作者及其寫作年代》、陳朝璧《關於〈招魂〉的作者和内容的商榷》、陳子展《〈卜居〉、〈漁父〉是否屈原所作》、姜昆武、徐漢澍《〈遠遊〉真僞辯——屈賦思想、語言與〈遠遊〉》、德育《談〈招魂〉的被招者、作者及藝術風格問題》;第八,“宋玉及九辯”,收劉大白《宋玉賦辨僞》、李志慧《論〈九辯〉在藝術上的獨創性》。從編選角度來看,有些論文的代表性顯然不够,但從整體來看,大部分論文有較高的學術水準,有的已得到學術界的公認。1985 年 7 月湖北人民出版社出版。

楚 辭 彙 編

楚辭研究總集。今人杜松柏編。該書凡十册。收入明、清以及現當代大陸、臺灣的各種研究論著,爲今之研究者彙集豐富資料,有“集成”意義。第一册收入明代林兆珂《楚辭述注》、今人沈祖綿《屈原賦證辨》三卷;第二册收入明代黄文焕《楚辭聽直》八卷;第三册收入明代陸時雍《楚辭疏》十九卷;第四册收入清代劉夢鵬《屈原章句》七卷,近人徐英《楚辭札記》八卷;第五册收入清代陳本禮《屈辭精義》六卷、清代胡文英《屈騷指掌》四卷;第六册收入清代胡濬源《楚辭新注求確》十卷、今人聶石樵《楚辭新注》;第七册收入清代王闓運《楚辭釋》十一卷、清代馬其昶《屈賦微》二卷、今人陳直《楚辭拾遺》;第八册收入今人朱季海《楚辭解故》、近人劉師培《楚辭考異》、清代方苞《離騷經正義》、清代朱駿聲《離騷補注》;第九册收入清代朱冀《離騷辯》、陳培壽《楚辭大義述》、今人鄭振鐸等《屈原》、郭焯瑩《讀騷大例》;第十册收入鄭振鐸等《楚辭論文集》、臺北新文豐出版公司編《楚辭研究》。按,《楚辭研究》實際採用大陸郭維森《屈原與楚辭》一書,1959 年中華書局上海編輯所出版,原署"郭嘉林著"。1986 年臺北新文豐出版公司出版。

楚辭講讀

楚辭研究專著。今人朱碧蓮著。朱碧蓮(1932—2008),浙江青田人。1955 年畢業於復旦大學中文系,曾任華東師範大學中文系教授、中國屈原學會理事。著有《楚辭論稿》、《宋玉辭賦譯解》、《杜牧詩文選注》等。

該書由作者講授楚辭研究選修課的講稿及對楚辭研究資料的整理編成,是融知識性、通俗性與學術性於一爐的較爲簡明的楚辭讀本。首有《目録》。末附《附録》(收司馬遷《屈原列傳》、劉向《節士篇》、王晉《洞庭山》、沈亞之《屈原外傳》、班固《離騷序》、王逸《楚辭章句序》、《離騷經序》、劉勰《辨騷篇》)。次《參考書目及部分論文目録索引》。次朱氏《後記》。朱氏《後記》云:"書後並附録有關資料和評論,爲了便於自學,亦加注解。同時,還向讀者介紹一些有代表性的楚辭論著和部分容易查到的論文目録索引,以便進一步研究之用。"

正文凡三部分。第一部分《楚辭引論》,概論楚辭、屈原、宋玉及其他楚辭、作家。認爲屈原作品二十五篇可分爲四種語言形式:以四言爲主,如《天問》、《招魂》;以五言爲主,如《九歌》;以六言爲主,如《離騷》、《九章》、《遠遊》;韻散相間,如《卜居》、《漁父》。第二部分《略評幾種有影響的〈楚辭〉舊注本》,評述王逸《楚辭章句》、洪興祖《楚辭補注》、朱熹《楚辭章句》、王夫之《楚辭通釋》、蔣驥《山帶閣注楚辭》五種。第三部分,選注楚辭作品次第如下:屈原《離騷》、《九歌》(《湘夫人》、《少司命》、《河伯》、《山鬼》、《國殤》)、《天問》、《九章》(《涉江》、《哀郢》、《懷沙》、《惜往日》、《橘頌》)、《卜居》、《漁父》,《招魂》;宋玉《九辯》;賈誼《弔屈原賦》、《鵩鳥賦》;淮南小山《招隱士》。各篇首過録原詩、次簡注、末分析。1986 年 10 月華東師範大學出版社出版。另,收入朱碧蓮《還芝齋讀楚辭》,2008 年 6 月上海古籍出版社出版。

九歌新譯

楚辭研究專著。今人程嘉哲著。該書首有程氏《序》。次《目録》。末附《附録一:九歌組劇》。次《附録二:從〈楚辭·九歌〉看中國戲劇的起源》。程氏《序》云:"古九歌誕生於遥遠的夏代初期,是一種用韶樂伴奏,配以辯(抃)舞的原始祭神歌曲","後來它又被南遷的楚民族帶到沅、湘地區,以巫歌形式保留在民間,一直嬗傳到偉大的詩人屈原手中。現在我們所見到的《楚辭·九歌》,其中《東皇太一》、《雲中君》等十篇,便是這位大師從沅、湘一帶的巫歌中精選出來,加以整理而成的。另一篇題名《國殤》的詩,是屈原寫來弔唁楚軍陣亡將士的。由於也是一首祭歌,被輯訂《楚辭》的漢儒誤收在同一個集子裏,就成了十一篇"。

正文首"題解",次"原詩",次"譯詩",次"簡注"。"題解",論定性質、祭祀儀式、内容及藝術特點。謂《東皇太一》"是一首祭祀造物主的樂歌";《雲中君》"是一首祭虹求雨的樂歌";《湘君》"是一首祭祀洞庭水神的樂歌";《湘夫人》"是一首祭舜的樂歌";《大司命》"是一首儺祭打鬼的樂歌";《少司命》"是一首郊媒的樂歌";《東君》"是一首祭祀太陽神東君的樂歌";《河伯》"是一首祭祀黄河水神河伯的樂歌";《山鬼》"是一首禳解驅鬼的樂歌";《國殤》"是一首追悼秦楚戰争中楚方死難將士的祭歌";《禮魂》"是祭禮告成的樂歌"。"譯詩",除對原詩翻譯外,還從戲劇表演的角度作了串解,從而使譯詩帶有表演、演唱的色彩。但程氏似乎還不盡意,又據戲劇要求編撰了一組小戲《九歌組劇》,作爲此書的"附録一"。"附録二"爲論文《從〈楚辭·九歌〉看中國戲劇的起源》,是程氏注譯及其再創作的理論依據。程氏在該文中批駁王國維《宋元戲曲考》的邏輯混亂,批評了王國維將"中國戲劇的誕生定在元代初期"的基本錯誤,提出:中國戲劇起源於夏代;《楚辭·九歌》就保存着一批中國古代戲劇的"活化石",其中較爲完整地保存了幾個古歌舞劇的脚本爲《湘君》、《湘夫人》、《大司命》、《東君》。另外,《少司命》、《河伯》、《山鬼》三篇"可以列入戲劇門類或近於戲劇門類"。這些戲劇特徵"可以滿足王氏戲劇界説的三個條件",即必須是"代言體";必須"演一個故事";必須"合言語、動作、歌唱"爲一。程氏之説,正是對聞一多"懸解"説的發揮與完善。1986年10月重慶出版社出版。

屈騷異説

楚辭研究專著。今人劉兆偉著。劉兆偉(1942—),遼寧鐵嶺人。1969年畢業於瀋陽師範學院中文系,留校任教。現爲瀋陽師範大學責任教授、教育史專業碩士生導師、校學科帶頭人,兼任全國教育學會教育史專業委員會常務理事、遼寧省教育學會教育史專業委員會負責人。著有《儒家教育施政考》、《中國教育管理史略》、《中國傳統文化大略》、《儒釋道與東北教育史》等。

該書首有《屈原像》(半身)。次于植元《序》。次《目録》。末附《附録》(收《屈原去就問題管見》、《〈九辯〉作者爲宋玉考略》二文)。次劉氏《後記》。劉氏在《後記》中聲稱"這本小書的主要内容注重與先達、今賢觀點不同之處"。劉氏認爲,屈原的作品都是圍繞着一個思想體系進行創作的,這一思想體系包括:忠君愛國、追求理想"九死不悔";鞭撻諂佞,誓不與俗同流合污;恨不能爲民除害,設想衛國操戈;也曾有過去國遠遊的思想,但在强烈的愛國主義面前被擊得粉碎。所以,屈原思想體系的要旨是忠貞不渝的愛國主義精神。劉氏依據這一原則,説《九歌》以祭歌形式以寫己志;"二湘"傾訴了作者"欲求明君而輔之的强烈願望";《東君》是寫欲去東方求明君;"二司命"分别以一半的篇幅描寫當年政治如意,縱横馳騁地施展才能,受寵信、得重用的情況;《河伯》寫往黄河流域去求索理想之君;《山鬼》叙寫作者去山中求神女的情景;《國殤》寫屈原在報國無門的時刻,設想投筆從戎,爲國捐軀。這些理解未免過於膠柱鼓瑟,從一個極端滑到另一個極端,比附、懸想太多。此外,書名爲"異説",實際上庶無"新説",大多在前人今賢的諸説中,選擇一説,以斥他説,"破"、"立"均不够有力。1986年12月遼寧大學出版社出版。

屈荀辭賦論稿

辭賦研究專著。今人李金錫著。李金錫(1922—),天津人。1941—1945年,先在北平輔仁大學國文系肄業,後在陝西城固西北大學中文系借讀畢業。1950—1961年,在中央人民政府教育部中學司任職。1961年調至鞍山，先後在鞍山師專、鞍山師範學院中文系任教，爲副教授。曾任古典文學教研室主任、鞍山市民進副主委兼秘書長。1987 年 11 月離休。

該書爲論文集，收入李氏論述屈原、宋玉、荀卿辭賦作品論文十二篇。首有作者近照。次張震澤《序》。次李氏《堅持用科學方法鑽研古代文學(代自序)》。李氏以信而有徵的細緻分析，令人信服地提出和解决了屈荀賦中的有關重要的問題。如李氏認爲，屈賦、荀卿《賦篇》、《成相篇》都是《詩經》現實主義優良傳統的繼承和發展，屈賦是以抒情爲主的詩歌，而荀作是以議論爲主的詩歌，屈、荀之作應同列爲辭賦之祖。另，全書歸納整理、論證闡説比較全面，如《屈原的〈離騷〉與宋玉的〈九辯〉》從十個方面在前人基礎上發展、坐實了"宋不如屈"的結論；《試從〈天問〉看屈原思想的時代精神》從八個方面作綜合總結；他把《九歌》十一篇分爲五類予以闡述，認爲五類作品反映了古代人民長期的生活經驗，以及他們追求光明、向往幸福的理想，並表現出爲此而艱苦奮鬥的勇毅精神；《論屈原在文學上的開拓與創新》亦從八個方面比較全面地闡述屈原的思想和成就，揭示屈原在文學上開拓與創新的精神特色。又論荀卿《賦篇》爲"命賦之厥初，騷賦之續作"，《成相篇》爲"荀學之綱，彈詞之祖"，並附有"原文"與"譯文"，便於比較。1986 年 12 月春風文藝出版社出版。

楚辭資料海外編

楚辭研究專著。今人尹錫康、周發祥主編。該書爲馬茂元主編的《楚辭研究集成》第五編。首有馬氏《總序》。次《目録》。末附徐公持等《楚辭研究在國外》。次奚東《國外〈楚辭〉研究論著目録》。次《編者的話》。馬氏《總序》云："此編選譯海外研究楚辭的專著和論文，按内容分類。每篇文章之後，附譯後記，簡介作者情況、本文的内容及其學術價值。"在《編者的話》中，又説明幾點：第一，"日本的楚辭研究歷史悠久，譯述最豐"，"介紹日本的楚辭研究是本書的主要内容，佔了較大篇幅"；第二，歐洲方面，"其中有英國、法國和德國的中國文學研究專家各一篇短文"；"選譯美國學者的文章三篇"，包括美籍華裔學者的文章；第三，選譯前蘇聯學者論文三篇，匈牙利學者一篇，香港學者論文一篇。

正文收入論文二十篇：[日]藤野岩友著、高鵬譯《〈楚辭〉解説》，[蘇]謝列勃里雅可夫著、理然、李少雍譯《論屈原詩歌的獨創性與全人類性》，[美]R・海陶瑋著、周發祥譯《屈原研究》，[日]竹治貞夫著、徐公持譯《楚辭的二段式結構》,[蘇]費德林著、李少雍譯《屈原辭賦垂千古》,[英]霍克思著、丁正則譯《求宓妃之所在》,[美]陳世驤著、周發祥譯《"詩的時間"之誕生》,[法]戴密微著、吳岳添譯《道家的謎》,[德]衛德明著、李世隆譯《〈天問〉淺論》,[日]竹治貞夫著、孫歌、林嵩譯《〈離騷〉——夢幻式叙事詩》,[美]王靖獻著、周發祥譯《衣飾與追求——〈離騷〉、〈仙后〉之比較研究》,[日]藤原尚著、徐公持譯《騷賦與辭賦的分歧點——關於宋玉的賦》,陳炳良著、楊宗蘭譯《〈離騷〉的悲劇主題》,[匈]F·托凱著、吳岳添譯《屈原詩派及其對中國詩歌的影響》,[日]星川清孝著、徐公持譯《楚辭的傳統》,[日]稻畑耕一郎著、高鵬譯《〈楚辭·離騷〉錯簡獻疑——關於靈氛卜辭的範圍》,[日]淺野通有著、高鵬譯《自叙性楚辭文字的系統——試論有關〈九章〉諸篇僞作的問題》,[日]竹治貞夫著、徐公持譯《楚辭的日本刻本及日本學者的楚辭研究》,[日]淺野通有著、高鵬譯《關於楚辭的座談會》。《楚辭研究在國外》分别介紹了日本、歐美、前蘇聯、匈牙利等國家或地區的楚辭研究,對一些有特色的研究還從方法論的角度作了總結,如日本的楚辭研究,作者總結爲四個特點:第一,在選題上比較注重實際;第二,在研究方法上比較細緻,抉微發隱,不遺餘力;第三,在論述方式上比較注重證據;第四、在研究方法上採取比較的方法。《國外〈楚辭〉研究論著目録》(1951－1980 年),收入日文論著 154 種;英文論著 14 種;德文論著 4 種;法文論著 2 種;俄文論著 15 種。該書乃我國第一本全面譯介國外楚辭研究論著的著作,對於大陸學者的楚辭研究,走出國門,面向世界,起了很大的推動作用。1986 年 3 月湖北人民出版社出版。

迄今,對是書作過評述的論文主要有曹道衡《一部反映海外楚辭研究成果的好書——評〈楚辭資料海外編〉》(《文學遺産》1986 年第 1 期)。

屈賦全釋

楚辭研究專著。今人鄔霄鳴著。鄔霄鳴,曾任教於廣州第五中學。著有《唐宋八大家文選》、《晏子春秋選譯注》、《楚辭選講》等。

該書首有鄔氏《序言》。次《目録》。正文收屈原作品二十五篇,即《離騷》、《九歌》(11 篇)、《天問》、《九章》(9 篇)、《遠遊》、《卜居》、《漁父》。各篇注譯體例爲:"題解"、"原文"、"注釋"、"資料"、"講譯"、"段意"、"賞析"。注釋較爲詳盡,翻譯以意譯爲主,以散文形式出現,故曰"講譯"。鄔氏既從古今各名家的《楚辭》注釋本中汲取教益,亦融合自身的研究成果,用通俗易懂的文字,講解屈原作品的字義、詞句、段落、篇章,基本上做到字字落實,句句有解,頗便初學。鄔氏以爲,屈賦的創新主要表現在:打破了《詩經》以四言體爲主的體制,大大地擴展了詩歌的表現能力,成爲漢賦及六朝詩人模擬的典範;屈原以浪漫主義表現方式構成的雄偉瑰麗的詩篇,不僅開創了詩人從集體歌唱到個人獨立創作的新時代,而且他的愛國主義思想也給後人在創作上以巨大和深遠的影響。1986 年 3 月遼寧教育出版社出版,1991 年 5 月重印。

楚辭譯注

楚辭研究專著。今人董楚平著。董楚平(1934—　),浙江玉環人。年少多才,21 歲即在《歷史研究》發表學術論文。然因錯劃"右派",長期埋没於温州農村,1979 年獲平反。1980 年冬調入浙江社會科學院歷史研究所。現爲該所研究員。著有《吳越文化新探》、《防風氏的歷史與神話》、《楚辭直解》(合著)等。

關於楚辭研究,董氏曾發表長篇論文《從屈原之死談到他的愛國、人格、氣質——屈原個性研究》(《中國社會科學》1989 年第 1 期),有較大的學術影響。該書首有董氏《前言》。次《目録》。末附《附録一》(《〈史記·屈原列傳〉譯注》)。次《附録二》(《〈離騷〉首八句考釋》)。此書以王逸《楚辭章句》本爲根據,裁去《惜誓》以下的漢人作品,以爲"一般研究楚辭,都以戰國時期的楚國作品爲對象"。各篇分題解、原詩、注釋、譯文五部分。題解簡明扼要,詳略不一,亦帶有作者自己的理解,如云《離騷》"已超出對個别事物的比喻,而是在整體上採取象徵手法"等。注釋"力圖擇善而從,儘可能廣泛吸收古今學者的研究成果,間或也有自己的千慮之一得",如《離騷》首八句的理解。譯詩的格律分爲四頓兩截體、三頓體、基調五七言三種,不像郭沫若本灑脱發揮,保持詩歌的節奏、音韻、情致、風貌。書前有《前言》,對一些問題的看法頗爲中肯,如論《楚辭》與《詩經》之關係,"没有包括《詩經》在内的華夏古典文化,也不會有屈原。楚辭與《詩經》在藝術上差别大,除了受楚文化的地方色彩這一客觀因素影響之外,一個更重要原因是它的創始人屈原是一位真正的藝術巨匠,有高度的創造精神與鮮明的藝術個性"。

1986 年 4 月上海古籍出版社初版,1998 年 2 月新 1 版。另,2006 年 10 月上海古籍出版社出版插圖本。

迄今,對是書作過評述的論文主要有張宏生《一個有特色的楚辭譯注本——評董楚平〈楚辭譯注〉》(《浙江學刊》1987年第1期)。

楚辭譯注

楚辭研究專著。今人張愚山著。該書首有張氏《前言》。次《目録》。此書收録楚辭作品二十八篇:即《離騷》、《九歌》(11篇)、《天問》、《九章》(9篇)、《招魂》、《卜居》、《漁父》、《九辯》、《弔屈原賦》、《招隱士》。首爲《前言》,介紹"楚歌與楚辭"、"楚辭的奠基人——屈原"、"楚辭的藝術特色"等。各篇注譯體例爲:"解題"、"原文"、"注釋"、"段意"、"譯文"。《九歌》、《九章》諸篇在譯文後附以"簡析"。全書簡潔明瞭,以達意爲主;其譯文,則注重一個"情"字,力求傳達出原作的情感。1986年4月山東教育出版社出版。

讀騷十論

楚辭研究專著。今人戴志鈞著。戴志鈞(1934—),吉林扶余人。1951年畢業於扶余師範。1957年畢業於東北師範大學中文系,分配至哈爾濱師範大學中文系任教,爲該系教授、先秦文學研究室主任、中國屈原學會理事。著有《論騷二集》、《論騷三集》等。

該書是戴氏1978—1984年研究楚辭的十篇論文的結集。這些論文先後在《北方論叢》、《學習與探索》、《牡丹江師院學報》、《齊齊哈爾師院學報》發表過。首有《目録》。次張志岳《戴志鈞著〈讀騷十論〉序》。次戴氏《後記》。張氏《序》云:"其有同於舊説者,既能多方補充闡發,加强論證;其不得不異於舊説者,更着力就其所以另立新説的理由,作出令人信服的説明。每撰寫一篇論文,都能在全面進行史實考核和作品分析的基礎上,綜合印證,觸類旁通。稍有疑滯,冥思苦索,往往數易其稿。"戴氏《後記》指出,此書反映了他對屈原及其作品的認識發展過程,可以覺察到學術思潮發展所給予他的影響。正文凡十篇:1.《論屈原的"美政"理想》;2.《〈惜往日〉在屈賦中的地位》;3.《關於屈原愛國思想的幾個問題》;4.《屈賦探要》;5.《〈離騷〉作於楚懷王晚年説》;6.《"彭咸"在屈賦中的意義》;7.《〈離騷〉的組織結構與構思藝術》;8.《騷藝二札》;9.《〈離騷〉藝術辯證法三題》;10.《關於屈賦中伍子胥的問題》。戴氏總是採用平和的、帶着許多修飾成分的長句子,提出一些比較中肯的有説服力的容易爲人們所接受的獨立見解。戴氏提出，屈原吸取了適應歷史潮流的法家以法治國的根本原則作爲治國方針的重要内容，同時又從傳統的儒家思想家中吸收了重視民生、講究仁義等思想，兩者相輔相成，構成了屈原的政治思想的内容；戴氏從“存君興國”、“聯齊抗秦”、“同情人民”三個方面論證屈原愛國思想的内容和意義，以爲屈原的偉大之處，表現在同時代的進步人物中，屈原同人民的思想感情聯繫得最緊，對人民同情得最深，但“同情”與“熱愛”是兩個範疇、兩種性質的問題；戴氏採納蔣驥的觀點，把《惜誦》、《抽思》、《思美人》、《離騷》四篇看作同時期的作品，同一政治鬥爭背景下的産物，認爲作於楚懷王晚年；戴氏認爲《離騷》的藝術構思和藝術表現的基本特徵是，把“直陳”（賦）和“象徵”（比興）結合起來。所以把長詩分爲兩大部分，上半篇寫“人境”，是以抒情主人公直抒胸臆爲主，同時又是直陳與象徵形象相結合，以愛情關係象徵政治關係，以女求男喻臣求君，這不僅符合封建社會的尊卑觀念，而且有助於通過夫妻離合變化表現詩人在政治上的得失。下半篇寫“神境”，主要描寫抒情主人公在現實政治鬥爭生活失敗後的思想活動，故以象徵爲主，抒情主人公則由“女性”幻化爲“男性”，通過主人公對女性的熱烈追求，通過愛情追求中的復雜與曲折的過程，寄託抒情主人公對理想的執著追求。這被追求的“美女”的形象有“君”的影子，更是詩人政治理想、道德理想、美學理想的化身。於是，戴氏認爲，《離騷》“是屈原長篇自叙性浪漫主義的政治抒情詩”。該書被中國教育國際交流協會確定爲中日交流書籍。1986 年 5 月黑龍江人民出版社出版。

迄今，對是書及其觀點作過評述的論文主要有龔維英《關於〈惜往日〉的真僞問題——與戴志鈞同志商榷》（《福建論壇》1982 年第 1 期）、張國瀛《評〈讀騷十論〉》（香港《大公報》1986 年 11 月 10 日）、周建忠《批隙導窾 力探奥秘——戴志鈞〈讀騷十論〉評介》（《學習與探索》1987 年第 2 期）、周建忠《戴志鈞楚辭研究述論》（《泰安師專學報》2002 年第 2 期）、王振聲《爲有源頭活水來——漫談戴志鈞的楚辭研究》（《北方論叢》2003 年第 1 期）。

楚辭譯注

楚辭研究專著。今人趙浩如著。趙浩如（1938— ），雲南昆明人。雲南大學中文系教授，兼任雲南省書法家協會副主席。著有《詩經選譯》、《古詩中的雲南》、《昆明攬勝》、《趙浩如行草書》、《歷代楹聯選》等。

趙氏早年編有《先秦詩選》，以補充教材印發。十年内亂後，自謂“曾經世亂人猶健，敢領風騷寧此時”，1978 年成《詩經選譯》，1982 年成《楚辭譯注》。該書首有姜亮夫《序》。次《目録》。末附賈誼賦三篇（《惜誓》、《弔屈原》、《鵩鳥賦》）、淮南小山《招隱士》。次趙氏《後記》。姜氏《序》稱贊趙氏，云：“他是看了許多的注本，加以比較取捨，從中找出較爲確切的釋詁，再自作今注，而不隨便發驚人之論”，“他又是一個性格外向，情感熾烈的人，所以譯詩生動而有韻味”。正文收入作品爲：《離騷》、《九歌》（11 篇）、《天問》、《九章》（9 篇）、《遠遊》、《卜居》、《漁父》、《招魂》、《大招》、《九辯》。每篇先解題，次原詩，次注釋，次譯詩。崔富章《楚辭書目五種續编》云：“是書注釋多汲取前人成果，譯詩傳神入化，且文筆秀逸，生動而有韻味。”1986 年 8 月雲南教育出版社出版。

九歌新考

楚辭研究專著。今人周勛初著。周勛初（1929—　），上海南匯人。1950 年 9 月考入南京大學中文系學習。1954 年大學畢業，分配至國務院中國文字改革委員會。1956 年回南京大學攻讀副博士研究生，師從胡小石。1958 年留校任教。1981 年任副教授。1984 年爲教授，任南京大學古典文獻研究所副所長。1986 年爲博士生導師。後歷任南京大學研究生院副院長、唐代文學學會副會長、《中國思想家評傳叢書》副主編、全國高校古籍整理研究委員會副主任、江蘇省文史館館長。著有《〈韓非子〉札記》、《魏晉南北朝文學論叢》、《中國文學批評小史》、《高適年譜》、《唐人筆記小説考索》、《詩仙李白之謎》、《文史探微》、《當代學術研究思辯》等，有《周勛初文集》（江蘇古籍出版社 2000 版，七册），主編《唐詩大辭典》。

該書曾獲胡小石指導、審讀，“慰勉有加，並惠予題籤”。周氏認爲，古來研究《九歌》的學説，其言之成理而持之有故者，大體上可以歸納爲“忠君愛國説”、“民間祭歌説”、“楚郊祀歌説”、“漢人寫作説”四大流派。當代一些學者不斷提出新説，然均未超越四派説之框架，只是在前人的基礎上作了某些變化而已。該書針對至今仍然起着很大影響的“民間祭歌説”與“楚郊祀歌説”予以具體辨析，認爲“東皇太一”是燕齊方士利用道家本體論中的材料構擬而成，産生於齊國，戰國中後期只在民間流傳；東君、雲中君、河伯，均爲北方神祇，非楚産；各地均祀司命，但《九歌》中作二女神，大約與楚地原有二女神有關；二湘原是湘水中的兩個女神，後來才附會到舜與二妃的故事上去；山鬼是南湘之間崇山峻嶺中的一種精靈。周氏還提出，屈原寫作《九歌》在頃襄王遷謫江南之後，政治鬥争已告失敗，然創作才能正極旺盛，因使這組文采斐然的作品籠罩着一層惆悵失意的情調。

此書1959年寫成，1981年修改，1986年8月上海古籍出版社出版。另，收入2000年9月江蘇古籍出版社出版《周勛初文集》本。

迄今，對是書作過評述的論文主要有鄧韶玉《評周勛初〈九歌新考〉》（《南京大學學報》1988年第1期）、程毅中《尋求新樸學發展的道路——讀〈周勛初文集〉志感》（《文學遺産》2001年第4期）、王青《博學審問　慎思明辨——讀周勛初先生〈九歌新考〉》（《博覽群書》2002年第3期）、莫礪鋒《貫通歷代　彌綸群言——周勛初先生學術研究述評》（《文學評論》2005年第4期）、周勛初《由〈九歌新考〉所想起的》（《中國圖書評論》2006年第3期）、劉生良《論周勛初先生的〈九歌〉研究》（《沙洋師範高等專科學校學報》2008年第1期）。

宋玉辭賦今讀

楚辭研究專著。今人袁梅著。袁氏認爲：第一，《漢書·藝文志》著録宋玉賦十六篇，現存題爲宋玉賦者十四篇，只有《九辯》爲宋玉所撰，其餘諸篇多係後人僞託，所以全書《引論》部分便集中評介《九辯》，分"題解"、"原文"、"注釋"、"今譯"（以詩譯辭）四部分；第二，"雖無定論，但千載流傳，影響深廣"的作品，即《風賦》、《高唐賦》、《神女賦》、《登徒子好色賦》四篇，分"題解"、"原文"、"注釋"、"今譯"（以文譯賦）；第三，以《對楚王問》、《笛賦》、《大言賦》、《小言賦》、《諷賦》、《釣賦》、《舞賦》、《唐高對》爲《附録》，僅録"原文"，並附《校勘記》。注釋力求準確明白，對於先哲時賢之説，擇善而從，審慎取捨；偶有己見，亦求言必有據，不强作解人。譯文忠於原作，以"信"爲基準。該書以《九辯》爲重點。1986年8月齊魯書社出版。另，修訂本收入《屈原宋玉辭賦譯注》，齊魯書社2008年5月版。

屈原九章新箋

楚辭研究專著。今人吴孟復著。吴孟復（1919—1995），名常燾，字伯魯，改字孟復，以字行，號山蘿，安徽廬江人。1937年畢業於無錫國學專修學校。1945年任上海法政學院教授。1946年任上海暨南大學等校副教授。1949年後在上海文管會從事編纂工作。1950年回安徽,任滁州中學教導主任。1956年到合肥師範學院任教。1957年被錯劃"右派","文革"中下放農村勞動。1975年到淮北煤炭師範學院任教。1978年後任教授、圖書館副館長、中文系主任、古籍研究室主任、並主持學報社科版。1987年調入安徽教育學院任教授,兼任安徽省古籍整理出版規劃委員會委員、《安徽古籍叢書》編審委員會主任委員、安徽省社聯副主席、安徽省人大代表、民革安徽省委常委。獲安徽省勞動模範稱號。1991年享受政府特殊津貼。著有《古文例注》、《黄山谷詩補舉》、《訓詁通論》、《古書讀校法》、《唐宋八大家概述》、《語文閱讀欣賞例談》、《桐城文派述論》、《吴山蘿詩文存》等。

吴氏研究楚辭,本清代樸學家"實事求是"、"曲證旁通"之旨,由校勘、訓詁入手,參以桐城文家的"善審文辭往復之情",即注意文理語氣,歸之於"知人論世"。該書首有吴氏《前言》。次《目録》。末附《附録一》(《關於屈原出身及被放問題的探討》)。次《附録二》(《屈原晚歲行踪及卒年新探》)。吴氏認爲,一些學者虛構屈原主張"聯齊抗秦",以致輾轉相傳,誤戲劇爲史實,甚至寫入文學史,其實毫無根據。吴氏認爲,《九章》"非一時一地之作",且多"自言前事",故《九章》可視爲屈原"自傳"。正文按今傳《九章》篇次爲"新箋",各篇前有簡要解説,注釋以四句、或六句、八句爲一節,並分段概述其大意。末附論文兩篇:《關於屈原出身及被放問題的探討》、《屈原晚歲行踪及卒年新探》。吴氏論定《哀郢》"至今九年而不復"之"九"爲"終"字之訛,"終年"猶《孟子》之"終歲",即指公元前278年之冬;而《思美人》之"獻歲發春",即次年之春;《涉江》之"上沅",當在是秋。據《史記》秦人兩次"取黔中"之材料,指出屈原"獨處"漵浦"山中",蓋由秦人再取黔中之故。《懷沙》"汩徂南土"之"徂"爲"沮",即被阻止,而逗留於漵浦。次春(前276)北行,四五月間,次於沅湘交流之處。五月初至汨羅,寫下《懷沙》,"不畢辭而赴淵"。1986年9月黄山書社出版。

迄今,對是書作過評述的論文主要有黄季耕《吴孟復先生的學術評價》(《安徽教育學院學報》1998年第1期)。

陸侃如古典文學論文集

古典文學論文集。今人陸侃如著,龔克昌、牟世金編選。該書收録作者有關中國古典文學研究的論文72篇,並以寫作時間爲經、内容爲緯編排。陸氏素以研究《楚辭》著稱於世，故此書選入《楚辭》研究論文12篇，即《我們爲什麽紀念屈原》、《屈原評傳》、《讀〈讀"楚辭"〉》、《五月五日》、《〈楚辭〉補説》、《屈原的偉大》、《屈原——愛祖國愛人民的偉大詩人》、《什麽是〈楚辭〉》、《漢人論〈楚辭〉》、《〈楚辭概論〉序》、《屈原與宋玉》、《宋玉評傳》。其中《屈原評傳》與《宋玉評傳》均爲其代表作。《屈原評傳》對屈原及其作品分析與評價，文章分任職與去職、初放與遇罰、再放與自沉叙述屈原生平及作品，以餘論辨析其作品的真贋得失，兼及對胡適等人有關《楚辭》研究觀點的詰難。經過對屈原的深入研究，陸氏認定：歷史上確有屈原其人，他是戰國時人。他的傳世作品一共十一篇，另有十六篇，作者疑係僞託，並加以辨明。證明屈原其人其事的，有司馬遷的《屈原傳》可稽。針對胡適的兩點疑問，陸氏分别加以駁辯，除《史記》中諸多篇章對屈原屢有稱引外，在司馬遷以前就有賈誼的《弔屈原賦》及莊忌的《哀時命》可證史有其人，還可以從屈原前後的楚語文學狀况加以考察。"楚辭"早在屈原前三四百年即已醞釀，所以《離騷》等篇瞠乎其後是勢所必至。從屈原以後五百年的秦、漢文學看，一類是模仿傚颦屈原作品的文學踵武不斷；一類是從屈原的作品變化而來的文學，如秦代刻石與漢賦均源於屈原。針對胡適傳説的屈原不會發生在秦漢以前的説法，陸氏提出反證，戰國時的君臣觀念較爲澹薄，但時代思潮絶不能限制"旁逸斜出"的天才。况且，傳説根據的時代並不相干。在討論屈原作品時，也提出了與胡適迥異的看法。《宋玉評傳》中高度評價宋玉，稱他與屈原同爲楚民族文學的柱石。陸氏認爲，楚民族文學的發展，與其國勢强盛是平行的。《詩經》中的《二南》是楚文學的始祖。被後世稱爲《楚辭》的幾十篇中，以《九歌》爲最早。它是屈原以前的民間祭歌，由於有《二南》與《九歌》的灌沃，産生了大詩人屈原。屈原既殁，流風所被，造育了一大群詩人。後人稱《楚辭》者，常以屈、宋並稱。經過對史籍的考實爬梳，陸氏對宋玉的生平及作品、作品的韻式進行了研討，對存於今世的十四篇宋玉作品加以辨僞，認爲只有兩篇係真作，其餘皆有僞託之嫌。因爲從周末至漢初的一百年中賦的進化看，傳爲宋玉所作的十篇賦不可能産生於戰國時期。從賦的進化史看，第一期是荀子的《詩經》式，第二期是賈誼的《楚辭》式，第三期是司馬相如的散文式。宋玉以生當時代最早而竟用出身最晚的格式作賦於理不通。假如這些賦確係宋玉所作，那這個"宋玉"决非戰國時人。如退一步講，這十篇賦乃戰國時人所作，也决不是楚人所爲。因爲賦中言襄王必冠以"楚"字，與古典文學中對本國君主稱謂的體制不符。假如這十篇賦確是宋玉所作，這個"宋玉"决非楚人，再退一步講，承認這十篇賦是楚人所作，也不是一個姓宋名玉的人所著。這十篇賦始載於《文選》、《古文苑》，《文選》時有贋作羼入，《古文苑》編集太晚（宋初），不宜深信。從這十篇賦的本身也可尋出作僞破綻。至於《對楚王問》及《高唐對》二篇散文,陸氏試探其作僞原因,從文學的和歷史的兩點去追尋。辭賦假託於楚本極普通,雲夢是楚之瑰寶,楚君頗嗜遨遊於此,每被僞賦所稱引。至於僞作不託於屈原而寄之於宋玉,陸氏從二人禀靈氣質上着眼:屈原是道貌岸然的政治家,對兒女閒情似非所解,而宋玉是風流自賞的文人,又有精彩絕艷的《招魂》流傳,"紅粉贈與佳人",宋玉適得其選。1987年1月上海古籍出版社出版。

迄今,對是書作過評述的論文主要有壽勤澤《四十餘年楚辭研究綜評》(《社會科學輯刊》1993年第5期)、余江《追求進步　嚴謹治學——紀念陸侃如先生》(《文史哲》2002年第2期)、王洲明《陸侃如先生的楚辭研究》(《山東大學學報》2006年第2期)。

歷史比較法與古籍校釋——越人歌·離騷·天問

楚辭研究專著。今人陳掄著。陳掄(1905—1992),原名陳世昌,曾用筆名葛藤,湖南溆浦人。1915年入縣立高等小學(現溆浦二中前身)求學,後曾入長沙岳雲中學、省立工專附中、湖南大學預科班讀書。1927年8月赴上海大夏大學攻讀英語。因家境困難,一年後輟學,先後在上海現代中學、溆浦縣立中學當教員。1934年8月,再次入上海大厦大學攻讀英語,1937年畢業。1946年應聘到湖南克强學院教學。1948年回溆浦縣立一中教書。長期利用業餘時間研究、探索古籍中的方言詞語。1966年"文化大革命"之後,近四十年寫成的上百萬字的書稿和全部藏書化爲烏有。1976年,在郭沫若"現在是科學的春天"的講話鼓舞下,重新開始寫作,苦心孤詣,歷時十年,完成此書。事跡載《溆浦文史》第3輯收《滿目青山夕照明——記〈歷史比較法與古籍校釋〉一書作者陳掄先生》(中國人民政治協商會議湖南省溆浦縣委員會文史資料委員會,1989年編)。

該書首有陳氏《序》。末附陳氏《後記》。次爲責任編輯胡本昱《編餘瑣記》。正文包括:首《歷史比較法與古籍校釋》,次《越人歌新探》,次《離騷新解》,次《天問新釋》。陳氏自稱"是研究漢語語音演變規律,漢語語音演變歷史的",主要根據是法國歷史語言學家梅耶《歷史語言學中的比較方法》,顧炎武《音學五書》,孔廣森《詩聲類》等。陳氏提出:"《越人歌》、《天問》和《離騷》都是我國古代的方言文學作品,是用好幾種方言寫成的。内有很多失傳的方言俗語,又還有一些古特殊語法結構,這些失傳了的東西只可以用歷史語言學中的歷史比較法才能探尋出來。”據此，陳氏將《越人歌》翻譯爲：“今日泛舟，使我遇王子。山青木兮木青山，我悦君兮君悦我。我見悦於王子，歡喜不呰。”並以爲“《越人歌》所代表的‘越語’是屬於漢語系統”。陳氏還提出：“離騷”即“逐客曲”；“離”，即“流”，即“流放”、“放逐”，即“逐客”；“曲”爲“操”。“天問”即“遷客問”，“天”義爲“遷”，“遷客”。“九歌”即“逐客歌”，“九”即“走”，作“逐”講。“九章”即“逐客章”。“懷沙”應作“哀歌”講，“懷”即“傷”，悲傷、哀傷；“沙”即“歌”。《離騷》“亂曰”之“亂”解爲“曲”或“歌”。其釋《離騷》，以爲“先路”、“三間”、“此度”、“成言”是同源詞，都是“左徒”的别稱；又説“忽緯”乃“伏妃”，就是“宓妃”。説《天問》“焉有石林”、“焉有虬龍”即“何國石琳”、“何國蛇龍”，義爲哪個國家把頑石當作美玉？哪個國家把毒蛇當作玉龍？又説《懷沙》“明告君子，吾將以爲類兮”，“明”作“水”講；“告”即古“窖”字，義爲“葬”。“明告”即“水葬”。以爲此句是“吾將以明告君子爲類”，意思是“我將以水葬君子彭咸爲榜樣”，亦即“我將傚法彭咸投水而死”。凡此，均能不囿成説，獨樹一幟，同時，亦難免牽强、附會之嫌。如果認爲屈原作品中到處充滿着方言俗語，處處以方言俗語求之，則是對屈原作品方言成份把握失當的表現，是爲缺憾。1987 年 10 月湖南教育出版社出版。

迄今，對是書作過評述的論文主要有劉光治《介紹陳掄先生和〈歷史比較法與古籍校釋〉》（《岳陽晚報》1988 年 2 月 26 日）。

天問淺釋

楚辭研究專著。今人陸元熾著。陸元熾，曾任北京日報社編輯、主編。著有《老子淺釋》等。該書首有《目録》。次《引言》。末附《〈天對〉簡釋》。次陸氏《後記》。陸氏《後記》叙撰寫之目的，“摸索怎樣使普通讀者，即具有一般文化水平的讀者，通過自己閱讀，能够‘看懂’，不是只瞭解字句，而且略可領會作品的思想内容”。其性質爲“綜合性的介紹和通俗解説，屬於普及讀物”，“並不意味這裏面没有編著者自己的觀點和見解。有是有的。但總的説，那在很大程度上是即興式的。這種‘小册子’和有所發明的學術專著不同，但不能説它的存在價值低人一等”，“本書的解釋，有的是在諸家見解中，選從一家；有的地方介紹幾種不同的解釋；有的也是根據自己的認識，大膽爲之”。

陸氏認爲，《天問》是繼《老子》之後的另一部長篇哲學詩。兩篇的不同之處，在於《老子》正面論述作者的哲學思想及社會政治觀點，而《天問》則幾乎没有一處理論的闡發，只是對於自然現象、神話傳説、人類歷史，提出了一百七十多個問題，啓示讀者自己去作哲理性的思考。關於《天問》的基本思想，“是對當時關於自然和社會的傳統觀念提出懷疑；同時也是對新的認識的求索。所以詩人雖然採取了隨性吟咏、略無拘束、頗類現代意識流的手法寫來，但‘要歸之旨’即主題思想是鮮明的。總的説，是反對天命論”。表現爲：第一，對於用某些怪異現象解釋自然和社會表示不滿足和懷疑；第二，從夏、商、周三代的興亡，看到其原因全在於社會内部；第三，命運對人並不完全是公允的。此外，陸氏在充分肯定柳宗元《天對》的基礎上，也對《天對》的不足方面作了批評，如“《天對》有些地方，脱離神話的情趣作解，而當時科學的發展又不能作出正確的解釋”，“《天對》有些地方，對《天問》提出的問題，作了解釋，意思本已清楚，但又加上一些不必要的責問，未免節外生枝，甚至有點無限上綱的味道”，“《天對》有的地方批評屈原的矛盾，恰恰反映了柳宗元自己的矛盾”。因此，陸氏認爲，“《天問》確確實實是一首隱寓哲理的詩，而《天對》只是以詩的形式寫的論文；《天問》是積極浪漫主義的不朽詩篇，《天對》主要是以非常狹義的現實主義態度對《天問》作釋；《天問》是在宏觀世界裏自由馳騁，《天對》則是在當時科學發展的局限下從微觀的角度做有限的刻求”。

該書正文將《天問》分爲七組詩句及小結，標爲八章。每一章前，均有一段前言，介紹與讀這一部分有關的資料，有些屬於神話傳説，有些屬於時代背景。《天問》“薄暮雷電，歸何憂”以下，據游國恩《天問纂義》的説法，將詩句的次序作了調整，爲第七章、第八章。每章先“前言”，次爲原文，次爲“淺釋”，次爲“段意”，次爲“今譯”（意譯）。每章結束時再作“小結”。全書注釋詳盡，淺顯易懂，闡述深入淺出，富於思辨，頗便初學。第一章，開頭至“曜靈安藏”問天上之事，凡二十七問；第二章，自“不任汩洪”至“禹何所成”問地上之事，凡十三問；第三章，自“康回馮怒”至“烏焉解羽”問地上的自然現象，也包括天上的太陽對地上的影響，凡二十九問；第四章，自“禹之力獻功”至“而親以逢殆”問夏朝前期的歷史傳説，凡二十一問；第五章，自“湯謀易旅”至“夫誰使挑之”問夏末商初之事，凡二十九問；第六章，自“會朝争盟”至“又使至代之”問西周之事，凡三十六問；第七章，自“初湯臣摯”至“忠名彌章”問列國紛争之事，凡十三問；第八章，自“薄暮雷電”至“我又何言”爲全詩小結。1987年10月北京出版社出版。

迄今，對是書作過評述的論文主要有周建忠《〈天問〉要籍解題》（《南通師範學院學報》2001年第1期）。

屈原賦今譯

楚辭研究專著。今人姜亮夫著。該書據姜氏《屈原賦校注》確定的屈原作品二十五篇，予以校正文字、解釋字義，譯成白話。首有《出版説明》。次姜氏《屈原賦今譯序例》。次《目録》。姜氏《序例》，説明翻譯的目的“是在使讀者如何先去瞭解屈原的本意，再回頭去欣賞原作品”。正文凡二十五篇，其篇次爲：《離騷》、《九歌》、《天問》、《九章》、《遠遊》、《卜居》、《漁父》。譯文採用元曲形式（詞彙及表現手法），譯《九歌》則仿戲曲加入“科介”、“序幕”、“寫景”等，以説明該句在全文中的作用。姜氏聲稱“原文中有許多其實我也講不大清楚的句節”，可見其治學嚴謹。

此書1948年完成初稿，1956年改寫，1987年11月北京出版社出版，屬姜氏“楚辭學五書（《楚辭今繹講録》、《屈原賦今譯》、《二招校注》、《楚辭楚言考》、《屈子自叙疏證》）”之二。另，1999年雲南人民出版社出版《姜亮夫著作選本》本，2002年雲南人民出版社出版《姜亮夫全集》本。

楚辭選析

楚辭研究專著。今人楊白樺著。楊白樺（1921—1967），小名阿杜，江蘇南京人。爲著名學者胡小石之子，因過繼給外家而隨舅舅姓楊。曾任南京師範學院（現南京師範大學前身）中文系教授。

該書首有《出版説明》。次《目録》。楊氏對楚辭、屈原均有介紹評析，研究中能做到以世觀人，以人帶文。此外，楊氏每以屈原作品與西方文學作比較，開啓當代“楚辭比較學”之先河。此書是楊氏從事《楚辭》教學與研究的一本遺著，寫定於20世紀50年代後期，書中語言和一些觀點都反映了當時的表述特點。正文凡七部分：一、引論；二、屈原的生活悲劇及其社會政治諸觀點；三、《橘頌》與《九歌》；四、《離騷》；五、《天問》與《招魂》；六、《哀郢》與《涉江》；七、楚辭的後期作者與作品。此書雖屬一般參考讀物，但在注、析、賞、論四結合的基礎上，注意與西方文學作品作比較，對古今中外的各種著作、觀點引述、評述繁富，如對近人商承祚、路百占、胡小石、郭沫若、饒宗頤、游國恩、聞一多、王重民、鄭振鐸、楊寬、劉永濟、浦江清、胡適、孫作雲、蘇雪林、文懷沙、方孝岳、何其芳、魯迅等諸家之説，或引述，或批駁，隨文出注，詳略互見，可見楊氏讀書之富、積學之深、治學之嚴。1987 年 12 月江蘇古籍出版社出版。

辭賦流變史

辭賦研究專著。今人李曰剛著。李曰剛(1906—1985)，字健光，江蘇鹽城人。國立中央大學畢業後，任教於江蘇省立揚州中學。1937 年夏，出任陝西省教育廳編審室主任，兼西京日報社主筆。1940 年應李壽雍之邀，至江西上饒，出任第三戰區政治部上校專員，主辦對敵紙彈作戰業務。1943 年轉任江蘇省政府江南行署秘書，兼《江南日報》社社長。次年，改任中國國民黨江蘇省黨部宣傳組長，兼《中國民報》總主筆。1949 年東渡臺灣後，重新走向講壇。先後擔任省立臺北工專教授，臺灣師範大學國文系教授，並兼中國文化學院中文系主任。1965 年 8 月應新加坡義安書院中文系之邀，到南洋講學。兩年後載譽返臺，接掌師範大學國文系主任之職，兼國文研究所教授，直到 1973 年任期屆滿而卸職。1977 年，依法退休。著有《國學概論》、《中國文學史》、《論孟釋義》、《斠讎目録學》、《文心雕龍斠詮》等。

該書首有《目次》。次《總論》。正文凡七章。第一章，《騷賦》(楚辭)，分爲六節："楚辭之名義"，"楚辭之因緣"，"楚辭之作家"，"楚辭之篇目"，"楚辭之特質"，"楚辭之評價"。第二章，《短賦》(荀賦)，分爲五節："荀賦之創制"，"荀卿行歷考"，"荀賦之地位"，"荀賦之類型"，"荀賦之影響"。李氏以爲，"辭爲言之成文者，賦爲敷陳其事而直言之也：兩者皆以'鋪采摛文，體物寫志'爲事"。説"楚辭"肇端於南音，蜕變於《詩經》，鍾靈於山川，移情於風土，乘時於辯説。又説屈原生於楚宣王二十七年(前 343)，卒於頃襄王二十二年(前 277)，凡六十七歲。初放於懷王二十四年，時屈子年三十九，地在漢北，約歷四、五年，始復召回任職；再放於頃襄王十三年，時屈子年五十八，地在江南，流亡八、九年，卒至沉淵而死。李氏强調，"屈原爲我國文學史上首屈一指之偉大愛國詩人"，其影響與地位表現爲，"屈原之愛國思想，堅持正義奮鬥，給予後世開明作家以莫大感召"，"屈原之作品體制，具有創造典型，對後世詩歌發展有無上貢獻"，"屈原之藝術表現，善用比興手法，爲後世浪漫詩人開無限法門"。李氏還提出，"楚辭是由詩過渡而爲賦之橋樑，嚴格言之，非詩非賦；籠統言之，亦詩亦賦"，"楚辭合樂可歌，隱具六義，且所用助詞多見於風、雅，與三百篇之體制實息息相通，所不同者形式與内容，質言之，乃其風格已耳”。1987 年 2 月臺北文津出版社出版,1994 年 1 月重印。

宋玉辭賦譯解

楚辭研究專著。今人朱碧蓮著。該書爲專門研究和重新評價宋玉及其作品的著作。首有《前言》,對建國後宋玉所受不公正的待遇發表看法,亦爲述作之由。次《論宋玉及其〈九辯〉》、《宋玉辭賦真僞辨》兩篇專論,勾稽古籍資料,分析宋玉作品,論證宋玉的思想、人品和他在辭賦創作上取得的成就,考辨了宋玉辭賦的真僞。末附《有關宋玉的傳記資料》、《宋玉及其作品的研究專著和文章索引》,便於讀者進一步研究。

正文凡兩組:第一組爲宋玉所作,即《九辯》、《風賦》、《高唐賦》、《神女賦》、《登徒子好色賦》、《對楚王問》;第二組屬尚有爭論的作品,即《笛賦》、《大言賦》、《小言賦》、《諷賦》、《釣賦》、《舞賦》。各篇又分爲原詩、注釋、譯文、賞析四部分。其中“譯文”、“賞析”部分,是屬於首次對與宋玉有關的十二篇作品的翻譯、賞析,全面細緻,很有價值。1987 年 2 月中國社會科學出版社出版。另,收入朱碧蓮《還芝齋讀楚辭》,2008 年 6 月上海古籍出版社出版。

李嘉言古典文學論文集

古典文學研究論文集。今人李嘉言著。李嘉言(1911—1967),字慎予,河南武陟人。1930 年入清華大學文學院國文系,師從馬叙倫、俞平伯、鄭振鐸、陳寅恪、聞一多諸名家,1934 年畢業留校任教。先後在西南聯合大學、西北師範學院任教授。1949 年後任河南大學國文系主任、校科委副主任,《文學遺産》京外編委。後任河南師範學院、開封師範學院教授。著有《賈島年譜》、《先秦漢魏六朝文學述論》、《漢魏六朝文學史》、《古詩初探》、《新校長江集》、《岑詩繫年》等。

李氏關於楚辭研究的成果主要收入《李嘉言古典文學論文集》,有關論文凡十五篇。李氏認爲:“《橘頌》(四言句尾有兮字)是由《詩經》頌體到《楚辭》頌體的過渡形式,楚辭體不僅是當時南北共有的現象,而且在其以前也有這種形式。過去有人只從楚地探求楚辭體的起源是值得重新考慮的”;

辭、賦之名均源於春秋時的政治辭令(《光明日報》1961年11月16日)。這一見解在近三十年後才得到一些有識之士的重視與闡發(見趙逵夫《囊括雜體　功在詮別——屈賦形式上的繼承問題新探》,《貴州社會科學》1986年第10期)。李氏對郭沫若《屈原研究》説《離騷》“亂曰”之亂爲辭字之誤,致函商榷,認爲並非“辭曰”,乃“曲終”之義。得到張長弓的贊同與補充。(見《國文月刊》第47期)至於李氏認爲《哀郢》並不是指郢都被破、人民流散,謂“後人據此以考定屈原死於白起破郢都之後,時已六十餘歲,是靠不住的”恐亦針對郭沫若氏所發,頗開啓後人對《哀郢》作意的推究。李氏還提出,楚《九歌》即啓《九歌》;除《東皇太一》、《禮魂》原爲迎神曲及送神曲,其題目爲後人所加外,《東君》應移置於篇首,《國殤》不當厠於九歌之内。並説《離騷》之騷爲地名蒲騷、扶桑即雲霞、求女即求美善等,亦頗大膽、獨特。李氏治騷在方法上基本上師從聞一多先生,所以對聞氏之説每有發明、推究,如關於《離騷》錯簡,聞氏以爲“昔三后之純粹兮”四句當接“紉秋蘭爲佩”後;李氏進而認爲“余既滋蘭之九畹兮”八句當在“豈維紉夫蕙茝”下(《光明日報》1951年8月18日),似乎設想太過,值得推敲。1987年3月上海古籍出版社出版。

楚辭與神話

楚辭研究專著。今人蕭兵著。蕭兵(1933—　),原名邵宜健,福建福州人。青少年時期曾在教會學校就讀,有較好的文學與英語基礎。1949年10月參軍,在華東軍大福建分校、29軍文訓隊學習,先後在海軍厦門基地司令部和機砲連任文化教員。後到華東軍區師範部中文系受訓,繼任海軍上海預備學校教員。1958年5月因“反右”運動離開軍隊,在淮陰農村勞動。1962年起在淮陰市文化局、文聯和劇團任編劇等。1966年後在工廠勞動。1980年調入淮陰師專任教。現爲淮陰師範學院中文系教授、淮陰市人大副主任、中國社會調查所人類學中心特約研究員、東南大學東方文化研究所及華中師範大學中文系兼職教授。曾赴中國科技大學、南開大學、南京大學、蘭州大學、湖北大學、貴州大學、上海戲劇學院、上海師範大學、香港中文大學、美國普林斯頓大學等處講學或訪問。1991年獲全國自學成才優秀人物獎,1992年享受政府特殊津貼。著有《楚辭新探》、《楚辭文化》、《楚辭的文化破譯》、《楚辭與美學》、《楚文化與美學》、《楚辭全譯》、《中國文化的精英——太陽英雄神話比較研究》、《儺蠟之風》、《黑馬》、《太陽英雄神話的奇跡》、《〈老子〉的文化解讀》、《〈中庸〉的文化解讀》等。其中,《中國文化的精英——太陽英雄神話比較研究》獲中國比較文學學會一等獎,《楚辭的文化破譯》獲1992年中國圖書獎二等獎。

該書首有《目録》。次《引論》(《〈楚辭〉民俗神話與太平洋文化因子》)。《引論》(《〈楚辭〉民俗神話與太平洋文化因子》),强調把楚辭文化放在廣闊的人類文化背景之上,尤其是放在相生相剋的鄰近系統和親緣文化系列之中,才有可能破譯它素稱難解的"密碼"。此書主要講《楚辭》裏較爲系統的神話,以及它所引發出來的有關黄帝、西王母、顓頊、女媧、祝融等祖先神的原型、族屬、神格、神性等問題,實際上多屬傳説時代史。正文收入專論十七篇,其中五篇以戰國帛畫破譯《楚辭》日、月神話;八篇考釋神話人物的神格、原型、圖騰,如顓頊、伯庸、祝融(日神)、女嬃(太陽處女)、巫咸(太陽神巫)、彭咸(水神)、女媧、黄帝(璜玉之神)、西王母(以猿猴爲圖騰)等;三篇考釋崑崙神話與《楚辭》宇宙系統;兩篇通過《楚辭》神話考釋原始社會史、初夏史。全書以汪洋恣肆、論述充分、用筆靈活、視野開闊見長。1987年4月江蘇古籍出版社出版。

迄今,對是書作過評述的論文主要有譚家健、鄭君華《可貴的探索——肖兵〈楚辭〉研究試評》(《社會科學戰綫》1984年第3期)、趙沛霖《評蕭兵〈楚辭〉研究》(《文藝研究》1985年第6期)、劉寧波《楚神話研究的當代輪廓——讀〈楚辭與神話〉》(《民間文學論壇》1988年第3期)、王小盾《比較與超越——評蕭兵〈楚辭與神話〉》(《書林》1988年第4期)、張國瀛《蕭兵的〈楚辭與神話〉》(香港《大公報》1988年5月31日)、袁珂《〈楚辭與神話〉讀後——兼論〈天問〉"啓棘賓商"四語的正詁》(《思想戰綫》1988年第6期)、于民、陸群《窺視太平洋文化因子的第一個窗口》(《文學研究參考》1988年第11期)、龔維英《評〈楚辭與神話〉》(《博覽群書》1988年第11期)、王厚成《評〈楚辭與神話〉對夏啓神話的解釋》(《淮陰師專學報》1989年第1期)、束有春《在瑰麗奇幻的世界裏》(《淮陰師專學報》1989年第1期)、施梓雲《〈楚辭與神話〉的比較文學意義》(《淮陰師專學報》1989年第1期)、曹必文《蕭著〈楚辭與神話〉日月神話解釋之失誤》(《淮陰師專學報》1989年第1期)、范明三《〈楚辭與神話〉失在缺乏田野作業》(《淮陰師專學報》1989年第1期)、屠武周《整合的必要》(《淮陰師專學報》1989年第1期)、周明《也説"女媧補天"》(《淮陰師專學報》1989年第1期)、狄兆俊《評蕭兵比較文學新著〈楚辭與神話〉》(《中國比較文學》1989年第2期)、魏家俊《〈楚辭與神話〉:楚辭的文化通觀》(《江海學刊》1989年第6期)、唐善純《大海的波濤》(《淮陰師專學報》1989年第1期)、袁珂《比較神話學運用的豐碩成果——讀蕭兵關於太陽英雄神話比較研究的一部新著》(《思想戰綫》1990年第4期)、梅瓊林《世紀末:楚辭學研究方法的當代反思——兼論林河、蕭兵、毛慶等人的三種闡釋傾向》(《貴州教育學院學報》1996 年第 2 期)、梅瓊林《蕭兵現象:飛騰的文化想象力與學術方法之得失——論蕭兵的楚辭學研究》(《黄岡師範學院學報》1996 年第 3 期)、周建忠《文學人類學的考古報告——蕭兵的楚辭研究與弗萊的原型批評》(《淮陰師範學院學報》1996 年第 4 期)、梅瓊林《蕭兵現象:反思一種文化研究方法——論楚辭學專家蕭兵的研究》(《社會科學》1998 年第 8 期)、梅瓊林《論蕭兵的文化訓詁學方法》(《天中學刊》1999 年第 1 期)、王曉明等《蕭兵楚辭研究批評》(《淮陰師範學院學報》2000 年第 3 期)、梅瓊林《論蕭兵楚辭學研究方法》(《學術論壇》2001 年第 1 期)。

楚 辭 考 校

楚辭研究專著。今人翁世華著。翁世華,海南文昌人。1949 年後到新加坡求學,1959 年畢業於南洋大學中國語言文學系。後任新加坡國立大學中文系教授。著有《楚辭論集》、《星馬教育叢談》等。

該書首有《前言》。次《目録》。案:此書《前言》被出版社誤收至作者另一著作《楚辭論集》中。《前言》對劉師培《楚辭考異》十七卷作了評述:"此書原旨以臚列異文爲主,間或訂正誤字。章句是非,概弗議及。於諸書異文,略備之矣。然取材雖廣,而了無精義。闕漏訛奪,亦在所多有。是以徐維遹有《楚辭考異補》之作。"又批評姜亮夫《屈原賦校注》"校勘部分悉採劉氏《考異》、許氏《考異補》與聞氏《校補》之陳説,不啻别無新解,且復訛以傳訛。未覆檢原書,襲而莫辨真贋之過也"。唯對聞一多《楚辭校補》評價較高,"用力之勤,堪爲各家之冠。採用古今諸成説之涉及校正文字者,都二十八家。其諟正前人論説、訂正各本是非,創獲固多。然疏漏、訛謬、牽强之處,亦屢見不鮮"。

正文凡五部分。第一,《"皇考"考——離騷"朕皇考曰伯庸"解詁》,其結論是:父必稱考,生稱、廟號皆然;"考"字之上,可加懿美之詞,如"皇"、"文"、"剌(烈)"、"穆"等字;"皇考"獨用時,絶非"是稱除父以外的先人",是"考"絶非"先祖"、抑"太祖"也。第二,《説文引楚辭考》。第三,《楚辭"予"字考校》。第四,《唐前古籍引離騷集校》。第五爲《參引書目》。1987 年 5 月臺北文史哲出版社出版。

迄今,對是書作過評述的論文主要有劉石林《翁世華屈原學研究綜述》(載戴錫琦、鍾興永《屈原學集成》,中央編譯出版社 2007 年 6 月版)。

屈原問題論争史稿

楚辭研究專著。今人黄中模著。黄中模(1933—),重慶人。1961 年畢業於四川大學中文系。曾任重慶師範大學(原重慶師範學院)《楚辭》研究室主任、教授,中國屈原學會常務理事、《楚辭研究與争鳴》集刊主編。著有《沁園春詞話》、《郭沫若歷史劇〈屈原〉詩話》、《現代楚辭批評史》等。

該書以探討屈原的文藝思想爲重點,在佔有大量材料的基礎上,論述了自漢迄清對於屈原問題的論争,並對屈原作品的藝術特徵進行了較有系統的研究,是一部從文學批評角度進行論述的屈原研究史。首有姜亮夫《序》。次《目録》。次《引言》。末附《本書引用的主要書目版本説明》。姜氏《序》,論述楚辭學三家(義理家、釋文家、考據家)大要、二體(評文、評人)之狀,對黄氏抓住"發憤以抒情"作爲屈原文藝思想的核心,推崇爲真知灼見、生機契合,有利於總結歷代屈原問題論争中的規律。《引言》,闡述寫作因由,並説明以問題爲綱進行論述,從理論上集中地進行評論,但也只限於進行過論争的評騷作家與論著,實際上是我國古代的"屈原問題論争史"。正文凡十章。前七章介紹與評論我國古代主要的評騷理論家圍繞屈原的文藝思想問題的論争,後三章論述屈原繼承中國南北文化傳統問題、屈原賦的藝術特點與風格問題的論争。對司馬遷"發憤著書"説、李白"哀怨起騷人"、辛棄疾"交疏怨極"説、金聖嘆"憂患成書"説、班固"虚無"説、晁補之"寓言"説、梁啓超"浪漫"説一一予以評判,淵源畢現,綫索分明。1987 年 7 月北京十月文藝出版社出版。

迄今,對是書作過評述的論文主要有姜亮夫《〈屈原問題論戰(案:當爲"争"字)史稿〉序》(《重慶師範大學》1984 年第 2 期)、李建國《簡評〈屈原問題論争史稿〉》(《重慶社會科學》1988 年第 3 期)、周建忠《文學抽象 史家眼光——中國當代楚辭學者黄中模論》(《喀什師範學院學報》1991 年第 1 期)、高揚《中日"屈原否定論"及其批判》(《天中學刊》1998 年第 1 期)。

楚 文 化 史

楚史研究專著。今人張正明著。該書爲周谷城主編的《中國文化史叢書》之一。首有楚墓出土的文物圖版二十二幅。次《中國文化史叢書》編委會《編者獻辭》。次《導言》。次《目録》。正文凡五章:第一章《楚文化的淵源》;第二章《濫觴期的楚文化》;第三章《茁長期的楚文化》;第四章《鼎盛期的楚文化》;第五章《滯緩期和轉化期的楚文化》。張氏提出,"楚文化因楚國和楚人而得名,是周代的一種區域文化。它同東鄰的吳越文化和西鄰的巴蜀文化一起,曾是盛開在長江流域的三朵上古區域文化之花","所謂楚文化,不是一個單一的概念,而是兩個大小套合的概念。考古學上的楚文化,以體現在考古遺物上的爲限,主要是物質文化。歷史學上的楚文化,則是物質文化與精神文化的總合"。張氏還提出,"楚文化有六個要素:其一,是青銅冶鑄工藝;其二,是絲織工藝和刺綉工藝;其三,髹漆工藝;其四,是老子和莊子的哲學;其五,是屈原的詩歌和莊子的散文;其六,是美術和樂舞"。張氏又以爲,"楚文化的主源,應該到楚人的先民祝融部落集團那裏去找","楚文化的主源决非三苗文化,而是祝融部落集團崇火尊鳳的原始農業文化"。1987 年 8 月上海人民出版社出版。

迄今,對是書作過評述的論文主要有車干《一本頗具特色的先秦區域文化史〈楚文化史〉出版》(《江漢考古》1987 年第 4 期)、鄭維淑《戰綫荆楚文化全貌的〈楚文化史〉》(《瞭望》1988 年增刊第 1 期)、劉玉堂《篳路藍縷　以啓山林——讀張正明著〈楚文化史〉》(《湖北社會科學》1989 年第 5 期)、江漢論壇雜志社《張正明:楚學研究的集大成者》(《江漢論壇》1998 年第 3 期)。

楚辭鑒賞集

楚辭研究著作。該書爲人民文學出版社《中國古典文學鑒賞叢刊》之一。首有《〈中國古典文學鑒賞叢刊〉編輯説明》。次《目録》。正文收入《楚辭》作品《離騷》、《東皇太一》、《湘君》、《湘夫人》、《雲中君》、《東君》、《大司命》、《少司命》、《河伯》、《山鬼》、《國殤》、《哀郢》、《懷沙》、《涉江》、《橘頌》、《抽思》、《惜往日》、《遠遊》、《招魂》、《九辯》、《弔屈原》、《招隱士》等二十二篇。每篇先附原作(不分行,不注釋,亦無譯文),然後爲鑒賞文章。各篇賞析稿不論長短,不拘形式,根據學界研究的歷史成果與自己的理解體悟,側重於藝術形式、寫作技巧的剖析導引,文筆優美,可讀性强。該書爲楚辭學中的第一本鑒賞專著,屬於適合普及宣傳需要的新著述。而著者多爲學界名流,從而保證了全書的學術水平,亦有助於青年讀者增强對楚辭作品的鑒賞能力,提高文藝鑒賞的理論水平。1988 年 1 月人民文學出版社出版。

楚辭類稿

楚辭研究專著。今人湯炳正著。該書側重於楚辭研究中的微觀清理與探索,集中了湯氏的“半生劬勞”,爲著者四十餘年精心研究楚辭的心得之作。首有《作者近影》。次《作者手跡》。次湯氏《自序》。次《目録》。末附李大明《後記》。正文共收入論文、札記 175 篇,凡八組,以類相從。第一組 17 篇,談《史記·屈原列傳》;第二組 16 篇,談《楚辭》傳本以及歷代研究楚辭之作;第三組 33 篇,談《離騷》;第四組 15 篇,談《九歌》;第五組 19 篇,談《天問》;第六組 41 篇,談《九章》及《遠遊》;第七組 17 篇,談《卜居》、《漁父》及《招魂》;第八組 17 篇,談宋玉及漢人之作。全書體大思深,取材宏富,又取捨極嚴,《自序》云:“但凡古人或時人已先我而有者,則必削之無所惜”,李氏《後記》亦詳敘“鈔寫校勘”之感受。書内部分條目之後,又有“附説”,即在原來的結論之上,又深一層;又有不少條目被湯氏以“還不成熟”爲理由而删去;有些論據充分、可做定論的條目,湯氏多改用設想的語氣。這樣現有入選的條目,基本上每篇都有湯氏的心得與發現。如《試論〈屈原列傳〉與〈七諫〉之異同》則是利用先秦歷史、諸子文獻來解決歷史疑難;又如引用 1983 年阜陽出土的漢代《離騷》殘簡文字,駁斥了《離騷》作於劉安之説;利用《雲夢秦簡》説明楚地民歌同屈賦、荀賦的關係;尤其是文字方面,以騷證騷,補闕糾謬,理惑析疑,校正存真,勝義如雲。1988 年 1 月巴蜀書社出版,1990 年臺灣貫雅文化事業有限公司出版繁體字本。

迄今,對是書作過評述的論文主要有張國瀛《評〈楚辭類稿〉》(香港《大公報》1989 年 9 月 5 日)、畢庶春《讀〈楚辭類稿〉》(《丹東師專學報》1989 年第 3 期)、序波《湯炳正先生學術成就綜述》(《貴州教育學院學報》1989 年第 3 期)、牟應杭《敬憶先師湯炳正教授》(《貴州文史叢刊》2001 年第 2 期)、湯漳平《湯炳正先生與新時期楚辭研究》(《漳州師範學院學報》2007 年第 1 期)、湯世洪、張世雲《湯炳正學術傳略》(《貴州文史叢刊》2007 年第 2 期)。

楚辭研究

楚辭研究著作。中國屈原學會編。1985 年 6 月,中國屈原學會成立大會暨第四次全國屈原學術討論會在湖北省江陵縣召開,來自全國 20 多個省市的專家學者 169 人與會,提交論文 111 篇。編者從會議論文中選出論文 28 篇彙編而成。首有原中國屈原學會會長、該書主編湯炳正《序》。次《目録》。末附張嘯虎《後記》。次《中國屈原學會成立大會暨第四次學術討論會論文總目索引》。湯氏《序》對二千餘年楚辭研究史予以勾勒與評價,認爲對楚辭與屈原研究的歷史之長,學者之多,影響之大,都是中國乃至世界學術史上所罕見的。湯氏指出趙宋以前,是訓釋、音讀時代;"義理"方面,雖由劉安濫觴,但異軍突起,還屬朱熹。自是之後,屈騷竟成顯學,著述宏富,超越前代,而清儒成就,可謂"後出轉精"。建國以後雖略於訓詁考據而偏重義理,然其深入、廣闊,確已超邁前哲。真正將屈原作爲文學家、《楚辭》作爲文學作品來研究,是最近十年拓展開來的。此書收入王維堤《屈賦與楚文化的淵源》、李誠《論屈賦神話的非歷史化傾向》、趙逵夫《〈離騷〉釋詞》、湯漳平《從江陵楚墓竹簡看〈楚辭·九歌〉》、杜棣生《説招魂》、李世剛《宋玉及其〈九辯〉》以及[日]稻畑耕一郎《〈宋玉集〉佚存鈎沉》,都堪稱力作,比較深刻精審。1988 年 1 月齊魯書社出版。

迄今,對是書作過評述的論文主要有張國瀛《〈楚辭研究〉評介》(香港《大公報》1988 年 10 月 31 日)。

巫風與神話

楚文化研究著作。巫瑞書、林河、龍海清主編。巫瑞書(1933—),湖南永興人。1955 年武漢大學畢業。1959 年北京師範大學畢業,師從著名民俗學家鍾敬文。現爲湖南師範大學文學院教授。著有《民間文學導論》、《荆湘民間文學與楚文化》、《南方民俗與楚文化》、《孟姜女傳説與湖湘文化》等。

該書首有《目録》。末附主編《後記》。《後記》云:"《巫風與神話》是作爲楚國中心地區之一的湖南的民間文學工作者和全國有關專家、學者從民間文化的角度對楚文化進行多方面、多層次的認真審視和重新評價的第一部學術著作。"此書收入與楚辭研究有關的論文有:袁珂《〈山海經〉神話與楚文化》;馬學良、巴莫阿依《楚辭研究小議》;烏丙安《楚文化摇籃中的古傳説群》;張振犁《從古代神話的演變看楚文化與中原文化的交融》;林河《論南楚太陽崇拜與〈九歌·東君〉》;易重廉《顓頊故事發微——兼論〈九歌〉二司命的祀主問題》;張國榮《〈九歌·山鬼〉附麗的神話考辨》等。1988 年 1 月湖南文藝出版社出版。

楚源流史

楚史研究專著。今人何光岳著。何光岳(1939—)，湖南岳陽人。小學畢業。1978年調入湖南省社會科學院歷史研究所。1985年獲“全國職工自學成才”金牌獎。1986年獲國家級有突出貢獻的專家稱號。現任湖南省社會科學院炎黄文化研究所所長、研究員，湖南省古代史研究會副理事長、中國漢民族學會副會長、中國楚文化研究會理事等。獨著《中華民族源流史叢書》，已先後出版《炎黄源流史》、《南蠻源流史》、《東夷源流史》、《夏源流史》、《楚源流史》、《商源流史》、《秦趙源流史》、《中原古國源流史》、《周源流史》、《漢源流史》等分册，另著有《楚滅國考》、《中國姓氏通書——陳姓》等。

該書爲何氏第一部公開出版的學術著作，主要論述祝融氏黎和九黎、昆吾氏諸國、董姓諸國、彭姓諸國，妘姓諸國、曹姓諸國、荆楚、夔、胡、鄂、越章、羅國、麇國等的來源、分佈、遷徙，並對楚族名“敖”、楚國王族氏族作了考釋。此書首有《前言》。次《目録》。《前言》系統列出祝融八姓的源流以及楚國的祖先譜系，强調“祝融氏吴回的後裔，分爲八姓，分佈於河南、山東、晉南、陝中及蘇北一帶，在夏商時期曾建立過很多强大的部族和國家”。對於楚史、楚文化、楚辭研究中“熱點”——楚民族族源問題，何氏作了明確的解答。何氏認爲，楚民族與夏、周同源，非源於湖北丹陽，亦非源於苗蠻，亦非來自東夷及安徽，而是源於西方，繼而逐步東遷或南徙。何氏認爲，芈氏部落的名稱叫楚，是因爲早期居住於楚的地方而得名，即今滑縣東六十里的楚丘。《詩·鄘風·定之方中》：“升彼虚矣，以望楚矣。”出現於《左傳》的以丘爲地名的，達四十八個，都是人口集居的邑落，楚丘則是芈氏部族早期的集居地，位於顓頊系各部族分佈的中心地帶。荆與楚，係一木兩名，因適於荆之生長而名爲楚丘，同時又將芈氏部族改名爲荆楚部族，這就是荆楚名稱的來源。楚人故土觀念極强，隨着遷徙的足跡，則往往以荆以楚命名，從而導致了荆山荆水、楚山楚水遍佈黄河中下游、長江中下游這一特殊的地名學景觀。從方法論上來説，何氏對楚民族源流的揭示，不僅關涉到歷史學、地理學，還涉及到考古、民俗、訓詁、地名、農學等領域，旁搜側證，循情察理，綜合比較，形成一家之言。從何氏對楚人十次遷都的考述，可見其研究特色。

此書的不足主要爲：叙述比較瑣碎，缺乏理論詮釋與抽象概括，讀者使用時難於梳理，不易把握；使用民族、地名、姓氏資料，往往較多地“以今證古”，有時缺乏兩漢以前的主證，有時又將古今材料混雜在一起，不分主次，比如列出楚國貴族姓氏甚衆，但有不少是楚國滅亡後的，而使用唐宋以後的資料，又缺少必備的考釋，有些似爲傳説。1988年10月湖南人民出版社出版。另，2005年2月江西教育出版社出版修訂本。

迄今，對是書作過評述的論文主要有傅朗雲、楊旸《何光岳〈楚源流史〉評述》（《東南文化》1990年第5期）、周建忠《自學專攻　别開生面——何光岳楚辭研究述評》（《吉首大學學報》1993年第3期）、吳興勇《爲中華民族源流史研究筆耕不輟——訪歷史地理學專家何光岳》（《學術月刊》1996年第2期）、周建忠《〈楚源流史〉平議》（《黔東南民族師範高等專科學校學報》1999年第1期）。

楚文化源流新證

楚文化研究專著。今人王光鎬著。王光鎬（1947—　），江蘇泰州人。1966年高中畢業於北京市第八中學，後到内蒙古牧區插隊七年。1976年畢業於北京大學歷史系考古專業，同年到武漢大學歷史系考古專業任教。現爲武漢大學歷史學院教授。

該書首有王氏《自序》。次《目録》。王氏在《自序》中列出"楚國歷史與文化十謎"：其一，楚族的族源問題；其二，作爲楚國族名稱的"楚"字古文的判定問題；其三，楚族何時形成於世的問題；其四，周初之楚究屬殷之同盟抑周之同盟、國力究竟是强還是弱的問題；其五，楚族形成後，究竟是何時并且怎樣進入國家文明的；其六，考古楚文化的甄别問題；其七，楚的文化是怎樣形成和發展起來的，它的歷史基礎是在商文化，抑在周文化，更或在江漢土著蠻民文化；其八，西周楚丹陽居地問題；其九，江陵楚紀南城遺址的分期與年代問題；其十，楚郢都的定位問題。該書圍繞以上十個問題，從歷史、文化、地理三方面對楚民族進行探索，凡三編。上編《楚族的源起與發展》，提出楚族的根在中原，是北來的中原族類；夏代無楚，商代無楚。"從世系來説，楚之父系遠祖是祝融和季連，祝融是出自老童的祝融，季連是兼得其父系、母系雙生血緣因素的真正始祖"，"從歷史發展階段上説，鬻熊之前爲楚的源起階段，之後爲楚自身的發展階段；鬻熊開國之後，熊繹之前爲楚的雛形階段，熊繹之後爲楚的逐漸成熟階段；熊渠之前，楚族處於較穩定的原始社會階段，熊渠至蚡冒爲楚的原始社會結構逐漸解體的階段；熊通之後，楚進入了國家文明的新歷史階段"。王氏還認爲，"楚的原始社會階段不止一個西周，其文明階段不足一個東周"，"楚民族來源於北方，立足於江漢，不僅在血統上兼得華夏與蠻夷兩大因素，且在地域上介乎東西南北之間”。中編《楚文化考古辨》，其結論爲“楚國、楚地、楚人的文化是一個多元文化系統，其中只有楚公族集團的文化才是最有典型意義的楚文化。這一文化是在中原華夏文化的基礎上產生起來的，它在形成過程中借鑒並繼承了諸多姬周文化及其它文化的因素，同時加以改造、創新，終於在東周時期成了一支獨具一格的五彩斑斕的文化”。下編《丹陽郢都考》，王氏認爲，“楚丹陽居地應先於鬻熊時在淅川，後於熊繹時遷南漳，更後，在熊繹丹陽的基礎上，楚人逐漸取得了向東的發展，終於在楚武王之時於宜城楚皇城遺址建立了新的楚郢都”，“當涂、枝江、秭歸的丹陽雖事出有因，甚至也不妨與楚有關，但卻一概不是正宗楚丹陽居地，而只是由楚人因襲故名的習慣所派生的楚丹陽地名的子系或旁系”。1988 年 11 月武漢大學出版社出版。

迄今，對是書作過評述的論文主要有羅鳴《楚文化史研究的新成果——〈楚文化源流新證〉》（《江漢論壇》1990 年第 3 期）、晏昌貴《新成果》（《讀書》1990 年第 12 期）、余螢《楚文化研究的系統總結與創新——評〈楚文化源流新證〉》（《中原文物》1991 年第 4 期）、何介鈞《楚鬲試析》（《湖南考古輯刊》1994 年第 1 期）。

楚辭論集

楚辭研究專著。今人翁世華著。該書首有翁氏《自序》。次《〈楚辭考校〉前言》，係作者《楚辭考校》一書出版時失收。末附《參引書目》。翁氏《自序》説明此書之作，緣於教學，“隨教隨學，一學則多疑，有疑則必尋求釋疑之方”。正文收論文九篇：一、《離騷解題》；二、《從説文解字引楚辭説起》；三、《楚辭九歌的倒裝法》；四、《楚辭“予”字研究》；五、《楚辭語文零釋》；六、《淮南王劉安〈離騷傳〉辯》；七、《郭璞楚辭注佚文拾補》；八、《原本玉篇引騷紀要》；九、《文學的外交——從“賦詩言志”到“贈書寓言”》。翁氏以爲，關於“離騷”題意的理解，“約可分爲傳統之古典與現代之標新派。而古典派之中又可大别爲傳統與立異二系。現代（標新派）學者之中亦有保守與炫奇二系。古典傳統派學説以史公、班固、王逸、戴震爲代表；古典立異派則以周聖楷爲獨專；現代保守派學説以楊柳橋爲代表；現代炫奇派則以游國恩、張壽平與何錡章等爲代表。就上述各派學説而論，古典傳統派去古未遠，所論較符屈子命篇之本旨，今所當從。現代保守派之説，不離古意，猶有一得之見，尚屬可取。至於古典立異派與現代炫奇派所論，則異説惑衆，荒謬絶倫”。又,《説文解字》引楚辭凡七條,其中四條和現傳的《楚辭》不同,翁氏據此論定:《楚辭》成書在劉向編定之前;許慎《説文解字》引用“楚辭”在王逸《楚辭章句》之前。1988年12月臺北文史哲出版社出版。

迄今,對是書作過評述的論文主要有劉石林《翁世華屈原學研究綜述》(載戴錫琦、鍾興永《屈原學集成》,中央編譯出版社2007年6月版)。

楚辭新探

楚辭研究專著。今人蕭兵著。該書首有姜亮夫《序》。次蕭氏《〈楚辭〉與中華上古四大集群文化的關係(代序)》。姜氏《序》以爲“民俗學一科,當爲治玉之中軸大本”,云“民俗者,先民(原始)文化之創見。而禮俗其升華也”,稱贊蕭氏“以初民社會學,文化人類學,民俗學,綜合諸科,以尋繹屈賦,往往得其環中,以應無窮”。1984年,蕭氏應香港中文大學新亞學院“明裕學人訪問計劃”之邀,先後在香港大學、香港中文大學、香港嶺南學院作學術報告,此《代序》即據“報告”擴寫而成的,所以代表了蕭氏“楚辭民俗學”主要觀點。蕭氏認爲,中華上古文化應該分爲四大集群而不是三大集群,即東夷、西夏、南苗、北狄。而“楚文化與《楚辭》是有深厚的本土基礎的,但它同時又是四方百族文化融會貫通的獨特産物”,“《楚辭》便是這個文化在文學上的光輝表現。故要研究《楚辭》必須瞭解楚文化的性質、特徵和來龍去脈;而要瞭解楚文化,又必須探索我國上古四大集群的文化及其交流與融合,甚至必須探索世界文化、尤其是太平洋文化的形成和發展”。蕭氏雖然向往廣闊的背景,但此書還是“在模糊的宏觀背景之前的微觀分析”,“企圖在因子或細胞水平上對《楚辭》和楚文化裏有關民俗神話的疑難做些初步的探索”。據此可知,蕭氏在此書中採用的方法是,微觀解剖,以小見大,融會貫通,破釋疑難。

正文收入“《離騷》新解”八篇、“《九歌》新解”九篇、“《天問》新解”二十七篇、“二《招》新解”四篇。《離騷》新解着力於神話地名背景、本義的闡發;《九歌》新解則主要探索諸神的原型,如認爲東皇太一原是來自東方楚國的老太陽神;雲中君原型是軒轅星女神;湘君爲舜;湘夫人爲女郾(燕);大司命爲玄冥,原型是長壽的龜,少司命爲句芒,化身爲燕子;河伯爲黄河下游的“九河之神”;山鬼原型爲魈狒猿猴或所謂“野人”。《天問》新解是全書的精華所在,是著者的得意之筆,如“陽離”、“顧兔”、“魁堆”、“女岐”等神物本義的闡發,以及用文化人類學方法所恢復出來的《楚辭》裏的原始社會史的秩序與真相。《二招》新解則考釋一些奇風異俗。此書在正式出版的9年前就得到了郭在貽《近六十年來的楚辭研究》一文的高度肯定。1988 年 12 月天津古籍出版社出版。

迄今,對是書作過評述的論文主要有顧自力《〈夏啓殺母〉的再解釋》(《淮陰師範學院學報》1993 年第 1 期)、梅瓊林《世紀末:楚辭學研究方法的當代反思——兼論林河、蕭兵、毛慶等人的三種闡釋傾向》(《貴州教育學院學報》1996 年第 2 期)、梅瓊林《蕭兵現象:飛騰的文化想象力與學術方法之得失——論蕭兵的楚辭學研究》(《黄岡師範學院學報》1996 年第 3 期)、周建忠《文學人類學的考古報告——蕭兵的楚辭研究與弗萊的原型批評》(《淮陰師範學院學報》1996 年第 4 期)、梅瓊林《蕭兵現象:反思一種文化研究方法——論楚辭學專家蕭兵的研究》(《社會科學》1998 年第 8 期)、梅瓊林《論蕭兵的文化訓詁學方法》(《天中學刊》1999 年第 1 期)、王曉明《蕭兵楚辭研究批評》(《淮陰師範學院學報》2000 年第 3 期)、梅瓊林《論蕭兵楚辭學研究方法》(《學術論壇》2001 年第 1 期)。

古劇九歌今繹

楚辭研究專著。今人黄士吉著。該書發揮、完善聞一多、孫常叙關於"《九歌》爲歌舞劇"説。首有張震澤《序》。次黄氏《論古代歌舞劇〈九歌〉(代前言)》,認爲由巫扮演角色、表演故事用來娱神娱人的《九歌》已不是表現藝術了,而是再現藝術,是由九歌、韶樂、辯舞等構成的綜合藝術。正文收入《九歌》十一篇。每篇分四項:一、"簡論",考釋原文;二、"今譯",譯《九歌》爲今語,改編爲歌劇形式,其中有布景,有脚色,有出場入場,有景物烘托,有人物肖像,心理描述;三、"注釋";四、"今讀",過録原詩,正其錯簡,依"古劇"唱式排出先後次序。四部分互爲補充,形成整體。末爲《附録》,包括《〈橘頌〉賞析》與《主要參考書目》。此書"今譯"基本上改寫爲"歌劇"形式,補充内容頗多,如《湘夫人》篇,演唱人物就有湘君(舜)、娥皇、女英、助祭女巫、助祭男巫等,可視爲聞一多"懸解"的具體化。1988 年 12 月延邊大學出版社出版。

楚 辭 直 解

楚辭研究專著。今人陳子展著。陳子展(1898—1990),原名炳堃,字子行，筆名楚狂，湖南長沙人。幼讀私塾六年，後於長沙縣立師範學校學習五年，先任小學教員，後任湖南省立第一師範學校及第一女子師範學校教師。1927年任上海南國藝術學院教授。1933年後，任復旦大學、中國公學、滬江大學等校教授。1936年兼任復旦大學中文系主任。1952年後任復旦大學中文系教授、中國屈原學會顧問。著有《詩經直解》等。

陳氏是繼王船山、戴東原之後，與聞一多、郭沫若並肩的"兼治詩騷"的一位著名專家。陳氏治騷，始於六十年代，其時雖已逾花甲，卻决意拓清千餘年來楚辭研究領域層層迷霧，他採取"不苟同，不苟異，不溢美，不溢惡"的態度，辯僞求真，辯必有據。他説，其《詩經直解》是專門和古人"作對"的，《楚辭直解》是專門和今人"抬杠"的。對有關《楚辭》的古今疑案，都一一重新審理，"爲之爬梳而澄清之"，决不輕易姑息苟同，大膽發表自己的看法。最後彙編而成此書。

該書首有《楚辭直解凡例十則》，闡明著述體例、目的、方法。次《〈屈原傳〉評注》。次《〈楚世家〉節録》。末附賈誼《吊屈原賦》、賈誼《惜誓》、淮南小山《招隱士》三篇。正文凡"直解"與"解題"兩部分。《直解》屬於"今譯"，譯出陳氏認定的屈原作品二十五篇，即《離騷》、《九歌》、《天問》、《九章》、《遠遊》、《卜居》、《漁父》、《九辯》、《招魂》、《大招》(其中"二湘"爲一篇，"二司命"爲一篇)。並附録四篇：司馬相如《大人賦》、賈誼《弔屈原賦》、賈誼《惜誓》、淮南小山《招隱士》。各篇原文與譯詩竪排相對應，"異文"隨原文用小字注出，每節、每篇加按語概括分析，篇末有"簡注"與"音讀"。各節各篇"按語"頗爲精粹，是陳氏研究楚辭的結晶。如云《離騷》，"全部屈賦主題在'睠懷楚國，繫心懷王'八個字。體現於有冷静之觀察與分析，有熾熱之憤怒與控訴，有馳騁高空之願望，有自我毁滅之悲哀，胥於《離騷》一篇見之"。"解題"則是對作者認爲的屈原作品二十五篇作通論式的論述，對古今異説評判甚多，且提出自己的見解。如他認爲，《九章》九篇、《遠遊》、《卜居》、《漁父》、《招魂》、《大招》均爲屈原所作。《九歌》九篇(合"二湘"爲一、"二司命"爲一)作於初仕爲三閭大夫、左徒之日；屈子一生遭兩次放逐，初放於漢北，《惜誦》作於將放漢北之前，《抽思》、《思美人》、《天問》、《遠遊》、《漁父》、《卜居》爲放於漢北之作；屈原被放江南之始，約在頃襄王七年至十三年。《二招》、《離騷》作於放前，《涉江》、《惜往日》、《哀郢》、《悲回風》、《懷沙》作於放後。並提出，屈原思想，有因有創，兼攝當時諸子之長，而又自成一家之言。《楚辭直解》分爲"翻譯"與"解題"兩部分，其目的爲"譯文旨在普及，解題旨在提高，二者引翼而行"。"解題"爲長篇宏論，有關問題無不一一辯難，决無回避，大部分章節已在《人民日報》、《中華文史論叢》、《復旦學報》、《文史哲》、《學術月刊》等報刊發表，其學術影響早就形成於成書之前，海内或稱陳氏爲"當代楚辭三大家”之一，良有以也。此書已成爲當代楚辭學者必讀著作之一。1988年2月江蘇古籍出版社出版；又，復旦大學出版社1996年11月版。

迄今，對是書作過評述的論文主要有徐志嘯《陳子展著〈楚辭直解〉》（《求索》1984年第2期）、陳紹炎《〈屈原賦〉“其”字淺説》（《貴州文史叢刊》1991年第2期）、周斌武《論“楚辭”注解的難與易——兼評陳子展先生的〈楚辭直解〉》（《復旦學報》1991年第5期）、趙逵夫《屈原卒年新考》（《貴州社會科學》1996年第2期）、丁進《馳騁詩騷一楚狂——陳子展和他的文學研究》（《古典文學知識》2004年第3期）。

詩人屈原

楚辭研究專著。今人李莎青著。李莎青（1923—2005），原名天軒，湖南嘉禾人。1941年在湖南省立三師範求學。1942年處女作《夜》在《大剛報》發表。1944年考入中山大學，投入愛國民主運動，曾逃往香港幫助茅盾記録整理重要講話《民主與文藝》。1959年被錯劃爲右傾反黨分子，全家到林場改造。1962年平反後，到中共黔陽地委任副秘書長等職，1966年文革中被管制勞動。20世紀70年代，任黔陽地委財貿辦副主任、宣傳部副部長等職。1979年調湖南省社科院工作。1983年任中共湖南省委黨校副校長，1991年離休。著有《楚江集》、《鬼雄·楚魂》等。

該書爲介紹屈原的小册子。封二、封三有彩圖四幅：“汨羅縣屈子祠”，“秭歸縣新建的屈原紀念館”，“岳陽樓”，“端午節龍舟賽”。首有《目録》。末附李氏《後記》。正文凡四部分。第一，《不朽的名字》。第二，《光輝的一生》：1. 出生·家世·少年立志；2. 從政·時代·力圖改革；3. 遭讒·鬥争·被迫離郢；4. 放逐·求索·行吟江南；5. 戀鄉·吶喊·以身殉國。第三，《偉大的著作》。第四，《深遠的影響》。1988年5月湖南美術出版社出版。

胡適古典文學研究論集

古典文學研究論文集。胡適（1891—1962），初名嗣穈，學名洪騂，字適之，安徽績溪人。1904年春去上海，先後在梅溪學堂、澄衷學堂、中國公學、中國新公學就讀,學習英語與西方自然科學。1910 年赴美留學,1914 年獲文學士學位,1917 年獲哥倫比亞大學哲學博士學位,同年回國任北京大學哲學教授、英文系主任、文學院院長等。出版新詩集《嘗試集》、"遊戲的喜劇"《終身大事》等,被稱爲"五四"文學革命的重要代表人物;出版《中國章回小説考證》,尤其是 5 篇考證《紅樓夢》的文章,否定了索隱派的舊紅學,創立了"自傳説"的新紅學。抗戰期間,任國民黨政府駐美大使,1945 年後任北京大學校長。1949 年去美國。1957 年出任臺灣當局駐聯合國"代表",1958 年返臺灣任"中央研究院院長"。

胡氏關於楚辭研究,僅一篇《讀楚辭》,但由於全面否定屈原,影響極大,許多著作、論文均對此而發。此文是 1921 年 6 月一個"讀書會"請胡氏作的講演,發表於《努力周報》增刊《讀書雜志》第 1 期(1922 年 9 月),後收入《胡適文存》二集(1924 年 11 月亞東圖書館出版)。此文凡四部分:"屈原是誰"、"《楚辭》是什麽"、"《楚辭》的注家"、"《楚辭》的文學價值"。胡氏認爲"《史記》本來不很可靠,而《屈原賈生列傳》尤其不可靠",並列舉了此傳的七大可疑之處,認爲"屈原是一種複合物,是一種'箭垛式'的人物,與黄帝、周公同類,與希臘的荷馬同類","'屈原'明明是一個理想的忠臣,但這種忠臣在漢以前是不會發生的,因爲戰國時代不會有這種奇怪的君臣觀念"。胡氏認爲《九歌》是"最古的南方民族文學",説"《天問》文理不通,見解卑陋,全無文學價值,我們可以斷定此篇爲後人雜凑起來的"。可以看出,胡氏對"王逸直到洪興祖"注釋楚辭中出現的迂腐、比附、説教之不滿、否定,是正確的;但是他犯了矯枉過正、欲罷不能的"慣性"錯誤,本意是否定王逸、五臣、洪興祖的牽强比附,卻把注釋的"本體"給否定了。

平心而論,以研究、考證古典小説見長的胡氏,插足楚辭研究,純屬在隔岸觀火時,偶然興起,凑一熱鬧而已,畢其一生,此後再未提起或涉及。恐胡氏始所未料及的是,他的觀點被作爲"屈原否定論"的代表,在 20 世紀中屢受批判、批駁,長期受到楚辭學界的詬病乃至於不齒。就連日本學者稻畑耕一郎亦爲之抱不平,他在《屈原否定論系譜》中説,"在屈原'否定論'中,大概胡適的'否定論'最爲知名","胡適雖然被看做是'否定論'的領袖,其實他並未全面否定屈原的存在","他的見解,與廖季平、何天行、衛聚賢等人的主張有差異。嚴格説來,甚至可以説胡適不是'否定論'者"(見日本早稻田大學中國文學會《中國文學研究》第 3 期,1977 年 12 月;《重慶師院學報》1983 年第 4 期)。

胡氏《讀〈楚辭〉》發表後,將雜志寄給陸侃如"批評",陸氏寫了《讀〈讀楚辭〉》(《努力周報·讀書雜志》1922 年第 4 期)。陸氏認爲,胡先生"論歷代注家的荒謬"是没有什麽異議的,所不同意的是他對屈原及其作品的否定,所以强調:1.《天問》、《卜居》、《漁父》是屈原作的;2.《史記·屈原列傳》是靠得住的,傳説的屈原是會生在戰國時的;3. 屈原傳説是不能否認的。陸氏還强調“胡先生是我最敬重的人,因爲我敬重他,故不敢隨便附和他的話”。同時,曹聚仁亦有《對於〈讀楚辭〉的商榷》(《覺悟》,1922 年 9 月 29 日)。1923 年,陸氏在《屈原評傳》中逐條駁斥了胡氏“《史記·屈原列傳》僞作”説的理由,宣佈“屈原這人是有的,他是戰國人”。但在論述具體作品的時候,陸氏又往往採用胡氏的見解,如關於《九歌》的性質。1930 年,陸氏又撰《屈原與宋玉》,並在此書《附録·〈楚辭研究參考書目〉》中開列了胡氏《讀楚辭》。對陸氏、曹氏的批評、評介,胡氏没有再發表專門意見。但在總體上,胡氏對屈原及其作品還是肯定的,他在《文學改良芻議》一文中説“文學者,隨時代而變遷者也。一時代有一時代之文學。……屈原、荀卿之騷賦,又一時期也”(見《胡適文存》一集,1921 年 12 月亞東圖書館出版)。而孫大雨《屈原詩選英譯》(1996 年 9 月上海外語教育出版社出版)則認爲,胡氏之所以懷疑、否定屈原,主要是“對於高層次和較深的文學,尤其是中國和西方詩意的迸發和奔放,他的瞭解和欣賞是浮光掠影和不求甚解的;他對於中國和西方古典哲學的知識也是淺嘗輒止、東拼西湊;對於中國和歐洲的藝術鑒賞更是缺乏得可憐。由於對詩歌的一知半解,欣賞淺薄,他不可能熱愛中國的屈原、李白、杜甫的詩歌,也不可能熱愛世界各國第一流詩人的傑作”。

該文後被收入《胡適書評序跋集》(黄保定、季維龍選編,1987 年 10 月岳麓書社出版),《胡適古典文學研究論集》(1988 年 8 月上海古籍出版社出版)。在 20 世紀 80、90 年代楚辭學界批判“屈原否定論”的“高潮”中,胡氏此文屢受批評。唯江立中《胡適〈讀楚辭〉的積極意義》(《雲夢學刊》1996 年第 3 期),能够探討此文的“正負兩個方面的影響”,並强調其“正面價值”是“思想性”的。

迄今,對胡氏楚辭觀點作過評述的論文主要有稻畑耕一郎《屈原否定論系譜》(《重慶師範大學學報》1983 年第 4 期)、鄧光禮《〈離騷〉確爲屈原所作論對何天行“内證”的考辨》(《華南師範大學學報》1984 年第 3 期)、周東暉《屈原辭賦懸日月——屈原作〈離騷〉的否定之否定》(《四川師範大學學報》1984 年第 3 期)、盧文暉《〈史記·屈原列傳〉豈容否定?——駁胡適的“五大可疑”論》(《四川師範大學學報》1984 年第 3 期)、龔建昌《也談屈原其人的歷史存在》(《學術論壇》1984 年第 4 期)、姚奠中《舊事重提——關於屈原的存在與否和評價》(《山西大學學報》1984 年第 4 期)、陸永品《評“屈原否定論”者的研究方法》(《河北學刊》1984 年第 5 期)、蔣南華《試論屈原及其作品的真僞——同日本學者稻畑耕一郎和三澤玲爾等先生商榷》(《貴州民族學院學報》1985 年第 1 期)、吕培成《論〈史記〉及〈屈原列傳〉的史源——兼及“屈原否定論”》(《陝西師範大學學報》1985年第2期)、温洪隆《重評“屈原——箭垛人物”論》(《華中師範大學學報》1985年第5期)、何世華《屈原和〈離騷〉研究中的幾個問題——駁“屈原否定論”》(《唐都學刊》1986年第3期)、廖化津《屈原决不是“傳説人物”——駁屈原不見於先秦典籍説》(《雲夢學刊》1991年第2期)、黄剛《“屈原否定論”產生原因試探》(《上海師範大學學報》1993年第3期)、張葉蘆《〈屈原列傳〉誤解辨正》(《浙江師範大學學報》1993年第4期)、張樹國《關於〈九歌〉作者和時代的現代史研究》(《東方論壇》1995年第1期)、江立中《胡適〈讀楚辭〉的積極意義》(《雲夢學刊》1996年第3期)、高揚《中日“屈原否定論”及其批判》(《天中學刊》1998年第1期)、方銘《20世紀新楚辭學建立的過程考察》(《淮陰師範學院學報》2000年第4期)。

游國恩學術論文集

古典文學研究專著。今人游國恩著。游氏子女游珏、游寶諒提供存稿,游氏弟子曹道衡、沈玉成整理編輯。20世紀60年代初,中華書局即商請游氏自編一部論文集,1977年又重提前議,因1978年游氏溘然辭世而延擱。1985年在游氏生前自行編次的基礎上最後編定。該書首有游氏像一幅、手跡。次《出版説明》。末附整理者曹道衡、沈玉成《編後記》,述編輯過程,憶游氏人品、治學,頗爲真切。次游珏、游寶諒《跋》。正文凡上、下兩編:上編爲楚辭研究論文專輯,收入論文十九篇;下編爲楚辭以外的古代文史研究論文,然其《居學偶記》亦有七條涉及《楚辭》條目。“上編”部分楚辭論文主要選自《楚辭論文集》(十八篇中選録了十六篇),另選入重要成果《楚辭講録》(《文史》總第1輯,1962年),其中第一講“楚辭的流傳和編輯”,涉及到“楚辭傳播學”中重大疑難問題,尤有價值。1989年1月中華書局出版。

楚辭校釋

楚辭研究專著,今人蔣天樞著。該書首有蔣氏《叙》,闡明作者喜愛楚辭、研究楚辭的原因,提出研究方法。次《凡例》,强調“前賢中間有否定屈原存在之説,既未敢徵引其説,亦不敢苟同”。次《弁言》,申説《遠遊》非屈作之據。次《目録》。末附《楚辭釋文》本篇目、余嘉錫《〈楚辭釋文〉考》。正文僅録屈宋之作,因開楚辭專業課,“以教學之需,選録若干篇爲之注”。蔣氏認爲,《釋文》爲六朝相傳之舊本,故以《郡齋讀書志》所載《釋文》本篇目次第:《離騷》、《九辯》、《九歌》、《天問》、《招魂》、《九章》、《卜居》、《漁父》。又以《遠遊》非屈原作,《招魂》爲屈原作。各篇之下先解題,次分章分節作注串釋。

該書初稿成於20世紀50年代末,原名《楚辭新注》;1982年整理、修改舊稿,易名爲《楚辭校釋》。1989年11月上海古籍出版社出版。

迄今,對是書作過評述的論文主要有高揚《論蔣天樞先生楚辭學的歷史研究向度》(《江漢大學學報》1999年第1期)。

楚辭研究與争鳴

楚辭研究專著。該書爲重慶師範學院《楚辭》研究室主編的“楚辭學集刊第一輯”,主編黄中模,副主編王開富、何明新。首有湯炳正《序》。次編者《讓民族文化瑰寶永放光芒——卷頭語》,介紹編輯目的爲“交流中外楚辭研究成果,活躍研究氣氛”,編輯原則是“發揚百家争鳴的學術傳統,貫徹實事求是的科學精神”。末附《編後記》。正文收入論文有:一、黄中模《評〈楚辭〉爲“巫祝者的文學”論——日本白川静教授的“屈原否定論”的實質》;二、湯漳平《評〈楚辭〉研究中的“巫化”傾向》;三、曲宗瑜《是“巫歌”,還是屈原之歌》;四、何明新《“屈原不是〈楚辭〉作家”論質疑——評岡村繁〈楚辭與屈原〉》;五、鮮于煌《〈離騷〉是屈原死後“記憶猶新”的人所作嗎?》;六、鄭文《屈原不是〈楚辭〉偉大的作家嗎?》;七、王開富《屈原是不是詩人?——同岡村繁教授商榷》;八、熊建國《堯舜“不慈”思想活躍時代之考辨——與岡村繁教授討論〈哀郢〉的著作權》;九、易小松《論〈離騷〉、〈哀郢〉表現手法的一致性——就兩者“虚構”與“非虚構”問題與岡村繁先生商榷》;十、蕭兵《屈原的出現是一種“聚合效應”——兼論作家與時代的關係》;十一、陳守元《論屈原〈楚辭〉的美學特徵——兼評屈原否定論》;十二、陸永品《評“屈原否定論”者的研究方法》;十二、王麗娜《臺灣〈楚辭〉研究近況》;十三、胡子明《屈原放逐時地考》;十四、翟鵬舉《論傳記文學的真實性——兼評張國光先生對〈屈原列傳〉的十點質疑》;十五、徐超庸《屈原的想象》;十六、[日]藤野岩友《〈楚辭〉對近江奈良朝文學的影響》;十七、[日]三澤玲爾《〈楚辭〉生成過程展望——答陳守元、郭維森、黄中模、李世剛、盧文暉、吕培成、曲宗瑜、張國光諸位先生》。此書致力於中外楚辭研究交流,介紹港臺楚辭研究情況,有利於大陸學者開拓視野,求真求實。其不足爲:王麗娜介紹臺灣楚辭研究近況,實際上王氏既不了解楚辭研究的歷史,又不了解臺灣楚辭研究的真實情況,所以介紹材料參考價值不大,而且不少地方有誤,導致以訛傳訛的不良後果。又,據吳宏一考證,"胡子明"爲子虛烏有,其《楚辭研究》爲拼凑大陸學者成果而成,此書選入的《楚辭放逐時地考》,真實作者爲游國恩,選自游氏著作《楚辭論文集》(古典文學出版社 1957 年版),原題爲《屈原放逐時地考略》,爲長篇論文《論屈原之放死及楚辭地理》之第一部分。1989 年 12 月團結出版社出版。

天問研究

楚辭研究專著。今人孫作雲著。孫作雲(1912—1978),遼寧復縣人。1932 年考入清華大學中國文學系。1936 年畢業於清華大學國文系,師從著名楚辭學者聞一多研讀楚辭,頗得聞師嘉許。1935 年在《清華學報》發表《〈九歌・山鬼〉考》,爲其楚辭研究處女作。1941 年受聘於北京大學文學院,任講師、副教授。1946—1949 年應聘東北臨時大學補習班、東北大學、長白師範學院中國文學系副教授,同時還擔任瀋陽博物院研究員。1948 年隨博物院遷到北平,兼任中國大學教授。1950 年調入北京歷史博物館(今中國歷史博物館)工作,任設計員。1952 年調至河南平原師範學院(現河南師範大學),任教授。1956 年全國院系調整後,任河南開封師範學院(現河南大學前身)歷史系教授,兼任《歷史教學》和《史學月刊》雜志編委。著有《詩經與周代社會研究》等,有《孫作雲文集》,河南大學出版社 2003 年 9 月版。

孫氏於楚辭研究方面有專著《天問研究》以及論文多篇(大部分爲其遺著,由其子孫心一整理發表、出版)。代表性論文有《屈原的生平及其作品編年》(《學術研究輯刊》1979 年第 1 期)、《秦〈詛楚文〉釋要——兼論〈九歌〉的寫作年代》(《河南師大學報》1982 年第 1 期)、《論〈楚辭・天問〉對於我國上古史研究的貢獻》(《開封師院學報》1979 年第 4 期)。《天問研究》則對《天問》錯簡作了大幅度調整(約佔三分之一),並校正錯字,加以注釋、翻譯,前有《前言》,後附《考古插圖》。孫氏認爲,屈原的故鄉在郢都(湖北江陵)而非秭歸;屈原一生共遭兩次放逐,第一次被放在楚懷王三十年(前 299)秋天,原因是諫懷王赴武關之會，而《離騷》、《惜誦》、《天問》、《抽思》，乃是被放以後一系列的著作；《天問》寫作地點是春秋末年楚昭王十二年所遷的鄀都（湖北宜城縣東南九十里），寫作目的是爲了發抒胸中鬱積已久的苦悶，希望楚懷王悔悟改過；《天問》是據楚昭王十二年從郢都遷往鄀地所建築的楚宗廟的壁畫而作，因此據《天問》可以部分地恢復這座宗廟的壁畫；《天問》多載神話傳説，其中有一部分是屬於氏族社會的社會組織、圖騰信仰、風俗習慣，以及部落與部落之間的戰爭、最高酋長和軍務酋長的個人事跡，據此可以恢復我國氏族社會史、特别是氏族社會末期史；《九歌》非民歌，乃楚國國家祀典的樂章，爲助卻秦軍之作；屈原於郢破後不往陳城逃難，而至江南流浪，是"因爲他恨透了那些投降派、大貴族，而想到江南和人民共同抗秦"。凡此諸説，或新穎有據，或别具一解，或昭示後人，或有待商榷，然能卓然成一大家。1989 年 3 月中華書局出版，又，收入《孫作雲文集》，河南大學出版社 2003 年 9 月版。

迄今，對是書作過評述的論文主要有周建忠《〈天問〉要籍解題》（《南通師範學院學報》2001 年第 1 期）、毛慶《〈天問〉研究四百年綜論》（《文藝研究》2004 年第 3 期）。

楚辭文藝觀

楚辭研究專著。今人史墨卿著。該書首有《目録》。次史氏《自序》。末附《參考書目舉要》。在《楚辭研究三部曲》（載黄中模等《楚辭研究成功之路——海内外楚辭專家自述》，重慶出版社 2000 年 12 月版）中，史氏認爲，楚辭"是戰國時代詩之文學的主干，是百代辭賦之祖，千古奇文，是'中國文學之父'，是歷代各體文學之本，是説唱藝術之源；也是惟美文學的典型，鄉土文學的濫觴，象徵文學的鼻祖，神話文學之寶庫，補正史之不足的原典；更是支配中國文化的力量之一，太平洋地區的美術温床，世界文化同源論的原點"；同時，史氏指出，"在那個閉塞的年代裏資料的尋求，是一大問題"，"所以只有再三閲讀原典，然後抽離若干成分，做系統整理而成書，是惟一可行的治學途徑"，於是從文藝角度切入而撰述《楚辭文藝觀》。又據史氏《自序》，此書原爲六章，云："首就楚辭一書，作全面性修辭藝術之探索，以覘詩人經營重言叠字，分從形貌、動態、聲音、情意、德性五者，增進文學高妙之意境。次章探其用韻藝術，以明其韻法，乃參之毛詩而特多變格，出之自然而意到筆隨，因致其作品有節亦有序。三章分析常見虚字，如兮、之、其、以、而、些、只等用法，藉知虚字藝術之功能，以及靈活運用之奥妙。四章釋其有關數目名詞，藉解讀者之困惑，亦可得以明其語例。五章概舉其人其書之品評，以了然於揄揚者衆，及爲百世所宗之所以然。六章叙其影響，以見全球文化之沾溉，與夫後世五七言詩、辭賦、駢文、歌舞、詞曲、戲劇、小説以及鄉土、唯美文學等，均發軔於楚辭。"此次新版，關於"重言"研究，增入二文：《從楚辭重言看屈原》、《楚辭重言對後世文學之影響》。增加"附録"，增入：一、《屈原生卒年説》；二、《屈原生卒地説》；三、《端陽與詩人》；四、《楚辭原文正簡》。史氏認爲，屈原生於楚宣王二十七年（前343）正月二十一日，卒於楚頃襄王二十二年（前277）五月五日，享年大約六十七歲。史氏以爲，屈原不僅是"中國文學之父"、"民族愛國詩人"、"震鑠世界學壇的文化巨人"，而且是"詩人之勇者"、"詩人之强者"，具體表現爲：1. 與楚同姓，家國一體；2. 内外兼修，以膺重任；3. 忠愛國家，惟君是力；4. 培養賢才，濟世救民；5. 環境愈劣，志節愈堅；6. 直諫殉國，終乃滅秦。此書大約成書於1970年，限於多種因素，1989年3月臺北華正書局出版。

迄今，對是書作過評述的論文主要有劉石林《史墨卿屈原學研究綜述》（載戴錫琦、鍾興永《屈原學集成》，中央編譯出版社2007年6月版）。

古典詩文論叢

古典文學研究文集。今人張永鑫著。張永鑫（1937—　），江蘇無錫人。1956年考入北京大學中文系，師從游國恩等治辭賦，1961年畢業於北京大學中文系。先後在鄭州大學、蘇州大學任教。現爲江南大學中文系教授。著有《漢詩選譯》、《漢魏六朝小賦選》、《水滸全傳》（新校注本）、《漢樂府研究》、《歷代賦選注》等。

該書爲論文集。首有張氏《自序》。次《目録》。正文凡十篇。其中，第一篇爲《讀騷論微》。此篇凡兩部分。第一部分，《〈離騷〉斟酌書》，共十三題："離騷"，"余、吾、我、予"，"内美"，"三后"，"齌怒"，"靈脩"，"彭咸"，"善淫"，"可用、可服"，"蹇脩"，"不好"，"湯禹"，"莫我知"。此部分是對《離騷》有關字詞的訓釋或新解，以爲"離騷"二字"可能本來是楚國一種以徵調爲主干的歌曲名稱，其含義則是'遭憂'的意思"；"内美"則是指世系之美、生辰之美、命名之美；"齌怒"，依古本，"齌"，作"齊"，釋爲"同"。"齌怒"是指懷王同黨人沆瀣一氣，共同謗傷屈原，盛氣不已；"靈脩"一詞，是由楚先君名號的"敖"字而來，意爲"令長"、"酋豪"、"遒豪"、"强大有政者"；"彭咸"非一人之名，非古之沉江人物，而是二人名之合稱；彭、咸二人，"疑其爲處身低下而有高才大能，最終能輔佐君王的政治人物"；"謠諑謂余以善淫"之"淫"，爲"心遥蕩"、"行失正"、"疾"、"逞"之義，謂屈原行爲不正、狂暴逞性；"莫我知"即"無人舉薦作官"的意思。第二部分，《騷藝柿札》，凡三題：《離騷》結構論；《離騷》風格論；《離騷》語言論。1990 年 1 月江蘇教育出版社出版。

楚騷：華夏文明之光

楚辭研究專著。今人殷光熹著。殷光熹（1933— ），江蘇江陰人，生於浙江杭州。1964 年畢業於雲南大學中文系。現爲雲南大學中文系教授、楚雄師範學院中文系客座教授、中國屈原學會理事、名譽會長、中國詩經學會常務理事、中國作家協會會員。著有《詩經論叢》、《唐宋名家詞風格流派新探》、《莫泊桑中短篇小説賞析》、《文苑佳話》、《宋詩名篇賞析》等，主編《姜夔詩詞賞析》，點校劉文典《淮南鴻烈集解》，曾獲雲南省優秀教學成果一等奬。

該書爲殷氏楚辭研究論文彙編。首有殷氏《前言》。次《目録》。末附殷氏《後記》。正文凡十三篇，從内容上分爲五組：一、屈原思想研究；二、楚辭的藝術形式與地方特色研究；三、"二招"專題研究；四、古代楚辭學史研究；五、"屈賦與辛詞"系列研究。其中《屈原思想流派辨》、《兩漢時期的楚辭評論》、《魏晉南北朝時期的楚辭評論》、《從表現手法上看辛詞與屈騷的關係》等發表時，曾獲得較大社會反響，如《新華文摘》轉摘、中國人大書報資料中心複印等，有較高的學術價值。而"屈賦與辛詞"系列爲殷氏橫跨楚辭學與詞學兩個領域貫通研究的成果，屬系統性、總結性成果。殷氏篤信"在務實的基礎上創新"的原則，在具體研討中注意整體審視，理論概括，抓住關鍵，闡幽探微。1990 年 10 月雲南大學出版社出版。另，2008 年 3 月巴蜀書社出版《楚辭論叢》本。

迄今，對是書作過評述的論文主要有周建忠《努力創造出某些有價值的東西——殷光熹楚辭研究試評》（《雲南師範大學學報》1990 年第 1 期）、江林昌《在務實的基礎上創新——讀殷光熹〈楚騷：華夏文明之光〉》（《雲夢學刊》1991 年第 2 期）、艾知《尋墜緒之茫茫　獨旁搜而遠紹——評〈楚騷：華夏文明之光〉》（《思想戰綫》1992 年第 5 期）、金秋《殷光熹〈楚辭〉研究綜述》（《楚雄師範學院學報》2006 年第 2 期）、伊爾根覺羅《學無止境不斷求索——殷光熹教授從教生涯簡記》（《楚雄師範學院學報》2006 年第 2 期）。

古籍與科學

古籍研究專著。今人劉操南著。劉操南(1917—1998),字肇薫,號冰弦,江蘇無錫人。先後就讀於無錫輔仁中學、之江大學、浙江大學。1942年畢業於浙江大學中文系。1943—1951年任浙江大學助教、講師。1951年後,先後任浙江師範學院、杭州大學講師、副教授、教授。歷任浙江省第五、第六屆政協委員、浙江省政協文史委員會副主任、浙江省文聯常委、中國屈原學會學術委員。著有《史記春秋十二諸侯史事輯證》、《曆算求索》、《桐花鳳閣紅樓夢輯録》、《周易古經兼義校注》、《詩學發微校注》、《公羊舊疏考證校注》、《古微書補遺校注》等。

該書爲哈爾濱師範大學《北方論叢》學術叢書之一。封面爲蘇步青題籤。封二爲姜亮夫題籤。首有《作者近照》。次劉氏《自序》。次《目録》。末附責任編審《編後記》。據《自序》,劉氏的知識結構比較特殊,"不佞入塾,師授《詩》、《四書》、《左氏春秋》。稍長,學西文及格致之學:化學、物理、代數、解析幾何。弱冠,抗戰軍興,負笈於國立浙江大學。聆藕舫校長、琢如、彦威諸師訓誨,知爲學之須由博返約也。中西交叉、文理滲透;而考據、義理、詞章三者兼顧。學者不徒博學、審問、慎思、明辨、篤行;且須深究自然科學與社會科學之規律,開物成務,以富國利民耶"。正文涉及楚辭研究的論文凡七篇:一、《屈原生年説》;二、《〈離騷〉正則解》;三、《〈離騷〉騏驥與鷙鳥、鳩鳥説》;四、《〈天問〉:"日月安屬,列星安陳"説》;五、《〈天問〉:"夜光何德,死則又育"説》;六、《〈橘頌〉頌橘》;七、《〈楚辭〉天官叙説》。劉氏認爲,《離騷》"攝提貞於孟陬兮,惟庚寅吾以降"一語,朱熹解釋的,只知屈原生於寅月庚寅日,科學性是强的。至於誤信王逸,以攝提爲太歲在寅的名稱,因説屈原生於寅年寅月寅日,以三寅入算,推究屈原生年,那是徒費筆墨而已。又以《離騷》乃屈原自我寫照,以秋蘭爲佩,以芙蓉爲裳,又以騏驥爲乘,鷙鳥爲群,或剛或柔,變動不居。實則一事兩面,完整統一。又説《橘頌》云,橘爲江南珍品,素華丹實,皮既芬芳,又具善味。紛紛鬱鬱,生於南國。屈原生於産橘名區,悉橘嘉美,取橘爲頌,喻己有德,豈偶然耶?但劉氏又提出,"屈原頌橘,非爲科學記録;《橘頌》實爲文學名篇。頌橘不僅顯示屈原對於橘的認識;通過藝術的手法,實爲顯示通過外在世界的感受,曲折反映其内心世界——心靈之美。《橘頌》一篇,體物寫志,意内言外,實具雙重形象,既爲橘的頌歌,亦爲屈原自己高貴品質的寫照"。1990年10月哈爾濱師範大學《北方論叢》編輯部出版。

迄今，對是書作過評述的論文主要有陳飛《劉操南先生學術記略》(《古典文學知識》1997 年第 1 期)。

楚文化尋繹

楚辭研究專著。今人姚漢榮、姚益心著。姚漢榮(1934—)，江蘇無錫人。曾任《上海大學學報》副主編、教授。姚益心(1936—)，江蘇無錫人。1960 年畢業於華東師範大學中文系。現爲華東師範大學中文系教授，中國屈原學會理事。

該書首有《目録》。末附姚漢榮《後記》。該書是姚氏夫婦的一本論文集，共收入專題論文十篇。其中有些文章曾公開發表過，並産生了較大影響。從内容來看，這是一部跨學科的研究著作，對楚文化、楚辭、屈原有一系列獨到新穎的見解。如認爲楚、苗既不同源，也不同流；與楚真正同源的是在黄河流域開化最早的夏民族；楚夏兩個民族是中華古老文化的最早創造者，因此屈原的美政思想的淵源則爲《尚書》。另，此書還通過《楚辭・九歌》與《詩經・周頌》、《楚辭・九歌》與《詩經》中的《鄭風》、《衛風》、《陳風》的比較，提出鄭、衛、陳三國之風，帶着顓頊、祝融這一部族遺習的影響；春秋戰國之際的楚地，是傳佈鄭衛新聲的肥沃土地，楚地《九歌》和鄭、衛、陳風之間，有着一脈相承的密切關係。1990 年 11 月學林出版社出版。

論騷二集

楚辭研究專著。今人戴志鈞著。該書爲戴氏繼《讀騷十論》後的又一部論文集，收入 1985—1990 年研究楚辭的十篇論文。首有張志岳《序》。次《目録》。末附戴氏《後記》。張氏《序》稱戴氏“用志不分，知難而進，而又能持之以恒”，“積之既久，觸類旁通，形成自己對屈賦的系統見解，從而對屈賦研究中存在的許多問題，都能分别作出不同程度的貢獻”。戴氏《後記》，表明“在領域上有所拓寬，内容上有所深化，卻是始終竭力追求的目標”。正文所收十篇論文曾先後在《文史哲》、《中州學刊》、《文藝研究》、《人文雜志》、《北方論叢》、《中國文獻研究集刊》、《學術交流》等雜志發表過。前五篇是對楚辭學史上重要論著的研討，稱劉安有“開山作用”，司馬遷有“奠基作用”，劉勰“别開了新生面”，朱熹有“開拓性貢獻”，還提出了“三個里程碑”的概念（指王逸、洪興祖、朱熹）；後五篇是對屈騷藝術特徵的探討，將王逸、朱熹、聞一多關於《離騷》“香草美人”的觀點貫通發展，提出《離騷》虛實形象體系的見解，並認爲《離騷》是由三種意象體系構成的逐層深化的抒情層次：政治生活意象體系（君臣）、婚姻愛情意象體系（男女）、神話傳説意象體系（人神）。這些見解既以精細、具體的分析爲基礎，又分辨不同的層次類型，揭示根源因由，顯示出深度與廣度的結合。1990 年 11 月黑龍江教育出版社出版。

迄今，對是書作過評述的論文主要有周建忠《戴志鈞楚辭研究述論》（《泰安師專學報》2002 年第 2 期）、王振聲《爲有源頭活水來——漫談戴志鈞的楚辭研究》（《北方論叢》2003 年第 1 期）。

楚國大詩人宋玉

楚辭研究專著。今人張端彬著。張端彬（1949— ），福建長樂人。1977 年開始查閱有關宋玉的資料，1978 年 1 月寫成初稿，北京大學中文系王瑶教授以爲“有自己的看法，言之成理”。該書首有《目録》。次《引言》。末附張氏《後記》。正文凡四章：第一章，《宋玉的生平》；第二章，《楚辭——巫史文化交流的産物》；第三章，《宋玉的作品》；第四章，《宋玉作品對後世文學的影響》。張氏認爲，郭沫若説“宋玉是一個没有骨氣的文人”的説法是不能成立的，“屈宋並稱，並不單單指文章，也指他們的品德與節操”；宋玉的代表作爲：《九辯》、《招魂》、《高唐賦》、《神女賦》、《風賦》、《登徒子好色賦》、《對楚王問》等；又通過《九辯》、《招魂》兩篇的分析，證明宋玉是個不朽的愛國詩人。1990 年 11 月海峽文藝出版社出版。

迄今，對是書作過評述的論文主要有潘頌德《全面恢復楚國大詩人宋玉的本來面目——簡評張端彬〈楚國大詩人宋玉〉》（《寧德師專學報》1995 年第 4 期）。

楚辭文化

楚辭研究專著。今人蕭兵著。該書被著名美學家李澤厚收入其主編的

《美學叢書》。首有李澤厚《美學叢書序》。次蕭氏《自叙》。正文分九大題七十六小題，廣泛研究《楚辭》與民俗文化的關係問題，主要論述《楚辭》文化與西北文化（楚圖騰的痕跡構造）、東部文化（太陽崇拜系統）、南方文化（土著性與外向性）、西南文化（黎、苗、濮、巴）、巫覡文化、泛楚文化、四方文化的淵源聯繫。蕭氏提出，楚文化是既承襲中原文化、又有深厚本土基礎的多元文化，是上古四大集群文化通過黄河流域中原文化集聚、中介、傳遞，通過長江流域江漢文化融彙、改造、消化，在春秋戰國時代楚國國土上開花結果的"高級文化"，可以用"西源東流，南下北承"來概括它的演化脈絡。而屈原和楚騷的出現，是文化史和戰國時代學術文藝發展的聚合效應和必然結果，而且跟屈原個人的遭遇、天才、學識和性格是分不開的。全書視野開闊，兼容百家，語言流暢，有較强的可讀性。1990 年 12 月中國社會科學出版社出版。

迄今，對是書作過評述的論文主要有梅瓊林《世紀末：楚辭學研究方法的當代反思——兼論林河、蕭兵、毛慶等人的三種闡釋傾向》（《貴州教育學院學報》1996 年第 2 期）、梅瓊林《蕭兵現象：飛騰的文化想象力與學術方法之得失——論蕭兵的楚辭學研究》（《黄岡師範學院學報》1996 年第 3 期）、周建忠《文學人類學的考古報告——蕭兵的楚辭研究與弗萊的原型批評》（《淮陰師範學院學報》1996 年第 4 期）、梅瓊林《蕭兵現象：反思一種文化研究方法——論楚辭學專家蕭兵的研究》（《社會科學》1998 年第 8 期）、梅瓊林《論蕭兵的文化訓詁學方法》（《天中學刊》1999 年第 1 期）、王曉明《蕭兵楚辭研究批評》（《淮陰師範學院學報》2000 年第 3 期）、梅瓊林《論蕭兵楚辭學研究方法》（《學術論壇》2001 年第 1 期）。

屈原年譜

楚辭研究專著。今人任國瑞著。任國瑞（1959— ），湖南汨羅人。曾任湖南理工學院（現岳陽師範學院前身）《雲夢學刊》副主編。現任湖南省地方志編委會湖南地方文獻研究所副所長、《湖南地方志》編輯部主任。

該書首有楊鵬翔《序》。末附任氏《後記》。楊氏《序》稱此書"詳細地把屈原的活動、背景系統地編列出來，這是第一本"，"填補了中外屈學研究的一項空白"。任氏在《後記》中説明，該書是其研究屈原的入門著作，"雖盡力面對了與《年譜》直接有關的一系列問題"，"仍量力而行回避了一些相關的問題"，態度比較嚴謹。正文凡"導論"與"年譜"兩部分。"導論"及屈原生卒年、思想、美政理想、愛國主義、作品與寫作年代等。"年譜"，以編年爲經，以屈原年歲、事跡、有關史事、屈原作品爲緯。關於屈原生年，任氏採用胡念貽《屈原生年新考》定屈原出生於公元前353年夏曆正月二十三日；而卒年定於前278年，凡76歲。魏際昌評曰："譜論並列，綱舉目張"，"材料翔實，分析入微"，"多引前人考定成果，排比多方"。1990年12月中國文史出版社出版。

迄今，對是書作過評述的論文主要有禹舜《任國瑞和他的〈屈原年譜〉》的長篇評論(《湖南日報》，1991年5月)、李金善《屈原法家思想質疑——兼與任國瑞先生商榷》(《河北大學學報》1996年增刊第1期)。

楚辭校釋

楚辭研究專著。今人王泗原著。王氏曾從語音學、方言學、語法學、訓詁學、文字學、校勘學六個方面研究《離騷》的語文問題，成《離騷語文疏解》，上海文藝聯合出版社1954年出版。洪湛侯《楚辭要籍解題》、姜亮夫《楚辭書目五種》均有著録、介紹。

《楚辭校釋》爲其殫思竭慮三十年，盡平生之力所作。首有《馬彝初先生來信》。次王氏《自序》。次《楚辭釋名》。次《楚辭的體裁》。次《楚辭的語言》。末附《駁反訓》、《也聲字韻部辨正》二篇。此書用語法、訓詁、古音、文字、校勘的方法，從語法角度作訓詁，辨正文字、音讀之訛誤，決嫌疑，明是非，做到理論與材料相結合、金石研究與書面材料相結合，自成一家，是近年來楚辭研究的力作之一。王氏認爲屈原作品實有二十三篇，據《史記・屈原賈生列傳》定篇次爲：《離騷》、《天問》、《招魂》、《九章》(9篇)、《九歌》(11篇)。正文有屈賦二十三篇、宋玉《九辯》、景差《大招》、失名《卜居》、《漁父》、《遠遊》、《惜誓》、《招隱士》、東方朔《七諫》、嚴忌《哀時命》、王褒《九懷》、劉向《九歎》、王逸《九思》；"附録"有"駁反訓"、"也聲字韻部辨正"二文。每篇首解題簡述，後分行分節過録原文，次明韻部、訓釋；如涉及"校勘"改定者，則於"韻部"前考定。1990年2月人民教育出版社出版。1992年獲國家教委首屆高等學校出版社優秀學術著作奬。

二毋室論學雜著選

文史研究論文集。今人張汝舟著。張汝舟(1899—1982)，名渡，以汝舟字行，安徽全椒人。1919年畢業於全椒中學。1932年畢業於國立中央大學中文系，先後任合肥省立六中、安徽第一臨時中學、湘西永綏國立八中國文教員。1940年任湖南蘭田國立師範學院講師、副教授。1945年任貴州大學中文系教授。1971年被迫離開貴州大學返回故里。1976年受聘爲安徽師範大學滁州分校顧問教授。張氏在語言學、古代文學、古代哲學和佛學等方面均有較深造詣，尤精於聲韻訓詁之學和中國古代天文曆法。自20世紀50年代初開始，張氏受到冤假錯案的壓抑，言以人廢，"有身難許國"，文章得不到發表流傳的機會。1983年貴州大學組建"張汝舟教授遺著"整理小組，已出版《二毋室論學雜著選》、《二毋室漢語語法論叢》、《二毋室古代天文曆法論叢》，將出版《二毋室古代音韻學二種》，都百萬餘言，"僅劫後之餘耳"。

張氏楚辭研究之成果，主要有《談屈原之生卒》(《光明日報》1951年10月13日)、《再談屈原的生卒》(《文史哲》1957年第5期)以及《〈九歌〉新論》等。該書收入有關楚辭論文四篇。張氏以其擅長的古代天文曆法之學，考出屈原之生年。張氏認爲，《史記·曆書·曆術甲子篇》是我國第一部曆法寶典(四分曆)，《漢書·律曆志·次度》爲制定這部曆法的天象依據，並據此推算出屈原生於前343年戊寅正月廿一日庚寅，復以史家典籍所載之天象實録與出土文物提供的"曆點"驗證。關於屈原的卒年，張氏提出："1953年世界友邦替咱們詩人做'逝世二千二百三十週年紀念'，事實上詩人的卒年是無考的。王夫之等憑《哀郢》來斷定屈原見到白起拔郢都，是不正確的。"這是對王夫之、郭沫若、游國恩等名家以"白起破郢"釋《哀郢》思路的較早駁難，張氏認爲，《哀郢》只是"眷念故國"、"不忘欲反"，與屈原投江無關。這是屈原生平研究中的一大突破。此説直到20世紀70年代末、80年代初才引起學界重視。關於《九歌》，張氏提出，《九歌》是古代楚國南部的民間舞曲，多數是男巫、女巫相對舞唱，少數是對舞獨唱，裏面没有主祭者語言，更没有屈原的語言。《九歌》經過屈原加工，主要是語言上將方言土語加工爲當時的"雅言"。《山鬼》有"路險難兮獨後來"句，説明《九歌》祭九神，《國殤》爲後來附加，《禮魂》爲九篇共同的亂辭。他還批評洪興祖、朱熹關於"山鬼"爲"夔、罔兩"之説，提出《山鬼》即寫"巫山神女"。凡此種種，都能持之有故，別出新意，對於後之新見，有似曾相識之感。1990年3月貴州人民出版社出版。

迄今，對是書作過評述的論文主要有張聞玉《張汝舟先生學術思想評介》(《貴陽金筑大學學報》1999年第4期)。

詩經楚辭鑒賞辭典

詩經楚辭鑒賞著作。今人周嘯天主編。周嘯天(1948—),號欣托,四川渠縣人。1977年畢業於南充師範學院數學系。1978年考入安徽師範大學唐宋文學專業研究生,與湯華泉從學於宛敏灝、劉學鍇、余恕誠,1981年畢業獲文學碩士學位。現任四川大學文學與新聞學院教授,兼任安徽師範大學中國詩學研究中心客座教授、李白研究學會理事、四川詩詞學會理事。著有《唐絶句史》、《雍陶詩注》、《絶句詩史》、《詩經導讀》、《詩騷觀止》等。

辭典"楚辭"部分收王逸《楚辭章句》所有作品:《離騷》、《九歌》(11篇)、《天問》、《九章》(九篇)、《遠遊》、《卜居》、《漁父》、《九辯》、《招魂》、《大招》、《惜誓》、《招隱士》、《七諫》、《哀時命》、《九懷》、《九歎》、《九思》。又據朱熹《楚辭集注》收賈誼作品《弔屈原》、《鵩鳥》2篇,附於《惜誓》之後。其編寫特點爲:全、譯、注、析。即收録全,附有譯文、注釋,然後鑒賞分析,把闡幽發微的深研和通俗易懂的鑒賞兩個方面結合起來,作出具有時代意義的體認。撰稿者係國内大專院校及研究單位的教學、研究者,不少爲有所成就的楚辭研究專家。撰稿者就楚辭諸篇,各抒己見,不拘一格,頗見功力。書末附録有詩人小傳、楚辭書目、名句索引、楚辭地理圖等,可供參閲。該辭典對文字艱深、素稱難解的楚辭作品作了全面的介紹、普及,對弘揚傳統文化、認識楚辭作品的歷史價值,起到了很好的促進作用。1990年3月四川辭書出版社出版。

楚辭論析

楚辭研究專著。今人湯漳平、陸永品著。湯漳平(1946—),福建雲霄人。1968年畢業於復旦大學中文系,先到河南部隊農場勞動,繼而到大别山農村插隊。1972年分配至信陽地區文教局教育科工作,1976年轉至文化科,主辦《豫南文藝》。1980年考入河南省社會科學院文學研究所從事專職研究工作。1983年調任《中州學刊》副主編。曾任河南省社會科學院研究員,《中州學刊》社長、副主編,中國屈原學會常務理事。2002年調入漳州師範學院。現任漳州師範學院中文系教授、學科帶頭人，鄭州大學兼職教授，中國屈原學會副會長。著有《屈原傳》、《〈九歌〉論箋》、《出土文獻與〈楚辭·九歌〉》、《楚辭學通典》(主編)等。陸永品(1936—)，安徽宿縣人。1963年畢業於復旦大學中文系。現任中國社會科學院文學研究所研究員、中國屈原學會常務理事。著有《老莊研究》、《司馬遷研究》、《詩詞鑒賞新解》、《愛國詩人——屈原》等。

該書爲《中國文學史進修叢書》之一。首有陸氏《前言》。次《目録》。末附湯氏《後記》。陸氏《前言》説明，他"只寫了兩篇文章，其餘都是漳平同志辛勤耕耘的結晶"。正文凡五章：第一章，楚文化與楚辭概論；第二章，偉大的愛國詩人屈原；第三章，宋玉及其作品研究；第四章，後代楚辭作品簡介；第五章，歷代楚辭研究概述。此書具有"楚辭概論"的性質，其特點是收録、研究的楚辭作品是建國以來最爲廣泛的本子，屈原作品有《九歌》、《離騷》、《九章》、《天問》、《遠遊》、《招魂》、《大招》、《卜居》、《漁父》；宋玉作品除《九辯》外，還有《文選》、《古文苑》所載的十一篇作品；且於第三章末附《唐勒與〈唐勒賦〉殘簡》。

《論析》在論述作家、作品時，能够考核群言，網羅衆説，且不説司馬遷、王逸、朱熹、汪瑗、戴震、王夫之、蔣驥等古代名家之説的引述，近現代名家游國恩、聞一多、劉永濟、譚戒甫、姜亮夫、郭沫若、馬茂元、陸侃如、林庚、陳子展、鄭振鐸、孫作雲、陳鍾凡、譚其驤、范文瀾等合理觀點的引用，而且還引述了當代一些中年學者的最新成果，如姚益心、黄中模、姜昆武、劉先枚等人的某些見解。如關於《詩經》與《楚辭》的關係、楚文化與中原文化的關係，歷來就是一個争論不休的問題，《論析》在分析了諸家之説後提出，這兩個問題可以綜合起來考慮，作者認爲，戰國時代的楚文化與中原文化實際上是同源異流，都源於夏、商、周三代文化，由於所處的地位不同，楚族在南方受到較多蠻苗文化的影響，因而在西周時期，曾有過比較獨立的發展過程；春秋早、中期，楚與中原的交往日益增多，因而表現出融合的趨勢；春秋中後期，楚文化在吸收中原文化和南方各族文化的過程中，在其獨立壯大發展的幾百年中，逐步形成自己的獨特風格，因而到戰國時期表現出明顯的地方色彩。所以，《詩經》與《楚辭》之間並不是併立關係，它們之間的繼承性表現得十分明顯。作者在介紹有關學術現象的同時，予以方法論的評判，如關於屈原作品真僞的争鳴，作者認爲：對於古代流傳下來的文學作品，一概盲從前人的，不敢提出新看法來當然是錯誤的；但是在證據不足的情况下，輕易地把千百年來，一直被承認屬於某一作家的作品一筆勾銷，也是一種不慎重的態度。《論析》還從"横"的方面對研究進程作多維透視，根據游國恩《楚辭概論》的分類，將歷代楚辭注家分爲訓詁派、義理派、考據派、音韻派四大類予以評析。

訓詁派重點評介王逸《楚辭章句》、洪興祖《楚辭補注》、戴震《屈原賦注》；義理派重點評價朱熹《楚辭集注》、王夫之《楚辭通釋》；考據派重點評介梁代劉杳《楚辭草木疏》所引發的系列產品、林雲銘、劉夢鵬、俞樾、蔣驥、蒙文通等學者的考據成就；音韻派重點評價釋道騫《楚辭音》、陳第《屈宋古音義》等。總之，此書涉及面廣，對"楚文化"、"楚辭"、"屈原"作重點論述，對"宋玉"也列出專章論析，對後代楚辭作品、歷代研究史都有比較全面中肯的評述，既做到集各家之長，建平和之論，又將自己的研究融注其間，如湯氏對《九歌》的研究、對楚辭研究史的研究、對宋玉、唐勒的研究，都在書中得到體現，形成了普及與提高相結合的特色。1990 年 6 月山西教育出版社出版。

迄今，對是書作過評述的論文主要有周建忠《綜合融通　高屋建瓴——湯漳平、陸永品〈楚辭論析〉評介》(《中州學刊》1991 年第 3 期)。

楚國狂人屈原與中國政治神話

楚辭研究專著。[美]勞倫斯・A・施奈德著，張嘯虎、蔡靖泉譯。施氏爲美國紐約州立大學歷史系教授。原著 1980 年由加州大學柏克萊分校出版。譯本首有《原書内容提要》。次張嘯虎《屈原，走向西方世界——譯校前言》。末附各章《注釋》彙總。正文包括：導言；第一章，《遭憂：神話的古典基礎》；第二章，《一個少數派：忠與諫的傳統》；第三章，《人與超人：屈原在中華民國時期》；第四章，《夏節：屈原在民間傳説中》；第五章，《階級特徵：屈原在人民共和國時期》；結束語。

主要譯者張嘯虎(1924—1991)，湖南湘鄉人。自幼父母雙亡，備嘗艱辛。1944 年爲内遷重慶的復旦大學新聞系破格録取。畢業後任上海《大公報》、香港《文匯報》編輯、記者。1949 年任東北人民廣播電臺、遼寧人民廣播電臺編輯、記者、文藝組組長。1957 年蒙受"錯劃錯判"後從事外文翻譯工作。"文革"後任湖北省社會科學院文學研究所所長、研究員，中國屈原學會副會長兼秘書長、湖北省屈原研究會會長。著有《中國政論文學史》，近百萬言。楚辭研究有譯著《楚國狂人屈原中國政治神話》，這是第一本外國學者楚辭著作的漢譯全本。譯者在《前言》中還概括了國外楚辭學研究的三種模式：蘇聯模式、日本模式、歐美模式。足以開啓國内學人之眼界。其論文《論宋玉》(《江漢論壇》1980 年第 4 期)從政治態度、詩人氣質、文學淵源、藝術創新、歷史地位諸方面，詳爲剖析，論證屈宋之間一脈相承的關係，闡明後者對開拓楚辭的重要貢獻，此文曾獲湖北省哲學社會科學優秀成果獎。而《屈原及楚辭研究六年一瞥》（《江漢論壇》1989 年第 2 期）的叙述角度也很别致，以 1982 年湖北秭歸會議開始到 1988 年湖南汨羅會議結束之間的歷次屈原學術討論提交的論文爲基本評述對象，兼及其他著作、論文，既有縱向描述，又有横向展示，重點突出，視野宏闊。此外，《屈原詩魂的民族文化心理結構》（《中南民族學院學報》1989 年第 6 期）等文，亦能精心結撰，提出比較中肯的見解。

本書“是對中國政治神話學的研究。其主角是古代官吏兼詩人屈原——南方强國楚王朝的高級閣僚，政治忠節的楷模，獻身國事的典範。其中心主題則是個人在政治上的地位和個人感情與臣民職責的關係；效忠而諫静的可能性及遭屈辱而作抗争的必要性”（《導言》）。全書所論述的中心内容是：“屈原是怎樣以及爲什麽成爲那些受西方浪漫主義和共産主義思想影響的現代知識分子的最高典範的。他認爲，對於他們來説，屈原代表着革命浪漫主義的、持不同政見的藝術創造力的本國傳統。”（《原書内容提要》）由此可見，在中國歷史和文化的廣闊背景下，深入探討屈原傳説在各個演變時期的政治機制，相應考察屈賦及楚辭所開拓的文學傳統，乃此書之重要特色。1990 年 6 月湖北教育出版社出版。

迄今，對是書作過評述的論文主要有黄震雲《二十世紀楚辭學研究述評》（《文學評論》2000 年第 6 期）。

與日本學者討論屈原問題

楚辭研究專著。今人黄中模著。該書爲首次與外國學者討論屈原問題的專著。首有《内容提要》。次陸永品《序言》。次黄氏《前言》。次《目録》。末附《後記》。黄氏《前言》，説明撰著目的是力求“爲國際間的文化交流起到搭橋鋪路的沙石作用”。1983—1988 年，中日兩國一些學者就屈原問題進行了討論，黄氏是這場討論的發起人之一。爲了批駁部分日本學者的“屈原否定論”，黄氏撰寫了一系列論文。該書由這組論文彙輯而成。正文凡三部分。一、針對日本學者的各種否定論，如“屈原傳説”論、《楚辭》爲“民族歌謡”論、《楚辭》爲“巫祝者的文學”論、屈原“僅止於是一位忠臣”論，予以討論商榷，凡五篇；二、與日本學者討論《楚辭》研究史上的若干重要問題，涉及到對揚雄、班固、司馬光、廖季平、許篤仁、何天行、衛聚賢、丁迪豪、孫次舟、聞一多、郭沫若等古今學者楚辭觀點的評價，凡十一篇；三、日本學者介紹與論證"屈原否定論"的著作,如稻畑耕一郎《屈原否定論系譜》、鈴木修次《〈楚辭〉與屈原傳説》、三澤玲爾《屈原問題考辨》、岡村繁《〈楚辭〉與屈原——關於人人公與作者的區别》、白川静《〈楚辭〉文學》。末附《國内各報刊報導中日學者關於屈原問題論争的目録》。1990年6月華中理工大學出版社出版。

迄今,對是書作過評述的論文主要有周建忠《文學抽象　史家眼光——中國當代楚辭學者黄中模論》(《喀什師範學院學報》1991年第1期)、高揚《中日"屈原否定論"及其批判》(《天中學刊》1998年第1期)。

九歌與沅湘民俗

楚辭研究專著。今人林河著。林河(1928—　),本名李鳴高,湖南侗族人。1948年參加工作,曾畢業於湖南音樂專科學校進修班及北京魯迅文學院。1957年因受"林希翎右派集團"牽連,被錯劃"右派",埋没23年,至20世紀80年代,才得重入文壇。曾任中國民間文藝家協會湖南分會副主席、《楚風》雜志主編。論文《馬王堆漢墓飛衣帛畫與楚辭神話、南方民族神話比較研究》獲《民間文學論壇》1986年首届銀河獎一等獎。著有《中國巫儺史:中華文明基因初探》等。

該書屬上海三聯書店《中華本土文化叢書》之一。首有《出版説明》。次烏丙安《中華本土文化叢書・總序》。烏氏《總序》肯定此書,云:"用大量調查研究的科學成果對民間文化的深層領域進行探索,通過考察實證揭示中華大地上'活化石'和'活古代'的諸文化相,從而回答傳統文化中許多令人困惑不解的問題。"林氏爲侗族人,自幼生活在侗鄉苗寨,對湖南各民族的歷史文化、民情風俗作了長時期的野外考察,在掌握大量第一手資料的基礎上結合文獻資料與考古發現對《九歌》進行了全面的探討。林氏認爲,《九歌》的原型還保存在沅湘之間,從許多祭祀風俗中可以看到《九歌》的影子。所以,林氏通過當今沅湘及許多南方民族的民情風俗去追尋、映證、破譯《九歌》中反映的大量民情風俗,從而得出與衆不同的結論,如《九歌》中没有女神;《九歌》是人們以絶色女巫取悦男神的祀神詞;《九歌》是沅湘間儺文化的最先著録等,都是聞所未聞的驚世駭俗之論。此書以獨特的角度與方法,爲《九歌》研究拓寬了道路。1990年7月上海三聯書店出版。

迄今,對是書作過評述的論文主要有葉子《〈九歌與沅湘民俗〉一書問世》(《東南文化》1991年第2期)、周建忠《評林河的楚辭研究》(《中南民族學院學報》1993年第2期)、楊陶如《奇人・奇才・奇書——記"荆蠻族"著名學者林河先生》(《人事與人才》1994年第12期)、梅瓊林《世紀末:楚辭學研究方法的當代反思——兼論林河、蕭兵、毛慶等人的三種闡釋傾向》(《貴州教育學院學報1996年第2期》)。

屈原賦詳釋

楚辭研究專著。今人譚安國著。此爲普及選本。首有譚氏《前言》。次《目録》。次《屈原介紹》。末附譚氏《歌頌、惋惜屈原的詩歌七首》。正文僅録《離騷》、《九歌》、《九章》(未收《悲回風》),凡二十篇。注釋爲兩句或四、六、八句爲一組,先釋詞義,然後將每組詩句用現代漢語譯成散文,並扼要分析内容,概括主題。譚氏用力頗勤,且於1985年退職後完成此著,精神可敬。1990年7月海洋出版社出版。

中日學者屈原問題論爭集

楚辭研究專著。今人黄中模編。中日學者共同研究與討論屈原問題,乃是一種有意義的國際間的文化交流。該書首有敏澤《序》。次黄氏《前言》。次《目録》。末附姜亮夫《跋》。次黄氏《編後記》。正文所收論文,既有國内學者的,如姜亮夫、湯炳正、黄中模、屈守元等;也有日本學者的,如鈴林修次、稻畑耕一郎、三澤玲爾。其中還互有駁難,辨明是非。黄氏在《前言》中敘述了中日學者論爭的過程、雙方的觀點歧異以及論爭的初步收穫。該書實際上也是湯炳正教授主持召開的"全國屈原問題學術討論會"論文的選集,大部分優秀論文入選。但又不止於"會議論文集",亦收録了爭鳴過程中的單篇論文。這些論文在彙集之前,大部分已公開發表過,《中國文學研究年鑒》、《全國高等學校文科學報文摘》以及中國人民大學書報資料中心等均有反饋。中日學術界圍繞屈原問題進行論爭,已成爲學術界比較注目的事件,而此書則是這一特殊事件的學術記録。1990年7月山東教育出版社出版。

迄今,對是書作過評述的論文主要有周建忠《文學抽象　史家眼光——中國當代楚辭學者黄中模論》(《喀什師範學院學報》1991年第1期)、高揚《中日"屈原否定論"及其批判》(《天中學刊》1998年第1期)。

現代楚辭批評史

楚辭研究專著。今人黄中模著。該書首有湯炳正《序》。次《前言》。次《目録》。末附黄氏《後記》。湯先生稱贊黄氏爲"參與論争的實踐家",《現代楚辭批評史》爲"篳路藍縷的開創之作,也是一部獨抒己見的學術專著"。黄氏《前言》,説明撰述之旨。正文凡十章:第一章,"屈原否定論"提出者的主張;第二章,"屈原否定論"的追隨者的專著《楚詞研究》;第三章,著名文學史家的"屈原肯定論"的代表作;第四章,著名作家的"屈原肯定論"的代表作;第五章,郭沫若肯定與歌頌屈原的學術論著——《屈原》;第六章,關於屈原的世界觀與創作方法的矛盾問題的論争;第七章,國統區文藝界關於屈原是否"文學弄臣"的論争;第八章,全國解放後關於《楚辭》作者問題的再次論争;第九章,屈原是否爲"法家詩人"的論争;第十章,中日學者關於屈原問題的論争。綜上可見,此書實際上是《"屈原否定論"論争始末》,展示當代楚辭學中最爲紛繁複雜、難以駕馭的論争史側面,對廖季平、胡適、許篤仁、何天行、衛聚賢、丁迪豪、朱東潤以及日本學者三澤玲爾、白川静、岡村繁等人的"屈原否定論"的具體觀點,均予以一一駁斥、清算,並揭示其立場、觀點、目的、方法等方面的錯誤,可以説是七十年來"屈原否定論"的總清算,針砭有據,酣暢淋漓。1990 年 7 月湖北教育出版社出版。

迄今,對是書作過評述的論文主要有周建忠《文學抽象　史家眼光——中國當代楚辭學者黄中模論》(《喀什師範學院學報》1991 年第 1 期)、江立中《一部篳路藍縷的開創之作——讀黄中模〈現代楚辭批評史〉》(《雲夢學刊》1991 年第 2 期)、高揚《中日"屈原否定論"及其批判》(《天中學刊》1998 年第 1 期)。

屈騷藝術新研

楚辭研究專著。今人毛慶著。毛慶(1945—　),湖北武漢人。1981 年畢業於武漢大學中文系,獲碩士學位。曾任湖北省社會科學院文學研究所所長、研究員,中國屈原學會副會長。現爲四川師範大學文理學院教授、中國屈原學會名譽會長。著有《詩祖涅槃——屈原和他的詩》、《屈原與中華文化和民族精神》等。

該書乃楚辭研究史上第一本專論屈騷藝術的專著。首有曹道衡《序》。次《目録》。末附毛氏《後記》。曹氏《序》,稱贊此書“做到了新方法與傳統考證學的較好結合”,能够爲使用新方法的研究者所贊同,也能爲習慣於傳統方法的研究者所接受。毛氏於《後記》提出,如今研究屈賦的難點有三:背景不清;年代久遠;成就太輝煌。毛氏認爲,“愈是原始古老的東西,愈要靠現代科學來發現”,“對屈騷這樣偉大作品的藝術奥秘,也應當努力應用現代的科學和文學藝術理論來深入發掘”。正文凡六部分:《屈騷藝術背景研究》、《屈騷藝術心理研究》(分爲上、中、下篇)、《屈騷創作傾向研究》、《屈騷象徵體系研究》、《屈騷結構語言研究》、《屈騷藝術影響研究》(分爲上、下篇)。此書視野宏闊,新見叠出,駕馭自如,如云屈原爲男女雙性化氣質的人;屈原作爲浪漫主義詩人,而創作方法卻接近表現主義;屈騷象徵系統分爲動植物系統、事物系統與人物系統三個層次,其中心是彭咸,最高層次是屈原的自我形象,乃至認爲《橘頌》是屈原象徵形象選擇的失敗之處。這些觀點皆爲發前人所未發之論。1990 年 8 月湖北人民出版社出版。

迄今,對是書作過評述的論文主要有張征雁《讀毛慶著〈屈騷藝術新研〉有感》(《江漢考古》1991 年第 2 期)、周建忠《出入中西　縱横古今——毛慶〈屈騷藝術新研〉評介》(《江漢論壇》1991 年第 3 期)、羅葉秋《可貴的啓示——再評〈屈騷藝術新研〉》(《江漢大學學報》1991 年第 3 期)、戴志鈞《開拓創新　扎實融通——評毛慶〈屈騷藝術新研〉》(《遼寧大學學報》1992 年第 3 期)、梅瓊林《楚辭研究方法拓展的新向度——與毛慶同志漫議楚辭學方法兼及〈屈騷藝術新研〉》(《江漢大學學報》1994 年第 2 期)、梅瓊林《世紀末:楚辭學研究方法的當代反思——兼論林河、蕭兵、毛慶等人的三種闡釋傾向》(《貴州教育學院學報 1996 年第 2 期》)。

中國古文化

古文化研究專著。今人文崇一著。文崇一(1925—　),江西宜春人。畢業於臺灣大學歷史系。曾到美國哈佛大學訪問研究,曾任臺灣政治大學民族社會學系教授兼系主任、臺灣“中央研究院”民族學研究所研究員兼所長。現任臺灣“中央研究院”民族學研究所研究員。主要研究中國傳統文化與傳統社會、社區權力結構、臺灣的工業化與社會變遷等。著有《臺灣的社區權力結構》、《臺灣的工業化與社會變遷》、《現代化與價值變遷》等。

該書爲論文集。首爲《序言》。正文凡收入論文六篇,其中與《楚辭》、楚文化有關者三篇:《楚的河伯傳説》、《楚的水神與華南的龍舟賽神》、《楚的上帝與自然神》。關於《九歌》的性質,文氏認爲有五點應該考慮。第一,在風格上,《九歌》固與《離騷》等篇不盡相同,但也不大像民歌。第二,《九歌》也不全然是所謂"宗教歌舞"。第三,《九歌》確是"神曲":東皇太一,天神或上帝;雲中君,雲神;湘君、湘夫人,男女水神;大司命、少司命,命運之神;東君,日神;河伯,河神;山鬼,山神;國殤,鬼靈;禮魂,謝神(即劇終)。第四,《九歌》是樂曲名,非數字名。第五,在現階段,我們尚缺乏積極的證據來證明《九歌》是屈原作的,或者不是;但可能與他有點關係。因此,文氏認爲"《九歌》的本質是一支可以配舞的樂曲,可以使用在祭祀的場合,也可以使用在一般的場合。它是由許多神話改編過來的,有民歌的成分,也有宗教的成分。它的精神是代表南方的浪漫派文學"。關於"河伯",文氏認爲,"河伯傳説最早來源似乎是出於殷商的祭河,到後來卻分爲兩類:東方與南方是一型,即《九歌》的一類;東北方則屬於另一型,即《竹書紀年》、《天問》的一類"。關於"水神",文氏認爲,"祭水神是一個非常古老而普遍的習慣","祭水神的方法各地並不一樣,中國古時多把玉石或者别的珠寶丢到河裏去就算了事,有時也用人祭","用賽龍舟來祭祀水神,那是龍神被一般化了以後的事。這時,龍神(包括後起的龍王)被認爲是直接控制雨量的神,而賽龍舟是娱樂龍神的最有效的方法"。這一傳説,在後來的流傳過程中,增加了一些用途:1. 使農作物有適量的雨量,年歲豐收;2. 趕瘟疫,使人們不傳染惡疾;3. 消灾,使人們免除一切的灾難;4. 保平安,這是一個廣泛的祈禱,意思是願菩薩保佑;5. 弔屈原,人們以爲這是紀念一代忠良。至於《九歌》裏的水神,"湘君、湘夫人和河伯,我們無法肯定它就是後來求雨的對象;但是,從許多民間傳説和一些祭水神的儀式來看,大抵也不出於上面所提的四個原因之一(第五説除外),或者四者兼而有之"。關於"東皇太一",文氏考釋爲:1. 東皇太一爲楚民族的上帝,一直到漢代,它雖無上帝之名,卻具有上帝的性質;2. 太一神即使不發源於楚,也是中國古代東南沿海民族所共同供奉之神,因爲楚、南越以及燕、齊一帶人民都信仰它;3. 祭太一是一種非常隆重的典禮,只有皇帝才能祠祀,民間不得舉行——但原始時代並非如此;4. 祭太一用鼓、舞、樂及歌唱,漢代係承襲楚制,連用玉鎮的情形也一樣;5. 太一神供奉於壽宫,楚、漢均同;6. 太一神能保護人民,知風雨、水旱、饑饉一類的事;7. 太一神是有形象的,只是後來失傳了;8. 自楚國開始,經漢武帝的闡揚,太一神之崇奉,在中國歷史上從未間斷過,到元代形成一個勢力龐大的太一教,可算極盛時期,不過,已經變質了。1990 年 8 月臺北東大圖書股份有限公司出版。

楚藝術研究

楚文化研究著作。今人彭德主編。彭德（1946—　），湖北天門人。1970年畢業於華中師範大學中文系。曾長期從事基層美術工作。1984年調入湖北美協。1988年調任湖北省文聯文藝理論研究室編審。現任西安美術學院教授。著有《視覺革命》、《美術志》等。

該書從20世紀80年代全國學術刊物與會議論文中選出三十一篇論文，一般均與《楚辭》研究有關，而重點則是從考古、民俗、音樂、舞蹈、美術等角度對《楚辭》作多學科的研究。擇其要者，有張正明《楚藝術探源》、劉綱紀《楚藝術美學五題》、張君《楚國隱文化刍論》、皮道堅《楚美術概論》、彭德《屈原時代的一幅情節性繪畫》、舒之梅《楚音樂的發展及其成就》、楊匡民《楚聲今昔探》、黄中駿《湖北民歌曲體結構與楚辭體式因素》、劉玉堂《楚舞淺談》等，均有很高的學術價值。1991年1月湖北美術出版社出版。

屈原詩歌評賞

楚辭研究專著。今人吕晴飛著。吕晴飛（1934—　），浙江湖州人。1957年畢業於厦門大學中文系，同年分配到北京從事文化教育工作。1981年調入北京市社會科學院，曾任文學研究所所長、院學術委員、研究員。享受政府特殊津貼。著有《中外詩歌品評》、《新詩用韻手册》、《神佛魔怪話西遊》、《劉紹棠和他的鄉土文學創作》等。

該書首有王主玉《序》。次《目録》。末附《九辯》選評二則。次沈亞之《屈原外傳》。正文所收篇目，以王逸《楚辭章句》爲基礎，抽掉《遠遊》，增入《招魂》。作品評賞分爲"綜論"與"分論"兩部分，"綜論"有《論屈原的改革精神及其對詩歌藝術的創新》、《簡論〈離騷〉的思想藝術特點》、《簡析〈離騷〉的結構》、《〈九歌〉藝術美初探》、《論〈九章〉創作上的特點》。"分論"則就具體作品而言，基本上每篇爲：一、過録原詩；二、注音；三、評賞；四、譯文（譯文爲散文句式，這是一般譯本中少見的）。但《招魂》一篇改爲"題解"、"注釋"、"集評"三部分，而《天問》又爲"過録原詩"、"注音"、"集評"、"評賞"四部分，體制頗不統一。全書詳於《離騷》、《九歌》、《九章》，而略於《天問》、《招魂》。此書中出現一些常識性錯誤，是爲缺憾。1991 年 1 月中國婦女出版社出版。

迄今，對是書作過評述的論文主要有王主玉《〈屈原詩歌評賞〉序》（《北京社會科學》1991 年第 1 期）、周建忠《當代屈學考信録》（《職大學報》1998 年第 1 期）。

宋玉辭賦箋評

楚辭研究著作。今人金榮權著。金榮權（1965— ），河南商城人。1986 年畢業於信陽師範學院中文系。1989 年獲安徽師範大學中文系中國古代文學碩士學位，同年返信陽師範學院中文系任教。現爲信陽師範學院中文系教授、科研處副處長、中國屈原學會理事。著有《屈宋論考》、《中國古代神話通檢》、《中國神話的流變與文化精神》等。

該書首有金氏《前言》。次《目録》。末附《附録一》（《詞、曲、小説及民間傳説中的宋玉形象》）。次《附録二》（《關於宋玉的研究資料》）。次《附録三》（《宋玉研究論文索引》）。此書認爲，現存於《楚辭章句》、《文選》、《古文苑》、《全上古三代秦漢三國六朝文》的十四篇署名宋玉作品，其中九篇實爲宋玉所作，即《九辯》、《招魂》、《風賦》、《高唐賦》、《神女賦》、《登徒子好色賦》、《對楚王問》、《諷賦》、《釣賦》；五篇爲僞作，即《笛賦》、《大言賦》、《小言賦》、《舞賦》、《高唐對》。正文凡上、下兩編，上編是《宋玉辭賦箋評》，對認定宋玉所作的九篇作品予以“題解”、“注釋”、“譯文”、“賞析”；對認定非宋玉所作的五篇作品予以“題解”、“注釋”、“譯文”，而不作“賞析”。下編是《宋玉辭賦研究》，分“宋玉傳略”、“宋玉作品考辨”、“宋玉辭賦託物抒情的表現手法”、“宋玉賦奠定了漢大賦的基本構成形式——兼論宋玉賦的形成與特徵”、“後人對宋玉的評價及宋玉形象的歷史變遷——兼談俗文學、文人心態對歷史研究的影響”、“宋玉其人評品”六章，以翔實而充分的資料，叙述與評議相結合的手法，對宋玉及其作品進行了系統而全面的研究。並通過歷史綫索，探尋宋玉形象演變的根源，力求還宋玉以本來面目。其書收集資料比較全面，研究視野比較開闊，並將注釋、今譯、資料、研究幾方面結合在一起，有助於全面地認識宋玉及其作品。1991 年 1 月中州古籍出版社出版。

迄今，對是書作過評述的論文主要有金榮權《七十年來宋玉研究述評》（《中州學刊》1995 年第 1 期）。

楚辭的文化破譯——一個微宏觀互滲的研究

楚辭研究專著。今人蕭兵著。該書首有葉舒憲、蕭兵、王建輝《"中國文化的人類學破譯系列"的説明》。次姜亮夫《蕭兵楚辭研究序》。次蕭氏《前言》。次《目録》。次《插圖目録》。次《引論:楚辭學的更新》。末附《餘論:楚辭學的回顧與前瞻》。次《海内外學者有關蕭兵楚辭研究評論文摘》。全書洋洋灑灑,凡九十餘萬言,是其楚辭研究系列著作的小結。作爲"中國文化的人類學破譯"之一,此書廣泛介紹、運用或批評當代流行的文化人類學、比較文化學的理論與資料,用超學科的方法從整體上把握和發現楚辭各篇的深層涵義與文化背景,並破譯其有關民俗神話的疑難或秘密。正文凡四部分:第一部分,"《離騷》:關鍵的破解"(凡四章);第二部分,"《九歌》:諸層的探掘"(凡十章);第三部分,"《天問》:根脈的尋覓"(凡四章);第四部分,"《招魂》:奥秘的闡發"(凡四章)。其中講《離騷》歌主的生辰名字、祖系神世與"三次飛行"、"四次對話"的關係,原始《九歌》用於祈豐求雨的儀式,《天問》的本源是"入社"考試,《招魂》的秘密在於生死二元世界的分離對立等,均是蕭氏的"獨得之秘",頗有超越學科的多重價值。另,此書還收入各類插圖75幅。1991年11月湖北人民出版社出版。

迄今,對是書作過評述的論文主要有淮陰師範學院學報《對蕭兵現象的思索兼評〈楚辭的文化破譯〉等書》(《淮陰師範學院學報》1992年第2期,共收録周建忠《我想得很多,很多……》、[日]鈴木健之《蕭兵的方法論》、周武彦《巨著小語》、顧自力《殺子屠母——蕭兵學説核心的批評》、漆雕世彩《以情動人》、范明三《蕭兵"系列"的意義》、劉方《顓頊以龍爲圖騰考——評蕭兵的魚蛇説》、李時人《蕭兵的"破譯":成績與局限》等文)、周建忠《新文化史派——新還原論研究的總結之作——從"蕭兵現象"看蕭兵新著〈楚辭的文化破譯——一個微宏觀互滲的研究〉》(《甘肅社會科學》1992年第5期)、梅瓊林《世紀末:楚辭學研究方法的當代反思——兼論林河、蕭兵、茂慶等人的三種闡釋傾向》(《貴州教育學院學報》1996年第2期)、梅瓊林《蕭兵現象:飛騰的文化想象力與學術方法之得失——論蕭兵的楚辭學研究》(《黄岡師範學院學報》1996年第3期)、周建忠《文學人類學的考古報告——蕭兵的楚辭研究與弗萊的原型批評》(《淮陰師範學院學報》1996年第4期)、周武彦《〈楚辭的文化破譯〉對〈九歌〉的研究》(《天津音樂學院學報》1997年第1期)、王子今《中國文化遺存的深層發掘——讀蕭兵〈楚辭的文化破譯〉》(《淮陰師範學院學報》1997年第2期)、梅瓊林《蕭兵現象:反思一種文化研究方法——論楚辭學專家蕭兵的研究》(《社會科學》1998年第8期)、梅瓊林《論蕭兵的文化訓詁學方法》(《天中學刊》1999年第1期)、王曉明《蕭兵楚辭研究批評》(《淮陰師範學院學報》2000年第3期)、梅瓊林《論蕭兵楚辭學研究方法》(《學術論壇》2001年第1期)。

九歌十辨

楚辭研究專著。今人張元勛著。張元勛(1933—),江蘇贛榆人。1954年考入北京大學中文系文學專業。1957年被打成"極右",並以"反革命"罪被捕,判刑八年,刑滿後仍留於勞改隊"改造"就業,1979年獲平反"改正"。現爲山東曲阜師範大學中文系教授。著有《北大一九五七》等。

該書爲一本《九歌》研究專著。首有陳貽焮《序》。次《目録》。末附張氏《後記》。正文凡十篇:一、《東皇太一辨》;二、《雲中君辨》;三、《二湘辨》;四、《二司命辨》;五、《東君辨》;六、《河伯辨》;七、《山鬼辨》;八、《國殤辨》;九、《禮魂辨》;十、《雜辨》。全書與古今學者駁難商榷之處頗多,尤其對何新"九天十神"説作了痛快淋漓的批駁,但張氏在駁難中亦提出了不少新奇之説。如以《易·繫辭上》鄭注"地八成木於東與天三並"、揚雄《太玄·玄圖篇》"三與八同道而居乎東"解《九歌》十一篇之謎,認爲"地八"即地神八個,"天三"即"天神"三個。天神爲大司命(死神)、少司命(高媒神)、東君(太陽神)。地神爲:東皇太一(太昊伏羲氏)、雲中君(雲夢神君)、湘君(湘水神)、湘夫人(湘水神)、河伯(河神)、山鬼(人鬼)、國殤(兵死鬼)、禮魂(人鬼)。這樣對《九歌》名"九"而十一篇的矛盾解決,也同樣顯得比較牽强、湊合。而張氏對屈原的整體認識更令人瞠目結舌,他認爲文學作品不過是一個生活的記號,乃是記録下一個個難言之隱、難忘之事、難得之遇、難排之情。屈原的詩無一不是把"真事隱去"而借題發揮,語句是易曉的,而真情是難知的。認爲屈原既甘心以色事君,又以男人的身份調情後宫、誘通王妃,是一個好色善淫的性變態者。屈原所有詩篇中或述或喻的就是他那個官場加情場的生活。這一結論顯然設想太過,缺乏依據,但張氏拉出了聞一多,説聞一多當年就指出了屈原人格中的"脂粉氣",以及屈原與楚懷王的那種"可恥的關係"。1991年11月中國廣播電視出版社出版。另,2006年8月中華書局出版,張氏在《目録》前增《前言:先秦祀規與〈九歌〉神次》,《雜辨》改爲《〈九歌〉名稱辨》,並改寫《後記》。

楚辭新論

楚辭研究專著。今人張正體著。張正體(1922—),字公操,别號半票居士,福建南安人。福建師專畢業。曾任國民小學校長、訓導主任、暨公務機關人事主任、秘書、主任秘書等職四十年以上。著有《學詩門徑》、《詩學》、《詞學》、《曲學》、《賦學》、《中華韻學》、《詩詞曲賦的作法》等。

該書首有張氏《自序》。次《叙例》。次《目次》。末附《附録一》(《辨正改訂之離騷並叙》)。次《附録二》(《辨正後之九歌篇章並叙》)。張氏在《自序》中叙其撰述此書之緣由與過程,云:“自漢代至今,時經二千餘年,所有研治楚辭的專家學者,始終是在訓詁、義理、注疏、考據、音讀、篇章次第、作者思想、家世等方面用功夫,至若楚辭體制的謀篇、造句、結構、音韻等尚罕見有人去探討。因此,筆者就三十餘年研究古典文學經驗,把握着先賢既成之路,以‘勤、慎、甄、化’的治學法則,去發掘前人未達之境,自民國六十九年迄今,先後已發《楚辭體制篇第争論之辨識》、《楚辭體制造辭之辨識》、《楚辭體制結構之辨識》、《楚辭體制音韻之辨識》、《楚辭體制謀篇之辨識》、《離騷疑句之辨識》、《九歌疑句之辨識》等七篇專論,在在發前人之所未發,是爲有志於楚辭篇章的最佳指南。”此《自序》作於 1990 年,可知此書所收論文凡七篇,乃張氏 59 歲至 69 歲間所作。

張氏認爲,《漢書·藝文志》所説的屈賦二十五篇,乃《離騷》、《九歌》(十篇)、《天問》、《九章》(九篇)、《遠遊》、《卜居》、《漁父》、《惜誓》。至於“二招”絶非屈子之作也。張氏還提出,楚辭體制的謀篇,就其字句組織言,可分爲騷體、非騷體、兩合體三種。用騷體句法謀篇者,有《離騷》、《九章》、《九歌》等,約五十九篇;非騷體的作品,只是《卜居》、《漁父》、《天問》等三篇;至若兩合體僅見“二招”二篇而已。至於《離騷》,張氏以爲,“楚辭體制騷體之造辭,係淵源於《離騷》,而《離騷》的造辭句法,是紹承《詩經》的兩句四言句,成意思相貫的一組演化而成的。所以騷體的構篇造句之立意,亦皆兩句意思相貫的聯句式之造辭”。《離騷》有六、五言聯句四組,七、六言聯句一百六十五組,八、七言聯句十四組,九、八言聯句四組,共一百八十七組聯句式之造辭。而《九歌》則爲兩句意思相貫,成一聯句式,有五言折腰式、六言第四字用語助詞式、七言折腰式等三種造句。1991 年 3 月臺灣商務印書館出版。

迄今,對是書作過評述的論文主要有劉石林《張正體屈原學研究綜述》(載戴錫琦、鍾興永《屈原學集成》,中央編譯出版社 2007 年 6 月版)。

屈原的思想與文學藝術

楚辭研究專著。今人曹大中著。曹大中(1935—)，湖南沅江人。1950年畢業於沅江縣第一中學。1954年畢業於湖南省益陽師範學校。1957年考入吉林大學中文系。1962年畢業後，進入東北文史研究所攻讀先秦文學碩士研究生，1966年畢業留在該所從事科學研究。1981年調入湖南師範大學中文系任教，後任文學院教授。著有《白話韓詩外傳》、《中國歷代帝王語録》等。

該書爲湖南省"屈原研究叢書"之一，由湖南省政府籌備"首屆國際屈原學術討論會"撥款資助出版。首有原湖南省副省長陳彬藩《總序》。次羊春秋《序言》。次《目録》。末附《引用書目》(凡132種)。此書爲曹氏研究屈原及其作品的論文結集，收入論文二十篇。曹氏治騷，用力甚勤，涉獵頗廣，但不循故常，好發新論，成了楚辭研究界反響最爲强烈的一位學者。他以八篇論文的巨大篇幅，論證先秦無愛國觀，屈原不是愛國詩人；屈原之種種行爲，不是出於愛國，而是出於忠君，因爲屈原具有女性癖與戀君情結；《九歌》表面上隱約凄迷，實爲屈原自我寫照；《橘頌》爲屈原的絶筆；《招魂》是屈原招楚國先王之魂；"懷沙"即心傷。凡此種種，均體現了曹氏的學術鋒芒與方法上的特點。1991年5月湖南出版社出版。

迄今，對是書作過評述的論文主要有雷慶翼《先秦的愛國思想及屈原的愛國主義精神——與曹大中同志商榷》(《衡陽師範學院學報》1984年增刊第1期)、李師金《先秦時代有愛國觀念》(《湖南師範大學社會科學學報》1984年第5期)、劉美崧《析屈原至死不離楚國的動機》(《湖南師範大學社會科學學報》1984年第5期)、吳代芳《關於屈原的愛國思想及其他——和曹大中同志商榷》(《雲夢學刊》1985年第3期)、何明新《屈原只忠君不愛國嗎？——與曹大中同志商榷》(《四川師範大學學報》1986年第1期)、李星《〈桔頌〉不是屈原的絶筆——與曹大中同志的六點辯難》(《陝西理工學院學報》1986年第3期)、秦德興《愛國、忠君和家族觀念——同曹大中同志辯屈原有無愛國觀念》(《山西師大學報》1987年第3期)、潘嘯龍《再論〈哀郢〉非"哀郢都之棄捐"——兼答曹大中同志》(《西華大學學報》1988年第2期)、陳松青《一部以獨創爲特徵的學術著作——〈屈原的思想與文學藝術〉讀後》(《社會科學戰綫》1991年第3期)、葉德衛《務去陳言　力創新説——讀〈屈原的思想與文學藝術〉》(《長沙理工大學學報》1991年第3期)、羊春秋《〈屈原的思想與文學藝術〉序》(《中國文學研究》1991 年第 3 期)、湖南師範大學教育科學學報《〈屈原的思想與文學藝術〉出版》(《湖南師範大學教育科學學報》1991 年第 4 期)、潘嘯龍《敢破敢立,言奇常論——評曹大中的〈屈原的思想和文學藝術〉》(載潘嘯龍《屈原與楚辭研究》,安徽大學出版社 1999 年版)、周建忠《屈原"愛國主義"研究的歷史審視》(《中國文學研究》2002 年第 4 期)。

中國楚辭學史

楚辭研究專著。今人易重廉著。易重廉(1935—),湖南黔陽人。1953 年畢業於湖南省立六師(今武岡師範)。現爲湖南邵陽師範中文高級講師。易氏曾於 20 世紀 80 年代發表《〈天問〉義釋八則》(《求索》1981 年第 3 期)、《〈屈原列傳〉難句試釋》(《北京師範大學學報》1982 年第 1 期)、《楚辭"亂曰"義釋》(《學術月刊》1983 年第 5 期)、《〈九歌〉"九"義釋》(《文史哲》1984 年第 6 期)、《〈九歌〉成因新論》(《江漢論壇》1986 年第 7 期)、《"楚雖三户,亡秦必楚"正誤》(《求索》1987 年第 1 期)、《關於〈離騷〉整體結構的思考》(《中國文學研究》1988 年第 3 期)、《顓頊故事發微——兼論〈九歌〉二司命的祀主問題》(載《巫風與神話》,湖南文藝出版社 1988 年版)等多篇論文,此後很少發表有關楚辭的論文。

該書爲湖南省"屈原研究叢書"之一,由湖南省政府籌備"首屆國際屈原學術討論會"撥款資助出版。前有原湖南省副省長陳彬藩《總序》。次馬積高《序》。末附易氏《後記》。正文包括:《緒論》(凡二章)、《兩漢——楚辭學的初興期》(凡七章)、《魏晉南北朝——楚辭學的發展期》(凡八章)、《隋唐五代——楚辭學的中落期》(凡十章)、《宋代——楚辭學的興盛期》(凡九章)、《遼金元明——楚辭學的繼興期》(除《楔子》,凡十一章)、《清代——楚辭學的大盛期》(凡十五章)。此書爲中國古代楚辭學史方面的第一部通史,易氏僻處邵陽,資料匱乏,能完成這一高難度課題殊爲不易。全書較多依賴學術界現有成果,從而留下或過詳、或回避以致分量不均、品評失當的遺憾。1991 年 5 月湖南出版社出版。

迄今,對是書作過評述的論文主要有敬世祥《楚辭學研究中泛起的沉渣——略論易重廉的〈中國楚辭學史〉》(《楚辭研究與争鳴》第 2 輯,西南師範大學出版社 1996 年版)、周建忠《楚辭研究"同步進行"説》(《職大學報》1999 年第 1 期)。

歷代詩話論《詩經》《楚辭》

楚辭研究資料集。今人蔡守湘主編。蔡守湘(1934—1998),湖南東安人。1956年考入武漢大學中文系,畢業後留校任教,歷任助教、講師、副教授、教授。曾任中國屈原學會理事、《中華大典·文學典·明清文學分典》副主編。著有《中國浪漫主義文學史》、《歷代詩話論兩漢詩賦》等。

該書首有蔡守湘、江風《前言》。次《凡例》。正文凡《歷代詩話論〈詩經〉》、《歷代詩話論〈楚辭〉》兩部分。《楚辭》部分選擇材料,上起司馬遷《史記》,下至梁啓超《飲冰室詩話》。此書採擷範圍頗廣,選輯歷代詩話及詩歌評價性質的書籍達三百餘種,並旁及一些有重要學術價值的筆記類著作。選擇内容爲:源流變革、風格流派、創作背景、思想内容、創作手法、藝術特色、審美價值。所録材料,必明版本來源,以便核查;材料中所引《楚辭》原文,都經過校對。正文各條材料以時代先後爲序編排,每條材料編纂次序爲:時代、著者、著作名稱、所據版本、過録原文、注明卷數或頁碼。本書可與游國恩《楚辭注疏長編》、楊金鼎《楚辭評論資料選》、徐志嘯《歷代賦論輯要》、周殿富《楚辭論:歷代楚辭論評選》、李誠、熊良智《楚辭評論集覽》互爲補充,有一定的參考價值。1991年6月武漢出版社出版。

屈原新考

楚辭研究專著。今人張中一著。張中一(1939—),湖南邵陽人。1955年畢業於邵陽市第四初級中學,1956年參加邵陽地區青年墾荒隊,同年到湖南省博物館從事考古工作。1962年下放到汨羅屈原農場勞動,1980年恢復工作。1982年發表第一篇屈原研究論文。曾任湖南省岳陽市博物館副館長,中國屈原學會理事。著有《屈原新傳》、《屈賦——屈原南征反秦復郢鬥争史詩》等。

該書首有張氏《前言》。次《目録》。末附《汨羅山考古墓區發掘紀要》。次《屈原年表大事記》。此書將“重新認識屈原,恢復屈原歷史和作品的本來面貌作爲編撰本書的宗旨”。張氏運用新的考古資料與歷史文獻對屈原事跡及其作品進行了新的考證,對屈原研究中很多傳統説法與定論提出了自己的不同意見。如認爲屈原一生未遭放逐，其南征是受楚王盟約而進行的一次重大政治活動；再如"枉陼乃漢北"、"《九章》乃《離騷》續篇"、"湘君乃重華"、"河伯乃洞庭九河神"、"陵陽乃陸陽"、"高陽乃炎帝、重華"等。張氏還提出，應從屈賦的内容直接研究屈原歷史與屈原作品，而反對將自成體系的屈賦作品去吻合漢人司馬遷的《屈原列傳》事跡，亦頗大膽。此外，張氏對近年來學術界的各種新見新解，也結合自己的研究作了説明，如"鄂渚在洞庭"、"郢都乃故鄉"、"《九歌》夜祭"等。正文收入屈原研究論文三十一篇。1991年6月中國文史出版社出版。

迄今，對是書作過評述的論文主要有張葉蘆《致友人評〈屈原新考〉書》(《益陽師專學報》1996年第4期)。

屈原與楚文化

楚辭研究專著。今人潘嘯龍著。潘嘯龍(1945—)，上海龍華人。1964年畢業於上海中學，考入復旦大學新聞系。1970年分配至安徽，先後在鳳臺縣架河中學、縣教育局工作。1982年畢業於安徽師範大學中文系，獲碩士學位，並留校任教。曾任文學院副院長、新聞專業主任、《學語文》雜志主編。現任安徽師範大學文學院教授、博士生導師、中國屈原學會副會長、安徽省政協委員。著有《楚漢文學綜論》、《楚辭注評》、《屈原與楚辭研究》、《詩騷詩學與藝術》(合著)、《楚辭學文庫·楚辭著作提要》(主編)等。

該書爲潘氏1980—1987年研究楚辭的結晶，其中部分章節曾先後在刊物發表，産生過較大的學術影響。此書首有《目録》。次其導師衛仲璠《序》。末附潘氏《自跋》，叙述研究課題的選擇與方法的變革。正文凡三編。第一編《楚歷、楚史和屈原生平探索》，認爲屈原生於宣王三十年(前340)正月初七；屈原於懷王三十年因諫"武關之會"初放於漢北，於頃襄王四年再放於汨羅一帶；《哀郢》不能作爲屈原"殉國難"的證據，屈原的沉江並非是"殉國難"。第二編《屈原主要詩作研究》，認爲《離騷》作於頃襄王八、九年間；《離騷》"自我"形象外在形貌的矛盾來自於"男女君臣之喻"；《九歌》"非典非俗"的面貌源於夏啓《九歌》與沅湘《九歌》的演化關係；《九歌》給予後世的影響主要在詩歌抒情的"代擬"方式上等等。第三編《楚文化和屈原的思想、藝術》，論述屈原思想的發展變化與創作的楚文化背景。全書論述精闢透徹，提出不少新見。1991年6月安徽文藝出版社出版，1995年獲安徽省教委哲學社會科學優秀成果一等奬。

迄今，對是書作過評述的論文主要有廖化津《屈原自沉考——兼評吳鬱芳、章培恒、潘嘯龍等先生屈原自沉與殉國難無關説》（《山西師大學報》1993年第1期）、周建忠《論楚辭研究的成就與特色——以〈屈原與楚文化〉、〈屈原與楚辭研究〉爲例》（《荆州師範學院學報》2001年第1期）。

楚辭入門

楚辭研究專著。今人梅桐生著。該書首有梅氏《前言》。次《目録》。《前言》介紹撰述目的："爲了使廣大讀者和古典文學愛好者對楚辭有較系統的瞭解和正確認識，現撰寫這本小册子。"正文凡七章：一、楚辭的名稱、來源及特點；二、偉大的愛國詩人屈原；三、屈原的作品；四、屈原在中國文學史上的巨大影響；五、宋玉和九辯；六、其他楚辭作家及作品；七、楚辭研究概況及重要研究著作。本書雖曰"入門"，但其論述涉及面廣，又深入淺出，又具有獨創性，如提出"古代楚辭學"、"近現代楚辭學"、"當代楚辭學"之概念，並分階段予以史學勾勒。同時，對近十多年來的研究也給予及時反饋，如專門介紹馬茂元主編的《楚辭研究集成》五卷，氣魄恢宏，體例精審；介紹蕭兵多層次多學科的綜合研究，"考釋楚辭中的疑難問題，並在微觀分析的基礎上，努力達到某種歷史性或理論性的宏觀概括"；以及對周建忠"總結兩千餘年楚辭研究的成就得失"的介紹等。1991年8月貴州人民出版社出版。

屈原與楚辭

楚辭研究專著。今人姜亮夫、姜昆武著。姜昆武（1944—　），雲南昭通人。1966年畢業於杭州大學中文系。現爲浙江省社會科學院文學研究所研究員。著有《詩書成詞考釋》等。昆武秉承家學，姜老多種著述，昆武皆參其役，以校讎爲主，亦偶有成果附載。此書乃姜氏父女唯一共同署名的楚辭著作，由昆武撰寫，出版時應出版社的要求而署上姜老的名。

該書係安徽教育出版社"中國古代文學知識叢書"之一。首有姜氏《前言》。次《目録》。末附《附録》（包括《屈子年表》、《〈楚辭〉研究要籍選目》、《〈楚辭〉研究論文選目》）。正文凡六章：《緒論》、《屈原》、《屈原作品賞析》、《其他〈楚辭〉作家》、《屈賦的價值、地位及對後世的影響》、《歷代〈楚辭〉研究簡介》。此書爲一本通俗性的知識讀物，姜氏自稱“寫的大都是人家説過的話”，但希望介紹得客觀、實在、簡要、面廣。姜氏在《前言》中强調讀書做學問的方法：第一，“要從語言的角度切實地弄懂每字每句的意思，貫通全詩來理解作品的本義，把作者、作品放在一定的歷史階段和文化環境中去認識它，不能脱離楚史、楚地、楚文化及屈原作品本身而去無邊無際地進行‘分析’”；第二，“不僅要有漢語和文學方面的修養，能讀通古人今人諸如集注、章句、解詁及評述之類的作品，還要善於多思善思，綜合各門學科，多角度、多層次地去認識這部偉大的作品”。姜氏亦强調“屈原作品三組説”：第一組爲《離騷》、《九章》、《遠遊》、《卜居》、《漁父》，“都有事可據，有義可陳，是屈原創作的重心，往往是情愫與事實相糾合而成篇，從中可以看出一個文學家正常創作的基本情狀”；第二組爲《天問》，“是屈原思想與學術造詣的表現，應是學術文章”；第三組爲《九歌》，“只是祀神樂曲，是屈原修飾潤色楚民間文學的典範，也就是南楚文學的典範，有情感，然而主要是代人説的，不盡是也不必盡是自己心中的情感”。基於這一認識，姜氏對作品的賞析，總是抓住不同的難點，如《離騷》，抓篇章層次，脈絡結構；《九歌》，抓“解題”（“九歌”之名，來源甚古，並非九篇歌曲之謂，而是一組套曲的總名）；《九章》，抓篇題篇義，創作時地；“二招”，抓被招魂之主。姜氏在介紹、論述中，亦有鮮明的學術見解，如説《天問》所提的問題，“有許多是在那個時代尚未解决而屈原又懷疑的，也有的是明知故問的”。又如，姜氏概括屈原思想的整體和全過程，僅用四個字：“忠”、“怨”、“去”、“死”。再如，關於宋玉的影響，姜氏提出：“宋玉所寫的文章影響於後世者極大，甚至在某些方面比屈原影響於後世文學者還要大。”1991年8月安徽教育出版社出版，1996年9月第2版。

迄今，對是書作過評述的論文主要有周建忠《抓住難點，注重方法——〈屈原與楚辭〉評介》（《黔東南民族師範高等專科學校學報》1988年第3期）、潘嘯龍《聳立南天的一代宗師——論姜亮夫先生楚辭學研究的貢獻》（《安徽師範大學學報》2007年第4期）。

屈原文學論集

楚辭研究專著。今人陳怡良著。陳怡良（1940—　），臺灣嘉義人。1963年畢業於臺灣臺南市成功大學中文系。1967年返回母校執教。現爲臺灣成功大學中國文學系教授、中國屈原學會理事。著有《陶淵明生平及其思想研究》、《楚辭天問研究》、《陶淵明研究》、《陶淵明之人品與詩品》、《屈騷審美與修辭》等。

該書爲《屈原文學論集》增訂本。首有陳氏《自序》。末附《參考書目》。陳氏在《自序》中溯源研究屈原及其作品的動機，主要有三：第一，是在大學就讀期間，就對《楚辭》這門課，特别地熱愛痴迷；第二，是1967年返母校任教，得到恩師蘇雪林先生的就近指導；第三，是讀到王國維的話，“三代以下之詩人，無過於屈子、淵明、子美、子瞻者，此四子者，苟無文學之天才，其人格亦自足千古，故無高尚偉大之人格，而有高尚偉大之文學者，殆未之有也”，“天才者，或數十年而一出，或數百年而一出，而又須濟之以學問，帥之以德性，始能産真正之大文學，此屈子、淵明、子美、子瞻等所以曠世而不一遇也”。陳氏以四位偉大的文學家爲研究專題，而在探討屈原及陶淵明二位詩人方面，更有收穫。

正文凡十二篇。第一篇，《楚歌巨星　悲壯一生——屈原血淚鋪成的生命歷程》，以爲屈原“有崇高之道德節操，亦有遠大之政治理想，是一位偉大的道德家，一位偉大的政治家，更是一位‘聖之清者’”。此文將屈原生平分爲五個階段：被疏、去職、首放漢北、再放江南、自沉汨羅。第二篇，《屈原的狂熱與執著》，以爲屈原感情狂熱，個性執著，獨來獨往，孤芳自賞，從而形成忠君愛國、芳潔自持之人格，從而顯現其血淚交迸、凌駕古今之詩品。其狂熱表現爲：1. 熱衷——内外兼脩，至善至美；2. 熱血——忠君愛國，情操可鑒；3. 熱腸——追求美政，見識高遠；4. 熱戀——苦戀鄉土，夢縈魂牽；5. 熱愛——投入創作，如痴如狂。其執著表現爲：1. 堅毅——擇善固執，九死未悔；2. 堅持——法夫前脩，矢志不移；3. 堅定——守法重紀，不稍違逆；4. 堅貞——嫉惡如仇，誓不兩立；5. 堅决——沉江尸諫，毫不遲疑。第三篇，《離騷的建築結構及其藝術成就》，提出“離騷”題義，應依《史記·屈原列傳》謂“遭憂”之義爲是，又因屈賦本可歌唱，故以爲屈原可能依楚人之大琴曲譜來寫作。又分《離騷》爲三大段：述懷、幻覺、瞭悟。第四篇，《瀝血嘔心　構思神奇——試探〈離騷〉及其神話天地之創作理念》，以爲屈原所以創作神話天地之動機，是爲了表達其憂時傷世之悲憤，與高蹈遺世之向往。其原動力來自“受苦”與“人生多艱”。而其表露之義有四項：1. 祈求獲得永生；2. 渴望控制環境；3. 奢求洞悉秘密；4. 期求掌握命運。第五篇，《九歌新論——九歌意義與特質新探》，以爲《九歌》乃襲自夏古樂名，楚《九歌》名同而實異，篇數自是不限於九；楚《九歌》爲民間祭典之樂章，原作者爲參與祭祀之巫師，屈原在三閭任内，爲教養貴族子弟乃爲之潤色改作。第六篇，《〈天問〉體制特色及其淵源淺探》，以爲《天問》體制淵源，主觀因素來自詩人偉大之才情，客觀因素則來自經傳諸子、民間歌謡等傳統文化。第七篇，《〈天問〉的思想内容及其文學價值》，針對梁啓超“懷疑煩悶是屈原文學思想出發點”的論點，提出“追求人生的完美與理想，是屈原文學思想的出發點”。第八篇，《〈楚辭·橘頌〉試析——一首寄託屈原情志的咏物詩》。第九篇，《〈楚辭·惜誦〉題義及其主題意識》，以爲此篇爲《離騷》之“前奏”，《離騷》之“實習”；題義爲“惜國惜君亦自惜而作之詩歌”，其主題意識是“忠君愛國”，當爲屈原被讒去職，未放之前作。第十篇，《〈楚辭·哀郢篇〉之研究》。第十一篇，《〈楚辭〉“涉江”、“哀郢”創作藝術之比較》。第十二篇，《〈楚辭·招魂篇〉析論》，以屈原所作，招懷王生魂。1992 年 11 月臺北文津出版社出版。

迄今，對是書作過評述的論文主要有劉石林《陳怡良屈原學研究綜述》（載戴錫琦、鍾興永《屈原學集成》，中央編譯出版社 2007 年 6 月版）。

郭在貽語言文學論稿

語言文學學術論文集。今人郭在貽著。郭在貽（1939—1989），山東鄒平人。1961 年畢業於杭州大學中文系，留校在語言研究室工作，得到該室夏承燾、王駕吾、姜亮夫、胡士瑩等名師指導。“文革”後任杭州大學中文系教授、漢語史博士生導師、中國訓詁學會副會長、中國屈原學會學術委員、浙江省六屆政協委員。畢生致力於漢語言文學的教學和研究，在訓詁學、敦煌學、楚辭學諸領域取得了卓越成就。1988 年，被授予國家級有突出貢獻的中青年專家稱號。著有《訓詁叢稿》、《訓詁學》等。其《訓詁叢稿》榮獲 1987 年浙江省高校社會科學優秀成果特等奬。

郭氏的楚辭研究代表性成果爲《楚辭解詁》與《近六十年來的楚辭研究》等。《楚辭解詁》凡五十餘條，五萬餘字，先後七易其稿，參考有關文獻上百種。在《文史》總第 6 輯（1979 年 6 月版）、總第 14 輯（1982 年 7 月版）刊出後，受到學術界高度評價，榮獲 1984 年中國社會科學院首屆青年語言學家奬。郭氏本着“例不十不立”之古訓，對每個詞條都有十條以上的書證，被學界稱爲“論之鑿鑿，泰山不移”。其《近六十年來的楚辭研究》（載《古典文學論叢》第 3 輯，陝西人民出版社 1982 年版），對 1919—1979 年的楚辭研究，以 1949 年爲歷史座標分兩階段評述，前段分“名家評介”與“專題綜述”，後段分“問題探討”與“專著提要”，氣魄闊大，宏觀審視，是“當代楚辭學”方面的一篇力作，内容充實，觀點鮮明，評判允當。如對其業師姜亮夫《屈原賦校注》，既肯定其溯流窮源，新穎獨到，又指出個別地方前後齟齬、刻意求新的不足。對譚介甫《屈賦新編》，既指出此書“多奇詭之説，鑿空之論”，又認爲“其書亦不無新穎可喜之見”。郭氏還在此文中對尚未成名的蕭兵研究，予以了最早的肯定，指出名家的成就常出現在其未出名之日。此外，郭氏還有《從馬王堆漢墓漆棺畫看〈楚辭·招魂〉的“土伯九約”》、《論屈原》、《楚辭要籍選評》等論文，參與主編《屈原辭典》等書，均有很高的學術價值。

該書由沙孟海題寫書名。首有郭氏遺像。次郭氏《回顧我的讀書生活》（代序）。末附許嘉璐《郭在貽教授墓誌》、郭在貽教授論著要目。次爲其弟子張涌泉、黄征《後記》。正文部分爲語言文學論文，其中收録楚辭研究論文凡四篇。1992 年 1 月浙江古籍出版社出版。

迄今，對是書作過評述的論文主要有王魁偉《〈郭在貽語言文學論稿〉讀後》（《古漢語研究》1994 年第 2 期）。

繪圖屈原離騷

楚辭研究專著。該書爲《離騷》的一個注本。封面由趙樸初題簽。首有《出版説明》。此書在體例頗有創意，由繪製彩色連環畫《王二小的故事》的著名畫家楊永青根據原詩意境配畫，基本上每四句一幅。全詩 93 節，配圖 93 幅，成連續性畫卷。在編排上，每四句一組，凡兩頁，上頁由“原文”、“譯文”、“注釋”、“郭注”組成，下頁即此四句原文的配畫，圖文並茂，極便欣賞。譯文選用郭沫若的“今譯”及附注，文采飛揚，詩情濃郁。這樣，屈原的詩，郭沫若的“譯”，楊永青的“畫”，融會一體，是不可多得的精品。原文注釋由老建（顯然爲筆名）承擔，與“郭注”在理解詩句上存在某些出入，供讀者選擇、評賞。末附吕晴飛《簡析〈離騷〉的思想藝術特點》，水平一般。1992 年 12 月中國和平出版社出版。

屈原賦解析

楚辭研究專著。今人周秉高著。周秉高（1945—　），江蘇海門人。畢業於内蒙古大學中文系。現爲包頭職工大學中文系主任、教授、全國職大系統綜合性學術刊物《職大學報》主編、中國屈原學會副會長。著有《新編楚辭索引》、《風騷論集》、《楚辭解析》等。

該書解析範圍爲屈原賦二十五篇：即《離騷》、《九歌》（11 篇）、《天問》、

《九章》(9篇)、《遠遊》、《卜居》和《漁父》。各篇解析包括逐句對譯、層次分析和詞語注釋三部分。“對譯”除《漁父》篇,均爲七言句式,簡明易讀。“層次分析”爲全書重點。周氏認爲,“所謂層次,即作者的思想脈絡,是作品内容在結構上的顯現”。所以此書不作欣賞式的分析,而只進行冷静的層次解剖,幫助讀者搞清屈賦各篇結構,從而提綱挈領地理解作品的思想感情。“層次分析”包括:一、層次圖表;二、具體説明。“層次圖表”指出各篇作品總的間架結構,“具體説明”是對各個層次本身進行解剖。如《離騷》分爲:回顧(志向、遭遇、決心),求索(女嬃勸誡、陳詞重華、上下求索),矛盾(靈氛勸離、巫咸勸留、初念去國、終沉不忍),亂詞。又如《大司命》分爲:司命下凡,凡女追從,司命自負,人神同行,司命言情,凡女言情,司命高馳,凡女憂怨等。這一安排,可謂創格,頗便自學與教學。本書爲一本有特色的普及讀物。1992年12月内蒙古大學出版社出版。

迄今,對是書作過評述的論文主要有鄭中鼎《讀〈屈原賦解析〉兼議“層次分析”》(《職大學報》1994年第2期)。

屈原及其《九歌》研究

楚辭研究專著。今人蔣南華著。蔣南華(1939—),湖南桃江人。1964年畢業於貴州大學中文系。曾任貴州省社會主義學院副院長、貴州教育學院副院長。現爲貴州省社會科學院院長、研究員、中國屈原學會副會長。著有《苗楚文化研究》、《屈賦注解》、《中華傳統天文曆術》等。

該書凡五部分。一、《偉大的民族詩人——屈原》,屬總述。二、《〈九歌〉研究概述》,論及名稱、寫作時地、思想藝術各方面。蔣氏取王逸、朱熹之説,認爲《九歌》是屈原晚期放逐沅湘之間的作品,又云其中大多數篇章作於湖南益陽的桃花江地域,時間爲頃襄王十一年至二十年(前289—前279)間。三、《〈九歌〉釋譯》,對十一篇作品分别予以注釋與今譯。四、《屈原生年考辨》,以著者擅長的古天文知識,完善鄒漢勛、劉師培、游國恩、錢穆、張汝舟各家之説,論定屈原生於楚宣王二十七年(前343)戊寅正月二十一日庚寅。五、《試論屈原及其作品的真僞》,主要是與日本學者討論、商榷“屈原否定論”的。1992年12月貴州人民出版社出版。

迄今,對是書作過評述的論文主要有張聞玉《關於屈原的生年月日——兼評蔣南華〈屈原生年考辨〉》(《貴州大學學報》1991年第3期)、李楫《匯入當代楚辭學研究的主旋律——〈屈原及其九歌研究〉評介》(《貴州教育學院學報》1993年第2期)。

屈原與中國和世界文化

楚辭研究論文集。楊慎之主編。楊慎之(1924—1993),湖南醴陵人。爲著名學者楊東蒓之子。建國前夕畢業於北京大學西方語文系。解放後多年從事行政工作。70年代中期調湖南省社會科學院歷史研究所,開始從事中國近代史研究,曾任該院歷史研究所所長、副院長,兼任湖南省歷史學會副理事長、湖南省屈原學會會長、中南地區辛亥革命史研究會理事。譯著有(美)薛君度《黃興與中國革命》、(美)周錫瑞《改良與革命——辛亥革命在兩湖》、(美)韋慕廷《壯志未酬的愛國者——孫中山》等,主編或參與編輯有《黃興研究》、《左宗棠研究論文選》、《黃興集》、《陶成章信禮》等,點校有《魏源全集》等。

1991年6月,湖南省首屆國際屈原學術討論會於湖南岳陽召開,國內外學者八十餘人與會,提交論文或提要七十四篇。楊氏從會議論文中選出三十一篇編成此書。該書爲湖南《屈原研究叢書》第三種。首有原湖南省副省長陳彬藩《總序》。次楊氏《序言》。次《目録》。末附《湖南省首屆國際屈原學術討論會開幕式簡介》。次《編後記》。代表性的文章有徐志嘯《論屈原在世界文學史上的地位》、李世剛《屈原的人生觀、世界觀及其影響》、毛慶《不妨從目的出發——屈原詩歌民族屬性的再考察》、竹治貞夫《〈楚辭釋文〉的撰者是誰?》、費德林《屈原對詩歌的創新》、羅敏中《屈原與湖湘古代文學——兼及流放文學現象》、黃中模《彌綸群言　自成體系——從〈巫系文學論〉看中日楚辭學界的文化交流》、黃維樑《青葉爛花的水仙——余光中筆下的屈原》、林河《招魂對東南亞的影響》、市川桃子《端午節在日本的變遷和文學》、趙逵夫《〈離騷〉中的龍馬同兩個世界的藝術構思》等。1992年12月湖南出版社出版。

九 歌 論 箋

楚辭研究著作。今人李大明著。李大明(1949—　),四川營山人。1982年畢業於四川師範學院中文系。1985年畢業於四川師範大學中國古代文學研究所，師從湯炳正先生，獲碩士學位。現爲《四川師範大學學報》(社會科學版)主編、教授、博士生導師，並兼任中國人文社會科學學報學會副理事長、中國屈原學會常務理事。著有《漢楚辭學史》、《楚辭文獻學史論考》等。

該書首有湯炳正《序》。湯《序》介紹："大明同志曾根據《九歌》王逸叙中的異文，寫有《〈九歌〉夜祭考》一篇，發前人所未發，堪稱屈學之一大突破。"正文凡"九歌論"、"九歌新箋"、"九歌歌舞劇新編"三部分。李氏認爲，屈原對原本《九歌》修改加工後成爲今本《楚辭·九歌》。又以"東皇太一"爲天神中最尊崇者、"雲中君"爲雲神、"二湘"爲湘水之神、"二司命"爲星神(前者主人類生死壽殀，後者主人類生育繁衍)、"東君"爲太陽神、"國殤"爲人神(祭爲國捐軀的楚軍將士)。關於各章文句之箋注，則先校勘文字，次注釋文句。訓釋以"舊説可通者，則採用舊説"、尋求原始資料、吸收本世紀以來新説等爲原則，考核衆説，時有發明，如釋《東君》之"靈保"，即《雲中君》之"靈子"，同指祭祀時群舞之巫。釋《少司命》"登九天兮撫慧星"之"彗星"，據《左傳·昭公十七年》"彗，所以除舊布新也"、《左傳·昭公二十六年》"天之有彗星也，以除穢也"，釋《少司命》"撫摸有除穢布新之作用"之"彗星"，是用以保佑下民。又如，釋《東皇太一》之"瑶席"，先採聞一多説，釋"瑶"爲"蘨"，又廣引《山海經》、《襄陽耆舊傳》等，證帝女之名又爲"瑶"、"姚"、"媱"，皆與帝女之化爲蘨草有關。楚人用神女化身之蘨草爲席來藉玉祭天，正是獻女祭天古儀的隱曲反映。如此闡釋，似更扣緊祭祀特徵與文學意象。李氏還認爲，聞一多改編的《〈九歌〉古歌舞劇懸解》仍存在着不足之處，故據《九歌》之夜祭特點、祭祀方式、歌舞表演形式對其作了重編、新編，幫助讀者换一角度欣賞《九歌》。1992年4月四川大學出版社出版。

離騷自我新論

楚辭研究專著。今人翟振業著。翟振業(1938—　)，江蘇江陰人。1954年考入常熟市沙洲中學。1958年考入南京師範學院中文系，1962年畢業後從事中學語文教學工作。1984年調入蘇州師專中文系任教，曾任系主任。現爲常熟理工學院中文系教授。著有《天問研究》、《楚辭研究新思維》等。

該書爲翟氏對《離騷》"自我"形象作系列研究的專題論文集。首有翟氏半身像。次《目録》。次鄺中秋《序》。末附《附録》(包括《〈神曲〉與〈離騷〉比較研究》、《〈離騷〉作年研究》)。次翟氏《後記》。翟氏認爲,《離騷》“自我”應該是詩人塑造的一個藝術典型,不能把“自我”與詩人畫上一個等號,更不能把《離騷》當作是詩人屈原的自述;《離騷》“自我”作爲一個藝術形象,已溶化進了楚國人民的血液,是放大了的“我”。正文收入論文十四篇。第一篇,《論〈離騷〉自我形象的太陽神性——〈離騷〉是一曲以太陽爲題材的悲歌》,發揮、修正了龔維英關於《離騷》爲“太陽家族悲歌”説,卻受到了朱碧蓮的批評(見朱氏著《楚辭論稿》)。其他如《從藝術典型看〈離騷〉自我形象》、《論〈離騷〉自我與夢的關係——兼論〈離騷〉夢的成因及夢和藝術創作的比較》、《論〈離騷〉自我的思想體系》、《〈離騷〉自我形象的構思藝術發微》等,均能從容論述,自成一説。1992年4月百花文藝出版社出版。

迄今,對是書作過評述的論文主要有黄震雲《當代楚辭學研究的重要貢獻——評翟振業〈離騷自我新論〉和〈天問研究〉》(《鹽城師範學院學報》1994年第1期)、張來芳《新穎　系統　穩健——簡評翟振業〈離騷自我新論〉》(《唐都學刊》1994年第5期)。

屈原論稿

楚辭研究專著。今人聶石樵著。該書爲人民文學出版社“中國古典文學研究叢書”之一。首有作者像。次聶氏《自序》。次《目録》。末附聶氏《跋》。聶氏1978年爲給研究生講屈原專題,完成初稿,1980年6月修改定稿,1982年2月人民文學出版社出版。根據初版反映,聶氏對全書又作了修改與增補,《跋》云:“綱目、體系雖然基本未變,而内容和字數幾乎增加了一倍。主要是對原來論述不清楚、不明確的觀點,作了進一步的闡發;對一些比較簡單甚而片面的論述,進行了加工和修潤;對一些論證不够充分的地方,又補充了一部分資料;對自己認爲不足的方面,更擴充並補寫了部分章節。這樣做的目的,是爲了真正全面地評價屈原!”聶氏在《跋》中還指出,“我之喜愛《楚辭》,始於在大學讀書時期,當時這是我最早選修的課程”。1989年歲末修訂結束,1992年4月再版。可見,聶氏對《楚辭》的喜愛、研究長達四十年;而此書之寫作、出版,亦長達十四年。

正文凡十三章:第一章,《屈原的時代》;第二章,《屈原的生平》;第三章,《屈原的哲學思想》;第四章,《屈原的美政理想》;第五章,《屈原的批判精神》;第六章,《屈原的愛國主義》;第七章,《屈原對天、天神的探索、懷疑和否定》;第八章,《屈原“求女”的意義》;第九章,《屈原賦所反映的古代社會習俗》;第十章,《屈原的辭賦》;第十一章,《屈原的美學觀點》;第十二章,《屈原在藝術上的創造》;第十三章,《屈原精神與日月争光》。本書非一般介紹之作,既比較全面,又有一些研究的重點,值得參考。

迄今,對是書作過評述的論文主要有湯炳正《關鍵在勇於探索——〈屈原論稿〉讀後》(《光明日報》1983 年 1 月 11 日)、曹大中《〈橘頌〉確是屈原的絶筆》(《貴州文史叢刊》1989 年第 3 期)、張斌榮《聶石樵教授的學術成就及治學方法》(《古典文學知識》1998 年第 5 期)、王德明《行成於思　業精於勤——聶石樵、鄧魁英的學術成就》(《清華大學學報》2004 年第 6 期)。

楚辭探奇

楚辭研究專著。今人鄭在瀛著。鄭在瀛(1940—),字十洲,湖北英山人。1962 年畢業於武漢師範學院(現湖北大學前身)中文系,並留校任教。歷任武漢師範學院、湖北師範學院、華中理工大學(現華中科技大學前身)中文系講師、副教授、教授。1996 年因冠心病提前退休。著有《六朝文論講疏》、《李商隱詩集箋注》等。

該書圍繞一個“奇”字,試圖對屈原和楚辭以及與之相關的問題作新的論考,目的是“爲了求得真事實”。首有鄭氏《前言》。次《目録》。末附《附録》(鄭氏所譯蘇聯約瑟夫·阿羅諾維奇·柯磊維列夫《論宗教》)。次鄭氏《後記》。此書《前言》,説明研究方法與各篇特點。鄭氏在《後記》中指出,“説屈原可能是優伶、巫者、嬖臣,半個世紀以前就有人講過”,但系統地證明屈原是巫官,卻是從他開始的。正文收入論文十五篇。一、《奇人屈原論》,以“十二證”證明屈原是一位職業性的浪漫人物,由一名優秀的巫官而晉升爲宗族長兼祭司長——三閭大夫;二、《奇文〈離騷〉論》,以《離騷》中的藝術形象所具備的五個特點(如馨香癖與清潔狂、女性化與求女),闡説屈原的巫官作風;三、《神曲〈九歌〉論》,認爲《九歌》是神曲,十一篇中有九篇是九種神祇的專場歌舞;四、《巫詩〈天問〉論》(附《〈天問〉錯簡理正》),認爲《天問》是巫史所傳唱的啓示録、教育詩,僅在末尾有幾句是屈原加上去的感嘆話;五、《〈招魂〉自招論》,認爲招魂詞主體部分本是工祝巫官製作並保存下來的口頭文學,只有開頭和結尾是屈原所作;六、《〈九章〉抒怨論》;七、《〈遠遊〉避世論》;八、《屈原愛國論》,認爲屈原愛楚國、愛故鄉實乃久已形成的楚民族精神的體現;九、《鯀功考》;十、《聞一多〈楚辭校補〉讀後》;十一、《騷、經不同論——〈文心雕龍·辨騷〉臆説》;十二、《騷、賦不同論——説“賦”》;

十三、《〈鵩鵡賦〉——屈騷的嗣響》;十四、《咽咽學楚吟——論李賀歌詩的藝術》;十五、《餘論》,指出屈騷之成功乃宗教意識與文學創作相結合的成果。鄭氏云:"懷疑屈原可能是優伶、巫者、嬖臣,廖平、聞一多、劉永濟都有片言只語,但未曾具體論述。我是冒險最先比較系統地論述屈原是楚之巫官的人,在我之後不久,就有此類文章引而申之。"(2001年3月22日來信)1992年6月香港正之出版社出版。1994年12月臺北萬卷樓圖書有限公司出版。

屈原辭研究

楚辭研究專著。今人金開誠著。該書爲《中國古文獻研究叢書》之一。《中國古文獻研究叢書》是原國家教委高校古籍整理研究工作委員會的重點科研項目之一。金氏擔任該叢書編輯委員會主編。此書首有《古文獻研究叢書》編委會《總序》。次《目録》。次金氏《前言》。在《前言》中,金氏叙述其1959年開始擔任游國恩先生助手,協助游先生編纂《楚辭注疏長編》,查閱有關《離騷》、《九歌》的書籍一百五十種,等於將《離騷》、《九歌》讀了一百五十遍,從而由"不喜歡楚辭"到感受出"《九歌》至美,《離騷》至深";並認爲,一代代的研究者都在反駁、糾正或補充前人的說法;而他們自己又受到後代或同代人的反駁、糾正或補充。整個古籍研究就是這樣往前發展的。

正文凡六章:第一章,《關於楚辭》,論及楚辭的名稱、特點、流傳、成書及漢人的認識研究;第二章,《關於屈原》,論及生年問題、三閭大夫與左徒、"造爲憲令"、疏遠放逐與沉江;第三章,《〈離騷〉研究》,論述《離騷》的創作年代、題名解釋、整體結構、求女周遊、問卜降神;第四章,《〈九歌〉研究》,論述《九歌》的性質與作用、屈原與《九歌》的關係、體制與讀法、系統方法與《九歌》研究;第五章,《〈天問〉錯簡試說》,主要用"歸類序列法",對《天問》中的商周史事、夏朝史事予以模式調試,對《天問》錯簡予以整理;第六章,《屈原辭綜論》,論述愛國主義、美學價值、創作經驗和文化意義。此書注意傳統方法與"新方法"的融合,别開生面。1992年6月江蘇古籍出版社出版。

迄今,對是書作過評述的論文主要有周建忠《金開誠的〈楚辭〉研究論析》(《北京大學學報》1992年第5期)、劉寧《立足文本的創新——評金開誠著〈屈原辭研究〉》(《文學遺産》1994年第4期)、周建忠《金開誠〈屈原辭研究〉〈楚辭選注〉平議》(《欽州師範高等專科學校學報》1999年第1期)。

當代楚辭研究論綱

楚辭研究專著。今人周建忠著。周建忠(1955—),江蘇靖江人。1978年畢業於揚州師範學院中文系,同年至南通師專中文系任教。歷任南通師專中文系副主任、系主任、教務處處長、副校長、南通師範學院副院長。1990年晉升副教授,1994年晉升教授。2004年畢業於上海師範大學中國古代文學專業,獲文學博士學位。現爲南通大學副校長、南京師範大學博士生導師、蘇州大學博士生導師、江蘇省有突出貢獻的中青年專家、江蘇普通高校優秀學科帶頭人、江蘇省普通高校教學名師、江蘇普通高校跨世紀學術帶頭人、南通市中青年首席專家、中國屈原學會副會長、江蘇省高等教育學會副會長。著有《楚辭論稿》、《楚辭評介》、《楚辭與楚辭學》、《楚辭學通典》(主編)、《楚辭考論》、《楚辭講演録》、《蘭文化》等。

該書由姜亮夫先生題簽。首爲出版社《内容提要》,云:"本書是'當代楚辭學史'的第一本總結性著作。作者以史綱爲經,以評論爲緯,史論一體。"次湯炳正《序》,稱贊此書,云:"這是一部非常富有現實意義的力作","是'把握總體'與'突出個性'互相結合而且饒有趣味的學術嘗試"。次魏際昌《序》。次周氏《前言》,介紹此書的學術特色,"楚辭與楚辭學的研究同步進行,楚辭學的整體構架與個性特質的具體審視相結合","站在歷史的學術基點上總結解放以來、特别是'文革'之後楚辭研究的成就,探討社會科學研究的類型、方法與走向,對當代楚辭研究作出迅速而有深度的反饋與抽象","着眼於當代,張皇呼號,指陳得失,在動態性、客觀性、特殊性的評判中,體現自己的主體意識","發掘研究對象的本質特徵,抽象出研究個性的治學特徵,逐步形成自己的研究特色"。末附《附録一》(張宏洪《具有時代特色的楚辭學研究——周建忠楚辭學研究述評》)。次《附録二》(張慶利《一項拓荒性的系統工程——周建忠當代楚辭學研究述評》)。次周氏《後記》。次周氏《校後補記》。

正文凡上、下兩編。上編爲《研究概論》,凡六部分:一、《當代楚辭研究鳥瞰》;二、《當代楚辭學學科建設論》;三、《當代楚辭研究之研究》;四、《當代楚辭學術會議論》(附《中國當代楚辭學術會議考述》、《中國屈原學會第四届年會暨貴州古典文學學會首届學術討論會論文述評》);五、《當代楚辭研究專著論》;六、《當代楚辭研究學者論》(附《中國當代屈學點將録》,收入楚辭學者一百七十人)。下編爲《學者專論》,選擇近十三年中作出突出貢獻的各具個性的中青年學者(年齡在45至60歲之間),作學者研究專評,凡十六人:蕭兵、戴志鈞、潘嘯龍、龔維英、湯漳平、趙逵夫、毛慶、殷光熹、郝志達、金開誠、郭維森、曹大中、何光岳、黄中模、林河、徐志嘯。1992年8月湖北教育出版社出版。

迄今,對是書作過評述的論文主要有張宏洪《具有時代特色的楚辭學——周建忠楚辭學研究述評》(《喀什師範學院學報》1990年第3期)、張慶利《高屋建瓴　獨闢蹊徑——周建忠楚辭研究述評》(《綏化學院學報》1991年第4期)、張宏洪《當代楚辭學史研究的代表性成果——評周建忠〈當代楚辭研究論綱〉》(《喀什師範學院學報》1993年第4期)、張慶利《〈當代楚辭研究論綱〉評介》(《江海學刊》1994年第2期)、尚有《籠括全局　觀照個性——評周建忠〈當代楚辭研究論綱〉》(《北方論叢》1994年第1期)、三畏《囊括一代　指點百態——讀周建忠〈當代楚辭研究論綱〉》(《社科縱横》1994年第2期)、朱炳祥《評〈當代楚辭研究論綱〉——兼論周建忠的"同步進行"説》(《上海大學學報》1995年第4期)、潘嘯龍《周建忠〈當代楚辭研究論綱〉〈楚辭論稿〉述評》(《欽州師範高等專科學校學報》1999年第12期)。

楚辭研究

楚辭研究論文集。中國屈原學會、貴州省古典文學學會合編。主編湯炳正,副主編張嘯虎、蔣南華。1990年5月,中國屈原學會第四届年會暨貴州古典文學學會首届學術討論會於貴州貴陽召開,來自全國各地的168位學者與會,提交論文109篇,編者選編31篇。

該書首有《目録》。次湯炳正《前言》。末附蔣南華《後記》。湯氏《前言》,對屈原研究提出治學方法與治學方面的要求與忠告,云:"科學研究,没有冷静的頭腦是不行的";"求'新'並不是目的;求'新'的目的,在於求'真'。所謂'真',是指歷史的本來面貌和事物的客觀規律","學術思想的活躍,必須跟嚴謹、扎實的學風和刻苦讀書的功力相輔相成,二者缺一不可"。全書可謂力作紛呈,主要有趙沛霖《屈原在我國神話思想史上的地位和貢獻》、潘嘯龍《屈原評價的歷史審視》、劉毓慶《屈原人格結構》、蔡守湘、朱炳祥《屈〈騷〉神話的構成與南北文化的交融》、趙逵夫《莊辛〈諫襄王〉考校——兼論〈新序〉的史料價值》、黄靈庚《〈離騷〉詁義》、徐志嘯《〈九歌〉本意新探》、周復綱《論楚辭稱名與結集内涵之嬗變》、李華年《騷體淵源新證》、李誠《論班固評屈》、房日晰《李賀歌詩與屈原〈楚辭〉之藝術比較》等。1992 年 9 月北京文津出版社出版。

屈原吟踪漫記

楚辭研究專著。今人程嘉哲、劉深著。該書爲重慶出版社“中國古典文學旅遊知識叢書”之一,由程氏夫婦合作撰寫。首有《編者的話》。次插圖四幅(《天問》、《山鬼》、《少司命》、《國殤》)。次《目録》。全書以屈原作品所反映的思想軌跡爲綫索,極富想象力地叙述了這位偉大詩人一生遊踪的經歷;並將當年屈原的遊踪與當今的旅遊景點結合在一起,把楚辭與傳説掌故揉爲一體,寫成一篇篇絢麗動人的故事。書中將楚辭譯成白話文,便於一般讀者閱讀與欣賞,對於屈原與楚辭的精神、傳統的宣傳、普及,作了一個很好的嘗試與探索。如介紹《屈原的故鄉和故居》、《〈離騷〉裏的神農架》、《玉笥山與〈山鬼〉篇》、《〈抽思〉,屈原的陳情表》、《〈離騷〉的光輝誕生》等。1992 年 9 月重慶出版社出版。

楚 辭 論 稿

楚辭研究專著。今人朱碧蓮著。該書爲朱氏治騷二十餘年的論文結集,也是在其《楚辭講讀》、《宋玉辭賦譯解》基礎上的理論探討。首有朱氏《自序》。次《目録》。正文收入論文十六篇,附帶收入其子沈海波論文五篇,凡二十一篇。其中有關論文曾先後在《學習與探索》、《蘭州大學學報》等刊物發表,並産生過較大的學術影響,如《論屈原之思想及其淵源》、《論〈離騷〉中的女嬃與“子蘭”》等。

此書最大的特點是勇於對當代楚辭研究中的某些熱點、疑點予以駁難申説,堅持真理,辨誤糾謬,不避學術鋒芒,如與日本學者岡村繁討論“屈原是否爲《楚辭》作者”的問題,與龔維英、翟振業討論《離騷》與“太陽神”之關係,與周行易討論《離騷》與“性崇拜”的關係,與李嘉言、王廷洽討論《離騷》題義是否爲“離别蒲騷”的問題,與趙逵夫討論《惜往日》、《悲回風》真僞問題,與湯漳平、譚家健討論“唐勒殘簡”作者問題,都顯得新穎可喜、充分有力。此外,本書對梁啓超、王國維的屈原研究貢獻亦安排專文予以總結評述。1993年1月三聯書店上海分店出版。另,2008年上海古籍出版社出版《還芝齋讀楚辭》本。

楚漢文學綜論

古典文學研究論文集。今人潘嘯龍著。在該書中,有關“屈原與楚辭”專題的論文共十篇:《〈屈原列傳〉的敘事和詩人的“放流”》;《關於屈原在江南的放逐地域》;《從漢人的記述看屈原的沉江真相》;《歷史的改塑與發現:屈原評價的歷史審視》;《論〈離騷〉的抒情結構及意象表現》;《論屈辭的狂放與奇艷》;《略論屈原創制的“騷體詩”》;《〈離騷〉“彭咸”辨》;《讀〈楚辭·招魂〉》;《徙倚汨羅的千古忠魂——屈原傳略》。

潘氏以爲,屈原在懷王三十年前只是被疏而並未放逐;屈原的初放當在懷王三十年,原因是諫“武關之會”,地點在漢北;屈原再遷於頃襄王四年仲春,地點是“沅湘之間”、汨羅一帶;《哀郢》提到的“夏浦”不是漢口,而是湘水與大江交會處的“二夏浦”,《涉江》中的“鄂渚”,非指今武昌,而是洞庭湖一帶的某一小渚。關於屈原沉江的真相及其意義,潘氏認爲,《哀郢》不能作爲屈原“殉國難”的證據,屈原沉江亦非“殉國難”;從漢初到東漢,凡是提及屈原事跡的大學問家,無不確認屈原之死是由於“被讒放逐”,對楚王朝的黑闇朝政失去希望所致;屈原沉江真相的澄清,絲毫無損於這位偉大愛國者的光輝:在屈原身上,存在着兩種看似矛盾而又統一的雙重精神,即“抗争精神”與“忠貞精神”;在漢代至明清期間,屈原精神被單向選擇、改塑爲“忠貞”、“忠君”的楷模;抗日戰争中,屈原的忠貞精神在“愛國”一端閃射出了熠耀光芒,並直接影響到當代屈原精神的評價。潘氏還以爲,《離騷》的情感世界是怨憤、絶望和自信的交織,《離騷》的抒情結構和主人公形貌是“自我”的幻化與回返,《離騷》中象徵意象的特點是“寓情草木”和“託意男女”。由於《離騷》作爲抒情詩的“幻化”抒情方式的運用,《離騷》中主人公前半爲女、後半爲男不影響詩人情感的表現;因爲《離騷》抒情主人公可以分爲兩個層次:一個是現實中的“自我”,一個是幻化的“自我”,有時從現實的自我幻化出非現實的自我(如草木、男女),有時又從幻化的自我回歸到現實的自我,這幻化與回歸完全是詩人根據情意表現的需要驅遣意象的結果。1993年10月黄山書社出版,1996年獲安徽省哲學社會科學優秀成果二等奬。

女神的失落

上古神話研究專著。今人龔維英著。龔維英(1930—),安徽合肥人。1948年高中畢業。1949年合肥解放即走進革命隊伍,參加農村剿匪反霸鬥爭,後任鄉長、區團委書記等職。1952年回城工作,開始學術研究,1955年發表第一篇學術論文。1959年"反右傾"運動中罹禍,1960年被下放農村,開始研究《楚辭》。1962年回城恢復工作,發表第一篇《楚辭》研究論文。1969—1977年第二次貶謫農村,1981年調進安徽省社會科學院,1984年調院内文學研究所,專門從事文化人類學、神話學和楚辭學研究。1986年評爲副研究員,後晉升研究員。現已離休。著有《原始崇拜綱要》等。

龔氏發表楚辭研究論文一百餘篇。該書爲龔氏上古神話研究著作,但亦較多涉及《楚辭》研究。龔氏認爲,《離騷》是"一曲太陽家族的悲歌","離騷"題義應該是"太陽之歌",全詩是一曲描寫太陽神裔族沉淪的哀歌。又説《九歌》主神東皇太一的原型即太陽神,其性别曾歷"女——陰陽人——男"三部曲,是伏羲(苗蠻)和太昊(東夷)的混合體。説《東君》爲月神,其原型爲宓妃,傳説中的伏羲氏的女兒。又,《國殤》是對戰神蚩尤的祭歌,大司命爲女性死神,少司命爲男性準戰神。1993年11月河南大學出版社出版,1995年獲安徽省社會科學院優秀專著三等獎。

迄今,對是書及其中一些觀點作過評述的論文主要有周建忠《探幽索疑 辨誤立説——評龔維英的楚辭研究》(《阜陽師範學院學報》1987年第1期)、袁珂、龔維英《關於〈女神失落〉的學者通信》(《皖西學院學報》1994年第4期)、蕭兵《創新與求證——讀龔維英〈女神的失落〉有感》(《江淮論壇》1995年第2期)。

楚辭文化探微

楚辭研究專著。今人張崇琛著。張崇琛(1943—),山東諸城人。1967年畢業於華東師範大學中文系,分配至甘肅省建工局工作。1978年調入蘭州大學中文系任教,1979—1980年參加教育部舉辦的楚辭進修班,師從姜亮夫學楚辭。1986年晉升副教授。現爲蘭州大學中文系教授、中國屈原學會副會長。著有《簡明中國古代文化史》、《武侯鼎蜀諸葛亮世家》等。

該書爲楚辭文化學研究的論文集。首爲張氏《自序》。次《目録》。張氏認爲,"《楚辭》的出現,不但標誌着我國古代詩歌已進入了文人自覺創作的時代,並取得了極高的成就;同時,也爲楚文化的研究保存了一塊活化石,提供了一部袖珍本的百科全書","《楚辭》是很複雜的文化現象。楚辭文化的蘊含也是異常豐富的"。此書"從作品本身出發,然後運用與楚辭相關的哲學、政治、教育、美學、文學、歷史、地理、民俗、方言乃至植物學等方面的知識,對保存於《楚辭》的豐富文化蘊含進行探討與發掘"。大致歸納爲六個方面。一是對楚辭來源的探討,着眼於楚的固有文化和南北文化的交流,以及作家本身條件。二是關於屈原思想的清理與發明,認爲屈原是楚辭體即"騷體"的創始人和代表作家,是南楚思想文化的代表人物之一。三是對《離騷》的研究,或探討其内部結構的特點,或探討其象徵手法的微義。四是從史、地的角度探討楚辭文化的有關問題,"史"本《天問》舊聞,"地"由《離騷》"神遊"生發。五是對楚辭文化中的有關民俗現象及齊魯方音的探討。六是對楚辭植物文化的研究。張氏提出,内美與外美的和諧統一是屈原美學思想的核心;《離騷》象徵系統的表層顯現是抒情主人公形象,中層寄託是詩人的美學理想,深層蘊含則富有一種哲理意味。張氏首次考證出楚辭中有齊魯方音的存在,並從語言、歷史與文化的角度,探討形成這一現象的原因。《〈天問〉中所見之殷先王事跡》依據《天問》並結合甲骨卜辭及先秦有關典籍,將歷來鮮爲人知的殷代先王王恒的事跡作了較爲系統的勾勒,並考定上甲微爲王恒之子,而非傳統所説的王亥之子,可補王國維《殷卜辭中所見先公先王考》一文之不足。又説王逸《楚辭章句》楚辭原文"蘭"字凡四十二見,乃"蘭草"與"蘭花"並存,而所謂"幽蘭",即爲今之蘭花。楚騷之多咏"蘭",既因蘭爲南楚所習見,又因乃健身之良藥,並進而升華爲楚人所崇拜的植物圖騰及王族之象徵;而蘭的外美、内美兼具的品格及與之相關的多重文化蘊含,更啓迪了楚民的詩思,從而成爲楚騷抒情的理想載體。1993 年 12 月新華出版社出版。

迄今,對是書作過評述的論文主要有鍾鈺《讀〈楚辭文化探微〉》(《社科縱横》1995 年第 1 期)、曉霞《張崇琛教授與中國古代文學及文化研究》(《社科縱横》2003 年第 5 期)。

楚俗研究

楚文化研究著作。方培元主編。方培元(1940—),湖北荆州人。

1957年入伍。1961年退役後調往縣人委農辦任科員。1966年調荊州報社任記者、編輯。1967年調荊州地委宣傳部工作。1976年任荊州地區行署教育局副局長。1993年晉升副研究員。1994年任荊州市人大常委會秘書長。

該書爲楚俗研究論文集。1992年8月,由湖北省民間文藝家協會、首屆中國湖北荊州楚文化節組委會文體處共同發起,在楚故都江陵舉行了首屆楚俗研究會。此書就是這次研究會論文和調查報告的選編。首有方氏《序》。次《目録》。末附徐風誠《後記》。方氏《序》云:"在文化史研究中,史籍、文物和民俗是其運轉的兩個車輪,它們互爲依存,不可割裂。"此書就是對楚文化中的活化石——楚俗的專題探討,就楚俗中的圖騰與信仰崇拜、巫風、建築習俗、歲時節令、飲食、遊藝、楚歌謡與民俗、楚聲的淵源、流變、現狀等課題進行開掘、研究。本書所收論文或從楚辭的民俗文化背景,或從楚俗的角度去破譯楚辭的疑難,或發掘楚辭中的楚俗文化資料,有一定的參考價值,如彭秉玉《楚人植物崇拜習俗及其傳承》、徐風誠《楚人尚赤源流説略》、清泉《從楚文學看楚風》、蔡靖泉《荆楚巫風與楚辭文學》、高揚《楚巫與巫祝之詩——從屈賦推論屈原爲楚巫及屈賦爲巫祝之詩》、李倩《崇巫尚靈精神建構的形象化展示——論楚辭漢賦中的巫風》、王敏《屈原故里端午文化的由來、現狀及展望》、梅瓊林《〈離騷〉詩體原型與楚國巫風及〈九歌〉》、衛瑜《江漢招魂沿流探——兼析〈楚辭〉之〈招魂〉》。1993年12月湖北美術出版社出版。

迄今,對是書作過評述的論文主要有饒學剛《多維　開拓　求實　創新——方培元文化工作特色的深層思考》(《荆門大學學報》1996年第3期)。

屈原新傳

楚辭研究專著。今人張中一著。該書爲屈原生平及其作品研究的論文集。首有《目録》。次張氏《前言》。末附《本書主要參考書目》。次張氏《後記》。張氏在《前言》中稱此書在其《屈原新考》的基礎上,"以屈原作品和先秦史料爲依據,運用了考古學和先秦的歷史、地理、巫學、天文、民俗、文學、訓詁、楚文化等知識去解釋作品内容,將考證的屈原作品和屈原事跡串起來,自成《屈原新傳》一書"。

正文凡十六篇。張氏認爲,屈原的生卒日失傳;屈原未遭放逐;屈原是一個神奇的大巫學家,即屈原誕生於巫祝家庭,左徒官職是巫官,屈原穿着、飲食、言語、行動具有巫性,與屈原合作共事的人多爲巫,屈原的星占術是巫術，屈原作品是巫歌、屈原是愛國的大巫，屈原的自沉是巫術的升華。張氏最重要的觀點是：屈原的主要政績是晚年的南征，他受楚王的派遣到沅湘洞庭一帶開展抗秦救國活動；經過一年多的組織發動工作，動員了十多萬民衆，於頃襄王二十三年秋一舉收復洞庭五渚、黔中郡江旁十萬邑，他的作品就是屈原南征“至今九年而不復”的一些經歷，《天問》是屈原南征受挫時思想狀況的反映，《招魂》是屈原南征受挫時安定人心的祭祀歌，《離騷》是屈原南征三年的史詩，《九歌》是屈原“遠逝”勝利的祭祀歌，《九章》是屈原南征“至今九年而不復”的紀實。這些都是屈原晚年在沅湘洞庭之域的文獻作品，是屈原南征的總結。1993 年 12 月貴州人民出版社出版。

迄今，對是書作過評述的論文主要有吳淑玲《論〈屈原新傳〉的價值》（《中國文學研究》1995 年第 2 期）、范正聲《巫術與象徵——談屈賦中的鳥獸草木意象》（《泰安師專學報》1995 年第 3 期）。

聞一多全集（五）

總集名。孫黨伯、袁謇正主編。聞一多的楚辭研究貢獻甚多。一、明確楚辭研究的途徑，針對《楚辭》因時代背景難明、文字語言艱深、傳本訛誤給讀者帶來閱讀上的困難，認爲研究應從“説明背景”、“詮釋詞義”、“校正文字”入手。二、肯定屈原的思想價值，他指出“最使屈原成爲人民熱愛與崇敬的對象的，是他的‘行義’，不是他的‘文采’”。三、運用民俗學、神話學、考古學的史料來探討楚辭，如認爲《九歌》“東皇太一”、“禮魂”爲迎神曲、送神曲，主祭“東皇太一”；《東君》、《雲中君》、《湘君》、《湘夫人》、《大司命》、《少司命》、《河伯》、《山鬼》爲戀歌，“用獨白或對話的形式抒寫悲歡離合的情緒”；並别開生面地將《九歌》組詩還原爲古歌舞劇。以上觀點或發展、或完善，對當代《楚辭・九歌》研究産生了很大的影響，相當多的學者至今仍堅持聞一多説。四、在詮釋訓詁方面，敢於破舊立新，郭在貽認爲“他的許多重要發現，真有石破天驚之慨”，如釋《天問》“顧兔”爲蟾蜍、釋《天問》“伯禹愎鯀”爲“伯鮌腹禹”（腹者生也）、釋《九章・惜誦》中“曾思”爲“曾逝”，均屬創見；再如指出兮字有語法作用，猶之也、其也、夫也、而也，亦極精到。聞氏研究《楚辭》的不足主要表現爲：1. 對屈原的認識還不够全面，如他既認爲屈原是一個政治家、人民的詩人，又説屈原是一個文學弄臣、文化奴隸，這後一種提法不符合屈原的實際情況；2. 一些訓釋有專輒或穿鑿之弊，如解《湘君》“美要眇兮宜脩”之“宜脩”爲“宜笑”（齲齒笑），釋《惜誦》“魂中道而無杭”之“無杭”

爲“茫沆”，亦求之過深，或扯得太遠，是爲小疵。（參見郭在貽《近六十年來的楚辭研究》，載《古典文學論叢》第 3 輯，陝西人民出版社 1982 年版）。

《聞一多全集》第五卷爲《楚辭編》，收入論著有：《讀騷雜記》、《司命考》、《端節的歷史教育》、《屈原問題——敬質孫次舟先生》、《人民的詩人——屈原》、《端午考》、《敦煌舊鈔本楚辭音殘卷跋（附校勘記）》、《楚辭斠補甲》、《楚辭斠補乙》、《楚辭校補》、《廖季平論離騷》、《離騷解詁甲》、《離騷解詁乙》、《什麽是九歌》、《〈九歌〉的結構》、《九歌釋名》、《東君·湘君·司命——〈九歌雜記〉之一》、《東皇太一考》、《怎樣讀九歌》、《九歌古歌舞劇懸解（並作者附注）》、《楚郊祀東皇太一樂歌》、《九歌解詁》、《天問釋天》、《天問疏證》、《論九章》、《九章解詁》。1993 年 12 月湖北人民出版社出版。

迄今，對是書及其中觀點作過評述的論文主要有王達津《聞一多先生與〈楚辭〉》（《社會科學戰綫》1980 年第 1 期）、鄭臨川《聞一多先生論〈楚辭〉（上）》（《社會科學輯刊》1981 年第 1 期）、鄭臨川《聞一多先生論〈楚辭〉（下）》（《社會科學輯刊》1981 年第 2 期）、鄭臨川《聞一多先生論屈原》（《晉陽學刊》1982 年第 2 期）、楊炳校《由“文化奴隸”到“人民詩人”——聞一多的屈原論初探》（《長江大學學報》1985 年第 3 期）、袁謇正《聞一多〈楚辭〉研究的基本層面》（《武漢大學學報》1986 年第 4 期）、費振剛《聞一多先生的〈楚辭〉研究》（《古籍整理研究學刊》1987 年第 1 期）、馬達《〈離騷〉與“仙真人詩”——兼評聞一多論〈離騷〉》（《衡陽師專學報》1989 年第 1 期）、鄧喬彬《巫術與宗教的觀照——論聞一多對先秦文學獨特的文化發現》（《華東師範大學學報》1994 年第 6 期）、聞彩兵《〈楚辭校補〉之文字校勘論略》（《湖北大學學報》1997 年第 1 期）、周建忠《20 世紀楚辭研究的第一個高潮——〈楚辭研究一百年〉之二》（《中州學刊》1997 年第 5 期）、梅瓊林《聞一多：文學人類學的探索向度——以其〈詩經〉〈楚辭〉研究爲視域中心》（《黄岡師專學報》1999 年第 1 期）、周建忠《論二十世紀楚辭研究的第二個高潮——抗日戰争時期的楚辭研究》（《中國文化研究》1999 年夏之卷）、蘇志宏《聞一多和〈九歌〉研究》（《北京大學學報》1999 年第 6 期）、黄震雲《二十世紀楚辭學研究述評》（《文學評論》2000 年第 2 期）、邱紫華、閻偉《論聞一多的文化闡釋批評》（《華中師範大學學報》2000 年第 2 期）、翟振業《聞一多楚辭研究新思維簡論》（《雲夢學刊》2001 年第 6 期）、李光榮《彝族歌舞與聞一多〈九歌古歌舞劇懸解〉》（《民族文學研究》2002 年第 1 期）、程凱華《聞一多對屈原和〈楚辭〉研究的重大貢獻》（《邵陽學院學報》2002 年第 1 期）、岳凱華《聞一多與屈原》（《湖南行政學院學報》2002 年第 2 期）、段雙全《論聞一多〈楚辭〉研究中的創見》（《浙江海洋學院學報》2006 年第 3 期）、聞立樹、聞立欣《聞一多與〈楚辭校補〉及其他》（《首都師範大學學報》2008 年第 1 期）。

楚辭書目五種續編

楚辭研究專著。今人崔富章著。崔富章(1941—),山東淄博人。1967年畢業於杭州大學,爲姜亮夫先生楚辭研究生。1984年任浙江圖書館副館長。曾任杭州大學古籍研究所副所長、《楚辭學文庫》總主編。現爲浙江大學人文學院教授、博士生導師、中國屈原學會名譽會長。著有《四庫提要補正》、《詩騷合璧》等。

該書爲姜亮夫《楚辭書目五種》的"續編",體例一仍其舊。首有姜亮夫《序》。次崔氏《編寫説明》。次《楚辭書目五種續編總目》。崔氏在《編寫説明》中叙其編寫原則,云:"原編已著録的圖書,增補版本和版本叙録;原編未著録的圖書,則依次著録書名、卷數、著者、提要、版本(叙録)、序跋諸項。"正文凡五部分:第一部《楚辭書目提要》,分輯注、音義、論評、考證四類,著録書籍252種(新增141種),440個版本;第二部《楚辭圖譜提要》,分法書、畫圖、地圖、雜項四類,著録圖籍44種(新增27種),58個版本;第三部《紹騷隅録》,分辭賦、戲曲、故事、琴曲四類,著録圖書42種(新增40種)、44個版本;第四部《楚辭札記目録》,著録書籍11種;第五部《楚辭論文目録》,著録書籍論文1 600餘篇,收録下限爲1987年初。正文前述"屈原賦二十五篇"之由來暨《楚辭》成書之過程,考鏡源流,如數家珍,功力頗深。此書的特點有:第一,致力於版本補充,如王逸《楚辭章句》十七卷,崔氏增補明版本15個,清、近現代8個,序跋5篇;其中"輯注類"新增107種,包括大陸(1940—1987年)52種、港臺19種、國外36種。第二,重視"述中之評",往往抓住特色,或正誤,或評騭,三言兩語,點到爲止,頗具學術價值。第三,崔氏作爲姜氏之嫡傳弟子,對姜氏著述第一次作了全面收録、評述。總之,本書不僅是一本楚辭研究工具書,更是難得的楚辭學術著作,將成爲當代楚辭學者的必讀著作之一。1993年2月上海古籍出版社出版。

屈賦研究論衡

楚辭研究專著。今人趙沛霖著。趙沛霖(1938—),天津人。1963年畢業於河北師範學院中文系。現任天津社會科學院文學研究所研究員、天津美學學會副會長、中國詩經學會副會長兼秘書長。著有《興的起源——歷史積澱與詩歌藝術》、《詩經研究反思》、《先秦神話思想史論》等。

該書係天津教育出版社"學術研究指南叢書"之一。首有《出版説明》。次趙氏《自序》。次《目録》。趙氏在《自序》中,從方法論的角度對楚辭研究的現狀作了批評,認爲"呈現出某種盲目和散亂的狀態:諸如多頭並進,彼此重複,研究起點低,布局欠合理,乃至重要的學術成果難於進入學術交流體系,不能發揮其應有的作用,誤謬得不到及時批評而廣泛流傳的現象相當普遍","究其直接原因,除了缺乏有力的宏觀指導和協調之外,還與學術史總結和評價性研究薄弱密切相關"。趙氏正針對這一現象而作,書名"論衡"二字取自漢代王充《論衡·對作》"論衡者,所以銓輕重之言,立真僞之平,非苟調文飾辭,爲奇偉之觀也"。此書有"論"有"衡","論"、"衡"相參。就"衡"而言,則結合學術史的發展,就古今屈賦研究中的一些重要問題分别予以梳理與總結,追踪學術源流演變,評斷各家是非争端;就"論"而言,除就古今争論所引出的重要問題系統闡明自己的觀點與見解外,在綜合研究部分還從美學史、詩歌藝術史、政治思想史以及神話思想史的不同角度分别論述屈賦的意義與價值。

正文凡五部分:第一部分,《生平研究》,凡七章,介紹、評述"屈原生卒年"、"屈原的官階"、"屈原的遭疏與被放"、"屈原的族别"、"屈原的美政理想"、"屈原的愛國精神"、"屈原悲劇結局的時代特徵";第二部分,《作品研究》,凡五章,介紹、評述"離騷"、"九歌"、"九章"、"天問"、"招魂"的研究情况;第三部分,《綜合研究》,凡四章,即"屈原的美學理想與創作主張"、"屈原思想與儒法合流"、"屈原在詩歌藝術史上的地位與貢獻"、"屈原在神話思想史上的地位與貢獻";第四部分,《論文提要》,摘録1919—1985年間的楚辭研究論文44篇;第五部分,《書目論文索引》,分《屈賦研究書目》(漢代至1986年)、《屈賦研究論文分類索引》(1919—1985年)。1993年4月天津教育出版社出版。

迄今,對是書作過評述的論文主要有湯漳平《縱論古今　指陳得失——評〈屈賦研究論衡〉》(《天津社會科學》1995年第1期)。

《九歌》諸神的重新研究

楚辭研究專著。今人何新著。何新(1949—　),浙江蒼南人。作爲知青在黑龍江友誼農場做過農民、鑄工、教師。1977年考入大慶師範大專班,

1978年3月退學返回北京。1979年爲中央財政金融學院代課教師。1980年進入中國社會科學院,曾任助研、副研究員、研究員。1993年爲全國政協委員。現任職於全國政協,從事研究工作,爲中國作家協會會員、東方美術交流協會理事。著有《諸神的起源》、《龍:神話與真相》、《談龍》、《東方的復興》、《何新政治經濟論集》、《愛情與英雄》、《藝術現象的文化社會闡釋》等。

1985年何新完成《諸神的起源》,以研究中國上古太陽神崇拜的問題爲主綱,初步地、但也力求系統地探求和追溯中國原始神話、宗教以及一些基本哲學觀念的起源,1986年三聯書店出版。1987年,何氏在"中國民族文化講習班"上,作了題爲《〈九歌〉十神與陰陽五行學説》的學説報告,認爲《九歌》十神與華夏五方五帝存在一種結構性的相似關係,"九歌"實際上就是"九天十神歌"的簡稱。因爲何氏認爲《諸神的起源》系統研究了中國上古在考古文獻裏記載的太陽神與月亮神,論證了伏羲就是太陽神,這是何氏破譯屈原《九歌》十神圖的宗教依據。故將此書正題命名爲《諸神的起源·續集》,副題爲《〈九歌〉諸神的重新研究》。

此書首有何氏《〈九歌〉十神圖》。次《目録》。末附《楚辭學家湯炳正先生的來信》。次《李澤厚先生的來信》。正文凡三卷:卷一爲"衆神之頌"(包括《天地篇》、《春篇》、《夏篇》、《秋篇》、《冬篇》五篇),卷二爲"解題與注釋"(包括《九歌》十一篇),卷三爲"討論與研究"(包括《〈九歌〉新論》、《説美》、《〈九歌〉十神奥秘的揭破》、《閟宫神女與中國古代的女性崇拜》四篇)。何氏《衆神之頌》將十神排列如下:

天地篇　1. 獻給日神、神皇上帝、伏羲、黄帝　　祀東皇太一,男神;2. 獻給夜神、地母(社神)、閃電神、女媧　　祀雲中君,女神

春篇　3. 獻給水神、風神　　祀河伯,男神;4. 獻給青陽之神、青虹之神、春雨之神、朝霞之神　　祀東君,女神

夏篇　5. 獻給夏神、炎帝、鶉火之神　　祀湘君,男神;6. 獻給朱鳥、祝融、織女神　　祀湘夫人,女神

秋篇　7. 獻給秋神、生育之神、少昊　　祀少司命,男神;8. 獻給死神　　祀大司命,女神

冬篇　9. 獻給冬神、玄冥、山神　　祀山鬼,女神;10. 獻給戰神、蚩尤、雄鬼　　祀國殤,男神

何氏對《九歌》的新解,受到學術界的尖鋭批評,認爲何氏宏觀構架牽强,治學粗疏,學風不正,在論述過程中隨意通轉,自相矛盾,因此得出的結論難以爲學術界所接受。1993年5月黑龍江教育出版社出版。另,2007年時事出版社出版《何新國學經典新解系列》本。

迄今,對是書及其中觀點作過評述的論文主要有大水《"九歌"新釋》

(《玉溪師範學院學報》1985 年第 1 期)、袁珂《〈九歌〉十神説質疑》(《讀書》1988 年第 7 期)、張中一《考訂〈九歌〉應是楚天神、地祉、人鬼之祭歌》(《貴州社會科學》1988 年第 12 期)、姚小鷗《〈九歌〉的神系與神格——評〈揭開九歌十神之謎〉》(《社會科學戰綫》1990 年第 2 期)、周建忠《當代屈學考信録》(《職大學報》1998 年第 1 期)。

天問研究

楚辭研究專著。今人翟振業著。該書首有周建忠《序》。次《自序》。末附《附録》(包括《屈原與魯迅比較研究》、《吳、楚文化比較研究》、《〈天問〉今譯》)。次翟氏《後記》、《補記》。周氏在《序》中評價此書,云:"不僅提出了對《天問》的總體認識,《天問》是一首講授自然科學與社會科學提綱式詩,而且對《天問》的問題作了二十四個角度的研究,儘管其中有的問題學界早有研究,且有比較一致的結論,但相當多的題目是人們不太注意的,如'地震'、'石林'、'婦女難産'、'叔接嫂婚俗'、'性誘惑'等,可以見出振業先生的視野與學術勇氣。再如《天問》提了多少問題?這也是學者們不去深究的,但經振業先生一梳理比較,則發現通行的説法有誤。至於對《天問》結構圖的勾勒與闡釋,進而探討其思維結構,也極有意義。"

正文包括:一、《〈天問〉是一首講授自然科學與社會科學的提綱式詩》;二、《〈天問〉問題研究》,凡二十四題;三、《〈天問〉問題研究的回顧與展望》;四、《〈天問〉問難藝術研究》;五、《論〈天問〉的問題邏輯》;六、《〈天問〉提了多少問題》;七、《〈天問〉與中原文化研究》;八、《試論〈天問〉的連動思維》;九、《論〈天問〉中的"帝"和屈原的鬼神觀》;十、《〈天問〉:是追求不是困惑》;十一、《從〈天問〉結構圖看〈天問〉問題的邏輯展開》;十二、《論聞一多〈天問疏證〉的思維特點》。翟氏認爲,"天問",就是問天地之間至大至深的問題,其主旨乃欲窮究其中高深難測的事理。關於《天問》問了多少問題,明代黄文焕以爲 171 個問題,郭沫若以爲 172 個問題,但其《屈原賦今譯》只標了 162 個問題,而翟氏對《天問》經過逐句析理後,以爲屈原提出 174 個問題。1993 年 6 月南京大學出版社出版。

迄今,對是書作過評述的論文主要有黄震雲《當代楚辭學研究的重要貢獻——評翟振業〈離騷自我新論〉和〈天問研究〉》(《鹽城師範學院學報》1994 年第 1 期)、梁成《天問研究》(《常熟高專學報》1995 年第 1 期)、周建忠《〈天問〉要籍解題》(《南通師範學院學報》2001 年第 1 期)、毛慶《〈天問〉研究四百年綜論》(《文藝研究》2004 年第 3 期)。

繪圖楚辭選

楚辭研究專著。今人陳惠明主編。該書爲一本圖文並茂、雅俗共賞的普及讀物,作爲湖北美術出版社"繪圖中國古典詩歌名著叢書"之一,由出版社組織編寫。首有聶石樵《序》。末附《〈楚辭〉基本知識》。聶氏《序》稱贊此書,云:"藝術地再現了屈原詩歌的境界,描形繪影,形象逼真,滿足了讀者的仰慕之思","屈原的作品源於民間,來自人民,現在又還給人民,這正是這本書的意義所在"。《〈楚辭〉基本知識》,包括"楚辭的淵源"、"屈原的生平和作品"、"楚辭的其他作家"、"楚辭的藝術美"等。

正文部分"上圖下文",收入《楚辭》作品有:屈原《離騷》、《九歌》(11 篇)、《天問》、《九章》(《涉江》、《哀郢》、《抽思》、《懷沙》、《橘頌》)、《卜居》、《漁父》、《招魂》,宋玉《九辯》,賈誼《弔屈原》,淮南小山《招隱士》。繪圖由朱新昌、魏忠善等。注釋者爲"楚狂人",顯爲筆名,但釋義簡略、明確,注音詳盡,便於自學與誦讀。1993 年 7 月湖北美術出版社出版。

東方詩魂

楚辭研究專著。今人郝志達、王錫三主編。郝志達(1935—2009),遼寧營口人。1959 年畢業於南開大學中文系,留校從事先秦文學的教學。在導師陳介白的指導下,1960 年第一次登臺講授《離騷》,逐步感悟到屈子人格的偉大與屈辭藝術的精妙,開始閱讀《楚辭》原著及大量文獻資料,並做了卡片、索引、筆記。1979 年,教育部委託姜亮夫舉辦全國重點大學講師以上教師參加的楚辭進修班,郝氏來到杭州大學參與該班學習,從而懂得了研究方法,確定了《楚辭》的研究方向。曾任南開大學中文系教授,兼任中國屈原學會常務理事。著有《楚辭今注今譯》等。王錫三(1937—),河北滄縣人。1960 年畢業於河北大學中文系,同年至天津師範學院任教,曾任該校中國語言文化中心主任。現爲天津師範大學中文系教授,兼任中國屈原學會理事、天津先秦文學研究會副會長、中國對外漢語學會常務理事。

該書爲東方出版社《東方書林之旅》叢書"清平樂書系"之一,"清平樂書系是研究文化的專著，突出的是人類文化的永恒意義和文化的精神承傳，如同一首悠遠的清平樂長調，文化的浩歌回響在人類精神的空間”。首有《目録》。次《引言》。後附郝氏《後記》。郝氏在《後記》中説明此書由趙季、崔勝洪、胡學常撰稿，副題爲《屈原與中國傳統文化》。1991 年 10 月 20 日至 23 日，天津市語文學會先秦文學研究會、天津市社聯、天津師範大學等單位聯合舉辦了“屈原與中國傳統文化”全國學術討論會，會議由郝志達、王錫三具體籌備、主持，來自全國十七個省市的 77 位專家學者應邀與會，共提交論文三十五篇，圍繞“屈原與楚辭”，從文化、哲學的角度進行了有益的探討。該書即以此次屈原研究專題會議爲基礎編撰而成，《引言》云：“本書就是想通過一次有價值的全國性學術討論會，將‘屈原與中國傳統文化’這一研究課題做一次巡禮，努力反映這一研究的最新水平。”

正文凡六章，三部分：第一、二章爲“本體編”，通過“屈原社會角色的判定”、“屈原的思想、精神、人格”、“屈原之死”歷史動態研究的描述，條理出屈原精神乃是中國傳統文化、特别是士人精神極爲重要的組成部分，力求描述出近真的屈原；第三、四章爲“影響編”，不同歷史時期人們對屈原精神的體認與創造，是形成“屈原傳統”不同内涵的主要原因，同時力圖在“屈原傳統”的傳播、流失、變異的衝突的歷史透視中概括、提煉出屬於我們的民族精神之所在；第五、六章爲“文化哲學編”，揭示屈原的文化淵源與歸屬，透過屈原隱秘而深邃的心理世界，觀照屈原作品的遠遊、還鄉、自殺這三個永恒的主題。各編、各章之間既獨立成篇，又自成體系。

全書的特點是，“從屈原與中國傳統文化研究的歷史動態中，描述不同歷史時期人們對屈原現象的體認，介紹與評述不同歷史時期，研究者們的創造結晶”，因此編者又説“本書的特點是勾勒與描述。從這個意義上講，它是一部關於屈原人格、屈原精神、屈原傳統的專題研究史的概述”。也就是説，已將一般學術會議論文、發言的分析、綜述、評判提升到“專題研究史”的學術層面，以會議專題的有關内容組成全書的内在結構，又以史學回顧、描述透視某一具體内容的得失。以横向爲經，縱向爲緯，立足會議，又超越時空；以會議爲主，又涉及、思考到某個研究内容的歷史。

此書的另一個特點是，在會議綜述與史學勾勒的結合中，闡述了編者“自身的觀點”。這裹又分爲兩個層面，一是編者以某種觀點來作回顧、描述，二是編者直接對某些争議發表看法或對某些争議進行總結。本書表述更爲充分、自然，當是二者的融合。第二、三編較集中地體現了這一特點。如第三章《發展與再觀：屈原傳統的歷史命運》從價值判斷範疇、文學傳統範疇、道德倫理範疇三個層次揭出“屈原傳統的内核”是由其人格魅力與閃光精神構成的，屬於道德倫理層次，主要表現爲：1. 堅貞而忠誠的利他主義；

2. 忠貞與激烈性格上程度的極致;3. 擁有衆多傳説、可靠記載、頗具影響力的詩歌作品,深刻地影響了中國的文化傳統;4. 雖然儒家的中庸思想往往代替了屈原的極端行爲,但是屈原的精神卻從未間斷地流傳至今;5. 屈原以其富有感染力的不朽作品深深地影響了中國的士人階層,從而影響了中國的民族與歷史。

此書的不足是,開頭《引言》中説"屈原自沉,就是一種極其痛苦的生命現象。聞一多早就説過一句非常深刻又耐人尋味的話:'研究屈原,應該以他的自殺爲出發點'。但是,惡勢力過早地奪去了聞一多的生命,他的未竟事業,只有我們後人續作了"。此處將梁啓超《屈原研究》中的話,誤爲聞一多的話,而且又作了一段發揮,是爲遺憾。總之,本書是一本個性鮮明、帶有探索嘗試性質的著作。1993 年 8 月東方出版社出版。

離騷探驪

楚辭研究專著。今人江立中著。江立中(1943—　),亦名水工,湖南平江人。1967 年畢業於湖南師範學院中文系,先後在初中、高中任教。1976 年調入岳陽師專中文系,執教中國古典文學,曾任中文系副主任、教務處長。1980—1981 年間,重返母校進修,師從宋祚胤攻讀先秦諸子思想。現爲湖南理工學院(原岳陽師範學院)中文系教授,兼任中國屈原學會理事、湖南省古典文學研究會常務理事、岳陽市屈原研究會副會長。曾長期擔任《雲夢學刊》"屈原研究"欄目責任編輯,對屈原研究成果的刊佈與交流,起了積極的推動作用。著有《遷謫文學與岳陽精神》、《屈騷鑄詩魂》等。

此書首有《目録》,次宋祚胤《序》。次《前言:史詩・屈原・民族魂》。末附《屈原與龍舟文化》。次江氏《後記》。在《後記》中,江氏總結之所以研究楚辭的原因:一是老師宋祚胤的誘發與影響;二是執教中國古典文學,尤其主講先秦文學的需要;三是地理因素,汨羅是屈原的沉江地,自然成爲中國屈原學會、湖南省屈原學會活動的中心之一;四是研究方法的思考,以爲"要研讀楚辭,要瞭解屈原,郭沫若的《屈原研究》、歷史劇《屈原》和《屈原賦今譯》三本書,是最理想的入門導師"。正文凡三部分:《離騷散論》、《離騷釋義》、《離騷探驪》。《離騷散論》凡二十一題,從第一題至第十五題,是《離騷》原文的層次分析,分爲:高陽之疑、三寅之寓、三后桀紂、滋蘭樹蕙、朝誶夕替、回歸故里、女嬃之詈、南訪重華、上求天帝、下索佚女、靈氛吉占、百神吉故、決計出走、生死抉擇、絶命之詞。第十六題至二十一題,從不同角度研讀

《離騷》,有:政治激情、藝術形象、民族之魂、楚族史詩、自傳結構、象徵體系。《離騷釋義》,將《離騷》按四句一節,分節釋義。每節包括原文、簡注、釋義三個部分,"釋義"不是翻譯,只是寫出原詩的基本大意。對全詩的各個部分、段落,亦略作結構分析。將全詩分爲五大部分:第一部分,開頭至"來吾導夫先路",以爲全詩之序詩,自叙詩人青少年時期的生活;第二部分,自"昔三后之純粹兮"至"固前聖之所厚",寫詩人任職郢都時期的經歷、遭遇和心情,詩人經歷了先爲左徒、次爲三閭、終於遭絀這樣一個三部曲;第三部分,自"悔相道之不察兮"至"夫何煢獨而不予聽",寫詩人被絀出郢都後、退歸故里時期的思想矛盾;第四部分,自"依前聖以節中兮"至"蜷局顧而不行",寫詩人在去國求合與留以求合問題上猶豫不決的思想鬥争;第五部分,即"亂曰"以後,是全詩的尾聲。《離騷探驪》收入論文四篇:《試論屈原的叛逆性格》、《〈離騷〉是屈原在〈九章〉基礎上總彙其它諸篇的再創作》、《兩曲歸去情　異采各天成》(比較《離騷》"悔相道之不察兮"至"豈余心之可懲"一段與陶淵明《歸去來辭》)、《屈原研究的三座里程碑》(以爲史學家立傳:司馬遷樹起了第一座里程碑;評論家辨騷:劉勰樹起了第二座里程碑;文學家揮毫:郭沫若建造了第三座里程碑)。1993 年 8 月岳麓書社出版。

迄今,對是書作過評述的論文主要有戴金波《爲深邃之思　發幽隱之義——讀〈離騷探驪〉》(《雲夢學刊》1993 年第 4 期)、任先大《一部"探驪得珠"之作——讀江立中〈離騷探驪〉》(《中國文學研究》1994 年第 1 期)、張慶利《發幽索隱　探驪得珠——江立中〈離騷探驪〉評介》(《綏化師專學報》1994 年第 3 期)、唐輝《江立中楚辭學研究述略》(《零陵學院學報》2004 年第 5 期)。

屈賦注解

楚辭研究專著。今人蔣南華著。本書首有《代序:弘揚民族文化,發揚屈子精神》。末附《關於屈原的生平、被逐及〈屈賦〉的寫作年代順序與〈楚辭〉成書概略》,關於屈原生年,取張汝舟説,爲公元前 343 年戊寅正月廿一日庚寅;卒年取郭沫若説,爲公元前 278 年。蔣氏之説與衆不同者,主要是將屈賦二十五篇的寫作年代,一篇定在楚懷王時期,即《國殤》作於懷王十七年之後;其餘二十四篇的作年均定在頃襄王時期,《惜誦》作於頃襄王二年一月詩人離郢之前;《哀郢》作於頃襄王二年二月"仲春"之後至頃襄王十年以前,是詩人至"陵陽"(岳陽城陵磯)時期的作品;《河伯》是頃襄王二年仲春之後的作品;“二湘”是頃襄王十一年秋天詩人“邅吾道兮洞庭”北去漢北的作品;《離騷》是頃襄王十一年以後寄居“漢北”,“濟沅湘以南征兮”,“入溆浦”(今湖南益陽桃花江地區)前的作品;《抽思》作於頃襄王十三年左右詩人即將離開“漢北”折而南去“溆浦”之時的一個夏秋之交;《橘頌》是頃襄王十一年至十三年左右的一個金秋,詩人寄居“漢北”時所作;《漁父》是詩人離開“漢北”前往“溆浦”,途經“滄浪之水”遇漁父時所作,時爲頃襄王十四年許;《卜居》是詩人於頃襄王十五年春到達“溆浦”時的作品;《涉江》及《九歌》之《東皇太一》、《雲中君》、《大司命》、《少司命》、《東君》、《禮魂》、《山鬼》諸篇是詩人“邅徊”於“溆浦”時期的作品;《天問》是詩人離開“溆浦”之前的作品,時爲頃襄王二十年春天;《思美人》、《悲回風》,是頃襄王二十一年一月詩人離開“溆浦”時所作;《招魂》是詩人前往長沙途經“哀江口”時的作品,時爲頃襄王二十一年三月;《懷沙》是頃襄王二十一年四月孟夏,詩人離開長沙、前往汨羅途中的作品;《惜往日》是詩人至汨羅投江前的作品,是詩人的絶筆,時在頃襄王二十一年五月初五之前。

正文收入屈原作品有:《九歌》(11 篇)、《離騷》、《九章》(《惜誦》、《哀郢》、《抽思》、《橘頌》、《涉江》、《思美人》、《悲回風》、《懷沙》、《惜往日》)以及《漁父》、《卜居》、《天問》、《招魂》。各篇先題解,包括淵源、背景、作年、作地、主旨、神格、藝術特色等;次原文,次注釋。注釋較詳,難字亦注音,釋文中頗多引證典故及各家之説,並注明出處,不厭其煩,頗便初學。1993 年 8 月貴州人民出版社出版。

迄今,對是書作過評述的論文主要有楊木《〈屈賦注解〉簡介》(《貴州教育學院學報》1994 年第 1 期)。

楚　辭　選

楚辭研究專著。今人錢航著。本書係“中國詩歌寶庫”叢書之一。該叢書由錢伯誠主編,凡十三分册,其中《詩經選》、《楚辭選》由錢氏編著。本書首有錢伯誠《主編的話》。次錢氏《導言》。末附《屈原、宋玉、賈誼小傳》。錢氏《主編的話》云:“這一套書雖然是一套選本,但是要爲讀者提供一個中國詩歌的較爲完整的全貌,從上古的《詩經》到當今的新詩,有體皆備,無美不收;有源有流,又有各個時代的不同特色。”錢氏在《導言》中介紹楚辭的基本情況,並説明本書的撰述體例,云:“對每一篇作品都逐句詳加注釋,並用現代漢語作散文式直譯;然後分‘作意’、‘作法’、‘鑒賞’三個層次,對作品進行通俗易懂、深入淺出的分析。有一些需要讀者瞭解的背景知識,則在‘補充説明’中予以揭示。楚辭各篇都是韻文,用韻雖無嚴格體例,但已經表現出楚辭用韻是和諧的。本書的各個韻脚,全部依據王力先生的《楚辭韻讀》。”

正文包括:屈原作品《離騷》、《九歌》(10篇,無《禮魂》)、《九章》(《橘頌》、《涉江》、《哀郢》、《抽思》、《懷沙》)、《招魂》;宋玉《九辯》(兩節);佚名詩《卜居》、《漁父》;賈誼《弔屈原》;淮南小山《招隱士》。正文有彩色插圖八幅,由畫家潘小慶用國畫表現詩歌意境:《離騷》“路漫漫其修遠兮”、《東君》“長太息兮將上”、《湘夫人》“時不可兮驟得”、《山鬼》“山中人兮芳杜若”、《哀郢》“登大墳以遠望兮”、《招魂》“魂兮歸來”、《卜居》“用君之心行君之意”、《漁父》“滄浪之水清兮”。本書在體例方面的特色是,在一般選本“注釋”、“今譯”、“鑒賞”的基礎上,增設“作意”、“作法”兩項,在幫助讀者理解作品的内在結構及義理闡釋方面,作了一個很好的嘗試。“作意”,相當於“主題”或寫作背景,但比較靈活;“作法”側重於段落層次的分析,重點字詞内在意蘊的發掘,引導讀者去思考、比較。當然,如果處理不好,“作法”與“鑒賞”部分在内容上有些交叉或重複。

案,本書曾受到陳禮榮《不忍卒讀的“白話文今譯”》一文的點名批評(載《中華讀書報》1996年5月25日),以爲本書“注釋與譯文中望文生義處頗多,有的句子居然和原文的本來意思風馬牛不相及”,並舉了本書將《招魂》“晉制犀比”解釋爲“晉國出産的賭具犀比”的例子,以爲完全是“信口雌黄”,又説“古往今來,治《楚辭》者代有傳人,還從不見有人提出過關於‘犀比’爲‘晉國生産的賭具’之類的説法”。令人遺憾的是,這位批評家連王逸的《楚辭章句》也没有讀過,連學術界對“犀比”的三種解釋都不了解,就出言不遜,大話訓人。平心而論,本書在衆多的楚辭普及選本中,還是比較持重且有特色的一種。1993年8月上海書店出版,據中華書局(香港)有限公司版重排。

九歌析論

楚辭研究專著。今人錢誦甘著。錢誦甘(1918—　),名樹棠,江蘇南通人。武漢大學史學系畢業,齊魯大學國學研究所、四川大學文科研究所研究生。歷任中學教師、徐州師範學院中國史教師、無錫教育學院中國古典文學教師,現已退休。

錢氏提出,説《九歌》是巫歌,只是從起源上看;除了《國殤》一篇以外,《九歌》很少正面和全面寫神,對神没有多大的頌贊和祝願,宗教氣氛並不濃厚。它們多由短章小曲輯合成篇,詞氣也不十分完密。它們總是抓住有關神的兩三個戲劇性片斷,加以特寫和側寫。雖然篇中也分段落,但卻隱然現出歌舞的場次。其内容大多借巫與神或神與神之間的離合恩怨,寄寓人間風情。因此,"與其説《九歌》是對神的祭歌,不如説《九歌》是隱分場次的祭舞樂曲,是只有曲文没有科白的神戲唱詞"。錢氏還提出:"《九歌》固遠非楚國巫歌的全部,《九歌》决非代表着楚國最流行的幾個巫神。《九歌》十一首之所以比輯在一起,恐怕出於藝術上的選擇","因爲《九歌》諸神除了《湘君》、《湘夫人》是一對夫妻之神外,其餘諸神都是各自獨立,不相關涉的。既無神譜上的親屬關係,也無官牒上的隸屬關係"。所以錢氏强調:"《九歌》是一組雜輯起來的神歌,它不是一個有系統的有次序的組合,因之大合祭的場面是不存在的,交響樂的組唱形式也是不存在的,跟夏樂也是無淵源的","我們只能把《九歌》當巫歌看,就歌論歌,其中並無屈原的潛臺詞。若説有一點點,那只是從比興的感染中主觀體味出來的","由於《九歌》絶大部分不是一氣寫成的,它是先有短章斷句,然後綴輯成篇的。這些短章斷句原是幾首小樂曲,在《九歌》中,這些小樂曲是伴隨着祭祀儀式之進行,舞蹈場次之展開而逐個演奏之組歌,後來才綴合成一篇形式上比較完整的祭歌的"。所以才出現一篇之中有兩種口吻雜在一起,一篇之中一人之前後稱謂也不一律的情況。經過考索,錢氏認爲,"東皇太一"是楚國民間捧出來的野上帝,所以歌辭把它寫得抽象化,又寫得一片歡騰;它不是倫理秩序的化身,只是和氣吉祥的象徵。"雲中君"不是雲神或雨露之神,而是雲氣占術的神格化,後來轉化爲女巫的通靈術。"湘君"、"湘夫人"是夫妻神,"湘君"是湘水之神,"湘夫人"是洞庭之神,"二湘"寫夫妻相約相會中相盼相疑的恩怨,實質上是民間青年男女踏月踩山之俗中的心態反映。《湘夫人》不及《湘君》篇文字來得整飭,顯然摻進了民歌格調,末段六句是綴上去的和聲和合唱。"大司命"具有冥官性質,它所導引的"帝",實即楚國始祖神顓頊;這篇歌辭是爲了鬧喪娱喪用的。"少司命"成了高禖神的變相。"東君"寫日神的女性美。《河伯》歌辭歌咏的中心是河伯娶婦的"美人"。《山鬼》寫高禖女神在男權社會裏墮落而爲神女。《國殤》句式整齊,文氣完足,是一手寫成的。《禮魂》是一首普通的祭祖歌,猶存《九歌》所綴輯的短章小曲的原始形式。1994 年 1 月臺灣商務印書館出版。

迄今,對是書作過評述的論文主要有張葉蘆《復王同文師女弟論〈九歌析論〉書》(《浙江師大學報》1996 年第 5 期)。

澤畔悲吟——屈原:歷史峽谷中的永恒回響

楚辭研究專著。今人劉毓慶著。劉毓慶(1954—),山西洪洞人。志學之年學醫,1974年推薦進入大學。1978年考取山西大學中文系中國古典文學研究生,1981年畢業,獲碩士學位,留校任教。1996年晉升爲教授,同年考取北京大學中文系中國古典文學博士研究生,師從褚斌傑攻讀先秦文學。1999年獲博士學位,返回山西大學任教,任中國古代文學研究所所長。現爲山西大學文學院院長、教授、中國詩經學會副會長、中國屈原學會常務理事。著有《古樸的文學》、《朦朧的文學》、《雅頌新考》、《從經學到文學——明代〈詩經〉學史論》、《圖騰神話與中國傳統人生》等。

本書爲劉氏主編的"龍門叢書"之一,副標題爲《屈原:歷史峽谷中的永恒回響》。劉氏在《引子》裏提出:"中國歷史上有兩個文化巨人,一個是孔子,另一個就是屈原。孔子統治了民族的思想意識,卻不得不把情感、精神的領域讓給屈原。對孔子,人們只是理智地接受他的説教,而屈原卻能唤起人們内在生命的衝動,給人以奔放、飛躍、自由、冲決的力量","屈原不是一個孤立的個體,而是一種文化現象。他的本事就是民族心靈一曲深沉、悲哀、思慮、憂傷的歌"。全書凡四章。第一章,《"文化生命"之根的探尋》,凡四節:1.《歷史:傳自遠古的信息》;2.《時代:燃燒的精神》;3.《楚人:苦悶的心靈》;4.《貴族:被縶的生命》。第二章,《徘徊於歷史的幽靈》,凡四節:1.《文與政:中國文人的生命基型》;2.《忠與讒:專制文化的永恒難題》;3.《戀與怨:生命意識的雙向運動》;4.《生與死:人生價值的雙重選擇》。劉氏提出:"一個多情、固執、清高、輕狂、充滿幻想、書生氣十足的人,最好是老老實實地做個文學家。可是屈原,宗國本位主義的立場,偏使他萌生了從政的熱烈欲望,一心想做一個青史留名的政治家。儘管他在文學上取得了輝煌成就,表現了卓越的詩才,然而他卻不屑一顧。可他又缺少政治家的基本素質,缺少對付官場一個個醜惡靈魂的機智和手段。以詩人的天真、幼稚,介入政争的殘酷無情,這就決定了他的悲劇命運。"關於屈原的自殺,劉氏以爲,"他以生的嚴肅,塑造了凝聚着民族文化道德之靈的人格楷模,以死的爆發振發了每個血肉之軀情感之弦的搏動,唤起人們對生死問題的深深反思"。第三章,《澎湃的情感世界》,凡四節:1.《〈離騷〉:失據生命的呼號》;2.《〈天問〉:困惑與超越》;3.《〈九歌〉:渴望與幻滅》;4.《〈九章〉:走向死亡》。劉氏認爲,《九章》是屈原"以死之選擇否定了繼續存在的意義;以生的執着肯定了死的價值”,“還看到了在現實沉重的打擊之下,而造成的詩人的病態心理”,“他似乎失去了與現實的正常聯繫,而把幻想認作是實在的一部分。在神靈面前,他理直氣壯;而在現存世界裏,卻又恐懼不安”,“他用固定的程式幻想着世界的罪惡,而根本無心去真正瞭解這個世界,也不敢以開放的心態去接觸這個世界。他既過敏,又脆弱,故而認爲只有死亡,才是最安全的選擇”。第四章,《歷史的回響》,凡三節:1.《屈原文化效應》;2.《屈原效應之分析》;3.《人格之升華與效應之加大》。劉氏以爲,“這本小册子,一是企圖將《周易》理論運用於文學研究領域;二是將屈原問題作爲一個文化現象進行分析、認識”。1994 年 1 月山西教育出版社出版。

迄今,對是書作過評述的論文主要有梅瓊林《評劉毓慶先生的新著兼及屈騷研究方法》(《中南民族學院學報》1995 年第 6 期)、東山《〈澤畔悲吟——屈原:歷史峽谷中的永恒回響〉一書出版》(《職大學報》1994 年第 4 期)。

漢楚辭學史

楚辭研究專著。今人李大明著。該書首有湯炳正《序》。次《目録》。次《緒論》。末附《本書引書要目》。次李氏《後記》。湯氏《序》,强調“任何學術都有其繼承關係,但真正的繼承,應當是對前輩的學術遺産擇善而從,對前輩的治學經驗揚長棄短,並在此基礎上善於獨運思維,寫出開創之作”,評介本書“樸質之風,溢於簡素間。其中有的章節,溯源窮流,評騭優劣,事必有據,言必己出,獨創新見,精審可喜”。李氏《後記》叙其撰述過程,云:“原來的設想是寫一部中國古代楚辭研究的通史性的書,但單寫漢代,就下筆不能自休,結果寫成這本 30 萬言的楚辭研究的斷代史。”另,李氏《後記》言其撰述方針,云:“以史爲綱,史論結合;實事求是,探源溯流。”

本書《緒論》凡五部分:《漢楚辭學史概述》、《漢楚辭學主要成就》、《漢楚辭學與兩漢思想文化》、《幾點思考》。在《緒論》中,李氏指出,“漢代學者對屈原與楚辭的認識確有一逐步深入的過程;作爲一門學問,研究領域也是逐步拓展、逐步深化”。漢代楚辭學的主要成就包括:對於屈原思想行爲的評介;對屈原與楚辭研究文獻的收集、整理和研究;關於楚辭作品内容旨意和文學成就的評介;漢代大量涌現的擬騷歌賦,顯示了楚騷文學强大的生命力。李氏還指出,“屈賦和楚辭不是純文學,屈原和衆多楚辭作家不是單純意義上的文學家,所以屈原和楚辭評論必然要兼及政治道德評價和文學藝術評價,這也决定了楚辭學不是純學術意義上的一門學問,兩漢思想文化也就必然作用於楚辭學的整個歷史進程”,“從楚辭學所涉及的幾個主要方面來看,漢楚辭學皆爲後代楚辭研究奠定了不可替代的基礎。或者從某種意義上講,漢代以後的中國楚辭學,就是對漢楚辭學的研究”。

正文凡六章:第一章,《西漢前期的楚辭研究》,凡四節,“漢初的楚歌楚賦”、“賈誼的屈原評論和辭賦創作”、“諸侯國賦家與楚辭”、“劉安及其賓客的楚辭研究”;第二章,《武帝君臣與楚辭》,凡四節,“漢武帝與楚辭”、“司馬相如與楚辭”、“武帝群臣賦”、“司馬遷的楚辭研究”;第三章,《西漢後期的楚辭研究》,凡三節,“漢宣帝時的楚辭評論與騷體賦”、“劉向父子的楚辭研究”、“揚雄論屈原與楚辭”;第四章,《東漢前期的楚辭研究》,凡三節,“楚辭評論與歌賦創作”、“班固的楚辭研究”、“東漢前期的《楚辭》訓解”;第五章,《王逸及其〈楚辭章句〉》,凡三節,“王逸生平及其著述”、“王逸論屈原與楚辭”、“《楚辭章句》及其傳本”;第六章,《東漢後期的楚辭研究》,凡三節,“楚辭評論與擬騷歌賦”、“《九思注》”、“建安文人與楚辭”。1994 年 10 月電子科技大學出版社出版。另,2004 年 10 月華齡出版社、中國社會科學出版社聯合出版增訂本,末增加《增訂本後記》,稱修訂主要在校定文字、補充證據兩方面,約增加 5 萬字。

楚 辭 新 詁

楚辭研究專著。今人何劍熏著。何氏《楚辭拾瀋》出版後,繼續致力研究《楚辭》,將自己數十年來一系列成果加以綜合、修改、總結。由於長年卧病不起,其助手吳賢哲協助整理,並由何氏審定。但何氏審定《離騷》、《九歌》部分後,即未竟仙逝。吳氏恪遵師囑,繼續整理:一、根據何氏的原則進行選編;二、逐條核對書稿中所用全部材料的原文;三、對一些没有注明出處或只注明書名而無具體篇目的條目,分别補出;四、對原稿中論證材料予以整理,對不能起論證作用的,予以替换;對誤用的,删除;五、對少數地方間或補充一二條材料;六、逐個核對原稿中涉及到的所有古聲韻,對個别有誤的聲或韻加以訂正;七、對原稿中所例舉的古文字也進行了逐個核對和修訂。吳氏歷時三載方成。《新詁》據《拾瀋》擴充、整改而成,但不是照鈔《拾瀋》原文、擴充其他條目而成。《新詁》現有條目 538 條,比《拾瀋》超出 299 條,其中《離騷》78 條,《九歌》67 條,《天問》51 條,《九章》111 條,《遠遊》19 條,《卜居》9 條,《漁父》7 條,《九辯》27 條,《招魂》28 條,《大招》27 條,《惜誓》2 條,《招隱士》4 條,《七諫》13 條,《哀時命》15 條,《九懷》12 條,《九歎》44

條,《九思》24條。可見是採用王逸《楚辭章句》的篇目及次序。

本書體例爲:首列條目,用原詩一句或兩句、或四句,視情況而定;次節引古今名家之説,然後以"劍熏按"領起,展開箋釋解詁。至於義理、辭章,很少涉及,唯《東皇泰一》、《雲中君》、《山鬼》、《禮魂》涉及到"神格"問題,《天問》、《橘頌》言及作年,《卜居》、《漁父》簡述作者問題,然既不深究,亦無創見。《新詁》在箋釋中,詳於《離騷》、《九歌》、《天問》、《九章》,具體表現在:列出條目多,凡307條,超過全書大半;引證舊説如王、洪、朱以及聞一多、姜亮夫之釋多;何氏箋證亦論證周詳,不憚其煩。又,《新詁》引證他説,古代以王逸、洪興祖、朱熹三家爲主,其次爲王夫之、蔣驥、戴震,再次爲朱駿聲、王念孫、俞樾、王闓運、錢杲之、胡文英、丁晏、林雲銘、畢大琛(僅肯定其一條)以及《文選》五臣注、六臣注。現當代以聞一多、姜亮夫二家爲主,其次爲劉永濟、游國恩、沈祖綿、于省吾,再次爲馬其昶、衛仲璠、徐仁甫、郭沫若等。何氏對王逸、姜亮夫二家似乎情有所鍾,大部分條目均引述、論證,故於王、姜二家之説肯定多、圓通多、發揮多、補證多,駁難多、糾正多。何氏精通小學,詮釋《楚辭》疑難詞句,往往從聲訓、形訓、義訓入手,"因形以得其音,因音以得其義"(段玉裁《廣雅疏證・序》)。三者之中,又尤重聲訓,以"訓詁之旨,本於聲音"(王念孫《廣雅疏證・自序》)爲起點,力圖振裘提領,舉網挈綱。故使《新詁》精見叠出,勝義紛披。如《天問》"比干何逆,而抑沈之?雷開何順,而賜封之?"王逸注云:"比干,聖人,紂王諸父也。諫紂,紂怒,乃殺之剖其心也。雷開,佞人也,阿順於紂,乃賜之金玉而封之也。"本節的疑難是"沈"、"封"不協韻;即使據别本"雷開何順,而賜封金"亦不押韻。何氏破釋分三步:1. 探索屈賦押韻通例,兩句句尾皆"之"字的句子,則"之"字之上一字爲韻;若一句末爲"之"字,一句不爲"之"字,則"之"字諧韻。而從一本"金"、"沈"雖韻,卻違韻例。2. 探求王逸注文通例:"即正文之字,於《注》文中必出現之",而王逸於上句不出"抑沈"而出"剖心"。於下句出"金"字,則知原本上句作"剖心",下句有"金"字。3. 據王逸注例、屈賦韻例校勘出原文:"比干何逆,而剖之心?雷開何順,而賜之金?"而"心"、"金"古音同在侵部,故協。再如《九章・惜誦》"心鬱邑余侘傺兮,又莫察余之中情。固煩言不可結詒兮,願陳志而無路",此節"情"、"路"不叶,成爲疑難,朱熹認爲"情字以韻叶之,當作善惡"。陳第以"情"爲"愫"(今人陳子展、鄭坦從其説)。郭沫若疑"路"爲"徑"之誤。姜亮夫以爲二句"文義實不相屬;其中疑有奪誤或錯簡"。王泗原則以爲"誤衍",前二句由《離騷》"忳鬱邑余侘傺兮","孰云察余之中情"竄入;後二句由《思美人》"媒絶路阻兮,言不可結而詒"竄入。聞一多認爲"脱簡",本係二行八句,今本脱四句。何氏認爲,"情"與"路"協韻,"情"讀如"鑿",情、鑿同屬正齒音,根音同,故可轉韻。鑿,據王力《楚辭韻表》屬藥部,陰聲爲宵。依《王表》,宵、藥一系,没有陽聲韻相配。但到戰國末世,音韻也發生了變化。《離騷》"固時俗之工巧兮"四句、《九辯》"何時俗之工巧兮"四句中"錯"、"度"、"路"協韻,屬鐸部。據《莊子·外物》"心無天遊,則六鑿相攘",司馬彪《注》云,"六鑿,六情"。故此節"情"可爲"鑿",讀鐸部音。又,證《離騷》"偭規矩而改錯"之"錯",與《九辯》"滅規矩而改鑿"之"鑿"同,改"鑿"用的是本字,改"錯"用假借字。據李善《文選·長笛賦注》"笮與鑿音義同",《國語·魯語上》"中刑用刀鋸,其次鑽笮",賈逵注:"笮,鑿。""笮",鐸部。説明戰國時,"鑿"由宵藥一系轉入魚鐸。"鑿"音轉入鐸部,乃可對轉入陽部,《王表》"魚、鐸、陽"爲一系故也。這樣,何氏不僅證出"情"、"路"諧韻(鐸部),而爲王力《楚辭韻表》没有陽聲與之相配的宵、藥一系,證出三個可配陽韻的音,即魚鐸陽、侯屋東、支錫耕。正如吳賢哲所述:"是對古音韻學研究的一個貢獻。"(《新詁》前言)又如,《九章·思美人》"遷逡次而勿驅兮",朱熹以"逡次"連文而釋,何氏亦從聲訓入手,"遷逡"連文,讀爲"繾綣",爲叠韻連詞,亦即《離騷》、《哀郢》之"蹇産",《九思·疾世》之"緊絭",即纏綿之意。又,《遠遊》"絶氛埃而淑尤兮"之"淑尤",諸家解釋皆不順暢,何氏認爲"以音求之",可得其解。"淑",假爲"逍",亦同雙聲"須";"尤",讀爲"異","異"、"游"爲雙聲,"尤"、"游"古亦爲雙聲。故"淑尤"即"攸遊"、"逍遥"、"須臾"、"須時"。《楚辭》用此,以"逍遥"、"須臾"者多。有時,何氏比較各家之説,擇優而從。如《離騷》"伯庸",用王逸説,爲父。"又重之以修能"之"重",從錢杲之説,爲加。"求矩矱之所同"之"同",從孫詒讓説,爲周。《湘夫人》"蓀壁兮紫壇"之"紫",從吳仁傑説,爲紫草。《少司命》"秋蘭兮麋蕪"之"麋蕪",用方廷珪説,乃蕃蕪,茂盛貌。"入不言兮出不辭"之"辭",用俞樾説,爲言。有時他對正確的詮釋予以發明、圓通。如《離騷》"畦留夷與揭車兮",王逸注"五十畝爲畦"。但林雲銘云"十畝爲畦"。何氏引《風俗通》佚文,證明"五十畝爲畦乃周制"。1994年11月巴蜀書社出版。

迄今,對是書作過評述的論文主要有時習之《自成一家　獨具卓識——評何劍熏著吳賢哲整理的〈楚辭新詁〉》(《西南民族學院學報》1995年第2期)、周建忠《精於聲訓　他山攻玉——評何劍熏其人其學其書》(《西南民族學院學報》1999年第1期)。

楚　辭

楚辭研究專著。許淵冲英譯,楊逢彬編注。許淵冲(1921—　),筆名X.

Y. Z,江西南昌人。1943年畢業於清華大學外文系,1944年入清華大學外國文學研究所學習。後赴歐留學,回國後在北京、張家口、洛陽等地外國語學院任英文、法文教授。1983年起任北京大學國際文化教授。1999年起在清華大學講授《中國古代詩歌翻譯與賞析》課程。著有《文學翻譯六十年》、《中詩英韻探勝》、《追憶逝水年華》、《翻譯的藝術》等,並翻譯過《詩經》、《漢魏六朝詩》、《唐詩三百首》、《宋詞三百首》、《李白詩選》、《蘇東坡詩詞選》、《西厢記》、《元明清詩》等。錢鍾書曾評價許著《翻譯的藝術》和許譯《唐詩》,云:"二書如羽翼之相輔,星月之交輝,足徵非知者不能行,非行者不能知。"楊逢彬(1956—),湖南長沙人。爲國學大師楊樹達的嫡孫,文史名家楊伯峻的堂侄。1963年9月入新湖南報子弟小學。1982年底獲醫學士學位。1983年初到長沙北區醫院工作。1984年8月到湖南省委黨校理論研究室工作,1988年評爲助理研究員。1988年考入武漢大學古文字學專業,師從夏渌,1991年獲碩士學位,留校任教。1993年考入北京大學中文系漢語史專業,師從郭錫良,1998年獲博士學位,同年晉升爲副教授。現爲武漢大學文學院教授、博士生導師。著有《積微居友朋書札》、《殷墟甲骨刻辭詞類研究》等。其中《殷墟甲骨刻辭詞類研究》一書,2004年獲廣東省優秀圖書二等獎,2005年榮獲北京大學王力語言學獎二等獎。

本書爲湖南出版社"漢英對照中國古典名著叢書"之一。首有許氏的中英文《前言》。次《目録》。末附楊逢彬《編注後記》。許氏《前言》,介紹《楚辭》與屈原的基本知識,同時回顧了《楚辭》英譯的情况,認爲最早的英譯是1879年《中國評論雜志》第7期發表的派克英譯的《離騷》;接着許氏分别介紹了翟理斯、理雅各、艾爾克、韋理、比亞斯、林文慶、白英、楊憲益、霍克思、柳無忌、華遜等中外學者的英譯,且在英文《前言》中還節引了派克、翟理斯、艾爾克、林文慶等人的英譯詩句。楊氏在《編注後記》中提出,《九辯》"何時俗之工巧兮,滅規矩而改鑿","工巧"一詞在《離騷》、《九辯》、《七諫》中共出現四次,諸家均解爲"善於經營"、"善於取巧",楊氏採易祖洛説,釋爲"木匠"、"工匠";"改鑿"即"改錯",即"改變鑿孔"、"另起爐竈"。又,《九歌》句中的"兮",與《離騷》句中"於"、"乎"同位,所以提出介詞"於"是由助詞發展變化來的。正文部分譯注楚辭作品:屈原二十六篇,《離騷》、《九歌》(11篇)、《天問》、《九章》(9篇)、《遠遊》、《卜居》、《漁父》、《大招》;宋玉兩篇,《九辯》、《招魂》。各篇首原文,次今譯,次注釋,次英譯。"今譯"部分往往引各家譯文,如《離騷》,據陸侃如、龔克昌譯,稍有修改;《九歌》則分别用張愚山譯、陸侃如、龔克昌譯、文懷沙譯,黄壽祺、梅桐生譯。1994年12月湖南出版社出版。

迄今,對是書作過評述的論文主要有楊成虎《典籍的翻譯與研究——

〈楚辭〉幾種英譯本得失談》(《寧波大學學報》2004 年第 4 期)、卓振英、楊秋菊《典籍英譯中的疑難考辨以〈楚辭〉爲例》(《中國翻譯》2005 年第 4 期)、楊成虎《〈天問〉的研究與英文翻譯》(《雲夢學刊》2005 年第 5 期)。另,碩博士畢業論文主要有劉威《〈楚辭〉英譯研究》(四川大學,2005 年碩士畢業)。

楚辭我見

楚辭研究專著。今人鄭文著。本書爲趙逵夫主編"詩賦研究叢書"之一。首爲趙逵夫《詩賦研究叢書·序》。次鄭氏八十三歲時所作《序》。次《目録》。正文部分收入論文兩組。第一組,屈原及其作品研究:《淺談屈原思想》、《屈原美政思想之我見》、《屈原不是〈楚辭〉的偉大作家嗎?》、《〈離騷〉槧詁》、《讀〈屈原列傳新探〉兼論〈離騷〉的創作時間》、《駁〈九歌作於漢代諸證〉》、《〈九章章句〉異議》、《駁〈大招〉爲屈原自招説》。其中《〈離騷〉槧詁》、《〈九章章句〉異議》二文參考價值較大。第二組,漢代楚辭作品研究:《讀〈惜誓〉》、《讀〈七諫〉》、《〈楚辭·哀時命〉試論》、《〈楚辭·九懷〉試探》、《〈楚辭·九歎〉意説》、《〈楚辭·九思〉舊注補正》。關於漢代楚辭作品,鄭氏在《序》中强調其研究價值,云:"漢代對於〈楚辭〉之作品,向不被重視,此自有其因,但是否即如有人所謂無何價值? 作者創作必有其不得不作之故,亦必反映作者當時之現實社會生活及其對現實社會生(案,疑漏排"活"字)之態度;次則,漢代承襲《楚辭》作風之作品,必不限於現存《楚辭》中之作家與作品。《楚辭》編者爲何僅收此中之作家與作品,亦必有其因而非任情取舍。故《楚辭》中之漢代作家與作品,仍然值得研究。"1994 年 12 月甘肅民族出版社出版。

屈原生地論集

楚辭研究專著。江陵縣地方志辦公室、江陵古都學會編,主編浦士培,副主編李天榮。浦士培(1935—),湖北江陵人。曾任江陵縣地方志辦公室副主任、副編審,中國古都學會副秘書長、湖北省地方志學會常務理事。主編《江陵縣志》,先後獲湖北省、全國新編地方志優秀成果一等獎。

本書圍繞屈原出生於秭歸或江陵的論爭選編論文,共收入論文二十篇。

首有編者《前言》，説明編輯意圖。次《目録》。次周建忠《關於屈原出生地研究綜述》，介紹了1985年以來關於屈原籍貫、故鄉之争的主要歧異與價值。末附《附録》（收湖北省博物館江陵工作站《秭歸楚王城勘探與調查》、張世春《屈原生於江陵　秭歸並非故里》）。根據不同的學術觀點，正文分爲上、下編。上編爲"江陵"説，收入論文十七篇：浦江清《屈原出生地點是郢》、孫作雲《屈原的故鄉是哪裹》、《屈原生平及其作品編年》、湯炳正《論〈屈原列傳〉與〈七諫〉之相輔相成——關於"平生於國"及其他》、袁純富《屈原出生地考》、吳鬱芳《屈原是江陵人，不是秭歸人》、喻宗漢《屈原故鄉考》、龔維英《屈原里籍考》、易煒《屈原故里之我見》、浦士培《"屈原生於江陵"探析》、張中一《屈原故鄉考》、周建忠《讀〈哀郢〉，看屈鄉》、吳鬱芳《再説屈原的籍貫》、徐文武《也談屈原的出生地、籍貫與故里》、張世春《屈原生於江陵考辨》、龔維英《屈原故鄉非秭歸及其出身考》、劉信芳《屈原故居"終古"與"州土"》。下編爲"秭歸"説，收入論文兩篇：韓致中《屈原籍貫考——與吳鬱芳先生商榷》、王健强《"屈原故里江陵"辨》。1994年12月武漢工業大學出版社出版。

楚辭新説・屈騷新譯

楚辭研究專著。今人戴錫琦著。戴錫琦（1939—　），湖南雙峰人。歷任湖南岳陽師專、岳陽師範學院中文系副教授、岳陽屈原研究所所長。現爲湖南理工學院中文系教授、中國屈原學會理事。主編《屈原學集成》、《屈原與楚文化》等。

戴氏於1993年出版屈學著作《屈騷風景綫》，因"風景綫"三字，一些讀者誤以爲是一本旅遊讀物。於是在原書的基礎上增訂，形成本書内容並更名爲《楚辭新説・屈騷新譯》。首有林河《敢爲天下先——評戴錫琦著〈屈騷風景綫〉（代序）》。末附戴氏《後記》。林氏在文中稱贊戴氏，云："敢於論證屈原是巫學家、政治家、文學家、天文家、曆法家、醫學家……大大地拓寬了屈原研究的思路。"戴氏《後記》，説明其對"楚辭"一詞内涵的界定，"楚辭"之"楚"爲"楚地作家"之義，"楚辭"之"辭"爲"陳辭"之意；同時，還説明"《楚辭新説》部分學習、借鑒了羅漫先生的有關論文，湯漳平先生和李大明先生的有關論著"。正文凡七部分：一、《百代典則：屈子其人與屈子其文》；二、《楚語風流：從表達學角度説〈騷〉》；三、《壺里乾坤：從酒文化、心理學角度説〈騷〉》；四、《巫風衣被：從文化學、民俗學角度説〈騷〉》，説屈原是巫學家、政治家、文學家；説巫文化視角是開啓"屈騷"藝術迷宫的鑰匙，説巫神愛戀是

《離騷》的情節脈絡，説巫歌是《離騷》創作的原型，説《離騷》的情感内涵是政治悲歌，説恨别曲是政治悲歌《離騷》奏響的主旋律；五、《藝術奇葩：從辯證法角度説〈騷〉》；六、《“楚辭新説”：戰國末世以屈子爲代表的南楚作家的不斷陳辭》，説《離騷》是向先祖陳辭哭泣——一曲流放湖湘、怨憤交加的政治悲歌，《九歌》是向神靈陳辭禮讚——一套以南楚“朝廷典祀”和“民間俗祀”爲創作原型加工、製作而成的夜祭新巫歌，《招魂》是向頃襄王陳辭招魂——屈子製作的一曲幻奇瑰瑋、耀艷深華的南楚新巫歌，《哀郢》是向君國陳辭哀訴——一曲離郢赴湘、痛悼故都淪陷、百姓震愆的政治悲歌，《抽思》是向君王陳辭悲訴——一曲被疏漢北、憂心如焚，迫切要求返回郢都故里的政治悲歌，《惜誦》是向君王陳辭傾訴——一曲遭受楚王黜退、離開郢都，憤懣凄愴的政治悲歌，《天問》是向上天陳辭質詢——一曲遭受楚王棄逐、流放湖湘，徘徊祖廟，面對蒼穹吟成的“呵壁”之歌；七、《屈騷珍品新譯》，包括《離騷》、《山鬼》、《湘君》、《湘夫人》、《橘頌》、《涉江》。各篇體例爲：原文、譯文、注釋。1994年4月山西高校聯合出版社出版。

迄今，對是書作過評述的論文主要有蔡靖泉《援用諸法　新説屈騷——讀戴錫琦先生〈楚辭新説·屈騷新譯〉》（《企業導報》1996年第4期）。

楚辭論稿

楚辭研究專著。今人周建忠著。本書是周氏1980—1993年間楚辭研究部分論文的結集，共收入論文23篇，其中部分論文曾先後在《文史哲》、《江西社會科學》、《中州學刊》、《學術交流》、《天津社會科學》、《山西師大學報》等雜志發表，有關雜志先後複印、轉摘，産生過較大的學術影響。周氏治騷，採取“楚辭研究與楚辭研究之研究同步進行”的研究模式。

本書首有張宏洪《序》。次《目録》。末附周氏《後記》。正文凡四輯。第一輯，凡四篇，論屈原與“夷齊”之關係、屈原與楚懷王之關係、屈原與諸子關係以及屈原模式與民族精神的關係。周氏提出，春秋戰國時代的伯夷、叔齊傳説，並無《史記》所述“孤竹君之子”、“兄弟讓國”、“叩馬諫周”以及《古史考》所記“驚女採薇”之事，這些内容均爲秦漢之際乃至漢代以降傳説演變中增添的，以爲屈賦所用“伯夷”决非堯時名臣“伯夷”，决非《史記·伯夷列傳》中的“伯夷”，而是戰國作品中的“伯夷”。又説楚懷王的“主要性格特點是昏庸浩盪，反復無常”，“是一個對自己、對楚國不負責任的國君，是一個水平不高、謀略不多、志向不大的庸君”。第二輯，凡七篇，屬楚辭作品研究，論述

《離騷》之題義、結構、香草,《國殤》祀主、《卜居》作者等。説《國殤》所祀非爲一般“士卒”或“將士”,從“古代車戰的特徵”、“詩篇本身的描寫”、“《九歌》主祀一神的完整性”三方面,論證《國殤》所祀乃是一位主將;但又不可拘泥於“實指某人”,而是“從屈匄、唐眛、景缺等遇難將領中概括出來的”。第三輯,凡五篇,屬古代楚辭學史研究,論述屈原與曹植、屈原與賀鑄、屈原與陳廷焯的關係,揭示文學傳播學中某些帶規律的現象;描述元代楚辭學全貌,填補古代楚辭學史的空白點。説曹植在建安、黄初、太和三個階段中“明顯地呈現出一個對屈賦的繼承與創新的動態過程”,曹植的詩文創作逐漸再現和擴張了屈原在“進退、去留、清濁、得失等矛盾中的抉擇與執着”的“思維模式”。因此認爲,曹植作品作爲一個獨立的自覺的文學創作,楚辭的直接影響,顯然超過了繼承楚辭傳統的樂府、漢賦的間接影響;而屈原的爲人與創作形成了一個矛盾而偉岸的思維模式,它影響、衣被、制約、限制了後代文人的政治取向與文學表述,除了其優點外,也導致了中國文學抒情言志内容、形式、題材、範圍的集中、專注、狹窄、單調。第四輯,凡七篇,屬當代楚辭學史研究,有宏觀審視,如《當代楚辭學散論》;有學者、學會評議;也有“屈原與中國傳統文化”專題評議等。這對當代楚辭研究起到加力、反思、規範的作用。1994 年 6 月中州古籍出版社出版,1997 年獲江蘇省哲學社會科學優秀成果二等獎。

迄今,對是書作過評述的論文主要有毛慶《一部獨具特色的楚辭學專著》(《江西社會科學》1997 年第 7 期)、潘嘯龍《周建忠〈當代楚辭研究論綱〉〈楚辭論稿〉述評》(《欽州師範高等專科學校學報》1999 年第 12 期)。

楚辭綜論

楚辭研究專著。今人徐志嘯著。徐志嘯(1948—),浙江鎮海人。1982 年畢業於復旦大學中文系,獲碩士學位。1988 年畢業於北京大學中文系,獲博士學位。現爲復旦大學中文系比較文學教研室主任、教授、博士生導師、中國作家協會會員、國際比較文學協會會員、中國屈原學會副會長、中國詩經學會理事。著有《玄妙奇麗的楚文化》、《歷代賦論輯要》、《比較文學與中國古典文學》、《中國比較文學簡史》、《先秦詩——真與奇的耦合》、《學問魅力》等。

本書爲臺北東大圖書股份有限公司“滄海叢刊”之一。首爲作者《自序》,説明從事楚辭研究的時間爲二十世紀八十年代初,原因是醞釀碩士論文選題;同時得到名師指點,陳子展教授引導他邁上楚辭研究的臺階,林庚教授引他登堂入室;加之“天生就有一股對自己認定的事業執著追求的堅定毅力”,“不斷進取、不斷求索,從自己的學術探索與成果中獲取樂趣與慰藉”。末爲《附録》,收周建忠撰《馳騁雲夢　面向世界——徐志嘯論》、朱偉倫撰《讓世界認識楚辭——訪復旦大學徐志嘯博士》。正文凡七組:第一,《楚辭起源論》,論荆楚歷史條件、荆楚文化因素、南北文學淵源;第二,《屈原論》,論屈原的思想、“好脩”,並將屈原與但丁、普希金作比較研究;第三,《〈九歌〉論》,考證《九歌》的篇數、原貌及創作時間,考證“東皇太一”的神格及《九歌》的祭祀目的;第四,《楚騷及楚文化論》,研究楚文化的分期、特點及地位,論“楚騷美”,論“漢代擬騷詩之興盛”,研究“漢承楚文化”説;第五,《賦論》,包括“屈賦辨析”、“賦概説”、“歷代賦論述要”;第六,《楚學論》,論“漢代楚辭學”、“魏晉迄唐楚辭學”、“劉勰論楚辭”、“近代楚辭學”;第七,《宏觀比較論》,凡三題,即“屈原在世界文學史上的地位”、“與日本學者商榷——論《天問》與《橘頌》的題旨與來源”、“中西神遊詩論”。徐氏認爲,《九歌》就是古代楚生民求生長繁殖之歌;東皇太一的神格爲“春神”;在“摹仿”理論長期熏陶下的但丁,其創作的《神曲》,居然與典型的“表現”理論影響下的屈騷基本吻合,這在當時的西方詩壇上,謂之“先驅”,决不過分。1994年6月臺北東大圖書股份有限公司出版。

迄今,對是書及其觀點作過評述的論文主要有周建忠《馳騁雲夢　面向世界——徐志嘯楚辭研究述評》(《雲夢學刊》1991年第1期)、潘嘯龍《博採衆説　獨創新見——評徐志嘯所著〈楚辭綜論〉》(《常熟高專學報》2003年第1期)。

楚辭釋論

楚辭研究專著。今人王延海著。王延海(1939—　),山東日照人。出生於朝鮮新義州市,1947年回國,定居於丹東市。1965年畢業於遼寧大學中文系,並留校任教,先後主講先秦兩漢魏晉南北朝文學、《詩經》研究、文字學、訓詁學等課程。1979年,教育部委託姜亮夫主辦《楚辭》講習班,王氏南下武林,投奔名師,參與學習。1980年夏返回瀋陽,當時的中文系主任張震澤教授,將自己正在講授的《楚辭》研究交給王氏。因杭州大學講習班的進修、《楚辭》研究選修課教學的需要,王氏走上楚辭研究之路,成爲楚辭學者。現爲遼寧大學中文系教授、中國屈原學會常務理事、中國詩經學會理事、中國古典散文學會理事,遼寧楚辭學會副會長兼秘書長。著有《詩經釋論》等。

本書1994年6月大連出版社出版,計二十五萬字。據王氏《後記》及聶石樵《序》可知,王氏根據教學需要,先後編成一些講義,如《楚辭資料》(1980

年)、《楚辭選讀》(1980 年)、《楚辭新注輯評》(1983 年)、《楚辭新注集評》(1986 年)、《楚辭學史略》(上)等。基於校内外同行及學生的反映與希望,王氏對這些講義作了修改、潤色,"希望使其成爲内容豐富,材料詳實,觀點新穎,又非常適用的書籍"(一版《後記》)。不久,遼寧省教委、自學考試辦公室又將本書定爲社會自學考試本科生選修課教材。爲了本科生、研究生和社會自學青年學習的方便,又將《楚辭新注集評》與《釋論》合爲一册,仍名爲《楚辭釋論》,1997 年 4 月大連出版社出版第二版,計六十萬字。《楚辭釋論》(第二版)封二印屈原名句"路漫漫其脩遠兮　吾將上下而求索"。首"作者小傳"。次"作者近照"。次姜亮夫爲作者題詞條幅影印件,内容爲《九歌・山鬼》開頭四句。次聶石樵《〈楚辭釋論〉序》。次褚斌傑《序》。次聶石樵《〈楚辭新注集評〉序》。末附王氏《後記》。正文凡三部分:《楚辭新論》、《楚辭新注集評》、《附録》。《楚辭新論》即《釋論》一版部分,屬"概論"性質,凡六章,介紹"《楚辭》及其特點"、"《楚辭》的誕生"、"屈原的生平及思想"、"屈原與宋玉的作品"、"屈原宋玉的藝術影響"、"歷代《楚辭》評論略述"。王氏認爲,《漢書・藝文志》所載屈原賦二十五篇,王逸《楚辭章句》落實爲《離騷》、《天問》、《遠遊》、《卜居》、《漁父》、《九章》、《九歌》,再加上《大招》、《招魂》,凡二十七篇,均視爲屈原作品。認定宋玉的主要作品爲:《九辯》、《高唐賦》、《神女賦》、《風賦》、《登徒子好色賦》。並以此作爲全書介紹、研究的前提。《楚辭新注集評》收入屈原賦二十七篇,宋玉賦三篇(即《九辯》、《高唐賦》、《神女賦》),每篇先過録原詩,次"注釋",次"簡説"(概述作時、作地、作由及内容、藝術特點、文學史意義等)、次"集評"(選輯古今學者的精彩論述,並注明出處)。《附録》凡七條:《楚世系一覽表》、《屈氏譜系略表》、《司馬遷〈史記・屈原列傳〉》、《歷代屈原評論選輯》、《宋玉的生平資料》、《歷代宋玉評論選輯》、《〈楚辭〉參考書目》。綜上可見,《楚辭新論》、《楚辭新注集評》、《附録》三個部分相互聯繫,又自成體系,有理論與實踐的結合,有概論與作品的對應,有古今學者的繼承、批駁與發展,有横向剖析與縱向描述的溝通,一册在手,《楚辭》可讀、可教、可研,充分體現了選修課教材的全面性、宏觀性。

《釋論》作爲高校選修課教材的第二個特點是,古今研究成果的選輯、選擇,帶有明顯的綜合性、總結性。《釋論》綜述《楚辭》與分析屈原作品的過程中,往往圍繞每一個具體的難點、重點、熱點作縱向的史學追溯,從而增加了本書論述的分量與厚度。在古代學者中,引用、涉及最多的是:王逸《楚辭章句》、洪興祖《楚辭補注》、朱熹《楚辭集注》、黄文焕《楚辭聽直》、王夫之《楚辭通釋》、蔣驥《山帶閣注楚辭》、陳本禮《屈辭精義》、王闓運《楚辭釋》、馬其昶《屈賦微》等。至於近代、現代、當代,更是網羅各家,牢籠衆説,幾乎著名的學者,重要的觀點都得到了介紹,大致有四個特點:1. 名家雲集,如梁啓超、劉師培、胡小石、聞一多、郭沫若、游國恩、姜亮夫、蔣天樞、陳子展、湯炳正、林庚、馬茂元、陸侃如、詹安泰、劉永濟、逯欽立、孫作雲等；2. 不是專治楚辭的專家，但在楚辭方面發表過重要意見的，亦予介紹，如魯迅、錢鍾書、章太炎、浦江清、馮沅君、朱光潛、王瑶等；3. 本書寫作的時間在 20 世紀 80 年代前半期，所以介紹成果較多地側重 50 年代、80 年代前期，如 50 年代，除郭、游、姜、詹諸家之外，還反復介紹到鄭振鐸、何其芳，而 80 年代前期，則介紹到蔣天樞、程嘉哲、聶石樵等，大概在增補、修改過程中才涉及到褚斌傑、董治安、蕭兵、金開誠、趙逵夫等；4. 對一些長期受到批評的學者，也有選擇地介紹他們的學術論點，如在《歷代屈原評論選輯》中介紹了廖平、胡適、何天行，在《招魂》"集評"中介紹了何天行的觀點，在《懷沙》、《遠遊》兩篇"集評"中選録了譚介甫與衆不同的論述。這樣四個方面的介紹、分析，幾乎囊括了一個時期楚辭研究的整體面貌。本書具有鮮明的"學術史"價值。

迄今，對是書作過評述的論文主要有周建忠《〈楚辭釋論〉平議》(《職大學報》2001 年第 1 期)。

楚辭正解

楚辭研究專著。今人雷慶翼著。雷慶翼(1948—)，湖南祁東人。1980 年畢業於衡陽師專中文系。雷氏後在華南師範大學中文系學習時，就深深地愛上了《楚辭》，撰寫了《論〈離騷〉作於懷王入秦(武關)時》，得到曹礎基先生的指導。1991—1992 年間，到北京師範大學中文系做訪問學者，師從聶石樵進修楚辭，完成本書。現爲湖南省衡陽師範學院中文系教授、王船山研究室主任。著有《古典詩詞名篇正解》等。

本書首有聶石樵《序言》。次《凡例》。次司馬遷《屈原列傳》(附雷氏《〈屈原列傳〉理惑》)。次《目録》。末附《屈原生平大事及著作年表》。次雷氏《後記》。次《主要參考與引用書目》。正文凡上、下部：上部爲《楚辭精注》，下部爲《楚辭通論》。雷氏認爲，屈原作品爲：《離騷》、《九歌》(11 篇)、《天問》、《九章》(《抽思》、《惜誦》、《橘頌》、《哀郢》、《涉江》、《懷沙》)、《招魂》。《卜居》、《漁父》二篇非屈原作，作者失名；至於《九章》中的《思美人》、《惜往日》、《悲回風》以及《遠遊》、《大招》皆非屈原作。

《楚辭精注》採取分節分段注釋，節、段按内容劃分，《離騷》每四句爲一節，其他各篇稍有變化，往往隨文而定；節有節意，段有段意，有些篇目有解題釋篇意，以求"由句明而達段明，由段明而達篇明"；注釋不避重複，内容上力求簡明通俗，一般不涉及不同意見，關鍵或重要之處，作適當的辨證。《楚辭通論》主要是對屈原的生平、屈原作品的思想内容和創作時間、以及屈原作品的真僞等重大問題進行考證辨析，凡十一題：一、《攝提、攝提格與屈原生年確考》；二、《論〈離騷〉作於懷王入秦（武關）時》；三、《〈九歌〉求真》，上，總論；四、《〈九歌〉求真》，下，分論；五、《説〈天問〉》；六、《〈九章〉求真》，上，總論；七、《〈九章〉求真》，下，分論；八，《〈招魂〉乃屈原招楚懷王亡魂説——兼論〈大招〉非屈原作》；九、《論〈遠遊〉非屈原所作》；十、《論先秦的愛國主義思想與屈原的愛國主義精神——與曹大中同志商榷》；十一、《精妙絶倫的楚辭藝術》。雷氏提出，《九歌》是祭祀中所用的迎神歌曲，與祭祀的鬼神數目、篇章多少無關；《九歌》十一篇全係“祝”的主祭辭，或代人言，或代神言，絶非“對唱”式的“歌舞劇”；又説“東皇太一”是造化神，至高無上的天神，“雲中君”爲雷雨神；司命之神司的是“命”，是生命的長短（大司命）或生命的有無（少司命），而不是司“愛”。關於否定詞“弗”，雷氏統計，在《楚辭章句》中，共出現 14 次，其中《九辯》2 次，《七諫》2 次，《哀時命》1 次，《九懷》1 次，《惜往日》6 次，《悲回風》1 次，《遠遊》1 次。而屈原作品《離騷》、《九歌》、《惜誦》、《涉江》、《哀郢》、《抽思》、《懷沙》、《橘頌》、《天問》、《招魂》一次也没有用，這些作品中的否定詞爲：“不”、“非”、“莫”、“未”，其中《離騷》用“不”40 次，用“非”4 次，用“莫”3 次，用“未”12 次；《九歌》用“不”15 次，“莫”2 次，“未”4 次；《惜誦》用“不”17 次，“非”1 次，“莫”6 次；《涉江》用“不”10 次，“莫”2 次；《哀郢》用“不”13 次，“非”1 次；《抽思》用“不”17 次，“未”1 次；《懷沙》用“不”12 次，“非”1 次，“莫”2 次，“未”2 次；《橘頌》用“不”18 次；《天問》用“不”19 次，“未”3 次；《招魂》用“不”16 次，“莫”2 次。雷氏以此作爲論定是否屈原作品的重要根據。雷氏認爲，屈原生於公元前三五三年，《抽思》作於懷王二十四年；《惜誦》作於懷王二十五、六年之時；《橘頌》作於懷王二十八、九年之時；《哀郢》作於頃襄王元年放逐途中；《懷沙》作於頃襄王三年乃絶命之辭。1994 年 7 月學林出版社出版。

迄今，對是書作過評述的論文主要有潘嘯龍《承繼中自有獨到的闡發——評雷慶翼的〈楚辭正解〉》（載潘嘯龍《屈原與楚辭研究》，安徽大學出版社 1999 年版）。

屈原新論

楚辭研究專著。今人郭傑著。郭傑（1960— ），江蘇徐州人。1981 年畢業於徐州師範學院中文系。1983年考入東北師範大學,師從楊公驥,1986年獲碩士學位,1990年獲博士學位。曾任教於中國礦業大學、上海政治學院、吉林大學。1995—1996年爲美國康奈爾大學比較文學系訪問學者。曾任吉林大學中國文化研究所副所長、公木(張松如)的學術助手,協助完成國家"七五"社科重點項目《中國詩歌史論叢書》,爲該叢書副主編。與公木合著《周族史詩研究》。1998年調入深圳大學,曾任深圳大學文學院院長、教授。2008年調入華南師範大學。現爲華南師範大學副校長、教授、中國屈原學會副會長、中國詩經學會理事。著有《古代思想與詩的世界》、《元白詩傳》等。

郭氏研究屈原和楚辭的有關問題,始於1983年考上東北師範大學碩士研究生之後。1985年有關方面在長春召開"先秦兩漢文學學術討論會",郭氏向會議提交的論文是《論〈離騷〉的自我形象》,這是郭氏撰寫的第一篇楚辭研究論文。此文根據文藝心理學、宗教學、神話學等多學科的理論,在廣泛佔有材料的基礎上,提出《離騷》之"吾"不等同於實際生活中的屈原(當然主要以其爲原型),而是帶有神性因素和人性因素的藝術形象。郭氏由此激發起楚辭研究的興趣,以《離騷》爲研究對象撰寫了碩士學位論文。1987年後,又將博士論文定爲《屈原與先秦文化》,從歷史、文化、藝術的三維空間中,對屈原這位偉大詩人作新的系統研究,力求全面系統地理解和認識屈原。本書是在其博士論文基礎上增補修訂而成的。

本書獲吉林大學笹川良一優秀青年教育基金資助。本書首有《目録》。次公木《序》。次《緒論》。末附郭氏《後記》。正文凡上、下兩篇。上篇凡五章:第一章,《先秦政治思想與屈原的社會理想》;第二章,《先秦道德觀念與屈原的人格情操》;第三章,《先秦國家觀念和屈原的宗國意識》;第四章,《先秦神話詩歌與屈原的藝術想象》;第五章,《先秦美學思想與屈原的詩學觀點》。下篇凡七章:第六章,《神性與人性的交融——論〈離騷〉的自我形象》;第七章,《理性、情感、想象——〈離騷〉審美價值的層次分析》;第八章,《民間祭神樂歌的藝術升華——〈九歌〉中"兮"字的音樂意義》;第九章,《巫俗藝術的奇葩——〈招魂〉論》;第十章,《惜誦以致愍　發憤以抒情——〈九章〉論》;第十一章,《屈原作品的流傳與真僞》;第十二章,《楚辭:詩歌形式的縱深拓展》。上篇屬宏觀探討,把屈原放在先秦歷史文化中論證其社會理想、人格情操、宗國意識及審美觀念;下篇基本上屬於微觀分析,從詞義、音樂、詩意等多方面闡發屈原作品的思想意蘊和藝術價值。郭氏認爲,《離騷》、《九歌》、《天問》、《九章》、《招魂》爲屈原作,《大招》爲景差作,《卜居》、《漁父》、《遠遊》非屈原作,並以此作爲論述屈原的作品基礎。

郭氏善於借鑒西方先進、系統的文藝理論,圍繞屈原文化研究中的疑點、難點、熱點作“標本”解剖，進而提出自己的新解。郭氏根據“古代文化的統一性和地域性”特徵，提出精神文化的“意識形態與社會心理”兩層次構成説，針對學術界“着眼於屈原與儒家思想爲核心的北方中原文化的關係”與“着眼於屈原與巫教風俗爲標誌的南方荆楚文化的關係”的兩種傾向，試圖“在兩條途徑之間尋找其内在的統一性”，進而從作品人性因素(深層)與神性因素(表層)的結合上，揭示出屈原作品的藝術獨創性：既將非理性的、不自覺的神話想象，通過荆楚巫教的媒介實現了歷史繼承，又將其發展成爲理性的、自覺的藝術想象，達到濃厚浪漫色彩和强烈現實精神的完善統一。透過歷史、文化層次，再深入到藝術、美學層次，對屈原作品的審美價值作内涵分析，認爲“《離騷》的審美價值就在於詩篇具有堅實的理性基礎、豐富的情感内涵和奇幻的想象特徵，三個層次緊密聯繫，構成充滿藝術生命力的整體”。

郭氏的“兩層次構成”説，不僅體現爲宏觀構建的嚴密周到，而且還表現爲微觀評判的細緻精闢。在很多具體闡述中，充分顯示了郭氏深思善辯的特色，往往妙語叠出，勝義紛披，頗有説服力。如郭氏分析屈原“美政”社會理想的内在矛盾，一方面認識到並揭示出貴族階級崩潰前夕的黑闇和腐敗，這是屈原的卓越之處；另一方面，“貴族的階級意識則無疑在限制着屈原的政治視野，使他對歷史的發展，缺少象法家那樣的遠見卓識。在看到現存制度的種種弊端險象之後，未能引起對其滅亡命運之必然性的省察，卻天真地試圖以往昔盛世的美景，來取代現實政治的腐惡，唤起貴族們勵精圖治的熱忱，以達到富國强兵的目的”，“他真誠奉獻給人們的‘美政’理想，其實只是一個不可能成爲現實的復古幻想”。又如對屈原道德理想的分析，郭氏提出，屈原在倫理道德方面的最大貢獻，不在於他對儒家傳統的倫理思想，從理性上作出多少創新與發展，因爲其理想“也難免過多的主觀幻想因素，而不具備順乎時勢、付諸現實的客觀可能性”。屈原的最大貢獻，“乃在於他真正全面地將傳統美德身體力行，以自己的整個生命，熔鑄出峻潔高尚的人格情操”。

關於屈原“愛國主義”的討論，郭氏繼承乃師楊公驥的觀點，楊氏指出：“戰國時代，民族尚未形成，所謂列國並峙只不過是我國内部一定歷史階段的封建割據狀態而已。”郭氏進而提出：1. 先秦時代的楚，是在宗法等級制一統天下内部，處於封建割據狀態的政治實體，對屈原而言楚不是現代意義上的祖國而是與之同姓的宗國；2. 屈原時代“不可能形成諸如‘愛國主義’等超社會、超歷史的觀念。屈原所以備受坎坷而終不去楚，甚至以死殉之，是由其强烈的宗國意識所決定，並與‘美政’社會理想的幻滅有着密切的内在聯繫”；3. 所謂宗國意識，乃是同姓貴族，對其宗國所懷有的根深蒂固、異乎尋常的依存感，和休慼相關、榮辱與共的責任心。1994 年 7 月吉林大學出版社出版。2006 年 3 月吉林大學出版增訂本，凡十一章，將《緒論》改爲《導論》，並分《屈原的文化傳承》、《屈原的時代環境》、《屈原的生平遭際》、《屈原的作品歸屬》四節論述，其中第四節即改寫初版的第十一章；末增《附録一》（《從〈生民〉到〈離騷〉——上古詩歌歷史發展的一個實證考察》）、《附録二》（《海外楚辭著作提要》，凡七篇）、《附録三》（《關於本書初版評論》，凡五篇）；又增《主要參考文獻》；再增《增訂本跋》。

迄今，對是書作過評述的論文主要有楊書增《文學研究的新視角——評郭傑的〈屈原新論〉》（《長白論叢》1994 年第 6 期）、趙敏俐《讀郭傑的〈屈原新論〉》（《東方論壇》1995 年第 1 期）、張慶利《多位觀照　力創新意——郭傑〈屈原新論〉》（《綏化學院學報》1995 年第 1 期）、姚小鷗《追風入麗　沿波得奇——評郭傑先生的〈屈原新論〉》（《徐州師範大學學報》1995 年第 3 期）、周建忠《郭傑〈屈原新論〉提要》（載潘嘯龍、毛慶《楚辭著作提要》，湖北教育出版社 2003 年版）、黄震雲《開拓創新　精益求精——評郭傑的〈屈原新論〉（增訂本）》（《瀋陽師範大學學報》2008 年第 3 期）。

楚國神話原型研究

神話研究專著。今人張軍著。張軍（1953—　），河北鉅鹿人。1982 年畢業於華中師範大學歷史系，任職於《江漢論壇》編輯部。1986 年考入華中師範大學歷史系文獻研究所，師從張舜徽，1988 年畢業獲博士學位。現爲湖北大學歷史系教授。著有《楚國風俗研究》、《中國古代年節探源》等。

本書爲臺北文津出版社“大陸地區博士論文叢刊”之一。本書第一部分論述屈原及其人格、夢境，説“屈氏家族在楚國世職宗伯，其性質近於大巫祝、大祭司”；又説“屈原‘美政’思想的負面是把政治思想與人生價值完全等同起來”，“屈子投江，一方面是其追求至高的人格美的表現，另一方面則標誌着其理想的幻滅、人格的破碎和精神上的分裂”，“掌夢官即隸司於宗伯，屈原不但深信夢兆，且長於釋夢”，“屈騷中有相當一部分内容就正是對夢境（無意識活動）的記録與模寫，而不是出於自覺想象，一部屈騷也可以説是屈子自覺意識與無意識的二重奏”。第二部分論“高唐神女崇拜”是地母、社神、高禖、高妣、生命神、愛神、雲神、澤神、處女神等多種崇拜的集合。第六至第十，專論“三墳、五典、八索、九丘”。第十一，專論《楚國的巫覡與巫社》，對屈原及其作品研究，有較大的參考價值。1994 年 1 月臺北文津出版社出版。

屈賦與日本公元前史

楚辭研究專著。[日]大宫真人著，任大海、宋力譯。大宫真人(1928—)，日本東京人。1951年畢業於早稻田大學，爾後一直從事日本古代史的研究工作。現爲日本大宫古代史研究所所長。

大宫真人通過對《離騷》、《湘君》、《天問》、《抽思》、《懷沙》等屈原作品的研究，發現這些詩中的許多詞句的上古讀音與日本九州一些山川、村落的地名讀音相同或相近。把詩中這些藴含着日本地名讀音的詞語按順序排列起來，可以連成一個綫路圖。他由此得出結論：屈原流放期間到過日本九州，走過很多村落，也經過了許多山川，並且盡可能地把這些村落和山川的地名音記入詩中。因爲這些不容易聽懂的異國地名的發音引起了屈原的興趣，於是把它收集起來，嵌入詩中，以這種特别的方式留給後人。因此，詩句本身就記録了屈原的行踪。爲了證明自己的觀點，大宫真人於1991年10月邀請中國方面的專家到日本九州進行一次"屈原行路研究調查會"，武漢大學中文系李格非教授、宗福邦教授、汨羅市屈原紀念館館長劉石林先生、湖南師範大學圖書館館長王大年教授、北京商務印書館趙克勤編審應邀參加實地考察。1992年，大宫真人應岳陽屈原學會與中國屈原學會的邀請，先後出席了在岳陽、臨汾召開的屈原學術會議，並通過大會發言宣傳了自己的新論。會後，大宫真人《楚辭與日本公元前史[附屈原在日本九州之行路略圖(〈抽思〉、〈湘君〉)兩幅]》一文發表在《山西師大學報》1993年第1期。

本書首有大宫真人的照片。次李格非《書贊》。次宗福邦《序》。次大宫真人《自序》。次趙克勤《祝賀與期望》。次王大年《絶頂人來少——喜讀〈屈賦與日本公元前史〉》。次劉石林《大宫真人先生的屈原研究》。末附《屈原之行路(湘君)略圖》、《屈原之行路(惜誦)略圖》、《屈原之行路(抽思)略圖》。次《後記》。正文凡四部分：《開篇語》、《湘君》、《惜誦》、《抽思》。正文還穿插一些日本九州的村落、山川的插圖。關於大宫真人的屈原研究，劉石林的文章比較嚴謹客觀。劉氏首先介紹了大宫的四條論據：一、一些村落地名的讀音和屈賦上古讀音的一致；二、一些村落附近的地形在屈賦可以找到；三、一些村落的地名，直接出現在屈賦中；四、神社裏的壁畫，成爲屈原的創作素材。接着，劉氏又作了評價，云："屈原流放是否到過日本，是一個十分重大的科研課題，僅用語音對應來論證，我總覺得其力度是顯然不够的。當然,大宫先生也還注意了其他方面的論證,但不難看出,其他三個方面,僅是大宫先生在考察從語音對應篩選的村落時的副産品,也只是從另一側面來論定語音對應這一方法的正確。另外,屈原流放之後,在什麽時間,用什麽交通工具,從哪一條路綫到達日本?在日本滯留了多長時間?何時由何路綫離開日本回國等等,也都還是一個未知數。”於是,劉氏對大宫提出的證據,作了另一種推測,云:“也可能是屈原之後,中日之間頻繁的文化交流,大量的中國文化典籍傳入日本時,《楚辭》作爲交流的一部分傳到日本,而後日本人民根據《楚辭》再取地名。”1994 年 8 月海南出版社出版。

迄今,對是書及其中觀點作過評述的論文主要有劉石林《屈子何曾到東瀛——介紹日本學者大宫真人先生的一個觀點》(《雲夢學刊》1993 年第 1 期)、劉石林、張中一《關於大宫真人先生的楚辭研究》(《山西師大學報》1993 年第 1 期)、陳昆滿《楚人屈原:最早的中日文化交流使者?——談日本學者大宫真人的〈屈賦與日本公元前史〉一書》(國際亞細亞民俗學會第九次學術大會,湖北襄樊,2006 年 10 月)。

屈原及其辭賦新解

楚辭研究專著。今人楊采華著。楊采華(1953—　),湖北浠水人。高中學歷,自學成才。現爲武漢鋼鐵公司職工,具體負責鐵路運輸調度。

本書首有喻學才《序》。次《目録》。次《緒論》(附《楚懷襄大事年表》、《懷襄集團人物資料索引及簡析》)。末附楊氏《後記》。作爲自學成才的研究載體,本書有兩大特點:第一,論文選題大,論述簡,篇幅短,全書三十一萬餘字,收論文七十二篇,有的問題較大,如《屈原事跡鈎沉》、《屈原家世略説》、《屈賦流向及〈楚辭〉纂成試説》等;第二,論點新奇,有些簡直聞所未聞,如説屈原别名屈春,屈原出生地不在今秭歸而在古秭歸,屈原曾爲太子横(頃襄王)傅,《橘頌》並非自頌而是屈原給太子横的贈别詩,女嬃是屈原之妻,屈原曾師事唐昧學習天文知識;《天問》是屈原早期的作品、是一首政治問答詩,屈原從事左徒職守只有八年、懷王十八年貶爲造憲令,《思美人》中的“美人”指頃襄王,“九疑”指人不指山,《大招》係屈原招楚懷王亡魂之作,《史記·屈原列傳》所言屈原同列之上官大夫是景鯉而非靳尚,屈原並無絶命詩傳世。1994 年 9 月武漢大學出版社出版。

獨領風騷兩千年——屈原

楚辭研究專著。今人金開誠、劉東葵著。本書爲楊牧之主編的《中華文庫》叢書之一。本書首有《出版説明》,稱該叢書的目的是"選出最能代表這部書特點的部分加以注釋、今譯、題解,使讀者用較少的時間就能很容易地窺知一部大書的真諦"。次《前言:獨領風騷兩千年》,介紹屈原生活的時代特徵、生平遭遇、作品的思想内容與藝術特色,認爲屈原"生時爲狹小的楚國所排擠,死後卻被擁上了整個中華民族詩壇的巔峰","屈原是一位感情豐沛的詩人,磨難與挫折並没有抹去他政治生涯中的詩人氣質"。

正文選入屈原作品:《離騷》,《九歌》(《湘君》、《湘夫人》、《少司命》、《東君》、《山鬼》、《國殤》),《天問》(摘選),《九章》(《橘頌》、《抽思》、《哀郢》、《涉江》、《惜往日》)。各篇先題解,然後分節分段注譯,基本上是原文、注釋、譯文、段意。本書分節分段比較具體,比較清晰,便於初學。如《離騷》,凡三大段、一個總結:第一大段又分爲十個小段;第二大段又分爲九個小段;第三大段又分爲六個小段。1995 年 10 月中國文聯出版公司出版。

部族文化與先秦文學

先秦文學研究專著。今人李炳海著。李炳海(1946—),吉林龍井人。1970 畢業於北京大學中文系。1981 年畢業於東北師範大學中文系,獲碩士學位。1986 年畢業於東北師範大學中文系,獲博士學位。1978—2003 年,歷任東北師範大學中文系講師、副教授、教授、博士生導師,東北師範大學中文系主任、文學院教授委員會主任、吉林省學位委員會委員。1991 年被國家教委、國務院學位委員會授予"做出突出貢獻的中國博士學位獲得者"稱號。2003 年至今,任中國人民大學文學院教授、博士生導師。著有《道家與道家文學》、《周代文藝思想概觀》、《民族融合與中國古代文學》、《漢代文學的情理世界》、《黄鐘大吕之音——古代辭賦的文本闡釋》等。

本書首有《目録》。次《導言》。末附李氏《後記》。李氏長期致力楚辭研究,主要論文有:《〈楚辭·九歌〉的東夷文化基因》、《中國上古時期的招魂儀式》、《〈九歌·東皇太一〉新探》、《上古的春遊節與〈楚辭·招魂〉》、《楚辭與東夷族的龍鳳圖騰》、《東夷雷神話與〈九歌・雲中君〉》、《古代的泰山神與〈九歌・司命〉》、《東皇太一爲大火星考》、《湘君、湘夫人神話與東夷族始祖傳説》、《河伯傳説與夏文化》等。以上這些論文的主要觀點，已融進了本書。李氏《後記》云："1991 年初，我在進行《楚辭》研究時深切感到，《楚辭》中的許多疑案，單靠楚文化本身難以得到合理的解釋，還必須從其他部族那裏去尋找原因，於是產生了從多部族文化相互作用的角度去研究《楚辭》的想法。隨即寫出《〈楚辭・九歌〉的東夷文化基因》一文，刊於《中國社會科學》1991年第4期。在此之後的一段時間裏，我的主要精力都投放在探討楚文化與東夷文化關係方面，把研究課題初步定爲'《楚辭》與東夷文化'。隨着研究的深入及所涉領域的擴大，先把課題改爲'詩騷與東夷文化'，最後又確定爲從部族文化的角度對先秦文學進行全面審視"，"先秦文獻中最富文學性的是《詩經》、《楚辭》和《莊子》，如果把它們與部族文化的關係探討清楚，那麽，先秦文學的部族文化成份也就基本揭示出來了"。因此，儘管在本書章節目録上看不到《楚辭》研究的標誌，但實際上本書是以《楚辭》研究爲基礎、爲内涵、爲載體的。如從這一角度來看，將其視爲楚辭研究專著，亦未嘗不可。比如，李氏提出："由巴蜀古族的植物圖騰，到《詩經》草木意象對原始生命力、自然生殖力的崇拜，再到楚文學用草木象徵人格、人生，先秦時期的植物圖騰實現了由原始宗教向文學的延伸，最後又回歸宗教，完成了一次循環"，"《離騷》是以華胥雷澤履大跡傳説爲基礎，加以適當的改造構成求女情節"。至於屈原作品中七次提到彭咸，李氏説："屈原的'從彭咸之所居'，是下決心投水自殺呢，還是爲了長壽成仙？應該説二者兼而有之。從現實層面上看，屈原投水確實是以身殉國，是在理想破滅之後被迫作出的選擇。從幻想層面看，要到水下去伴隨祖先神，又確實有轉生成仙的因素。屈原投身江流的舉動是悲壯的，但是，他在抒發這種願望時，採用的是浪漫筆法，對仙境神界的幻想在一定程度上淡化、稀釋了這種選擇的悲劇性效果。"又，關於大小司命的解釋，禮書只是籠統地稱爲司命，沒有大小之分，而《楚辭・九歌》有大司命、少司命。李氏解釋説："司命是由山神演變來的，源於齊地和東夷文化。齊地的司命確實有大小之分"，"它們的原始形態是山神，一個是泰山神，一個是泰山附近的小山之神"，"《九歌》中的司命是理想化了的藝術形象，經過了屈原的加工改造。儘管如此，從中仍然可以看到原始山神的影子，找到它脱胎於東夷文化的痕跡"。再如，關於《楚辭》的色彩，李氏認爲："《楚辭》的色彩世界中，自然與人工、淡雅與濃艷、冷峻與熱烈、變化與凝滯，這些彼此對立的因素有機地結合在一起，形成了多元的互補結構。"具體表現爲：在採用浪漫的表現方式時，多利用自然色彩；而在運用現實的表現手法時，主要選取人工色彩。用淡雅色彩表現人格理想，用濃艷色彩表現生活理想。表現歡樂、喜悦用暖色，抒發憂鬱、哀傷用冷色。情感驅使下的色彩描寫具有多變性，受五行説制導的色彩描寫卻是凝滯的。凡此，皆爲楚辭研究的新創獲、新視角。1995 年 11 月高等教育出版社出版。

迄今，對是書作過評述的論文主要有民族文學研究雜志社《〈部族文化與先秦文學〉出版》(《民族文學研究》1996 年第 1 期)、劉懷榮《先秦文學研究的深化與拓展——〈部族文化與先秦文學〉簡評》(《中國海洋大學學報》1996 年第 4 期)、王鳳霞《獨闢蹊徑　體大思深——李炳海教授學術傳略》(《社會科學戰綫》2002 年第 2 期)

古詩源:白話楚辭卷

楚辭研究專著。今人東昌、慶豐主編，高興副主編。本書爲《古詩源叢書》之一。首有“叢書”主編何思美《詩言志　歌咏言(代總序)》，介紹該套叢書是將《詩經》、《楚辭》、《樂府》(兩漢南北朝)三大詩集爲“古詩源”。次《目録》。次《楚辭論》，凡五題：一、《楚辭的産生及其代表人物》；二、《楚辭主要作品簡介》；三、《楚辭的演變及其歷史地位》；四、《學習閱讀楚辭應注意的問題》；五、《〈楚辭〉主要作品作者及創作時間表》。末附《附卷一：〈楚辭〉研究中的幾個問題》，凡五題，包括《楚辭》《屈賦》的演變、《屈賦》的“兮”字作法、略論懷襄二朝的派别組織、屈原的前後遭遇、屈原的荏弱表現；編者自注明“摘自《屈賦新編》上集”。次《附卷二：楚辭研究的參考書簡介》，介紹古今楚辭著作十五種，現代、當代學者著作有聶石樵《楚辭新注》、朱季海《楚辭解故》、王泗原《離騷語文疏解》、姜亮夫《屈原賦校注》、劉永濟《屈賦通箋》(附《箋屈餘義》)、沈祖綿《屈原賦證辨》、譚介甫《屈賦新編》、文驍《九歌》。

正文凡兩部分：《屈原之作》、《非屈之作》。本書對屈作與非屈作的劃分、以及各篇之作地作年，均採用或抄用譚介甫《屈賦新編》一書。認爲屈原作品二十五篇爲(以創作時間先後爲序)：《橘頌》、《國殤》(包括《禮魂》)、《抽思》、《哀郢》、《九辯》(9 篇)、《涉江》、《離騷》、《九歌》(9 篇：《東皇太一》、《東君》、《雲中君》、《湘君》、《湘夫人》、《大司命》、《少司命》、《河伯》、《山鬼》)、《懷沙》。另收入非屈作：《天問》、《漁父》(屈原弟子作)、《思美人》(屈原弟子作)、《惜誦》(楚人作)、《惜往日》(楚人作)、《卜居》(楚文人作)、《悲回風》(揚雄作)、《遠遊》(司馬相如或班嗣作)、《招魂》(宋玉或他人作)、《大招》(可能是景差作)、《惜誓》(賈誼作)、《弔屈原》(賈誼作)、《鵩鳥》(賈誼作)、《招隱士》(劉安的賓客作)、《七諫》(東方朔作)、《哀時命》(莊忌作)、《九懷》(王褒作)、《九歎》(劉向作)、《九思》(王逸作)。各篇體例爲:"原文"、"注釋"、"白話今譯"、"導讀"。案,本書編者對《楚辭》文本及其研究歷史,並不熟悉,總體上採用譚介甫説,且校對粗疏,錯誤較多,是爲缺憾。1995年11月哈爾濱出版社出版,2001年12月第2版。

楚辭文心管窺

楚辭研究專著。今人李誠著。李誠(1953—),四川重慶人。1982年畢業於西南師範大學中文系。1985年畢業於四川師範大學中國古代文學研究所,獲碩士學位。現爲四川師範大學文學院副院長、四川師範大學巴蜀文化研究中心主任、教授、中國屈原學會副會長。著有《楚辭與人情》、《韓非子譯注》、《巴蜀神話傳説刍論》等。

李氏師從著名楚辭學家湯炳正,長期從事楚辭與楚文化研究,成就顯著。本書首有湯炳正《序》。末附《後記》。據《後記》可知,本書原爲《楚辭學概論》,繼而改寫爲《楚辭新論》,最後改爲《楚辭文心管窺——龍鳳文化研究之一》,云:"着重突出了楚辭中所反映出來的南北文化交融的内容,强調了楚辭在龍鳳文化研究中的特殊的價值和意義,同時也嘗試着運用自己在課題研究中逐步形成的關於龍鳳文化的觀點對楚辭中的一些現象進行了剖析。"正文凡四編,五十章。第一編《淵源論》,内容有三個方面:一、從"北方文化内涵"、"楚文化氛圍"、"《越人歌》血緣"論述《楚辭》的淵源;二、論"楚辭之得名"、"楚辭之流傳"、"《楚辭》的成書";三、論述漢代、魏晉隋唐、宋代的"楚辭學"。第二編《作家作品論》。第三編《文心論》。第四編《神話傳説論》。其中《屈賦中的人與神》將屈賦中的人神分爲三類進行統計:神(A類)、傳説與歷史中人(B類)、文學創作中作家自擬的角色(C類)。李氏發現,《離騷》、《天問》、《九章》、《遠遊》中關於神、神話方面的内容是源出於北方華夏文化這個系統的,而《九歌》中所祭祀的自然神祇之名卻多不見諸先秦北方典籍,《九歌》所祀諸神,正具有强烈的南方地域色彩。所以李氏認爲,"從取材的内容這一角度觀察,如果説《九歌》、《天問》各執一端,分别以南北文化色彩爲其主調,則《離騷》、《九章》、《遠遊》則允執厥中,兼而採之,是南北文化融彙的産物。而從同一角度看問題,則二《招》中《招魂》、《大招》恰當分屬《九歌》、《天問》兩系,而《卜居》、《漁父》則又當屬《離騷》、《九章》、《遠遊》一系"。因而得出初步結論:"屈賦是南北文化相互交融的文化結晶。"接着李氏又在《屈賦中的地域與方位》一章中,以"司命"的祭祀爲例,説明在屈賦所使用的南方區域文化材料中,有的材料本身也就已經融合了南北文化的不同因素,而這種融合,乃完成於屈原誕生之前。於是李氏分析:“在屈原前,從什麽年代開始,到底有過多少層次的這種交融,這恐怕已經難以一一考定。但是這種多層次的南北文化交融卻無疑是存在的。”因此,李氏將以上的初步結論補充,云:“屈賦是南北文化多層次地相互交融的文化結晶。”關於屈賦中的“求女”情節,李氏認爲,《離騷》中“哀高丘”、“遊春宫”、“折瓊枝”、“求下女”的整個“求女”情節構思,大抵是屈原“從宗教祭祀男女情愛的禮儀中獲得了自己的靈感”,並用了這一組“取自宗教祭祀場所、禮儀的形象”構思了整個“求女”情節。在神話傳説研究方面,李氏以爲,屈賦在神話傳説素材的使用上,有强烈的非歷史化傾向;這種非歷史化傾向源於一種“非正統歷史觀”的文化背景;這種文化背景就是從北方遷至南方的先楚氏族的圖騰崇拜意識,它正是屈賦神話傳説的“血緣”。1995 年 9 月臺北文津出版社出版。

迄今,對是書作過評述的論文主要有潘嘯龍《繼承與創新渾然一體——評李誠的〈楚辭文心管窺〉》(《欽州師範高等專科學校學報》2000 年第 3 期)。

楚俗研究(第二集)

楚文化研究專著。方培元主編,鄢維新、陶立、韓晏清副主編。1994 年 11 月,由湖北省民間文藝家協會、湖北省荆沙市文化局、湖南省民間文藝家協會在湖北屈家嶺文化遺址所在地——國營五三農場舉辦了“第二届楚俗研討會”。本書即在這次研討會論文的基礎上編選而成。首有《遲發的宣言》(代序),提出:“楚俗研究”以楚國八百年的禮制風俗爲主要研究對象,以故楚之地爲基本空間範疇;研究目的是,再現楚俗的基本面貌,在與周邊禮俗比較的基礎上把握其文化特徵,進而廓清楚俗之源與衍變之軌跡;同時,在研究方法上,又强調了“三維論證法”,即文獻典籍、民俗事象和文物考古資料的結合。

本書之内容,即在第一集的基礎上,又增加了十二個欄目:“荆楚釋名”、“生殖崇拜”、“生産(生活)”、“服飾”、“醫藥”、“招魂”、“文學(神話、謎語)”、“樂舞”、“工藝”、“梅山文化”、“土家文化”、“楚俗研究之研究”。與楚辭、楚文化直接有關的論文有:張正明《巫、道、騷與藝術》、李煉《荆楚巫風對殷商巫風的繼承與突破——從人神關係看荆楚巫風的演變》、饒學剛《龍舟競渡:從祭龍到紀念屈原》、韓晏清《楚招魂習俗考》、周建忠《〈楚辭〉黄昏意象的原型發微》、田彬《〈離騷〉詞語的苗俗解讀片談》、李傑、仁月《楚樂舞縱横談》。1995 年 12 月湖北美術出版社出版。

迄今，對是書作過評述的論文主要有饒學剛《多維　開拓　求實　創新——方培元文化工作特色的深層思考》(《荆門職業技術學院學報》1996 年第 3 期)。

辭賦新探

辭賦研究專著。今人畢庶春著。畢庶春(1945—　)，山東高密人。1970 年畢業於中國人民大學新聞系。1983 年畢業於四川師範大學中國古代文學研究所，獲碩士學位。現爲遼寧丹東師專中文系教授、古代文學研究室主任、中國屈原學會理事。著有《屈原》等。

本書首有湯炳正《序》。次屈守元《題辭》。末附畢氏《後記》。正文收入畢氏論文 14 篇，其中較多涉及楚辭研究。畢氏認爲，“好辭而以辭賦見稱”肇端於屈原；兩漢四百年間是“好辭而以辭賦見稱”的文學時期；“辭賦”一詞是屈辭、荀賦合流的歷史産物；《遠遊》既非屈原所作，也非後人擬《大人賦》所著，更非司馬相如《大人賦》的初稿，《遠遊》似當出於西漢文、景之際文人手筆。另，畢庶春撰有《讀〈楚辭類稿〉》(《丹東師專學報》1989 年第 3 期)，比較深入、中肯。1995 年 12 月東北大學出版社出版。

詩經與楚辭精品

詩騷研究專著。余冠英、韋鳳娟主編。余冠英(1906—1995)，江蘇揚州人。1931 年清華大學畢業，留校任教。歷任國立西南聯合大學文學院教授、北京大學文學研究所研究員、中國社會科學院文學研究所副所長兼《文學遺産》主編。著有《詩經選》、《漢魏六朝詩論叢》、《古典文學研究中的錯誤傾向》等。韋鳳娟(1948—　)，廣西都安人。1981 年畢業於中國社會科學院研究生院，獲碩士學位。現爲中國社會科學院文學研究所研究員。著有《悠然見南山:陶淵明與中國閒情》、《空谷流韻》等。

本書爲“中國古典文學名著精品大系”之一。首有主編《導論》，云:“正是楚地巫術文化的浪漫情調與中原文化的理性精神被天才的屈原完美地觸合在一起,才生成了楚辭這一文學瑰寶","楚文化對屈原最重要的影響在於:巫術——神話文化形態中所藴含的奇特想象力和熾熱情感熔鑄在屈原的創作中,使他的作品具有跨越時空出入古今的'自我'、奇幻浪漫的情調、连翩而至的意象、跌宕起伏的感情波動及千變萬化的結構形式","作爲一個詩人,屈原的心智也没有迷失在神秘玄想和宗教狂熱中。相反,當他的想象力自由地馳騁天地六合、驅使着神靈鬼怪之際,當他的心湖掀起狂潮之時,他始終保持着清醒的理智,以哲人式的眼光審視着社會歷史、人生","'神巫'的軀殼内翻騰的是'政治家'的思慮激憤"。另,編者還認爲《離騷》的奇異魅力與屈原獨特的創作個性表現爲:在超現實的框架中納入現實的内容,以超現實的手法表達沉重的思考,在神光離合的背景上展開對於社會、歷史、人生的冷静審視,在出神入化的想象中揭示一顆被放逐的心靈彷徨苦悶的心路歷程。

本書《楚辭》部分由韓傳達譯注。收入楚辭作品:屈原《離騷》、《九歌》(11篇)、《天問》、《九章》(9篇)、《卜居》、《漁父》、《招魂》;宋玉《九辯》。其中《九歌》、《九章》各篇次序依王逸《楚辭章句》。各篇注譯體例爲:"原文"、"題解"、"注釋"、"譯文"。1995年12月時代文藝出版社出版。

先秦詩歌史論

古代詩歌史研究專著。郭傑、李炳海、張慶利著。本書爲張松如(公木)主編的《中國詩歌史論叢書》之一。本書由郭傑設計總綱,郭傑、李炳海、張慶利分章執筆撰寫。首有張松如《總序》。次《目録》。末附公木《李斯秦刻石銘文解説》。次《後記》。正文凡十四章。其中《楚辭》部分:第九章、第十章、第十三章,由郭傑撰寫;第十一章、第十二章,由張慶利撰寫。各章具體内容爲:第九章《荆楚文化特質與楚辭作家的出現》,論"楚國的歷史與文化"、"楚辭的淵源與特徵"、"屈原等楚辭作家的出現"、"屈、宋諸篇的真僞問題";第十章《彷徨於理想和現實之間》,剖析《離騷》、《九章》;第十一章《天意的窮究與巫風的浸染》,剖析《天問》、《九歌》、《招魂》;第十二章《其他楚辭作家的作品》,論"悲憫屈原的歷史回音"、"繼往開來的宋玉辭賦";第十三章《楚辭的藝術成就與文化精神》,論"藝術思維的巨大飛躍"、"詩歌形式的縱深拓展"、"文化傳統的全面融彙"。論述既有個性,又比較平實全面。1995年12月吉林教育出版社出版,曾獲第一屆國家社科項目優秀成果三等獎、第三屆吉林省優秀圖書一等獎、1995年度吉林省長白山優秀圖書一等獎。

迄今，對是書作過評述的論文主要有陳群《獨具特色的〈中國詩歌史論叢書〉》(《詩刊》1992 年第 7 期)、朱存明《中國詩歌的文化之路——讀郭傑等著〈先秦詩歌史論〉》(《徐州師範大學學報》1999 年第 1 期)。

楚辭語法研究

楚辭研究專著。今人廖序東著。廖序東(1915—2006)，湖北武漢人。1932 年考入北平師範大學國文系，師從著名語言學家黎錦熙，治語言文字之學。1941 年畢業，先後在陝西、四川、湖北等地任中學國文教師六載。1947 年轉入高等學校任教，歷任蘇州國立社會教育學院、無錫蘇南文化教育學院、江蘇師範學院、南京師範學院講師、副教授。1957 年調入徐州師範學院，先後任副教授、教授、中文系主任、副院長兼學術委員會主任。與黄伯榮共同主編全國高校文科通用教材《現代漢語》，1988 年獲國家教委高校教材二等獎。著有《文章的語法分析》、《語法基礎知識》、《蘇州語音》等。

本書是一本研究屈原作品語法的論文集。首有廖氏《序言》。次《主要參考書目》。次《目録》。廖氏在《序言》中説明其選録依據，云："本書以無争議或争議較少之《離騷》、《九章》、《九歌》、《天問》諸作爲語法研究的對象。"本書《主要參考書目》，凡 23 種，列王逸、朱熹、姜亮夫、劉永濟、王泗原、郭沫若、馬茂元、聞一多、朱季海、蕭兵、游國恩、孫作雲、林庚諸家之作。正文凡十篇：《論屈賦中人稱代詞的用法》、《釋"兮"及〈九歌〉句法結構的分析》、《〈離騷〉文例新探》、《〈離騷〉的句法》、《釋〈離騷〉的"之"字句》、《釋〈離騷〉的"其"字句》、《釋〈離騷〉的"以"字句和"而"字句》、《釋〈離騷〉的"於"字句和"乎"字句》、《〈天問〉的疑問詞和疑問句》、《論屈賦中的賓語前置句》。

《〈離騷〉文例新探》是探索《離騷》的體裁樣式、句法及章法特徵，因胡小石有《離騷文例》一文，所以名爲"新探"。廖氏提出，《離騷》計有 2 468 字，372 句。上句末尾用語氣助詞"兮"，音讀阿；下句末尾用韻字。四句兩韻爲一解，共 93 解。《離騷》有六言句 278 句，七言句 55 句，五言句 28 句，八言句 10 句，九言句 1 句。六言句佔總句數四分之三，爲最多。《離騷》的句子的特點是散文化，而散文化最明顯地表現在虚字的運用上，常用的虚字有"之、其、以、而、於、乎、此、與"等，它們大都處於句中的標準位置，即句子倒數的第三字。這是《離騷》句法的主要特徵。《釋"兮"及〈九歌〉句法結構的分析》則探索"兮"的性質與作用。《九歌》句句有"兮"字，且用於句中，劉熙載《藝概·賦概》稱之爲《九歌》的句腰。聞一多認爲“兮”字一切虛字的總替身。他的《九歌兮字代釋略説》就逐句用虛字代釋《九歌》的“兮”字。其實“兮”字仍是語氣助詞，性質不變，之所以能用各虛字代釋，是由於“兮”字前後成分的結構關係决定的。《論屈賦中人稱代詞的用法》統計屈賦自稱代詞用“余”91次，用“吾”64次，用“予”11次，用“我”8次，用“朕”6次。其用法分爲三類：“余”、“吾”都能用於各格；“予”、“我”只能用於賓格；“朕”只能用於領格。《〈天問〉的疑問詞和疑問句》對《天問》一詩的分析比較細膩：《天問》376句，其中四言289句，五言51句，三言20句，六言15句，七言1句。作爲四言詩，兩句一韻，四句兩韻爲一章，共計95章。《天問》的疑問句受到這種體制的制約，於是就有了一句一問（31句）、兩句一問（105句）、四句一問（30句）、兩句兩問（8句）、四句兩問（2句）。《天問》用了176個疑問詞，除了四句之外，句句都用了疑問詞：疑問代詞、疑問數詞。這些疑問詞及其出現頻率是：“誰”，8次；“孰”，9次；“焉”，13次；“安”，13次；“何”，120次；“胡”，4次；“何”字結構“何如”1次，“云何”1次，“幾何”1次，“幾”2次。《天問》是詩，没有用一個經常出現於散文中的疑問語氣詞，如“乎、邪、與”等。1995年2月語文出版社出版，1997年獲江蘇省哲學社會科學優秀成果二等獎。

迄今，對是書作過評述的論文主要有孫良明《談廖序東先生的語法研究》（《徐州師範大學學報》2002年第1期）、王學奇《評廖序東教授的〈楚辭語法研究〉》（《河北師範大學學報》2003年第4期）。

詩騷合璧

詩騷研究專著。崔富章等編注。本書首有崔氏《前言》。次《總目》。崔氏在《前言》説明本書的體例，云：“《楚辭》17篇，以王逸《楚辭章句》爲準”，“《楚辭》正文以清同治年間金陵書局校刻《楚辭補注》本爲底本，以别本參校”，“注釋：每篇第一條注文爲題解，揭示要旨；異體字、古今字用‘某同某’的形式，通假字用‘某通某’的形式；注釋力求簡明，注重吸收前人訓詁成果，一般只引用結論，不作詳介，凡屬注者新見解，一般也只帶出結論，不作考論”。編注分工爲：崔氏編注《離騷》、《九歌》、《卜居》、《漁父》，江林昌編注《天問》、《九章》、《遠遊》、《九辯》、《惜誓》、《招隱士》、《七諫》、《哀時命》、《九懷》、《九歎》、《九思》，壽勤澤編注《招魂》、《大招》。最後，由崔氏審閲並通稿。1995年2月浙江古籍出版社出版。

屈原及其作品新探

楚辭研究專著。今人曲德來著。曲德來(1944—),遼寧營口人。1968年畢業於遼寧大學中文系。1981年畢業於遼寧大學中文系,獲碩士學位。1987年畢業於東北師範大學中文系,獲博士學位。現爲遼寧大學中文系教授、遼寧省政協委員、中國屈原學會理事。著有《漢賦綜論》等。

本書首有《目録》。末附《附録一》(《〈離騷〉王注商兑》)。次《附録二》(《〈惜誓〉〈九歎〉〈哀時命〉〈七諫〉與屈原作品語法相似之例證舉例》)。次《附録三》(《説巫咸並及秦楚之淵源》)。次曲氏《後記》。正文凡三章。第一章《屈原生平諸問題》,凡四節:"關於屈氏得姓問題"、"關於屈原的生平問題"、"屈原的身分問題"、"關於屈原的卒年"。第二章《屈原思想意識諸問題》,凡五節:"楚民族的特殊發展問題"、"楚文化的特點"、"屈原的政治理想問題"、"屈原的人格理想問題"、"屈原至死不離楚國的原因"。第三章《屈原作品的探索》,凡四節:"關於《離騷》的幾個問題"、"關於《九歌》的幾個問題"、"關於《天問》"、"關於《九章》及《遠遊》"。

曲氏認爲,王逸在《楚辭章句》中所説的關於屈氏受姓一節,錯謬甚多,與史籍有諸多牴牾不合;《離騷》"朕皇考曰伯庸"爲屈原自述家世與受姓之祖的話,"皇考"乃謂屈氏受姓之祖,這個皇考伯庸,即熊渠之長子句亶王熊康;"惟庚寅吾以降"之"降",王逸以"生"訓"降"爲誤訓,"降"者,下也,降神也,下神也,此句是説屈原在庚寅日初次降神,屈原初次降神在公元前329年,由此上推二十年,可定屈原生於公元前349年,月日不詳;屈原的身份是一個巫師,職掌楚國的原始宗教事務;屈原的絶筆之辭是《惜往日》,卒年在頃襄王十六年或十七年(前283或282),其時屈原六十六或六十七歲。

曲氏指出,"楚文化富有融合性,楚文化先是吸收商文化,並將之融化爲自己的組成部分;其後楚文化又吸收中原文化,迅速完成了社會的轉變,在春秋戰國時期,在中國社會大變革的轉型期中,楚文化又吸收了中原文化的新觀念,這些使楚文化豐富多彩,同時又使之充滿矛盾衝突。這些構成了屈原思想行爲的充實背景","屈原的社會政治理想是傾向於保守的,從總體上説,屈原的社會政治理想是想建立遠古時代的社會政治結構於社會急遽變化之時,是想把歷史車輪拉向後轉","屈原在楚國社會大變革的轉型期,提出的是不能實理(案,當爲"現"字)的復古的幻想,這是他人生悲劇的直接原因之一","屈原所追求的完整而又完美的人格,是'内美'與'修能'的結合,是在'内美'的基礎上加以'修能'","屈原所追求的人格理想,是不可能實現的,因此這種人格理想的兩個構成部分,存在着深刻的文化性質上的衝突和矛盾","屈原所盛稱的'内美',實質上是把人的價值維係在宗法血緣關係上,維係在巫術意識和巫術風習上","屈原强調的'修能',是屬於儒家道德倫理範疇的意識,這種意識把人的價值維係在道德自律和人格獨立上"。

曲氏以爲,"内美"(感性文化性質)與"修能"(理性文化性質)在一個完整的人格中是難以並存的,從根本上説,這是一種兩難追求。關於屈原至死不離楚國的評價問題,曲氏認爲,"楚不是有獨立性質的國家,植根於特殊的血統家世的特殊利益,特殊的利益産生的對宗法血緣觀念的執着,由特殊利益和宗法血緣觀念决定的對楚的特殊的依戀和責任感,是屈原留楚不去的基本原因。他追求的'美政'理想、人格理想以及他特殊的職業,在文化性質上與中原各諸侯國的文化相衝突相對立,這是屈原不能别適他國而只能留楚的重要原因"。1995年5月遼寧古籍出版社出版。

楚辭文化背景研究

楚辭研究專著。今人趙輝著。趙輝(1954—),湖北崇陽人。1978年畢業於華中師範大學中文系,分配至湖北教育學院任教。1989年畢業於湖北師範學院中文系,獲碩士學位。現爲中南民族大學中文系教授。著有《六朝社會文化心態》、《心旅第一驛——中國古代社會文化心態之源》等。

本書爲張正明主編的《楚學文庫》之一。本書重在從楚國的一些特殊的文化現象去解釋《楚辭》的一些特殊的文學現象。首有《楚學文庫》編委會《編者獻辭》。次趙氏《引言》。末附趙氏《後記》。在《引言》中,趙氏提出:"二千年的《楚辭》研究史,便是兩千年來人們對於《楚辭》博大精深的内涵感到困惑的記載","每一種文學現象的産生,都有着極爲複雜的文化背景。這其中既包含着民族心理和民族精神的歷史積澱,也存在着當時社會政治、經濟、審美觀念、民俗和倫理道德等多方面的共同作用"。正文凡六章。第一章《楚文化的土壤》,認爲"楚國由原始社會跨越奴隸社會(或者説只經過一個奴隸制形態極不完備的過渡階段),而進入封建社會","楚缺少長期的奴隸社會的歷史積澱,其文化及其發展自然也就與中原有着明顯的差異"。第二章《虚幻的映象》,論述巫風及其原始宗教對《楚辭》産生的影響與作用,提出:"楚辭從巫風的母體脱胎而來,又吮吸着巫風的乳汁而興盛","《楚辭》大致可分爲四種不同系統的意象系列:即神話意象系列;巫風意象系列;神仙意象系列;客觀社會生活意象系列。而構成《楚辭》瑰麗詭怪的浪漫主義色彩的,則最主要是前三種意象系列”。第三章《楚騷的精神氛圍》,以爲“屈騷精神”,既包含着他愛國憂民的思想,又飽含着詩人强烈的自我意識,以及由之而帶來的歷史使命感和對於現實社會、對於民族、個人命運的深沉憂患;同時,也包含着詩人爲自我實現、自我人格完善而甘願承受現實不平而帶來的一切痛苦的折磨那種强烈的自强自立的進取精神;又説“中原民族之所以極注重現實,缺少幻想;楚民族之所以愛幻想,重理想,對於理想有着至死不渝的追求精神;究其原因,很重要的一點恐怕就是中原人强調對於欲望的壓抑,使人永遠處於一種基本需求的飢渴之中;楚人能在對於正常欲望的追求中得到基本需求的滿足而最後超越它”。第四章《楚辭的文化組合》,提出:“楚民族有着常不知足的文化心態,故能敞開文化大門,不斷地吸收外來文化的精華,給本民族文化注入新的活力”,“促使屈原走向汨羅深淵的關鍵,一是他那强烈的自我意識,以及由此而帶來的那至死也不改變初衷的固執性格;二是他那自我人格完善的不倦追求”。趙氏以爲,屈原强烈的自我意識,植根於楚國的文化土壤;而自我人格完善的追求,卻是受着中原文化精神、尤其是儒家精神的影響。趙氏還提出:“《楚辭》受《詩經》影響,最主要是表現在藝術精神、藝術形式和表現手法、技巧等方面。”第五章《文化融合與精神衝突》,趙氏提出:“《楚辭》是南北文化交流的結果,並非僅僅説《楚辭》從思想內容到表現形式都融合有中原文化的許多因素;從更大的意義上説,它是指南北文化交流給詩人帶來的一系列的精神衝突,並由此而產生了在傳統文化中難以產生的深沉的憤懣和激烈的情感”,“屈原的精神始終處於分裂與矛盾中。它既是酒神的反對者,又是酒神的擁護者;既是自我的崇拜者,又是自我的否定者;既具有入世精神,又有對於神仙的向往;既是一個孤獨的承受者,又是孤獨的逃避者”。第六章《楚辭符號的文化意味》,趙氏指出,《楚辭》的形式,承襲了楚國民歌、音樂和巫事活動儀式以及這儀式中所具有的文辭等傳統文化藝術形式。1995 年 7 月湖北教育出版社出版。

迄今,對是書作過評述的論文主要有黄瑞雲《〈楚辭文化背景探原〉序》(《湖北師範學院學報》1990 年第 4 期)。

楚辭與人情

楚辭研究專著。今人李誠著。本書爲張振德、黄葵主編的《名著精華的現代應用》叢書的第 3 卷第 4 種。首有叢書主編《序》。次《目録》。次李氏

《前言》。末附《附録:〈楚辭〉妙語選譯》。主編在《序》中强調叢書的編撰目的,云:“一是要精選,挑出精華來;二是要‘搭橋’,讓人讀得懂;三是實用,能够結合實際。”所以提出五個特色:“新”、“精”、“白”、“明”、“用”。李氏在《前言》中坦率地指出,“本書並非一般的古籍普及讀本。毋寧説,它是商品社會中的人生觀和人生態度也即人情的一種投射和反映。但它畢竟又是在閲讀某種古籍時所産生的投射和反映,所以讀懂這種古籍乃是基本的前提”。同時,李氏也闡述了屈騷思想倫理的歷史價值與現實意義,云:“‘屈騷’中所表現出的倫理、人格、理想、情操、思想等等,在歷史上乃至近代都曾經引起過針鋒相對的激烈的争論,但最終屈原和他的思想品格仍然得到了全民族大多數人的認同。從本書中不難看出,屈原的思想是極其豐富的,正是所謂上念國家,下悲小我,舉凡愛國、好修、節操、求偶等等,凡人思想所應經歷的,幾乎無所不包。這些思想内容對於生活於二十世紀末的我們,仍然可以説是貼切而現實的。有時候,我們甚至有這樣的感覺,兩千多年的歷史長河仿佛只是一瞬,屈原當年所碰到的,所哀嘆的,所醉心的一切,其實常常就在我們身邊重演,不過形式不同而已。這種情形與我們通常所理解的歷史是否前進等問題毫無關係,它只是説明了,人在許多年前就已發展得很成熟了,社會前進是容易的,但人的思維方式,思維出發點,思維目的卻是很不容易改變的。”

正文的結構安排是:以洪興祖《楚辭補注》的順序編排,删去了東方朔《七諫》等五篇。所有入選篇目,都未加删節。只是在内容編排中,採用了倫理、人生的分類,以表現叢書的主題要求。如將《離騷》分成十一節,分别標爲:《既重“内美”,更重“修養”》、《忠臣與原則》、《追求與無悔》、《不理它,走自己的路》、《進不得用,退可自修》、《淫樂招灾,論道多福》、《痛惜光陰,抓緊自我》、《屈原求偶的啓示》、《十步之内,必有芳草》、《舉賢授能,定國安邦》、《祖國,永遠的眷戀》。具體每節的體例是:“原文”、“譯文”、“注釋”、“評析與應用”。當然,這種評析更側重於思想倫理方面。由此可見,本書可視爲《楚辭》倫理學、社會學讀本。1995 年 12 月四川人民出版社出版。

風騷論集

詩騷研究專著。今人周秉高著。本書是一本《詩經》、《楚辭》研究論文集。首有《目録》。次周氏《自序》。末附《中國古代詩歌史話 12 則》(其中有關楚辭的凡5則，即《屈原放逐　乃賦〈離騷〉》、《屈原再次被逐記》、《萬山叢中的歌唱》、《汨羅江上的悲劇》、《“陽春白雪”屬宋玉》)。在《自序》中，周氏強調風騷研究不能停留在“譯注”、“賞析”之上，應該注重作品本身内容和價值的研究，應該探討風騷研究的方法問題；同時説明，收入本書的論文，一部分已公開發表，另一部分是在内蒙古大學中國古代文學在職碩士研究生班上的學術演講。

正文收入《楚辭》研究論文有：《對當前楚辭研究的幾點看法》、《楚辭研究史上的優良傳統》、《論屈原愛國主義形成的原因》、《“兮”字與楚辭的音樂性》、《〈天問〉層次》、《屈原與黄棘之會有無關係辨——評〈離騷〉作於懷王二十五年説》、《〈離騷〉不可能作於頃襄王時代》、《評朱熹對〈離騷〉寫作年代的改動》、《〈哀郢〉研究》、《屈原後期思想發展的一個低谷》、《〈悲回風〉二題》、《〈招魂〉寫作時地新探》。周氏提出：楚辭研究“只有兩派：一曰‘入世派’，一曰：‘出世派’。所謂‘入世派’，即一些研究者自覺地把楚辭研究與現實生活、社會政治緊密地聯繫起來，研究楚辭，服務現實；所謂‘出世派’，即衆多研究者離開現實生活，或是爲了躲避政治矛盾，一頭扎進古紙堆中，爲楚辭而楚辭，爲研究而研究”。在周氏看來，王逸、洪興祖、朱熹、黄文焕、王夫之、馬其昶等，均是入世派。周氏以爲，用“兮”是《楚辭》的一個特色，在屈賦二十五篇及“二招”、《九辯》等二十八篇中，總字數15 286個，其中用“兮”字1 038次，“而”字498次，“以”字282次。而《詩經》305篇中只有61篇用“兮”字，《楚辭》28篇中，只有《天問》一篇無“兮”字。《詩經》7 363句僅有286個“兮”字句，不足4%；而《楚辭》2 649句中有1 038個“兮”字句，占40%。具體的説，《離騷》185個，《九歌》253個，《九章》之《惜誦》43個，《涉江》34個，《哀郢》34個，《抽思》43個，《懷沙》39個，《思美人》32個，《惜往日》37個，《橘頌》18個，《悲回風》55個，《遠遊》89個，《卜居》1個，《漁父》2個，《招魂》28個，《大招》2個，《九辯》143個。周氏進而提出：大量用“兮”證明楚辭大多具有强烈的音樂性，當時可以歌唱；其歌唱的形式大致可分爲四種類型(句中式、單句末式、雙句末式、少兮無兮式)。1995年9月内蒙古大學出版社出版。

楚辭與苗文化

楚辭研究專著。今人黄中模、王雍剛主編。王雍剛(1954—　)，江蘇南京人。1970至1974年在部隊文工團工作，自學成才。20世紀80年代曾擔任北京電影電視刊物編輯、主任記者，擔任40集大型寫實風光電視片《百苗圖》的總撰稿人、總制片人,"帶領一個攝製組,行程數十萬公里,走遍了南中國的十多個省,從中發掘到研究楚文化離不開苗文化,後者可豐富前者的内容;研究苗文化不能脱離楚文化,後者可提高前者的價值的深刻内涵"(《楚辭研究成功之路——海内外楚辭專家自述》,重慶出版社 2000 年版)。發表過詩歌、散文、苗學、楚辭學論文,現爲中國民族博物館研究員、中國民族文物保護協會副秘書長。

1993 年 10 月,國家民委學術委員會、中國藝術研究院、中國延安文藝學會、北京音像公司《百苗圖》攝製組和重慶師範學院《楚辭》研究室聯合召開"中國首届《楚辭》與苗文化學術討論會",一百多位學者提交論文六十多篇,從歷史學、考古學、神話學、民族學、民俗學及文藝學等多角度討論了《楚辭》與苗族、苗文化的關係,特别對楚國的族源、對楚文化的歷史發展的考辨及其對《楚辭》的影響等諸多問題。本書就是此次學術討論會論文的基礎上編纂的。

該書爲《三峽經濟文化叢書》之一,楚辭學集刊《楚辭研究與争鳴》第 2 輯。首有"首届楚辭與苗文化學術研討會"大會照片兩幅。次蕭秧、湯炳正、韓念龍、費孝通、韋思琪、袁珂等人的題辭,其中袁珂題云:"'帝高陽之苗裔兮',《離騷》首句,便泄露了《楚辭》與苗文化關係的秘密。我覺得'苗裔'一語,應作'苗族之裔'解,質之當今之學人,不知以爲如何?"次黄氏《前言》(代序),介紹這次學術研討會的基本概况,並説明所收論文,云:"其内容或有主張楚爲苗族説,或有主華夏族説,或有主融化説者,自然是各抒己見,難求一統。"末附王氏《跋》。次黄氏《編後記》。正文凡三組:第一組,"楚辭與苗文化"研究論文及學術研討會的發言或報導,主要論文有黄中模、王雍剛《同化與融合——從〈百苗圖〉看楚國與苗族的關係》、石宗仁《"支那"之謎與苗族——〈羅摩衍那〉與〈中國苗族古歌〉傳遞的信息》、吳曙光《楚國國民族别專論》、翁家烈《楚國爲苗族先民所建》、張啓成《楚苗族别淵源異同考》、魏際昌《辯言蠻夷華夏與屈原的宗族及江漢文化》、何明新《楚爲蠻夷考》、張中一《楚繼承和發展三苗族文化初探》、陳中傑《略論楚族、苗族族源關係及其巫文化》、王秀盈《試論楚蠻文化的個性特徵》、文啓宇《苗文化與〈楚辭〉關係管見》、伍宗玉《屈原賦與苗文化初探》、蔡靖泉《"撫有蠻夷"與〈楚辭〉的蠻夷文化色彩》、荀世祥《從盤古型神話母題看〈楚辭〉與苗文化的關係及其意義》、李麗《試論苗族文化思想對〈楚辭〉的影響》、姚漢榮、姚益心《楚文化因子的歷史考辨》、石華森《極富於民族性之屈原作品》、隆名驥《〈楚辭〉與苗族的祭祀及婚姻習俗》、麻勇斌《湘西苗歌與屈騷比較研究》、麻榮遠、龍文玉《〈九歌〉本源辨證》、吳曦雲、吳光海《從〈九歌〉看〈楚辭〉與苗族的"文化鏈"》、黄永堂《司命、竈神以及楚人族源之我見》、冀凡《"四兇"、三苗與〈天問〉》、鮮於煌《屈原〈天問〉“伏匿穴處”考釋》、葉俊莉、李藝《外來文化與鄉土文化的撞擊——從屈原到沈從文看楚苗文化的影響》；第二組，楚辭與楚辭學研究，論文有何國治《〈離騷〉題義及其音樂美》、苟世祥《〈楚辭〉學研究中泛起的沉渣——略論易重廉的〈中國楚辭學史〉是如何抄襲、剽竊〈屈原問題論爭史稿〉的成果的》；第三組，一組楚辭研究專著的評論，被介紹、評論的楚辭專著有高秋鳳《〈天問〉研究》、龔維英《女神的失落》、蕭兵《〈楚辭〉新探》、潘嘯龍《屈原與楚文化》、周建忠《楚辭論稿》、江立中《離騷探驪》、楊采華《屈原及其辭賦新解》。1996 年 1 月西南師範大學出版社出版。

巫風與九歌

楚辭研究專著。今人邱宜文著。邱宜文(1970—)。臺灣師範大學國文系畢業。中國文化大學文學博士。現爲臺北商業技術學院副教授。著有《山海經的神話思維》、《古典詩鑒賞》等。

本書爲邱氏碩士論文。首有《目録》。末附《長沙馬王堆一號漢墓帛畫與〈楚辭·招魂〉之比較研究》。次《參考資料》。正文凡六章：第一章《緒論》；第二章《信鬼崇巫的楚地宗教》；第三章《〈九歌〉中的人神戀愛與祈求豐盛之祭》，包括“宛如戀曲的祭歌”、“生殖崇拜的影響”、“人神聯姻的儀式”、“聖凡融合的期望”四節；第四章《香草與〈九歌〉之巫術》，包括“浴蘭湯兮沐芳——香草用以祓除趨聖”、“芳菲菲兮滿堂——芬芳以祀神”、“折芳馨兮遺所思(婚祭合一的祀典、香草與愛情巫術、香氣激起情慾)”三節；第五章《〈九歌〉之美人與巫者》；第六章《結論》。

邱氏提出：《九歌》本爲祀神篇章，其祭品不力陳三牲豐厚，卻大幅渲染香草繽紛；敬神不極寫其威儀顯赫，卻屢見之爲含睇美人；人神之間還可親近而相瀆；如此違反宗教常理的内容描寫與素材運用，怎可能没有民俗或信仰上的依據，而不造成民衆反感，還能引起普遍共鳴呢？《九歌》爲宗教詩歌，自王逸以來皆無疑議，然因其文辭綺麗，而常使人們在深究欣賞時，忽略了它絕艷丰姿下的宗教性質；《九歌》極有可能發源於上古祈求繁衍豐盛之祭——這種上古婚祭合一之風的遺留，使《九歌》辭句中充斥諸多戀語；楚人崇敬巫者，巫者們的言行、好尚在不知不覺中影響着楚人的思考模式和價值觀；“美人”一詞的起源，很可能便是來自楚巫美麗的形象，至於“香草”，則爲巫者們實施巫術的道具。因此，邱氏認爲《九歌》的諸般特色：人神追尋的情節，宛如戀辭之麗語，滿室芳菲的香草，修容含睇之美人等，不僅爲創造它卓越文采的重要因素，同時更是先秦楚地巫風之表現。1996年8月臺北文津出版社出版。

迄今，對是書作過評述的論文主要有劉石林《邱宜文屈原學研究綜述》（載戴錫琦、鍾興永《屈原學集成》，中央編譯出版社2007年6月版）。

楚辭學史

楚辭研究專著。今人李中華、朱炳祥著。李中華（1944— ），湖北隨州人。1967年畢業於武漢大學中文系。1981年畢業於武漢大學中文系，獲碩士學位。現爲武漢大學中文系教授、博士生導師、中國屈原學會理事。著有《詞章之祖——楚辭與中國文化》、《詩經主題辨析》（合著）等。朱炳祥（1949— ），江蘇靖江人。1986年畢業於武漢大學中文系（專科）。1992年畢業於湖北大學中文系（本科）。1998年獲華中師範大學中文系碩士學位。現爲武漢大學社會學系主任、教授、博士生導師。著有《伏羲與中國文化》、《中國詩歌發生史》、《摩哈苴遺村文化符號的人類學還原》、《土家族的文化發生學闡釋》等。

本書首有胡國瑞《序》。次《目録》。次李氏《前言》。在《前言》中，李氏提出："從人類文化的意義説，《楚辭》學應該包括三個方面的内容：(一)、對於《楚辭》文本及作者身世的研究；(二)、對於楚辭體（或稱騷體）文學發展狀況的研究；(三)、對於《楚辭》文化及其影響的研究。"對於兩千多年的研究史，李氏概括爲大體經歷了三個不同的時期：第一是漢代人開創的以經學爲指導，以文字訓詁爲中心，用治經的手法研究《楚辭》的時期，其代表作是王逸的《楚辭章句》；第二個時期是由宋代人開創的以理學爲指導，以闡説義理爲旨趣，用比附經典來發揮大義的時期。其代表作是朱熹的《楚辭集注》；二十世紀以來是《楚辭》研究的第三個時期，這一時期《楚辭》學的主流，是以勃然興起的近代社會學説與人文思想爲指導，以文化的、心理的、宗教的、民俗的、地域比較的全方位多角度考察爲手段，促進《楚辭》研究的現代化。李氏以爲："如果説漢人章句訓釋着重静態、綫型的描述，宋人追求的是動態心理的平面解析，那麽近代人所進行的便是多維空間的立體透視了。漢代人勾勒了屈原形象的輪廓，宋代人描摹了一幅屈原的平面畫像，近代人則試圖使屈原的形象豐滿，有血有肉地活動起來。"

正文凡九章：第一章《〈楚辭〉的誕生與結集》，凡三節，包括"楚文化與《楚辭》"、"屈原生平之記載"、"《楚辭》的流傳與結集"；第二章《漢代的〈楚辭〉研究》，凡四節，包括“漢代《楚辭》研究概述”、“劉安、司馬遷評說《楚辭》”、“揚雄、班固之論騷”、“王逸《楚辭章句》”；第三章《魏晉南北朝的〈楚辭〉研究》，凡三節，包括“魏晉南北朝《楚辭》研究概述”、“郭璞對《楚辭》學之貢獻”、“劉勰《文心雕龍・辯騷篇》及其它”；第四章《唐代的〈楚辭〉研究》，凡四節，包括“唐代《楚辭》研究概述”、“唐《六臣注文選》及陸善經《文選・離騷注》”、“柳宗元《弔屈原文》與《天對》”、“皮日休《九諷》、《反招魂》及其它”；第五章《宋元的〈楚辭〉研究》，凡六節，包括“宋元《楚辭》研究概述”、“晁補之‘《楚辭》三書’”、“洪興祖《楚辭補注》”、“朱熹《楚辭集注》”、“黄伯思《校定楚辭序》與吳仁傑《離騷草木疏》”、“元代的《楚辭》研究”；第六章《明代的〈楚辭〉研究》，凡六節，包括“明代《楚辭》研究概述”、“汪瑗《楚辭集解》”、“黄文焕《楚辭聽直》”、“陸時雍《楚辭疏》與周拱辰《離騷草木史》”、“賀貽孫《騷筏》與李陳玉《楚辭箋注》”、“其他諸家的《楚辭》研究”；第七章《清代的〈楚辭〉研究》，凡十節，包括“清代《楚辭》研究概述”、“王夫之《楚辭通釋》與錢澄之《屈詁》”、“李光地《離騷經九歌解義》與方苞《離騷正義》”、“林雲銘《楚辭燈》、王邦采《離騷彙訂》及其它”、“屈復《楚辭新注》與胡文英《屈騷指掌》”、“蔣驥《山帶閣注楚辭》”、“戴震《屈原賦注》及《四庫全書總目・楚辭類提要》”、“龔景瀚《離騷箋》與陳本禮《屈辭精義》”、“王念孫、朱駿聲、俞樾等人的《楚辭》研究”、“王闓運《楚辭釋》與廖平《楚辭講義》”；第八章《近代的〈楚辭〉研究》，凡六節，包括“近代《楚辭》研究概述”、“王國維評説《楚辭》”、“梁啓超《屈原研究》及其它”、“劉永濟《屈賦通箋》與《屈賦音注詳解》”、“聞一多《楚辭校補》與《九歌》的研究”、“游國恩《楚辭概論》與《楚辭論文集》”；第九章《〈楚辭〉研究回顧與展望》，凡三節，包括“《楚辭》研究兩千年之總體回顧”、“當代《楚辭》研究走向之觀照”、“《楚辭》研究前景之瞻望”。1996 年 10 月武漢出版社出版。

迄今，對是書作過評述的論文主要有鄒之衍《李中華屈學研究的創新思維》(《岳陽職業技術學院學報》2007 年第 3 期)

屈原懸案揭秘

楚辭研究專著。今人屈小强著。屈小强(1949—　)，四川成都人。現任四川省文史研究館《文史雜志》編輯部主編、編審，兼任中國民間文藝家協會會員、四川省作家協會會員、四川省民俗學會常務理事、四川省社會科學院中華佛學文化研究中心特約研究員。著有《制夷之夢——林則徐傳》、

《〈詩經〉之謎》、《黄鐘大吕》、《俠心劍膽——唐代詩人的文化精神與人生意趣》、《盛世情懷——西漢雄風與盛唐氣象》、《自然與自我——從老莊到李贄》、《强者哲學——韓非的智慧》、《白馬東來——佛教東傳揭秘》、《〈西遊記〉中的懸案》等。

本書爲"中國名人懸案系列"叢書之一。實際上,本書是根據現有部分著作、論文、綜述,圍繞一些課題、研究熱點進行綜述性介紹、描述,行文中有時介紹論點的作者,有時介紹論點的來源,有時則不講出處,有時順便發表一些看法。屈氏並非專攻《楚辭》的學者,對楚辭研究的歷史與現狀,並不完全熟悉;但本書的綜述,還能體現其綜述水平與駕馭能力。正文凡五大部分。一、《屈原身世之謎》,主要内容有:"屈原爲什麽會與楚王同姓","伯庸是屈原的父親嗎","屈原出生於何年","屈原何以爲生在庚寅日而自得","伯庸何以要替屈原取那樣費解的名字","屈原還有什麽稱呼","秭歸緣何得名","神秘女性女媭是屈原的什麽人","屈原任過的左徒到底是什麽官兒","上官大夫奪稿是怎麽一回事","反對屈原的子蘭是司馬遷杜撰的嗎","屈原究竟有没有被放逐過","屈原爲什麽會堅持不事他邦","屈原具有怎樣的人格","屈原投江到底在哪一年","屈原爲什麽要自沉汨羅江","關於屈原之死的説法還有哪幾種"。二、《端午文化之謎》,主要内容有:"爲什麽會有端午節","划龍舟原本是爲了紀念屈原嗎","端午節爲什麽要裹粽子、吃粽子","端午節爲什麽要懸白艾、掛菖蒲","爲什麽要在端午節飲雄黄酒","端午節爲什麽要繫花花繩","外國如何過端午節"。三、《屈原作品之謎》,主要内容有:"'離騷'究竟是什麽意思","《離騷》到底講了什麽内容","《離騷》'求女'意象有何寓意","《天問》究竟是一部什麽樣的作品","《天問》是否受神廟壁畫的影響","《九歌》是一部什麽樣的歌","《九歌》何以得名","《九歌》的作者不是屈原麽","《國殤》表現了一種什麽精神","湘君和湘夫人到底是啥關係","'山鬼'是人還是鬼","《招魂》招誰的魂","爲什麽會叫《九章》","屈賦的文化源頭在哪裏"。四、《屈原遺響之謎》,主要内容有:"蘇曼殊爲什麽説人在30歲前不讀《離騷》是該死的","宋玉是不是屈原的學生","留傳至今的關於屈原的名畫有哪些","屈原是如何影響毛澤東詩詞的","《屈原》是怎樣轟動戰時陪都的","《屈原》裏爲什麽會出現南后這個毒辣的女人"。五、《"屈原否定論"之謎》,主要内容有:"'屈原否定論'及其大論争是怎樣發生的","新中國成立以前是如何批評'屈原否定論'的","中國學者是怎樣清理'屈原否定論'的舊帳(案,當爲"賬"字)的","中國學者是如何回答日本學者的'屈原否定論'的"。1996年10月四川大學出版社出版。

楚辭今注

楚辭研究專著。今人湯炳正、李大明、李誠、熊良智著。熊良智(1953—),四川金堂人。1990年畢業於四川師範大學中國古代文學研究所,獲碩士學位。現爲四川師範大學文學院教授、博士生導師,並任巴蜀文化研究中心兼職研究員。著有《禮記與中國人的生存和理想》、《詩經選讀》、《墨子簡本》、《楚辭的文化精神》、《楚辭文化研究》、《楚辭評論集覽》(合著)等。

本書爲"中國古典文學叢書"之一。據湯炳正《序》可知,"書名'今注',略有三義:其一,使兩千年前之屈宋鴻裁及兩漢遺篇,能以較清晰的面貌,爲今人所理解與領會;其二,在注釋中,能體現出今天學術界對《楚辭》研究所已達到的水平;其三,我個人對屈學的己見,能在注釋中起主導作用"。湯氏介紹本書特色爲:"簡明扼要,直書所見,與其他論著有所不同。即書中的一般訓釋,易於理解,力求精確,不事辯證;特殊詞句,偶列論據,意在取信,不事鋪張。凡舊説自通者,寧用舊説,只求暢達,不取新奇;凡舊説不通者,始採新説,而取舍斷以己意,義蘊多所融會。故全書雖不名一家,而處處是對學術遺產的繼承;但此編又係新著,亦處處滲透着一己之見。此外,並力求以個人生平所形成的屈學體系,經緯全書。"本書所用底本,爲金陵書局翻印汲古閣本洪興祖《楚辭補注》,並參校《四部叢刊》影印明覆宋本。凡有異文異字,均擇要出校並擇善而從。編注分工爲:湯炳正,《離騷》、《九歌》;李大明,《天問》、《招隱》、《惜誓》、《哀時命》、《九思》;李誠,《九章》、《卜居》、《漁父》、《九辯》、《九歎》;熊良智,《招魂》、《遠遊》、《大招》、《七諫》、《九懷》。各篇體例爲:"解題"、"原文"、"注釋"。篇幅較長的,分段出注,並列出段意。1996年12月上海古籍出版社出版。

迄今,對是書作過評述的論文主要有牟應杭《敬憶先師湯炳正教授》(《貴州文史叢刊》2001年第2期)、湯漳平《湯炳正先生與新時期楚辭研究》(《漳州師範學院學報》2007年第1期)、湯世洪、張世雲《湯炳正學術傳略》(《貴州文史叢刊》2007年第2期)。

屈原楚辭藝術輯新

楚辭研究專著。今人陳彤著。陳彤(1930—),生於北京,祖籍山東。

於北京匯文中學投身地下革命鬥争。1951 年畢業於北京中法大學文學院，參加抗美援朝工作隊。回京後先後擔任北京青年報編委、新華社記者，旋轉文學教學工作，歷任語文教研室主任、古典文學講師、副教授、教授，大學中文系主任。現爲首都師範大學教授、中華詩詞學會會員、北京逸仙學院國學系主任、教授。著有《先秦文學探新》、《新編學詩指南》、《吴三桂與陳圓圓》等。

本書爲作者研究楚辭的論文集。首有陳氏《獻詞》，强調“人求滿月春秋，莫論驕陽苦夏。瑰寶在金甌，長城時有價”。次《輯釋家簡歷》。次陳氏照片五幅。次陳氏《屈子頌》，云：“一篇橘頌奉中原，三百詩經讓祭龠。更賦離騷光日月，舊衣蟬蜕載詩船。”次《屈原與楚辭》（代序）。末附《屈子〈楚辭〉字數》。次《〈楚辭〉書目》。次陳氏《跋》。次冷木《本書輯釋家小傳》。正文除《餘論》（包括《關於屈原放逐問題之考辨》、《〈楚辭〉輯成之疑竇與結論》、《漢晉唐宋學人説〈楚辭〉》）外，凡五編：第一編《屈原》，包括《屈原傳論略》、《“攝提”與“娵訾”解疑——屈原生年析疑》；第二編《離騷》，包括《屈原和〈離騷〉》、《〈離騷〉新詮》、《“嬋媛”、“嬋娟”是人名嗎》、《〈離騷〉思想藝術之辨析》、《關於〈離騷〉的寫作年代》；第三編《天問》，包括《〈天問〉章句與〈天問〉新考》、《〈天問〉章句新次》、《〈天問〉新繹》、《〈天問〉的幾個問題之析説》、《〈天問〉寫作藝術之簡括》、《〈天問〉小跋》；第四編《九歌》，包括《〈九歌〉卮言》、《〈九歌〉通繹》、《〈九歌〉藝術鑒賞》、《〈九歌〉研究幾事》、《“東皇太一”新釋》等三篇、《〈九歌〉小跋》；第五編《九章》，包括《屈原〈九章〉簡述》、《屈原〈九章〉篇次先後異説之析定》、《〈橘頌〉長吟之要釋與繹詩》、《屈原〈抽思〉作時、作地之探賾》、《幽惋動人的“小離騷”——〈涉江〉》。

陳氏認爲，屈原生於公元前三五三年（戊辰）而並非所謂三“寅”；《離騷》作於“王怒而疏屈平”之後，具體寫作年代大約在楚懷王十六年至十八年間，正是屈子壯年之時；《天問》主旨要以九天之道、天命無常而發難質疑，以抒國憂己困之情。陳氏將《天問》章次重新排定，分爲十三個段落：第一部分從“曰遂古之初”始，到“日安不到……若華之光”止，主要叙問天地開闢，日月運行之疑；第二部分從“蓱號起雨”始，至“圜則九重……孰初作之”止，主要叙問風雨氣象、地理天功之設；第三部分從“焉有石林”始，至“驚女採薇……萃何喜”止，主要叙問天下奇事和人類起源問題；第四部分從“靡蓱九衢”始，到“眩弟並淫……後嗣而逢長”止，主要叙問人類壽數和有關唐堯、虞舜之事；第五部分從“不任汩鴻”始，至“永遏在羽山，夫何三年不施”止，是述問夏鯀的功過問題；第六部分從“焉有虬龍”始，至“閔妃配合……而快朝飽”止，是述問大禹治水和娶女塗山的問題；第七部分從“干協時舞”起，到“緣鵠飾玉，……桀終以滅喪”止，是就夏史中的若干問題置問的；第八部分從“該秉季德”始，到“初湯臣摯……尊食宗緒”止，是就殷先人和商湯立祚的史實置問的；第九部分從“授殷天下”開始，到“受賜兹醢……殷之命以不救”止，是就商紂之暴行反問殷室何以敗亡的；第十部分從“伯昌號衰”開始，到“皇天集命……又使至代之”止，是就文王選賢、武王集戰之事發問的；第十一部分從“會朝争盟”開始，至“周幽誰誅？焉得夫褒姒”止，是簡括西周的史實而發問；第十二部分從“中央共牧，后何怒”始，到“吳光争國，以及丘陵”止，是用春秋之動亂以影射楚事；第十三部分從“薄暮雷電，歸何憂”始，至結尾的自問自警止，主要是興感抒情，借設問深寓譴責、諷諫和自我喟嘆之意。又，關於《九章》篇次，陳氏根據作時先後定爲：《橘頌》、《惜誦》、《抽思》、《思美人》、《涉江》、《哀郢》、《懷沙》、《悲回風》、《惜往日》。1996 年 2 月北京文津出版社出版。

詩祖涅槃——屈原和他的詩

楚辭研究專著。今人毛慶著。本書爲“中華文庫”叢書之一，由臺灣錦繡出版事業股份有限公司與北京生活・讀書・新知三聯書店合作出版，同時以繁體字與簡體字兩種版本行銷海内外。本書首有許力以《中華文庫序》。次許鍾榮《合作出版中華文庫緣起》。次該文庫《編輯説明》。次毛氏《作者序》。次《目録》。末附《主要參考文獻》。《編輯説明》，云：“本文庫以弘揚、普及中華民族優秀文化爲宗旨，以現代觀點詮釋傳統文化，賦予新義及價值，力求與現代人的思想、生活緊密相扣”，“以實現學術大衆化爲目標，將學術資源轉化爲大衆的知識財富。各書兼具學術内涵及可讀性”。毛氏《作者序》提出：“將屈原和屈騷置於較清晰的文化背景前來介紹，讓讀者對浪漫多姿的楚風楚俗有一個形象的認識。例如招魂儀式和《九歌》的祭祀方式，以前基本是不清楚的，現在讀者卻可以瞭解個大概了。對於新的研究成果，我也盡量吸取融合進來，因爲即使是一本通俗讀物，也應當體現出現代學術水準。”

正文除結語《全世界都紀念他》外，凡八章：第一章《龍騰江峽》，凡三節，即“故里”、“誕生”和“傳説”；第二章《展翅三楚》，凡三節，即“戰國形勢”、“咏橘寄志”(《橘頌》)、“一逞才智”(出任左徒)；第三章《受挫郢都》，凡四節，即“一次殀折的變法”、“懷王貪心上當”、“張儀戲楚”、“《離騷》——心靈的搏鬥”；第四章《情寄漢北》，凡三節，即“不平問蒼天”(《天問》)、“無盡的思念”、“泣血賦《招魂》”；第五章《志篤江南》，凡三節，即“憤吟沅湘路”(《涉江》、《卜居》)、“改歌洞庭邊”(《九歌》)、“流離大江畔”;第六章《星隕汨羅》,凡二節,即“秋風夕日”、“壯烈自沉”;第七章《光昭日月》,凡二節,即“民族祭”、“中華魂”;第八章《詩魂不朽》,凡三節,即“詩家之祖”、“文學瑰寶”、“源遠流長”。毛氏認爲,屈原生於秭歸,長於江陵。“伯庸”是屈原父親的表字。“左徒”是大夫中最高一級的地位僅次於令尹的官,職責既管内政又管外交。《離騷》題義爲“離别之愁”,就是離别郢都、離别君王、離别爲國效力之門的憂愁。《離騷》分爲三大段,第一大段,往事的回憶,引人痛苦;第二大段,理想的追求,令人失望;第三大段,遠遊的彷徨,使人不忍。貫穿於《離騷》全詩的,是幾對基本矛盾:正義與邪惡、美與醜的矛盾;理想與現實的矛盾;個人與國家、理智與感情——“走”與“留”的矛盾。集中歸結起來就是堅持操守還是隨波逐流。詩中女嬃、靈氛、巫咸三者對屈原的責備、勸告,實質代表了不同類型的人的意見,這些意見通常是被社會普遍接受的。屈原最後毅然决然留了下來,决心把生命獻給自己的祖國,正是在這個高度,放射出偉大的民族主義和愛國主義的光芒,使全詩具有震撼人心的力量。“河伯”是主管注入洞庭的九條河流的鬼,因爲洞庭水系有沅、漸、元、辰、溆、酉、澧、資、湘、汨等許多河流,人們稱之爲“九河”,“九”即“多”意。故“河伯”爲九河之神。屈原人格的偉大表現爲:將追求人格美、美政理想、國家民族的利益完全統一在一起,而且至死不變。屈騷浪漫主義的特色表現爲“强烈的表現欲望”、“對理想的執著追求”、“奇幻”。文學心理的積澱來自於屈原的有“憂患意識”、“狂夫意識”、“象徵意識”。1996年4月三聯書店出版。

白話楚辭

楚辭研究專著。今人吳廣平著。吳廣平(1962—),湖南汨羅人。1983年畢業於湖南吉首大學中文系,分配至吉首民族師範學校任教。1993年調入湘潭師範學院中文系古典文學教研室任教。現爲湖南科技大學人文學院教授、碩士生導師,兼任湖南省古代文學學會常務理事、湖南省孔子學會常務理事、中國屈原學會理事。著有《白話淮南子》(合著)、《楚辭》、《宋玉集》、《宋玉研究》等。

本書爲“古典名著今譯讀本”叢書之一。首有吳氏《前言》。次《目録》。末附《參考、引用書目舉要》。在《前言》中,吳氏説明本書“注譯了王逸《楚辭章句》中所收的楚人和漢人的全部辭賦”,“本書篇次,照舊排列”,“各篇作品的解題説明不强求篇幅長短一致”,“注釋力求詳盡通俗,争取給讀者少留難點。書中對難字難詞採用分句注釋”,“注釋盡量選擇古今學者的合理解釋,特别是充分吸收了聞一多、游國恩、姜亮夫、湯炳正、朱季海、蕭兵等現當代楚辭學者的研究成果。爲便於讀者理解原文,本書譯文盡量採用直譯”。各篇注釋體例爲:“題解”(包括創作背景、創作時地、内容、藝術以及研究進展等)、“原文”、“譯文”、“注釋”;篇幅較長者又分段介紹,並略述段意。本書注譯特點爲:一、注釋詳盡,便於閱讀;二、大量引用學術界最新成果,並詳細注明出處;三、介紹各家之説,同時亦表明自己的學術見解。1996年5月岳麓書社出版。

離騷校詁

楚辭研究專著。今人黄靈庚著。黄靈庚(1945—),浙江浦江人。1965年考入杭州大學中文系,逢“文化大革命”而“逍遥”,開始研讀《楚辭》。在郭在貽的指導下,閱讀、抄録古今注疏達四十四種,從王逸《楚辭章句》到朱季海《楚辭解故》,積二千六百餘萬字。1971年杭州大學畢業,分配至一所地處浙、蘇、皖三省交界的煤礦職工子弟學校任教,工作之餘,繼續閱讀、抄録《楚辭》注本及有關音韻學著作,同時得到復旦大學中文系教授張世禄的指導。1976年無端遭誣告,盈箱資料被抄,險遭“焚火”。1983年開始注釋《楚辭》。1988年調入浙江師範大學中文系任教,開設《楚辭研究》選修課。現爲浙江師範大學人文學院教授、中國屈原學會副會長。著有《楚辭異文辯證》、《楚辭章句疏證》等,點校《宋濂全集》等。

關於《楚辭》閱讀過程及感受,黄氏在本書《自叙》中亦有回顧,云:“余上窮漢師注疏,下稽時賢高論,計所獵涉者,蓋百家之强矣。然後較互諸説,知其精粗雜糅、得失並存,待吾人修正者益夥,吾不無戚戚焉,遂萌生補綴之想。吾讀古書效清人札記法,凡目之所見、心之所悟,輒信手録之。歷時既久,積秩浸多;而後稍稍董理,終成是書,擬名曰《屈賦内篇校詁》,《離騷校詁》爲其卷一。”本書首有《内容提要》,介紹作者“遍查《離騷》注本、小學、韻書、有關古典文獻和多年發掘的考古材料,從文字訓詁治屈賦。先列古今異説,究其原委,考核語根,辯諸家音注反切異同、得失,推其音讀嬗變,按字梳理,反復比堪互校,然後訓詞於文中特定之義”,“對原文逐字都作了詳細的考證,求本溯源,理出了某字的發展脈絡,材料翔實,言之有據,能成一家之言”。次爲《作者簡介》。次湯炳正《序》,稱贊本書釋“時俗之工巧”的“工巧”爲“工匠”,釋“解佩纕以結言”的“結言”爲“介言”,釋“吾令蹇脩以爲理”的

“蹇脩”爲“嶲周”，靈氛之言用兩“曰”字乃“龔卜”之詞，釋“陟陞皇之赫戲”的“陟陞皇”爲“登遐”，皆饒新意，有理有據，自成一家之言。次黄氏《自叙》，云：“本書名曰《校詁》，實不厭校字、訓詁二事，而於定古本、通訓詁之後，綜合宗教、神話、民俗、史學、美學、地學、心理精神學諸科考察之、研討之，發其藴奥，推其原委。設立辭目七百三十餘條，則是書亦屬辭書性質，取名《離騷辭典》亦可矣。”次《例言》，云：“本著每二言爲一句，每二句成一韻。每句之下，首校讎，次訓詁，次章句，每韻之下則考訂古韻古音。二於每節、每章、每段之下，則討論其大義之所在也”，“《楚辭》異文考索，世稱姜亮夫氏《重訂屈原賦校注》最爲完備。其實，姜校所列異文悉出劉師培氏《楚辭考異》，且劉誤姜亦誤，一字不差。本著重作搜羅，既正劉、姜校引之誤，又補其所失收者；所得異文，較劉、姜二書，不啻十倍。本著先列宋世以往《楚辭》注本異文，次列宋世以前諸籍注疏引文，而後於‘案’下出其校語”。次《参徵〈離騷〉諸本及異文引書書目》，頗爲宏富。末附《附録》（一、《論屈原之死》；二、《〈離騷校詁〉詞目索引》）。次黄氏《後記》。1996 年 5 月中州古籍出版社出版。

迄今，對是書作過評述的論文主要有湯炳正《〈離騷校詁〉序》（《浙江師大學報》1996 年第 4 期）、潘嘯龍《訓釋精當　新見迭出——簡評黄靈庚〈離騷校詁〉》（《雲夢學刊》1997 年第 3 期）。

楚文學史

文學史專著。今人蔡靖泉著。蔡靖泉（1954—　），湖南東安人。1982 年畢業於武漢大學，分配至湖北省社會科學院。先在該院文學研究所工作，1987 年轉入楚文化研究所，曾任楚文化研究所副所長，1997 年晉升研究員。2001 年調入華中師範大學楚學研究所工作。現任華中師範大學楚學研究所所長、《華中師範大學學報》“楚學暨地域文化研究專欄”特約主持人，兼任中國屈原學會常務理事兼副秘書長、湖北省屈原研究會會長。蔡氏曾在《湖北日報》開闢了“楚文化”專欄，與湖北電視臺合作攝製大型電視系列片《楚文化縱横談》（任策劃、總撰稿，獲第七届全國優秀電視教育節目一等獎）。著有《楚文學史》、《楚文化志》（合著）、《中國浪漫主義文學史》（合著）、《中國詩歌史》（日文譯著）、《楚國狂人屈原與中國政治神話》（英文譯著）、《長江流域詩詞詩論》等。其中，《楚文學史》曾獲第十届中國圖書奬。

本書爲張正明主編的《楚學文庫》之一，爲第一本“楚文學”斷代研究史。

首有《楚學文庫》編委會《編者獻辭》。次《目録》。次《緒論・楚文學概説》。末附蔡氏《後記》。在《緒論:楚文學概説》中,蔡氏提出:“楚文學,就是隨楚文化的發生和發展而形成和演變的南方楚地文學”,“以《莊子》與楚辭爲代表的楚文學,是中國上古文學中顯示出濃厚的地方色彩和獨特的藝術風格的文學,也是中國先秦文學中顯示出豐富的藝術表現和高度的藝術成就的文學”,“楚文學的發展,乃是長期在中原文學的影響之下茁長的,乃是通過師法中原文學藝術、借鑒其他地域的文學藝術、並且在此基礎上自主創造和推陳出新而臻於繁盛的”。同時,蔡氏將楚文學史分爲形成期、繁盛期、演化期、嬗變期。楚文學的形成期,截止於春秋末年,創作主體是民間歌謡;散文有《老子》及出土的楚文字資料。楚文學的繁盛期,始於戰國初年,終於屈原投江,散文有《文子》、帛書《黄帝書》、《莊子》、《山海經》;詩歌有屈原楚辭作品。演化期結束於楚國消亡之時,代表作家爲宋玉,他既是楚辭的振揚者,又是楚賦的創作者;楚賦作家還有唐勒、景差,傳世的楚賦還有莊辛《莊辛説襄王》、無名氏《卜居》和《漁父》;另有散文《鶡冠子》。嬗變期從楚國滅亡到漢武帝時代,代表作有《垓下歌》、《大風歌》以及西漢前期的詩賦、散文。

正文凡上、中、下三編:上編《背景》,凡五章,依次爲“地理環境與楚文學”、“經濟生活與楚文學”、“歷史傳統與楚文學”、“夷夏文化與楚文學”、“楚地巫風與楚文學”;中編《神話》,凡五章,依次爲“先秦神話的起源與流變”、“叙録神話的楚文學作品”、“楚文學中的神話的特點”、“楚文學中的神話的類型”、“神話與文學”;下編《歷程》,凡九章,依次爲“文學古葩——歌謡”、“文學序幕——《老子》”、“散文演進——《文子》”、“散文拓展——《黄帝書》”、“散文豐碑——《莊子》”、“詩歌冠冕——屈騷”、“楚辭流衍——宋玉辭賦及其他”、“楚文餘緒——《鶡冠子》”、“文學嬗變——西漢前期詩文”。1996年8月湖北教育出版社出版。

迄今,對是書作過評述的論文主要有蔣方《評〈楚文學史〉》(《江漢論壇》1998年第6期)、朱炳祥《評〈楚文學史〉的理論視角》(《荆州師範學院學報》1999年第1期)。

屈原集校注

楚辭研究專著。今人金開誠、董洪利、高路明著。首有《前言》。次《目録》。《前言》,主要介紹五方面的内容:一、關於“楚辭”的涵義以及楚辭的地方色彩;二、關於“楚辭”的流傳與結集;三、楚辭代表作家屈原的生平及其創作；四、屈原作品的藝術特徵；五、關於本書的體例。其體例爲：本書所注屈原辭二十五篇，是根據王逸《楚辭章句》所標明的屈原作品而定；至於《遠遊》雖有疑點但尚無確證可斷其非屈原所作，《卜居》、《漁父》則顯然不是屈原的作品，近人多據司馬遷説認爲《招魂》是屈原的作品；對於這四篇作品，仍以王逸所定，將《遠遊》、《卜居》、《漁父》列入《屈原集》中，而不給《招魂》作注；進而説明"本書採用的底本是《四部叢刊》影印明翻宋本《楚辭補注》"，"校勘徵引異文，以洪興祖《補注》、朱熹《集注》爲主"。各篇"正文之前均有題解，説明各篇的篇題命意、創作背景、思想内容和藝術特色，並對某些疑問或有争議的問題加以考辯"，"注釋包括詞語的解釋、典故用事的説明和史事的考證等内容。注釋力求詳備、準確，盡量不留難點。除表達我們的意見之外，對於有分歧的字詞章句，還介紹了多種不同的解釋"，"對原作的大部分句子，基本上以兩句或四句爲單位作了串講"。

關於本書之校注特色與不足，黄靈庚《評〈屈原集校注〉》（《文獻》1997 年第 4 期）以爲，其特色在於"本著於屈原辭賦的文字校勘，廣泛吸收前修既成之説，爲之折中辨證，或因語境而定，或據舊注而定，或據文例而定等，且於前賢校勘成就的基礎上，偶有新材料之補充，進以發明新説。如，出自敦煌石窟唐寫本陸善經《文選集注》存《離騷》殘卷，始自'帝高陽之苗裔兮'句，止於'周流乎天余乃下'句，前賢校注，雖亦偶引《文選集注》殘卷，如姜亮夫《重訂屈原賦校注》、蔣天樞《楚辭校釋》等是也，然皆未執殘卷全文與今本《離騷》相勘。唯本著始執殘卷全文逐字與今本《離騷》相校也。此爲本著校文在使用材料方面的顯著特色"，其不足在於"本著徵引唐宋以前文獻所存《楚辭》零句的出處，基本上是鈔録劉師培《楚辭考異》和姜亮夫《屈原賦校注》，且多未注明出處"，以致出現劉誤、姜誤、金亦誤的現象。因此，黄氏認爲，"金氏《楚辭》之學，長於議論，其於分析段落結構、探索比興之義，多得其當，且時有出人意表者，成其一家之言。此《屈原辭研究》可得見之。然拙於文字訓詁，故此書似遠不及其《屈原辭研究》之精到"。1996 年 8 月中華書局出版。

迄今，對是書作過評述的論文主要有黄靈庚《評〈屈原集校注〉》（《文獻》1997 年第 4 期）。

屈原與他的時代

楚辭研究專著。今人趙逵夫著。趙逵夫（1942— ），甘肅西和人。

1967年畢業於甘肅師範大學中文系。1979年考取甘肅師範大學中文系研究生,師從郭晉稀教授,1982年獲碩士學位,並留校任教。曾任西北師範大學文學院院長、中國屈原學會副會長。現爲西北師範大學教授、博士生導師、中國屈原學會名譽會長、中國詩經學會副會長、甘肅省對外文化傳播交流協會副理事長、甘肅省九屆人大常委會委員、甘肅省學位委員會副主任、甘肅省文聯副主席。先後兩次獲甘肅省哲學社會科學優秀成果一等獎。著有《離騷探幽》、《古典文獻論叢》等。

本書首有湯炳正《序》。次趙氏《前言》。次《目録》。湯氏在《序》中稱贊本書,云:"凡善讀書者,往往眼光敏鋭,力透紙背,逵夫同志庶幾近之。我嘗想,屈學界讀《史記·楚世家》而不參閲三家注者,是決不會有的。但千百年來對'伯庸'的探索者如此之多,竟没有注意到《索隱》所謂熊渠的長子康,'世本康作庸'這一赫然在目的注釋。而逵夫同志卻獨具只眼,能以此爲突破口,展開全面的探索,獲得歷史性的結論。前人嘗説'人人眼中所有、人人意中所無'者,殆此類歟。"同時,湯氏認爲本書的特色是,"善於在繼承優秀學術遺産的基礎上創立新説","往往是由點到綫,由綫到面,乃至四面八方,全方位地展開論證","在宏觀的'屬辭比事'上狠下工夫,從而提出了單靠微觀探討所無法得出的新結論"。在《前言》中,趙氏强調本書的撰述緣由與特色,云:"本書寫作動機的産生雖然是由於日本新近出現的'屈原否定論',但它並不僅僅是爲了回答'否定論'者提出的問題而寫作。我認爲,盡可能地弄清屈原生平中的各種疑問,較清楚地展現屈原活動的背景和生活的環境,糾正誤説,提出比較可靠的證據","所以本書主要在於研究屈原(包括家世、生平、思想、政治主張、創作、朋好)和他所處的時代(當時的政治情況、軍事情況、意識形態的發展變化、文學創作者的繼承關係和發展概況等)。我希望通過對一個個具體問題作重點深入的探討,反映我通盤研究屈原與楚辭的成果,從而對屈原及其時代得出全面和盡可能可靠的結論"。

正文收入作者聯繫密切又自成系統的論文23篇。其中,有的論文考證詳盡,頗多創見。如"屈原否定論"者懷疑屈原存在的重要理由是:先秦史書中没有屈原的材料。對此,趙氏《〈戰國策·張儀相秦謂昭睢章〉發微》一文,精心考證了《張儀相秦謂昭睢章》中所記載,指出:在聽到秦國要從楚廷趕走昭滑、陳軫之時,要昭滑引自己面見楚王,要求使齊,恢復齊楚邦交的"有人",就是屈原。文中揭穿秦國陰謀,分析形勢,提出對應之策的那段文字,是屈原寫給昭滑的一封信。這是屈學界在先秦文獻中第一次發現有關屈原政治活動與政治思想的佚文。《〈戰國策〉中有關屈原初任左徒時的一段史料》一文,對《齊策三·孟嘗君出行五國章》進行了精心校勘,在總結前人關於該篇系年的基礎上重新考辨,認爲該篇當繫於楚懷王十一年(前318)。此前一年，齊、楚、燕、趙、韓共同支持公孫衍爲魏相，山東之國形成聯盟、形成五國伐秦之勢，楚爲縱長。孟嘗君出行五國，正是齊與五國結好之後；楚送孟嘗君象牙牀，是楚懷王爲了保證縱長的地位。而此時屈原已任左徒之職。文中讓孟嘗君拒絶接受象牙牀的“郢之登徒”，就是屈原。屈原這樣做的目的是：勿因孟嘗君的五國之行，影響了六國間的關係，影響到合縱抗秦的聯盟。這是迄今爲止屈學界從《戰國策》中發現的第二條有關屈原的史料。認爲《離騷》和屈原没有關係，是否定論者否定屈原作爲偉大詩人在歷史上的地位的主要根據。《屈氏先世與句亶王熊伯庸——兼論三閭大夫的職掌》一文，從屈原家世方面證明了屈原與《離騷》的關係。從前都説屈氏出於屈瑕，然而在較早的材料中卻找不到任何證據。“屈”這個地方究竟何處，也是個謎。王逸以來認爲“伯庸”爲屈原父名，然而在有關戰國時代的史料中，也不見一點伯庸的影子。而此文考定《離騷》中“伯庸”即楚三王之一的熊伯庸，則屈原與《離騷》之關係便找到了鐵證。《屈原的冠禮與早期任職》一文，把《橘頌》同《儀禮》及《孔子家語》所記載的冠禮、冠頌相比較，發現二者形式相同，内容相近，用詞也多雷同，從而確定《橘頌》爲屈原二十歲時行冠禮明志之作。《大招》一篇，王逸以爲屈原作，但不能肯定。本書根據其風格較《招魂》更古樸，確定其産生於《招魂》之前：又根據其所反映歷史事實與思想，確定其爲楚威王逝世時招魂之作，當時屈原二十五歲，在蘭臺供職，故對宫廷及君王遊樂情况非常清楚。再如關於屈原的外交思想，過去學者只以“聯齊抗秦”一語概括之。而本書《昭滑滅越與屈原統一南方的政治主張》一文，從整個六國形勢和屈原任左徒前與任左徒後、屈原在職之時與去職之時楚國對外政策之變化，説明屈原的外交思想包括兩個方面；一是聯合山東六國共同抗秦；二是向東南、西南發展，以期先統一南方，作爲統一全國的第一步。屈原任左徒之後立即改變同齊國争奪泗上之戰略爲“城廣陵”，備越國，與越先後五戰。屈原雖去左徒之職，而到懷王十八年恢復在君王面前的發言權，就建議昭滑經營越國，五年而滅越。弄清了這些事實，就使我們對屈原外交思想的認識更具體而全面。人們常説的他統一全國的理想，也就不只是一個標籤，而有了具體内容。本書中關於屈原兩次放逐以及在漢北、江南行踪的考辨，亦見功力。《漢北雲夢與屈原被放漢北任“掌夢”之職考》根據當時楚國政治、經濟和交通情况，論定戰國時楚人所謂“江南”“漢北”皆以郢都爲中心言之。“漢北”指漢水下游部分北面之地，其西部爲丘陵與森林，爲楚王遊獵區，其東部爲草莽沼澤，有關材料反映其地有杜衡、澤蘭、白芷、杜若、江離、桂、椒、木蘭等植物，春秋時之雲邑（鄖）即在此，爲掌夢之官所居，也即屈原被放漢北時居住地。文章根據《惜誦》、《招魂》等考定屈原被放漢北是任掌夢之職，管理雲夢澤遊獵區及楚王遊獵事務。文章還考定屈賦中的“北姑”即“北姑射之山”，在漢北西部；“滄浪之水”即春秋時代之清發水，在漢北東部，經隕、雲夢城南流入漢水；“瀘江”即蘆江，乃漢北河流；“南山”其地在郢都漢北之間；“江潭”指漢江邊上之水澤，漢水下游多有之，非專名。這些結論從時、地、屈原作品及六國時楚國政治文化方面考察，皆能相合。《哀郢釋疑並探屈原的一段行踪》對《哀郢》中歷來人言言殊、未得確解的兩句詩“過夏首而西浮兮”、“上洞庭而下江”提出新的解釋，從而揭示了屈原東行中的心態與打算。文章據《漢書·地理志》“廬山郡……廬江出陵陽東南，北入江”及《山海經》、《水經注》關於廬江的記載，並以《鄂君啓節》所記楚人舟行路爲印證，考定屈原被放所到之“陵陽”在彭蠡湖以西，廬水發源之處，與沅湘之地只隔着一個羅霄山脈。關於屈原在頃襄王時被放之地，以前或以爲在今安徽省陵陽，或以爲在沅湘之地，存在諸多矛盾。今弄清了屈原舟行先入洞庭，打算即停留在沅湘之地(楚人所謂江南)，後慮及秦軍來勢迅猛，又出湖東行，至鄱陽湖口沿廬水西南行，至靠近洞庭湘水的陵陽。與《九章》中反映的屈原行程完全吻合。《屈原在江南的行踪與卒年》一文，論證了屈原流放江南時由陵陽到沅湘之間的行踪路綫，《涉江》、《哀郢》、《懷沙》的創作地點和時間。尤其是關於屈原卒年的考辨，趙氏從《屈原列傳》這個人們非常熟悉的材料中發現問題，確定屈原當卒於頃襄王十年(前289)到十九年(前280)期間，然後詳細考察了這十年間楚國發生的重大軍政事件，從而考定屈原卒年當在頃襄王十六年(前283)，即頃襄王與秦昭王會於鄢郢之後不久。1996年8月人民文學出版社出版，2002年10月第2版。

迄今，對是書及其觀點作過評述的論文主要有張宏洪《一篇有重要突破的楚辭學論文——簡評〈屈氏先世與句亶王熊伯庸〉》(《喀什師範學院學報》1987年第3期)、周建忠《考證翔實　辯析精微——趙逵夫楚辭研究述評》(《社科縱橫》1988年第2期)、周建忠《舊學根基　新潮氣派——趙逵夫楚辭研究述評》(《雲夢學刊》1990年第1期)、易煒《理論的建樹與現實的啓示——讀趙逵夫關於屈賦繼承創造問題的一組論文》(《甘肅理論學刊》1990年第3期)、黄錫全《楚地“句亶”、“越章”新探》(《人文雜志》1991年第2期)、遲徵《趙逵夫教授與楚辭研究》(《社科縱横》1993年第1期)、湯炳正《〈屈原與他的時代〉序》(《西北師大學報》1995年第4期)、田恒江、皮鈞《破解“屈原疑案”的趙逵夫》(《瞭望》1997年增刊第1期)、徐正英《趙逵夫的〈屈原和他的時代〉》(《文獻》1999年第2期)、許富宏《再談〈橘頌〉的創作時間——兼與趙逵夫先生商榷》(《雲夢學刊》2000年第6期)、富世平《也談〈橘頌〉的創作時間——對許富宏先生商榷文章的再商榷》(《雲夢學刊》2002年第1期)、富世平《〈《橘頌》當爲屈原晚年所作〉質疑》(《雲夢學刊》2003年第1期)、丁宏武《發覆正謬　抉隱探微——評趙逵夫先生的〈屈原與他的時代〉》(《中國韻文學刊》2004 年第 1 期)、田耕滋《致廣大而盡精微——讀趙逵夫著〈屈原與他的時代〉》(《華夏文化》2004 年第 1 期)、黄崇浩《屈原父名屈章説——兼考戰國時期屈氏與莫敖之關係》(《湖北大學學報》2006 年第 4 期)、趙逵夫、邵寧寧《〈楚辭〉研究與現代學術——趙逵夫先生訪談録》(《甘肅社會科學》2006 年第 5 期)、鍾祥《慧眼獨具識幽隱——評趙逵夫先生〈屈原與他的時代〉》(《周口師範學院學報》2006 年第 6 期)。

屈原詩選英譯

楚辭研究專著。今人孫大雨著。孫大雨(1905—1997),原名孫守傳,字守拙,浙江諸暨人。1925 年畢業於北京清華學校(現清華大學)高等科。1926 年赴美國留學,就讀於達德穆學院,1928 年獲高級榮譽畢業。1928—1930 年在耶魯大學研究生院,專攻英美文學。1930 年回國後,歷任武漢大學、北京師範大學、北平大學女子文理學院、北京大學、青島大學、浙江大學、暨南大學、中央政治學校、復旦大學、華東師範大學等校英國文學教授。譯著有《中國新詩庫・孫大雨卷》、《孫大雨詩文集》、《古詩文英譯集》、《罕秣萊德》、《黎琊王》、《奥賽羅》、《麥克白斯》、《暴風雨》、《冬日故事》、《羅密歐與琚麗曄》、《威尼斯商人》等。

孫氏在 1957 年被錯劃爲右派分子後,二十多年間屢遭迫害、備受折磨、打擊,其中相當一段時間在“鐵窗”中度過。孫氏懷着對民族命運的擔憂,對祖國文化的熱愛,在“文化大革命”進入登峰造極的日子裏,毅然決然地開始了屈原詩作的英譯工作。作爲譯者,孫氏的坎坷歷程及其超然的愛國主義精神,傑出的人格正好與原詩作者屈原的命運相吻合。也正是這段艱難歷程使得孫氏能設身處地地體會屈原及其創作思想,成功地用英語再現了屈原當時關心國家命運的高尚愛國主義情操,使得他的譯著耐人尋味。

本書首有孫氏及家人的照片 3 幅。次孫氏翻譯手跡。次著名畫家劉旦宅所繪“屈原像”及“離騷圖”、“雲中君”、“湘君”、“大司命”、“少司命”、“東君”、“河伯”、“山鬼”、“國殤”、“禮魂”人物圖。次其同學柳無忌《序》。次其女婿孫近仁、女兒孫佳始《前言》,説明本書乃孫氏 1974 年 7 月至 1978 年 10 月(70—74 歲)間的譯著。次孫近仁、孫佳始《譯者傳略》。次《目録》。末附責任編輯吳鈞陶《跋》。本書翻譯屈原作品:《離騷》、《九歌》(11 篇)、《九章》(《涉江》、《哀郢》、《懷沙》、《惜往日》、《橘頌》、《悲回風》)、《遠遊》、《卜居》、

《漁父》。本書最大的特點是，譯者用英文撰寫了長篇《導論》，同時附有其弟子吳起仞漢譯的《導論參考譯文》。《導論》凡九部分：一、《引言》；二、《三皇　五帝　三王》；三、《初周》（公元前 1122—前 1052）；四、《春秋時期》（公元前 722—前 481）；五、《戰國時期》（公元前 403—前 221）；六、《楚國和屈原》；七、《屈原和他的著作》；八、《屈原的思想和詩歌》；九、《屈原在中國和世界歷史上的地位，他的崇拜者、模仿者和評論者》。

孫氏認爲，"春秋和戰國兩個時期雖然以緊張、混亂和戰禍出名，但這時在倫理、哲學和其他學術等方面卻誕生了一位超一流的傑出人物、兩位光芒四射的巨星和許多學派的創始人"；"從人類生存的内在價值的批判性觀點出發，即就社會文化、精神面貌和文明方面回顧，屈原在詩歌創作、治國策略及道德上作出了輝煌的、不朽的貢獻。但楚懷王、頃襄王和秦惠王、昭王、嬴政他們作了些什麽？歷史證明，他們只不過是笨蛋、低能兒、響尾蛇和鯊魚"；屈原出生於寅日，但不是寅年、寅月；屈原的死，"並非由於對未來絶望而怯懦自盡，决不是如此。詩人舍命的行爲乃是對頃襄王和其父懷王在秦王朝的極權和霸道政治以及那批阿諛姦佞的親秦幫派的支配下，釀成的昏庸的喪權辱國的現狀的反對和其聲錚錚的諫諍"；"詩人不朽的靈魂將像一首人皆尊崇的頌歌響徹雲霄，永遠回盪，感動整個人類。他的生平和著作是永不消逝、光芒萬丈的豐碑"；"他在詩歌中顯示出爲了推進人道和正義的事業，不顧屢屢失敗和個人一再遭受挫折，在對秦國狠毒的罪惡勢力及其依附者——楚懷王、頃襄王的愚蠢及其朝臣們的腐敗——所展開的不懈的鬥争，顯示出他作爲第一流的詩人、目光深遠的思想家和大無畏的犧牲者在鬥争上所作出的英雄業績"；"對屈原的詩體學進行解釋，並對他的詩歌進行音步分析，是我二十年前出版的《詩歌底格律》一文中首次提出的"，以《離騷》開頭七節的詩行爲例，"詩行中三字組音步多於二字音步；詩行末常用'兮'字長音結尾；四行詩節中三音步詩行與二音步詩行交替出現；……詩歌整篇每隔一行由小品詞'兮'結尾——所有這些，使詩歌在格律進展上顯得活躍動人，速度奇快且令人感到意外"；"人們認爲屈原是一種燃燒不盡，永放光芒的精神，贊美他是思想家、傑出人物、政治家，是中國第一流詩人"；"在中國歷史上，他完全可以與三皇、五帝、三王及其卓越賢能的大臣以及孔子、孟子齊名"；"在世界歷史上與他並列爲伍的都是對人類有過貢獻或所謂施過恩澤的人物，如梭倫、釋迦牟尼、孔子、伯里克利、蘇格拉底、柏拉圖、哥白尼、馬丁·路德、布魯諾、孟子、耶穌、華盛頓、傑斐遜、林肯、孫文、甘地、羅斯福和丘吉爾。我們估計屈原在中國歷史和世界歷史上所起的偉大影響時，對他的贊譽首先是思想家，然後按合適的次序是：傑出人物、政治家和詩人"；胡適之所以懷疑、否定屈原，主要是"對於高層次和較深的文學，尤其是中國和西方詩意的迸發和奔放,他的瞭解和欣賞是浮光掠影和不求甚解的;他對於中國和西方古典哲學的知識也是淺嘗輒止、東拼西湊;對於中國和歐洲的藝術鑒賞更是缺乏得可憐。由於對詩歌的一知半解,欣賞淺薄,他不可能熱愛中國的屈原、李白、杜甫的詩歌,也不可能熱愛世界各國第一流詩人的傑作"。最後,孫氏指出,"林文慶最近的譯本除了文字上的錯誤以外,是十分令人失望的,其情形與中國現代詩人和學者郭沫若對屈原的最偉大的頌歌作的唯一的白話文翻譯不相上下。郭的譯文有許多錯誤是不可原諒的"。1996年1月上海外語教育出版社出版。

迄今,對是書作過評述的論文主要有楊成虎《典籍的翻譯與研究——〈楚辭〉幾種英譯本得失談》(《寧波大學學報》2004年第4期)、卓振英、楊秋菊《典籍英譯中的疑難考辨以〈楚辭〉爲例》(《中國翻譯》2005年第4期)、楊成虎《〈天問〉的研究與英文翻譯》(《雲夢學刊》2005年第5期)、劉威《〈楚辭〉英譯研究》(四川大學,2005年碩士畢業)。

離騷探賾

楚辭研究專著。今人張來芳著。張來芳(1939—),江西萍鄉人。1958年考入江西大學中文系。1960年選送南京大學中文系學習。1962年畢業後一直在江西大學中文系從事中國古代文學和古文獻的教學與研究工作。現爲南昌大學人文學院中文系教授、古籍研究所、贛文化研究所副所長,兼任中國詩經學會理事、中國屈原學會會員。

本書首有羅元誥《序》。次爲劉方元《序》。次張氏《前言:〈離騷〉研究審視》。末附《附録一》(《回顧・思索・展望——楚辭學工程構想》)。次《附録二》(《逸響偉辭　卓絶一世——屈原和〈楚辭〉述略》)。次張氏《跋》。正文凡上、下編。上編《〈離騷〉探賾》,收專題論文八篇:《〈離騷〉題義評説》、《〈離騷〉作期探測》、《〈離騷〉脈絡疏陳》、《〈離騷〉美學思想管窺》、《〈離騷〉哲理思辯抉微》、《藝術美:雄渾而悲壯》、《藝術手法:新奇而巧妙》、《藝術風格:艷麗而雋永》。下篇《〈離騷〉詮釋》,注釋詳盡,逐字逐句作注,並有串講、意譯,又有作者按語,同時有節意、段意。張氏提出,楚辭學工程可分爲三個層次、十個學科:第一,楚辭原生層,包括楚辭文獻學、楚辭作家學、楚辭比較學、海外楚辭學;第二,楚辭再生層,包括楚辭理論學、楚辭學史、楚辭美學、楚辭社會學;第三,楚辭派生層,包括楚辭重現學、楚辭影響學。進而,由此構成具有民族特色和時代風貌的中國楚辭學,或曰中國屈學。1997年1月江西人民出版社出版。

迄今，對是書作過評述的論文主要有李華《探賾索隱　鈎沉致遠——喜讀〈離騷探賾〉有感》（《江西社會科學》1997年第5期）、《大江周刊》雜志社《春節新氣息：開放與傳統並存——訪南昌大學教授張來芳》（《大江周刊》2007年第1期）。

楚辭通論

楚辭研究專著。今人黄震雲著。黄震雲（1957—　），江蘇響水人。1982年畢業於徐州師範大學中文系。1999年畢業於南京師範大學中文系，獲博士學位。曾任徐州師範大學文學院副院長、教授、遼金文化研究所所長、碩士研究生導師、江蘇省普通高校跨世紀學術帶頭人、北京科技大學文法學院教授，現爲中國政法大學人文學院中文系教授、遼金史學會副會長、中國詩經學會常務理事、中國屈原學會常務理事兼副秘書長、博士生導師。著有《遼代文史新探》、《温庭筠與中國古典詩詞學》、《遼代文學史》、《經學與詩學研究》等。

本書首有《内容提要》。次陳貽焮《序》。次《目録》。末附黄氏《後記》。據《後記》，黄氏“寫的文章最早的就是《楚辭》，即《論離騷的愛國主義》、《靈氛解》，那是大學二年級。當時，老師不僅給我們講了大部分《楚辭》，還要背上《離騷》，明瞭諸家注釋”。但真正從事《楚辭》研究，是“看了《白虎通》關於君臣關係處理慣例時，便有些按捺不住了。因爲屈原生平最關鍵的問題就是他被放逐和《離騷》的寫作時地。根據《白虎通》，大臣三諫以後，君臣不合便要待郊三年，三年後賜環則回，賜玦則去，我馬上想到《楚辭》中曾使用的這個玦字，想到了鴻門上范增屢示項羽的同一物，等等。從此出發一下子把屈原放逐關係疏通了，於是開始動筆”。

正文凡六章：第一章《〈楚辭〉名稱論》，解析《楚辭》、《離騷》、《九歌》、《天問》、《九章》等篇名稱；第二章《〈楚辭〉作家論》，論屈原世系、屈原與宋玉生平；第三章《〈楚辭〉作品論》，概論《離騷》、《天問》、《九歌》、《九章》、《卜居》、《漁父》、《招魂》、《九辯》；第四章《〈楚辭〉意象論》，論《楚辭》政治理想意象、人格精神意象、心語寄託意象、文化風尚意象、審美心理意象；第五章《〈楚辭〉影響論》，論《楚辭》與兩漢文學、《七發》、魏晉南北朝文學的關係，論李白對屈原的繼承與發展；第六章《楚辭學研究論》，論楚辭學研究的歷史進程、特點、成就，論楚辭學科思想方法、當代楚辭學研究存在問題、國外楚辭學研究。

黄氏認爲,屈原生年應在公元前 348 年或稍前,卒於頃襄王三、四年,享年 54 歲左右;屈原經歷了"疏"、"放"、"逐"三次放逐(具體地説:第一次放逐是"自疏"、"待放",地點在郢郊,時間在懷王十五年,《離騷》作於此時此地;第二次放逐的地點應在洞庭湖一帶,時間約在懷王二十年後,"二湘"記録了屈原放流洞庭的歷史過程,《九章》寫第二次放逐生活;第三次放逐的形式是"遷",才是真正的抛棄和放逐,把屈原逼向更遠之處,最終精神失常;《九歌》、《天問》寫在汨羅江郊,是第三次放逐時的作品,《九歌》是按照曲調填詞,與《詩經》不同,《天問》是呵壁之作,經過後人加工);《史記》屈原本傳"人君無愚智賢不肖"至"豈足福哉"一段文字,是埋没兩千多年的屈原的"三致志"佚文。凡此,均可視爲黄氏與衆不同之處,但在證據方面似嫌不足,論證亦過於簡略。1997 年 10 月湖南教育出版社出版,1999 年獲江蘇省哲學社會科學優秀成果三等獎。

迄今,對是書作過評述的論文主要有王福利《當代楚辭學研究的全面突破——讀黄震雲〈楚辭通論〉》(《徐州教育學院學報》1998 年第 3 期)、劉方喜《評黄震雲新著〈楚辭通論〉與〈遼代文史新探〉》(《徐州師範大學學報》2000 年第 4 期)。

漢魏六朝騷體文學研究

楚辭研究專著。今人郭建勛著。郭建勛(1954—),湖南漣源人。初中畢業後先後當過工人、中學教師。1983 年畢業於湖南師範學院漣源分院中文系。1988 年畢業於福建師範大學中文系,師從黄壽祺,獲碩士學位。1996 年畢業於北京師範大學中文系,師從聶石樵,獲博士學位。1988 年到湖南師範大學中文系任教,1993 年晉升副教授,1997 年晉升教授。現爲湖南大學文學院院長、教授、博士生導師、中國屈原學會副會長、《中國韻文學刊》編委。著有《楚辭與中國古代韻文》、《新譯易經讀本》、《先唐辭賦研究》、《宋太祖趙匡胤》等。

在楚辭研究方面,郭氏側重於辭賦辨體、楚辭體文學、楚辭對各種韻文體式的影響等。本書爲"博士文叢"之一,爲郭氏的博士論文,爲一部中國古代文學分體斷代史論。首有聶石樵《序》。次《目録》。末附《漢魏六朝騷體作品目録》。次《主要參考書目》。次《主要參考論文目録》。次《本書人名索引》。次《後記》。聶氏在《序》中稱贊本書,云:"據事實,慎思辨;論體制,精剖析；述流變，有史識。”正文凡五章。第一章《騷體的界定及其與賦的複雜關係》，凡三節：“騷體的形成、流傳與稱謂”、“騷體的形式特徵”、“辭（騷）與賦的複雜關係探源”。第二章《漢代騷體文學的興盛與流變》，凡三節：“騷體文學在漢代興盛的原因”、“漢代騷體文學的流變”、“揚雄及其《反離騷》之再認識”。第三章《建安騷體文學的轉捩》，凡三節：“建安騷體文學轉向個性化、抒情化的内因外緣”、“建安騷體文學情感指向的主要層面”、“阮籍、嵇康的騷體作品及其他”。第四章《晉代騷體文學：走向世俗的情感與走向清麗的風格》，凡三節：“晉代騷體文學情感的世俗化”、“晉代騷體文學的三大主題”、“晉代騷體文學的藝術風格與主要體式”。第五章《南朝騷體文學的貴族化與藝術上的新變》，凡三節：“南朝騷體文學的貴族化”、“南朝騷體文學藝術上的新變”、“北朝騷體文學概説”。郭氏認爲，騷體作爲一種以屈原辭作爲範式、以“兮”字句爲本質特徵的韻文體式，是中國古代文學中一種不可忽視的文體，其内涵包括騷體賦、騷體詩及其變異形態的作品。以此爲基點，書中以翔實的資料論述了騷體的形成、騷體的形式特徵及其在漢魏南北朝的發展演變。1997 年 3 月湖南教育出版社出版。

楚　辭

楚辭研究專著。今人潘嘯龍注評。本書爲黄山書社“古典文學導讀叢書”之一。首有嚴雲受《總序》。次潘氏《前言》。本書有三點值得注意。第一，闡釋“楚辭”在形式上的特點：主要在於打破了《詩經》以四言爲主的句式，而代之以五、六言乃至七、八言的長句句式，並保留了咏嘆中的嘆聲詞“兮”。但潘氏提出，“楚辭”之所以稱“楚”，最重要的乃在於它的聲韻、情調、思致和精神風貌，帶有鮮明的楚地特點，也就是色彩、浪漫奇思和憂憤、狂放諸特徵。第二，關於版本體例：正文採用汲古閣刊本洪興祖《楚辭補注》。所選篇目自屈原《離騷》至嚴忌《哀時命》，删略了王褒《九懷》、劉向《九歎》、王逸《九思》，增附了賈誼《弔屈原賦》。排列次序按原本不變。在作品“題解”和“注釋”中，不少地方融入了個人研究楚辭的心得，作了一些新的解説，而更多地方則採用了王逸、洪興祖以及現代楚辭學者的研究成果。第三，關於“導讀”的撰寫目的：力求從思想内涵和藝術表現特色諸方面，作出簡明扼要的分析或概括，有時也順帶涉及自己誦讀中的感受和興會。潘氏不希望將“導讀”寫成太過淺顯的層次分析，或索然無味的刻板介紹；“而希望它們成爲蘊含筆者感情、體會，並能給讀者以某種啓迪的隨感文字。因而在寫法上也不拘一格”。

各篇先原文、次注釋，末爲導讀。“導讀”部分，寫得比較簡練，有個性、有激情、有文采，如評《哀郢》，云：“此詩緊扣一個‘哀’字，運用重叠往返、反復唱嘆的句式，通過對流放途中一幕幕細節的具體描述，來展開情感的抒發，使全詩的情感和漲潮一般，前浪剛過，後浪又到。雖然没有《離騷》那種絢爛多彩、神奇變幻的大起大落之境，卻同樣激發出懾人心魄的力量。”又如評賈誼《弔屈原賦》，云：“造出了一種古今交匯、彼我共悲的濃重氛圍，令人分不清那究竟是在弔慰前賢，還是在弔慰自己？一簡又一簡弔文，就這樣不斷投入湘流；湘水嗚咽，就這樣流過了戰國又流到漢初，聽不盡生不同時憤相同的志士之悲。”1997年4月黄山書社出版。

迄今，對是書作過評述的論文主要有許富宏《潘注〈楚辭・離騷〉“民之計極”補》（《南通師範學院學報》1998年第4期）。

苗族文化與屈賦

楚辭研究專著。今人羅義群著。羅義群（1947—　），貴州凱里人。曾就讀於貴州的施秉城關小學、黄平舊州中學、黄平中學。1966年高中畢業後當過“知青”，做過百貨公司保管員、文化館工作員。1979年畢業於黔東南民族師專中文系並留校執教，後通過國家自學考試獲本科文憑。1984—1986年間，在武漢大學中文系進修，其中一年讀文藝理論助教班，修完文藝學碩士研究生主要課程。曾任黔東南民族師範高等專科學校副校長。現爲凱里學院“貴州原生態民族文化研究中心”常務副主任、教授，兼任中國民俗學會會員、貴州高校美學會常務理事、貴州民間文藝家協會理事、貴州苗學會副會長、黔東南州社科聯副主席。著有《中國苗族巫術透視》、《中國苗族詩學》、《苗族喪葬文化論》、《苗族牛崇拜文化》、《尋美步履》、《邊地的風》等。主編《彭冠傑詩書畫選集》。

羅氏發表學術論文80餘篇，其中《屈賦文化基因透視》、《苗族文化——打開屈賦神秘大門的鑰匙》、《從苗族巫歌看〈離騷〉的“魔法綜合”》、《〈九歌〉是祈禱勝利的軍儺樂歌》、《〈招魂〉研究觀點辨析》等9篇被中國人民大學報刊複印資料《中國古代近代文學研究》全文複印。曾獲黔東南州人民政府社科一等獎、“科技興州獎”，貴州省人民政府民族民間文學三等獎，貴州高校教學成果三等獎。

本書首有程方平《序》。次羅氏《自序》。末附《主要參考書目》。次羅氏

《後記》。據《後記》，羅氏認爲，苗族先民是楚國的主體民族，苗族習俗較多地保留了荆楚文化，因此研究屈賦從苗族文化上切入，以歷史唯物主義和辯證唯物主義作前導，便能在屈賦研究中揭開更多的難解之謎，云："苗族歷史源遠流長，苗族文化實際上是楚文化的活化石，通過苗族文化一定能開掘出豐富的楚文化的礦藏來。"正文收入論文 20 篇。全書採用了先總後分的寫法。1—3 篇從客觀上分析了屈賦的巫文化特點，認定了屈原的巫的身份，探討了楚苗文化關係。4—7 篇對《離騷》、《招魂》、《天問》進行探討。8—20 篇對《九歌》進行研究，除了湘君、湘夫人外，均有所涉及。羅氏提出，屈原是楚國的大巫；苗族巫歌與《離騷》有驚人的相似之處，它們是理智與迷狂相結合的産物，都打上了真幻交混的"魔法綜合"的印記。《離騷》中迷漫着濃烈怪異、引人注目的性意向内容，這方面的研究成果不少。當我們面對這些成果進行單個審視時，發現它是無序的零亂的，並在考據與歷史的對應環節上顯示出嚴重的謬誤與巨大的分歧。在整體"性"密碼的解釋與分解上，有些只停留在經驗的表層，這就不得不一再誤入迷茫的論證怪圈。因此有必要從以史證詩，以事證詩的邏輯框架中回到楚文化的"性"象語碼的系統中來，只有如此，才能找到解開千古之謎的途徑。《招魂》是楚辭的奇文，何爲作者？魂主爲誰？是招生魂還是招死魂？争論不休。本書用苗巫文化的邏輯細篩對所有的論點進行了篩選，得出了宋玉招楚襄王生魂的結論。《九歌》是祈禱勝利的軍儺樂歌；"東皇太一"的原型是苗族椎牛祭祖的主題歌；"雲中君"即雷神；對《九歌・禮魂》亦進行了原型美學特徵的分析，認爲"花"是女性生殖器的象徵，"傳芭兮代舞"表示生殖崇拜，祈望神靈永遠眷顧祀神的人們，使人神交歡，生命生生不已得以永恒。1997 年 3 月中央民族大學出版社出版。

迄今，對是書作作評述的論文主要有《凱里學院學報》編輯部《羅義群教授》（《凱里學院學報》2008 年第 4 期）、程方平《〈苗族文化與屈賦〉序》（《黔東南民族師範高等專科學校學報》1997 年第 3 期）。

楚辭直解

楚辭研究專著。今人董楚平、俞志慧著。本書爲《中國文化經典直解》叢書之一。姜亮夫擔任該叢書學術顧問，崔富章擔任該叢書主編。全書首有姜亮夫口述、崔富章記録整理的叢書《〈中國文化經典直解〉序》。次《前言》。次《目録》。末附《主要參考書目》。姜氏在《序》中介紹該叢書的撰述方式，云："採用直解方式，即貫通諸家説解，益以新知新見，徑用今語注出，不事徵引；正文大字，注釋小字，夾注於正文當句（字、詞）之下，以便閲讀"。《前言》論及屈原及其作品産生的原因與價值，云："濃厚的詩歌氛圍，高度的文化水平，多樣的藝術品種和廣泛的參與熱情——這就是締造屈原及其作品的文化土壤"，"如果説富有想像力的楚文化提供了楚辭浪漫主義表現形式的沃土，那麽，楚國黑闇的現實政治、屈原悲慘的人生遭際就是楚辭現實主義創作精神的源泉，兩種創作精神和方法，妙合於屈原的作品中"，"屈原的作品不僅僅是一個詩人的清泪，而且是中國知識分子的'第一滴血'"。

正文直解《離騷》、《九歌》、《天問》、《九章》、《遠遊》、《卜居》、《漁父》、《九辯》、《招魂》、《大招》。對王逸《楚辭章句》本其他篇目採用"附録"的方式，只照録原文，而不出注，包括賈誼《惜誓》、淮南小山《招隱士》、東方朔《七諫》、嚴忌《哀時命》、劉向《九歎》、王逸《九思》。"直解"部分的體例爲：首爲"題解"，述本篇作時作地、主旨、以及有關爭議、討論的問題等；次爲"注釋"，注釋較簡略，用小字夾注在正文中，包括注音、釋字、釋詞，以及句意（兩句或四句一節，串釋大意）等。閲讀清晰，頗便初學。"題解"部分比較客觀、中肯，有作者的學術思想與鑒賞眼光，如解《離騷》云"《離騷》是屈原生平思想最深刻的寫照，這種寫照是通過典型化來完成的。這使《離騷》裏的'吾'不完全是屈原的生活原型，'吾'本是降自九州的神胄，在人間失意後能輕易'上征'"；"讀《離騷》不宜把詩裏的形象細節一一坐實，也不宜把原野上葱蘢的詩意、天空中奔馳的神思，關進經義史傳的寒窗裏"，又如説《少司命》云"本篇除首尾兩節正面禮贊其司命之功外，中間四節純粹是一首繾綣纏綿的情詩，因其所由産生的民間文藝和神話故事背景缺少足够的文獻資料，所以其内在邏輯看起來不甚清晰"。1997 年 5 月浙江文藝出版社出版。

楚辭文獻學史論考

楚辭研究專著。今人李大明著。本書爲四川省教委重點科研項目。首有李氏《序》。次《目録》。在《序》中，李氏介紹自身楚辭研究的側重，云："我對楚辭的研究，注意力主要放在楚辭文獻的研讀和考訂方面。今以漢至清代楚辭文獻學史爲綱，對各個主要歷史時期楚辭目録、版本、校勘等若干問題進行論考，對楚辭文獻研究中一些被忽視的或有爭議的問題進行辯證，撰成本書。"又云："對漢代楚辭學的研究，雖有《漢楚辭學史》出版，但其中自覺較有心得且得到學術界肯定的，還是文獻考證部分"，"對六朝以來楚辭學史的研究，我更注重其中的目録、版本、校勘諸問題，力求有一些新的探索，提出並解决一些新的問題”。

正文收入論文19篇：《“楚辭”釋義》、《論劉安所傳〈楚辭〉定本及其〈離騷傳·叙〉》、《劉向校定“屈原賦二十五篇”書録佚説論考》、《〈七略·詩賦略·序〉與“屈原賦之屬”新論》、《王逸〈楚辭章句〉諸序考辨三篇》、《論六朝目録書中的“楚辭”建類》、《〈隋志·楚辭〉書目考證》、《道騫〈楚辭音〉論考》、《洪興祖〈楚辭考異〉引〈楚辭章句〉六朝“古本”考》、《〈文選·騷類〉目録六臣注輯説》、《唐五代〈楚辭〉傳本論考》、《晁補之〈重編楚辭〉三種目録論考》、《論黄伯思〈新校楚辭序〉》、《〈楚辭補注〉引〈文選〉五臣注考辨》、《宋本〈楚辭章句〉考證》、《論汪瑗校〈離騷〉》、《〈楚辭通釋·序例〉析論》、《〈四庫全書總目·楚辭〉考證》、《〈屈辭精義·略例〉謂“古本”篇次問題考辨》。李氏認爲，劉安所傳《楚辭》定本爲“屈賦二十五篇”：《離騷》、《九歌》(11篇)、《天問》、《九章》(9篇)、《遠遊》、《卜居》、《漁父》。另附編纂者擬作《招隱士》。《九章》九篇合爲一卷，定於劉安；“九章”之名，蓋亦劉安所定。李氏指出：今見之《楚辭章句》的最早刻本是明代的翻刻本，但其底本來自北宋；而洪興祖作《楚辭補注》所用《章句》底本，又與明翻宋本《章句》傳本系統有異。故他以爲“《章句》明翻宋本當出於北宋之一傳本系統”，“乃北宋靖康翻熙寧本之重雕本，而彼熙寧本刻於四川夔州”，“洪興祖校《章句》，雖用二十多本，但並未見蜀刻本”。李氏還發現汪瑗《楚辭集解》“對《離騷》原文有不少更改，而《考異》中無只字言其更改理由，態度很不嚴謹”。1997年6月巴蜀書社出版，曾獲四川省哲學社會科學優秀成果二等獎。

楚辭與原始宗教

楚辭研究專著。今人過常寶著。過常寶(1964—　)，安徽合山人。1982—1985年，任小學教師。1985—1995年，在北京師範大學中文系就讀，先後獲得文學學士、碩士、博士學位。1995年畢業後，留北京師範大學中文系任教。現爲北京師範大學文學院教授、博士生導師。著有《柳永》、《原史文化及文獻研究》、《依然舊時明月——唐宋詩詞中的情感和生命》等。

本書爲過氏的博士論文(導師聶石樵)，爲東方出版社中國文學史研究系列著作《日晷文庫》之一。該書主要從宗教文化的角度全面而系統地探討了楚辭的生成、文本形態和文化功能。首有傅璇琮《總序》。次《目録》。次過氏《緒言》。末附《主要參考書目》。過氏《緒言》，以爲兩千年來的楚辭研究,“其主導思想就在於調和‘發憤抒情’和‘温柔敦厚’兩種品格之間的矛盾”,“楚辭研究的根本誤區就在於對楚辭文化背景的片面理解”,並强調“楚辭的抒情方式和文學形式,則在很大程度上受到楚國特殊的文化背景,尤其是原始宗教信仰的影響”。正文凡六章。第一章《楚文化概述》,論根據楚族的起源和流徙的經歷,認爲在屈原時代楚地交融着古老的先周文化、中原周文化和南方土著民族文化,這些不同的文化因素,社會作用各有側重,也作用於楚辭文本的不同側面,其中先周文化和土著文化中的巫術宗教因素對楚辭的抒情方式和文本結構有着最爲重要的影響。第二章《屈原的職掌與〈天問〉的性質》,論屈原的職業背景及《天問》的性質,認爲“左徒”、“三閭大夫”與楚之“左史”在職能上相同,皆從古之巫史發展而來,掌握《訓典》等巫史文獻,一以溝通天人,一以記叙“族類”,在部族文化中有重要的地位。而《天問》無論就其内容還是形式來説,都體現了這種巫史文獻的特徵。第三章《〈九歌〉與南楚巫祭文化》,從舜禹時代中原和南方三苗等部落的文化交融狀况,論《九歌》與楚土著文化的關係,認爲原始“九歌”是南方民族的祭祀歌謡,是舜征服南方苗蠻的産物,主祭之“東皇太一”就是被南方民族奉爲東方大神的帝舜。全套“九歌”祭儀採取“索祭”的方式,在主祭東皇太一後,招徠遠方諸神陪祀,《國殤》即爲“若樂九變,則人鬼可得而禮矣”之“人鬼”。“九歌”祭祀中“人神戀愛”等情節,顯示了民間祭花的狂歡性特點,有宣泄情感的功能。屈原本人的巫史背景,再加上流放江南後的心境,很容易爲這種祭歌中深沉的情感所觸動,所以加以載録改造。第四章《〈離騷〉的祭歌模式研究》,論《離騷》的形式結構和情感功能都與“九歌”的祭祀模式有着密切的關係。首先,《離騷》的情節發展共有三個階段:一、是“帝高陽之苗裔兮,朕皇考曰伯庸”實是對楚先祖祝融的吁降,以下則是與祭祖有關的頌禱情節;二、“濟沅湘以南征兮,就重華而陳詞”實是對南方大神舜的禱祝;三、“路漫漫其修遠兮,吾將上下而求索”的飛升求女是屈原對遠方的天地上下的神祇的“索祭”。因此《離騷》顯示了一個完整的祭祝過程。每一個步驟中都重複了現實的不公和自身的遭遇,顯示了這次祭祀目的在於尋求神靈的佑助。作者還詳細地分析了《離騷》中人神戀愛的細節,香草、飛升等巫祭意象和一些習語,都與“九歌”傳統、原始宗教儀式相契合,自有其邏輯淵源。第五章《“香草美人”的文學傳統》,論述楚辭中所藴含的“香草美人”的原型系統,由於其深遠悠長的原始宗教背景,因而有着强大的心理功能,能够有效地對現實生活中遇到挫折的個體以情感上的撫慰,對後世文學産生了深刻的影響,形成了一個以“依紅偎翠”爲外在形式的排解失意的固定模式,這一模式雖經變異,卻歷久彌新,有着强大的生命力。儒家學者所説的“男女君臣”不過是這一原型模式的一個層面。第六章《楚辭的文化意義》,論楚辭的文化意義，認爲楚辭文化的特點就是其中濃郁的巫魅色彩，它雖然遭到儒家文化從正反兩個方面的修正、認定，但卻仍然以其突出的個性情感力量、深厚悲劇意識、獨特的抒情方式，豐富着中國的傳統文化。1997 年 6 月東方出版社出版。

楚辭與中國文化

楚辭研究專著。今人陳桐生著。陳桐生（1955— ），安徽桐城人。高中畢業後下鄉勞動五年。1977 年考入安徽師大中文系，成爲文革後第一屆大學生。1992 年畢業於陝西師範大學中國古代文學專業，師從霍松林，獲博士學位。1992 年 7 月到汕頭大學任教，1997 年被評爲中國古代文學教授。2003 年成爲湖北大學中文系特聘教授。現爲廣東外語外貿大學教授、博士生導師、中國詩經學會理事、中國屈原學會理事、中國史記學會理事、黑龍江大學客座教授。著有《中國史官文化與史記》、《史記與今古文經學》、《史記名篇述論稿》、《史記與詩經》、《史記中的歷史人物與文化意藴》、《戰國文人心態史》、《〈孔子詩論〉研究》等。

本書寫作始於 1991 年，基本記録了作者在閱讀楚辭過程中所産生的一系列疑思。首有陳氏《自序》。末附陳氏《後記》。正文凡六章：第一章《楚辭文化研究兩千年》；第二章《第六種楚辭文化觀》；第三章《屈作疑思録》；第四章《論〈離騷〉》；第五章《〈九辯〉的價值》；第六章《楚辭的流變》；“餘論”《如果没有屈原》。陳氏自稱“這本小書是對漢代以來傳統楚辭學的疑思”，所以提出了與通行觀點相左的一些看法，儘管還不太成熟或者完善，但充滿着陳氏的獨立思考，閃耀着智慧的光芒，值得我們認真思考與選擇。陳氏把楚辭理解爲一個不斷成熟的發展變化的過程，楚辭創作是一個有着自己發生、發展和演變過程的文學現象。陳氏據戰國著述習俗和楚辭内證材料，推測《漢書・藝文志》著録、王逸《楚辭章句》所指明的二十五篇屈原作品，可能是南楚詩派的合集。陳氏認爲，早期楚辭文化是南楚以巫娼習俗爲核心内容的巫文化，《九歌》就是這種楚辭文化的産物。後期楚辭文化是巫文化與戰國士文化的結合體，《離騷》就誕生在這片楚辭文化土壤之上。因此，屈賦二十五篇可以分爲三個部分：第一，屈原之前的南楚祭歌，如《九歌》、《招魂》、《天問》等巫覡宗教文學，由於屈原巨大的藝術才情與《離騷》的空前成就，使得此前和當時的一些無名氏巫歌被繫於屈原名下；第二，屈原創作的《離騷》；第三，南楚的詩人們聚集在屈原這面光輝旗幟之下，模仿屈原的思想感情與藝術風格去從事創作，記述屈原的言行事跡，按照當時的著作權慣例，這些詩人没有著作權，著作權歸於屈原，這一類的楚辭作品有《九章》、《卜居》、《漁父》、《遠遊》。關於《離騷》，作者認爲，《離騷》的創作“是一次長時間的巫術過程的記述”，它沿用了《九歌》祭神巫歌的形式；其主題爲“屈原試圖通過巫術來找到新的政治出路，從而實現平治天下的偉大政治抱負”；《離騷》中的“求女”當來源於《九歌》中的巫娼習俗，《離騷》主人公所求神靈多半是女神，這種“求女”具有多義性，而其基本意義則是通過冥婚女神來求得女神的指點與賜福，主人公披服芳草的基本涵義也是從《九歌》巫娼習俗而來，目的是增添性的魅力；《離騷》中的主人公天國神遊“是對巫術幻境的真實描繪”；其中的“降神”是真實具體的巫術行爲；楚辭與北方《詩經》是平行的南北詩歌系列，《離騷》用以比興的巫文化事物來源於南楚，《離騷》比興的直接源頭則是《九歌》，《離騷》不是依詩取興，而是依《九歌》而創作的；《離騷》的美學思想不是以理論形態表現出來，而是表現爲某種强烈的審美情趣，一是唯美主義傾向，二是强烈的悲劇感；《離騷》取得巨大藝術成就的原因在於屈原吸取了巫文化與士文化的雙重營養。1997 年 7 月陝西人民教育出版社出版。

屈辭體研究

楚辭研究專著。今人黄鳳顯著。黄鳳顯（1960— ），廣西馬山人。壯族人。1976 年於廣西馬山縣永州中學畢業後回鄉務農。1977 年 1 月起任初中民辦教師。1978 年 3 月考入南寧地區民族師範中文班學習，1980 年 1 月畢業後相繼在馬山縣雙聯中學、永州中學執教高中語文。1982 年 9 月考入廣西電大南寧地區教育學院中文班學習。1985 年考取北京大學中文系先秦秦漢文學方向碩士研究生，先後師從彭蘭、褚斌傑，1988 年獲碩士學位。同年到山東煙台大學中文系任教，先後任煙台大學中文系系主任助理、系直屬黨支部書記、校黨委宣傳部副部長。1993 年考取北京大學中文系先秦秦漢文學方向博士研究生，師從褚斌傑，1996 年獲博士學位。畢業後到中央民族大學少數民族文學系任教，曾任中央民族大學副校長、教授、博士生導師，中央民族大學少數民族文學研究所特約研究員、中國少數民族作家學會副會長。現任民族出版社副總編、中國民族古文字研究會副會長、中國屈原學會常務理事。撰有詩歌、小説、散文、電視劇本等作品發表，中篇小説《趕山》被《當代壯族文學史》等譽爲力作。著有《楚辭》（注釋本）、《屈宋詩傳》、《千古傳世美文》（合著）、《中國少數民族文學史》（合著）、《中國少數民族文學》（合著)、《中國歷代詩詞精品鑒賞》(合著)等。

黄氏自1986年起從事楚辭研究。在繼承前人治騷傳統的同時,注意從神話學、民族學等角度進行研究。本書爲黄氏的博士論文,爲湖南人民出版社"學海一牛鳴"學術著作叢書之一。首有該社文史編輯室《編者的話》,解釋"一牛鳴"乃"一牛吼地"之簡稱,梵語長度單位"拘盧舍"的意譯,指牛鳴所及的距離。次褚斌傑《序言》。次《目録》。次《引言》,概述"關於屈原辭"、"'楚辭'、'騷體'與屈辭體"。末附《主要參考書目》。次《後記》。正文凡五章:第一章《屈辭的抒情詩屬性》,包括"屈辭抒情詩體的由來"、"屈辭抒情性及其表現";第二章《屈辭語言》,包括"戰國時代一種嶄新的詩歌語言"、"夏言與楚語"、"語彙及文辭"、"句式"、"節奏與韻律";第三章《屈辭意象》,包括"意象與屈辭詩體"、"屈辭的意象創造與意象組合"、"屈辭意象類型分析"、"屈辭意象的藝術隱喻和象徵";第四章《屈辭結構》,包括"屈辭的意境構成"、"屈辭的篇章結構";第五章《屈辭風格》,包括"屈辭的詩體與詩風"、"屈辭風格的基本特徵"。

黄氏主要從"文體學"的角度對屈辭體作較全面的綜合論析。針對屈辭體的體裁、語體和風格三個結構層面,本書對其各自的成因、特點、功能及影響進行了各有側重的探討。黄氏認爲,屈辭抒情詩體的出現,既是先秦抒情詩發展之必然,更是屈子對這一詩歌體式選擇的結果,其具體體類的形成、表現等均與此相關;屈辭是由夏言與楚語相彙融而構成其語言符號體系的詩作,楚語入詩和對新興散文語言的借鑒,奠定了屈辭作爲戰國時代一種嶄新詩歌語言的基礎;屈辭選擇和使用了衆多具有隱喻義或象徵義的詩歌意象,通過意象的組合以創造各種相屬互容的意境,而意象的組合和意境的構成與其語詞、句式、章節、段落、詩篇等語言形式結構基本暗合,是其抒情性與語體的統一;屈子的創作個性體現於其意義形象系統與語言符號系統的有機統一體中,遂形成屈辭"宏"、"奇"、"麗"、"幻"、"深"的基本風格特徵,這也就是屈辭體的最高形態。此外,黄氏在本書中還提出了一些新的看法,如徵引桂西北少數民族巫祭風俗,論定《九歌》是以《國殤》爲中心,其他篇爲輔的一組祭歌;而對"楚言"與"夏言"的論述,不僅涉及到民族融合問題,而且由此提出屈作是楚文化與中原文化交匯的産物的意見,亦符合先秦的歷史實際;又如説楚辭大量運用三字頓節奏,是突破《詩經》四言詩句式,形成雜言和五、七言的關鍵等等,亦頗有價值。1997年9月湖南人民出版社出版;2002年湖南人民出版社出版第2版,末增《附録》(收《〈國殤〉一詩與〈九歌〉諸問題》、《楚神話與楚辭(騷型)藝術》、《楚地域環境與楚辭文學》、《20世紀楚辭研究綜述》四篇論文),次《再版後記》,稱這次再版"主要是對全書的文字、標點等作了訂正"。

楚　辭

楚辭研究專著。今人黄鳳顯著。本書爲華夏出版社“中國古代詩文經典選本”叢書之一。首有出版社《總序》。次黄氏《前言》。《總序》,提出該叢書的目標:精選、全面、注釋簡明、裝幀美觀。本書在漢代王逸《楚辭章句》的基礎上,以汲古閣本洪興祖《楚辭補注》爲底本,吸收古今注家、學者的研究成果,結合著者的治學心得,對《楚辭》進行注釋。

本書按王逸《楚辭章句》的順序,對屈原、宋玉及漢人的楚辭作品進行注釋,即:《離騷》、《九歌》(11 篇)、《天問》、《九章》(9 篇)、《遠遊》、《卜居》、《漁父》、《九辯》、《招魂》、《大招》、《惜誓》、《招隱士》、《七諫》、《哀時命》、《九懷》、《九歎》、《九思》等。對單篇作品或組詩,先作題解,再校訂原文,最後進行解釋。題解中,簡明扼要地表述了著者對作品的基本理解和主要看法。如《九歌》題解認爲,該組詩乃用於祭祀楚國爲國犧牲的將士。據民俗,《國殤》爲祭祀主歌;《禮魂》爲送神之曲,即尾聲。兩篇爲祭祀儀式所當有,其他 9 篇則用於娱神、樂神,以使“國殤”之魂得以安息。故此,9 篇祭祀、歌頌神祇的作品即爲“九歌”。《招魂》、《大招》的題解認爲,兩篇均用於招楚懷王亡魂,前者可能是在野外所招,後者可能是用於宫廷中隆重的招魂儀式。原文校訂和解釋對歷代注家的意見盡可能擇善而從。注文力求簡明扼要,基本上不就作品的思想内容和藝術特色進行評述。但對於像《離騷》、《天問》這樣的鴻篇巨著,則於大段落處稍作内容概括。個别繁難詩句,亦或爲串解。有些詞句的涵義,不同注家的解釋或相左,或兩可,則並爲引述,以資讀者參較。對於難讀字,則標明漢語拼音。釋文較爲平易通俗,用語盡可能明確,便於當代讀者閲讀理解。1998 年 1 月華夏出版社出版,2001 年再版。

楚辭譯注

楚辭研究專著。今人殷義祥、麻守中著。殷義祥(1941—　),山東高密人。現爲吉林大學文學院教授。著有《三曹詩文選譯》、《古文觀止新注》、《名家講解楚辭》(與麻守中合著)等。麻守中(1936—2000),吉林省遼源人。1959 年畢業於北京師範大學中文系。1962 年北京大學中文系研究生畢業。

歷任遼寧師範大學中文系、吉林大學文學院教師、教授。著有《中國古代詩歌體裁概論》、《秋笳集校點》等,主編《歷代旅遊詩文賞析》等。

本書爲吉林文史出版社"中國古代名著今譯叢書"之一。首有《前言》。次《目録》。末附《附録》(收《史記·屈原賈生列傳》"屈原"部分、《文心雕龍·辨騷》、班固《離騷贊》序)。《前言》,介紹"楚辭"的來源與涵義,屈原的生平與作品以及其他楚辭作家,説明本書"對《楚辭章句》的全部作品進行了譯注,各篇順序亦仍其舊。在譯注過程中,本書還參考了明翻宋本《楚辭補注》、宋本《楚辭集注》和中華書局上海編輯所排印本《山帶閣注楚辭》諸本,對各本文字的不同,以《章句》爲準,有足資參考的異文,摘要注明。在注、譯過程中,盡量吸收古今學者的研究成果,但於個人的一些心得,也不敢藏拙"。其不足是,《前言》交代用王逸《楚辭章句》爲底本,但没有説明用《楚辭章句》哪一個版本爲底本。正文譯注體例爲:"題解"、"原文"、"注釋"、"今譯"。本書爲一般性的讀本。1998 年 1 月吉林文史出版社出版。

楚辭詩學

楚辭研究專著。今人楊義著。楊義(1946—),廣東電白人。1981 年畢業於中國社會科學院文學研究所,獲碩士學位。2001 年獲武漢大學文學院博士學位。現爲中國社會科學院文學研究所所長、少數民族文學研究所所長、研究員、博士生導師。1998 年人民出版社出版《楊義文存》,凡九卷:第一卷《中國叙事學》;第二卷《中國現當代小説史》(上、中、下);第三卷《中國新文學圖志》(上、下);第四卷《中國現代文學流派》;第五卷《魯迅作品綜論》;第六卷《中國古典小説史論》;第七卷《楚辭詩學》;第八卷《李杜詩學》;第九卷《中國現代學術方法通論》。

該書爲《楊義文存》第七卷。首有《目録》。次《導言:楚辭詩學研究的"文化——生命"思路與方法論》。末附《楚辭圖志檢目》。楊氏在《楚辭圖志檢目》開頭云:"《楚辭詩學》有導言和九章文字,爲本書的主干。隨文配圖 268 幅爲枝葉","楚辭的主將屈原曾按詩與畫相通的思路創造了千古奇品,我們又何嘗不可以從詩學與畫趣相得益彰的方式,進入楚辭的世界?這些圖畫産生的時代從戰國,歷經漢魏六朝以及宋元明清,從金石文物到雕版、綵繪,携帶着二千多年間的某些物質形態和精神視境"。楊氏意在"營造一種詩學與圖志相互映照的學術寫作方式","可以意外地得到一種時空錯綜、古今交互的樂趣"。正文凡九章:第一章《〈離騷〉的心靈史詩形態》;第二章

《〈九歌〉:“人情——神話”雙構性詩學體制》;第三章《〈天問〉:走出神話和反思歷史的千古奇詩》;第四章《〈九章〉的抒情詩學世界》;第五章《〈遠遊〉:文化智者的精神超越》;第六章《〈卜居〉、〈漁父〉的文體創制》;第七章《〈招魂〉與〈大招〉的詩學比較》;第八章《〈九辯〉對“秋天——人生”的雙重吟味》;第九章《〈文選〉所載宋玉賦的詩學價值》。

在《導言》中,楊氏提出:“楚辭是長江文明的産物。當代楚辭研究的根本宗旨,在於探討楚辭如何以長江文明的獨特姿態與聲音,同黄河文明一道共構中國精神文化的特質和形式,以及博大而奇麗的風采;進而以其所代表的長江文明的豐沛的生命力和深邃的精神探索,面對世界人類智慧而發出自己的魅力獨具的聲音,從而豐富和拓展人類精神史和詩歌史的視野”,“對楚辭詩學魅力的瞭解,應該成爲中國人所追求的一種高層次的素質”。(案,楊氏在這兒同時提到“長江文明的特徵”和“長江民族的性格”。“長江文明”是通行提法,而“長江民族”的提法,似乎欠妥,亦缺少必要的論證。)楊氏認爲,“長江文明與荆楚藝術,是楚辭的母體”,“荆楚文化既是‘滚雪球’,又是‘雪球滚’,其文化形態既是混合型的,其文化性格又是動態性的”,“那些散發着原始氣息和自然情調的文化要素,就充滿着動態的生命感”,“楚辭乃是長江文明與特殊的生命個體相結合的偉大的詩創造”,“在重新認識一個完整的中國古代文明的迫切感的驅動下,楚學繼甲骨學、敦煌學之後,成爲 20 世紀中國的另一門顯學”。關於屈原,楊氏云:“他終結了一個詩歌時代,又開創了一個詩歌時代,從巫風歌辭中開拓了一條通向高文化素質的精神探索與心靈探索的詩歌途徑”,“屈子詩學是一種具有難以比擬的分量和深度的生命詩學”,“挑剔屈原事跡未爲先秦史官著録,在某種意義上乃是對一位以生命爲詩之本質的詩人的隔膜或不理解”,“生命交流乃是一種詩的感覺”,“要真切地接觸生命本質和形式的微妙之處,還須有深明詩之爲詩的感覺與悟性”。爲此,楊氏批評了胡適《讀〈楚辭〉》對屈原及其作品的否定,云:“胡適作爲五四文學革命的巨子,他的歷史實證的才能超過了詩歌鑒賞的才能。他的才華的本質,屬於白話文的倡導者,而非屬於詩。”

關於詩學闡釋的方法論,楊氏高度評價了前人在考訂字義、闡明故實、印證民俗、疏通文理,以及彙集群注等方面的成就,同時也指出了傳統楚辭學普遍存在的兩個弱點:缺乏與當代世界進行深層對話的比較充分的現代意識;缺乏把楚辭文本作爲一個整體進行透徹的形式分析的詩學體系建構。因此,楊氏認爲,“這種方法論的根本思路,存在於對象的原始性與研究者的當代性的對話之中。在原始與當代之間,潛伏着人類古今相通的智慧,潛伏着一個民族的詩學獨立於世界民族之林的根脈與特色”。楊氏的新的楚辭學方法論,主要表現在四方面:第一,“返回楚辭的本原,從歷史——文化的綜合角度對之進行本體性的分析，揭示其思維方式、詩學結構、意象形態的具有深刻歷史文化内涵的來源，以及創作心理的潛在的歷史文化動因"，"歷史文化的大文本之巨變，不可能不深刻地影響着屈子《九歌》的小文本"，"屈子《九歌》不是按照天神、地祇、人鬼的中原慣例來排列諸神順序的，而是按照楚人心目中的天地、尊卑、遠近、正野一類二元對應的原則進行排列的"；第二，"文學史也是一種心靈史"，"採取文學史——心靈史的綜合視角，對楚辭進行現象分析，以透視詩人的心靈狀態和生命形態"，"歷史文化視角與文學心靈視角，對於楚辭研究，有如車之兩輪，鳥之雙翼"；第三，"以詩學整體把握和文本細讀的綜合視角，對楚辭進行形式分析"；第四，"悟性閱讀與圖文映照的綜合視角，以此體驗楚辭的詩學趣味"。總之，楊氏指出，"楚辭是中國古代偉大而瑋麗的精神遺産，對它的研究應抱着充分的文化熱情和科學理性，重新點燃蘊藏於其間的可與現代人相溝通的智慧和生命"。

關於《離騷》，楊氏認爲，"屈原的《離騷》的存在，使我們不能不承認，在荷馬式的英雄史詩之外，存在着另一種史詩形態——'心靈史詩'"，"中國上古神話的片斷性、非情節性和多義性功能形態，使早期詩人不尚於長篇的虚構叙事，卻把神話的多義性和感應性轉化爲比喻性和感興性的詩學智慧從而創造出蔚爲奇觀的抒情詩世界"。楊氏還以爲，"《離騷》在中國詩史中屬於'南音'系統"，"包括二《南》在内的《詩經》在文士收集整理過程中，已經依照中原固有的書面語言形態，不同程度地加以雅言化了"，"《離騷》則使南音向另一個方向發展，原始野性作爲詩學機制的内在活力，因詩人才華而進一步强化"。1998 年 10 月人民出版社出版。

迄今，對是書作過評述的論文主要有《文學評論》雜志社《〈楊義文存〉出版社座談會綜述》(《文學評論》1999 年第 3 期)、文波《〈楊義文存〉出版座談會紀要》(《博覽群書》1999 年第 7 期)、季進《還原與貫通——楊義的學術創造與文化姿態》(《中國社會科學院研究生院學報》2002 年第 1 期)。

屈原選集

楚辭研究專著。今人金開誠、高路明著。本書爲人民文學出版社"世界文學名著文庫"之一。首有《前言》。次《目録》。《前言》，介紹楚辭的涵義、篇目與屈原生平、作品的基本情况，對本書體例予以説明，云："王逸《楚辭章句》所標明的屈原作品是二十五篇，本書以之爲據，排列的順序也依照《楚辭章句》。涉及作品真僞和順序問題的不同意見，則於各篇題解中議及"，"本書採用的底本是《四部叢刊》影印明翻宋本《楚辭補注》。遇底本有誤，徵引異文校正。校勘徵引異文，以洪興祖《楚辭補注》所引異文及朱熹《楚辭集注》爲主，凡有校正，皆寫入注文，不另出校記"，"題解説明各篇的篇題命意、創作背景、思想内容及藝術特色等，並對某些疑問或有爭議的問題作簡要的述介"，"本書注釋包括詞語的解釋、典故用事的説明等，力求準確、簡明。除表達我們的意見外，對於有分歧的字詞的解釋，也有選擇地加以介紹，以供讀者參考"，"注中對原作的大部分句子，基本上以兩句或四句爲單位作了串講；其中標明'以上二句説'的，大體上是直譯；標明'以上意思是'的大體是意譯。另外有個别句子由於理解有異，或者譯文不能充分反映作者用意，則在串講之外再作簡要的文字解釋"。對照全書，與作者的介紹基本一致。

與金氏的其他楚辭選本相比，本書具有幾大特點。第一，題解較詳細，亦吸收了學術界的最新成果，比如《雲中君》分析祭祀對象時，介紹了月神説、電神説等，同時還介紹了湖北江陵天星觀一號墓出土的楚簡中有"雲君"二字等。第二，注釋中既介紹各家之説，又提出自己的看法。如《離騷》"芳與澤其雜糅兮"關於"澤"的解釋，先介紹王逸、朱熹"潤澤"説，然後又介紹朱冀、魯筆、郭沫若"污垢"説，接着金氏評云"這一類説法亦不爲無據。但因本段從'退修初服'以下所言皆服佩芳潔之意，此句緊承上文，似不應涉及'垢澤'之類，所以姑且採用前一説，後者供參考"。有時金氏介紹、評述諸家之説後，不强作解人，以"未詳"、"待考"等出之，態度比較嚴謹。如《離騷》末句"吾將從彭咸之所居"的解釋，金氏云"'彭咸'已見前'願依彭咸之遺則'句注，因其究爲何人不能確考，所以此處'從彭咸之所居'之義亦難確説"。接着金氏介紹汪瑗"屈原是聖人之徒，必不肯自沉於水"的説法，以爲"絶不可信"；進而介紹另一説，"前人或因屈原水死，反推彭咸亦必水死，此則實無所據"。從而提出："屈辭中另外六次提及'彭咸'，均無水死之意，所以此處'從彭咸之所居'亦未必指立志自沉。未詳其義，固當闕疑。"又如《東皇太一》篇題解云："本篇'太一'爲何冠以'東皇'，其故不可確考。"第三，注釋中注意引導對作品的鑒賞，如《湘君》末二句"時不可兮再得，聊逍遥兮容與"。金氏引用林雲銘《楚辭燈》的鑒賞，"此時怨亦無益，思亦無益，且自排遣目前，正是無聊之極也"。金氏評云，"其説體味此句的思想感情近是，可參考"。1998年10月人民文學出版社出版。

詩經與楚辭

詩經楚辭研究專著。今人吴宏一著。吴宏一，臺灣高雄人。畢業於臺灣大學中文系、中文研究所碩士班、博士班，獲文學博士學位。曾任臺灣大學、臺灣中山大學等校副教授、教授，曾獲臺灣“國家”文藝獎、國科會傑出研究獎。現任臺灣大學中文系教授、香港中文大學中文系講座教授。著有《清代詩學初探》、《清代詞學四論》、《儀禮鄉飲酒禮儀節簡釋》、《先秦文學導讀》、《白話詩經》等。

本書爲臺灣中山學術文化基金會“中山文庫・人文系列”之一。首有《中山文庫編輯緣起》。次《中山文庫》主編劉真《序》。次《目録》。次吳氏《緒言》。末附吳氏《結語》。次《〈詩經〉、〈楚辭〉研讀書目》。正文凡上、下編。全書以淺近易懂的文字，分别介紹《詩經》與《楚辭》。上編第一章至第五章，爲《詩經》。下編第六章至第九章，爲《楚辭》。第六章《楚辭詮説》，介紹楚辭的産生、名義、編集與流傳；第七章《屈原其人其辭》，介紹屈原的生平與作品；第八章《其他的楚辭作家作品》，介紹宋玉、景差、賈誼、淮南小山、東方朔、莊忌、王褒、劉向、王逸；第九章《楚辭名篇選譯》。1998 年 11 月臺灣書店出版。

詩經楚辭

詩經楚辭讀本。今人孔一標點。首有孔氏《前言》，簡介關於《詩經》、《楚辭》的基本知識，並説明體例：楚辭部分以《楚辭補注》（江南圖書館藏明覆宋刊本）爲底本，遵白文本體例，僅取正文排印；有與他本相異之文，擇善而從；部分異體字予以保留，以存原貌；其編排順序，一仍其舊；目録爲新編，正文亦一依新目，不出卷數及底本原有説明文字。全書僅爲《詩經》、《楚辭》原文，不出注、亦不出校。在古籍簡體横排標點本相當普及的今天，再出版這樣的讀本意義不大。因爲專業研究者寧願讀可靠的綫裝書，而初學者則希望閲讀注譯本。1998 年 11 月上海古籍出版社出版。

楚辭全譯

楚辭研究專著。今人蕭兵著。本書首有屈原像。次蕭雲從所繪圖（《東皇太一》、《湘君湘夫人》、《禮魂》、《女岐九子》、《彈烏解羽》、《羿射河伯妻彼洛濱》、《三閭大夫・卜居　漁父》）。次蕭氏《前言》。次《目録》。末附《主要參考書目》(包括蕭氏自己楚辭著作六種)。次蕭氏《後記》。在《後記》中,蕭氏交代"翻譯無法藏拙、無法躲懶的",亦"希望把自己數十年研究的心得融鑄進譯注裏去,多少有些頑强地表現自己的意思"。在《前言》中,蕭氏介紹楚辭與屈原的基本情況,同時對體例作了説明,云:"以中華書局新版的宋洪興祖《楚辭補注》爲底本,參以上海古籍出版社新版的朱熹《楚辭集注》等。順序依洪氏,分段參前修",各篇"題解,簡要介紹該詩的題意,内容和藝術成就,偶涉其源流與異解。詩後有簡注,注解力求簡明、通俗,重事而不輕文","今譯力求忠實於原作。嘗試使用聞一多、何其芳等倡導的現代格律詩體或謡曲體,又盡力反映原作的情調、節奏和韻律。個别地方,或爲延續文氣,或因遷就體例,甚至爲協聲律,以不違背原作意圖爲原則,略作發揮以補足其辭旨","譯文較多地參考文懷沙、郭沫若、陳子展等先生的作品","由於本書係通俗性質,採用前人的卓見大都不舉出處,一般也不作争論。盡可能採用爲多數學人認可的平實説法。有時融入譯注者的心得,有時僅作補充或交代"。

正文部分譯注楚辭作品:《離騷》、《九歌》(11 篇)、《天問》、《九章》(9 篇)、《遠遊》、《卜居》、《漁父》、《九辯》、《招魂》、《大招》。由此可見,本書名爲"楚辭全譯",實際上僅譯注了戰國楚辭作家的作品,漢人楚辭没有涉及。這一點蕭氏在《前言》、《後記》中均未説明。各篇的體例爲:題解、原文、譯詩、注釋。1998 年 10 月江蘇古籍出版社出版。

迄今,對是書作過評述的論文主要有王曉明等《蕭兵楚辭研究批評》(《淮陰師範學院學報》2000 年第 3 期)、梅瓊林《論蕭兵楚辭學研究方法》(《學術論壇》2001 年第 1 期)。

屈原與楚文化研究

楚辭研究專著。今人黄碧璉著。黄碧璉(1967—),福建閩清人。1992 年畢業於成功大學中文系。1996 年畢業於成功大學中文研究所,獲碩士學位。

本書爲文津出版社"碩士文庫·英彦叢刊"之二十一。首有《目録》。末附《參考書目》,頗詳盡,有著作、論文,且涉内地、香港、臺灣三地。正文凡六章:第一章《緒論》,論"研究動機"、"研究方法"、"目前研究概況"、"個人研究期望";第二章《楚文化的發展與特色》,論楚文化的淵源、發展、特色;第三章《屈原的生平與楚文化》,論"屈原的生辰與楚的用曆"、"屈原的受教、仕宦與楚的禮制"、"屈原的自沉與楚人的生死觀";第四章《屈原的創作與楚文化》,論"屈原的創作心理"以及屈原作品與楚巫俗、楚神話、楚樂楚舞、楚民歌、楚飲食等關係;第五章《屈原在中國文化史的貢獻與地位》,論"屈原對楚文化的貢獻"、"屈原在中國文化史的地位"、"屈原對後代文化的影響";第六章《結論》。黄氏以爲,屈原本人及創作,不僅是戰國時代的一種社會現象,也是屈原一生遭遇的生命現象,更是荆楚文化的文化現象。1998 年 5 月臺北文津出版社出版。

屈騷探幽

楚辭研究專著。今人趙逵夫著。本書爲趙逵夫主編的《詩賦研究叢書》之一。首有趙氏《〈詩賦研究叢書〉序》。次《目録》。次郭晉稀《序》。次趙氏《前言》。郭氏《序》,以爲本書是一本好書,具體來説:第一,對屈原《離騷》和有關屈原《離騷》的書是精心探討過的,對《離騷》的釋詞與詮句不乏勝義,可補前人釋義之不足;第二,書中利用了地下發掘的新材料;第三,利用民俗民風研究文人創作;第四,根據材料,考慮情理,析疑辨惑,比如"逵夫同志認爲傳説中的龍是由馬演化而來。古圖畫龍形似馬者,如伏羲龍身而馬形。伏羲生雔夷山,山爲白馬氏發祥之處。伏羲氏以龍爲圖騰,蓋沿於白馬氏以馬爲圖騰"。趙氏《前言》,認爲《離騷》是"我國抒情詩的無可比擬的典範"、"'抒情説'的光輝旗幟"、"世界文學史上抒情詩的傑作",而且對我國新詩發展具有"啓示與借鑒作用"。

正文凡上、中、下三編。上編《〈離騷〉的創作與藝術》,凡五篇:《〈離騷〉中的龍馬同兩個世界的藝術構思》、《〈離騷〉的比喻和抒情主人公的形貌問題》、《〈離騷〉的創作時地與創作環境》、《〈離騷〉的開頭結尾與創作地點的關係》、《〈離騷〉的結構、叙事與抒情》。中編《屈騷的繼承與創造問題》,凡六篇:《作爲楚辭上源的民歌和韻文剖辨》、《屈賦形式上的繼承問題》、《從帛書〈相馬經·大光破章故訓傳〉看屈賦比喻象徵手法的形成》、《屈原在完成歌詩向誦詩的轉變方面所作的貢獻》、《屈賦在風格情調上的繼承與創造》、《楚國高度發達的藝術對屈原抒情詩的影響》。下編《〈離騷〉正讀》,包括"評點"、"新注"、"辯證"、"今譯"。

本書爲趙氏力作之一,趙氏《回首碌碌四十年》云:"《屈騷探幽》作爲我研究楚辭作品的第一本書","一方面針對一些學者就《離騷》藝術方面提出的問題加以探討,以進一步展現它藝術的光華,另一方面就《離騷》在詩體形式、語言、構思、風格等方面對以前詩歌與其他藝術形式的繼承及詩人的創造進行探討,揭示屈原是怎樣登上世界文學之高峰的”。從研究方法來看,本書的主要特點是將實證的傳統學問與重抽象理性分析的理論闡述有機結合,頗多創獲。第一,游國恩“楚辭女性中心説”並不能成立,《離騷》“求女”表現了尋求知音的心情而不是“求君”,《離騷》不存在抒情主人公形貌不一致的問題;由後代“男女君臣之喻”的作品,不能證明《離騷》中存在着系統的或者説首尾一貫的“男女君臣之喻”;就《離騷》中詩人自我形象的看法來説,王逸、洪興祖是正確的。第二,屈原在懷王二十四五年被放之漢北即漢北雲夢,在漢水至江陵以東折而東行一段之北面;屈原被放於漢北雲夢,任“掌夢”之官,其職責是掌管雲夢澤的林木禽獸資源與君王大臣的遊獵事務,相當於《周禮・地官》中說的“澤虞”;《離騷》與《抽思》、《思美人》在思想情緒上極其相似;《離騷》作於懷王二十五年至二十七年間;《離騷》的結尾同開頭是互相照應的,全詩從頭到尾都體現了對楚國先君的懷念及自己作爲一個楚族後代所負的不可推卸的責任。第三,《離騷》楚辭上源包括:《詩經》的《陳風》十首、二《南》二十五篇中産生於後來屬於楚國地區的作品(約占二分之一)、楚地佚詩十一首;不能以“兮”字作爲判斷是否楚歌的標誌;屈賦中的各種句式和幾種主要的詩體形式在屈原之前就已經存在;屈原在創作中對以前各體既嘗試、利用,又有區别與選擇,如,無論是四言、五言、六言,句中有“兮”字的形式只在《九歌》中予以保留,以體現民間祭祀歌舞詞音樂上的特徵,而在自己獨立創作中都不再應用;楚民歌句中有“兮”字的五言句和兩句之間有“兮”字的五言句是屈原創造出“離騷體”的基礎。第四,先秦時代楚民族語言上的偏於象徵同《詩經》的比興手法及列國賦詩言志之風會有些聯繫,但主要的還應在其地域、歷史文化的傳統方面去認識,比如楚讔;屈賦的語言並不是當時楚人一般口語或書面語的照抄,它是經過了高度提煉的,是同《詩經》以來的語言藝術的經驗結合而陶鑄成的,比如比喻同象徵的結合運用,本體同喻體、象徵體之間用一個雙關的詞加以聯結等方法,便是屈原的獨創。第五,詩歌風格上的特徵,除去内容諸因素外,主要表現在三個方面,構成詩歌藝術的三個不同結構層次:最表層的是詩歌的外部結構,即詩體形式;意境、情調、抒情狀物的過程,是屬於深層的結構;語言表現(詞彙、各種修辭手法的運用等),介於二者之間;屈原的繼承總是同創新,同對於詩歌表現力、感染力的不斷追求結合在一起,也更注意意境、情調、神韻的繼承;在語言方面,也更注重於抒情傳意功能的發揮,而不只墨守着詩體格式。第六,楚國高度發展的音樂與造型藝術(繪畫、雕刻、漆器和舞蹈等),是屈原抒情詩臻於藝術巔峰的兩個重要條件;這是同詩歌初期發展階段與音樂、舞蹈相互依賴完全不同的更高階段上對其他藝術經驗和技巧的吸收。

下編《〈離騷〉正讀》，亦有新意，且厚重。關於體例，趙氏在《前言》中作了説明，云："以前《楚辭》注本，王逸是將注加在有關句下，洪興祖依其例，至朱熹注《離騷》始以詩節爲單位。學術性較强之書，大體沿用此法。明清以來，有以段落爲單位，注列於一段之後者，利於讀者貫通詩意、理解原文，比朱熹之法更好。然而注在原文之中，將原詩切割開來，仍不便讀者從整體上玩味領略。故我將注列於原文之後，而於原文的段意、層次及需要點破之處，在原文相關句下稍加提示，以助理解與鑒賞。"所以在"原文"中夾以評點、分析，起到點評、導讀之作用。如於開頭四句末，云："屈原被放漢北，至鄢郢拜謁先王之廟及公卿祠堂而有此作。面對先王太祖之靈，作爲裔孫、宗臣，且又生於吳回爲祝融之日，則只有爲國獻此一腔熱血，一寸丹心。"於"恐美人之遲暮"句下，云："以上第 1 段，總叙身世與懷抱"。於"固前修以菹醢"句下，云："涉及自身之申辯僅以上四句，然而亦出於國家社稷之利益，非爲一己一家之事。"於"何離心之可同兮，吾將遠逝以自疏"句下，云："萬事解脱難。在未能解脱，而現實又無路可走的情况下，最爲痛苦。及至一切看破，'赤條條來去無牽掛'，則心身俱輕。"又，趙氏"新注"亦有特色：注音、注字，釋典、釋句，力求詳盡，有時不厭其煩，但條理清晰，前後照應；同時，注文又全面體現自己的學術思想，在注釋中致力於自身學術研究成果的闡釋與融通。注文凡 336 條，頗有參考價值，非一般的普及讀本。當然，最能體現趙氏學術水平的是"《離騷》辯證"，凡三十八條，是《離騷》難點、疑點的專題考釋，新見叠出，又言之鑿鑿，令人信服，頗有朱熹、蔣驥治學之遺風。1998 年 5 月甘肅人民出版社出版。另，2004 年 4 月巴蜀書社出版修訂本，末增趙氏《後記》。

迄今，對是書及其觀點作過評述的論文主要有梅瓊林《〈離騷〉：男女君臣之喻及其原型追索——兼與趙逵夫等先生商榷》（《中南民族學院學報》1994 年第 6 期）、伏俊連《孜孜不倦的探求者——趙逵夫教授學術成就述評》（《古典文學知識》1996 年第 6 期）、裴登峰《〈屈騷〉研究領域的獨創性貢獻——讀趙逵夫先生新著〈屈騷探幽〉》（《西北民族學院學報》1999 年第 1 期）、徐正英《宏觀研究與微觀考辨相結合的典範——〈屈騷探幽〉述論》（《西北師大學報》1999 年第 4 期）、范曉民《合情合理　載籍有據——簡評〈屈騷探幽〉》（《南都學壇》1999 年第 5 期）、李小成《以廣闊的學術視野，破譯〈離騷〉的文化信息——評趙逵夫教授再版力作〈屈騷探幽〉》（《新疆大學學報》2005 年第 2 期）、趙逵夫、邵寧寧《〈楚辭〉研究與現代學術——趙逵夫先生訪談録》（《甘肅社會科學》2006 年第 5 期）、楊淑鵬《〈離騷〉三家注特色探究》（《晉中學院學報》2006 年第 6 期）。

屈賦辨惑稿

楚辭研究專著。今人張葉蘆著。張葉蘆(1918—2000),字小舟,安徽全椒人。著名學者張汝舟之子。1943年畢業於浙江大學中文系。1949年在杭州參加工作。1956年起,在浙江師範大學(原名杭州師範專科學校)從事中國古代文學的教學與研究,1978年晉升副教授,1986年晉升教授。1975—1990年間,任《漢語大詞典》編委和第六卷主編,參加該詞典的編纂工作。

本書爲錢塘詩社叢書之二十二。本書封二自云:"平生愛讀《莊子》、屈賦、韓文,而於屈賦較有研究。書中論屈之作,凡有二基點,即尊重司馬遷《屈原列傳》和言必取證於屈賦本文,故所論頗有新意。"首有錢塘詩社王斯琴《序》。次張氏《自序》。次《目録》。末附其子張立楷《屈原放逐離開郢都時日考》。次張氏《後記》。張氏在《自序》中指出,年青時即愛讀屈賦,任教浙大附中,《離騷》必選爲高三教材,且督責諸生全文背誦;1963年春,草成第一篇長篇論文《屈原見到郢都淪陷辨惑——兼辨屈原之放、之死》,以向中文系第一次學術討論會獻禮;但真正專心屈賦研究,已是1989年10月《漢語大詞典》編纂任務完成之後,且年逾古稀。張氏《後記》指出,"本集所收各篇,大部分已公之於世。各篇寫作之時間不同,最早與最遲相去達三十年以上。老子曰:'爲學日益。'此言人之爲學,其知與識俱隨日而漸增。故結集時於原稿作適當修訂補充,俾思想更臻周密,論證更臻完善,實有其必要。而所收之第一篇,訂補之處則較多。其重要者有:原稿談及夏水,僅申明'即今之漢水',今則據《左傳》有關記載並引前人之説予以考明,蓋非《漢志》'夏水受江東入沔'之謂也;屈原放逐於漢北,原稿僅從正面論述,今則除補充正面論述外,更增姚鼐和王闓運反面説而批判之,正反相形益彰;'陵陽'原稿取戴震説,今則改取張、錢諸家之説,而戴作'一説'以存之;由《哀郢》過渡到《涉江》,原稿僅以'屈原渡過江,在鄂渚登岸'一語帶過,今則對'旦余濟乎江湘'、'乘鄂渚而反顧兮'二語作較詳解釋;尤其《惜往日》'禍殃之有再',清陳本禮早得其解,曩余未之見,未見未引不爲過,今既見之則當補引,以免掠美之譏。不僅早年之作有訂補,近期亦然。《遠遊》寫作時間,原稿只在篇中附帶交代數語,今則獨立爲一段,專論此事,列於《〈遠遊〉爲屈原作補辨》篇末;又《〈屈原列傳〉誤解辨正》補充辨正劉永濟、陳子展誤解之内容。然各篇所持觀點,則一仍舊貫,蓋此皆長期讀屈所得而久反復思之於心者,非敢固執成見以罔世也”。

正文收入論文、書信十五篇。《屈原見到郢都淪陷辨惑——兼辨屈原之放、之死》,提出屈原的被放逐是在頃襄王初年,最遲不得遲於頃襄王三年(前296)懷王死於秦“秦楚絶”之前。他先被放逐到漢北,在漢北住了九年,又被遠遠放逐到江南漵浦。《哀郢》寫於頃襄王九年、十年或十一年(前290、前289或前288)從漢北遷往江南途中在夏首渡江之前。《哀郢》記敘了屈原在江北的放逐行踪,《涉江》記敘了屈原在江南的放逐行踪,兩者緊相銜接,歷歷分明。郢都淪陷於頃襄王二十一年(前278),屈原作《哀郢》時當然没有見到郢都淪陷,以後也没有見到。《哀郢》的内容與詩人的自沉,都跟郢都淪陷毫無關係。詩人的自沉是由於從漢北被更遠地放逐到江南漵浦,回郢都無望,思想愈來愈悲觀而促成的。詩人的自沉之年,可能是頃襄王十四年或十五年(前285或前284),而十五年可能性更大。爲了説明問題,張氏還專門繪製了《〈哀郢〉〈涉江〉屈原放逐行踪示意圖》。案,據本書第177—196頁《與潘嘯龍教授論“屈辭中的‘夏浦’、‘鄂渚’”書》可知,張氏曾給潘嘯龍去信三封,潘嘯龍有答書兩封,集中探討《哀郢》、《涉江》二篇的地域問題,各有所據,而主要分歧點爲:潘氏以爲“夏首”在長江、夏水交匯處(即“夏水首”受江處),而張氏則堅持夏水即今之漢水。後張氏又改爲:“漢水即夏水從漢中東流入楚即今湖北省境,至鄖縣轉向東南流,至沔陽又折向東流,於夏首即夏口亦即今漢口入江。”(本書第9頁)又據張氏信中所述,姜亮夫先生曾肯定、採用張氏《辨惑》之説,而且“後來亮夫先生把我在《辨惑》中考明的《屈原放逐行踪示意圖》(下簡稱《示意圖》)一再轉載於其所著《楚辭通故》(齊魯書社)和《楚辭學論文集》(上海古籍出版社)中。轉載時改題爲《屈子遊踪圖》,鄙意仍用原題爲優,因爲屈原確是被放逐在外,而不是出外遊覽”。按,今查張氏《屈原見到郢都淪陷辨惑——兼辨屈原之放、之死》原刊《浙江師院學報》1979年第1期,落款時間爲“1963年3月初稿,1978年3月修訂”。姜亮夫《楚辭學論文集》(上海古籍出版社,1984年12月版)書首第4頁有《屈子遊踪圖》,其框架、路綫與張氏“示意圖”同,其中用屈原詩句表示遊踪綫路相同者有:“方仲春而東遷”、“過夏首而西浮”、“今逍遥而來東”、“淼南渡之焉如”、“乘鄂渚而反顧”。則5條綫路與張氏“示意圖”完全相同。不同的是,張氏標出的屈子放逐行踪路綫凡9條,姜氏相同5條之外,另加屈原詩句兩句:“去故都而就遠遵江夏以流亡”、“上洞庭而下江”,只是標在大致的方位,而没有標明具體的路綫。兩相比較,張、姜二圖對《哀郢》、《涉江》之屈子放逐遊踪路綫之理解,是相同的。姜氏此圖是否採用張氏“示意圖”,姜氏並没有交代。

本書所收論文還有:《〈涉江〉非屈原作説質疑》、《〈遠遊〉爲屈原作補辨——兼談〈遠遊〉的寫作時間》、《〈離騷〉叢論》、《論〈九章〉篇次》、《屈原放逐行行踪續考》、《〈屈原列傳〉誤解辨證》、《論頃襄曾與屈原謀返懷王——〈抽思〉〈思美人〉發隱》、《〈招魂〉系論》、《致友人評〈屈原新考〉書》、《復王同文師女弟評〈九歌析論〉書》、《屈原年表》、《屈原傳略》等。張氏認爲,《九章》的篇次應爲:《橘頌》、《惜誦》、《抽思》、《思美人》、《哀郢》、《涉江》、《悲回風》、《惜往日》、《懷沙》。此外,《致友人評〈屈原新考〉書》對張中一《屈原新考》的錯訛、謬誤,批駁全面有力,以爲本書"胡説八道","决不可信以爲真,引以爲據","徒可供茶餘飯後談笑之資耳"。

1998年7月錢塘詩社印行。另,2005年12月學苑出版社再版,首增張氏照片及簡介、黄靈庚《悼葉蘆先生》,末增其子張立楷《再版後記》。

屈 原

楚辭研究專著。今人聶石樵、畢庶春著。本書爲"插圖本中國文學小叢書"之六。此"叢書"上自"上古神話",下至"尹湛納希",凡100種。每種六萬字。其特點是"以大專家寫小書籍,得心應手,遊刃有餘,再輔之以插圖","提高當前大學生以及全體青年的文化素質"。本書首有《前言》。正文凡十一部分:一、《屈原的作品》;二、《屈作與楚辭》;三、《屈原的身世》;四、《離騷》;五、《九歌》;六、《天問》;七、《九章》;八、《招魂》;九、《遠遊》、《卜居》和《漁父》;十、《宋玉和〈九辯〉》;十一、《屈原及楚辭的影響》。本書以短小的篇幅,對屈原生平及其作品作了全面的介紹,力求將知識性、教育性、藝術鑒賞性和學術性融爲一體,做到深入淺出、雅俗共賞。1999年1月春風文藝出版社出版。

屈 原 評 傳

楚辭研究專著。今人郭維森著。本書爲匡亞明主編的《中國思想家評傳叢書》之一。首有彩頁(湖北秭歸屈原祠中的屈原銅像、戰國楚越圖、出土的擊鼓舞蹈圖、漆器虎屋鳥架鼓、人民文學出版社1953年影印《楚辭集注》宋端平刻本)。次匡亞明《〈中國思想家評傳叢書〉序》。次中英文《内容簡介》。次《目録》。次郭氏《前言》。末附《參考書目》。次《索引》(包括《文獻索引》、

《詞語索引》、《人名索引》)。次郭氏《後記》。本書《内容簡介》云:“屈原既是文學家,也是思想家。本書既論述了屈原光輝的文學業績,又着重從政治觀、天道觀、人生觀、審美觀、愛國思想等方面,分析了屈原在中國思想文化發展史上的突出貢獻,更以其對後世的巨大影響,論證了他在傳統文化史上的重要地位。本書爲給屈原作出歷史定位,較詳細地分析了屈原産生的歷史文化背景,對其思想分析則較多與先秦諸子的學説作對比,從同異中發現屈原思想的時代共性和獨特内涵。二千多年來,研究屈原的論著可謂汗牛充棟,一些問題異説紛紜,迄無定論。本書對於屈原的生平事跡、作品真僞等問題,多用介紹衆説並加分析的方法,避免勉强作出結論,目的是爲讀者提供較豐富的參考資料,以便進一步開展研究。”郭氏《前言》高度評價屈原,云:“他在文化思想史上,在藝術創造上作出了不可磨滅的貢獻。他不僅屬於中國,而且也屬於全世界。”在《後記》中,郭氏回顧自己的楚辭研究之路,强調胡小石、游國恩二位先生的指導與影響,並對本書之作亦有説明,云:“學習了幾十年的楚辭,也該有個總結;再者,這幾年我想得較多的是産生屈原的文化背景,很想從屈原與先秦諸子的比較中,確定其思想的時代坐標和歷史意義。”

正文凡六章:第一章《七雄争戰的時代》,分爲“形勢的發展與變化”、“處士横議與百家争鳴”、“楚國歷史與文化特點”;第二章《屈原的家世與生平》,分爲“家世與出生”、“歷史記載與作品中所見之生平”、“對各種懷疑論的批評”;第三章《金相玉質百世無匹的藝術創造(上)》,分爲“楚辭的創造”、“關於《離騒》”、“關於《天問》”;第四章《金相玉質百世無匹的藝術創造(下)》,分爲“關於《九歌》”、“關於《九章》”、“關於《遠遊》”、“關於《招魂》(附《大招》)”、“關於《卜居》、《漁父》”;第五章《屈原作品的思想意義與審美追求》,分爲“思想流派的歸屬問題”、“企求完美的政治理想”、“徹底懷疑的天道觀”、“堅定不移的人生目標”、“内涵豐富的審美追求”、“愛國思想的時代内容”。第六章《歷史的豐碑》,分爲“風騒傳統的巨大影響”、“楚辭學的建立與發展”、“對文學創作的影響”、“以屈原爲題材的藝術作品”、“《楚辭》在國外的影響”。全書充分介紹各家之説,同時又表明自己鮮明的態度,如《家世與生平》一節,對“帝高陽之苗裔兮”一句“具有巫的觀念”的説法,予以批評,明確此句“正是自叙其家族來歷”;進而歷舉屈氏有名人物,如屈瑕、屈重、屈完、屈禦寇、屈蕩、屈到、屈建、屈申、屈罷、屈廬、屈固、屈宜臼、屈匄、屈景、屈署等人的事跡,以爲“屈氏爲楚王同姓貴族,世任要職,尤其世守莫敖一職”;“屈氏是頗有文化傳統的世族”,對楚國發展頗多貢獻。又以爲“伯庸”爲屈原之父,“女嬃”爲屈原之姊,“正則”、“靈均”當爲作者真實名字,只因内容需要而由名平字原更换爲這樣的釋義之詞;屈原生於三寅説似較爲合理;又云“依據屈原傳記及作品,我們確知屈原主要活動在楚懷王及楚頃襄王時期,時當公元前四世紀中期至前三世紀前期,也就是戰國中晚期。對於一位先秦時期的人物,知道這些也就很不錯了”。

至於屈原思想的歸屬,郭氏亦有比較中肯的分析:屈原生當百家争鳴的時代,但他並非學術之士。從他的政治實踐與作品中,我們可以知道,他“博聞强志,明於治亂”,對於傳自儒家的典籍,無疑是相當熟悉的。他提倡義、善、禮,要求政治的合理性,對“禮”的强調,頗近乎荀子。屈原又一再提到鮌、禹,説“湯禹儼而祗敬”,反對“淫遊以佚畋”,强調應以清廉自守,提倡尚賢,又與墨家頗多共同之處。當時的改革潮流必然推動一些有遠見的政治家,採取變法措施,打擊、限制舊勢力,扶植新生力量。屈原强調法度,指斥競進貪婪的舊勢力,對法家思想也有所汲取。道家思想産生於南方,好幻想、善玄思,屈原多取用神話,愛探求哲理,不能不説與之有一定關係。這樣看來,屈原對許多學派的思想都有所汲取,也有所摒棄。以至章學誠認爲他也稱得上是“一家之學”,後世每稱“屈子”,似也隱然有這樣的含義。但是,屈原作品畢竟又與諸子著作不同,它是文學、是詩,並不系統地表達政治、哲學觀點。與其勉强地將屈原歸屬某一學派,還不如檢查屈原在他的詩中,究竟表達了什麽樣的觀點。屈原是詩人,但他的詩中卻包含了豐富的政治主張、人生哲學、美學觀、自然觀等等思想内容。這是因爲他同時具有政治家、思想家的品質,而又生活在一個劇烈變動的百家争鳴的時代。1999 年 1 月南京大學出版社出版。

迄今,對是書作過評述的論文主要有周明《評郭維森新著〈屈原評傳〉》(《江海學刊》2000 年第 3 期)。

屈原詩選

楚辭研究專著。今人王培源著。王培源(1945—),又名王培元,山東淄博人。1970 年山東大學中文系畢業分配到山東省出版局任編輯。1977 年調至齊魯石化公司宣傳部工作。1978 年考入山東大學中文系古典文學專業研究生,1981 年畢業獲碩士學位,留校任教。現爲山東大學文學與新聞傳播學院教授、山東大學書畫研究院院長。著有《先秦散文精華》、《詩騷與辭賦》、《齊文學藝術史》、《中國文學精神(先秦卷)》等。

本書爲“中國文學名家精品系列”之一。首有王運熙“中國文學名家精品系列”(詩歌卷)《序》,於歷代選擇十家:屈原、陶淵明、李白、杜甫、白居易、李商隱、蘇軾、陸游、李清照、辛棄疾。次王氏《前言》,以爲屈原"是一個最有個性、最有創造力的偉大詩人。他以自己的生命和激情融鑄而成的詩篇,閃耀着理想、奮鬥和人格的不朽光輝,成爲我國古典詩歌個人創作的第一座豐碑","屈原是用自己的生命在歌唱的","屈原的一生,有過輝煌,有過得意,但更多的是失望和痛苦。正是失望和痛苦才激發出屈原不朽的詩章"。本書選注屈原作品二十四篇:《離騷》、《九歌》(《東皇太一》、《雲中君》、《湘君》、《湘夫人》、《大司命》、《少司命》、《東君》、《河伯》、《山鬼》、《國殤》、《禮魂》)、《天問》、《九章》(《惜誦》、《涉江》、《哀郢》、《抽思》、《懷沙》、《思美人》、《惜往日》、《橘頌》、《悲回風》)、《遠遊》、《招魂》。各篇先原文,其次爲注,注文較通俗,簡潔,有時根據需要以"兩句"或"四句"爲單位予以串講或分析。1999 年 1 月山東大學出版社出版。

楚俗研究(第三集)

楚文化研究專著。主編方培元,副主編韓晏清、張勁松、傅廣典,執行副主編鄢維新。本書首有鍾敬文、周韶華、潘濤、周江沅題辭。次鄢來旭代序《弘揚優秀傳統文化　建設社會主義精神文明》。末附編者《後記》。《後記》,介紹本書乃 1997 年 8 月召開的第三屆楚俗學術研討會論文集。本次會議由湖北省民間文藝家協會、湖南省民間文藝家協會聯合舉辦,編者從 90 多篇會議論文中編成本書,將 80 餘篇文章分爲二十三組:即荆楚釋名、信仰崇拜、祭祀、巫術、歲時節令、婚俗、喪葬、飲食、物質工藝、經濟、建築、書畫、文學典籍、表演藝術、競技、民族(氏族)、楚文化(楚俗)的輻射、楚俗對後世的影響、土家族習俗研究、梅山文化研究、荆楚民族文化背景、楚俗方法論研究。

本書直接與楚辭研究有關的論文有:蔣方《"荆"與"楚"之文化探原》、王崇禮《楚巫略説》、唐明哲《楚湘巫術類説》、蕭放《楚地節日巫術形態》、汪從元《荆楚民間飲食習俗嬗變略説》、巫瑞書《楚湘酒俗探源》、姚偉均《從楚國的飲食服飾管窺楚國物質文明》、王勝利《楚辭中的天文曆法知識》、劉保昌《屈賦與楚風》、周建忠《"蘭意象"原型發微——兼釋〈楚辭〉用蘭意象》、金偉《從諸神關係看〈九歌〉的文化意藴》、易重廉《〈九歌・國殤〉的楚俗解讀》、張正明《楚俗與民族背景》、文今、榜今《近二十年貴州楚文化研究概述》等。1999 年 11 月湖北美術出版社出版。

屈原與楚辭研究

楚辭研究專著。今人潘嘯龍著。本書爲“中國文學多維研究叢書”之一。首有元代張渥繪《屈原像》。次清代門應兆繪《〈離騷〉詩意圖》。次元代張渥繪《九歌·東皇太一》。次元代趙孟頫繪《雲中君》。次明代蕭雲從繪《山鬼》及《〈天問〉羿射河伯,妻彼洛嬪》。次《目次》。末附《徙倚汨羅的千古忠魂——屈原傳略》。次潘氏《後記》。在《後記》中,潘氏回顧二十年楚辭研究楚辭研究之路,以爲“屈原的作品及其負載着的戀國深情、偉大人格精神,正是這樣突破古今、超越時空,打動着不同時代的讀者,影響着爲自身的命運前途不懈奮鬥而歷盡艱辛的整個中華民族”,“對於屈原這樣的仁人志士的身世和作品的研究,恐怕很難與通常的‘學術’探討相提並論。因爲這一研究,同時是對一種超越世俗之上的偉大人生的探索,是對一種萬古不墜、可‘與日月爭光’的精神境界的仰瞻和體悟——它本身就能成爲一種人生的激勵和精神的寄託”。潘氏强調,“面對這樣一位賢哲及其作品的研究,要求的是遠比一般文學、藝術現象的研究更執着的熱忱,更嚴謹、更科學的學術品格的追求。在這裏,人們更不能滿足於淺嘗輒止、一知半解;更不能遷就於謬誤和曲解,或容忍於玩世不恭的信口雌黄;當然也更不能讓這一研究,聽命於蒼黄翻覆的權勢者的利益支配”。潘氏對自己的學術研究作了總結,“我不能保證自己的研探都是正確的,但我從沒有把這一研究視爲可以隨俗打扮的婢女,去追求嘩衆取寵或‘轟動效應’。在我的研探有體會之處,我説出我的依據和見解,而不因這些見解可能觸犯權威而退縮;在我確信某些見解有助於揭示真相時,我願面對反復的辯駁,而不爲‘寬容大度’的虚名而放棄爭辯。我始終認爲,學術品格的追求是學術研探的生命”。

本書收入楚辭研究論文 26 篇,是潘氏 1990 年以來十年間發表的文字。正文凡四編:第一編《屈原生平研究》,論文有《古代歲星紀年和屈原之生年推算》、《屈原在懷王之世的“放流”》、《頃襄王之世放逐屈原的地域》、《論〈哀郢〉所述“夏首”非後世之“漢口”》、《關於〈哀郢〉的歷史地理問題》、《從漢人的記述看屈原的沉江真相》、《楚郢未陷,何論“殉國”——答廖化津先生的屈原“殉國”補證》。第二編《楚辭作品研究》,論文有《〈離騷〉疑義略説》、《〈離騷〉“彭咸”辨》、《〈離騷〉的抒情結構及意象表現》、《〈離騷〉“求女”喻意再辨》、《〈九歌〉二〈湘〉“戀愛”説評議》、《〈九歌·山鬼〉研究辨疑》、《〈招魂〉的作者、主旨及民俗研究》、《〈招魂〉藝術簡析》。第三編《屈原、楚辭的綜合研究》,論文有《楚辭的特徵和屈原精神》、《狂放和奇艷——屈辭審美特色研究》、《改塑與發展——屈原評價的歷史審視》、《從"楚文化"的性質看屈原的思想傾向》。第四編《屈原與楚辭研究評述》,論文有《獨創不離典據,求新更在求真——湯炳正〈屈賦新探〉述評》、《富於開拓氣象的探索——評周建忠的兩本楚辭研究專著》、《訓釋精當,新見迭出——評黄靈庚的〈離騷校詁〉》、《敢破敢立,言奇常論——評曹大中的〈屈原的思想和文學藝術〉》、《承繼中自有獨到的闡發——評雷慶翼的〈楚辭正解〉》、《繼承與創新渾然一體——評李誠的〈楚辭文心管窺〉》、《評屈原研究中的幾種"新"説》(屈原是楚國之"大巫"或巫官嗎?屈原是一位"性變態"者嗎?屈原的死是"巫的升華"或"出生焦慮"嗎?)。1999年12月安徽大學出版社出版。

迄今,對是書作過評述的論文主要有陳嘉樹《〈屈原與楚辭研究〉出版》(《安徽師範大學學報》2000年第2期)、周建忠《論楚辭研究的成就與特色——以〈屈原與楚文化〉、〈屈原與楚辭研究〉爲例》(《荆州師範學院學報》2001年第1期)。

論騷三集

楚辭研究專著。今人戴志鈞著。本書爲戴氏第三本楚辭研究專著。首有作者像及簡介。次《目録》。末附《"勤奮創新,爲人師表"——回憶業師孫常叙教授》。次《辛勤嚴謹的學者,誨人不倦的教師——祝賀張志岳教授從事教學及學術活動五十週年》。正文凡八篇:《屈騷的情思·藝術方式·風格發展軌跡》、《兩位心靈相通的文學巨擘——屈原之與司馬遷論略》、《宋玉論評》、《楚辭學開創之作——略論淮南王安〈離騷傳〉》、《新時期楚辭研究思考》、《執着追求,艱難跋涉——我與楚辭》、《籠括全局,觀照個性——讀周建忠〈當代楚辭研究論綱〉》、《開拓創新,扎實融通——讀毛慶〈屈騷藝術新研〉》。

戴氏的代表作是《屈騷的情思·藝術方式·風格發展軌跡》,長達134頁。戴氏認爲,屈原是以政治家身份登上歷史舞臺的,而以詩人身份名垂青史。作爲一位詩人,他最富有政治理想和政治熱情;而作爲一位政治家,他又最具有詩人的氣質和才華。他具有政治家與詩人的雙重品格,而他最本質的素質還是詩人。這就決定了他的政治生涯中不能不是一個悲劇的結局。唯其如此,政治生涯的挫折,才使他成爲不朽的詩人。從政治家的日益受挫,到文學家的逐步成功,則是屈原政治生命與藝術生命的有機統一過程。屈原大半生經歷是在“遭讒被疏”、“放流”、“棄逐”中度過的。他的絶大部分詩篇都是“哀怨發中”(朱熹《楚辭集注》)、“憤懣”不平的心靈傾訴,一部屈騷,便是詩人的痛苦的心史。全部屈騷,就是詩人將他不同時期的政治處境、生活境遇、心態變化,隨時運用語言藝術創作成作品的。政治處境、生活境遇、心態變化,是他藝術生命的基礎,而他的詩歌創作則是他政治處境、生活境遇、心態變化的審美物化的表現形態,二者是互爲表裏的。戴氏將屈原的創作分爲懷、襄兩朝,早、中、晚三個時期,五個具體發展階段。懷王朝,早期,第一階段,“左徒”初任,屈騷創作之發軔,如《橘頌》;第二階段,遭讒被疏,屈騷創作之進展,如《惜誦》。中期,第三階段,“放流”漢北,屈騷創作之高峰,如《九歌》、《思美人》、《抽思》、《離騷》、《天問》。頃襄王朝,晚期,第四階段,遷逐江南,屈騷創作之落潮,如《涉江》、《哀郢》;第五階段,殉志自沉,屈騷創作之收束,如《悲回風》、《懷沙》、《惜往日》。戴氏因此以爲,屈騷的情思、藝術方式、風格是一個整體的、發展的有機系統。它既有穩定性,又有動態性。穩定性能反映出屈騷藝術個性的基本特徵,動態性則能反映出自身的發展軌跡。從情思來説,表現爲:1. 春秋戰國時期,有作爲的思想家和政治家,都有一種任道精神,屈原自幼受到良好教養,培養起來了以道自任的歷史使命感;2. 屈原詩篇,除《橘頌》以外,都是政治上失意以後所作,它的情思表現了詩人不同時期的政治境遇和心理變化歷程,即早期明志傾心、訴忠辨冤,中期抒發幽怨之情、悱惻之思,晚期由抒發悲涼之意而轉向傾吐痛惜心態,而詩人的“戀君情結”則形成於、表現於、完善於中期。屈騷的藝術方式表現爲:1. 浪漫主義創作方法;2. 二段一“亂”結構;3. 象徵手法;4. “三致志”的抒情方式。而屈騷的藝術風格則爲,以“沉鬱頓挫”陽剛之美爲主腦,融有“艷逸纏綿”陰柔之韻,兩者水乳交融。1999 年 12 月黑龍江教育出版社出版。

迄今,對是書作過評述的論文主要有周建忠《戴志鈞楚辭研究述論》(《泰安師專學報》2002 年第 2 期)、王振聲《爲有源頭活水來——漫談戴志鈞的楚辭研究》(《北方論叢》2003 年第 1 期)。

辭賦文學論集

辭賦研究著作。南京大學中文系主編。據本書末篇《開拓辭賦學研究的新天地——第四屆國際辭賦學學術研討會綜述》可知,1998 年 10 月 22 日至 25 日,南京大學中文系與古典文獻研究所聯合主辦了第四屆國際辭賦學學術研討會。會議主題爲“辭賦歷史與批評之展開”、“20 世紀辭賦學研究之回顧與展望”。會議收到論文 49 篇，本書即據此編集而成。與《楚辭》直接有關的論文有：吳宏一《楚辭的名義、編集與流傳》、曹晉《屈原、荀子辭賦異同論》、何沛雄《漢代騷體賦和散體賦的發展》、金周漢《對〈離騷〉之“夕餐秋菊之落英”一句的看法——以李奎報和尹東野的看法爲主》等。1999 年 12 月江蘇教育出版社出版。

宋玉作品真僞考

楚辭研究專著。今人高秋鳳著。高秋鳳（1951— ），臺灣臺南人。早年就讀於高雄女子師範學校。後進入臺灣師範大學國文系攻讀，獲得博士學位。曾在臺南海東國小、臺北弘道國中任教。現爲臺灣師範大學國文系教授。著有《天問研究》、《屈原作品真僞考》等。

本書首有《自序》。次《緒論》。末附《結論》。次《參考書目》。正文凡四章。高氏在《自序》中敘其研究宋玉作品真僞的目的，云：“從事楚辭研究，不能不涉及宋玉的作品，而論述宋玉的作品，就不能不正視真僞的問題。宋玉傳世的辭賦，除《九辯》獲得多數人公認是宋玉所撰外，其餘各篇還有很大的争議。但儘管宋玉的賦篇有是真是僞的論争，但宋作中的悲秋與懷才不遇的感慨，是兩千年來中國文人共同的傷懷，還有宋賦中對人神之戀的抒寫，對女色之美的形容，對自然風物的描繪，以及透過文字遊戲表達事理的詼諧幽默，對兩漢以來的文學作品影響深遠。但這樣有價值，有藝術魅力的作品，如果一直真僞不明，實在是中國文學研究上極大的缺憾。”

正文凡四章。第一章《〈楚辭章句〉所收宋玉作品真僞考》分兩節考辨。第一節《〈九辯〉作者考》，在援引主屈作和反屈作各家之説後，歸納主屈作説的理由爲十二項，然後先論證其中屬於外緣問題的幾項都不能成立，其後分别從四方面探討與文本有關的内在問題：第一，《九辯》是屈原自爲悲憤之言嗎？就文本來看絶不是，而是宋玉模擬屈作的騷賦；第二，就《九辯》與《離騷》、《九章》的比對來看，過多的重合，證明它的模仿性質，而其諸多差異，則説明作者絶不是屈原；第三，就《九辯》與其他宋賦的比對來看，雖《九辯》是擬《騷》、《章》之作，體制、内容皆與其他宋賦不同，但從句法的創新、叠字的運用、押韻的習慣、比喻的複雜化及多以禽蟲鳥獸爲素材幾方面，可見《九辯》與《高唐賦》的關係，從而證明寫《九辯》的作者是可以創作《文選》所收宋賦的；第四，就《九辯》與漢人擬騷之作的比對，可見《九辯》具有漢人擬作的特點，所以絶不可能是屈原所寫。因此可以確認《九辯》的作者是宋玉。第二節《〈招魂〉作者考》，論述《招魂》的作者是屈原而非宋玉。第二章《〈昭明文選〉所收宋玉五賦真僞考》分兩節考辨：第一節《〈風賦〉、〈高唐賦〉、〈神女賦〉、〈登徒子好色賦〉真僞考》，從文體、押韻、稱謂、仿託、流傳及其他六方面深入探討，確信《風賦》等四篇爲宋玉之作。第二節《〈對楚王問〉真僞考》，從文體、流傳兩方面論證《對楚王問》爲宋玉之作。第三章《〈古文苑〉所收宋玉六賦真僞考》，第一節從體制、押韻、引用、宋玉是否聽聞荆軻刺秦事、笛的産生時代、該篇的行文方式和句式變化、對《七發》等篇的影響等七方面論證《笛賦》爲宋玉作。第二節，對《大言賦》、《小言賦》的真僞進行考辨，從押韻、流傳、與傅咸《小語賦》比較、時代風氣及個人創作情形等肯定宋玉的著作權。第三節、第四節分别論證《諷賦》、《釣賦》爲宋玉作。第五節論《舞賦》爲東漢傅毅《舞賦》的節録。第四章《論御殘篇、〈招隱士〉與〈微咏賦〉真僞考》，以爲論御殘篇爲宋玉作，《招隱士》爲淮南小山作，《微咏賦》爲劉宋王微的《咏賦》。1999 年 3 月臺北文津出版社出版。

迄今，對是書作過評述的論文主要有吳廣平《20 世紀宋玉研究述評》（《中州學刊》2002 年第 1 期）、劉石林《高秋鳳屈原學研究綜述》（載戴錫琦、鍾興永《屈原學集成》，中央編譯出版社 2007 年 6 月版）。

屈原：忠憤人生

楚辭研究專著。今人黄崇浩著。黄崇浩（1951— ），筆名江上吟，湖北紅安人。1978 年入大學學習。1981 年起在黄岡師範學院（原名黄岡師範專科學校）任教。歷任學校教務處處長兼科研處處長、高等教育研究室主任兼古籍研究室主任等職，曾獲湖北省有突出貢獻中青年專家稱號。現爲黄岡師範學院中文系教授、《黄岡師範學院學報》編輯部主任，兼任中國屈原學會理事、湖北三國演義學會常務理事、東坡赤壁詩社常務理事。著有《屈子陽秋》、《金蓮記評注》等。

屈原生於南陽、屈原曾爲楚懷王師、郭店一號楚墓墓主不是屈原而是慎到，是黄氏關於楚辭研究的主要觀點。本書爲《中國聖賢人生叢書》之一。按叢書策劃人的要求，就文體論，書中每一單篇是文化散文式的；從框架上看，又成傳論整體。而整個叢書，是要從人的角度構成一部中華民族的思想史、學術史，乃至一部人情生動的中華民族英雄史詩。因此，本書的内容既要具學術性、思想性，又要具文學的可讀性，而不能以考證索引的方式出之。

該書首有《内容提要》。次田揚帆《前言》。次《目録》。末附黄氏《亂曰》。《内容提要》云:"屈原生爲貴族,終爲逐客,有大起也有大落。屈原有才智、有美德、有抱負,也有大失望、大悲傷——生命注定讓他體驗人所難當的人生况味,而屈原也一痛决絶。結束生命,也結束了人生對一個醜惡世界的感受。正因這樣,也成就了屈原生命的千古絶響,這也是屈原的永恒魅力","本書以史的筆墨勾勒了屈原的人生行履。他立憲章,推行變法;他力主内强國力,外聯齊而抗秦;他勤奮工作,忠心耿耿。但小人只在背後一槍,他就落馬了","本書作者以散文的筆觸,將屈原經歷的又重新體驗一番。鑒古觀今,寫出了一個忠憤的屈原,也寫出了人們對社會歷史的許多思考"。

正文凡五十九篇。以屈原生平經歷爲經,以作品背景與内容爲緯,基本上包含了著者研究屈原及《楚辭》所形成的主要見解:一、屈原生活年代爲公元前 351 至公元前 278 年;二、屈原生於南陽的"南屈",此爲屈氏舊封;三、屈原曾爲楚懷王在東宫時的師傅,懷王即位屈原改任三閭大夫,以後晉升左徒,遭讒後復爲三閭大夫;四、頃襄王即位之初,乃慎到爲相,慎到主政二、三年即故去,子蘭始得爲政,讒害屈原;五、屈原被放,乃頃襄王即位三年後事,地域在江南洞庭湖西東,前後歷時 17 年(前 295—前 278);六、昭睢爲相,屈原始得内遷汨羅;七、推測屈原作品的大致作年,認爲《橘頌》乃其父伯庸所作,而《國殤》乃作於《九歌》其它各篇之後若干年,即獨遊漢北之時;八、女嬃乃楚之名巫,與屈原有"柏拉圖式"的愛情關係。1999 年 5 月長江文藝出版社出版,2000 年 11 月出版修訂本。

迄今,對是書作過評述的論文主要有毛慶《值得細讀的〈屈原:忠憤人生〉》(《黄岡師範學院學報》1999 年第 5 期)、張吉兵《楚辭學者、詩詞家黄崇浩教授》(《黄岡師範學院學報》2001 年第 4 期)。

新編楚辭索引

楚辭研究專著。今人周秉高著。本書爲楚辭研究工具書。首有周氏《自序》。次《凡例》。在《自序》中,周氏説明本書編纂特點與目的:正字,以國家語委 1986 年重新發表的《簡化字總表》統一整理爲簡化字;校勘,以中華書局 1981 年版《楚辭補注》所録及上海古籍出版社 1979 年版《楚辭集注》爲底本,參校他本,有重要差異的原文擇善從之,並在每篇之後寫出"校勘記";"索引"則酌情二者兼收;奠基,即爲普及楚辭,爲楚辭研究的深入奠個基礎。

本書《凡例》指出:第一,"楚辭是戰國後期産生於我國南方楚地以屈原作品爲代表的一種詩歌”,所以本書收入傳統的“二十五篇”屈賦,外加《招魂》、《大招》和《九辯》,説明本書是“楚辭索引”而非“《楚辭》索引”;第二,説明本書爲“周遍型字詞索引”,單字立目,無一遺漏,故讀者只要舉出楚辭中任何一字,便可查清其所在原句、篇章及楚辭中的總量;第三,本索引主要採用四角號碼查字法,同時附有拼音檢字表、筆畫檢字表、繁簡字對照表和異體字對照表,以及《楚辭異體字校勘記》。正文編纂體例爲:首“楚辭原文”,每隔十句加注序碼,篇末有《校勘記》;次《拼音檢字表》、《筆畫檢字表》、《四角號碼索引》;次《楚辭繁簡字對照表》、《楚辭異體字對照表》、《楚辭異體字校勘記》。此書學術性與工具性相結合,頗便使用。1999年5月内蒙古大學出版社出版。

屈原研究論集

楚辭研究論文集。今人褚斌傑主編。褚斌傑(1933—2006),北京人。1950年考入燕京大學中文系。1952年院系調整,燕京大學與北京大學合併,轉入北京大學中文系。1954年北京大學畢業後留校任教,師從游國恩、林庚先生。在北京大學讀書時,著有《白居易評傳》,曾多次印行,至今仍爲白居易研究的重要參考書。1953—1956年間,先後在《光明日報》、《文學遺産》等重要報刊發表有關《詩經》、屈原及楚辭、白居易《長恨歌》、李後主、李清照、《三國演義》、魯迅、美學等研究論文,引起學術界的關注。1956年撰寫的《中國古代神話》一書由中國少年兒童出版社出版,後被翻譯成英、法、日、朝、西班牙、阿拉伯語等多種文字。1958年,被錯劃爲右派後到中華書局擔任哲學、文學編輯室編輯。1962年著《白居易》一書,由中華書局出版,1982年修訂再版。1979年調回北京大學,先後任中文系副教授、教授、博士生導師、中國屈原學會副會長、中國詩經學會副會長、國際漢詩學會名譽會長。1998年當選爲中國屈原學會會長,成功地組織了深圳楚辭國際研討會、香港屈原國際研討會、北京楚辭國際研討會。著有《中國文學史綱要》、《中國古代文體概論》、《中國古代文體學》、《詩經全注》、《楚辭要論》、《古典新論》、《詩經與楚辭》、《先秦文學史》、《兩漢詩傳》、《儒家經典與中國文化》、《李清照資料彙編》、《中國古代文學指要》等。其中《中國古代文體概論》獲1985年全國優秀暢銷書獎、1991年北京市哲學社會科學優秀成果獎,《詩經全注》獲北京市哲學社會科學優秀成果獎。

本書首有褚斌傑《偉大的精神　永恒的紀念(代序)》。次《目録》。末附《後記》。據《後記》,本書爲1999年秭歸屈原研討會論文提要彙編。在《偉大

的精神　永恒的紀念(代序)》中,褚氏讚揚屈原"是我國最早出現的一顆詩國巨星"、"是我國文學優良傳統的開創者、締造者"。本書重要論文有:何念龍《從秭歸走向秭歸——近二十年全國屈學界學術活動論綱》、潘嘯龍《論"歲星紀年"及屈原生年之研究》、黄崇浩《關於屈原生平、思想的幾個問題》、方銘《關於屈原愛國主義的正義性問題》、羅漫《屈原自衛型愛國精神的現代價值與世界意義——新解 20 世紀屈原批評的一個理論難題》、李中華《〈楚辭〉與中國士大夫的人格精神》、李家欣《屈原理想人格的悲劇色彩》、郭建勛《略論屈原的特異人格及其範型意義》、李金善《屈原之生命精神》、朱炳祥《覺醒・困惑・自沉——論屈原後期的精神歷程》、王祖芳《屈原爲什麽要哀郢?》、劉保康《屈原景仰的是哪個伯夷?》、張正明《浪漫主義焉能望屈原辭賦之項背》、黄靈庚《屈賦楚簡釋證》、姜昆武、王德華《日本金澤文庫〈文選集注〉騷類殘卷〈離騷經・小序〉解辨》、周禾《〈九歌〉人稱問題試探》、金式武《〈招魂〉第二段文字如何解釋?》、趙逵夫《論〈惜誓〉的作者與作時》、劉曉路《帛畫的楚文化背景和屈原》、周麗玲、鄢維新《屈賦與楚樂舞》、蔣方《説"楚辭"之名——楚辭文體在漢代的接受情况刍議》、陳湘鋒《楚辭體與五言詩簡論》、王峰《楚辭巴歌與新詩》、趙明《莊騷比翼　哲詩輝映——關於莊騷比較的一個文化視角》、崔富章《班固筆下的屈原》、曾亞蘭、趙季《仇學鰲以楚辭注杜詩稽考》、毛慶《明清屈學三大家研屈思想初探》、劉生良《論陳直先生的楚辭研究》、馬曉玲《熔經鑄史譜屈原》、蔡靖泉、翟滿桂《但開風氣的龔自珍與屈原》。1999 年 6 月湖北美術出版社出版。

楚　辭

楚辭研究專著。今人李振華著。李振華(1956—　),北京人。1983 年畢業於江漢大學中文系,獲專科文憑。1986 年畢業於華中師範大學中文系,獲學士學位。現爲江漢大學人文學院講師。

本書爲山西古籍出版社"中華傳世名著精華叢書"之一。首有李氏《序言》。次《目録》。正文選入本書的作品爲:屈原的《離騷》、《九歌》(11 篇)、《天問》、《九章》(《涉江》、《哀郢》、《抽思》、《惜往日》、《桔頌》)、《漁父》和宋玉的《九辯》。首爲作者《序言》,以爲:《離騷》題義應取"遭憂"説;屈原作品在前後漢之間早已結集並單獨流傳,書名爲《屈原賦》,而不是《楚辭》,也不是《離騷》,西漢劉向典校經書編輯《楚辭》一書時才將其置於卷首之作;司馬遷只是一位有創新性的、進步的歷史學家,卻不能説是一個嚴謹的歷史學家;

《屈原列傳》也不是他經過實地調查，且查閱了石室匱中有關屈原的史料而後執筆之作，因此它所述的屈原生平事跡，往往語焉不詳，且其不合理與自相矛盾之處甚多。正文部分，各篇體例爲："題解"，簡介作時作地，以及作意、價值；"原文"與"譯文"對排；"注釋"簡注字詞，並注音。總之，本書爲一般的普及讀本，不宜爲研究之參，比如屈原作品究竟是哪些篇，全書並没有説明；又，《漁父》篇的作者，第1頁説屈原創作，第6頁説是屈原的後學悼念屈原之作，第151頁則云"屈原以第三人稱視角，採用主客問答方法所寫的《漁父》，猶如一場短小精緻構思新穎的獨幕話劇"。1999年9月山西古籍出版社出版。另，2001年9月書海出版社出版，《九章》中又增《惜誦》、《懷沙》、《思美人》、《悲回風》，其篇次依王逸《楚辭章句》。

楚辭詮微集

楚辭研究專著。今人彭毅著。彭毅（1933— ），山東人。畢業於臺灣大學，中國文學碩士。曾任臺灣大學教授。著有《錢牧齋箋注杜詩補》、《杜甫詩繫年辨證》等。

本書是一本楚辭研究論文集。首有《自序》。末附《諸神士象——〈山海經〉神話資料中的萬物靈跡》（附圖版十五幅）。正文收入論文六篇。第一，《屈原作品中隱喻與象徵的探討》（原刊於1975年），以《離騷》、《九章》爲主，討論其表現藝術及屈原之自我影像；分析屈原運用芳草、鸞鳳……乃至歷史神話作爲喻託的技巧，從而指出其中超出傳統"比興"之説的"象徵"意涵；並論及這種表現方式其實和緩了屈子激烈而深邃的情感，形成了"優遊婉順"、"温而雅"的風格。第二，《〈楚辭·天問〉隱義及有關問題試探》（原刊於1975年），認爲：《天問》並不是對宇宙神秘和神話傳説所提出的客觀問題，而是由一個深陷於現實困境中痛苦的心靈，透過强烈的感情和主觀意識所激發出的懷疑與問題；其形式體制雖或出於民間而本篇應出一人之手，所謂文義不次，或由錯簡、或因作者故意，全篇實爲完整一貫之作；自其中蘊涵的情感、價值意識、時代與文化背景等等考察，《天問》作者應依《史記·屈原列傳》定爲屈原。第三，《〈楚辭·九歌〉的名義問題》（原刊於1976年），以《離騷》、《天問》中提到的《九歌》爲本，綜合數家之見，以爲《九歌》是古代樂曲之名，是大祭天神之用的，楚人承之作爲國家祭典的樂章；"九"指音樂曲調變奏之數，與歌辭章數無關；它也不是民間祭歌。第四，《析論〈楚辭·九歌〉的特質》（原刊於1981年），直接從《九歌》歌詞的本身來探討，除《東皇太一》但言陳設之盛、以邀神降外,《雲中君》等八篇都具有神話的故事性及諸神的性質;分析這些歌辭藝術與祀典的儀式活動,細密地考察各篇的特色與其情感基調,進而推論《九歌》應爲楚之國家祀典,本於其宗教信仰與神話以衆巫歌唱、樂舞的活動來達到神降的效果;其歌辭之綺靡雅麗,應該不是原始的民歌;作者是屈原的可能性大增。第五,《〈楚辭·遠遊〉溯源——中國古代文學裏遊仙思想的形成》(原刊於 1985 年),先辨别它與《離騷》、《九章》乃至《九辯》中的非現實之遊的異同,以標示《遠遊》之"遊"的特殊性;再以它與《山海經》、《老子》、《莊子》中文義相近之處列舉比較,見出《遠遊》實融合了古神話及老莊中的超現實思想而形成一種"遊仙"思想,成爲中國遊仙文學中的濫觴。第六,《屈原作品中所呈現的儒者情懷》(原刊於 1991 年),則從"好修"、"怨"與"不忍"之情來探討屈原所具的儒者情懷及其道德自我。1999 年 6 月臺灣學生書局出版。

迄今,對是書作過評述的論文主要有劉石林《彭毅屈原學研究綜述》(載戴錫琦、鍾興永《屈原學集成》,中央編譯出版社 2007 年 6 月版)。

詩騷新識

風騷研究專著。今人楊仲義著。楊仲義(1942—),陝西華陰人。1966 年畢業於北京師範大學中文系。先後在張家口師專、石家莊師專、信陽師範學院、湘潭大學執教中國古代文學。1995 年晉升教授,曾任碩士研究生導師。現爲湖南懷化學院中文系教授、中華傳統文學研究所所長。著有《漢語詩體學》、《中國古代詩體簡論》、《古代文學精要》、《水滸傳論説》、《先秦文學指要》、《秦漢魏晉南北朝文學擷英》、《元明清文學要攬》、《古典小説名篇評品》等。

本書首有楊氏《前言》。次《目録》。正文凡五部分:《舊説辨妄》、《風騷傳統》、《風騷審美》、《"風"旨辨正》、《屈騷析疑》。楊氏以爲,"楚辭"的"楚"味主要表現在:導源於楚人神話巫教觀念的神巫色彩;得助於楚山楚水奇幻多姿的奇異色彩;因受楚女風流多情影響而常使用戀情象徵。楚辭並非地方文學,從政治文化傳統看,屈騷"取融經意"、"體憲三代",體現着南北士人文化的一致性;從詩歌藝術傳統看,屈原"依《詩》製《騷》,風兼比興",出於《詩》而勝於《詩》;楚辭體因詩弊,"語"多非"楚",是南北詩文綜合影響的產物。屈原所愛之"國",實在並不是現代人所説的"祖國";屈原的愛"國"言行,是基於同姓貴族的宗國意識,實在不宜稱爲愛國主義。又云,視屈原爲"楚狂"似無不可,但屈原之狂,是對邪惡勢力的抗爭和高潔人格的張揚,是責其當責的"怨"和秉德無私的"潔"的完美統一。楊氏還强調,要用"寫實"和"虛幻"概括風騷不同的藝術風格,而不用人們常説的現實主義和浪漫主義。總之,本書涉及面較廣,往往帶有一些個人的學術見解。但全書的詮釋性語調,顯然是楊氏長期從事教學的職業痕跡;而對屈原人生的體悟,又明顯帶有作者自身遭遇、世態人生的感喟。1999 年 7 月學苑出版社出版。

迄今,對是書作過評述的論文主要有劉戈《學術論著　貴在創新——讀楊仲義教授〈詩騷新識〉》(《船山學刊》2001 年第 2 期)。

楚辭欣賞

楚辭研究專著。今人湯炳正主編,李大明協助。本書首有編者《前言》。次《目録》。末附李誠《屈原事略》。次李大明《楚辭簡明書目》。在《前言》中,編者提出:"屈原的作品,是他特殊經歷和非凡藝術實踐的産物","'楚辭'的得名,與西漢初期楚文化盛行有密切關係。當時,楚人音樂稱爲'楚聲',舞蹈稱爲'楚舞',曲調稱爲'楚歌',因而在文學方面出現'楚辭'之稱,那是容易理解的。'楚辭'也就是楚人辭賦的省稱","'楚辭'之名也説明,這已不是單指屈原一個人的作品,而是指的以屈原辭賦爲代表的特殊文學樣式起源於一個地域並形成了流派,故以'楚辭'呼之",並用作彙集屈原和部分擬作的專書的名稱。

正文各篇體例爲"原文"、"簡注"、"賞析"。編注分工爲:聶石樵、吳龍輝《離騷》,徐志嘯《東皇太一》,潘嘯龍《雲中君》,吳明賢《湘君》,魏際昌《湘夫人》,王澤君《大司命》,黄中模《少司命》,李大明《東君》,熊良智《河伯》,陳書良《山鬼》,劉信芳《國殤》,李大明《禮魂》,褚斌傑《天問》,劉毓慶、馬保財《惜誦》,徐安懷《涉江》,趙逵夫《哀郢》,郝志達《抽思》,萬光治《懷沙》,殷光熹《思美人》,崔富章、江林昌《惜往日》,蔣南華《橘頌》,毛慶《悲回風》,畢庶春《遠遊》,周建忠《卜居》,何煒《漁父》,李誠《招魂》,李落《九辯》,郭維森《大招》,楊乃喬《惜誓》,周復綱《招隱士》。1999 年 8 月巴蜀書社出版。

《楚辭·招魂》新解

楚辭研究專著。今人金式武著。金式武(1932—　),上海人。1951 年入伍任軍械員，復員後歷任中學政治、歷史、地理、化學教師，“文化大革命”中曾被關牛棚、蹲班房，歷經磨難。1984 年中風，導致腦血栓、右癱，1993 年於上海吴淞中學退休。其父金月石爲中國航海界第一代權威，中國人任外輪船長第一人。金月石雖是航海家，但喜讀古籍，尤醉心於杜詩，其母愛讀宋詞。

本書首有《作者簡歷》。次《作者給父親的獻辭》。次《作者像》。次洪丕謨《序》。次《信件彙編》（包括周建忠、王和、龐樸、上海教育出版社、崔富章、褚斌傑、吴邦財、杭州大學學報編輯部、文懷沙、杜華林）。次金氏《自序》。末附金氏《〈招魂〉注釋》。次杜華林《〈招魂〉試譯》。次李建毛《也談馬王堆漢墓 T 形帛畫的主題思想——兼質疑“引魂升天”説》。次金氏《跋》。據《自序》，金氏自稱研究《楚辭》，主要是家庭氛圍的影響，云：“我的古籍知識完全是自學得來的，家裏有豐富的綫裝書還不够我讀嗎？我讀古書的特點是，雖然看前人的注解，但從不泥於前人，總是按自己的想法去理解，我又善於聯想，思想比較敏捷，這就是我常常突破舊説，對《招魂》有許多新念頭的緣故吧。”金氏研究楚辭，付出了常人難以想象的勞動與代價，一個中學化學教師，中風右癱十五年，單手不能寫字，就用雙手運筆，行動亦不方便。“文革”前開始醞釀思路，1978—1979 年完成本書第一章，由於種種原因，未能發表。直至 1991 年中風右癱七年後，恢復理智，重理舊業，第一章《關於〈招魂〉的作者，王逸的意見同司馬遷的話没有矛盾——談一種三百年來的誤解》，在《上海師範大學學報》1992 年第 1 期發表，中國人民大學《中國古代近代文學研究》專題全文複印。接着，又發表了論文《用哲學觀點探索“摩爾”概念》（《自然辯證法研究》1995 年第 9 期）、《招魂研究》（《歷史研究》1998 年第 6 期），並陸續完成了本書的寫作。

正文凡七章：第一章《關於〈招魂〉的作者，王逸的意見同司馬遷的話没有矛盾——談一種三百年來的誤解》；第二章《招魂研究》；第三章《〈招魂〉三論》；第四章《〈招魂〉頭兩段文字如何解釋?》；第五章《〈招魂〉亂辭中的幾個問題》；第六章《〈招魂〉是招楚懷王死魂》；第七章《〈招魂〉究竟是誰著的?》。金氏以爲，王逸的《招魂・序言》同司馬遷的贊語毫不矛盾，用贊語是駁不倒王逸的，因此大力駁斥了所謂“宋玉招屈原魂”。金氏注意到《招魂》從“外陳四方之惡”轉入“内崇楚國之美”時，王逸對“魂兮歸來，入修門些”注解：“修門，郢城門也。宋玉設呼屈原之魂歸楚都，入修門”，從而證明“王逸説宋玉作《招魂》，作來代屈原自招其魂”的説法是完全正確的。金氏還駁斥了鄭玄首創的被後人一再重複，百般稱是的，所謂招死者之魂是爲了使死者得魂氣而復生的觀點，認爲招死者之魂是要讓游離在外的靈魂，重新和尸體相合，即神形合一。至於“帝高巫陽”之“帝”，金氏以爲乃“啻”字之訛化，禘也，祭也,"啻告"即祈告、禱告、求告、求教之意;"朕"爲屈原自稱,有身份的人始能爲之;"上",跟君王關係密切的人始能稱之;《招魂》是招楚懷王死魂;宋玉没有寫作《招魂》的時機和時間。作者對自己的研究頗爲自負,以爲用王逸的《招魂·序》、《大招·序》解决了一千數百年來的問題,行文中對古今研究者作了挖苦與嘲諷。這既是一個中學化學教師、一個自學者的長處:有勇氣與膽量、有一定的古代文學基礎;同時也顯示了他的不足:閲讀有限,功力不够,往往自以爲是,自説自話,不考慮其他因素與根據,也不考慮學術論證的基本要求。1999年9月文匯出版社出版。

迄今,對是書作過評述的論文主要有潘嘯龍《關於〈招魂〉研究的幾個問題》(《文學遺産》2003年第3期)。

楚辭與美學

楚辭研究專著。今人蕭兵著。本書與蕭氏的《楚文化與美學》爲姊妹篇,同時由臺北文津出版社出版。蕭氏介紹二書的關係是:《楚文化與美學》應視爲《楚辭與美學》的"引論",《楚辭與美學》則是《楚文化與美學》的"本論"或"續篇"。在《楚文化與美學》中,蕭氏着重介紹了楚文化及其背景,楚文化在中國南北文化對立與交流中的地位與作用,它跟類緣性的四方百族文化的關係,以及它自身的幾個重要美學特徵,還以其爲例,結合楚騷及其美學,暗示代表中國文化人文觀念的"屈原精神"跟代表西方文化科學意識的"亞里斯多德精神"具有質的不同。本書則將重點放在屈賦及其美質的鑒賞與體認之上,蕭氏以爲,對照西方思辨或邏輯形態的"美學",中國古代只有經驗形態的"潛美學",它的思想和觀念——範疇系統往往潛藏於並體現在傑出的文學藝術作品及其鑒賞批評之中;作爲其上源,出現在學術黄金時代先秦的屈賦是具有典型性的,屈原可以代表中國潛美學的基本精神。蕭氏還説明,本書的中心内容爲"從美學看屈賦,從屈賦看美學",在筆法上,則"審鑒"重於"認知"。蕭氏提出,屈騷美學是在四方百族文化輻集、南北文化衝突與交流之下産生的柔中有剛的"秀美",屈賦内含着富於辨證意味的"美"和審美觀,具有内美外修、情景相生、美醜對照的特色,以及以昭質、修姱、細腰等爲美的特殊現象。進而探討屈騷美學與幾種文化思潮的關係,如"巫風"與"超巫風"的互動、"中和"之美與"超中和"的變異、儒道美學與屈騷美學的異同,特别是把所謂"現實主義"與"浪漫主義"提升到美學的高度,將其視爲"實恒型"與"虚變型"兩種不同形態的美,來對照和論述,試圖揭示屈原賦的某些文學特色或美學特徵。

本書首有《自序》。正文凡四章：第一章《〈楚辭〉與楚文化》，包括"楚文化與四方文化"、"楚文化的多樣性與獨立性"、"《離騷》的壯采和屈原的悲劇"三節；第二章《屈原賦裹的"美"與"美人"》，包括"'美'與'美人'"、"内美與外修"、"屈騷：光明之美"、"修姱之美"四節；第三章《從審美角度看〈楚辭〉》，包括"對照着的美"、"《楚辭》裹的景與情"、"從自然宗教到人的藝術"三節；第四章《美學史上的屈騷美學》，包括"天人以和：兩種平衡觀"、"屈騷美學與儒道美善觀的簡略比較"、"美的實恒型與虛變型"、"屈原精神與亞里斯多德精神"四節。2000 年 1 月臺北文津出版社出版。

迄今，對是書作過評述的論文主要有梅瓊林《論蕭兵楚辭學研究方法》(《學術論壇》2001 年第 1 期)。

楚辭評介

楚辭研究專著。今人周建忠著。本書爲張永桃主編的《中國典籍精華叢書》之一。叢書要求"堅持歷史主義的原則，把典籍放在一定的歷史條件下做出全面、具體的分析"，"用今人的眼光審視傳統文化"，"堅持科學性、學術性和可讀性的統一"。在體例上，分爲：1. 一般介紹，包括作者簡介、時代背景、成書過程、流傳情況、版本、注釋及校勘、今人的研究情況、適合學習的最佳版本和輔導讀物；2. 内容評介，根據不同體裁，用不同的方式評介，通過注釋、串講、今譯、賞析，對全書作出綜合評述；3. 介紹典籍的學術價值、社會效應、歷史影響和現實意義。

本書的體例爲，以評析爲主，結合介紹代表性的篇章或作品。首有《目録》。末附《學習研究參考書目》(凡七種)。正文凡三部分。第一部分，《〈楚辭〉的形成、作者及特點》，介紹《楚辭》的成書過程、楚辭的淵源與特點、屈原生平、思想及藝術特點、宋玉生平及作品、唐勒賦殘簡、國内外楚辭研究的概況及模式、主要讀本。第二部分《〈楚辭〉的内容與屈原的創作》，是全書的主體。第一，《人生追求的真實記録》：1. 少年立志：《橘頌》；2. 汲汲自修：《離騷》(一)；3. 遭讒致志：《離騷》(二)；4. 上下求索：《離騷》(三)；5. 借卜泄憤：《惜誦》、《卜居》；6. 流放江南：《涉江》；7. 眷懷鄉國：《離騷》、《哀郢》；8. 悲憤沉江：《懷沙》。第二，《學術智慧的理性閃光》：1. 宇宙天體：《天問》(一)；2. 神話傳説：《天問》(二)；3. 歷史興亡：《天問》(三)。第三，《豐富細膩的愛情體驗》：1. 秋風裊裊、洞庭波涌：湘水男神的痴情；2. 荷衣蕙帶、倏來忽逝：

司命女神的體悟；3. 乘豹從狸、含睇宜笑：山中女神的苦戀。第三部分，《〈楚辭〉的價值與影響》。本書用史學眼光對本體、本體研究作詮釋與描述，既盡量反映學術界的最新成果，亦將作者本人對楚辭與楚辭學的思想、觀點、見解融入其中。凡引用、介紹各家之説，則注明學者、出處；凡介紹自己的學術論點，則不注出，因爲有著作、論文爲基礎。2000 年 1 月中國青年出版社出版。

楚辭今注今譯

楚辭研究專著。今人郝志達著。首有郝氏《前言》。次《目録》。末附《本書主要引用參考書目》。次郝氏《後記》。在《前言》中，郝氏指出“楚辭的産生，標誌着在中國文學史上，開始了真正的詩人個性詩歌的創作”，屈原“開始無疑是以一個活躍的政治家的身份登上政治舞臺的。但是，屈原的道德理想太高，與現實的矛盾差距太大，使他陷入一種痛苦的孤獨心境。屈原的創作，充分反映了這種複雜的矛盾”，“屈原的‘憂患意識’，不是‘由自我走向自我’的憂患，而是‘由自我走向社會’的憂患，是作家肩負起時代使命感的一種生命之流的衝動”，“屈原作品中的鬥争意識，並非僅僅指向社會道德層次和政治層次壓抑的膚淺批判，而是在靈魂的自我解剖中，展示出詩人深邃的感受和對人生道路的痛苦抉擇”。《前言》對全書體例亦作了説明，云：“依朱熹《楚辭集注》爲底本，每篇都做簡要題解和盡量簡明、準確的注釋，一些重要的地方和詩句，列舉了各家不同的見解，以便給讀者更大的思考選擇餘地。一些長篇，我們不僅採取了分段注釋，而且也作了段意説明。在譯文方面，我們盡量做到保存詩歌的原來風格與原意。”在《後記》中，郝氏云：“幾十年的人生經歷和教書生涯，積纍了抹不掉的一種‘屈原情結’”，“所謂屈原精神，説白一點，説簡單一點，那不就是：要臉皮（對不起，這是借用楚辭研究一位大家説的）、不媚俗、敢説真話、爲信念而獻身嗎？”

全書收入屈原作品《離騷》、《九歌》（11 篇）、《天問》、《九章》（9 篇）、《遠遊》、《招魂》、《卜居》、《漁父》、《大招》；宋玉《九辯》；賈誼《弔屈原》、《惜誓》；莊忌《哀時命》；淮南小山《招隱士》。至於本書的不足，主要有兩點。第一，《前言》重複了作者《東方詩魂·引言》中的錯誤，將梁啓超的名言“研究屈原，應該以他的自殺爲出發點”，誤爲聞一多的話。第二，本書版權頁上“作者”欄署爲“（宋）朱熹著；郝志達譯注”，此處有兩處錯誤：一是《楚辭》的作者不是朱熹，而是屈原、宋玉等；二是儘管本書底本用朱熹《楚辭集注》，但所選篇目並不相同。可以“用某某版本作底本”,但不能將現代人的著作署爲底本的作者。2000 年 1 月河北人民出版社出版。

屈賦創作論

楚辭研究專著。今人范正聲著。范正聲(1962—),山東泰安人。1985 年畢業於聊城師範學院中文系,獲學士學位。分配至山東泰安師專任教。現爲山東泰安學院歷史系主任、教授。

本書首有李慶立《序》。次《目録》。次《導論》。次《楔子:説長道短論屈原》。末附范氏《後記》。李氏《序》肯定本書,云:“採用新的文學批評方法,憑藉良好的悟性,在全面宏觀地考察屈原生平思想和創作的基礎上,重點探討了屈原創作的心理、情感動力、創作過程及創作成就,力圖作出新的評判。”在《後記》中,范氏强調自己的研究,云:“决心不苟同别人的定論,也不想搬用别人的觀點,更不想利用别人的布料爲自己做嫁衣。”正文凡上、下編。上編《天將降大任於斯人也——屈賦創作動力論》,凡三章:第一章《在歷史的轉折點上》,論“動盪不安的亂離時代”、“楚國社會的斷裂帶”;第二章《天才與狂人》,論“天才的降生”、“心理變態與精神異常”、“人格的獨立與自我的分裂”;第三章《求索與幻滅》,論“新時代的早産兒”、“孤獨的漂泊者”、“屈原沉江的社會歷史審視”、“讓死者有那不朽的名”。下編《哀怨起騷人 狂言出華章——屈賦創作藝術論》,凡三章:第一章《怨:屈賦的情感主旋律》,論“‘怨’的文學意義”、“‘怨’在屈作中的表現”、“‘怨’的社會意藴”、“‘怨’的個人因素”;第二章《屈賦的抒情意象》,論“屈賦的意象系統”、“認同思維與意象創造”、“屈賦抒情意象的社會根源”、“屈賦抒情意象的哲學意藴”、“屈賦抒情意象的文學意義”;第三章《發憤抒情與華美詞章》,論“直抒情懷與比喻象徵”、“屈賦的韻律”、“同音異義和相似現象”。范氏運用生理學、心理學和精神病學等理論,結合屈原當時的社會環境與人生經歷進行分析,得出了屈原是輕型躁鬱症患者的結論,證實屈原的後半生已經心理變態、精神異常;進而,從屈原這一心理特徵出發,考察屈原創作的動力和創作過程,對屈原作品的藝術表現手法進行了心理學的分析研究,爲解决屈原研究中的一些難題提供了新的思考方法。2000 年 4 月中國文聯出版社出版。

迄今,對是書作過評述的論文主要有李慶立《新樹挺拔碩果香——〈屈賦創作論〉》(《聊城師範學院學報》2000 年第 3 期)。

楚辭詞典

楚辭研究專著。今人袁梅著。本書爲王世舜主編的《先秦要籍詞典》叢書之一。首有《總目》。次王世舜《前言》。次《凡例》。次《篇目簡稱對應表》。次《音序索引》。次《筆畫檢字表》。次《詞典正文》。王氏《前言》,説明本詞書爲山東省古籍整理"八五"規劃的重點項目。《凡例》,説明本書"收列《楚辭》中的全部單字、單音詞,兼收意義不可分割的複音詞及結構穩定、使用頻率較高的詞組,計收 4 361 條,按音序排列字頭 2 518 個","詞典以釋詞爲主要任務","所有條目,一般均依其在《楚辭》中所具有的含義分列義項,給以簡明準確的解釋。對於重要的歷史人物與歷史事件、典章制度、山川地理、器用服飾、草木鳥獸諸名物及其他疑難詞條,則在認真考辨的前提下,做比較具體的訓解","爲便於讀者比勘詞義,並使本詞典兼具'引得'之功能,所有條目的每一義項下,收列該義項在《楚辭》中的全部用例。每個義項下的例句,依其在《楚辭》正文中出現的先後次序排列","本詞典所列之每一詞條均附有統計數字,表示該詞(字)在《楚辭》正文中使用的次數"。

《詞典正文》所引《楚辭》原文,以朱熹《楚辭集注》(上海古籍出版社、朱鑑宋端平本)爲底本,收録範圍爲:《離騷》、《九歌》(《東皇太一》、《雲中君》、《湘君》、《湘夫人》、《大司命》、《少司命》、《東君》、《河伯》、《山鬼》、《國殤》、《禮魂》)、《天問》、《九章》(《惜誦》、《涉江》、《哀郢》、《抽思》、《懷沙》、《思美人》、《惜往日》、《橘頌》、《悲回風》)、《遠遊》、《卜居》、《漁父》、《九辯》、《招魂》、《大招》、《惜誓》、《弔屈原》、《服賦》、《哀時命》、《招隱士》。詞條釋義主要參考洪興祖《楚辭補注》、王夫之《楚辭通釋》、戴震《屈原賦注》、蔣驥《山帶閣注楚辭》,對今人詮釋《楚辭》的新説,亦適當徵引採用。據該詞典可知,《楚辭》用詞的情況,如用"悲"16 次,用"不"295 次,用"乘"20 次,用"得"38 次,用"而"623 次,用"芳"23 次,用"夫"59 次,用"何"157 次,用"蕙"16 次,用"魂"49 次,用"君"43 次,用"可"113 次,用"蘭"24 次,用"離"45 次,用"美"37 次,用"世"32 次,用"孰"35 次,用"思"42 次,用"死"25 次,用"所"88 次,用"未"33 次,用"吾"79 次,用"兮"1 224 次,用"又"35 次,用"有"75 次。凡此,皆可作進一步研究之參考。2000 年 5 月山東教育出版社出版。

迄今,對是書作過評述的論文主要有周建忠《2000 年楚辭要籍題解》(《河北師範大學學報》2003 年第 5 期)。

司馬遷與屈原和楚辭學

楚辭研究專著。今人吕培成著。吕培成（1948— ），陝西西安人。1975年畢業於陝西師範大學中文系，留校任教，一直擔任古代文學先秦至六朝段的教學工作。1979年6月至杭州大學參加教育部委託姜亮夫教授主持的《楚辭》講習班。現爲陝西師範大學文學院副教授、碩士生導師，兼任中國屈原學會常務理事、陝西省司馬遷研究會常務副會長兼秘書長。

本書爲"司馬遷與華夏文化叢書"之一。本叢書由董繼昌、趙光勇、韓兆琦爲顧問，袁仲一、陳緒萬爲主編，吕培成、徐興海爲副主編。本書首有董繼昌《序言》。次《目録》。次《引言》。末附《主要參考書目》。在《引言》中，吕氏指出，"封建政治的黑闇腐朽，君主們的專制獨裁，殘酷横暴，是司馬遷和屈原所面臨的共同的時代特徵。爲抗擊黑闇，抗擊邪惡，追求理想，他們付出了同樣的代價，遭遇到了同樣的悲劇命運"；司馬遷對屈原及其創作的記述和評價，"處處迸射着精到深刻的思想火花"，是司馬遷自身"人生體驗、道德追求、政治理想的載體"，因而司馬遷"成爲楚辭學的奠基者、開拓者"。

正文凡七部分：第一，《司馬遷與南北文化》，包括"先秦時代南北文化發展的不同走向"、"南北文化的融合"、"南北文化融合中的司馬遷"三節；第二，《兩個偉大心靈的共鳴》，包括"共同的遭遇"、"共同的憤世情"、"共同的忠君情、報國志"、"共垂後世的高風亮節"四節；第三，《司馬遷對屈原美學思想的繼承和發揚》，包括"發憤以抒情的美學思想"、"'愛奇'的審美追求"、"濃厚的悲劇意識"三節；第四，《"無韻之〈離騷〉"與〈離騷〉》，包括"深刻的歷史意識"、"進步的政治觀和政治主張"、"抗擊邪惡，批判現實"、"偉大的藝術創造"四節；第五，《司馬遷與漢代楚辭學的發展》，包括"楚辭學的興起"、"司馬遷對屈原作品思想價值的評價"、"司馬遷之後楚辭研究的新局面"三節；第六，《楚辭學的重要基石〈屈原列傳〉》，包括"第一座愛國主義者的豐碑"、"《屈原列傳》的史源及價值"、"《史記》對《離騷》創作時間的認定"（以爲《離騷》既不可能作於頃襄王時代，懷王時代屈原亦無被放逐之事）三節；第七，《近現代以來人們對〈屈原列傳〉的關注》，包括"'五四'以後關於〈屈傳〉的争論"、"八十年代圍繞〈屈傳〉的國際大論争"二節。2000年9月陝西人民教育出版社出版。

迄今，對是書作過評述的論文主要有踪凡《論司馬遷對中國楚辭學和中國賦學研究的貢獻》（《濟南大學學報》2006年第3期）。

楚辭探綜

楚辭研究專著。今人熊任望著。熊任望(1925—　),原名人望,江蘇靖江人。1947年入金陵大學中文系,1952年院系調整後入南京大學中文系,1955年畢業。先後在中央音樂學院、河北文化學院、河北戲劇學校任教。現爲河北大學中文系教授,兼任中國屈原學會理事、河北省高等學校書法教育研究會理事長、河北省書協顧問。著有《當代書法家精品集·熊任望卷》、《臨蘭亭序長卷》、《知養齋詩草》、《屈原辭譯注》等。

本書是一本楚辭研究論文集,是熊氏畢生研究楚辭的結晶,主要追求"探究貫通","或追隨前賢,或別立機杼,反復論證,都是經過深思熟慮,耗費了許多心血的"。寫作時間的跨度爲1977—1994年。首有熊氏書法四幅。次《目録》。次熊氏《前言》。作爲書法家、詩人,本書卷首就收録了熊氏的四幅書法精品與四首詩:其一書"九歌"二字,詩云"屈原已駕八龍飛,留得九歌人蕩回,難築新臺重演唱,黄鐘可奮釜鳴雷";其二書"湘纍"二字,詩云"十年三度訪湘纍,命祝大招終不歸。深恐南夷毁奇服,且隨帝子入重闈";其三書"離騷"二字,詩云"長憶沙公講綺章,鄉音細説帝高陽。老來彌愛屈原賦,夢寫離騷一室香";其四書"楚魂",詩云"傷心汨羅水,快意岳陽樓;人生多憂樂,愚智不相謀。楚魂今何在? 翩翩湖上舟"。在《前言》中,熊氏説明大學時代嘗聽胡小石主講的楚辭專題,從那時起就思考有關屈原與楚辭問題;提出"讀懂楚辭是我平生願望之一","讀懂原文是進行研究的第一步,是基礎工程。讀不懂原文,一切深層次的研究都將建築在沙灘上";同時强調"將研究和創作結合起來","學者只研究他人成果而自己不進行創作,又不跟創作隊伍合流,其學術研究,勢必封閉在一個狹小的圈子裏,不能發揮應有的作用"。

正文收入二十三篇論文:《〈屈原列傳〉析疑》、《屈原的生活道路及創作歷程》、《〈離騷〉題意解》、《〈離騷〉段落分析》、《〈離騷〉的奇妙構思》、《湘靈悲喜劇——〈湘君〉〈湘夫人〉唱法探討》、《〈大司命〉〈少司命〉賓主彼我之辭辨》、《誰是日神——〈東君〉新解》、《〈郊祀歌·日出入〉與〈九歌·東君〉風馬牛》、《屈原編織河山戀神話的意圖——〈河伯〉〈山鬼〉文意新探》、《〈九歌〉的整體結構》、《〈惜誦〉和〈離騷〉的關係》、《評〈惜誦〉佔夢一節六家讀法》、《〈哀郢〉緣何而作》、《澄清對劉向〈九歎〉"猶未殫於九章"以及逸注的誤解》、《〈卜居〉〈漁父〉真僞辨》、《論〈招魂〉爲屈原自招》、《再論〈招魂〉爲屈原自招》、《三論〈招魂〉爲屈原自招》、《運用篩選法爲〈招魂〉决疑》、《"勞商"非楚曲名》、《屈原作品的體式》、《屈原爲什麽不離開楚國》。

熊氏以爲,《史記・屈原列傳》中所説"放流"與"遷"是兩回事;被遷之因,除子蘭聞國人咎之、屈子嫉之外,還有屈子作《騷》一事;被遷之時,當在頃襄王三年之後;《惜誦》作於被疏之初,《離騷》是在《惜誦》的基礎上創作的,當作於懷王入秦之後;關於劉永濟《〈史記・屈原列傳〉發疑》、湯炳正《〈屈原列傳〉理惑》二文對"屈平疾王聽之不聰也……雖與日月争光可也"等文字的調整或剔除,都是不宜的。熊氏將《離騷》分爲三個部分。第一部分"峥嶸歲月",凡三段:第一段"帝高陽之苗裔兮……來吾道夫先路",言"志向";第二段"昔三后之純粹兮……傷靈脩之數化",言"政治理想";第三段"余既滋蘭之九畹兮……固前聖之所厚",言"原則立場"。第二部分"思想鬥争",凡四段:第一段"悔相道之不察兮……豈余心之可懲",言"進和退";第二段"女嬃之嬋媛兮……霑余襟之浪浪",言"降和戰";第三段"跪敷衽以陳辭兮……余焉能忍與此終古",言"求女"。第四段"索藑茅以筳篿兮……蜷局顧而不行",言"去和留"。第三部分("亂曰"部分),"今後道路"。熊氏對以上分段,詳細列表出之。熊氏還以爲"三致志"是貫穿《離騷》主綫的三個表現點,這三個點的所在位置是:第一部分"荃不察余之中情";第二部分"閨中既以邃遠兮,哲王又不寤";第三部分"國無人莫我知"。《九歌》各篇中,《東皇太一》專祀上皇,兼迎衆受祭神;《湘君》、《湘夫人》爲一組,《河伯》與《山鬼》爲一組,男女主人公是戀人關係;《東君》、《雲中君》、《大司命》、《少司命》、《國殤》各自獨立成篇。關於《哀郢》的作意,熊氏否定"遷陳"説、"暴郢"説,肯定"放逐"説,是新時期較早批評"遷陳"説的學者之一。關於《招魂》的作者及所招對象,熊氏用篩選法篩去"屈原招懷王"、"屈原招襄王"、"宋玉招屈原"、"宋玉招襄王"四説,肯定《招魂》是屈原作以自招——假借招魂的形式,表達他返回郢都的强烈願望,和誓死不離開故國的忠貞情懷。2000 年 7 月河北大學出版社出版。

迄今,對是書及其觀點作過評述的論文主要有廖化津《〈招魂〉刍議——與熊任望先生商榷》(《河北大學學報》1991 年第 3 期)、周建忠《2000 年楚辭要籍題解》(《河北師範大學學報》2003 年第 5 期)、王軼《〈九歌〉"河山戀"辨》(《滁州學院學報》2005 年第 1 期)。

金城叢稿

古代文學研究專著。今人鄭文著。本書"金城"二字取"蘭州"古稱。鄭氏 1951 年赴蘭州工作,至編集時近五十年,爲紀念鄭氏九十高壽而編本書,其弟子陳咏明爲之作序。本書首有其弟子陳咏明《序》。次《目録》。鄭氏提出:治學須先立訓詁、時事、地理三綱,而後圍繞三綱,别真僞、辨題目、分段落、論沿襲、議寄託、明主旨。正文凡五卷:卷一《國風韻式》,卷二《楚辭淺説》,卷三《揚雄思想研究》,卷四《論文和札記》,卷五《詩歌》。

本書卷四《論文和札記》,涉及楚辭研究,凡三篇:一、《巴楚關係刍議》;二、《屈原未放於漢北的補説》;三、《屈原未放於漢北補説的重申》。卷五《詩歌》,涉及楚辭研究,凡三首:一、《湖北省屈原學術討論會函邀出席不克前往賦以致意》"高山仰止楚靈均,每值端陽倍騁神。夏至今年初暑始,書來近午好音臻。屈原宅畔鍾英俊,華國人中毓寶珍。我愧未能參盛會,聊將菲句見心真";二、《祝遼寧省首届屈原研究討論會二首》"客歲端陽在秭歸,曾思前往聽精微。忽嬰小恙徒南望,未悉高論頗自非。江漢炳靈奕世載,魚龍弘化文會晞。遼寧續名勤研討,不禁神馳夢逸飛","世事總難如本意,臨行又令我心違。迢迢萬里安車便,忽忽終朝舊疾歸。引領東望遼海闊,撫心西顧隴山晞。料知與會諸君子,各放鮮花揚景暉";三、《贈逵夫》"屈賦光芒百丈舒,居然姓氏竟云無!探幽古籍成新解,抉隱伯庸得正呼。正則靈均名益顯,《離騷》、《天問》美加都。《楚辭》我亦鑽研者,羨君允能闢坦途"。

本書卷二《楚辭淺説》,專論楚辭。首有《目録》。末附鄭氏《我與〈楚辭〉》。正文凡四部分:第一《緒論》,凡四節,即《楚辭》與賦、《楚辭》篇第、《楚辭》讀法、《楚辭》注釋;第二《楚辭》來源,凡三節,即南方古作、南音與巫音、《詩》《騷》關係(楚人引用《詩》語、《楚辭》所受《詩》之影響);第三《屈原時代概況》,凡二節,即全中國形勢、楚國形勢;第四《讀〈騷〉體會》。其論"《楚辭》所受《詩經》之影響",頗爲詳盡:使用助詞之相類也;詞彙運用之相類也;語式演進之可循也;《楚辭》中曾認與《三百篇》有關也。又云研究楚辭,主要受四師之培養:孫膺若、伍叔儻、顧頡剛、羅雨亭。至於訓《離騷》"朕皇考曰伯庸"之"伯庸",爲熊渠之長子康,"是伯庸所以命名者,以熊渠伐庸之獲勝也";"屈氏由來,始於句亶王伯庸封子近庸之地"(庸即上庸,地近漢水,漢水支流有甲水,甲水入漢水之後,有一段仍名甲水,即伯庸之所居也;甲,借爲屈,故好屈氏),又云"是解也,馬叙倫、郭沫若、姜亮夫諸氏已言之矣"。2000年11月齊魯書社出版。

楚辭研究成功之路——海内外楚辭專家自述

楚辭研究專著。今人黄中模、王雍剛主編。本書爲楚辭學集刊《楚辭研究與争鳴》第三輯,列入"三峽經濟文化叢書"出版。本書首有《目録》。次黄中模、王雍剛《當代楚辭學領域成功者的畫廊——前言並代序》。末附黄中模《後記》。在《後記》中,黄氏强調湯炳正在90歲時作的"自述"是絶筆之作,蘇雪林在102歲高齡之際、在病榻前一氣呵成的"自述",是她"一生研究楚辭之成績"的總結。正文凡三十三篇,爲各位學者的"自述"。各篇前有編者的"按語",介紹學者的生平、簡歷與著述、獲獎等情况。各篇依次爲:湯炳正《我與楚辭》;林庚《我的楚辭研究》;褚斌傑《與楚辭研究同道談心》;郭維森《常研常新,永駐輝煌——我與楚辭結緣的經過與心得》;周勛初《楚辭研究的傳承與發展》;蕭兵《楚辭與人類文化——我的楚辭研究》;王雍剛《在中國文化巨星屈原的光輝照耀下》;黄中模《擊水楚辭長河中》;周建忠《二十年楚辭研究的回顧與反思》;龔維英《我與楚辭的因緣》;潘嘯龍《挑戰和超越——談談我的楚辭研究》;鄭文《飲水思源,深情寄語》;趙逵夫《回首碌碌四十年》;徐志嘯《我與楚辭研究》;殷光熹《不重虚名　但求務實》;王延海《弘揚屈原精神的教書先生》;吕培成《楚辭研究瑣談》;戴志鈞《執着的追求,艱難的跋涉》;蔡靖泉《不可解脱的屈原情結——我研究屈原與楚辭回顧》;冀凡《以史論世,舊學新構》;顔新宇《在楚辭研究與教學的途程中》;江立中《偶然與必然——我的楚辭研究》;董楚平《何日我再來》;黄靈庚《無悔的選擇》;陸天華《弟兄共同治楚騷》;湯漳平《從〈風賦〉研究到〈楚辭論析〉》;蔣南華《我與楚辭總有緣》;蘇雪林《我一生研究楚辭的成績》;陳怡良《千里結緣,治學獲益——我與楚辭的因緣》;史墨卿《楚辭研究三部曲——從修習、探索到教研》;傅錫壬《悲莫悲兮讀楚辭,樂莫樂兮更相知》;高秋鳳《我與楚辭結下終生之緣》;竹治貞夫《我的楚辭研究和見解》。2000年12月重慶出版社出版。

迄今,對是書作過評述的論文主要有子規《楚辭學人的心路歷程——讀〈楚辭研究成功之路〉》(《文史雜志》2001年第6期)。

九歌全新解譯

楚辭研究專著。今人錢玉趾著。錢玉趾(1937—　),江蘇金壇人。1958年畢業於華東第一工業學校(現南京信息技術學院前身),隨後分配到電子部七七三廠(成都)工作。1982年畢業於四川師範大學中文系(函授本科)。現爲四川省科學技術協會高級工程師,兼任中國語文現代化學會理事、四川省作家協會會員。著有《屈原楚辭全新解譯》、《探真古今詩文》等。

1955年在南京購得郭沫若《屈原賦今譯》,即與楚辭結緣。中年研究巴蜀歷史及古文字,旁及楚、越,爲《九歌》研究打下基礎;又,作者出生於水鄉澤國之地，童年屢見家鄉宗教、巫術、祭祀場景；並去過九嶷山、長沙、武漢、襄樊、漢江流域、長江等，加之個人際遇，解譯《九歌》時有靈犀相通之感。本書封面除作者、書名之外，尚有兩段文字："偉大的屈原，十億人崇敬！光輝的九歌，二千年解錯"，"郭沫若《九歌》譯注有較多錯誤，宋代朱熹注釋有錯，漢代王逸注釋有錯，《九歌》主要詩篇是愛情詩，少司命是年輕男神，湘夫人飽嘗失戀痛苦，痴情女苦覓山鬼男神，《禮魂》是祭祖樂歌"。首有《前言》。次《目録》。末附《插圖目録、插圖》。次《附録》(《〈橘頌〉今譯及簡析》、《〈思美人〉今譯及簡析》)。次《主要參考書目》。次錢氏《後記》。正文凡四部分：第一部分《〈九歌〉今譯》；第二部分《〈九歌〉注釋》；第三部分《〈九歌〉全新剖解》；第四部分《〈九歌〉精深論析》。

本書第四部分《〈九歌〉精深論析》，包括《湘君、湘夫人身份考》、《〈湘君〉、〈湘夫人〉、〈山鬼〉：古代愛情詩的佳絶之作》、《捐袂遺褋與捐玦遺佩新解》、《〈湘夫人〉"麋何食兮庭中"的寓意》、《〈大司命〉"老冉冉兮既極"新解》、《手持斬妖之劍，卻與妖孽爲伍——表層愛情詩深層政治詩〈少司命〉論析》、《山東石抱子俑與少司命没有關係》、《〈河伯〉"紫貝闕兮朱宫"辨證》、《論〈山鬼〉的人物關係及敘述者》、《〈九歌〉的山鬼與巫山神女没有關係新論》、《試析〈越人歌〉及其對〈楚辭・九歌〉的影響》、《評郭沫若的〈九歌〉譯注》、《屈原生年與大司命、少司命等的象徵意義》、《〈楚辭・九歌〉性質的新論析》、《〈九歌〉詩歌形式簡析》。錢氏認爲，《九歌》十一篇皆爲獨敘式，人物關係爲結對式，《東君》、《河伯》爲東君、河伯獨敘，其餘篇目爲各篇篇名人物的關係人敘述；《九歌》的主要詩篇如《湘君》、《湘夫人》、《山鬼》是愛情詩；雲中君是文昌宫六星的貴相星神，是男神；少司命是主管壽殀的男神，他遺棄戀人擁抱美女，手持斬妖之劍，卻與妖孽爲伍；山鬼是男神；《禮魂》是祭祀祖先的樂歌；雲中君、大司命可能分别象徵晚年及去世前後的楚威王，少司命、湘君、湘夫人可能分别象徵執政前期、中期及被扣於秦國的楚懷王，山鬼可能象徵頃襄王。2000年12月巴蜀書社出版。

迄今，對是書作過評述的論文主要有建平《〈九歌全新解譯〉出版》(《中華文化論壇》2001年第2期)、周建忠《2000年楚辭要籍題解》(《河北師範大學學報》2003年第5期)。

楚　辭

楚辭研究專著。今人熊竹沅著。熊竹沅，現爲貴州大學管理學院教授。

本書爲《歷代詩歌名篇誦讀叢書》之一。首有于民雄《序》,云:“詩歌是生命的律動。一首雋用的小詩,可以爲一代又一代的人們反復吟誦;一首恢宏的史詩,可以唤醒整個民族的歷史記憶”,“而吟詩,差不多是歷史上中國人文化身份的表徵”,“中國古典詩歌的話語系統與任何外在的、疏離的東西不同,它歷史地積澱爲我們民族的深層文化結構和審美心理,具有內在親和力。中國詩歌話語是我們的家,它召唤着——歸宿的人們”。次熊氏《前言》,簡介楚辭與屈原的基本情况,説明本書“依《楚辭章句》和《楚辭集注》的收目,選注了屈原十六篇作品”,即《離騷》、《九歌》(《東皇太一》、《雲中君》、《湘君》、《湘夫人》、《少司命》、《東君》、《山鬼》、《國殤》)、《天問》、《九章》(《涉江》、《哀郢》、《懷沙》、《惜往日》、《橘頌》)、《漁父》,也選注或節選了宋玉、景差、賈誼、淮南小山、東方朔、莊忌、王褒、劉向、王逸的作品,“注釋中,基本以王逸、朱熹的説法爲主,同時也採用近時注家的一些見解”。本書爲一般的普及讀本。2000年11月貴州人民出版社出版。

楚辭筆記

楚辭研究專著。今人張煒著。張煒(1956—),生於山東龍口,祖籍山東栖霞。1980年畢業於煙台師範學院。1980年開始發表小説、散文等著作。1988年起長期旅居膠東半島,收集研究民間文學資料,現爲專業作家。其作品先後獲國内外數十項各主要文學獎。著有長篇小説《古船》、《九月寓言》、《柏慧》、《家族》、《蘑菇七種》、《外省書》等;短篇小説《聲音》、《一潭清水》等;散文《融入野地》、《夜思》等;詩《皈依之路》等。

本書爲《經典叢話》叢書之一。首有《〈經典叢話〉出版緣起》。次張氏《前言》。次《目録》。《〈經典叢話〉出版緣起》指出,“如果要問我們這個時代的精神中最爲匱乏的是什麽?那麽答案之一就是對於文化經典的熱情”,“經典曾是一個至高無上而又激動人心的詞。它意味着一種文化的典範,構成一種文化的最爲基礎和最爲核心的部分,從而具有無可争議也毋庸置疑的價值示範作用”,“經典的尊嚴只有在它以文化示範的形式體現並融入當代的生活才會有實際而真實的意義,并且,它將建立在共通或共同人性的基礎之上而富於全人類性,經典的尊嚴是超越民族和國家界限的人類信仰”,而《經典叢話》第三輯《經典今讀系列》“則着眼於象徵中國文明‘軸心時代’的先秦經典文本的體驗與點評”。在《前言》中,張氏指出,“上學的時候,教科書上,多少次走近又走遠,只望着那個遥不可及的身影。當代人總是用自己的尺度去量取往昔,他們反復送達我的耳畔推進我的視野的,只是幾個相當簡單的音符和一片剪影。屈原的形象被凝固在善意的詮釋和平庸的轉述之中。幾片艾葉幾只龍舟,似乎成了全部的屈原”,然而“真正的屈原需要自已從未來的精神跋涉中去尋找,而這種尋找又必須是獨身之旅,目無旁顧。其實不僅是屈原,任何一個蒼茫深邃的靈魂,都處在這樣的認識的遠方”,“幾千年的光陰都在轉述一場激動,一份驚羡和一絲惶惑,還有深深的費解”,“迎視屈子的一雙美目,循着她的照徹,一寸一寸撫摸遍開鮮花的汨羅兩岸。我沉醉哀傷,體味着心底的悲憤與狂喜”。

正文選取屈原作品:《離騷》、《九歌》(《東皇太一》、《雲中君》、《湘君》、《湘夫人》、《大司命》、《少司命》、《東君》、《河伯》、《山鬼》、《國殤》、《禮魂》)、《天問》、《九章》(《惜誦》、《涉江》、《哀郢》、《抽思》、《懷沙》、《思美人》、《惜往日》、《橘頌》、《悲回風》)、《招魂》。各篇體例爲:“原文”、“注釋”、“點評”。其主要特點是在“點評”一體上,張氏與屈原對話的基點不是歷史與命運,而是美,其閱讀姿態是“迎視屈原的一雙美目”,將自己浸泡在瑰麗的想象和唯美的情趣之中。如點評《離騷》開頭“帝高陽之苗裔兮……字余曰靈均”一節,云:“從一個生命的源流開始寫起,預示着這會是一首很長的詩。詩人很重視淵源、血脈,這是古往今來所有具備極强使命感的人物的共同之處。”點評“紛吾既有此内美兮……來吾道夫先路”一節,云:“我們已經感到了一個人的身份與心靈的巨大反差,感到了强大的張力,偏執的嗜好”,“作爲楚國的一個政治人物,他的日常生活必會繁瑣枯燥,甚至是不可忍受的濁俗。而此刻他的想象和行爲卻像一個嬰兒那樣天真爛漫。他是自然的稚童,容易悲傷的‘美人’”。點評“忽奔走以前後兮……傷靈修之數化”一節,云:“權力和力量會散發出一種美,會讓人眩暈。力量是陽性的,而服從是陰性的。這種纏綿的美,其生發之源既來自客觀現實,又來自一種自我設定。這種設定對他的命運而言非常重要。這就埋下了不幸的種子。從審美的意義上看,它如此絶妙,不可替代,所以也就有了一曲千古絶唱。”點評“余既滋蘭之九畹兮……非余心之所急”一節,云:“‘美人’具有强大的磁性,簡直吸引了一切。那邊一聲輕輕召唤,這邊會引起長久的震動”,“更强大的人物總是被許多人所包圍,而包圍者總是渺小、低矮、萎縮,臉上難免有着污垢。這既是真實的,也是想象的;但想象卻比真實更爲真實”。點評“長太息以掩涕兮……競周容以爲度”一節,云:“世俗難以容忍一個唯美主義者。這種唯美的情結無論表現在現實中的哪個方面,都往往是脆弱的,易受攻擊的,不能够持久的。然而一個人性質既定,其它也就不能改變”,“與其説詩人内心剛强,還不如説他心存執拗。他因執拗而强大,因强大而生出不盡的怨訴。這種怨訴只有死亡才能讓其終止”。點評“忳鬱邑余侘傺兮……固前聖之所厚”一節，云：“他有着不可思議的清澈，强大的自戀，對肉體和心靈的雙重的惋惜；他連嘆息都散發着芬芳；他集一切美妙、孤傲、鍾情、艾怨之大成。”點評“女嬃之嬋媛兮……夫何煢獨而不予聽”一節，云：“她們寧可相信，楚王與他的別離是因爲忠言逆耳，或是小人間離所致；所以她們才發出了那樣的勸告和警醒。可是只有詩人自己知道，一切遠没有那樣簡單。在這兒，在詩人和‘美人’之間，一瞬間國體、綱紀、社稷，全都失去了分量。”點評“依前聖以節中兮……霑余襟之浪浪”一節，云：“這長長的例舉説明，實際上正是對那個‘美人’的詛咒和恐嚇。多麽可怕的結局，關乎國體、民族、帝國、君主的生死存亡。這就是詩人的咒語，聽來恐怖極了。但實際上詩人知道，這對於那個‘美人’仍是蒼白無力的。因爲這無論是對於詩人自己還是對方，遠不是警告的重點，更不是他們之間漫長曲折的故事的中心。由於重心偏離了，這時整個故事呈現出一種傾斜感。他無法平衡自己，無法平衡整個故事，更無法平衡這種情緒。所以他才會有這番鏗鏘的言辭——句句都是真理，然而句句都有點‘言不及義’。”點評“鳳皇翼其承旂兮……吾將從彭咸之所居”一節，云：“全詩的意象一再重複，理由也就那麽多”，“這就是愛，愛怎能不糾纏？意怎能不繁複？它在言説不可言説之物，本質内藏”，“王朝令人憎恨，王朝令人神往；王朝使浪漫主義者歸來，王朝使浪漫主義者離去”。全書點評基本上採用比較輕鬆、犀利的文筆，既是“我注六經”，又常常“六經注我”。

張氏在《小説家談詩》云：“我一直認爲詩是文學皇冠上的明珠。我對詩人懷有最大的敬意。屈原是我心目中最偉大的詩人。我前些年寫了一本《楚辭筆記》，那是因爲反復讀屈子，有了忍不住的感動”，“我總覺得《楚辭》的傳統是最偉大的，當代中國詩的希望在於回到《楚辭》，而不是回到唐詩。可惜，五十多年來，甚至更長的時間裏，我們的詩壇受唐詩的影響太大。唐詩的精美，它的完整性，作爲傳統範式就會極大地約束後來者。它會將生命感動的形式導向某種簡單化，如巧言趣話，格言哲思，智性小品，弄玄愛禪之類。感動的複雜與過程給一起濾掉了，完全與粗礪激越的現代生活脱節。比起《楚辭》無可遏止的生命感動、形式上的無拘無束，唐詩更像一種刻意製作，一個走向封閉的系統”（《揚子江詩刊》2002 年第 4 期）。

該書成爲一本學術暢銷書，由多家出版社出版。2000 年 7 月江西教育出版社出版，2002 年 3 月臺北時報文化出版公司出版，2006 年 1 月三聯書店出版，2008 年 8 月上海人民出版社出版。

楚辭異文辯證

楚辭研究專著。今人黄靈庚著。本書重點是校正和考釋《楚辭》正文十七卷的文字，爲學界提供一個比較真實可信的《楚辭》文本。首有饒宗頤《序》，讃揚黄氏"檢書至千餘種，遂超劉、聞諸氏，往往匡正姜書之失，尤爲騷學界所共推服，其用勤劬，業績昭著"，又以爲"異文處理，須有所抉擇與取舍，不徒炫博，明世類書援引，重床叠屋，苟非語涉肯要，何勞斠録"。次黄氏《自叙》，云："《楚辭》異文零句考索，肇自民初劉師培《楚辭考異》。厥後，聞一多氏、游國恩氏、劉永濟氏等皆有所補罅之什，其成就當以聞氏《楚辭校補》爲高，而規模似皆未及劉氏《考異》。姜亮夫氏《重訂屈原賦校注》廣征唐、宋以往典籍，并合唐、宋以前諸家各種《楚辭》版本所存異文，悉收録其書校輯中，故世稱《楚辭》異文至姜校而完備，當今學者多奉爲珪臬"，"今執劉氏《考異》所載異文零句與其原書各種版本逐條對勘，發覺遺漏、誤録夥頤；又執姜氏《重訂屈原賦校注》與劉氏《考異》對勘，竟意外發覺姜氏所列唐、宋以往諸籍異文，除《唐類函》數條外……悉同《考異》，且劉誤姜亦誤，可謂一字不差，前後達百餘處；又執其書與聞一多氏《楚辭校補》對勘，亦復如是"。於是介紹自己"鈎沉索玄，庶幾檢盡唐、宋以前典籍，都千餘種，其所得《楚辭》異文零句，較劉、姜二書，不啻十倍，凡二書之遺必以補之，二書之訛必以正之，非余所親檢而轉引於前賢者必注明之，示未敢掩人之美，乃爲《楚辭異文辯證》十七卷。罪我知我，蓋在此書也"。次《凡例》，先明版本、體例，云"正文以明汲古閣刊印宋洪興祖《楚辭補注》本爲底本，與敦煌舊鈔本隋僧智騫《楚辭音》殘卷、日本國藏唐寫本陸善經《文選集注》殘卷、上海涵芬樓藏宋本唐六臣注《文選》、宋尤袤淳熙本唐李善注《文選》、宋端平本、元景宋本朱熹《楚辭集注》、上海文瑞樓據南陵徐氏撫宋本石印宋錢杲之《離騷集傳》以及明清二世翻宋本等古本相校。凡《楚辭》正文有異文者必皆校之，其體例，始列正文，然後確立條目，先列洪、朱以往校文，而後列引唐宋以往諸籍注疏所引《楚辭》之異文零句，末後有'庚案'，則爲其所出斷語也"，"校語非唯限於文字之是非，凡關乎《楚辭》之宏旨多語及之"，"本著所征唐宋以往諸籍之異文零句，皆注明作者、書名、卷帙等"，"兩漢以後紹騷之作紛盛……本著廣征博引，稽鈎索隱，羅列排比，綜合考辯。自兩漢至六朝典籍，雖一詞例、句式亦未敢草率，庶幾無遺餘矣"，"本著對異文之辯析，或古今字，或正字，或訛字，或俗字，或異體字，多據《説文解字》、《五經文字》、《一切經音義》、《汗簡》、《古文四聲韻》等既成之説，不作無端之論”，“執戰國楚簡文字以校正《楚辭》傳世之本，誠能發古人所未及者，庶幾能局部恢復《楚辭》之真貌”。次《〈楚辭異文辯證〉參徵書目及簡稱》，凡二百餘種。次《目録》。末附黄氏《後記》，叙述本著爲其十餘年之心血之作，即使在重病垂危之際，仍然没有放棄本書撰作，非常令人感動。總之，本書是一個巨大的工程，既需要有相當的小學基礎和識斷能力，又需要耐得寂寞的執着毅力，還需要時間上的保證，黄氏終於奉獻出這部力作，爲學術界提供了一部比較完備與嚴謹的《楚辭》異文的專著。2000 年 9 月中州古籍出版社出版。

迄今，對是書作過評述的論文主要有周建忠《2000 年楚辭要籍題解》(《河北師範大學學報》2003 年第 5 期)。

楚辭與楚辭學

楚辭研究專著。今人周建忠著。本書爲《紫琅文庫·人文社會科學叢書》之一。首有《目録》。末附《附録》(一、《二十年楚辭研究回顧與反思》；二、《周建忠楚辭研究評述、引用情况》；三、《二十世紀中國楚辭著作總目》)。次周氏《後記》。在《後記》中，周氏首先從方法論的角度回憶，“毫無疑義，學術研究與學術史研究、本體研究與史學研究，從來就是結合在一起的。没有學術史的研究、研究史的研究，學術研究、本體研究也無法深入，也缺乏參照。可能因爲底子較薄，我對學術史的研究、研究史的研究，投入自然也多一些，似乎是隨着慣性，身不由己、不知不覺地對學術史研究産生了好感、産生了興趣。於是，‘背景’、‘副業’、‘陪襯’、‘輔助’性的東西，發展爲一項自己感到非常有意義、有價值的主業，并且與學術研究並駕齊驅，相互映照。這一結合的效益是起初没有料到的，居然在‘楚辭研究’與‘楚辭研究之研究’兩方面，各有弋獲，而且有一些意外的想法與見解，大大提升了自身的層次與水平。於是，這一習慣，這一方法，也就升華爲一種思路，一種理念：將學術史的研究作爲學術研究的對象，把這一研究當作學問、事業來做；致力於‘楚辭學’研究的目的，是爲了推進‘楚辭’研究，解决‘楚辭’研究中的困惑與疑難”；接着，對本書内容作了説明，“本書仍然是這一思想的體現與延續”。

正文凡上、下編。上編《楚辭概論》，三部分：第一，《氣往轢古　驚采絶艷——〈楚辭〉的形成、作者及特點》；第二，《逸響偉詞　卓絶一世——《楚辭》的内容與屈原的創作》；第三，《金相玉質　百世無匹——〈楚辭〉的價值與影響》。下編《楚辭學研究例舉》,四部分:第一,"綜合研究"(《〈楚辭〉研究的對象審視與歷史回顧——〈楚辭〉研究一百年》);第二,"專題研究"(《〈哀郢〉作意研究史略》、《〈離騷〉"求女"研究史略》);第三,"著作研究"(《精於聲訓 他山攻玉——何劍熏〈楚辭新詁〉平議》、《〈天問〉要籍解題》);第四,"學者研究"(《論潘嘯龍楚辭研究的成就與特色》)。"上編《楚辭概論》,是用史學眼光對本體、本體研究作詮釋與描述。下編《楚辭學研究例舉》,是以本體研究爲基礎,對本體研究作總結、梳理、評判、抽象。下編是上編的深化與拓展","上編用簡潔的語言,對'屈原與楚辭'作了描述,既盡量反映學術界的最新成果,亦將自己對楚辭與楚辭學的思想、觀點、見解融入其中。凡引用、介紹各家之説,則注明學者、出處;凡介紹自己的學術論點,則不注出,因爲有著作、論文爲基礎","下編試圖通過'例舉'的方式,説明學術史研究不是架空的宏觀研究,不是現有研究成果的羅列與剪裁。同樣必須從基礎工作做起。我以爲著作研究、專題研究、學者研究都是基礎研究,如果學術史没有這些作基礎,宏觀研究就没有着落。所以,我仍然堅持:在許多重大問題與特殊現象弄清之前,在著作研究、專題研究、學者研究等工作尚未做好之前,'楚辭學史'的宏觀描述和著述,應該少做或者不做"。周氏將"楚辭研究"與"楚辭研究之研究"的"同步進行法",理解爲:是一種認識、一種體悟,也是一種嘗試、一種慣性。2000年6月吉林人民出版社出版。

迄今,對是書作過評述的論文主要有姚聖良《〈楚辭與楚辭學〉研究的新成就》(《曲靖師範學院學報》2002年第2期)。

莊騷傳播接受史綜論

楚辭研究專著。今人尚永亮著。尚永亮(1956—),河南長垣人。1975年參加工作。1982年初,畢業於陝西師範大學中文系,先後獲得學士、碩士、博士學位。曾任武漢大學文學院院長,現任武漢大學文學院教授、博士生導師,兼任《長江學術》主編、教育部高等學校中文指導委員會副主任。多年從事中國古代文學的研究工作,以實證方法爲主,間以比較學、心理學、計量學等方法,力圖從主題學和傳播接受學的角度,對中國傳統文學進行新的審視,並希望在文獻學、文藝學、文化學、人本學諸方面及其結合部有所突破。著有《生命在西風中騷動——中國古代文人與自然之秋的雙向考察》、《元和五大詩人與貶謫文學考論》、《唐代文人的精神風貌》(合著)、《唐代文人的仕宦生涯》、《唐代詩歌的多元觀照》、《唐代詩學》(合著)、《柳宗元詩文選評》、《貶謫文化與貶謫文學——以中唐元和五大詩人之貶爲中心》、《文學傳播與接受論叢》(合著)、《唐詩藝術講演録》等。

尚氏涉及楚辭研究方面的成果有《楚辭評論資料選》(合著)、《莊騷傳播接受史綜論》。在《文學評論》、《文學遺産》、《文史哲》、《社會科學戰綫》等刊物發表學術論文百餘篇,其中涉及楚辭的論文主要有《論〈哀郢〉的創作和屈原的放逐年代》(《陝西師大學報》1980 年第 4 期,獲 1981 年陝西省社科論文優秀獎)、《劉勰對屈原及其辭賦的態度》(《陝西師大學報》1982 年第 1 期)、《評徐遲〈九歌——古代社會各階級的畫廊〉》(《長江文藝》1983 年第 1 期,中國人民大學報刊複印資料《中國古代近代文學研究》1983 年第 3 期轉載)、《屈原生年榷論》(合撰,《吉林師院學報》1988 年第 3—4 期)、《屈原人格與屈賦風格》(《研究生文選》第 1 輯,陝西師大出版社 1985 年版)、《論白居易對屈原陶潜的取舍態度及其意識傾向》(《中州學刊》1993 年第 2 期)、《忠姦之争與感士不遇——論屈原賈誼的意識傾向及其在貶謫文化史上的模式意義》(《社會科學戰綫》1997 年第 4 期)、《司馬遷對莊屈之接受及〈史記〉二傳的文獻價值》(《文學前沿》第 3 期,首都師範大學出版社 2000 年版)、《東漢對〈楚辭〉的解讀和關於屈原的論争》(《天府新論》2000 年第 3 期)、《人生困境中的執著與超越——對屈、賈、陶的接受態度看中唐貶謫詩人心態》(《社會科學戰綫》2001 年第 4 期)、《從對屈賈陶的接受態度看中唐貶謫詩人心態》(《唐代文學研究》第 9 輯,廣西師範大學出版社 2002 年版)、《〈楚辭〉在西漢的傳播地域與接受群體》(《中國詩歌研究》第 3 輯,中華書局 2005 年版)。

尚氏認爲:在中國傳統學科中,文學除具有與史學、哲學等其他學科共通的一些特點外,還有其自身的獨特性;必須關注這些獨特性,才能使研究走向深入,才能對研究對象進行多角度、多層面的索解。就中國古典文學研究的構成而言,尚氏以爲大致可分五個層面:一、文獻學層面的研究(諸如文獻的輯佚、整理、考證、辨僞,作家行跡、作品繫年等基本史實的考察、爬梳,辭書、書録、年譜等工具書的編纂);二、文藝學層面的研究(包括文體學、文章學、文論學等);三、文化學層面的研究(即將文學與歷史、哲學、宗教、社會、政治、教育、民俗、地域乃至音樂、繪畫等文化領域關聯起來,借他山之石以攻玉);四、人本學層面的研究(研究人的生存狀態、心理流程、自由人格、理想追求、人生意義、終極關懷和歸宿等);五、哲學層面的研究(高屋建瓴的哲學觀照)。在上述五個層面上,文獻學層面重在基礎知識的堅實,文藝學層面重在感悟力的敏鋭,文化學層面重在多學科的交融,人本學層面重在人文精神的貫穿,哲學層面重在深層内藴的發掘。它們既各具相對的獨立性,又有着不可分割的關聯性。

本書被收入文化藝術出版社《20 世紀藝術文庫・史述編》。首有《目録》。末附《附録》。次尚氏《後記》。《附録》收入五篇論文，其中第二篇《〈九歌〉研究之誤區》，是對作家徐遲《九歌——古代社會各階級的畫廊》（《長江文藝》1982年第6期）的批評，認爲徐氏"先入爲主，以論代史，採用實用主義的手法，硬要給古代作品貼上階級分析的標籤"，在研究方法上形成了三方面的謬誤："不明本事，强作解人"（主要批評徐遲對《東皇太一》的誤讀）、"歪曲文意，自我作古"（主要批評徐遲對《雲中君》的誤讀）、"主觀臆測，牽强附會"（主要批評徐遲對《山鬼》的誤讀），反駁有力，評判到位。在《後記》中，尚氏則引用龔自珍詩句"《莊》《騷》兩靈鬼，盤踞肝腸深"，説明自己對《莊子》、《楚辭》的喜愛，"雖内藴不同，均於我心有戚戚焉"。正文凡三篇，十四章。上篇《莊子論》，共四章，即《看透人生的智者——莊子》、《矛盾的莊子和莊子的悖論》、《〈莊子〉浪漫文學探微》、《〈莊子〉與後世浪漫文學之發展》。中篇《屈原論》，共四章，即《屈原生年榷論》、《〈哀郢〉的創作和屈原的放逐年代》、《屈賦風格與屈原人格》、《屈原、賈誼的意識傾向和模式意義》。下篇《莊騷傳播接受論》，凡六章，其中兩章論莊子的傳播接受，即《〈莊子〉在秦漢之世的傳播和接受》、《魏晉名士與〈莊子〉解讀》；四章論《楚辭》的傳播接受，即《〈楚辭〉在西漢的傳播地域和接受群體》、《東漢之世對〈楚辭〉的解讀和關於屈原的論争》、《劉勰對屈原的態度及今人對〈辨騷〉篇的誤讀》、《中唐詩人對屈原的接受和超越》。

尚氏提出：攝提一名歲星的説法在屈原時代並不習用；作爲"直斗杓所指以建時節"的攝提乃是大角左右的六顆恒星，它與作爲歲名的攝提格並不等同；"攝提貞於孟陬"二句乃指屈原生於攝提星指向孟春正月時的一個庚寅日，屈原只講了他出生的月日，卻没有給我們留下具體的生年；《哀郢》篇是就公元前278年白起破郢、頃襄遷陳這一事件而作，創作時間是當年的仲春二月；屈原人格和屈賦風格的主要特點，是沉鬱纏綿之情、勁直峻偉之志、清奇高遠之氣和與之相關的風格境界，它們緊密結合，構成了一個不可分割的統一體；屈原與賈誼是忠姦之争與感士不遇兩大主題、執著意識與超越意識的早期代表人物，屈原的質地更近政治家，頑强執著九死不悔，賈誼的心性更近文人，多愁善感，心性脆弱。尚氏對屈原、賈誼的分析細膩準確，很有意味：社會政治和由此派生的政治理想已成爲屈原生命中不可或缺的組成部分，他的信念，他的追求，他的意志，他的生命，都在這一層面上凝爲一體，被賦予了全新的意義；屈原跳出了狹隘的小我的牢籠，而將其全副精力貫注於一個更爲遠大宏闊的目標時，他便具有了一種宗教般的熱情和自覺的使命感，便增添了擔承整個民族和人類重負荷的巨大能量，他的精神、意志也由此獲得了提升和强化；而賈誼將人生關懷的主要目標由社會政治轉向了自我生命，將外向的社會批判轉向了内向的悲情聚斂，將忠姦鬥争的悲壯主題轉向了一己的、文人普遍具有的懷才不遇；又，尚氏對西漢的《楚辭》傳播接受史的研究與發掘，也很有見地，他認爲：屈原賦在漢初的傳播與劉邦推行的移民政策有關，漢初曾將昭、屈、景三姓徙往長安西部的長陵，以屈原賦爲代表的楚辭極有可能就是昭、屈、景三姓在遷徙時携帶入秦的；而賈誼就是來到長安以後的博士時期，讀到屈原作品的；至於楚古都壽春周邊地區的楚文化遺存及文學集團的形成是《楚辭》傳播並被接受的重要因素，而賈誼、劉安、司馬遷、揚雄、劉向作爲著名的文化大家，他們對屈原及其賦作的紹介、評價、解讀和編纂，乃是《楚辭》之傳播、接受得以步步深入的關鍵所在。2000年10月文化藝術出版社出版。

楚辭美論

楚辭研究專著。今人顔翔林著。顔翔林（1960—　），江蘇淮安人。1981年畢業於淮陰師範學院中文系，後至洪澤湖畔鄉村中學教學。業餘時間潛心於學術研究，間或有論文發表。1990年考取湖南師範大學中文系，攻讀文藝學碩士學位。1993年至南京師範大學中文系執教。1996年考取古典文學博士生，1999年畢業獲得博士學位，隨後進復旦大學哲學系博士後流動站從事研究工作。2001年秋季至湖南師範大學文學院執教。現爲湖州師範學院人文學院院長、教授、文藝學省級重點建設學科帶頭人、博士生導師。在《文學評論》、《文藝研究》、《文學遺産》、《文藝理論研究》、《學術月刊》等重要學術期刊發表八十餘篇論文，中國人民大學《報刊複印資料》全文複印二十三篇。著有《生存與毁滅》、《死亡美學》、《歷史與美學的對話》、《宋代詞話的美學研究》、《懷疑論美學》等。

本書是一部系統地從美學視角研究楚辭的學術專著，以文獻考據和理論研究相結合的方法，揭示楚辭的思想意藴和審美價值，使美學研究密切結合於經典文本的研究，在美學界和楚辭學界均有良好的影響。首有鍾振振《水調歌頭(代序)》，云："濡筆瘦洪澤，磨墨淺瀟湘。澄江一練娟静，裁作紙千張。寫出三閭孤獨，寫出九歌芬馥。沉醉總痴狂。美到死生際，日月與争光。"次《目録》。末附顔氏《作者附記》。次顔氏《作者補記》。顔氏在《作者附記》中抒發了對水文化的感悟，憑藉對"水"的敬畏和迷戀，崇拜自沉汨羅的屈原，景仰臨秋水而與游魚對話的莊子，也眷戀曾給作者人生慰藉的江淮大地和嶽麓湘水，"水，乃是富有靈性的審美神話和智慧的哲學寓言，它是生命存在的至情至義之象徵。一切之一切，都不過是水的幻象或果實"。

正文凡上、下兩編。上編《詩人研究》，分爲《孤獨的行吟者》、《香草美人——戀美情結》、《痴狂的人生境界》、《生與死的對話》四章，密切聯繫屈原的歷史軌跡，將其精神結構劃分孤獨情結、戀美情結、痴狂情結和死亡情結；而這四種情結構成了一系列的邏輯運動，對於屈原整個人生的政治理想、倫理觀念、審美趣味、藝術創作都起到了深刻的影響。下編《文本研究》，分爲《生命與美交織的神話空間——〈離騷〉研究》、《詩與思　語言與神話——〈天問〉研究》、《巫術與宗教　音樂與舞蹈——〈九歌〉研究》、《夢幻的痴情生命的悲劇意識——〈九章〉研究》、《悲劇命運和詩意人生》五章，依據屈原的歷史文化語境和創作主體的精神結構，對楚辭的主要文本進行深入的美學探索，側重於從哲學、美學、文化學、心理學等學科的交叉點上闡釋楚辭的藝術價值，從而提出不少新穎之見。2001 年 4 月學林出版社出版。

楚文化流變史

楚辭研究專著。今人蔡靖泉著。本書首有《圖片插頁》數十幅。次張正明《弁言》。次《引論》。次《目録》。末附《餘論》。次蔡氏《後記》。本書在研究視野方面有所開拓：以往學術界楚文化研究的目光所及，集中在西周之初到戰國末年，亦即楚國從建立到滅亡的八九百年間；而本書以時間爲順序，系統地考察與闡釋了秦漢、魏晉南北朝、隋唐、宋元、明清、近現代歷代楚文化的流變過程，描述了自秦崛起及滅楚以後，秦文化、漢文化、魏晉南北朝文化、隋唐文化、宋元文化、明代至清中葉文化、近現代文化與楚文化的淵源流變關係。在《弁言》中，張正明云："對楚文化的研究，到現在爲止，大致以楚國所占的時域和空域爲限。也有向前延伸，以探其源的，乃至用過'先楚文化'這樣的術語。至於向後延伸，以尋其流的，用一個姑妄言之的術語，即考察'後楚文化'的，雖也嘗試過，但到西漢早期便嘎然而止。似乎一過馬王堆大墓的年代，楚文化便如哀弦絶響了。在《楚文化史》中，我接着'滯緩期'而講的'轉化期'，也止於漢代，而且只提出了幾條綫索和某些跡象，如此而已。"從内容上説，本書可以作爲張氏《楚文化史》的續編，是填補"後楚文化"全景研究的空白之作。楚文化是長江流域或南方文化的代表，是楚人經長期奮鬥艱辛創造的，在物質文化、精神文化、政治文化和民俗文化等諸多方面，都達到了當時的最高水平，尤其是在道家哲學、莊騷文學、美術樂舞方面，更具特色。蔡氏就是抓住這一要領，時而宏觀地，時而微觀地考察其源流嬗變的具體過程，"廣搜細檢，類如披沙簡金"（張正明評語），做了大量的工作，取得了突出的成績。如道家的“無爲而無不爲”的政治思想，不僅成爲西漢初年結束長期戰亂動盪，開創統一的多民族封建國家繁榮局面的指導思想，而且也成爲後來有的統治者手裏的犀利武器。道家的形而上的思辨方式，不僅直接影響着中國哲學發展的脈絡，而且爲儒、佛、道的變革融彙與發展，提供了豐富的思想養料。中國的藝術創作，始終是以老莊的美學理論爲依據的，强調自然美、樸實美；中國的文學創作，則高揚莊騷浪漫主義精神，長盛不衰。蔡氏還分析毛澤東的思想形成淵源，通過湖湘文化的中介，而與楚文化接上了頭緒：毛澤東“小小寰球”的宇宙意識，探尋“大本大源”的求索精神，富於辯證法的哲學思維，開放包容的文化態度，高揚主體的人格力量，愛國愛民的强烈感情，勇於進取的鬥争意志乃至葱蘢勃鬱的豐富想象，逾矩破格的無羈個性等等，“都體現和光大了楚文化代表人物老子、莊子、屈原其人其作所反映的具有積極性的特徵”。

該書在一些具體問題的探索上，也頗有新見。在政治文化方面，以往研究多論證“漢承秦制”。蔡氏則指出，“劉邦興漢朝，所草創的一些重要制度，看起來好像是如古今許多史家説的那樣‘承秦之制’，實際上並不盡然，而是有着對楚制的繼承和因楚制的嬗變”。表面上的“漢承秦制”，其實是“漢承楚制”。在宗教文化方面，道教的起源，過去一般認爲“淵源於古代的巫術”；蔡氏則進一步探析，認爲是楚地的“巫風”孕育了道教，“道教是多神教，其多神信仰就主要源於楚人的泛神崇拜觀念”，道教龐大的神仙系統建構，“主要仿傚楚人的‘太一’統領諸神系統的結構方式”，道教的法事活動和道術職能，“多取法楚地楚人的巫事巫術”。在學術文化方面，蔡氏認爲唐代學術的代表人物都不同程度地繼承了楚文化精神。劉知幾《史通》之成因，與屈原“發憤以抒情”而賦詩、司馬遷“發憤之所爲”作《史記》一脈相承。韓愈的詩文創作，頗得“莊騷”文情而襲“莊騷”之風，《原道》的論證思路和方式，也多得楚文化之精髓。至於柳宗元、劉禹錫，他們所要“復興”的儒學，“實際上是以道家天道觀爲根基、以儒家人道觀爲枝葉的道家化儒學，或許可以説是道家黄老之學的發展和流變”。在器物文化方面，關於指南針的發明，蔡氏强調“楚人或道家最爲重視對物質磁性的研究和利用，對當時人們認識到磁體的指極性并發明出指南針的雛形——司南起到了促進作用”。蔡氏以主要篇幅叙述了楚文化在中華文化中的流變融會後，又以“餘論”的形式，闡述了楚文化早已傳播到世界許多國家和地區的情形，並深情而又鄭重地指出，“楚文化在世界上的廣泛傳播和深遠影響，使得楚文化的諸方面早已形成或正在形成世界性的專門學問或研究熱點”。

在《引論》中，蔡氏又指出，“楚文化是周代發祥並興盛於今日湖北、進而覆蓋於東周南土半天下和傳播於先秦海内外的區域文化”。楚文化不僅是一種區域文化,而且是一種有明顯時代限定的區域文化。就此而論,楚文化的本體最起碼在秦漢以後就不復存在,因而也就不再有所謂的"流變"問題。2001年10月湖北人民出版社出版。

迄今,對是書作過評述的論文主要有毛慶《尋源辨流,篳路藍縷——〈楚文化流變史〉淺評》(《華中師範大學學報》2003年第4期)、何曉明《楚文化研究的新拓展——〈楚文化流變史〉讀後》(《中南民族大學學報》2003年第6期)、方銘《重視文化發展中的地域特性——兼評蔡靖泉教授〈楚文化流變史〉》(《中國文化研究》2003年冬之卷)、魏昌《楚文化流變研究的拓荒之作——讀蔡靖泉先生〈楚文化流變史〉》(《長江大學學報》2005年第1期)。

屈原賦論箋

楚辭研究專著。今人張登勤著。張登勤(1949—),江蘇邳州人。1977年考入徐州師範大學中文系,得到邱鳴臯、朱宏恢先生的指導。現爲徐州市廣播電視大學副教授。2001年被教育部表彰爲"全國優秀教師"。著有《毛筆鋼筆書法教程》、《中國通寶幣制史稿》(合著)等。

本書首有《目録》。次王占威《序》,稱贊本書爲"明達、釋疑、補缺而應世的楚辭佳作"。次爲其大學同窗張宏生《序》,介紹張氏研治楚辭,源於大學時代;介紹本書全面、細緻,立論大膽而出言謹慎。次《凡例》。末附《結束語》。次《主要參考與引用書目》。次張氏《後記》。在《後記》中,張氏介紹自己讀《楚辭》自1962年讀初二時,而真正研習楚辭,則是1977年恢復高考進入徐州師範大學中文系,其中《〈離騷〉主旨説》發表於《徐州師院學報》1981年第4期,《屈原賦修辭與屈原精神》畢業論文,1982年曾携文稿到北京大學向金開誠請教。

正文凡上、下兩編。上編《屈原賦精箋》,收入學術界普遍認同的屈原作品:《離騷》、《九歌》(篇次爲《東皇太一》、《東君》、《雲中君》、《大司命》、《少司命》、《河伯》、《湘君》、《湘夫人》、《山鬼》、《國殤》、《禮魂》)、《天問》、《九章》(篇次爲《桔頌》、《惜誦》、《抽思》、《思美人》、《哀郢》、《涉江》、《悲回風》、《懷沙》、《惜往日》)、《招魂》。"箋注"包括解釋詞語,辨析詞性,注明原作及行文中的冷僻字、異讀字的現代讀音,説明語法和修辭現象,分解、組合原文層次段落,分章或節、韻、句歸納思想内容,注出聯緜字、通假字、古今字及因版本不同而出現的不同的字、詞、句等。如注釋個別詞語仍不能明瞭的語句,則在行文中空兩格以"上言"、"上幾韻言"、"韻言"、"句言"等字樣表示大意,或以“按”字提示辨析，闡明觀點。其不足在於引文一般不注明研究家和出處，不利於讀者核實或進一步探究。下編《屈原賦論辯》，凡八章：第一章《屈原簡論》，第二章《〈離騷〉主旨説》，第三章《〈九歌〉論辯》（認爲屈原創作，分論名稱、篇章、主旨、藝術），第四章《論〈天問〉錯簡與叙事流歸》，第五章《〈九章〉論辯》（分論思想、順序），第六章《〈招魂〉論辯》，第七、第八章《屈賦修辭與屈原精神》。就全書而言，其價值主要在箋注普及方面，是一個主要的選本或讀本。至於觀點，儘管張氏努力論辯，但由於本書成書較早（大學時代），所以論述的深度不够，而且時代的痕跡過於明顯。2005 年 1 月内蒙古教育出版社出版。

楚辭與中國古代韻文

楚辭研究專著。今人郭建勛著。本書首有《目録》。次《緒論》。末附《本書主要參考文獻》。次郭氏《後記》。本書《緒論》，指出楚辭之所以成爲對後世韻文影響最大的一種文學樣式，“最主要的原因在於它具有抒情文學的典範性、句式的獨特性與靈活性、表現手法的豐富性”。在《後記》中，郭氏指出本書“主要是從文體形式的角度，盡可能全面地論述了‘楚辭’對賦、七言詩、樂府詩、詞、哀弔文等韻文的深刻影響，並揭示了‘楚辭’體式在我國古代文體發生學和演變史上的重要意義”。

正文凡五章。第一章，《楚辭與賦》，探討“辭”與“賦”的複雜關係，認爲“從漢初賈誼開始，辭賦一體的觀念在漢代幾乎爲所有的文人所認同，到王逸《楚辭章句》出現，辭賦異體的觀念才逐漸被人們認識”，並指出“所謂騷體賦，是指採用楚辭的體式而又以賦稱名的作品，它是直接在戰國楚辭的母體中脱胎而成的”。第二章，《楚辭與文體賦》，“探討楚辭與文體賦在形式體制、表現内容與手法、審美風格等方面的區别”，“闡述楚辭在形制和藝術手法上對文體賦的深刻影響”，指出“楚辭句式特别是《九歌》句式直接融進作品，或者以‘歌’、‘亂’的形式進入賦作。使文體賦在詩化的道路上邁進了一大步”。第三章，《楚辭與七言詩》，指出“如果説楚騷體‘兮’字句與七言詩句在形式上的同構性，使它具備了孕育七言詩的内在基因，那麽後人對‘兮’字有意無意的省略或實義化，便是促使這種轉化發生的外在動力”。第四章，《楚聲、楚辭與樂府詩》，探討楚聲、楚辭與樂府詩的産生、構成、形制及藝術風格之間的關係，指出楚辭的音樂特性“使它具有了孕育、派生漢代樂府的重要條件”，闡述早期的漢樂府詩是“在楚聲、楚辭這片沃土上孳生的”，並認爲楚騷哀怨風格“直接導致了漢魏樂府‘以悲爲美’音樂特色的形成”，“三言和七言是歷代樂府詩使用十分頻繁的兩種相當重要的句式……而這兩種句式，便是從楚歌演變過來的”。第五章，《楚辭與詞、哀弔類韻文及其他》，探討楚辭與詞、哀弔類韻文、駢文之間的關係，指出楚辭在句式、意象和形制、題材内容和表現手法、詞論等方面對詞産生深刻影響，楚辭對哀弔類韻文的影響不僅在於“楚騷參差錯落的句式、一唱三嘆的咏嘆色彩”而且在於“楚騷豐富厚重的文化内涵和屈原不幸的身世遭際”，“楚辭不但給後起的賦體和駢文提供了駢偶化的基因與範本，而且還給它們提供了一種具體的駢對組構資源，那就是六言句”。本書内容豐富，形式新穎，觀點明確，集知識性、理論性和可讀性爲一體，在研究楚辭影響史方面頗有深度和可資借鑒。2001年4月湖南師範大學出版社出版。

楚辭菁華

楚辭研究專著。今人蔣錫康、陳英著。本書爲“古籍菁華叢書”之一。首有《編者的話》，説明“本書作者編注時所依據的主本是宋洪興祖的《楚辭補注》、朱熹的《楚辭集注》”。次《目録》。次《史記・屈原列傳》（節録）。次《我國第一個偉大詩人——屈原》。正文包括：《離騷》（節録），《天問》（節録），《九歌》（東皇太一、雲中君、湘君、湘夫人、大司命、少司命、東君、河伯、山伯、國殤、禮魂），《九章》（惜誦[簡介]、涉江、抽思[簡介]、哀郢、懷沙、思美人[簡介]、惜往日、橘頌、悲回風[簡介]），《招魂》（節録），《卜居》，《漁父》，《九辯》（節録）。

在正文部分，作者以自己的眼光全録或節録了楚辭二十五篇的菁華，並分别予以注釋和評析。爲了讓讀者對全文有較完整的理解，在删節處作者又加上了内容提要或例釋簡介。各篇選文的前面都有提示，段、篇的後面有簡要的小結或説明。對於學術界有不同見解的，除個别有必要列舉外，一般只取一説。作者認爲《招魂》是屈原的作品，而《卜居》、《漁父》則不是屈原所作，並引用郭沫若和游國恩的觀點來斷定後兩篇屬於先秦作品。該書的部分作品後面附録了一些參考材料，以便加深讀者理解，開闊讀者眼界。如在《離騷》篇的附録中，作者並舉了司馬遷《屈原賈生列傳》、班固《離騷序》、王逸《離騷經序》和魯迅《漢文學史綱要》等四種以不同標準評述屈原的觀點；在《漁父》篇的附録中，作者並舉郭沫若《屈原賦今譯》和馬茂元《楚辭選》兩書對“江潭”的不同理解，並由此引發《漁父》的不同寫作背景的争議，即是流放漢北還是流放江南。此書爲一般的普及讀本。1987 年 4 月上海教育出版社出版。2001 年 5 月上海教育出版社出版。

楚　　辭

楚辭研究專著。今人趙機著。本書首有《前言》。正文收録的篇次爲：《離騷》、《九歌》、《天問》、《九章》、《遠遊》、《卜居》、《漁父》、《九辯》、《招魂》、《大招》、《惜誓》、《招隱士》、《七諫》、《哀時命》、《九懷》、《九歎》、《九思》。

本書屬於普通的楚辭注譯的著作，但有幾個特點：一是各篇作品前面均有解題，對其創作時地、題旨内容及藝術特色進行簡評；二是原文和譯文採取左右對照編排，其下方附有注釋，對於篇幅較長的還加以分段、分章，翻譯力求字數劃一、句式整齊，注釋簡潔淺白；三是不時穿插與内容相關的圖畫，以增强閱讀趣味。此書新見不足，基本繼承舊説，但有些觀點還值得一提：《卜居》、《漁父》皆屬"楚人追記屈原事跡之作"；《大招》的作者以"景差之徒"較爲可信；《惜誓》有襲用賈誼《弔屈原賦》之諺，"當爲賈誼以後楚辭家的作品"；《招隱士》中的淮南小山"不一定是作者的名號，可能是文藝作品的體制的名稱，或文學團體的稱號"；《哀時命》並非王逸所説的"哀屈原"之作，實爲作者自抒其懷。2001 年 6 月宗教文化出版社出版。

楚　　辭

楚辭研究專著。今人劉慶華著。劉慶華(1965—　)，湖南岳陽人。現爲廣州大學中文系副教授。本書爲"中國古典名著譯注叢書"之一。首有《前言》。次《目録》。在《前言》中，劉氏指出，楚辭"是以屈原爲代表的南方作家在南方民歌的基礎上創作而成的新詩體"，"與中原文學的代表作《詩經》一起構成了中國詩歌史上的兩大源頭"。劉氏爲了選編"一部完整的楚辭讀本"，故"只收録先秦時期南方楚國的詩歌這一特定概念的作品"，删除了劉向、王逸等人選注時添加的漢人作品。

正文選讀作品依次爲《離騷》、《九歌》、《九章》、《天問》、《遠遊》、《卜居》、《漁父》、《九辯》、《招魂》、《大招》。需要指出的是，由於排版的疏忽，在本書第 2 版的"目録"中把《天問》歸入到《九歌》的篇目下。本書屬於一般的注譯本，除了篇首有簡要説明外，不對作品本身進行評析和研究。譯注的順序依次爲原詩、注釋、譯詩，譯注多借鑒王逸、洪興祖、朱熹、聞一多、姜亮夫、董楚平等古今學者的成果。2001 年 5 月廣州出版社出版，2004 年 5 月重印第 2 版。

宋玉集

楚辭研究專著。今人吴廣平著。本書爲岳麓書社的"集部經典叢刊"之一。首有《前言》。末附《宋玉及其作品的評論資料》。次《參考、引用文獻舉要》。次吴氏《後記》。《前言》，較爲全面地論述了宋玉的生平、宋玉作品的真僞、作品的藝術成就、宋玉在文學史上的地位和影響、宋玉研究概況，並對本書的體例作了簡要説明。

正文凡三部分：一、宋玉作品，包括《九辯》、《招魂》、《風賦》、《高唐賦》、《神女賦》、《登徒子好色賦》、《對楚王問》、《笛賦》、《大言賦》、《小言賦》、《諷賦》、《釣賦》、《御賦》等十三篇；二、僞作或屬尚有争議的作品，包括《舞賦》、《微咏賦》、《高唐對》、《郢中對賦》等四篇，另附《宋玉集序》；三、宋玉研究的學者論文，包括游國恩《〈楚辭・九辯〉的作者問題》、胡念貽《〈招魂〉係宋玉爲招楚頃襄王生魂而作》、潘嘯龍《〈招魂〉研究商榷》、胡念貽《宋玉作品的真僞問題》、湯漳平《宋玉作品真僞辨》、朱碧蓮《宋玉辭賦真僞辨》、高秋鳳《宋玉作品真僞考》、譚家健《〈唐勒賦〉殘篇考釋及其他》、李學勤《〈唐勒賦〉、〈小言賦〉和〈易傳〉》、朱碧蓮《唐勒殘簡作者考》、鄭良樹《論〈宋玉集〉》、稻畑耕一郎《〈宋玉集〉佚存鈎沉》、聞一多《高唐神女傳説之分析》、游國恩《宋玉〈大、小言賦〉》等十四篇。各篇解析包括題解、分段分句注釋、全篇譯文等三個部分。這是當今一本宋玉作品收集最全、注譯頗見功力的著作。2001 年 8 月岳麓書社出版。

迄今，對是書作過評述的論文主要有陳靖武《一部具有鮮明時代特色的古籍整理著作——評吴廣平先生校注的〈宋玉集〉》(《船山學刊》2002 年第4 期)。

楚辭新讀

楚辭研究專著。今人杜月村著。杜月村(1919—)，四川合川人。

1946年畢業於復旦大學中文系。1986年晉升爲中文系教授。著有《詩經導讀》等。

杜氏在本書《導言》中評析楚辭淵源,云:"從宏觀分析,它是中國南北傳統文化複合的産物;從微觀考察,它又有其詩歌自身主客觀多元因素及其發展變化的軌跡。"正文選讀作品依次爲《離騷》、《九歌》、《九章》、《天問》、《招魂》、《卜居》、《漁父》、《九辯》、《弔屈原》、《招隱士》。正文每篇之前,都有介紹其主題思想、時代背景及其語言風格的題解,並對篇中的段落大意作了相應的分析。在注釋方面,先注音釋義,再用"二言句"、"四言句"等方式進行串講。對於學術上有争議的問題,杜氏不予回避,在列舉諸説後斷以己見。如解讀《離騷》中"求女",杜氏列舉王逸、朱熹、戴震、梅曾亮、游國恩等人的觀點後,認爲"求女"似不必實指求賢臣、賢君或通君側之人,當指求理想中人物,並引用賀寬的觀點,指出"用象徵手法,再三設言求女,以暗示對鄭袖的諷刺";在解讀《離騷》中"遠逝西方",杜氏列舉了報秦説(林雲銘、屈復)、投秦説(李光地)、歸隱説(汪瑗)、向往樂園説(蕭兵)、崑崙神話説(馬茂元)和尋根説(姜亮夫),然後指出"屈原政治旅途一生坎坷,有强烈國家民族的憂患意識,何至於把流沙當做息肩弛擔、避世隱遁的地方,更何至於向往於西極西王母的樂園,倒是窮極則返本,在苦悶中呼天呼父母而告,或哭祖墳,或告家廟,是民俗中常有的事。屈原苦悶的靈魂,起自高陽,浮游四極,探索尋根,而後又回到高陽"。又如在解讀《招魂》,杜氏認爲它是屈原招懷王之魂,並指出"屈原最傑出的大作,除《離騷》外,就要數《招魂》了"。當然,本書也有些設想稍過之處,如在解讀《懷沙》時,杜氏認爲"如屈原真是'迫逐赴水'而死,那説不定就是楚國'黨人'派特務跟踪,到汨羅江上把他干掉的,但謊稱'抱石沉淵',以掩人耳目。屈原雖則一再談到'吾將效彭咸之遺則',但死得未免太突然了"。本書爲一般的普及讀本。2001年8月巴蜀書社出版。

楚　辭　選

楚辭研究專著。今人楊憲益、戴乃迭著。楊憲益(1915—2009),天津人。其父楊毓璋曾任天津中國銀行行長。1936年留學於英國牛津大學,1940年回國在重慶中央大學等學校任教。1943年後在重慶北碚及南京任編譯館編纂。1953年調至北京外文出版社。曾與其夫人戴乃迭合譯《儒林外史》、《紅樓夢》、《魯迅全集》、《青春之歌》等。

該書是"經典的回聲·ECHO OF CLASSICS"叢書之一,是一本優秀的英譯圖書。此書以漢英對照的形式介紹了《楚辭選》,不單有對外譯介的意義,而且對國内英文學習者、愛好者及英譯工作者也是極有價值的。從本書所選篇目看,譯者只選譯屈原作品,包括:《離騷》、《東皇太一》、《雲中君》、《湘君》、《湘夫人》、《大司命》、《少司命》、《東君》、《河伯》、《山鬼》、《國殤》、《禮魂》、《惜誦》、《涉江》、《哀郢》、《抽思》、《懷沙》、《思美人》、《惜往日》、《橘頌》、《悲回風》、《卜居》、《漁父》、《招魂》。自從1879年派爾克在《中國評論雜志》發表了《離騷》英譯以來,《楚辭》英譯本已達十五種(包括選譯本),其中較好的英譯版本還有:霍克思英譯《楚辭》(1959年牛津大學出版社出版,1985年企鵝出版公司再版),許淵冲英譯、楊逢彬編注《楚辭》(1994年湖南出版社出版),孫大雨英譯《屈原詩選英譯》(1996年上海外語教育出版社出版)等等。2001年8月外文出版社出版。

迄今,對是書作過評述的論文主要有楊成虎《典籍的翻譯與研究——〈楚辭〉幾種英譯本得失談》(《寧波大學學報》2004年第4期)、卓振英、楊秋菊《典籍英譯中的疑難考辨——以〈楚辭〉爲例》(《中國翻譯》2005年第4期)、楊成虎《〈天問〉的研究與英文翻譯》(《雲夢學刊》2005年第5期)、劉威《〈楚辭〉英譯研究》(四川大學,2005年碩士畢業)。

楚辭文化研究

楚辭研究專著。今人熊良智著。本書爲“四川師範大學文學院學術叢書”之一。首有《總序》。次《目録》。次《緒論》。末附熊氏《後記》。在《緒論》中,熊氏認爲“楚辭不僅是一種文化形態,而且也是一種歷史進程”。在《後記》中,熊氏回顧本書是“用了10年時間寫成的”,“選題是當初在導師湯炳正先生指導下進行的”。

正文凡上、下兩編,十一章。上編凡六章,下編凡五章。第一章,《屈原的美政理想與時代精神》:(一)“美政理想是屈原的政治思想的集中表現”,具體表現在“强國法立”、“舉賢授能”、“反壅蔽,禁朋黨,明賞罰”、“鼓勵耕戰”、“民本思想”等方面,而“尋求解決美政理想實現的根本途徑,就是聖君賢臣的模式”;(二)“在春秋戰國時代,也出現了一個道勢相争的背景”,但屈原“仍然將自己僅僅定位在‘貞臣’的角色上,還停留在自我道德修身中,並没表現出在君臣關係中産生與時代同步的思考,應該説這是屈原的政治思想的不足之處”。第二章,《天問》價值研究:(一)“《天問》是一篇文學作品,充滿了哲理,而追問宇宙起源,天體構成,日月運行,山川地理,又具有了一定的科學價值”;(二)“《天問》更有一種啓迪性的反思價值,對存在結論的意義和價值進行一番重新思考和探索”,其反思價值具體表現在“對宇宙發生論的反思”、“對人世傳統價值評判的反思”、“對天命的懷疑和反思”等方面。第三章,《〈九歌〉與祭祀制度》:(一)《九歌》“是沿襲夏代《九歌》的傳統,是用於祭祀的樂舞”;(二)《九歌》十一篇,“從第一篇《東皇太一》開始,到最後一篇《禮魂》,確實可以看出一套完整的祭祀結構”,而“這套祭祀制度早已在屈原前已存在”;(三)《九歌》“是用於祭祀的樂歌,而並不是祭奠,因爲在《九歌》中既見不到具體的祭祀活動,也見不到祭祀的具體程序,而是通過描寫的歌舞和演唱來顯現”。第四章,《楚辭神話研究二題》:(一)楚辭后羿形象是“歷史的神話形象”;(二)楚辭“二湘”誤讀是“一種神話的歷史文化的解讀方式”。第五章,《楚辭香草美人傳統的民俗學證明》:(一)“楚辭的香草美人是獨特的一套政治隱喻系統,具有濃郁的楚國地域文化色彩,是帶有鮮明而强烈的靈巫文化的特點的原始藝術意象的象徵體系”;(二)“‘香草美人’中以‘蓀’爲整個隱喻的核心,就因爲這神秘的‘蓀’中傳承着楚人先妣的影子,而隨着抽象理性的發展,神話即變型爲世俗文學繼續發展,演變而爲楚辭的藝術意象”。第六章,《漢人擬騷——〈七諫〉題旨》:(一)《七諫》是“騷體”,而非“七體”;(二)《七諫》“其主旨並不在悲憫屈原,更不是從同姓無相去之義出發的,而是借屈原之身世遭遇,抒發了東方朔對自己所處時代的現實感慨”。第七章:《經學背景下的楚辭研究》:(一)《離騷傳》“建構了楚辭研究的儒家文化價值模式”,“而它發生的機制,卻是直解導源於漢武帝‘獨尊儒術’的思想統治下的歷史文化背景”;(二)《離騷經》的稱名,“是兩漢時期在經學思想指導下,同時也是在辭賦文學發展的條件下,在辭賦的經典範式建構過程中的必然選擇,這個過程也正是建構了儒家經學的辭賦模式的文化整合中的自然結果”。第八章,《選學中的騷學》:(一)《文選》“在賦、詩後面獨立‘騷’體類”,“打破了傳統的分類方法,擺脱了將楚辭作爲經學附庸的地位”;(二)選學文獻在《楚辭》研究中的價值,主要體現在“異文”和“異説”兩方面;(三)《文選集注》騷類殘卷的價值,主要表現在“保留舊注遺説”、“校勘價值”、“新説發明”等方面。第九章,《屈原身世命運的關注與宋代士大夫的人生關懷》:(一)“否定屈原自沉汨羅而死,懷疑《悲回風》、《惜往日》是屈原的作品,批評司馬遷、班固、王逸的觀點,這是宋代屈原研究的新課題”;(二)“探討屈原自沉汨羅的問題,其實是在探討在國家民族危亡的時刻,怎樣對待個人的生與死的問題”。第十章,《汪瑗〈楚辭集解〉與市民文化》:(一)“屈原隱去未投汨羅死,是貫穿《楚辭集解》的中心觀點”,“這個觀點並非汪瑗首創,自宋以來已屢有其説”;(二)“汪瑗對屈原形象的反思,是明代中葉以來市民文化精神的投射,是市民階層對傳統的文化典型的改造,也是對漢、宋以來的封建人生價值的重新思考”,“‘忠臣’、‘諫臣’都不是汪瑗心中的屈原的惟一品格,也不是汪瑗心中的理想人格;從而肯定屈原身上的個人精神,肯定個體生命存在的價值成了汪瑗的基本出發點”。第十一章,《從古代目録學看楚辭的學術淵源》:(一)“楚辭著録爲目,雖然最早見於《七録》,而追溯可至《七略》中《詩賦略》”之屈原賦,“屈原賦一開始著録,就不只是屈原一人的作品,而是代表着一種類型,而與陸賈賦、荀卿賦之屬爲三”,“三家之次並非以時間先後爲序,而是有其主從輕重之分的”;(二)阮孝緒的《七録》“真正以‘楚辭’作爲圖書部類之名”,“除了有它繼承《七略》中屈原賦之屬的傳統而外,就在於適應了文學自覺時代的學術發展趨勢,就在於它體現了與這個時代一致的文學價值觀念和標準”。2002年1月巴蜀書社出版。

詩經楚辭選評

楚辭研究專著。今人徐志嘯著。本書爲《新世紀古典文學經典讀本》叢書之一。首有宋刻本《毛詩》書影。次《詩經》書影。次《屈原像》。次國家圖書館藏南宋刻本《離騷草木疏》書影。次《編者的話》。次《導言》。從《導言》中可知,徐氏有意將兩種不同風格的作品集選編在一起而加以點評,《詩經》“爲中國詩歌的發展樹立了現實主義表現的範例”,《楚辭》“爲中國古代浪漫主義詩風的源頭”;同時,還指出本書所選作品,“《詩經》部分據上海古籍出版社影印《十三經注疏》,《楚辭》部分據中華書局《楚辭補注》”。

正文凡兩部分:《詩經選評》、《楚辭選評》。關於《楚辭選評》部分,徐氏選録了屈原和宋玉的作品,其篇次爲:屈原《離騷》、《九歌》(11篇)、《九章》(9篇)、《招魂》、《卜居》、《漁父》;宋玉《九辯》。本書屬於普及本,但有幾大特色:首先,注釋力求簡潔易懂,如解釋《離騷》中“美人”時,徐氏指出“歷來説法不一,有指君王,有説賢士,此處以自喻爲妥”;其次,對學術界有争議的也一一指出,或存疑,或定見,如解讀《東皇太一》時,徐氏原來在相關論文中認爲東皇太一是春神,但於此處卻指出“對於東皇太一是什麼神,歷來争議很大,説其爲天神没問題,但他應是哪種天神,卻尚待確考”;再次,破除舊説,善立新見,徐氏並不認同《禮魂》是送神曲的觀點,而認爲“從魂的角度理解,似‘禮魂’所‘禮’之‘魂’爲‘國殤’之魂,更爲妥貼,因爲神是永存的,無所謂‘魂’”,還認爲“《九章》的命名,並不出自屈原之手,而是由整理楚辭的西漢人劉向另加上去的”;最後,在《離騷》、《九歌》、《哀郢》、《抽思》、《懷沙》和《思美人》等詩篇中都配有與其内容相關的畫面精美的圖片，增加閲讀的趣味性。2002年10月上海古籍出版社出版。

楚　　辭

楚辭研究專著。今人郭竹平著。郭竹平（1939—　），河北武邑人。中國音樂學院附中高級講師。本書首有《前言》。次《目録》。在《前言》中，郭氏介紹楚辭的含義、源頭、特點、藝術成就以及本書體例。

正文所選篇目是以洪興祖《楚辭補注》爲依據，具體包括：《離騷》、《九歌》、《天問》、《九章》、《遠遊》、《卜居》、《漁父》、《九辯》、《招魂》、《大招》、《惜誓》、《招隱士》、《七諫》、《哀時命》、《九懷》、《九歎》、《九思》。每篇都配有與詩篇内容相關的畫面精美的圖片，圖片上還附有一行取自詩篇的文字。在體例方面，本書也頗有特色：詩篇前有題解，其原文和譯文並行排印在同一頁上，即左邊爲原文，右邊爲譯文，於其下方加以注釋，對難讀字加以注音；篇末附有作者"賞析"，以對其主旨和藝術特色加以點評；對個别較長的詩篇，還予以分段加讀，在每段末尾加上作者"説明"，以總結其大意。對於詩篇的寫作時地和著作權，郭氏也有自己的見解，認爲"從《離騷》中'撫壯而棄穢'所反映的内容看，當爲詩人在楚懷王六年之所作也"；《惜往日》"通篇予以明確，可以肯定是作於《懷沙》以後的絶命詞。正如蔣驥所説：'夫欲生悟其君不得，卒以死悟之，此世所謂孤注也'"；《大招》"朱季海《楚辭解故》從作品用語特點、官制等方面考察，認爲此篇當出於淮南王門下文士之手，此説近是，西漢文人多有摹擬楚辭的風氣，本篇從題目、構思到用語，多與《招魂》相似，恰是這種風氣的反映"。但需要指出的是，本書也有些觀點自相矛盾，有損學術的嚴謹性，如解讀《哀郢》時，在其"題解"中認爲"王夫之《楚辭通釋》定此篇作於頃襄王二十一年（前278）。這年春天秦將白起攻破郢都，楚國君臣倉皇東遷於陳。細審全篇，覺其内容與此説並不相符"，但在其"賞析"又重新引用王説，並指出"此篇標題，及篇中所叙均符史實。瞭解了如上時代背景，就不難研究本詩標題的深刻涵義"；又如解讀《招魂》，在其"題解"中前後不一致，先説"無論從作品開頭叙語作者的自我交代看，還是從作品的内容及語言風格上看，《招魂》的作者是屈原，是屈原爲自己招魂"，但接下來又説"楚懷王被騙入秦，三年後在秦國憂鬱而死，這件事給楚國人民極大的震動。屈原用民間招魂的形式，來表達自己對楚懷王的悼念感情"。2002年10月中國社會科學出版社出版。

楚辭學通典

楚辭研究專著。今人周建忠、湯漳平主編。本書爲《楚辭學文庫》第四卷。首有湯炳正《〈楚辭學文庫〉總序》。次崔富章《前言》。次《例言》。次《目録》。湯氏《總序》，認爲“正確對待遺産，則前人之非者，可以爲戒；前人之是者足資啓迪”，而《楚辭學文庫》“使初學者便於入門，資深者便於檢閱，泛覽者能得其梗概，專研者可取其精華，綜理始終者又可藉以尋繹屈學之發展變化”。崔氏《前言》，指出“本卷旨在會通、融通自戰國時期至公元二〇〇〇年之間，楚辭與楚辭學領域中的系列問題，原始要終，以簡約的形式，顯示楚辭學的發生、發展全貌。分設作家、作品、詞語、典故、典籍、專題等六大類，二千餘條目，載述作家六十九人、作品二百三十篇、楚語二百零八個，典故八百二十六項、典籍四百六十種、專題一百六十六款”。《例言》，簡要地介紹了本卷的收録宗旨、收録範圍、收録標準、撰定體例、撰稿人員等情況。

正文凡六類：“作家”、“作品”、“詞語”（楚語）、“典故”、“典籍”、“專題”。“作家類”，收入戰國楚辭作家、漢代至北宋有重要騷體賦傳世的作家，共七十五人。“作品”類，收入戰國、漢代楚辭作家全部作品，選收歷代重要騷體賦作品，酌收少量代屈、宋立言的賦或文，共二百七十七篇。“詞語”類，收入僅限於戰國、漢代楚辭作品之内的、體現楚辭地方特色的“楚語”，其中單字一百個，雙字一百零三個，叠字十四個。“典故”類，收入限於《楚辭》中的神話、古史人物、傳説故事、名物等，計七百六十四個。“典籍”類，包括歷代有關楚辭作品的總集、選集、别集，歷代楚辭選本，古今楚辭研究著作，楚辭研究論文集，酌收少量對楚辭及楚辭學研究發表過重要學術觀點的學者的有關著作，共四百五十三種。“專題”類，包括楚辭背景研究、楚辭作家研究、楚辭作品研究、楚辭學史中重要的往往有較多學者參與而數説並存的論争熱點或難點，共六十七個。此書是一本“實”、“全”、“精”的楚辭著作，評述時從容客觀，中肯切題。2003年5月湖北教育出版社出版。

迄今，對是書作過評述的論文主要有周建忠《原始要終考鏡源流——〈楚辭學通典〉的編纂構想與學術追求》（《漳州師範學院學報》2003年第3期）、周建忠《十年辛苦不尋常——回顧〈楚辭學文庫〉的緣起與編纂》（《文史雜志》2003年第5期）、石川三佐男、鄭愛華《日本學者所見之〈楚辭學文庫〉》（《漳州師範學院學報》2005年第4期）。

楚辭集校集釋

楚辭研究專著。今人崔富章、李大明主編。本書爲《楚辭學文庫》第一卷。首有湯炳正《〈楚辭學文庫〉總序》。次崔氏《前言》。次《例言》。次《集校徵引文獻要目》(凡 37 種)。次《集釋徵引文獻要目》(凡 208 種)。次《卷首》。次《目録》。末附《後記》。崔氏《前言》,指出本卷"旨在匯集歷代校注成果,自漢初劉安,至公元二〇〇〇年底,凡使用新材料,提出新解説,或疏理舊説二有所發展,言之成理,持之有故者,皆在遴選、採録之列。先《集校》,後《集釋》"。《例言》,指出本卷所選篇目以王逸《楚辭章句》十七篇爲準,爲了保存文獻原貌而繼續使用繁體字。《卷首》,依次收録了劉安《離騷傳敘》、司馬遷《史記·屈原賈生列傳》、劉向《新序·節士》、班固《離騷贊序》和《離騷傳敘論》、王逸的《楚辭章句敘》和十七篇序(包括《天問後敘》)、佚名《九思序》、劉勰《文心雕龍·辨騷》、洪興祖"屈原論"和《天問解題》。《後記》,指出參與本卷撰集工作的相關人員。

正文依照王逸《楚辭章句》十七篇爲準,依次收録了《離騷》、《九歌》、《天問》、《九章》、《遠遊》、《卜居》、《漁父》、《九辯》、《招魂》、《大招》、《惜誓》、《招隱士》、《七諫》、《哀時命》、《九懷》、《九歎》、《九思》。正文依次按照"題解"、"原文"、"集校"、"集釋"編排,採録諸家解説以作者或出版先後爲順序。本書的最大特點在於較爲全面地羅列諸家觀點,便於初學者和研究者比較和檢索之用。2003 年 5 月湖北教育出版社出版。

迄今,對是書作過評述的論文主要有石川三佐男、鄭愛華《日本學者所見之〈楚辭學文庫〉》(《漳州師範學院學報》2005 年第 4 期)。

楚辭著作提要

楚辭研究專著。今人潘嘯龍、毛慶主編。本書爲《楚辭學文庫》第三卷。首有湯炳正《〈楚辭學文庫〉總序》。次崔富章《前言》。次《例言》。次《目録》。末附《楚辭書目》。崔氏《前言》,指出本卷所收集的楚辭著作"凡二百餘種,一一撰寫提要,條其篇目,撮其指要,論其指歸,辨其訛謬,以收辨章學術、考鏡源流之功","《提要》的内容,包括作者生平、著述體例、主要見解、學術評價及版刻情況、重要傳本等”。《例言》,對本卷的選録理由、編排體例、編排目標作了簡要的概述。《楚辭書目》,由毛慶、周建忠、潘嘯龍輯録。

正文按照楚辭學史時代先後分爲三部分:古代(從漢代到1911年辛亥革命前)、現代(從1912年民國建立至1949年中華人民共和國成立)、當代(從1949年10月1日後至1999年底)。提要内容大體包括作者生平、著述體例、主要見解介紹、學術評價及版刻情況:“作者生平”,以介紹與其楚辭研究有關的經歷爲主,同一作者的多種著作均爲本卷收録,生平在先選録的著作提要中介紹;“著作體例”,包括著作行之(如“校注”、“論文集”等)、篇目、序跋、成書時間、規模(字數)等;“主要見解介紹”,採取原文摘引和概括介紹相結合的方式,摘引觀點、介紹論據均力求準確;“學術評價”,重在指明原著的新發現、新貢獻或承繼并發展前人研究成果之處,同時也對其中的失誤或不足之處略加揭舉和評析;“版刻情況”,説明此著作的版本刻印、流傳等情況。2003年5月湖北教育出版社出版。

迄今,對是書作過評述的論文主要有石川三佐男、鄭愛華《日本學者所見之〈楚辭學文庫〉》(《漳州師範學院學報》2005年第4期)。

楚辭評論集覽

楚辭研究專著。今人李誠、熊良智主編。本書爲《楚辭學文庫》第二卷。首有湯炳正《〈楚辭學文庫〉總序》。次崔富章《前言》。次《例言》。次《目録》。末附《附録一:楚辭研究論文總目》(由周建忠編撰)。次《附録二:楚辭研究論文總目續編》(由楊建華補充編撰)。崔氏《前言》,指出本卷“收集從古至今關於楚辭作家作品的評論性文獻資料,根據代表性、客觀性、實質性三個基本原則,逐條審核、採録,每條皆加‘説明’即按語,對評論者的生卒年、所處時代、文獻產生的背景、材料來源等作提示性説明”。《例言》,對本卷的收録規模與範圍、收録原則、收録形式、編撰分工作了簡要的概述。

正文按照楚辭學史時代先後分爲八部分:兩漢、三國魏晉南北朝、隋唐五代、宋遼金元、明代、清代、民國、中華人民共和國。本書在收録時堅持代表性、客觀性、實質性三原則:“代表性”,指所收文字的觀點、意見足以反映某一歷史階段、某一類型或階層人群、某一特定思潮者及其研究水平;“實質性”,指所收文字要求其所論或在論點、或在論據方面足以反映《楚辭》研究史流動的、歷時的過程;“客觀性”,指堅持通過收録盡可能準確地再現某一特定歷史階段《楚辭》研究之基本狀况。本書的收録形式採取全録和摘録兩種形式，收録原文後附“説明”，旨在説明所收該節文字的出處，對於清代前的作者略加介紹。2003 年 5 月湖北教育出版社出版。

迄今，對是書作過評述的論文主要有石川三佐男、鄭愛華《日本學者所見之〈楚辭學文庫〉》（《漳州師範學院學報》2005 年第 4 期）。

《詩經》與楚辭

楚辭研究專著。今人褚斌傑著。本書是教育部人才培養模式改革和開放教育試點教材，是中央電大“中國古代文學專題課”教材。本書首有《目録》。次《緒論——簡敘“風”、“騷”傳統》。末附褚氏《後記》。在《緒論》中，褚氏探討了“風”、“騷”傳統的特徵及其沿流，指出了《詩經》和楚辭“分别是先秦時期北方中原文化和南方楚文化的輝煌結晶”，成爲“我國詩歌的兩種不同的優良傳統”——現實主義精神和積極浪漫主義，“但它們也有共同的精神實質，即它們都是古代進步作家堅持文學批判現實、抒情言志的表現，都是我國古代進步的文學潮流”。在《後記》中，褚氏認爲將兩者合編講授，“既可以對《詩經》和‘楚辭’這兩部偉大著作有較爲全面、專門的瞭解；同時在兩相對照中，更可以對中國文學的遠源和兩種不同的創作方法和優良傳統的形成和發展，取得進一步的認識”。

正文凡上、下兩編：上編《詩經》、下編“楚辭”。其中，下編“楚辭”，凡六章。第一章，《“楚辭”的文體、傳播與結集》：（一）“楚辭”文體的來源與特點，其來源主要有“楚地的原始神話和巫覡、工祝的有關宗教活動”、“楚地的樂曲和民歌”、“《詩經》”和“戰國時期的散文”等方面，其特點跟《詩經》相比是結構、篇幅擴大了，句式參差錯落更富於變化，感情奔放，想象力豐富，文采的華美，風格的絢爛，而大量使用“兮”字語吻詞幾乎成爲其最明顯的標誌；（二）“楚辭”的傳播與結集，“屈原的作品，屬‘發憤以抒情’的個人創作，它的流傳和保存，只能靠他的師從者、同情者、愛好者和學習者完成”，“屈原作品最初的搜集者、保存者、傳播者，也正是這些楚國的文化人（案，指宋玉、唐勒、景差等楚大夫）”，但後遭秦火而散亡，“屈原作品的重見於世，乃是經過漢初人的努力搜求而再獲出現的”（包括吳王濞文學集團、淮南王劉安集團等集團的搜集和推廣），到了西漢晚期，楚辭經過劉向的纂輯整理而“終於有了一個相對來説的全本”，“後經東漢王逸加注而流傳至今，即《楚辭章句》”。第二章，《屈原的時代與生平》：（一）屈原的時代，“屈原所處的時代是戰國中後期，正是我國古代社會大變革的關頭”，“屈原生活在楚懷王、頃襄王時期，正是秦國積極向外擴張，採取遠交近攻策略，决心滅楚的時候”；(二) 屈原的生平，“早年，屈原以貴族身份，任三閭大夫之職”，“不久即被任命爲左徒(僅次於令尹，相當於副宰相)的要職”，“屈原一生的變故，主要是在懷王朝，遭讒後被疏，失去了懷王的信任，被免掉了‘左徒’的官職。並一度被排擠出朝廷，離開郢都到漢北去流浪。另外，是在頃襄王朝，遭到更大迫害，被放逐於江南，直至死去”。第三章，宏偉壯麗的政治抒情詩——《離騷》：(一)《離騷》釋義與寫作時期，“釋《離騷》爲别憂或别愁，還是符合全詩的思想内容的”，“《離騷》應是詩人前期任左徒時，遭讒被疏之後所作”；(二)《離騷》的忠怨之情與愛國精神，“《離騷》是一部以忠怨之思爲主題的回旋曲”，“是詩人藴含着滿腔的愛國激情，飽含着血泪寫成的一首憂傷怨憤之歌”；(三)《離騷》美學内涵與藝術世界，《離騷》的美學内涵表現在“崇高美”和“悲壯美”，而《離騷》的藝術世界則包括“神話”世界、“往古”世界和“香草美人”世界。第四章，情理兼備的長篇咏史詩——《天問》：(一) 天問的釋義與主旨，“‘天問’就是仰天而問，是就自然和人類的歷史探究天道的問題”，“通過對一些歷史事件的發文，表述了自己的觀點，並通過對歷史的反思，流露出對楚國前途的强烈憂患意識，這正是全詩的主題思想所在”；(二) 天問的内容與結構層次，“《天問》前部分，是就自然界發問，是關於宏觀宇宙和宇宙观的問題”，“在長詩的後半部分，詩人的如椽的巨筆，開始由鴻蒙洪荒的神話時代，轉入到人間的歷史”；(三)《天問》的獨特形式與文學價值，“首先是表現爲深沉的理性思考與熱烈的感情相結合”，“其次，從形式看，《天問》長詩完全由問句出之”。第五章，屈原的短篇抒情詩——《九章》：(一)《九章》概述，“《九章》中的作品，並不是屈原一時一地之作，它原是單行的散篇，後人因其皆爲隨事感懷之作，形式又皆屬記事紀行的短篇，故輯爲組詩，冠以《九章》之名”，除《橘頌》“爲屈原年輕時代的最早期作品”，“其他作品或作於楚懷王時期因讒被疏以後，或作於頃襄王時被放於江南，分别反映了詩人一生的悲慘遭遇和苦難歷程”；(二)《九章》作品研讀，共選取了《橘頌》、《哀郢》和《涉江》等三首詩，《橘頌》中“‘受命不遷’一語，是全詩的自旋律，不遷於志，不流於俗，不離於國”，《哀郢》“是一篇詩人哀痛國破流亡的紀實之作”，《涉江》“這是一篇綫索明瞭、水陸並行的遊記，也是一篇悲憤凄愴、見景生情的苦難歷程記，更是一篇詩人‘上下求索’、寧折不彎的行記(周建忠《楚辭論稿》)”。第六章，具有神話色彩和愛國内容的組詩——《九歌》：(一)《九歌》概述，《九歌》“確爲九個樂章，九篇作品，每篇寫一神靈”，其中《湘君》、《湘夫人》“應合爲一篇”，《禮魂》“原來乃是《國殤》的‘亂詞’”(引用林庚的觀點)，就其性質而言，《九歌》“是‘就當時祭典賦之，非祠神所歌也’(清戴震《屈原賦注》)”,是“一組神話詩和對楚國愛國將士的頌詩,並不是爲祭神所寫的祭歌”;(二)《九歌》作品研讀,除了《雲中君》、《大司命》外,本章選讀了《九歌》的其它詩篇,《河伯》“即指黄河之伯,亦即黄河水神”,《湘君》、《湘夫人》“實一詩而兩章,詩中出現的主人公,僅湘水女神——湘夫人一人而已”,《國殤》“是《九歌》這組詩的高潮,也是這場祭禮的目的所在”。2002年11月北京大學出版社出版。

楚辭植物圖鑒

楚辭研究專著。今人潘富俊、吕勝由著。潘富俊,臺灣人。美國夏威夷大學農藝及土壤學博士,專攻植物生態及植物分類。高中階段就讀於改制前的師範學校,曾當過小學老師。大學、研究所讀的是森林學,專攻植物生態及植物分類;國立空中大學剛成立的第一屆文藝系學生(未畢業)。歷任林業試驗所生物組組長,四所大學兼任教授。現爲林試所恒春研究中心研究員兼主任。青澀少年時期曾幻想當作家,教學、研究多年後,將所學的植物生態與所愛的古典文學結合。著有《詩經植物圖鑒》、《唐詩植物圖鑒》、《成語植物圖鑒》、《紅樓夢植物圖鑒》等。而與潘氏合著本書的吕勝由則出身攝影世家,同時又從事植物學研究。

本書首有黄生《推薦序》。次王基倫《推薦序》。次潘氏《自序》。次《前言》。末附《楚辭植物統計》。次《詩經與楚辭植物學名和中文索引》。黄生《推薦序》,指出“要想欣賞古典文學,先將詩人的感情所附託的山川草木,也就是詩歌裡的生命做一瀏覽,是絶對必要的”,認爲本書“讓香草呈現它究竟是什麽模樣”。王基倫《推薦序》,認爲本書的問世“不僅可以增進讀者對《楚辭》的理解,也可以引導讀者觀賞江南景物,提升讀者對南方文學的認知”。潘氏《自序》,認爲“《楚辭》中,寄寓言志的植物特别多,並可約略區分爲香草(木)、惡草(木)兩大類别。詩人以香木、香草比喻忠貞、賢良,而以惡木、惡草數落姦佞小人,這是《楚辭》植物的最大特色”,“深入瞭解《楚辭》植物的形態、生態特性,詩人背後引喻的真正意涵才能得到彰顯,而讀者在‘覽其昌辭’之外,也才能領悟古人‘竭忠盡節’的憂慮之情”。《前言》,認爲“《楚辭》並非全是‘楚人的作品’”,“《楚辭》應該是指詩人以楚國地區特有的音律、動植物、詞彙寫成的文學作品,即宋代黄伯思所言‘書楚語、作楚聲、紀楚地、名楚物’,用以發抒文人情感,寄寓心情的一種特殊的文學體裁”。

正文包括:《緒論》、《如何使用本書》、《江離等一百種植物》。潘氏認爲

《楚辭》"描寫的山川景物與風土人情均有别於《詩經》所見"，其中提及的植物共有一百種，大致可分爲四大類：香草香木類、惡草惡木類、寫景寫物的植物和經濟植物。在此基礎上，作者又進一步指出楚辭植物的幾大特色：一是以植物比喻忠姦，由於《楚辭》以植物隱喻忠貞或姦佞，左右了後世文人對這些植物的看法，也開啓了後起文學作品以植物擬喻心情的寫作手法，影響後世文學至巨；二是極少咏頌糧食作物，楚國所在地主要是長江流域，土壤肥沃、物産豐饒，這種客觀因素不僅反映在《楚辭》秾艷的文采中，由於食物不虞匱乏，《楚辭》中也鮮少出現咏頌經濟植物或糧食植物的篇章；三是出現甘蔗的最早文獻，中國最早出現甘蔗的文獻爲《楚辭·招魂》："胹鱉砲羔，有柘漿些"，"柘"即今之甘蔗。此外，潘氏還從植物區系和種類的不同、經濟植物大多雷同、不脱《詩經》之影響等三方面，對楚辭和詩經的植物做了比較。全書的體例是採取左右兩頁並排介紹，即除了"主圖"跨頁排印外，左頁上的内容依次爲"主題植物特寫"、"標題"、"詩篇引文"、"注解"和"另見"，右頁上的内容依次爲"植物小檔案"、"説明主文"和"圖説"。在對每一種草木進行解説時，潘氏既注重通俗性又講究科學性，再配上清晰精美的圖片，讓人賞心悦目。尤其值得肯定的是，本書對一些植物做了細緻的鑒别，既釋疑又存疑：釋疑者，如"胡繩"，王逸注爲香草，而潘氏則認爲"胡"和"繩"屬於不同植物，"胡"指大蒜，"繩"指蛇床，非繩索之繩；又如"蘋"和"浮萍"，古人常不分，説"粗大者，謂之蘋，小者曰浮萍"，而作者認爲兩者是不同植物；存疑者，如"蓀壁兮紫壇"中"紫"，作者解釋爲"紫草"，而王逸解釋爲"紫貝"，兩説並存。當然，本書也有疏漏和商榷之處，如"菎蕗"，潘氏引《廣雅疏證》解之爲"箭竹"，認爲王逸將之解爲"香直之草"，而實際上王逸又指出"菎蕗"一作"箟簬"，在《哀時命》中就認爲"箟，竹也"；如"蘭"，潘氏將它歸之爲"澤蘭"，而事實上"澤蘭是相對於中國蘭（或國蘭）而言的。它興起於西方，是受西洋人喜愛的蘭花"，而《楚辭》中的"蘭"應歸於"國蘭"爲確（參見周建忠《蘭文化》，2001年6月中國農業出版社出版）。本書現有兩個版本：一爲繁體排印本，2002年2月臺北猫頭鷹出版社出版；一爲簡體排印本，2003年1月上海書店出版社出版。

迄今，對是書作過評述的論文主要有于翠玲《三種"大衆化"言説方式——近年典籍解讀類暢銷書掃描》（《中國出版》2005年第8期）、青平《賞心悦目之〈楚辭植物圖鑒〉》（《高中生之友》2006年第2期）、李金坤《〈楚辭〉自然生態意識審美》（《南京師範大學文學院學報》2006年第4期）、劉石林《潘富俊屈原學研究綜述》（載戴錫琦、鍾興永《屈原學集成》，中央編譯出版社2007年6月版）。

屈原傳

楚辭研究專著。今人湯漳平著。本書爲《中國文人傳記叢書》之一。本書首有王鍾陵《總序》,説明出版此套叢書的緣由。次《前言》,湯氏指出"要寫成一部大家都認可的《屈原傳》,難度確實太大了",可見其學術勇氣和魄力。末附湯氏《後記》,説明本書是因王鍾陵的邀請而寫成的,其中"融入了我二十多年來在屈原研究中所作的一些思考",然而"爲了便於表現人物的性格,有時對作品的創作時地和背景作了改易"。次《主要參考文獻》,共列出二十二種文獻。

正文凡七章:第一章,《偉大生命的誕生》,分爲"特殊年代"、"偉大的生命"、"父親屈伯庸"、"英俊少年";第二章,《一顆耀眼的新星》,分爲"初見懷王"、"聯齊抗秦"、"會盟郢都"、"起草憲令"、"遭讒被疏";第三章,《受命不遷生南國》,分爲"風雲變幻的局勢與反復無常的懷王"、"臨淄賦《橘頌》"、"張儀再次欺楚"、"出任三閭大夫"、"漢北之行";第四章,《魂兮歸來》,分爲"勸阻懷王入秦"、"楚宫廷的争端"、"再赴齊國"、"頃襄初年"、"《離騷》"、"魂兮歸來";第五章,《流放江南》,分爲"聯名進諫與放逐江南"、"楚秦和親"、"行吟澤畔";第六章,《哀郢》,分爲"昭奇之難"、"不思進取的頃襄王"、"晚居玉笥山"、"郢都失陷";第七章,《從彭咸之所居》,分爲"南行受阻"、"自沉汨羅"、"民族魂"。

本書以細膩的筆觸、飽滿的情感、生動的情節和翔實的事件,成功地塑造了屈原偉大而光輝的形象,成爲我國首部描寫屈原完整一生的文學傳記。與前人所寫的《屈原評傳》相比,本書有幾點值得關注的地方:首先,屈原形象的成功塑造,作者不僅借用他人之口(如齊宣王、鄭詹尹等)來評論屈原,而且運用對比手法(靳尚、子蘭等)來反襯屈原;其次,作品創作時地和主題的考辨,如認爲《九歌》是屈原早年在祭祀歌舞的基礎上改寫而成的,《惜誦》是第一首爲自已辯冤的詩篇,《天問》是在漢北拜謁先王廟宇宫殿時有感而發的,《離騷》最後一段"去國遠遊就不是尋找那一個可供栖身的諸侯國,而是要尋求自己心中理想的樂園。這個樂園不是在地上,而是在天上;不是在人間,而是在仙境",《國殤》是爲了紀念丹陽之戰時將士們勇赴國難、獻身疆場的英雄事跡而寫的,《惜往日》是"最後訣别之詞,這是向楚國朝廷,也是向楚國人民作出的最後交代",這些觀點大都能自成一説;最後,既注重史實又不乏想象,如在描述屈原出使齊國進行"聯齊抗秦"活動時,作者虚構了屈原前往拜見孟子和鄒衍，而當齊宣王將屈原《橘頌》傳示賓客，孟子在座，讀完便説："王者之跡熄而詩亡，屈大夫之作，實繼三百篇之緒而發揚光大也。"評論者認爲，本書的特點是，復原法的合理運用，深刻的歷史反思與哲學意藴，多種藝術手法的巧妙運用，融入作者的許多研究成果。2002 年 4 月鄭州大學出版社出版。

迄今，對是書作過評述的論文主要有林祥徵《屈原光輝形象的藝術再現——喜讀湯漳平先生〈屈原傳〉》(《中州學刊》2004 年第 2 期)、林祥徵《濃情重墨鑄詩魂——喜讀湯漳平先生〈屈原傳〉》(《漳州師範學院學報》2004 年第 4 期)。

先秦詩文史

斷代文學史專著。今人揚之水著。揚之水(1954—)，原名趙麗雅，浙江諸暨人。1984—1994 年間，曾任《讀書》的編輯。1995 年開始深入研究文物考古，用考古學的成果來研究文學作品，對中國古代詩歌中的名物或物象，有精彩的研究和著作。現爲中國社會科學院文學所研究員。主要致力於先秦文學與古代名物研究。著有《終朝採緑》、《詩經名物新證》、《詩經別裁》等。

本書首有《目録》。次《小引》。末附作者《後記》。次《引用文獻》。《小引》，指出"以先秦詩文史爲題，包含了兩層意思，其一，它所討論的範圍是以文字爲表達形式的作品；其一，先秦時代與今天所説的'文學'並不完全一致，那麽以它本來的存在方式，即詩也，文也，來稱呼我們的討論對象，或者更爲自然"。《後記》，認爲"把此書放在文學史之列，實在很覺得不像"，"它記録的只是我的讀書心得"，並指出在全書中"遇安師(案，指文物學家孫機)精心選配了百餘幅插圖"。

正文包括卷上、卷下，凡九章。其中，卷上爲"文"，凡七章；卷下爲"詩"，凡兩章。卷下的第一章研究《詩經》，題目爲"思無邪——《詩經》"，第二章研究《楚辭》，題目爲"《風》《雅》寢聲，奇文鬱起——《楚辭》"。作者認爲兩者大致可以代表了先秦詩歌的兩樣風格：《楚辭》繁麗，《詩經》質樸，兩者具有前後繼承的關係，"如果説《詩》是水之源，那麽到了《離騷》，便成爲川流的第一灣，水流在此蓄積，河床也因此而拓展得更寬。之後，則分流爲二，一路潺潺向詩，一路奔涌向賦，後者的水勢且尤爲壯闊"。

本書不以材料宏富、理論思辨見長，而以行文簡潔、見解鮮明爲特色，是值得一讀的。就研究楚辭而言,所佔篇幅較小,但行文中不乏創見:如《離騷》,"其實與其把它看作詩,不如看它作賦。或者説它雖然有詩的形式,卻全部是用了賦的寫法";如《天問》,"以'文''質'論,它的'質'遠勝於'文',或者説,它没有詩的旨趣,而只有史的情懷。若與《離騷》同看,可以見出二者正是互爲'文''學'","如果説《離騷》是家與國的係結,則《天問》是把國與天下挽結在一起,它更多地表現着詩人的政治抱負和主張";如《九歌》,"《九歌》成爲屈原的《九歌》之後,它便完全脱離了祭祀","屈原作《九歌》,卻是從祭祀的儀禮節次中借得情節來,借得角色來,或者更自古樂章中借得曲調來,而把一切的'事',變作爲'情'";如《九章》,"其中《橘頌》大約是屈原的早期作品,其詩筆未精,尚未形成風格。其餘諸篇,則意旨與情致皆與《離騷》相同";如《九辯》,與《離騷》相比,其發抒"不遇"的愁懣和牢騷有所不同,"《離騷》之悲愴,可謂'重大',《九辯》之悲愴,則爲深廣。前者是憂國,後者是憂生,分屬兩般境界,卻未必有高下之别"。2002 年 4 月遼寧教育出版社出版。

迄今,對是書作過評述的論文主要有吴小如《讀揚之水著〈先秦詩文史〉》(《文匯報》2002 年 11 月 1 日)、李金坤《一枝紅杏出墻來——讀揚之水〈先秦詩文史〉》(《中國圖書評論》2003 年第 3 期)、秦蓁《讀〈先秦詩文史〉》(《江海晚報》2006 年 9 月 25 日)。

屈騷與宋代愛國文學

楚辭研究專著。今人羅敏中著。羅敏中(1944—),湖南衡東人。現爲湖南師範大學文學院副研究員,湖南省船山學社理事,先後擔任《求索》、《中國文學研究》雜志責任編輯,編發過一些比較優秀的楚辭學論文,對新時期楚辭學發展有一定的貢獻。本書首有《目録》。次王水照《序》。次崔富章《序》。次《引言》。末附《後記》。次《引用書目》。次《附録》(摘録趙逵夫、周建忠、陳遠寧、陳書良等四人對本書的評語)。王氏《序》,指出"研究屈原,既要探求屈原其人其事,尤其是其作品文本意藴的闡微抉幽,更要考察後世對屈騷的接受過程,梳理出文學前後賡續之鏈、異代精神交融之跡,並把這兩者經緯互補,循環互釋,才能呈現出完整意義上的屈原和屈騷。羅敏中先生的《屈騷與宋代愛國文學》一書正是遵循這一研究理路、辛勤探究的可喜成果","羅先生的這部著作,並非單純地'發思古之幽情',而是與世道人心息息相關的"。崔氏《序》,指出本書"所得結論,大都言之有據,持之有故,自主自立,可成一家之言”。《引言》,指出屈原的愛國思想對後代文學影響巨大,“以宋末表現最爲突出,因此,本書以《屈騷與宋代愛國主義》爲題”。在《後記》中,羅氏論及本書的寫作歷程及其創新點。

正文共爲六章。第一章,《亂世騷人:屈原的生平和遭遇》,指出屈原的故里並非秭歸,而以郢都(江陵)的可能性最大;屈原的後半生經歷了被疏、被放、被遷三個階段,屈原在懷王朝只是被疏,放與遷都發生在頃襄王朝;“放”是放逐、斥逐,即被逐出朝廷,它是有期限的,而“遷”是遷徙,即把整個部族(家族)遷到邊鄙之地,它是無期限的,也不能再到朝廷和原居住地;“從彭咸之所居”並非“投水自殺”的代名詞,而是“去隱居”的意思,屈原曾在溆浦隱居了大約五、六年時間,最後被頃襄王遷徙到汨羅,即楚文王遷羅子國的舊地。第二章,《蘇世獨立:屈原的愛國思想人格及其文化根源》,認爲“春秋戰國時期愛國的兩種模式:孔子的‘去國愛國’與屈原的‘居國愛國’”,而“屈原愛國思想的文化根源自然是楚文化。楚文化的特質,可以用一個‘蠻’字來概括”。第三章,《取介去怨:李綱的貶謫詩賦及其對屈原思想的補正》,認爲李綱將屈賦分爲“正潔耿介之義”和“譎怪怨懟之言”,並通過自己的詩賦創作將儒家的中庸思想來融入屈原的剛直思想,從而“補正、發展和完善屈原思想的道德人格基礎”,以適應現實政治鬥争的需要。第四章,《引屈入儒:朱熹對屈學理論的巨大貢獻》,指出朱熹“以屈注儒,在理論上對屈原忠君愛國思想作出重新評價與定位,對揚雄否定屈原的言行作了批駁,爲屈學理論的發展作出了巨大貢獻”。第五章,《拂拭三閭文字:張孝祥的愛國詩文及對屈原的追思》,指出張孝祥的詩文記述和謳歌抗金軍民的愛國思想行爲和英雄事跡,表達自己的愛國情志;他懷有濃厚的湖湘情結,而湖湘又曾是屈原生活過的大地,故“一從廣西入湘,張孝祥就表示了對屈原的傾慕和愛戴”。第六章,《〈離騷〉未盡靈均恨:陸游的愛國之旅和師屈之狂》,認爲“‘狂’是陸游性格的一個重要方面,是他從屈原那裹繼承下來的抒發幽怨的方式”;“狂,既是詩人表達愛國志向的方式,也是詩人排解愛國理想不能實現的苦悶的方式”;晚年,陸游“對屈騷的功用由重點寄託愛國之志轉向以騷解憂”。總體而言,本書既是一部頗具創見的專著,也是一本普及讀物。但毋庸諱言,本書仍有些許值得商榷的地方:如將屈原的所有作品的創作時期全部歸爲頃襄王時期,應該説既不符合邏輯也不符合事實;選擇李綱、朱熹、張孝祥、陸游作爲“宋代愛國文學”的代表,缺乏足够的説服力和代表性;對於“屈騷”與“宋代愛國文學”之間的關係,探討不够深入。另,本書《引用書目》,將趙逵夫《屈原先氏與句亶王熊伯庸》列在其中,似乎有所失誤,因爲它是一篇論文而非一本書。2002 年 5 月遠方出版社出版。

迄今,對是書作過評述的論文主要有王水照《〈屈騷與宋代愛國文學〉

序》(《中國文學研究》2003 年第 3 期)、郭建勛《一部屈學研究的新成果——讀羅敏中的〈屈騷與宋代愛國文學〉有感》(《湘潭大學社會科學學報》2003 年第 5 期)、吴龍輝《開拓屈原愛國思想研究的新境界——〈屈騷與宋代愛國文學〉的理論創新及由其引出的思考》(《湖南師範大學社會科學學報》2003 年第 6 期)。

中國楚辭學(第一輯)

楚辭研究專著。今人方銘、張宏洪主編。方銘(1964—),又名桐川,甘肅慶陽人。1984 年畢業於蘭州大學漢語言文學專業。1987 年畢業於武漢大學古典文學專業,獲碩士學位。1987 年起,在中國政法大學任教師、講師。1994 年畢業於北京大學古代文學專業,師從褚斌傑,獲博士學位。1994 年起,任職於北京語言文化大學人文學院,1999 年晉升教授。曾任中國屈原學會秘書長、副會長,現爲北京語言文化大學博士生導師、中國屈原學會常務副會長兼秘書長。著有《戰國文學史》、《期待與墜落:秦漢文人心態史》、《君子人格》、《經典與傳統:先秦兩漢詩賦考論》等。

本書首有褚斌傑《〈中國楚辭學〉發刊詞》。次《目録》。末附《附録》(《中國屈原學會章程》、《第四届中國屈原學會理事會名單》)。在《〈中國楚辭學〉發刊詞》中,褚氏指出當代的楚辭研究"在衆多的屈學研究者的努力下,在求全、求深、求新三個方面都取得了極大進展","作爲現代的文化人,屈原的研究者,我們應該更多的承擔起做橋梁的任務",故中國屈原學會創立了《中國楚辭學》會刊,"給海内外楚辭學者提供一個切磋學術的機緣"。

正文共收録二十三篇論文和一篇索引。(一) 周建忠《屈原"愛國主義"研究的歷史審視》,分别從歷代學者對屈原"愛國精神"的發掘、關於屈原"愛國主義"的由來、關於屈原"愛國主義"争鳴、關於屈原"愛國主義"争鳴的反思與深化、關於屈原愛國主義研究的成績與困難等五個方面,來深入考察和客觀評述屈原愛國主義研究史。(二) 何念龍《屈原"宗國情結"簡論》,認爲"屈原所愛之'國'只是'宗國'","應該以'宗國情結'代替屈原的'愛國主義'"。(三) 王德華《試論屈騷精神及對當代的啓示》,認爲"屈原對理想的執著精神,一方面包含了他忠貞愛國的蘊含;另一方面還包含着他强烈的實現自我價值的追求精神",而這種精神"最爲本質地反映了人類於自我於社會的精神需求,這是我們對屈騷精神反思所得到的啓示"。(四) 曹晉《屈原與楚王及其群臣的人格對立》,指出"屈原以儒家的理想人格爲追求目標,落實在人際接觸的層面上，首先就與楚王及群臣形成勢不兩立的衝突"，導致的結果"使屈原處於'兩難'的矛盾境地，最後在絶望中自沉"。(五) 李金善《由士到仕——屈原與先秦士人的仕宦情結》，認爲"屈原不僅是一個士人，而且是'士人'過激者。他的所作所爲不僅不符合官氣，而且不符合一般的士人的心理"，"屈原之所以被擠出政治圈，是因爲屈原的士人氣"。(六) 傅明善、戴一封《一條義無反顧的人生之路——重新探討屈原之死》，認爲"屈原之所以自殺，緣自於他内心的痛苦和矛盾"，分别從文化之交融與觀念之衝突、個體之覺醒與群體之昏昧、理性之追求與情感之糾纏、人格之振拔與生命之沉淪等四個方面來論述。(七) 樊軍《論屈原的思想》，指出"屈原身處戰國時代中後期，正處於'諸子蜂起，百家争鳴'的黄金時代，他是理性地有所取舍於諸子百家，從而形成了他自成體系、獨具特色的屈原思想"。(八) 方銘《先秦文人君子人格的豐富性探討——以屈原爲中心的考察》，與孔子、莊子相比，"屈原有爲理想獻身的堅强信念，但當挫折來臨之時，他的軟弱的一面又呈現無餘"；"屈原自殺以對抗現實環境的刺激，事實上是他心理矛盾不可調和的必然結局，只有明白了屈原心理矛盾的不可調和性，我們纔可以理解屈原'名參君子場，行爲小人儒'，責數懷王，怨惡椒蘭而終於自殺的真正原因"。(九) 金健民《屈原之〈遠遊〉與道家思想》，指出《遠遊》在"無爲"、"虚静"、"宇宙生成論"等方面都有受到老子思想影響的痕跡，並認爲"在《遠遊》一文中不僅洋溢着道家思想，而且還反映了屈原思想中的仙家思想"。(十) 董運庭《論〈離騷〉中的三次"遨遊"與屈原的路》，認爲《離騷》中三次遨遊(叩天庭、求下女、睨舊鄉)，"實際上是作者九死不悔、上下求索的心路歷程的具體顯現"，而《九章》中的三條路綫則"真實地記録了屈原在頃襄王時被放逐後的人生道路"，進而比較了莊、屈不同的人生道路。(十一) 邵學海《小議〈楚辭〉與〈莊子〉的"游"》，指出"《楚辭》與《莊子》都有許多仙遊與神遊之詞"，但有所不同，具體表現在不同的寄託、不同的境界、不同的表現方式等三方面上。(十二)江立中《〈離騷〉奠定了我國遷謫文學的審美基調》，認爲《離騷》的文學成就和峻潔人格，"奠定了遷謫文學'發憤以抒情'的審美基調"，其文學成就要歸因於"他的叛逆性格和遷謫經歷"，其峻潔人格對後代遷謫文學的影響"主要表現在其慘痛的遭遇、愛國的精神和對險惡政治的批判三個方面"。(十三) 徐文武《〈天問〉：對"構成思想"的反思》，認爲"屈原的《天問》是我國最早的一篇運用反思性的哲學思維方式進行思想的哲學名作"，"屈原在對宇宙時空的'構成思想'進行反思之後，緊接着是對社會秩序的'構成思想'進行反思"，最終又"落實到了對'天'或'天命'的反思上來"。(十四) 殷光熹《冲破傳統歷史觀的束縛——從〈天問〉看屈原的歷史觀(之二)》，認爲屈原《天問》在很大程度上冲破了傳統歷史觀的束縛，具體表現在三方面：一是在歷史系統方面，屈原是依據西周的歷史系統，儒家則依據春秋以後的“二帝三王”的歷史系統；二是對堯舜鯀禹的看法，與傳統的歷史觀有着相左之處；三是對商周以來歷史人物的評價能做到直言不諱、公平合理。（十五）石川三佐男《從楚地出土帛畫分析〈楚辭·九歌〉的世界》，認爲“長沙馬王堆出土的死者之魂升天爲主題的帛畫與《楚辭·九歌》十一篇屬於同一主題”，實際上“《九歌》十一篇是以借諸神靈威送死者之魂（詩中的美人）上天、祝願其永恒的組歌”。（十六）劉艷《美與善的頌歌——〈九歌〉新論》，認爲《九歌》中諸神形象“既表現了千變萬化、絢麗多姿的自然美，又呈現出真切動人的人情美”，而《九歌》的“這種以寫神爲主卻又流溢着濃郁的人情美的特質，是與詩人所生活的戰國時代‘以善爲美’的道德倫理哲學及屈原‘美政’的社會政治理想密切相關的”。（十七）黄鳳顯《再論〈國殤〉與〈九歌〉》，認爲“《國殤》是屈原新創的主祭歌，《九歌》其他篇則是屈子在民間祭歌的基礎上改創”，“從《九歌》所反映的整個驅鬼巫祭活動内容及其儀式看，它要體現的最直接的目的應當就是通過祭悼的方式來送行（言重一些即驅除）‘國殤’”，因此可以説，“《國殤》與其他篇之間不是並排串聯的關係，而是軸心與外圍的關係”，而《九歌》中的神、巫、人、鬼關係“就是一個由人和巫（巫在此也是人）迎請神祇扮演神祇以送行鬼魂的過程”。（十八）蔣南華《重讀〈九歌〉》，以題材的不同類型，將《九歌》分爲三組：一是以楚國宗祖的功德和英雄業績爲詩，如《東皇太一》、《雲中君》、《東君》、《國殤》、《禮魂》；二是以山川神祇和自然風物爲詩，如《大司命》、《少司命》、《河伯》；三是以神話故事和歷史傳説爲詩，如《湘君》、《湘夫人》、《山鬼》。（十九）姚小鷗《〈楚辭·九歌〉“與佳期兮夕張”解》，認爲王逸對《湘夫人》“與佳期兮夕張”一句的注解有誤，指出“‘張’字當訓爲‘瞻望’之‘瞻’”，“由此可推知，王逸認爲‘登白薠兮騁望’一句中，‘一本’中有‘登’非是的結論大可商榷”；而“‘佳’字爲‘佳人’之省，爲愛稱而非尊稱，故不指湘夫人，而指其所愛”，“如此又可知，上引《湘夫人》文辭（案，指《湘夫人》開頭八句）係由叙事而轉爲代言，則本篇中不存在屈原設祭的問題”。（二十）錢玉趾《〈哀郢〉的寫作時間及内容新解》，認爲《哀郢》“寫於楚懷王二十九年”，“哀郢，不是哀郢都的陷落，更不是哀楚國的陷落”，“《哀郢》是哀嘆楚國壅君會給郢都帶來災難”，“表達了屈原返郢復用報效懷王的希望”。（二十一）周禾《屈原：〈楚辭〉一書的唯一主題——兼論漢代的楚辭觀》，認爲漢人將《楚辭》中的作品分爲三類：屈原自作者、後人爲屈原所作者、後人仿屈原所作者，但“《楚辭》一書只有一個主題，那就是屈原”；“漢人對《楚辭》一書作品的看法是，正像儒家著作有經有傳一樣，他們也認爲《楚辭》一書有經有傳，其經就是《離騷》，而此外的作品，包括屈原的其他作品和後人的楚辭作品都是傳”，由此可見，“儒家的經、傳觀正是漢人編輯《楚辭》一書的指導思想";"從《楚辭》的編輯成書,我們還可以窺見漢人的楚辭觀","要之,漢人認爲屈原的所有作品和後人仿屈原且一般是以屈原的第一人稱口氣抒寫的作品,才稱之爲楚辭;此外,那些只有楚辭的外在形式,哪怕仍是以屈原爲題材的作品,則只能稱作賦"。(二十二)李倩《精神特質·傳響異調·表情方法——對屈原發憤抒情論的美學新審視》,認爲"發憤抒情論的精神特質,主要表現爲審美批判意識、審美悲劇意識和審美超越意識",發憤抒情美學觀"對我國憤書理論的整體流變和哀怨文學的歷史發展産生了深遠影響。這種千年回響既有一脈相承的同調,更有令人反思的異調","伴隨着抒情理論千年流變的表現法,一是直寄直陳,一是含蓄藴借"。(二十三)張宏洪《2002年楚辭學國際學術研討會暨中國屈原學會第九屆年會論文綜述》,對大會所收的論文歸類爲楚辭文藝學研究、楚辭社會學研究、楚辭文獻學研究、楚辭美學研究、楚辭傳播學研究、海外楚辭學研究、楚辭學史研究等七個方面。(二十四)王媛《20世紀90年代楚辭研究論著索引(一)》,共收録了1990—2000年間的楚辭研究論文目録。2002年7月學苑出版社出版。

周漢文學史考

文學史研究專著。[日]岡村繁著,陸曉光譯。岡村繁(1922—),日本人。1947年廣島文理科大學畢業,師從著名漢學家斯波六郎。1962年獲得文學博士學位。1966年任九州大學副教授,1968年任教授。1986年從九州大學退休後,任久留米大學教授。岡氏的研究領域很廣泛,主要從事《詩經》到唐代文學的研究。著有《文心雕龍索引》、《關於後漢三國的評論研究》、《陶淵明》、《中國文學專題三講》等。

本書爲上海古籍出版社出版的《岡村繁全集》第一卷。首有王元化《序》,指出岡村繁"在中國文學研究的諸多領域都有開拓性建樹","對楚辭與屈原的關係也作了過新的闡釋,這是他在日本率先提出的"。次作者《前言》,指出"着力運用自己追求的研討方法,試圖由此更能迫近當時文學的實態和本質"。正文直接論及楚辭的,凡三章,依次爲:第二章,《楚辭與屈原——論屈原形象與作者的區别》;第三章,《楚辭文學中〈抽思〉的位置》;第四章,《〈橘頌〉的出現——關於楚辭騷體文學的分離現象》。

在第二章《楚辭與屈原——論屈原形象與作者的區别》中,提出屈原不是"楚辭的作者",而是楚辭中作爲"忠臣"形象出現的主人公。作者力圖將楚辭的作者和楚辭的主人公區别開來,並承認歷史上確有屈原其人,云:"我雖然對賦予屈原的楚辭文學偉大作家的身份終究想持懷疑的態度,但决不是如清末的廖平和民國的胡適那樣連屈原其人的存在也想加以否定。屈原這位出現於楚國衰亡時期的具有悲劇色彩的忠臣,與後人長期追懷和景慕相稱的熱情的愛國者,只要不附加以詩人的屬性,恐是一位確實存在的人物。"其實,朱東潤早在五十年代就有與此相似的觀點,認爲"屈原在歷史上可能是存在,但與楚辭作品與傳説均無關係"。可見,此觀點也非岡村繁首創。爲了證明自己的觀點,岡村繁分别從外證和内證兩方面來論述:首先,從外證上看,認爲《史記·屈原傳》"對於判斷屈原的真相,不能把它看作富有可信性的傳記",因爲它基本上是根據《楚世家》、《易》、《漁父》、《懷沙》之類"編寫出來";其次,從内證上看,對《離騷》、《九章》、《九辯》等三部所謂"同以屈原爲主人公"的作品進行具體分析,一方面從三者間的類似句來探究它們之間的接受關係,另一方面從三者的不同表現形式(包括亂辭的有無、押韻方式、表現技巧等)來推斷它們的出現順序,最後得出《離騷》和《哀郢》是楚辭的最早作品。於是,岡村繁便從論證《離騷》和《哀郢》不是屈原所作的角度入手,來進一步推斷屈原同樣不是楚辭中其它作品的作者。岡村繁認爲"恐怕這兩篇作品,是屈原死後不久對其記憶猶新的詩人的手筆","各自是由不同作者創作出來的","一篇希冀以文學方式忠實地再現屈原的事跡,另一篇試圖對他的心境加以戲劇性的具象化"。

在第三章《楚辭文學中〈抽思〉的位置》中,提出《抽思》是《九章》中"一篇詩形獨特而與其他八篇完全不同的作品"。爲證明自己的觀點,岡村繁從兩方面來論證:首先,從《抽思》詩形看其二元性,"該詩前半部分的正文和少歌與《離騷》、《哀郢》的正文和亂酷似;後半部分的倡和亂與《涉江》、《懷沙》的正文和亂最爲相似";其次,從《抽思》詩形看其二元性,前半部分"大致可以解讀爲對背離自己的戀人反復數説責備的歌","是單純的祭祀歌",後半部分"是來到漢北的主人公向遥遠郢都的情人傾訴熱戀之情的歌","是追思屈原的歌"。由此得出,《抽思》的前半部分"大約作於與《離騷》、《哀郢》的同時期",而後半部分與"晚出於《離騷》、《哀郢》的《涉江》、《懷沙》大致同期","前者極有可能曾是《離騷》創作的傚法對象"。

在第四章《〈橘頌〉的出現——關於楚辭騷體文學的分離現象》中,提出《橘頌》"與其説是繼承了《詩經》的表現傳統,毋寧説是從以《離騷》、《哀郢》爲開端的楚國朗誦文學系統中衍變而來"。這是因爲:"最初的騷體系短篇作品所附的只是與正文形式相同且具簡短的'亂'辭",後來"這種'亂'辭的變長和歌謡化現象進一步發展,必然導致朗誦樣式的本文與歌謡樣式的'亂'辭相分離",而"《橘頌》則是'亂'辭系統獨立後所産生的。"最後得出:

“《橘頌》實際上並非屈原早年所作，并且也不是楚辭文學初期的作品；它不過是稍後時期産生的對屈原的一曲贊歌而已。”總之，此書在文本細讀和研究方法上對我們不無啓發和借鑒意義，然其實證研究卻是先有“觀點”然後引“事證”，而非先有“事證”然後得“觀點”，且下結論時又常用“似乎”、“可能”、“恐怕”等字眼，故其結論主觀色彩頗濃。2002 年 8 月上海古籍出版社出版。

迄今，對於是書及其觀點作過評述的論文主要有朱碧蓮《不有屈原，豈見離騷？——與日本學者岡村繁教授商榷》(《江淮論壇》1989 年第 1 期)、高揚《中日“屈原否定論”及其批判》(《天中學刊》1998 年第 1 期)。

屈原楚辭全新解譯

楚辭研究專著。今人錢玉趾著。本書首有馬安信《序言一》。次楊景《序言二》。末附《插圖》。次《附録》(《主要參考書目》、《古今對屈原及其作品的評價輯録》、《關於六博棋》、《古漢語知識舉要》)。次錢氏《後記》。

正文凡三部分：第一部分，《屈原生平新考析》；第二部分，《屈原楚辭原辭·今譯及注釋》，依次爲《九歌》、《惜誦》、《抽思》、《哀郢》、《橘頌》、《思美人》、《招魂》、《天問》、《離騷》、《遠遊》、《卜居》、《漁父》、《涉江》、《惜往日》、《悲回風》、《懷沙》；第三部分，《屈原楚辭全新論析》，依次爲《“惜誦以致愍”新解》、《〈哀郢〉與郭沫若錯論辨析》、《〈哀郢〉的龍門不是東門新解》、《〈哀郢〉與頃襄王元年及析邑淪陷無關》、《〈哀郢〉與莊蹻事件没有關係新辨析》、《〈橘頌〉〈思美人〉寫作時間及内容辨析》、《〈招魂〉疑難新辨析》、《〈天問〉疑難新辨析》、《〈屈原列傳〉的錯排與〈離騷〉作時新辨析》、《鄭袖的身份與屈原的評述》、《〈離騷〉寫於頃襄王初期新辨析》、《〈離騷〉詩題新解》、《“靈修”新辨析》、《“女嬃”新解》、《“落英”新解》、《〈離騷〉裏靈均没進閶闔和天庭嗎》、《屈原感嘆伍子胥而被殺辨析》、《彭咸身份與屈原投江關係辨析》、《屈原投江前的絶命辭辨析》、《屈原自投汨羅江之謎破解》、《屈原詩歌形式的對稱性特點新辨析》。

錢氏指出，本書屈原楚辭依據的版本爲王逸《楚辭章句》、朱熹《楚辭集注》，並參閱了金開誠等《屈原集校注》等；詩句的分節與押韻，參閱了王力《楚辭韻讀》。但本書打破了傳統的篇目編排順序，重新按照錢氏所認爲創作時間的先後來排列。本書的主要觀點：《九歌》的雲中君是文昌宫六星的貴相星男神，可能象徵晚年的楚威王；大司命是主管壽命的男神，可能象徵去世前後的楚威王;少司命是主管壽命的男神,大司命與它可能是正職副職關係,也可能是子嗣關係,可能象徵執政前期的楚懷王;相君是湘水男神,可能象徵執政中後期的楚懷王;湘夫人是湘水女神,可能象徵被囚於秦國的楚懷王;河伯是男性河神,可能象徵太子横;東君是太陽神,可能象徵初立的頃襄王;山鬼是男性山神,可能象徵侈靡淫逸、重用讒臣放逐賢臣的頃襄王;禮魂是祭禮祖先的樂歌,不是前十篇的亂辭或送神曲;《哀郢》寫作懷王末年,是因漢北兩城陷落回郢被逐而作;《橘頌》寫於懷王囚秦後,是以橘喻太子横;《思美人》寫於懷王囚秦、頃襄王初立時,所思美人應是兩位君王,先思懷王,後思頃襄王;《招魂》寫於懷王歸葬、屈原返郢時,是招懷王之魂;《離騷》寫於頃襄王初年,"離騷"是離别騷臭的意思;《懷沙》是屈原的絶命辭,"懷沙"是屈原投江,是懷念江邊沙地的意思;鄭袖是懷王的幸姬、夫人,不是王后;"靈修"不應指懷王,而應指頃襄王的賢德;《離騷》裏"女嬃"的身份原是賤女,來到屈原身邊後便成爲下妻、小妻或妾;《離騷》中"落英"應指從秋菊枝頭折下或採落的花;彭咸是殷代賢臣,屈原投江與彭咸没有關係。本書在注釋、今譯部分深見功力,在立論部分不拘成説、敢破敢立亦頗具勇氣,但有時刻意求新,缺乏具有説服力的證據,似乎顯得單薄無力,成爲奇言怪論,如將《九歌》中的各種神靈分别與三位楚王(威王、懷王、頃襄王)一一比附起來,《思美人》中美人指兩位楚王(懷王、襄王)等等。從某種程度上説,這是一本繼承不足而求新過頭的著作。2002年8月四川民族出版社出版。

迄今,對是書作過評述的論文主要有子規《閃耀着獨立思辨火花的屈賦研究——簡評錢玉趾〈屈原楚辭全新解譯〉》(《文史雜志》2002年第6期)。

與屈原對話

楚辭研究專著。今人段學儉著。段學儉(1970—),河南南陽人。1999年畢業於華東師範大學中文系古代文學專業,獲文學博士學位。現爲上海教育出版社編輯。

本書爲"與古聖賢對話"叢書之一。首有《編者的話》。次《引言》。末附《尾聲》。次段氏《後記》。在《後記》中,段氏指出爲了整理出一個比較完整的屈原,該書寫作原則是"第一依據事實,第二依據邏輯;事實和邏輯都無能爲力的時候,就依據常情"。

正文凡三章:第一章,《帝高陽之苗裔》;第二章,《路曼曼其修遠》;第三章,《苟余情其信芳》。這是一本重叙述而輕論析的著作,但有幾大特點:

（一）對話體的採用，作者將自己取名爲“栖横”，與古人進行對話，除了主體部分“栖横與屈原對話”外，還穿插了“栖横與史伯對話”、“栖横與司馬遷對話”、“張儀與楚懷王對話”，力圖對楚國歷史文化和屈原其人及其作品來重新解讀；（二）將女人和政治連在一起，屈原在談及楚國歷史時，先後三次在不同場合例舉了三個與楚國滅亡息息相關的女人，即楚莊王時的夏姬、楚平王時的伯嬴、楚懷王時的鄭袖；（三）歷史人物的功過論，比較客觀地評述了懷王、頃襄王，懷王經歷了早年的進取、中晚年的墮落、臨死的頑强，而頃襄王既有“善於採納臣子意見”的優點又有“貪圖享樂”的缺點等等；（四）作品創作時地的考辨，按照時間先後將其放在穿插在不同章節中，既再現情節又加深理解，如《橘頌》寫於屈原行冠禮時，《卜居》寫於流放漢北（約在楚懷王二十四年）前，《天問》、《抽思》、《思美人》寫於流放漢北後，《招魂》寫於頃襄王二年立時由於誤聽懷王被害而爲其招魂，《大招》寫於頃襄王三年確認懷王被害而重新爲其招魂，《離騷》寫於頃襄王三年被流放江南後，《遠遊》寫於《離騷》之後，《九章》中《惜誦》、《涉江》、《哀郢》、《懷沙》、《惜往日》、《悲回風》是流放江南時所作；（五）作品内涵的解讀，認爲《離騷》的題旨應該如錢鍾書所言的試圖擺脱胸中無窮無盡、重重叠叠的煩惱與憂愁，《離騷》有“三大段落”（懷王朝的經歷、頃襄王朝的奮鬥、流放江南後的感想）、“兩大主題”（如何處理與君主的關係、如何處理與同僚的關係）、“一大形象”（偉大的駕馭者），《離騷》的後半部分就是要做隱士、做神仙——以“游四方”、“求美女”、“聽仙樂”爲框架來完成，《離騷》中的“吾將從彭咸之所居”不是指準備投水自殺，而是指“與巫彭、巫咸共遊，去尋找長生久視的妙方”（案，段氏指此觀點來自王夫之，實際上肇始於汪瑗），《九歌》中祭神活動“不是集中在一次祭祀，而是分不同的時令與節候，祭祀不同的神靈”等等。但本書也有一些值得商榷的地方，如人物語言的運用不够恰當，由屈原自己之口説出“《詩經》中的詩，是凡人的詩；屈原的詩，是英雄的詩”、“人類卑鄙的貪慾，是文明發展的動力——如果人類文明是‘發展’的”之類的話顯然有所不妥；又如，屈原名叫“平”，字“原”，是由楚宣王所賜名，意指感謝上天給楚國賞賜土地，這也於史無證，設想太過。2002年9月上海古籍出版社出版。

楚辭文心論

楚辭研究專著。今人魯瑞菁著。魯瑞菁，臺灣人。1991年畢業於臺灣師範大學國文研究所，獲得碩士學位。1996年畢業於臺灣大學中文研究所，獲得博士學位。現爲臺灣静宜大學中文系主任、教授。

本書首有《緒言》，指出“班固曾批評屈原‘露才揚己’，還好屈原既露其才，又揚其己，後人始能由其露揚的部分，一窺《楚辭》文心之美”。末附《引用書目》。正文凡六篇，十二章。第一篇，《陳辭篇——諷諫與抒情》，包括：第一章。第二篇，《儀式篇——祭儀與抒情》，包括：第二章、第三章。第三篇，《美人篇——求女與情慾》，包括：第四章、第五章。第四篇，《香草篇——香草與巫術》，包括：第六章、第七章。第五篇，《時空篇——心靈圖像與宇宙圖式》，包括：第八章、第九章。第六篇，《時命篇——天命觀念與不遇情結》，包括：第十章、第十一章、第十二章。

第一章，《由〈離騷〉論屈原的陳辭》，認爲屈原在《離騷》中有兩種陳辭，即一是政治諷諫的陳辭，其對象是楚懷王，二是宗教自慰的陳辭，其對象是祖神，兩者可以統一在古代司法裁判及盟祖約信的儀式基礎上；《離騷》介於神話作品與文學作品之間，既是宗教儀式詩又是政治抒情詩。第二章，《由古〈九歌〉到屈原〈九歌〉——屈原〈九歌〉祭儀與抒情性質析論》，認爲古《九歌》有虞舜《九歌》、夏啓《九歌》、周代《九歌》三貌；屈原《九歌》除了因襲古《九歌》外，還受到楚地巫音與南音的影響，更重要的是其獨創性，即以男女愛戀的比興手法爲中介，一方面完成通向祭神、迎神的儀式詩歌型態，一方面也完成通向自白抒情與政治諷諫的目的；屈原《九歌》共有九組、九篇，其中“湘君/湘夫人”原即爲一組，而“國殤/禮魂”原即爲一組。第三章，《〈九章〉各篇内容性質析論及寫作時、地考察——兼論〈九章〉中的羈遊與昇遊》，認爲屈賦中有政治、歷史内涵的詩，羈旅之遊、行旅之遊内涵的詩，昇天之遊、仙旅之遊内涵的詩，咏物以寄寓内涵的詩等四種類型内容的詩。《九章》中的《惜誦》、《惜往日》屬於第一種類型，《抽思》、《思美人》、《哀郢》、《懷沙》兼屬於第一、二種類型，《涉江》、《悲回風》兼屬於第一、二、三種類型，《橘頌》屬於第四種類型；《九章》各篇的寫作時間不同，《橘頌》作時最早，懷王朝被疏時作《惜誦》，懷王朝被流放漢北時先後作《抽思》、《思美人》，頃襄王朝被流放江南時先後作《哀郢》、《涉江》、《惜往日》、《悲回風》、《懷沙》；“好修”是屈賦的綱領，“征遊”是屈賦的眉目，而屈賦中的“征遊”又有人間路的寫實的羈遊和天堂路的虚構的昇遊之别。第四章，《〈離騷〉“飛天”與“求女”儀式析探》，認爲《離騷》中共有兩次飛天遠遊，而“求女”是“飛天”的目的；主人翁的飛天遠遊，“具有古老的巫術神話背景，那即是古代薩滿巫師遨遊天地，溝通人神，其目的在化解部族及個人生命中所遭遇的生存困境”，“飛天、求女就楚族群體而言，是喻求明君；就屈原個人而言，則是喻求美善至潔”。第五章，《論宋玉〈登徒子好色賦〉與〈高唐、神女賦〉中的情慾問題》，認爲《登徒子好色賦》中有宋玉的“無欲無色”型、登徒子的“縱慾好色”型、章華大夫的“以利自防”型等三種情慾形態，其主旨不是以好色與否來諷淫，而是用讚揚“發乎情，止乎禮義”的行爲規範來諷淫；《高唐賦》和《神女賦》應是前後相銜的姊妹篇，前者是由“情慾”的挑逗、轉移與壓抑，後者是“情慾”的顯露、張揚與失落。第六章，《〈離騷〉衣飾論——比興與儀式》，認爲《離騷》的主人翁共有五次换装，依次爲純潔無瑕的初服（天真清潔的少年主人翁）、寄寓宗族情感的奇服（與楚族同宗的青年主人翁）、道德自持的修能之飾（九死不悔的光輝人格）、盛裝出場的繁飾（上下求索的飛天英雄）、則法前修的信姱之飾（無懼誓死的悲劇英雄），前三者是以文學比興的手法，後兩者是以巫術儀式爲原型。第七章，《〈九歌〉香草論——作用與源流》，認爲《九歌》香草出現在不同場合起着不同作用，其首要特徵是巫祭儀式，其次是文學比興；香草巫祭儀式來源於楚地的歷史積澱、地理環境熏陶和巫風影響，由此衍生出文學比興，以寄託屈原的忠君愛國之情和對美好理想的追求之心。第八章，《論〈離騷〉飛天遠遊的時間問題》，認爲時間觀念有客觀時間觀念和主觀時間觀念兩種原型，而《離騷》飛天遠遊的“時間的流程是神聖的、神秘的、體驗的、感悟的，不能用日常的、自然的、計量的、標度的時間尺度來衡量”，故應該從主觀時間觀念來探討其時間問題；若從客觀時間觀念來看，“《離騷》第一次兩度飛天遠遊共歷時二日一夜”。第九章，《論〈遠遊〉的宇宙空間圖像》，認爲屈賦中有“鄉野”、“國都”、“樂園”、“廟堂”等四種地理空間圖像，而《遠遊》屬於一個四極加中央、對稱均匀的“宇宙樂園”式空間圖像。第六篇，《時命篇——天命觀念與不遇情結》，包括：第十章、第十一章、第十二章。第十章，《論〈九歌〉的二司命》，認爲大司命主人之生死、壽命，少司命主人之過錯、詰咎（同時又主正義、保福禄）；二司命除了寄託屈原的“諷諫”之意、“忠君愛國、眷戀不忘”之思外，更主要是屈子人格、情思的全幅展現，其中雖流露出沉鬱、孤獨、痛苦的情感特質，卻也表現了樂觀進取的人生價值觀念。第十一章，《屈原的天人時命觀——以〈天問〉天命觀爲開展的討論》，屈原在《天問》中對人事的反思、究詰，形成了兩個層次，一是歷史政治（集體）層次，二是人生生命（個體）層次；在前者，屈原肯定、深化了自西周傳下來的“天命觀”古老傳統，藉以諷諫國君，在後者，屈原由自己與孔、孟不同的天賦美命觀，而採取了抒情、感懷的形式。第十二章，《論宋玉、賈誼、東方朔、王褒、劉向的騷體作品與不遇情結》，指出收録在《楚辭章句》中的擬屈原之作，有兩個標準：一是形式上必定是帶有‘兮’字的騷體作品；二是站在屈原的角度，多以第一人稱代屈立言，述屈之志，既傷悼、追愍屈原，亦以自傷、自慰。總之，本書既重視宏觀論述又注重微觀實證，既講究繼承又追求創新。2002年9月臺灣里仁書局出版。

迄今，對是書作過評述的論文主要有劉石林《魯瑞菁屈原學研究綜述》（載戴錫琦、鍾興永《屈原學集成》，中央編譯出版社2007年6月版）。

中國楚辭學(第二輯)

楚辭研究專著。今人方銘、張宏洪主編。本書首有《目録》。末附《20世紀90年代楚辭研究論著索引(二)——論文部分》。正文凡三部分:第一部分,《宋玉作品研究》,共收録潘嘯龍《關於〈招魂〉研究的幾個問題》、韋若任《〈招魂〉爲宋玉作以代屈原自招其魂説》、梅桐生《從〈九辯〉看宋玉的心態》、張正明《問對式散體賦始創者辨析》、劉剛《〈宋玉集序〉考與宋玉對問體散文的真僞》等五篇論文;第二部分,《楚辭文體及修辭研究》,共收録岡村繁《關於楚辭騷體文學的分離現象》、力之《關於"騷""賦"之同異問題——兼論吴子良等批評〈文選〉别"騷"於"賦"之得失》、陳怡良《〈九章〉修辭藝術舉隅》、安秉均《屈原修辭方法考》、王志瑛《屈賦"動·名·之·形"句異解》、郭全芝《〈詩〉〈騷〉句法傳承》、野田雄史《探討〈詩經〉及〈楚辭〉的押韻字——從太古音到上古音的變化》等七篇論文;第三部分,《楚辭與中國早期文化研究》,共收録劉毓慶《瑶臺考——兼論綉樓之起源》、張崇琛《崑崙文化與楚辭》、張樹國《絶地天通——上古社會巫覡政治的隱喻剖析》、李金坤《〈風〉〈騷〉"棄婦情結"探論——以〈氓〉、〈谷風〉、〈柏舟〉與〈離騷〉爲中心》、張鳴華《屈原詩歌屬於中原文化》、李中華《先秦招魂習俗與〈招魂〉》、趙輝、張淑華《試論音樂對楚辭的孕育作用》、楊子江《試論原始宗教精神對楚辭的浸潤》、張玉聲、張燕嬰《關於屈原西域崑崙情結的對話》、龍文玲《論楚辭與禮樂文化》等十篇論文。2003年1月學苑出版社出版。

楚辭魂——屈原辭譯注圖録

楚辭研究專著。今人周殿富著。周殿富(1951—),吉林農安人。現爲吉林出版集團公司董事長、編審。著有《諸葛武侯全傳》、《生命美學的訴説》、《現代領導學》等。

本書爲周氏《楚辭源流選集》系列叢書之卷一。李炳海在《走進楚騷文學大觀園——周殿富先生〈楚辭源流選集〉簡評》(《吉林日報》2003年3月1日)一文中認爲《楚辭源流選集》"是一套體大思精、結構完整的著作,是楚騷文學的集大成之作"。該書首有《前言》,指出其編輯宗旨是爲一般的楚辭愛好者提供一種閲讀欣賞、領略騷體文學面目的文本。次《總序》，簡述楚辭的源流關係，並指出“屈原作品輯爲《楚辭魂》爲全書之核心，故列於首”。次《代序——東方荷馬　百代文宗》，認爲荷馬史詩《奥德賽》的含義是“一塊比青銅更耐久的紀念碑”，而屈原給我們留下的絶不僅僅是一塊紀念碑。末附《附録：全書各册底本與主要參考文獻書目》。次周氏《後記》。

正文凡三部分：第一部分，《屈原辭全譯》，其體例首爲“譯序——從屈原到阿赫瑪托娃”，次爲“譯文”，在各篇或各組詩歌的譯文後又分附有“評要”；第二部分，《屈原辭句注》，其體例首爲“代序——屈原之死與他的悲劇人格”，次爲“句注”，在各篇或各組詩歌的句注前又分附有“解題”，原文和注解在每頁中採取左右對應排版；第三部分，《屈原辭圖録》，其體例首爲“代序——屈原的‘海洋型情感’與‘水仙情結’”，次爲各篇或各組詩歌的“圖録”，共收録二百九十四幅圖畫。本書各部分選録的作品一樣，依次爲《離騷》、《九歌》、《天問》、《九章》、《遠遊》、《卜居》、《漁父》、《招魂》和《大招》。周氏認爲：《離騷》是“一部歷史、自傳與文學相結合的作品”，“從作品中‘回朕車以復路兮，及行迷之未遠’，‘聊浮游以求女，及余飾之方壯兮’等句來看，此作品至少非老年之作，當爲屈原被疏離後不久之作”；《九歌》是祭典神鬼亡魂的作品，但不是巫歌，當然屈原更不是巫師；《天問》是屈原“對自然現象、人類歷史現象傳説中令人不信服、不解之處和有違常情之初提出疑問”，“一切由自身遭際與楚國的現實而引發，因而有天道不公、君道不平、人心不古之感慨”；《九章》中除《橘頌》、《涉江》、《惜誦》三篇外，基本上都是屈原死前之晚近作品，“《九章》可堪讀者七：其一，狀山川而絶其境；其二，言政治而絶其幽；其三，述悲憤而絶其極；其四，慨人生而絶其艱；其五，摹懷鄉而絶其思；其六，叙神遊而絶天地；其七，觀文采而絶古今”；《遠遊》的内容與《離騷》、《涉江》中的周流神遊並没有什麽兩樣，屈原之所以要去遠遊是因爲環境的逼迫；《招魂》中“哀江南”似乎非指哀憐江南故國，而應爲屈原在江南哀懷王。此書是一本圖文兼具、可讀性很强的著作，對於研究楚辭有重要的參考價值。2003 年 1 月吉林人民出版社出版。

楚辭論——歷代楚辭論評選

楚辭研究專著。今人周殿富編。本書爲周氏《楚辭源流選集》系列叢書之卷五。李炳海在《走進楚騷文學大觀園——周殿富先生〈楚辭源流選集〉簡評》（《吉林日報》2003 年 3 月 1 日）一文中認爲“周殿富在資料的搜集方面稱得上是苦心孤詣,不遺餘力,其中的許多材料不是取自專門的楚辭作品和論著,而是從歷代作家的文集中鈎沉出來的,難度更大。這種披沙揀金,集腋成裘的工作,也正是該書重要價值所在"。本書首有《前言》。次《總序》。次周氏《序》。次《毛澤東與楚辭》。末附《附録:全書各册底本與主要參考文獻書目》。次周氏《後記》。《前言》,指出本書的編輯宗旨是爲一般的楚辭愛好者提供一種閱讀欣賞、領略騷體文學面目的文本。《總序》,簡述楚辭的源流關係,並指出"古今歷代名家學者的楚辭文論詩贊輯爲《楚辭論》,以加深對楚辭源流的理性認知"。在《序》中,周氏指出本書輯録了歷代楚辭學者評價屈原作品及楚辭的文論和歷代詩人咏贊屈原的詩詞歌曲。《毛澤東與楚辭》,認爲毛澤東對楚辭情有獨鍾和楚辭對毛澤東詩詞創作具有不可泯滅的影響。

正文凡三部分:第一部分,《歷代楚辭經典文論選》,選録從漢代到近代等歷代楚辭學者的文論,共一百三十餘篇;第二部分,《歷代咏贊屈原詩詞選》,首爲"代序——夜讀屈原辭十七首",次爲從漢代到清代等歷代詩人咏贊屈原的詩詞,共一百九十餘篇;第三部分,《古今楚辭書目百種提要》,分爲《楚辭輯注釋譯類要目》、《楚辭評論研究類要目》、《擬騷類要目》、《楚辭圖繪類要目》等四大類。本書資料翔實,便於初學和進一步研究。2003年1月吉林人民出版社出版。

楚 辭 要 論

楚辭研究專著。今人褚斌傑著。本書首有《序言》。末附《百年屈學》。次褚氏《後記》。《序言》,認爲"兩千年來的楚辭研究,留下了汗牛充棟的論著,凡是值得思考的問題,前人差不多都有人思考過、探討過、論證過,要再前進一步實在很不容易"。在《後記》中,褚氏指出本書是"近些年來在北大講授'楚辭研究'專題課的基礎上陸續寫成的"。

正文凡六部分:一、《詩人屈原研究——〈史記屈原列傳講疏〉》(附《〈史記〉的屈、賈合傳問題》);二、《楚文化與楚辭》;三、《崇高、悲壯、奇麗——論屈原〈離騷〉的美學内涵》(附《〈離騷〉箋釋》);四、《情理兼備的咏史之作——屈原〈天問〉探賾》(附《〈天問〉箋釋》);五、《〈九歌〉論》(附《屈原〈九歌〉"東皇太一"新解》);六、《宋玉論》。在《詩人屈原研究——〈史記屈原列傳講疏〉》中,以《史記·屈原列傳》爲主要依據來研究屈原的生平與思想,提出自己的看法:屈原在懷王朝只是被疏而未被放逐,其被疏應早於懷王十六年,直到頃襄王三年屈原才被放逐;《離騷》寫於懷王朝屈原被疏後不久,且在楚受張儀之騙而後引起楚秦交兵以前;《屈原列傳》"一篇之中,三致志焉"中的"一篇"並非指《離騷》,而是指《招魂》,其主旨是招懷王所失之魂;屈原的思想不能簡單歸屬爲哪一個學派,他既接受了傳統儒家思而又有所突破,同時又對法治思想有所接受而又未完全依歸。在《楚文化與楚辭》中,通過楚文化的大背景來探討楚辭的産生及其特徵的形成問題,認爲"楚文化既是南方諸民族日益融會的土著文化,也包括了北土中原文化對它的滲透和影響"。在《崇高、悲壯、奇麗——論屈原〈離騷〉的美學内涵》中,對《離騷》藝術進行較爲細緻地探討,指出:《離騷》的美學内涵是崇高、悲壯、奇麗;《離騷》由"三個世界"——神話、往古、香草美人構成,從而結構出一個無比恢宏壯麗的抒情體系。在《情理兼備的咏史之作——屈原〈天問〉探賾》中,認爲"《天問》就是仰天而問,是就自然和人類的歷史探究天道的問題","全詩可分爲前後兩大部分,首問天地開闢,天象地理等方面的有關大自然的傳説,也就是大自然形成的歷史;次問人事,即夏、商、周三代興衰的歷史,並及於楚先;末尾贅之以詩人對自己身世遭遇的感嘆",總的來看,"它是一首以咏史爲内容,而史與論兼備,情與理相融的作品"。在《〈九歌〉論》中,對《九歌》的來源、性質和意蘊、名稱和篇數進行全面系統的研究,得出:屈作《九歌》雖襲夏《九歌》之名,因楚《九歌》而作,但夏《九歌》和楚《九歌》都只是享娱諸神之作,而屈作乃是與楚時事(即秦楚戰爭)有關的國魂之祭;《九歌》敍寫的是一次隆重的祭禮,既祭祀天神和諸神,又祭衛國將士之魂,其作意是"企圖藉助天神和國殤的英雄,雪國耻,報國仇,使一再兵挫地削的楚國,轉危爲安";《禮魂》是《國殤》的"亂辭",而《國殤》"乃是屈原《九歌》所新增有的篇章,也正是這次祭禮的主體,是這組詩歌創意之所在"。在《宋玉論》中,認爲"宋玉流傳於世的作品爲楚辭《九辯》一篇,賦《高唐》、《神女》、《登徒子好色賦》、《風賦》、《大言》、《小言》、《諷賦》、《釣賦》八篇,散文《對楚王問》一篇"。2003 年 1 月北京大學出版社出版。

迄今,對是書作過評述的論文主要有郭萬金《"文學"的還原與對話——讀褚斌傑先生〈楚辭要論〉》(《晉陽學刊》2004 年第 1 期)、李金坤《解疑釋惑考論結合——褚斌傑新著〈楚辭要論〉品讀》(《中國圖書評論》2004 年第 2 期)、黄震雲《當代楚辭學研究的重要貢獻——讀褚斌傑〈楚辭要論〉》(《北京大學學報》2005 年第 2 期)。

楚　辭

楚辭研究專著。今人陳書彬著。陳書彬(1963—　),又名陳蘇彬,山西芮城人。1983 年畢業於山西大學中文系漢語言文學專業,獲文學學士學位。1990 年參加山西大學中文系研究生課程班進修學習。就職於山西省財政税務專科學校,曾歷任師資科副科長、教務處副處長、基礎部副主任。現任該校公共課教學部主任。

本書首有《前言》,指出本書注譯以朱熹《楚辭集注》爲底本。次《楚辭(代序)》,爲王瑶發表在《文藝學習》1954 年 7 月號上的一篇文章。次《戰國楚國疆域圖》。次《目録》。末附《〈楚辭〉名言警句》。次《〈楚辭〉主要版本》,包括王逸《楚辭章句》、朱熹《楚辭集注》、王夫之《楚辭通釋》、蔣驥《山帶閣注楚辭》、陳子展《楚辭直解》、郭沫若《屈原賦今譯》、陸侃如《楚辭選》。次《〈楚辭〉主要研究著作》,包括朱季海《楚辭解故》、姜亮夫《楚辭通故》、褚斌傑《楚文化與楚辭》、游國恩《楚辭概論》、作家出版社《楚辭研究論文集》、陸侃如《屈原》、郭沫若《屈原》。

正文選録的篇目依次爲《離騷》、《九歌》、《九章》、《漁父》、《天問》、《九辯》。本書爲一般普及讀物,注譯體例爲先"題解",次"原詩",後"詩意",並穿插一些與内容有關的圖畫;注譯力求簡潔淺近,並對一些難字加以標音。從總體上,本書多繼承少創新,但個别觀點仍有一定價值:《離騷》大約作於楚懷王十六年,其題義是牢騷之意或作别愁解(源自朱自清的觀點);《九歌》中祭神可分爲三類,即祭上天之神(《東皇太一》、《雲中君》、《大司命》、《少司命》、《東君》)、祭山河之神(《湘君》、《湘夫人》、《河伯》、《山鬼》)、祭陣亡將士之魂(《國殤》);贊同郭沫若的觀點,《惜誦》是早年之作,《抽思》、《思美人》次之,《悲回風》、《涉江》又次之,《哀郢》是哀郢都被滅之作,《懷沙》、《惜往日》是絶命辭;"惜誦"的題義,是指"表達不願表達而又不得不説的心情";《天問》爲屈原流放漢北時所作,約當於楚懷王二十五年前後。2003 年 1 月山西古籍出版社出版。

文學的研究與研究的歷史

古代文學研究專著。今人張慶利著。張慶利(1962—),黑龍江綏化人。1983 年畢業於東北師範大學中文系,於黑龍江省綏化師範專科學校中文系任教。1989 年畢業於東北師大中文系古代文學專業,獲碩士學位。1994 年起歷任中文系副主任、主任。1999 年晉升爲教授,任綏化師範專科學校副校長。1997 年獲全國曾憲梓教師獎三等獎。1999 年享受國務院政府特殊津貼。1991 年、1997 年、2005 年,曾三次榮獲黑龍江省普通高校優秀教學成果獎。2004年被黑龍江大學聘任爲中國古代文學碩士研究生導師。現爲遼寧師範大學文學院教授、碩士生導師、中國屈原學會理事。著有《先秦詩歌史論》(合著)、《歌者的悲歡——唐代文人的心靈歷程》(合著)等。

本書爲《绥化學者文萃》叢書之一。該書首有張氏《總序》。次《目録》。次其碩士生導師傅慶升《序言》。末附《後記》。本書之題名,張氏《後記》云:"因爲其中主要涉及兩個内容,一是關於文學本體研究的,一是關於學術史研究的,故以'文學的研究與研究的歷史'名之。"從全書目録編排來看,"文學本體研究"部分共收録二十篇論文,而"學術史研究"部分共收録十篇論文。

在"文學本體研究"方面,有五篇關於楚辭的論文。(一)《論楚辭生成的文化背景》,認爲楚國濃厚的巫風"使其文化具有神巫氣質",高山大澤、雲烟變幻的自然環境"使楚文化富於浪漫精神",南北文化的融合"使楚文化表現綜合的品格",這三者共同組成了楚辭生成的文化背景。(二)《上古關於天人之際的探索與〈楚辭·天問〉》,把《天問》放在上古時代"究天人之際"的文化背景下進行探討,認爲其内容"大致歸納起來,不外'天'和'人'兩大類",前者"表現出作者堅韌不拔的探索精神和冲决網羅的懷疑精神",後者"表現了詩人的政治思想和鬥争精神",而"最後的落脚點便是楚國的社會現實",並"具有特殊的文學價值"。(三)《荆楚文化與〈九歌〉藝術》,認爲《九歌》是在楚國民間祭歌的基礎上形成的,"在藝術表現上的突出之點便是作品中令人驚奇的盛大而熱烈的場面描寫",其描寫的場面"主要有兩種,一是祭祀活動,二是生活場景",而"《九歌》情感的總體特徵是'悲'","作品中表現的雖然是神靈的悲,但實際上更是屈原自己遭讒見疏、含冤北方、請纓無路、報國無門的情感的自然流露"。(四)《楚族巫俗與〈楚辭·招魂〉》,認爲《招魂》正是借着在楚國盛行的"招魂復魄"的巫俗"以招魂詞的形式表現情感的",其作者應是屈原,"所招對象應爲屈原自己的魂",招詞中"臺池酒色"的描寫"應視爲巫陽之類人物思想修養和生活情趣的寫照,而不應看做被招者的思想和生活情趣的反映",其藝術上的獨到之處使它"成爲漢賦形成過程中重要一段"。(五)《繼往開來的宋玉辭賦》,指出"宋玉辭賦可分爲兩類,一是騷體賦,只有《九辯》一篇,其餘則均爲散體賦","如果説宋玉的騷體使更多地繼承了屈騷的藝術精神而有所創新的話,那麽他的散體賦則爲辭賦文學開拓了一個新領域,標誌着賦體的衍變"。

在"學術史研究"方面,有六篇關於楚辭的論文。(一)《一九八三年國内屈原研究綜述》,主要從屈原生平及思想研究、作品研究、楚族起源和楚辭學史等方面,來全面分析了1983年國内屈原研究的成就和不足。(二)《〈招魂〉研究述評》,對漢代以來的《招魂》研究進行了綜合的系統的評書,先後從屈原作、宋玉作、既非屈原作又非宋玉作等幾種觀點來評述其作者問題,從宋玉招屈原魂説、屈原招自己魂説、屈原招懷王魂説、招淮南王劉安魂説、招楚國陣亡的將士之魂説、招病者(包括一般人和楚王)之魂説等幾種説法來評論其魂主問題,從"招死者之魂"和"招生者之魂"等兩種看法來概述其"招魂"的形式問題和作時問題,此外還從人類學、文化史、美學等不同角度綜述其價值地位。值得指出的是,本文認爲《招魂》"是供楚王(不限某王)用的招魂辭",這與前面《楚族巫俗與〈楚辭·招魂〉》一文認爲《招魂》"所招對象應爲屈原自己的魂"的觀點相矛盾,似乎是表明作者對作品的認識有所變化。(三)《關於近年屈原愛國主義問題的争鳴》,從文中所引用的論文來看,題目中"近年"主要是指80年代至90年代,主要從如何認識先秦的國家、先秦是否存在愛國觀念、如何看待屈原固守楚國的動機、怎樣評價屈原的愛國思想等方面,來對曹大中學術争鳴圈的相關論文進行評述。對於屈原愛國主義的問題,周建忠《屈原"愛國主義"研究的歷史審視》一文(載《楚辭考論》,商務印書館2003年版)進行了詳細而嚴密的考辯。(四)《一項拓荒性的系統工程——周建忠當代楚辭學研究述評》,認爲"周建忠不僅是當代楚辭學的'拓荒者',更是當代楚辭學的'系統工程學家'",這不僅表現在他"首先提出了'當代楚辭學'的命題;而且還表現在它以獨特的心態、多樣的方法、引人入勝的風格勾勒着當代楚辭研究的整體風格、探索着當代楚辭研究的個體特質,規劃着當代楚辭研究的理想境界",同時"周建忠的當代楚辭學研究又帶來了多功能效應。既爲學術界提供了大量的研究信息,又推動了被評者的研究深入,還促進了自身研究能力的提高"。(五)《多維觀照　力創新意——郭傑〈屈原新論〉評介》,指出"《屈原新論》是郭傑在其博士學位論文《屈原與先秦文化》的基礎上增補修訂而成",認爲其主要成就體現在"對屈原研究的許多問題進行了重新探討"、"提出了一些值得重視的新穎觀點"和"研究方法上的多維關照"等三個方面。(六)《發幽索隱　探驪得珠——江立中〈離騷探驪〉評介》,認爲《離騷探驪》"名取'探驪',實已'得珠'",並從"宗旨:宏揚傳統文化,建設精神文明"、"原則:要把《離騷》當作文學作品來讀"和"方法:宏微互滲·縱横比較·歷史分析"等三個方面來對本書加以具體評述。此書是一本文學研究與學術史研究相並重、學術研究與文化普及相結合的著作。2003年10月吉林文史出版社出版。

楚辭解析

楚辭研究專著。今人周秉高著。本書首有周建忠《序》。次鄭中鼎

《序》。次《凡例》。次《目録》。末附周氏《後記》。周建忠《序》,從"史學研究"和"層次分析"等角度充分肯定周秉高楚辭研究的貢獻,並認爲本書"不回避難點,將'層次分析'作爲重點,尤其顯得難能可貴。而且在層次分析時,通過'層次圖表'指出各篇作品總的間架結構,以'具體説明'解剖層次結構,給人以一目瞭然、切實中肯的感受"。鄭氏《序》,原爲針對作者《屈原賦解析》一書而寫的論文《讀〈屈原賦解析〉兼議"層次分析"》(《職大學報》1994年第2期)。在《凡例》,周氏對本書的體例作了簡要説明,强調"本書不對楚辭做欣賞式的分析,而只進行冷静的層次解剖","層次分析包括兩個内容:一是層次圖表,二是具體説明"。周氏《後記》,回顧了自己二十年來楚辭的歷程,楚辭研究重點逐漸轉移到對作品層次的解析,目的是"爲了更好地宣傳、普及屈騷精神"。

正文凡兩部分。一、"作品解析",選録作品:《離騷》、《九歌》、《天問》、《九章》、《遠遊》、《卜居》、《漁父》、《大招》、《招魂》、《九辯》。各篇解析包括逐句對譯、層次分析和詞語注釋三部分,層次分析是其重點,"所謂層次分析,即作者的思路脈絡,是作品内容在結構上的顯現",如《離騷》分爲"回顧"(志向、遭遇、决心)、"求索"(女嬃勸誡、陳詞重華、上下求索)、"矛盾"(靈氛勸離、巫咸勸留、初念去國、終沉不忍)、"亂詞"等四個層次,《大司命》分爲"司命下凡"、"凡女追從"、"司命自負"、"人神同行"、"司命膽怯"、"凡女言情"、"司命高馳"、"凡女憂愁"等八個層次。二、"楚辭散論",具體包括:《楚辭研究史上的優良傳統》、《論屈原愛國主義形成的原因》、《"兮"字與楚辭的音樂性》、《屈原與黄棘之會有無關係辨》、《〈離騷〉不可能作於頃襄王時代》、《評朱熹對〈離騷〉寫作年代的改動》、《〈哀郢〉研究》、《屈原後期思想發展的一個低谷》、《〈悲回風〉二題》、《〈招魂〉寫作時地新探》、《〈大招〉二論》、《朱熹反王逸功過論》。各篇對楚辭研究中一些比較宏觀或難度較大的課題進行論證,提出了若干獨到的見解,如認爲歷史上的楚辭研究只有兩派——出世派和入世派,楚辭中大量用"兮"字證明楚辭大多具有强烈的音樂性,《大招》、《招魂》是姊妹篇——《大招》招懷王生魄而《招魂》招懷王亡魄等等。總之,此書在其《屈原賦解析》的基礎上擴充而成,並有所創新,頗便於初學與教學,是一本有特色的普及與提高的讀物。2003年10月内蒙古大學出版社出版。

迄今,對是書作過評述的論文主要有張正明《盡顯楚辭建築美——評周秉高〈楚辭解析〉》(《陰山學刊》2004年第4期)、毛慶《〈楚辭解析〉評析》(《内蒙古大學學報》2004年第5期)、方銘《楚辭文本研究對楚辭研究的重要性——以楚辭研究史爲視點看周秉高先生〈楚辭解析〉》(《滄州師範專科學校學報》2005年第1期)。

先秦兩漢詩賦考論

古代文學研究專著。今人方銘著。書名全稱爲《經典與傳統:先秦兩漢詩賦考論》。首有《目録》。次方氏《序》。末附方氏《跋》。方氏《跋》,指出"本書各章節,以及序、跋皆是我八十年代至九十年代撰寫的部分論文,並皆在報刊雜志中刊佈,這次出版,做了部分修正"。

正文凡六章。其中,與楚辭有關的凡三章:第三章,《戰國文人心態及楚文化研究》;第四章,《屈原及楚辭研究》;第五章,《宋玉辭賦研究》。本書主要觀點是:戰國文人具有共同的愛奇心態;莊子與屈原的共性只是文本的表象,他們的本質特徵卻有很大的不同,"一入世,一出世","一'人化',一自然",正表現出儒與道在對社會問題及藝術趣味方面的差異;屈原作品叙述方式具有獨特性,具體表現在叙事結構的極端無序化、自比爲女子與周旋於鬼神之間、叙述語言的華艷與悲劇性的叙述基調等方面;游國恩是二十世紀的新楚辭學最主要的奠基人和最成功實踐者,也是傳統楚辭學的最有創造性和最有成就的開拓者;《九辯》爲宋玉哀悼屈原而作,《招魂》爲宋玉哀屈原失魂落魄而作,《大招》爲景差哀屈原而作,這三篇作品都是似賦之楚辭;《楚辭》是屈原的作品和假託屈原的作品全集,而宋玉、唐勒、景差等人賴以成名的,卻並不是假託屈原的作品,而是他們新開闢的"賦"的創作領域。2003年11月人民文學出版社出版。

中國辭賦研究

辭賦研究專著。今人龔克昌著。龔克昌(1933—),福建漳州人。1962年畢業於山東大學中文系古代文學研究生,師從陸侃如。現任山東大學教授、博士生導師、山東大學辭賦研究所所長,兼任全國賦學會會長、洛陽大學辭賦研究所名譽所長。著有《漢賦講稿》、《漢賦研究》、《全漢賦評注》、《司馬相如傳》等。

本書首有《序》。次《目録》。末附《讀賦心得》。正文收録與楚辭有關的論文五篇。(一)《騷賦作家賈誼》,認爲《惜誓》"與《弔屈原賦》的寫作動機一樣,這篇賦當也有'自喻'的深意在,也即借屈原的口來發泄自己的憂憤不平”，賈誼賦“突出特點就是篇幅短小（都只有幾百字），句式整齊，通篇用韻，帶‘兮’字調，富有抒情色彩”，這説明“它是從以《離騷》爲代表的《楚辭》那裏發展過來的，它與《楚辭》還很難截然分開”。（二）《莊忌與他的〈哀時命〉》，認爲“没有任何理由把《哀時命》這篇政治内容甚濃的賦斷定爲莊忌在抒發自己的情懷”，而應該“把此賦視爲代屈原抒懷”。（三）《劉安君臣的〈招隱士〉與〈屏風賦〉》，認爲《招隱士》所招的對象並非屈原，因爲屈原壓根兒不是隱士，而應是淮南王，即招淮南王仙遊不歸之作；《招隱士》“極可能是小山之徒耍的另一花招，明明自己主子是自殺而死，卻要説他入山修道，因而思念他，招致他歸來，以掩蓋其醜行”；《招隱士》思想性不高，但藝術性卻很强。（四）《〈楚辭選注〉序》，認爲大概到《後漢書・王逸傳》，才正式出現“楚辭”書名；“大概秦將白起陷郢都，屈原終於絶望了，所以投江自盡”，“屈原的自盡，不單是因楚的滅亡，更重要的原因可能是感到自己政治理想的徹底破滅”；宋玉“是一個正直的落魄的文人，生活很窮困，詩寫得不錯”，其《九辯》“自怨自嘆的氣氛很重，而激昂慷慨抨擊朝政的語詞很難見到”。（五）《〈屈原賦譯注〉序》，認爲“屈原的作品，現在看法比較一致的有《九歌》、《天問》、《離騷》、《九章》、《招魂》”，“至於《遠遊》、《卜居》、《漁父》、《大招》，王逸雖以爲是屈原的作品，但現在一般人都不相信”；“是屈原創作的佳篇，把浪漫主義推向新的高峰，成爲千百年來人們學習的榜樣”。此外，本書《讀賦心得》也有涉及楚辭的，但只是作一般性的叙述。2003 年 11 月山東大學出版社出版。

迄今，對是書作過評述的主要有李美新《〈中國辭賦研究〉和〈全漢賦評注〉評析》（《洛陽大學學報》2004 年第 3 期）、瑞隆航向《兩部重要的學術巨著——讀龔克昌先生新近出版的〈中國辭賦研究〉與〈全漢賦評注〉》（《東方論壇》2004 年第 5 期）。

楚辭考論

楚辭研究專著。今人周建忠著。本書是周氏楚辭研究系列著作第六種，共收録其於 1994—2002 年間所著的十六篇論文。本書根據周氏一貫提倡和運用的“楚辭研究與楚辭學研究”同步進行的方法，切實做到將學術研究與學術史研究、本體研究與史學研究結合起來。首有周氏《序言》，指出“‘同步進行’，已成爲一種習慣，一種方法，也是一種思路，一種理念”，並簡要介紹了收入本書的十六篇論文。末附周氏《後記》，指出本書的書名“楚辭考論”四字由范曾先生題寫。

正文凡三編。第一編,《楚辭研究》(共收録《氣往轢古　精彩絶艷:〈楚辭的形成、作者及特點〉》、《〈楚辭〉黄昏意象發微及影響研究》、《蘭意象原型發微——兼釋〈楚辭〉用蘭意象》、《猗猗九畹易消歇　奕奕百畝多淹留——蘭花栽種歷史考述兼釋〈楚辭〉之"蘭"》四篇論文),採用"原型批評"理論,對楚辭黄昏意象、蘭蕙意象作定點研究,進而對楚辭作出"概述性"描述。第二編,《屈原研究》(共收録《荆門郭店一號楚墓墓主考論——兼論屈原生平研究的困惑》、《屈原"放逐"問題證辯》、《屈原"自沉"的可靠性及其意義》、《屈原"愛國主義"研究的歷史審視》、《尋找近真的"屈原"與"陶潛"》、《當代屈學考信録》、《〈離騷〉"求女"研究史略》、《〈哀郢〉作意研究史略》八篇論文),利用"二重證據法",對荆門郭店一號楚墓墓主、屈原生平研究的難點如"放逐"、"自沉"、"思想特徵"、"愛國主義"等作實證研究,對屈原和陶淵明作比較研究,以及對《離騷》、《哀郢》作專題研究史研究。第三編,《楚辭學史》(共收録《中國近現代楚辭學史綱》、《精於聲訓　他山攻玉——評何劍熏其人其學其書》、《金開誠〈屈原辭研究〉、〈楚辭選注〉平議》、《文學人類學的考古報告——蕭兵的楚辭研究與弗萊的原型批評》四篇論文),分别體現斷代研究、學者研究、著作研究等基礎性工作,力圖對當代楚辭學的巨大成就及其存在問題,作出客觀的評判與理論的探索。2003年12月商務印書館出版。

迄今,對是書作過評述的論文主要有張鶴《楚辭研究與楚辭學研究同步進行——評周建忠的〈楚辭考論〉》(《黄岡師範學院學報》2005年第1期)、王美春《厚積薄發　獨具匠心——談周建忠〈楚辭考論〉》(《江海晚報》2007年3月6日)。

九歌淺論

楚辭研究專著。今人劉樹勝著。劉樹勝(1965—　),河北泊頭人。1988年畢業於河北大學中文系。現爲滄州師範專科學校中文系副教授。著有《詞苑仙葩》、《紀曉嵐南行雜咏解析》、《河北抗戰題材文學史》等。

本書首有王洲明《序》。末附劉氏《後記》。王氏《序》,認爲此書"力圖對《九歌》作全方面、立體式的研究"。劉氏《後記》,説明該書是在山東大學做訪問學者(導師王洲明)階段撰寫。正文凡十四章:第一章,《〈九歌〉名稱探賾》;第二章,《〈九歌〉篇目諸説辨析》;第三章,《〈九歌〉詩體的淵源》;第四章,《〈九歌〉作者的辨正》;第五章,《〈九歌〉創作時地的考察》;第六章,《〈九歌〉創作目的蠡測》;第七章,《〈九歌〉諸神探釋》;第八章,《〈九歌〉篇章次序的調整》;第十章,《〈九歌〉與楚俗的關係》;第十一章,《〈九歌〉的比興寄託》;第十二章,《〈九歌〉的藝術成就》;第十三章,《〈九歌〉各篇解讀(上)》;第十四章,《〈九歌〉各篇解讀(下)》。從章節安排上看,本書過於細碎,顯得有些蕪雜凌亂,不便於論題的集中探討。但作者能基於對《九歌》研究史的有力把握和獨到評析,得出一些頗具説服力的結論:《九歌》之名可分爲中原"九歌"、神話《九歌》、民間《九歌》和楚辭《九歌》,楚辭《九歌》是在民間《九歌》基礎上的再創作,而與中原"九歌"、神話《九歌》的關係已難確知;楚地民歌根據"兮"字的位置可分爲"兮"字在句尾和"兮"字在中間的兩類,而屈原《九歌》體式的淵源正是"兮"字在中間的那一類楚地民歌;《九歌》應是屈原對民間《九歌》在内容方面的一次徹底改造,是創作學意義上的再創作;《九歌》作地必在沅湘,而其時定在頃襄王時;《九歌》的創作目的絶不是祭祀娱神,而是借民間《九歌》的祭歌形式來抒發自己心頭鬱積情懷的抒情詩;《九歌》是一套完整的組歌,而不是雜湊起來的《九章》式的組合體,其各篇次序本應是按被祭神的尊卑身份排列,故其正確的編次應當是《東皇太一》、《東君》、《雲中君》、《大司命》、《少司命》、《湘君》、《湘夫人》、《河伯》、《山鬼》、《國殤》、《禮魂》。2003 年 4 月青海人民出版社出版。

中國楚辭學(第三輯)

楚辭研究專著。今人方銘、張宏洪主編。本書首有《目録》。末附《20 世紀 90 年代楚辭研究論著索引(三)——論文部分》。正文凡兩部分:《古代楚辭學著作研究》與《楚辭文學的傳播研究》。

第一部分,《古代楚辭學著作研究》,共收録黄靈庚《〈楚辭補注〉標點正誤》、周秉高《朱熹反王逸功過論》、羅敏中《論朱熹的尊屈傾向》、趙逵夫《陸時雍與〈楚辭疏〉》、孫宗曉《論王夫之的〈九歌〉研究》等五篇論文。各篇主要觀點:黄文認爲中華書局 1983 年版的洪興祖《楚辭補注》在斷句標點上有若干值得商榷之處,其原因在於不明注釋體例所致、不明詞義句意所致、未與注所引古書對勘而誤、疏於注文語例句式所致、據錯亂之文而誤斷、不明通假字而誤斷等方面;周文認爲朱熹對於王逸是本質上反對,全方位否定,並竭力淡化甚至抹殺屈原作品强烈的思想性、戰鬥性,但十分注重楚辭的層次分析;羅文認爲朱熹以儒制儒來否定了班固提出的以中庸爲理論基礎的評屈模式和格局,以儒批儒來批判揚雄失節事身王莽的行爲,表現出明顯的尊屈傾向;趙文認爲《楚辭疏》是一部有特色、有價值的著作,善於從文學發展演變、作家的傳承流變方面觀察其風格之異同，對劉熙載的《賦概》有一定的影響；孫文認爲王夫之研究《九歌》，既闡釋其文化底蘊又强調其文學價值。

第二部分，《楚辭文學的傳播研究》，共收録張宏洪《論屈原對王充的影響——屈原精神與浙東文化傳統研究之一》、林家驪《江淹與楚辭》、蔣方《試論楚辭文體對魏晉六朝的傳播與接受》、曾亞蘭《説蔡琰與杜甫詩格的屈騷血緣及其傳承關係》、黄震雲《"屈宋英聲"和孟浩然的詩歌創作》、許東海《唐代詩學、辭賦學、史學合流之一考察——從諫諍意識論白居易新樂府創作之理念與實踐》、蔡靖泉《柳宗元與屈原》、洪濤《楚辭英譯的問題——以〈山鬼〉篇爲論析中心》、丁魯《關於用白話格律詩體翻譯楚辭》等九篇論文，各篇主要觀點：張文認爲屈原對王充的影響主要體現在對天的看法、對時弊的揭露和批判、對人的德行的評價以及博學兼容、主體自覺的精神等方面；林文認爲王夫之《楚辭通釋》看重江淹的紹騷作品是很有眼光的，江淹仰慕屈原及其楚辭，着意模擬楚辭以抒己意；蔣文認爲兩漢文人閱讀楚辭時偏重屈原其人，而魏晉六朝文人則注重楚辭形式，並從尊屈輕宋逐漸轉向屈宋並稱，從辭賦混稱變爲辭賦分家。曾文認爲杜甫詩師蔡琰，兩人詩歌具有同源的血脈，即皆注重學習屈騷；黄文認爲孟浩然詩歌的悲吒的美學風格的形成，明顯受到了楚辭的影響，在其詩歌中大量運用楚辭的文化意象，從中尋求精神慰藉；許文認爲白居易新樂府詩經常藉辭賦的傳統諷諭意蘊的運用與融合，以凸顯其諷諫意圖，主要體現在對借鑒屈騷的香草美人比興的摹擬與新變書寫手法；蔡文認爲柳宗元與屈原情志相通、命運相似，其詩文師法屈騷，在哲學上自覺發揮屈原思想，在文學上大力弘揚屈騷風範；洪文認爲以《山鬼》爲例，《楚辭》的英譯主要涉及到詩中角色和敘述者的設定、植物名稱的翻譯、譯文的語言特色和形式等方面的問題；丁文認爲用白話格律詩體翻譯楚辭是有益實踐。2003 年 7 月學苑出版社出版。

古典與比較

古代文學與比較文學研究專著。今人徐志嘯著。本書係徐氏的論文自選集。首有徐氏照片及簡介。次《目録》。末附《徐志嘯著作目録》。正文凡三部分：上輯、中輯、下輯。上輯全部爲楚辭專論，共收録十八篇論文；中輯爲古典文學研究，收録與楚辭有關的論文一篇；下輯爲比較文學研究，收録與楚辭有關的論文两篇。

上輯:(一)《楚辭起源論》,從荆楚歷史條件、荆楚文化因素、南北文學淵源等三方面,對楚辭的起源進行了比較全面、深入的探討。(二)《屈原思想辨析》,從反駁郭沫若《屈原研究》認爲屈原不受道家思想影響的觀點入手,得出屈原"既受儒、道、法、陰陽、縱横等諸家思想影響,又不偏於某一家"的結論。(三)《論屈原的"好修"》,認爲《離騷》中"所有帶'修'之詞,均以'好修'一以貫之,清晰地展示了《離騷》的主題與主人公(屈原)崇高人格和理想","我們抓住'好修',實際上也就抓住了《離騷》的綱、屈原的魂"。(四)《東皇太一新考》,認爲在屈原時代,"太一"僅是哲學意義上的名詞,並不是神,因此確定"東皇太一"到底是什麽神只能靠"東皇",而"東皇"正是春神,象徵世間萬物萌生、開端的春神。(五)《〈九歌〉——求生長繁殖之歌》,認爲《九歌》"從本質上看應是楚民祈雨、祈農業豐産並與性愛、生育繁衍相結合的原始祭歌的再創造","是楚人藉助祭神配以男女社交風俗的記録與體現,是情愛與祭神相結合的産物,其具體地點發生在'楚之雲夢',但不一定是某次祭祀儀式的實録",因而從祭祀角度看《國殤》、《禮魂》與《九歌》其他篇章並不一致,"這兩篇恐怕是在組成《九歌》整體時另加上去的"。(六)《九歌三論》,從《九歌》應是九篇、原始《九歌》與萬舞、《九歌》作於懷王十九年春等方面來論述,指出《九歌》中的"《國殤》與《禮魂》當是一篇,後者是前者的亂辭","《湘君》與《湘夫人》形式上是兩篇,實際上按其内容與結構,應該説是一篇",原始《九歌》與萬舞是兩個互爲類似的東西,而屈原《九歌》正是借原始《九歌》來加工改制而成,並從屈原身世經歷和作品内證(尤其《國殤》、《東皇太一》)推斷《九歌》創作於懷王十九年春。(七)《論〈天問〉、〈橘頌〉之題旨與來源——與日本學者商榷》,認爲《天問》的題旨並不是三澤玲爾《屈原問題考辯》所言的上帝對《離騷》主人公由於自身遭遇不幸而忘記了遵循天命的告誡,而是"屈原借'天之問',發抒其時其境下他自己的種種疑問和感慨",其取材來源在於《山海經》和壁畫,而《橘頌》的題旨也不是三澤玲爾《屈原問題考辯》所言的《離騷》主人公託橘復活的贊歌,而是"作者以形象比擬的手法,借植物寄託自己的高潔品格與畢生遵奉的準則,它爲當時和後世樹起了一個崇高的形象",其取材來源在於橘生於楚國和橘不能遷移的特點。(八)《論楚騷美》,指出楚騷具有情感美、形象美、自然美、悲劇美、形式美等美學價值。(九)《屈賦辨析》,認爲用"屈賦"和"楚辭"來簡稱屈原作品不恰當,應當以"屈騷"爲好。(十)《漢代擬騷詩興盛説》,剖析了擬騷詩在漢代産生與興盛的原因,其主要産生時期在西漢初期。(十一)《漢承楚文化説》,從出土文物、漢詩、漢賦、漢代風俗等方面看,應該説是"漢繼楚緒",而非"漢承秦制"。(十二)《漢代楚辭學》,選取劉安、司馬遷、劉向、揚雄、班固、王逸等漢代楚辭研究的代表人物進行評述,指出漢代是楚辭學的開創期。(十三)《魏晉迄唐楚辭學》,評述了魏晉迄唐期間楚辭研究的概貌。(十四)《劉勰論楚辭》,高度肯定劉勰楚辭研究的成果與貢獻,同時也指出其局限與不足。(十五)《近代楚辭學》,指出近代楚辭學(1840—1919年)的特點是"時間短、學者少、成果新、影響大",選取馬其昶、梁啓超、王國維、劉師培等四位具有代表性的學者進行評述,同時又附帶述及現代楚辭學(1920—1949年)的代表人物魯迅、陸侃如、游國恩、聞一多、郭沫若、饒宗頤等六位學者的楚辭研究。(十六)《論楚文化的起源發展及其特點》,指出楚文化是我國南方長江流域一個古老的文化體系,在先秦時代"幾乎是同北方黄河流域文化並峙"。(十七)《游國恩先生的楚辭研究》,將游國恩的楚辭研究的風格、方法與特點概括爲"三個結合",即歷史眼光與考據功力的結合、宏觀探索與微觀考察的結合、廣搜博採與扎實文獻學功夫的結合。(十八)《日本當代楚辭研究》,指出20世紀50年代日本當代楚辭研究的特點是"範圍廣、成果豐、視角新、學者多",主要選取日本當代漢學名家如白川静、岡村繁、藤野岩友、竹治貞夫、石川三佐男等學者,來對其楚辭研究進行評述。

中輯:《林庚先生的古典文學研究》,高度肯定其導師林庚的楚辭研究成就,指出林氏楚辭研究的最大特點是"發前人之所未發,絶不人云亦云",其楚辭研究成果主要集中於《詩人屈原及其作品研究》和《天問論箋》等兩部著作。林氏認爲:從屈原開始,中國詩歌從《詩經》的女性特點轉向了楚辭的男性風格;《天問》是古代傳説中的一部興亡史詩,即問天地興亡和問人間興亡;屈原生於公元前335年(楚威王五年),卒於公元前296年(楚頃襄王三年)等等,這些觀點頗具説服力和價值。

下輯:(一)《屈原與但丁》,認爲屈原和但丁兩者所處的時代條件相仿、文化背景相似,身世際遇接近,寄厚望於君主相同;屈騷和《神曲》在内容上同樣愛憎分明、揭露現實、關心政治,但其創作意圖不盡合一,前者由"怨"而生,後者因"慕"而生;兩者在藝術上主要有四點相同,即構思奇特、想象豐富,比喻和象徵手法的運用,創立新詩體,立體人物形象的塑造。(二)《論屈原在世界文學史上的地位》,從横向掃視世界上古時代詩壇,屈原"可稱爲世界詩歌早期史上第一位傑出的抒情大詩人";從縱向鳥瞰世界詩歌發展史,屈原可與荷馬、但丁、莎士比亞、歌德等大詩人相比,從而確定"中國屈原完全是一個能够傲立於世界一流大詩人行列之中而絶無愧色的偉大詩人"。2003年7月上海古籍出版社出版。

迄今,對是書作過評述的論文主要有韓高年、韓曉清《全球化語境下文學研究範式的探索——讀徐志嘯〈古典與比較〉有感》(《淮陰師範學院學報》2006年第3期)。

屈騷鑄詩魂

楚辭研究專著。今人江立中著。本書是“精衛文叢”之一。本書首有《目録》。次熊元義、余三定《總序:學術民主與學術精神》,指出“不少名氣還小的人,只要有了機會,就會成爲名氣很大的人”,“編輯《精衛文叢》,就是希望收集這些吉光片羽,記録他們走過的足跡”。次江氏《前言:偶然與必然——我的楚辭研究》,認爲其楚辭學研究是偶然中存有必然性,尤其是擔任《雲夢學刊》“屈原研究”欄目責任編輯後便與海内外楚辭學者多所交往,並特别指出“周建忠好比一個當代楚辭研究的信息庫,大概是潛心楚辭,‘爲伊消得人憔悴’,身材是那樣的單薄——看到他,我便想起了集成電路板,那也是單薄的”。末附江氏《後記》,謙虚地指出,“如果讀者不以《内篇》爲然,則有《外篇》先賢之論以資參考”。

正文凡内、外兩篇。内篇分十個專題,包括《“楚辭”簡説》、《屈原的生平》、《屈原的作品》、《〈離騷〉的創作時間》、《〈離騷〉的結構》、《〈離騷〉的思想内容》、《〈離騷〉的象徵藝術》、《〈離騷〉的自我形象》、《屈騷的美學特徵》、《屈原與遷謫文學》等。外篇分三個方面,包括《屈原作品選七家注》(收録《離騷》、《九歌》、《九章》、《卜居》、《漁父》等作品)、《歷代屈原研究觀點選輯》、《〈離騷探驪〉評論三篇》(收録戴金波《爲深邃之思　發幽隱之義》、張慶利《發幽探隱　探驪得珠》、任先大《一部“探驪得珠”之作》等論文)。本書是江氏二十多年來楚辭研究的總結之作,有一些新見值得注意,如,高陽氏顓頊爲中華民族的共同祖先,故《離騷》中“帝高陽之苗裔”一語的大意,就如同我們今天常説的“我們都是黄帝子孫”,並非具體家譜的實指;《九歌》既是古曲,是幾篇就是幾篇,不必去强求合“九”之數了;《離騷》才是屈原的最後作品,從《九章》到《離騷》,屈原“從一位忠於楚王,企望於君王的貴族重臣,突變爲與楚王及其貴族集團毅然决裂的貳臣逆子,突變成了人民的歌手”;《離騷》分爲五大部分,依次爲“序詩”(從“帝高陽之苗裔兮”到“來吾道夫先路”)、“任職郢都”(從“昔三后之純粹兮”到“固前聖之所厚”)、“退歸故里”(從“悔相道之不察兮”到“夫何煢獨而不予聽”)、“放逐沅湘”(從“依前聖以節中兮”到“蜷局顧而不行”)、“結尾”(即“亂辭”);“異采美”是屈原作品的最顯著的特徵,是戰國後期中國社會審美水平發展的結果;《離騷》是文學作品,《離騷》裏的主人公可以稱之爲作者的自我形象,單自我形象與作者之間不能畫等號;屈原奠定了遷謫文學“發憤以抒情”的審美基調,對遷謫文學的影響主要體現在慘痛的遭遇、愛國的精神和對險惡政治的批判三個方面;屈原對遷謫文學的影響,主要體現在慘痛的遭遇、愛國的精神和對險惡政治的批判三個方面,奠定了遷謫文學"發憤以抒情"的審美基調。此外,外篇《屈原作品選"七家注"》也頗具參考價值,"七家"是指王逸《楚辭章句》、洪興祖《楚辭補注》、朱熹《楚辭集注》、王夫之《楚辭通釋》、蔣驥《山帶閣注楚辭》、戴震《屈原賦注》和馬茂元《楚辭選》,其體例依次爲"題解"、"原文"、"注釋",有時也於"題解"中或"段落"間加以"按語"。2003 年 7 月中國文聯出版社出版。

迄今,對是書作過評述的論文主要有唐輝《江立中楚辭學研究述略》(《零陵學院學報》2004 年第 5 期)。

古典文獻論叢

古代文學研究專著。今人趙逵夫著。本書首有安平秋《序》。次《前言》。安氏《序》認爲,此書"是二十年來古典文學、古典文獻學研究領域裏的一部注重實證、視野開闊、論證有力、成一家之言的論著"。正文凡三十二篇,收録趙氏發表於不同時期的論文。其中,有兩篇與楚辭有關的論文:《唐勒〈論義御〉校補》、《陸時雍與〈楚辭疏〉》。關於《唐勒〈論義御〉校補》,是在 1987 年發表的《滄海求珠　一睹璀璨——作爲楚辭上源的民歌和韻文剖析》的基礎上做了進一步探究的成果,力求通過重新編次和校補使文本更接近原貌,認爲"唐勒"當是書名,"論義御"應是《唐勒》一書中的篇名,其主旨是論"義御",即以駕御之術爲喻,説明治理天下應"虛静無爲",使人各處其宜。關於《陸時雍與〈楚辭疏〉》,趙氏在此文中全面考述陸時雍的生平、著述及其楚辭研究的貢獻,認爲:他生於萬曆中期(約 1590 年前後),卒於崇禎末年(1639 至 1644 年之間);他先取字"仲昭",後改字爲"昭仲";他注疏《楚辭》,"不僅僅是爲了藉以救明末文壇的頹風,表現他對復古風氣的不滿,體現'真、情、韻'的詩學思想,還有政治方面的原因";"他雖然特别强調屈原的忠君愛國,但他是由情論道,而不是以道論道";《楚辭疏》是"一部有特色、有價值的著作","善於從文學發展演變、作家的傳承流變方面觀察其風格之異同","這種貫通和比較的方法以及力圖對過去的研究進行總結概括的努力","對清代劉熙載的《賦概》有一定的影響"。另,該書還指出陸時雍《楚辭疏》的兩大缺點,一是精於談藝而疏於訓詁與考證,二是個别觀點自相矛盾。2003 年 7 月中華書局出版,獲第四屆中國高校人文社會科學研究優秀成果三等獎。

迄今，對是書作過評述的論文主要有杜志强《文獻的當代選擇——兼評〈古典文獻論叢〉》(《蘇州大學學報》2004 年第 3 期)、楊曉斌《如何“走出疑古時代”——讀趙逵夫先生〈古典文獻論叢〉》(《東南大學學報》2005 年第 1 期)、漆子揚《理論與實證結合的經典——趙逵夫先生〈古典文獻論叢〉》(《西北成人教育學報》2005 年第 4 期)、葛剛岩《立足國學　守望傳統——讀〈古典文獻論叢〉》(《武漢大學學報》2007 年第 1 期)。

楚辭影響史論

楚辭研究專著。今人孟修祥著。孟修祥(1956—　)，湖北天門人。1991 年畢業於湖北大學人文學院，獲文學碩士學位。曾任長江大學文學院院長。現爲三峽大學文學院教授、碩士生導師，兼任湖北省中國古代文學學會副會長、中國李白研究會常務理事。著有《謫仙詩魂》、《詩聖杜甫》、《中國古代文學與文化研究》等。

本書爲董澤芳主編的“荆楚文化研究叢書”之一。該書首有董氏《總序》。次《目録》。末附孟氏《後記》。董氏《總序》，認爲“荆楚文化的研究要本着‘遠目標、大視野、全開放、高起點’的思路進行全面系統的規劃”。孟氏《後記》，指出“此書名爲‘楚辭影響史論’，實際只寫了楚辭對漢唐兩個朝代文學的影響與這兩個朝代文人對楚辭的接受或闡釋”。正文凡上、下兩編。上編，《本體論》，除《緒論》外，又分《楚辭産生的文化土壤》、《屈原人格範式》、《焦慮與懷疑》、《神人合一的抒情詩學》、《香草美人原型》和《感傷與艷情》等六章。下編，《影響史論》，除《緒論》外，又分《楚風漢韻》和《唐詩騷影》兩大方面，前者包括《漢賦“拓宇於楚辭”》、《楚辭與漢代詩歌》、《賈誼、司馬遷對屈原精神的接受》、《〈楚辭〉闡釋之批判》四章内容，後者包括《初唐:在揚棄中得楚辭之精神》、《盛唐:“文質取半，風騷兩挾”》、《中唐:紹騷之“復”與“變”》、《晚唐:感傷與艷情復現》四章内容。在《本體論》方面，主要觀點有:《楚辭》的産生有其深厚的文化土壤，具體表現在執着進取的文化根型、博採衆長的文化品格、奇幻的巫覡文化色彩等三方面;“把屈原僅僅視爲一個只會對楚王效忠的忠臣，無疑貶低了屈原，縮小了屈原的人格精神價值”，“屈原的人格精神代表了中華民族的政治理性、道德精神和詩性智慧”;“屈原並非爲楚王而死，也不是爲楚國被秦國滅亡而死”，“屈原之死，死於精神困惑中的信仰懷疑所導致的絶望”;“《九歌》是祭壇上的祭歌，又是優美動人的抒情詩”，“其神人合一的抒情特徵遠遠超越原有的祭歌，因而具有了永恒的藝術魅力”；“屈原‘發憤以抒情’，在作品中大量借用了楚人祭祀儀式中的‘香草美人’的原型意象，並轉化爲‘男女君臣’模式”；感傷與艷情是宋玉的文學選擇，這是其人格邏輯所決定的，因爲“感傷，現實人生挫折的自覺感悟”而“艷情，人格弱化者的自慰情結”。在《影響史論》方面，主要觀點有：楚辭對漢賦的影響，主要體現在以司馬相如《天子遊獵賦》爲代表的漢大賦和以賈誼《弔屈原賦》爲代表的抒情賦；楚辭對漢詩的影響不僅僅在藝術形式上，而且直接影響了漢人以悲爲美的審美傾向；屈原和賈誼在處世態度和人格結構上有極大的相異性，但在創作上，賈誼則直接承繼了屈原的藝術精神，即重抒情和巧構思；司馬遷對屈原的接受，主要體現在對屈原人格精神的認同和繼承屈原“發憤抒情”的傳統；班固與王逸兩人的觀點表面上看是對立的，實際上，兩人所持的評價標準確是一樣的，即儒家的忠君愛國的思想道德觀念；王逸研究楚辭的功績不在於他對屈原所作的思想意義上的評價上，而是在他對屈原作品所作的審美價值的評價上；楚辭對“初唐四傑”影響之深，並不因爲他們對屈、宋有過幾句不實之語而事實得以消除；李白“詩源騷”主要體現在兩方面，一是“怨”和“戀”的雙重文化性格淵源，一是“驚采絶艷”的浪漫藝術淵源；《楚辭》中悲秋與傷春的感傷文學在盛唐文人筆下再度呈現，李商隱與温庭筠既選擇了感傷，也選擇了艷情，從而成了那個時代的典型人物。2003年7月湖北人民出版社出版。

屈子陽秋

楚辭研究專著。今人黄崇浩著。本書首有張正明《序》。次毛慶《序》。末附黄氏《後記》。張氏《序》，指出“《屈子陽秋》論及疑案，都能列舉舊説，析其利弊，辨其當否，或擇善而從，或别求新解。無論見仁見智，俱不蹈空立論”。毛氏《序》，指出“只要瀏覽一下該著的目録，就會感到作者眼界的開闊、思路的寬廣和考慮的周詳，凡屬屈原的問題——時代、故里、生平、思想、作品，等等，幾乎全部論及”。在《後記》中，黄氏指出“既曰‘陽秋’，必然對屈子有所臧否”，“倘若没有自己的見解與發現，僅僅拾人牙慧，豈非虚耗他人，又虚耗自己”。

正文凡六卷：卷一，《屈原時代》（又分《屈原之世》、《屈原之國》、《屈原之君》、《屈原同代》、《屈原同列》五章）；卷二，《屈原故里》（又分《屈原之族》、《屈氏始封》、《屈氏先臣》、《屈氏時賢》、《屈氏共業》、《屈原生地》六章）；卷三，《屈原生平》（又分《屈原生年》、《屈原仕歷》、《屈原之死》三章）；卷四，《屈原思想》(又分《美政理想》、《愛國觀念》、《外交策略》、《人格修養》、《倫理觀》、《宇宙觀》、《歷史觀》、《知識結構》八章);卷五,《屈原神話》(又分《祖先神話》、《天文神話》、《地理神話》、《圖騰神話》、《巫具考》五章);卷六,《屈原作品》(又分《作品年代》、《作品結構特徵》、《作品風格特徵》、《作品文體特徵》四章)。

本書是一本體制宏大、考證周密、見解持平的著作。如屈原的生卒年和仕歷考,屈原生於宣王中期(前 351 年夏曆正月),卒於頃襄王二十一年(前 278 年夏曆五月);屈原一生仕履歷程大概可分爲"始爲太子槐之師"、"出任三閭大夫"、"升任左徒"、"瀟湘洞庭之遊"、"造爲憲令"、"遭讒被疏"、"侍懷王訪趙"、"第一次使齊"、"懷王訪魏,及屈原訪魏的可能性"、"第二次使齊"、"關於'屈原既絀'、'屈原既疏'與'復用'使齊"、"復爲三閭大夫"(懷王後期的十餘年内所擔任的職務)、"往漢北"、"諫懷王入秦"、"襄王用子蘭,放屈原"(流放地先爲"溆浦",後移至"汨羅")等不同階段。又如作品年代考,"《橘頌》當是屈原及冠之時的《冠詞》。或是屈原父所作,但更可能是屈原代父之擬作","《惜誦》之作,應在《離騷》之前,亦即復任三閭大夫時期",《離騷》寫於"屈原並未遭受放流"之時,《國殤》"是屈原到漢北後憑弔丹陽戰場以後的作品","《天問》作於懷王之世的末期,亦即懷王入秦前後,亦即頃襄王初立前後","《大招》當作於頃襄王三年,懷王歸喪之候;亦即屈原遭放之前",《哀郢》正作於"入溆浦後第九年,即襄王十二年(前 287 年)"。再如作品風格論,屈辭風格的基本特徵是崇高,具體表現在"境界之崇高:經營四方兮,周流六漠"、"形象之崇高:蘇世獨立,横而不流"、"藝術之崇高:圜則九重,誰營度之"等三方面。最後如《楚辭》詩體三源論,《楚辭》詩體的三個源頭,分别爲"化辭爲詩"("辭"主要指怨臣之訟辭、巫官之祝辭、史官之訓辭、策士之文辭)、"采文爲詩"(主要指散文的句式)、"學《詩》爲詩"(主要指《詩經》的四言體),所謂南楚歌謡之影響並無踪跡。2003 年 8 月湖北人民出版社出版。

迄今,對是書作過評述的論文主要有力之、孫振田《〈屈子陽秋〉評述》(《雲夢學刊》2006 年第 3 期)、阮忠《考據:通向辨疑與開新之路——黄崇浩教授〈屈子陽秋〉評説》(《黄岡師範學院學報》2006 年第 2 期)。

屈原研究

楚辭研究專著。今人褚斌傑主編。本書是"20 世紀中國學術文存"叢書之一。首有陳平原《總序》。次褚斌傑《導論:百年屈學》。末附《20 世紀屈原研究論文目録索引》。次褚氏《後記》。陳平原《總序》指出“學術史研究中必不可少的‘問題意識’,決定了本叢書的工作目標:既須‘史’的深厚,又兼有‘論’的新説”。而在《導論:百年屈學》中,褚氏對二十世紀屈學研究的三大階段、代表學者、主要成果、重大事件、存在問題、新世紀展望等一系列問題做了宏觀式的描述。褚氏《後記》,指出編輯本書是“企圖對百年屈學的概況和發展做一次總的回顧”。

正文收録論文四十二篇,包括梁啓超《屈原研究》、胡適《讀〈楚辭〉》、陸侃如《讀〈讀《楚辭》〉》、魯迅《屈原及宋玉》、郭沫若《屈原考》、浦江清《屈原生年月日的推算問題》、林庚《攝提與孟陬》、蔣南華《屈原生年考辨》、劉永濟《史記·屈原列傳發疑》、趙逵夫《屈氏先世與句亶王熊伯庸》、蔡靖泉《楚國的“莫敖”之官與“屈氏”之族》、張正明《端午·龍舟·角黍·屈原——文化事象異源合流之一例》、殷光熹《屈原思想流派辨》、聶石樵《關於屈原三題》、温洪隆《屈原愛國論》、董楚平《從屈原之死談到他的愛國、人格、氣質——屈原個性研究》、李誠《論班固評屈》、郭維森《屈原與莊周美學理想異同辨》、徐志嘯《屈原與但丁》、姜亮夫《簡論屈子文學》、游國恩《楚辭女性忠心説》、游國恩《楚辭用夏正説》、姜亮夫《説屈賦中之巫》、毛慶《試論屈原詩歌的象徵手法及其特色》、黄中模《論我國評騷理論家的“虚無説”》、郭傑《論〈離騷〉的自我形象》、肖兵《〈離騷〉的三次飛行》、褚斌傑《〈離騷〉“正則”、“靈均”解》、林庚《天問注解的困難及其整理的綫索》、羅漫《戰國宇宙本體大討論與〈天問〉的産生》、張宏洪《單一與豐富的有機結合——論〈天問〉的藝術成就》、馬其昶《讀〈九歌〉》、聞一多《怎樣讀九歌》、褚斌傑《論〈楚辭·九歌〉的來源、構成和性質》、李大明《〈九歌〉夜祭考》、潘嘯龍《〈九歌〉六論》、湯漳平《再論楚墓祭祀竹簡與〈楚辭·九歌〉》、周建忠《〈涉江〉〈哀郢〉〈懷沙〉新論》、陳子展《〈招魂〉解題》、湯炳正《〈楚辭〉成書之探索》、崔富章《楚辭校勘文獻概論》、黄靈庚《楚辭簡帛釋證》。本書從二十世紀汗牛充棟的楚辭著作和論文中,選取一些代表不同角度、不同時期楚辭研究成果的論文,既是一次總結也是一次指引,充分體現了選編者所具有深廣的學識修養和學術氣度。2003年8月湖北教育出版社出版。

出土文獻與《楚辭·九歌》

楚辭研究專著。今人湯漳平著。本書首有王運熙《序》。次湯氏《前言》。次《目録》。末附《附録》(收入《陳子展先生談先秦文學及楚辭學研究》、《試評〈屈賦新編〉》、《評〈楚辭〉研究中的"巫化"傾向》、《析楚辭研究中的"錯位"現象》四篇論文)。王氏《序》,認爲著者楚辭研究的特點是"目光敏鋭,思想縝密,態度客觀審慎"。湯氏《前言》,回顧了自己二十年來研究《楚辭·九歌》的心路歷程,並指出正文中的六篇論文"對《楚辭·九歌》的認識作了比較全面系統的闡述",附録中的四篇論文"偏重於對研究方法問題的討論"。

正文凡兩部分。一、《〈九歌〉譯釋》,依次爲《東皇太一》、《東君》、《雲中君》、《湘君》、《湘夫人》、《大司命》、《少司命》、《河伯》、《山鬼》、《國殤》、《禮渾》(按,應爲《禮魂》);二、《〈九歌〉六論》,依次爲《試論〈九歌〉的性質及成因》、《〈九歌〉人神關係淺論》、《從江陵楚墓竹簡看〈楚辭·九歌〉》、《再論楚墓祭祀竹簡與〈楚辭·九歌〉》、《論〈楚辭·九歌〉中的女神》、《試談〈九歌〉中的二〈司命〉》。本書"譯釋"力求簡潔精確,如《湘夫人》中末句"時不可兮驟得"和《湘君》中末句"時不可兮再得","僅一字之差,説明湘君相信有會面之期,並決心等待這一天的到來。這一字之差,也反映了湘君和湘夫人性格上的差别"。本書"考論"做到駁舊立新、以新補舊,主要觀點有:二《湘》與古代舜和二妃傳説有關,湘君是舜,湘夫人是二妃;大司命與少司命應是一對夫婦神,大司命是主宰人的生死壽命之男神,少司命是專司人的子嗣有無之女神;《九歌》非祭神祈福之作而是"屈原見到搬演'天神英雄故事'歌舞後創作的詩"——"楚王室的祭典",非雜湊而成而是"一組有嚴密組織寫成的組詩",非被流放於沅湘時所作而是當楚國左徒時所作;《九歌》中有巫的活動,"然而他們不是作爲人的身份,而是代替神從事活動的,因而這裏的巫,其實是人神合一的,是神的化身";"《九歌》不是真正祭祀活動的描寫,它不過是一種演出活動罷了";江陵楚墓竹簡對於確認《九歌》中的"司命"分爲大、小司命和"雲中君"爲雲神等論點,提供了一定的根據,同時對於認識《九歌》的作時(懷王任職期間)、作地(郢都)及性質(從祭祀歌舞演變而來的宫廷樂舞)也具有特殊重要的意義。2004 年 9 月中國社會科學出版社出版。

迄今,對是書作過評述的論文主要有林祥徵《〈九歌〉研究的新突破——評湯漳平著〈出土文獻與《楚辭·九歌》〉》(《漳州師範學院學報》2006 年第 1 期)。

楚辭研究

楚辭研究專著。今人孫作雲著。本書被收入"河南大學學人文叢"之一

《孫作雲文集》。首有孫氏照片。次孫氏手稿書影。次史樹青《序》。次其子孫心一《殫精竭慮　求索楚風——孫作雲先生傳略》。史樹青《序》指出,孫作雲"對楚文化的研究既是多年從事的專門課題,也是他所獲成就最大的一個領域"。《殫精竭慮　求索楚風——孫作雲先生傳略》,概述孫作雲的生平、爲人、著述及其貢獻,指出孫作雲"書齋取名'楚風堂',以示自己以《楚辭》和《詩經》爲畢生研究的志向","先生的學術研究是從《九歌》發軔的","在聞一多先生之前,向來無人認爲《天問》有錯簡,聞先生只揭出'吳光争國,久余是勝'一條,郭沫若先生只指出'伏匿穴處爰何雲,癟過改更,我又何言',但未及其他,而先生改正了今本《天問》順序的三分之一,凡三十餘句,把散落在夏、商、西周各代的錯簡整理出來,使問春秋七章自然歸成一組,各得其所,前後文義連貫,面目一新"。

正文凡上、下兩册,收録四十九篇論文。其中,上册二十四篇,下册二十五篇,全面展示了孫作雲先生在楚辭研究方面的造詣,具有一定的學術價值。上册所收録的論文依次爲:《屈原的生平及作品編年》、《讀〈史記·屈原列傳〉》、《屈原的無神論思想》、《屈原的放逐問題》、《屈原在楚懷王時被放逐的年代》、《從上官大夫的"奪稿"説到屈原因〈離騷〉而得禍》、《上官大夫與靳尚非一人考》、《在歷史教學中怎樣處置屈原問題》、《屈原被人崇拜的歷史條件——〈在歷史教學中怎樣處置屈原問題〉續篇》、《屈原傳》、《屈原的故鄉在哪裏》、《屈原與河南》、《〈楚辭〉與上古史研究》、《〈楚辭〉——考古工作者如何利用這部書》、《〈離騷〉的主要錯簡——〈離騷〉文義的再探索》、《〈離騷〉校勘記》、《論〈離騷〉、〈惜誦〉、〈抽思〉、〈九辯〉的寫作時間、作者與寫作原因》、《〈離騷〉的政治價值與藝術價值——紀念屈原殉國 2 230 周年》、《從〈離騷〉的寫作年代説到〈離騷〉、〈惜誦〉、〈抽思〉、〈九辯〉的相互關係》、《〈九歌〉非民歌説——〈九歌〉與漢〈郊祀歌〉的比較》、《〈九歌〉和民歌的關係——從鄭衛之音到楚聲》、《秦〈詛楚文〉釋要——兼論〈九歌〉的寫作年代》、《論〈國殤〉及〈九歌〉的寫作年代》、《楚辭〈九歌〉之結構及其祀神時神、巫之配置方式》。下册所收録的論文依次爲:《説〈九歌·東皇太一〉爲迎神曲》、《〈九歌〉湘神考——二女傳説之分析》、《〈九歌〉東君考》、《〈九歌〉司命神考》、《漢代司命神像的發現》、《〈九歌〉山鬼考》、《〈天問〉的寫作年代及地點》、《從〈天問〉中所見屈原的唯物論思想》、《〈天問〉對上古史研究的貢獻》、《〈天問〉的表現形式》、《〈天問〉的錯簡》、《從〈天問〉中所見的春秋末年楚宗廟壁畫》、《評〈天問〉三家注》、《〈天問〉今本章次》、《〈天問〉校正本》、《〈天問〉意譯》、《〈天問〉新注》、《從〈天問〉看夏初建國史》、《〈橘頌〉的寫作年代》、《〈大招〉的作者及其寫作年代》、《説〈招魂〉爲宋玉招楚襄王之魂》、《談〈惜誦〉》、《關於〈漁父〉》、《〈九辯〉的寫作年代——從重九登高説到屈原被放》、《〈九辯〉簡注》。

總的來看,孫氏的楚辭研究較前人有所突破,尤其在作品時地考證、作品錯簡鈎稽以及楚文化闡釋等方面,頗顯功力,獨具學識,主要觀點有:(一) 屈原的生卒年:在《屈原的生平及作品編年》中認爲約生於楚威王元年(公元前339年),死於楚襄王二十一年(公元前278年),而在《屈原傳》中又認爲屈原約在楚宣王二十七年(公元前343年)"在楚國的京城郢都(今湖北江陵縣)降生",前後有所不同。(二) 屈原的放逐:屈原一生經歷兩次放逐,在《屈原的放逐問題》中認爲屈原第一次被放"是在楚懷王二十五年(公元前304年)楚、秦黄棘之會之時","《離騷》即爲此事而寫作",其流放地點在漢北,"時間凡三年"(案,此説與《屈原的生平及作品編年》中"屈原在懷王三十年因反對楚懷王與秦昭王會武關遭到親秦派的排擠而'第一次被放'"的觀點不一致);第二次被放"應自楚襄王十二年(公元前287年)起,至楚襄王二十一年(公元前278年)二月止","其流放地點在湖北西境秭歸","時間凡九年";總之,"屈原根本没有被放逐到江南。屈原確實是到過江南的,而且死在江南,但那時候不是被放逐,而是在楚襄王二十一年(公元前278年)秦將白起攻佔郢都,屈原在國破家亡的時候,到江南來'視察'"。(三)《史記·屈原列傳》的解讀:"司馬遷作《史記·屈原列傳》並未作多少文字,他只是很巧妙地把三篇最有代表性的文章(案,指劉安《離騷經章句·序》、無名氏《漁父》、屈原《懷沙》)連在一起,以成功一篇屈原傳記而已",實際上,"《史記·屈原列傳》即劉安《離騷經章句·序》,亦即劉安'旦受詔,日食時上'的《離騷傳》"。(四)"三閭大夫"名稱的辨析:在《屈原的故鄉在哪裏》中指出,後世稱屈原爲"三閭大夫"(首見於今本王逸《離騷經章句·序》),就是因爲他住在三閭内,也兼管三大貴族的宗族譜牒等事,並不是楚國的"官階"内有一種"官"叫"三閭大夫"。(五) 作品真僞的考辯:指出"分析一篇作品是某人作的或不是某人作的,主要靠作品的内容,其次靠作品的風格,然後再參稽當時的歷史背景",《九章》中"真正爲屈原所作的只有《惜誦》、《抽思》、《哀郢》、《涉江》、《懷沙》五篇及另外一篇《橘頌》",至於"那些以三字名篇的《思美人》、《惜往日》、《悲回風》三篇"皆非屈原所作;《大招》爲屈原所作,"楚懷王死後,屈原、宋玉各作《招魂》以招其魂,當初這兩篇文章都叫做《招魂》;但是因爲後來劉向要把它們合編爲一書,爲了容易區别起見,他才把屈原所作的《招魂》改題曰《大招》——意謂'大招魂',或'偉大的招魂歌',而把宋玉所作的《招魂》依其舊名仍曰《招魂》","其寫作年代在楚襄王三年,公元前296年春";《招魂》非屈原所作,"是宋玉招楚襄王之魂","它的寫作時間,是在楚襄王三十六年、公元前263年,即楚襄王死的那一年";《漁父》不是屈原的作品,而是"深知屈原爲人"的"比屈原稍晚的戰國末年人所作"。(六) 作品時地的考證:《九歌》作於“在藍田大戰之前”,“楚懷王爲了孤注一擲,曾命令屈原作祭神歌——《九歌》,遍祀天地、山川、鬼神,以求福佑,戰勝秦軍”;在《屈原的生平及作品編年》中,指出《離騷》、《惜誦》、《天問》、《抽思》乃是在楚懷王三十年“被放逐以後一系列的著作”,但在《論〈離騷〉、〈惜誦〉、〈抽思〉、〈九辯〉的寫作時間、作者與寫作原因》中又指出《離騷》“絶不是老年之作,而是中年之作,可能就是四十歲之作。恰巧在楚懷王二十五年這一年,屈原正是四十歲”,“《離騷》又是促成屈原被放的導火綫,是中國文學史上第一篇可考的筆禍”,以及在《論〈國殤〉及〈九歌〉的寫作年代》中又指出《天問》“當在楚懷王之世,而且非流浪時期之作,‘因爲在《天問》中的發問,是由於楚先王廟中的壁畫所引起;而楚先王宗廟應該在楚京,不應該在外地;又屈原能作出像《天問》那樣的長篇哲理詩,亦决非在顛沛流離期間所能濟事’”,顯然這些觀點自相矛盾;在《〈橘頌〉的寫作年代》中,指出《橘頌》“應作於屈原致仕左徒之後,爲三閭大夫之時,其著作年代約與《天問》同時”,因爲兩者在内容上同爲“咏物”詩,在形式上皆爲“四言詩”,且詩中的“閒情逸致絶非流離失所的人所能有”;在《屈原的生平及作品編年》中,指出屈原第二次被放期間的作品“全都失傳了”,“《哀郢》、《涉江》、《懷沙》都是同一年(案,指楚襄王二十一年)的作品,而且是二月初至四月間的作品”;宋玉《九辯》作於“公元前 304 年舊曆九月”,“在屈原被放逐之後,在讀《抽思》之後”。(七)楚辭成書的體例:“《楚辭》的編纂法既以屈原作品爲中心,又以《離騷》爲中心,旁及解釋《離騷》的諸賦”,故《楚辭》“實際上成爲一部叢書”。(八)作品的錯簡鈎稽:《離騷》裏有兩大段錯簡,“第一段錯簡置靈氛的話後、巫咸的話前,即‘何所獨無芳草兮,爾何懷乎故宇’之後、‘欲從靈氛之吉占兮,心猶豫而狐疑’之前,今殘存凡十句”,“第二大段錯簡在巫咸的話當中,即自‘甯戚之謳歌兮,齊桓聞以該(備)輔’之後、‘和調度以自娱兮,聊浮游而求女’之前,凡三十二句”;《惜誦》“作爲早期的‘抒情詩式的賦’是不應該没有亂辭的”,其原因是《惜誦》的“亂辭”錯簡在《涉江》的開頭一段中,高度肯定聞一多先生“很巧妙地把《涉江》中的前一段(案,指從“被明月兮佩寶璐”到“與日月兮齊光”八句)、其内容與《涉江》完全不相稱、反而與《惜誦》末段講服食求神仙之時完全相吻合的一段抽出來,接在《惜誦》的尾巴上,重建或恢復了《惜誦》的亂辭”,“這樣一來,《惜誦》成了完璧,而《涉江》也割去了贅疣”;《天問》的錯簡,“主要是今本《天問》時代錯亂,不但大時代有錯亂,而且在一個朝代之中,又有小錯亂”。(九)《九歌》性質及祭神考:“《九歌》是楚國國家的祭祀樂章,也可以説是楚國的郊祀歌,與漢《郊祀歌》同類”,“《九歌》是文人的創作,即屈原的創作,而不是民間的歌謡”,“從整體上説,《九歌》是一套有組織的祭神歌,而不是一個一個的、漫無組織的民間的俗祀與民間的歌謡”;《九歌》中的《國殤》,"便是在這次大祭中祭祀在春天丹淅大戰時的陣亡將士,特别是祭祀大將軍屈匄的",因爲"在戰争時,大將擊鼓",而"《國殤》中既有'援玉枹兮擊鳴鼓'之文,可見它所祭祀的對象應該是一員主將","又就《國殤》末段説'身既死兮神以靈,子魂魄兮爲鬼雄',這個'子'字也似乎專指某一特定的人物而言,而不是泛指一般人";"大司命"司大人之命,"少司命"司小兒之命;《東皇太一》是"迎神曲","本題應題曰'吉日',其中的'上皇'即主祭者楚懷王,與所謂'東皇太一'完全無關","今本《東皇太一》乃漢人之誤題",也許就是劉向杜撰;"湘水女神和漢水女神是出於一源,湘水二女即漢水二女。若更往前推,則這兩個神話是東方二女傳説的分支,其先原爲東方民族的女神,或即殷民族的女神所演變","在二女傳説的背後,横亘着一種古代的禮俗,即仲春之日的高禖之祭";《山鬼》之山即(《高唐賦》之)"巫山",《山鬼》之鬼即(《高唐賦》之)"巫山神女"(案,此説發軔於清顧成天《九歌解》,後來聞一多明確提出此説,又經孫氏補充)。(十)作品間關係考:《惜誦》"是《離騷》的續篇——是《小離騷》,是解釋《離騷》忠心不二的話",《九辯》"一方面是《抽思》的唱和詩,一方面又是《離騷》的申辯書:——説它是《離騷》的申辯書,就是説它發揮了《離騷》的意思,代屈原鳴不平"。另,本書中的"上官大夫與靳尚非一人","在這許多女巫之中,有一個名叫女嬃的,就和年輕的作詞人屈原戀愛了","'惜誦',就是'愛作賦'"等觀點,也可備一説。此書之不足,爲各篇論文由於寫作時期不同而導致一些重要觀點前後不一;關於屈原愛國主義思想、唯物論、無神論等論述也帶有明顯的時代局限性;對王逸的楚辭成就評價過低;對郭沫若的楚辭觀點褒獎有加等。2003年9月河南大學出版社出版。

迄今,對是書及其觀點作過評述的論文主要有張嘉滄《批判孫作雲先生對屈原研究的資産階級觀點和方法》(《史學月刊》1959年第3期)、趙逵夫《屈原卒年考》(《貴州社會科學》1996年第2期)、鄭慧生《〈孫作雲文集〉出版》(《史學月刊》(2004年第4期)。

淵研樓屈學存稿

楚辭研究專著。今人湯炳正著。本書首有湯氏《自序》。次《目録》。末附湯氏弟子熊良智《後記》。湯氏《自序》云,"我一生潛心於典籍者垂七十載,側身於學林者且六十年。其間得失互見,冷暖自知,甘古(案,當爲'苦'字)之言有不勝縷述者。而所有這些,又往往不可能見諸學術專著,反而時時流露於師生問答、零散序跋、朋輩信函之中。如果説這個集子還有些存在的價值，也許就在於這一點吧！”熊良智《後記》指出，此集是湯先生“生前親自編定的最後一部文稿”，“此集原名‘文録’，今題‘屈學存稿’，是爲了突出其主要内容與特色，而‘淵研樓’乃先生書齋之名，得名於當年先生購得的清代著名學者孫星衍平津館所藏的一塊端硯。研，乃‘硯’的本字，淵，則取自孫星衍之字‘淵如’”。

正文凡三部分：一、《屈學答問》，共收録七十五篇；二、《序跋薈存》，共收録三十六篇；三、《書信拾遺》，共收録一百零三封。在《屈學答問》部分，湯先生發表了有關楚辭的一些重要觀點，至今仍具有較高的學術價值，如：當時的楚國是以中原的文化優勢，取南方文化的精華爲己有，而不是被南方文化所吞噬；屈賦以伍子胥自喻的歷史背景，在於當時人們所絶對承認的神聖義務——“血族復仇”，故“當時評子胥者，往往不僅略其‘覆楚’，而且贊其‘忠吳’”；郭沫若釋“於山”爲“巫山”者，實爲據後世誤本以爲之説，不可信，因爲《九歌·山鬼》中“采三秀兮於山間”，“兮”即代“於”，今本“於”字乃後人所加；重排《天問》的章節次序，是最省事而又最粗暴的作法，因爲“從《天問》全篇的大結構來看，是井井有條的”；漢初楚辭之學崛起於江淮之間的歷史原因，是“漢劉邦興於楚，楚歌、楚舞等楚文化大受統治者的青睞，作爲楚辭之學，自然也勃然興起”；《遠遊》决非抄襲《大人賦》或《大人賦》的初稿，恰好相反是《大人賦》抄用了《遠遊》；《國殤》是行儺之歌，《九歌》祈雨各章皆與儺無關；南北朝時期爲屈學之低潮，因爲“除郭璞《楚辭注》、劉勰《文心雕龍》之外，難見鴻篇巨著”；屈原並非“巫官”，屈賦並非“巫辭”；治屈賦各有所難，《離騷》難在掌握作者感情的起伏變化，《九歌》難在辯析爾我稱謂代詞之所指，《天問》難在追溯神話原型與貫通章節次第；《九章》難在寫作時地的確定，《招魂》難在對名物典制之訓釋；東方朔本傳所舉之《責和氏璧》當即今悼屈之作《七諫》，此乃《七諫》之所以不見於《東方朔傳》的原因；詩騷異體的原因，乃由口頭歌唱與書面記録之不同所造成；屈原北走汨羅的目的既非專爲避敵，亦决非只爲自沉，而是據以復國；屈原二十幾歲即任“左徒”，不合於《曲禮》“三十曰壯而仕”而合於當時任賢授能、不拘資歷的時代特徵；不能以《抽思》中出現“三五”之言而否定其爲屈作，因爲“三五”之説早已出現在屈原之前，且盛行於楚國；《涉江》之“南夷”，乃指當時溆浦一帶的巴、濮諸族而言，非指楚人；中原文化與楚文化的主流相同，故以中原典籍釋屈賦，極少扞格；出土漢簡帛對訓釋《楚辭》異文有重要參考價值，以阜陽漢簡借“蘇”爲“御”爲例，則可推知《離騷》“蘇糞壤以充幃兮”和《橘頌》“蘇世獨立”中“蘇”字的含義。在《序跋薈存》部分，其中與楚辭有關的序跋有《〈屈賦新探〉前言》、《〈屈原論稿〉讀後》、《〈屈賦新探〉後記》、《〈楚辭類稿〉自序》、《〈楚辭研究與争鳴〉序》、《〈九歌論箋〉序》、《〈現代楚辭批評史〉序》、《〈離騷大觀〉序》、

《臺版〈楚辭類稿〉序言》、《〈當代楚辭研究論綱〉序》、《〈離騷校詁〉序》、《〈楚辭研究〉前言》、《〈九章研究〉序》、《〈漢楚辭學史〉序》、《〈屈原與他的時代〉序》、《〈楚辭今注〉序》、《〈楚辭研究全書〉序》、《〈楚辭文心管窺〉序》、《〈辭賦論集〉序》、《〈楚辭學文庫〉總序》、《〈楚簡帛研究〉序》。在《書信拾遺》部分，亦收録了湯先生給國內外一些楚辭學家的信件，從中也可以看到湯氏與有關楚辭學者相互切磋和奬掖後輩的學術歷程。2004 年 10 月中國社會科學出版社出版。

楚辭選評

楚辭研究專著。今人褚斌傑著。本書爲"名家注評古典文學叢書"之一。本書首有《前言》。次《目録》。《前言》概述了屈原的生卒年、時代背景、生活歷程、文學地位等情況，並指出"楚辭研究無論哪種方法，何種角度，最終仍必須落實到楚辭創作本身上來，即爲讀懂楚辭、理解楚辭服務"。

正文選評的作品有《離騷》、《天問》、《九歌》、《九章》、《招魂》、《遠遊》、《卜居》、《漁父》。各篇選評的方式基本上是題解、原文、注釋、點評（分章逐節）、總評，但《天問》一篇又在"注釋"和"點評"之間增加"譯意"。本書在點評時十分注重吸取前人的研究成果，但更多的是作者自己的研究心得，富有高超的藝術鑒賞能力和可貴的學術探索勇氣，很多觀點大都能自圓其説。如：《離騷》"求靈氛占卜"一節中的"兩'曰'字"，"兩'曰'字，或説兩美以下四句爲屈原問卜之詞，下'曰'字，爲靈氛占後答詞（戴震、游國恩説）。然細審語意文氣，前四句，亦爲勸導屈原離楚去國之意，與後文意同，不像卜問語意，應皆是靈氛語。這裏重複出現兩'曰'字，是因爲語氣有停頓，語義有深化"；《天問》除了抒發情感外，"更主要更可貴的，還是詩中所體現出來的詩人之獨立思考、客觀求真的精神"；《九歌》"乃是以當時楚國民間祭奠的內容和形式爲藍本，寫出的一組神話詩和對楚國愛國將士的頌詩，並不是爲祭神所寫的祭歌"；《湘君》、《湘夫人》既不是與傳説中帝舜和二妃有關，也不是一對湘水配偶神，"寫的只是同一主人公——湘夫人的活動和思緒"，"原應是一篇而分爲兩章"；《禮魂》"所禮之'魂'，正是《國殤》所説的亡魂，因此，《國殤》與《禮魂》應當原是一篇，《禮魂》之名是後來誤加的，原來乃是《國殤》的'亂詞'"；《涉江》是"詩人晚年流放江南時作，篇中着重記述了詩人渡江而南，浮沅水西上的歷程和心情，故名《涉江》"，並贊同周建忠《楚辭考論》對《涉江》所作的分析，即"這是一篇綫索明瞭、水陸並行的遊記，也是一篇悲憤凄愴、見景生情的苦難歷程記，更是一篇詩人'上下求索'、寧折不彎的行記"；《懷沙》的命意既不是"懷抱沙石以自沉"，也不是"懷念長沙"，而是"傷懷於長沙"；《遠遊》充滿道家思想，且結構與若干詩句同司馬相如《大人賦》極爲相似，故"大約與亦曾被署名爲屈原作品的《卜居》、《漁父》一樣，同屬於西漢時人的僞託之作"。2004年7月三秦出版社出版。

迄今，對是書作過評述的論文主要有林祥徵《根深葉茂譜新篇——評褚斌傑先生的〈楚辭選評〉》（《職大學報》2006年第1期）。

鄭知同楚辭考辨手稿校注

楚辭研究專著。今人蔣南華、黄萬機、羅書勤著。本書首有《目録》。次校注者《前言》。末附《卷末語》。《前言》簡述鄭知同的生平、交友、著述，並指出："《楚辭考辨》（又名《楚辭通釋解詁》、《楚辭通義》），是晚清學者鄭知同撰寫的一部書稿，未刊行，其親筆手稿現藏貴州省博物館"，"就章目設置來看，全稿分八卷，卷首題名《楚辭總辨》，首列'彙楚辭注家'，下分四篇：《目次考》、《屈原傳注》、《屈原外傳》、《離騷注叙》。卷一《離騷》，卷二《九歌》，卷三《天問》，卷五《招魂》、《卜居》、《漁父》，卷六《九辯》，卷七《大招》、《遠遊》、《弔屈原》，卷八《鵩賦》、《惜誓》、《哀時命》、《招隱士》。我們整理校注時，依目次逐一排列，不再分卷次"。"這部著作對《楚辭》的大部篇章均有所考論，總體内容帶有考辨性質，每每於古今注家歧義上着眼，引證前人之説，申明一己之見，因而多有獨創的見解"，而本書就是據其手稿加以整理、校注。《卷末語》，原爲"知同手稿卷末文字，標題爲整理者所加"，認爲"劉向第録楚騷，兼採《九辨》以下諸家擬騷之篇，附之屈賦二十五篇之後"，其"意在撰具騷體，繼《三百篇》之後，接風雅之變，非必悲悼靈均之詞，而後載輯也"，"自王逸作注，篇篇皆指爲屈原而作，語殊未允"，"今讀《招隱士》之文，邈與屈子無涉，此最易見者"，"若上《惜誓》《哀時命》，其詞更與屈子異趣"。

正文包括：《彙楚辭注家》、《黎庶昌〈後識〉》、《目次考》、《屈原傳注》、《屈原外傳》、《離騷注叙》、《離騷》、《九歌》、《天問》、《九章》、《招魂》、《卜居》、《漁父》、《九辯》、《大招》、《遠遊》、《弔屈原》、《鵩賦》、《惜誓》、《哀時命》、《招隱士》。該書既注重考證又不乏賞析，繼承舊説，亦不乏新見。一、《楚辭》篇目的考辨，將"楚辭"分爲"屈原本賦"二十五篇（即《離騷》一篇、《九歌》十一篇、《天問》一篇、《九章》九篇、《招魂》一篇、《卜居》一篇、《漁父》一篇）和"諸家擬作"十八篇（即《九辯》十一篇、《大招》一篇、《遠遊》一篇、《弔屈原》一篇、《服

(鵩)賦》一篇、《惜誓》一篇、《哀時命》一篇、《招隱士》一篇)；然而，其舅父黎庶昌在《後識》中雖同意鄭氏所定的《楚辭》篇目但又認爲"惟《遠遊》一篇，余意終以朱子定爲屈氏文者爲當"，其理由是"《遠遊》文辭瑰放，氣象超舉，計非宋、景以下諸家所能爲"、"且《遠遊》語句頗與《離騷》出入"，"宋玉之賦《高唐》、賈生之賦《服(鵩)賦》、司馬相如之賦《大人》，又多竊擬其辭"。二、屈原生平及《離騷》作時的考論，在注解《史記·屈原列傳》時指出屈原一生大致經歷"疏"、"絀"、"放"、"遷"，認爲"疏者，不親信其言，猶在官也"，"絀則罷官。下所謂不復在位，蓋削左徒之職，猶譴加重矣"，"蓋是時原雖不在位，而使齊約從，猶與聞國事也。比反時能諫王，王猶或開悟，是猶未禁絶之，未甚惡之。屈子怨望亦未甚深，故尚非作《騷》之日"，而屈原見放，當在楚懷王欲與秦昭王會於武關之時，因爲此時"懷王偏信子蘭，屈子苦諫，意必與之争構。是以深觸怒懷王，而得重罪。屈子之放，度子蘭與有謀焉，不待後時遷之江南也"，"直至懷王入秦不反，辱同蕃臣，屈子愈加悲憤。固結而不可解，萬不得已，而後泄之於文，以紓其恨。既不忍見君辱國危，非死無所復之。言至篇末，乃矢志汨羅"，故《離騷》"明作於既放之後"而被"遷"江南之前。三、《遠遊》作者的辯證，鄭氏反駁沈亞之《屈原外傳》將《遠遊》視爲屈原"託遊仙以自適"的觀點，認爲"《遠遊》非屈子作。此乃楚詞移混已後，漢已來記者傅會之談。沈氏採之，不可信"。四、《離騷》稱經的辯駁，鄭氏反對王逸將《離騷》稱爲經，認爲"其《離騷》題爲經者，係漢人尊加之名。以爲群賦鼻祖，推之同於經耳。屈子肯自號其文爲經乎？金蟠曰：'《南華》、《離騷》，皆古今奇絶之文，故後人於六經之後，並尊爲經。'其説是也。王乃誤認爲屈子舊題，而曲爲之解，既誣屈子，又没《離騷》所以名經之故"。五、《九歌》各篇祭祀神及主旨的探析，主要觀點有：《東皇太一》"此篇首祭東皇，其實總冒下篇。凡祭祀諸神，皆宜有是"(此似已開啓聞一多所謂"迎神曲"之説)，"胡氏曰'望懷王庶幾復國。[欣欣樂康]借祝神以祝君'是也"；"雲中君"並非王逸所言的"雲神"，而是胡濬源所説的"即雲夢之神。本楚封内祀，故與湘君夫人爲類。若雲神則是望祀，不宜在星日之前"，且"雲中，地名也。雲、夢二澤，分言之曰雲中、夢中。《左傳》'楚子入於雲中'，'令尹子文之生，鄖夫人使棄諸夢中'是也。澤雖有二，其地相連，其神爲一，舉雲中以該夢中。倘屬雲神，則'中'字贅矣，即名稱足以定之"，"上章(案，指《東皇太一》)託意懷王，此篇當主頃襄。言頃襄能行帝王之政，舉而措之，天下裕如也"；《湘君》、《湘夫人》，以郭璞《中山經》注"湘君爲水神，湘夫人爲天帝之二女"得之，因爲"斷以屈子本文，於湘君首稱曰君，湘夫人始稱帝子，明湘君非帝子矣，得以娥皇當之乎"；《大司命》爲"大司命語少司命之詞"，而《少司命》爲"少司命答大司命之詞"。六、精妙獨絶的藝術賞析，指出《湘君》、《湘夫人》兩篇在布置上,“上篇(案,指《湘君》)挨次寫求神、見神、聞神語,逮神來,是層層順遞;此篇(案,指《湘夫人》)先擬神降,卻了無踪影,直至目斷神移,邈不可攀,忽焉出人意表,神不就己,而反要人,是處處逆接”;在意境上,“上篇(案,指《湘君》)寫神至,‘鳥次’、‘水周’,何等淵静!此篇(案,指《湘夫人》)寫神至,‘九疑繽紛’,其從如雲,何等炫赫”;在遣詞上,“前後篇關鎖只一句(案,分别指《湘君》“時不可兮再得”和《湘夫人》“時不可兮驟得”),中間又獨易只字,而正喻意全神畢見”,《湘君》“終以‘時不再得’,低徊慨嘆足之。惜懷王初信任於己之年,今徒付之想象已耳”,《湘夫人》“終以‘時不驟得’,遲回觀望足之。恐新君(案,指頃襄王)賜環之期,亦徒付之想象已耳”。七、《九章》作時的考證,指出“《離騷》之作,欲以感悟懷王。《九章》則欲以感悟頃襄”,但在解讀《橘頌》時又説“此章恐初絀時所爲”。蔣南華等三位學者對鄭氏《楚辭考辨》作了較爲詳細的校注,不僅補充注釋了那些鄭氏没作過注釋的作品,而且有助於讀者加深理解鄭氏的楚辭觀,並不時糾正或存疑鄭氏的誤讀《楚辭》。2004年5月貴州人民出版社出版。

冀凡楚辭研究文集

楚辭研究專著。今人冀凡著。冀凡(1928—　),河南洛陽人。肄業於東北大學文學院國文系。1948年入解放區華北大學學習。1949年到中南軍大廣西分校工作。1953年調漢口高級步校任文化教員。1957年轉業至黄石市科協工作。1961年下放農場勞動。1978年開始研究楚辭。1981年調黄石教育學院任中國古代文學教師,講授先秦及兩漢文學,1988年評爲副教授。現爲中國屈原學會會員、湖北省屈原研究會名譽理事、湖北楚國歷史文化學會會員。著有書稿《〈九章〉新釋》、《〈九辯〉新釋》,均未正式出版,撰寫論文40多篇。

冀氏治騷,殊爲不易,不僅生活坎坷,身患多種疾病。直至1978年秋,冀氏仍在農場放牛,“只有一條牛繩與廢棄多年的筆”,想起1948年在東北大學從高亨讀《詩經》、《楚辭》,就從友人處借來《楚辭集注》與一部舊《辭海》,開始了楚辭研究之路。論文《〈招魂〉,招頃襄王説》,中國人民大學報刊複印資料《中國古代近代文學研究》1987年12期全文轉載。

此書封面爲顔新宇題籤。首有《作者近照》。次《作者簡介》。次《作者手稿》。次《目録》。次冀氏《自序》。末附冀氏《後記》。正文包括:論文彙編、附録。冀氏認爲,屈原出生於公元前343年夏曆正月二十一日,於公元前

262年夏曆五月自沉汨羅，終年八十二歲。該集收入論文三十三篇，冀氏1978—2004年之間所作，主要包括三個系列：《九章》總體研究、《九章》單篇研究、《楚辭》成書探源。冀氏認爲，《九章》是一部完整的、系統的、不可分割的、篇次不可顛亂的整體，是屈原晚年所作的一部追述往事的作品，記述了屈原在江南的全部活動，真實再現了歷時九年的秦拔楚郢之戰的歷史。屬於以史證詩、以詩證史的研究方法。2004年5月水沫文學社印行，有湖北省内部圖書出版編號。

屈原辭譯注

楚辭研究專著。今人熊任望著。本書首有《前言》。次《目録》。末附《附録》。《前言》，對楚國的文化背景、屈原的生平經歷、作品篇數及其創作時地和主旨、文學成就等方面作了簡要説明。《附録》認爲《遠遊》、《漁父》兩篇因具有道家思想而不是屈原作品，但由於王逸《楚辭章句》將其列爲屈原作品，故本書將其納入《附録》中。

正文依次爲《橘頌》、《九歌》、《惜誦》、《抽思》、《思美人》、《卜居》、《天問》、《離騷》、《哀郢》、《招魂》、《涉江》、《懷沙》、《悲回風》、《惜往日》。從篇目安排上看，本書不再把《九章》中的各篇作品作爲一個整體，而是按自己所確認的創作時序將它們與屈原的其他作品重新加以編次；《九歌》雖仍作爲一個整體出現，但按天神、地祇、人鬼的尊卑次序對王逸《楚辭章句》中《九歌》十一篇的原有順序加以調整，把《東君》提到《雲中君》前，《湘君》、《湘夫人》移到《大司命》、《少司命》後。此書認爲屈原創作大致可分兩期：懷王時期的作品（從《橘頌》到《離騷》），頃襄王時期的作品（從《哀郢》到《惜往日》）。各篇作品前有題解，次列左右對照編排的原文、譯文，中間穿插注釋，後加段落大意和體式説明。

該書是一本有創見的楚辭普及讀物，主要觀點有：《九歌》“是屈原在民間祭歌的基礎上進行創作的”，創作《九歌》的“目的是求神降幅，戰勝秦軍”；《相君》、《湘夫人》“是祭祀湘水神湘君、湘夫人的樂歌，湘君是舜，湘夫人是舜妃”，娥皇和女英被合爲一個人物；河伯的情人“南浦美人”就是山鬼，山鬼的情人“公子”就是河伯，《九歌》“新編一個河伯與山鬼相戀的神話，其目的不僅是求河伯協助楚國戰勝秦國，而且希望收復失地商於，聯通黄河流域一並進入楚國的版圖”；《惜誦》“是屈原在政治上失意後的第一篇作品”，“題目的意思是哀痛陳述”；《卜居》作於被放漢北的第四年，“題目的意思是，用卜筮的方法，選擇今後的生活道路和處世態度”；《天問》題目的意思，“是關於天的奧秘的設問。這個‘天’，既指自然，也指社會”；《離騷》作於懷王入秦後被迫離開郢都後，“題意是‘離别的哀愁’”，全詩可分爲現實生活（從“帝高陽之苗裔兮”至“來吾道夫先路”，又分三段）、思想鬥争（從“悔相道之不察兮”至“蜷局顧而不行”，又分四段，包括“進和退”、“戰和降”、“留和去”三次思想鬥争）、確定今後的道路（“亂辭”）；《哀郢》作於被頃襄王流放到江南多年後，“因哀痛被放出郢，思念故都而作”；《招魂》約作於《哀郢》前後，“借用招魂的形式（並不是真的招魂），抒發返回楚國郢都的强烈願望，和永不離開故國的忠貞情懷”，“對照《離騷》來讀，《離騷》中女嬃勸屈原隨波逐流，在《招魂》中變成巫陽招屈原回來，過醉生夢死的生活，而不要堅持美好的節操和政治理想，其實質是一樣的”；《惜往日》“可能是屈原絶筆”，“在全部屈辭中，《惜往日》詞句最爲淺易，原因是生命即將結束，顧不上多事雕飾；又爲讓壅君讀後容易理解”。2004 年 5 月河北大學出版社出版。

宋 玉 研 究

楚辭研究專著。今人吳廣平著。本書首有《内容提要》，對宋玉的生平、作品真僞、思想與藝術淵源、文學成就與地位以及本書的研究方法作了簡要説明。末附《結語：宋玉研究的反思與前瞻》。次《附録一：宋玉研究論著索引》。次《附録二：參考、引用文獻舉要》。次吳氏《後記》。《結語：宋玉研究的反思與前瞻》，提出從事宋玉研究應做好四個結合：文獻研究與審美研究相结合、考古研究與文化研究相結合、淵源研究與接受研究相結合和精深研究與通俗普及相結合。《後記》指出該書是與其校注的《宋玉集》相配套的學術著作。

正文凡上、中、下三編。上編，《生平與著述》，分爲《姓名與字號》、《誕生與死亡》、《故宅與墳墓》、《行止與交遊》、《著述的真僞》五章，並附録《〈宋玉集序〉與〈報友人書〉綜考》；中編，《繼承與融會》，又分爲《宋玉與儒家文化》、《宋玉與道家文化》、《宋玉與縱横家文化》、《宋玉與神巫文化》、《從屈原到宋玉》五章；下編，《成就與地位》，分爲《賦祖與賦聖》、《傷春與悲秋》、《性夢與艷情》、《美女與醜婦》、《巫山與巫峽》、《大言與小言》六章。

本書是著者在校注《宋玉集》的基礎上，對宋玉及其作品的專題研究，材料翔實，結論圓融，可視爲宋玉研究的入門書。（一）《生平與著述》，主要觀點有：宋玉，姓子，以宋爲氏，名玉，字子淵，號鹿谿子，乃楚籍宋人；約生於楚頃襄王元年(前298),卒於楚亡之時(前222),享年七十六歲;故里乃楚國鄢郢,即今湖北省宜城市鄢城辦事處臘樹村;宋玉恐非屈原弟子,與唐勒、景差爲同時期的楚大夫,可能還遭到後兩人的嫉妒和中傷;關於宋玉作品的考述,在《宋玉集》中已確認十三篇(包括《九辯》、《招魂》、《風賦》、《高唐賦》、《神女賦》、《登徒子好色賦》、《對楚王問》、《笛賦》、《大言賦》、《小言賦》、《諷賦》、《釣賦》、《御賦》),本書又確認有争議的《微咏賦》爲宋玉所作。至於國家圖書館所收藏的清代南宫邢氏珍藏本《宋玉集》中所收録的《對友人問》和《對或人問》兩篇作品,則論定爲後人的僞作。(二)《繼承與融會》,主要觀點有:宋玉在思想與藝術上注重廣採博收、轉益多師,對儒家文化、道家文化、縱横家文化、神巫文化多有所涉獵、繼承,從而形成自己獨特的風格;從屈原到宋玉,實現了由楚辭向楚賦的轉移、由緣情向體物的嬗變、由直諫向曲諫的發展、由崇高向世俗的回落。(三)《成就與地位》,主要觀點有:宋玉是中國賦體文學的開山祖師和創作聖手,駁斥傳統的荀况是"賦祖"、司馬相如是"賦聖"的看法;宋玉通過對自然與人生之雙重感傷,最早明確提出和成功實踐了"傷春"和"悲秋"的主題,從而奠定了中國文學的感傷主義傳統;宋玉是中國艷情文學和夢幻文學的開山祖師,《高唐賦》中高唐神女的原型就是性愛女神的瑶姬——其身份就是獻身的神妓或聖娼,而《神女賦》寫的是襄王夢神女而不是宋玉夢神女;宋玉是我國第一位全方位地描寫女性形象的作家,既有理想化的高唐神女和東家之子,又有妖魔化的登徒子之妻;《高唐賦》堪稱中國山水文學之祖,宋玉則堪稱中國第一位山水文學作家;宋玉以遊戲之筆創作了《大言賦》和《小言賦》,成爲中國遊戲文學之祖。2004年9月岳麓書社出版。

迄今,對是書作過評述的論文主要有鄧新躍《多維視角下古代作家個案研究的新創獲——評吴廣平先生著〈宋玉研究〉》(《貴州文史叢刊》2005年第3期)、李德輝《一部全面系統、宏富精深的學術力作——評吴廣平先生著〈宋玉研究〉》(《理論月刊》2005年第6期)、張晚林《才子之所以爲才子——吴廣平先生〈宋玉研究〉讀後》(《懷化學院學報》2005年第6期)。

屈騷精神及其文化背景研究

楚辭研究專著。今人王德華著。王德華(1965—),安徽滁州人。1987年畢業於安徽師範大學中文系。1990年畢業於湖南師範大學中文系,師從馬積高,獲文學碩士學位。2001年畢業於浙江大學古籍研究所,師從崔富章,獲文學博士學位。現爲浙江大學中文系教授、中國屈原學會副秘書長。

本書首有王運熙《序》。次《目録》。次《導論——屈騷精神研究的歷史反思及本文研究之方法》。末附《余論——屈騷精神作爲一種範型對後代的影響》。次《附録:漢代記載屈原生平事跡考論》。次《主要參考文獻及引用書目》。次著者《後記》。王運熙《序》推介"王德華同志《屈騷精神及其文化背景研究》是富有新意和力度的一部著作"。《導論——屈騷精神研究的歷史反思及本文研究之方法》,指出"對屈騷精神研究的歷史反思可見,從漢至今,對屈騷精神的探討始終是在争論中展開的,争論的焦點主要是屈子的個性精神和愛國精神兩個方面","但是這二者在屈子身上又不可能是各自獨立而不含融的精神存在,而表現出對自我和社會雙重固持的精神基點,表現出二者之間的不可分割性",本文將"對屈騷精神的具體内涵的闡釋"放在"探討屈騷精神產生的文化背景"中加以討論。著者《後記》則簡要地回顧從事楚辭研究的歷程,並指出本書"是在我的博士論文基礎上加以修改而成的"。

正文凡上、下兩編。上編《屈騷精神的作品綜合研究》,分爲《〈離騷〉——屈子精神基點的追尋》、《〈九章〉——屈子一生情感與精神的實録》、《〈卜居〉、〈漁夫〉——屈子的精神困境與精神固守》、《〈天問〉——屈子的天人之思》、《〈九歌〉——對神的認知方式與屈騷精神》五章;下編《屈騷精神生成的文化背景》,分爲《楚文化的特徵及興盛的原因》、《西周至春秋中期楚民族精神氣質的形成》、《春秋晚期與戰國初期楚民族精神提升的失敗》、《屈騷精神生成的文化合力》、《屈騷精神形成的文化哲學背景》五章。

本書主要觀點有:《離騷》體現屈騷精神基點的三層精神結構,具體表現爲"對自我人格的固持"、"對實現自我社會價值的執着"、"對自我與社會契合的追求","《離騷》的結構既不是複沓的板塊結構,也不是多變的情意結構,而是一種動態的綫性結構:其一,表現爲長詩前半部分的自傳與自叙性質;其二,表現爲長詩後半部分不是簡單地用浪漫主義的手法再現詩人前半部分所表現的情感,而是採用虚擬的形式把詩人的命運向後延伸,雖然是幻想的,但這是屈子個人塵世生活的直接繼續,在時間的伸展上,與前半部分仍然存在着一種綫性關係";"《橘頌》的意義正在於補足了《離騷》中缺少的詩人未入仕前的描寫,這樣,我們更能較爲延續地、清晰地把握詩人從出生到青年再到從政後的情感經歷";《哀郢》是詩人被頃襄遷逐後的第一篇詩作,"《哀郢》一篇有一個情感的雙綫結構,即哀己之被放去郢及哀郢都之危。相應地,詩以憂國憂民起,以憂己遭受棄逐終";《涉江》"所表現的是詩人理想與現實的分裂,是詩人的理想與他所傾心投注的社會現實的衝突","所以,與其説是詩人的人格自戀,毋寧應該説是詩人對自我理想與精神的始終堅守";"如果説《離騷》、《九章》是騷體賦的代表,那麽《卜居》、《漁父》則是散體賦的先驅";"'卜居'者,非求宅問處,而是對心靈困惑的卜問,希望得到一種心靈與精神的指引,故'心煩慮亂,不知所從'正揭示了屈原作《卜居》時的心理狀態";《天問》中共有十處言及"天","正是對'物質自然之天'與'運命人格之天'的思考與質疑，表達了屈子對楚國命運的擔憂，體現了屈子特有的天人之思"；"在巫祭文化背景中產生的楚辭《九歌》，屈子在人對神的相依、相戀、相知中，追尋着一種存在的意義和終極的關懷，正是在追求人與神的'相合'的層面上，使得《九歌》中的宗教情緒與屈騷精神的基點——對自我與社會雙重固持的基點相吻合"；屈子"站在時代的高度，對南北文化與諸子思想進行了創造性的接受，從而形成了屈子獨特的精神風貌"，具體表現在"民族精神與統一意識的交融"、"政治理性精神與實踐理性精神的結合"、"'美政'思想的自我實踐精神"三個方面；屈騷精神形成的文化哲學背景就是"春秋戰國天人相分的'自力'特徵"，因此，"屈子對自我的政治期許及對社會的認識來自於屈子的自我確證，他的社會理想與政治抱負不是來自於對天道或道德的承諾與實現"；"屈原的偉大與獨特就在於他思想骨子裏既不屬於道也不屬於儒，他的處世原則是牢牢抓住了社會自我的這個中心"，"在後代的接受過程中，或偏重於社會或偏重於自我，但是在兩種偏重中都隱含着對另一方面的追求"。2004 年 9 月中華書局出版。

迄今，對是書作過評述的論文主要有張學松《屈騷精神研究的新突破——讀〈屈騷精神及其文化背景研究〉》(《天中學刊》2005 年第 6 期)。

附録

非楚辭著作中的楚辭成果目録

編輯部編《古典文學論叢》(第3輯),西安:陝西人民出版社,1982年12月版。收入論文有《近六十年來的楚辭研究》(第1—34頁)、《〈楚辭·哀時命〉試論》(第35—52頁)、《論〈九歌〉與〈萬舞〉——〈九歌十論〉之四》(第53—76頁)、《論〈離騷〉"三次求女"及屈原的忠君愛國思想》(第77—100頁)。

編輯部編《古典文學論叢》復旦學報(社科版)增刊,上海:上海教育出版社,1980年8月版。收入論文有陳子展《楚辭九章之全面觀察及其篇義分析》(第1—68頁)。

曹聚仁著《文壇三憶》,北京:三聯書店,1999年11月版。下卷《〈濤聲〉與〈芒種〉的時代》第二十五篇《"楚狂老人"陳子展》(第136—140頁)。

常立柱主編《三峽名人》,武漢:長江文藝出版社,1998年6月版。收入王健强《屈原精神耀天地》(第13—23頁)、韓永明《宋玉辭賦諫楚王》(第24—26頁)。

常森著《二十世紀先秦散文研究反思》,北京:北京大學出版社,2002年8月版。第二章第四節《聞一多及其反面:先秦文學研究中的文化學視角以及所謂"三重論證法"》第二部分第四點《葉舒憲等:走向聞一多的反面》:以葉舒憲、蕭兵爲代表主要成長在二十世紀後半葉的學者,在採用文化學方法時,走向了跟聞、鄭等先輩學者迥然不同的路(第214—247頁)。

陳炳良著《神話·禮儀·文學》,臺北:聯經出版事業公司,1985年4月初版,1986年3月增訂再版。收入論文有《〈離騷〉的悲劇主題》(第123—138頁)、《〈楚辭國殤新解〉質疑》(第139頁—144頁)、《再談有關〈國殤〉和迦尼薩的問題》(第145—155頁)、《附録一》——蘇雪林《爲〈楚辭國殤新解質疑〉敬答陳炳良先生》(第155—160頁)、《附録二》——蘇雪林《爲迦尼薩的問題再答陳炳良先生》(第161—176頁)、《附録三》——《爲討論迦尼薩事致蘇雪林教授書》(第176—179頁)、《聖與俗——〈九歌〉新研》(第181—193頁)、《〈九歌〉的悲劇視像》(第195—202頁)。

陳掄著《歷史比較法與古籍校釋》,長沙:湖南教育出版社,1987年10月版。第二部分《越人歌新探》(第67—92頁)、第三部分《離騷新解》(第93—230頁)、第四部分《天問新釋》(第231—390頁)。

陳平原主編《中國文學研究現代化進程二編》,北京:北京大學出版社,

2002 年 4 月版。收入葛曉音撰《詩性與理性的完美結合：林庚的古代文學研究》第一部分《楚辭研究》(第 315—321 頁)。

陳少峰主編《原學》(第 5 輯)，北京：中國廣播電視出版社，1996 年 7 月版。收入黄鳳顯《屈原思想與中原文化》(第 40—56 頁)。

陳彤著《先秦文學探新》，北京：北京師範大學出版社，1990 年 9 月版。收入論文有《屈原和離騷》(第 126—134 頁)、《金玉其質、芰荷其風——〈離騷〉思想性藝術性的辨析》(第 135—151 頁)、《關於〈離騷〉的寫作年代》(第 152—158 頁)、《〈天問〉章句和〈天問〉研究》(第 159—180 頁)、《〈九歌・東皇太一〉新釋》(第 181—186 頁)、《〈九歌・雲中君〉辨疑》(第 187—191 頁)、《屈原〈抽思〉作時、作地之探賾》(第 192—199 頁)、《〈九章〉篇次先後異説的析定》(第 200—204 頁)、《關於屈原放逐問題的考辨》(第 205—215 頁)、《"攝提"與"娵訾"解疑——屈原生年之析釋》(第 216—226 頁)、《〈楚辭〉輯成的疑竇與結論》(第 227—231 頁)。

陳桐生《天柱斷裂之後——戰國文人心態史》，石家莊：河北教育出版社，2001 年 11 月版。第四章《戰國中期文人心態》第七部分《屈原文化心態分析》(第 93—110 頁)、第五章《戰國後期文人心態》第六部分《宋玉文化心態分析》(第 139—142 頁)。

陳文忠著《十大文學家》，南京：南京大學出版社，1998 年 12 月版。第一部分《屈原：與日月齊輝的愛國詩魂》(第 1—20 頁)：一、眷懷祖國，九死未悔；二、不有屈原，豈見《離騷》；三、《九歌》敬祠神靈，《天問》呵問蒼天；四、衣被詞人，非一代也。

陳引馳編校《梁啓超國學講演録二種》，北京：中國社會科學出版社，1997 年 6 月版。上輯《要籍解題及其讀法》第七部分《楚辭》(第 72—79 頁)：《楚辭》之編纂及其篇目；屈原賦二十五篇；屈原之行歷及性格；《楚辭》注釋書及其讀法。

陳元鋒著《樂官文化與文學——先秦詩歌史的文化巡禮》，濟南：山東教育出版社，1999 年 6 月版。第六章《楚辭：巫鬼文化與禮樂文明的交融》(第 169—236 頁)：第一節，楚文化的原始巫鬼精神；第二節，屈原的巫史文化背景；第三節，巫史之詩與瞽矇之歌：《楚辭》與《詩經》；第四節，楚辭的藝術形態與詩樂合離。

陳正宏、章培恒主編《中國學術名著提要・文學卷》，上海：復旦大學出版社，1999 年 9 月版。收入王逸《楚辭章句》(陳正宏撰)(第 205—209 頁)、洪興祖《楚辭補注》(陳正宏撰)(第 209—213 頁)、朱熹《楚辭集注》(陳正宏撰)(第 214—217 頁)、蔣驥《山帶閣注楚辭》(陳正宏撰)(第 217—220 頁)。

陳直《文史考古論叢》，天津：天津古籍出版社，1988 年 10 月版。收入

《楚辭解要》(第 1—20 頁)。

程千帆、莫礪鋒、張宏生著《被開拓的詩世界》,上海:上海古籍出版社,1990 年 10 月版。收入程千帆、莫礪鋒《憂患感和責任感——從屈原、賈誼到杜甫》(第 25—46 頁)。

褚斌傑、譚家健著《先秦文學史》,北京:人民文學出版社,1998 年 11 月版。第五篇《屈原與楚辭》(第 417—522 頁),其中第十五章《楚文化與楚辭的產生》(第 417—435 頁)、第二十章《屈原生年和作品》(第 436—499 頁)、第二十一章《宋玉和其他楚辭作家》(第 500—522 頁)。

褚斌傑著《古典新論》,長沙:湖南人民出版社,2004 年 5 月版。上編收入論文有《屈原——熱愛祖國的詩人》(第 147—153 頁)、《崇高　悲壯　奇麗——論屈原〈離騷〉的美學内涵》(第 154—172 頁)、《〈離騷〉"正則"、"靈均"解》(第 173—176 頁)、《屈原〈天問〉新探》(第 177—196 頁)、《論〈楚辭·九歌〉的來源、構成和性質》(第 197—222 頁)、《屈原〈九歌〉"東皇太一"新考》(第 223—233 頁)、《宋玉〈高唐〉、〈神女〉二賦的主旨及藝術探微》(第 234—249 頁)、《論〈楚辭〉的文體特徵》(第 250—262 頁)、《百年屈學》(第 263—272 頁)。中編收入論文有《屈原〈九歌·東君〉的神話和詩藝》(第 584—589 頁)、《屈原〈九歌·河伯〉的神話和詩藝》(第 590—597 頁)、《思公子兮徒離憂——〈九歌·山鬼〉賞析》(第 598—604 頁)。下編收入論文有《〈屈辭體研究〉序》(第 748—751 頁)、《〈楚辭釋論〉序》(第 752—754 頁)、《〈中國楚辭學〉發刊詞》(第 772—775 頁)。

褚斌傑著《中國古代文體概論》,北京:北京大學出版社,1984 年 6 月版。第二章爲《楚辭》(第 58—77 頁)。

戴震撰,張岱年主編《戴震全書》,第三册,合肥:黄山書社,1994 年 9 月版。收入《屈原賦注初稿》三卷(第 529—602 頁)、《屈原賦注》十二卷(第 605—809 頁)。

鄧喬彬、趙曉嵐著《學者聞一多》,上海:學林出版社,2001 年 4 月版。第四章《〈楚辭〉研究的獨創性》(第 149—192 頁)。

鄧曉芒著《人之鏡——中西文學形象的人格結構》,昆明:雲南人民出版社,1996 年 9 月版。下篇第六章《辯白與追求:屈原與浮士德的比較》(第 134—164 頁)。

董乃斌、薛天緯、石昌渝主編《中國古典文學學術史研究》,烏魯木齊:新疆人民出版社,1997 年 11 月版。收入王開元《20 世紀中國的楚辭研究》(第 317—333 頁)。

董治安著《先秦文獻與先秦文學》,濟南:齊魯書社,1994 年 11 月版。第三輯收入《奇妙的想象,熱情的禮讚——漫談〈九歌·東君〉中的日神形象》

(第394—398頁)、《從上古神話到歷史傳説——談羿和后羿故事的演變》(第399—409頁)、《先秦文獻所見古神話叢記》(第410—426頁)、《先秦文獻所載古樂舞史料綜録》(第444—455頁)。

方銘著《經典與傳統:先秦兩漢詩賦考論》,北京:人民文學出版社,2003年11月版。第四章《屈原及其楚辭研究》(第169—226頁):第一節,君子儒與小人儒及屈原行爲的正義性問題;第二節,屈原作品叙述方法刍議;第三節,二十世紀新楚辭學建立過程的考察;第四節,游國恩與二十世紀中國古典文學研究。第五章《宋玉辭賦研究》(第227—260頁):第一節,《九辯》、《招魂》、《大招》的作者與主題考論;第二節,宋玉賦及其歷史地位;第三節,論宋玉唐勒景差"好辭而以賦見稱"。

方銘著《戰國文學史》,武漢:武漢出版社,1996年10月版。第五章《屈原及其戰國抒情文學》(第307—384頁):第一節,雖九死其猶未悔——屈原行爲的悲劇性;第二節,發憤以抒情——屈原的創作主旨;第三節,奇文鬱起——屈原楚辭文學的藝術特點。第六章《宋玉及戰國賦體文學》(第385—426頁):第一節,最後的楚辭——《九辯》、《招魂》與《大招》;第二節,信興楚而盛漢——宋玉及戰國賦體文學。

房日晰著《唐詩比較論》,西安:陝西人民教育出版社,1992年10月版。收入《李賀詩歌與屈原楚辭之藝術比較》(第157—169頁)。

費振剛主編《先秦兩漢文學研究》,北京:北京出版社,2001年12月版。第四章《楚辭研究》(第139—185頁),分爲:第一節,楚辭文獻學研究;第二節,楚辭文藝學研究;第三節,楚辭文化學研究及其他。黄鳳顯執筆。

馮川著《人文學者的生存方式》,成都:四川人民出版社,1998年1月版。第三編第五部分《屈原與自戀》(第198—211頁)。

復旦大學中文系編《選堂文史論苑——饒宗頤先生任復旦大學顧問教授紀念文集》,上海:上海古籍出版社,1994年12月版。收入姜伯勤《從學術源流論饒宗頤先生的治學風格》(第3—20頁)、《饒宗頤教授簡歷與學術專著目録》(第21—25頁)。

傅傑編《二十世紀中國文史考據文録》,昆明:雲南人民出版社,2001年12月版。收入論文:王國維《殷卜辭中所見先公先王考》(第34—41頁)、姜亮夫《楚郢都考》(第627—630頁)、湯炳正《"左徒"與"登徒"》(第1042—1046頁)。

岡村繁著,華東師範大學東方文化研究中心陸曉光譯,《岡村繁全集》第一卷《周漢文學史考》,上海:上海古籍出版社,2002年8月版。第二章《楚辭與屈原——論屈原形象與作者的區别》(第50—81頁):一、對古來屈原觀的質疑;二、司馬遷的《史記》的《屈原傳》;三、《離騷》、《九章》、《九辯》三者間的類似句；四、從表現形式看楚辭作品的出現順序；五、最早的楚辭作品——《離騷》、《哀郢》及其作者。第三章《楚辭文學中〈抽思〉的位置》（第82—96頁）：一、從《抽思》詩形看其二元性；二、從《抽思》内容看其二元性；三、《抽思》之"正文・少歌"和"倡・亂"的製作時期；四、結語。第四章《〈橘頌〉的出現——關於楚辭騷體文學的分離現象》（第97—112頁）：一、《橘頌》在《九章》中的特異性；二、前漢時期《楚辭》誦讀的正調與當時的《九章》觀；三、《楚辭》誦讀作品的出現順序；四、騷體文學中正文與"亂"辭的分離；五、《思美人》、《惜往日》、《悲回風》與《橘頌》。第五章《漢初辭賦文學的發展動向》（第113—136頁）：一、武帝之前辭賦文學的疑問點；二、戰國末期楚國宫廷文壇與江淮地方的辭賦文學；三、前漢初期的辭賦作家群；四、文、景時代長安宫廷中的辭賦風格；五、江淮地方的辭賦作家與楚辭傳統；六、從辭賦到漢賦。

高福進著《太陽崇拜與太陽神話——一種原始文化的世界性透視》，上海：上海人民出版社，2002年3月版。第八章《祭日與射日》（第171—223頁）、第九章《日神神話及其信仰的比較研究》（第224—253頁）。

龔維英著《女神的失落》，鄭州：河南大學出版社，1993年11月版。第三章《日月神話舉隅》：第一節《對神話中日、火、鳥關係之綜合考察》（第49—68頁）、第二節《精衛填海與太陽神話》（第69—79頁）、第三節《太陽家族的哀歌》（第80—89頁）、第四節《〈九歌〉主神東皇太一述論》（第90—100頁）、第六節《楚族崇祀的月神——東君》（第116—126頁）、第九節《羿射日月神話的初貌》（第156—166頁）。

龔維英著《原始崇拜綱要——中華圖騰文化與生殖文化》，北京：中國民間文藝出版社，1989年10月版。第四章《楚族的圖騰信仰》（第66—79頁）。

顧頡剛著《中國上古史研究講義》，北京：中華書局，1988年11月版。第九部分爲《楚辭》（離騷、九歌、九章）（第19—21頁）、第十部分爲《楚辭》（天問）（第22—27頁）。

顧鐵符著《夕陽芻稿：歷史考古述論彙編》，北京：紫荆城出版社，1988年3月版。收入《楚三邑考》（案，指丹陽、荆山、郢）（第32—50頁）。

郭沫若著《郭沫若古典文學論文集》，上海：上海古籍出版社，1985年2月版。收入論文及信件、札記等，其中有《屈原研究》（第124—226頁）、《革命詩人屈原》（第227—230頁）、《人民詩人屈原》（第231—240頁）、《偉大的愛國詩人——屈原》（第241—250頁）、《關於屈原》（第251—254頁）、《屈原簡述》（第255—260頁）、《屈原考》（第261—276頁）、《屈原的藝術與思想》（第277—288頁）、《屈原時代》（第289—307頁）、《屈原・招魂・天問・九歌》（第308—319頁）、《評〈離騷〉底作者》（第320—324頁）、《評〈離騷〉以外的屈賦》(第 325—329 頁)、《〈屈原賦今譯〉後記》(第 330—335 頁)、《"深幸有一,不望有二"》(第 336—339 頁)、《屈原不會是弄臣》(第 340—342 頁)、《從詩人節説到屈原是否是弄臣》(第 343—348 頁)、《關於宋玉》(第 349—364 頁)、《談〈屈原〉劇本中的宋玉》(第 365—367 頁)、《札記四則》(第 373—378 頁)。

郭在貽著《郭在貽文集》,北京:中華書局,2002 年 5 月版。第一卷《訓詁叢稿》收入《〈楚辭〉解詁》(第 11—23 頁)、《〈楚辭〉解詁(續)》(第 24—37 頁)。第三卷《旻盦文存中編》收入《〈屈原賦校注〉補正》(第 430—438 頁)、《馬茂元〈楚辭選〉注釋商榷》(第 442—443 頁)、《近六十年來的楚辭研究》(第 515—541 頁)、《楚辭要籍述評》(第 542—567 頁)、《論屈原》(第 567—589 頁)、《屈原研究三議》(第 590—596 頁)。第四卷《旻盦文存下編》收入《函札·致湯炳正(一通)》(第 171—172 頁)、《湯炳正函(七通)》(第 368—373 頁)。

郭在貽著《郭在貽語言文學論稿》,杭州:浙江古籍出版社,1992 年 1 月版。收入論文《放流就是放浪嗎》(第 300—301 頁)、《近六十年來的楚辭研究》(第 346—370 頁)、《從馬王堆一號漢墓漆棺畫談到〈楚辭·招魂〉的"土伯九約"》(第 371—374 頁)、《楚辭要籍述評》(第 375—398 頁)。

韓高年著《詩賦文體源流新探》,成都:巴蜀書社,2004 年 8 月版。其中收入《屈騷的悲劇精神及其文體層面的衍變》(第 55—72 頁)、《〈九歌〉楚頌説》(第 73—84 頁)、《〈天問〉題義及構思的跨文化思考》(第 85—97 頁)。

何新著《諸神的起源——中國遠古太陽神崇拜》,北京:光明日報出版社,1996 年 9 月版。附録七收論文《〈九歌〉新論》(第 397—405 頁)、附録九收論文《〈九歌〉十神奥秘的揭破》(第 410—443 頁)。

胡念貽著《先秦文學論集》,北京:中國社會科學出版社,1981 年 12 月版。收入論文《屈原作品的真僞問題及其寫作年代》(第 317—372 頁)、《屈原生年新考》(第 373—384 頁)、《關於屈原的思想》(第 385—400 頁)、《屈原的哲學思想》(第 401—425 頁)。

胡念貽著《中國古代文學論稿》,上海:上海古籍出版社,1987 年 10 月版。收入論文《宋玉和他的作品》(第 121—134 頁)、《宋玉作品的真僞問題》(第 135—152 頁)。

胡適著《胡適古典文學研究論集》,上海:上海古籍出版社,1988 年 8 月版。收入論文《讀〈楚辭〉》(第 344—351 頁)。

胡小石著《胡小石論文集》,上海:上海古籍出版社,1982 年 6 月版。收入論文《屈原與古神話》(第 1—21 頁)、《楚辭辨名》(第 22—25 頁)、《〈楚辭〉郭注義徵》(第 26—76 頁)、《〈離騷〉文例》(第 77—92 頁)、《〈遠遊〉疏證》(第 93—103 頁)。

胡曉明著《靈根與情種——先秦文學思想研究》,南昌:百花洲文藝出版社,1994年12月版。中篇第七部分《屈子之自沉心事及其文化意藴》(第136—154頁);第八部分《芬芳悱惻之美:〈離騷〉的藝術境界》(第159—167頁)。

湖北省歷史學會、江陵古都學會、江陵名城研究會編《南國名都江陵——它的歷史與文化》,武漢:湖北教育出版社,1993年8月版。收入高介華《楚都南郢》(第41—96頁):關於徙郢的年代;郢址辨;南郢的地理條件及其變遷興廢;南郢的城制。

江立中著《湘崧文園——遷謫文學與岳陽精神》,北京:當代世界出版社,2001年6月版。第二部分《詩祖屈原,殉國岳陽》(第9—19頁)。

金開誠著《當代學者自選文庫·金開誠卷》,合肥:安徽教育出版社,1998年12月版。收入論文《論漢人對屈原及其辭作的認識和研究》(第299—317頁)、《關於楚辭的幾個問題》(第318—335頁)、《〈離騷〉創作年代考》(第336—351頁)、《〈離騷〉題義説》(第352—359頁)、《〈離騷〉的整體結構和求女、問卜、降神解》(第360—372頁)、《〈離騷〉"周遊三日"辨》(第373—380頁)、《〈天問〉商周史事錯簡試説》(第381—391頁)、《〈天問〉夏朝史事錯簡試説》(第392—407頁)、《〈九歌〉的性質和作用》(第408—417頁)、《〈九歌〉的體制與讀法》(第418—440頁)、《屈原辭綜論》(第441—481頁)。

冷成金著《隱士與解脱》,北京:作家出版社,1997年1月版。第一章第五節《天問:不得解脱的追問》(第25—29頁)、第六節《孔子與屈原:兩面一體》(第29—31頁)。

李炳海著《部族文化與先秦文學》,北京:高等教育出版社,1995年11月版。第一章《傳説時代的文化地圖》第一節《三極格局》(第23頁)、第二節《江漢合流》(第46頁)。第二章《動植物及天體圖騰意象》第一節《靈木孕嬰》(第77頁、第83—85頁)、第二節《雷澤履跡》(第92—96頁)、第三節《青丘射狐》(第99頁、100頁)、第四節《玄鳥生商》(第118頁、第128—130頁)、第六節《方相扮熊》(第149頁、第153頁)。第三章《水山天異域的靈魂歸宿》第一節《魚婦黄能》(第171—172頁、175頁、177—181頁)、第二節《山鬼地仙》(第182頁、187—194頁)。第四章《人神仙殊途相通的巫術》第一節《巫師動止》(第223頁、229—230頁)、第二節《天地通塞》(第236頁、238—245頁)、第三節《沐湯服藥》(第246—247頁、250—259頁)、第四節《積德斂魂》(第261頁、263頁、265—269頁)。第五章《儉樂香歧趣的祭祀風尚》第二節《殷人尚聲》(第290—295頁)、第三節《周族重氣》(第306—309頁)。第六章《靈性情别旨的婚戀習俗》第一節《登臺揚水》(第311—312頁、315頁、319—322頁)。第七章《北東南鼎立的空間趨向》第一節《幽都入道》(第348—352頁)、第二節《東門景觀》(第362—364頁)。第八章《黑白赤分明的色彩崇拜》第四節

《繽紛畫卷》(第 403—418 頁)。第九章《分司土兵谷的祖先神靈》第一節《楚夏社公》(第 440—441 頁、446 頁)、第二節《東夷兵主》(第 445 頁、460 頁)。

李嘉言著《李嘉言古典文學論文集》,上海:上海古籍出版社,1987 年 3 月版。收入《屈原》(第 47—53 頁)、《從〈離騷〉看屈原的思想和藝術》(第 54—68 頁)、《〈離騷〉校釋》(第 69—71 頁)、《〈離騷〉錯簡説疑》(第 72—74 頁)、《〈離騷〉叢説》(第 75—83 頁)、《説彭咸》(第 84—86 頁)、《扶桑爲雲霞説》(第 87—90 頁)、《〈九歌〉的來源及其篇數》(第 91—97 頁)、《〈九歌〉三問》(第 98—100 頁)、《〈九章〉與〈九辯〉》(第 101—110 頁)、《關於〈楚辭〉之"亂"——與郭沫若先生書》(第 111—117 頁)、《辭・賦・頌》(第 445—449 頁)。

李零著《簡帛古書與學術源流》,北京:三聯書店,2004 年 4 月版。收入《銀雀山漢簡〈唐勒〉》及"校記"(第 349—350 頁)。

李零著《李零自選集》,桂林:廣西師範大學出版社,1998 年 2 月版。收入論文《楚國族源、世系的文字學證明》(第 213—226 頁)、《楚帛書的再認識》(第 227—262 頁)。

李詳著,李稚甫編校,《李審言文集》,南京:江蘇古籍出版社,1989 年 6 月版。收入《楚辭翼注》(第 159—180 頁)。

李學勤、徐吉軍主編《長江文化史》,南昌:江西教育出版社,1995 年 12 月版。第二章第七節《楚文化崛起於長江中游》(第 163—175 頁)、第八節《淮夷文化、吳越文化、揚越文化及其楚化》(第 175—187 頁)、第九節《極盛階段的楚文化》(第 187—206 頁)。

李學勤著《當代學者自選文庫・李學勤卷》,合肥:安徽教育出版社,1999 年 5 月版。收入論文《關於楚滅越的年代》(第 218—224 頁)、《〈唐勒〉〈小言賦〉與〈易傳〉》(第 520—527 頁)。

李學勤著《簡帛佚籍與學術史》,南昌:江西教育出版社,2001 年 9 月版。收入論文《簡帛和楚文化》(第 15—27 頁)、《〈日書〉和楚、秦社會》(第 134—144 頁)、《〈唐勒〉、〈小言賦〉和〈易傳〉》(第 373—379 頁)。

李學勤著《綴古集》,上海:上海古籍出版社,1998 年 10 月版。第一編收入《古樂與文化史》(第 35—40 頁)、《楚青銅器與楚文化》(第 46—58 頁)。

李亦園著《李亦園自選集》,上海:上海教育出版社,2002 年 8 月版。收入論文《端午與屈原——傳説與儀式的結構關係再探》(第 311—328 頁)。按,此文又收入李亦園著《宗教與神話》,桂林:廣西師範大學出版社,2004 年 5 月版,第 220—235 頁。

李元洛著,《風騷百代——詩文化大散文》,武漢:長江文藝出版社,2007 年 6 月版。收入《汨羅江畔弔詩魂》(第 10—20 頁)、《異國讀屈原》(第 21—

26頁)。

李澤厚、劉綱紀主編《中國美學史》,第一卷,北京:中國社會科學出版社,1984年7月版。第一編第十一章《屈原的美學思想》:第一節《屈原美學思想的特徵》(第364—374頁)、第二節《屈原的審美觀》(第374—386頁)。

李澤厚著《華夏美學》,桂林:廣西師範大學出版社,2001年1月版。第四章第一部分爲《"雖體解吾猶未變兮":生死再反思》(第157—169頁)。

李澤厚著《美的歷程》,北京:文物出版社,1989年8月版。第四部分《楚漢浪漫主義》之一《屈騷傳統》(第67—73頁)。

李中華著《中國古代文學風貌與文學精神》,武漢:湖北人民出版社,2005年6月版。第三輯《宗教民俗與文學藴涵》收入《〈楚辭〉:宗教的沉思與求索》(第231—243頁)、《先秦招魂習俗與〈招魂〉》(第244—247頁)。第五輯《文學體式與考證》收入《"屈原賦二十五篇"辨説》(第399—403頁)、《楚辭的文體界定與文體滲透》(第404—407頁)。

梁啓超著,陳書良編《梁啓超文集》,北京:北京燕山出版社,1997年2月版。收入《屈原研究》(第636—665頁)。

廖名春著《出土簡帛叢考》,武漢:湖北教育出版社,2004年2月版。第三編第十八章《從唐勒賦的出土論宋玉散體賦的真僞》(第264—274頁)。

林庚著《唐詩綜論》,北京:清華大學出版社,2006年7月版。第二部分《唐詩遠音》收入《屈原與宋玉》(第181—188頁)、《説"木葉"——〈九歌〉:嫋嫋兮秋風,洞庭波兮木葉下》(第189—194頁)。

林同華主編《宗白華全集》第二卷,合肥:安徽教育出版社,1994年12月版。收入《〈屈賦中的鬼神〉編輯後語》(第252頁)(按,原文作者楊白華)、《〈屈原之死〉編輯後語》(第293頁)(按,原文作者梁宗岱)。

劉操南著《古籍與科學》,哈爾濱:哈爾濱師範大學《北方論叢》編輯部編輯出版,1990年10月版。收入論文有《屈原生年説》(第66—71頁)、《〈離騷〉正則解》(第72—77頁)、《〈離騷〉騏驥與鷙鳥、鴆鳥説》(第78—86頁)、《〈天問〉:"日月安屬,列星安陳?"説》(第87—93頁)、《〈天問〉:"夜光何德,死則又育。"説》(第94—101頁)、《〈橘頌〉頌橘》(第102—111頁)、《〈楚辭〉天宫叙説》(第112—126頁)。

劉家和著《古代中國與世界——一個古史研究者的思考》,武漢:武漢出版社,1995年7月版。收入《楚邦的發生和發展》(第280—355頁)。

劉開揚著《柿葉樓存稿》,上海:上海古籍出版社,1983年3月版。收入論文《評梁宗岱著〈屈原〉》(第1—10頁)、《關於屈原的若干争論問題》(第11—22頁)。

劉亞虎著《南方民族文學關係史》,先秦秦漢魏晉南北朝卷,北京:民族出版社,2001 年 9 月版。第四章《屈原與楚辭》(第 139—200 頁):第一節,楚世家、屈原與楚地各族文化;第二節,《九歌》、《招魂》與各族祭歌、巫舞;第三節,《天問》、《離騷》與各族古歌、巫術;第四節,《越人歌》。

魯迅著《魯迅全集》,北京:人民文學出版社,1973 年 12 月版。第十卷第三種《漢文學史綱要》第四篇《屈原及宋玉》(第 540—548 頁)。

陸侃如著《陸侃如古典文學論文集》,上海:上海古籍出版社,1987 年 1 月版。收入論文有《我們爲什麽紀念屈原》(第 225—233 頁)、《屈原評傳(附録三篇)》(第 234—332 頁)、《讀〈讀《楚辭》〉》(第 333—340 頁)、《五月五日》(第 341—343 頁)、《〈楚辭〉補説》(第 344—349 頁)、《屈原的偉大》(第 350—352 頁)、《屈原——愛祖國愛人民的偉大詩人》(第 353—359 頁)、《什麽是〈楚辭〉》(第 360—370 頁)、《漢人論〈楚辭〉》(第 371—401 頁)、《〈楚辭概論〉序》(第 402—405 頁)、《屈原與宋玉(附録一篇)》(第 406—451 頁)、《宋玉評傳(附録三篇)》(第 452—522 頁)。

陸曉光著《中國政教文學之起源——先秦詩説論考》,上海:華東師範大學出版社,1994 年 8 月版。第十一篇《屈原的楚政治情結與其特殊詩風》(第 164—181 頁)。

吕慧娟、劉波、盧達編《中國歷代著名文學家評傳》,第一卷(周秦漢魏晉南北朝),濟南:山東教育出版社,1983 年 5 月版。第二篇姜亮夫《屈原》(第 27—54 頁)。

駱寒超著《駱寒超詩論二集》,南京:南京大學出版社,2001 年 10 月版。收入論文《論〈離騷〉的生命價值追求系統》(第 1—34 頁)、《論〈九歌〉祈求生命創造的原型象徵》(第 35—72 頁)。

馬承源主編《上海博物館集刊》(第九期),上海:上海書畫出版社,2002 年 12 月版。收入張尉《從〈詩經〉、〈楚辭〉看中國古代玉文化》(第 458—467 頁)。

馬茂元著《晚照樓論文集》,上海:上海古籍出版社,1981 年 4 月版。收入論文《論〈九歌〉》(第 1—18 頁)、《關於〈離騷〉時代問題的商榷》(第 19—33 頁)、《從漢代關於屈原的論争到劉勰的〈辨騷〉》(第 34—40 頁)。

蒙文通著《經史抉原》(蒙文通文集第三卷),成都:巴蜀書社,1995 年 9 月版。收入《〈天問〉本事》(第 346—384 頁)。

莫礪鋒編《神女之探尋》,上海:上海古籍出版社,1994 年 2 月版。收入論文第二篇爲[英]大衛·霍克斯《神女之探尋》(程章燦譯)(第 28—52 頁)。

莫礪鋒著《朱熹文學研究》,南京:南京大學出版社,2000 年 5 月版。第六章《朱熹的楚辭學》(第 262—298 頁):一、朱熹對屈賦思想意義的闡發;二、朱熹對屈賦内容的解讀;三、朱熹對《楚辭》比興手法的分析;四、朱熹對屈賦以外的楚辭作品的觀點。

蒲亨强著《尋千年楚聲遺韻》，成都：巴蜀書社，2005年1月版。第四部分《楚聲研究》收入《尋千年楚聲遺韻》（第261—270頁）、《荆楚遺音　奇卓不群》（第271—307頁）、《楚苗音樂特異終止式研究》（第308—324頁）。

浦江清著，浦漢明編，《浦江清文史雜文集》，北京：清華大學出版社，1993年4月版。收入《談端五節》（第189—192頁）。

浦士培主編《江陵縣志》，武漢：湖北人民出版社，1990年5月版。卷七十九《文學藝術》（第540—557頁）、卷九十五《歷史文物》（第639—657頁）、卷一〇四《文化科技人物》第4條《屈原》並附《屈原籍貫考》並第5條《宋玉》（第753—754頁）、卷一O九卷《藝文》（第805—839頁）。

錢伯城、李國章主編《中華文史論叢》（第59輯），上海：上海古籍出版社，1999年9月版。收入王德華《洪興祖〈楚辭補注〉本王逸〈楚辭章句〉各篇小序原貌質疑》（第245—266頁）。

錢穆著《古史地理論叢》，北京：三聯書店，2004年8月版。收入論文《楚辭地名考》（第107—143頁）、《再論楚辭地名答方君》（第191　204頁）。

錢穆著《史記地名考》，北京：商務印書館，2001年7月版。卷十二《楚地名》（第525—620頁）。

錢穆著《先秦諸子繫年》，北京：商務印書館，2001年8月版。收入《屈原生卒考》（第308—311頁）、《屈原於懷王十六年前被讒見絀十八年使齊非即放逐辨》（第428—430頁）、《屈原居漢北爲三閭大夫考》（第443—448頁）、《屈原沉湘在江北不在江南辨》（第455—456頁）。

錢穆著《中國文學論叢》，北京：三聯書店，2002年8月版。收入論文《釋〈離騷〉》（第253—254頁）、《略談〈九歌〉作者》（第255—256頁）、《略談〈湘君〉〈湘夫人〉》（第257—262頁）。

錢志熙著《唐前生命觀和文學生命主題》，北京：東方出版社，1997年6月版。第五章《楚辭：個體生命境界的宏偉展示》（第71—95頁）。

錢鍾書著《管錐編》（第二册），北京：中華書局，1979年8月版。收入《楚辭洪興祖補注一八則》（第581—637頁）。

錢鍾書研究編輯委員會編《錢鍾書研究》（第3輯），北京：文化藝術出版社，1992年5月版。收入顧農《〈離騷〉的角色轉换》（第136—144頁）。

喬默主編《中國二十世紀文學研究論著提要》，北京：北京大學出版社，1994年1月版。收入易重廉《中國楚辭學史》（諸斌傑撰）（第18—19頁）、梁啓超《屈原研究》（徐志嘯撰）（第73頁）、林庚《詩人屈原及其作平研究》（徐志嘯撰）（第73—74頁）、郭沫若《屈原研究》（徐志嘯撰）（第74頁）、聶石樵《屈原論稿》（徐志嘯撰）（第74—75頁）、馬其昶《屈賦微》（徐志嘯撰）（第75頁）、游國恩《楚辭概論》(徐志嘯撰)(第 75—76 頁)、謝無量《楚辭新論》(徐志嘯撰)(第 76 頁)、游國恩《楚辭論文集》(徐志嘯撰)(第 76—77 頁)、劉永濟《屈賦通箋》(徐志嘯撰)(第 77 頁)、朱季海《楚辭解故》(徐志嘯撰)(第 77—78 頁)、蔣天樞《楚辭論文集》(方銘撰)(第 78 頁)、姜亮夫《楚辭學論文集》(徐志嘯撰)(第 78—79 頁)、湯炳正《屈賦新探》(周建渝撰)(第 79 頁)、姜亮夫《楚辭通故》(徐志嘯撰)(第 79—803 頁)、馬茂元《楚辭研究集成》(五編)(徐志嘯撰)(第 80—81 頁)、湯炳正《楚辭類稿》(周建渝撰)(第 81 頁)、金開誠《屈原辭研究》(吳銘撰)(81—83 頁)、游國恩《離騷纂義》(徐志嘯撰)(第 83 頁)、游國恩《天問纂義》(徐志嘯撰)(第 83 頁)、林庚《天問論箋》(徐志嘯撰)(第 84 頁)、聞一多《天問疏證》(徐志嘯撰)(第 84—85 頁)、周勛初《九歌新考》(徐志嘯撰)(第 85 頁)、蕭兵《楚辭與神話》(徐志嘯撰)(第 85 頁)、姜亮夫《楚辭書目五種》(徐志嘯撰)(第 86 頁)。

饒宗頤講演《中國宗教思想史新頁》,北京:北京大學出版社,2000 年 5 月版。收入《道教與楚俗關係新證——楚文化的新認識》(第 52—68 頁)。

饒宗頤著,胡曉明編《澄心論萃》,上海:上海文藝出版社,1996 年 7 月版。收入《詛盟與文學》(二)(第 6—8 頁)、《騷言志説》(第 8—14 頁)、《"楚辭學"建立的意義》(第 15—16 頁)、《〈楚辭〉的作者及時代、地理》(第 16—17 頁)、《〈楚辭〉與其他科學及藝術之關係》(第 17—19 頁)、《〈楚辭〉是否受到域外文化影響》(第 19—21 頁)、《〈楚辭〉對後代文學之沾溉》(第 21—23 頁)、《〈天問〉:發問的文學》(第 23—26 頁)、《〈天問〉:戰國人的懷疑論》(第 26—28 頁)、《招魂》(第 33—35 頁)、《〈九歌〉與圖畫》(第 282—284 頁)、《〈天問〉與圖畫》(第 284—288 頁)。

饒宗頤著《饒宗頤史學論著選》,上海:上海古籍出版社,1993 年 11 月版。收入論文《唐勒及其佚文——楚辭新資料》(第 88—97 頁)、《〈天問〉文體的源流——"發問"文學之探討》(第 98—114 頁)、《道教與楚俗關係新證——楚文化的新認識》(第 115—142 頁)。

任訪秋著《中國古典文學論文集》,鄭州:中州書畫社,1981 年 3 月版。收入論文《偉大的愛國主義詩人屈原》(第 1—13 頁)。

上海辭書出版社編《先秦詩鑒賞辭典》,上海:上海辭書出版社,1998 年 12 月版。收入趙逵夫撰《離騷》(第 735—756 頁)、徐志嘯撰《九歌・東皇太一》(第 756—758 頁)、趙逵夫撰《九歌・雲中君》(第 758—760 頁)、曹明綱撰《九歌・湘君》(第 760—764 頁)、曹明綱撰《九歌・湘夫人》(第 746—768 頁)、趙逵夫撰《九歌・大司命》(第 768—771 頁)、趙逵夫撰《九歌・少司命》(第 771—774 頁)、王宏理撰《九歌・東君》(第 774—777 頁)、王宏理撰《九歌・河伯》(第 777—779 頁)、潘嘯龍撰《九歌・山鬼》(第 780—783 頁)、汪涌毫撰《九歌·國殤》(第783—785頁)、王宏理撰《九歌·禮魂》(第785—786頁)、姜亮夫、姜昆武撰《天問》(第786—808頁)、林家驪撰《九章·惜誦》(第808—815頁)、林家驪撰《九章·涉江》(第815—821頁)、趙逵夫撰《九章·哀郢》(第821—826頁)、徐志嘯撰《九章·抽思》(第826—831頁)、徐志嘯撰《九章·懷沙》(第831—836頁)、徐志嘯撰《九章·思美人》(第836—840頁)、林家驪撰《九章·惜往日》(第840—846頁)、潘嘯龍撰《九章·橘頌》(第847—850頁)、林家驪撰《九章·悲回風》(第850—858頁)、陳銘撰《遠遊》(第858—868頁)、伏俊連撰《卜居》(第868—872頁)、陳志明撰《漁父》(第872—876頁)、陳銘撰《九辯》(第876—888頁)、郭維森撰《招魂》(第888—903頁)、伏俊連撰《大招》(第903—913頁)。

上海古籍出版社編《先秦漢魏六朝詩鑒賞》,上海:上海古籍出版社,1998年12月版。收入屈原作品十七篇,有《離騷》、《九歌》(《湘君》、《湘夫人》、《山鬼》、《國殤》)、《天問》、《九章》(《惜誦》、《涉江》、《哀郢》、《懷沙》、《惜往日》、《橘頌》)、《招魂》、《卜居》、《漁父》,宋玉作品《九辯》(第56—94頁)。

沈暉編《蘇雪林文集》,合肥:安徽文藝出版社,1996年4月版。第四卷收入《屈賦之謎》:一、我研究屈賦的經過(第175—197頁);二、史前文化與屈原(第198—223頁);三、從屈賦看中國文化的來源(第224—252頁);四、屈賦裏域外文化分子問題(第253—275頁);五、域外文化兩度來華的來踪去跡(第276—285頁);六、希伯來文化對中國之影響——中國傳統文化與天主古教(第286—322頁);七、我國古代移民通商溝通文化之偉績(第323—330頁);八、中外神話互相發明例證數則(第331—335頁)。

宋伯年主編《中國古典文學在國外》,北京:北京語言學院出版社,1994年10月版。第二章第三部分爲《楚辭在世界各國的流播》(第36—42頁)。

蘇志宏著《聞一多新論》,北京:中央編譯出版社,1999年12月版。第七章《〈楚辭〉研究》(第143—186頁)。

孫綠怡著《文學肇始》,北京:中華書局,1997年3月版。收入文章有《楚辭之名及由來》(第159—161頁)、《楚地巫風的濡染》(第162—165頁)、《汨羅哀歌》(第166—169頁)、《路曼曼其修遠兮》(第170—174頁)、《千古逸響偉辭》(第175—178頁)、《衆神的祭歌》(第179—183頁)、《被髮行吟之作》(第184—187)、《天尊可問》(第188—191頁)、《九死而無悔》(第192—194頁)、《風騷並舉》(第195—197頁)、《古今悲秋第一人》(第198—201頁)。

湯炳正著《劍南憶舊:湯炳正自述》,太原:山西人民出版社,2001年1月版。《往事雜憶》類有《屈里尋踪》篇(第83—98頁)、《學術主張》類有《我與楚辭》篇(第160—165頁)。

湯序波著《湯炳正評傳》,香港:香港現代知識出版社,2000年6月版。

陶新民主編,《古籍研究》,2006 年,卷下,合肥:安徽大學出版社,2006 年 12 月版。收入任强、潘嘯龍《屈原〈九章〉研究縱覽》(第 173—183 頁)。

王國維著《古史新證——王國維最後的講義》,北京:清華大學出版社,1994 年 12 月版。首篇《古文新證》第三章《殷之先公先王》第 14、17、19、20 頁分别論及《楚辭・天問》。

王錦厚著《郭沫若學術論辯》,成都:成都出版社,1990 年 6 月版。第四部分爲《屈原研究的啓示》(第 143—201 頁),分爲:第一,把屈原研究作爲古代社會研究的繼續;第二,把屈原研究與實際鬥争當作一回事;第三,把屈原研究與創作密切結合。

王有勝主編《中國古代文學論叢——湖南科技大學中國古代文學學科論文選》,上海:上海古籍出版社,2004 年 11 月版。收入郭瑞麟《屈原"放逐"説質疑》(第 79—91 頁)、吴廣平《二十世紀宋玉研究述評》(第 92—109 頁)、吴廣平《宋玉著述考》(第 110—119 頁)。

王鍾陵主編《二十世紀中國文學史論文精粹・詩詞曲論卷》,石家莊:河北教育出版社,2001 年 1 月版。收入論文:魯迅《屈原》(第 74—76 頁)、游國恩《楚辭女性中心説》(第 77—78 頁)、陳子展《〈九辯〉的作者是誰》(第 79—80 頁)、林河《試論楚辭與南方民族的民歌》(第 81—82 頁)、湯炳正《關於〈九章〉後四篇真僞的幾個問題》(第 83—84 頁)、湯漳平《從江陵楚墓竹簡看〈楚辭・九歌〉》(第 85—86 頁)、屈守元《不有屈原　豈見〈離騷〉》(第 87 頁)、潘嘯龍《〈離騷〉的抒情結構及意象表現》(第 88—93 頁)。

王洲明著《先秦兩漢文化與文學》,濟南:山東大學出版社,1996 年 5 月版。收入論文:《論〈詩〉〈騷〉藝術空間觀念的不同》(第 138—148 頁)、《〈楚辭〉對〈詩經〉抒情方式的突破》(第 149—157 頁)、《論屈原的人格》(第 225—229 頁)、《"莊""騷"精神異同論》(第 230—234 頁)、《屈原和〈楚辭〉對漢代文化的影響》(第 235—247 頁)、《從漢代的擬〈騷〉創作看屈原對漢代文學的影響》(第 248—259 頁)。

王子今編《趣味考古》,昆明:雲南人民出版社,2003 年 8 月版。收入江紹原《端午競渡本意考》(第 246—269 頁)。

文崇一著《中國古文化》,臺北:臺灣東大圖書公司,1990 年 8 月版。有《楚的河伯傳説》章(第 1—31 頁)、《楚的水神與華南的龍舟賽神》章(第 33—144 頁)、《楚的上帝與自然神》章(第 145—181 頁)。

文懷沙著,邵盈午編,《文懷沙序跋集》,北京:中國文聯出版社,2001 年 2 月版。第一輯收入《屈原〈九章〉今繹・自序》(第 3—8 頁)、《屈原〈九章〉今繹・後記》(第 9—10 頁)、《祖國的詩人之父——屈原:屈原〈離騷〉今繹・自序》(第 11—18 頁)、《屈原〈離騷〉今繹・後記》(第 19—21 頁)、《屈原〈九歌〉

今繹·自序》(第 22—36 頁)、《屈原〈九歌〉今繹·後記》(第 37—41 頁)、《屈原〈招魂〉今繹·題解》(第 42—43 頁)、《屈原〈招魂〉今繹·前言》(第 44—45 頁)。附録收入[俄]尼·費德林撰,高莽譯《老友文懷沙與他的吟咏》(第 401—405 頁)、張愛萍《聆聽文懷沙教授講〈離騷〉有感》(第 439 頁)。

文史知識編輯部《古典文學研究動態》,北京:中華書局,1993 年 3 月版。收入壽勤澤《近年來楚辭研究概述》(第 1—8 頁)、江林昌《關於〈離騷〉創作時地研究的綜述》(第 9—15 頁)、董洪利《屈原及其作品研究綜述》(第 16—22 頁)、李生龍《近十年來關於宋玉賦真僞問題研究綜述》(第 23—27 頁)。

聞一多著,孫黨伯、袁謇正主編《聞一多全集》(全十二册),武漢:湖北人民出版社,1993 年 12 月版。第二册收入《真的屈原》(第 475—476 頁)。第三册收入《高唐神女傳説之分析》(第 3—34 頁)、《朝雲考》(第 35—49 頁)。第五册收入《讀騷雜記》(第 3—5 頁)、《司命考》(第 6—9 頁)、《端節的歷史教育》(第 10—14 頁)、《屈原問題——敬質孫次舟先生》(第 15—27 頁)、《人民的詩人——屈原》(第 28—30 頁)、《端午考》(第 31—46 頁)、《敦煌舊鈔本楚辭音殘卷跋(附校勘記)》(第 47—54 頁)、《楚辭斠補甲》(第 55—71 頁)、《楚辭斠補乙》(第 72—110 頁)、《楚辭校補》(第 111—248 頁)、《廖季平論離騷》(第 249—254 頁)、《離騷解詁甲》(第 255—274 頁)、《離騷解詁乙》(第 275—337 頁)、《什麼是九歌》(第 338—352 頁)、《〈九歌〉的結構》(第 353—362 頁)、《九歌釋名》(第 363—368 頁)、《東君·湘君·司命——〈九歌雜記〉之一》(第 368—373 頁)、《東皇太一考》(第 374—379 頁)、《怎樣讀九歌》(第 380—396 頁)、《九歌古歌舞劇懸解(並作者附注)》(第 397—421 頁)、《楚郊祀東皇太一樂歌》(第 422—454 頁)、《九歌解詁》(第 455—497 頁)、《天問釋天》(第 498—522 頁)、《天問疏證》(第 523—636 頁)、《論九章》(第 637—648 頁)、《九章解詁》(第 649—707 頁)。

巫瑞書、林河、龍海清主編《巫風與神話》,長沙:湖南文藝出版社,1988 年 1 月版。收入袁珂《〈山海經〉神話與楚文化》(第 1—10 頁)、馬學良、巴莫阿依《楚辭研究小議》(第 11—16 頁)、林河《論南楚太陽崇拜與〈九歌·東君〉》(第 91—111 頁)、易重廉《顓頊故事發微——兼論〈九歌〉二司命的祀主問題》(第 262—280 頁)、張國榮《〈九歌·山鬼〉附麗的神話考辨》(第 281—288 頁)。

伍新福、龍伯亞著《苗族史》,成都:四川民族出版社,1992 年 8 月版。第一章《苗族原始時代》(第 1—74 頁):第一節,傳説時代的苗族先民;第二節,夏、商、周時代的苗族;第三節,苗族的原始氏族制度;第四節,苗族的原始文化。

徐北文著《先秦文學史》,濟南:齊魯書社,1981 年 7 月版。第四章《楚辭與屈原》(第181—224頁)。

徐志嘯著《古典與比較》,上海:上海古籍出版社,2003年7月版。上輯收入論文《楚辭起源論》(第1—50頁)、《屈原思想辨析》(第51—56頁)、《論屈原的"好修"》(第57—64頁)、《東皇太一新考》(第65—90頁)、《〈九歌〉——求生長繁殖之歌》(第91—105頁)、《〈九歌〉三論》(第106—123頁)、《論〈天問〉、〈橘頌〉之題旨與來源——與日本學者商榷》(第124—134頁)、《論楚騷美》(第135—147頁)、《屈賦辨析》(第148—152頁)、《漢代擬騷詩興盛説》(第153—158頁)、《漢承楚文化説》(第159—163頁)、《漢代楚辭學》(第164—173頁)、《魏晉迄唐楚辭學》(第174—183頁)、《劉勰論楚辭》(第184—193頁)、《近代楚辭學》(第194—206頁)、《論楚文化的起源發展及其特點》(第207—228頁)、《游國恩先生的楚辭研究》(第229—238頁)、《日本當代楚辭研究》(第239—251頁);下輯收入論文《屈原與但丁》(第454—467頁)、《論屈原在世界文學史上的地位》(第468—480頁)。

徐志嘯著《學問魅力》,北京:中國發展出版社,1999年10月版。收入《詩人型的學者——記林庚先生》(第1—7頁)、《陳子展與〈詩〉、〈騷〉研究》(第8—10頁)、《屈原與貝多芬的思考》(第69—72頁)。

徐中舒著《徐中舒歷史論文選輯》,北京:中華書局,1998年9月版。收入《九歌九辯考》(第771—786頁)。

揚之水著《先秦詩文史》,瀋陽:遼寧教育出版社,2002年4月版。卷下第二章《風雅寢聲,奇文鬱起——楚辭》(第206—229頁)。

楊公驥著《中國文學》(第一分册),長春:吉林人民出版社,1980年5月版。附録二爲《楚的神話、歷史、社會性質和屈原生平》(第490—543頁),分爲兩節:第一節,楚人的神話與歷史;第二節,屈原所處的時代與屈原的生平。

楊希枚著《先秦文化史論集》,北京:中國社會科學出版社,1995年8月版。收入《中國古代太陽崇拜研究》(語文篇)(第738—757頁)、《中國古代太陽崇拜研究》(生活篇)(第758—783頁)、《蘇雪林先生〈天問研究〉評介》(第854—869頁)。

姚小鷗主編《出土文獻與中國文學研究》,北京:北京廣播學院出版社,2000年8月版。收入湯漳平《從兩周金文看楚文學之淵源》(第147—170頁)、湯漳平《再論楚墓祭祀竹簡與〈楚辭·九歌〉》(第171—185頁)、毛慶《略述楚辭研究中出土文物的功用與地位》(第186—198頁)。

姚志强主編《20世紀江蘇文化名人》,南京:江蘇文藝出版社,1999年9月版。收入吴白匋撰《胡小石》(第54—64頁)、陳偉功撰《陸侃如》(第217—227頁)。

葉舒憲著《高唐神女與維納斯——中西文化中的愛與美主題》,北京:中國社會科學出版社,1997 年 12 月版。下篇第七章第二部分《高唐神女:中國的維納斯》(第 314—318 頁)、第三部分《從愛神到美神:高唐神女的文學分身》(第 318—323 頁);第八章第四部分《宋玉與欲望的詩化》(第 343—345 頁);第九章《晝寢——宋玉的幻想心理學》(第 365—402 頁);第十章第三部分《從〈高唐賦〉到〈洛神賦〉——美人幻夢的文學原型》(第 410—415 頁)。

游國恩著《游國恩學術論文集》,北京:中華書局,1989 年 1 月版。上編收入論文有《屈賦考源》(第 1—36 頁)、《論屈原之放死及楚辭地理》(第 37—93 頁)、《論九歌山川之神》(第 94—111 頁)、《離騷后辛菹醢解》(第 112—117 頁)、《〈天問〉題解》(第 118—119 頁)、《天問啓棘賓商九辯九歌何勤子屠母而死分竟地解》(120—123 頁)、《天問昏微遵迹有狄不寧何繁鳥萃棘負子肆情解》(第 124—127 頁)、《天問古史證二事》(第 128—146 頁)、《楚辭講疏長編序》(第 147—150 頁)、《楚辭女性中心説》(第 151—161 頁)、《論屈原文學的比興作風》(第 162—175 頁)、《楚辭用夏正説》(第 176—184 頁)、《説離騷秋菊之落英》(第 185—188 頁)、《楚辭九辯的作者問題》(第 189—197 頁)、《宋玉大小言賦考》(第 198—210 頁)、《屈原作品介紹》(第 211—235 頁)、《楚辭注本十種提要》(第 236—251 頁)、《楚辭講録》(第 252—292 頁)、《讀楚辭隨筆四則》(第 293—298 頁)。

俞平伯著《俞平伯學術論著自選集》,北京:北京師範學院出版社,1992 年 5 月版。收入《屈原作品選述》(第 504—522 頁)。

俞偉超著《古史的考古學探索》,北京:文物出版社,2002 年 7 月版。收入《圖騰制與人類歷史的起點》(第 1—26 頁)、《楚文化中的神與人》(第 155—159 頁)、《考古學理論的進步與楚文化研究的歷史前景》(第 160—165 頁)、《關於楚文化形成、發展和消亡過程的新探索》(第 166—176 頁)。

袁行霈著《中國詩歌藝術研究》,北京:北京大學出版社,1996 年 6 月版。下編收入論文《屈原的人格美及其詩歌的藝術美》(第 121—142 頁)。

曾祥旭著《士與西漢思想》,哈爾濱:黑龍江人民出版社,2005 年 7 月版。第四章《西漢辭賦與辭賦家思想嬗變》第四節爲《辭賦家思想嬗變之二——騷體賦和追悼屈原而引起的生命悲歌》(第 137—146 頁)。

張碧波著《中國文學史論》,哈爾濱:黑龍江教育出版社,1993 年 3 月版。收入《從〈詩經〉到〈楚辭〉》(第 144—158 頁)。

張崇琛著《古代文化探微》,北京:中國社會科學出版社,2004 年 6 月版。收入論文《崑崙文化與楚辭》(第 46—64 頁)、《“山鬼”考》(第 65—76 頁)、《楚騷咏“蘭”探微》(第 77—100 頁)。

張法著《中國文化與悲劇意識》,北京:中國人民大學出版社,1989 年 1

月版。第三章爲《屈原與中國政治悲劇意識》(第 85—130 頁)。

張巨才、劉殿祥著《聞一多學術思想評傳》,北京:書目文獻出版社,2000 年 1 月版。第七章第四節《〈楚辭〉研究:作家作品的全新闡釋》(第 270—289 頁)。

張慶利著《文學的研究與研究的歷史》,長春:吉林文史出版社,2003 年 10 月版。收入《論楚辭生成的文化背景》(第 29—37 頁)、《上古關於天人之際的探索與〈楚辭·天問〉》(第 38—48 頁)、《荆楚文化與〈九歌〉藝術》(第 49—55 頁)、《楚族巫俗與〈楚辭·招魂〉》(第 56—64 頁)、《繼往開來的宋玉辭賦》(第 65—73 頁)、《一九八三年國内屈原研究綜述》(第 171—178 頁)、《〈招魂〉研究述評》(第 179—198 頁)、《關於近年屈原愛國主義問題的争鳴》(第 199—207 頁)、《旁搜遠紹　多方求索——記李炳海教授》(第 218—225 頁)、《一項拓荒性的工程——周建忠當代楚辭學研究述評》(第 226—244 頁)、《析疑辨惑　刊誤立説——張家英教授學術成果述略》(第 245—252 頁)、《多維觀照　力創新意——郭傑〈屈原新論〉評介》(第 253—259 頁)、《發幽索隱　探驪得珠——江立中〈離騷探驪〉評介》(第 260—265 頁)。

張慶利著《中國文學史話》(先秦卷),長春:吉林人民出版社,1998 年 10 月版。150《"楚囚南冠"——楚人的愛國傳統》、151《偉大的悲劇詩人屈原》、153《"連類譬喻"的楚辭》、153《"屈原放逐,乃賦〈離騷〉"》、154《屈原呵壁問天》、155《人與神的戀歌》、156《湘水之神的相思情》、157《秦楚之戰與〈國殤〉》、158《第一首咏物詩〈桔頌〉》、159《漂泊他鄉哀郢都》、160《爲楚懷王"招魂"》、161《屈原臨江賦〈懷沙〉》、162《悲憫屈原的歷史回音》、163《端午節的來歷》、164《屈原的傳説和遺跡》、165《屈原身後的謎團》、166《"風流儒雅"的才子宋玉》、167《"悲秋"文學的鼻祖〈九辯〉》、168《雄風與雌風》、169《巫山神女的傳説》、170《登徒子好色賦》、171《"陽春白雪"與"下里巴人"》、172《宋玉與漢賦》、173《埋没千年的〈唐勒賦〉》(以上内容在該書第 507—588 頁)。

張汝舟著《二毋室古代天文曆法論叢》,杭州:浙江古籍出版社,1987 年 2 月版。收入《再談屈原的生卒》(第 205—227 頁)。

張汝舟著《二毋室論學雜著選》,貴陽:貴州人民出版社,1990 年 3 月版。收入《然疑待徵録》(其中釋《離騷》三條:女嬃之嬋媛兮;歷兹;騰衆車使徑待。第 107—108 頁)、《然疑待徵録補》(其中釋《楚辭》九條:名余曰正則兮,字余曰靈均;余雖好修姱以鞿羈兮;固亂流其鮮終兮;阽余身而危死兮;抑志而弭節兮;子慕予兮善窈窕;路險難兮獨後來;怨公子兮悵忘歸;天時懟兮威靈怒;誠既勇兮又以武。第 129—131 頁)、《談屈原之生卒》(第 283—287 頁)、《〈九歌〉新論》(第 288—301 頁)。

張樹國著《樂舞與儀式——中國上古祭歌形態研究》，天津：天津古籍出版社，2003 年 6 月版。第四章爲《〈九歌〉——祭儀之樂章》（第 74—105 頁）：一、關於《九歌》；二、《東皇太一》；三、《東君》——祭日之歌：四、屈原與《九歌》。

張舜徽著《四庫提要叙講疏》，昆明：雲南人民出版社，2005 年 12 月版。其中《集部》有《楚辭類叙》（第 138—140 頁）。

張松如（公木）主編，郭傑、李炳海、張慶利著《先秦詩歌史論》，長春：吉林教育出版社，1995 年 12 月版。第九章《荆楚文化特質與楚辭作家的出現》（第 234—266 頁）、第十章《彷徨於理想和現實之間》（案，論《離騷》、《九章》）（第 267—294 頁）、第十一章《天意的窮究與巫風的浸染》（案，論《天問》、《九歌》、《招魂》）（第 295—329 頁）、第十二章《其他楚辭作家的作品》（第 330—345 頁）、第十三章《楚辭的藝術成就與文化精神》（第 346—373 頁）。

張永鑫著《古典詩文論叢》，南京：江蘇教育出版社，1990 年 1 月版。收入《讀騷論微》（包括《〈離騷〉斟酌書》、《騷藝柿札》，第 1—47 頁）。

張志岳著《先秦文學簡史》，哈爾濱：黑龍江人民出版社，1986 年 7 月版。第八章《楚辭與屈原》（第 123—152 頁）。

章必功、方銘、黄鳳顯、劉毓慶、樸永焕、周威兵等編《先秦兩漢文學論集——祝賀褚斌傑教授從教 50 周年》，北京：學苑出版社，2004 年 7 月版。收入論文：李金坤《〈風〉與〈騷〉的夢幻描寫》（第 49—65 頁）、李金善《〈離騷〉“滋蘭樹蕙”證解——也談〈離騷〉香草的象徵意義》（第 195—203 頁）、任剛《〈離騷〉中的比興系統及其意象群》（第 204—213 頁）、姚小鷗《〈離騷〉“先路”與屈原早期經歷的再認識》（第 214—225 頁）、張學松《〈九歌〉的抒情藝術》（第 226—236 頁）、黄鳳顯《屈辭〈招魂〉新辨》（第 237—251 頁）、常森《論屈原作品中的“男女關係”隱喻》（第 252—281 頁）、樸永焕《朱熹撰〈楚辭集注〉之動機考》（第 282—305 頁）、陳連山《“勤子屠母”解——對於〈楚辭的文化破譯〉的一點批評》（第 306—310 頁）、郭建勛《楚辭與七言詩》（第 311—355 頁）、蘇敏《從文學物象看〈離騷〉對〈詩經〉的發展》（第 356—373 頁）、徐志嘯《游國恩先生的楚辭研究》（第 374—386 頁）、劉剛《宋玉年世行跡考》（第 457—478 頁）。

章培恒著《獻疑集》，長沙：岳麓書社，1993 年 1 月版。收入論文《關於屈原生平的幾個問題》（第 1—19 頁）。

趙逵夫著《古典文獻論叢》，北京：中華書局，2003 年 7 月版。收入論文《唐勒〈論義御〉校補》（第 44—53 頁）、《陸時雍與〈楚辭疏〉》（第 382—400 頁）。

趙敏俐主編《中國詩歌研究動態》,第 1 輯,2004 年卷,北京:學苑出版社,2005 年 1 月版。收入郭暉《典籍英譯的風格再現——小議〈楚辭〉的兩種英譯》(第 95—109 頁)。

趙明主編《先秦大文學史》,長春:吉林大學出版社,1993 年 1 月版。第三編《春秋戰國之際的詩歌與楚辭》:第二章《荆楚文化特質與楚辭的孕生》(張慶利執筆)(第 376—390 頁)、第三章《屈原的時代、生平與作品》(郭傑執筆)(第 391—411 頁)、第四章《屈原作品的藝術型類》(趙明、郭傑、羅漫執筆)(第 412—491 頁)、第五章《宋玉其人及其作品》(羅漫執筆)(第 492—542 頁)。

趙沛霖著《先秦神話思想史論》,北京:學苑出版社,2002 年 3 月版。第三編第六章爲《屈原在神話思想史上的地位和貢獻》(第 242—263 頁)。

趙清慎著《野狐集——古書新讀》,上海:學林出版社,2003 年 8 月版。《楚辭》部分收入:離騷十四則(附釋名)、天問十九則、湘君一則、少司命一則、國殤一則、惜誦二則、哀郢一則、抽思一則、懷沙一則、悲回風一則(附釋名)、招魂四則、大招一則、遠遊一則(第 60—83 頁)。

鄭臨川記録、徐希平整理《笳吹弦誦傳薪録——聞一多、羅庸論中國古典文學》,上海:上海古籍出版社,2002 年 12 月版。上編收入聞一多《論〈楚辭〉》(第 45—73 頁),分爲:一、《楚辭》與神仙思想;二、《離騷》與"仙真人詩";三、《楚辭》中的"兮"字説;四、論《九章》;五、論《天問》、六、論《九辯》;七、談《楚辭》的分類;八、屈原論。

鄭臨川著《聞一多論古典文學》,重慶:重慶出版社,1984 年 11 月版。第二部分《論〈楚辭〉》(第 46—81 頁):一、《楚辭》與神仙思想;二、《離騷》與"仙真人詩";三、《楚辭》中的"兮"字説:四、論《九章》;五、論《天問》;六、論《九辯》;七、談《楚辭》的分類;八、屈原論。

鄭文著《金城叢稿》,濟南:齊魯書社,2000 年 11 月版。卷二爲《楚辭淺説》(第 79—176 頁)。一、緒論:《楚辭》與賦;《楚辭》篇第;《楚辭》讀法;《楚辭》注釋。二、《楚辭》來源:南方古作;南音與巫音;《詩》、《騷》關係。三、屈原時代概況:全中國形勢;楚國形勢。四、讀《騷》體會。附録。

鄭文著《金城續稿》,蘭州:甘肅教育出版社,2005 年 11 月版。卷三《論著》有論文《對〈楚辭・九章・抽思〉"漢北"之臆解兼與趙君逵夫切磋》(第 154—170 頁)。

鄭振鐸著《鄭振鐸古典文學論集》,上海:上海古籍出版社,1984 年 1 月版。收入論文《屈原傳》(第 218—223 頁)、《紀念偉大的詩人——屈原》(第 224—228 頁)、《屈原作品在中國文學上的影響》(第 229—237 頁)。

中國少數民族文學學會編《少數民族文學論集》,第 4 集,烏魯木齊:新疆人民出版社,1987年5月版。收入彭秀樞、吴廣平《〈九歌〉是沅湘間少數民族的祭歌》(第100—109頁)。

中華書局上海編輯所《中華文史論叢》(第7輯),北京:中華書局,1978年7月版。收入陳子展《論〈卜居〉、〈漁父〉爲屈原所作》(第239—254頁)。

中華書局上海編輯所《中華文史論叢》(第4輯),北京:中華書局,1963年10月版。收入朱季海《楚辭解故識遺》(下)(第109—138頁)。

中華書局上海編輯所《中華文史論叢》(第1輯),北京:中華書局,1962年8月版。收入蔣天樞《〈楚辭新注〉導論》(第81—136頁)、朱季海《楚辭解故》(第137—152頁)、陳子展《招魂試解》(第153—170頁)。

周蒙、馮宇著《先秦詩歌精華》,北京:人民文學出版社,1992年6月版。收入《楚辭》之《離騷》(第111—114頁)、《九歌・湘君》(第145—148頁)、《九歌・少司命》(第149—152頁)、《九歌・東君》(第152—155頁)、《九歌・山鬼》(第155—158頁)、《九歌・國殤》(第158—160頁)、《九章・涉江》(第160—165頁)、《九章・哀郢》(第166—172頁)、《九章・橘頌》(第172—174頁)。

周憲著《思想的碎片》,濟南:山東友誼出版社,2002年10月版。9. 20《作爲傳統知識分子的屈原》;9. 21《仕與隱的二難困境》;9. 22《屈原的悲劇人格》;9. 23《偉大的屈原》(第293—297頁)。

周勛初著《周勛初文集》,南京:江蘇古籍出版社,2000年9月版。第一卷收入著作《九歌新考》(第3—164頁);第七卷收入論文《楚辭研究的傳承與發展》(第1—12頁)。

朱東潤主編《中華文史論叢》(1979年第2輯),上海:上海古籍出版社,1979年4月版。收入譚優學《〈楚辭新注・導論〉質疑》(第221—232頁)、蔣天樞《〈楚辭新注・導論〉二》(第233—286頁)。

朱東潤主編《中華文史論叢》(1979年第4輯),上海:上海古籍出版社,1979年10月版。收入陳子展《〈楚辭・九歌〉之全面觀察及其意義分析》(第1—46頁)。

朱東潤主編《中華文史論叢》(1981年第4輯),上海:上海古籍出版社,1981年11月版。收入李延陵《關於〈九歌〉的問題》(第67—88頁)。

朱東潤主編《中華文史論叢》(1981年第1輯),上海:上海古籍出版社,1981年2月版。收入陳子展《〈離騷經〉解題》(第49—90頁)、嚴曉青《〈離騷〉著作時期考》(第91—106頁)。

朱鳳瀚、徐勇主編《先秦史研究概要》,天津:天津教育出版社,1996年7月版。第六章第三部分《戰國史》之八《屈原研究》(第371—374頁)。

朱恒夫、王基倫主編《中國文學史疑案録》,南京:江蘇教育出版社,1998

年4月版。第三部分《詩賦詞曲編》收入:《楚辭如何得名?》(第179—180頁)、《屈原生年多争論》(第181—185頁)、《〈離騷〉作於懷王時還是頃襄王時?》(第186—188頁)、《〈離騷〉題意知多少?》(第189—194頁)、《女嬃是屈原之姊嗎?》(第195—198頁)、《那首詩是屈原的絶筆?》(第199—201頁)、《宋玉賦孰真孰僞?》(第202—208頁)。

楚辭楚文化著作總目

安徽省考古學會編,《楚史参考資料》,1980年6月版。

安田喜憲主編,蔡敦達等譯,《神話、祭祀與長江文明》,北京:文物出版社,2002年3月版。

北方論叢編輯部編,《楚辭研究》,北方論叢叢書(三),1983年9月版。

北京大學中國傳統文化研究中心編,《北京大學百年國學文粹》(文學卷),北京:北京大學出版社,1998年4月版。

北京大學中國文學史教研室選注,游國恩等編選,《兩漢文學史参考資料》(上、下册),北京:中華書局,1962年8月新1版。

北京大學中國文學史教研室選注,游國恩等編選,《先秦文學史参考資料》,北京:中華書局,1962年8月新1版。

畢庶春著,《辭賦新探》,瀋陽:東北大學出版社,1995年12月版。

蔡靖泉著,《長江流域詩詞史論》,武漢:湖北教育出版社,2005年7月版。

蔡靖泉著,《楚文化流變史》,武漢:湖北人民出版社,2001年10月版。

蔡靖泉著,《楚文學史》,武漢:湖北教育出版社,1996年8月版。

蔡葵著,《楚漢文化概論》,南京:南京師範大學出版社,1996年7月版。

蔡妮妮著,《屈賦中的"之"、"其"、"以"字研究》(影印),碩士論文,國立中正大學中國文學研究所1996年7月。

蔡世驥著,《懷楚情思:歷代詩人咏楚國》,武漢:湖北教育出版社,2000年3月版。

蔡守湘主編,《歷代詩話論詩經楚辭》,武漢:武漢出版社,1991年6月版。

蔡守湘主編,《中國浪漫主義文學史》,武漢:武漢出版社,1999年8月版。

曹大中著,《屈原的思想與文學藝術》,長沙:湖南出版社,1991年5月版。

曹道衡、劉躍進著,《先秦兩漢文學史料學》,北京:中華書局,2005年4月版。

曹道衡、沈玉成著,《中國文學家大辭典》(先秦漢魏南北朝卷),北京:中華書局,1996年8月版。

曹虹著,《中國辭賦源流綜論》,北京:中華書局,2005年9月版。

曹晉著,《屈原與司馬遷的人格悲劇》,上海:上海古籍出版社,2008年4月版。

曹明綱著,《賦學概論》,上海:上海古籍出版社,1998年11月版。

曹文心著,《宋玉辭賦》,合肥:安徽大學出版社,2006年11月版。

曹耀湘著,《讀騷論世》,長沙:湖南官書報局,1915年版。

曹毅前、周松柏主編,《歷代咏竹佳作三百篇》,長沙:岳麓書社,1999年10月版。

常立柱主編,《三峽名人》,武漢:長江文藝出版社,1998年6月版。

常森著,《二十世紀先秦散文研究反思》,北京:北京大學出版社,2002年8月版。

常森著,《先秦文學專題講義》,太原:山西教育出版社,2005年7月版。

常宗豪著,《楚辭——靈巫與九歌》,臺北:黎明文化事業公司,1994年10月版。

陳炳良著,《神話·禮儀·文學》,臺北:聯經出版事業公司,1985年版。

陳斐著,《離騷新箋》,臺北:前程出版社,1985年版。

陳鼓應主編,《道家文化研究》("郭店楚簡"專號),第十七輯,北京:三聯書店,1999年8月版。

陳洪綬、蕭雲從繪,《楚辭圖注》,臺北:臺北中華書局,1986年11月版。

陳金雄著,《屈宋賦連語王注補正》,臺北:文史哲出版社,1974年1月版。

陳掄著,《歷史比較法與古籍校釋》,長沙:湖南教育出版社,1987年10月版。

陳夢家著,《六國紀年》,上海:上海人民出版社,1956年12月版。

陳培壽著,《楚辭大義述》,杜松柏主編《楚辭彙編》第九册,臺北:新文豐出版公司,1986年3月版。

陳平原主編,《中國文學研究現代化進程二編》,北京:北京大學出版社,2002年4月版。

陳秋吟著,《屈賦意象研究》(影印),碩士論文,國立中山大學中國文學研究所1997年6月。

陳適著,《離騷研究》,長沙:商務印書館,1940年2月版。

陳松長編著,《馬王堆帛書藝術》,上海:上海書店出版社,1996年12月版。

陳松長編著,鄭曙斌、喻燕嬌協編,《馬王堆簡帛文字編》,北京:文物出版社,2001年6月版。

陳蘇彬譯注,《楚辭》,太原:山西古籍出版社,2003 年 1 月版。

陳彤著,《屈原楚辭藝術輯新》,臺北:文津出版社,1996 年 2 月版。

陳彤著,《先秦文學探新》,北京:北京師範大學出版社,1990 年 9 月版。

陳桐生著,《楚辭與中國文化》,西安:陝西人民教育出版社,1997 年 7 月版。

陳桐生著,《天柱斷裂之後——戰國文人心態史》,石家莊:河北教育出版社,2001 年 11 月版。

陳偉著,《包山楚簡初探》,武漢:武漢大學出版社,1996 年版。

陳偉著,《楚東國地理研究》,武漢:武漢大學出版社,1992 年 11 月版。

陳偉著,《郭店竹書别釋》,武漢:湖北教育出版社,2003 年 1 月版。

陳煒舜編著,《楚辭練要》,佛光人文社會學院,2006 年 7 月版。

陳文吉著,《〈楚辭〉古韻研究》(碩士論文),臺灣師範大學國文所,1995 年 5 月。

陳怡良著,《楚辭天問研究》,臺南:第一書局,1981 年 2 月版。

陳怡良著,《屈騷審美與修辭》,臺北:文津出版社,2008 年 10 月版。

陳怡良著,《屈原文學論集》,臺北:文津出版社,1992 年 11 月增訂版。

陳怡良著,《屈原文學論集》,臺南:興業圖書公司,1988 年 1 月版。

陳永源主編,臺灣國立歷史博物館研究組編輯,《屈原的故鄉——楚文化特展》,臺北:國立歷史博物館出版,2001 年 11 月版。

陳泳超著,《堯舜傳説研究》,南京:南京師大出版社,2000 年 8 月版。

陳元鋒著,《樂官文化與文學——先秦詩歌史的文化巡禮》,濟南:山東教育出版社,1999 年 6 月版。

陳運溶、王仁俊輯,石洪運點校,《〈荆州記〉九種》,武漢:湖北人民出版社,1999 年 9 月版。

陳振裕著,《楚文化與漆器研究》,北京:科學出版社,2003 年 7 月版。

陳直《楚辭拾遺》,楊家駱主編,《楚辭注六種》(影印),臺北:世界書局,1978 年 3 月 3 版。

陳直著,《楚辭拾遺》,摹廬叢著本,1934 年版。

陳直著,《文史考古論叢》,天津:天津古籍出版社,1988 年 10 月版。

陳直著,周曉陸、陳曉捷編,《讀金日札》,西安:西北大學出版社,2000 年 11 月版。

陳子展著,《楚辭直解》,南京:江蘇古籍出版社,1988 年 2 月版;上海:復旦大學出版社,1996 年 11 月版。

程嘉哲、劉深著,《屈原吟踪漫記》,重慶:重慶出版社,1992 年 9 月版。

程嘉哲著,《九歌新譯》,重慶:重慶出版社,1986 年 10 月版。

程嘉哲著,《九歌新注》,成都:四川人民出版社,1982年5月版。

程嘉哲著,《天問新注》,成都:四川人民出版社,1984年8月版。

程章燦著,《賦學論叢》,北京:中華書局,2005年9月版。

池田知久著,曹峰譯,《池田知久簡帛研究論集》,北京:中華書局,2006年2月版。

楚文化研究會編,《楚文化考古大事記》,北京:文物出版社,1984年7月版。

楚文化研究會編,《楚文化研究論集》,第二集,武漢:湖北人民出版社,1991年3月版。

楚文化研究會編,《楚文化研究論集》,第三集,武漢:湖北人民出版社,1994年4月版。

楚文化研究會編,《楚文化研究論集》,第四集,鄭州:河南人民出版社,1994年6月版。

楚文化研究會編,《楚文化研究論集》,第一集,武漢:荆楚書社,1987年1月版。

褚斌傑、黄筠著,《〈詩經〉與楚辭導讀》,北京:北京大學出版社,2003年2月版。

褚斌傑、譚家健主編,《先秦文學史》,北京:人民文學出版社,1998年11月版。

褚斌傑主編,《〈詩經〉與楚辭》,北京:北京大學出版社,2002年11月版。

褚斌傑主編,《屈原研究》,北京:北京大學出版社,2003年8月版。

褚斌傑主編,《屈原研究論集》,武漢:湖北美術出版社,1999年6月版。

褚斌傑注評,《楚辭選評》,西安:三秦出版社,2004年7月版。

褚斌傑著,《楚辭要論》,北京:北京大學出版社,2003年1月版。

褚斌傑著,《中國古代文體概論》,北京:北京大學出版社,1984年6月版。

崔富章、李大明主編,《楚辭集校集釋》,武漢:湖北教育出版社,2002年10月版。

崔富章等,《詩騷合璧》,杭州:浙江古籍出版社,1995年2月版。

崔富章著,《楚辭書目五種續編》,上海:上海古籍出版社,1993年2月版。

崔富章著,《四庫提要補正》,杭州:杭州大學出版社,1990年9月版。

崔恒昇著,《安徽出土金文訂補》,合肥:黄山書社,1998年11月版。

崔仁義著,《荆門郭店楚簡〈老子〉研究》,北京:科學出版社,1998年10月版。

大宫真人著,宋力譯,《屈賦與日本公元前史》,海口:海南出版社,1994年8月版。

戴錫琦、鍾興永主編,《屈原學集成》,北京:中央編譯出版社,2007年6月版。

戴錫琦著,《屈騷風景綫》,太原:山西高校聯合出版社,1993年版。

戴震著,褚斌傑、吳賢哲校點,《屈原賦注》,北京:中華書局,1999年12月版。

戴震著,張岱年主編,《戴震全書》(三),合肥:黄山書社,1994年9月版。

戴志鈞著,《讀騷十論》,哈爾濱:黑龍江人民出版社,1986年5月版。

戴志鈞著,《論騷二集》,哈爾濱:黑龍江教育出版社,1990年11月版。

戴志鈞著,《論騷三集》,哈爾濱:黑龍江教育出版社,1999年12月版。

鄧魁英、聶石樵著,《古代文學論叢》,石家莊:河北教育出版社,2000年1月版。

鄧喬彬、趙曉嵐著,《學者聞一多》,上海:學林出版社,2001年4月版。

丁冰著,《屈原》,哈爾濱:黑龍江人民出版社,1982年5月版。

丁東著,《反思郭沫若》,北京:作家出版社,1999年3月版。

丁山著,《甲骨文所見氏族及其制度》,北京:中華書局,1988年4月版。

丁四新主編,《楚地出土簡帛文獻思想研究》(一),武漢:湖北教育出版社,2002年12月版。

丁四新著,《郭店楚墓竹簡思想研究》,北京:東方出版社,2000年10月版。

丁晏著,《楚辭天問箋》,臺北:廣文書局,1972年4月版。

東昌主編,《古詩源·白話楚辭卷》,哈爾濱:哈爾濱出版社,2001年12月版。

董楚平、俞志慧著,《楚辭直解》,杭州:浙江文藝出版社,1997年5月版

董楚平譯注,《楚辭》(圖文本),上海:上海古籍出版社,2006年10月版。

董楚平著,《楚辭譯注》,上海:上海古籍出版社,1986年4月版。

董説著,繆文遠訂補,《七國考訂補》(上、下册),上海:上海古籍出版社,1987年4月版。

董治安著,《先秦文獻與先秦文學》,濟南:齊魯書社,1994年11月版。

杜松柏編,《楚辭彙編(十册)》,臺北:新文豐出版公司,1986年3月版。

杜月村著,《楚辭新讀》,成都:巴蜀書社,2001年8月版。

段世革著,《屈原作品研究》,臺北:鶯聲文物供應公司,1981年7月版。

段萬翰著,《屈原:我國最早的大詩人》,上海:上海人民出版社,1985年4月版。

段學儉著,《與屈原對話》,上海:上海古籍出版社,2002年9月版。

范正聲著,《屈賦創作論》,北京:中國文聯出版社,2000年4月版。

方績著,《屈子正音》,《五家楚辭注合編》,臺北:廣文書局,1972年4月版。

方銘、張宏洪主編,《中國楚辭學》,第二輯,北京:學苑出版社,2003年1月版。

方銘、張宏洪主編,《中國楚辭學》,第三輯,北京:學苑出版社,2003年7月版。

方銘、張宏洪主編,《中國楚辭學》,第四輯,北京:學苑出版社,2004年1月版。

方銘、張宏洪主編,《中國楚辭學》,第一輯,北京:學苑出版社,2002年7月版。

方銘、趙敏俐主編,《中國楚辭學》,第六輯,北京:學苑出版社,2005年1月版。

方銘、趙敏俐主編,《中國楚辭學》,第七輯,北京:學苑出版社,2005年7月版。

方銘、趙敏俐主編,《中國楚辭學》,第五輯,北京:學苑出版社,2004年7月版。

方銘、周秉高主編,《中國楚辭學》,第八輯,北京:學苑出版社,2007年3月版。

方銘、周秉高主編,《中國楚辭學》,第九輯,北京:學苑出版社,2007年5月版。

方銘、周秉高主編,《中國楚辭學》,第十輯,北京:學苑出版社,2007年7月版。

方銘著,《經典與傳統:先秦兩漢詩賦考論》,北京:人民文學出版社,2003年11月版。

方銘著,《期待與墜落——秦漢文人心態史》,石家莊:河北教育出版社,2001年11月版。

方銘著,《戰國文學史》,武漢:武漢出版社,1996年10月版。

方培元主編,《楚俗研究》(第二集),武漢:湖北美術出版社,1995年12月版。

方培元主編,《楚俗研究》(第三集),武漢:湖北美術出版社,1999年11月版。

方培元主編,《楚俗研究》(第一集),武漢:湖北美術出版社,1993年12月版。

費振剛、胡雙寶、宗明華輯校,《全漢賦》,北京:北京大學出版社,1993年4月版。

費振剛主編,《先秦兩漢文學研究》,北京:北京出版社,2001年12月版。

馮永軒著,《史記楚世家會注考證校補》,武漢:湖北教育出版社,1993年6月版。

輔仁大學中國文學系先秦兩漢學術研究室編,《上下求索——〈楚辭〉的文學藝術與文化觀照》,輔仁大學第四屆先秦兩漢學術國際研討會論文集,臺北:輔仁大學中國文學系先秦兩漢學術研究室,2005年11月編印。

復旦大學中文系編,《天問天對注》,上海:上海人民出版社,1973年11月版。

傅舉有、陳松長著,《馬王堆漢墓文物》,長沙:湖南出版社,1992年版。

傅錫壬著,《楚辭古韻考釋》,淡江文理學院出版指導委員會,1973年6月版。

傅錫壬著,《山川寂寞衣冠泪——屈原的悲歌世界》,臺北:時報文化出版企業有限公司,1987年6月版。

傅錫壬著,《新譯楚辭讀本》,臺北:三民書局,1976年7月版。

岡村繁著,陸曉光譯,《周漢文學史考——岡村繁全集第一卷》,上海:上海古籍出版社,2002年8月版。

高崇文、安田喜憲主編,《長江流域青銅器文化研究》,北京:科學出版社,2002年3月版。

高福進著,《太陽崇拜與太陽神話》,上海:上海人民出版社,2002年3月版。

高明編,《古文字類編》,北京:中華書局,1980年11月版。

高明著,《高明論著選集》,北京:科學出版社,2001年2月版。

高明著,《中國古文字學通論》,北京:北京大學出版社,1996年6月版。

高秋鳳著,《楚辭三九暨後世以九名篇擬作之研探》(碩士論文),臺灣師範大學國文研究所,1986年5月。

高秋鳳著,《宋玉作品真僞考》,臺北:文津出版社,1999年3月版。

高秋鳳著,《天問研究》(博士論文),臺灣師範大學國文研究所,1991年5月。

高至喜著,《商周青銅器與楚文化研究》,長沙:岳麓書社,1999年6月版。

龔克昌、彭重光著,《屈原賦譯注》,濟南:山東大學出版社,1986年12月版。

龔克昌著,《中國辭賦研究》,濟南:山東大學出版社,2003年11月版。

龔鵬程著,《漢代思潮》,北京:商務印書館,2005 年 2 月版。

龔維英著,《女神的失落》,鄭州:河南大學出版社,1993 年 11 月版。

顧頡剛著,《顧頡剛古史論文集》(1—2 册),北京:中華書局,1988 年 11 月版。

顧頡剛著,《中國上古史研究講義》,北京:中華書局,1988 年 1 月版。

顧鐵符著,《楚國民族述略》,武漢:湖北人民出版社,1984 年 10 月版。

顧鐵符著,《夕陽刍稿:歷史考古述論彙編》,北京:紫禁城出版社,1988 年 3 月版。

郭焯瑩著,《讀騷大例》,北京:文字同盟社,1931 年版。

郭德維著,《藏滿瑰寶的地宫——曾侯乙墓綜覽》,北京:文物出版社,1991 年 2 月版。

郭德維著,《楚系墓葬研究》,武漢:湖北教育出版社,1995 年 7 月版。

郭嘉林著,《屈原與楚辭》,上海:中華書局上海編輯所,1959 年版。

郭建勛著,《楚辭與中國古代韻文》,長沙:湖南師範大學出版社,2001 年 4 月版。

郭建勛著,《漢魏六朝騷體文學研究》,長沙:湖南教育出版社,1997 年 3 月版。

郭建勛著,《先唐辭賦研究》,北京:人民出版社,2004 年 5 月版。

郭傑、李炳海、張慶利著,《先秦詩歌史論》,長春:吉林教育出版社,1995 年 12 月版。

郭傑著,《古代思想與詩的世界》,北京:中國社會科學出版社,2008 年 3 月版。

郭傑著,《屈原新論》(增訂本),長春:吉林大學出版社,2006 年 3 月版。

郭傑著,《屈原新論》,長春:吉林大學出版社,1994 年 7 月版。

郭沫若著,《郭沫若古典文學論文集》,上海:上海古籍出版社,1985 年版。

郭沫若著,《郭沫若全集・考古編》第十卷《考古論集》,北京:科學出版社,2002 年 10 月版。

郭沫若著,《郭沫若全集・考古編》第四卷《殷周青銅器銘文研究》、《商周古文字類纂》,北京:科學出版社,2002 年 10 月版。

郭沫若著,《屈原》,北京:開明書店,1935 年 4 月版。

郭沫若著,《屈原賦今譯》,北京:人民文學出版社,1953 年版。

郭沫若著,《屈原賦今譯》,上海:上海書店出版社,2003 年 7 月版。

郭沫若著,《屈原賦今譯》,香港:香港上海書局,1977 年 11 月版。

郭沫若著,《屈原研究》,劉夢溪主編,《中國現代學術經典・郭沫若卷》,

石家莊:河北教育出版社,1996 年 8 月版。

郭沫若著,《屈原研究》,重慶:重慶群益出版社,1943 年 7 月版。

郭若愚編著,《戰國楚簡文字編》,上海:上海書畫出版社,1994 年 2 月版。

郭世謙著,《屈原天問今譯考辨》,天津:天津古籍出版社,2006 年 1 月版。

郭維森、包景誠著,《風雲高標的〈楚辭〉》,瀋陽:遼寧古籍出版社,1995 年 5 月版。

郭維森編,《學苑奇峰——文史學家胡小石》,南京:南京大學出版社,2000 年 4 月版。

郭維森著,《屈原》,上海:上海古籍出版社,1979 年 2 月版。

郭維森著,《屈原評傳》,南京:南京大學出版社,1999 年 1 月版。

郭沂著,《郭店楚簡與先秦學術思想》,上海:上海教育出版社,2001 年 2 月版。

郭銀田著,《屈原之思想及其藝術》,重慶:獨立出版社,1944 年版。

郭在貽著,《郭在貽文集》(1—4 册),北京:中華書局,2002 年 5 月版。

郭在貽著,《郭在貽語言文學論稿》,杭州:浙江古籍出版社,1992 年 1 月版。

郭竹平注釋,丁樂配畫,《楚辭》(全譯典藏圖文本),北京:中國社會科學出版社,2002 年 10 月版。

國光紅著,《九歌考釋》,濟南:齊魯書社,1999 年版。

國務院三峽工程建設委員會辦公室、國家文物局編著,《長江三峽工程文物保護項目報告》,乙種第一號,《秭歸廟坪》,北京:科學出版社,2003 年 5 月版。

過常寶著,《楚辭與原始宗教》,北京:東方出版社,1997 年 6 月版。

韓高年著,《禮俗儀式與先秦詩歌演變》,北京:中華書局,2006 年 9 月版。

韓致中著,《新荆楚歲時記》,上海:上海文藝出版社,2001 年 3 月版。

郝志達、王錫三主編,《東方詩魂》,北京:東方出版社,1993 年 8 月版。

郝志達著,《楚辭今注今譯》,石家莊:河北人民出版社,2000 年 1 月版。

何光岳著,《楚滅國考》,上海:上海人民出版社,1990 年 2 月版。

何光岳著,《楚源流史》,長沙:湖南人民出版社,1988 年 10 月版。

何光岳著,《楚源流史》,南昌:江西教育出版社,2005 年 2 月版。

何光岳著,《南蠻源流史》,南昌:江西教育出版社,1988 年 11 月版。

何廣棪著,《漢賦與楚文學之關係》(影印),香港:香港珠海書院,1973 年

6月版。

何浩著,《楚滅國考》,武漢:武漢出版社,1989年11月版。

何懷强、王健强著,《秭歸風物》,北京:中國三峽出版社,1994年7月版。

何劍熏著,《楚辭拾瀋》,成都:四川人民出版社,1984年10月版。

何劍熏著,《楚辭新詁》,成都:巴蜀書社,1994年11月版。

何介鈞、張維明著,《馬王堆漢墓》,北京:文物出版社,1982年。

何敬群著,《楚辭精注》,臺北:中正書局,1978年4月版。

何琳儀著,《戰國古文字典——戰國文字聲系》,北京:中華書局,1998年9月版。

何琳儀著,《戰國文字通論》(訂補),南京:江蘇教育出版社,2003年1月版。

何念龍著,《千古絶響:楚國的文學》,武漢:湖北教育出版社,2001年3月版。

何錡章著,《離騷天問考辨》,臺北:廣東出版社,1976年4月版。

何錡章著,《屈原及其作品詮釋》,臺北:廣東出版社,1974年5月版。

何錡章著,《圈點增注王逸注楚詞》,臺北:廣東出版社,1973年2月版。

何天行著,《楚辭作於漢代考》,上海:上海魯殿書社,1938年版。

何新著,《〈九歌〉諸神的重新研究》,哈爾濱:黑龍江教育出版社,1993年5月版。

何新著,《楚辭新解・聖靈之歌》,《何新國學經典新解系列》之九,北京:時事出版社,2007年2月版。

何新著,《天問新解・宇宙之問》,《何新國學經典新解系列》之七,北京:時事出版社,2007年2月版。

何新著,《諸神的起源》,《何新國學經典新解系列》之十三,北京:時事出版社,2007年2月版。

何新著,《諸神的起源——中國遠古太陽神崇拜》,北京:光明日報出版社,1996年9月版。

何星亮著,《圖騰與中國文化》,南京:江蘇人民出版社,2008年1月版。

河南考古學會編,《楚文化研究論集》,鄭州:中州書畫社,1983年版。

河南省文物考古研究所編著,《新蔡葛陵楚墓》,鄭州:大象出版社,2003年10月版。

河南文物研究所,《淅川下寺春秋楚墓》,北京:文物出版社,1991年版。

洪興祖《楚辭補注》,楊家駱主編,《楚辭注六種》(影印),臺北:世界書局,1978年3月3版。

洪興祖著,《楚辭補注》,北京:中華書局,2002年10月修訂重印。

洪興祖著,《楚辭補注》,臺北:臺灣中華書局,1972年版。

洪興祖著,《楚辭補注》,北京:中華書局,1983年3月版。

洪興祖著,《楚辭章句補注》,長春:吉林人民出版社,1999年9月版。

洪湛侯主編,《楚辭要籍解題》,武漢:湖北人民出版社,1984年11月版。

侯良著,《神奇的馬王堆漢墓》,廣州:中山大學出版社,1990年版。

后德俊著,《楚國的礦冶髹漆和玻璃製造》,武漢:湖北教育出版社,1995年7月版。

胡念貽著,《楚辭選注及考證》,長沙:岳麓書社,1984年11月版。

胡念貽著,《先秦文學論集》,北京:中國社會科學出版社,1981年12月版。

胡念貽著,《中國古代文學論稿》,上海:上海古籍出版社,1987年版。

胡適著,《胡適古典文學研究論集》(上、下册),上海:上海古籍出版社,1988年8月版。

胡文英著,《屈騷指掌》,北京:北京古籍出版社,1979年10月版。

胡小石著,《胡小石論文集》,上海:上海古籍出版社,1982年6月版。

胡小石著,周勛初編,《胡小石文史論叢》,南京:南京大學出版社,2008年4月版。

胡曉明著,《靈根與情種——先秦文學思想研究》,南昌:百花洲文藝出版社,1994年12月版。

胡友葛著,《離騷》(影印),自印本,臺灣,1960年秋。

湖北考古學會編,《楚章華臺學術討論會論文集》,武漢:武漢大學出版社,1988年10月版。

湖北省博物館編,《曾侯乙墓》(上、下册),北京:文物出版社,1989年7月版。

湖北省博物館編,王紅星主編,《九連墩——長江中游的楚國貴族大墓》,北京:文物出版社,2007年9月版。

湖北省博物館編著,《曾侯乙墓文物藝術》,武漢:湖北美術出版社,1992年6月版。

湖北省荆沙鐵路考古隊,《包山楚簡》,北京:文物出版社,1991年10月版。

湖北省荆沙鐵路考古隊編,《包山楚墓》(全兩册),北京:文物出版社,1991年10月版。

湖北省荆州博物館,《荆州天星觀二號楚墓》,北京:文物出版社,2003年9月版。

湖北省荆州地區博物館,《江陵馬山一號楚墓》,北京:文物出版社,1985

年版。

湖北省社會科學院文學研究所編,《屈原研究論集》,武漢:長江文藝出版社,1984 年 5 月版。

湖北省文物考古研究所,《江陵望山沙塚楚墓》,北京:文物出版社,1996 年 4 月版。

湖北省文物考古研究所、北京大學中文系編,《九店楚簡》,北京:中華書局,2000 年 5 月版。

湖北省文物考古研究所、北京大學中文系編,《望山楚簡》,北京:中華書局,1995 年版。

湖北省文物考古研究所編著,《宜都城背溪》,北京:文物出版社,2001 年 11 月版。

湖北省宜昌炎黄文化研究會編,《屈原研究論文集》,1997 年 7 月版。

湖南省博物館編,《長沙馬王堆二、三號漢墓》第一卷《田野考古發掘報告》,北京:文物出版社,2004 年 7 月版。

湖南省博物館、湖南省文物考古研究所、長沙市博物館、長沙市文物考古研究所,《長沙楚墓》(上、下),北京:文物出版社,2000 年 1 月版。

湖南省博物館、中國科學院考古研究所,《長沙馬王堆一號漢墓》(上、下册),北京:文物出版社,1973 年版。

湖南省博物館編,《馬王堆漢墓研究》,長沙:湖南人民出版社,1981 年版。

湖南省博物館編,《馬王堆漢墓研究文集》,長沙:湖南出版社,1994 年版。

黄碧璉著,《屈原與楚文化研究》,臺北:文津出版社,1998 年 5 月版。

黄崇浩著,《屈原:忠憤人生》,武漢:長江文藝出版社,1999 年 5 月版。

黄崇浩著,《屈子陽秋》,武漢:湖北人民出版社,2003 年 8 月版。

黄德馨著,《楚國史話》,武漢:華中工學院出版社,1983 年 10 月版。

黄鳳顯著,《楚辭》,北京:華夏出版社,1998 年 1 月版。

黄鳳顯著,《屈辭體研究》,長沙:湖南人民出版社,1997 年 9 月版。

黄鳳顯著,《屈辭體研究》,長沙:湖南人民出版社,2002 年 6 月第 2 版。

黄華表著,《離騷四釋》,臺北:臺灣學生書局,1979 年版。

黄懷信著,《古文獻與古史考論》,濟南:齊魯書社,2003 年 6 月版。

黄建榮著,《〈楚辭〉古代注釋論綱》,北京:中國文聯出版社,2004 年 3 月版。

黄靈庚疏證,《楚辭章句疏證》(全五册),北京:中華書局,2007 年 9 月版。

黄靈庚著,《楚辭異文辯證》,鄭州:中州古籍出版社,2000年9月版。

黄靈庚著,《離騷校詁》,鄭州:中州古籍出版社,1996年5月版。

黄士吉著,《古劇九歌今譯》,延吉:延邊大學出版社,1988年12月版。

黄壽祺、梅桐生著,《楚辭全譯》,貴陽:貴州人民出版社,1984年2月版。

黄震雲著,《楚辭通論》,長沙:湖南教育出版社,1997年10月版。

黄志高著,《六十年來之楚辭學》(碩士論文),臺灣師範大學國文所,1977年。

黄中模、王雍剛主編,《楚辭研究成功之路——海内外楚辭專家自述》,重慶:重慶出版社,2000年12月版。

黄中模、王雍剛主編,《楚辭與苗文化》,重慶:西南師大出版社,1996年1月版。

黄中模編,《中日學者屈原問題論争集》,濟南:山東教育出版社,1990年7月版。

黄中模主編,《楚辭研究與争鳴(第一輯)》,北京:團結出版社,1989年12月版。

黄中模著,《郭沫若歷史劇〈屈原〉詩話》,成都:四川人民出版社,1981年2月版。

黄中模著,《屈原問題論争史稿》,北京:北京十月文藝出版社,1987年7月版。

黄中模著,《現代楚辭批評史》,武漢:湖北教育出版社,1990年7月版。

黄中模著,《與日本學者討論屈原問題》,武漢:華中理工大學出版社,1990年6月版。

霍敏注,《詩經·楚辭選注》,保定:河北大學出版社,2006年10月版。

霍松林主編,《辭賦大辭典》,南京:江蘇古籍出版社,1996年5月版。

吉林師大歷史系著,《天問天對譯注》,北京:人民出版社,1976年10月版。

冀凡著,《冀凡楚辭研究文集》,黄石:水沫文學社,2004年5月版。

江立中著,《離騷探驪》,長沙:岳麓書社,1993年8月版。

江立中著,《遷謫文學與岳陽精神》,北京:當代世界出版社,2001年5月版。

江立中著,《屈騷鑄詩魂》,北京:中國文聯出版社,2003年7月版。

江林昌著,《楚辭與上古歷史文化研究——中國古代太陽循環文化探秘》,濟南:齊魯書社,1998年5月版。

姜廣輝主編,《中國哲學》編輯部、國際儒聯學術委員會編,《郭店楚簡研究》,《中國哲學》第二十輯,瀋陽:遼寧教育出版社,1999年1月版。

姜亮夫、姜昆武著,《屈原與楚辭》,安徽:安徽教育出版社,1991 年 8 月版。

姜亮夫著,《楚辭今譯講録》,北京:北京出版社,1981 年 10 月版。

姜亮夫著,《楚辭今譯講録》,昆明:雲南人民出版社,1999 年 11 月版。

姜亮夫著,《楚辭書目五種》,上海:上海古籍出版社,1993 年 2 月重版。

姜亮夫著,《楚辭書目五種》,臺北:明倫出版社,1971 年 10 月版。

姜亮夫著,《楚辭書目五種》,上海:中華書局上海編輯所,1961 年版。

姜亮夫著,《楚辭通故》,濟南:齊魯書社,1985 年 10 月版。

姜亮夫著,《楚辭通故》,昆明:雲南人民出版社,1999 年 12 月版。

姜亮夫著,《楚辭學論文集》,上海:上海古籍出版社,1984 年 12 月版。

姜亮夫著,《古史學論文集》,上海:上海古籍出版社,1996 年 6 月版。

姜亮夫著,《屈原賦今譯》,北京:北京出版社,1987 年 11 月版。

姜亮夫著,《屈原賦今譯》,昆明:雲南人民出版社,1999 年 11 月版。

姜亮夫著,《屈原賦校注》,北京:人民文學出版社,1957 年版。

姜亮夫著,《屈原賦校注》,臺北:文光圖書有限公司,1974 年版。

姜亮夫著,《重訂屈原賦校注》,天津:天津古籍出版社,1987 年 3 月版。

姜書閣著,《漢賦通義》,濟南:齊魯書社,1989 年 10 月版。

姜書閣著,《先秦辭賦原論》,濟南:齊魯書社,1983 年 9 月版。

蔣驥著,《山帶閣注楚辭》,上海:上海古籍出版社,1984 年 10 月版。

蔣驥著,《山帶閣注楚辭》,臺北:洪氏出版社,1975 年版。

蔣驥著,《山帶閣注楚辭》,臺北:臺灣商務印書館,1972 年版。

蔣驥著,《山帶閣注楚辭》,上海:中華書局上海編輯所,1958 年 9 月版。

蔣南華著,《屈賦注解》,貴陽:貴州人民出版社,1993 年 8 月版。

蔣南華著,《屈原及其〈九歌〉研究》,貴陽:貴州人民出版社,1992 年 12 月版。

蔣善國著,《楚辭》,上海:梁溪圖書館,1924 年版;臺北:新文豐出版公司,1982 年 8 月版。

蔣天樞著,《楚辭論文集》,西安:陝西人民出版社,1982 年 7 月版。

蔣天樞著,《楚辭論文集》,臺北:藍燈文化事業公司,1987 年 9 月版。

蔣天樞著,《楚辭論文集》,臺北:崧高書社,1985 年 4 月版。

蔣天樞著,《楚辭校釋》,上海:上海古籍出版社,1989 年 11 月版。

蔣錫康、陳英著,《楚辭菁華》,上海:上海教育出版社,1987 年 4 月版。

蔣贊初著,《長江中下遊歷史考古論文集》,北京:科學出版社,2000 年 10 月版。

金開誠、董洪利、高路明著,《屈原集校注》,北京:中華書局,1996 年 8

月版。

金開誠、高路明著,《屈原選集》,北京:人民文學出版社,1998年10月版。

金開誠、劉東葵著,《獨領風騷兩千年——屈原》,北京:中國文聯出版公司,1995年10月版。

金開誠著,《楚辭選注》,北京:北京出版社,1980年5月版。

金開誠著,《當代學者自選文庫·金開誠卷》,合肥:安徽教育出版社,1998年12月版。

金開誠著,《屈原辭研究》,南京:江蘇古籍出版社,1992年6月版。

金榮權著,《屈宋論考》,北京:中國文史出版社,2005年9月版。

金榮權著,《宋玉辭賦箋評》,鄭州:中州古籍出版社,1991年1月版。

金榮權著,《中國神話的流變與文化精神》,天津:天津人民出版社,1998年8月版。

金式武著,《〈楚辭·招魂〉新解》,上海:文匯出版社,1999年9月版。

靳極蒼著,《詩經楚辭漢樂府詳解》,太原:山西古籍出版社,1997年4月版。

荆門市博物館編,《郭店楚墓竹簡》,北京:文物出版社,1998年5月版。

瞿蜕園著,《楚辭今讀》,上海:春明出版社,1956年版。

孔丘編,麗波、潘堯注譯,屈原著,麗波、潘堯注譯,《詩經·楚辭》,西安:三秦出版社,2007年5月版。

藍海文著,《今本楚辭》,臺北:文史哲出版社,1991年6月版。

藍海文著,《天問譯注》,香港:香港金陵出版社,1986年4月版。

雷慶翼著,《楚辭正解》,上海:學林出版社,1994年7月版。

李炳海著,《部族文化與先秦文學》,北京:高等教育出版社,1995年11月版。

李炳海著,《黄鐘大吕之音——古代辭賦的文本闡釋》(第2版),長春:吉林人民出版社,2005年7月。

李誠、熊良智主編,《楚辭評論集覽》,武漢:湖北教育出版社,2002年10月版。

李誠著,《楚辭論稿》(增訂本),北京:中國社會科學出版社、華齡出版社,2006年5月版。

李誠著,《楚辭文心管窺》,臺北:文津出版社,1995年9月版。

李純一著,《先秦音樂史》,北京:人民音樂出版社,1994年10月版。

李純一著,《中國上古出土樂器綜論》,北京:文物出版社,1996年8月版。

李大明著,《楚辭文獻學史論考》,成都:巴蜀書社,1997年6月版。

李大明著,《漢楚辭學史》(增訂本),北京:中國社會科學出版社、華齡出版社,2004年10月版。

李大明著,《漢楚辭學史》,成都:電子科技大學出版社,1994年10月版。

李大明著,《九歌論箋》,成都:四川大學出版社,1992年4月版。

李光燦、李謨鮮主編,《楚文化叢談》,武漢:長江文藝出版社,1992年6月版。

李衡眉著,《先秦史論集》,濟南:齊魯書社,1999年10月版。

李嘉言著,《李嘉言古典文學論文集》,上海:上海古籍出版社,1987年3月版。

李建國、蔣南華著,《苗楚文化研究》,貴陽:貴州人民出版社,1996年5月版。

李金坤著,《風騷比較新論》,南昌:江西人民出版社,2005年12月版。

李金善、張佳祺選注,《騷體詩選》,保定:河北大學出版社,2004年5月版。

李金錫著,《屈荀辭賦論稿》,瀋陽:春風文藝出版社,1986年12月版。

李零著,《長沙子彈庫戰國楚帛書研究》,北京:中華書局,1985年版。

李零著,《郭店楚簡校讀記》(增訂本),北京:北京大學出版社,2002年3月版。

李零著,《簡帛古書與學術源流》,北京:三聯書店,2004年4月版。

李零著,《李零自選集》,桂林:廣西師範大學出版社,1998年2月第2版。

李零著,《入山與出塞》,北京:文物出版社,2004年6月版。

李翹著,《屈宋方言考》,乙丑芬熏館,1925年版。

李山選譯,《楚辭選譯》,北京:中華書局,2005年1月版。

李守奎編著,《楚文字編》,上海:華東師範大學出版社,2003年12月版。

李松、賀西林著,《中國古代青銅器藝術》,西安:陝西人民美術出版社,2002年1月版。

李温良著,《洪興祖〈楚辭補注〉研究》(碩士論文),臺灣成功大學中國文學所,1994年6月。

李詳著,《李審言文集》(上、下册),南京:江蘇古籍出版社,1989年6月版。

李學勤、郭志坤著,《中國古史尋證》,上海:上海科技教育出版社,2002年5月版。

李學勤、林劍鳴、謝桂華主編,《簡帛研究》第一輯,北京:法律出版社,

1993 年版。

李學勤、林劍鳴、謝桂華主編，中國社會科學院簡帛研究中心編輯，《簡帛研究》第二輯，北京：法律出版社，1996 年版。

李學勤、謝桂華主編，中國社會科學院簡帛研究中心，《簡帛研究二〇〇一》（上、下册），桂林：廣西師範大學出版社，2001 年 9 月版。

李學勤、謝桂華主編，中國社會科學院簡帛研究中心編輯，《簡帛研究》，第三輯，南寧：廣西教育出版社，1998 年 12 月版。

李學勤、徐吉軍主編，《長江文化史》，南昌：江西教育出版社，1995 年 12 月版。

李學勤著，《當代學者自選文庫・李學勤卷》，合肥：安徽教育出版社，1999 年 5 月版。

李學勤著，《古文獻叢論》，上海：上海遠東出版社，1996 年 11 月版。

李學勤著，《簡帛佚籍與學術史》，[韓]漢城：學研文化社，1996 年版。

李學勤著，《簡帛佚籍與學術史》，南昌：江西教育出版社，2001 年 9 月版。

李學勤著，《簡帛佚籍與學術史》，臺北：時報出版公司，1994 年 12 月版。

李學勤著，《四海尋珍》，北京：清華大學出版社，1998 年 9 月版。

李學勤著，《中國古代文明十講》，上海：復旦大學出版社，2003 年 8 月版。

李學勤著，《中國古代文明研究》，上海：華東師範大學出版社，2005 年 4 月版。

李學勤著，《綴古集》，上海：上海古籍出版社，1998 年 10 月版。

李學勤著，《走出疑古時代》，瀋陽：遼寧大學出版社，1994 年 3 月版。

李玉潔著，《楚國史》，開封：河南大學出版社，2002 年 6 月版。

李玉潔著，《楚史稿》，開封：河南大學出版社，1988 年 8 月版。

李元洛著，《風騷百代——詩文化大散文》，武漢：長江文藝出版社，2007 年 6 月版。

李曰剛著，《辭賦流變史》，臺北：文津出版社，1987 年 2 月版。

李運富著，《楚國簡帛文字構形系統研究》，岳麓書社，1997 年 10 月版。

李澤厚、劉綱紀主編，《中國美學史》（第二卷）（上、下册），北京：中國社會科學出版社，1987 年 1 月版。

李澤厚、劉綱紀主編，《中國美學史》（第一卷），北京：中國社會科學出版社，1984 年 7 月版。

李澤厚著，《美的歷程》，北京：文物出版社，1981 年 3 月版。

李增林著，《離騷通解》，西寧：寧夏人民出版社，1996 年 11 月版。

李正光、喻燕嬌、鄭曙斌、曹學群、李建毛編,《楚漢簡帛書典》,長沙:湖南美術出版社,1998年1月版。

李正光著,《馬王堆漢墓帛書竹簡》,長沙:湖南美術出版社,1988年版。

李中華、朱炳祥著,《楚辭學史》,武漢:武漢出版社,1996年10月版。

李中華著,《詞章之祖:〈楚辭〉與中國文化》,開封:河南大學出版社,1998年8月版。

李中華著,《中國古代文學風貌與文學精神》,武漢:湖北人民出版社,2005年6月版。

力之著,《〈楚辭〉與中古文獻考説》,成都:巴蜀書社,2005年2月版。

梁升勛著,《朱子楚辭集注研究》(碩士論文),臺灣師範大學國文研究所,1987年5月。

遼寧文學學會屈原研究會、遼寧師範大學科研處、中文系編印,《楚辭研究》,1984年2月版。

廖晨星注譯,《楚辭》,武漢:崇文書局,2007年12月版。

廖棟樑著,《古代楚辭學史論》(博士論文),臺灣輔仁大學中國文學系,1997年6月。

廖平著,《楚辭講義》,成都:四川存古書局,1925年版。

廖平著,《楚辭新解》,成都:四川存古書局,1934年版。

廖群著,《中國審美文化史》(先秦卷),濟南:山東畫報出版社,2000年10月版。

廖序東著,《楚辭語法研究》,北京:商務印書館,2006年10月版。

廖序東著,《楚辭語法研究》,北京:語文出版社,1995年2月版。

林庚著,《林庚楚辭研究兩種》,北京:清華大學出版社,2006年7月版。

林庚著,《詩人屈原及其作品研究》,上海:上海古籍出版社,1981年7月增訂版。

林庚著,《詩人屈原及其作品研究》,上海:上海棠棣出版社,1952年版。

林庚著,《天問論箋》,北京:人民文學出版社,1983年6月版。

林河著,《〈九歌〉與沅湘民俗》,上海:上海三聯書店,1990年7月版。

林蓮仙著,《楚辭音韻》,香港:香港昭明出版社,1979年版。

林文慶著,《離騷:遭遇不幸的哀歌(英文本)》,上海:商務印書館,1929年版。

林雲銘著,《楚辭燈》,臺北:廣文書局,1963年版。

林振玉著,《離騷新詮》,臺南:復文書局,1971年11月版。

劉彬徽著,《楚系青銅器研究》,武漢:湖北教育出版社,1995年7月版。

劉彬徽著,《早期文明與楚文化研究》,長沙:岳麓書社,2001年7月版。

劉操南著,《古籍與科學》,《北方論叢》叢書,1990年10月版。

劉朝謙著,《賦文本的藝術研究》,北京:中國社會科學出版社、華齡出版社,2006年4月版。

劉大澄著,《屈賦新讀》,臺北:淑馨出版社,1993年7月版。

劉道中著,《屈原九歌真解》(自印本),臺灣,1998年1月版。

劉和惠著,《楚文化的東漸》,武漢:湖北教育出版社,1995年7月版。

劉懷榮等著,《二十世紀以來先秦至唐代詩歌研究》,濟南:齊魯書社,2006年12月版。

劉家和著,《古代中國與世界——一個古史研究者的思考》,武漢:武漢出版社,1995年7月版。

劉節著、曾憲禮編,《劉節文集》,廣州:中山大學出版社,2004年11月版。

劉俊文主編,《日本中青年學者論中國史》(上古秦漢卷),上海:上海古籍出版社,1995年12月版。

劉開揚著,《柿葉樓存稿》,上海:上海古籍出版社,1983年3月版。

劉樂賢著,《簡帛數術文獻探論》,武漢:湖北教育出版社,2003年2月版。

劉夢溪主編,《中國現代學術經典・郭沫若卷》,石家莊:河北教育出版社,1996年8月版。

劉夢溪主編,《中國現代學術經典・廖平、蒙文通卷》,石家莊:河北教育出版社,1996年8月版。

劉起釪著,《古史續辨》,北京:中國社會科學出版社,1991年8月版。

劉秋潮著,《論楚辭》(自印本),臺灣,1951年9月。

劉讓言著,《屈原楚辭注》,烏魯木齊:新疆人民出版社,1982年3月版。

劉師培著,《楚辭考異》,劉申叔遺書本,1936年版;臺北:廣文書局,1970年10月版。

劉石林著,《汨羅江畔屈子祠》,長沙:湖南人民出版社,2003年9月版。

劉樹勝著,《九歌淺論》,西寧:青海人民出版社,2003年4月版。

劉維崇著,《屈原評傳》,臺北:中央文物供應社,1962年4月版。

劉文典著,《劉文典全集》(全四册),合肥:安徽大學出版社,1999年8月版。

劉向暉譯注,《中華古典詩文珍品・楚辭》,合肥:黄山書社,2002年2月版。

劉向著,趙善詒疏證,《説苑疏證》,上海:華東師範大學出版社,1985年2月版。

劉向著，趙仲邑注，《新序詳注》，北京：中華書局，1997年8月版。

劉曉路著，《中國帛畫》，北京：中國書店，1994年6月版。

劉信芳著，《上海博物館藏戰國楚簡：孔子詩論述學》，合肥：安徽大學出版社，2003年1月版。

劉亞虎著，《中國南方民族文學關係史》（先秦秦漢魏晉南北朝卷），北京：民族出版社，2001年9月版。

劉永濟著，《屈賦通箋》，北京：人民文學出版社，1961年版。

劉永濟著，《屈賦通箋》、《箋屈餘義》，楊家駱主編，《楚辭新義五種》，臺北：鼎文書局，1974年10月版。

劉永濟著，《屈賦通箋・箋屈餘義》，北京：中華書局，2007年10月版。

劉永濟著，《屈賦音注詳解》，上海：上海古籍出版社，1983年9月版。

劉永濟著，《屈賦音注詳解》，臺北：崧高書社，1985年5月版。

劉永濟著，《屈賦音注詳解・屈賦釋詞》，北京：中華書局，2007年10月版。

劉毓慶、方銘主編，《詩騷分類選講》，北京：高等教育出版社，2007年12月版。

劉毓慶著，《古樸的文學》，太原：北岳文藝出版社，1988年2月版。

劉毓慶著，《澤畔悲吟》，太原：山西教育出版社，1994年1月版。

劉躍進著，《秦漢文學編年史》，北京：商務印書館，2006年5月版。

劉運好編著，《新時期中國古典文學研究述論》（第一卷）（先秦—六朝），北京：商務印書館，2006年8月版。

劉兆偉著，《屈騷異説》，瀋陽：遼寧大學出版社，1986年12月版。

劉卓元著，《屈原其人及其生平》，臺北：華僑文化服務社，1964年版。

盧秀如著，《離騷譯注》，臺北：中國文化大學出版部，1992年3月版。

魯瑞菁著，《楚辭文心論》，臺北：里仁書局，2002年9月版。

陸家驥著，《端午》，臺北：臺灣商務印書館，1990年5月版。

陸侃如、馮沅君著，《中國文學史二十講》，濟南：山東畫報出版社，2007年5月版。

陸侃如、高亨著，《楚辭選》，上海：古典文學出版社，1956年版。

陸侃如、龔克昌著，《楚辭選譯》，上海：上海古籍出版社，1981年2月版。

陸侃如著，《陸侃如古典文學論文集》（上、下册），上海：上海古籍出版社，1987年1月版。

陸侃如著，《屈原》，上海：亞東圖書館，1923年版。

陸侃如著，《屈原與宋玉》，上海：商務印書館，1930年版。

陸思賢著，《神話考古》，北京：文物出版社，1995年12月版。

陸曉光著,《中國政教文學之起源——先秦詩説論考》,上海:華東師範大學出版社,1994 年 8 月版。

陸耀東、趙慧、陳國恩主編,《聞一多國際學術研討會論文選》,武漢:武漢大學出版社,2002 年 1 月版。

陸元熾著,《天問淺釋》,北京:北京出版社,1987 年 10 月版。

逯欽立著,《屈原離騷簡論》,瀋陽:遼寧人民出版社,1957 年版。

路百占著,《楚辭發微(上卷)》,河南省鎮平禹廷中學,1944 年 9 月版。

駱鴻凱著,《楚辭通論》,民國間鉛印本。

吕慧娟、劉波、盧達編,《中國歷代著名文學家評傳》(第一卷),濟南:山東教育出版社,1983 年 6 月版。

吕培成著,《司馬遷與屈原和楚辭學》,西安:陝西人民教育出版社,2000 年 9 月版。

吕思勉著,《先秦學術概論》,北京:中國大百科全書出版社,1985 年 6 月版。

吕文鬱著,《春秋戰國文化史》,上海:東方出版中心,2007 年 5 月版。

吕正惠著,《楚辭:詩之哀弦》,瀋陽:春風文藝出版社,1992 年版。

吕正惠著,《楚辭:澤畔悲歌》,臺北:時報出版公司,1987 年 1 月版;海口:中國三環出版社,1992 年 10 月版。

羅敏中著,《屈騷與宋代愛國文學》,呼和浩特:遠方出版社,2002 年 5 月版。

羅義群著,《苗族文化與屈賦》,北京:中央民族大學出版社,1997 年 4 月版。

羅運環著,《楚國八百年》,武漢:武漢大學出版社,1992 年 11 月版。

駱寒超編著,《駱寒超詩論二集》,南京:南京大學出版社,2001 年 10 月版。

雒三桂、過常寶等編著,《聶石樵教授八十壽辰紀念文集》,北京:中華書局,2006 年 2 月版。

馬承驌著,《九歌論辨》,臺北:文津出版社,1981 年 7 月版。

馬承源主編,《上海博物館藏戰國楚竹書(二)》,上海:上海古籍出版社,2002 年 12 月版。

馬承源主編,《上海博物館藏戰國楚竹書(三)》,上海:上海古籍出版社,2003 年 12 月版。

馬承源主編,《上海博物館藏戰國楚竹書(四)》,上海:上海古籍出版社,2004 年 12 月版。

馬承源主編,《上海博物館藏戰國楚竹書(一)》,上海:上海古籍出版社,

2001年11月版。

馬積高著,《賦史》,上海:上海古籍出版社,1987年7月版。

馬積高著,《歷代辭賦研究史料概述》,北京:中華書局,2001年4月版。

馬茂元主編,《楚辭注釋》,武漢:湖北人民出版社,1985年6月版。

馬茂元著,《楚辭選》,北京:人民文學出版社,1958年4月版。

馬茂元著,《晚照樓論文集》,上海:上海古籍出版社,1981年4月版。

馬其昶著,《屈賦微》,集虛草堂叢本,1906年版。

馬其昶著,《屈賦微》,臺北:廣文書局,1967年4月版。

馬世之著,《中原楚文化研究》,武漢:湖北教育出版社,1995年7月版。

馬王堆漢墓帛書整理小組,《馬王堆漢墓帛書》(叁),北京:文物出版社,1983年版。

馬王堆漢墓帛書整理小組,《馬王堆漢墓帛書》(肆),北京:文物出版社,1985年版。

馬王堆漢墓帛書整理小組,《馬王堆漢墓帛書》(壹),北京:文物出版社,1980年版。

毛慶著,《屈騷藝術新研》,武漢:湖北人民出版社,1990年8月版。

毛慶著,《屈騷藝術研究》,武漢:湖北人民出版社,2006年12月版。

毛慶著,《屈原與中華文化和民族精神》,成都:四川大學出版社,2008年6月版。

毛慶著,《詩祖涅槃——屈原》,北京:三聯書店,1996年4月出版。

梅桐生著,《楚辭入門》,貴陽:貴州人民出版社,1991年8月版。

梅耶著,《大詩人屈原和他的詩——白話屈賦》,臺北:星光出版社,1973年1月版。

蒙文通著,《經史抉原》,成都:巴蜀書社,1995年9月版。

孟修祥著,《楚辭影響史論》,武漢:湖北人民出版社,2003年7月版。

繆天華著,《離騷九歌九章淺釋》,臺北:東大圖書有限公司,1975年9月版。

繆天華著,《離騷淺釋》,臺北:神州書局,1954年8月版,臺北天五出版社,1965年版。

繆文遠著,《戰國策新校注》,成都:巴蜀書社,1987年9月版。

繆文遠著,《戰國制度通考》,成都:巴蜀書社,1998年9月版。

莫礪鋒編,《神女之探尋——英美學者論中國古典詩歌》,上海:上海古籍出版社,1994年2月版。

莫礪鋒編,《周勛初先生八十壽辰紀念文集》,北京:中華書局,2008年4月版。

莫礪鋒著,《古典詩學的文化觀照》,北京:中華書局,2005年9月版。

莫礪鋒著,《朱熹文學研究》,南京:南京大學出版社,2000年5月版。

南京大學中文系編,《辭賦文學論集》,南京:江蘇教育出版社,1999年12月版。

聶石樵、畢庶春著,《屈原》,瀋陽:春風文藝出版社,1999年1月版。

聶石樵著,《楚辭新注》,北京:商務印書館,2004年3月版。

聶石樵著,《楚辭新注》,上海:上海古籍出版社,1980年8月版。

聶石樵著,《聶石樵自選集》,濟南:山東文藝出版社,2007年1月版。

聶石樵著,《屈原論稿》,北京:人民文學出版社,1982年2月出版。

聶石樵著,《先秦兩漢文學史稿》(先秦卷、兩漢卷),北京:北京師範大學出版社,1994年4月版。

寧調元著,《楚詞王注補》,太乙遺書本,1915年版。

寧發新著,《屈原》(長篇小説),武漢:長江文藝出版社,1998年9月版。

潘富俊著、潘富俊、吕勝由攝影,《楚辭植物圖鑒》,上海:上海書店出版社,2003年1月版。

潘富俊著、潘富俊、吕勝由攝影,《楚辭植物圖鑒》,臺北:猫頭鷹出版社,2002年2月版。

潘嘯龍、毛慶主編,《楚辭著作提要》,武漢:湖北教育出版社,2002年10月版。

潘嘯龍著,《楚辭》,合肥:黄山書社,1997年4月版。

潘嘯龍著,《楚辭導讀》(國學大講堂・元典導讀),北京:中國國際廣播出版社,2008年1月版。

潘嘯龍著,《楚漢文學綜論》,合肥:黄山書社,1993年10月版。

潘嘯龍著,《屈原與楚辭研究》,合肥:安徽大學出版社,1999年12月版。

潘嘯龍著,《屈原與楚文化》,合肥:安徽文藝出版社,1991年6月版。

裴普賢著,《詩經比較研究與欣賞——楚辭篇》,臺北:臺灣學生書局,1983年版。

彭德主編,《楚藝術研究》,武漢:湖北美術出版社,1991年1月版。

彭萬廷、馮萬林主編,《巴楚文化源流》,武漢:湖北教育出版社,2003年1月版。

彭毅著,《楚辭詮微集》,臺北:臺灣學生書局,1999年6月版。

皮道堅著,《楚藝術史》,武漢:湖北教育出版社,1995年7月版。

蒲亨强著,《尋千年楚聲遺韻》,成都:巴蜀書社,2005年1月版。

浦江清著,《無涯集》,天津:百花文藝出版社,2005年5月版。

浦江清著,浦漢明編,《浦江清文史雜文集》,北京:清華大學出版社,

1993年4月版。

浦士培主編,《江陵縣志》,武漢:湖北人民出版社,1990年5月版。

浦士培主編,《屈原生地論集》,武漢:武漢工業大學出版社,1994年12月版。

普珍著,《彝文化和楚文化的關聯》,昆明:雲南人民出版社,2001年7月版。

錢澄之著,《屈詁》,《五家楚辭注合編》,臺北:廣文書局,1972年4月版。

錢澄之著,殷呈祥校點,《莊屈合詁》,合肥:黄山書社,1998年8月版。

錢杭著,《楚辭選》,上海:上海書店,1993年8月版。

錢穆著,《史記地名考》(上、下册),北京:商務印書館,2001年7月版。

錢穆著,《先秦諸子系年》,北京:商務印書館,2001年8月版。

錢穆著,《中國文學論叢》,北京:三聯書店,2002年8月版。

錢誦甘著,《九歌論析》,臺北:臺灣商務印書館,1994年1月版。

錢玉趾著,《九歌全新解譯》,成都:巴蜀書社,2000年12月版。

錢玉趾著,《屈原楚辭全新解譯》,成都:四川民族出版社,2002年8月版。

錢鍾書著,《管錐編》(1—4册),北京:中華書局,1979年8月版。

丘瓊蓀遺著,《燕樂探微》,上海:上海古籍出版社,1989年11月版。

邱宜文著,《巫風與九歌》,臺北:文津出版社,1996年8月版。

裘沙著,《陳洪綬研究——時代、思想和插圖創作》,北京:人民美術出版社,2004年2月版。

裘錫圭著,《文史叢稿——上古思想、民俗與古文字學史》,上海:上海遠東出版社,1996年10月版。

裘錫圭著,《文字學概要》,北京:商務印書館,1988年8月版。

裘錫圭著,《中國出土古文獻十講》,上海:復旦大學出版社,2004年12月版。

曲德來著,《屈原及其作品新探》,瀋陽:遼寧古籍出版社,1995年5月版。

曲英傑著,《史記都城考》,北京:商務印書館,2007年12月版。

屈小强著,《屈原懸案揭秘》,成都:四川大學出版社,1996年10月版。

屈原、宋玉著,《圖解楚辭》,瀋陽:萬卷出版公司,2008年1月版。

全英蘭著,《屈賦與鄭澈歌辭之比較研究》(碩士論文),臺灣師範大學國文所,1981年6月。

饒宗頤、曾憲通著,《楚帛書》,香港:中華書局香港分局,1985年版。

饒宗頤、曾憲通著,《楚地出土文獻三種研究》,北京:中華書局,1993年8

月版。

饒宗頤講演,《中國宗教思想史新頁》,北京:北京大學出版社,2000年5月版。

饒宗頤著,《楚辭地理考》,上海:商務印書館,1946年12月版。

饒宗頤著,《楚辭地理考》,臺北:九思出版公司,1978年4月版。

饒宗頤著,《楚辭書録》,香港:蘇記書莊,1956年版。

饒宗頤著,《楚辭與詞曲音樂》,香港:蘇記山莊,1958年版。

饒宗頤著,《饒宗頤史學論著選》,上海:上海古籍出版社,1993年11月版。

饒宗頤著,《戰國楚簡箋證》,上海:上海出版社,1957年版。

饒宗頤著,胡曉明編,《澄心論萃》,上海:上海文藝出版社,1996年7月版。

任國瑞主編,《汨羅市志》,北京:方志出版社,1995年11月版。

任國瑞著,《端午龍舟競渡》,香港:瑞華出版社,1993年6月版。

任國瑞著,《屈原年譜》,北京:中國文史出版社,1990年12月版。

容庚著、曾憲通編,《容庚文集》,廣州:中山大學出版社,2004年11月版。

陝西人民出版社編,《古典文學論叢》(第3輯),西安:陝西人民出版社,1982年12月版。

商承祚編著,《戰國楚竹簡文字編》,济南:齊魯書社,1995年11月版。

商承祚著,《長沙古物聞見記·續記》,北京:中華書局,1996年11月版。

商承祚著、商志𫔍主編,《商承祚文集》,廣州:中山大學出版社,2004年11月版。

尚永亮著,《莊騷傳播接受史綜論》,北京:文化藝術出版社,2000年10月版。

佘崇生編,《楚辭研究論文選集》,臺北:學海出版社,1985年1月版。

佘雪曼著,《離騷正義》,香港:香港雪曼藝文院,1955年2月版。

沈洪選注(即沈雁冰原著),《楚辭》(影印),臺北:臺灣商務印書館1970年8月臺一版,1973年8月臺二版。

沈頌金著,《二十世紀簡帛學研究》,北京:學苑出版社,2003年8月版。

沈文倬著,《宗周禮樂文明考論》,杭州:杭州大學出版社,1999年12月版。

沈雁冰著,《楚辭》,上海:商務印書館,1928年版。

沈祖綿著,《屈原賦證辨》,楊家駱主編,《楚辭新義五種》,臺北:鼎文書局,1974年10月版。

沈祖綿著,《屈原賦證辨》,上海:中華書局上海編輯所,1960 年版。

沈祖綿著,《屈原賦證辯》,臺北:鼎文書局,2001 年 12 月版。

施奈德著,張嘯虎、蔡靖泉譯,《楚國狂人屈原與中國政治神話》,武漢:湖北教育出版社,1990 年 6 月版。

施淑女著,《九歌天問二招的成立背景與楚辭文學精神的探討》(碩士論文),臺灣大學文學院,1968 年。

施素真著,《注音譯注白話屈原賦選》,臺北:文源出版社,1988 年版。

石川三佐男著,《楚辭新研究》,[日]東京:汲古書院,2002 年 12 月版。

石泉主編,《楚國歷史文化辭典》,武漢:武漢大學出版社,1996 年 1 月版。

石泉著,《古代荆楚地理新探》,武漢:武漢大學出版社,1988 年 10 月版。

石泉著,《古代荆楚地理新探・續集》,武漢:武漢大學出版社,2004 年 1 月版。

史墨卿著,《楚辭文藝觀》,臺北:華正書局,1989 年 3 月版。

史墨卿著,《離騷引義》,臺北:華正出版社,1983 年版;臺北:華正書局,1995 年 6 月版。

史樹青著,《長沙仰天湖出土楚簡研究》,上海:群聯出版社,1955 年版。

舒之梅、張緒球主編,《楚文化——奇譎浪漫的南方大國》,上海:上海遠東出版社、商務印書館(香港),1998 年 12 月版。

舒新宇著,《破解屈原溆浦之謎》,北京:東方出版社,2007 年 11 月版。

宋公文、張君著,《楚國風俗志》,武漢:湖北教育出版社,1995 年 7 月版。

宋公文著,《楚史新探》,開封:河南大學出版社,1988 年 9 月版。

宋鎮豪著,《夏商社會生活史》,北京:中國社會科學出版社,1994 年 9 月版。

宋治民著,《戰國秦漢考古》,成都:四川大學出版社,1993 年 12 月版。

蘇秉琦著,《中國文明起源新探》,北京:三聯書店,1999 年 6 月版。

蘇慧霜著,《騷體的發展與衍變——從漢到唐的觀察》,臺北:文津出版社,2007 年 4 月版。

蘇雪林著,《楚騷新詁》,臺北:國立編譯館,1978 年版。

蘇雪林著,《九歌中的人神戀愛問題》,臺北:文星書店,1967 年 3 月版。

蘇雪林著,《屈賦論叢》,臺北:國立編譯館,1980 年 12 月版。

蘇雪林著,《屈原評傳》,臺北:廣東出版社,1954 年版。

蘇雪林著,《屈原與〈九歌〉》(《屈賦新探》之一),武漢:武漢大學出版社,2007 年 11 月版。

蘇雪林著,《屈原與九歌》,臺北:廣東出版社,1973 年版。

蘇雪林著,《屈原與九歌》,臺北:文津出版社,1992 年 5 月版。

蘇雪林著,《天問正簡》,臺北:廣東出版社,1974 年 11 月版。

蘇雪林著,《天問正簡》,臺北:文津出版社,1992 年 5 月版。

蘇雪林著,沈暉編《蘇雪林文集》(1—4 卷),合肥:安徽文藝出版社,1996 年 4 月版。

蘇志宏著,《聞一多新論》,北京:中央編譯出版社,1999 年 12 月版。

孫常叙著,《楚辭〈九歌〉整體系解》,長春:吉林教育出版社,1996 年 12 月版。

孫大雨譯,《英譯屈原詩選》,上海:上海外語教育出版社,2007 年 9 月版。

孫大雨著,《屈原詩選英譯》,上海:上海外語教育出版社,1996 年 1 月版。

孫機著,《中國聖火——中國古文物與東西文化交流史的若干問題》,瀋陽:遼寧教育出版社,1996 年 12 月版。

孫晶著,《漢代辭賦研究》,濟南:齊魯書社,2007 年 7 月版。

孫立、師飈著,《先秦兩漢文學史》,廣州:中山大學出版社,1999 年 1 月版。

孫緑怡著,《文學肇始》,北京:中華書局,1997 年 3 月版。

孫作雲著,《楚辭研究》,(上、下册),《孫作雲文集》第一卷,開封:河南大學出版社,2003 年 9 月版。

孫作雲著,《天問研究》,北京:中華書局,1989 年 3 月版。

孫作雲著,《中國古代神話傳説研究》,(上、下册),《孫作雲文集》第三卷,開封:河南大學出版社,2003 年 9 月版。

臺静農著,《楚辭天問新箋》,臺北:藝文印書館,1972 年 5 月版。

譚安國著,《屈原賦詳釋》,北京:海洋出版社,1990 年 7 月版。

譚家斌著,《屈學問題綜論》,武漢:湖北人民出版社,2006 年 5 月版。

譚介甫著,《屈賦新編》,北京:中華書局,1978 年 3 月版。

譚其驤主編,《中國歷史地圖集》(1—7 册),北京:中國地圖出版社,1982 年 10 月版。

譚維四著,《曾侯乙墓》,北京:文物出版社,2001 年 9 月版。

湯炳正、李大明、李誠、熊良智著,《楚辭今注》,上海:上海古籍出版社,1996 年 12 月版。

湯炳正講述,湯序波整理,《楚辭講座》,桂林:廣西師範大學出版社,2006 年 9 月版。

湯炳正主編,《楚辭欣賞》,成都:巴蜀書社,1999 年 8 月版。

湯炳正主編,中國屈原學會編,《楚辭研究》,濟南:齊魯書社,1988 年 1 月版。

湯炳正著,《楚辭類稿》,成都:巴蜀書社,1988 年 1 月版。

湯炳正著,《楚辭類稿》,臺北:貫雅文化事業有限公司,1991 年版。

湯炳正著,《劍南憶舊:湯炳正自述》,太原:山西人民出版社,2000 年 9 月版。

湯炳正著,《屈賦新探》,濟南:齊魯書社,1984 年 2 月版。

湯炳正著,《屈賦新探》,臺北:貫雅文化事業有限公司,1991 年版。

湯炳正著,《淵研樓屈學存稿》,北京:中國社會科學出版社、華齡出版社,2004 年 10 月版。

湯序波著,《湯炳正評傳》,香港:現代知識出版社,2000 年 6 月版。

湯漳平、陸永品著,《楚辭論析》,太原:山西教育出版社,1990 年 6 月版。

湯漳平譯注,《楚辭》,鄭州:中州古籍出版社,2005 年 10 月版。

湯漳平注譯,《楚辭》,鄭州:中州古籍出版社,2007 年 4 月第 2 版。

湯漳平著,《出土文獻與〈楚辭・九歌〉》,北京:中國社會科學出版社,2004 年 9 月版。

湯漳平著,《敢有歌吟動地哀:屈原傳》,鄭州:鄭州大學出版社,2002 年 4 月版。

唐一喬著,《屈原——真的没有這個人》(影印),臺北:麗人書屋,1969 年 3 月版。

陶秋英、姜亮夫著,《陳本禮離騷精義原稿留真》,上海:上海出版公司,1955 年 9 月版。

滕壬生著,《楚系簡帛文字編》,武漢:湖北教育出版社,1995 年 7 月版。

藤野岩友著,韓基國編譯,《巫系文學論》,重慶:重慶出版社,2005 年 3 月版。

田昌五、臧知非著,《周秦社會結構研究》,西安:西北大學出版社,1996 年 10 月版。

田莉著,《屈原》,北京:人民文學出版社,1996 年版;香港:香港三聯書店,1999 年 6 月版。

田兆元著,《神話與中國社會》,上海:上海人民出版社,1998 年 11 月版。

童書業遺著,《春秋左傳研究》,上海:上海人民出版社,1980 年 10 月版。

童書業著,《童書業歷史地理論集》,北京:中華書局,2004 年 9 月版。

童書業著,童教英增訂,《先秦七子思想研究》,增訂本,北京:中華書局,2006 年 11 月版。

涂又光著,《楚國哲學史》,武漢:湖北教育出版社,1995 年 7 月版。

汪瑗著,董洪利點校,《楚辭集解》,北京:北京古籍出版社,1994 年 1 月版。

王愛國著,《楚辭招魂篇研究》(碩士論文),輔仁大學中國文學所,1973 年。

王長華著,《春秋戰國士人與政治》,上海:上海人民出版社,1997 年 7 月版。

王德華著,《屈騷精神及其文化背景研究》,北京:中華書局,2004 年 9 月版。

王夫之著,《楚辭通釋》,上海:上海人民出版社,1975 年 6 月版。

王光鎬著,《楚文化源流新證》,武漢:武漢大學出版社,1988 年 11 月版。

王國維著,《古史新證》,北京:清華大學出版社,1994 年 12 月版。

王國維著,《王國維文學論著三種》(《〈紅樓夢〉評論》、《人間詞話》、《宋元戲曲考》),北京:商務印書館,2001 年 3 月版。

王國維撰,黄永年校點,《今本竹書紀年疏證》,瀋陽:遼寧教育出版社,1997 年 3 月版。

王洪林著,《王褒集考譯》,成都:巴蜀書社,1998 年 6 月版。

王幻著,《屈原與離騷》,臺北:葡萄園詩社,1966 年 6 月版。

王暉著,《古文字與商周史新證》,北京:中華書局,2003 年 12 月版。

王家歆著,《楚辭九章集釋》,臺北:臺灣商務印書館,1980 年 9 月第 1 版。

王家歆著,《楚辭九章集釋》,臺北:臺灣商務印書館,2007 年 10 月第 2 版。

王家歆著,《九辯研究》,臺北:臺灣商務印書館,1986 年 3 月版。

王建輝、劉森淼著,《荊楚文化》,瀋陽:遼寧教育出版社,1992 年 7 月版。

王健强著,《屈原傳》,武漢:湖北人民出版社,2008 年 6 月版。

王健强著,《屈原故里秭歸》,北京:中國旅遊出版社,1982 年版。

王錦厚著,《郭沫若學術論辯》,成都:成都出版社,1990 年 6 月版。

王闓運著,《楚辭釋》,臺北:廣文書局,1972 年 1 月版。

王昆吾著,《中國早期藝術與宗教》,北京:東方出版社,1998 年 6 月版。

王力著,《楚辭韻讀》,上海:上海古籍出版社,1980 年 5 月版。

王培元著,《屈原詩選》,濟南:山東大學出版社,1999 年 1 月版。

王培元著,《詩騷與辭賦》,濟南:山東文藝出版社,1992 年 12 月版。

王世昭著,《屈原》,臺北:河洛圖書出版社,1979 年 7 月版;臺北:國家出版社,1982 年 5 月版。

王樹枏著,《離騷注》,陶廬叢刻本,1927 年版。

王泗原著,《楚辭校釋》,北京:人民教育出版社,1990 年 2 月版。

王泗原著,《離騷語文疏解》,上海:上海文藝聯合出版社,1954 年版。

王濤著,《屈原賦選》,廣州:廣東人民出版社,1984 年 8 月版。

王濤著,《屈原賦選》,臺北:遠流出版社,1988 年版。

王鐵著,《漢代學術史》,上海:華東師範大學出版社,1995 年 12 月版。

王錫榮選注,《楚辭》(微型書),長春:吉林文史出版社,2002 年 8 月版。

王錫榮著,《楚辭》,長春:吉林文史出版社,1999 年 9 月版。

王瀣著,《離騷九歌輯評》,臺北:臺灣書店,1955 年 9 月版。

王雪蘭著,《屈原及其作品研究》(影印),碩士論文國立臺灣大學中國文學研究所,1971 年版。

王延海著,《楚辭釋論》,大連:大連出版社,1994 年 7 月版。

王延海著,《楚辭釋論》,大連:大連出版社,1997 年 4 月增訂版。

王瑶主編,《中國文學研究現代化進程》,北京:北京大學出版社,1996 年 12 月版。

王逸著,《楚辭章句》,臺北:藝文印書館,1967 年 3 月版。

王雲度著,《劉安評傳》,南京:南京大學出版社,1997 年 5 月版。

王洲明著,《詩賦論稿》,濟南:山東大學出版社,2006 年 3 月版。

王洲明著,《先秦兩漢文化與文學》,濟南:山東大學出版社,1996 年 5 月版。

王子初著,《音樂考古》,北京:文物出版社,2006 年 1 月版。

王宗樂著,《屈原賦今譯》,臺北:華聯出版社,1975 年版。

王宗樂著,《屈原與屈賦》,臺北:華岡出版社,1974 年 9 月版。

衛聚賢著,《楚詞研究》,吳越史地會,1938 年 6 月版。

衛聚賢著,《古史研究》(影印),上海:上海文藝出版社,1990 年 12 月版。

衛仲璠著,《離騷集釋》,上海:商務印書館,1936 年版。

魏昌著,《楚國簡史》,北京:中國地質大學出版社,1989 年 6 月版。

魏炯若著,《楚辭發微・杜庵説詩》,北京:中國社會出版社、華齡出版社,2006 年 5 月版。

魏炯若著,《離騷發微》,成都:四川人民出版社,1980 年 1 月版。

魏啓鵬著,《簡帛文獻〈五行〉箋證》,北京:中華書局,2005 年 12 月版。

魏元曠著,《離騷逆志》,潛園二十四種本,1920 年版。

魏子高著,《離騷抉疑》,臺北:廣文書局,1976 年 3 月版。

魏子高著,《離騷與天問詮疑》,臺北:廣文書局,1983 年 3 月版。

文崇一著,《楚文化研究》,臺北:東大圖書公司,1990 年 4 月版。

文崇一著,《中國古文化》,臺北:東大圖書公司,1990 年 8 月版。

文懷沙著,《屈騷流韻·屈原九歌今繹》,南昌:百花文藝出版社,2005年5月版。

文懷沙著,《屈騷流韻·屈原九章今繹》,南昌:百花文藝出版社,2005年5月版。

文懷沙著,《屈騷流韻·屈原離騷今繹》,南昌:百花文藝出版社,2005年5月版。

文懷沙著,《屈騷流韻·屈原招魂今繹》,南昌:百花文藝出版社,2005年5月版。

文懷沙著,《屈原集》,北京:人民文學出版社,1953年版。

文懷沙著,《屈原九歌今繹》,上海:棠棣出版社,1952年版。

文懷沙著,《屈原九章今繹》,上海:棠棣出版社,1953年版。

文懷沙著,《屈原離騷今繹》,上海:上海文藝聯合出版社,1954年版。

文懷沙著,邵盈午編,《文懷沙序跋集》,北京:中國文聯出版社,2001年2月版。

文清閣編委會編,《楚辭要籍選刊》(全19册),北京:燕山出版社,2008年10月版。

聞黎明著,《聞一多畫傳》,鄭州:河南人民出版社,2005年1月版。

聞立雕、杜春華著,《聞一多圖傳》,武漢:湖北人民出版社,2006年7月版。

聞一多著,《楚辭斠補》,臺北:華正書局,1977年版。

聞一多著,《楚辭校補》,成都:巴蜀書社,2002年11月版。

聞一多著,《楚辭校補》,重慶:國民圖書出版社,1942年版。

聞一多著,《九歌解詁、九章解詁》,上海:上海古籍出版社,1985年12月版。

聞一多著,《離騷解詁》,上海:上海古籍出版社,1985年1月版。

聞一多著,《天問疏證》,北京:三聯書店,1980年12月版。

聞一多著,《天問疏證》,上海:上海古籍出版社,1985年12月版。

聞一多著,孫黨伯、袁謇正主編,《聞一多全集》(1—12集),武漢:湖北人民出版社,1993年12月版。

翁世華著,《楚辭考校》,臺北:文史哲出版社,1987年5月版。

翁世華著,《楚辭論集》,臺北:文史哲出版社,1988年12月版。

翁銀陶著,《楚辭選》,福州:福建教育出版社,1992年6月版。

武延緒著,《楚辭札記》,民國二十二年(1933)永年武氏刻本。

鄔霄鳴著,《屈賦全釋》,瀋陽:遼寧教育出版社,1986年3月版。

巫瑞書、林河、龍海清主編,《楚風》編輯部編,《巫風與神話》,長沙:湖南文藝出版社,1988年1月版。

巫瑞書著,《荆俗民間文學與楚文化》,長沙:岳麓書社,1996年3月版。

巫瑞書著,《南方傳統節日與楚文化》,武漢:湖北教育出版社,1999年9月版。

巫瑞書著,《南方民俗與楚文化》,長沙:岳麓書社,1997年5月版。

吳福助著,《楚辭注譯》(上、下册),臺北:里仁書局,2007年5月版。

吳高飛著,《屈原全傳》(長篇小説),北京:新華出版社,2001年10月版。

吳廣平校注,《楚辭》(圖文本),長沙:岳麓書社,2006年7月版。

吳廣平著,《白話楚辭》,長沙:岳麓書社,1996年5月版。

吳廣平著,《楚辭》,長沙:岳麓書社,2001年4月版。

吳廣平著,《宋玉集》,長沙:岳麓書社,2001年8月版。

吳廣平著,《宋玉研究》,長沙:岳麓書社,2004年9月版。

吳廣平撰,《楚辭全解》,長沙:岳麓書社,2008年1月版。

吳宏一著,《詩經與楚辭》,臺北:臺灣書店,1998年11月版。

吳慧娟著,《詩騷輝煌——〈詩經〉〈楚辭〉選評》,桂林:廣西師範大學出版社,2006年11月版。

吳九龍著,《銀雀漢簡釋文》,北京:文物出版社,1985年12月版。

吳孟復著,《屈原九章新箋》,合肥:黄山書社,1986年9月版。

吳孟復著,《吳山蘿詩文録存》,合肥:黄山書社,1991年8月版。

吳旻旻著,《漢代楚辭學研究——知識主體的心靈鏡像》(影印),碩士論文,國立中正大學中國文學研究所1997年6月版。

吳平、回達强主編,《楚辭文獻集成》(全30册),揚州:廣陵書社,2008年版。

吳仁傑著,《離騷草木疏》,臺北:臺灣商務印書館,1979年3月版。

吳天任著,《楚辭文學的特質》,臺北:臺灣商務印書館,1972年7月版。

吳小强著,《秦簡日書集釋》,長沙:岳麓書社,2000年7月版。

伍新福、龍伯亞主編,《苗族史》,成都:四川民族出版社,1992年8月版。

蕭兵著,《楚辭的文化破譯》,武漢:湖北人民出版社,1991年11月版。

蕭兵著,《楚辭全譯》,南京:江蘇古籍出版社,1998年12月版。

蕭兵著,《楚辭文化》,北京:中國社會科學出版社,1990年12月版。

蕭兵著,《楚辭新探》,天津:天津古籍出版社,1988年12月版。

蕭兵著,《楚辭與美學》,臺北:文津出版社,2000年1月版。

蕭兵著,《楚辭與神話》,南京:江蘇古籍出版社,1987年4月版。

蕭雲從、門應兆著,《離騷全圖》,濟南:山東畫報出版社,2003年4月版。

肖夢龍、劉偉主編,《吳國青銅器綜合研究》,北京:科學出版社,2004年9

月版。

謝崇安著,《商周藝術》,成都:巴蜀書社,1997年8月版。

謝桂華、陳松長等主編,中國社會科學院簡帛研究中心編,《簡帛研究譯叢》,第二輯,長沙:湖南人民出版社,1998年8月版。

謝桂華主編,中國社會科學院簡帛研究中心編,《簡帛研究譯叢》,第一輯,長沙:湖南出版社,1996年6月版。

謝無量著,《楚辭新論》,上海:商務印書館,1923年5月版。

熊傳新主編,《楚國·楚人·楚文化》,臺北:藝術家出版社,2001年11月版。

熊輝純、韓永朋主編,《屈原故里風情》,西安:陝西旅遊出版社,1994年5月版。

熊良智主編,《辭賦研究》,北京:商務印書館,2006年11月版。

熊良智著,《楚辭文化研究》,成都:巴蜀書社,2002年1月版。

熊任望著,《楚辭探綜》,保定:河北大學出版社,2000年7月版。

熊任望著,《屈原辭譯注》,保定:河北大學出版社,2004年5月版。

徐昂著,《楚辭音》,南通:南通翰林書局,1947年版。

徐北文著,《先秦文學史》,濟南:齊魯書社,1981年版。

徐澄宇著,《楚辭札記》,南京:南京中山書局,1935年版。

徐復觀著,《兩漢思想史》(1—3卷),上海:華東師範大學出版社,2001年12月版。

徐泉聲著,《楚辭九章研究》,臺北:弘道文化事業公司,1975年10月版。

徐泉聲著,《楚辭天問研究》,花蓮:真義出版社,1986年版。

徐泉聲著,《楚辭韻譜》,臺北:弘道文化事業公司,1974年版。

徐泉聲著,《楚辭招魂與大招研究》,花蓮:市真義出版社,1993年2月版。

徐泉聲著,《天問試探》,臺北:宏翰文化事業公司,1992年8月版。

徐仁甫著,《古詩别解》,上海:上海古籍出版社,1984年1月版。

徐少華著,《周代南土歷史地理與文化》,武漢:武漢大學出版社,1994年11月版。

徐文武著,《楚國思想史》,武漢:湖北人民出版社,2003年10月版。

徐文武著,《楚國宗教概論》,武漢:武漢出版社,2001年9月版。

徐旭生著,《中國古史的傳説時代》,北京:科學出版社,1961年版。

徐志嘯編,《歷代賦論輯要》,上海:復旦大學出版社,1991年2月版。

徐志嘯著,《楚辭綜論》,臺北:東大圖書公司,1994年6月版。

徐志嘯著,《古典與比較》,上海:上海古籍出版社,2003年7月版。

徐志嘯著,《日本楚辭研究論綱》,北京:學苑出版社,2004年版。

徐志嘯著,《詩經楚辭選評》,上海:上海古籍出版社,2002年10月版。

徐志嘯著,《先秦詩:真與奇的耦合》,桂林:廣西師範大學出版社,1999年6月版。

徐志嘯著,《玄妙奇麗的楚文化》,北京:新華出版社,1991年12月版。

徐中舒著,《徐中舒歷史論文選輯》,(上、下册),北京:中華書局,1998年9月版。

許結著,《賦體文學的文化闡釋》,北京:中華書局,2005年9月版。

許逸之著,《九歌今讀》,臺北:正中書局,1993年5月版。

許又方著,《時間的踪影——〈離騷〉晬論》,臺北:秀威資訊科技股份有限公司,2003年2月版。

許淵仲、楊逢彬著,《楚辭(漢英、文白對照)》,長沙:湖南出版社,1994年12月版。

許倬雲著,《求古編》,北京:新星出版社,2006年10月版。

許倬雲著,《西周史》(修訂本),北京:三聯書店,1994年12月版。

許倬雲著,《許倬雲自選集》,上海:上海教育出版社,2002年8月版。

嚴文明著,《史前考古論集》,北京:科學出版社,1998年1月版。

顔翔林著,《楚辭美論》,上海:學林出版社,2001年1月版。

揚之水著,《先秦詩文史》,瀋陽:遼寧教育出版社,2002年4月版。

楊白樺著,《楚辭選析》,南京:江蘇古籍出版社,1987年12月版。

楊采華著,《屈原及其辭賦新解》,武漢:武漢大學出版社,1994年9月版。

楊公驥著,《中國文學》(第一分册),長春:吉林人民出版社,1957年12月初版,1980年5月修訂版。

楊家駱主編,《楚辭新義五種》,臺北:鼎文書局,1974年10月版。

楊家駱主編,《楚辭注六種》,臺北:世界書局,1978年3月版。

楊金鼎主編,《楚辭研究論文選》,武漢:湖北人民出版社,1985年7月版。

楊寬著,《西周史》,上海:上海人民出版社,1999年11月版。

楊寬著,《戰國史》,上海:上海人民出版社,1980年7月第2版。

楊寬著,《戰國史料編年輯證》,上海:上海人民出版社,2001年11月版。

楊羅生著,《歷代龍舟競渡文學作品評注》,北京:中國文聯出版社,2003年7月版。

楊權喜著,《楚文化》,北京:文物出版社,2000年10月版。

楊慎之主編,《屈原與中國和世界文化》,長沙:湖南出版社,1992年12

月版。

楊書案、楊憲益譯注,《楚辭(漢英對照)》,北京:外文出版社,2001年版。

楊宿珍著,《屈子人格世界與騷、歌之藝術境界》(碩士論文),臺灣師範大學國文所,1979年6月。

楊希枚著,《先秦文化史論集》,北京:中國社會科學出版社,1995年8月版。

楊憲益、戴乃迭譯注,《楚辭選(漢英對照)》,北京:外文出版社,2001年8月版。

楊憲益譯注,《離騷和屈原其他的詩(英文本)》,北京:外文出版社,1953年版。

楊向奎著,《宗周社會與禮樂文明》(修訂本),北京:人民出版社,1997年11月版。

楊興華著,《先秦兩漢文學與文化》,北京:當代中國出版社,2004年12月版。

楊義、邵寧寧選注、譯評,《楚辭選》(插圖本中國詩詞經典),長沙:岳麓書社,2005年8月版。

楊義著,《楚辭詩學》,北京:人民出版社,1998年10月版。

楊胤宗著,《屈賦新箋:九章篇》,北京:中國友誼出版公司,1985年6月版。

楊胤宗著,《屈賦新箋:離騷篇》,北京:中國友誼出版公司,1985年6月版。

楊仲義著,《詩騷新識》,北京:學苑出版社,1999年7月版。

姚漢榮、姚益心著,《楚文化尋繹》,上海:學林出版社,1990年11月版。

姚鼐著,《古文辭類纂》,《五家楚辭注合編》,臺北:廣文書局,1972年4月版。

姚平著,《離騷研究》,臺北:中國文化大學出版部,1992年8月版。

姚小鷗主編,《出土文獻與中國文學研究》,北京:北京廣播學院出版社,2000年8月版。

姚小鷗著,《詩經三頌與先秦禮樂文化》,北京:北京廣播學院出版社,2000年1月版。

葉舒憲著,《高唐神女與維納斯》,北京:中國社會科學出版社,1997年12月版。

葉舒憲著,《神話意象》,北京:北京大學出版社,2007年11月版。

葉幼明著,《辭賦通論》,長沙:湖南教育出版社,1991年8月版。

葉志衡著,《戰國學術文化編年》,杭州:浙江大學出版社,2007年6

月版。

易重廉著,《中國楚辭學史》,長沙:湖南出版社,1991年5月版。

殷光熹著,《楚辭論叢》,成都:巴蜀書社,2008年3月版。

殷光熹著,《楚騷:華夏文明之光》,昆明:雲南大學出版社,1990年10月版。

殷義祥、麻守中著,《楚辭譯注》,長春:吉林文史出版社,1998年1月版。

銀雀山漢墓竹簡整理小組,《銀雀山漢墓竹簡》(一),北京:文物出版社,1985年9月版。

尹榮芳著,《神話求原》,上海:上海古籍出版社,2003年8月版。

尹順著,《楚辭九歌巫儀之研究》(博士論文),臺灣師範大學國文所,1987年6月版。

尹錫康、周發祥主編,《楚辭資料海外編》,武漢:湖北人民出版社,1986年3月版。

尹振環著,《楚簡老子辨析——楚簡與帛書〈老子〉的比較研究》,北京:中華書局,2001年11月版。

游國恩等著,《楚辭集釋》,臺北:新文豐出版公司,1979年10月版。

游國恩等著,《楚辭集釋》,香港:香港文苑書屋,1972年11月版。

游國恩主編,金開誠、董洪利、高路明補輯,《天問纂義》,中華書局,1982年10月版;臺北:洪葉文化事業有限公司,1993年版。

游國恩主編,金開誠補輯,《離騷纂義》,北京:中華書局,1980年11月版;臺北:洪葉文化事業有限公司,1993年版。

游國恩著,《楚辭概論》,北京:北京述學社,1926年版。

游國恩著,《楚辭概論》,臺北:臺灣商務書局,1962年版。

游國恩著,《楚辭論文集》,上海:古典文學出版社,1957年版。

游國恩著,《楚辭論文集》,上海:上海文藝聯合出版社,1955年版。

游國恩著,《讀騷論微初集》,上海:商務印書館,1935年版。

游國恩著,《屈原》,北京:三聯出版社,1953年版。

游國恩著,《屈原》,臺北:弘道文化事業公司,1963年5月版。

游國恩著,《屈原》,北京:中華書局,1980年5月版。

游國恩著,《游國恩中國文學史講義》,天津:天津古籍出版社,2005年5月版。

游國恩著,曹道衡、沈玉成編,《游國恩學術論文集》,北京:中華書局,1989年1月版。

游國恩著,游寶諒編,《游國恩楚辭論著集》(全四册),北京:中華書局,2008年4月版。

于省吾著,《澤螺居詩經新證》,北京:中華書局,1982 年 11 月版。

于省吾著,《澤螺居詩經新證·澤螺居楚辭新證》,北京:中華書局,2003 年 4 月版。

于宇飛著,《屈賦正義》(精裝),臺北:臺灣中華書局,1970 年 6 月二版。

于宇飛著,《屈賦正義》,臺北:臺灣中華書局,1969 年版。

余嘉錫著,《四庫提要辯證》(1—4 卷),北京:中華書局,1980 年 5 月版。

余重耀著,《騷旨詩詮》,遁廬叢稿本,1935 年版。

俞平伯著,《俞平伯學術論著自選集》,北京:北京師院出版社,1992 年 5 月版。

俞偉超著,《古史的考古學探索》,北京:文物出版社,2002 年 7 月版。

俞偉超著,王然編,《考古學是什麽——俞偉超考古學理論文選》,北京:中國社會科學出版社,1996 年 3 月版。

郁增偉著,《屈原之作品》,香港:香港田園出版社,1986 年 6 月版。

袁梅譯注,《屈原宋玉辭賦譯注》,濟南:齊魯書社,2008 年 5 月版。

袁梅著,《楚辭詞典》,濟南:山東教育出版社,2000 年 5 月版。

袁梅著,《屈原賦譯注》,濟南:齊魯書社,1984 年 1 月版。

袁梅著,《宋玉辭賦今讀》,濟南:齊魯書社,1986 年 8 月版。

袁行霈著,《中國詩歌藝術研究》,北京:北京大學出版社,1987 年 6 月版。

翟振業著,《離騷自我新論》,天津:百花文藝出版社,1992 年 4 月版。

翟振業著,《天問研究》,南京:南京大學出版社,1993 年 6 月版。

詹安泰、容庚、吳重翰編,《中國文學史》(先秦、兩漢部分),北京:高等教育出版社,1957 年 8 月版。

詹安泰著,《離騷箋疏》,武漢:湖北人民出版社,1981 年 5 月版。

詹安泰著,《屈原》,上海:上海人民出版社,1957 年 7 月版。

詹安泰著,吳承學、彭玉平編《詹安泰文集》,廣州:中山大學出版社,2004 年 11 月版。

張崇琛著,《楚辭文化探微》,北京:新華出版社,1993 年 12 月版。

張春榮著,《楚辭二招析論》(碩士論文),臺灣師範大學國文所,1983 年 4 月。

張大可著,《司馬遷評傳》,南京:南京大學出版社,1994 年 6 月版。

張登勤著,《屈原賦論箋》,呼和浩特:内蒙古教育出版社,2001 年 12 月版。

張端彬著,《楚國大詩人宋玉》,福州:海峽文藝出版社,1990 年 11 月版。

張恩富著,《漢賦的歷史》(彩圖經典藏本),重慶:重慶出版社,2006 年 12

月版。

張法著,《中國文化與悲劇意識》,北京:中國人民大學出版社,1989 年 1 月版。

張光直著,《考古人類學隨筆》,北京:三聯書店,1999 年 7 月版。

張光直著,《中國考古學論文集》,北京:三聯書店,1999 年 9 月版。

張光直著,《中國青銅時代》,北京:三聯書店,1999 年 9 月版。

張光直著,曹兵武譯,《考古學:關於其若干基本概念和理論的再思考》,瀋陽:遼寧教育出版社,2002 年 2 月版。

張光直著,郭净譯,《美術、神話與祭祀》,瀋陽:遼寧教育出版社,2002 年 2 月版。

張光直著,毛小雨譯,《商代文明》,北京:北京工藝美術出版社,1999 年 1 月版。

張光直著,印群譯,《古代中國考古學》,瀋陽:遼寧教育出版社,2002 年 2 月版。

張惠言著,《楚辭十二家鈔》,《五家楚辭注合編》,臺北:廣文書局,1972 年 4 月版。

張家英著,《屈原賦譯釋》,哈爾濱:黑龍江人民出版社,1982 年 1 月版。

張江凱、魏峻著,《新石器時代考古》,北京:文物出版社,2004 年 6 月版。

張錦高、袁朝主編,《荆楚文化的現代價值》,武漢:崇文書局,2005 年 8 月版。

張巨才、劉殿祥著,《聞一多學術思想評傳》,北京:北京圖書館出版社,1999年 12月版。

張軍著,《楚國神話原型研究》,臺北:文津出版社,1994 年 1 月版。

張來芳著,《離騷探賾》,南昌:江西人民出版社,1997 年 1 月版。

張玲敏著,《屈原的生命風姿研究》(影印),碩士論文,私立輔仁大學中國文學系 2000 年 6 月版。

張慶利主編,《中國文學史話》(先秦卷),長春:吉林人民出版社,1998 年 10 月版。

張慶利著,《文學的研究與研究的歷史》,長春:吉林文史出版社,2003 年 10 月版。

張榮著,《古代漆器》,北京:文物出版社,2005 年 6 月版。

張汝舟著,《二毋室古代天文曆法論叢》,杭州:浙江古籍出版社,1987 年 2 月版。

張汝舟著,《二毋室論學雜著選》,貴陽:貴州人民出版社,1990 年 3 月版。

張守中、張小滄、郝建文撰集,《郭店楚簡文字編》,北京:文物出版社,2000年5月版。

張守中撰集,《包山楚簡文字編》,北京:文物出版社,1996年8月版。

張守中撰集,《睡虎地秦簡文字編》,北京:文物出版社,1994年2月版。

張壽平著,《九歌研究》,臺北:廣文書局,1970年4月版。

張壽平著,《離騷校釋》,臺北:中華大典編印會,1969年5月版。

張書文著,《楚辭到漢賦的演變》,臺北:中正書局,1980年版。

張煒著,《楚辭筆記》,南昌:江西教育出版社,2000年7月版。

張煒著,《楚辭筆記》,臺北:時報文化出版公司,2002年3月版。

張顯成著,《簡帛文獻學通論》,北京:中華書局,2004年10月版。

張緒根、柳菊興主編,《荊楚百件大事》,武漢:湖北教育出版社,2007年11月版。

張緒球著,《屈家嶺文化》,北京:文物出版社,2004年10月版。

張葉蘆著,《屈賦辨惑稿》,北京:學苑出版社,2005年12月版。

張集盧著,《屈賦辨惑稿》,杭州:錢塘詩社,1998年7月版。

張永鑫著,《古典詩文論叢》,南京:江蘇教育出版社,1990年1月版。

張愚山著,《楚辭譯注》,濟南:山東教育出版社,1986年4月版。

張元勛著,《九歌十辨》,北京:中華書局,2006年8月版。

張元勛著,《九歌十辨》,北京:中國廣播電視出版社,1991年11月版。

張正明、皮道堅主編,《楚美術圖集》,武漢:湖北美術出版社,1996年12月版。

張正明主編,《楚史論叢》(初集),武漢:湖北人民出版社,1984年10月版。

張正明主編,《楚文化志》,武漢:湖北人民出版社,1988年7月版。

張正明著,《楚史》,武漢:湖北教育出版社,1995年7月版。

張正明著,《楚文化史》,上海:上海人民出版社,1987年8月版。

張正體著,《楚辭新論》,臺北:臺灣商務印書館,1991年3月版。

張之恒、周裕興著,《夏商周考古》,南京:南京大學出版社,1995年10月版。

張之恒著,《中國新石器時代考古》,南京:南京大學出版社,2004年3月版。

張志岳著,《先秦文學簡史》,哈爾濱:黑龍江人民出版社,1986年7月版。

張中一著,《屈賦:屈原南征反秦復郢鬥争史詩》,臺北:臺北文津出版社,1998年版。

張中一著,《屈原新傳》,貴陽:貴州人民出版社,1993年12月版。

張中一著,《屈原新考》,北京:中國文史出版社,1991年6月版。

張中一著,《屈原作品破譯》,長春:吉林大學出版社,2004年5月版。

張縱逸著,《屈原與楚辭》,長春:吉林人民出版社,1957年版。

章培恒著,《獻疑集》,長沙:岳麓書社,1993年1月版。

趙壁光著,《屈原年譜》,臺南:高長印書局,1959年3月版。

趙浩如著,《楚辭譯注》,昆明:雲南教育出版社,1986年8月版。

趙輝著,《楚辭文化背景研究》,武漢:湖北教育出版社,1995年7月版。

趙逵夫著,《古典文獻論叢》,北京:中華書局,2003年7月版。

趙逵夫著,《屈騷探幽》,蘭州:甘肅人民出版社,1998年5月版。

趙逵夫著,《屈原與他的時代》,北京:人民文學出版社,1996年8月版。

趙逵夫著,《屈原與他的時代》,北京:人民文學出版社,2002年10月第2版。

趙敏俐、楊樹增著,《20世紀中國古典文學研究史》,西安:陝西人民教育出版社,1997年8月版。

趙敏俐著,《漢代詩歌史論》,長春:吉林教育出版社,1995年12月版。

趙敏俐著,《周漢詩歌綜論》,北京:學苑出版社,2002年11月版。

趙明主編,《先秦大文學史》,長春:吉林大學出版社,1993年1月版。

趙沛霖著,《屈賦研究論衡》,臺北:聖環圖書公司,1994年6月版。

趙沛霖著,《屈賦研究論衡》,天津:天津教育出版社,1993年4月版。

趙沛霖著,《先秦神話思想史論》,北京:學苑出版社,2002年3月版。

鄭昌琳編著,《楚國史編年輯注》,武漢:湖北人民出版社,1999年9月版。

鄭剛、李春雷著,《楚天漢韻——徐州獅子山楚王陵發掘紀實》,北京:中國三峽出版社,2000年12月版。

鄭和昌著,《屈原·秭歸》,武漢:湖北人民出版社,1998年3月版。

鄭鴻之著,《愛國大詩人屈原》,臺北:華嚴出版社,1996年版。

鄭臨川記録,徐希平整理,《笳吹弦誦傳薪録——聞一多、羅庸論中國古典文學》,上海:上海古籍出版社,2002年12月版。

鄭臨川著,《聞一多論古典文學》,重慶:重慶出版社,1984年11月版。

鄭坦著,《屈賦甄微》,臺北:臺灣商務印書館,1976年1月版。

鄭坦著,《申論楚辭九歌、二招之存疑》,臺北:臺灣商務印書館,1979年9月版。

鄭文著,《楚辭淺論》,蘭州:西北師範學院中文系,1980年8月版。

鄭文著,《楚辭我見》,蘭州:甘肅民族出版社,1994年12月版。

鄭文著,《金城叢稿》,濟南:齊魯書社,2000年11月版。

鄭文著,《金城續稿》,蘭州:甘肅教育出版社,2005年11月版。

鄭在瀛著,《楚辭探奇》,臺北:萬卷樓圖書有限公司,1994年12月版。

鄭在瀛著,《楚辭探奇》,香港:香港正之出版社,1992年6月版。

鄭振鐸著,《中國文學研究》(上、下册),北京:人民文學出版社,2000年1月版。

支偉成著,《楚辭之研究》,上海:泰東書局,1937年版。

支偉成著,《清代樸學大師列傳》,長沙:岳麓書社,1998年8月版。

中國文物研究所編,《出土文獻研究》,第五集,北京:科學出版社,1999年8月版。

鍾敬文著,《楚辭中的神話和傳説》,臺北:東方文化出版社,1988年版。

鍾敬文著,《鍾敬文民間文學論集》(上),上海:上海文藝出版社,1982年10月版。

周秉高編,《新編楚辭索引》,呼和浩特:内蒙古大學出版社,1999年5月版。

周秉高著,《楚辭解析》,呼和浩特:内蒙古大學出版社,2003年10月版。

周秉高著,《楚辭原物》,呼和浩特:内蒙古大學出版社,2008年9月版。

周秉高著,《風騷論集》,呼和浩特:内蒙古大學出版社,1995年9月版。

周秉高著,《屈原賦解析》,呼和浩特:内蒙古大學出版社,1992年12月版。

周殿富選編,《楚辭源:先秦古逸歌詩詞賦選》(《楚辭源流選集》之二),長春:吉林人民出版社,2003年1月版。

周殿富選注,《楚辭流:歷代騷體詩選》(《楚辭源流選集》之三),長春:吉林人民出版社,2003年1月版。

周殿富選注,《楚辭論:歷代楚辭論評選》(《楚辭源流選集》之五),長春:吉林人民出版社,2003年1月版。

周殿富選注,《楚辭餘:歷代騷體賦選》(《楚辭源流選集》之四),長春:吉林人民出版社,2003年1月版。

周殿富譯注,《楚辭魂:屈原辭譯注圖録》(《楚辭源流選集》之一),長春:吉林人民出版社,2003年1月版。

周建忠、湯漳平主編,《楚辭學通典》,武漢:湖北教育出版社,2002年10月版。

周建忠著,《楚辭講演録》,桂林:廣西師範大學出版社,2007年7月版。

周建忠著,《楚辭考論》,北京:商務印書館,2003年12月版。

周建忠著,《楚辭論稿》,鄭州:中州古籍出版社,1994年6月版。

周建忠著,《楚辭評介》,北京:中國青年出版社,2000年1月版。

周建忠著,《楚辭與楚辭學》,長春:吉林人民出版社,2000年6月版。

周建忠著,《當代楚辭研究論綱》,武漢:湖北教育出版社,1992年8月版。

周錦著,《屈原作品的研究》,臺北:智燕出版社,1973年10月版。

周葦風著,《楚辭發生學研究》,桂林:廣西師範大學出版社,2008年8月版。

周勛初著,《九歌新考》,上海:上海古籍出版社,1986年8月版。

周勛初著,《周勛初文集》(1—7冊),南京:江蘇古籍出版社,2000年9月版。

朱碧蓮著,《楚辭講讀》,上海:華東師範大學出版社,1986年10月版。

朱碧蓮著,《楚辭論稿》,上海:上海三聯書店,1993年1月版。

朱碧蓮著,《楚辭論學叢稿》,臺北:文史哲出版社,2000年6月版。

朱碧蓮著,《宋玉辭賦譯解》,北京:中國社會科學出版社,1987年2月版。

朱炳祥著,《中國詩歌發生史》,武漢:武漢出版社,2000年2月版。

朱傳譽著,《屈原傳記資料》,臺北:天一出版社,1985年版。

朱鳳瀚、徐勇編著,《先秦史研究概要》,天津:天津教育出版社,1996年7月版。

朱季海著,《楚辭解故》,上海:上海古籍出版社,1980年3月版。

朱季海著,《楚辭解故》,上海:中華書局上海編輯所,1963年12月版。

朱季海著,《楚辭解故》,臺北:宏業書局,1972年11月版。

朱季海著,《楚辭解故》,香港:中華書局,1973年版。

朱熹《楚辭集注》,楊家駱主編,《楚辭注六種》(影印),臺北:世界書局,1978年3月3版。

朱熹著,《楚辭集注》,上海:上海古籍出版社,1979年10月版。

朱熹著,《楚辭集注》,上海:上海古籍出版社、合肥:安徽教育出版社,2001年12月版。

朱熹著,《楚辭集注》,臺北:國立中央圖書館,1991年2月版。

朱熹著,《楚辭集注》,臺北:新陸書局,1967年12月版。

朱熹著,《楚辭集注》,臺北:藝文印書館,1974年4月版。

朱右曾輯,王國維校補,黃永年校點,《古本竹書紀年輯校》,瀋陽:遼寧教育出版社,1997年3月版。

朱淵清、廖明春主編,上海大學古代文明研究中心、清華大學思想文化研究所編,《上博館藏戰國楚竹書研究》,上海:上海書店出版社,2002年3

月版。

朱淵清著,《再現的文明:中國出土文獻與傳統學術》,上海:華東師範大學出版社,2001 年 5 月版。

朱自清著,《經典常談》,上海:文光書店,1946 年 5 月版。

朱自清著,《朱自清古典文學論文集》(上、下册),上海:上海古籍出版社,1981 年 7 月版。

諸祖耿撰,《戰國策集注彙考》(上、中、下册),南京:江蘇古籍出版社,1985 年 7 月版。

宗九奇著,《屈原詩歌新譯》,南昌:江西人民出版社,1980 年 5 月版。

宗懔著,譚麟譯注,《荆楚歲時記譯注》,武漢:湖北人民出版社,1999 年 9 月版。

鄒衡著,《夏商周考古學論文集》(第 2 版),北京:科學出版社,2001 年 8 月版。

左言東編著,《先秦職官表》,北京:商務印書館,1994 年 7 月版。

作家出版社編,《楚辭研究論文集》,北京:作家出版社,1957 年 7 月版。

後 記

時光易逝，自 1990 年啓動這一項目，如今已過 2010 年春節。

經過近兩個月的努力，終於完成了最後一稿的校改工作。

這是我長期思考、積纍的一個階段性的總結，耗費了我十多年來的心血。

這也是一項集體智慧的結晶。我的博士生、碩士生多人參加了這項工作。施仲貞，執筆撰寫了 450—500 種；爲全書增加了"研究論文"一項內容，即在相關楚辭著作的末尾，收録歷代學者（主要是 20 世紀）著作研究或評述的專題論文（包括碩博士畢業論文）目録；對全書校改多遍。賈捷，補充兩篇內容；對全書校改兩遍。紀曉建、陳亮在南京師範大學讀碩期間，增加了《非楚辭著作中的楚辭成果目録》的部分內容。紀曉建，承擔了項目結題的事務工作。

這又是一次研究方式的調整。30 多年來，我習慣於個人獨立研究，基本不與他人合作。2000 年開始指導研究生以後，就有了師生研討共同參與的條件。2004 年指導博士生後，則試圖由個人獨立研究逐步轉爲個人研究與人才培養、學術傳承相結合，個人研究與團隊建設相結合，這也是我的楚辭團隊貢獻出的成果之一。

人生有涯，學業無限，我將與我的團隊，將楚辭研究繼續進行下去。

周建忠

於南通枇杷居

二〇一〇年二月二十七日

人名索引

著作索引

書　　名　五百種楚辭著作提要
作　　者　周建忠著　施仲貞補
責任編輯　徐宗文
出版发行　鳳凰出版傳媒集團
　　　　　鳳凰出版傳媒股份有限公司
　　　　　江蘇教育出版社(南京市湖南路 1 號 A 樓　郵编 210009)
蘇教网址　http://www.1088.com.cn
集团网址　http://www.ppm.cn
照　　排　江蘇鳳凰制版有限公司
印　　刷　江蘇鳳凰通達印刷有限公司(電話 025-57572508)
廠　　址　南京市六合區冶山鎮(郵編 211523)
開　　本　787×1 092 毫米　1/16
印　　張　41
插　　頁　5
字　　數　620,000
版　　次　2011 年 12 月第 1 版　2011 年 12 月第 1 次印刷
書　　號　ISBN 978-7-5499-1828-7
定　　價　128.00 元
盗版舉報　025-83658551